한 번에 합격, 자격증은 이기적

이렇게 기막힌 적중률

합격을 위한 기적 같은 선물
또기적 합격자료집

혼자 공부하기 외롭다면?
온라인 스터디 참여

모든 궁금증 바로 해결!
전문가와 1:1 질문답변

1년 내내 진행되는
이기적 365 이벤트

도서 증정 & 상품까지!
우수 서평단 도전

간편하게 한눈에
시험 일정 확인

합격까지 모든 순간 이기적과 함께!
이기적 365 EVENT

QR코드를 찍어 이벤트에 참여하고 푸짐한 선물 받아가세요!

1 기출문제 복원하기

이기적 책으로 공부하고 시험을 봤다면 7일 내로 문제를 제보해 주세요!

2 합격 후기 작성하기

당신만의 특별한 합격 스토리와 노하우를 전해 주세요!

3 온라인 서점 리뷰 남기기

온라인 서점에서 책을 구매하고 평점과 리뷰를 남겨 주세요!

4 정오표 이벤트 참여하기

더 완벽한 이기적이 될 수 있게 수험서의 오류를 제보해 주세요!

※ 이벤트별 혜택은 변경될 수 있으므로 자세한 내용은 해당 QR을 참고해 주세요.

모두에게 당신의 합격 스토리를 들려주세요
합격 후기 EVENT

합격하고 마음껏 자랑하세요.
후기를 남기면 네이버페이 포인트를 선물로 드려요.

블로그에 자랑 남기기
개인 블로그에
합격 후기 작성하고 20,000원 받기!

20,000원
네이버페이 포인트 지급

▲ 자세히 보기

카페에 자랑 남기기
이기적 스터디 카페에
합격 후기 작성하고 5,000원 받기!

5,000원
네이버페이 포인트 지급

▲ 자세히 보기

※ 자세한 참여 방법은 QR코드 또는 이기적 스터디 카페 '이기적 이벤트' 게시판을 확인해 주세요.
※ 이벤트에 참여한 후기는 추후 마케팅 용도로 활용될 수 있으며 혜택은 변동될 수 있습니다.

도서 인증하면 고퀄리티 강의가 따라온다!

100% 무료 강의

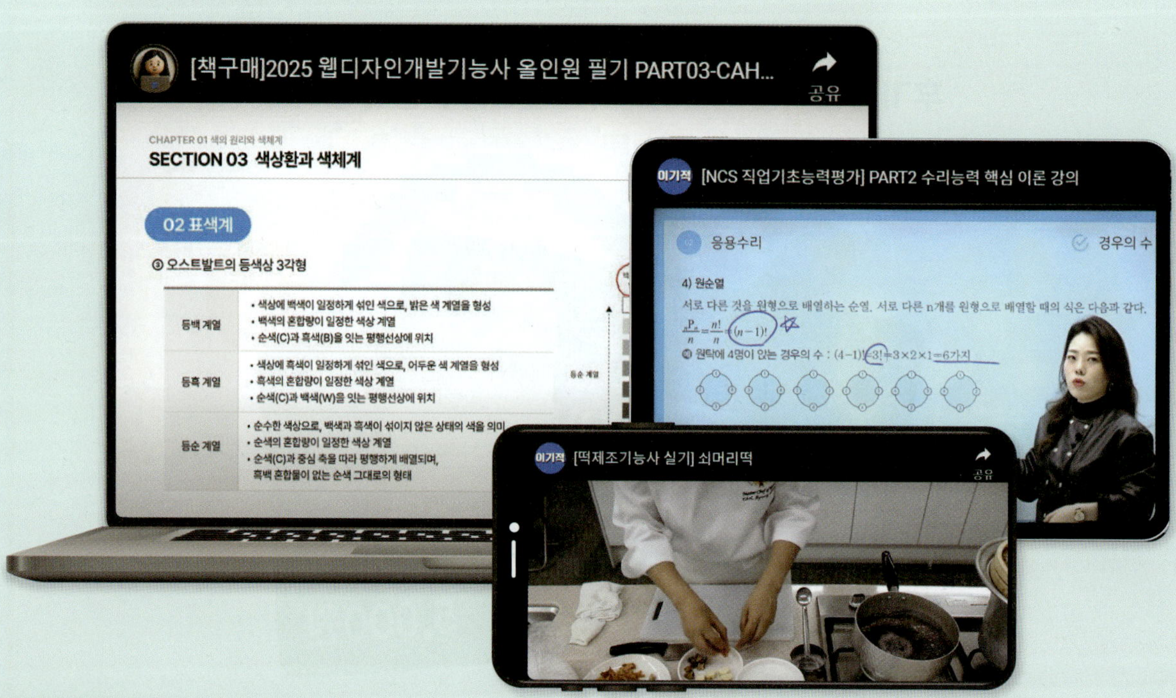

이용방법

STEP 1

이기적 홈페이지
(https://license.
youngjin.com/) 접속

STEP 2

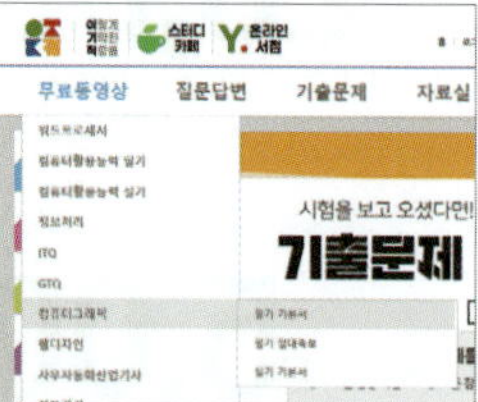

무료 동영상
게시판에서 도서와
동일한 메뉴 선택

STEP 3

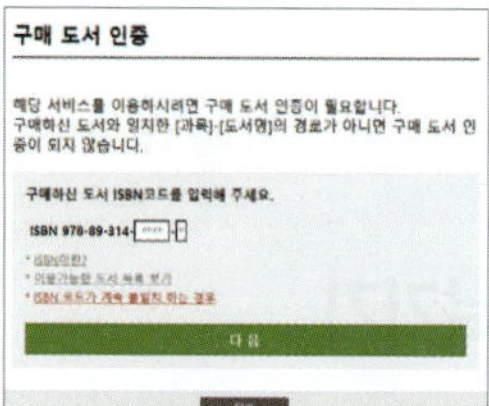

책 바코드 아래의
ISBN 코드와
도서 인증 정답 입력

STEP 4

이기적 수험서와
동영상 강의로
학습 효율 UP!

※ 도서별 동영상 제공 범위는 상이하며, 도서 내 차례에서 확인할 수 있습니다.

◀ 이기적 홈페이지 바로가기

영진닷컴 이기적

이렇게 기막힌 적중률

ISRM

정보보호위험관리사

기본서

"이" 한 권으로 합격의 "기적"을 경험하세요!

부록 BONUS 또기적 합격자료집 PDF

- 정보보호 위험관리 관련 법령 3단 비교표(법률–시행령–시행규칙)
- 핵심 기술용어 50선
- 핵심 키워드 50

※ **참여 방법** : '이기적 스터디 카페' 검색 → 이기적 스터디카페(cafe.naver.com/yjbooks) 접속 → '또기적 합격자료집' 게시판
　　→ 구매 인증 → 메일로 자료 받기

핵심만 정리한 이론

문제를 통한 이론 복습

전문가의 기출 분석을 바탕으로 한
핵심 내용 정리하기

퀴즈와 합격을 다지는 예상문제로
바로 이론 복습하기

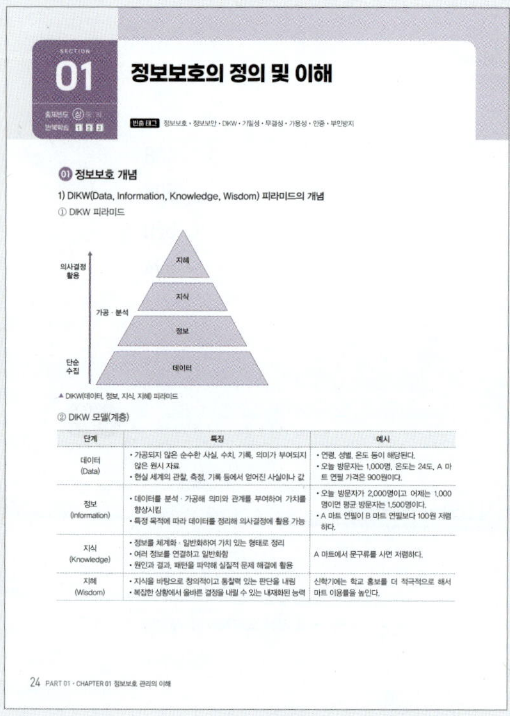

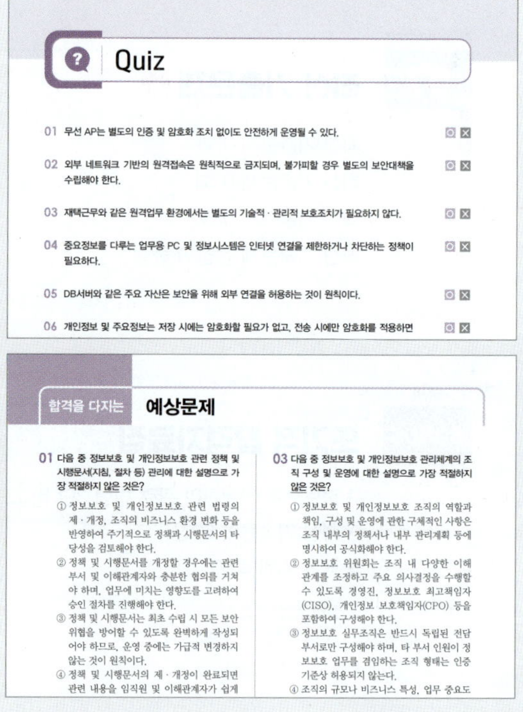

- ✓ 깔끔하게 핵심만 정리한 이론
- ✓ 자주 출제되는 단어는 빈출태그로 확인
- ✓ 다양한 이미지와 도표로 학습 효율 상승

- ✓ 상세하고 친절한 해설
- ✓ OX문제와 단답식 문제로 가볍게 이론 복습
- ✓ 예상문제로 중간 실력 점검

실전 모의고사 & 최신 기출문제

또기적 합격자료집

모의고사로 출제 유형 익히고
기출문제로 실전 감각 키우기

도서 구매자 특별 제공

법령 비교표＋핵심 기술용어＋핵심 키워드

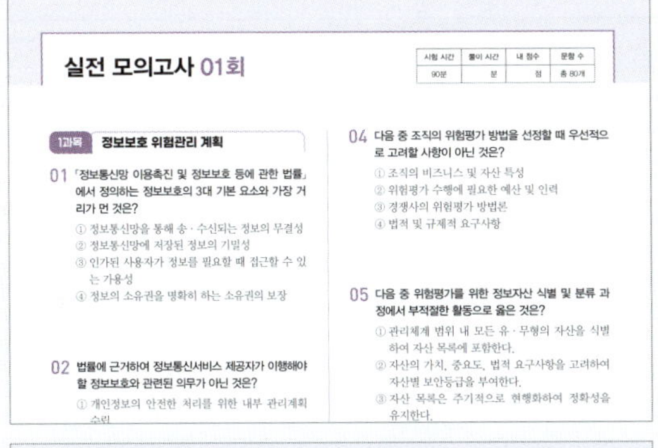

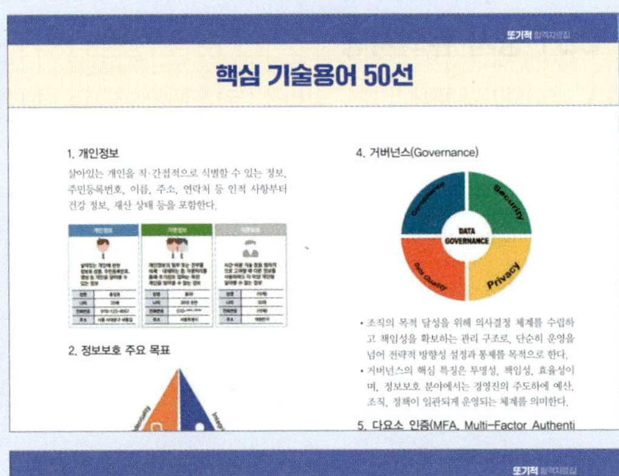

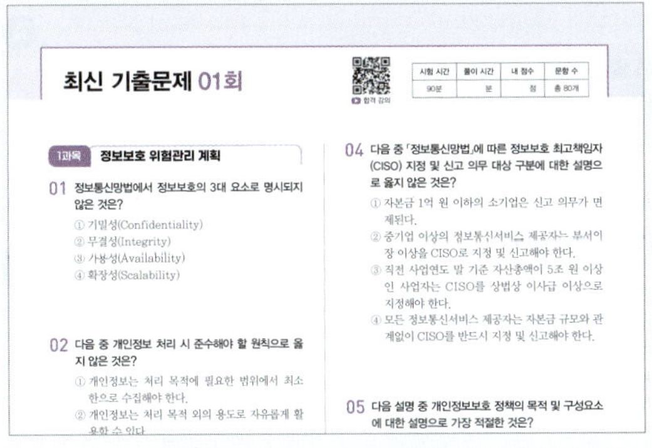

- ✅ 시험 유형 완벽하게 파악
- ✅ 철저한 시험 대비 가능
- ✅ QR 코드로 동영상 강의 시청

- ✅ 법령 3단 비교표로 주요 법령 학습
- ✅ 핵심 기술용어로 출제 경향 파악
- ✅ 핵심 키워드로 시험 직전 마무리

CBT란?

CBT는 시험지와 필기구로 응시하는 일반 필기시험과 달리, 컴퓨터 화면으로 시험 문제를 확인하고 그에 따른 정답을 클릭하면 네트워크를 통하여 감독자 PC에 자동으로 수험자의 답안이 저장되는 방식의 시험입니다.

오른쪽 QR코드를 스캔해서 큐넷 CBT를 체험해 보세요!

큐넷 CBT
체험하기

CBT 응시 유의사항

- 수험자마다 문제가 모두 달라요, 문제은행에서 자동 출제됩니다!
- 답지는 따로 없어요!
- 문제를 다 풀면, 반드시 '제출' 버튼을 눌러야만 시험이 종료되어요!
- 시험 종료 안내방송이 따로 없어요!

FAQ

Q CBT 시험이 처음이에요! 시험 당일에는 어떤 것들을 준비해야 좋을까요?

A 시험 30분 전 도착을 목표로 출발하고 시험장에는 주차할 자리가 마땅하지 않은 경우가 많으므로, 대중교통을 이용하는 것을 추천합니다. 무사히 시험 장소에 도착했다면 수험자 입장 시간에 늦지 않게 시험실에 입실하고, 자신의 자리를 확인한 뒤 착석하세요.

Q 기존보다 더 어려워졌을까요?

A 시험 자체의 난이도 차이는 없지만, 랜덤으로 출제되는 CBT 시험 특성상 경우에 따라 유독 어려운 문제가 많이 출제될 수는 있습니다. 이러한 돌발 상황에 대비하기 위해 이기적 CBT 온라인 문제집으로 실제 시험과 동일한 환경에서 미리 연습해 두세요.

Q 풀었던 문제의 답안 수정은 어떻게 하나요?

A 마킹한 답안을 수정할 경우에는 문제지 화면에서 수정하고자 하는 문제의 답을 다시 클릭하면 먼저 체크한 번호는 없어지고 새로 선택한 번호가 검은색으로 마킹됩니다.

Q 문제를 다 풀고 나면 어떻게 하나요?

A 문제를 다 풀고 시험을 종료하려면, '시험 종료' 버튼을 클릭하면 됩니다. 마킹하지 않은 문제가 있을 경우 남은 문제의 문제번호 목록을 보여 주고, 남은 문제번호를 선택한 다음 [문항으로 이동] 버튼을 클릭하면 문제화면에 클릭한 문제가 나타납니다. 남은 문제가 없을 경우 최종적으로 종료 여부를 확인하는 대화상자가 나타나며 [예]를 클릭하면 시험이 종료되고 수험자가 작성한 답안은 자동으로 저장되어 서버로 전송됩니다.

CBT 진행 순서

좌석번호 확인

수험자 접속 대기 화면에서 본인의 좌석번호를 확인합니다.

수험자 정보 확인

시험 감독관이 수험자의 신분을 확인하는 단계입니다.
신분 확인이 끝나면 시험이 시작됩니다.

안내사항

시험 안내사항을 확인하고, 다음을 클릭합니다.

유의사항

시험과 관련된 유의사항을 확인합니다.

문제풀이 메뉴 설명

시험을 볼 때 필요한 메뉴에 대한 설명을 확인합니다.
메뉴를 이용해 글자 크기와 화면 배치를 조정할 수 있습니다.
남은 시간을 확인하며 답을 표기하고, 필요한 경우 아래의 계산기를 이용할 수 있습니다.

문제풀이 연습

시험 보기 전, 연습을 해 보는 단계입니다.
직접 시험 메뉴화면을 클릭하며, CBT가 어떻게 진행되는지 확인합니다.

시험 준비 완료

문제풀이 연습을 모두 마친 후 [시험 준비 완료] 버튼을 클릭하면 시험 감독관의 지시에 따라
시험이 시작됩니다.

시험 시작

시험이 시작되었습니다. 수험자는 제한 시간에 맞추어 문제풀이를 시작합니다.

답안 제출

시험을 완료하면 [답안 제출] 버튼을 클릭합니다. 답안을 수정하기 위해 시험화면으로 돌아가고
싶으면 [아니오] 버튼을 클릭합니다.

답안 제출 최종 확인

답안 제출 메뉴에서 [예] 버튼을 클릭하면, 수험자의 실수를 방지하기 위해 한 번 더 주의 문구가
나타납니다. 시험 문제 풀이가 완벽히 끝났다면 [예] 버튼을 클릭하여 최종 제출합니다.

합격 발표

CBT 시험이 모두 종료되면, 퇴실할 수 있습니다.

이제 완벽하게 CBT 필기시험에 대해 이해하셨나요?
그렇다면 이기적이 준비한 CBT 온라인 문제집으로 학습해 보세요!

이기적 온라인 문제집 : https://cbt.youngjin.com

이기적 CBT
바로가기

시험 알아보기

● 자격명

정보보호위험관리사
(ISRM, Information Security Risk Manager)

● 자격 소개

- 조직의 핵심 자산을 위협으로부터 보호하기 위해 위험을 식별, 분석, 평가하고 적절한 대응 전략을 수립하는 전문가를 인증하는 자격
- 단순한 기술 보안을 넘어, 비즈니스 목표 달성을 저해하는 보안 위협을 식별하고 이를 경영진이 수용 가능한 수준으로 관리하는 보안 전략 전문가 양성을 목적으로 함

● 응시 자격

제한 없음

● 시험 형식

- CBT 방식으로 진행
- 객관식 4지선다형(90분, 80문항)

● 합격 기준

100점을 만점으로 매과목 40점 이상, 전과목 평균 60점 이상

시험 응시 및 합격 발표

● 시험 접수

- KCA 국가기술자격검정 홈페이지에서 원서접수
- 접수 첫날 오전 10시 ~ 마지막 날 오후 6시 내에 접수 가능
- 연 3회 정기 시행
- 접수 기간 확인하여 직접 신청

● 시험 과목

- 총 5과목으로 구성
- 과목별 출제 문제 수 상이

1과목	정보보호 위험관리 계획	각 20문제
2과목	정보보호 위험평가	
3과목	정보보호 위험대응	
4과목	정보보호 관리체계운영	각 10문제
5과목	정보보호 위험대책관리	

● 응시료

100,000원

● 결과 확인

- KCA 국가기술자격검정 홈페이지에서 합격자 발표
- 합격(예정)발표기간 : 해당 발표일 10:00부터 3일간
- 합격 후 응시자격 서류 제출 필요

고사장 및 시험 관련 문의

- 시행처 : 한국방송통신전파진흥원
- https://www.cq.or.kr/main.do

📞 **1688-0013**

출제 기준

● 개요

- 적용 기간 : 2025.1.1. ~ 2027.12.31.
- KCA 국가기술자격검정 홈페이지에서 자세한 출제 기준을 확인하실 수 있습니다.

출제 기준 상세 보기

● 세부 출제 기준

• 정보보호 위험관리 계획

정보보호 관리의 이해	1. 정보보호의 정의 및 이해(목적 및 특성) 2. 조직의 법적 준수해야 할 보호대상 선정 3. 보호대상의 정보보호 요구사항 파악
정보보호 위험관리 거버넌스	1. 정보보호 CISO, CPO의 지정과 역할 2. CISO, CPO의 의사결정(예산, 조직) 체계 수립 3. 정보보호 계획, 위험관리, 보호대책 수립
정보보호 관리체계(생명주기) 수립	1. 조직의 정보보호 정책 및 관련 시행 규정 수립 2. 임직원 정보보호 교육 3. 정보보호 조직(CISO, CPO, 위원회, 보안팀) 구성 4. 정보보호 법규, 정책 준수 여부 점검

• 정보보호 위험평가

위험관리 평가 방법론 선정 및 준비	1. 위험평가 방법의 정의, 분류 및 선정 2. 위험평가 관리계획(절차) 수립
정보보호 위험평가	1. 정보자산 식별 및 중요도 평가 2. 위협 분류, 식별 및 발생 가능성 등 평가 3. 취약점 식별 및 평가 4. 법적 준거성 식별 및 평가 5. 종합 위험평가 및 목표 위험수준 평가

• 정보보호 위험대응

보호대책 구현	1. 식별된 위험에 대한 처리 전략 및 보호대책 수립 2. 보호대책 구현 시 고려사항 3. 보호대책 구현 완료 후 이행점검
정보통신서비스제공자 적용 보호대책	1. 정보통신서비스제공자 적용 법률 및 제도 개요 2. 정보통신서비스제공자 준수 법률 요구사항 3. 정보통신서비스제공자 준수 제도
개인정보처리자/신용정보업자 적용 보호대책	1. 개인정보처리자/신용정보업자 적용 법률 및 제도 개요 2. 개인정보처리자/신용정보업자 준수 법률 요구사항 3. 개인정보처리자/신용정보업자 준수 제도
정보보호산업 적용 보호대책	1. 정보보호산업 적용 법률 및 제도 개요 2. 정보보호 산업 준수 법률 요구사항 3. 정보보호산업 준수 제도

• 정보보호 관리체계운영

정보보호 위험관리 계획	1. 정보보호 관리의 이해 2. 정보보호 위험 관리 거버넌스 3. 정보보호 관리체계(생명주기) 수립
정보보호 위험평가	1. 위험관리 평가 방법론 선정 및 준비 2. 정보보호 위험 평가

• 정보보호 위험대책관리

정보보호 위험대응	1. 보호대책 구현 2. 정보통신서비스제공자 적용 보호대책 3. 개인정보처리자/신용정보업자 적용 보호대책 4. 정보보호산업 적용 보호대책

  PART 01
  <h1>정보보호 위험관리 계획</h1>
  20문항

01 정보보호의 정의 및 이해 — 15%
빈출 태그 정보보호, 정보보안, DIKW, 기밀성, 무결성, 가용성, 인증, 부인방지

02 조직의 보호대상 — 12.5%
빈출 태그 정보자산, 식별, 목록화, 중요도 산정, 현황조사, 법적요구사항, 위험평가

03 보호대상의 정보보호 요구사항 파악 — 7.5%
빈출 태그 정책수립, 정보보호방침, 문서화, 승인, 연 1회 교육

04 위험분석 및 위험평가 — 15%
빈출 태그 자산, 취약점, 위협, 위험관리절차, 정성적, 정량적, 베이스라인, 비정형, 상세
위험분석, 복합접근법

05 관리체계 기반 마련 — 7.5%
빈출 태그 경영진의 참여, 최고책임자의 지정, 조직 구성, 범위 설정, 정책 수립, 자원 할당

06 위험관리 — 20%
빈출 태그 정보자산 식별, 현황 및 흐름분석, 위험 평가, 보호대책 선정

07 관리체계 운영 — 12.5%
빈출 태그 보호대책 구현, 보호대책 공유, 운영현황 관리

08 관리체계 점검 및 개선 — 10%
빈출 태그 법적 요구사항 준수 검토, 관리체계 점검, 관리체계 개선

정보보호 위험대응

01 정책, 조직, 자산 관리   20%
빈출 태그   정책·조직의 유지관리, 정보자산 관리

02 인적 보안   15%
빈출 태그   주요 직무자 지정 및 관리, 직무 분리, 보안 서약, 인식제고 및 교육훈련, 퇴직 및 직무변경 관리, 보안 위반 시 조치

03 외부자 보안   15%
빈출 태그   외부자 현황 관리, 외부자 계약 시 보안, 외부자 보안 이행 관리, 외부자 계약 변경 및 만료 시 보안

04 물리 보안   7%
빈출 태그   보호구역 지정, 사용자 계정 관리, 네트워크 접근, 암호정책 적용

05 인증 및 권한 관리   20%
빈출 태그   계정 및 권한 관리, 최소 권한 원칙, 공용계정 사용 제한 및 무단 사용, 비밀번호 관리

06 접근통제   20%
빈출 태그   네트워크 접근통제, 네트워크 분리, 응용 프로그램 접근권한

07 암호화 적용   3%
빈출 태그   암호정책, 암호화 대상, 고유식별정보, 민감정보, 전송구간, 안전한 알고리즘

정보보호 관리체계 운영

20문항

01 정보시스템 도입 및 개발 보안 10%

빈출 태그 보안 요구사항 정의, 보안 요구사항 검토 및 시험, 시험과 운영 환경 분리, 시험 데이터 보안, 소스 프로그램 관리, 운영환경 이관

02 시스템 및 서비스 운영관리 20%

빈출 태그 변경절차, 이력관리, 사전 영향 분석, 문서관리, 접근통제, 복구방안

03 시스템 및 서비스 보안관리 20%

빈출 태그 책임자 지정, 접근통제정책, 예외관리, 접속기록, 타당성 검토, 클라우드보안

04 사고예방 및 대응 35%

빈출 태그 대응체계, 침해사고, 개인정보 유출, 위탁계약, 보안관제, 전문기관, 신고방법

05 재해복구 15%

빈출 태그 재해식별, 서비스연속성, RTO, RPO, 복구 전략, 재해복구체계, 비상연락망

개인정보보호 위험대책 관리

10문항

01 개인정보 수집 시 보호조치 30%

빈출 태그 개인정보 수집 목적, 동의, 범위, 기간, 만14세 미만 아동, 법정대리인

02 개인정보 보유 및 이용 시 보호조치 30%

빈출 태그 내부관리계획, 개인정보파일, 개인정보처리방침, 가명처리, 목적 외 이용

03 개인정보 제공 시 보호조치 10%

빈출 태그 개인정보 제3자 제공, 개인정보 처리 업무 위탁, 영업의 양도 등에 따른 개인정보 이전, 국외 이전

04 개인정보 파기 시 보호조치 20%

빈출 태그 파기, 파기방법, 파기기록, 목적달성 후 보유 시 조치, 접근통제

05 정보주체 권리보호 10%

빈출 태그 개인정보 처리방침 공개 · 평가, 열람 요구에 대한 조치 · 이력, 통지항목

정보보호 위험관리 관련 법령

Q 시험 시간인 90분은 충분한가요?

A 80문항을 90분 안에 풀어야 하므로 1문항당 약 1분 7초가 주어집니다. 지문이 긴 법령 문제나 계산 문제에서 시간을 소요할 수 있으므로, 아는 문제를 먼저 빠르게 풀고 검토하는 시간 배분 연습이 필요합니다.

Q 계산 문제가 출제된다고 하는데, 정확히 어떤 유형인가요?

A 정량적 위험 분석 방법론 중 연간예상손실액(ALE) 등을 산출하는 계산 문제가 출제될 수 있습니다. 자산의 가치와 위협 발생 빈도를 고려하여 위험도를 수치화하는 공식들을 미리 숙지해야 합니다.

Q 정량적 위험분석과 정성적 위험분석 중 무엇이 더 중요하게 다뤄지나요?

A 두 방식 모두 중요하지만, 시험 특성상 정량적 분석(ALE 등)은 계산 문제로, 정성적 분석(델파이 법, 브레인스토밍 등)은 각 방법론의 특징을 구분하는 이론 문제로 자주 출제됩니다. 두 방식의 장단점을 상호 비교할 수 있어야 합니다.

Q 법령 관련 문제는 어떤 법을 중점적으로 봐야 하나요?

A 개인정보 보호법, 정보통신망 이용촉진 및 정보보호 등에 관한 법률(정보통신망법) 등 최신 개정 법령이 주요 출제 범위입니다. 최신 가이드라인이 반영된 법적 준거성을 묻는 문제가 비중 있게 다뤄집니다.

Q ISRM 수험서의 '실무 시나리오'는 어떻게 학습하는 것이 효율적인가요?

A 단순 암기보다는 제시된 시나리오 속 기업의 자산 가치를 판단해보고, 발생 가능한 위협과 취약점을 매칭해보는 연습이 필요합니다. 본인이 직접 정보보호 담당자가 되어 위험 처리 우선순위를 결정해본다는 마음가짐으로 학습하는 것을 추천합니다.

Q 시험 도중 수정을 하고 싶을 때는 어떻게 하나요?

A CBT 방식이므로 마우스 클릭만으로 언제든 답안 수정이 가능합니다. 화면 내에 '안 푼 문제'를 확인할 수 있는 기능이 제공되므로 이를 활용하여 빠진 답변이 없도록 확인해야 합니다.

Q 정보보호위험관리사 자격 취득 후 실무에서 가능한 역할은 무엇인가요?

A 주로 조직 내 정보자산의 가치를 평가하고, 발생 가능한 위협과 취약점을 분석하는 '위험 관리' 업무가 가능합니다. 이 과정에서 익힌 위험 분석 및 평가 능력은 향후 보안전략 수립가 및 인증심사원으로 성장하는 데 밑거름이 될 수 있습니다.

"지능화된 사이버 공격과 급변하는 인공지능 시대 속에서,
정보보호의 패러다임은 단순히 '막는 것'에서
'위험을 관리하는 것'으로 진화하고 있습니다.

조직의 한정된 자원을 어디에 우선하여
투입할 것인가를 결정하는 과정,
그것이 바로 정보보호 위험관리의 핵심 가치입니다."

금융권 및 중앙행정기관에서 정보보호 실무자 또는 관리자로 일하면서 체계적인 위험관리의 중요성을 느끼고 여러분에게 공공, 의료, 유통, 통신, 가상화폐 산업 등에서 일어날 수 있는 사례를 통해 정보보호분야에서 활용되는 위험관리 방법을 알려드리고 싶었습니다.

체계적인 위험관리 프로세스의 과정을 실무 시나리오와 연계하여 자연스럽게 습득할 수 있도록 구성하고, 단순 이론에 그치지 않도록 최신 지침 및 법령을 반영한 보호조치와 법적 요구사항을 연결하여 '법을 아는 보안 전문가'로 거듭날 수 있도록 돕고자 했습니다.

정보보호 위험관리 분야는 단순히 지식을 암기하는 것을 넘어, 복잡한 비즈니스 환경 속에서 최적의 의사결정을 내리는 통찰력을 기르는 것이 중요합니다. 이론으로 배운 자산식별과 위험 평가 단계들이 실제 기업 현장에서 어떻게 작동하는지 끊임없이 고민하며 자신만의 실무적인 시나리오를 머릿속에 그려보는 연습이 필요합니다. 정보보호위험관리사(ISRM)는 여러분이 정보보호 실무자로서 전문성을 인정받고, 더 높은 커리어로 도약하기 위한 최고의 발판이 될 것입니다.

이 책이 여러분의 합격과 전문성 강화에 든든한 동반자가 되기를 바라며, 여러분의 도전을 진심으로 응원합니다. 마지막으로 집필 과정을 묵묵히 지켜준 아내와 아들, 딸에게 고맙다는 말을 전하고 싶습니다.

저자 홍대원

01

정보보호
위험관리 계획

파트 소개

위험관리 계획은 정보보호에 대한 기본 개념을 이해하고 조직이 준수해야 할 법 제도 및 요구사항을 파악하여, 조직의 정보보호를 강화하는 위험관리 거버넌스 및 정보보호 관리체계를 수립하는 출발점이다.

정보보호 관리의 이해

학습 방향

정보보호 및 위험관리와 관련된 용어 및 기본 개념을 이해하고 정보보호의 목적 및 특성을 기반으로 체계적인 정보보호 지식을 습득을 통해 보호대상의 선정 및 요구사항 파악을 통한 위험관리 계획 수립과정을 학습할 수 있다.

출제 빈도

SECTION 01	상	15%
SECTION 02	상	12.5%
SECTION 03	상	7.5%
SECTION 04	상	15%

정보보호의 정의 및 이해

빈출 태그 정보보호 · 정보보안 · DIKW · 기밀성 · 무결성 · 가용성 · 인증 · 부인방지

01 정보보호 개념

1) DIKW(Data, Information, Knowledge, Wisdom) 피라미드의 개념

① DIKW 피라미드

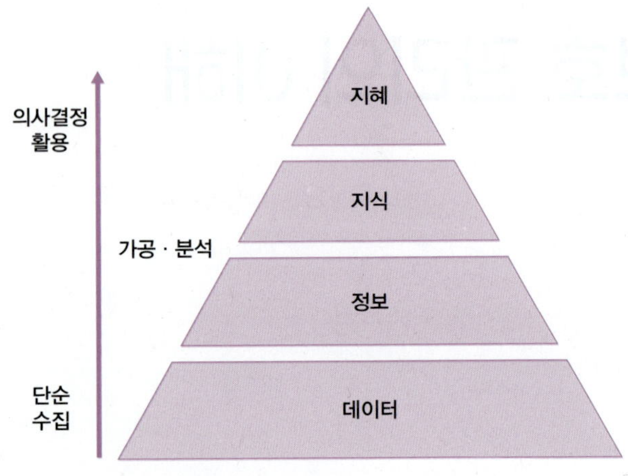

▲ DIKW(데이터, 정보, 지식, 지혜) 피라미드

② DIKW 모델(계층)

단계	특징	예시
데이터 (Data)	• 가공되지 않은 순수한 사실, 수치, 기록, 의미가 부여되지 않은 원시 자료 • 현실 세계의 관찰, 측정, 기록 등에서 얻어진 사실이나 값	• 연령, 성별, 온도 등이 해당된다. • 오늘 방문자는 1,000명, 온도는 24도, A 마트 연필 가격은 900원이다.
정보 (Information)	• 데이터를 분석 · 가공해 의미와 관계를 부여하여 가치를 향상시킴 • 특정 목적에 따라 데이터를 정리해 의사결정에 활용 가능	• 오늘 방문자가 2,000명이고 어제는 1,000명이면 평균 방문자는 1,500명이다. • A 마트 연필이 B 마트 연필보다 100원 저렴하다.
지식 (Knowledge)	• 정보를 체계화 · 일반화하여 가치 있는 형태로 정리 • 여러 정보를 연결하고 일반화함 • 원인과 결과, 패턴을 파악해 실질적 문제 해결에 활용	A 마트에서 문구류를 사면 저렴하다.
지혜 (Wisdom)	• 지식을 바탕으로 창의적이고 통찰력 있는 판단을 내림 • 복잡한 상황에서 올바른 결정을 내릴 수 있는 내재화된 능력	신학기에는 학교 홍보를 더 적극적으로 해서 마트 이용률을 높인다.

2) 정보보호 개념

① 정보보호 개요

정의	정보의 수집 · 가공 · 저장 · 검색 · 송수신 과정에서 정보의 훼손 · 변조 · 유출 등을 방지하기 위한 관리적, 기술적 수단을 강구하는 활동이다.
의의	조직활동을 통해 수집된 데이터를 분석 및 가공하여 정보로 만들고, 이를 조직의 의사결정에 활용하기 때문에 정보보호는 조직의 생존과 경쟁력을 확보하는 데 매우 중요한 활동이다.
목적	정보를 보호하고, 정보의 전체 생명 주기 동안 법적, 윤리적, 조직적 측면에서 안전하게 관리한다.
적용 범위	• 기술적 보호조치 외에 정보의 수집, 처리, 저장, 폐기까지의 전체적인 생명주기 동안의 보호 활동이다. • 개인정보 보호법 준수와 같은 법적 규제 준수 등 관리적 조치도 포함한다.

② 정보보호와 정보보안 비교

구분	정보보호	정보보안
정의	정보의 수집, 가공, 저장, 송신 과정에서 정보의 훼손, 변조, 유출 등을 방지하기 위한 관리적, 기술적 활동	정보의 기밀성, 무결성, 가용성을 보장하고, 이를 통해 정보시스템의 안전을 유지하는 활동
목적	정보 자체를 보호하고, 법적, 윤리적, 조직적 측면에서 안전하게 관리	사이버 공격, 해킹 등 외부 위협으로부터 정보 시스템과 데이터를 안전하게 보호
적용 범위	정보의 전체 생명 주기 동안 법적, 윤리적, 조직적 측면 포함	기술적 측면에서 네트워크, 서버, 컴퓨터 시스템, 애플리케이션 등 디지털 환경에서의 보안
중점 사항	정보 자체의 보호와 관리	기술적, 물리적, 관리적 수단을 통한 시스템 보안
포함 요소	개인정보 보호법 준수, 데이터 수집 · 처리 · 저장 · 폐기	암호화, 방화벽, 백신 소프트웨어, 네트워크 보안 등
범위	광범위한 개념으로 법적, 윤리적, 조직적 측면 포함	주로 기술적 측면에서 디지털 환경에서의 보안

3) 개인정보보호 개념

① 개인정보의 정의

- 살아있는 개인을 직·간접적으로 식별할 수 있는 정보, 주민등록번호, 이름, 주소, 연락처 등 인적 사항에서부터 긴깅 징보, 재산 상태 능을 포함한다.
- OECD와 EU에서는 '식별된 또는 식별될 수 있는 개인에 관한 모든 정보'로 정의한다.

성명	홍길동
나이	35세
전화번호	010-123-4567
주소	서울 서대문구 새롬길

성명	홍○○
나이	30대 초반
전화번호	010-***-****
주소	서울특별시

성명	(삭제)
나이	30세
전화번호	(삭제)
주소	대한민국

▲ 개인정보, 가명정보, 익명정보

② 개인정보 판단기준

살아있는 개인의 정보	• 개인정보는 살아있는 개인에 대한 정보이다. • 사망자의 개인정보는 개인정보가 아니다. 다만, 유족과의 관계를 알 수 있다면 개인정보로 판단할 수 있다.
개인을 식별할 수 있는 정보	• 성명, 주민등록번호, 영상 등 특정 개인을 직접적으로 식별할 수 있는 정보이다. • 다른 정보와 결합, 식별할 수 있는 경우를 포함한다.
다른 정보와 결합할 수 있는 정보	해당 정보만으로는 특정 개인을 식별할 수 없더라도, 다른 정보와 쉽게 결합하여 식별할 수 있는 정보이다.

③ 개인정보보호

• 개인의 정보를 권한이 없는 접근, 유출, 변조, 훼손 등으로부터 보호하는 활동이다.
• 개인정보보호의 목적은 개인의 프라이버시 권리를 보호하고, 개인이 자신의 정보에 대한 통제력을 강화하는 것이다.

주요 활동	설명
정보의 수집 · 처리 제한	개인정보는 필요한 최소한의 정보만 수집하고, 명확한 법적 근거와 동의를 바탕으로 처리
정보의 안전한 저장 · 전송	암호화, 접근 제어 등 기술적 수단을 통해 정보를 안전하게 저장 및 전송
정보의 폐기 및 관리	• 더 이상 필요하지 않은 정보는 안전하게 폐기 • 정보의 정확성과 최신성을 유지하기 위해 관리
개인정보 자기결정권 보장	개인이 자신의 정보를 언제, 어떻게 공유할지 결정할 수 있는 권리를 보장

④ 개인정보 생명주기

• 개인정보의 생명주기를 기반으로 개인정보 흐름의 체계적인 관리가 필요하다.
• 개인정보가 수집된 후 저장, 처리, 전송, 보관, 파기 등의 과정을 거치는 동안의 모든 단계를 포함한다.

단계	주요 활동	설명
수집 (Collection)	• 목적 명확화 • 법적 근거 준수	• 개인정보는 다양한 채널(웹사이트, 앱, 전화, 서류)을 통해 수집 • 수집 시 명확한 법적 근거와 동의 필요
저장 (Storage)	• 보호 조치 • 데이터베이스 관리	• 수집된 개인정보의 안전한 저장, 접근 제어, 암호화 등의 보안 조치 적용 • 데이터베이스는 정기적 백업, 데이터 무결성 유지
처리 (Processing)	• 목적에 따라 처리 • 최소한의 데이터 원칙	• 수집된 목적에 따라 개인정보 처리(데이터 구조화, 저장, 수정, 검색) • 업무처리에 필요한 최소한의 인원접근 관리
전송 (Transfer)	• 제3자 제공 • 국외이전	• 개인정보 제3자 제공 시 법적 근거 및 동의 필요 • 개인정보 국외전송 시 적절한 보호 조치 필요
보관 (Retention)	• 보관 기간 • 보관 형태	• 법적으로 정해진 기간 동안 보관 • 보관된 데이터는 안전하게 저장되며, 접근이 제한됨
파기 (Destruction)	• 파기 시기 • 파기 방법	• 보관 기간이 끝나면 개인정보는 안전하게 파기 • 완전한 삭제 및 복구가 불가능한 상태로 파기

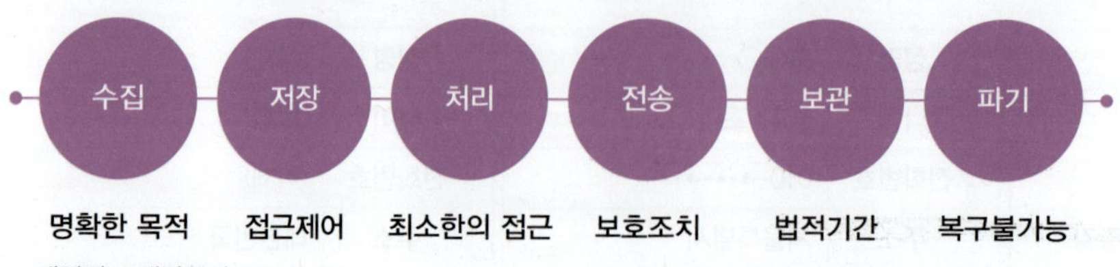

▲ 개인정보 생명주기

⑤ 개인정보 보호법의 변화

개인정보 전송 요구권 도입	정보주체가 자신의 개인정보를 본인 또는 제3자에게 전송을 요구할 수 있는 권리 신설
자동화된 결정에 대한 정보주체 권리 강화	AI 등 자동화된 결정에 대해 정보주체가 설명을 요구하거나 거부할 수 있는 권리 도입
이동형 영상정보처리기기 규정 마련	• 이동형 영상정보처리기기의 운영 기준 규정 신설 • 공개된 장소에서 촬영 시 촬영 사실을 표시해야 한다는 내용 포함
온 – 오프라인 규제 일원화	• 정보통신서비스 특례 규정을 일반 규정과 일원화 • 모든 개인정보처리자에게 동일한 규제 적용
형식적 동의제도 정비	정보주체의 실질적인 동의권을 보장하기 위해 형식적 동의제도 개설
개인정보 처리방침 평가제 도입	개인정보 처리방침의 적정성을 평가하고 개선하는 제도 신설
손해배상책임 보장 의무대상자 확대	손해배상책임 보장 의무가 온라인사업자에서 모든 개인정보처리자로 확대
개인정보 국외 이전 요건 다양화 및 보호조치 강화	개인정보 국외 이전 시 보호조치가 강화되고, 법적 근거가 다양화
형벌 중심에서 경제 제재 중심으로의 전환	과징금 액수 상향 및 경제 제재 중심으로 전환

P **기적**의 TIP

개인정보 처리방침 평가제 25년 1회

구분	설명
평가 개요	• 개인정보 보호 수준 개선 및 기업의 책임, 처리방침의 투명성, 책임성 강화 • 적정성, 가독성, 접근성 등을 평가하여 개인정보 보호 수준 개선 유도
평가 절차	① 평가계획 수립 · 공개 → ② $\dfrac{\text{기초 평가(평가위원회)}}{\text{이용자 평가(이용자 평가단)}}$ → ③ 심층 평가(평가위원회) → ④ 평가 결과 통보 및 이의신청 → ⑤ 평가 결과 확정 및 개선 권고
평가 항목	• 적정성 : 개인정보 보호법 상 기재사항을 적정하게 정하고 있는지 여부 • 가독성 : 알기 쉽게 작성되었는지 여부 • 접근성 : 정보주체가 쉽게 학인할 수 있는 방법으로 정보를 공개하고 있는지 여부
평가 대상	다음 중 어느 하나에 해당하는 자 • 전년도 매출액 1,500억 원 이상이면서 일일 평균 정보주체 수 100만 명 이상 • 일일평균 민감정보 · 고유식별정보 정보주체 수 5만 명 이상 • 동의 없이 처리하는 개인정보 항목 · 법적 근거를 동의받아 처리하는 정보와 구분하고 있지 않을 경우 • 완전히 자동화된 시스템(AI 포함)으로 개인정보를 처리하여 침해 우려가 있을 경우 • 최근 3년간 개인정보 유출이 2회 이상 발생했거나 과징금/과태료 처분을 받았을 경우 • 19세 미만 아동 또는 청소년을 주된 이용자로 하는 정보통신서비스 운영자

02 정보보호의 목표

1) 정보보호의 기본 목표 ^{25년 1회}

정보보호의 기본 목표는 기밀성, 무결성, 가용성 등을 유지하는 것이다.

목표	정의	주요 위협 요소	보호 방법
기밀성(Confidentiality)	비인가된 접근으로부터 정보보호	도청, 불법 복사, 사회공학	암호화, 접근 제어, 인증
무결성(Integrity)	데이터의 정확성과 신뢰성 유지	변조, 위조, 바이러스	해시 함수, 디지털 서명
가용성(Availability)	필요시 정보에 접근 가능 보장	DoS 공격, 하드웨어 장애	백업 시스템, 이중화

2) 정보보호의 주요 목표 ^{25년 1회, 2회}

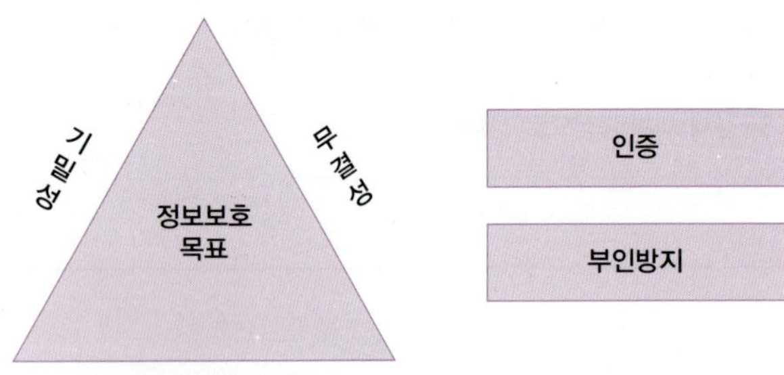

▲ 정보보호 주요 목표(CIA TRIAD 및 인증 · 부인방지)

① 기밀성(Confidentiality)

- 주요 정보에 인가되지 않은 사람이나 시스템이 접근하는 것을 방지하고, 외부에 노출되지 않도록 보호하는 정보보호의 핵심 요소이다.
- 기밀성은 민감한 정보가 허가되지 않은 접근으로 인해 유출되지 않도록 하는 것이 목적이다.
- 암호화, 접근통제, 트래픽 제어 기술이 사용된다.
- 기밀성의 특징

접근통제	• 기밀성은 정보에 접근할 수 있는 주체를 식별하고, 적절한 권한을 가진 자만이 접근할 수 있도록 통제하는 기능과 밀접한 관계 • 인증, 인가(Authorization), 접근제어(Access Control) 등 포함
최소 권한 원칙 (Least Privilege)	사용자는 자신이 업무를 수행하는 데 필요한 최소한의 권한만 부여받아야 하며, 이를 통해 불필요한 정보 접근을 차단 가능
암호화(Encryption)	• 기밀성을 보장하기 위해 정보는 전송 또는 저장될 때 안전한 알고리즘으로 암호화 • 인가되지 않은 사용자가 정보 이해도를 감소시킴
데이터 분류 및 민감도 관리	정보의 민감도를 기반으로 접근 권한을 분류하고, 중요도에 따라 보호 수준을 달리 설정하여 기밀성을 강화
보안 사고 방지	기밀성이 위협받을 경우 정보 유출, 내부자에 의한 데이터 유용, 해킹 등을 통한 민감 정보 노출 등 심각한 보안 사고 발생 위험 증가
법적 · 윤리적 요구사항	개인정보 보호법, 정보통신망법, ISMS-P, GDPR 등 각종 법령에서도 기밀성 유지 의무를 규정하고 있으며, 위반 시 법적 책임이 발생 가능

② 무결성(Integrity)

- 정보가 인가되지 않은 방식으로 변경되거나 훼손되지 않도록 보장하는 정보보호의 핵심요소이다.
- 정보의 정확성과 일관성을 유지하는 것이 목적이다.
- 해시 함수, 전자서명 등의 기술이 적용된다.
- 무결성의 특징

정확성 및 일관성 보장	무결성은 정보가 저장, 처리, 전송되는 과정에서 그 내용이 변경되거나 손상되지 않도록 유지
변조 방지	데이터에 대한 불법적 변경이나 변조 시도를 방지하고, 시스템적으로 이를 탐지하거나 차단
무결성 검증	해시(Hash), 전자서명(Digital Signature), 체크섬(Checksum) 등을 활용해 데이터가 변경되지 않았는지 검증
버전 관리	데이터가 변경될 때마다 이전 버전을 보존함으로써 추적이 가능하며, 변경 내역에 대한 투명성을 확보
로그 기록	시스템 및 사용자 활동에 대한 로그를 기록하고 보관함으로써 비인가 변경을 식별
시스템 및 데이터 감사	무결성 확보를 위해 정기적인 시스템 감사 및 점검 필요

③ 가용성(Availability)

- 인가된 사용자가 정보와 시스템이 필요할 때 적절히 접근 및 사용이 가능하도록 유지하는 정보보호의 핵심요소이다.
- 정보 시스템이 중단되지 않고 지속적으로 운영되는 것을 목적으로 한다.
- 방화벽, 침입방지시스템(IPS) 등의 보안 솔루션이 사용된다.
- 가용성의 특징

서비스 지속성 보장	정전, 장비 고장, 사이버 공격 등에도 불구하고 정보 시스템이 중단되지 않고 지속적으로 운영되도록 설계
장애 복구	시스템 장애 발생 시 신속하게 복구할 수 있는 절차와 도구 마련
이중화 및 백업	데이터 및 시스템 구성요소에 대해 백업과 이중화를 통해 고장 시에도 서비스를 지속
네트워크 및 시스템 모니터링	실시간 모니터링을 통해 장애를 사전에 감지하고 빠르게 대응
용량 계획	시스템의 사용량을 예측하고, 이에 맞는 자원을 계획하여 서비스 지연이나 중단을 방지
업무 연속성 계획(BCP)	비상 상황에서도 업무를 계속 수행할 수 있도록 계획 수립 및 테스트

④ 인증(Authentication)

- 시스템이나 정보에 접근하려는 주체의 신원을 확인하는 과정으로 ID · 패스워드, 공인인증서, 생체 인증 등이 포함된다.
- 접근 제어의 전제 조건, 사용자가 제공한 자격 증명이 유효한지 검증하여 시스템이나 리소스에 접근 가능한지를 결정하는 것이 목적이다.
- 인증의 특징

사용자 식별	사용자가 주장하는 신원이 실제로 그 사용자인지를 식별하는 것이 인증의 핵심으로 작용
다요소 인증(MFA)	비밀번호, OTP, 생체정보 등을 조합하여 강력하게 사용자를 인증하는 방식
강력한 인증 수단 적용	지문, 얼굴 인식, 하드웨어 토큰 등의 기술을 이용해 비인가자의 접근을 방지
인증정보 보호	인증정보는 암호화한 후 저장되어야 하며, 평문 저장을 금지
접근 제어와의 연계	인증 결과를 바탕으로 해당 주체가 어떤 자원에 접근할 수 있는지를 결정하므로 접근 제어와 밀접

⑤ 부인 방지(Non-repudiation)

- 정보 주체가 자신이 행한 행위를 나중에 부인하지 못하도록 증명이 가능한 정보보안의 속성을 말한다.
- 메시지 또는 데이터가 특정 주체에 의해 생성되거나 전송되었음을 증명하고, 해당 주체가 이를 부인할 수 없도록 보장하는 보안 원칙이다.
- 전자거래에서 활용, 데이터의 신뢰성과 책임성을 강화하는 데 중요한 역할을 한다.
- 전자서명, 로그 기록 등이 활용된다.
- 부인 방지의 특징

전자서명 기반 증명	전자서명이나 디지털 서명을 통해 송신자나 수신자가 해당 메시지 또는 거래를 실제로 수행했음을 증명
송수신 사실의 증명	데이터나 메시지의 송수신 사실을 명확히 기록 및 증명
기록 보존	부인방지를 위해 송신 및 수신 기록을 보존하며 필요한 경우 이를 제시
공인된 인증서 활용	공인된 기관(CA)이 발급한 인증서를 사용, 해당 주체의 신원을 공식적으로 입증
법적 증거로의 활용	법적 분쟁 시 당사자의 행위를 입증하는 자료로 활용(예 해시함수, 타임스탬프)

⑥ 책임 추적성

- 시스템 내의 각 개인은 유일하게 식별되어야 한다는 속성을 말한다.
- 책임 추적성에 따라 정보처리시스템은 누가, 언제, 어떠한 행동을 하였는지 기록하여 필요시 그 행위자를 추적할 수 있도록 한다.

조직의 보호대상

출제빈도 (상) 중 하
반복학습 1 2 3

빈출 태그 정보자산 • 식별 • 목록화 • 중요도 산정 • 현황조사 • 법적요구사항 • 위험평가

01 정보자산

1) 정보자산 개념

- 자산은 조직이 보호해야 할 모든 대상을 의미하며, 위험 평가의 기본 단위이다.
- 조직의 경영 환경에서 중요한 역할을 하는 모든 정보와 이를 생성, 보관, 처리하는 물리적 환경 및 인적 요소이다.
- 조직의 업무 활동 과정에서 생성되며, 조직의 목표 달성에 필수적인 역할을 수행한다.
- 조직의 업무특성에 따라 정보보호 대상인 정보자산 분류기준을 수립하여 관리체계 범위 내 모든 정보자산을 식별 · 분류하고, 중요도를 산정한 후 그 목록을 최신으로 관리하여야 한다.

2) 정보자산 유형

- 전자적 정보자산 : 데이터, 데이터베이스, 애플리케이션, 시스템 로그 등
- 물리적 자산 : 서버, 네트워크 장비, 스토리지, 시설(전산실, 데이터센터, 통신실 등)
- 소프트웨어 자산 : 운영체제(OS), 보안 프로그램, 기업 애플리케이션
- 인적 자산 : 정보보호 담당자, 개발자, 운영자 등 정보자산을 다루는 인력
- 기업 이미지 및 평판 : 브랜드 신뢰도, 고객 정보 보호 수준

3) 정보자산 분류기준

기밀성(Confidentiality)	• 정보가 비인가된 사용자에게 노출되지 않도록 하는 기준 • 고객 정보나 경영 전략과 같은 중요한 데이터는 높은 기밀성을 요구
무결성(Integrity)	• 권한 없는 변경과 손상 없이 정확하고 일관되게 유지되도록 하는 기준 • 금융 거래 기록이나 계약서와 같은 중요한 문서는 높은 무결성을 요구
가용성(Availability)	• 정보가 필요할 때 지체 없이 접근할 수 있도록 하는 기준 • 고객 서비스 시스템이나 중요한 데이터베이스는 높은 가용성을 요구
법 · 규제적 요구사항	• 관련 법률 및 규제에 따라 정보자산을 분류 • 예를 들어, 개인정보 보호법에 따라 개인정보는 특별한 보호가 필요
업무 중요도	• 정보자산이 조직의 업무에 미치는 영향을 평가하여 분류 • 핵심 비즈니스 프로세스에 중요한 자산은 높은 중요도 보유
재정적 가치	• 정보자산의 재정적 가치를 평가하여 분류 • 높은 재정적 가치를 가진 자산은 더욱 강력한 보호가 필요

4) 정보자산 관리방법

자산 관리 정책 수립	• 정보자산의 분류기준, 관리 방안 등을 포함한 정책을 수립 • 정보자산 관리자의 역할과 책임을 명확히 하고, 자산의 중요도 평가 기준을 정의
자산 조사 및 식별	• 조직이 보유한 모든 자산을 조사하고, 보호해야 할 자산을 식별 • 관련 부서의 협조를 받아 자산 관리자를 지정하고, 자산 보호 책임성을 확보
자산 분류 및 등록	• 식별된 자산을 유형별로 분류하고, 정보자산 목록을 작성 • 자산명, 용도, 위치, 책임자 등의 정보를 포함하여 목록을 관리
자산 가치 평가	• 자산의 중요도와 업무에 미치는 영향을 평가하여 보안 등급을 부여 • 기밀성, 무결성, 가용성 등을 기준으로 평가
자산 변경 관리	• 자산의 상태를 주기적으로 모니터링하고 변경 사항을 관리 • 자산의 중요도 평가를 재실시하고, 목록을 최신으로 유지

5) 정보자산 식별 및 평가

- 특정 활동이나 자산, 시스템 등과 관련된 위험의 발생 가능성을 원천적으로 제거하기 위해, 그 활동 자체를 중단하거나 아예 시작하지 않는 대응 전략의 수립이 가능하다.
- 위험을 감수하지 않고 피하는 것이며, 가장 극단적이고 강력한 대응 방식, 경영진 의사결정 및 전략적 판단을 고려한다.
- 정보자산 식별 및 평가 특징

목적	위험 발생 가능성을 완전히 없애는 것
접근 방식	해당 자산 · 행위 · 서비스 자체를 제외하거나 중단
적용 대상	중대한 피해를 유발할 수 있는 고위험 영역
적용 방법	서비스 중단, 기술 구조 변경, 계약 취소 등
장점	위험발생 가능성 확실히 제거하여 가장 확실한 안전 확보
단점	업무 중단, 기회 손실 발생 가능 등 비즈니스 영향 큼
사례	신규 서비스 중단, 클라우드 이전 보류

6) 정보자산 식별 절차

구분	핵심 단어	설명
① 분류기준 수립	자산 분류 기준	조직의 업무 특성을 반영한 정보자산 분류기준을 수립하여 관리체계 범위 내 모든 정보자산에 대해 일관된 기준으로 분류
② 자산 식별 및 목록화	자산 목록화	서버, DB, 응용 프로그램, 네트워크 장비 등 식별된 자산의 명칭, 용도, 위치, 책임자 등을 포함한 정보를 기반으로 체계적인 자산 목록을 작성하여 관리
③ 클라우드 자산 관리	클라우드 기준	클라우드 환경(예 가상서버, 오브젝트 스토리지 등)에 적합한 분류기준을 별도로 마련하여 해당 자산을 식별 · 목록화하고 일반 자산과 구분하여 관리
④ 중요도 산정	보안등급 평가	기밀성, 무결성, 가용성, 법적 준거성, 업무 영향 등을 고려하여 자산별 보안등급을 산정하고, 평가 기준에 따라 합리적이고 일관되게 등급 부여
⑤ 목록 최신화	자산 현황 유지	신규 도입, 변경, 폐기 등 자산 변화 내역을 주기적으로 점검하고, 그 결과를 자산 목록에 반영하여 최신 상태를 유지

7) 정보자산 관련 인증기준

① 정보자산 식별 및 목록화 : 정보자산의 분류기준을 수립하고 정보보호 및 개인정보보호 관리체계 범위 내의 모든 자산을 식별하여 목록으로 관리하고 있는지 확인한다.
② 정보자산 중요도 산정 : 식별된 정보자산에 대해 법적 요구사항 및 업무에 미치는 영향을 고려하여 중요도를 결정하고 보안등급을 부여하여 관리하고 있는지 확인한다.
③ 정보자산 현황 조사 : 신규 도입, 변경, 폐기되는 자산 현황을 정기적으로 조사하여 정보자산목록을 최신으로 유지하고 있는지 확인한다.

02 정보보호대상 선정 단계

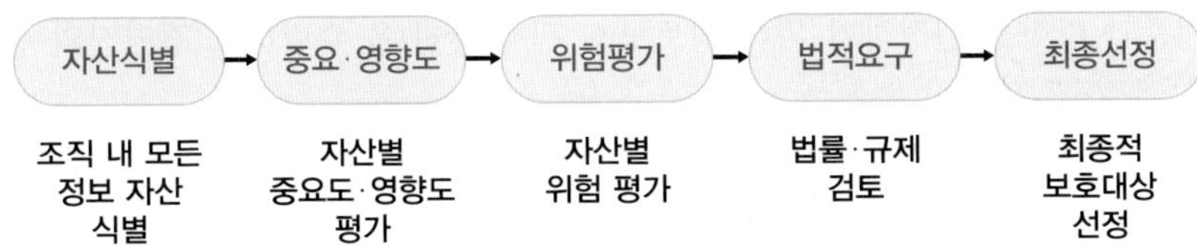

▲ 정보보호대상 선정기준 및 방법

단계	주요 활동	설명
① 보호대상	• 정보자산 • 핵심자산	데이터, 문서 등 조직의 정보 시스템과 관련된 모든 자산 조직의 핵심 서비스에 직접적인 영향을 주는 자산
② 선정기준	• 중요도 · 영향도 • 법적요구사항 • 위험 평가	• 정보자산의 중요도와 조직에 대한 영향도를 평가하여 선정 관련 법률 및 규제에 따라 보호해야 할 정보자산 식별 • 정보자산에 대한 위험을 평가하여 보호 우선순위 결정
③ 선정방법	• 자산 목록 작성 • 위험 평가 수행 • 법적 요구 검토	• 조직 내 모든 정보자산을 목록화하여 관리 • 위험 평가 수행을 통해 각 정보자산에 대한 위험 평가 보호 우선순위 결정 • 관련 법률 및 규제 검토
④ 이해관계자	• 경영진 • 정보보호담당자 • 부서별 책임자	• 경영진 : 정보보호 정책 및 방향성 결정. • 정보보호 담당자 : 정보자산의 식별 · 평가 · 보호대상 선정 • 부서별 책임자 : 부서별 정보자산 관리 · 보호

보호대상의 정보보호 요구사항 파악

01 조직의 정보보호 정책 및 관련 규정 수립

1) 정보보호 정책 수립 및 승인

① 조직은 정보보호 활동의 기준과 방향을 설정하기 위해 정보보호 정책(방침)을 수립하고 경영진의 승인을 받아야 한다.

② 이 정책은 정보보호 생명주기 전반에 영향을 미치는 최상위 문서이며, ISMS-P 인증기준의 [3.1 정보보호 정책 수립 및 승인]으로 명시되어 있다.

③ 조직은 정보보호 방침을 수립할 때, 그 범위 · 목표 · 책임자 · 법적 근거 등을 명확히 포함하고 경영진의 승인을 받아야 하며, 구성원에게 이를 공유하고 주기적으로 검토 · 개정해야 한다.

④ ISMS-P 인증기준 요약

항목	설명
목적	정보보호 정책의 체계적 수립과 공식적 승인
요구사항	• 정보보호 방침 수립 • 방침에 범위 · 목표 · 법적 기준 명시 • 경영진 승인 포함 • 구성원에게 배포 및 교육
평가 기준	정보보호 방침의 수립 및 경영진의 승인 및 관련 문서 존재 여부 확인
심사 포인트	정책의 최신성, 조직 적합성, 승인 근거, 전사 공지 여부 등

⑤ 정보보호 방침의 필수 포함 항목 정리

구분	핵심 단어	설명
범위(Scope)	적용 대상	조직, 시스템, 자산, 사용자 범위 명시
목표(Objective)	정책 목적	정보자산 보호, 규제 준수, 위험관리 등
역할과 책임(Roles)	관련자 정의	CISO, CPO, 실무자, 경영진의 역할 구체화
법적 근거(Legal Basis)	준수 기준	정보보호산업법, 정보통신망법, 개인정보 보호법, ISMS-P 등

⑥ 정보보호 방침 수립 절차(예시)

단계	주요 활동	산출물
1단계	정책 초안 작성	정보보호 방침(초안)
2단계	관련 부서 검토	이해관계자 검토 의견
3단계	경영진 승인	공식 승인 문서 또는 이메일
4단계	정책 공지 및 배포	사내 공지, 내부 시스템 게시
5단계	주기적 검토 및 개정	정책 변경이력, 검토보고서

⑦ 문서화 및 승인 시 확인사항(예시)

번호	확인 항목	체크 여부
1	정보보호 방침 문서 존재 여부	예/아니오
2	경영진의 공식 승인 여부(서명 또는 이메일)	예/아니오
3	정책 내 범위 · 목표 · 역할 · 법적 근거 포함	예/아니오
4	내부 인트라넷 또는 메일 등으로 구성원에게 공지	예/아니오
5	1년 또는 조직 변경 시 재검토 계획 포함	예/아니오

2) 내부 정보보호 지침 및 절차 마련

① 조직은 정보보호 방침(정책)을 실질적으로 이행하기 위해 구체적인 업무별 지침 및 절차문서(세부 실행 기준)를 수립하고 운영해야 하며 전 구성원이 정보보호 활동을 일관되고 효과적으로 수행하기 위한 기반이 된다.

② ISMS-P 인증기준 요약

항목	설명
목적	정보보호 정책 이행을 위한 세부 실무지침 수립 및 구성원 배포
요구사항	• 정보보호 관련 업무 수행 지침 수립 • 정책과 연계된 절차와 역할 포함 • 구성원 교육 및 배포 실시
평가 기준	정보보호 지침이 실제 업무에서 적용 가능한 수준으로 수립되었는지, 최신성이 유지되는지 확인
심사 포인트	책임자/업무별 지침 문서 존재 여부, 정책과의 일관성, 배포 방식 등

③ 주요 내부 지침 문서(예시)

보호지침	예시
기술적	암호화 지침, 백업 지침, 패치 관리 지침 등
관리적	사용자 계정 관리, 내부정보 처리지침 등
물리적	출입통제, 설비보안, 문서보관 지침 등
개인정보	개인정보 처리, 파기, 수탁관리 지침 등

④ 내부지침 문서 구성요소

목적 · 적용 범위	어떤 업무에 적용되며, 어떤 리스크를 예방하기 위한 것인지 판단
책임자	해당 지침의 담당 부서 또는 책임자를 명시
수행 절차	단계별 작업 절차와 실행 기준 상세화
이행 기준	언제, 어떤 상황에 어떻게 적용할지 명시
관련 법령 · 정책 연계	상위 정책, 법적 기준(예 개인정보 보호법 등)과의 연결성 표시

⑤ 지침 수립 및 관리 절차(예시)

- 지침은 모든 구성원이 접근 가능하도록 인트라넷에 게시하고 정기 교육자료에 포함해야 한다.
- 지침 변경 시 즉시 공지하고 변경 내역을 명확하게 안내한 후, 지침 이해도 평가나 퀴즈 등을 통해 효과성을 점검할 수 있다.
- 정보보호 방침의 이행을 위해 조직은 업무별로 세부 정보보호 지침을 수립해야 하며, 해당 지침에는 책임자, 적용 범위, 절차, 기준, 법적 근거 등을 명시하고, 구성원에게 배포 및 교육함으로써 정책의 실효성을 확보해야 한다.

단계	주요 활동	산출물
1단계	지침 초안 작성	각 부서별 세부 지침 초안
2단계	법적/정책 기준 검토	법무/정보보호팀 검토 기록
3단계	책임자 승인	승인 문서 또는 이메일
4단계	배포 및 교육	구성원 공지, 인트라넷 게시 등
5단계	정기 검토 및 개정	변경이력 관리대장, 리뷰 결과 보고서

02 임직원 대상 정보보호 교육 및 인식 제고

1) 정보보호 교육의 의의

- 조직은 전 임직원이 정보보호의 중요성을 인식하고 실천할 수 있도록 정기적인 교육과 인식 제고 활동을 수행해야 한다.
- 정보보호 사고의 90% 이상이 사람의 실수로 발생하는 만큼, 이는 가장 기본적이고 중요하다.

2) 정보보호 교육

① ISMS-P 인증기준 요약

항목	설명
목적	정보보호 정책과 지침이 실질적으로 이행되도록 전 구성원에게 교육 실시
요구사항	• 연간 교육계획 수립 • 대상자별 맞춤형 교육 실시 • 교육 실적 및 결과 기록 관리
평가 기준	교육 자료, 계획, 이력, 대상자 커버리지 등 확인
심사 포인트	교육자료 적절성, 참석률, 이수율, 역할별 교육 포함 여부 등

② 정보보호 교육 유형

구분	내용	대상자
정기 교육	연 1회 이상 실시	전 임직원
신규자 교육	입사 시 실시	신입사원 · 외주 인력
특별 교육	사고 발생 시, 정책 변경 시	관련 실무자
역할별 교육	정보보호 담당자, 개발자, CISO 등	업무별 담당자

③ 교육 계획 수립 및 운영 절차

단계	주요 활동	산출물
1단계	연간 교육계획 수립	교육 일정표, 커리큘럼
2단계	대상자별 교육 콘텐츠 준비	일반직원/보안담당자/개발자
3단계	교육 실행	출결 체크, 질의응답 운영
4단계	결과 기록 및 분석	교육 이력표, 이수율, 평가 결과
5단계	효과성 평가 및 개선	설문지 분석, 차기 개선방안

④ 교육 콘텐츠 구성(예시)

교육 주제	설명
정보보호 정책 및 지침 이해	방침, 책임자 역할, 보고 체계 등
개인정보보호 주요 이슈	수집 제한, 파기 절차, 위탁관리 등
피싱 · 랜섬웨어 예방	이메일 주의사항, 이상 징후 대응 방법
내부자 보안 사고 예방	USB 사용 제한, 문서 반출 규정 등
사고 발생 시 보고 절차	사고 인지 시 신고 및 기록 방법

⑤ 인식 제고 활동(예시)

조직은 정보보호 정책이 현장에서 실행되도록 연간 교육계획을 수립하고, 신규자 · 전사 · 역할별 교육을 실시하며, 캠페인과 사례 공유 등을 통해 임직원의 인식 수준을 높여야 한다.

활동 유형	설명	활동 유형	설명
캠페인 운영	정보보호의 날, 전사 캠페인 주간 운영	퀴즈, 사내 콘테스트	보안 상식 퀴즈, 정보보호 문구 공모 등
실제 사례 공유	실제 유출 사고 사례 학습 및 토론	포스터, 리플렛 배포	시각적 메시지 전달로 반복 학습 유도

⑥ 정보보호 교육 주요 항목 및 내용

교육 계획 수립	• 연간 교육 계획은 교육 시기, 기간, 대상, 내용, 방법 등을 포함하여 수립, 경영진의 승인 후 시행 • 교육 유형에 임직원 인식 제고, 주요 직무자, 개인정보 취급자, 수탁자, 전문교육 등포함
교육 실행 기준	• 관리체계 범위 내 모든 인력(임직원, 외주용역 등)을 대상으로 연 1회 이상 정기 교육수행, 관련 법규 또는 절차의 중대한 변경 시 추가 교육 시행 • 출장 등 불참자는 별도 교육 방식으로 보완
교육 내용 범위	• 교육 내용에 정보보호 및 개인정보보호 개요, 법률, 내부 규정, 기술 · 관리 · 물리적 조치사항, 침해 사고 사례 및 대응방안, 법적 책임 등 조직의 관리체계 이해에 필요한 사항 포함
신규 인력 교육	• 임직원 채용 및 외부자 계약 시, 업무 시작 전 정보보호 및 개인정보보호 교육 실시 • 조직 정책과 위반 시 법적 책임 등에 대해 숙지
직무별 전문 교육	• IT 및 정보보호, 개인정보보호 관련 직무자 대상 콘퍼런스, 외부 위탁 교육, 내부 전문가 초빙 교육 등 • 별도의 전문성 향상 교육 제공
교육 효과 평가	• 교육 후 공지, 자료, 출석부 등 기록 • 설문이나 테스트를 통해 교육의 효과성과 적정성을 평가한 후 개선사항을 다음 교육 계획에 반영

03 정보보호 조직(CISO, CPO, 위원회, 보안팀) 구성

1) 정보보호 조직의 역할

구분	키워드	설명
조직의 책임 정의	역할 및 책임 구체화	정보보호 및 개인정보보호 업무와 관련하여 조직의 특성을 고려해 각 책임자 및 담당자의 역할과 책임을 시행문서에 구체적으로 정의
책임자 정의	주요 책임자 식별	• 정보보호 최고책임자, 개인정보 보호책임자, 관리자, 담당자, 부서별 책임자 및 실무자의 역할을 명확히 정의 • 법적 요구사항을 반영하여 역할과 책임 구분
정보보호 최고책임자 역할	정보보호 책임자 업무	정보보호 전반에 대한 업무 수행 ⑩ 정보보호 관리체계 수립·시행, 실태 감사 및 개선, 위험 식별 및 대응책 마련, 교육·훈련 계획 수립, 관련 법령에 따른 조치 등
개인정보 보호책임자 역할	개인정보 보호책임자 업무	개인정보보호에 관한 전반적인 업무 수행 ⑩ 개인정보 보호계획 수립, 처리 실태 조사, 불만 처리, 유출 방지 대책, 교육 계획, 개인정보 파일 보호, 방침 수립 및 파기 조치 등
관리자 및 실무자 역할	실무 지원 역할	관리자, 보호담당자, 실무자 등은 최고책임자 및 보호책임자의 업무를 실무적으로 지원·이행할 수 있도록 직무기술서 등을 통해 역할과 책임 정리
평가 체계 수립	활동 평가	정보보호 및 개인정보보호 활동을 KPI, MBO, 인사평가 등을 활용하여 주기적으로 평가할 수 있는 체계 마련
조직 간 의사소통	의사소통 체계 수립	• 정보보호 및 개인정보보호 관련 조직 및 구성원 간 효과적인 의사소통 체계 수립 • 정보보호포털, 회의, 보고, 메신저 등 다양한 방식으로 정기적인 소통 수행

2) 정보보호 책임자 및 담당자의 역할

구분	키워드	설명
주요 직무 기준 정의	주요 직무 기준	개인정보 및 중요정보의 취급, 주요 시스템 접근 등과 관련된 주요 직무의 기준을 명확히 정의 ⑩ 중요정보(개인정보, 인사정보, 영업비밀 등) 취급, 주요 시스템(서버, DB 등) 운영, 보안 시스템 운영, 보안 관리업무 등
주요 직무자 지정	직무자 목록 관리	• 주요 직무를 수행하는 임직원 및 외부자를 주요 직무자로 지정하고 목록으로 관리 • 신규 지정·변경·해제 시 목록을 업데이트하고 정기적으로 적정성을 검토하여 최신 상태 유지
개인정보취급자 지정	개인정보취급자 목록	• 업무상 개인정보를 취급하는 자를 개인정보취급자로 지정하고 목록으로 관리 • 수탁자의 취급자도 포함하되 시스템 접근 권한이 없는 경우는 수탁자의 자체 관리가 가능하며, 목록은 정기적으로 검토
개인정보취급자 정의	정의 및 범위	• 개인정보취급자는 개인정보처리자의 지휘·감독 하에 개인정보를 처리하는 임직원, 파견근로자, 시간제근로자 등을 포함 • 실질적인 개인정보 처리 행위 여부를 기준으로 정의
지정 최소화 방안	최소 지정 원칙	• 주요 직무자 및 개인정보취급자는 업무상 반드시 필요한 경우에 한해 최소화하여 지정 • 권한 신청 및 부여에 대한 승인 절차를 마련해야 하며, 이들에 대한 교육, 모니터링 등 통제방안을 수립·이행

04 정보보호 법규, 정책 준수 여부 점검

1) 정보보호 정책 및 규정

구분	키워드	설명
정책 타당성 검토 절차 수립	정기 검토 체계	정보보호 및 개인정보보호 관련 정책과 시행문서의 정기 타당성 검토 절차 수립(최소 연 1회 이상 수행) ⑩ 검토 주기, 검토 시기, 관련 조직의 역할과 책임, 담당 부서 및 담당자, 검토 방법, 후속조치 절차 등을 포함
정책 연계성 분석	상위 정책 연계성	법령 및 규제, 상위 조직 및 관련 기관 정책과의 연계성을 고려하여 상호 부합되지 않은 요소 존재 여부, 정책 간 상하 체계 적절성 여부 등 분석 및 검토
문서 간 일관성	문서 일관성 유지	정보보호 및 개인정보보호 활동의 주기, 수준, 방법 등이 관련 문서 간에 일관되게 반영되었는지 검토
법규 반영 여부	법령 반영성	관련 법규의 제·개정 또는 예정사항이 정책과 시행문서에 반영되었는지 검토
환경 변화 반영	위험/환경 변화	위험평가 결과, 새로운 위협 및 취약점, 비즈니스 환경 변화, 신기술 도입 등 IT 및 정보보호 환경의 변화를 정책 및 시행문서에 반영
대내외 변화 대응	환경 변화 검토	법령 제·개정, 비즈니스 구조 변경, 보안사고, 신규 시스템 도입 등 조직의 대내외 환경 변화 시 관련 정책 및 시행문서에 대한 영향을 검토하고 필요시 제·개정
이해관계자 협의	협의 절차 이행	정책 및 시행문서를 제·개정 시 고책임자, 보호책임자, 관련 조직, IT 부서, 개인정보 처리 부서 등과 충분히 협의·검토 후 회의록 등 증거자료 보관 및 반영
정책 변경 이력 관리	문서 이력 관리	• 정책 및 시행문서의 제·개정, 폐기 등에 관한 이력을 기록·관리하기 위한 문서관리 절차 수립 • 문서 버전, 일자, 개정 사유, 작성자, 승인자 등의 항목을 포함하여 관리하고, 관련 임직원이 최신본을 참조할 수 있도록 배포 및 유지

2) 개인정보 내부 관리계획 25년 1회

1. 개인정보 보호 조직의 구성 및 운영에 관한 사항
2. 개인정보 보호책임자의 자격요건 및 지정에 관한 사항
3. 개인정보 보호책임자와 개인정보취급자의 역할 및 책임에 관한 사항
4. 개인정보취급자에 대한 관리·감독 및 교육에 관한 사항
5. 접근 권한의 관리에 관한 사항
6. 접근 통제에 관한 사항
7. 개인정보의 암호화 조치에 관한 사항
8. 접속기록 보관 및 점검에 관한 사항
9. 악성프로그램 등 방지에 관한 사항
10. 개인정보의 유출, 도난 방지 등을 위한 취약점 점검에 관한 사항
11. 물리적 안전조치에 관한 사항
12. 개인정보 유출사고 대응 계획 수립·시행에 관한 사항
13. 위험 분석 및 관리에 관한 사항
14. 개인정보 처리업무를 위탁하는 경우 수탁자에 대한 관리 및 감독에 관한 사항
15. 개인정보 내부 관리계획의 수립, 변경 및 승인에 관한 사항
16. 그 밖에 개인정보 보호를 위하여 필요한 사항
※ 다만, 1만 명 미만의 정보주체에 관하여 개인정보를 처리하는 소상공인·개인·단체의 경우에는 생략 가능

3) 정보보호 직무 기준

구분	키워드	설명
직무 분리 기준 수립	직무별 분리 적용	권한 오·남용 등으로 인한 피해를 예방하기 위해 다음과 같은 직무 분리 기준을 수립하고 적용 ㉠ 개발과 운영 직무 분리, 정보보호 담당자와 모니터링 직무 분리, 시스템 운영과 개인정보 보호 관리 직무 분리 등
외부자 권한 제한	위탁 직원 권한 제한	외부 위탁업체 직원에게는 사용자 계정 등록·삭제 및 접근권한 변경 등의 권한을 부여해서는 안 되며, 불가피한 경우에는 이에 상응하는 보완통제 적용
직무 분리 곤란 시 대안	보완통제 마련	조직 규모나 인력 부족으로 직무 분리가 어려운 경우 상호 검토, 상위관리자의 승인 등을 통해 직무 오·남용을 방지하고, 보완통제 필수 수립
책임추적성 확보	로그 및 감사 관리	직무자 간 책임을 명확히 하기 위해 개인별 계정 사용, 로그기록 유지, 감사 및 모니터링을 통해 책임추적성 확보, 오·남용 예방

4) 정보보호 직무관리

① 조직 내 정보보호와 관련된 업무를 효율적으로 분장하고, 역할과 책임을 명확히 하여 보안 사고를 예방하고 대응할 수 있도록 체계를 수립하는 활동을 수행한다.
② 보안 정책 수립, 시스템 보안 운영, 사고 대응, 교육 훈련 등 정보보호 전반에 걸친 직무를 관리한다.
③ 정보보호 직무관리 특징

역할 분담	정보보호 책임자, 운영자, 사용자 등으로 역할을 구분하고 각자의 책임 범위를 명확히 정의
권한 통제	직무별로 접근 권한을 최소화하고, 분리된 권한 체계를 통해 내부자 위협을 방지
독립성 확보	보안 감사나 평가 등의 기능은 운영 부서와 독립적으로 수행되도록 하여 객관성을 유지
지속적인 교육	직무에 따른 보안 역량을 유지하기 위해 정기적인 교육과 훈련을 실시
보안 거버넌스 연계	조직의 정보보호 정책과 연계하여 직무 수행의 일관성과 정책 준수 수준 향상

➕ 더 알기 TIP

금융보안 거버넌스 7대 기본원칙 25년 1회

역할, 권한 및 책임 확립	정보보호 활동을 한 명확한 역할을 정의하고, 그에 맞는 권한과 책임을 확립한다.
보고체계 수립	올바른 의사결정을 지원하기 위한 효과적인 보고체계를 수립한다.
전사적 위험관리 체계 확립	위험을 감소시키고 완화하기 위한 전사적인 위험관리 체계를 확립한다.
최고경영층의 이해 증진	정보보호 활동의 현재와 미래에 대한 최고경영층의 이해를 돕는 방법을 제시한다.
소통 강화	원활한 정보보호 활동을 위해 최고경영층 등 조직 내 소통을 강화한다.
예산 및 인력 확보	안정적인 정보보호 활동을 위한 정보보호 예산을 수립·집행하고, 전담 인력을 배치한다.
정보보호 문화 확립	지속적인 개선이 이루어지는 선순환 구조를 위해 정보보호 문화를 조직 전체에 확립한다.

④ 정보보호 직무관리 유형

직무 분리(역할 분리)	동일인이 인가, 개발, 운영, 검토 등 여러 직무를 동시에 수행하지 못하도록 역할을 분리함으로써 보안 사고를 예방
역할 기반 접근제어(RBAC)	사용자에게 주어진 직무(Role)에 따라 정보시스템 접근 권한을 부여하고, 불필요한 접근을 차단
최소 권한 원칙 적용	직무 수행에 꼭 필요한 최소한의 권한만 부여하여 오남용 가능성을 방지
업무 교차 점검	특정 업무를 여러 사람이 순환하거나 교차 점검하게 하여 투명성을 높이고 부정행위를 억제

⑤ 정보보호 직무관리 결함사례

내부자에 의한 권한 남용	• 시스템 관리자에게 과도한 권한이 부여되어 내부 자료 유출 사건이 발생한 사례 • 직무 분리가 제대로 이루어지지 않아서 발생
직무 겸직에 따른 정보 유출	• 개발자와 운영자가 동일 인물인 상황에서 외부와의 정보 통신을 통해 내부 자료가 유출된 사례 • 직무 분리가 제대로 이루어지지 않아서 발생
역할 기반 권한 설정 미흡	• 사용자에게 일괄적으로 권한이 부여되어 불필요한 시스템 접근이 가능했던 사례 • RBAC 정책이 제대로 운영되지 않아서 발생
교육 미비로 인한 보안 인식 부족	정보보호 책임자와 운영자 간 책임 분담이 불명확하고 보안 교육도 이루어지지 않아 악성코드 감염 후 대응이 지연된 사례

⑥ 정보보호 관련 주요 법령

법	시행령	시행규칙	고시
정보통신망 이용촉진 및 정보보호 등에 관한 법률 (정보통신망법)	정보통신망 이용촉진 및 정보보호 등에 관한 법률 시행령	정보통신망 이용촉진 및 정보보호 등에 관한 법률 시행규칙	• 정보보호 및 개인정보보호 관리체계 인증 등에 관한 고시 • 정보보호 관리등급 부여에 관한 고시 • 정보보호 조치에 관한 지침 • 침해사고 사전점검에 관한 고시 • 인터넷 교환 접속료 정산 관련하여 독점적으로 정보통신망을 운영하는 민간사업자 중 침해사고 관련 정보 제공 기관의 범위 • 정보보호산업법 제17조 정보보호이용에 관한 고시 • 본인확인기관 지정 등에 관한 기준 • 영리목적의 광고성 정보 전송 기준 위반행위자 등에 대한 과태료 부과 업무처리 지침
정보보호산업의 진흥에 관한 법률 (정보보호산업법)	정보보호산업의 진흥에 관한 법률 시행령	정보보호산업의 진흥에 관한 법률 시행규칙	• 정보보호 전문서비스 기업 지정 등에 관한 고시 • 정보보호 제품 성능평가 운영지침 • 정보보호 공시에 관한 고시 • 정보보호시스템 구축 사업의 하도급 승인 및 관리지침 • 우수정보보호기술 등·우수 정보보호기업의 지정 및 지원 등에 관한 기준
개인정보 보호법	개인정보 보호법 시행령	• 개인정보보호위원회 개인정보보호지침 • 행정안전부 개인정보보호지침 • 해양경찰청 개인정보보호 규칙 • 헌법재판소 개인정보보호 규칙 • 법원 개인정보보호지침	• 개인정보 보호 자율규제단체 지정 등에 관한 규정 • 개인정보 영향평가에 관한 고시 • 개인정보 보호법규 위반에 대한 과징금 부과기준 • 개인정보의 가명 처리 및 결합 등에 관한 기준 • 개인정보의 안전성 확보조치 기준 • 정보보호 및 개인정보보호 관리체계 인증 등에 관한 고시 • 표준 개인정보 보호 지침 • 가명정보의 결합 및 반출 등에 관한 고시 • 개인정보 보호위원회의 조사 및 처분에 관한 규정 • 개인정보의 처리방침 평가에 관한 고시 • 가명정보의 결합 및 반출 등에 관한 고시

⑦ 정보보호 법률 및 정책준수 점검

점검항목	항목	예시
내부 관리 계획 수립 및 시행	• 개인정보 보호와 관련된 내부 관리 계획 수립 • 법령 개정 사항 반영	개인정보 보호위원회의 내부 관리 지침 준수
기술적 · 관리적 조치	접근 통제, 데이터 암호화, 백신 설치 등 기술적 · 관리적 보호 조치 점검	네트워크 트래픽 통제, 해킹 방지 대책 마련
정보보호 관리체계(ISMS) 점검	정보보호 관리체계(ISMS)를 기반으로 자체 점검 및 취약점 분석 수행	ISMS 인증 기준에 따른 자체 점검 및 보안 감사
사고 대응 체계 점검	개인정보 유출 사고 발생 시 피해자 통지, 규제 기관 보고 등 대응 절차 확인 ^{25년 2회}	포렌식랩 운영으로 사고 원인 분석 강화
자가진단 및 컨설팅 지원	• 온라인 자가진단 시스템을 통해 개인정보 보호 수준을 평가 • 개선 방안을 제시(개인정보보호 포털)	자율 점검 및 컨설팅
정기 감사 및 사후 관리	• 연 1회 이상 정보보안 감사 실시 • 규정 준수 여부를 확인 • 지적 사항을 수정 및 개선	외부 전문가 포함 감사 수행
정보시스템 취약점 점검	시스템의 보안 취약점을 사전에 발견하고 운영 단계 이전에 제거(설계 및 구현 단계)	보안성 검토 시큐어코딩 점검

「사고 대응 체계 점검」 항목의 세부 내용:

구분	개인정보처리자	상거래기업 및 법인
유출건수	1천 명 이상	1만 명 이상
신고기한	72시간 이내	
신고내용	• 정보주체에게의 통지 여부 • 유출된 개인정보의 항목과 규모 • 유출된 시점과 경위 • 유출에 따른 피해 최소화 대책 · 조치 및 결과 • 정보주체의 피해 최소화 방법 및 구제절차 • 담당부서 · 담당자 및 연락처	
근거	개인정보 보호법 제34조	신용정보법 제39조의4

위험분석 및 위험평가

출제빈도 (상) 중 하
반복학습 1 2 3

빈출 태그 자산 • 취약점 • 위협 • 위험관리절차 • 정성적 • 정량적 • 베이스라인 • 비정형 • 상세위험분석 • 복합접근법

01 위험과 위협

1) 위험의 개요

① 위험의 정의

- 위협(Threat)이 취약성(Vulnerability)을 이용하여 자산(Asset)에 피해를 줄 가능성이다.
- 조직의 정보자산(데이터, 시스템, 인프라 등)에 위협이 발생하여 손실을 초래할 가능성으로, 위험은 발생 가능성과 손실의 크기에 의해 정량적으로 측정 가능하다.
- 위험의 구성요소는 자산, 위협, 취약성, 정보보호대책(조직의 자산을 보호하기 위해 다양한 위협에 대응하는 관리적, 물리적, 기술적 통제 방안), 보안 요구사항, 가치이다.

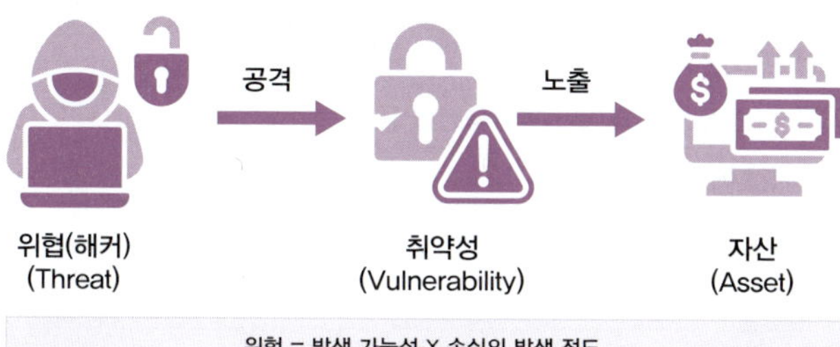

▲ 자산, 위협, 취약성(TVA) 관계도

② 위험의 핵심 구성요소 25년 2회

구분	내용	세부 활동
자산(Asset)	조직이 보호해야 할 모든 대상 위험 평가의 기본 단위	• 인적 자산, 물리적 자산 • 기업 이미지 및 평판 • 전자적 정보자산(데이터, 데이터베이스, 애플리케이션)
위협(Threat)	자산에 손실을 초래할 수 있는 사건의 원인이나 행위자	• 자연적 위협(재난 및 재해) • 내부 위협(인적, 업무적) • 외부 위협(해킹, 앱 취약점 등)
취약성(Vulnerability)	조직의 정보자산이 위협에 의해 악용될 수 있는 약점, 보안 허점	• 기술적(보안 패치 미적용) • 관리적(정보보호 정책 미흡) • 물리적(전산실 출입통제 미흡)

2) 위험관리 프레임워크 ^{25년 1회, 2회}

- 위험관리 프레임워크의 목표는 조직의 목표위험수준(Target Risk Level)에 맞춰 위험을 수용 가능한 수준으로 유지하는 것이다.
- 조직의 비즈니스 환경 변화, 법적 규제 강화, 기술 발전, 새로운 위협 등장 등에 따라 위험 평가는 정기적으로 수행해야 한다.

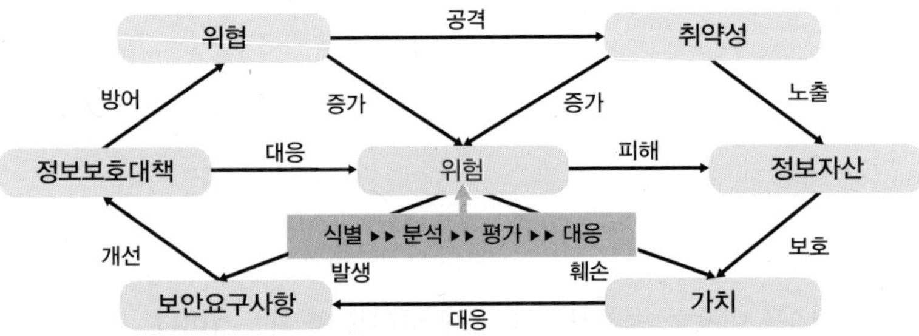

▲ 위험관리 프레임워크

3) 자산

① 자산은 조직이 보호해야 할 모든 대상을 의미하며, 위험 평가의 기본 단위이다.

② 자산의 유형

전자적 정보자산	데이터, 데이터베이스, 애플리케이션, 시스템 로그 등
물리적 자산	서버, 네트워크 장비, 스토리지, 시설(전산실, 데이터센터, 통신실 등)
소프트웨어 자산	운영체제(OS), 보안 프로그램, 기업 애플리케이션
인적 자산	정보보호 담당자, 개발자, 운영자 등 정보자산을 다루는 인력
기업 이미지 및 평판	브랜드 신뢰도, 고객 정보 보호 수준

③ 자산 평가 시 고려요소

기밀성(Confidentiality)	인가된 사용자만 접근 가능해야 함
무결성(Integrity)	데이터가 변경되지 않고 정확성을 유지해야 함
가용성(Availability)	필요할 때 즉시 사용할 수 있어야 함

4) 위협(Threat)

① 위협의 의의

- 정보자산의 기밀성, 무결성, 가용성을 해치거나 손상시킬 가능성이 있는 잠재적 사건이나 행보이며, 보안사고를 유발할 수 있는 원인이다.
- 해킹처럼 의도적으로 발생하는 것도 있고, 실수나 부주의로 생기는 비의도적인 경우도 있다. 또 지진이나 화재 같은 자연재해도 하나의 위협이 될 수 있다.
- 위협은 항상 '취약점'이라는 약한 지점을 노리기 때문에 우리는 자산을 보호하기 위해 위협과 취약점을 함께 고려해서 위험을 관리해야 한다.

② 위협의 특징

• 잠재성 : 실제로 발생하지 않았더라도 언제든지 조건이 맞으면 발생 가능성이 있는 요소이다.

• 동적 변화 : 기술 발전, 사회 환경, 조직 내외부 변화에 따라 위협의 종류와 강도는 계속 변화한다.

• 복합성 : 하나의 위협이 여러 취약점을 이용하거나 여러 위협이 동시에 작용한다.

③ 위협의 평가방법

• 위험도는 위협의 발생 가능성(Probability)과 피해 정도(Impact)를 분석하여 산정한다.

• 연간 예상 손실액(ALE)은 발생 가능성과 피해액을 곱한 값이다.

   예 연간 화재 발생 가능성이 0.1(10년에 1번), 예상 피해액이 10억 원이면, 연간 예상 손실액(ALE)은
1억 원이다.

     → ALE = 발생 가능성 × 피해액 = 0.1 × 10억 원 = 1억 원

     ※ ALE(Annualized Loss Expectancy) = ARO(Annualized Rate of Occurrence, 연간 발생 빈도) ×
SLE(Single Loss Expectancy, 1회 손실 예상액)

④ 위협 기반 위험평가 사례 25년 2회

목표위험수준(Degree of Assurance)을 60으로 설정하며 60보다 적은 위험도는 조치가 불필요하다.

   예 웹서버 위험도 = 위협 발생 가능성 × 취약성 수준 × 자산 영향도 = 4 × 4 × 5 = 80

     → DoA = 60, 웹서버 위험도는 80점으로 DoA보다 크므로 위험에 대한 조치가 필요하다.

자산명	위협	취약점	위협 발생 가능성 (1~5)	취약성 수준 (1~5)	자산 영향도 (1~5)	위험도 (계산식)	조치 필요 여부
웹서버	DDoS 공격	트래픽 제한 없음	4	4	5	80	예
DB서버	SQL Injection	입력값 검증 미흡	3	4	5	60	예
업무용 PC	랜섬웨어 감염	백신 미설치 및 사용자 권한 과다	4	5	4	80	예
네트워크 스위치	물리적 손상	출입 통제 미흡	2	3	3	18	아니오

⑤ 위협의 분류 및 식별

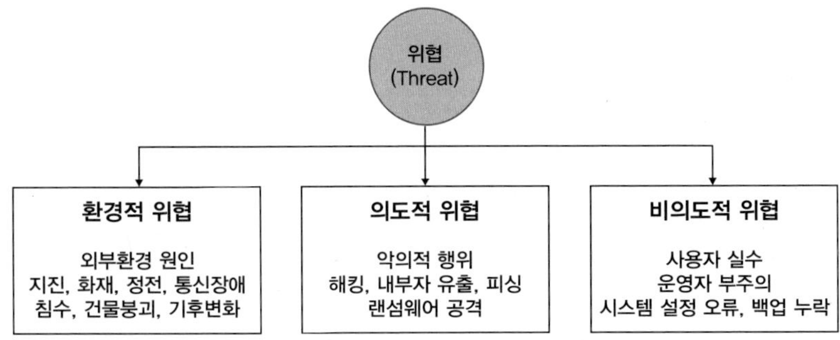

▲ 위협의 분류

⑥ 위협의 분류 기준

환경	• 홍수, 지진, 태풍, 화재 등 자연재해 • 전력 공급 문제, 기후 변화로 인한 데이터센터 손상
의도적(외부)	• 네트워크 공격(DoS/DDoS, 스푸핑) • 소프트웨어 취약점 공격(Zero-Day, SQL Injection) • 시스템 장애(하드웨어 결함, 데이터베이스 손상)
비의도적(내부)	• 내부자 위협(직원의 데이터 유출) • 피싱, 악성코드 및 랜섬웨어 감염

5) 취약성(Vulnerability)

① 정보시스템, 구성요소, 절차 또는 보안통제에 존재하는 보안상의 약점으로, 위협이 이를 악용하면 사고로 이어질 수 있는 요소이다.

② 하나 이상의 위협으로부터 자산이나 자산 그룹이 해를 입을 수 있는, 자산의 내부 약점 또는 보안통제의 부재(ISO/IEC27005)로 정의하고 있다.

③ 취약성의 특징

내재성	시스템이나 조직에 내부적으로 존재하는 약점
상호의존성	취약성은 위협과 결합하면 실제 위험으로 작용
다양성	기술적, 물리적, 관리적 등 여러 형태로 존재
발견 가능성	스캐닝, 점검 등을 통해 주기적으로 식별 가능
제한된 지속성	패치, 설정 변경 등을 통해 제거되거나 감소 가능

④ 국제표준에서의 취약성 관리

ISO/IEC 27001	기술적 취약점 관리 항목에서 주기적 취약점 점검 요구
ISO/IEC 27005	위험 시나리오에서 취약성은 위협과 연결되는 핵심 요인
NIST SP 800-30	취약성은 위험 식별 프로세스의 핵심 요소로 정의됨
OWASP Top 10	웹 취약점 분류 제공 (예 XSS, 인증취약점 등)

⑤ 취약성 식별 유형

관리적	• 정보보호 정책 및 절차 미흡, 직원 보안 교육 부족, 보안 점검 부재 • 위기 대응 및 침해사고 대응 계획 미비
물리적	• 전산실 출입통제 미흡, 보안 카메라 및 감시체계 부재, 노트북, USB 등 저장매체의 보안 설정 미흡 • 데이터센터의 재해복구 및 백업 시스템 부족
기술적	• 보안 패치 미적용, OS 및 애플리케이션의 보안 결함 • 불충분한 암호화, 인증 및 접근통제 설정 미비 • 네트워크 방화벽 및 IDS/IPS 설정 오류

⑥ 취약성 평가방법

• 취약성을 기술적, 관리적, 물리적 측면에서 점검하고 개선 대책을 수립한다.

• 주기적인 취약점 점검 및 침투 테스트(Penetration Test)를 수행한다.

• 조직 내에서 최소한 연 1회 이상 취약성 점검 실시 및 보완책을 마련해야 한다.

02 위험관리 개념

1) 위험관리

① 위험관리의 정의

- 조직의 정보보호 체계를 수립하고 유지하기 위한 필수적인 과정이다.
- ISO27005(2022)에서는 5단계로 정의하고 있으며, 위험분석(Risk Analysis), 위험평가(Risk Assessment), 위험완화(Risk Mitigation) 세 가지 핵심 과정에 대한 이해가 필요하다.

② 위험평가의 주요 활동

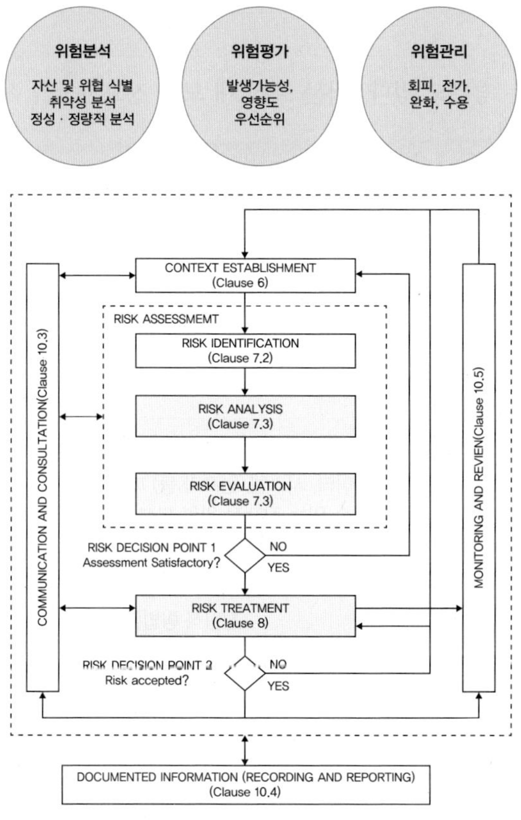

▲ 위험평가 주요 활동(ISO/IEC 27005:2022)

위험관리 프레임워크 설정	• 조직의 정보보호 요구사항과 위험 평가 방법을 정의조직의 정보보호 정책과 목표에 맞춰 설정 • 위험관리 프레임워크는 조직의 정보보호 기준, 위험 평가 방법, 위험 수용 기준 등 포함
정보자산 식별	• 조직 내 모든 정보자산을 식별하고 목록화(데이터베이스, 서버, 네트워크 장비 등 모든 정보 시스템을 포함) • 각 자산의 중요도와 조직에 미치는 영향 평가
위험 식별	• 식별된 정보자산에 대한 잠재적인 위협과 취약성 식별 • 내부 및 외부의 모든 위협 요소를 고려하여 위험 식별
위험 분석 및 평가	• 식별된 위험의 발생 가능성과 영향도를 평가하여 위험 수준 결정 • 위험 평가 매트릭스를 사용하여 수행 위험의 발생 가능성과 영향도를 수치화하여 위험 수준 평가
위험 대응 전략 선택	• 평가된 위험에 대해 대응 전략을 선택(위험 회피, 감소, 전가, 수용) • 선택된 전략에 따라 구체적인 대응 조치 계획 및 실행
지속적인 모니터링 및 개선	• 위험 대응 조치의 지속적 모니터링, 새로운 위협이나 변화에 따라 위험 평가 반복적 수행 • 모니터링 결과를 바탕으로 위험관리 프로세스를 지속적으로 개선

③ 위험관리 프레임워크의 설정
- 조직의 정보보호 요구사항과 위험 평가 방법을 정의한다.
- 조직의 정보보호 정책과 목표에 맞춰 설정되며, 이후의 위험 식별, 분석, 평가 등을 위한 기초를 마련한다.
- 위험관리 프레임워크의 주요 요소

정보보호정책	조직의 정보보호 목표와 방향성 명시
위험 관리 기준	위험 평가의 기준과 방법 정의
위험 수용 기준	조직이 수용할 수 있는 위험 수준 정의
위험 평가 절차	위험 평가를 수행하는 절차 명시

- 위험평가의 첫 번째 단계로 정보자산 식별을 정의하는 경우도 있다. 이는 조직 내 모든 정보자산을 식별하고 목록화하는 과정으로 위험 식별의 기초단계이다.
- 위험 관리 프레임워크 설정은 자산 식별 이전에 이루어져야 하며, 전체적인 위험 관리 프로세스를 정의하는 데 필수적이다.

④ 위험분석
- 위험 분석은 조직이 보유한 정보자산에 존재하는 위협과 취약성을 식별하고, 이를 정량적 또는 정성적으로 분석하는 과정이다.
- 위험의 구성요소를 정의하고, 자산에 영향을 미칠 수 있는 다양한 위협 요소를 평가한다.

구분	주요 내용	
위험분석 주요활동	• 정보자산 식별 • 위협 식별 • 취약성 분석 • 위험 요소 간의 관계 분석	• 보호해야 할 자산(데이터, 시스템, 인프라 등) 파악 • 자산에 영향을 미칠 수 있는 잠재적 위협 분석(해킹, 자연재해 등) 위협이 악용할 수 있는 보안 취약점 조사 • 위협이 특정 취약성을 바탕으로 자산에 미치는 영향 평가
	정성적 방법론	정량적 방법론
위험분석 방법론	• 위험을 수치화하지 않고, 전문가의 경험과 기준으로 평가 　예 위험 수준을 높음, 중간, 낮음으로 구분하여 평가 • 장점 : 조직의 특성과 운영 방식에 맞춘 맞춤형 평가 가능 • 단점 : 객관적인 수치 기반 비교 어려움	• 위험을 금전적 가치로 수치화하여 평가 　예 연간 예상 손실액(ALE) 　→ 1회 손실 예상액(SLE) × 연간 발생 가능성(ARO) • 장점 : 객관적인 수치 기반 평가 가능 • 단점 : 정확한 데이터 수집이 어려울 수 있음
결과 활용	• 분석 결과를 토대로 위험의 우선순위를 정하고 대응 계획 수립 • 식별된 위협과 취약성에 대한 상세 보고서를 작성하여 경영진 및 보안 담당자에게 제공	

⑤ 위험분석 방법론

정성적 위험 분석	• 위험의 수치화 없이 주로 전문가의 판단과 설명을 통해 위험 평가 • 위험의 원인과 맥락을 이해하는 데 유용 • 일반적으로 '낮음', '중간', '높음' 등의 단계로 위험을 분류
정량적 위험 분석	• 통계적 모델과 데이터를 사용하여 위험의 발생 가능성과 영향을 수치적으로 평가 • 정확한 예측과 데이터 기반의 의사결정 지원(예 몬테카를로 시뮬레이션, 회귀 분석 등)
SWOT 분석	• 조직의 내부 강점과 약점, 외부 기회와 위협을 분석하여 위험 평가 • 전략적 의사결정에 유용하게 적용

결함 트리 분석(FTA)	• 시스템의 결함이 발생할 수 있는 원인 분석 • 안전성 평가와 위험 관리에 사용 시스템의 결함을 트리 구조로 표현하여 원인 파악
이벤트 트리 분석(ETA)	• 특정 사건이 발생할 수 있는 시나리오를 그래픽적으로 분석하는 방법 • 사건의 발생 가능성을 시각적으로 표현하여 위험 평가
HAZOP	프로세스나 시스템의 잠재적인 위험과 운용 문제를 체계적으로 식별하고 평가
FMEA	• 시스템이나 프로세스의 잠재적인 결함 모드와 영향 평가 • 제품 및 서비스의 신뢰성을 높이는 데 사용

2) 위험평가

① 위험평가(Risk Assessment)의 정의

• 위험 분석 결과를 기반으로 위험의 크기를 측정하고, 조직의 허용 가능한 위험 수준과 비교하여 대응이 필요한지를 판단하는 과정이다.

• 위험 요소를 정량적 · 정성적으로 평가하여 위험의 심각성을 결정하는 것이 목적이다.

위험 발생가능성 평가	특정 위협이 발생할 확률을 분석 예 랜섬웨어 공격이 1년에 한 번 발생할 확률이 10%라면, 연간 발생 가능성(ARO)은 0.10이다.
위험 영향도 평가	특정 위협이 발생했을 때 조직이 입을 피해 규모를 측정 예 랜섬웨어 공격으로 인해 예상되는 손실액(SLE)이 5억 원이라면, ALE = SLE × ARO = 5억 × 0.1 = 5천만 원이다.
위험의 우선순위 결정	평가된 위험을 조직의 비즈니스 중요도에 따라 우선순위화 예 고객 개인정보 유출 위험이 높다면, 이를 최우선으로 보호할 필요가 있다.
위험평가 기준	• 위험평가의 기준 : 기밀성, 무결성, 가용성 • 정보에 인가된 사용자는 접근 가능 예 암호화되지 않은 고객 데이터의 정보가 변경되지 않고 정확성을 유지한다. 예 금융거래 로그 조작이 필요한 시점에 정보에 접근할 수 있다. 예 웹서버의 접근에 실패한다.
활용	• 위험 평가 결과를 바탕으로 수용 가능한 위험과 불가능한 위험 분류 • 위험이 조직의 허용 기준을 초과하면, 즉각적인 보호 대책 필요 • 위험 대응 전략(위험 회피, 감소, 전가, 수용) 결정

② 위험평가 시 주요 고려사항

• 위험평가 시 고려해야 할 주요 요소들은 위험 평가 매트릭스를 통해 시각적으로 표현되며, 각 위험의 우선순위를 결정하는 데 사용한다.

• 매트릭스는 일반적으로 3×3 또는 5×5 형태로 구성되며, 각 셀에 해당하는 위험 수준을 표시한다.

발생 가능성 (Likelihood)	• 위험이 발생할 가능성을 평가 • '낮음', '중간', '높음' 등으로 분류 위협의 빈도, 취약성의 존재 여부 등을 고려하여 결정
영향도(Impact), 심각성(Severity)	• 위험이 발생할 경우 조직에 미치는 영향이나 손실의 크기를 '낮음', '중간', '높음' 등으로 분류 • 재정적 손실, 명성 손상, 법적 책임 등 다양한 측면을 고려
노출도 (Exposure)	• 위험에 노출된 자산, 사람의 수를 평가 위험의 전체적인 영향을 결정하는 데 기여 • 노출된 자산의 가치나 중요성을 고려하여 평가
취약성 (Vulnerability)	• 조직이 위험에 대처할 수 있는 능력의 부족, 내부 및 외부 요인 모두 포함 • 시스템의 취약점이나 인적 자원의 부족 등을 고려하여 평가
위험 수용 수준 (Risk Tolerance)	• 조직이 수용할 수 있는 위험 수준을 의미하며, 경영진의 의사결정에 의해 결정 • DoA 이상의 위험은 위험 감소를 위한 조치 필요

1) 위험평가방법의 의의 _{25년 1회, 2회}

- 위험의 처리가 일관성 있게 이루어지기 위해서는 조직이 감수할 수 있는 위험 수준을 사전에 정의하는 것이 필요하다. 이는 일관성 손상, 자원 낭비를 예방한다.
- 평가된 위험의 규모에 따라 수용 가능한 위험과 수용 불가능한 위험을 분류한다.
- 수용 불가능한 위험 대책을 마련하고, 위험의 규모에 따라 우선순위를 정한다.

2) 위험평가방법의 종류

① 베이스라인 접근법(Baseline Approach)

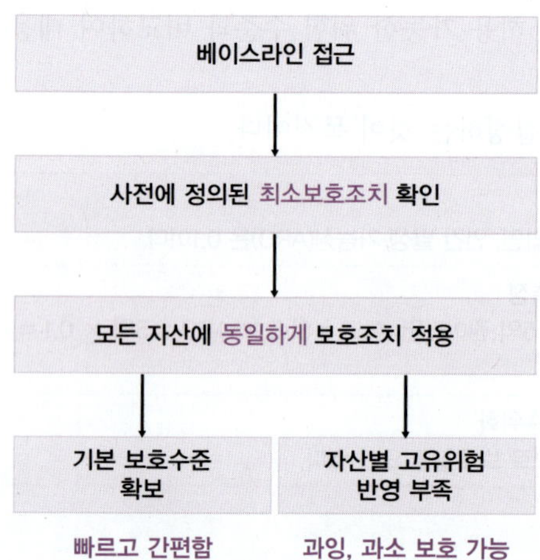

▲ 베이스라인 접근법

- 사전에 정의된 최소한의 보안조치를 정보자산에 일괄 적용하여 기본적인 보안 수준을 빠르게 확보하는 위험관리 방식이다.
- 자산별 개별 위험분석을 수행하지 않고, 모든 자산에 대해 공통적으로 적용 가능한 보호조치 기준선(Baseline)을 설정하고 이를 적용한다.
- 베이스라인 접근법의 특징

위험분석 여부	생략하거나 최소한으로 수행
보호조치 결정 방식	조직의 정책이나 표준에 정의된 최소 보호조치를 일괄 적용
장점	비용과 시간이 적게 소요되어 빠르고 간편하며, 보안 수준을 신속하고 일관적으로 확보 가능
단점	• 자산별 고유 위험을 반영하기 어려움 • 비용 대비 효과 측면에서 보호대책이 꼭 필요한가에 대한 판단이 미비하여, 과보호되거나 과소 보호될 수 있음
사례	신규 시스템 도입 시 조직의 정보보호정책에 명시된 기본적인 접근통제, 암호화, 백업 조치 적용

② 비정형 접근법(Informal Approach)

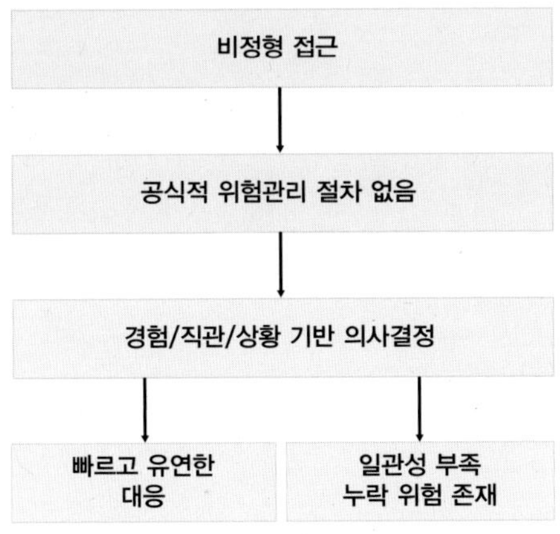

▲ 비정형 접근법

- 정형화된 위험관리 절차나 기준 없이, 담당자의 직관, 경험, 조직의 상황에 따라 보호조치를 결정하고 적용하는 방식이다.
- 일관된 절차나 체계가 부족하다는 점에서 다른 접근법들과 구분된다.
- 상세 위험분석보다는 비용이 덜 들고 빠르게 수행할 수 있으며 규모가 작은 조직에 적합하다.
- 비정형 접근법의 특징

위험분석 여부	명확한 절차 없이 비공식적 판단에 의존
보호조치 결정 방식	경험, 직관, 과거 사례 등 비공식적 기준으로 수행
장점	유연하고 빠르게 대응 가능
단점	• 일관성 부족, 누락 위험 존재, 반복 재현 어려움 • 수행자가 경험하지 못한 분야의 위험에 대해 분석할 가능성이 낮음 • 수행자가 사업 분야 및 정보보호에 대한 진문성이 없을 경우 실패할 위험이 높음
사례	• 조직 내 보안 관리자가 개인 경험을 토대로 보안 정책을 정하는 경우 • 특정 개발자가 임시로 패치하거나 설정 변경을 수행한 경우

③ 상세 위험분석(Detailed Risk Analysis)

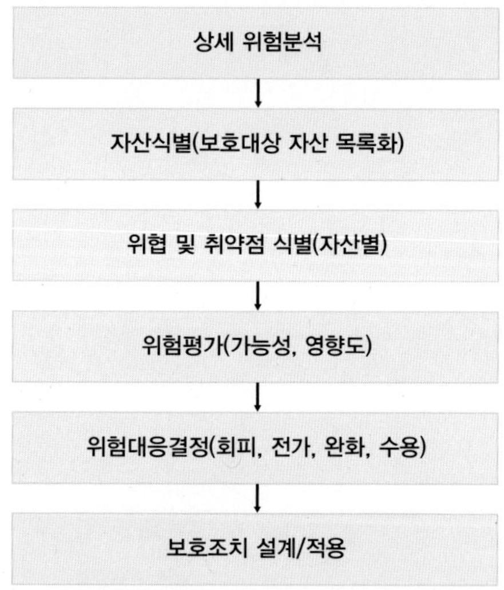

▲ 상세 위험분석

- 자산별로 위협과 취약점을 식별하고, 위험의 발생 가능성과 영향도를 정량적 또는 정성적으로 평가하여 보호조치를 결정하는 방식이다.
- 정보보호 관리체계에서 가장 정밀하고 체계적인 위험관리 방법으로, 보안환경의 변화에 민감하게 대응한다.
- 정확한 위험분석 방법과 모델에 대한 이해도가 낮아 실패하지 않도록 숙련된 인력이 필요하다.
- 상세위험분석의 특징

위험분석 여부	명확하게 정해진 절차에 따라 체계적으로 수행
보호조치 결정 방식	정량적 또는 정성적으로 평가
장점	• 자산별 맞춤형 보호조치 수립이 가능 • 분석의 정밀성이 높음
단점	전문성이 요구되며, 상대적으로 많은 시간과 비용이 소요
사례	• 조직 내 보안 관리자가 개인 경험을 토대로 보안 정책을 정하는 경우 • 특정 개발자가 임시로 패치하거나 설정 변경을 수행한 경우

④ 복합 접근법(Combined Approach)

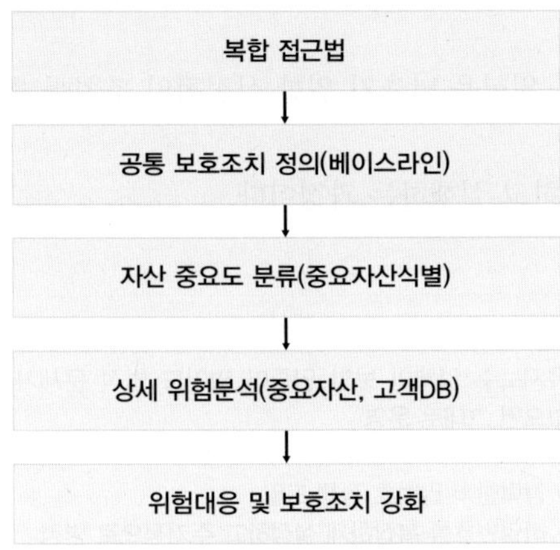

▲ 복합 접근법

- 베이스라인 접근법과 상세 위험분석을 혼합하여 자산의 중요도나 상황에 따라 적절한 방법을 선택적으로 적용하는 방식이다.
- 기본적인 보안 수준을 빠르게 확보하면서도 중요 자산에 대해서는 정밀한 위험분석을 수행한다.
- 효율성과 정밀성을 모두 고려하여 비용과 자원을 효과적으로 사용할 수 있다.
- 복합 접근법의 특징

위험분석 여부	전사적 기준선은 일괄적으로 적용하고 중요 자산은 상세하게 분석
보호조치 결정 방식	공통 보호조치 + 자산 맞춤형 대응(예산, 조직, 인력 고려)
장점	실무적으로 가장 추천하는 방식으로, 효율성과 정밀성의 균형 확보
단점	• 적용 기준을 수립하고 관리하는 데 복잡할 가능성 존재 • 고위험 영역이 잘못 식별되었을 경우 위험분석 비용이 낭비되거나 부족할 가능성 존재
사례	• 모든 서버 : 베이스라인 적용(공통 보안 설정, 패치 정책) • 고객 DB : 상세위험분석(접근권한, 암호화, 로그모니터링 강화)

04 위험대응전략

1) 위험대응전략의 개념

- 위험 평가 조직의 목표위험수준(Target Risk Level) 이하로 위험을 낮추기 위한 실질적인 조치를 취하는 단계이다.
- 조직이 감수할 수 없는 위험을 줄이기 위한 보호 대책을 수립하고 실행하는 과정이다.
- 위험대응전략의 방법

방법	설명	예시
위험수용 (Risk Acceptance)	위험이 낮거나, 비용이 너무 크면 위험을 감수하는 방법	유지보수 업체의 보안 인증이 없어도 법적 문제가 없으면 그대로 운영
위험감소 (Risk Reduction)	보안 대책을 도입하여 위험을 최소화하는 방법	• 강력한 비밀번호 정책 도입 • 비밀번호를 복잡하게 설정하고 주기적으로 변경
위험전가 (Risk Transfer)	위험을 제3자에게 이전하는 방법	• 사이버 보안 보험 가입 • 클라우드 보안 서비스 이용 • 외주 서비스 이용
위험회피 (Risk Avoidance)	위험이 큰 활동 자체를 제거하는 방법	고객 회원가입 기능이 위험도가 높을 경우 회원가입 기능을 없애고 비회원 서비스를 운영

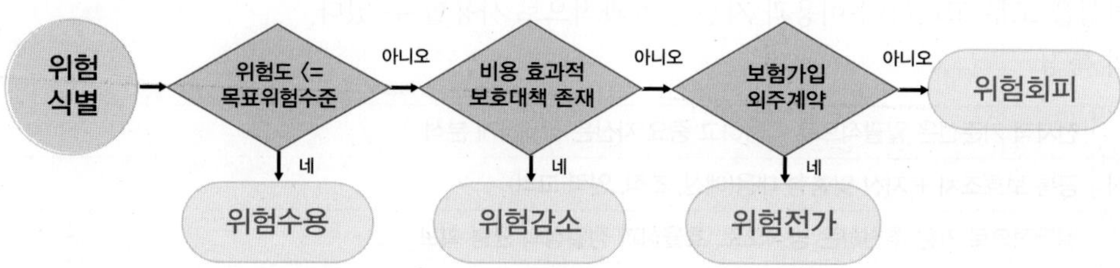

▲ 위험대응전략 수립

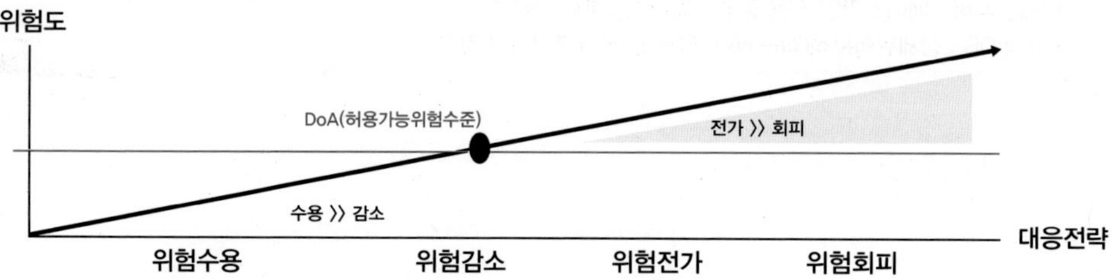

▲ 위험대응전략과 허용가능위험수준 관계

2) 위험대응전략의 방법

① 위험수용

- 위험이 존재함을 인지하고도 별도의 조치를 취하지 않고 감내하는 전략이다.
- 주로 비용 대비 효과가 낮거나, 조직이 수용 가능한 수준의 위험에 대해 선택적 적용이 필요하다. 단, 법적인 컴플라이언스는 수용전략 대상에서 제외된다.

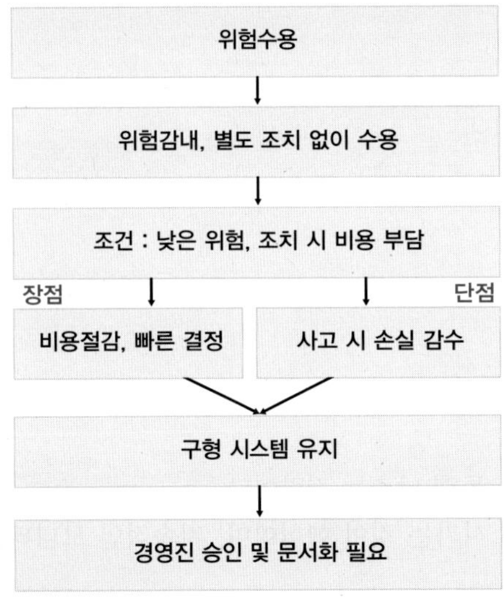

▲ 위험수용

- 위험수용의 특징

목적	리스크를 인지하고 자체적으로 '근거 확보 – 경영진 승인 – 문서화 – 정기적 재검토' 순으로 감내
전제 조건	위험이 낮거나 관리 가능할 것
적용 대상	보호조치 비용이 과도하거나 업무 특성상 불가피한 위험에 적용
주요 고려사항	경영진의 승인과 지속적인 모니터링이 필요
장점	• 비용 절감 • 유연한 자원 운용
단점	• 사고 발생 시 전적인 피해를 감수 • 평판 및 법적 측면에서의 리스크 가능성이 존재
사례	• 구형 시스템을 유지(서비스 종료 예정, 보안 강화 생략) • 감사 지적 조치를 유보

② 위험감소

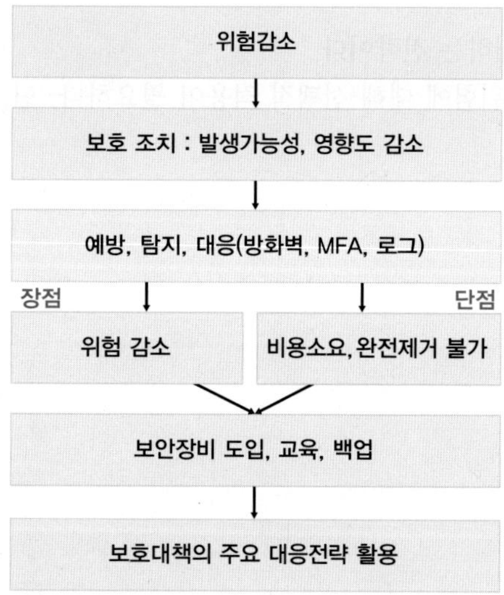

▲ 위험감소

- 위험의 발생 가능성 또는 영향력을 적절한 보호조치나 통제를 통해 낮추는 전략이다.
- 위험 자체를 제거하지는 않지만 관리가 가능한 수준까지 감소시키는 것이 핵심이며, 지속적인 모니터링 및 개선이 필요하다.
- 위험감소의 특징

목적	위험의 수준을 낮춰 수용 가능한 범위로 조정
접근 방식	예방, 탐지, 대응 등의 보안 조치 적용
위험 요소	여전히 위험은 존재하지만 통제 가능한 수준으로 감소
실무중요도	가장 일반적이고 실현 가능한 대응 방식
장점	다양한 보안 조치를 통해 실제 위험의 감소가 가능
단점	• 조치 비용이 발생 • 완전 제거가 불가능하며 지속적인 관리가 필요
사례	• 방화벽 도입 • 로그 모니터링(이상탐지) • 데이터 백업(장애 시 데이터 손실 최소화)

③ 위험전가

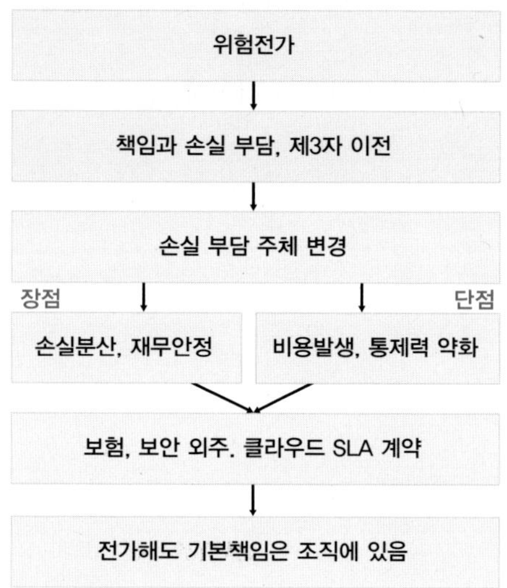

▲ 위험전가

• 특정 위험에 대한 책임이나 손실 부담을 제3자에게 이전하는 전략이다.
• 위험 그 자체를 제거하지는 않지만, 그에 따른 손실의 부담을 다른 주체가 책임지도록 하는 방식이다.
• 위험전가의 특징

목적	위험에 따른 피해 책임을 외부로 이전
접근 방식	계약, 보험, 외주 등의 방식으로 위험 부담 주체를 변경
접근 대상	위험 발생 시 경제적 손실 및 법적 책임 가능성 있는 자산 및 서비스
적용 방법	보험가입, 아웃소싱 계약, 클라우드 SLA 책임한계조항을 삽입
장점	위험 발생 시 손실에 대한 제한 가능(재무적 안정성 확보)
단점	위험 자체는 여전히 존재하여 보험료와 같은 비용이 수반되며, 신뢰 관계가 필요
사례	• 보험 가입(피해 발생 시 보험사로부터 보상) • 외주 보안 업체 계약

④ 위험회피

- 특정 활동이나 자산, 시스템 등과 관련된 위험의 발생 가능성을 원천적으로 제거하기 위해, 그 활동 자체를 중단하거나 아예 시작하지 않는 대응 전략이다.
- 가장 극단적이고 강력한 대응 방식으로, 경영진의 의사결정 및 전략적 판단을 고려한다.

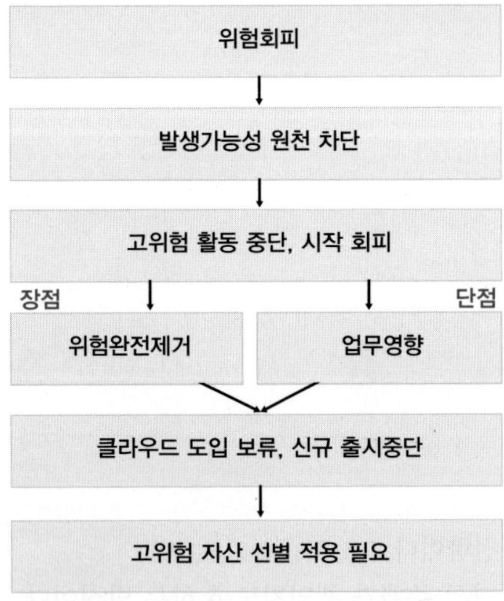

▲ 위험회피

- 위험회피의 특징

목적	위험 발생가능성 완전 제거
접근 방식	해당 자산, 행위, 서비스 자체를 제외하거나 중단
적용 대상	중대한 피해를 유발할 수 있는 고위험 영역
적용 방법	서비스 중단, 기술 구조 변경, 계약 취소 등
장점	위험 발생 가능성을 확실히 제거하여 가장 확실한 안전을 확보
단점	업무 중단, 기회 손실 발생 가능 등 비즈니스에 미치는 영향이 큼
사례	신규 서비스 중단 및 클라우드 이전을 보류(보안 리스크 문제로 전환 계획 취소)

3) 위험대응전략의 고려사항

위험의 성격 및 크기	• 위험이 발생할 가능성과 그 영향도를 평가하여 위험의 중요도와 조직에 미치는 영향을 결정하는 데 사용 • 위험의 크기가 작고 발생 가능성이 낮다면 수용할 수 있지만, 큰 경우에는 회피 혹은 감소 필요
조직의 목표와 전략	조직의 전반적인 목표와 전략에 맞춰 위험 대응 전략을 선택해야 하며, 이는 조직의 장기적인 목표와 일치 중요 ⑩ 위험회피 전략은 조직의 성장 전략과 충돌 가능성 존재
자원과 비용	• 위험 대응 전략의 비용과 조직의 자원 여부 고려 • 비용이 너무 높다면 다른 전략 선택 ⑩ 위험감소 전략의 비용이 많이 들 경우, 위험 전가나 수용 고려
법·규제 측면 요구사항	• 법 및 규제적 요구사항을 준수하는지 확인 • 위험 대응 전략의 적법성을 보장하는 데 중요한 역할 담당 • 특정 산업이나 분야에서는 법적으로 위험 회피
시간과 우선순위	• 위험 대응 전략의 우선순위를 결정하고, 시간에 따라 조정(단기, 중장기) • 위험의 긴급성과 중요도를 고려해야 하며, 긴급한 위험은 즉각적인 대응 필요
위험수용 수준(DoA)	• 조직이 수용할 수 있는 위험 수준을 정의하고, 이를 바탕으로 전략 선택 • 위험 수용 수준 이상의 위험은 위험감소, 전가, 회피 등 대응 조치
위험대응의 효과성	• 선택한 전략의 효과성을 평가하고 필요시 조정 필요 • 전략이 효과적이지 않다면 다른 대안 고려

05 정성적 평가와 정량적 평가

1) 정성적 평가 25년 1회, 2회

- 전문가의 경험과 주관적 판단을 바탕으로 위험을 평가하는 방법이다.
- 위험의 발생 가능성과 영향을 수치화하기 어렵거나 정확한 데이터를 수집하기 어려운 경우 사용하며, 위험을 '높음', '중간', '낮음' 과 같은 범주로 분류하여 평가한다.

구분		설명
특징		• 주관적인 판단 기반 : 전문가의 경험과 의견을 활용하여 위험 수준 평가 • 빠르고 직관적인 과정 : 복잡한 계산 없이 짧은 시간 내에 평가 가능 • 비교적 적은 데이터를 요구 : 과거 사고 이력이나 상세 통계 없이 평가 가능 • 우선순위 결정에 유용 : 위험 요소 간 상대적 중요도를 비교할 때 효과적
평가절차		• 위험 요소 정의, 위험 수준 평가, 위험 우선순위 결정, 결과 문서화 및 의사결정 지원 • 자산, 위협, 취약성 목록 작성 • 발생 가능성과 영향 범주화 • 상대적으로 높은 위험부터 대응방안 마련 • 위험 평가 보고서 작성
평가기법	리스크 매트릭스 (Risk Matrix)	• 발생 가능성(Probability)과 영향도(Impact)를 교차분석하여 위험 수준 평가 • 발생 가능성과 영향도 높음(= 위험 수준 매우 높음)
	전문가 의견 기반 평가	각 위험 요소를 보안 전문가, IT 운영팀, 관리팀과 협의하여 평가, 조직의 경험과 산업 표준을 반영하여 위험 판단
	시나리오 기반 평가	• 특정 보안 사고 시 발생할 영향 예측 • 조직 내에서 가능한 시나리오를 설정하고 대응방안 논의

2) 정량적 평가 ^{25년 1회, 2회}

- 위험을 수치화하여 평가하는 방법으로, 주로 금전적 가치로 환산하여 손실을 예측하는 방법이다.
- 주로 연간 예상 손실액(ALE, Annualized Loss Expectancy) 계산 방식을 사용한다.
- 정량적 평가방법의 특징 및 절차

구분		설명
특징		• 객관적인 데이터 기반 : 실제 사고 이력, 통계 데이터를 활용하여 평가 • 수치화된 위험 평가 가능 : 재무적 영향을 금액으로 계산하여 리스크 대비 효과적인 투자 결정 가능 • 보안 투자 의사결정 지원 : 정보보호 예산 수립 및 ROI(Return on Investment) 분석에 유용 • 계산 과정이 복잡할 수 있음 : 정확한 위험 요소별 데이터를 확보해야 신뢰도가 높아짐
평가기법	연간 예상 손실액 (ALE)	$ALE = SLE \times ARO$ 예 서버 장애가 발생하면 평균 5억 원의 손실이 예상되며(SLE = 5억 원), 이 장애가 1년에 한 번 발생할 확률이 20%이다(ARO = 0.2). 이때 ALE = 5억 원 × 0.2 = 1억 원이다. 따라서 연간 1억 원의 손실이 예상된다.
	비용 효과 분석 (Cost Benefit Analysis, CBA)	• 보안 대책이 비용 대비 효과적인지를 평가 • $ROI(Return\ of\ Investment) = \dfrac{보안\ 효과 - 보안\ 투자\ 비용}{보안\ 투자\ 비용}$ 예 방화벽 도입 비용이 2억 원이며 도입 후 연간 손실 감소 효과가 5억 원이다. 이때 $ROI = \dfrac{5억\ 원 - 2억\ 원}{2억\ 원} = 1.5$로, 투자 대비 효과는 150%이다.
	비용 효과 분석 (Cost Benefit Analysis, CBA)	• 미래 보안 투자 비용과 효과를 현재 가치로 환산하여 분석 • 일정 기간 동안의 투자 대비 효과를 비교하여 의사결정

06 정보자산

1) 정보자산의 개념

- 조직의 경영 환경에서 중요한 역할을 하는 모든 정보와 이를 생성 및 보관, 처리하는 물리적 환경 및 인적 요소이다.
- 조직의 업무 활동 과정에서 생성되며, 조직의 목표 달성에 필수적인 역할을 수행한다.
- 정보자산 관리방법

자산 관리 정책 수립	• 정보자산의 분류 기준, 관리 방안 등을 포함한 정책 수립 • 정보자산 관리자의 역할과 책임을 명확히 하고, 자산의 중요도 평가 기준 정의
자산 조사 및 식별	• 조직이 보유한 모든 자산을 조사하고, 보호해야 할 자산 식별 • 관련 부서의 협조를 받아 자산 관리자를 지정하고, 자산 보호 책임성 확보
자산 분류 및 등록	• 식별된 자산을 유형별로 분류하고, 정보자산 목록 작성 • 자산명, 용도, 위치, 책임자 등의 정보를 포함하여 목록 관리
자산 가치 평가	• 자산의 중요도와 업무에 미치는 영향을 평가하여 보안 등급 부여 • 기밀성, 무결성, 가용성 등을 기준으로 평가
자산 변경 관리	• 자산의 상태를 주기적으로 모니터링 • 변경 사항을 관리 자산에 대한 중요도 평가를 재실시하고, 목록을 최신으로 유지

2) 정보자산 변경관리

- 조직의 정보자산이 변경될 때 이를 체계적으로 관리하고 기록하는 절차이다.
- 정보자산의 무결성과 가용성을 유지하는 데 중요한 역할을 수행한다.
- 정보자산 변경관리 방법

변경 요청 수집	• 정보자산의 변경이 필요시, 관련 부서나 담당자가 변경요청 제출 • 변경의 이유와 목적을 명확히 설명
변경 요청 검토 및 승인	• 변경 요청이 검토되고, 승인 절차 수행 • 변경의 필요성과 영향도를 평가하여 승인 여부 결정
변경 계획 수립	• 변경이 승인되면, 구체적인 변경 계획을 수립 • 변경의 범위, 일정, 책임자 등을 명확히 정의
변경 실행 및 테스트	• 계획에 따라 변경을 실행하고, 테스트를 통해 변경의 유효성을 검증 • 변경이 예상대로 작동하는지 확인
변경 기록 관리	• 변경 사항을 기록하고, 변경 이력 관리 시스템에 저장 • 변경 사항이 언제, 누구에 의해, 왜 이루어졌는지를 기록
변경 후 검토 및 평가	• 변경 후 결과 검토 및 변경의 효과 평가 • 변경이 기대했던 결과를 가져왔는지 확인 및 필요시 추가 조치

3) 정보자산의 분류

- 조직의 목표와 업무 특성에 따라 정보자산의 분류 기준을 설정해야 한다.
- 정보자산을 기밀성, 무결성, 가용성 등에 따라 레이블링하고, 중요도 순으로 높음에서 낮음까지 등급을 부여한 후 등급별 접근 권한을 제한하여 정보자산을 보호해야 한다.
- 정보자산의 분류 기준

기밀성(Confidentiality)	• 정보가 비인가된 사용자에게 노출되지 않도록 하는 기준 • 중요한 데이터는 높은 기밀성 요구 예 고객 정보, 경영 전략
무결성(Integrity)	• 정보가 권한 없는 변경이나 손상 없이 정확하고 일관되게 유지되도록 하는 기준 • 중요한 문서는 높은 무결성 요구 예 금융 거래 기록, 계약서
가용성(Availability)	• 정보가 필요할 때 지체 없이 접근할 수 있도록 하는 기준 • 중요한 데이터베이스는 높은 가용성 요구 예 고객 서비스 시스템
법적 및 규제적 요구사항	관련 법률 및 규제에 따라 정보자산을 분류해야 하며, 특별한 보호 필요 예 개인정보 보호법에 따른 개인정보
업무 중요도	• 정보자산이 조직의 업무에 미치는 영향을 평가하여 분류 • 핵심 비즈니스 프로세스에 중요한 자산은 높은 중요도 보유
재정적 가치	• 정보자산의 재정적 가치를 평가하여 분류 • 높은 재정적 가치를 가진 자산은 보다 강력한 보호가 필요

4) 정보자산 관리 정책 수립 시 고려사항

정보자산의 분류 기준	• 정보자산을 유형별로 구분하기 위한 기준을 설정 • 조직의 업무 특성과 환경을 고려 ๏ 정보, 데이터, 하드웨어, 소프트웨어, 물리적 환경, 인적 자산 분류
관리 책임자 및 역할	• 정보자산의 관리 책임자 지정 • 역할과 책임을 명확히 하여 책임성 확보
보안 등급 부여 기준	• 정보자산의 기밀성, 무결성, 가용성에 따라 보안 등급을 부여 • 각 자산의 중요도와 법적 요구사항을 고려하여 등급 부여
정보자산 생명주기 관리	• 정보자산의 도입부터 폐기까지의 생명주기 관리 • 자산의 상태 변화를 주기적으로 모니터링하고, 최신 정보로 유지
법적 및 규제적 요구사항	관련 법률 및 규제에 따라 정보자산 관리 ๏ 개인정보 보호법에 따라 개인정보 암호화 및 접속기록 보관
업무 영향도 평가	• 정보자산이 조직의 업무에 미치는 영향을 평가 자산의 중요도 결정 • 정보자산을 적절하게 보호하는 조치 마련
변경 관리 절차	• 정보자산의 변경 사항을 체계적으로 관리하고 기록 • 변경 요청, 승인, 실행, 기록 등의 절차 명확화

07 위험관리명세서(금융권 사례)

① 위험관리 범위 설정 시 어떤 항목들을 문서화 해야 하는지 '위험관리 명세서'의 사례를 통해 파악할 수 있다.

② 전체 서비스 범위

• 위험관리 계획의 대상이 되는 서비스를 명확히 정의해야 한다.

• 위험관리의 경계를 식별하는 것이 매우 중요하다. 대상이 불명확하면 이후 위험 식별과 분석이 흐려질 수 있기 때문이다.

• 작성 항목

위험관리 계획 수립 대상	○○은행의 인터넷뱅킹 및 모바일뱅킹 서비스
포함 시스템	온라인뱅킹 시스템, 모바일 앱, 인증서 발급 시스템, 고객정보 DB
제외 시스템 및 사유	점포 내 창구 단말기, 회계 시스템 등(내부망 단독 운영, 외부 연계 없음)

③ 정보보호 업무 인력 현황

• 정보보호 최고책임자, 보안운영팀, 개인정보보호팀 등 역할별 담당자와 위치까지 상세하게 작성해야 하며, 이것은 사고 발생 시 책임소재와 대응 조직을 명확화하는 데 도움이 된다.

• 조직도나 R&R 문서를 별첨하는 것도 좋은 방식이다.

• 작성 항목

정보보호 최고책임자(CISO)	김○○ 이사, 정보보호 총괄, 본점 12층 정보보호부
정보보안운영팀	시스템 접근통제, 방화벽 운영, 본점 12층
개인정보보호팀	고객 개인정보 처리 및 위탁 관리, 본점 11층
전산센터 보안팀	시스템 모니터링 및 장애 대응, 분당 IT센터
기타 참고자료	전체 정보보호 조직도 및 담당자 업무분장표(별첨)

④ 주요 정보통신 설비의 목록

- 방화벽, VPN, DB서버와 같은 보안 설비 및 시스템이 정리되어 있고, 물리적 위치와 구성도가 포함된다.
- 서비스 흐름 기준으로 시스템 구성도를 작성하는 것은 위험이 발생할 수 있는 지점을 시각적으로 파악하는 데 매우 효과적이다.
- 자산별 점검 결과와 외주 위탁 현황은 ISMS-P 인증 혹은 개인정보 영향평가(PIA) 작성 시에 꼭 필요한 정보이다.
- 작성 항목

주요 보안 설비	외부망/내부망 방화벽, DDoS 방어 시스템, VPN 서버 등
주요 운영 시스템	고객정보 DB서버, 인증서 관리 서버, 계좌이체 중계 서버
시스템 구성도 방식	서비스 흐름 기반 작성(고객 → 웹서버 → WAS → DB)
물리적 위치	본점 전산실, 분당 IT센터, DR센터(경기 지역)
자산 식별 및 점검	자산별 위험도 평가 및 취약점 점검 포함
외주 위탁 사항	앱 개발 및 유지보수((주) ○○ 소프트)

08 정보보호 관리체계(ISMS-P)의 이해

① 정보보호 관리체계의 정의

- 정보보호 관리체계(ISMS) 인증제도는 기업 또는 기관이 수립하여 운영하는 정보보호 관리체계가 인증 기준에 적합한지를 객관적으로 심사하여 인증을 부여하는 제도이다.
- 종합적인 정보보호 시스템이 국가가 정한 표준을 충족하는지 공인하는 것을 목적으로 하며, 이를 통해 정보통신망의 안정성과 신뢰성을 확보하고 정보보호 수준을 향상시킨다.

② 정보보호 관리체계(ISMS-P) 인증 유형

인증 유형	대상	인증범위
ISMS	개인정보를 처리하지 않는 기업·기관	정보보호 관리체계 기업의 주요 정보자산을 보호하기 위한 관리적·기술적·물리적 보호조치 등 정보보호 관리체계 전반을 인증한다.
ISMS-P	개인정보를 처리하는 기업·기관	정보보호 및 개인정보보호 관리체계 ISMS의 인증범위뿐만 아니라 개인정보보호법에서 요구하는 개인정보의 처리 단계별 요구사항까지 포함하여 인증한다.

⊡ 기적의 TIP

정보보호 관리체계 예비인증

- 가상자산사업자가 실제 서비스 운영 전 임시적으로 시스템을 구축·운영한 경우
- 특정금융정보법에 따라 사업 영위를 위하여 신고해야 하지만, 2개월 이상의 운영 이력이 없어 ISMS 인증 심사를 진행할 수 없는 신규 가상자산사업자를 대상으로 하는 인증 유형

---

③ 정보보호 관리체계(ISMS-P) 인증심사 종류

구분	대상	주요 특징 및 인증범위
최초심사	인증의 신규 취득	• 인증을 처음 취득하거나 인증 범위에 중요한 변경이 있을 때 실시한다. • 인증 취득 시 3년의 유효기간이 부여된다. 25년 1회
사후심사	인증의 유지 관리	• 인증 유효기간(3년) 중 인증 체계가 지속적으로 유지되는지 확인하기 위해 매년 1회 이상 실시한다. • 인증을 실시하지 않을 경우 인증이 취소될 수 있다.
갱신심사	인증의 효력 연장	• 3년의 인증 유효기간이 만료되기 전에 유효기간을 갱신하기 위해 실시한다. • 인증을 갱신하지 않으면 인증 효력은 상실된다.

④ 정보보호 관리체계(ISMS-P) 인증대상

구분	대상	세부기준(정보통신망법 시행령 제36조)
정보통신서비스 제공자	기간통신사업자	전기통신사업법 제6조 제1항에 따라 허가를 받은 자(예 SKT, KT, LGU+)
	일반 정보통신 서비스 제공자	• 직전 연도 매출액 1,500억 원 이상 • 전년도 말 기준 직전 3개월간 일일평균 이용자 수 100만 명 이상
시설 사업자	집적정보통신시설 사업자(IDC)	타인의 정보를 관리하기 위한 서버, 저장장치 등을 제공하는 사업자
의료 · 교육기관	상급종합병원	「의료법」 제3조의4에 따른 상급종합병원(전국 47개)
	고등교육기관	재학생 수가 1만 명 이상인 「고등교육법」 제2조에 따른 학교(대학교)

정보보호 관리체계

학습 방향

관리체계 기반 마련, 위험관리 등 정보보호에 관련된 용어 및 기본 개념을 이해하고 정보보호의 목적 및 특성을 기반으로 체계적인 정보보호 지식을 습득을 통해 보호대상의 선정 및 요구사항 파악을 통한 정보보호 관리체계 및 위험관리 과정을 학습할 수 있다.

출제 빈도

SECTION 01	상	7.5%
SECTION 02	상	20%
SECTION 03	상	12.5%
SECTION 04	상	10%

01 경영진의 참여

인증기준	확인사항	세부설명	증거자료	결함사례
• 조직의 핵심 서비스 개인 정보 처리 현황 고려 관리체계 범위 설정 • 개인정보 처리 업무, 조직, 자산, 물리적 위치 문서화	• 핵심자산 포함하는 관리체계 범위 설정 • 정의된 범위 내 예외사항이 있을 경우 관련 근거 기록 · 관리 • (개인)정보보호 관리체계 범위 명확화 • 문서 작성 · 관리 확인	• 경영진 참여에 관련된 보고 · 의사결정 책임 · 역할 정의 · 정책문서 명시 • 보고 및 승인 절차 수립 • 경영진의 의사결정 참여 체계 수립	• 정보보호 보고 체계 • 정보보호 위원회 회의록 • 정보보호 정책 · 지침 • 정보보호/내부 관리 계획 • 정보보호 조직도 • 경영진 승인내역 포함	• 정보보호 정책서에 분기별 경영진 보고 정의 • 장기간 관련 보고 미실시 • 중요 보안활동 수행 중 경영진이 보고 · 승인에 미참여, 관련 증거자료 미존재

▲ 경영진의 참여 핵심정리

1) 인증기준

목적	정보보호 및 개인정보보호 활동과 관련된 경영진의 책임과 역할 정의
주요 사항	• 책임 및 역할이 명확히 문서화되어 있는지 점검 • 정보보호 관련 의사결정 절차가 수립되어 있는지 확인 • 경영진이 실제 의사결정에 참여할 수 있는 체계의 이행 여부 점검
주요 결과	• 경영진 참여에 대한 문서적 · 절차적 근거 확보 • 정보보호 관련 의사결정 체계 수립 • 정보보호 거버넌스 체계의 실효성 강화
기대 효과	• 전략적 보안 의사결정 가능 • 사고 대응 및 리스크 관리의 신속성 및 정확성 제고 • 인증 · 감사 등 외부 요구사항 대응역량의 향상

2) 주요 내용

경영진 책임 문서화	• 정보보호 및 개인정보보호 관리체계 운영에 경영진이 참여할 수 있도록 보고한다. • 경영진의 의사결정 책임과 역할이 정책이나 시행문서에 명시되어 있는지 점검한다.
의사결정 절차 이행	• 경영진이 관련 의사결정 절차에 실제로 참여할 수 있도록 체계가 마련되어 있는지를 점검한다. • 경영진이 보고 · 검토 · 승인 절차를 수립하고 이행하는지를 확인하고, 주요 사항에 대해 경영진이 의사결정에 참여해야 한다.

3) 결함사례

경영진 보고 미이행	정보보호 정책서에 분기별 경영진 보고가 명시되었으나 장기간 관련 보고가 이루어지지 않은 경우
의사결정 참여 증거 부족	중요 보안활동 수행 중 경영진 또는 위임자가 보고·승인에 참여하지 않았거나 관련 증거자료가 존재하지 않은 경우

02 최고책임자의 지정

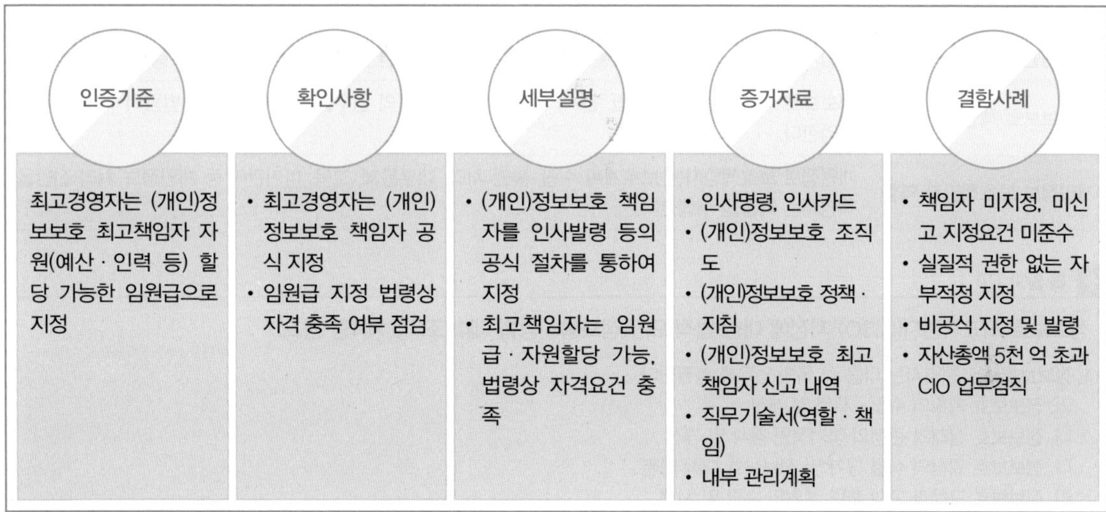

▲ 최고책임자의 지정 핵심정리

1) 인증기준

최고경영자는 정보보호 업무를 총괄하는 정보보호 최고책임자와 개인정보보호 업무를 총괄하는 개인정보보호 책임자를 예산·인력 등 자원을 할당할 수 있는 임원급으로 지정하여야 한다.

목적	• 정보보호 및 개인정보보호 업무에 대한 총괄 책임자의 공식 지정 • 관련 법령상 자격 요건 및 임원급 수준 요구사항 충족
주요 사항	• 최고경영자가 책임자를 공식적으로 지정했는지 확인 • 지정된 책임자가 법령에서 요구하는 자격 요건을 충족하는지 점검 • 책임자의 직급이 임원급 이상인지 확인
주요 결과	• 법적 자격과 지위를 갖춘 정보보호 총괄 책임자 확보 • 책임자 지정 및 역할 부여의 정당성 입증 가능
기대 효과	• 법령 및 인증 기준에 대한 충실한 준수 • 정보보호 책임체계의 신뢰성 확보 • 대외 감시 및 감사 대응 역량 강화

2) 확인 사항

최고책임자 지정	조직의 최고경영자는 정보보호 및 개인정보보호 업무의 총괄 책임자를 공식적으로 지정하고 있는지를 확인해야 한다.
자격요건 및 직급	책임자가 관련 법령에서 요구하는 자격요건과 임원급 수준을 충족하고 있는지를 점검해야 한다.

3) 주요 내용

최고책임자 공식 지정	최고경영자는 정보보호 및 개인정보 보호책임자를 인사발령 등의 공식 절차로 지정해야 하며, 당연직일 경우 정책서에 직위를 명시한다.
임원급 자격 요건	책임자는 자원을 할당할 수 있는 임원급이어야 하며, 관련 법령에 따른 자격요건을 충족한다.
정보보호 책임자 역할	정보보호 책임자는 계획 수립, 감사, 위험관리, 교육 등의 업무를 총괄하며 관련 법령의 복수 업무를 겸임한다.
개인정보 보호책임자 역할	개인정보 보호책임자는 보호계획 수립, 불만 처리, 내부통제, 교육, 파기관리 등 개인정보 처리 전반을 책임지는 역할을 수행한다.

+ 더 알기 TIP

정보보호 최고책임자(CISO) 지정에 대한 법적 요건(정보통신망법 제45조의3 제4항 참고)

1. 정보보호 최고책임자는 다음 각 목의 업무를 총괄한다.
    가. 정보보호 계획의 수립·시행 및 개선
    나. 정보보호 실태와 관행의 정기적인 감사 및 개선
    다. 정보보호 위험의 식별 평가 및 정보보호 대책 마련
    라. 정보보호 교육과 모의 훈련 계획의 수립 및 시행
2. 정보보호 최고책임자는 다음 각 목의 업무를 겸할 수 있다.
    가. 「정보보호산업의 진흥에 관한 법률」 제13조에 따른 정보보호 공시에 관한 업무
    나. 「정보통신기반 보호법」 제5조 제5항에 따른 정보보호 책임자의 업무
    다. 「전자금융거래법」 제21조의2 제4항에 따른 정보보호 최고책임자의 업무
    라. 「개인정보 보호법」 제31조 제2항에 따른 개인정보 보호책임자의 업무
    마. 그 밖에 이 법 또는 관계 법령에 따라 정보보호를 위하여 필요한 조치의 이행

정보보호 최고책임자(CISO) 자격 요건 25년 1회, 2회

구분	핵심 키워드	설명
일반 자격요건	기본 요건	정보통신망법 시행령 제36조의17 제4항에 따라, CISO는 임원급으로서 아래 요건 중 하나를 충족해야 함
	학위·경력·자격	정보보호·정보기술 석사 학위 이상
		학사 + 정보보호·정보기술 분야 2년 경력
		전문학사 + 5년 경력
		정보보호·정보기술 업무경력 10년 이상
		정보보호 관리체계 인증심사원 자격(ISMS-P)
		정보보호 부서의 장으로서 1년 이상 근무경력
특별 자격요건	겸직금지 대상 추가 요건	겸직금지 대상 기업은 일반 자격요건 외에 특별 자격요건을 추가로 충족해야 함
	경력 요건	정보보호 분야 업무경력 4년 이상
		정보보호 및 정보기술 업무경력 합산 5년 이상(단, 정보보호 분야 최소 2년 이상 포함)

정보보호 최고책임자 지정 요건

항목	구분(정보통신서비스 제공자)	정보보호 최고책임자 지정 요건
1	자본금 1억 원 이하인 자	사업주 또는 대표자
	소기업	
	중기업으로서 전기통신사업자, 정보보호 관리체계 인증을 받아야 하는 자, 개인정보 처리방침을 공개해야 하는 개인정보처리자, 통신판매업자가 아닌 자	
2	직접 사업연도 말 기준 자산총액이 5조 원 이상인 자	이사(「상법」 제401조의2 제1항 제3호에 따른 자와 같은 법 제408조의2에 따른 집행임원을 포함)
	법 제47조 제2항에 따라 정보보호 관리체계 인증을 받아야 하는 자 중 직접 사업연도 말 기준 자산총액이 5천억 원 이상인 자	겸직 제한 요건 준수 필요
3	위의 1, 2에 해당하지 않는 자	사업주 또는 대표자
		이사(「상법」 제401조의2 제1항 제3호에 따른 자와 같은 법 제408조의2에 따른 집행임원을 포함)
		정보보호 관련 업무를 총괄하는 부서의 장

➕ 더 알기 TIP

개인정보 보호책임자(CPO) 지정 법적 요건(개인정보 보호법 시행령 제32조 등 참고)

1. 개인정보 보호 계획의 수립 및 시행
2. 개인정보 처리 실태 및 관행의 정기적인 조사 및 개선
3. 개인정보 처리와 관련한 불만의 처리 및 피해 구제
4. 개인정보 유출 및 오·남용 방지를 위한 내부통제시스템 구축
5. 개인정보 보호 교육 계획의 수립 및 시행
6. 개인정보파일의 보호 및 관리·감독
7. 개인정보 처리방침의 수립·변경 및 시행
8. 개인정보 보호 관련 자료의 관리
9. 처리 목적이 달성되거나 보유기간이 지난 개인정보의 파기

개인정보 보호책임자 지정 세부 요건

구분	요건	설명
적용 대상	전문 CPO 지정 필요 기업	연 매출액 또는 수입이 1,500억 원 이상
		100만 명 이상 개인정보 또는 5만 명 이상 민감·고유식별정보처리 기업
		재학생 2만 명 이상 대학(재학생 포함)
		대규모 민감정보 처리 상급종합병원·공공시스템 운영기관
자격 요건	개인정보보호 경력 등	개인정보보호·정보보호·정보기술 경력을 합산하여 총 4년 이상, 그 중 개인정보보호 경력 2년 이상 포함되어야 함
경력 인정 요건	학위 취득 시 인정기간	(개인정보보호 관련) 박사 : 2년, 석사 : 1년, 학사 : 6개월
		(정보보호 관련) 박사 : 2년, 석사 : 1년, 학사 : 6개월
		(정보기술 관련) 박사 : 2년, 석사 : 1년, 학사 : 6개월

경력 인정 요건	자격증 · 전문인력	개인정보보호 및 관리체계 인증 심사원(ISMS-P) : 1년
		개인정보 영향평가 전문인력(PIA) : 1년
		변호사 : 1년
		정보관리기술사, 컴퓨터시스템응용기술사 : 1년
		정보보호기사, 정보처리기사 : 6개월

정보보호 최고책임자 지정 · 신고 의무 및 자격 요건

① 지정 · 신고 의무 대상
  • 자본금 1억 원 이하 소기업은 신고 의무 면제
  • 중기업 이상은 부서장 이상 CISO 지정 · 신고 필요
  • 직전 사업연도 말 기준 자산총액이 5조 원 이상인 기업은 상법상 이사급 이상 지정 필요
  • 모든 사업자가 의무 대상은 아님
② 자격 요건
  • 지정 · 신고 의무대상은 일반 자격요건을 충족해야 하고, 겸직금지 대상 기업은 일반 자격요건과 특별 자격요건을 모두 갖추어
    야 함
  • CISO는 이사급 이상의 권한과 책임을 가진 자여야 하며, 팀장 · 부장급 등은 불가함

4) 결함사례

책임자 지정 및 요건 미준수	정보보호 최고책임자 지정 및 신고 의무 대상자임에도 불구하고 지정 및 신고하지 않거나, 지정 요건을 갖추지 않은 경우에 발생
개인정보 책임자 부적정 지정	실질적 권한이 없는 자를 개인정보 보호책임자로 지정하여 책임자 역할 수행이 어려운 문제 발생
형식적 지정	조직도에는 책임자가 명시되어 있으나, 인사발령 등 공식 절차를 거치지 않아 실효성 있는 지정으로 보기 어려움
겸직 제한 위반	ISMS 인증 의무대상으로 자산총액이 5천억 원 초과임에도 불구하고 정보보호 최고책임자가 CIO를 겸직하여 법령 요건 위반

⑩ D 증권사는 ISMS 인증 의무대상자임에도 정보보호 최고책임자를 정식으로 지정하거나 신고하지 않았고, 해당 자리에 CIO를 겸직시켜 법령 요건을 위반하였다. 또한 개인정보 보호책임자로 권한 없는 인력을 지정하거나, 조직도에는 명시되어 있으나 인사발령이 없어 실효성 없는 형식적 지정에 그쳤다.

03 조직 구성

인증기준	확인사항	세부설명	증거자료	결함사례
최고경영자는 실무조직·위원회 부서별 협의체를 구성·운영, 개인정보보호 구현	• (개인)정보보호 전문 실무조직 구성·운영 여부 확인 • 위원회 구성·운영 점검(중요사항 의사결정) • 실무협의체 운영 여부 점검	• 실무조직 근거 정책서 명시 • 책임·역할 명확화 • 자격, 교육, 경험 보유 • 위원회 운영 검토·승인 의사결정 • 실무협의체 운영 실무사항 공유·조정·검토	• (개인)정보보호 위원회 • 규정·회의록 • (개인)정보보호 실무협의체 규정·회의록 • (개인)정보보호 조직도 • 내부 관리계획 • 직무기술서	• 실무부서장 중심 구성 의사결정 곤란 • 장기간 활동 실적 미비 • 위원회 개최하였으나 핵심사항 미검토 • 위원회 구성·운영 중 (개인)정보보호조직 미참여

▲ 조직 구성 핵심정리

1) 인증기준

최고경영자는 실무조직(정보보호와 개인정보보호의 효과적 구현 목적), 위원회(조직 전반의 정보보호와 개인정보보호 관련 주요 사항을 검토 및 의결), 협의체(전사적 보호활동을 위한 부서별 정보보호와 개인정보보호 담당자로 구성)를 구성하여 운영하여야 한다.

목적	• 정보보호 및 개인정보보호 업무의 체계적인 수행 • 조직 내 의사결정, 조율, 실무 수행 기능 확보
주요 사항	• 전문성을 갖춘 실무조직 구성 및 운영 • 정보보호 관련 주요 사항 검토·승인을 위한 위원회 운영 • 부서별 담당자로 구성된 협의체 체계 구축 및 운영
주요 결과	• 실무 중심의 정보보호 조직체계 마련 • 위원회 및 협의체를 통한 의사결정 및 협업 체계 확보
기대 효과	• 정보보호 관리체계의 실행력 강화 • 조직 내 정보보호 활동의 효율성과 책임성 향상 • 전사적 보안 수준 제고 및 법적·관리적 대응력 확보

2) 주요 내용

실무조직 구성	• 조직은 정보보호 및 개인정보보호 업무를 체계적으로 수행하기 위해 전문성을 갖춘 실무조직을 구성·운영하고 있는지를 확인해야 한다. • 겸임조직이라도 실질적 역할을 수행할 수 있도록 책임을 명확히 해야 하며, 구성원은 관련 학위, 자격, 교육, 경험을 보유해야 한다.
위원회 운영	• 조직 전반의 중요한 정보보호 관련 사항을 검토·승인·의사결정할 수 있는 위원회를 구성하여 운영하고 있는지 점검해야 한다. • 위원회에 경영진, 임원, 책임자 등이 실질적인 권한을 가지고 참여하는지 확인해야 한다. • 위원회는 정기 또는 수시로 개최되며 정책 제·개정, 위험평가, 예산 배정, 사고 조치, 감사결과 등을 다룬다.
협의체 구성	• 전사적 정보보호 및 개인정보보호 활동을 위해 관련 담당자 및 부서별 담당자로 구성된 실무 협의체를 구성 및 운영하는지 점검해야 한다. • 정보보호·개인정보보호 관련 실무 사항을 공유·조정·검토·개선해야 한다. • 협의체에서 처리하기 어려운 사항은 위원회에 상정하여 논의해야 하며, 조직 규모와 서비스 중요도에 따라 협의체를 조정한다.

3) 결함사례

위원회 구성 적정성	정보보호 및 개인정보보호 위원회를 구성하였으나 실무부서장 중심으로만 구성되어 있어, 조직의 중요 정보 및 개인정보 보호 사항에 대한 실질적인 결정이 어려운 경우
협의체 운영 실효성	• 내부 지침에 따라 실무 협의체가 구성되었으나, 중요 부서의 팀장급으로만 구성된 경우 • 장기간 동안 회의나 활동 등의 운영 실적이 전혀 없어 형식적인 조직으로 전락한 경우
위원회 운영 내실화	위원회를 개최하였으나 연간 정보보호 계획, 교육 계획, 예산 및 인력 등 핵심 사항에 대한 검토나 의사결정이 이루어지지 않아, 위원회의 실질적인 기능을 수행하지 못하는 경우
개인정보보호 조직 참여성	정보보호위원회를 구성하여 운영 중이나 운영 및 IT보안 조직만 참여하고, 개인정보보호 관련 부서나 책임자가 포함되지 않아 개인정보보호와 관련된 심의 및 의결이 불가능한 구조인 경우

예 C 은행은 정보보호위원회를 구성했지만 실무 부서 위주로만 참여해 실질적인 정보보호 의사결정이 어려웠고, 실무 협의체는 형식적으로만 존재해 회의나 활동 실적이 없었다. 또한 위원회에서는 주요 안건이 논의되지 않았고, 개인정보보호 담당 부서의 책임자도 참여하지 않아 통합적 보호 의사결정이 어려운 구조였다.

04 범위 설정

인증기준	확인사항	세부설명	증거자료	결함사례
• 핵심서비스 : 개인정보 처리현황 반영 관리체계 범위 설정 • 관련 업무 : 조직·자산·위치 문서화 구현	• 핵심서비스 : 개인정보·자산 포함 적용 범위 설정 • 예외사항 사유 문서화·승인 관리 • 주요서비스·업무·시스템 문서 목록 작성·관리	• 관리체계 범위 핵심 자산 포함 • 예외사항 존재 시 명확한 사유 등 관련 근거 기록관리 • (개인)정보보호체계 범위 명확화 • (서비스·업무 현황) 문서 작성·관리	• (개인)정보보호 관리체계 범위 정의서 • 정보자산 및 개인정보 목록 • 서비스 흐름도 • 개인정보 흐름도 • 전사 조직도 • 시스템 및 네트워크 구성도	• 개발환경 등 중요자산 관리체계 범위 누락 • 임직원·핵심조직 인증범위 미포함 • 개발PC, 단말기 등 인증범위 제외 • 실무 운영정보 누락

▲ 범위 설정 핵심정리

1) 인증기준

조직의 핵심 서비스와 개인정보 처리 현황 등을 고려하여 관리체계 범위를 설정하고, 관련된 서비스를 비롯하여 개인정보 처리 업무와 조직, 자산, 물리적 위치 등을 문서화하여야 한다.

목적	• 조직의 핵심 서비스, 개인정보, 자산 등에 대한 관리체계 적용 • 예외사항 발생 시 사유 관리 및 승인 • 정보보호 문서의 가시성과 확보 및 체계적 정리
주요 사항	• 정보보호 및 개인정보보호 관리체계의 적용 범위 명확화 • 예외사항 발생 시 사유 기록 및 협의·승인 절차 이행 • 주요 서비스, 시스템, 업무 현황 등을 포함한 문서 목록 작성 및 관리

주요 결과	• 관리체계 범위가 명확히 정의되고 예외사항 관리 근거 확보 • 주요 문서 목록을 통한 관리체계의 문서화 및 가시성 확보
기대 효과	• 정보보호 관리체계의 적용 명확성과 일관성 향상 • 감사 · 점검 대응력 및 운영 투명성 제고 • 조직 전반의 정보보호 관리 수준 향상

2) 주요 내용

관리체계 범위 설정	• 관리체계 범위는 조직의 핵심 서비스 및 개인정보 처리에 영향을 주는 유 · 무형의 핵심자산을 포함해야 한다. • 정보보호 및 개인정보보호 관리체계의 적용 범위를 명확히 설정하고 있어야 한다. • 법적 의무대상자는 정보통신서비스 및 관련 자산을 반드시 포함해야 한다.
예외사항 정의 및 기록 (관리)	• 정의된 관리체계 범위 내 예외사항이 존재할 경우, 그 사유를 명확히 하고 관련자 협의 및 책임자 승인 등의 근거를 기록 및 관리해야 한다. • 정보보호 · 개인정보보호 관리체계의 범위가 다를 경우 각 자산을 기준에 맞게 식별 및 정의해야 한다.
문서화 및 구성요소 정리 (가시성 확보)	• 주요 서비스, 업무 현황, 정보시스템 및 문서 목록 등을 포함한 관련 문서를 작성 · 관리하여 관리체계의 가시성과 문서화를 확보하고 있는지를 점검해야 한다. • 개인정보 처리 흐름, 내부 지침 및 법적 검토 문서 등이 포함된 문서를 작성 및 관리해야 한다.

3) 결함사례

자산 범위 누락	정보시스템 및 개인정보처리시스템 개발과 관련된 개발환경, 외주 인력, 테스트용 단말기 등 중요 자산이 관리체계 범위에서 제외되어 보안 사각지대 발생
인력 포함 누락	정보보호 및 개인정보보호 관리체계의 적용 범위에 해당하는 서비스에 중요한 역할을 수행하는 임직원 및 핵심조직이 인증 범위에 포함되지 않아 통합적 보호체계 운영 불가능
개발환경 식별 미흡	개발업무에 활용되는 정보시스템, 개인정보처리시스템, 개발조직 등이 인증범위에서 제외되어 실제 운영 중인 정보가 보호 대상에서 누락

예 B 병원은 정보시스템 개발 및 테스트 단말기, 외주직원 등 개발 환경을 자산 목록에서 누락했고, 핵심 보안 담당자 및 정보보호 총괄 인력을 인증범위에 포함하지 않아 실제 운영 환경과 불일치하였다. 또한 개발자 PC, 시험 시스템 등이 관리체계에서 제외되어 실질적인 보호가 미흡했다.

인증기준	확인사항	세부설명	증거자료	결함사례
• (개인)정보보호 정책·시행문서 수립·작성 • (개인)정보보호 방침·방향의 명확한 제시 • 정책·시행문서 경영진 승인 후 이해하기 쉽게 전달	• (개인)정보보호 최상위 정책 수립 • 지침·절차·매뉴얼 등 세부문서 체계화 • 정책·문서 제·개정 시 최고경영자 승인 • 최신본을 명확·이해하기 쉽게 제공	• 관리체계 범위 핵심 자산 포함 • 예외사항 존재 시 명확한 사유 등 관련 근거 기록 • (개인)정보보호체계 범위 명확화 • (서비스·업무 현황) 문서 작성·관리	• (개인)정보보호 정책·지침·절차서 • 절차서 제·개정 시 이해관계자 검토 회의록 작성 • 개인정보 내부 관리 계획 • 지침 제·개정 공지 내역(사내게시판) • 개인정보보호 위원회 회의록	• 위원회 안건 상정 없이 책임자 승인만으로 개정 • 최근 개정된 정책·지침서 관련 부서에 미공유 • 게시판·문서공유시스템 등 정책 및 지침서 임직원 공유 환경 미흡

▲ 정책 수립 핵심정리

1) 인증기준

정보보호와 개인정보보호 정책 및 시행문서를 수립·작성하며, 이때 조직의 정보보호와 개인정보보호 방침 및 방향을 명확하게 제시하여야 한다. 또한 정책과 시행문서는 경영진의 승인을 받고, 임직원 및 관련자에게 이해하기 쉬운 형태로 전달하여야 한다.

목적	• 정보보호 및 개인정보보호 활동 수행을 위한 최상위 정책 수립 • 정책 실행을 위한 지침, 절차, 매뉴얼 등 구체적 문서 마련 • 문서 제·개정 시 승인 절차와 직원 대상 전달 체계 수립
주요 사항	• 정보보호 및 개인정보보호에 관한 최상위 정책 수립 • 세부 실행을 위한 지침, 절차, 매뉴얼 등 문서 체계화 • 정책·문서 제·개정 시 최고경영자 또는 위임자 승인 절차 준수 • 최신본을 임직원이 이해하기 쉬운 형태로 제공
주요 결과	• 정보보호 정책 및 세부문서 일체화 및 최신화 • 승인 절차를 거친 공식 문서 체계 구축 • 임직원의 접근성과 이해도를 고려한 정책 전달 구조 확보
기대 효과	• 정책 기반의 일관된 정보보호 활동 수행 • 법적·관리적 책임 대응 체계 강화 • 전 직원의 정책 이해도 및 실천력 향상

2) 주요 내용

최상위 정책 수립	• 조직이 수행하는 모든 정보보호 및 개인정보보호 활동의 근거가 되는 최상위 수준의 정책을 수립해야 한다. • 경영진의 의지와 방향, 보호 대상 및 범위, 관리적·기술적·물리적 보호 활동의 근거가 포함되어야 한다.
세부문서 체계화 (하위 문서 수립)	• 정책의 시행을 위한 세부적인 방법, 절차, 주기 등을 규정한 지침, 절차, 매뉴얼 등 하위 문서를 체계화해야 한다. • 정책의 구체적 실행을 위한 지침, 절차, 매뉴얼 등 하위 문서를 조직 특성과 법적 요구사항에 따라 수립, 개인정보 보호법상 요구사항을 모두 반영해야 한다.

승인 절차 준수 (제 · 개정 승인 및 절차)	• 정책 및 시행문서 제 · 개정 시 최고경영자 또는 위임받은 자의 승인 필요 • 이해관계자 검토 및 조직 영향도 고려, 회의록 등 기록 관리 후 경영진 보고 및 승인처리 수행
문서 제공 및 전달 (최신성 확보)	• 정책 및 시행문서의 최신본을 관련 임직원에게 이해하기 쉬운 형태로 제공 • 전자게시판, 책자, 교육자료 등으로 제공 즉시 공표하여 최신본 상태 유지

➕ 더 알기 TIP

개인정보 보호법에 따라 내부 관리계획에 포함되어야 하는 사항

1. 개인정보보호 조직의 구성 및 운영에 관한 사항
2. 개인정보 보호책임자의 자격요건 및 지정에 관한 사항
3. 개인정보 보호책임자와 개인정보취급자의 역할 및 책임에 관한 사항
4. 개인정보취급자에 대한 관리 · 감독 및 교육에 관한 사항
5. 접근 권한의 관리에 관한 사항
6. 접근 통제에 관한 사항
7. 개인정보의 암호화 조치에 관한 사항
8. 접속기록 보관 및 점검에 관한 사항
9. 악성 프로그램 등 방지에 관한 사항
10. 개인정보의 유출, 도난 방지 등을 위한 취약점 점검에 관한 사항
11. 물리적 안전조치에 관한 사항
12. 개인정보 유출사고 대응 계획 수립 · 시행에 관한 사항
13. 위험 분석 및 관리에 관한 사항
14. 개인정보 처리업무를 위탁하는 경우 수탁자에 대한 관리 및 감독에 관한 사항
15. 개인정보 내부 관리계획의 수립, 변경 및 승인에 관한 사항
16. 그 밖에 개인정보 보호를 위하여 필요한 사항
※ 다만, 1만 명 미만의 정보주체에 관하여 개인정보를 처리하는 소상공인 · 개인 · 단체의 경우에는 생략 가능

3) 결함사례

정책 제 · 개정 절차 위반	내부 규정에 따라 정책 제 · 개정 시 위원회 의결이 필요함에도 불구하고, 위원회 안건 상정 없이 책임자 승인만으로 개정하여 절차상 하자가 발생한 경우
문서 공유 및 전달 미흡	최근 개정된 정책 및 지침서가 관련 부서에 공유되지 않아 일부 부서가 이전 버전을 기준으로 업무를 수행하고 있어 문서 전달 체계에 문제가 있는 경우
정책 접근성 부족	정책 및 지침서가 중앙 보안부서에만 보관되어 있고, 게시판이나 문서 공유 시스템 등을 통해 임직원에게 제공되지 않아 실효성 있는 정책 이해와 실행이 어려운 상태인 경우

❿ D 지자체는 정보보호 정책을 개정하면서 내부 위원회 의결 없이 책임자 단독으로 개정해 절차상 하자가 발생했으며, 개정된 정책과 지침은 관련 부서에 전달되지 않아 일부 부서는 이전 버전을 기준으로 업무를 수행하고 있었다. 또한 정책 문서는 보안부서에서만 보관되고 있어 전 직원이 접근하거나 확인하기 어려웠다.

06 자원할당

인증기준	확인사항	세부설명	증거자료	결함사례
최고경영자는 분야별 전문인력 확보 관리체계 구현·운영위한 예산·자원 할당	• 전문성을 가진 인력 확보 • 관리체계 운영 자원 평가 필요한 예산인력 지원 • 추진계획 수립·시행 후 추진결과 분석·평	• 자격증, 실무경력, 직무교육 이수 등 전문 인력 확보 • 필요 예산·자원 평가 예산·인력 운영 계획 수립·승인, 지속 지원 • 추진계획 수립·시행 추진결과 분석·평가, 경영진 보고	• (개인)정보보호 활동 연간 추진계획서(예산 및 인력운영계획) • (개인)정보보호 활동 결과 보고서 • (개인)정보보호 투자 내역 • (개인)정보보호 조직도	• 전문성이 없는 인력만으로 보안인력 구성 • 안전조치 적용 위한 최소한의 보안비용 최고경영자 미승인 • ISMS-P 인증을 받은 후 인력·예산 대폭 축소

▲ 자원할당 핵심정리

1) 인증기준

최고경영자는 정보보호와 개인정보보호 분야별 전문성을 갖춘 인력을 확보하고, 관리체계의 효과적 구현과 지속적 운영을 위한 예산 및 자원을 할당하여야 한다.

목적	• 정보보호 및 개인정보보호 분야의 전문인력 확보 • 관리체계 지속 운영을 위한 예산과 자원 확보 • 연도별 계획 수립과 결과 평가 체계 수립
주요 사항	• 분야별 전문성을 갖춘 인력 확보 여부 점검 • 운영에 필요한 예산 및 인력 등 자원 평가 및 지원 체계 운영 • 연도별 정보보호·개인정보보호 업무 계획 수립 및 실행 • 추진 결과에 대한 심사·분석·평가 체계 운영
주요 결과	• 전문 인력 확보 및 자원지원 체계 구축 • 연도별 계획 기반의 정보보호 활동 체계화 • 추진성과의 분석·평가 결과 확보
기대 효과	• 정보보호 대상 자산의 명확한 통제 및 보호수준 설정 • 보안 자원 배분의 효율성 증대 • 자산 기반 위험관리 및 컴플라이언스 대응력 향상

2) 주요 내용

전문 인력 확보	• 조직은 정보보호 및 개인정보보호 분야의 전문성을 갖춘 인력을 확보하고 있는지 점검해야 한다. • 관련 분야의 자격증, 실무 경력, 직무교육 이수 등을 갖춘 인력인지 확인한다.
자원 지원 체계	• 정보보호 및 개인정보보호 관리체계의 효과적 구현 및 지속 운영을 위해 매년 필요한 예산과 자원을 평가해야 한다. • 예산 및 인력운영 계획을 수립·승인 후 지속적인 자원을 지원해야 한다.
추진계획 및 평가 (연도별 계획 수립 및 평가)	• 연도별 정보보호 및 개인정보보호 업무 세부 추진 계획을 수립·시행해야 한다. • 시행 결과를 심사·분석·평가하여 경영진에게 보고함으로써 계획의 실행력과 조직 내 확산을 확보해야 한다.

3) 결함사례

전문 인력 부적정 구성	정보보호 및 개인정보보호 조직을 구성할 때 분야별 전문성이 없는 인력만으로 보안인력을 구성하여, 실질적인 보호 활동을 수행할 수 없는 구조인 경우
자원(예산) 미지원	개인정보 처리시스템에 필요한 보안 솔루션 도입 및 안전조치 적용을 위한 최소한의 비용조차 최고경영자가 승인하지 않아 보안 수준을 확보하지 못하는 경우
예산·인력 운영의 지속성 결여	ISMS-P 인증을 받은 후 인력과 예산을 대폭 축소하거나 타 부서로 인력을 전환하고, 예산을 다른 목적으로 사용함으로써 관리체계의 지속적 운영이 어려워진 경우

예 Z 가상자산거래소는 정보보호 조직을 구성하면서 전문성이 부족한 일반 운영 인력 위주로 구성해 실질적인 보안 활동이 어려웠고, 개인정보 처리시스템에 필요한 보안 솔루션 도입과 같은 최소한의 보호조치 예산도 경영진의 승인 부족으로 집행되지 못했다. 또한 ISMS-P 인증 후 보안 인력을 타 부서로 전환하고 예산도 축소하여 관리체계의 지속성이 훼손되었다.

위험관리

빈출 태그 정보자산 식별・현황 및 흐름분석・위험 평가・보호대책 선정

01 정보자산 식별

인증기준	확인사항	세부설명	증거자료	결함사례
• 업무특성별 자산분류 기준 수립 범위 내 자산 식별・분류 • 중요도 산정, 목록 최신화	• 자산분류기준 수립 범위 내 자산 식별・목록 관리 • 자산 중요도 산정, 법적 요구・업무영향 반영 보안등급 부여 • 정기적 정보자산현황 조사 • 정보자산목록 최신 유지	• 정보자산 분류기준 수립 범위 내 모든 자산 식별 목록 관리 • 식별된 정보자산 법적요구사항, 업무영향 중요도 결정 보안등급 부여 • 신규 도입, 변경, 폐기되는 자산 현황 확인	• (개인)정보자산 분류기준 • (개인)정보자산 목록(자산관리시스템 화면) • (개인)정보 보안등급 • 자산실사 내역 • 위험분석 보고서(자산식별 내역)	• 관리체계 범위 내 시스템 누락 • 제3자로부터 제공받은 개인정보 자산 미식별 • 정보자산 분류 기준 불일치 • 외부에 위탁한 IT 서비스 자산식별 누락 • 정보자산 중요도 평가 합리성 및 신뢰성 미흡

▲ 정보자산 식별 핵심정리

1) 인증기준

조직의 업무특성에 따라 정보자산 분류기준을 수립하여 관리체계 범위 내 모든 정보자산을 식별・분류하고, 중요도를 산정한 후 그 목록을 최신으로 관리하여야 한다.

목적	• 정보보호 및 개인정보보호 분야의 전문인력 확보 • 관리체계 지속 운영을 위한 예산과 자원 확보 • 연도별 계획 수립과 결과 평가 체계 수립
주요 사항	• 분야별 전문성을 갖춘 인력 확보 여부 점검 • 운영에 필요한 예산 및 인력 등 자원 평가 및 지원 체계 운영 • 연도별 정보보호・개인정보보호 업무 계획 수립 및 실행 • 추진 결과에 대한 심사・분석・평가 체계 운영
주요 결과	• 전문 인력 확보 및 자원지원 체계 구축 • 연도별 계획 기반의 정보보호 활동 체계화 • 추진성과의 분석・평가 결과 확보
기대 효과	• 정보보호 대상 자산의 명확한 통제 및 보호수준 설정 • 보안 자원 배분의 효율성 증대 • 자산 기반 위험관리 및 컴플라이언스 대응력 향상

2) 주요 내용

- 정보보호 및 개인정보보호를 효과적으로 수행하기 위해서는 자산을 체계적으로 관리할 수 있는 분류 기준을 수립하고, 이를 바탕으로 모든 정보자산을 식별하여 목록으로 정리할 필요가 있다.
- 이러한 자산 목록을 기반으로, 자산이 조직에 미치는 영향과 관련 법적 요구사항을 고려하여 중요도를 평가하고 보안등급을 부여해야 한다.
- 자산의 중요도와 보안등급을 정확하게 유지하기 위해서는 정기적인 자산 현황 조사가 필수적이며, 이런 과정에서 신규 자산, 변경 사항, 폐기 자산 등을 반영하여 목록을 항상 최신 상태로 유지해야 한다.

자산 분류 및 목록화	• 조직 특성에 맞게 자산 분류기준을 수립해야 한다. • 서버 · 데이터 · 정보시스템 · 보안시스템 · 정보 등 자산 유형별로 자산정보(책임자, 위치 등)를 식별하여 목록으로 관리해야 하며, 클라우드 자산도 포함된다.
자산 중요도 및 등급 결정 (보안등급 평가 및 중요도 산정)	• 식별된 자산은 기밀성, 무결성, 가용성, 법적 준거성 등 평가 기준을 기반으로 중요도를 산정해야 한다. • 서비스 영향 등을 고려한 보안등급을 부여하여 자산별로 목록화해야 한다.
자산목록 최신화 (목록 최신화 및 유지관리)	• 정보자산 현황을 주기적으로 점검해야 한다. • 식별된 자산 목록이 최신 상태로 유지되도록 정기적으로 조사하고 갱신해야 한다.

3) 결함사례

유출통제 시스템 누락	중요정보 및 개인정보 취급자의 PC를 통제하는 출력물 보안, 문서암호화, USB 제어 시스템 등이 자산 목록에 포함되지 않아 내부 정보 유출 통제가 비현실적으로 운영되는 경우
외부 수집 자산 미식별	외부에서 제공받은 개인정보가 있음에도 불구하고 해당 정보를 자산으로 식별하지 않아, 자산 보호 체계의 누락 및 법적 책임 발생 가능성이 있는 경우
분류 기준 불일치	정보자산 및 개인정보 보안등급 분류 기준이 내부지침과 자산관리대장 간 불일치하여 자산별 보호 수준이 명확하지 않고 관리 일관성도 결여된 경우
외부 자산 누락	온프레미스 자산은 식별되었으나, 인증 범위에 포함된 위탁 IT 서비스(웹호스팅, 서버호스팅, 클라우드 등)는 자산 목록에서 누락되어 외부 자산 관리가 미흡한 경우
중요도 산정 부적정	고위험 개인정보를 포함하는 백업서버에 대해 기밀성 등급을 지나치게 낮게 산정하여, 정보자산 중요도 평가의 타당성과 신뢰성이 부족하다는 평가를 받을 수 있는 경우

⑩ F 유통사는 내부 문서암호화, USB 차단, 출력물 보안 등 정보 유출 방지 시스템이 자산 목록에 누락되어 실제로는 유출통제가 제대로 이루어지지 않았다. 또한 외부 제휴사로부터 제공받은 개인정보나 클라우드 · 웹호스팅 등 위탁 IT 자산이 자산 목록에 포함되지 않아 외부 자산에 대한 보호조치가 미흡했다.

인증기준	확인사항	세부설명	증거자료	결함사례
• 관리체계 전 영역의 정보서비스·개인정보 처리 현황 분석 • 업무절차·흐름 파악 문서화 • 주기적 검토·최신성 유지	• 정보서비스 현황 식별 절차·흐름 파악·문서화 • 개인정보 처리현황 식별 흐름 파악·흐름도 문서화 • 업무절차·개인정보 흐름 주기적 검토, 관련 문서 최신성 유지 • 변경 시 흐름도 개선여부 적절성 유지 확인	• 위험분석의 사전단계 경영진 의사결정 활용 • 정보서비스 현황 식별 업무절차 흐름 파악 문서화 • 개인정보 흐름표 흐름도 시각적 문서화 • 연 1회 이상 흐름도 검토, 정보자산, 법령 개정 변화 반영	• 정보서비스 현황표 • 정보서비스 업무흐름표·업무흐름도 • 개인정보 처리 현황표(ISMS-P 인증) • 개인정보 흐름표·흐름도(ISMS-P 인증)	• 관리체계 범위 내 주요 서비스 업무 절차·흐름 및 현황 문서화 미흡 • 개인정보 흐름도 작성 후 실제 개인정보 흐름과 상이·누락 • 최초 개인정보 흐름도 작성 이후 현행화 미흡, 개정사항 미반영

▲ 현황 및 흐름분석 핵심정리

1) 인증기준

관리체계 전 영역에 대한 정보서비스 및 개인정보 처리 현황을 분석하고 업무 절차와 흐름을 파악하여 문서화하며, 이를 주기적으로 검토하여 최신성을 유지하여야 한다.

목적	• 정보서비스 전체 현황 및 개인정보 처리 현황 파악 필요 • 업무 절차 및 흐름의 문서화 요구 • 서비스 및 자산 변경 시 흐름도 최신화 필요
주요 사항	• 정보서비스 현황을 식별하고 관련 업무 절차 및 흐름 문서화 • 개인정보 처리 흐름을 시각적으로 파악하고 흐름도 작성 • 서비스, 업무, 자산 변경 시 흐름도 적정성 여부 검토 및 갱신 • 관련 흐름 문서를 주기적으로 점검하여 최신 상태를 유지
주요 결과	• 전체 업무 절차 및 개인정보 흐름의 시각적 문서 확보 • 변경사항 반영된 최신 흐름도 및 관련 문서 관리 • 흐름 기반 업무의 일관성 확보
기대 효과	• 정보보호 관리체계의 절차적 명확성 및 체계성 향상 • 개인정보 처리의 투명성 및 변경 추적 용이 • 업무 흐름 최적화 및 컴플라이언스 대응력 강화

2) 확인사항

정보서비스 절차 식별	관리체계 전 영역의 정보서비스 현황 식별, 이에 따른 업무 절차 및 흐름을 문서화하여 관리
개인정보 흐름 파악	관리체계 범위 내의 개인정보 처리 현황 식별, 개인정보의 흐름을 시각적으로 파악하여 흐름도 등 문서로 작성
흐름도 최신성 유지	• 서비스, 업무, 정보자산 등의 변화가 발생할 때 업무 절차 및 개인정보 흐름을 주기적으로 검토, 흐름도 및 관련 문서를 최신 상태로 유지 • 관리체계 범위 내 개인정보 처리 현황을 식별하고 개인정보의 흐름을 파악하여 개인정보 흐름표, 개인정보 흐름도 등으로 문서화(ISMS-P 인증인 경우) • 서비스나 정보자산 변경 시 흐름도 개선 여부를 포함해 정보 흐름의 적절성 유지 여부 확인

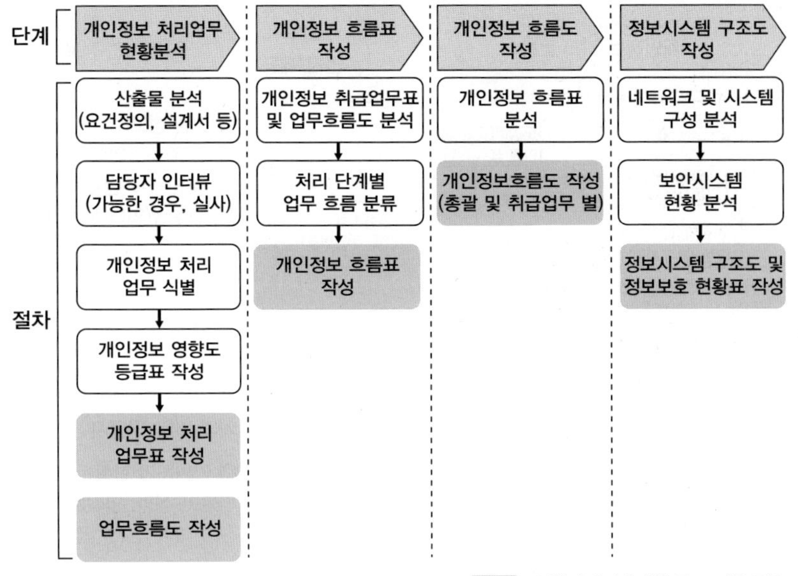

▲ 개인정보 흐름분석 단계별 세부 절차

〈수집 흐름표〉

평가 업무명	수집					
	수집 항목	수집 경로	수집 대상	수집 주기	수집 담당자	수집 근거
민원 처리	(필수) 성명, 주민등록번호, 전화번호, 이메일, 주소, 민원 내용 (선택) 집전화번호	온라인 (홈페이지)	민원인	상시	–	이용자 동의/ ○○법 제○조 ○항 (주민등록번호)
		오프라인 (민원신청서 작성)	민원인	상시	안내창구 담당자	이용자 동의/ ○○법 제○조 ○항 (주민등록번호)

〈보유 · 이용 흐름표〉

평가 업무명	보유 · 이용					
	보유 형태	암호화 항목	이용 목적	이용 항목	개인정보 취급자	이용 방법
민원 처리	Web DB	주민등록번호, 비밀번호(일방향)	민원 처리 및 결과 관리	(필수) 성명, 주민등록번호, 전화번호, 이메일, 주소, 민원 내용 (선택) 집 전화번호	민원처리 담당자, 민원 관련 업무 담당자	관리자 홈페이지의 민원처리 화면 접속
	민원 DB	주민등록번호, 비밀번호(일방향)				
	캐비넷 (신청서류철)	–				서류보관함

▲ 정보서비스 흐름표 예시(민원처리)

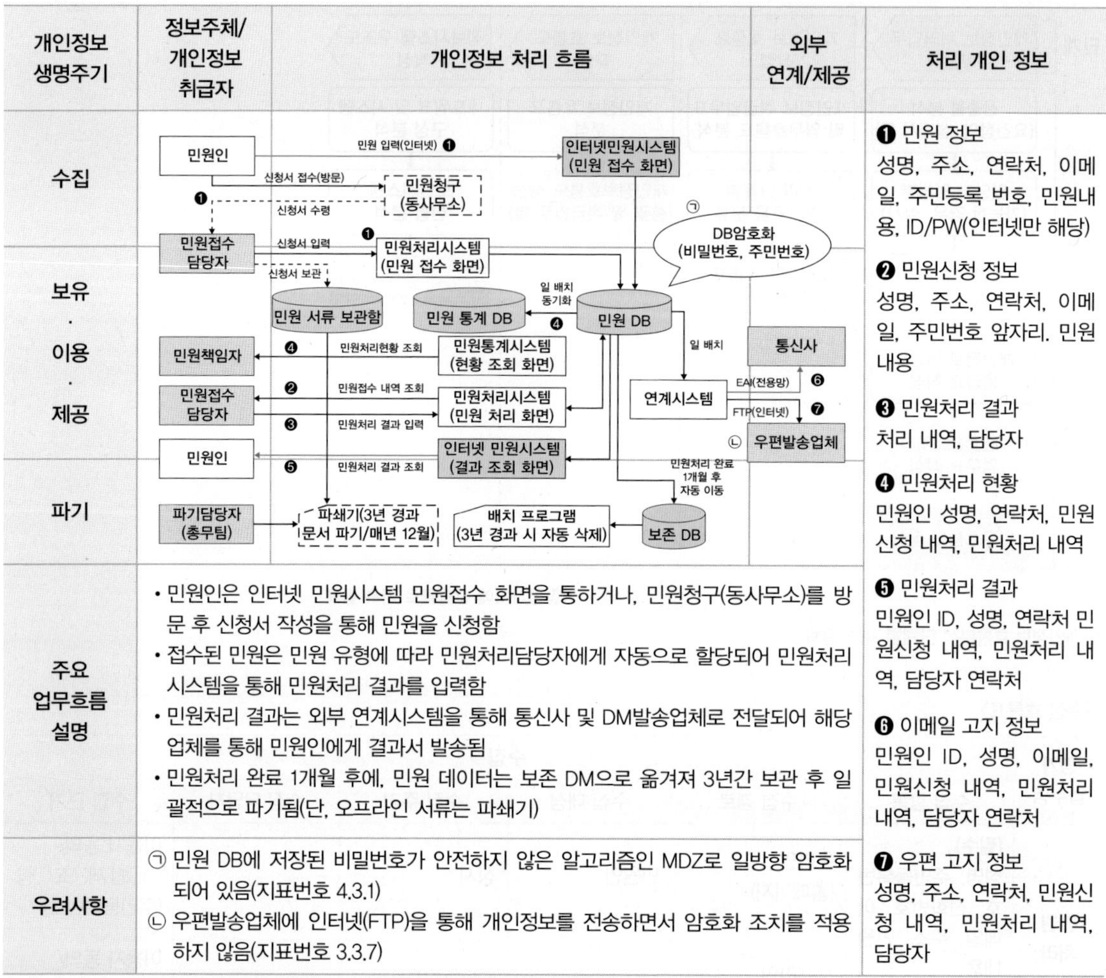

처리 개인 정보
❶ 민원 정보 성명, 주소, 연락처, 이메일, 주민등록 번호, 민원내용, ID/PW(인터넷만 해당)
❷ 민원신청 정보 성명, 주소, 연락처, 이메일, 주민번호 앞자리. 민원내용
❸ 민원처리 결과 처리 내역, 담당자
❹ 민원처리 현황 민원인 성명, 연락처, 민원신청 내역, 민원처리 내역
❺ 민원처리 결과 민원인 ID, 성명, 연락처 민원신청 내역, 민원처리 내역, 담당자 연락처
❻ 이메일 고지 정보 민원인 ID, 성명, 이메일, 민원신청 내역, 민원처리 내역, 담당자 연락처
❼ 우편 고지 정보 성명, 주소, 연락처, 민원신청 내역, 민원처리 내역, 담당자

주요 업무흐름 설명	• 민원인은 인터넷 민원시스템 민원접수 화면을 통하거나, 민원청구(동사무소)를 방문 후 신청서 작성을 통해 민원을 신청함 • 접수된 민원은 민원 유형에 따라 민원처리담당자에게 자동으로 할당되어 민원처리시스템을 통해 민원처리 결과를 입력함 • 민원처리 결과는 외부 연계시스템을 통해 통신사 및 DM발송업체로 전달되어 해당 업체를 통해 민원인에게 결과서 발송됨 • 민원처리 완료 1개월 후에, 민원 데이터는 보존 DM으로 옮겨져 3년간 보관 후 일괄적으로 파기됨(단, 오프라인 서류는 파쇄기)
우려사항	㉠ 민원 DB에 저장된 비밀번호가 안전하지 않은 알고리즘인 MDZ로 일방향 암호화되어 있음(지표번호 4.3.1) ㉡ 우편발송업체에 인터넷(FTP)을 통해 개인정보를 전송하면서 암호화 조치를 적용하지 않음(지표번호 3.3.7)

▲ 정보서비스 흐름도 예시(민원처리)

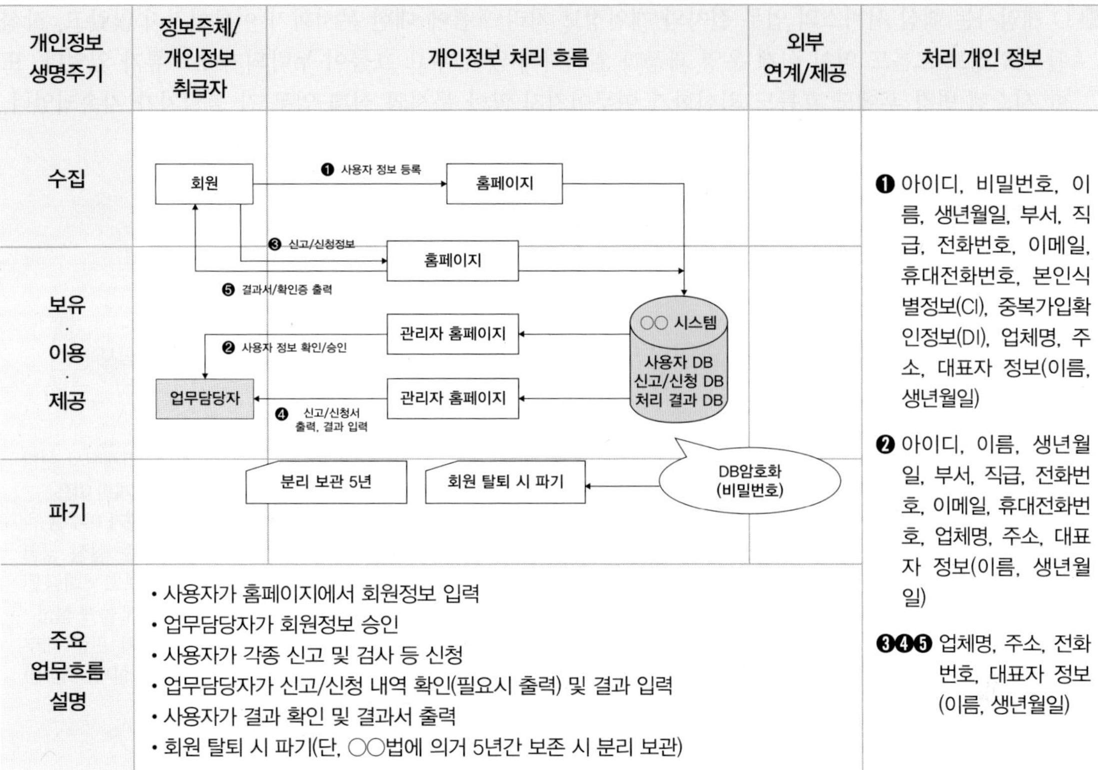

주요 업무흐름 설명
• 사용자가 홈페이지에서 회원정보 입력 • 업무담당자가 회원정보 승인 • 사용자가 각종 신고 및 검사 등 신청 • 업무담당자가 신고/신청 내역 확인(필요시 출력) 및 결과 입력 • 사용자가 결과 확인 및 결과서 출력 • 회원 탈퇴 시 파기(단, ○○법에 의거 5년간 보존 시 분리 보관)

▲ 정보서비스 흐름도 예시(홈페이지 신청)

3) 주요 내용

현황 및 흐름분석의 목적	• 현황 및 흐름분석은 위험분석의 사전단계로, 다양한 관점에서 위험을 식별할 수 있는 기초자료가 되며, 경영진의 정보보호 이해 및 의사결정에도 활용된다. • GAP 분석을 통해 인증기준과 운영 현황의 차이를 파악할 수 있다.
정보서비스 흐름 문서화	• 관리체계 범위 내 정보서비스 현황 식별, 관련된 업무 절차와 흐름을 파악하여 업무현황표, 흐름도 등으로 문서화한다. • 흐름도는 접근통제 개념도 형식으로 시각화한다.
개인정보 흐름도 작성 절차	• 개인정보의 처리 흐름을 시각적으로 문서화한다. • '개인정보 처리 현황 파악 → 개인정보 처리 단위 업무 식별 → 생명주기별 흐름표 작성 → 업무별 총괄 흐름도 도식화'순으로 업무를 수행한다.
최신성 유지 및 주기적 검토	업무, 정보자산, 개인정보 처리방법, 시스템 구성, 조직 변경, 외부 연계 흐름, 법령 개정 등의 변화를 반영하여 연 1회 이상 흐름도를 검토하고 문서를 최신 상태로 유지해야 한다.

4) 결함사례

정보서비스 문서화 미흡	관리체계 범위 내에서 주요 서비스의 업무 절차 및 흐름에 대한 현황이 문서화되지 않아, 체계적인 보호 및 위험 식별이 어려운 상태인 경우
개인정보 흐름 오류	• 작성된 개인정보 흐름도와 실제 운영 중인 개인정보 처리 과정 간에 불일치가 발생한 경우 • 중요한 흐름 자체가 반영되지 않아 흐름도 신뢰성이 저하된 경우
흐름도 최신화 미실시	개인정보 처리 방식, 업무 또는 시스템 변화가 발생했음에도 불구하고 기존 흐름도를 수정하지 않아, 현재 흐름과 일치하지 않는 문서가 유지되고 있는 경우

⬛ C 게임사는 핵심 서비스의 업무 절차와 개인정보 처리 흐름에 대한 문서화가 이루어지지 않았고, 작성된 개인정보 흐름도 역시 실제 운영 과정과 일치하지 않아 주요 흐름이 누락되거나 오류가 있었다. 또한 시스템 변경 후에도 흐름도 최신화가 이루어지지 않아 문서와 실제 업무 간 불일치가 지속되었다.

⓿③ 위험평가

인증기준	확인사항	세부설명	증거자료	결함사례
• 대내외 환경분석·위협정보 수집 적합한 위험평가 방법 선정 • 연 1회 이상 평가 수용위험 경영진 승인·관리	• 서비스 특성별 위험 식별, 평가방법 정의 • 인력·대상·기간·예산 포함 연간 위험관리계획 수립 • 연 1회 이상 정기 위험평가 수용위험수준 설정 초과위험 식별·관리 • 위험평가 결과 정기 보고 경영진 의사결정 반영 체계 마련	• 위협 식별·평가, 위험평가 방법(베이스라인·상세분석·시나리오) 정의·문서화 • 위험관리 연 1회 이상 정기 수행 • 발생가능성·심각도 기준 위험도 산정, 최고경영자 승인 DoA 설정, 초과위험 식별·문서화 • 위험관리계획 내 인력·기간·대상·방법·예산 포함	• 위험관리 지침 • 위험관리 매뉴얼·가이드 • 위험관리 계획서 • 위험평가 결과보고서 • (개인)정보보호 위원회 회의록 • (개인)정보보호 실무협의회 회의록 • (개인)정보자산 목록 • 개인정보 흐름표·흐름도	• 위험관리계획서 현황 및 실행계획 미흡 • 연1회 평가 미수행 • 위험수준 설정 경영진 미보고·미승인 지나치게 높게 설정 • 위험평가 관련 내부 기준과 실제 수행 방법 상이

▲ 위험평가 핵심정리

1) 인증기준

조직의 대내외 환경분석을 통하여 유형별 위협정보를 수집하고 조직에 적합한 위험 평가 방법을 선정하여 관리체계 전 영역에 대하여 연 1회 이상 위험을 평가하며, 수용할 수 있는 위험은 경영진의 승인을 받아 관리하여야 한다.

목적	• 조직 또는 서비스 특성에 따른 다양한 위험 존재 • 수행인력, 대상, 기간, 예산 등을 포함한 연간 위험관리계획 수립 필요 • 경영진에게 위험 평가 결과 보고 필요
주요 사항	• 위험 식별, 평가 방법, 서비스 특성 등을 반영한 위험평가 방법 정의 • 위험관리계획 수립(수행방법, 대상, 주기, 예산 등 포함) • 최소 연 1회 이상 정기적 위험평가 수행 • 수용 가능한 위험수준 설정 및 초과 위험 식별·관리 • 평가 결과를 경영진에 보고하고 의사결정에 반영
주요 결과	• 체계적이고 실행 가능한 위험평가 및 관리계획 수립 • 위험 수준별 대응 방안 마련 • 경영진의 보안 의사결정 기반 정보 확보
기대 효과	• 위험에 대한 사전 대응 및 예방 체계 강화 • 자원 투입의 합리성 및 보안 효율성 향상 • 조직 내 위험관리의 투명성과 전략적 통제력 제고

2) 주요 내용

위험평가 방법 정의	• 조직 또는 서비스의 특성에 따라 다양한 위험을 식별하고 평가할 수 있도록 체계적인 방법을 정의해야 한다. • 해킹, 내부 유출, 법 위반 등 다양한 위협을 식별하고 평가할 수 있도록 베이스라인, 상세분석, 시나리오 기반 등의 위험평가 방법을 정의 및 문서화해야 한다.
위험관리계획 수립	위험관리방법(수행인력, 대상, 기간, 예산 등)을 포함한 위험관리계획을 매년 수립해야 한다.
정기적 위험평가 수행	• 수립된 위험관리계획에 따라 최소 연 1회 이상 정기적으로 또는 필요시점에 위험평가를 수행해야 한다. • 신규 시스템 도입이나 조직 변화 시 필요에 따라 추가 위험평가 진행, 대책의 실효성, 법적 요구사항, 인증기준 준수 여부 등을 함께 검토해야 한다.
목표 위험수준 설정 및 초과 위험 식별	• 발생가능성과 심각도를 기준으로 위험도를 산정한다. • 최고경영자의 결정으로 수용 가능한 목표 위험수준(DoA)을 설정한 후, 이를 초과하는 위험을 식별하고 문서화한다.
경영진 보고 체계	• 위험 식별 및 평가 결과는 경영진이 쉽게 이해할 수 있는 형식으로 작성하여 보고한다. • 실무 협의체나 위원회 등 이해관계자와 공유·논의하여 조직 차원의 대응방향을 수립하는 등 의사결정에 반영되도록 체계를 갖추어야 한다.
위험관리계획 수립 및 실행	• 수행 인력, 기간, 평가 대상, 방법, 예산 등이 포함되어야 한다. • 인증 범위 내 모든 자산을 포함해 연 1회 이상 계획하고, 경영진의 승인을 받아야 한다.

3) 결함사례

실행계획의 구체성 부족	위험관리계획서에 기본적인 범위는 정의되어 있지만, 실제 수행을 위한 구체적 인력 구성과 예산계획이 포함되지 않아 실행 가능성이 낮아지는 경우
정기평가 미이행	위험평가는 자산 변경 여부와 무관하게 연 1회 이상 정기적으로 수행해야 하는데, 이 절차를 무시하고 평가를 생략한 경우
중요 항목 누락 위험평가	관리체계 내 핵심 자산이나 법적 요구사항을 고려하지 않고 평가가 이루어져, 실질적인 보호대책이 누락되는 구조적 결함이 발생한 경우
경영진 미보고	조직 내 수용 가능한 위험수준 실징은 경영진의 승인 사항인데, 이를 보고하지 않아 내부 동제와 정책적 정당성이 확보되지 않은 경우
평가방법 불일치	위험 평가에 대해 정해진 내부 기준과 실제 수행한 방법이 달라 일관성과 평가 신뢰성이 결여된 경우
평가범위 편중	정보보호 관리체계는 관리적, 물리적, 기술적 영역을 모두 포함해야 하나, 기술적 요소에만 집중하고 나머지 영역을 무시한 경우
위험수준 설정 부적정	현실적으로 대응이 필요한 위험임에도 불구하고 수용 가능 수준을 인위적으로 높게 설정함으로써 주요 리스크가 관리되지 않는 문제가 발생한 경우

예 N 증권사는 위험관리계획서를 수립하면서 대상과 기간은 명시했지만, 실행에 필요한 인력과 예산 계획이 포함되지 않아 현실적 이행 가능성이 낮았고, 연 1회 이상 수행해야 할 정기 평가도 자산 변경이 없다는 이유로 생략하였다. 주요 정보자산에 대한 법적 요구사항 준수 여부도 평가하지 않았으며, 설정된 목표 위험수준에 대해 경영진 보고 및 승인을 받지 않았다.

04 보호대책 선정

인증기준	확인사항	세부설명	증거자료	결함사례
• 위험평가 결과 기반 보호대책 선정 • 우선순위 · 일정 · 담당자 예산 포함 이행계획 수립 • 경영진 승인	• 식별된 위험 대응전략 수립(감수 · 회피 · 전가 · 수용) 보호대책 선정 • 보호대책 중요도 · 시급성 반영 이행계획 수립 후(일정 · 부서 · 담당자 · 예산) 경영진 보고 체계 점검	• 위험관리는 감소를 기본 상황별 회피 · 전가 · 수용 전략 병행 • 법 위반 위험은 수용 불가 • 위험의 심각성 · 시급성 · 예산 · 자원 등 고려 우선순위 결정 일정 · 부서 · 담당자 · 예산 포함 이행계획수립 · 경영진 승인 • 위험증가 가능성 항목 보호대책 수립	• 위험관리 지침 • 위험관리 매뉴얼 · 가이드 • 위험관리 계획서 • 위험평가 결과보고서 • (개인)정보보호 위원회 회의록 • (개인)정보보호 실무협의회 회의록 • (개인)정보자산 목록 • 개인정보 흐름표 · 흐름도	• 위험관리계획서 현황 및 실행계획 미흡 • 연 1회 평가 미수행 • 위험수준 설정 경영진 미보고 · 미승인 지나치게 높게 설정 • 위험평가 관련 내부 기준과 실제 수행 방법 상이

▲ 보호대책 선정 핵심정리

1) 인증기준

위험 평가 결과에 따라 식별된 위험을 처리하기 위하여 조직에 적합한 보호대책을 선정하고, 보호대책의 우선순위와 일정 · 담당자 · 예산 등을 포함한 이행계획을 수립하여 경영진의 승인을 받아야 한다.

목적	• 식별된 위험에 대한 대응 전략(감소, 회피, 전가, 수용) 필요 • 보호대책 실행을 위한 일정, 담당자, 예산 등의 계획 필요 • 경영진 보고를 위한 체계 요구
주요 사항	• 각 위험에 대해 적절한 처리 전략 수립 • 처리 전략에 따른 보호대책 선정 • 보호대책의 중요도 및 시급성 고려, 이행계획 수립 • 이행계획을 경영진에게 보고, 추진결과에 대한 심사 · 분석 · 평가체계 운영
주요 결과	• 위험유형별 처리 전략 및 보호대책 확보 • 실행 가능하고 우선순위가 반영된 이행계획 수립 • 경영진 보고 기반의 대응 체계 운영
기대 효과	• 조직의 위험 대응 역량 및 보안 강화 • 자원 배분의 효율성 및 실행력 확보 • 경영진 중심의 전략적 의사결정 기반 마련

2) 주요 내용

위험 처리 전략 수립	• 식별된 위험에 대해 위험감소를 기본으로 하되, 상황에 따라 회피 · 전가 · 수용 전략을 선택하고, 위험별로 적절한 보호대책을 선정해야 한다. • 법 위반 위험은 수용 불가하며, 수용 시에는 명확한 근거가 필요하다.
보호대책 이행계획 수립	• 보호대책의 중요도와 시급성을 고려하여 일정, 담당부서, 담당자, 예산 등이 포함된 이행 계획을 수립해야 한다. • 이를 경영진에게 보고하는 체계를 갖추고 있는지 점검해야 한다.
전략별 보호대책 예시	위험감소(예 강력한 비밀번호 적용), 위험회피(예 회원가입 기능 폐지), 위험전가(예 보험 가입), 위험수용(예 정부 인증 수탁자 관리 생략 등)의 구체적 사례를 통해 각 전략에 맞는 보호대책을 수립한다.
보호대책의 연계성 및 예외 처리	보호대책은 ISMS-P 인증기준과 연계되도록 설계하고, 수용 가능한 위험이라도 법 위반은 배제하며, 향후 위험 증가 가능성이 있는 항목은 예외 없이 보호대책 수립을 고려한다.

3) 결함사례

경영진 미보고	보호대책 이행계획이 수립되었음에도 불구하고 경영진에게 보고되지 않아, 조직 차원의 의사결정 및 승인 절차가 누락된 경우
조치 계획 누락	위험처리 전략 중 위험감소가 필요함에도 해당 위험에 대한 조치 계획이 누락되어 있어 실행력이 떨어지고, 보호 수준이 불균형한 경우
법적 의무사항 누락	법령상 의무적으로 시행해야 할 보호대책이나 고위험 항목을 위험수용 처리하면서 명확한 보호조치 계획 없이 방치한 경우
수용 타당성 부족 및 지연 대응	위험수용 결정에 대한 논리적 타당성이 부족하고, 시급성이나 구현 용이성이 높은 항목까지도 특별한 사유 없이 장기 계획으로 미뤄 위험 대응이 지연되는 경우

예 K 은행은 위험관리 이행계획을 수립한 이후에도 정보보호 최고책임자에게 보고하지 않아 승인 및 조치 절차가 누락되었으며, 일부 항목에 대해서는 문서화된 대응 계획이 없어 실행력이 부족했다. 법적 의무사항에 해당하는 항목도 명확한 보호조치 없이 일반 위험으로 처리되었고, 즉시 대응 가능한 항목조차 구체적 근거 없이 장기 대응으로 분류되었다.

관리체계 운영

출제빈도 (상) 중 하
반복학습 1 2 3

빈출 태그 보호대책 구현 • 보호대책 공유 • 운영현황 관리

01 보호대책 구현

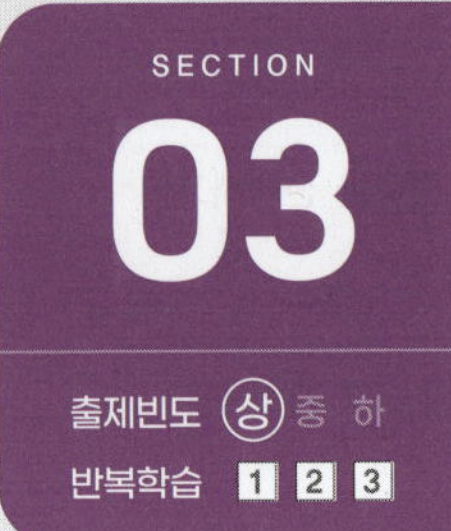

인증기준	확인사항	세부설명	증거자료	결함사례
• 보호대책 이행계획 기반 구현 • 경영진이 결과의 정확성·효과성 확인	• 보호대책 실행결과 경영진 보고 • 인증기준별 구현·운영 현황 기록한 운영명세서 작성·점검	• 보호대책은 이행계획에 따라 실행 후 정기적 경영진 보고 완료·지연 사유 효과성 검토 • 미이행 시 원인 분석·계획 변경, 보완 절차 수행 • 운영명세서에 인증기준별 구현·운영 현황 관련 문서명 구체적 기록	• (개인)정보보호 이행·위험관리계획서 • (개인)정보보호 대책서 • (개인)정보보호 이행계획 경과보고서(경영진 보고 포함) • (개인)정보보호 이행완료 보고서(경영진 보고 포함) • (개인)정보보호 운영명세서	• 대책 이행 후(개인)정보보호 책임자에 결과 미보고 • 이행완료 기록된 위험조치가 실질적 미흡 • 전년도 계획 기준 중·장기분류된 위험 항목 미이행 • 운영명세서에 기록된 운영 현황과 실운영 상태 불일치 • 미이행 건 후속조치 미이행

▲ 보호대책 구현 핵심정리

1) 인증기준

선정한 보호대책은 이행계획에 따라 효과적으로 구현하고, 경영진은 이행결과의 정확성과 효과성 여부를 확인하여야 한다.

목적	• 보호대책 이행계획에 따른 실행 결과 확인 필요 • 경영진의 결과 검토 및 보고 체계 요구 • 인증기준 기반 보호대책의 구체적 운영 기록 필요
주요 사항	• 보호대책이 계획대로 효과적으로 실행되었는지 확인 • 실행 결과를 경영진에게 보고할 수 있도록 체계 운영 • 관리체계 인증기준별 보호대책 구현 및 운영 현황을 명세서에 구체적으로 기록
주요 결과	• 보호대책 이행성과에 대한 증거자료 확보 • 기준별 운영상태를 반영한 운영명세서 작성 • 경영진의 확인 및 문서 기반 감사 대응 가능
기대 효과	• 조직 내 보호대책 실행의 신뢰성과 책임성 제고 • 인증 준비 및 사후 감사 대응력 강화 • 경영진의 의사결정 근거 자료 확보

2) 확인사항

이행결과 보고 체계	보호대책 이행계획에 따라 실제로 조치가 효과적으로 실행되었는지를 경영진이 확인할 수 있도록 결과를 보고해야 한다.
운영명세서 작성	관리체계 인증기준에 따라 보호대책이 어떻게 구현되고 운영되고 있는지를 기준별로 구체적으로 기록한 운영명세서를 작성하는지 검검해야 한다.

3) 주요 내용

보호대책 이행 보고	• 이행계획에 따라 보호대책을 실행하고, 그 결과를 경영진에게 정기적으로 보고하여 완료 여부 및 지연 사유 등을 파악하여 효과성과 정확성을 검토해야 한다. • 미이행 시 원인 분석 및 계획 변경이 필요하다.
효과성 검토 및 보완조치	보호대책이 효과적이지 않다고 판단되는 경우에는 대체 수단을 마련하거나 추가 위험평가를 수행하는 등 보완 절차를 통해 대응해야 한다.
운영명세서 작성 기준	• 인증기준별로 보호대책이 실제로 어떻게 구현되고 운영되고 있는지를 운영명세서에 구체적으로 작성해야 한다. • 관련 문서명, 증거자료, 기준 미선정 사유까지도 명확히 기재해야 한다.
명세서 구성 항목	해당 기준의 적용 여부, 현 운영상태, 관련 문서 정보(정책명, 지침명 등), 실제 운영 증거자료, 기준이 미선정된 경우 그 사유까지 포함하여, 관리체계 수립 영역은 필수로 작성해야 한다.

4) 결함사례

경영진 보고 누락	정보보호 및 개인정보보호 대책의 이행이 완료되었음에도 불구하고 정보보호 최고책임자(CISO) 또는 개인정보 보호책임자에게 결과 보고가 이루어지지 않은 경우
이행결과의 신뢰성 부족	이행 완료로 기록된 위험조치가 실질적으로는 미흡하거나, 보호대책의 효과성과 정확성이 검증되지 않아 실제 위험이 계속 존재하는 경우
장기계획 미이행 및 미검토	전년도 계획에 따라 중·장기로 분류된 위험 항목들이 이행되지 않았고, 이에 대한 경영진의 확인이나 대응이 이뤄지지 않아 관리계획의 실효성이 떨어지는 경우
운영명세서 불일치	운영명세서에 기록된 운영 현황과 실제 운영 상태가 일치하지 않으며, 명세서에 기재된 문서, 결재, 회의록 등 관련 증거자료가 존재하지 않아 인증 신뢰도가 저하되는 경우
미이행 항목 후속조치 미흡	일부 보호대책이 미이행된 상태임에도 불구하고, 이에 대한 원인 분석, 사유 보고 또는 후속 대응 계획 수립이 이뤄지지 않아 관리체계가 형식적으로 운영되는 문제 발생

예 J 병원은 정보보호 및 개인정보보호 대책을 수행한 후 최고책임자에게 보고하지 않았고, 위험조치 항목을 '완료'로 처리했지만 실질적으로 위협이 해소되지 않아 동일한 결함이 반복되었다. 또한 중장기 정보보호 계획이 수립되었으나 이행 여부에 대한 경영진의 점검이나 대응이 없어 실효성이 떨어졌으며, 운영명세서에 기록된 문서도 실제 이행 내용과 불일치하였다.

인증기준	확인사항	세부설명	증거자료	결함사례
• 보호대책 운영 · 시행 부서 · 담당자 파악 • 내용 공유 · 교육을 통한 지속 운영	• 보호대책 운영 책임 부서 · 담당자 지정 점검 • 내용 공유 · 교육을 통한 이해도 · 실행력 제고 확인	• 보호대책은 인프라 · 개발 · 개인정보취급 · 정보보호 · 인사 등 책임 부서 지정 및 운영 • 정책 개정 · 이행계획 · 보안시스템 개선사항 전달 • 공유 대상은 실제 보호조치 수행 부서 · 책임자 · 실무자로 한정	• (개인)정보보호 대책별 운영부서 또는 시행부서 현황 • (개인)정보보호 관리계획 내부공유 증거자료(공지 내역, 교육자료, 공유 자료 등)	보호대책이 수립되고 구현되었음에도 불구하고 운영 또는 시행을 담당할 부서 및 실무자에게 관련 내용이 충분히 전달되지 않아 해당 부서가 이를 인지하지 못하고 실행하지 못한 경우

▲ 보호대책 공유 핵심정리

1) 인증기준

보호대책의 실제 운영 또는 시행할 부서 및 담당자를 파악하여 관련 내용을 공유하고 교육하여 지속적으로 운영되도록 하여야 한다.

목적	• 보호대책의 실질적 운영을 위한 책임 부서 및 담당자 지정 • 보호대책의 내용을 이해하고 실행할 수 있도록 공유 및 교육
주요 사항	• 각 보호대책별로 운영 책임 부서 및 담당자 명확히 지정 • 보호대책의 구체적 내용을 담당 부서와 담당자에게 공유 • 교육을 통해 보호대책의 이해도 및 실행력 제고
주요 결과	• 책임 주체가 명확히 설정된 보호대책 운영 구조 확보 • 담당자의 보호대책 이해도 향상 • 실행 가능한 보호대책 전달 체계 운영
기대 효과	• 보호대책 이행의 실효성과 책임성 강화 • 조직 내 보안 실행력 및 일관성 제고 • 담당자의 자율적 실천 및 대응 역량 향상

2) 주요 내용

보호대책 운영 주체 식별 (운영책임자 명확화)	• 구현된 보호대책을 실제로 운영하거나 시행할 책임 부서 및 담당자를 명확히 파악해야 한다. • 인프라운영부서, 개발부서, 개인정보취급부서, 정보보호운영부서, 인사부서 등이 주요 주체로 지정된다.
보호대책 내용 공유 (담당자 교육 및 공유)	• 정책 및 시행문서의 개정 사항, 보호대책 이행계획, 보안시스템 도입 및 개선사항 등 관련 내용을 운영 부서 및 담당자에게 전달한다. • 별도로 필요한 경우 설명회나 교육을 진행한다.
공유 및 교육 대상 명확화	• 공유 대상은 보호대책을 실제로 적용 · 운영해야 할 부서 및 담당자로 한정된다. • 현업 부서 중심의 실무자 또는 책임자와 실질적으로 보호조치를 수행하는 조직으로 지정된다.
전달 방법 및 실행 방식	보호대책은 이슈의 복잡도나 중요도에 따라 게시판 · 이메일로 간단히 공지하거나, 필요시 회의 · 설명회 · 교육 등의 방식으로 구체적이고 실효성 있는 전달 방식이 필요하다.

3) 결함사례

보호대책 공유 및 교육 미흡	보호대책이 수립되고 구현되었음에도 불구하고, 운영 또는 시행을 담당할 부서 및 실무자에게 관련 내용이 충분히 전달되지 않아, 해당 부서가 이를 인지하지 못하고 실행하지 못한 경우

📋 Y 시청은 정보보호 관련 보호대책을 수립했음에도 불구하고, 이를 실제 시행하는 각 부서 실무자에게 전달하지 않아 업무 담당자가 보호조치의 내용을 인지하지 못했고, 그로 인해 일부 보안 점검 항목이 누락되거나 제대로 이행되지 않았다.

03 운영현황 관리

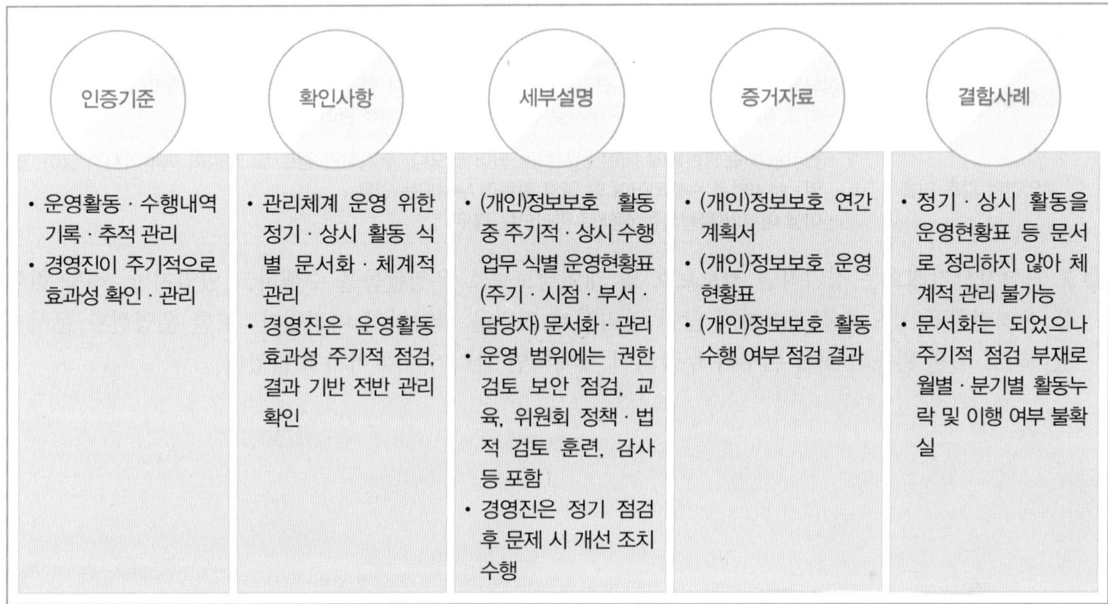

▲ 운영현황 관리 핵심정리

1) 인증기준

조직이 수립한 관리체계에 따라 상시적 또는 주기적으로 수행하여야 하는 운영활동 및 수행 내역은 식별 및 추적이 가능하도록 기록하여 관리하고, 경영진은 주기적으로 운영활동의 효과성을 확인하여 관리하여야 한다.

목적	• 관리체계 운영을 위한 정기적 또는 상시적 활동을 수행 • 운영활동의 식별 및 문서화 • 경영진이 운영활동의 실효성을 점검해야 하는 요구에 대응
주요 사항	• 정기 및 상시 운영활동을 식별하고 문서화 • 운영활동을 체계적으로 관리하고 이행 여부 확인 • 경영진이 운영활동의 효과성을 주기적으로 점검 • 점검 결과를 바탕으로 운영 전반을 관리
주요 결과	• 정보보호 및 개인정보보호 운영활동에 대한 문서화 자료 확보 • 운영활동 이행현황에 대한 주기적 점검체계 수립 • 경영진의 통제 하에 있는 운영 전반 관리 기반 마련
기대 효과	• 관리체계 운영의 체계성과 일관성을 강화시킴 • 경영진 중심의 효과적인 운영관리 체계의 구축 • 운영활동에 대한 개선 및 전략적 운영 가능성 제고

2) 주요 내용

운영활동 문서화 (운영현황표) 및 관리체계 25년 2회	• 정보보호 및 개인정보보호 관리체계 운영을 위해 주기적 또는 상시적으로 수행해야 하는 활동을 식별해야 한다. • 수행 주기 · 시점 · 담당부서 · 담당자 등을 포함한 운영현황표를 통해 문서화하여 체계적으로 관리해야 한다.
주요 정기 활동 예시	주요 직무자 접근권한 검토, 보안 점검, 위원회 운영, 법적 준거성 검토, 침해 대응 훈련, 내부 감사 등 다양한 주기적 활동이 포함된다.
경영진 점검 및 효과성 관리	• 경영진은 운영현황표에 따라 관리체계 운영활동이 제대로 이루어지고 있는지를 정기적으로 점검해야 한다. • 문제점이 확인되면 수행주체 변경, 주기 조정, 활동 추가 · 삭제 등의 개선 조치를 수행한다.

3) 결함사례

운영활동 미문서화	정보보호 및 개인정보보호 관리체계 운영 시 수행해야 할 정기적 · 상시적 활동들이 존재함에도 불구하고, 이를 운영현황표 등 문서로 정리하지 않아 체계적 관리가 어려운 경우
운영현황 검토 미흡	• 관리체계 운영현황에 대한 문서화는 되어 있으나, 주기적인 검토 및 점검이 이루어지지 않아 월별 · 분기별로 수행되어야 할 일부 활동이 누락되는 경우 • 이행 여부가 불확실한 상태로 관리되는 경우

예 X 가상자산거래소는 정기적인 정보보호 및 개인정보보호 운영활동을 수행하고 있었지만, 해당 현황을 운영현황표 등으로 문서화하지 않아 관리체계 전반을 파악하기 어려웠다. 또한 운영현황 문서가 있더라도 월별 활동의 이행 여부가 누락되어 체계적인 관리가 이루어지지 않았다.

관리체계 점검 및 개선

빈출 태그 법적 요구사항 준수 검토 • 관리체계 점검 • 관리체계 개선

01 법적 요구사항 준수 검토

인증기준	확인사항	세부설명	증거자료	결함사례
법적 요구사항 주기적 파악 · 규정 반영 준수 여부 지속 검토	• 정보보호 · 개인정보보호 법적 요구사항 파악 최신성 유지 • 법적 요구사항의 준수 여부 연 1회 이상 정기적 검토	• 법령 식별 · 제 · 개정 모니터링 정책 · 지침 · 체크리스트에 반영해 최신성 유지 • 법적 요구사항 준수 정기검토(연 1회 이상) 절차 수립, 주기 · 대상 · 담당자 · 방법 명확히 정의 · 이행 • 검토결과 문제점 발견 시 신속한 개선조치 수행	• 법적 준거성 검토 내역 • (개인)정보보호 정책 · 지침 검토 및 개정이력 • 정책 · 지침 신구대조표 • 법 개정사항 내부공유 자료 • 개인정보 손해배상책임보장 입증 자료 (사이버보험 약정서 등) • 정보보호 공시 내역	• 법령 개정을 미반영 • 정책 · 시행문서와 실운영 간 불일치 • 법률 검토를 장기간 미이행 • 법적 요구사항 검토 부실 • 손해배상책임 보장 정보보호 공시 위치 정보 사업 신고 국내 대리인 지정 의무 등 주요 법적 요건 위반

▲ 법적 요구사항 준수 검토 핵심정리

1) 인증기준

조직이 준수하여야 할 정보보호 및 개인정보보호 관련 법적 요구사항을 주기적으로 파악하여 규정에 반영하고, 준수 여부를 지속적으로 검토하여야 한다.

목적	• 정보보호 및 개인정보보호와 관련된 법령, 고시, 지침 등 요구에 대응 • 조직의 법적 요구사항 파악 및 최신성을 유지 • 실제 준수 여부 확인을 위한 정기적으로 점검
주요 사항	• 조직이 준수해야 할 관련 법규 및 지침 등 요구사항 식별 • 파악된 요구사항의 변경 여부를 반영하여 최신 상태로 유지 • 최소 연 1회 이상 정기적으로 법적 요구사항 준수 여부 점검
주요 결과	• 최신 법적 요구사항 목록을 확보 • 법적 요구사항 준수 현황에 대한 점검 결과를 확보 • 법적 리스크 관리 기반을 마련
기대 효과	• 법률 위반 리스크를 사전에 예방 • 규제 변화에 대한 민첩한 대응이 가능 • 컴플라이언스 체계의 신뢰성과 지속성을 확보

2) 주요 내용

법령 식별 및 최신성 유지	• 정보보호 및 개인정보보호 관련 법령을 식별해야 한다. • 법령의 제 · 개정 여부를 지속적으로 모니터링하여 내부 정책, 지침, 체크리스트 등에 반영함으로써 최신성을 유지해야 한다.
법규 준수 검토 절차 수립	• 연 1회 이상 법적 요구사항 준수 여부를 확인하기 위한 정기 검토 절차를 수립해야 한다. • 주기 · 대상 · 담당자 · 방법 등을 명확히 정의하여 정기적으로 준수 여부를 검토해야 한다.
문제점 개선조치 관리	법적 요구사항 검토 결과 미준수 사항이 발견된 경우 조직은 이를 신속히 개선하고, 필요한 경우 법적 대응이나 내부통제 강화 방안을 즉시 실행해야 한다.

3) 결함사례

법령 개정 미반영	법령이 개정되었음에도 불구하고 조직 내부 정책서, 시행문서, 법적준거성 체크리스트에 해당 내용을 반영하지 않아 법령과 실제 운영 문서 간 불일치가 발생한 경우
법적 준거성 점검 누락	조직이 준수해야 할 법률이 개정되었음에도 오랜 기간 검토를 하지 않아, 미반영된 상태로 운영되고 있는 경우
법규 위반 다수 발생	법적 요구사항에 대한 검토가 부실하게 이루어져 여러 법률 위반이 식별된 경우로, 특히 개인정보 보호법과 관련된 위반이 다수 발생한 사례
배상책임제도 미준수	개인정보 보호법상 손해배상책임 보장 의무를 인지하지 못하거나, 보험을 가입하였더라도 법에서 정한 최소 기준(이용자 수 및 매출액 기준 등)을 충족하지 못한 경우
정보보호 공시 미이행	정보보호 공시 대상 사업자가 법정 시한 내에 정보보호 공시를 시행하지 않아 법령 위반 상태에 있는 경우
위치기반사업 신고 누락	모바일 앱 등을 통해 위치정보를 제공받아 서비스를 운영하고 있음에도 불구하고 위치기반서비스 사업자로 신고하지 않아 법적 요건을 위반한 경우
국내대리인 지정 미이행 25년 1회, 2회	개인정보 보호법상 국내대리인 지정의무에 해당됨에도 이를 인지하지 못하거나 문서로 지정하지 않아 법적 미준수 상태인 경우

예 L 유통사는 정보통신망법과 개인정보 보호법 개정 이후에도 내부 정책서와 절차서에 이를 반영하지 않아 실제 운영 문서와 법령 간 불일치가 발생하였다. 또한 법령 준수 여부를 장기간 검토하지 않아 미반영 상태가 장기화되었고, 이로 인해 다수의 법률 위반 사례가 동시에 확인되었다.

정보보호 공시제도 25년 1회, 2회

이용자의 안전한 인터넷 이용 및 정보보호 투자 활성화를 위하여 정보보호 투자 · 인력 · 인증 · 활동 등 기업의 정보보호 현황을 일반에 공개하는 자율 · 의무공시제도

구분	주요 내용
근거	정보보호산업법 제13조(정보보호 공시) 및 시행령 제8조
공시내용	• 정보보호 투자 현황 • 정보보호 인력 현황 • 정보보호 관련 인증 · 평가 · 점검 사항 • 정보보호 활동을 정보보호 현황 서식에 작성
공시기한	매년 6월 30일까지 정보보호 현황 제출(자율 · 의무공시)

과태료의무대상 기준	• 사업 분야
	  – 회선설비 보유 기간통신사업자(ISP)(전기통신사업법 제6조 제1항)
	  – 집적정보 통신시설 사업자(IDC)(정보통신망법 제46조)
	  – 상급종합병원(의료법 제3조의4)
	  – 클라우드 컴퓨팅 서비스 제공자(클라우드컴퓨팅법 시행령 제3조 제1호)
	• 매출액 및 정보보호 최고책임자 지정 · 신고 기준 : 상장법인 중 매출액 3,000억 원 이상
	• 이용자 수 기준 : 정보통신서비스 일일평균 이용자 수 100만 명 이상(전년도 말 직전 3개월간)

과태료	의무공시 위반 시 1천만 원 이하의 과태료

국내대리인 제도 25년 1회, 2회

국내에 주소나 영업소가 없는 해외 사업자가 국내 이용자의 개인정보를 처리할 때, 이용자 보호 및 법규 준수를 위해 의무적으로 국내대리인을 지정하는 제도

구분	주요 내용
근거	개인정보 보호법 제31조의2(국내대리인의 지정)
의무 지정 대상	• 국내에 주소 또는 영업소가 없으면서 국내 이용자의 개인정보를 처리하는 해외 정보통신서비스 제공자 등 • (매출액) 전년도(법인인 경우에는 전 사업연도를 말한다) 전체 매출액이 1조 원 이상인 자 • (정보주체 수) 전년도 말 기준 직전 3개월 간 그 개인정보가 저장 · 관리되고 있는 국내 정보주체의 수가 일일평균 100만 명 이상인 자 • (자료제출 요구받은자) 관계 물품 · 서류 등 자료의 제출을 요구받은 자로서 국내대리인을 지정할 필요가 있다고 보호위원회가 심의 · 의결한 자
주요 역할	• 개인정보 보호책임자의 업무 대리 • 개인정보 유출 통지 및 신고 • 규제기관의 자료 제출 요구 이행 • 국내 이용자와의 소통 창구 역할
지정 · 공개	• 국내에 주소 또는 영업소가 있는 자를 서면으로 지정 • 대리인의 성명, 주소, 연락처 등을 개인정보 처리방침에 포함 및 공개
과태료	• 1천만 원 : 국내대리인의 성명 · 주소 · 전화번호 및 전자우편 주소를 개인정보 처리방침에 포함하지 아니한 자 • 2천만 원 : 국내대리인 미지정, 국내에 주소 또는 영업소가 없는 국내대리인을 지정한 자, 국내대리인을 관리 · 감독하지 아니한 자

❷ 관리체계 점검

인증기준	확인사항	세부설명	증거자료	결함사례
내부 정책 및 법적 요구사항에 따른 관리체계 운영효과성 점검을 위해 독립·전문 인력으로 연 1회 이상 관리체계 점검, 문제점 경영진 보고	• 관리체계 점검계획 수립(점검기준·범위·주기·인력) 법적 요구·정책 기반 운영 점검 • 독립·객관·전문 인력 연 1회 이상 점검 수행, 문제점 경영진 보고	• 관리체계 운영 점검 위해 인증기준·범위·주기·점검인력 요건 포함 점검계획 수립·경영진 보고 • 계획에 따라 독립·객관·전문 인력으로 연 1회 이상 정기 점검을 수행 결과 경영진 보고 • 점검보고서 CISO·개인정보보호책임자 전달, 후속조치 검토	• 관리체계 점검 계획서(내부점검 계획서, 내부감사 계획서) • 관리체계 점검 결과 보고서 • (개인)정보보호 위원회 회의록	• 점검자가 대상 부서 업무를 직접 수행·소속 독립성 침해 • 형식적 점검, 일부 항목만 점검, 범위 미충족 • 법적 요구사항 검토 부실 • 위험평가·관리체계 구축 참여 인력이 점검까지 수행, 객관성과 독립성 결여

▲ 관리체계 점검 핵심정리

1) 인증기준

관리체계가 내부 정책 및 법적 요구사항에 따라 효과적으로 운영되고 있는지 독립성과 전문성이 확보된 인력을 구성하여 연 1회 이상 점검하고, 발견된 문제점을 경영진에게 보고하여야 한다.

목적	• 법적 요구사항 및 내부 정책의 적정성 점검 • 점검기준, 범위, 주기, 인력 조건 등을 포함한 점검계획 수립 • 독립적이고 전문성을 갖춘 인력에 의한 점검 요구에 대응
주요 사항	• 정보보호 및 개인정보보호 관리체계의 적정성 점검을 위한 계획 수립(기준, 범위, 주기, 인력 요건 포함) • 수립된 계획에 따라 최소 연 1회 이상 점검 실시 • 점검 결과를 경영진에게 명확히 보고
주요 결과	• 관리체계의 적정성을 점검할 수 있는 체계적 계획 마련 • 정기적이고 전문성 있는 점검 수행 이력 확보 • 점검 결과에 대한 경영진 보고 체계 구축
기대 효과	• 관리체계의 운영 타당성 및 개선점 도출 • 법적 요구사항 및 정책 준수에 대한 신뢰도 향상 • 경영진의 리스크 인식과 대응 체계 강화

2) 주요 내용

점검계획 수립	법적 요구사항 및 조직의 내부 정책을 기준으로 정보보호 및 개인정보보호 관리체계의 운영 적정성을 점검하기 위한 점검계획(기준, 범위, 주기, 인력 요건 등)을 수립해야 한다.
점검조직 구성 및 수행	수립된 점검계획에 따라 독립적이고 전문성을 갖춘 인력이 연 1회 이상 정기적으로 점검을 수행하고, 해당 결과를 경영진에게 정확히 보고해야 한다.
점검결과 보고 및 대응	점검 이후 작성된 결과보고서를 정보보호 최고책임자(CISO), 개인정보 보호책임자 등 경영진에게 보고하고, 문제점이 식별된 경우 후속 조치를 검토할 수 있도록 전달해야 한다.

3) 결함사례

점검 독립성 부족	점검 수행자가 점검 대상 부서의 업무를 직접 수행하거나 소속되어 있어, 객관적인 시각에서 점검이 이뤄지기 어렵고 점검의 독립성이 침해된 경우
점검범위 미달	연 1회 이상 수행된 점검이 형식적으로 일부 항목만 점검되었고, 정보보호 및 개인정보보호 관리체계 전체 범위를 포괄하지 못한 경우
내부자 중심 점검조직 구성	위험평가 또는 관리체계 구축 단계에 참여한 인력들이 점검에도 그대로 참여함으로써, 객관성과 독립성이 요구되는 점검의 신뢰성을 확보할 수 없는 경우

예 G 게임사는 내부 정보보호 점검을 운영하면서, 점검 수행자가 점검 대상 부서 소속이거나 구축 단계에 관여했던 인력이 그대로 참여해 점검의 독립성이 훼손되었고, 점검도 일회성으로 일부 항목만 점검되어 전체 관리체계 범위를 포괄하지 못했다. 외부 전문가 없이 내부 위주로 구성된 점검조직 역시 신뢰성과 객관성 확보에 한계를 보였다.

03 관리체계 개선

인증기준	확인사항	세부설명	증거자료	결함사례
• 법적 요구사항 준수 검토 • 관리체계 점검 통합 • 문제점 원인분석 · 재발방지 대책 수립 · 이행 • 경영진이 개선 결과 정확성 · 효과성 확인	• 문제점 근본 원인분석 재발방지 대책 수립 · 이행 점검 • 개선대책 효과성 검증 기준 · 절차 마련 • 개선조치 정확성 · 실효성 평가 확인	• 문제점은 근본 원인 분석 후 정책 · 절차 개선, 교육 강화, 모니터링 개선 등 재발방지 대책 수립 · 이행 관련자에 공유 · 교육 • 정책 위반율, 예외 승인 건수, 설치율 등 보안성과지표를 설정 · 측정 · 모니터링 효과성 확인 결과를 경영진에 보고	• 관리체계 점검 결과 보고서 • 관리체계 점검 이행 조치 결과보고서 • 재발방지 대책 • 효과성 측정 지표 및 측정 결과(경영진 보고 포함)	• 동일한 문제점 반복 근본 원인분석 · 개선대책 미수립, 결함 지속 • 규정상 요구에도 실제 점검에서 분석 · 대책이 누락 • KPI 측정 후 결과 경영진 미보고 의사결정 지연 • 문제점 식별 후 조치 계획 수립 · 이행 미확인 및 실질적 개선 누락

▲ 관리체계 개선 핵심정리

1) 인증기준

법적 요구사항 준수검토 및 관리체계 점검을 통하여 식별된 관리체계상의 문제점에 대한 원인을 분석하고 재발방지 대책을 수립 · 이행하여야 하며, 경영진은 개선 결과의 정확성과 효과성 여부를 확인하여야 한다.

목적	• 점검과정에서 도출된 문제점 식별 및 대응책 마련 • 문제의 근본 원인을 분석하고 재발방지 방안 수립 • 개선조치의 효과성 확인 및 평가체계 마련
주요 사항	• 법적요구사항 검토 및 관리체계 점검결과 문제점 식별 • 근본 원인을 분석하여 재발방지 대책을 수립 및 실행 • 개선조치에 대한 검증 기준 및 절차 수립 • 개선조치의 정확성 및 효과성을 평가

주요 결과	• 문제점에 대한 원인분석 및 개선조치 이행결과 확보 • 개선활동의 실질적 효과에 대한 검증자료 확보 • 재발방지 및 품질향상을 위한 체계적 프로세스 정립
기대 효과	• 동일문제의 반복발생 방지 • 개선활동의 실효성과 조직의 대응력의 향상 • 법적 · 관리적 신뢰성 확보 및 점검체계의 내실 강화

2) 주요 내용

원인분석 및 재발방지 대책 (문제점 분석 및 개선 이행)	• 법적 요구사항 검토 및 관리체계 점검을 통해 드러난 문제점에 대한 근본 원인을 분석한다. • 재발방지를 위한 개선 대책을 수립하고, 이행 여부를 점검한다.
효과성 검증 절차 마련 (효과성 확인체계 구축)	• 수립된 개선대책이 실질적으로 효과가 있었는지를 확인할 수 있도록 검증 기준과 절차를 마련한다. ⑩ 보안성과지표(정책 위반율, 보안 예외 승인 건수, 프로그램 설치율 등) • 개선조치의 정확성과 실질적인 효과가 있는지를 정기적으로 측정 · 모니터링하고 그 결과를 경영진에게 보고한다.

3) 결함사례

문제 반복	내부점검을 통해 동일한 정보보호 및 개인정보보호 문제점이 반복 발생함에도 불구하고, 이에 대한 근본 원인을 분석하거나 개선 대책을 마련하지 않아 동일 결함이 지속되는 경우
정책 미이행	내부 규정에서는 점검 결과에 따른 근본원인 분석 및 재발방지 대책 수립이 요구되지만, 실제 점검에서는 문제점 발생 이후에도 이러한 분석이나 대책 수립이 누락된 경우
관리체계 보고 미흡	관리체계상 문제점에 대해 KPI 기반 측정은 이루어지고 있으나, 측정 결과가 경영진에게 주기적으로 보고되지 않아 대응 의사결정과 관리책임이 제대로 수행되지 않는 경우
이행확인 부재	문제점이 식별되었음에도 불구하고 조치계획 수립이 누락되었거나, 수립된 계획의 이행 여부에 대한 사후 확인이 이루어지지 않아 실질적인 개선 활동이 누락된 경우

⑩ Z 증권사는 내부점검에서 반복적으로 개인정보보호 결함이 발생했음에도 근본 원인을 분석하거나 개선계획을 수립하지 않았고, 식별된 문제에 대한 조치계획의 이행 여부도 확인하지 않아 실질적인 개선이 이루어지지 않았다. 또한 KPI 기반 성과 보고도 경영진에게 공유되지 않아 의사결정 연계가 단절되었다.

01 정보보호의 기본 목표는 기밀성, 무결성, 가용성 등의 유지이다. ☐ ☒

02 자산총액이 5조 원 이상인 상장회사는 정보보호 최고책임자(CISO)가 다른 직무를 겸직할 수 있다. ☐ ☒

03 정보보호 요구사항은 법적 요구사항, 비즈니스 요구사항, 보안 요구사항으로 구성되며, 이 중 보안 요구사항은 선택적으로 파악해도 무방하다. ☐ ☒

04 비즈니스 요구사항은 조직 내부의 운영 목적과는 무관하며, 외부 고객의 요구만 반영된다. ☐ ☒

05 정보보호 요구사항 분석은 초기 분석 한 번으로 충분하며, 이후 변경 관리와는 무관하다. ☐ ☒

06 업무별로 응용 프로그램 접근 권한을 통제하는 것은 중요정보의 불필요한 노출을 방지하는 방법이다. ☐ ☒

정답　**01** ○　　**02** ×　　**03** ×　　**04** ×　　**05** ×　　**06** ○

해설　**01** 정보보호의 기본 목표는 기밀성, 무결성, 가용성 등의 유지이며, 기본 목표 이외의 부가적인 목표로는 인증, 부인 방지, 책임 추적성이 있다.

02 자산총액이 5조 원 이상인 상장회사인 경우, CISO는 다른 직무를 겸직할 수 없다. 별도로 임원급으로 지정해야 하며, 정보보호 업무에 전념해야 한다.

03 보안 요구사항도 반드시 파악해야 하는 핵심 요소이며, 이는 법적·비즈니스 요구사항과 함께 고려되어야 한다.

04 비즈니스 요구사항은 조직의 목표 달성을 위한 내부·외부 요구를 모두 포함한다. 정보시스템에 대한 요구사항을 도출할 때, 해당 시스템이 다루는 정보 비즈니스 요구사항의 민감도와 중요도를 반드시 고려해야 한다.

05 정보보호 요구사항은 환경 변화나 시스템 변경에 따라 주기적으로 재검토되어야 한다.

06 업무별로 응용 프로그램 접근 권한을 통제하는 것은 중요정보의 불필요한 노출을 방지하는 방법이다.

07 정보보호의 3대 핵심 요소는 기밀성, 무결성, ☐☐☐이다. ☐☐☐은 인가된 사용자가 필요한 정보를 원하는 시점에 접근하거나 사용할 수 있도록 보장하는 특성을 의미하며, 시스템 장애, 서비스 거부 공격(DDoS) 등에 의해 위협받을 수 있다.

08 조직의 정보보호 최고책임자는 일반적으로 ☐☐☐☐로 불리며, 정보보호 정책 수립, 위험관리, 보호대책 실행 및 준수 여부 점검 등의 전반적인 보안 활동을 총괄한다.

09 조직은 임직원 및 외부자가 법령이나 내부 정책에 따라 정보보호 및 개인정보보호 책임과 의무를 위반할 경우를 대비하여 관련 ☐☐☐☐을 수립해야 한다.

10 외부 서비스 이용 및 업무 위탁 시 발생 가능한 정보보호 및 개인정보보호 요구사항을 식별하고, 이를 ☐☐☐또는 ☐☐☐에 명시하여야 한다.

01 다음 중 「정보통신망 이용촉진 및 정보보호 등에 관한 법률」에서 명시하는 정보보호의 주요 목적에 해당하지 <u>않는</u> 것은 무엇인가?

① 정보의 기밀성 유지
② 정보의 무결성 보장
③ 정보의 가용성 확보
④ 정보의 활용성 증대

02 다음 중 「정보통신망 이용촉진 및 정보보호 등에 관한 법률」에 따라 정보통신서비스 제공자가 준수해야 할 정보보호 조치로 옳지 <u>않은</u> 것은?

① 개인정보의 암호화 저장
② 정보보호 최고책임자(CISO) 지정
③ 정보보호 관리체계(ISMS) 인증 의무
④ 정보보호 준비도 평가 결과의 의무 공시

03 정보보호의 목표 중 '가용성'에 대한 설명으로 적합한 것은?

① 권한이 없는 사람은 정보자산에 대한 수정이 허락되지 않는다.
② 권한이 없는 사람은 정보자산에 대한 접근이 허락되지 않는다.
③ 정보를 암호화하여 저장하면 가용성이 보장된다.
④ 서비스 거부 공격(DoS, Denial of Service)은 가용성을 위협한다.

04 다음 중 정보보호 최고책임자의 업무로 적절한 것은?

> ㉠ 정보보호 계획의 수립·시행 및 개선
> ㉡ 정보보호 실태와 관행의 정기적인 감사 및 개선
> ㉢ 정보보호 교육과 모의훈련 계획의 수립 및 시행
> ㉣ 정보보호 위험의 식별·평가 및 정보보호대책 마련

① ㉠, ㉡ ② ㉠, ㉣
③ ㉠, ㉢, ㉣ ④ ㉠, ㉡, ㉢, ㉣

05 정보자산 관리에 대한 설명으로 옳은 것은?

① 정보자산은 조직에서 관리할 필요 없이 활용 위주로 운용한다.
② 정보자산별 보안등급을 식별할 필요 없이 동일한 보호조치를 적용한다.
③ 정보자산의 도입·변경·폐기 시에도 자산목록을 수정할 필요가 없다.
④ 정보자산별로 책임자 및 관리자를 지정하고 자산목록에 기록한다.

06 다음 중 위험처리 전략 및 보호대책 수립과 관련하여 적절하지 <u>않은</u> 것은?

① 위험처리 전략을 선택할 때, 위험수준 감소를 목표로 하되 불가피한 경우 위험수용도 고려할 수 있다.
② 위험전가 전략을 사용하면 모든 위험에 대한 책임이 조직에서 완전히 사라지므로 추가적인 보호대책을 마련할 필요가 없다.
③ 위험의 심각성과 시급성을 고려하여 보호대책의 우선순위를 결정하고 이를 경영진에게 보고해야 한다.
④ 위험수용을 선택할 경우, 불가피한 사유의 적정성과 보완대책 적용 가능성을 충분히 검토해야 한다.

07 다음 중 보호대책의 이행 결과를 경영진에게 보고하는 과정에서 적절하지 <u>않은</u> 것은?

① 보호대책 이행계획에 따른 진행 상황을 정기적으로 점검하고, 완료 여부 및 미이행·지연 사유를 분석하여 경영진에게 보고해야 한다.
② 경영진은 정보보호 및 개인정보보호 대책이 이행계획에 따라 정확하고 효과적으로 실행되었는지 검토해야 한다.
③ 보호대책이 효과성이 낮다고 판단될 경우, 즉시 폐기하고 새로운 대책을 수립해야 한다.
④ 미이행이나 일정 지연이 발생한 경우, 원인을 분석하고 필요하면 이행계획을 조정하여 경영진의 보고 및 승인을 받아야 한다.

08 다음 중 관리체계 인증기준별 보호대책 구현 및 운영 현황을 기록하는 운영명세서 작성 시 적절하지 <u>않은</u> 것은?

① 인증기준을 미선정한 경우, 상세한 사유를 기재하지 않아도 무방하다.
② 운영현황에는 해당 기관의 정책 및 인증기준 대비 운영 실태를 상세히 기재해야 한다.
③ 관리체계 인증기준 선정 여부를 'Yes/No'로 확인하고, 관리체계 수립 및 운영 영역은 필수적으로 포함해야 한다.
④ 운영명세서에는 관련 문서(정책, 지침 등)와 증거자료(결재 내용, 회의록 등)를 포함하여야 한다.

09 다음 중 정보보호 및 개인정보보호 활동의 운영 현황을 쉽게 확인하기 위한 운영현황표 작성과 관련하여 적절하지 <u>않은</u> 것은?

① 정보보호 및 개인정보보호 활동을 일·주·월·분기·반기·연 단위로 구분하여 정리해야 한다.
② 운영현황표에는 수행 주기, 수행 주체(담당 부서 및 담당자) 등의 정보를 포함해야 한다.
③ 정보보호 및 개인정보보호 활동은 필요할 때마다 기록하면 되므로, 주기적인 운영현황표 작성이 필수적이지 않다.
④ 운영현황표를 기반으로 경영진은 관리체계 운영활동의 효과성을 확인하고 필요시 개선해야 한다.

10 다음 중 정보보호 및 개인정보보호 정책 수립과 관련된 설명으로 적절하지 <u>않은</u> 것은?

① 조직의 정보보호 및 개인정보보호 정책은 최고경영자 등 경영진의 의지와 방향을 포함하여 수립해야 한다.
② 정보보호 및 개인정보보호 정책에는 조직이 수행하는 관리적·기술적·물리적 보호 활동의 근거가 포함되어야 한다.
③ 정보보호 및 개인정보보호 정책은 조직이 제공하는 서비스 및 사업과 관련된 개인정보보호 관련 법적 요구사항을 반영해야 한다.
④ 정보보호 및 개인정보보호 정책은 법적 요구사항을 고려할 필요 없이 조직 내부의 기준만을 반영하여야 한다.

11 다음 중 정보보호 및 개인정보보호 정책 시행문서(지침, 절차, 매뉴얼 등)에 대한 설명으로 적절하지 <u>않은</u> 것은?

① 정책 시행문서는 정보보호 및 개인정보보호 활동을 수행하기 위한 세부 방법, 절차, 수행 주체 등을 규정해야 한다.
② 정책 시행문서는 조직이 제공하는 서비스 및 사업과 관련된 개인정보보호 관련 법적 요구사항을 반영해야 한다.
③ 정책 시행문서는 이해관계자의 검토 없이 정보보호 및 개인정보보호 부서가 단독으로 개정할 수 있다.
④ 정책 시행문서는 조직의 특성에 맞게 보호 대상 관점, 수행 주체 관점 등 다양한 관점에서 수립할 수 있다.

12 다음 중 정보보호 및 개인정보보호 관련 정책 및 시행문서 관리에 대한 설명으로 적절하지 <u>않은</u> 것은?

① 정보보호 및 개인정보보호 관련 법령 및 규제의 변화는 IT부서만이 검토해야 한다.
② 정보보호 및 개인정보보호 관련 법령 및 규제의 변화, 비즈니스 환경 변화 등을 반영하여 정책과 시행문서를 검토해야 한다.
③ 정보보호 및 개인정보보호 정책 및 시행문서는 정기적인 타당성 검토 절차를 수립하여 필요시 제·개정해야 한다.
④ 정보보호 및 개인정보보호 관련 정책 및 시행문서를 개정하는 경우 이해관계자와 충분히 협의하고, 업무 영향도를 고려해야 한다.

13 다음 중 정보보호 및 개인정보보호 관리체계 운영과 관련하여 적절하지 <u>않은</u> 것은?

① 조직의 규모, 업무 중요도 등을 고려하여 정보보호 및 개인정보보호 관리체계를 구축하고 지속적으로 운영해야 한다.
② 정보보호 및 개인정보보호 조직의 구성과 운영에 대한 사항을 정책서 및 내부 관리계획 등에 명시해야 한다.
③ 실무조직은 전담조직으로만 운영할 수 있으며, 겸임조직으로 운영하는 것은 금지된다.
④ 자산총액, 매출액 등이 대통령령으로 정하는 일정 기준 이상의 대규모 정보통신서비스 제공자의 경우, 지정된 CISO는 정보보호 업무 외의 다른 업무를 겸직할 수 없다.

14 다음 중 정보보호 최고책임자(CISO) 및 개인정보보호책임자(CPO)에 대한 설명으로 적절하지 <u>않은</u> 것은?

① 최고경영자는 조직 내 정보보호 및 개인정보보호 업무를 총괄할 정보보호 최고책임자 및 개인정보 보호책임자를 공식적으로 지정해야 한다.
② 정보보호 최고책임자 및 개인정보 보호책임자는 조직 내 정보보호 및 개인정보보호 업무를 실질적으로 총괄할 수 있도록 예산, 인력 등 자원을 할당할 수 있는 임원급으로 지정해야 한다.
③ 정보보호 최고책임자는 정보보호 계획 수립·시행, 정보보호 실태 감사 및 개선, 위험 평가 및 대책 마련 등의 업무를 총괄한다.
④ 정보보호 최고책임자는 정보보호 및 개인정보보호 관련 지식이 없어도 경영진 중 한 명이 임의로 지정될 수 있다.

15 다음 중 정보자산 식별 및 관리에 대한 설명으로 적절하지 <u>않은</u> 것은?

① 조직의 특성에 맞게 정보자산의 분류기준을 수립하고 이를 기반으로 자산 목록을 최신으로 관리해야 한다.
② 정보자산 목록에는 자산명, 용도, 위치, 책임자, 관리자 등의 정보를 포함하여 작성하고 정기적으로 현행화해야 한다.
③ 클라우드 서비스를 이용하는 경우, 클라우드 자산은 별도로 관리할 필요 없이 일반 서버 자산과 동일한 방식으로 관리하면 된다.
④ 정보자산의 보안등급을 결정할 때 법적 요구사항 및 업무 영향도를 고려하여야 한다.

16 다음 중 주요 직무자 및 개인정보취급자 지정 및 관리 방안으로 적절하지 <u>않은</u> 것은?

① 주요 직무자 및 개인정보취급자는 업무상 반드시 필요한 경우에 한하여 최소한으로 지정해야 한다. 이를 통해 불필요한 접근권한 부여를 방지하고 보안 사고를 예방할 수 있다.

② 개인정보처리시스템에 접근하지 않는 개인정보취급자도 반드시 개인정보취급자 목록에 포함해야 한다. 개인정보처리시스템을 직접 이용하지 않더라도 개인정보를 처리하는 경우 목록에 포함하는 것이 원칙이다.

③ 주요 직무자 및 개인정보취급자 목록은 정기적으로 검토하여 최신 상태로 유지해야 한다. 직무 변경, 퇴직 등의 인사 변동이 발생했을 때 신속하게 권한을 수정하고 관리할 수 있도록 주기적인 검토가 필요하다.

④ 수탁자의 모든 직원은 개인정보취급자로 지정하고 목록을 관리해야 한다. 수탁자 직원의 업무와 관계없이 개인정보취급자로 지정하는 것이 보안 강화에 효과적이다.

17 다음 중 정보보호 및 개인정보보호 서약서 관리에 대한 설명으로 적절하지 <u>않은</u> 것은?

① 신규 인력 채용 시 정보보호 및 개인정보보호 책임이 명시된 서약서를 받아야 한다.

② 외주용역직원, 임시직원 등 외부자가 정보자산 및 정보시스템에 접근할 경우 서약서 작성은 필수가 아니다.

③ 정보보호 및 개인정보보호 서약서에는 비밀유지 의무, 내부 규정 및 관련 법규 준수 의무 등이 포함되어야 한다.

④ 퇴직자에게는 정보유출 발생 시 법적 책임이 있음을 명확히 인식시키기 위해 별도의 비밀유지 서약서를 받아야 한다.

18 다음 중 정보보호 및 개인정보보호 교육 계획 수립에 대한 설명으로 적절하지 <u>않은</u> 것은?

① 연간 교육 계획에는 교육 대상, 교육 내용, 교육 방법 등을 구체적으로 포함하고 경영진의 승인을 받아야 한다.

② 교육은 최소 연 1회 이상 수행하며, 관련 법규 및 규정이 변경되었을 경우 추가 교육을 실시해야 한다.

③ 신규 채용된 직원과 외부자는 업무 시작 후 3개월 이내에 정보보호 및 개인정보보호 교육을 받아야 한다.

④ IT 및 정보보호, 개인정보보호 관련 직무자는 직무별 전문성 향상을 위해 별도의 교육을 받을 수 있도록 해야 한다.

19 다음 중 정보보호 및 개인정보보호 위반 시 처벌 규정 및 조치에 대한 설명으로 적절하지 <u>않은</u> 것은?

① 임직원 및 외부자가 법령, 규제 및 내부정책에 따른 정보보호 및 개인정보보호 책임과 의무를 위반한 경우, 이에 대한 처벌 규정을 수립해야 한다.

② 중요정보 및 개인정보의 유출, 훼손, 오남용 등의 위반사항이 발견된 경우, 내부 절차에 따라 조사, 소명, 징계 등의 조치 기준을 마련해야 한다.

③ 정보보호 및 개인정보보호의 책임을 이행한 임직원 및 관련 외부자에 대해서도 동일한 처벌 규정을 적용해야 한다.

④ 정보보호 및 개인정보보호 위반 사항이 적발된 경우 상벌 규정에 따른 조치를 수행하고 결과를 기록해야 한다.

20 다음 중 위험평가를 위한 고려사항이 <u>아닌</u> 것은?

① 조직의 특성 반영
② 정보시스템 이용자 수
③ 선정할 위험평가 방법
④ 최신 위협 동향 고려

01 ④	02 ③	03 ④	04 ④	05 ④
06 ②	07 ③	08 ①	09 ③	10 ④
11 ③	12 ①	13 ③	14 ④	15 ③
16 ②	17 ②	18 ③	19 ③	20 ②

01 ④

정보보호의 주요 목적은 기밀성, 무결성, 가용성의 확보이다.

02 ③

ISMS 인증은 일정 규모 이상의 사업자에게만 의무 사항이며, 모든 정보통신서비스 제공자가 반드시 받아야 하는 것은 아니다.

> **오답 피하기**
①, ②, ④ 개인정보의 암호화 저장, 정보보호최고책임자(CISO)지정, 정기적인 정보보호 교육은 정보통신망법에서 정의하고 있는 조치사항이다.

03 ④

가용성(Availability)은 정당한 사용자가 정보 시스템이나 서비스가 필요할 때 지체 없이 사용할 수 있는 상태를 말한다. DoS(서비스 거부 공격)는 시스템을 마비시켜 정당한 사용자의 접근을 차단하므로 가용성을 직접적으로 위협하는 대표적인 공격이다.

04 ④

정보보호 최고책임자 수행 업무는 정보보호 계획의 수립·시행 및 개선, 정보보호 실태와 관행의 정기적인 감사 및 개선, 정보보호 위험의 식별 평가 및 정보보호 대책 마련, 정보보호 교육과 모의 훈련 계획의 수립 및 시행이다.

> **더 알아보기**
조직의 정보보호 책임자는 일반적으로 CISO로 불리며, 정보보호 정책 수립, 위험관리 보호대책 실행 및 준수 여부 점검 등의 전반적인 보안 활동을 총괄하며, 최고경영진에게 보고할 수 있는 지위를 가져야 하며, 정보보호 관련 전략적 의사결정을 하는 임원급으로 지정한다.

05 ④

식별된 자산을 유형별로 분류하고, 정보자산 목록을 작성해야 한다. 이때 자산명, 용도, 위치, 책임자 등의 정보를 포함하여 목록을 관리해야 한다.

> **오답 피하기**
① 정보자산은 철저한 관리가 필요하며, 책임자를 지정하여 자산목록을 유지해야 한다.
②, ③ 정보자산은 전사적으로 관리할 필요가 있으며, 중요도를 고려하여 보안등급을 설정하고 자산의 도입·변경·폐기 등 전제 생명주기동안 체계적으로 관리해야 한다.

06 ②

위험전가 전략을 사용하더라도 조직의 위험이 완전히 사라지는 것은 아니므로, 계약서상 책임 범위를 명확히 하고 추가적인 보호대책을 마련해야 한다.

07 ③

보호대책의 효과성이 낮다고 바로 폐기하는 것이 아니라, 보완책을 마련하거나 추가 위험평가를 수행해야 한다.

08 ①

인증기준을 미선정한 경우, 관련 서비스·시스템과의 연관성을 고려하여 반드시 상세한 사유를 기재해야 한다.

09 ③

정보보호 및 개인정보보호 활동은 반드시 주기적으로 운영현황표를 작성하여 지속적으로 관리해야 한다.

10 ④

정보보호 및 개인정보보호 정책은 조직 내부의 기준뿐만 아니라 관련 법률, 시행령, 가이드라인 등 법적 요구사항을 반드시 반영해야 한다.

11 ③

정책 시행문서는 이해관계자의 검토를 거쳐 위원회 승인을 받아야 한다.

12 ①

정책 및 시행문서는 최초 제정 후에도 지속적인 법령 변화, IT 환경 변화, 신규 보안 위협 등에 맞춰 IT부서 외에도 현업부서의 참여가 필요하다.

13 ③

실무조직은 전담조직으로 운영할 수도 있고, 조직의 특성에 따라 겸임조직으로 운영할 수도 있다. 다만, 겸임조직이라도 실질적인 역할 수행이 가능하도록 공식적인 역할과 책임이 부여되어야 한다.

14 ④

정보보호 최고책임자는 정보보호 및 개인정보보호 관련 지식과 소양을 갖춘 인물이어야 하며, 단순히 경영진이라고 해서 임의로 지정될 수 없다.

15 ③

클라우드 자산은 기존 서버 자산과 동일한 방식으로 관리하면 안 되며, 가상서버, 오브젝트 스토리지 등 클라우드 서비스 특성을 반영한 별도의 관리 기준을 마련해야 한다.

16 ②

개인정보처리시스템에 접근하지 않는 개인정보취급자는 목록에 포함될 필요가 없다. 개인정보처리시스템을 직접 활용하지 않는 경우, 해당 개인정보 취급자 목록은 수탁자 내부에서 자체적으로 관리하면 된다.

17 ②

외부자가 정보자산 및 정보시스템에 접근하는 경우에도 정보보호 및 개인정보보호에 대한 책임, 비밀유지 의무 등이 명시된 서약서를 반드시 받아야 한다.

18 ③

신규 채용된 직원과 외부자는 업무 시작 전 정보보호 및 개인정보보호 교육을 받아야 한다.

19 ③

정보보호 및 개인정보보호 의무를 성실히 이행한 자에게는 처벌이 아니라 보상 등의 인센티브를 제공할 수 있도록 하는 것이 바람직하다.

20 ②

위험평가는 조직의 특성, 법적 요구사항, 최신 위협 동향 등을 반영해야 하지만, 이용자 수 자체는 직접적인 평가 요소가 아니다.

02

정보보호 위험대응

파트 소개

조직의 자산을 보호하기 위해 정책 · 조직 · 인적 · 외부자 보안을 아우르는 관리적 대응체계와 물리적 출입 통제 및 인증 · 권한 · 접근통제 · 암호화 기술을 적용한 물리 · 기술적 대응체계에 대해 학습할 수 있다.

01

정보보호 관리적 위험대응

학습 방향

정책, 조직, 인적 관리 등 관리적 보안에 관련된 용어 및 기본 개념을 이해하고 정보보호의 목적 및 특성을 기반으로 체계적인 정보보호 지식을 습득을 통해 위험관리 정책 수립과정을 학습할 수 있다.

출제 빈도

정책, 조직, 자산 관리

빈출 태그 정책 · 조직의 유지관리 • 정보자산 관리

01 정책의 유지관리

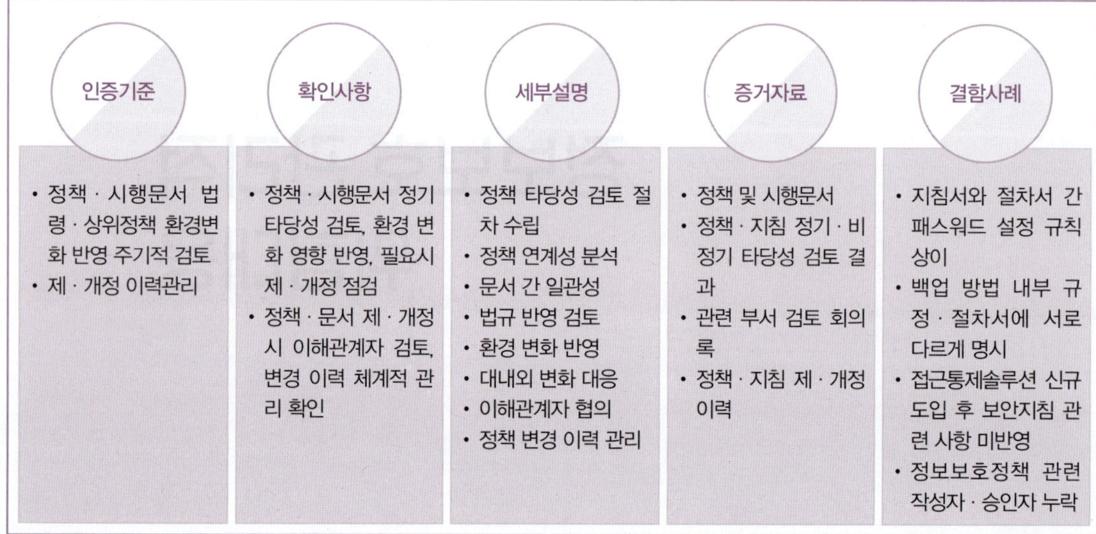

▲ 정책의 유지관리 핵심정리

1) 인증기준

정보보호 및 개인정보보호 관련 정책과 시행문서는 법령 및 규제, 상위 조직 및 관련 기관 정책과의 연계성, 조직의 대내외 환경변화 등에 따라 주기적으로 검토하여 필요한 경우 제 · 개정하고 그 내역을 이력 관리하여야 한다.

목적	• 정보보호 및 개인정보보호 정책 수립 • 정책이 미치는 범위와 적용 조직 내 · 외 환경 변화 검토 • 이해관계자의 참여와 문서 이력 관리 체계 수립
주요 사항	• 정책 및 시행문서에 대해 정기적 타당성 검토 수행 • 환경 변화에 따른 영향 검토 및 제 · 개정 여부 판단 • 정책 개정 시 이해관계자 검토 절차 이행 • 정책 변경 이력 체계적으로 관리
주요 결과	• 정책의 유효성 및 최신성 유지 • 관련자 의견이 반영된 정책 체계 구축 • 정책 변경 내역이 명확히 관리되는 문서 체계 확보
기대 효과	• 정책의 신뢰성과 적용 가능성의 향상 • 법적 · 관리적 준거성의 확보 • 보안 사고 예방 및 대응 체계 강화

2) 확인사항

정기적 타당성 검토	정보보호 및 개인정보보호 관련 정책 및 시행문서에 대한 정기적인 타당성 검토 절차를 수립·이행해야 한다.
영향 검토 및 반영	조직의 대내외 환경에 중대한 변화 발생 시 정보보호 및 개인정보보호 관련 정책 및 시행문서에 미치는 영향을 검토하고 필요시 제·개정하고 있는지 점검해야 한다.
이해관계자 검토	정보보호 및 개인정보보호 관련 정책 및 시행문서의 제·개정 시 이해 관계자의 검토를 받아야 한다.
이력관리	정보보호 및 개인정보보호 관련 정책 및 시행문서의 제·개정 내역에 대하여 이력관리를 해야 한다.

3) 주요 내용

정책 타당성 검토 절차 수립	• 정보보호 및 개인정보보호 관련 정책과 시행문서의 정기 타당성 검토 절차를 수립해야 하며, 최소 연 1회 이상 수행되어야 한다. • 검토 주기, 검토 시기, 관련 조직의 역할과 책임, 담당 부서 및 담당자, 검토 방법, 후속조치 절차 등을 포함해야 한다.
정책 연계성 분석	법령 및 규제, 상위 조직 및 관련기관 정책과의 연계성을 고려하여 상호 부합되지 않은 요소 존재 여부, 정책 간 상하 체계 적절성 여부 등을 분석하고 검토해야 한다.
문서 간 일관성	정보보호 및 개인정보보호 활동의 주기, 수준, 방법 등이 관련 문서 간에 일관되게 반영되었는지 검토해야 한다.
법규 반영 검토	관련 법규의 제·개정 또는 예정사항이 정책과 시행문서에 적절히 반영되었는지 여부를 검토해야 한다.
환경 변화 반영	위험평가 결과, 새로운 위협 및 취약점, 비즈니스 환경 변화, 신기술 도입 등 IT 및 정보보호 환경의 변화가 정책 및 시행문서에 반영되어야 한다.
대내외 변화 대응	법령 제·개정, 비즈니스 구조 변경, 보안사고, 신규 시스템 도입 등 조직의 대내외 환경 변화 시 관련 정책 및 시행문서에 대한 영향을 검토하고 필요시 제·개정하여야 한다.
이해관계자 협의	정책 및 시행문서를 제·개정할 경우, 최고책임자, 보호책임자, 관련 조직, IT 부서, 개인정보 처리 부서 등과 충분히 협의·검토하여야 하며, 회의록 등 증거자료를 남기고 반영해야 한다.
정책 변경 이력 관리	• 정책 및 시행문서의 제정, 개정, 폐기 등에 관한 이력을 기록·관리하기 위한 문서관리 절차를 수립하고 문서버전, 일자, 개정 사유, 작성자, 승인자 등의 항목을 포함하여 관리해야 한다. • 관련 임직원이 최신본을 참조할 수 있도록 배포 및 유지되어야 한다.

4) 결함사례

정책·지침 간 불일치	지침서와 절차서 간 패스워드 설정 규칙에 일관성이 없는 경우
보안활동 정의 불일치	정보보호 활동의 대상, 주기, 수준, 방법 등이 관련 내부 규정, 지침, 절차에 서로 다르게 명시되어 일관성이 없는 경우
시스템 운영과 지침 불일치	데이터베이스 접근통제 솔루션을 신규로 도입하여 운영하고 있으나, 내부 보안지침에 접근통제, 로깅, 검토 등에 관한 사항이 반영되어 있지 않은 경우
문서 필수항목 누락	개인정보보호 정책이 개정되었으나 정책 시행 기준일이 명시되어 있지 않으며, 관련 정책의 작성일, 작성자 및 승인자 등이 누락되어 있는 경우
법령 반영 미흡	개인정보 보호 관련 법령 및 고시 등에 중대한 변경사항이 발생하였으나, 이러한 변경이 개인정보보호 정책 및 시행문서에 미치는 영향을 검토하지 않았거나 변경사항을 반영하여 개정하지 않은 경우

예 U 유통회사는 정보보호 활동에 관한 내부 규정과 지침이 각기 상이하게 설정되어, 암호화·백업·접근통제 등의 기준이 실제 시스템 운영과 일치하지 않았고, 개인정보보호 정책에도 시행일, 승인자, 작성자가 빠져 있어 추적과 책임소재가 불명확하였다. 또한 관련 법령 개정이 있었음에도 불구하고 정책서에 이를 반영하지 않은 법적 미비 상태였다.

02 조직의 유지관리

인증기준	확인사항	세부설명	증거자료	결함사례
구성원별 (개인)정보보호 역할·책임 할당 활동 평가체계 및 상호 의사소통 체계 수립·운영	• 책임자·담당자 역할·책임 명확화 활동 평가체계 수립 • 조직·구성원 간 원활한 의사소통 위한 체계·절차 마련·이행 점검	• (개인)정보보호 책임자·담당자·실무자의 역할·책임 시행 문서 및 직무기술서의 명확한 정의 • KPI·MBO·인사평가 등주기적 평가 필요 • 의사소통은 포털·회의 보고·메신저 등 활용 • 목적, 범위, 역할·책임, 보고 주기, 문서 양식 포함	• (개인)정보보호 조직도 • 직무기술서 • 업무 분장표 • 내부 관리계획 • 의사소통 관리계획·채널(내부게시판)	• 내부 지침·직무기술서상 역할·책임이 실제 운영과 불일치 • 책임자·담당자의 활동 평가 체계 부재 • 부서별 KPI에 정보보호 항목이 미반영 • 법령상 요구 역할·책임 내부 문서에 모호하게 명시

▲ 조직의 유지관리 핵심정리

1) 인증기준

조직의 각 구성원에게 정보보호와 개인정보보호 관련 역할 및 책임을 할당하고, 그 활동을 평가할 수 있는 체계와 조직 및 조직의 구성원 간 상호 의사소통할 수 있는 체계를 수립하여 운영하여야 한다.

목적	• 정보보호 및 개인정보보호 책임자와 담당자 정의 • 책임 및 역할 정의의 필요성 확보 • 조직 구성원 간 상호 소통 체계 필요
주요 사항	• 책임자 및 담당자의 역할과 책임을 명확히 정의 • 정의된 역할에 기반하여 활동 평가 체계 수립 • 조직 간 원활한 의사소통을 위한 절차 및 체계 수립
주요 결과	• 역할 기반의 책임 명확화 • 체계적인 활동 평가 시스템 구축 • 상호 협조 가능한 의사소통 체계 운영
기대 효과	• 조직 내 정보보호 운영 책임성 및 효율성의 강화 • 활동 성과에 대한 객관적 검토 가능 • 협업 기반의 보안 거버넌스 체계의 정착

2) 확인사항

책임과 역할 정의	정보보호 및 개인정보보호 관련 책임자와 담당자의 역할 및 책임을 명확히 정의해야 한다.
활동 평가 체계	정보보호 및 개인정보보호 관련 책임자와 담당자의 활동을 평가할 수 있는 체계를 수립해야 한다.
의사소통 체계	정보보호 및 개인정보보호 관련 조직 및 구성원 간 상호 의사소통할 수 있는 체계와 절차를 마련하고 이를 실제로 이행하고 있는지를 점검해야 한다.

3) 주요 내용

조직의 책임 정의	정보보호 관리체계 수립 · 시행, 실태 감사 및 개선, 위험 식별 및 대응책 마련, 교육 · 훈련 계획 수립, 관련 법령에 따른 조치 등 정보보호 전반에 대한 업무를 수행한다.
책임자 정의	개인정보 보호계획 수립, 처리 실태 조사, 불만 처리, 유출 방지 대책, 교육 계획, 개인정보 파일 보호, 방침 수립 및 파기 조치 등 개인정보보호에 관한 전반적 업무를 수행한다.
정보보호 최고책임자 역할	관리자, 보호담당자, 실무자 등은 최고책임자 및 보호책임자의 업무를 실무적으로 지원 · 이행할 수 있도록 직무기술서 등을 통해 역할과 책임을 정리한다.
개인정보 보호 책임자 역할	정보보호 및 개인정보보호 활동을 KPI, MBO, 인사평가 등을 활용하여 주기적으로 평가할 수 있는 체계를 마련한다.
관리자 및 실무자 역할	정보보호 및 개인정보보호 관련 조직 및 구성원 간 효과적인 의사소통 체계를 수립하고, 정보보호 포털, 회의, 보고, 메신저 등 다양한 방식으로 정기적인 소통을 수행한다.
평가 체계 수립	의사소통 계획에는 목적 및 범위, 협의체 구조(전사 · 실무 · 위원회), 참여 대상, 역할 및 책임, 보고 주기, 회의록 양식 및 보고서 서식 등 구체적인 항목을 포함한다.
조직 간 의사소통	정보보호 및 개인정보보호 관련 조직 및 구성원 간 효과적인 의사소통 체계 수립, 정보보호포털, 회의, 보고, 메신저 등 다양한 방식으로 정기적인 소통을 수행한다.
의사소통 계획 항목	의사소통 계획에는 목적 및 범위, 협의체 구조(전사 · 실무 · 위원회), 참여 대상, 역할 및 책임, 보고 주기, 회의록 양식 및 보고서 서식 등 구체적인 항목을 포함한다.

➕ 더 알기 TIP

조직의 유지관리 책임 비교

정보보호 책임자	• 정보보호 관리체계의 수립 · 시행 및 개선 • 정보보호 실태와 관행의 정기적인 감사 및 개선 • 정보보호 위협의 식별 평가 및 정보보호 대책 마련 • 정보보호 교육과 모의 훈련 계획의 수립 및 시행 • 정보통신망법 또는 관계 법령에 따라 정보보호를 위한 필요 조치 이행
개인정보보호 책임자	• 개인정보보호 계획의 수립 및 시행 • 개인정보 처리 실태 및 관행의 정기적인 조사 및 개선 • 개인정보 처리와 관련한 불만의 처리 및 피해 구제 • 개인정보 유출 및 오 · 남용 방지를 위한 내부통제시스템 구축 • 개인정보보호 교육 계획의 수립 및 시행 • 개인정보파일의 보호 및 관리 · 감독 • 개인정보 처리방침의 수립 · 변경 및 시행 • 개인정보보호 관련 자료의 관리 • 처리목적이 달성되거나 보유기간이 경과한 개인정보의 파기

4) 결함사례

역할과 운영 불일치	내부 지침 및 직무기술서에는 정보보호 최고책임자, 개인정보 보호책임자 및 관련 담당자의 역할과 책임이 정의되어 있으나, 실제 운영현황과 일치하지 않는 경우
활동 평가체계 미흡	정보보호 최고책임자 및 관련 담당자의 활동을 주기적으로 평가할 수 있는 목표, 기준, 지표 등의 체계가 마련되어 있지 않은 경우
KPI 반영 미흡	부서별 정보보호 담당자의 KPI에 정보보호와 관련된 사항이 반영되어야 하지만, 실제로는 KPI에 전혀 반영되어 있지 않은 경우
역할 명시 부족	정보보호 최고책임자 및 개인정보 보호책임자가 지정되어 있으나, 관련 법령에서 요구하는 역할 및 책임이 내부 지침이나 직무기술서 등에 구체적으로 명시되어 있지 않은 경우

예 G 거래소는 정보보호 최고책임자와 개인정보 보호책임자의 역할이 직무기술서에는 명시되어 있었지만 실제 운영과는 차이가 있었으며, 활동 실적을 평가할 수 있는 KPI 체계도 수립되어 있지 않았다. 또한 평가지표나 인사고과에 정보보호 관련 항목이 반영되지 않아 실질적인 관리가 이루어지지 않았고, 역할과 책임에 대한 지침 명시는 형식적 수준에 그쳤다.

03 정보자산 관리

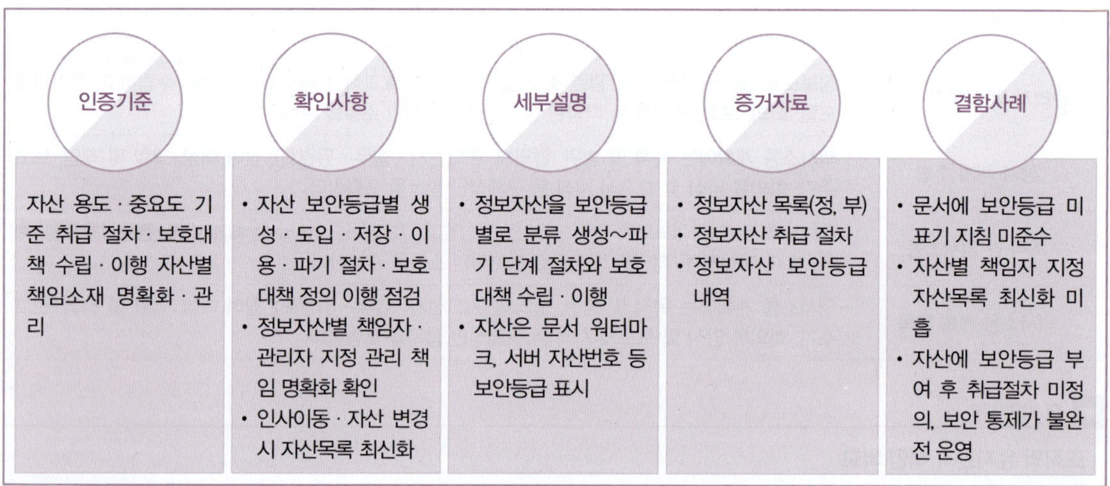

▲ 정보자산 관리 핵심정리

1) 인증기준

정보자산의 용도와 중요도에 따른 취급 절차 및 보호대책을 수립·이행하고, 자산별 책임소재를 명확히 정의하여 관리하여야 한다.

목적	• 다양한 정보자산과 그에 따른 보안등급 존재 • 자산별로 생성부터 파기까지 단계별 보안 절차 필요 • 각 자산에 대한 책임자 및 관리자의 지정 필요
주요 사항	• 자산 보안등급에 따라 단계별 취급절차 및 보호대책 정의 • 정의된 절차가 실제로 이행되는지 점검 • 식별된 정보자산마다 책임자 및 관리자 지정 및 책임 명확화
주요 결과	• 보안등급별 정보자산 관리체계 수립 • 보호조치의 실행력 확보 • 자산별 책임 주체 명확화
기대 효과	• 정보자산 보호 수준 제고 및 무분별한 접근 차단 • 운영 중인 정보자산의 안전성과 신뢰성 확보 • 보안 사고 발생 시 책임소재 분명화 및 대응력 향상

2) 확인사항

보안등급별 취급절차 및 보호대책	정보자산의 보안등급에 따라 생성·도입, 저장, 이용, 파기 등의 취급절차 및 보호대책을 정의하고 실제로 이행하고 있는지를 점검해야 한다.
자산별 책임자 지정	식별된 정보자산마다 책임자 및 관리자를 지정하여 관리 책임을 명확히 하고 있는지를 확인해야 한다.

3) 주요 내용

보안등급 기준 수립	• 정보자산의 보안등급(기밀, 대외비, 일반 등)에 따라 생성, 도입, 저장, 이용, 파기 등 각 단계별 취급절차를 정의해야 한다. • 취급절차에 따라 암호화, 접근통제 등 보호대책을 수립 및 이행한다.
보안등급 식별	• 임직원이 정보자산별 보안등급을 식별할 수 있도록 표시체계 마련한다. • 전자문서는 표지 또는 워터마크로, 하드웨어 자산은 자산번호나 바코드 등을 통해 보안등급을 표시한다.
보안등급 통제 기준	정보자산의 보안등급별로 취급절차 및 보안통제 기준을 수립하고 실제로 이행하는지 확인해야 한다.
책임자 지정	정보자산 도입, 변경, 폐기, 반출입, 보안관리 등 전 과정에 대한 책임자 및 실질적인 관리·운영 책임자를 지정하고 이를 자산목록에 기록하여 책임소재를 명확히 한다.
현황 반영	인사이동이나 자산 도입·변경·폐기 등으로 정보자산 현황이 변경될 경우, 해당 사항을 반영하여 자산목록에 책임자 및 담당자 정보를 최신화한다.

4) 결함사례

보안등급 미표기	내부 지침에 따라 문서에 보안등급을 표기해야 하나, 실제로 이를 표시하지 않은 경우
자산 책임자 미식별	자산별 담당자 및 책임자를 식별하지 않았거나, 자산목록이 최신화되지 않아 인사이동 이후에도 주요 자산의 담당자가 반영되지 않은 경우
취급절차 미정의	식별된 정보자산에 대해 중요도 평가를 통해 보안등급을 부여하고 자산목록에 기록했지만, 보안등급별 취급절차를 정의하지 않은 경우

예 G 거래소의 내부 지침 문서에는 보안등급을 표시히도록 규정하고 있있으나, 실세로 보안능급이 전혀 표기되지 않았으며, 자산별 책임자가 지정되지 않아 인사이동 이후에도 자산 담당자가 누락되는 문제가 있었다. 또한 자산목록에는 등급은 기록되어 있었으나 보안등급에 따른 취급절차가 정의되지 않아 실효성이 떨어졌다.

01 주요 직무자 지정 및 관리

인증기준	확인사항	세부설명	증거자료	결함사례
• 개인정보 · 중요정보 취급 및 주요시스템 접근 직무 기준 · 관리방안 수립 • 주요 직무자 최소 지정, 목록 최신 관리	• 개인정보 · 중요정보 취급 · 시스템 접근 직무 기준 정의 • 수행 임직원 · 외부자 식별 · 목록 최신 관리 • 개인정보취급자 지정 · 목록 관리 • 필요 최소화 및 관리방안 수립 · 이행 점검	• 주요 직무기준 정의, 주요 직무자 지정 · 목록 관리 • 개인정보취급자 지정 · 목록 관리 • 실질적 개인정보 처리 행위 여부 기준 • 지정 최소화	• 주요 직무 기준 • 주요직무자 목록 • 개인정보취급자 목록 • 시스템 계정 및 권한 관리 대장 • 교육 결과서, 보안서약서	• 주요 직무자 명단 누락 • 직무자 목록 현행화 미흡 • 권한 과다 지정 • 승인 절차 미이행

▲ 주요 직무자 지정 및 관리 핵심정리

1) 인증기준

개인정보 및 중요정보의 취급이나 주요 시스템 접근 등 주요 직무의 기준과 관리방안을 수립하고, 주요 직무자를 최소한으로 지정하여 그 목록을 최신으로 관리하여야 한다.

목적	• 개인정보 및 중요정보에 접근하는 주요 직무 존재 • 임직원 및 외부자의 업무상 정보 접근 권한 필요 • 개인정보취급자 지정 및 최소화 필요성
주요 사항	• 개인정보, 중요정보, 시스템 접근 관련 주요 직무 기준 정의 • 해당 직무 수행자(내부자 · 외부자)를 식별 및 목록 최신화 • 업무상 필요에 따른 개인정보취급자 지정 및 목록 관리 • 지정 최소화를 위한 관리방안을 수립 및 이행
주요 결과	• 정보취급 관련 주요 직무 정의 및 체계적 목록화 • 개인정보취급자 지정 및 관리 현황 명확화 • 최소한의 지정으로 인한 보안 위험 감소
기대 효과	• 정보 접근에 대한 관리 통제 강화 • 개인정보 오남용 및 유출 가능성 최소화 • 직무 기준에 따른 책임소재 및 감시 가능성 확보

2) 확인사항

주요 직무 기준 정의	개인정보 및 중요정보의 취급, 주요 시스템 접근 등 주요 직무에 대한 기준을 명확히 정의해야 한다.
주요 직무자 지정 및 관리	주요 직무를 수행하는 임직원 및 외부자를 주요 직무자로 지정하고, 해당 목록을 최신 상태로 관리해야 한다.
개인정보취급자 지정	업무상 개인정보를 취급하는 자를 개인정보취급자로 지정하고, 관련 목록을 최신으로 관리해야 한다.
최소 지정 및 관리방안	업무의 필요성에 따라 주요 직무자 및 개인정보취급자의 지정을 최소화하고, 이에 대한 관리방안을 수립·이행하고 있는지를 점검해야 한다.

3) 주요 내용

주요 직무 기준 정의	• 개인정보 및 중요정보의 취급, 주요 시스템 접근 등과 관련된 주요 직무의 기준을 명확히 정의한다. • 중요정보(개인정보, 인사정보, 영업비밀 등) 취급, 주요 시스템(서버, DB 등) 운영, 보안 시스템 운영, 보안 관리업무 등이 포함된다.
주요 직무자 지정	• 주요 직무를 수행하는 임직원 및 외부자를 주요 직무자로 지정하고, 목록으로 관리한다. • 신규 지정·변경·해제 시 목록을 업데이트하고, 정기적으로 적정성을 검토하여 최신 상태를 유지해야 한다.
개인정보취급자 지정	• 업무상 개인정보를 취급하는 자를 개인정보취급자로 지정하고 목록으로 관리해야 한다. • 수탁자의 취급자도 포함하되 시스템 접근 권한이 없는 경우는 수탁자가 자체 관리 가능하다. 이 때 목록은 정기적으로 검토해야 한다.
개인정보취급자 정의	• 개인정보취급자는 개인정보처리자의 지휘·감독 하에 개인정보를 처리하는 임직원, 파견근로자, 시간제근로자 등을 포함한다. • 실질적인 개인정보 처리 행위 여부를 기준으로 정의한다.
지정 최소화 방안	• 주요 직무자 및 개인정보취급자는 업무상 반드시 필요한 경우에 한해 최소화하여 지정한다. • 권한 신청 및 부여에 대한 승인 절차를 마련하고 이들에 대한 교육, 모니터링 등 통제방안을 수립 및 이행해야 한다.

4) 결함사례

명단 누락	주요 직무자 명단을 작성하고 있으나, 대량의 개인정보를 취급하는 DBA, DLP 관리자 등 일부 인원이 누락된 경우
목록 현행화 미흡	주요 직무자 및 개인정보취급자 목록에 퇴직자가 포함되거나 신규 입사자가 누락되어 있어 최신 상태로 관리되지 않은 경우
권한 과다 지정	부서 단위로 개인정보취급자 권한을 일괄 부여하여, 실제 개인정보를 취급할 필요가 없는 인원까지 과도하게 지정된 경우
승인 절차 미이행	내부 지침상 보안팀 승인 및 보안서약서 작성이 요구되나, 이를 거치지 않고 등록된 주요 직무자가 다수 존재하는 경우

예 G 거래소는 개인정보 취급자 명단을 작성하였으나, DBA, DLP 관리자 등 일부 인원이 누락되어 있었고, 퇴직자나 신규 인력이 목록에 반영되지 않아 최신 상태가 아니었다. 또한 개인정보 취급 권한이 실질적으로 필요하지 않은 인원에게까지 과도하게 부여되어 있었으며, 내부 지침상 요구되는 보안 승인 절차가 누락된 채로 등록된 경우가 다수 있었다.

인증기준	확인사항	세부설명	증거자료	결함사례
• 권한 오·남용 등 잠재적인 피해 예방 위한 직무 분리 기준 수립·적용 • 직무 분리가 어려운 경우 별도의 보완대책 마련·이행	• 직무 분리 기준 수립·적용 • 직무 간 상호 검토, 상위관리자의 정기적 모니터링 • 변경사항 승인 및 책임추적성 확보 방안 등 보완통제 마련·점검	• 직무별 분리 적용 • 외부자 권한 제한 • 직무 분리 곤란 시 보완통제 마련 • 로그 및 감사, 모니터링, 책임추적성 확보	• 직무 분리 지침 • 직무기술서 • 보완통제 현황	• 직무 분리 기준 미준수 • 직무 자간 상호 검토, 상위관리자 모니터링, 변경사항 승인, 책임추적성 확보

▲ 직무 분리 핵심정리

1) 인증기준

권한 오남용 등으로 인한 잠재적인 피해 예방을 위하여 직무 분리 기준을 수립하고 적용하여야 한다. 다만 불가피하게 직무 분리가 어려운 경우 별도의 보완대책을 마련하여 이행하여야 한다.

목적	• 권한 오·남용에 따른 잠재적 피해 방지 • 업무 수행 시 상호 견제를 통한 책임추적성 확보 • 직무 분리 또는 이에 준하는 보완통제를 통한 내부자 위협 대응
주요 사항	• 직무 분리 기준 수립 및 실제 적용 여부 점검 • 직무 분리가 어려운 경우 상호 검토, 정기 모니터링 등을 통해 보완통제 마련 • 변경사항 승인 절차 및 책임추적성 확보 방안 수립
주요 결과	• 직무 분리 기준 문서화 및 적용 결과 관리 강화 • 보완통제 수단(모니터링, 승인 절차 등) 운영 현황의 지속적인 관리 • 책임소재 명확화와 내부통제 증빙자료 확보
기대 효과	• 권한 오·남용으로 인한 잠재적 피해의 예방 • 내부자 위협 대응력의 강화 • 정보보호 관리체계의 신뢰성과 완성도의 향상

2) 확인사항

직무 분리 기준 적용	권한 오·남용에 따른 잠재적인 피해를 방지하기 위해 직무 분리 기준을 수립하고 이를 실제로 적용해야 한다.
직무 분리 불가 시 보완통제	직무 분리가 어려운 경우, 직무자 간 상호 검토, 상위관리자의 정기적 모니터링, 변경사항 승인 및 책임추적성 확보 방안 등을 포함한 보완통제를 마련하고 있는지를 점검해야 한다.

3) 주요 내용

직무 분리 기준 수립	권한 오남용 등으로 인한 피해를 예방하기 위해 직무 분리 기준을 수립하고 적용해야 한다. 예 개발과 운영 직무 분리, 정보보호 담당자와 모니터링 직무 분리, 시스템 운영과 개인정보 보호 관리 직무 분리 등

외부자 권한 제한	외부 위탁업체 직원에게는 사용자 계정 등록 · 삭제 및 접근권한 변경 등의 권한을 부여해서는 안 되며, 불가피한 경우에는 이에 상응하는 보완통제를 적용해야 한다.
직무 분리 곤란 시 대안	조직 규모나 인력 부족으로 직무 분리가 어려운 경우, 상호 검토, 상위관리자의 승인 등을 통해 직무 오 · 남용을 방지하고, 보완통제를 반드시 수립해야 한다.
책임추적성 확보	직무자 간 책임을 명확히 하기 위해 개인별 계정 사용, 로그기록 유지, 감사 및 모니터링을 통해 책임추적성을 확보하고 오 · 남용을 예방한다.

4) 결함사례

직무 분리 기준 미준수	직무 분리가 가능한 조직임에도 불구하고, 업무 편의성만을 이유로 내부 규정에서 정한 직무 분리 기준을 준수하지 않은 경우
보완통제 미비	개발과 운영 직무를 병행하는 구조에서, 직무자 간 상호 검토, 상위관리자의 모니터링, 변경사항 승인, 책임추적성 확보 등의 보완통제가 마련되어 있지 않은 경우

예 H 거래소는 개발과 운영 업무를 동일한 인력이 수행하고 있었으며, 직무 분리가 가능한 인력 여건임에도 불구하고 편의성만을 이유로 분리 기준을 적용하지 않았다. 또한 업무 상호 검토나 변경 승인, 책임 추적 등의 보완통제 체계가 미비하여 보안 사고 발생 시 책임소재 파악이 어려운 구조였다.

03 보안 서약

인증기준	확인사항	세부설명	증거자료	결함사례
정보자산을 취급하거나 접근권한이 부여된 임직원 · 임시직원 · 외부자 등 내부 정책 및 관련 법규, 비밀유지 의무 등 준수사항 명확히 인지할 수 있도록 업무 특성에 따른 정보보호 서약서 징구	• 신규 인력 채용 시 정보보호 및 개인정보보호 책임이 명시된 정보보호 및 개인정보보호 서약서 징구 • 임시 · 외주용역직원 등 외부자에게 정보자산 접근권한을 부여할 경우 정보보호 및 개인정보보호 책임, 비밀유지 의무 등이 명시된 서약서 징구	• 신규 인력을 채용할 때 정보보호 및 개인정보보호 책임이 명시된 서약서를 받아야 하며, 책임, 정책 준수, 비밀 유지 의무 등에 명확히 서약. 고용 조건 변경 시 서약서 재작성 등 조치 수행 • 임직원 퇴직 시, 정보유출 방지와 법적 책임 고지를 위해 비밀유지 서약서를 받아야 하며, 퇴직 절차에 포함	• 정보보호 및 개인정보보호 서약서(임직원, 외부인력) • 비밀유지서약서(퇴직자)	• 신규 입사자에 대해서는 입사 절차상에 보안서약서 받도록 규정하고 있으나, 최근에 입사한 일부 직원의 보안서약서 작성 누락 • 임직원에 대해서는 보안서약서를 받고 있으나, 정보처리시스템에 직접 접속이 가능한 외주 인력에 대해서 보안서약서 미징구

▲ 보안 서약 핵심정리

1) 인증기준

정보자산을 취급하거나 접근권한이 부여된 임직원 · 임시직원 · 외부자 등이 내부 정책 및 관련 법규, 비밀유지 의무 등 준수사항을 명확히 인지할 수 있도록 업무 특성에 따른 정보보호 서약을 받아야 한다.

목적	• 정보보호 및 개인정보보호 책임 명시를 통한 법적 책임을 사전에 확보 • 외부자 및 임직원의 비밀유지 의무 확립을 통한 정보자산을 보호 • 서약서의 체계적 보관·관리로 신뢰성 있는 문서관리체계를 유지
주요 사항	• 신규 인력 채용 시 정보보호 및 개인정보보호 책임 서약서 징구 • 외부자에게 접근권한 부여 시 비밀유지 및 정보보호 서약서 징구 • 퇴직자에게 비밀유지 서약서 수령
주요 결과	• 신규 인력, 외부자, 퇴직자 대상 서약서 수령 이력 관리 • 서약서 보관 현황 및 접근·조회 절차 마련 • 정보보호 의무를 문서화한 증빙자료의 확보
기대 효과	• 정보보호 책임의 명문화 및 사후 분쟁 대응력 강화 • 조직 내부·외부의 정보 유출 위험의 최소화 • 문서관리 체계의 완성도 및 법적 준거성의 향상

2) 확인사항

신규 채용 시 서약서 징구	신규 인력을 채용할 때 정보보호 및 개인정보보호에 대한 책임이 명시된 서약서를 징구해야 한다.
외부자 서약서 징구	임시직원, 외주용역직원 등 외부자에게 정보자산 접근권한을 부여할 경우, 정보보호 및 개인정보보호 책임과 비밀유지 의무가 명시된 서약서를 징구해야 한다.
퇴직 시 비밀유지 서약	임직원이 퇴직할 때 별도의 비밀유지 서약서를 받아야 한다.
서약서 보관 및 관리	정보보호, 개인정보보호, 비밀유지 관련 서약서를 안전하게 보관하고, 필요시 쉽게 조회할 수 있도록 관리해야 한다.

3) 주요 내용

신규 입사자 서약	• 신규 인력을 채용할 때 정보보호 및 개인정보보호 책임이 명시된 서약서를 받아야 한다. • 책임, 정책 준수, 비밀 유지 의무 등에 대해 명확히 서약해야 한다. • 고용 조건 변경 시 서약서 재작성 등의 조치를 해야 한다.
외부자 서약	• 임시직원, 외주용역직원 등 외부자에게 정보시스템 또는 정보자산 접근 권한을 부여할 경우 서약해야 한다. • 서약서를 통해 정보보호 책임, 비밀유지, 관련 법규 준수, 위반 시 손해배상 책임 등의 내용을 명시해야 한다.
퇴직자 서약	임직원 퇴직 시, 정보유출 방지와 법적 책임 고지를 위해 비밀유지 서약서를 받아야 하며, 이는 퇴직 절차에 포함된다.
서약서 보관	정보보호, 개인정보보호, 비밀유지 서약서는 법적 분쟁 시 증거자료로 활용될 수 있다. 따라서 잠금장치가 있는 캐비닛이나 출입통제 문서고 등에서 안전하게 보관하고, 필요시 쉽게 열람할 수 있도록 체계적으로 관리해야 한다.

4) 결함사례

보안서약서 누락	입사 절차상 보안서약서를 받도록 규정되어 있음에도 최근 입사한 일부 직원이 보안서약서를 작성하지 않은 경우
외부자 서약 미징구	정보처리시스템에 직접 접근이 가능한 외주 인력에 대해 보안서약서를 받지 않은 경우
서약서 보관 부실	정보보호 및 개인정보보호 서약서를 모아놓은 문서철이 비인가자가 접근 가능한 위치에 방치되어 있어 보관 관리가 미흡한 경우
서약서 내용 불충분	개인정보취급자에게 서약서를 받았으나, 해당 서약서에 개인정보보호에 관한 책임 내용이 포함되지 않고 비밀유지에 관한 내용만 포함된 경우

예 A 기관은 입사자에게 보안서약서를 반드시 받도록 내부 규정에 명시되어 있었으나, 실제로는 일부 신규 입사자나 외부 용역 인력에 대해 보안서약서를 받지 않거나 보관 관리가 부실하였다. 특히 사무실 책상 위 등과 같이 비인가자가 접근 가능한 장소에 서약서가 방치되어 있었고, 개인정보 취급자의 서약서에는 보호책임과 관련한 핵심 항목이 누락된 사례도 확인되었다.

❹ 인식제고 및 교육훈련

인증기준	확인사항	세부설명	증거자료	결함사례
• 임직원 및 관련 외부자가 조직의 관리체계와 정책을 이해하고 직무별 전문성을 확보할 수 있도록 연간 인식 제고 활동 및 교육훈련 계획을 수립·운영 • 그 결과에 따른 효과성을 평가하여 다음 계획에 반영	• 정보보호 및 개인정보보호 교육의 시기, 기간, 대상, 내용, 방법 등의 내용이 포함된 연간 교육 계획을 수립하고 경영진의 승인 수행 여부 점검 • 관리체계 범위 내 모든 임직원과 외부자를 대상 연간 교육 계획에 따라 연 1회 이상 정기적 교육 수행, 관련 법규 및 규정의 중대한 변경 시 이에 대한 추가교육 수행	• 연간 교육 계획은 시기, 기간, 대상, 내용, 방법 등을 포함하여 수립 및 경영진의 승인 • 교육 유형에는 임직원 인식제고, 주요직무자, 개인정보취급자, 수탁자, 전문 교육 등 포함	• 정보보호 및 개인정보보호 교육 계획서 • 교육 결과보고서 • 교육참석자 목록	• 전년도에는 정보보호 및 개인정보보호 교육 계획 수립했으나, 당해 연도에는 타당한 사유 없이 계획 미수립 • 연간 교육 계획에 교육 주기와 대상은 포함되어 있으나, 시행 일정, 교육 내용, 방법 등이 빠져 있는 경우

▲ 인식제고 및 교육훈련 핵심정리

1) 인증기준

임직원 및 관련 외부자가 조직의 관리체계와 정책을 이해하고 직무별 전문성을 확보할 수 있도록 연간 인식제고 활동 및 교육훈련 계획을 수립·운영하고, 그 결과에 따른 효과성을 평가하여 다음 계획에 반영하여야 한다.

목적	• 모든 임직원 및 외부자의 정보보호 인식 제고 • 법규 및 규정 변경사항에 대응한 지속적 교육 필요 • 사전교육 및 직무별 전문교육을 통한 실무역량 강화 • 교육 효과성 평가를 통해 교육 품질 개선 및 재계획에 반영
주요 사항	• 연간 교육계획 수립(시기, 대상, 내용 포함) 및 경영진 승인 • 전 임직원·외부자 대상 연 1회 이상 정기교육 실시 • 법령 변경 시 추가 교육 시행 • 신규 채용자 및 외부자 계약 시 사전교육 실시 • IT 등 직무별 전문성 교육 수행 • 교육 이력 기록 및 효과성 평가 후 다음 계획에 반영
주요 결과	• 교육계획 수립 및 승인 기록 • 교육 실시 이력 및 대상자별 참여 현황 • 직무별/시기별 교육자료 및 수료 결과 • 교육 효과성 평가 결과 및 개선사항 도출

기대 효과	• 조직 전반의 보안 인식 수준의 향상 • 법적 준수의 체계적 이행 및 감사 대응력의 강화 • 실무 중심의 보안 역량의 확보 • 교육계획의 지속적 개선과 교육체계의 내실화

2) 확인사항

연간 교육계획 수립 및 승인	정보보호 및 개인정보보호 교육의 시기, 기간, 대상, 내용, 방법 등을 포함한 연간 교육계획을 수립하고 경영진의 승인을 받아야 한다.
정기 및 추가 교육 이행	모든 임직원과 외부자를 대상으로 연 1회 이상 정기 교육을 수행하고, 법규나 규정이 중대하게 변경된 경우 추가 교육을 시행해야 한다.
사전 교육 실시 여부	임직원 채용 및 외부자 신규 계약 시 업무 시작 전에 정보보호 및 개인정보보호 교육을 실시해야 한다.
직무별 전문성 교육	정보보호 · 개인정보보호 조직의 임직원에게 직무별 전문성 향상을 위한 별도의 교육을 제공해야 한다.
교육 효과성 평가 및 반영	교육 시행 기록을 남기고, 교육의 효과성과 적정성을 평가하여 이후 교육 계획에 반영해야 한다.

3) 주요 내용

교육 계획 수립	• 연간 교육 계획은 교육 시기, 기간, 대상, 내용, 방법 등을 포함하여 수립하며, 경영진의 승인이 필요하다. • 교육 유형에는 임직원 인식제고, 주요직무자, 개인정보취급자, 수탁자, 전문 교육 등이 포함된다.
교육 실행 기준	• 관리체계 범위 내 모든 인력(임직원, 외주용역 등)을 대상으로 연 1회 이상 정기 교육을 수행해야 한다. • 관련 법규 또는 절차의 중대한 변경 시 추가 교육을 시행해야 한다. 출장 등 불참자는 별도 교육 방식으로 보완해야 한다.
교육 내용 범위	교육 내용은 정보보호 및 개인정보보호 개요, 법률, 내부 규정, 기술 · 관리 · 물리적 조치사항, 침해사고 사례 및 대응방안, 법적 책임 등 조직의 관리체계 이해에 필요한 사항을 포함한다.
신규 인력 교육	• 임직원 채용 및 외부자 계약 시, 업무 시작 전에 정보보호 및 개인정보보호 교육을 실시해야 한다. • 조직 정책과 위반 시 법적 책임 등에 대한 숙지가 필요하다.
직무별 전문 교육	IT 및 정보보호, 개인정보보호 관련 직무자에 대해서는 콘퍼런스, 외부 위탁교육, 내부 전문가 초빙교육 등 별도의 전문성 향상 교육을 제공해야 한다.
교육 효과 평가	교육 후에는 공지, 자료, 출석부 등 기록을 남기고, 설문이나 테스트를 통해 교육의 효과성과 적정성을 평가하여 개선사항을 다음 교육 계획에 반영해야 한다.

4) 결함사례

교육계획 미수립	전년도에는 정보보호 및 개인정보보호 교육 계획을 수립했으나, 당해 연도에는 타당한 사유 없이 계획을 수립하지 않은 경우
교육계획 항목 누락	연간 교육 계획에 교육 주기와 대상은 포함되어 있으나, 시행 일정, 교육 내용, 방법 등이 빠져 있는 경우
직무별 교육 미반영	개인정보보호 책임자 및 담당자에게 필요한 직무별 교육계획이 포함되지 않은 경우
외부자 교육 누락	정보자산 및 설비에 접근하는 외주 용역업체 직원(예 청소원, 경비원, 외주개발자 등)이 교육 대상에서 누락된 경우
교육기록 미흡	교육은 시행했지만, 교육 자료, 출석부, 평가 설문지, 결과보고서 등 관련 기록이 일부 누락된 경우
미이수자 관리 부재	교육 미이수자에 대한 파악이 이루어지지 않았거나, 전달교육 · 추가교육 등의 보완 대책을 마련하지 않은 경우

예 국내 지방자치단체인 M 시청은 전년도에 정보보호 및 개인정보보호 교육 계획을 수립했으나, 올해에는 별다른 사유 없이 교육 계획을 마련하지 않았다. 이에 따라 직원별로 교육 주기나 내용이 불명확했으며, 직무별 필요한 맞춤형 교육도 반영되지 않아 담당자들의 역량 강화가 저해되었다.

특히 청소용역, 경비원 등 외주 직원들은 교육 대상에서 누락되어 개인정보 보호 의식이 낮았다. 또한 시행된 교육에 대한 출석부, 평가 설문지, 결과 보고서 등의 기록도 일부 미비해 실제 교육 효과 검증이 어려운 상태였다. 미이수자에 대해서도 별도의 관리나 추가 교육 계획이 부재해 보완책 마련이 시급한 실정이다. 이러한 교육 관리 부실은 개인정보 유출 사고 발생 시 신속한 대응과 책임 소재 규명에 어려움을 초래할 위험이 크다.

⑤ 퇴직 및 직무변경 관리

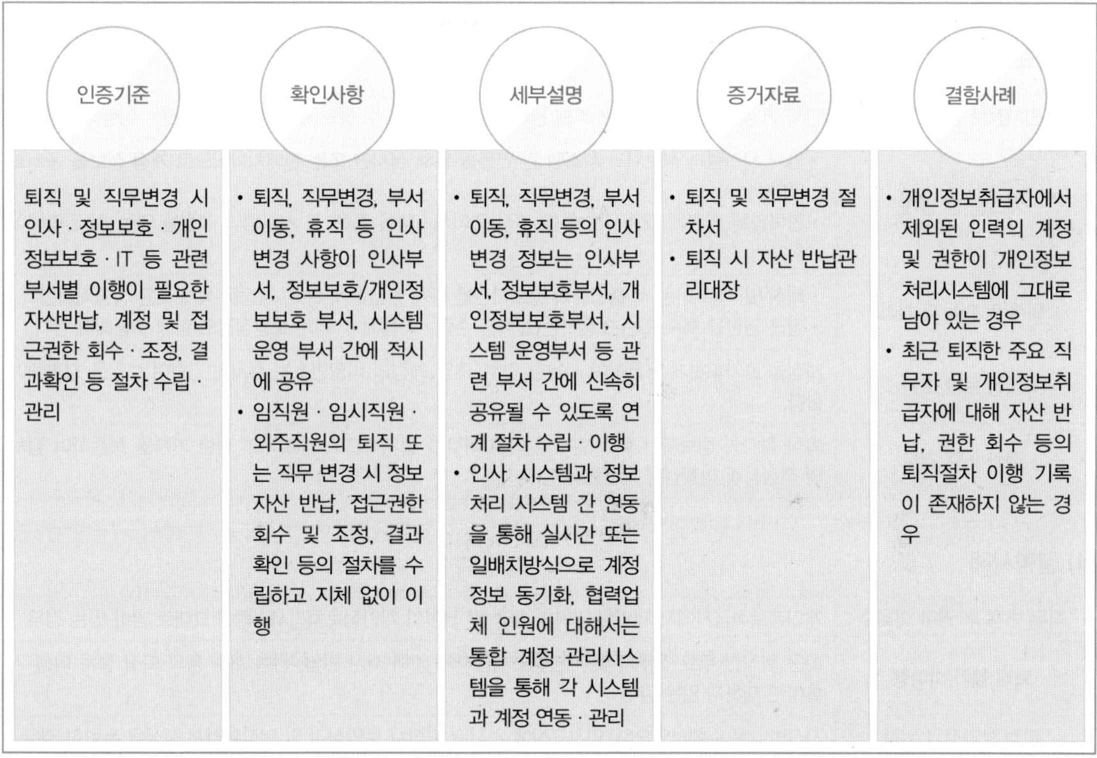

▲ 퇴직 및 직무변경 관리 핵심정리

1) 인증기준

퇴직 및 직무변경 시 인사 · 정보보호 · 개인정보보호 · IT 등 관련 부서별 이행하여야 할 자산반납, 계정 및 접근권한 회수 · 조정, 결과확인 등의 절차를 수립 · 관리하여야 한다.

목적	• 인사 변경 시 관련 부서 간 정보 공유를 통한 조치 누락 방지 • 퇴직자 · 직무 변경자의 정보자산 반납 및 접근권한 회수를 통해 보안 사고를 예방 • 제반 절차의 체계적 수행을 통한 책임소재 명확화 및 업무 연속성 확보
주요 사항	• 인사변경 발생 시 관련 내용을 보호부서 및 시스템 운영부서와 공유 • 퇴직자 및 직무변경자의 정보자산 반납 및 접근권한 회수 절차를 수립 • 회수 및 조정 결과 확인 및 기록을 유지 • 해당 절차의 누락 방지를 위한 체크리스트 또는 자동 통보 체계 운영

주요 결과	• 인사변경 시점별 공유 내역 및 통보 이력 확보 • 정보자산 회수 및 접근권한 제거 결과 보고서 • 관련자별 업무 인계 및 권한조정 이행 증빙자료
기대 효과	• 인사변동에 따른 정보보안 공백 최소화 • 불필요한 접근권한 지속 보유에 따른 내부자 위협을 차단 • 퇴직자 · 변경자 관리의 투명성 및 보안관리체계의 완성도 제고

2) 확인사항

인사변경 정보 공유	퇴직, 직무변경, 부서이동, 휴직 등 인사 변경 사항이 인사부서, 정보보호/개인정보보호 부서, 시스템 운영 부서 간에 적시에 공유해야 한다.
퇴직 및 직무변경 시 통제	임직원 · 임시직원 · 외주직원의 퇴직 또는 직무 변경 시 정보자산 반납, 접근권한 회수 및 조정, 결과 확인 등의 절차를 수립하고 지체 없이 이행하고 있는지를 점검해야 한다.

3) 주요 내용

인사정보 공유 절차	인사 변경 관련 정보는,관련 부서 간에 신속히 공유될 수 있도록 연계 절차를 수립 · 이행해야 한다.
시스템 간 연계	• 인사 시스템과 정보처리 시스템 간 연동을 통해 실시간 또는 일배치방식으로 계정 정보를 동기화한다. • 협력업체 인원에 대해서는 통합 계정 관리시스템을 통해 각 시스템과 계정을 연동 및 관리해야 한다.
퇴직 및 이동자 처리	• 퇴직 및 직무 이동 시 출입증과 정보자산을 즉시 반납하게 하고, 계정을 삭제 혹은 잠금처리한다. • 접근 권한을 회수 또는 조정하는 절차를 수립 · 이행해야 하며, 보안점검도 함께 수행해야 한다.
계정 보안 조치	계정을 불가피하게 공유하여 사용한 경우, 해당 계정의 비밀번호는 즉시 변경하여 보안을 강화해야 한다.
절차 이행 검토	퇴직 절차와 정보자산 회수 절차의 이행 여부를 정기적으로 검토하고, 관련 기록을 보존하여 절차의 적정성과 이행성을 확인한다.

4) 결함사례

직무 변경 후 권한 미회수	개인정보취급자에서 제외된 인력의 계정 및 권한이 개인정보처리시스템에 그대로 남아 있는 경우
퇴직 절차 미이행	최근 퇴직한 주요 직무자 및 개인정보취급자에 대해 자산 반납, 권한 회수 등의 퇴직 절차 이행 기록이 존재하지 않는 경우
퇴직 보안점검 누락	자산반납은 수행하였으나, 인사규정에 명시된 퇴직자 보안점검 및 퇴직확인서 작성을 누락한 경우
일부 권한 회수 누락	개인정보취급자의 개인정보처리시스템 접근 권한은 회수했으나, 출입통제 시스템, VPN 등 다른 시스템의 권한 회수가 누락된 경우

🅔 S 병원은 개인정보처리자의 퇴직 절차가 미흡해 최근 퇴직한 의료진 및 행정직원들의 정보시스템 접근 권한 회수가 지연되었다. 일부 퇴직자의 계정은 여전히 의료정보 시스템에 남아 있었으며, 출입통제 시스템과 VPN 권한 회수도 누락된 경우가 발견되었다.

병원은 자산 반납을 진행했으나, 퇴직확인서 및 보안 점검 절차 문서 작성이 제대로 이루어지지 않아 보안 관리에 허점이 발생하였다. 이로 인해 퇴직자의 불필요한 접근으로 인한 개인정보 유출 위험이 커졌으며, 내부 감사에서도 심각한 문제점으로 지적되었다.

인증기준	확인사항	세부설명	증거자료	결함사례
임직원 및 관련 외부자가 법령, 규제 및 내부 정책을 위반한 경우 이에 따른 조치 절차를 수립·이행	• 신규 인력 채용 시 정보보호 및 개인정보보호 책임이 명시된 정보보호 및 개인정보보호 서약서 징구 • 임시·외주용역직원 등 외부자에게 정보자산 접근권한을 부여할 경우 정보보호 및 개인정보보호 책임, 비밀유지 의무 등이 명시된 서약서 징구	• 신규 인력을 채용할 때 정보보호 및 개인정보보호 책임이 명시된 서약서를 받아야 하며, 책임, 정책 준수, 비밀 유지 의무 등에 명확히 서약. 고용 조건 변경 시 서약서 재작성 등 조치 수행 • 임직원 퇴직 시, 정보유출 방지와 법적 책임 고지를 위해 비밀유지 서약서를 받아야 하며, 퇴직 절차에 포함	• 인사 규정(규정 위반 처벌규정) • 정보보호 및 개인정보보호 지침 위반자 징계 내역 • 사고 사례(전사 공지, 교육 내용)	• (개인)정보보호 규정 위반자에 대한 처리 기준 및 절차가 내부 규정에 전혀 포함되어 있지 않은 경우 • 보안시스템을 통하여 정책 위반이 탐지된 관련자에게 경고 메시지를 전달하고 있으나, 이에 대한 소명 및 추가 조사, 징계 처분 등 내부 규정에 따른 후속 조치가 이행되고 있지 않은 경우

▲ 보안 위반 시 조치 핵심정리

1) 인증기준

임직원 및 관련 외부자가 법령, 규제 및 내부정책을 위반한 경우 이에 따른 조치 절차를 수립·이행하여야 한다.

목적	• 인사 변경 시 관련 부서 간 정보 공유를 통한 조치 누락 방지 • 퇴직자·직무 변경자의 정보자산 반납 및 접근권합의 회수를 통한 보안 사고 예방 • 제반 절차의 체계적 수행을 통한 책임소재 명확화 및 업무 연속성의 확보
주요 사항	• 인사변경 발생 시 관련 내용을 보호부서 및 시스템 운영부서와 공유 • 퇴직자 및 직무변경자의 정보자산 반납 및 접근권한 회수 절차 수립 • 회수 및 조정 결과 확인 및 기록 유지 • 해당 절차의 누락 방지를 위한 체크리스트 또는 자동 통보 체계 운영
주요 결과	• 인사변경 시점별 공유 내역 및 통보 이력의 확보 • 정보자산 회수 및 접근권한 제거 결과 보고서 • 관련자별 업무 인계 및 권한조정 이행 증빙자료
기대 효과	• 인사변동에 따른 정보보안 공백의 최소화 • 불필요한 접근권한 지속 보유에 따른 내부자 위협 차단 • 퇴직자·변경자 관리의 투명성 및 보안관리체계의 완성도 제고

2) 확인사항

위반 시 처벌 규정 수립	임직원 및 관련 외부자가 법령, 규제, 내부정책에 따른 정보보호 및 개인정보보호 책임과 의무를 위반한 경우를 대비해 처관련 처벌 규정을 수립해야 한다.
위반사항 처리 절차 이행	정보보호 및 개인정보보호 위반 사항이 적발되었을 때 내부 절차에 따라 적절한 조치를 신속하고 정확하게 수행하고 있는지를 점검해야 한다.

3) 주요 내용

처벌 규정 수립	• 임직원 및 관련 외부자가 법령, 규제 또는 내부정책에 따른 정보보호 및 개인정보보호 책임을 위반한 경우를 대비해야 한다. • 조사, 소명, 징계 등 처벌 규정을 수립해야 한다. • 위반 행위에는 법규 미준수, 책임 미이행, 정보 유출, 오 · 남용 등이 포함된다.
보상 기준 마련	정보보호 및 개인정보보호 책임과 의무를 충실히 이행한 자에 대해서는 보상 또는 포상할 수 있는 방안도 함께 고려한다.
위반 시 절차 이행	• 위반사항이 발생한 경우, 상벌 규정에 따른 조치를 수행하고 그 결과를 기록한다. • 필요한 경우 전사 공지 또는 교육 사례로 활용한다.

4) 결함사례

위반자 처리 규정 부재	정보보호 및 개인정보보호 관련 규정을 위반한 자에 대한 처리 기준과 절차가 내부 규정에 전혀 포함되어 있지 않은 경우
위반 후속조치 미이행	보안시스템을 통해 정책 위반이 탐지되었음에도 불구하고, 관련자에 대한 소명 요구, 추가 조사, 징계 등의 내부 규정상 후속 조치가 이행되지 않은 경우

⑩ K 은행은 내부 직원의 개인정보보호 관련 규정 위반 사례가 발견되었으나, 이를 처리하기 위한 내부 규정과 처리기준이 전혀 마련되어 있지 않았다. 보안시스템은 위반 행위를 탐지했음에도 불구하고, 관련자에 대한 소명 요구, 추가 조사, 징계 등 후속 조치가 미흡하여 동일한 위반 사례가 반복 발생하는 문제가 있었다. 이에 내부 감사와 외부 감사 과정에서 심각한 지적을 받았으며, 은행 경영진은 개인정보보호 체계의 미비점 개선을 위한 긴급 대책 마련을 추진하고 있다.

SECTION

03 외부자 보안

출제빈도 상 중 하
반복학습 1 2 3

빈출 태그 외부자 현황 관리 • 외부자 계약 시 보안 • 외부자 보안 이행 관리 • 외부자 계약 변경 및 만료 시 보안

01 외부자 현황 관리

인증기준	확인사항	세부설명	증거자료	결함사례
업무의 일부(개인정보취급, 정보보호, 정보시스템 운영, 개발)를 외부에 위탁하거나 외부의 시설 또는 서비스(집적정보통신시설, 클라우드 서비스, 애플리케이션 서비스 등)를 이용하는 경우 그 현황을 식별하고 법적 요구사항 및 외부 조직·서비스로부터 발생되는 위험 파악 적절한 보호대책 마련	• 관리체계 범위 내에서 발생하는 모든 업무 위탁 및 외부 시설·서비스 이용 현황 식별 • 외부 위탁 및 서비스 이용에 따른 법적 요구사항과 위험 요소 파악, 이에 대응하기 위한 적절한 보호대책 마련	• 관리체계 범위 내에서 수행 중인 업무 위탁, 외부 시설 및 외부 서비스 이용 현황을 명확히 식별, 보안상 위험 요소 사전 파악·관리 • 위탁 및 외부 서비스 이용에 대한 목록 작성, 수탁자명, 위탁 업무 내용, 담당부서 및 담당자, 계약 기간, 보안 점검 여부 등 관리 항목을 포함해 주기적 업데이트	• 외부 위탁 및 외부 시설·서비스 현황 • 외부 위탁 계약서 • 위험분석 보고서 및 보호대책 • 위탁 보안관리 지침, 체크리스트 등	• 내부 규정에 따라 외부 위탁 및 외부 시설·서비스 현황을 목록으로 관리하고 있으나, 몇 개월 전에 변경된 위탁업체가 목록에 반영되어 있지 않은 등 현행화 관리가 미흡한 경우 • 관리체계 범위 내 일부 개인정보처리시스템을 외부 클라우드 서비스로 이전하였으나, 이에 대한 식별 및 위험평가가 수행되지 않은 경우

▲ 외부자 현황 관리 핵심정리

1) 인증기준

업무의 일부(개인정보취급, 정보보호, 정보시스템 운영 또는 개발 등)를 외부에 위탁하거나 외부의 시설 또는 서비스(집적정보통신시설, 클라우드 서비스, 애플리케이션 서비스 등)를 이용하는 경우 그 현황을 식별하고, 법적 요구사항 및 외부 조직·서비스로부터 발생되는 위험을 파악하여 적절한 보호대책을 마련하여야 한다.

목적	• 조직 내 위탁 및 외부서비스 이용 현황을 명확히 식별 • 관련 법적 요구사항 및 위험요소 파악을 통해 리스크를 사전에 차단 • 외부 의존 업무에 대한 통제와 보호대책 마련으로 정보보호 수준을 향상
주요 사항	• 관리체계 범위 내 위탁업무 및 외부 서비스 이용 현황을 식별 • 법적 요구사항 및 관련 위험요소를 목록화 • 위협요소에 따른 보호대책 수립 및 대응 조치 계획을 수립 • 관련 대응 활동 문서화 및 주기적 점검을 수행

주요 결과	• 위탁 및 외부 서비스 목록 및 현황 문서 • 법적 요구사항 및 리스크 대응 계획서 • 보호대책 이행 이력 및 점검 결과 보고서
기대 효과	• 위탁 및 외부 서비스에 따른 보안 리스크의 최소화 • 법적 준수 기반 마련 및 대외 감사 대응력의 강화 • 외부자산 통제 기반의 관리체계 신뢰성 확보

2) 확인사항

위탁 및 외부 서비스 식별	관리체계 범위 내에서 발생하는 모든 업무 위탁 및 외부 시설 · 서비스 이용 현황을 식별하고 있어야 한다.
법적 요구사항 및 위험 대응	외부 위탁 및 서비스 이용에 따른 법적 요구사항과 위험 요소를 파악하고, 이에 대응하기 위한 적절한 보호대책을 마련해야 한다.

3) 주요 내용

위탁 및 외부 이용 식별	• 관리체계 범위 내에서 수행 중인 업무 위탁, 외부 시설 및 외부 서비스 이용 현황을 명확히 식별해야 한다. • 보안상 위험 요소를 사전에 파악 · 관리해야 한다.
위탁/이용 현황 목록화	• 위탁 및 외부 서비스 이용에 대한 목록을 작성한다. • 수탁자명, 위탁 업무 내용, 담당부서 및 담당자 등 관리 항목을 포함해 주기적으로 업데이트해야 한다.
위탁 형태 식별	정보시스템 개발 · 운영, 보안관제, 개인정보 처리 대행, 클라우드 및 ASP 등 다양한 외부 위탁과 서비스 이용 형태를 구분하고 체계적으로 파악해야 한다.
법적 요구사항 확인	• 위탁 또는 외부 이용이 개인정보 처리 위탁, 국외 이전에 해당되는지 확인한다. • 개인정보 보호법, 정보통신망법 등 관련 법령에 따라 법적 요구사항을 파악한다.
위험평가 및 보호대책	• 위탁 및 외부 서비스 이용에 따른 위험을 식별 · 평가한다. • 고위험 수탁자에 대해서는 점검주기 및 항목을 조정하여 집중 점검을 수행하는 등 맞춤형 보호대책을 수립 · 이행해야 한다.

4) 결함사례

위탁현황 목록 미현행화	외부 위탁 및 시설 · 서비스 현황을 목록으로 관리하고 있으나, 최근 변경된 위탁업체가 반영되지 않아 현행화가 미흡한 경우
위험평가 미수행	개인정보처리시스템을 외부 클라우드 서비스로 이전했음에도 불구하고, 해당 외부 서비스에 대한 식별 및 위험평가가 수행되지 않은 경우

예 H 증권사는 최근 외부 클라우드 서비스로 개인정보처리시스템을 이전하였으나, 변경된 위탁업체 및 서비스 현황을 목록에 반영하지 않아 현황 관리가 부실하였다. 또한 외부 클라우드 서비스에 대한 식별 및 위험평가가 제대로 수행되지 않아 보안 취약점에 노출된 상태였다.

이로 인해 내부 정보보호 감사에서 관련 관리 미흡 사항이 발견되었고, 위험 관리 체계 전반에 대한 재점검 및 개선 요구가 제기되었다. 특히, 위탁 현황 미반영으로 인해 데이터 유출 가능성이 높아져 고객 신뢰도 저하에 대한 우려가 커졌다.

ⓔ 국내 지방자치단체인 M 시청은 전년도에 정보보호 및 개인정보보호 교육 계획을 수립했으나, 올해에는 별다른 사유 없이 교육 계획을 마련하지 않았다. 이에 따라 직원별로 교육 주기나 내용이 불명확했으며, 직무별 필요한 맞춤형 교육도 반영되지 않아 담당자들의 역량 강화가 저해되었다.

특히 청소용역, 경비원 등 외주 직원들은 교육 대상에서 누락되어 개인정보 보호 의식이 낮았다. 또한 시행된 교육에 대한 출석부, 평가 설문지, 결과 보고서 등의 기록도 일부 미비해 실제 교육 효과 검증이 어려운 상태였다. 미이수자에 대해서도 별도의 관리나 추가 교육 계획이 부재해 보완책 마련이 시급한 실정이다. 이러한 교육 관리 부실은 개인정보 유출 사고 발생 시 신속한 대응과 책임 소재 규명에 어려움을 초래할 위험이 크다.

05 퇴직 및 직무변경 관리

인증기준	확인사항	세부설명	증거자료	결함사례
퇴직 및 직무변경 시 인사 · 정보보호 · 개인정보보호 · IT 등 관련 부서별 이행이 필요한 자산반납, 계정 및 접근권한 회수 · 조정, 결과확인 등 절차 수립 · 관리	• 퇴직, 직무변경, 부서이동, 휴직 등 인사변경 사항이 인사부서, 정보보호/개인정보보호 부서, 시스템 운영 부서 간에 적시에 공유 • 임직원 · 임시직원 · 외주직원의 퇴직 또는 직무 변경 시 정보자산 반납, 접근권한 회수 및 조정, 결과확인 등의 절차를 수립하고 지체 없이 이행	• 퇴직, 직무변경, 부서이동, 휴직 등의 인사변경 정보는 인사부서, 정보보호부서, 개인정보보호부서, 시스템 운영부서 등 관련 부서 간에 신속히 공유될 수 있도록 연계 절차 수립 · 이행 • 인사 시스템과 정보처리 시스템 간 연동을 통해 실시간 또는 일배치방식으로 계정정보 동기화, 협력업체 인원에 대해서는 통합 계정 관리시스템을 통해 각 시스템과 계정 연동 · 관리	• 퇴직 및 직무변경 절차서 • 퇴직 시 자산 반납관리대장	• 개인정보취급자에서 제외된 인력의 계정 및 권한이 개인정보처리시스템에 그대로 남아 있는 경우 • 최근 퇴직한 주요 직무자 및 개인정보취급자에 대해 자산 반납, 권한 회수 등의 퇴직질차 이행 기록이 존재하지 않는 경우

▲ 퇴직 및 직무변경 관리 핵심정리

1) 인증기준

퇴직 및 직무변경 시 인사 · 정보보호 · 개인정보보호 · IT 등 관련 부서별 이행하여야 할 자산반납, 계정 및 접근권한 회수 · 조정, 결과확인 등의 절차를 수립 · 관리하여야 한다.

목적	• 인사 변경 시 관련 부서 간 정보 공유를 통한 조치 누락 방지 • 퇴직자 · 직무 변경자의 정보자산 반납 및 접근권한 회수를 통해 보안 사고를 예방 • 제반 절차의 체계적 수행을 통한 책임소재 명확화 및 업무 연속성 확보
주요 사항	• 인사변경 발생 시 관련 내용을 보호부서 및 시스템 운영부서와 공유 • 퇴직자 및 직무변경자의 정보자산 반납 및 접근권한 회수 절차를 수립 • 회수 및 조정 결과 확인 및 기록을 유지 • 해당 절차의 누락 방지를 위한 체크리스트 또는 자동 통보 체계 운영

주요 결과	• 인사변경 시점별 공유 내역 및 통보 이력 확보 • 정보자산 회수 및 접근권한 제거 결과 보고서 • 관련자별 업무 인계 및 권한조정 이행 증빙자료
기대 효과	• 인사변동에 따른 정보보안 공백 최소화 • 불필요한 접근권한 지속 보유에 따른 내부자 위협을 차단 • 퇴직자 · 변경자 관리의 투명성 및 보안관리체계의 완성도 제고

2) 확인사항

인사변경 정보 공유	퇴직, 직무변경, 부서이동, 휴직 등 인사 변경 사항이 인사부서, 정보보호/개인정보보호 부서, 시스템 운영 부서 간에 적시에 공유해야 한다.
퇴직 및 직무변경 시 통제	임직원 · 임시직원 · 외주직원의 퇴직 또는 직무 변경 시 정보자산 반납, 접근권한 회수 및 조정, 결과 확인 등의 절차를 수립하고 지체 없이 이행하고 있는지를 점검해야 한다.

3) 주요 내용

인사정보 공유 절차	인사 변경 관련 정보는,관련 부서 간에 신속히 공유될 수 있도록 연계 절차를 수립 · 이행해야 한다.
시스템 간 연계	• 인사 시스템과 정보처리 시스템 간 연동을 통해 실시간 또는 일배치방식으로 계정 정보를 동기화한다. • 협력업체 인원에 대해서는 통합 계정 관리시스템을 통해 각 시스템과 계정을 연동 및 관리해야 한다.
퇴직 및 이동자 처리	• 퇴직 및 직무 이동 시 출입증과 정보자산을 즉시 반납하게 하고, 계정을 삭제 혹은 잠금처리한다. • 접근 권한을 회수 또는 조정하는 절차를 수립 · 이행해야 하며, 보안점검도 함께 수행해야 한다.
계정 보안 조치	계정을 불가피하게 공유하여 사용한 경우, 해당 계정의 비밀번호는 즉시 변경하여 보안을 강화해야 한다.
절차 이행 검토	퇴직 절차와 정보자산 회수 절차의 이행 여부를 정기적으로 검토하고, 관련 기록을 보존하여 절차의 적정성과 이행성을 확인한다.

4) 결함사례

직무 변경 후 권한 미회수	개인정보취급자에서 제외된 인력의 계정 및 권한이 개인정보처리시스템에 그대로 남아 있는 경우
퇴직 절차 미이행	최근 퇴직한 주요 직무자 및 개인정보취급자에 대해 자산 반납, 권한 회수 등의 퇴직 절차 이행 기록이 존재하지 않는 경우
퇴직 보안점검 누락	자산반납은 수행하였으나, 인사규정에 명시된 퇴직자 보안점검 및 퇴직확인서 작성을 누락한 경우
일부 권한 회수 누락	개인정보취급자의 개인정보처리시스템 접근 권한은 회수했으나, 출입통제 시스템, VPN 등 다른 시스템의 권한 회수가 누락된 경우

예 S 병원은 개인정보처리자의 퇴직 절차가 미흡해 최근 퇴직한 의료진 및 행정직원들의 정보시스템 접근 권한 회수가 지연되었다. 일부 퇴직자의 계정은 여전히 의료정보 시스템에 남아 있었으며, 출입통제 시스템과 VPN 권한 회수도 누락된 경우가 발견되었다.

병원은 자산 반납을 진행했으나, 퇴직확인서 및 보안 점검 절차 문서 작성이 제대로 이루어지지 않아 보안 관리에 허점이 발생하였다. 이로 인해 퇴직자의 불필요한 접근으로 인한 개인정보 유출 위험이 커졌으며, 내부 감사에서도 심각한 문제점으로 지적되었다.

06 보안 위반 시 조치

인증기준	확인사항	세부설명	증거자료	결함사례
임직원 및 관련 외부자가 법령, 규제 및 내부정책을 위반한 경우 이에 따른 조치 절차를 수립·이행	• 신규 인력 채용 시 정보보호 및 개인정보보호 책임이 명시된 정보보호 및 개인정보보호 서약서 징구 • 임시·외주용역직원 등 외부자에게 정보자산 접근권한을 부여할 경우 정보보호 및 개인정보보호 책임, 비밀유지 의무 등이 명시된 서약서 징구	• 신규 인력을 채용할 때 정보보호 및 개인정보보호 책임이 명시된 서약서를 받아야 하며, 책임, 정책 준수, 비밀 유지 의무 등에 명확히 서약. 고용 조건 변경 시 서약서 재작성 등 조치 수행 • 임직원 퇴직 시, 정보유출 방지와 법적 책임 고지를 위해 비밀 유지 서약서를 받아야 하며, 퇴직 절차에 포함	• 인사 규정(규정 위반 처벌규정) • 정보보호 및 개인정보보호 지침 위반자 징계 내역 • 사고 사례(전사 공지, 교육 내용)	• (개인)정보보호 규정 위반자에 대한 처리 기준 및 절차가 내부 규정에 전혀 포함되어 있지 않은 경우 • 보안시스템을 통하여 정책 위반이 탐지된 관련자에게 경고 메시지를 전달하고 있으나, 이에 대한 소명 및 추가 조사, 징계 처분 등 내부 규정에 따른 후속 조치가 이행되고 있지 않은 경우

▲ 보안 위반 시 조치 핵심정리

1) 인증기준

임직원 및 관련 외부자가 법령, 규제 및 내부정책을 위반한 경우 이에 따른 조치 절차를 수립·이행하여야 한다.

목적	• 인사 변경 시 관련 부서 간 정보 공유를 통한 조치 누락 방지 • 퇴직자·직무 변경자의 정보자산 반납 및 접근권한의 회수를 통한 보안 사고 예방 • 제반 절차의 체계적 수행을 통한 책임소재 명확화 및 업무 연속성의 확보
주요 사항	• 인사변경 발생 시 관련 내용을 보호부서 및 시스템 운영부서와 공유 • 퇴직자 및 직무변경자의 정보자산 반납 및 접근권한 회수 절차 수립 • 회수 및 조정 결과 확인 및 기록 유지 • 해당 절차의 누락 방지를 위한 체크리스트 또는 자동 통보 체계 운영
주요 결과	• 인사변경 시점별 공유 내역 및 통보 이력의 확보 • 정보자산 회수 및 접근권한 제거 결과 보고서 • 관련자별 업무 인계 및 권한조정 이행 증빙자료
기대 효과	• 인사변동에 따른 정보보안 공백의 최소화 • 불필요한 접근권한 지속 보유에 따른 내부자 위협 차단 • 퇴직자·변경자 관리의 투명성 및 보안관리체계의 완성도 제고

2) 확인사항

위반 시 처벌 규정 수립	임직원 및 관련 외부자가 법령, 규제, 내부정책에 따른 정보보호 및 개인정보보호 책임과 의무를 위반한 경우를 대비해 처관련 처벌 규정을 수립해야 한다.
위반사항 처리 절차 이행	정보보호 및 개인정보보호 위반 사항이 적발되었을 때 내부 절차에 따라 적절한 조치를 신속하고 정확하게 수행하고 있는지를 점검해야 한다.

3) 주요 내용

처벌 규정 수립	• 임직원 및 관련 외부자가 법령, 규제 또는 내부정책에 따른 정보보호 및 개인정보보호 책임을 위반한 경우를 대비해야 한다. • 조사, 소명, 징계 등 처벌 규정을 수립해야 한다. • 위반 행위에는 법규 미준수, 책임 미이행, 정보 유출, 오·남용 등이 포함된다.
보상 기준 마련	정보보호 및 개인정보보호 책임과 의무를 충실히 이행한 자에 대해서는 보상 또는 포상할 수 있는 방안도 함께 고려한다.
위반 시 절차 이행	• 위반사항이 발생한 경우, 상벌 규정에 따른 조치를 수행하고 그 결과를 기록한다. • 필요한 경우 전사 공지 또는 교육 사례로 활용한다.

4) 결함사례

위반자 처리 규정 부재	정보보호 및 개인정보보호 관련 규정을 위반한 자에 대한 처리 기준과 절차가 내부 규정에 전혀 포함되어 있지 않은 경우
위반 후속조치 미이행	보안시스템을 통해 정책 위반이 탐지되었음에도 불구하고, 관련자에 대한 소명 요구, 추가 조사, 징계 등의 내부 규정상 후속 조치가 이행되지 않은 경우

예 K 은행은 내부 직원의 개인정보보호 관련 규정 위반 사례가 발견되었으나, 이를 처리하기 위한 내부 규정과 처리기준이 전혀 마련되어 있지 않았다. 보안시스템은 위반 행위를 탐지했음에도 불구하고, 관련자에 대한 소명 요구, 추가 조사, 징계 등 후속 조치가 미흡하여 동일한 위반 사례가 반복 발생하는 문제가 있었다. 이에 내부 감사와 외부 감사 과정에서 심각한 지적을 받았으며, 은행 경영진은 개인정보보호 체계의 미비점 개선을 위한 긴급 대책 마련을 추진하고 있다.

01 외부자 현황 관리

인증기준	확인사항	세부설명	증거자료	결함사례
업무의 일부(개인정보 취급, 정보보호, 정보시스템 운영, 개발)를 외부에 위탁하거나 외부의 시설 또는 서비스(집적정보통신시설, 클라우드 서비스, 애플리케이션 서비스 등)를 이용하는 경우 그 현황을 식별하고 법적 요구사항 및 외부 조직·서비스로부터 발생되는 위험 파악 적절한 보호대책 마련	• 관리체계 범위 내에서 발생하는 모든 업무 위탁 및 외부 시설·서비스 이용 현황 식별 • 외부 위탁 및 서비스 이용에 따른 법적 요구사항과 위험 요소 파악, 이에 대응하기 위한 적절한 보호대책 마련	• 관리체계 범위 내에서 수행 중인 업무 위탁, 외부 시설 및 외부 서비스 이용 현황을 명확히 식별, 보안상 위험 요소 사전 파악·관리 • 위탁 및 외부 서비스 이용에 대한 목록 작성, 수탁자명, 위탁업무 내용, 담당부서 및 담당자, 계약 기간, 보안 점검 여부 등 관리 항목을 포함해 주기적 업데이트	• 외부 위탁 및 외부 시설·서비스 현황 • 외부 위탁 계약서 • 위험분석 보고서 및 보호대책 • 위탁 보안관리 지침, 체크리스트 등	• 내부 규정에 따라 외부 위탁 및 외부 시설·서비스 현황을 목록으로 관리하고 있으나, 몇 개월 전에 변경된 위탁업체가 목록에 반영되어 있지 않은 등 현행화 관리가 미흡한 경우 • 관리체계 범위 내 일부 개인정보처리시스템을 외부 클라우드 서비스로 이전하였으나, 이에 대한 식별 및 위험평가가 수행되지 않은 경우

▲ 외부자 현황 관리 핵심정리

1) 인증기준

업무의 일부(개인정보취급, 정보보호, 정보시스템 운영 또는 개발 등)를 외부에 위탁하거나 외부의 시설 또는 서비스(집적정보통신시설, 클라우드 서비스, 애플리케이션 서비스 등)를 이용하는 경우 그 현황을 식별하고, 법적 요구사항 및 외부 조직·서비스로부터 발생되는 위험을 파악하여 적절한 보호대책을 마련하여야 한다.

목적	• 조직 내 위탁 및 외부서비스 이용 현황을 명확히 식별 • 관련 법적 요구사항 및 위험요소 파악을 통해 리스크를 사전에 차단 • 외부 의존 업무에 대한 통제와 보호대책 마련으로 정보보호 수준을 향상
주요 사항	• 관리체계 범위 내 위탁업무 및 외부 서비스 이용 현황을 식별 • 법적 요구사항 및 관련 위험요소를 목록화 • 위협요소에 따른 보호대책 수립 및 대응 조치 계획을 수립 • 관련 대응 활동 문서화 및 주기적 점검을 수행

주요 결과	• 위탁 및 외부 서비스 목록 및 현황 문서 • 법적 요구사항 및 리스크 대응 계획서 • 보호대책 이행 이력 및 점검 결과 보고서
기대 효과	• 위탁 및 외부 서비스에 따른 보안 리스크의 최소화 • 법적 준수 기반 마련 및 대외 감사 대응력의 강화 • 외부자산 통제 기반의 관리체계 신뢰성 확보

2) 확인사항

위탁 및 외부 서비스 식별	관리체계 범위 내에서 발생하는 모든 업무 위탁 및 외부 시설·서비스 이용 현황을 식별하고 있어야 한다.
법적 요구사항 및 위험 대응	외부 위탁 및 서비스 이용에 따른 법적 요구사항과 위험 요소를 파악하고, 이에 대응하기 위한 적절한 보호대책을 마련해야 한다.

3) 주요 내용

위탁 및 외부 이용 식별	• 관리체계 범위 내에서 수행 중인 업무 위탁, 외부 시설 및 외부 서비스 이용 현황을 명확히 식별해야 한다. • 보안상 위험 요소를 사전에 파악·관리해야 한다.
위탁/이용 현황 목록화	• 위탁 및 외부 서비스 이용에 대한 목록을 작성한다. • 수탁자명, 위탁 업무 내용, 담당부서 및 담당자 등 관리 항목을 포함해 주기적으로 업데이트해야 한다.
위탁 형태 식별	정보시스템 개발·운영, 보안관제, 개인정보 처리 대행, 클라우드 및 ASP 등 다양한 외부 위탁과 서비스 이용 형태를 구분하고 체계적으로 파악해야 한다.
법적 요구사항 확인	• 위탁 또는 외부 이용이 개인정보 처리 위탁, 국외 이전에 해당되는지 확인한다. • 개인정보 보호법, 정보통신망법 등 관련 법령에 따라 법적 요구사항을 파악한다.
위험평가 및 보호대책	• 위탁 및 외부 서비스 이용에 따른 위험을 식별·평가한다. • 고위험 수탁자에 대해서는 점검주기 및 항목을 조정하여 집중 점검을 수행하는 등 맞춤형 보호대책을 수립·이행해야 한다.

4) 결함사례

위탁현황 목록 미현행화	외부 위탁 및 시설·서비스 현황을 목록으로 관리하고 있으나, 최근 변경된 위탁업체가 반영되지 않아 현행화가 미흡한 경우
위험평가 미수행	개인정보처리시스템을 외부 클라우드 서비스로 이전했음에도 불구하고, 해당 외부 서비스에 대한 식별 및 위험평가가 수행되지 않은 경우

❿ H 증권사는 최근 외부 클라우드 서비스로 개인정보처리시스템을 이전하였으나, 변경된 위탁업체 및 서비스 현황을 목록에 반영하지 않아 현황 관리가 부실하였다. 또한 외부 클라우드 서비스에 대한 식별 및 위험평가가 제대로 수행되지 않아 보안 취약점에 노출된 상태였다.

이로 인해 내부 정보보호 감사에서 관련 관리 미흡 사항이 발견되었고, 위험 관리 체계 전반에 대한 재점검 및 개선 요구가 제기되었다. 특히, 위탁 현황 미반영으로 인해 데이터 유출 가능성이 높아져 고객 신뢰도 저하에 대한 우려가 커졌다.

⑫ 외부자 계약 시 보안

인증기준	확인사항	세부설명	증거자료	결함사례
외부 서비스를 이용하거나 외부자에게 업무를 위탁하는 경우 이에 따른 정보보호 및 개인정보보호 요구사항을 식별하고, 관련 내용을 계약서 또는 협정서 등에 명시	• 중요정보 및 개인정보 처리와 관련된 외부 서비스 및 위탁 업체 선정 시 정보보호 및 개인정보 보호 역량을 고려하도록 절차 마련 • 외부 서비스 이용 및 업무 위탁에 따른 (개인)정보보호 요구사항 식별, 계약서 또는 협정서에 명시	• 주요정보 및 개인정보를 처리하는 외부 위탁 및 서비스 업체 선정 시, 정보보호 및 개인정보보호 역량을 고려한 제안요청서(RFP) 및 제안 평가항목에 해당 요건 반영 • 외부자와 계약 시 법률 준수, 서약서 제출, 보안 교육, 점검, 정보 유출 방지, 접근 제한, 물리적 보호조치, 접근권한 통제, 재위탁 제한, 보안사고 보고 및 책임 규정 등 보안 요구사항 명시	• 위탁 계약서 • 정보보호 및 개인정보보호 협약서(약정서, 부속합의서) • 위탁 관련 내부 지침 • 위탁업체 선정 관련 RFP(제안요청서), 평가표	• IT 운영, 개발 및 개인정보 처리업무를 위탁하는 외주용역업체에 대한 위탁계약서가 존재하지 않는 경우 • 개인정보 처리업무를 위탁하는 외부업체와의 위탁계약서상에 개인정보 보호법 등 법령에서 요구하는 일부 항목이 포함되어 있지 않은 경우

▲ 외부자 계약 시 보안 핵심정리

1) 인증기준

외부 서비스를 이용하거나 외부자에게 업무를 위탁하는 경우 이에 따른 정보보호 및 개인정보보호 요구사항을 식별하고, 관련 내용을 계약서 또는 협정서 등에 명시하여야 한다.

목적	• 위반 시 책임자 처벌 및 재발 방지를 위한 명확한 기준 수립 • 위반사항 발생 시 신속하고 정확한 조치로 정보보호 체계의 신뢰성 확보 • 임직원 및 외부자의 보안 준수 책임 강화
주요 사항	• 외부업체 선정 시 정보보호 및 개인정보보호 역량과 선정 절차를 검토 • 위탁 계약서 또는 협정서에 보호조치 사항 명시 여부를 점검 • 시스템 개발 등 외부 위탁 시, 개발 과정에서 준수해야 할 보호조치 명문화 여부를 확인
주요 결과	• 외부 위탁 관련 계약서에 정보보호 및 개인정보보호 요구사항의 반영 • 위탁 수행 주체에 대한 역할·책임의 구체화 • 시스템 개발 시 개발 단계별 보안 준수 항목 계약 내 포함
기대 효과	• 외부 위탁 과정에서의 정보 유출 및 사고 예방 • 법적·관리적 책임을 사전에 분담 및 통제 가능 • 보안이 반영된 시스템 개발과 서비스 운영 기반을 확보

2) 확인사항

외부 업체 선정 기준	중요정보 및 개인정보 처리를 위한 외부 서비스나 위탁 업체를 선정할 때, 정보보호 및 개인정보보호 역량을 고려한 절차를 마련해야 한다.
계약서 내 **보호요구사항 명시**	외부 서비스 이용 및 업무 위탁 시 발생 가능한 정보보호 및 개인정보보호 요구사항을 식별하고, 이를 계약서 또는 협정서에 명시해야 한다.
개발 위탁 시 **보호조치 명시**	정보시스템 또는 개인정보처리시스템 개발을 외부에 위탁할 경우, 개발 시 준수해야 할 정보보호 및 개인정보보호 요구사항을 계약서에 구체적으로 명시하고 있는지 확인해야 한다.

3) 주요 내용

외부 업체 선정 기준	주요정보 및 개인정보를 처리하는 외부 위탁 및 서비스 업체를 선정할 때, 정보보호 및 개인정보보호 역량을 고려하여 제안요청서(RFP) 및 제안 평가항목에 해당 요건을 반영한다.
계약 시 보안 요구사항	외부자와 계약 시, 법률 준수, 서약서 제출, 정보 유출 방지, 재위탁제한, 보안사고 보고 및 책임 규정 등 보안 요구사항을 명시한다.
개인정보 위탁 계약 요건	개인정보 보호법 및 시행령에 따라, 개인정보의 목적 외 처리 금지, 보호조치 등 위탁계약서에 포함해야 할 법적 필수 항목을 반영한다.
시스템 개발 위탁 시 보안	정보시스템 또는 개인정보처리시스템을 외부에 개발 위탁할 경우, 법적 요구사항 준수, 안전한 코딩, 비밀유지 의무, 위반 시 책임 및 손해배상 조항을 계약서에 명시한다.

4) 결함사례

위탁계약서 미작성	IT 운영, 개발, 개인정보 처리 업무를 수행하는 외주용역업체에 대해 위탁계약서를 작성하지 않은 경우
계약서 법적 항목 누락	개인정보 처리 위탁계약서에 관리 · 감독 등 개인정보보호법상 필수 항목이 누락된 경우
계약서 보안요구 미반영	인프라 운영 및 개인정보 처리업무를 외부에 위탁하면서 계약서에 해당 업무 특성에 따른 보안 요구사항은 반영하지 않고, 단순한 비밀유지 및 손해배상 조항만 포함한 경우

예 글로벌 게임사인 X사는 게임 서비스 운영과 개인정보 처리 업무를 다수의 외주 업체에 위탁하고 있다. 그러나 외주 업체와의 위탁계약서를 체결하지 않거나, 체결 시 개인정보 보호법에서 요구하는 필수 항목을 누락한 계약서를 사용하여 관리 · 감독이 제대로 이루어지지 않고 있다.

또한 계약서에는 단순 비밀유지 조항과 손해배상 조항만 포함되어 있어 보안 요구사항이 전혀 반영되지 않았다. 이로 인해 외부 업체 직원의 개인정보 오남용 가능성이 제기되었으며, 내부 감사에서 심각한 법적 · 관리적 위험으로 지적되었다.

03 외부자 보안 이행 관리

인증기준	확인사항	세부설명	증거자료	결함사례
계약서, 협정서, 내부 정책에 명시된 정보보호 및 개인정보보호 요구사항에 따라 외부자의 보호대책 이행 여부를 주기적인 점검 또는 감사 등 관리·감독	• 외부자가 계약서, 협정서, 내부정책에 명시된 정보보호 및 개인정보보호 요구사항을 준수하는지 주기적으로 점검 또는 감사 수행 • 외부자에 대한 점검 또는 감사에서 문제점이 발견된 경우, 이에 대한 개선계획을 수립 및 이행	• 외부자가 계약서, 협정서, 내부 정책에 명시된 정보보호 및 개인정보보호 요구사항을 준수하는지 정기적·수시 점검 및 감사 수행 • 업무 시작 전, 진행 중, 종료 시점에 점검이 필요, 수탁자의 보안 역량 및 정보 민감도를 고려해 주기·방법 설정	• 외부자 및 수탁자 보안점검 결과 • 외부자 및 수탁자 교육 내역(교육 결과, 참석자 명단, 교육교재 등) • 개인정보 위탁 계약서	• 회사 내에 상주하여 IT 개발 및 운영 업무를 수행하는 외주업체에 대해서는 정기적으로 보안점검을 수행하고 있지 않은 경우 • 개인정보 수탁자에 대하여 보안교육을 실시하라는 공문을 발송하고 있으나, 교육 수행 여부를 확인하고 있지 않은 경우

▲ 외부자 보안 이행 관리 핵심정리

1) 인증기준

계약서, 협정서, 내부정책에 명시된 정보보호 및 개인정보보호 요구사항에 따라 외부자의 보호대책 이행 여부를 주기적인 점검 또는 감사 등을 통해 관리·감독하여야 한다.

목적	외부 위탁자 및 수탁자의 개인정보보호 요구사항 준수 여부 확인 및 재위탁 관리 강화
주요 사항	• 외부자가 계약시, 협정서, 내부 정책의 정보보호 및 개인정보보호 요구사항을 준수하고 있는지 전기저으로 점검·감사 • 점검 결과 문제점이 발견되면 개선계획을 수립하고 이행 여부 확인 • 개인정보 처리 수탁자가 제3자에게 재위탁할 경우, 사전 동의 여부를 점검
주요 결과	• 외부자에 대한 점검 결과 및 개선계획 이행 내역 확보 • 재위탁 시 위탁자의 사전 동의 절차 문서화
기대 효과	• 개인정보 보호 요구사항의 위반 위험 감소 • 위탁 관리의 신뢰성과 책임성 강화 • 재위탁에 따른 무단 유출 또는 법적 분쟁 위험 사전 차단

2) 확인사항

외부자 준수사항 점검	외부자가 계약서, 협정서, 내부 정책 등에 명시된 정보보호 및 개인정보보호 요구사항을 준수하고 있는지를 정기적으로 점검·감사해야 한다.
외부자 문제 개선조치	외부자에 대한 점검 또는 감사에서 문제점이 발견된 경우, 이에 대한 개선계획을 수립하고 실제로 이행하고 있는지 확인해야 한다.
수탁자의 재위탁 관리	개인정보 처리업무 수탁자가 해당 업무를 제3자에게 재위탁하는 경우, 위탁자의 사전 동의를 받도록 관리하고 있는지 점검해야 한다.

3) 주요 내용

외부자 보안 점검	• 외부자가 정보보호 및 개인정보보호 요구사항을 준수하고 있는지 정기적 또는 수시로 점검 및 감사를 수행한다. • 업무 시작 전, 진행 중, 종료 시점에 점검이 필요하며, 수탁자의 보안 역량 및 정보 민감도를 고려해 주기와 방법을 정한다.
문제점 개선	• 외부자 점검 또는 감사 결과 확인된 문제점에 대해서는 개선 방안을 수립한다. • 재발 방지 대책까지 포함해 이행해야 하며, 이행 완료 여부에 대한 후속 점검도 수행해야 한다.
재위탁 통제	개인정보 처리 수탁자가 해당 업무를 제3자에게 재위탁하려는 경우, 반드시 위탁자의 동의를 받아야 하며, 재수탁자에게도 수탁자와 동일한 수준의 기술적·관리적 보호조치를 적용하고 이를 관리·감독해야 한다.

4) 결함사례

외주업체 보안점검 미실시	회사 내에서 IT 개발 및 운영 업무를 수행하는 외주업체에 대해 정기적인 보안점검을 수행하지 않고 있는 경우
교육이행 미확인	개인정보 수탁자에게 보안교육을 공문으로 안내했으나, 교육이 실제로 이행되었는지 확인하지 않은 경우
점검결과 검증 부재	수탁자가 자체 수행한 보안점검 결과에 대해 위탁자가 검증하는 절차가 없어 점검 결과의 신뢰성이 떨어지는 경우
재위탁 동의 미준수	개인정보 처리업무를 수탁한 일부 업체가 위탁자의 사전 동의 없이 해당 업무를 제3자에게 재위탁한 경우
수탁자 관리 미흡	영리 목적의 광고성 정보전송 업무를 타인에게 위탁했으나, 수탁자에 대한 관리·감독을 수행하지 않은 경우

📵 국내 대형 유통회사 Y사는 다양한 마케팅 및 광고 관련 업무를 외부 수탁업체에 위탁하고 있다. 그러나 정기적인 보안점검을 수행하지 않고 있으며, 개인정보보호 관련 수탁자 교육도 공문 발송 후 이행 여부를 확인하지 않고 있다. 또한 수탁업체가 자체적으로 수행한 보안점검 결과에 대해 검증 절차가 없어 점검 신뢰성이 떨어지는 상황이다.

심지어 일부 수탁업체는 위탁자의 사전 동의 없이 광고 관련 업무를 다시 제3자에게 재위탁하여 개인정보 관리와 책임 소재가 불분명해졌다. 이로 인해 개인정보 유출 위험과 법적 책임 문제가 크게 대두되고 있다.

04 외부자 계약 변경 및 만료 시 보안

인증기준	확인사항	세부설명	증거자료	결함사례
외부자 계약만료, 업무 종료, 담당자 변경 시 제공한 정보자산 반납, 정보시스템 접근계정 삭제, 중요정보 파기, 업무 수행 중 취득정보의 비밀유지 확약서 징구 등 보호대책 이행	• 외부자 계약만료, 업무 종료, 담당자 변경 시 공식적인 절차에 따른 정보자산 반납, 정보시스템 접근계정 삭제, 비밀유지 확약서 징구 등이 이루어질 수 있도록 보안대책을 수립 · 이행 • 외부자 계약 만료 시 위탁 업무와 관련 외부자가 중요정보 및 개인정보를 보유하고 있는지 확인하고 이를 회수 · 파기할 수 있도록 절차를 수립 · 이행	• 외부자 계약만료, 업무 종료, 담당자 변경 시 정보자산 반납, 접근계정 삭제, 접근권한 회수, 공용 계정 비밀번호 변경, 출입권한 삭제, 비밀유지 확약서 징구 등이 공식 절차에 따라 수행될 수 있도록 보안대책을 수립 · 이행 • 외부자 관련 계약 종료나 인력 변경이 발생시 담당 조직이 신속하게 인지할 수 있는 정보공유체계 마련	• (개인)정보보호 서약서 • 비밀유지 확약서 • 정보 및 개인정보 파기 확약서	• 일부 정보시스템에서 계약이 종료된 외부자의 계정 및 권한이 삭제되지 않고 남아 있는 경우 • 외주용역사업 중 일부 업체 담당자가 교체 또는 퇴직했으나, 해당 인력에 대해 내부 규정에 따른 보안 서약서 징구 등의 조치가 미이행

▲ 외부자 계약 변경 및 만료시 보안 핵심정리

1) 인증기준

외부자 계약만료, 업무종료, 담당자 변경 시에는 제공한 정보자산 반납, 정보시스템 접근계정 삭제, 중요정보 파기, 업무 수행 중 취득정보의 비밀유지 확약서 징구 등의 보호대책을 이행하여야 한다.

목적	외부자 계약 종료 시 정보자산의 안전한 회수 및 파기를 통해 정보 유출 방지와 책임 있는 종료 관리 확보
주요 사항	• 계약 종료 또는 담당자 변경 시 정보 반납, 접근계정 삭제, 비밀유지 확약 이행 등 보안조치를 수행 • 외부자가 보유한 중요정보 및 개인정보의 존재 여부를 확인 • 관련 정보를 회수하거나 파기하는 절차 수립 및 이행 • 저장매체 및 전방위 매체 포함해 물리적 · 논리적 삭제 조치를 실시
주요 결과	• 외부자의 정보자산 반환 및 보안조치 이행 내역의 확보 • 중요정보 및 개인정보의 회수 또는 파기 완료 증적의 확보 • 저장매체 등 데이터 복구 불가능한 상태로 처리
기대 효과	• 외부자에 의한 정보 유출 및 위반 사고를 예방 • 계약 종료 후 책임 불분명 상황을 방지 • 조직의 정보보호 신뢰도 및 관리 성숙도의 향상

2) 확인사항

외부자 계약 종료 시 보안조치	외부자의 계약 만료, 업무 종료, 담당자 변경 시 공식 절차에 따라 정보자산 반납, 접근계정 삭제, 비밀유지 확약서 징구 등의 보안조치를 수립하고 이를 이행해야 한다.
외부자 보유정보 회수 및 파기	외부자 계약 만료 시 위탁 업무와 관련하여 외부자가 보유한 중요정보 및 개인정보의 존재 여부를 확인하고, 이를 회수하거나 파기할 수 있는 절차를 수립 · 이행해야 한다.

3) 주요 내용

계약 종료 대응	외부자 계약만료, 업무 종료, 담당자 변경 시 정보자산 반납, 접근계정 삭제 및 회수, 공용 계정 비밀번호 변경, 출입권한 삭제 등이 공식 절차에 따라 수행될 수 있도록 보안대책을 수립 · 이행한다.
정보 공유체계	외부자 관련 계약 종료나 인력이 변경되었을 경우 담당 조직이 신속하게 인지할 수 있는 정보공유 체계를 마련한다.
정보 회수 · 파기	• 외부자 계약 만료 시 위탁 업무와 관련된 중요정보 및 개인정보를 회수 · 파기 절차를 수립 및 이행한다. • 필요시 수탁자 사무실을 방문하거나 원격으로 파기하고 파기확약서를 징구한다.
저장매체 포함 삭제	정보시스템, 담당자 PC뿐 아니라 이메일 송수신함, 저장매체 등 모든 장치에 대해 정보가 복구되지 않도록 안전한 방식으로 삭제 조치를 수행한다.

4) 결함사례

계정 · 권한 미삭제	일부 정보시스템에서 계약이 종료된 외부자의 계정 및 권한이 삭제되지 않고 남아 있는 경우
퇴직자 보안조치 미이행	외주용역사업 중 일부 업체 담당자가 교체 또는 퇴직했으나, 해당 인력에 대해 내부 규정에 따른 보안서약서 징구 등의 조치가 미이행된 경우
개인정보 파기 미확인	개인정보 처리업무를 위탁한 업체와의 계약 종료 이후, 위탁업체가 보유하고 있던 개인정보를 파기하였는지 확인 또는 점검하지 않은 경우

예 A 증권사는 외부 IT 서비스업체와 계약하여 개인정보 처리 업무를 위탁하고 있다. 하지만 일부 계약이 종료된 외주자의 계정 및 권한이 삭제되지 않고 시스템에 잔존해 있어 내부 정보 유출 위험이 존재했다. 또한 퇴직한 외주 용역업체 담당자에 대해 내부 보안서약서 징구 등 보안조치가 미흡하여 퇴직 이후에도 접근 권한이 유지된 사례가 발견되었다. 위탁계약 종료 후에도 개인정보 파기 여부를 확인하거나 점검하는 절차가 없어 개인정보 보유 상태가 불투명해 법적 책임과 신뢰성 문제가 발생하였다.

정보보호 물리 · 기술적 위험대응

물리보안, 인증, 접근통제, 암호화와 관련된 용어 및 기본 개념을 이해하고 정보보호의 목적 및 특성을 기반으로 체계적인 정보보호 지식을 습득을 통해 보호대상의 선정 및 요구사항 파악을 통한 위험관리 계획 수립과정을 학습할 수 있다.

출제 빈도

SECTION 01	하	7%
SECTION 02	상	20%
SECTION 03	상	20%
SECTION 04	하	3%

SECTION

01 물리 보안

출제빈도 상 중 (하)
반복학습 1 2 3

빈출 태그 보호구역 지정 • 사용자 계정 관리 • 네트워크 접근 • 암호정책 적용

01 보호구역 지정

인증기준	확인사항	세부설명	증거자료	결함사례
물리적 · 환경적 위협으로부터 개인정보 및 중요정보, 문서, 저장매체, 주요 설비 및 시스템 등을 보호하기 위하여 통제구역 · 제한구역 · 접견구역 등 물리적 보호구역 지정, 구역별 보호대책 수립 · 이행	• 물리적 · 환경적 위협으로부터 개인정보, 중요정보, 문서, 저장매체, 설비 및 시스템을 보호하기 위해 통제구역, 제한구역, 접견구역 등의 지정기준 수립 • 수립된 지정기준에 따라 물리적 보호구역 지정, 각 구역에 적합한 보호대책 마련 · 실제 이행	• 주요 설비 및 시스템 등을 물리 · 환경적 위협으로부터 보호 위해 조직 환경에 맞는 물리적 보호구역 지정, 명확한 구분 기준 마련 • 접견구역 : 외부인 출입 가능 공간(예 접견실) • 제한구역 : 출입증이 필요한 구역(예 사무실) • 통제구역 : 최소 인원만 출입 가능, 추가 절차가 필요한 고보안구역(예 전산실, 관제실 등)	• 물리적 보안 지침(보호구역 지정 기준) • 보호구역 지정 현황 • 보호구역 표시 • 보호구역별 보호대책 현황	• 물리보안 지침에 따라 개인정보 보관시설은 통제구역으로 지정해야 하나, 멤버십 가입신청 서류가 보관된 문서고 등 일부 구역이 통제구역으로 지정되지 않은 경우 • 물리보안 지침상 통제구역에는 표지판 설치가 요구되지만, 일부 통제구역에 지정된 양식의 표지판이 설치되지 않은 경우

▲ 보호구역 지정 핵심정리

1) 인증기준

물리적 · 환경적 위협으로부터 개인정보 및 중요정보, 문서, 저장매체 등을 보호하기 위하여 통제구역 · 제한구역 · 접견구역 등 물리적 보호구역을 지정하고 구역별 보호대책을 수립 · 이행하여야 한다.

목적	• 개인정보, 중요정보, 문서 및 시스템을 물리적 · 환경적 위협으로부터 보호 • 보호구역 지정 및 적합한 보안대책 적용
주요 사항	• 접견구역, 제한구역, 통제구역 등 보호구역 지정 및 기준 수립 • 지정된 구역별로 출입통제 방식(ID카드, 생체인식 등) 적용 • 감시 장비와 절차를 통해 출입 행위 통제 및 영상감시 수행 • 통제구역에 대한 불법 접근 시도 차단, 정기적으로 이상 행위 점검
주요 결과	• 구역별 보호대책 수립 및 실행 이력의 확보 • 출입통제 및 감시 활동 로그의 확보 • 불법 접근 시도 탐지 및 차단 내역 기록

기대 효과	• 정보시스템 및 중요정보의 물리적 보안 수준의 향상 • 무단 접근 및 내부자 위협을 사전에 방지 • 개인정보 유출 및 침해사고 발생 가능성 최소화

2) 확인사항

물리적 보호구역 지정기준 수립	물리적 · 환경적 위협으로부터 개인정보, 문서, 저장매체, 설비 및 시스템을 보호하기 위해 통제구역, 제한구역, 접견구역 등의 지정기준을 수립해야 한다.
구역별 보호대책 이행	수립된 지정기준에 따라 물리적 보호구역을 지정하고, 각 구역별로 적절한 보호대책을 마련하고 이를 실제로 이행하고 있는지를 점검해야 한다.

3) 주요 내용

보호구역 기준 수립	개인정보, 저장매체, 주요 설비 및 시스템 등을 물리적 · 환경적 위협으로부터 보호하기 위해 조직 환경에 맞는 접견구역, 제한구역, 통제구역 등의 물리적 보호구역을 지정하고, 명확한 구분 기준을 마련해야 한다.
보호구역 유형 정의	• 접견구역 : 외부인 출입 가능 공간(예 접견실) • 제한구역 : 출입증이 필요한 구역(예 사무실) • 통제구역 : 최소 인원만 출입 가능하며 추가 절차가 필요한 고보안구역(예 전산실, 관제실 등)
구역별 보호대책 적용	• 지정된 보호구역에 따라 출입통제 방식(ID카드, 생체인식 등), 출입 절차, 영상감시 등 보안 대책을 수립 · 이행한다. • 특히 통제구역은 최소 인원만 출입하도록 하고, 출입 통제를 강화한다.
접근 시도 관리	• 통제구역의 경우, 해당 구역임을 명확히 표시하고 접근 시도를 원천적으로 차단한다. • 불법 접근 시도 여부를 주기적으로 점검하여 이상 행위를 사전에 예방한다.

4) 결함사례

통제구역 지정 누락	물리보안 지침에 따라 개인정보 보관시설은 통제구역으로 지정해야 하나, 멤버십 가입신청 서류가 보관된 문서고 등 일부 구역이 통제구역으로 지정되지 않은 경우
통제구역 표지 미설치	물리보안 지침상 통제구역에는 표지판 설치가 요구되지만, 일부 통제구역에 지정된 양식의 표지판이 설치되지 않은 경우

예 A 공공기관은 개인정보 보관시설을 관리하는 물리보안 체계를 운영하고 있다. 하지만 개인정보 보관 구역 중 멤버십 가입신청서류가 보관된 일부 구역이 통제구역으로 지정되지 않아 무단 접근 가능성이 있었다. 또한, 지정된 통제구역 내에 설치해야 할 표지판이 일부 누락되어 물리보안 기준 준수가 미흡한 상태였다. 이러한 상황은 개인정보 유출 위험을 높이고, 내부 감사 시 보안 관리 미비로 지적받는 문제로 이어졌다.

인증기준	확인사항	세부설명	증거자료	결함사례
보호구역은 인가된 사람만이 출입하도록 통제, 책임추적성을 확보할 수 있도록 출입 및 접근 이력 주기적 검토	• 보호구역은 정해진 출입절차에 따라 출입이 허가된 자만 출입하도록 통제 • 각 보호구역의 내·외부자 출입기록을 일정 기간 보존, 출입기록과 출입권한 주기적 검토	• 보호구역별로 허가된 자만 출입할 수 있도록 출입 가능한 부서, 직무, 업무 기준을 정의하고, 출입권한이 부여된 인원을 식별하여 현황을 관리. 통제구역은 최소 인원만 출입하도록 통제 • 비밀번호, ID카드, 생체정보 기반 등의 출입통제 장치 설치, 출입자 등록·삭제, 방문자·출입대장 관리 등 통제 절차를 수립·운영	• 출입 관리대장 및 출입로그 • 출입 등록 신청서 및 승인 내역 • 출입기록 검토서	• 통제구역 출입 임직원 관리는 하고 있으나, 출입기록을 주기적으로 검토하지 않아 퇴직자나 부서 이동자 등 장기 미출입자가 다수 포함된 경우 • 전산실이나 문서고 등 통제구역에 출입통제 장치가 설치되어 있음에도, 타당한 사유나 승인 없이 장시간 출입문이 개방되어 있는 경우

▲ 출입통제 핵심정리

1) 인증기준

보호구역은 인가된 사람만이 출입하도록 통제하고 책임추적성을 확보할 수 있도록 출입 및 접근 이력을 주기적으로 검토하여야 한다.

목적	• 보호구역 출입 통제를 통해 승인되지 않은 접근 방지 • 출입기록 및 권한 관리를 통해 정보자산의 안전성과 추적 가능성을 확보
주요 사항	• 보호구역별 허가자만 출입하도록 통제 기준 수립 • 내·외부자를 구분하여 출입 대상 식별 및 통제 • '출입신청 → 승인 → 권한 부여/회수 → 기록' 단계로 출입 절차 운영 • ID카드, 생체인식 등 출입통제 장치 운영 및 출입대장 작성 • 일정 기간동안 출입기록 문서 또는 전자 방식으로 보존 • 장기 미출입자, 퇴직자 등 출입권한 정기 점검 및 조정
주요 결과	• 출입자별 기록 및 권한 관리 이력의 확보 • 보존기한 내 정기 검토 및 이상징후 파악 • 출입 권한 오남용 예방 및 기록 누락의 방지
기대 효과	• 무단 출입 및 내부자 위협 감소 • 보호구역 접근에 대한 통제력 강화 • 출입 관련 사고 발생 시 신속한 추적과 대응이 가능

2) 확인사항

보호구역 출입통제	보호구역은 정해진 출입절차에 따라 출입이 허가된 자만 출입하도록 통제하고 있는지를 점검해야 한다.
출입기록 관리 및 검토	각 보호구역의 내·외부자 출입기록을 일정 기간 보존하고, 출입기록과 출입권한을 주기적으로 검토해야 한다.

3) 주요 내용

출입통제 절차 수립	• 보호구역별로 허가된 자만 출입할 수 있도록 출입 가능한 부서, 직무, 업무 기준을 정의한다. • 출입권한이 부여된 인원을 식별하여 현황을 관리한다. • 통제구역은 최소 인원만 출입하도록 통제해야 한다.
출입관리 체계	• 출입은 출입신청 → 책임자 승인 → 권한 부여/회수 → 출입내역 기록의 절차를 따라야 한다. • 비밀번호, ID카드, 생체정보 기반 등의 출입통제 장치를 설치하고 출입자 등록·삭제, 방문자·출입대장 관리 등 통제 절차를 수립 및 운영해야 한다.
출입기록 보존	각 보호구역의 출입기록은 문서 또는 전자적으로 일정 기간 보존하여 사후 모니터링이 가능하도록 해야 한다.
출입권한 검토	• 출입기록과 출입권한은 정기적으로 검토하여 장기 미출입자, 비인가 출입 시도, 과도한 권한 부여 여부 등을 확인한다. • 퇴직자 출입권한 삭제, 직무 변경에 따른 권한 조정 등 필요한 조치를 수행해야 한다.
수기 기록 보완	시스템적으로 출입 로그가 남지 않는 경우에는 수기 출입대장을 작성하여 출입 기록을 관리한다.

4) 결함사례

출입기록 검토 미흡	통제구역 출입 임직원 관리는 하고 있으나, 출입기록을 주기적으로 검토하지 않아 퇴직자나 부서 이동자 등 장기 미출입자가 다수 포함된 경우
출입통제 장치 무력화	전산실이나 문서고 등 통제구역에 출입통제 장치가 설치되어 있음에도, 타당한 사유나 승인 없이 장시간 출입문이 개방되어 있는 경우
외부인 출입권한 과다부여	일부 외부 협력업체 직원에게 모든 보호구역에 상시 출입 가능한 출입카드를 과도하게 부여하고 있는 경우

📖 B 병원은 전산실과 중요 문서 보관 구역을 통제구역으로 지정하여 출입통제 장치를 설치했으나, 해당 출입문이 장시간 승인 없이 개방되어 있었다. 또한 외부 협력업체 직원에게 모든 보호구역 출입카드를 과도하게 발급하여 통제구역 내 상시 출입이 가능했다. 이런 상황에서 퇴직자와 부서 이동자에 대한 출입기록 검토가 미흡해 장기 미출입자가 다수 존재했다. 이로 인해 병원 내 민감한 환자정보가 무단 접근될 위험에 노출된 상태이다.

인증기준	확인사항	세부설명	증거자료	결함사례
정보시스템은 환경적 위협과 유해요소, 비인가 접근 가능성을 감소시킬 수 있도록 중요도와 특성을 고려하여 배치, 통신 및 전력 케이블이 손상을 입지 않도록 보호	• 정보시스템의 중요도, 용도, 특성 등을 고려하여 시스템을 적절히 분리된 장소에 배치하고 있는지 점검 • 정보시스템이 실제 어디에 위치해 있는지 쉽게 파악할 수 있는 식별 체계나 위치 표기 방안을 마련하고 있는지 확인	• 정보시스템의 중요도, 용도, 특성에 따라 전산랙을 활용해 적절히 배치하고 외부로부터 보호. 개인정보처리시스템 등 중요 시스템은 잠금장치나 케이지(cage) 등 물리적 보안조치 필요 • 정보시스템의 실제 물리적 위치를 신속히 파악할 수 있도록 시설 단면도, 배치도 등의 배치정보와 자산목록을 유지·관리, 물리적 위치 항목은 자산목록에 포함 최신 상태로 관리	• 정보처리시설 도면 • 정보시스템 배치도 • 자산목록	• 시스템 배치도가 최신 변경사항을 반영하지 않아 장애가 발생된 정보시스템의 물리적 위치를 신속하게 파악할 수 없어 적절한 대응이 어려운 경우 • 서버실 바닥 또는 랙에 케이블이 뒤엉켜 있어 전기적 간섭, 손상, 누수, 인적 부주의 등으로 장애 발생 가능성이 높은 상태로 방치된 경우

▲ 정보시스템 보호 핵심정리

1) 인증기준

정보시스템은 환경적 위협과 유해요소, 비인가 접근 가능성을 감소시킬 수 있도록 중요도와 특성을 고려하여 배치하고, 통신 및 전력 케이블이 손상을 입지 않도록 보호하여야 한다.

목적	• 정보시스템의 중요도, 용도, 특성에 따라 적절히 분리하여 배치하고 전력·통신 케이블 및 전원설비를 외부 위험으로부터 보호 • 시스템의 안정성과 물리적 보안을 확보
주요 사항	• 중요도 기반 시스템 배치 및 잠금장치·케이지 등 보호조치를 적용 • 시설 단면도, 배치도, 자산목록 등으로 물리적 위치 식별 체계를 수립 • 전력·통신 케이블에 대한 구분 배선, 식별 표시, 거리 유지, 매설 조치를 수행 • 배전반·전원실 등에 출입통제 절차 수립 및 운영
주요 결과	• 시스템이 외부 간섭 없이 적절히 보호된 위치에 안전하게 배치 • 정보시스템의 물리적 위치 및 케이블 상태를 명확히 식별 가능 • 외부 손상 및 전기적 간섭 대비 안전하게 보호된 전력 및 통신 인프라 확보 • 전원설비 접근 통제 수행 통해 무단 접근 방지
기대 효과	• 정보시스템의 가용성 및 안전성 향상 • 시스템 위치 및 자산 상태에 대한 관리 효율성 제고 • 전력·통신 장애 및 보안사고 예방 • 물리적 보안체계 강화로 인증 심사 대응력 향상

2) 확인사항

정보시스템 배치 분리 여부	정보시스템의 중요도, 용도, 특성 등을 고려하여 시스템을 적절히 분리된 장소에 배치하고 있는지를 점검해야 한다.
물리적 위치 식별 방안 마련 여부	정보시스템이 실제 어디에 위치해 있는지 쉽게 파악할 수 있는 식별 체계나 위치표기 방안을 마련하고 있는지를 확인해야 한다.
전력/통신케이블 보호 여부	전력 및 통신 케이블이 외부의 물리적 손상이나 전자기 간섭 등 전기적 영향으로부터 안전하게 보호되도록 조치하고 있는지를 검토해야 한다.

3) 주요 내용

시스템 배치 관리	• 정보시스템의 중요도, 용도, 특성에 따라 전산랙을 활용해 적절히 배치하고 외부로부터 보호해야 한다. • 개인정보처리시스템 등 중요 시스템은 잠금장치나 케이지(cage) 등 물리적 보안조치가 필요하다.
물리적 위치 식별	• 정보시스템의 실제 물리적 위치를 신속히 파악할 수 있도록 시설 단면도, 배치도 등의 배치정보와 자산목록을 유지 · 관리해야 한다., • 물리적 위치 항목은 자산목록에 포함하고 최신 상태로 관리한다.
케이블 보호 조치	전력 및 통신 케이블은 물리적 손상이나 전기적 간섭으로부터 보호되도록 구분 배선, 식별 표시, 거리 유지, 케이블 매설 등의 조치를 시행한다.
전력시설 출입통제	배전반, 강전실, 약전실등 전원 관련 설비는 인가된 최소 인원만 접근할 수 있도록 출입통제 절차를 마련하고 운영한다.

4) 결함사례

시스템 위치 식별 미흡	시스템 배치도가 최신 변경사항을 반영하지 않아 장애가 발생한 정보시스템의 물리적 위치를 신속하게 파악할 수 없어 적절한 대응이 어려운 경우
물리적 케이블 관리 미흡	서버실 바닥 또는 랙에 케이블이 뒤엉켜 있어 전기적 간섭, 손상, 누수, 인적 부주의 등으로 장애 발생 가능성이 높은 상태로 방치된 경우

예 A 은행의 IT 인프라 관리 부서는 정보시스템 배치도 최신화를 소홀히 하여 장애 발생 시 정확한 시스템 위치를 파악하는 데 시간이 지연되고 있다. 또한 서버실 내 케이블 정리가 미흡하여 전기적 단선과 누수 위험이 상존하며, 케이블이 뒤엉켜 장애가 발생할 가능성이 높은 상태로 유지되고 있다. 이러한 환경에서는 시스템 장애 발생 시 신속한 원인 분석과 복구가 어렵고, 장기적으로는 안정적인 금융서비스 제공에 악영향을 미친다.

인증기준	확인사항	세부설명	증거자료	결함사례
보호구역에 위치한 정보시스템의 중요도 및 특성에 따라 온·습도 조절, 화재감지, 소화설비, 누수감지, UPS, 비상발전기, 이중전원선기 등 보호설비를 갖추고 운영절차 수립·운영	• 각 보호구역의 중요도 및 특성을 고려하여 화재, 수해, 전력 이상 등 인재와 자연재해에 대비할 수 있도록 필요한 설비를 갖추고, 이에 대한 운영절차를 수립하여 실행하고 있는지 점검 • 외부 집적정보통신시설(IDC)에 정보시스템 위탁 운영 시, 물리적 보호에 필요한 요구사항을 계약서에 명확히 반영, 실제 운영 상태를 주기적으로 점검하고 있는지 확인	• 각 보호구역의 중요도 및 특성에 따라 화재, 수해, 전력 이상 등 인위적/자연적 재해에 대비하여 적절한 물리적 보호설비(온·습도 조절기, UPS, 침입경보, 출입통제, CCTV 등)를 설치하고, 운영절차를 수립하여 지속적으로 운영 • IDC의 운영 상태는 주기적으로 점검해야 하며, 물리적 보안통제 이행 여부 이상 발생 가능성 관리	• 물리적 보안 지침(보호설비 관련) • 전산실 설비 현황 및 점검표 • IDC 위탁운영 계약서, SLA 등	• 본사 전산실 등 일부 보호구역에 내부 지침에서 요구하는 보호설비(예 소화기, 누수 감지기 등)를 갖추지 않아 물리적 재해에 취약한 상태인 경우 • 전산실 내에 UPS, 소화설비 등 보호설비는 설치되어 있으나, 관련 설비의 점검 주기, 관리 책임 등 운영 및 점검 기준이 마련되어 있지 않은 경우

▲ 보호설비 운영 핵심정리

1) 인증기준

보호구역에 위치한 정보시스템의 중요도 및 특성에 따라 온·습도 조절, 화재감지, 소화설비, 누수감지, 정보시스템용 무정전 전원 장치(UPS) 등의 보호설비를 갖추고 운영절차를 수립·운영하여야 한다.

목적	• 정보시스템의 중요도, 용도, 특성에 따라 적절히 분리하여 배치하고 전력·통신 케이블 및 전원설비를 외부 위험으로부터 보호 • 시스템의 안정성과 물리적 보안을 확보
주요 사항	• 중요도 기반 시스템 배치 및 잠금장치·케이지 등 보호조치를 적용 • 시설 단면도, 배치도, 자산목록 등으로 물리적 위치 식별 체계 수립 • 전력·통신 케이블에 대한 구분 배선, 식별 표시, 거리 유지, 매설 조치 수행 • 배전반·전원실 등에 출입통제 절차 수립 및 운영
주요 결과	• 시스템이 외부 간섭 없이 적절히 보호된 위치에 안전하게 배치 • 정보시스템의 물리적 위치 및 케이블 상태를 명확히 식별 가능 • 외부 손상 및 전기적 간섭 대비 안전하게 보호된 전력 및 통신 인프라의 확보 • 전원설비 접근 통제 수행을 통한 무단 접근 방지
기대 효과	• 정보시스템의 가용성 및 안전성의 향상 • 시스템 위치 및 자산 상태에 대한 관리 효율성 제고 • 전력·통신 장애 및 보안사고의 예방 • 물리적 보안체계 강화로 인증 심사 대응력을 향상

2) 확인사항

재해 대비 설비 및 절차 운영 여부	각 보호구역의 중요도 및 특성을 고려하여 화재, 수해, 전력 이상 등 인재와 자연재해에 대비할 수 있도록 필요한 설비를 갖추고, 이에 대한 운영절차를 수립하여 실행하고 있는지를 점검해야 한다.
외부 IDC 위탁 시 보호 요구사항 반영 여부	외부 집적정보통신시설(IDC)에 정보시스템을 위탁 운영할 경우, 물리적 보호에 필요한 요구사항을 계약서에 명확히 반영하고, 실제 운영 상태를 주기적으로 점검하고 있는지를 확인해야 한다.

3) 주요 내용

물리적 재해 대응	각 보호구역의 중요도 및 특성에 따라 인위적/자연적 재해에 대비하여 적절한 물리적 보호설비(온습도조절기, UPS, 침입경보, 출입통제, CCTV 등)를 설치하고, 운영절차를 수립하여 지속적으로 운영한다.
IDC 위탁 시 계약요건	외부 IDC에 정보시스템을 위탁할 경우, 법적 보호 요구사항과 함께 화재/전력 이상 대응, 출입통제, 자산 반출입관리, 영상감시, 사고 시 손해배상 책임 등을 계약서에 반영한다.
IDC 운영 상태 점검	• IDC의 운영 상태는 주기적으로 점검해야 하며, 물리적 보안통제 이행 여부와 이상 발생 가능성을 관리한다. • IDC의 책임보험 가입 여부를 확인하며, 미가입 시 과태료 부과 대상이 될 수 있다.
전력시설 출입통제	• 집적정보통신시설의 보호와 관련된 정보통신망법, 방송통신발전기본법 및 시행령, 보호지침 등을 준수한다. • 통신시설 등급 분류 및 재난관리계획 수립/이행 등 관련 법률 기반의 절차를 준수한다.

4) 결함사례

보호설비 미비	본사 전산실 등 일부 보호구역에 내부 지침에서 요구하는 보호설비(소화기, 누수 감지기 등)를 갖추지 않아 물리적 재해에 취약한 상태인 경우
운영 · 점검 기준 미수립	전산실 내에 UPS, 소화설비 등 보호설비는 설치되어 있으나, 관련 설비의 점검 주기, 관리 책임 등 운영 및 점검 기준이 마련되어 있지 않은 경우
설비 성능 미흡	전산실에 온 · 습도 조절기를 설치했으나, 용량이 부족해 표준 온 · 습도를 유지하지 못하고 있어 정보시스템 장애가 발생할 우려가 있는 경우

예 A 대학병원 전산실에서는 UPS, 소화설비 등 필수 보호설비가 설치되어 있으나, 운영 및 점검 기준이 명확히 수립되어 있지 않아 정기 점검이 누락되는 사례가 발생했다. 또한 전산실 내 온습도 조절기는 있으나 용량 부족으로 표준 온습도를 유지하지 못해 장비 과열과 장애 발생 위험이 커지고 있다. 이로 인해 환자 진료 시스템이 중단될 위기가 있었으며, 긴급 상황 발생 시 물리적 재해 대비가 미흡해 병원 업무 전반에 심각한 영향을 미칠 수 있다.

인증기준	확인사항	세부설명	증거자료	결함사례
보호구역 내에서의 비인가행위 및 권한 오·남용 등을 방지하기 위한 작업 절차를 수립·이행 작업 기록 주기적 검토	• 정보시스템 도입 및 유지보수 등으로 보호구역 내에서 작업이 필요한 경우, 이에 대한 공식적인 작업 신청 및 수행 절차 수립, 이를 실제로 이행하고 있는지 확인 • 보호구역 내에서 수행된 작업이 통제 절차에 따라 적절히 이행되었는지를 확인하기 위해 작업 내역이 기록되고, 이를 정기적으로 검토하고 있는지 점검	• 정보시스템 도입, 유지보수 등 보호구역 내 작업이 필요한 경우, 작업 신청 → 승인 → 작업 수행 → 기록 작성 등 공식적인 작업 절차 수립·이행 • 작업일시, 목적, 내용, 수행업체 및 담당자, 승인자 등을 포함하여 작업 정보를 기록으로 남기고 보존	• 작업 신청서, 작업 일지 • 통제구역 출입 대장 • 통제구역에 대한 출입기록·작업 기록 검토 내역	• 전산실 출입로그에는 외부 유지보수 업체 직원의 출입기록은 존재하나, 보호구역 작업 신청 및 승인 절차가 이행되지 않아 내부 규정을 위반한 상태인 경우 • 내부 규정에서 분기별 1회 이상 보호구역 내 작업기록을 점검하게 되어 있음에도 불구하고, 특별한 사유 없이 장기간 점검이 수행되지 않은 경우

▲ 보호구역 내 작업 핵심정리

1) 인증기준

보호구역 내에서의 비인가행위 및 권한 오·남용 등을 방지하기 위한 작업 절차를 수립·이행하고, 작업 기록을 주기적으로 검토하여야 한다.

목적	• 정보시스템 도입 및 유지보수 등 보호구역 내 작업을 공식 절차에 따라 통제 • 무단 작업과 보안 위협을 예방, 작업기록을 통해 책임 추적성과 일치성을 확보
주요 사항	• 공식 작업 절차 수립 : 작업 신청 → 승인 → 작업 수행 → 기록 작성 • 작업내역 문서화 : 일시, 목적, 내용, 수행자, 승인자 등 문서로 보존 • 출입통제와 연계한 책임추적성 확보 및 실시간 모니터링 • 사전 승인 내역, 출입기록, 작업기록에 대해 정기적으로 검토 • 작업 및 출입 내용이 승인된 범위 내에서 수행되었는지 일치성을 점검
주요 결과	• 보호구역 내 작업이 사전 승인 및 공식 절차에 따라 수행 • 작업정보(일시, 담당자, 내용 등)가 체계적으로 기록 및 보존 • 작업 중 이상 발생에 대한 신속한 대응 가능 • 승인 내역과 실제 작업 이력 간 일치 여부 확인 가능
기대 효과	• 보호구역 내 무단 작업 차단 및 정보보호 수준의 향상 • 작업기록을 통한 책임 소재 명확화 및 사고 대응력 제고 • 보안 감사를 위한 근거 자료의 확보 • 운영 신뢰도 향상 및 인증 대응 역량 강화

2) 확인사항

보호구역 작업절차 수립 여부	정보시스템 도입 및 유지보수 등으로 보호구역 내에서 작업이 필요한 경우, 이에 대한 공식적인 작업 신청 및 수행 절차를 수립하고 이를 실제로 이행하고 있는지를 확인해야 한다.
작업기록 검토 여부	보호구역 내에서 수행된 작업이 통제 절차에 따라 적절히 이행되었는지를 확인하기 위해 작업 내역을 기록하고, 이를 정기적으로 검토하고 있는지를 점검해야 한다.

3) 주요 내용

작업 절차 수립	보호구역 내 작업이 필요한 경우, 작업 신청 → 승인 → 작업 수행 → 기록 작성 순으로 공식적인 작업 절차를 수립하고 이행한다.
작업 정보 기록	작업일시, 목적, 내용, 수행업체 및 담당자, 승인자 등을 포함하여 작업 정보를 기록하고 보존한다.
통제 및 모니터링	• 보호구역 출입 절차와 함께 작업 내역에 대한 책임추적성을 확보한다. • 작업 수행 중 모니터링 등 통제방안을 적용해야 한다.
작업 검토 절차	보호구역 내 작업이 적절히 수행되었는지 확인하기 위해 사전 승인 내역, 출입기록, 작업기록 등을 주기적으로 검토한다.
일치성 확인	• 출입 신청서와 출입 내역(관리대장, 시스템 로그 등)의 일치 여부를 확인한다. • 작업 및 출입이 승인된 범위 내에서 진행을 점검한다.

4) 결함사례

작업 승인 절차 미이행	전산실 출입로그에는 외부 유지보수 업체 직원의 출입기록은 존재하나, 보호구역 작업 신청 및 승인 절차가 이행되지 않아 내부 규정을 위반한 상태인 경우
작업기록 점검 미이행	내부 규정에서 분기별 1회 이상 보호구역 내 작업기록을 점검하게 되어 있음에도 불구하고, 특별한 사유 없이 장기간 점검이 수행되지 않은 경우

⑩ 국내 모 공공기관 전산실에서는 외부 유지보수 업체 직원들의 출입 기록은 존재하지만, 보호구역 내에서 작업을 하기 위해서는 사전에 작업 신청과 승인을 받아야 함에도 불구하고 이 절차가 제대로 이행되지 않고 있다. 이로 인해 특정 외부 인력이 무단으로 보호구역에 출입해 작업을 진행한 사례가 발생했다.

또한 내부 규정에 따라 분기별 1회 이상 작업기록 점검이 요구되나, 장기간 점검이 누락되어 작업 기록의 신뢰성이 저하되고 있다. 이로 인해 보안 사고 발생 시 책임소재가 불명확해지고, 기관 보안 관리 체계 전반에 대한 신뢰가 하락하는 문제점이 있다.

인증기준	확인사항	세부설명	증거자료	결함사례
보호구역 내 정보시스템, 모바일기기, 저장매체 등 반출입 통제절차를 수립·이행하고 주기적으로 검토	• 정보시스템, 모바일기기, 저장매체 등을 보호구역에 반입하거나 반출할 경우, 정보유출이나 악성코드 감염 등 보안사고 예방 위한 통제 절차를 마련·이행하고 있는지 점검 • 반·출입 통제 절차에 따라 생성 기록 보존·관리, 해당 절차가 실제로 준수되고 있는지를 확인하기 위해 이력을 정기적으로 점검하고 있는지 확인	• 보호구역 내 반·출입 통제 대상에는 정보시스템(서버, 네트워크 장비), 모바일기기(노트북, 스마트패드, 스마트폰), 저장매체(USB, 외장하드, CD/DVD 등)가 포함되며, 보안사고 예방을 위해 이들에 대한 통제 필요 • 보호구역 출입통제 책임자 사전 승인, 반·출입 관리대장 기록, 보안점검(백신, 업데이트, 악성코드, 보안스티커 등)을 포함한 반·출입 통제 절차 수립·이행	• 보호구역 내 반출입 신청서 • 반출입 관리대장 • 반출입 이력 검토 결과	• 이동 컴퓨팅기기의 반·출입 절차는 수립되어 있으나, 통제구역 내로의 반입에 대한 실제 통제가 이루어지지 않아 내·외부인의 장비 사용이 무제한 허용된 경우 • 전산장비 반·출입 시 작업계획서에 관련 내용을 기재하고 관리책임자의 서명을 받게 되어 있으나, 실제로는 서명이 누락된 기록이 다수 존재하는 경우

▲ 반출입 기기 통제 핵심정리

1) 인증기준

보호구역 내 정보시스템, 모바일 기기, 저장매체 등에 대한 반출입 통제절차를 수립·이행하고 주기적으로 검토하여야 한다.

목적	• 정보시스템, 저장매체, 모바일 기기 등의 반입·반출 시 보안사고를 예방 • 사후 추적을 가능하게 하기 위해 통제 절차를 수립 및 철저한 이행 필요
주요 사항	• 통제 대상 식별 : 정보시스템, 저장매체, 모바일기기 등 식별 및 목록화 • 통제 절차 수립 및 실행 : 사전 승인, 출입기록, 백신검사, 점검결과 등 포함 • 예외 상황 처리 : 별도 승인 절차 및 기록 유지 • 관리대장에 반출입 일시, 사용자, 장비정보, 사유 등을 기록 • 통제 시스템 또는 문서 기반의 이력 주기적 점검 및 보존
주요 결과	• 반출입 대상에 대한 명확한 식별 및 절차적 통제 이행 • 예외 상황에 대한 승인 및 문서화의 완료 • 반출입 관련 기록의 체계적 보관 및 이력 추적이 가능 • 실제 통제 절차의 준수 여부를 점검할 수 있는 상태를 확보
기대 효과	• 악성코드 감염, 정보유출 등 보안사고의 예방 • 반출입 작업에 대한 책임소재 및 감사 대응력의 강화 • 반복적 정보보호 수준 향상을 위한 기반을 확보 • 통제의 실효성 확보 및 내부보안 신뢰도 제고

2) 확인사항

정보자산 반출입 통제 절차 수립 여부	정보시스템, 모바일 기기, 저장매체 등을 보호구역에 반입하거나 반출할 경우, 정보 유출이나 악성코드 감염 등 보안사고를 예방하기 위한 통제 절차를 마련하고 이를 이행하고 있는지를 점검해야 한다.
반출입 이력 관리 및 점검 여부	반출입 통제 절차에 따라 생성된 기록을 보존 · 관리하며, 해당 절차가 실제로 준수되고 있는지를 확인하기 위해 이력을 정기적으로 점검하고 있는지를 확인해야 한다.

3) 주요 내용

반출입 통제 대상	보호구역 내 반출입 통제 대상에는 정보시스템(서버, 네트워크 장비), 모바일 기기(노트북, 스마트패드, 스마트폰), 저장매체(USB, 외장하드, CD/DVD 등)가 포함되며, 보안사고 예방을 위해 이들에 대한 통제가 필요하다.
반출입 통제 절차	보호구역 출입통제 책임자의 사전 승인, 반출입 관리대장 기록, 보안점검(백신, 업데이트, 악성코드, 보안스티커 등)을 포함한 반출입 통제 절차를 수립하고 이를 철저히 이행해야 한다.
예외 처리 절차	불가피하게 예외적으로 반출입이 필요한 경우, 별도 예외 신청 · 승인 절차를 마련해야 하며, 해당 내용을 반출입 관리대장에 기록하여 관리한다.
기록 정보 항목	반출입 관리대장에는 일시 및 장소, 사용자, 반출입 사유, 관리자 서명 등을 포함하여 반출입 관련 정보를 체계적으로 기록한다.
이력 관리	반출입 통제 절차에 따라 기록된 반 출입 이력을 문서 또는 통제시스템 로그를 통해 유지 · 관리하고, 정기적으로 점검하여 절차 준수 여부 및 적정성 여부를 검토한다.

4) 결함사례

이동기기 반입 통제 미흡	이동컴퓨팅기기의 반출입 절차는 수립되어 있으나, 통제구역 내로의 반입에 대한 실제 통제가 이루어지지 않아 내 · 외부인의 장비 사용이 무제한 허용된 경우
빈출입 기록 서명 누락	전산장비 반출입 시 작업계획서에 관련 내용을 기재하고 관리책임자의 서명을 받게 되어 있으나, 실제로는 서명이 누락된 기록이 다수 존재하는 경우

> 📗 A 종합병원에서는 이동컴퓨팅기기의 반출입 절차는 문서화되어 있으나, 보호구역 내 반입에 대한 실제 통제가 미흡한 상태였다. 이로 인해 외부 방문자나 일부 직원이 허가 없이 병원 내 중요정보 시스템이 설치된 구역에 개인용 노트북이나 USB 저장장치를 반입해 사용했다. 또한 반출입 시 작성해야 하는 작업계획서와 서명 절차도 일부 누락된 경우가 많아, 반출입 내역의 신뢰성이 크게 떨어졌다. 이로 인해 병원 내부의 민감한 환자 개인정보가 유출될 위험이 상존하는 상황이다.

07 업무환경 보안

인증기준	확인사항	세부설명	증거자료	결함사례
공용으로 사용하는 사무용 기기(문서고, 공용 PC, 복합기, 파일서버 등) 및 개인 업무환경(업무용 PC, 책상 등)을 통해 개인정보 및 중요정보가 비인가자에게 노출 또는 유출되지 않도록 클린데스크, 정기점검 등 업무환경 보호대책 수립·이행	• 문서고, 공용 PC, 복합기, 파일서버 등 다수가 이용하는 기기 및 시설에 대해 정보 유출이나 오남용을 방지하기 위한 보호대책을 수립하고 이행하고 있는지 점검 • 업무용 PC, 책상, 서랍 등 개인의 업무환경에서 개인정보 또는 중요정보가 무단 유출·노출되지 않도록 보호대책을 마련하고 있는지 확인	• 문서고, 공용 PC, 복합기, 파일서버, 공용 사무실 등에 대해 출입 통제, 권한 관리, 중요정보 저장 제한, 백신 및 보안 업데이트 적용, 문서 방치 금지 등 보호조치 수립·이행 • 자리에서 이석 시 클린데스크실천, 화면보호기·비밀번호 설정, 비인가 접근 차단, 중요정보 서류 및 저장매체는 잠금장치 있는 장소보관, 문서 파쇄장비 활용 복구 불가능하게 폐기	• 사무실 및 공용공간 보안점검 보고서 • 사무실 및 공용공간 보안점검표 • 미준수자에 대한 조치 사항(교육, 상벌 등) • 출력·복사물 보호조치 현황	• 개인정보 내부 관리계획서에서 클린데스크 운영 등 생활보안 점검을 정기적으로 수행하도록 명시했으나 실제로 이행하지 않아 보안수칙이 미준수된 경우 • 멤버십 가입신청서 등 개인정보가 포함된 서류를 잠금장치가 없는 사무실 문서함에 보관함으로써 무단 열람이나 유출의 위험이 있는 상태로 관리한 경우

▲ 업무환경 보안 핵심정리

1) 인증기준

공용으로 사용하는 사무용 기기(문서고, 공용 PC, 복합기, 파일서버 등) 및 개인 업무환경(업무용 PC, 책상 등)을 통하여 개인정보 및 중요정보가 비인가자에게 노출 또는 유출되지 않도록 클린데스크, 정기점검 등의 업무환경 보호대책을 수립·이행하여야 한다.

목적	• 공용기기, 사무공간, 출력 장비 등에서 정보 유출 및 오남용 방지 • 개인정보가 안전하게 처리되도록 물리적·기술적 보호조치를 수립 및 이행
주요 사항	• 문서고, 공용 PC, 복합기, 파일서버 등 공용기기 및 시설에 보호대책 적용 • 업무공간 보안조치 적용(클린데스크, 화면보호기, 비인가 접근 차단 등) • 출력물/복사물에 대한 출력 제한, 인쇄기록 관리, 반출 통제, 폐기 절차 수립 • 출력물 보안 대책(워터마크, 인쇄제어, 파쇄기 이용 등) 적용 • 공용·개인 환경 정보보호 준수 여부를 정기 점검, 개선조치 수행
주요 결과	• 공용기기 및 공간에 대한 정보유출 예방 통제체계 마련 • 개인 업무공간 내 중요정보가 노출되지 않도록 물리적 보호조치 운영 • 출력물 관리 기록 확보 및 출력 제한/보호 조치 이행 • 정보보호 기준의 정기적 점검 및 위반사항 개선이력 확보
기대 효과	• 공공/개인 업무환경에서의 정보 유출 사고 예방 • 보안 사각지대 해소 및 내·외부 감사 대응력의 향상 • 개인정보 및 주요 정보의 무단 유출 방지 • 조직의 전반적인 보안 수준 및 신뢰도의 향상

2) 확인사항

공용기기 및 시설 보호대책 여부	• 공용기기나 시설은 다수가 이용하므로 정보 유출 및 오남용의 위험이 높아, 이를 방지하기 위한 물리적 · 기술적 보호대책의 수립과 이행이 필요하다. • 문서고, 공용 PC, 복합기, 파일서버 등 다수가 이용하는 기기 및 시설에 대해 정보 유출이나 오남용을 방지하기 위한 보호대책을 수립하고 이행하고 있는지를 점검해야 한다.
개인업무환경 보호대책 여부	• 개인 업무환경에서는 개인정보나 중요정보가 무단 노출되지 않도록 사무공간 내 보안관리가 요구된다. • 업무용 PC, 책상, 서랍 등 개인의 업무환경에서 개인정보 또는 중요정보가 무단 유출되거나 노출되지 않도록 보호대책을 마련하고 있는지를 확인해야 한다.
개인정보 출력물 관리 여부	개인정보가 포함된 문서를 출력하거나 복사할 때, 관련 자료가 무단 유출되거나 방치되지 않도록 안전한 보관 · 파기 등 필요한 보호조치를 시행하고 있는지를 점검해야 한다.
정보보호 준수 검토 여부	개인 또는 공용 업무환경에서 수립된 정보보호 기준이 실제로 준수되고 있는지를 정기적으로 확인하고 있는지 점검해야 한다.

3) 주요 내용

공용환경 보호대책	문서고, 공용 PC, 공용 사무실 등에 대해 출입 통제, 중요정보 저장 제한, 백신 및 보안 업데이트 적용, 문서 방치 금지 등 보호조치를 수립하고 이행해야 한다.
개인업무 환경 보호	이석 시 클린데스크 실천, 화면보호기 · 비밀번호 설정, 비인가 접근 차단, 중요정보 서류 및 저장매체는 잠금장치 있는 장소에 보관하고, 문서 파쇄장비를 활용해 복구 불가능하게 폐기해야 한다.
출력물 보호관리	개인정보가 포함된 출력물에 대해 생산 · 관리 대장 기록, 출력 및 인쇄일시 기록, 외부 반출 통제, 출력물 워터마크 적용, 파기계획 수립 및 주기적 점검 등 보호조치를 시행해야 한다.
보호준수 점검	• 개인 및 공용업무 환경의 정보보호 준수 여부를 자가진단 및 정기 점검을 통해 확인한다. • 미준수자는 상벌 규정에 따라 관리. 필요시 공지, 교육 등을 통해 개선 조치를 수행한다.

4) 결함사례

생활보안 점검 미이행	개인정보 내부 관리계획서에서 클린데스크 운영 등 생활보안 점검을 정기적으로 수행하도록 명시했으나 실제로 이행하지 않아 보안수칙이 미준수된 경우
출력물 보관 부실	멤버십 가입신청서 등 개인정보가 포함된 서류를 잠금장치가 없는 사무실 문서함에 보관함으로써 무단 열람이나 유출의 위험이 있는 상태로 관리한 경우
PC 및 문서 방치	직원 PC에 화면보호기나 패스워드가 설정되지 않았고, 휴가자의 책상 위에 중요 문서가 장기간 방치되어 개인정보 유출 가능성이 높은 상태인 경우
공용 PC 보호 미비	회의실 등 공용 사무 공간의 공용 PC에 대해 보호대책이 수립되지 않아 개인정보가 포함된 파일이 암호화되지 않은 채로 저장되며, 보안패치 및 백신이 적용되지 않은 상태로 운영 중인 경우

예 지방자치단체 청사 내 정보보안팀은 내부 관리계획서에 따라 클린데스크 운영과 정기적인 생활보안 점검을 계획했으나, 실제 점검은 수개월째 이루어지지 않고 있었다. 일부 직원들은 사무실 내 개인 책상에 중요 문서들을 장기간 방치하며, 잠금장치 없는 문서함에 개인정보가 포함된 멤버십 가입 신청서를 보관하였다.

또한 일부 직원 PC에는 화면보호기 설정이나 패스워드 관리가 미흡하여, 휴가 중인 직원 책상 위 문서가 노출되는 등 개인정보 유출 위험이 높은 상황이다. 이러한 상황은 내부 직원들의 보안 의식 저하와 보안 정책의 실질적 미이행에서 비롯된 문제였다.

SECTION

02 인증 및 권한 관리

출제빈도 (상) 중 하

반복학습 1 2 3

빈출 태그 계정 및 권한 관리 • 최소 권한 원칙 • 공용계정 사용 제한 및 무단 사용 • 비밀번호 관리

01 사용자 계정 관리

인증기준	확인사항	세부설명	증거자료	결함사례
• 정보시스템과 개인정보 중요정보에 대한 비인가 접근을 통제하고 업무 목적에 따른 접근권한을 최소한으로 부여할 수 있도록 사용자 등록 · 해지 및 접근권한 부여 · 변경 · 말소 절차 수립 · 이행 • 사용자 등록 및 권한 부여 시 사용자에게 보안책임이 있음을 규정화하고 인식 제고	• 정보시스템, 개인정보, 중요정보에 접근할 수 있는 사용자 계정 및 접근권한에 대해 등록 · 변경 · 삭제 절차를 공식적으로 수립하고 실제 이행하고 있는지 점검 • 사용자 계정 및 접근권한 생성 · 등록 · 변경 시 직무별 접근 권한 분류체계에 따라 업무상 필요한 최소한의 권한만을 부여하고 있는지 확인	• 정보시스템 및 개인정보처리시스템 접근 권한은 직무별 권한 분류체계에 따라 업무상 꼭 필요한 범위에 한해 최소한으로 부여, 과도하거나 불필요한 권한은 제한 • 권한 부여 및 변경 시에는 승인 절차를 통해 부여된 권한의 적정성을 반드시 사전에 검토	• 사용자 계정 및 권한 신청서 • 사용자 계정 및 권한 관리대장 또는 화면 • 정보시스템 및 개인정보처리시스템별 접근권한 분류표	• 사용자 및 개인정보취급자의 계정 등록 · 해지 및 권한 변경을 공식 절차 없이 구두 요청이나 이메일 등으로 처리하여 승인 및 처리 이력이 남지 않은 경우 • 휴가나 출장 등의 사유로 개인정보취급자로 지정되지 않은 인원에게 개인정보취급자 계정을 공유하여 보안 책임과 통제가 무력화된 경우

▲ 사용자 계정 관리 핵심정리

1) 인증기준

• 정보시스템과 개인정보 및 중요정보에 대한 비인가 접근을 통제하고 업무 목적에 따른 접근권한을 최소한으로 부여할 수 있도록 사용자 등록 · 해지 및 접근권한 부여 · 변경 · 말소 절차를 수립 · 이행하여야 한다.

• 사용자 등록 및 권한부여 시 사용자에게 보안책임이 있음을 규정화하고 인식시켜야 한다.

목적	• 정보시스템 접근을 위한 계정과 권한을 최소한으로 부여 • 등록 · 변경 · 삭제 절차를 공식화하여 무단 접근과 오남용, 정보 유출을 예방 • 사용자의 보안 책임 인식 강화
주요 사항	• 사용자별 계정 발급 및 등록 · 변경 · 해지 절차 운영 • 직무별 권한 분류체계에 따른 최소 권한 부여(need-to-know/do 원칙 적용) • 계정 등록 및 권한 부여 시 승인 절차 수행 및 사전 적정성 검토 • 권한 변경 · 말소 시 본계정 정리 및 공유 금지 조치 • 사용자에게 보안 책임 고지 : 서약서, 이메일, 공지, 교육 등을 통한 인식 제고

주요 결과	• 계정 및 권한 관련 공식 절차가 수립되고 일관성 있게 적용 • 사용자의 업무에 필요한 최소 범위의 권한만 부여 • 권한 오남용, 공유 등 비인가 사용 리스크의 감소 • 사용자의 보안 책임 인식 향상 및 계정 관리 강화
기대 효과	• 내부자 위협 및 권한 오용에 따른 정보유출 사고 방지 • 감사 대응력 향상 및 계정 관리 체계 신뢰도 제고 • 조직의 정보보호 정책 준수도 향상 • 보안의식 고취를 통한 자율적 보안 문화의 확산

2) 확인사항

계정 및 권한 관리 절차 수립 여부	• 정보시스템, 개인정보, 중요정보에 접근할 수 있는 사용자 계정 및 접근권한에 대해 등록 · 변경 · 삭제 절차를 공식적으로 수립한다. • 이를 이행함으로써 무단 접근이나 내부자 오용을 방지할 수 있다.
최소 권한 원칙 준수 여부	• 사용자 계정 및 접근권한 생성 · 등록 · 변경 시 직무별 접근 권한 분류체계에 따라 업무상 필요한 최소한의 권한만을 부여하고 있는지를 확인해야 한다. • 직무별로 권한을 최소화하여 부여하는 최소 권한 원칙은 정보 유출이나 오 · 남용을 예방하는 핵심 통제 방식이다.
보안책임 인식 여부	• 사용자에게 계정 및 접근권한을 부여할 때, 해당 계정에 대한 보안 관리 책임이 사용자 본인에게 있음을 명확히 인식시키고 있는지를 점검해야 한다. • 사용자에게 보안책임을 명확히 인식시킴으로써 계정 오 · 남용에 대한 경각심과 책임감을 강화할 필요가 있다.

3) 주요 내용

계정 및 권한 등록절차	• 사용자 및 개인정보취급자별로 고유 계정을 발급하고, 공유를 금지한다. • 계정 등록 · 변경 · 삭제 · 해지 시 승인 절차를 포함한 공식적인 프로세스를 수립하여 이행한다. • 전보, 퇴직 시 지체 없는 권한 변경 · 말소가 필요하며, 기본계정 등은 삭제 또는 변경해야 한다.
권한 최소화 원칙	• 정보시스템 및 개인정보처리시스템 접근권한은 직무별 권한 분류체계에 따라 업무상 꼭 필요한 범위(need-to-know, need-to-do 원칙)에 한해 최소한으로 부여한다. • 과도하거나 불필요한 권한은 제한해야 한다.
권한 적정성 검토	권한 부여 및 변경 시에는 승인 절차를 통해 부여된 권한의 적정성을 반드시 사전에 검토해야 한다.
계정 책임 인식	• 사용자에게 계정 및 권한을 부여할 때, 해당 계정의 보안책임이 사용자 본인에게 있다는 점을 서약서, 이메일, 시스템 공지, 교육 등을 통해 명확히 인식시켜야 한다. • 계정 및 비밀번호의 타인 공유를 금지하는 내용을 포함해야 한다.

4) 결함사례

계정 · 권한 관리 절차 미이행	사용자 및 개인정보취급자의 계정 등록 · 해지 및 권한 변경을 공식 절차 없이 구두 요청이나 이메일 등으로 처리하여 승인 및 처리 이력이 남지 않은 경우
비인가자 권한 공유	휴가나 출장 등의 사유로 개인정보취급자로 지정되지 않은 인원에게 개인정보취급자 계정을 공유하여 보안 책임과 통제가 무력화된 경우
과도한 권한 부여	정보시스템 사용자에게 직무상 불필요한 권한까지 부여하여 민감 정보나 개인정보 등 불필요한 데이터에 접근이 가능한 상태로 운영한 경우

⑩ B 종합병원에서는 개인정보취급자의 계정 등록과 해지 절차가 제대로 관리되지 않아, 직원들이 공식 승인 없이 이메일로 계정을 요청하거나 변경하는 일이 빈번하게 발생했다. 이로 인해 승인 기록이 남지 않아 계정 권한 관리의 투명성이 떨어졌다.

⓶ 사용자 식별

인증기준	확인사항	세부설명	증거자료	결함사례
• 사용자 계정은 사용자별로 유일하게 구분할 수 있도록 식별자를 할당하고, 추측 가능한 식별자 사용을 제한, 동일한 식별자를 공유하여 사용하는 경우 그 사유와 타당성을 검토 • 책임자의 승인 및 책임추적성 확보 등 보완대책 수립 · 이행	• 정보시스템 및 개인정보처리시스템에서 사용자 및 개인정보취급자를 유일하게 식별할 수 있도록 고유한 식별자를 부여하고, 쉽게 추측할 수 있는 식별자 사용 제한여부 확인 • 불가피하게 동일 식별자를 여러 사용자가 할 때, 그 사유와 타당성을 사전에 검토하고, 보완 대책을 마련한 뒤 책임자의 승인 여부 점검	• 정보시스템 및 개인정보처리시스템 사용자 등록 시, 사용자 및 개인정보취급자에게 유일하게 구분할 수 있는 식별자를 부여, 추측할 수 있는 식별자 사용을 제한, 1인 1계정 원칙을 적용하여 책임추적성 확보 • 계정 공유 또는 공용계정 사용은 원칙적 제한, 시스템 운영계정은 일반사용자 접근이 불가능하게 제한, 기본/시험계정은 삭제 • 추측이 어려운 형태로 변경	• 정보시스템 및 개인정보처리시스템 로그인 화면 • 정보시스템 및 개인정보처리시스템 관리자, 사용자, 개인정보취급자 계정 목록 • 예외 처리에 대한 승인 내역	• 신규 입사자에 대해서는 입사 절차상 보안서약서를 받도록 규정하고 있으나, 최근에 입사한 일부 직원의 보안서약서 작성 누락 • 임직원에 대해서는 보안서약서를 받고 있으나, 정보처리시스템에 직접 접속이 가능한 외주 인력에 대해서 보안서약서 미징구

▲ 사용자 식별 핵심정리

1) 인증기준

• 사용자 계정은 사용자별로 유일하게 구분할 수 있도록 식별자를 할당하고 추측할 수 있는 식별자 사용을 제한하여야 한다.
• 같은 식별자를 공유하여 사용하는 경우 그 사유와 타당성을 검토하여 책임자의 승인 및 책임 추적성 확보 등 보완 대책을 수립 · 이행하여야 한다.

목적	정보시스템 사용자에 대해 유일하고 추적 가능한 식별자 부여, 공용 또는 공유된 계정 사용을 제한하여 사용자 행위의 책임성과 보안성 확보
주요 사항	• 사용자 등록 시 1인 1계정 원칙에 따라 유일한 식별자 부여 • 공용계정 · 기본계정 · 시험계정 사용 제한 및 삭제 • root, admin 등 특수 계정에 대해 디폴트 패스워드 변경 및 사용 제한 조치 • 식별자 공유 시 사유 검토, 승인 절차, 통제방안 수립 후 승인자 확인 • 공유 시에는 비밀번호 변경, 사용자별 로그 추적 방식 적용
주요 결과	• 모든 사용자에게 유일한 식별자가 부여되어 행위 추적 가능 • 공용 및 특수계정의 비인가 사용 방지 및 보안성 강화 • 계정 공유가 필요한 경우에도 책임자 승인과 보안조치 병행 • 사용자 행위에 대한 책임 추적 체계가 마련
기대 효과	• 계정 오남용 및 정보 유출의 방지 • 사용자 행동 로그를 통한 감사 및 사고 분석 체계의 강화 • 권한 없는 접근 차단으로 정보보호 수준 향상 • 전사적 보안 인식 제고 및 인증 심사 대응력 확보

2) 확인사항

고유 식별자 부여 및 추측 제한 여부	• 정보시스템 및 개인정보처리시스템에서 사용자 및 개인정보취급자를 유일하게 식별할 수 있도록 고유한 식별자를 부여하고, 쉽게 추측할 수 있는 식별자 사용을 제한하고 있는지를 확인해야 한다. • 이때 고유 식별자 부여 및 재사용은 제한해야 한다.
식별자 공유 시 보완조치 여부	• 불가피하게 동일 식별자를 여러 사용자가 공유해야 하는 경우, 그 사유와 타당성을 사전에 검토해야 한다. • 보완 대책을 마련한 뒤 책임자의 승인을 받고 있는지를 점검해야 한다. • 이를 통해 감사 추적성과 사용자 행위의 책임성을 확보할 수 있다.

3) 주요 내용

식별자 할당 원칙	• 정보시스템 및 개인정보처리시스템 사용자 등록 시, 사용자 및 개인정보취급자에게 유일하게 구분할 수 있는 식별자를 부여한다. • 추측할 수 있는 식별자 사용을 제한해야 하며, 1인 1계정 원칙을 적용하여 책임추적성을 확보한다.
공용계정 사용 제한	• 계정 공유 또는 공용계정 사용은 원칙적으로 제한한다. • 시스템 운영계정은 일반 사용자 접근이 불가능하도록 제한한다. • 기본계정 및 시험계정은 삭제하거나 추측이 어려운 형태로 변경한다.
특수계정 보호조치	• Root, Admin, Administrator 등 쉽게 추측할 수 있는 이름의 관리자 및 특수권한 계정은 사용을 제한한다. • 보안 강화를 위해 디폴트 패스워드는 반드시 변경해야 한다.
계정 공유 예외관리	• 업무상 불가피하게 식별자를 공유할 경우, 사유와 타당성을 검토하고 책임자의 승인을 받은 후 사용한다. • 계정 사용 후 즉시 비밀번호 변경 등 추가 보안 조치를 적용해야 하며, 사용자별 계정으로 로그인한 후 권한 전환 방식을 활용해야 한다.

4) 결함사례

기본 관리자 계정 미변경	정보시스템(서버, 네트워크, 침입차단시스템, DBMS 등)의 기본 관리자 계정을 제조사 제공 설정 그대로 사용하여 보안 위협에 노출된 상태로 운영한 경우
공용계정 무단 사용	개발자가 개인정보처리시스템에 대해 공용계정을 사용하면서 사전 타당성 검토나 책임자 승인 절차 없이 운영하여 사용자 추적 및 책임소재가 불분명한 경우
외부자 계정 무단 사용	외부 위탁업체 직원이 정보시스템 운영계정을 개인 계정처럼 사용하면서 별도의 승인 절차 없이 접근하여 계정관리 통제가 이뤄지지 않은 경우

⑩ 국내 대형 은행의 정보보호팀은 서버와 DBMS 등 주요 시스템의 기본 관리자 계정을 제조사 초기 설정 그대로 운영하고 있었다. 이로 인해 내부뿐만 아니라 외부 해커에게도 관리자 권한이 노출되어 보안 위험이 크게 증가하였다. 또한 개발자가 개인정보처리시스템을 점검하면서 사전 승인 절차 없이 공용계정을 사용하여 책임 소재가 불분명하고 사용자 활동 추적이 불가능한 상황이 자주 발생했다.

게다가 외부 위탁업체 직원들이 은행의 운영 계정을 개인 계정처럼 사용하며, 별도의 승인 절차 없이 접근함으로써 계정 관리 및 통제 기능이 제대로 작동하지 않는 문제가 확인되었다. 이로 인해 개인정보 및 금융정보의 무단 접근과 데이터 유출 위험이 심각한 상태이다.

인증기준	확인사항	세부설명	증거자료	결함사례
• 정보시스템과 개인정보 및 중요정보에 대한 사용자의 접근은 안전한 인증절차와 필요에 따라 강화된 인증방식을 적용 • 로그인 횟수 제한, 불법 로그인 시도 경고 등 비인가자 접근 통제방안 수립·이행	• 정보시스템 및 개인정보처리시스템에 접근할 때 사용자 인증절차, 로그인 실패 횟수 제한, 불법 로그인 시 경고 등의 보안 조치를 적용하고 있는지 점검 • 정보통신망을 통해 외부에서 개인정보처리시스템에 접속하는 경우, 법령에서 요구하는 안전한 인증수단(2단계 인증, VPN 등)을 적용하고 있는지 확인	• 정보시스템 및 개인정보처리시스템 사용자 등록 시, 사용자별 유일 식별자를 부여하고 계정 공유 금지, 기본계정은 제거 또는 보안 설정 변경 • 공용 또는 공유 계정의 사용 제한, 운영계정은 일반 사용자로부터 접근이 불가능하도록 설정, 기본·시험 계정은 삭제하거나 비밀번호 변경	• 정보시스템 및 개인정보처리시스템 로그인 화면 • 로그인 횟수 제한 설정 화면 • 로그인 실패 메시지 화면	• 개인정보취급자가 외부 인터넷망을 통해 개인정보처리시스템에 접근하면서 안전한 인증수단을 적용하지 않고 ID·비밀번호만으로 인증을 수행한 경우 • 정보시스템 및 개인정보처리시스템 로그인 실패 시, 'ID 없음' 또는 '비밀번호 오류' 등을 명시 사용자 존재 여부를 노출, 로그인 실패 횟수에 대한 제한도 없는 경우

▲ 사용자 인증 핵심정리

1) 인증기준

• 정보시스템과 개인정보 및 중요정보에 대한 사용자의 접근은 안전한 인증절차와 필요에 따라 강화된 인증방식을 적용하여야 한다.
• 로그인 횟수 제한, 불법 로그인 시도 경고 등 비인가자 접근 통제방안을 수립·이행하여야 한다.

목적	• 정보시스템 및 개인정보처리시스템에 대한 접근 통제 • 계정 오용 및 개인정보 유출 방지
주요 사항	• 사용자 인증, 로그인 제한, 불법 접속 시 경고 기능을 적용 • 외부 접속 시 2단계 인증, VPN 등 안전한 인증수단 적용 • 사용자별 유일 식별자 부여 및 계정 공유 제한 • root, admin 등 특수계정 보호조치 및 공용 계정 예외 승인 관리 • 인증 실패 횟수 제한, 세션 타임아웃 등 불법 접근 방지 • OTP, 생체인식 등 다양한 인증수단을 활용하여 인증 강화 • SSO 보안 위험 분석 및 재인증 보완대책 수립
주요 결과	• 무단 접근 차단 및 계정 도용의 방지 • 계정관리 및 접근통제에 대한 보안 수준 향상 • 시스템별 사용자 인증 방식 일관성 확보 • 특수계정 및 공유계정에 대한 통제 체계 수립
기대 효과	• 개인정보 유출 위험 최소화 • 외부 공격 및 내부 계정 오용에 대한 대응력 향상 • 인증 보안체계 강화를 통한 신뢰도 제고 • 법적 요구사항 및 ISMS-P 인증 요건 충족

2) 확인사항

정보시스템 접근 통제 절차 여부	• 정보시스템 및 개인정보처리시스템에 접근할 때 사용자 인증 절차, 로그인 실패 횟수 제한, 불법 로그인 시 경고 등의 보안 조치를 적용하고 있는지를 점검해야 한다. • 이를 통해 무단 접근 및 계정 오용을 방지해야 한다.
외부 접속 시 안전한 인증수단 적용 여부	• 정보통신망을 통해 외부에서 개인정보처리시스템에 접속하는 경우, 법령에서 요구하는 안전한 인증수단(예 2단계 인증, VPN 등)을 적용하고 있는지를 확인해야 한다. • 이를 통해 개인정보 유출 위험을 최소화해야 한다.

3) 주요 내용

식별자 관리	• 정보시스템 및 개인정보처리시스템 사용자 등록 시 사용자별 유일 식별자를 부여하고 계정 공유를 금지한다. • 기본계정은 제거 또는 보안 설정을 변경한다.
공용 계정 사용 제한	• 공용 또는 공유 계정의 사용을 제한하고, 운영계정은 일반 사용자로부터 접근이 불가능하도록 설정한다. • 기본 시험 계정은 삭제하거나 비밀번호를 변경해야 한다.
특수계정 보호조치	• root, admin 등 쉽게 추측 가능한 관리자 계정은 사용을 제한한다. • 디폴트 계정과 패스워드는 반드시 변경해야 한다.
계정 공유 예외관리	• 불가피하게 계정 공유가 필요한 경우, 타당성 검토와 책임자 승인을 수행한다. • 작업 완료 후 비밀번호를 즉시 변경하고, 책임추적성 확보 방안을 마련해야 한다.
사용자 인증 수단	• 비밀번호, 인증서, OTP, 스마트카드, 생체인식 등 다양한 인증수단을 활용해 사용자 인증을 강화한다. • 인증수단 또한 안전하게 관리해야 한다.
불법 접근 통제	인증 실패 횟수 제한, 세션 타임아웃, 동시 접속 차단, 의심스러운 로그인(국외 IP, 야간 등)에 대한 경고 및 통제방안을 마련해야 한다.
싱글사인온 보호대책	SSO 적용 시 계정 도용이 발생하면 피해 확산 우려가 있으므로 위험평가 후 중요 시스템 재인증 등 보완대책을 마련한다.
외부접속 인증요구	• 외부에서 개인정보처리시스템에 접속할 경우 인증서, OTP 등 안전한 인증수단을 적용한다. • 정보주체 개인정보 처리 시 VPN 등 안전한 접속수단을 허용한다.

4) 결함사례

외부접속 인증수단 미적용	개인정보취급자가 외부 인터넷망을 통해 개인정보처리시스템에 접근하면서 안전한 인증수단을 적용하지 않고 ID와 비밀번호만으로 인증을 수행한 경우
로그인 실패 통제 미흡	정보시스템 및 개인정보처리시스템 로그인 실패 시, 'ID 없음' 또는 '비밀번호 오류' 등을 명시하여 사용자 존재 여부를 노출하고, 로그인 실패 횟수에 대한 제한도 없는 경우

⑩ 한 지방자치단체의 정보보호 담당 부서는 개인정보처리시스템에 외부 인터넷망 접속을 허용하면서도 안전한 인증수단 적용을 미흡하게 운영하고 있었다. 담당자들은 ID와 비밀번호만으로 시스템 접근을 허용하였고, 2차 인증이나 VPN 등의 강화된 인증체계를 적용하지 않았다. 이로 인해 외부 공격자가 비교적 쉽게 시스템에 접근할 수 있는 위험이 존재하였다. 또한 시스템 로그인 실패 시 구체적 메시지를 사용자에게 그대로 노출하여 사용자 존재 여부를 공격자에게 노출시켰다. 이러한 문제로 인해 민감 개인정보의 불법 접근과 유출 위험이 매우 높아졌다.

인증기준	확인사항	세부설명	증거자료	결함사례
법적 요구사항, 외부 위협요인 등을 고려해 정보시스템 사용자 및 고객, 회원 등 정보주체(이용자)가 사용하는 비밀번호 관리절차 수립·이행	• 정보시스템 사용자에 대해 안전한 비밀번호 작성규칙, 주기적 변경 절차 등을 수립하고 이를 실제로 이행하고 있는지 점검 • 정보주체(이용자)가 개인정보처리시스템에 접근할 때 안전한 비밀번호를 설정할 수 있도록 비밀번호 작성규칙 마련, 실제로 적용하고 있는지 확인	• 비밀번호는 영문, 숫자, 특수문자 중 2종 이상 조합하여 최소 8자리 이상으로 구성, 문자만 사용할 경우 10자리 이상을 권장. 주기적 변경 여부는 위험평가 결과에 따라 자율 결정하며, ID 유사, 연속 숫자, 생일 등의 추측 쉬운 비밀번호 사용 제한 • 초기 임시 비밀번호는 사용 전 변경하며, 입력 시 마스킹처리 하고, 종이나 파일 등에 기록 방지	비밀번호 관리 정책 및 절차	• 정보보호 및 개인정보보호 정책·지침에 비밀번호 생성규칙이 명시되어 있으나, 일부 정보시스템에서는 해당 기준과 다른 형식의 비밀번호가 사용되고 있는 경우 • 비밀번호 초기화 시 임시 비밀번호를 부여하고 사용자가 변경하도록 내부 규정에 명시되어 있으나, 실제로는 임시 비밀번호가 그대로 사용되고 있는 경우

▲ 비밀번호 관리 핵심정리

1) 인증기준

법적 요구사항, 외부 위협요인 등을 고려하여 정보시스템 사용자 및 고객, 회원 등 정보주체(이용자)가 사용하는 비밀번호 관리절차를 수립·이행하여야 한다.

목적	• 안전한 비밀번호 설정 및 인증수단 관리 • 계정 탈취, 비인가 접근, 개인정보 오남용 방지
주요 사항	• 사용자 비밀번호 작성규칙 수립 　예 최소 길이, 문자 조합, 변경 주기 등 • 초기/임시 비밀번호 변경 및 마스킹 처리, 재설정 절차 수립 • 비밀번호 분실 시 본인 확인 절차 마련 • 서비스 위험도에 따라 사용자 비밀번호 규칙 조정 • 인증서, OTP, 생체정보 등 인증수단 적용 및 지속적인 관리 • 인증수단 분실·탈취 시 보호대책 적용
주요 결과	• 안전한 비밀번호 관리로 사용자 계정 보안성 확보 • 인증수단 보호체계 확립 • 추측 및 탈취 어려운 사용자 인증 체계 정립 • 비밀번호 정책 및 관리절차에 따른 보안 강화
기대 효과	• 정보시스템 접근 보안 강화 및 계정 오용 방지 • 개인정보 유출 및 부정사용 위험의 최소화 • 인증수단 신뢰도 확보로 인한 보안 수준 제고 및 내부 통제 강화

2) 확인사항

사용자 비밀번호 관리절차 여부	정보시스템 사용자 및 정보주체가 안전한 비밀번호를 설정하도록 최소 기준과 변경 주기 등 관리 절차를 마련함으로써 계정 탈취를 방지할 수 있다.
이용자 비밀번호 작성규칙 수립 여부	정보주체(이용자)가 개인정보처리시스템에 접근할 때 안전한 비밀번호를 설정할 수 있도록 비밀번호 작성규칙을 마련하고 실제로 적용하고 있는지를 확인해야 한다.
인증수단의 안전한 관리 여부	개인정보취급자 및 정보주체가 사용하는 인증수단에 대해 안전하게 적용하고 지속적으로 관리하고 있는지를 점검해야 한다.

3) 주요 내용

비밀번호 작성 규칙	• 비밀번호는 영문, 숫자, 특수문자 중 2종 이상 조합하여 최소 8자리 이상으로 구성해야 한다. • 문자만 사용할 경우 10자리 이상을 권장한다. • 주기적 변경 여부는 위험평가 결과에 따라 자율적으로 결정하며, ID 유사, 연속 숫자, 생일 등의 추측이 쉬운 비밀번호 사용을 제한한다.
비밀번호 관리 절차	• 초기 또는 임시 비밀번호는 사용 전 변경하며, 입력 시 마스킹 처리한다. • 종이나 파일 등에 기록을 하지 않고, 노출 의심 시 즉시 변경한다. • 비밀번호 분실 시 본인확인 절차를 거쳐 재설정하며, 관리자 비밀번호는 높은 등급으로 분리하여 관리한다.
이용자 비밀번호 정책	• 정보주체가 안전한 비밀번호를 설정할 수 있도록 비밀번호 작성규칙을 수립 · 적용한다. • 서비스 위험도에 따라 기준을 조정할 수 있고, 비밀번호 분실 시에는 안전한 본인확인 절차를 통해 재발급받을 수 있다.
인증수단 보호조치	비밀번호 외 인증서, PIN, 생체인식, 보안토큰 등의 인증수단을 사용할 경우 비인가자에 의한 탈취 및 도용을 방지하는 보호대책을 적용하여 안전하게 관리할 수 있다.

4) 결함사례

비밀번호 규칙 미준수	정보보호 및 개인정보보호 정책 · 지침에 비밀번호 생성규칙이 명시되어 있으나, 일부 정보시스템에서는 해당 기준과 다른 형식의 비밀번호가 사용되고 있는 경우
임시 비밀번호 미변경	비밀번호 초기화 시 임시 비밀번호를 부여하고 사용자가 변경하도록 내부 규정에 명시되어 있으나, 실제로는 임시 비밀번호가 그대로 사용되고 있는 경우
비밀번호 주기적 변경 미이행	내부 규정에서 사용자 및 개인정보취급자의 비밀번호 변경주기를 명시하고 있으나, 해당 주기에 따라 변경하지 않고 장기간 동일한 비밀번호를 사용하는 경우

예 A 병원은 내부 정보보호 정책에 비밀번호 규칙을 명시해 두었지만, 실제 의료정보 시스템에서는 병원 내규와 다른 형식의 비밀번호가 사용되고 있었다. 특히 신규 계정에 부여되는 임시 비밀번호가 초기화 없이 그대로 사용되는 사례가 빈번했다. 이로 인해 일부 직원이 같은 임시 비밀번호를 장기간 사용하여 비밀번호 관리가 허술해졌다.

또한 비밀번호 주기적 변경 규정을 준수하지 않고 있어 한 번 설정한 비밀번호가 몇 년 동안 변경되지 않는 경우도 발생하였다. 이로 인해 내부 직원의 의료 정보 접근에 대해 보안 위험이 증가했고, 비밀번호 유출 시 민감 정보가 쉽게 노출될 가능성이 높은 상태이다.

인증기준	확인사항	세부설명	증거자료	결함사례
정보시스템 관리, 개인정보·중요정보 관리 등 특수 목적을 위하여 사용하는 계정 및 권한은 최소한으로 부여하고 별도로 식별하여 통제	• 관리자 권한 등 특수권한은 반드시 최소한 인원에게만 부여되도록 공식적인 권한 신청 및 승인 절차를 수립하고 이를 실제로 이행하고 있는지 점검 • 특정 목적에 따라 부여한 특수 계정 및 권한을 식별하고 이를 별도의 목록으로 체계적으로 관리, 권한 부여·변경·횟수에 대한 통제절차가 마련되어 있는지 확인	• 관리자 등 특수권한은 최소한의 인원에게만 부여되도록 공식적인 신청 및 승인 절차를 수립·이행, 일반 계정보다 엄격한 기준 적용 • 정보시스템 관리, 중요정보 접근, 계정 생성, 보안시스템 운영 등 특수한 목적에 따른 관리자 권한, 배치 실행 권한, 접근 설정 권한 등의 유형을 정의하고 분류	• 특수권한 관련 지침 • 특수권한 신청·승인 내역 • 특수권한자 목록	• 정보시스템 및 개인정보처리시스템의 관리자 및 특수권한 부여 이력이 문서나 시스템 상에서 확인되지 않거나, 승인 내용과 실제 권한 부여 내역이 불일치하는 경우 • 내부 규정에 따라 개인정보 관리자 및 특수권한 보유자를 목록으로 관리해야 하나, 목록이 작성되지 않았거나 일부 보안시스템 관리자 등의 권한이 식별되지 않은 경우

▲ 특수계정 및 권한 관리 핵심정리

1) 인증기준

정보시스템 관리, 개인정보 및 중요정보 관리 등 특수 목적을 위하여 사용하는 계정 및 권한은 최소한으로 부여하고 별도로 식별하여 통제하여야 한다.

목적	특수권한 계정의 오·남용을 방지, 권한 부여·변경·회수 과정의 책임성과 통제 가능성 확보
주요 사항	• 관리자 권한 등 특수권한 신청 시 최소 인원 승인 및 공식적 절차 수행 • 권한 유형(관리, 설정, 실행 등) 및 범위 정의 후 문서화 • 권한 부여 시 목록화 및 부여 최소화, 변경·회수 시 통제절차 실행 • 외부자에게는 필요시점에만 임시 권한 부여 및 즉시 회수 조치 • 특수권한 보유자 현황 정기 점검 및 최신 상태 유지
주요 결과	• 최소한의 인원에 특수권한 공식 부여 • 특수권한 목록 체계적으로 관리 • 권한 사용 범위와 책임을 명확하게 설정 • 외부자 권한 오남용 위험의 감소 • 권한 현황 최신화 및 비정상 권한의 식별
기대 효과	• 보안사고 예방 및 정보시스템에 대한 통제력 강화 • 권한 오용 시 책임 추적 가능성 확보 • 외부자에 의한 내부 침해 가능성 최소화 • 권한관리 내부통제 체계 고도화

2) 확인사항

특수권한 신청 및 승인 절차 여부	관리자 권한 등 특수권한은 보안 사고 발생 시 영향이 크므로 최소 인원에게만 공식적인 승인 절차를 통해 부여해야 한다.
특수계정 및 권한 목록 관리 여부	특정 목적에 따라 부여한 특수 계정 및 권한을 식별하고 이를 별도의 목록으로 체계적으로 관리하며, 권한 부여 · 변경 · 회수에 대한 통제절차가 마련되어 있는지를 확인해야 한다.

3) 주요 내용

특수권한 부여절차	• 관리자 등 특수권한은 최소한의 인원에게만 부여되도록 공식적인 신청 및 승인 절차를 수립 · 이행한다. • 특수권한은 일반 계정보다 엄격한 기준을 적용한다.
특수권한 유형 정의	정보시스템 관리, 중요정보 접근, 계정 생성, 보안시스템 운영 등 특수한 목적에 따른 관리자 권한, 배치 실행 권한 등의 유형을 정의하고 분류한다.
특수권한 통제절차	• 특수 계정 및 권한 부여 시, 해당 권한을 받은 인원을 식별하고 별도 목록으로 관리한다. • 예외 최소화, 모니터링 강화 등의 통제절차를 병행한다.
외부자 특수권한 관리	정보시스템 유지보수 등 외부자에게 특수권한을 부여할 경우, 필요한 시점에만 생성, 작업 종료 후 즉시 해당 권한을 삭제 또는 비활성화한다.
특수권한 목록 점검	• 특수권한 보유자 현황을 주기적으로 점검하여 목록을 최신 상태로 유지한다. • 부적절한 권한이 부여되어 있지 않도록 검토하는 절차를 수행한다.

4) 결함사례

승인 이력 불일치 또는 미존재	정보시스템 및 개인정보처리시스템의 관리자 및 특수권한 부여 이력이 문서나 시스템 상에서 확인되지 않거나, 승인 내용과 실제 권한 부여 내역이 불일치하는 경우
특수권한 목록 미작성 또는 미관리	내부 규정에 따라 개인정보 관리자 및 특수권한 보유자를 목록으로 관리해야 하나, 목록이 작성되지 않았거나 일부 보안시스템 관리자 등의 권한이 식별되지 않은 경우
특수계정 상시 활성화	분기 1회 방문하는 외부 유지보수를 위해 생성된 특수 계정이 사용기간 제한 없이 항상 활성화되어 있어 보안상 위험 요소가 존재하는 경우
권한 검토 미흡	관리자 및 특수권한 계정의 사용 여부를 정기적으로 점검하지 않아, 권한이 불필요해진 사용자(업무 변경자 포함)가 여전히 기존 권한을 보유하고 있는 경우

📵 증권사 A사는 시스템 관리자와 특수권한 보유자에 대한 승인 이력 및 권한 관리가 미흡한 상황이다. 특히 시스템상의 권한 부여 내역과 문서상 승인 기록이 불일치하여 실제 권한이 승인 없이 부여되거나 해지되지 않은 사례가 발견되었다. 일부 특수권한 계정은 분기마다 검토되지 않고 상시 활성화된 상태로 남아 있어, 내부자의 권한 남용 가능성이 증가하였다.

또한 정기적인 권한 검토가 수행되지 않아 업무 변경자가 퇴사하거나 직무가 변경되었음에도 불구하고 이전 권한을 계속 보유하는 사례가 나타났다. 이러한 상황에서 불필요한 권한을 가진 계정을 통해 중요정보가 무단 접근될 위험이 높아졌다.

06 접근권한 검토

인증기준	확인사항	세부설명	증거자료	결함사례
정보시스템과 개인정보 및 중요정보에 접근하는 사용자 계정의 등록·이용·삭제 및 접근권한의 부여·변경·삭제 이력을 남기고 주기적으로 검토하여 적정성 여부를 점검	• 정보시스템, 개인정보, 중요정보에 대한 사용자 계정 및 접근권한의 생성, 등록, 변경, 말소 등의 이력을 기록하여 추적 가능하도록 관리하고 있는지를 점검 • 접근권한의 적정성을 정기적으로 검토하기 위한 기준, 검토 주체, 검토 방법, 주기를 수립하고 실제로 이를 이행하고 있는지를 확인	• 정보시스템과 개인정보 및 중요정보에 대한 계정 및 접근권한 생성, 등록, 부여, 이용, 변경, 말소 등의 이력을 책임추적성이 확보되도록 신청자, 승인자, 등록자 등의 정보를 포함하여 상세히 기록 • 접근권한 기록은 최소 3년 이상 보관, 개인정보 보호법 등 관련 법적 요구사항을 반영한 기준 준수	• 접근권한 검토 기준 및 절차 • 접근권한 검토 이력 • 접근권한 검토 결과 보고서 및 후속조치 내역	• 접근권한 검토와 관련된 점검 방법, 주기, 보고체계, 오남용 기준 등이 관련 지침에 구체적으로 정의되어 있지 않아 정기적인 권한 검토가 수행되지 않은 경우 • 내부 정책에 따라 장기 미사용 계정에 대해 잠금 또는 삭제 조치를 해야 함에도 불구하고, 6개월 이상 미접속한 계정이 여전히 활성화된 상태로 존재한 경우

▲ 접근권한 검토 핵심정리

1) 인증기준

정보시스템과 개인정보 및 중요정보에 접근하는 사용자 계정의 등록·이용·삭제 및 접근권한의 부여·변경·삭제 이력을 남기고 주기적으로 검토하여 적정성 여부를 점검하여야 한다.

목적	• 계정 및 접근권한의 부적절한 변경, 과다 권한 부여, 오·남용을 예방 • 권한 추적 및 책임성을 확보
주요 사항	• 계정 및 접근권한 생성, 등록, 변경, 말소 등 이력 기록 및 보관 • 접근권한의 적정성 정기검토(기준·주체·방법·주기 수립) • 권한 과다, 미회수, 미접속자 권한 여부 검토, 권한 부여 절차 공식화 여부 점검 • 문제 발견 시 원인분석, 소명요청, 사용자 통지, 재발방지대책 수립 및 실행 • 접근기록은 최소 3년 이상 보존, 법적 기준 반영하여 관리
주요 결과	• 계정 및 권한 변경 내역에 대한 명확한 이력 확보 • 부적정 권한의 지속적 식별 및 제거 • 권한 부여·변경·말소 절차 이행 현황 가시화 • 감사 및 대응을 위한 권한 관련 정보 확보
기대 효과	• 권한 오남용 및 정보 유출 사고 예방 • 감사 시 신뢰성 있는 책임 추적 가능 • 보안정책 및 법규 준수를 통한 인증 대응력의 강화 • 조직 내 권한 운영에 대한 내부통제 체계 확립

2) 확인사항

계정 및 권한 이력관리 여부	정보시스템, 개인정보, 중요정보에 대한 사용자 계정 및 접근권한의 생성, 등록, 변경, 말소 등의 이력을 기록하여 추적 가능하도록 관리하고 있는지를 점검해야 한다.
접근권한 적정성 정기검토 여부	• 접근권한의 적정성을 정기적으로 검토하기 위한 기준, 검토 주체, 검토 방법, 주기를 수립하고 실제로 이를 이행하고 있는지를 확인해야 한다. • 권한의 적정성은 주기적으로 검토함으로써 과도하거나 불필요한 권한 부여를 예방할 수 있다.
접근권한 문제 발생 시 조치 이행 여부	권한 과다 부여, 권한 부여 절차 미준수, 권한 오남용 등의 문제가 발견될 경우 이를 해결하기 위한 조치 절차가 마련되어 있으며 실제로 이행되고 있는지를 점검해야 한다.

3) 주요 내용

접근권한 이력관리	정보시스템과 개인정보 및 중요정보에 대해 책임 추적성이 확보되도록 신청자, 승인자, 등록자 등의 정보를 포함하여 상세히 기록한다.
접근권한 기록 보존	접근권한 기록은 최소 3년 이상 보관, 개인정보 보호법 등 관련 법적 요구사항을 반영한 기준을 준수해야 한다.
접근권한 정기검토	접근권한의 적정성을 정기적으로 검토하기 위해 검토 기준, 주체, 방법, 주기(최소 분기 1회)를 수립하고 결과를 문서화하여 보고한다.
검토 항목 기준	접근권한이 공식 절차를 거쳐 부여되었는지, 권한이 직무와 보안정책에 부합하는지, 장기 미접속자 및 퇴직자 권한이 회수되었는지 등 검토 항목을 기준으로 정기 점검한다.
검토 후 조치절차	검토 결과 과다한 권한 부여나 절차 미준수, 오남용 사례가 발견될 경우 소명 요청, 원인 분석, 사용자 통지, 재발방지 대책 등을 포함한 대응 절차를 마련하여 시행한다.

4) 결함사례

접근권한 검토 기준 미비	접근권한 검토와 관련된 점검 방법, 주기, 보고체계, 오 · 남용 기준 등이 관련 지침에 구체적으로 정의되어 있지 않아 정기적인 권한 검토가 수행되지 않은 경우
장기 미사용 계정 방치	내부 정책에 따라 장기 미사용 계정에 대해 잠금 또는 삭제 조치를 해야 함에도 불구하고, 6개월 이상 미접속한 계정이 여전히 활성화된 상태로 존재한 경우
접근권한 문제 후속조치 미흡	접근권한 검토 과정에서 과도한 권한 부여 또는 권한 오 · 남용이 의심되는 사례가 발견되었으나, 이에 대한 상세조사나 내부보고 등의 조치가 이루어지지 않은 경우

예 B 병원은 내부 정보시스템의 접근권한 관리가 제대로 이루어지지 않아, 장기 미사용 계정이 다수 활성화된 상태로 방치되었다. 6개월 이상 로그인하지 않은 계정들에 대해서는 내부 정책상 잠금이나 삭제 조치를 해야 하지만 아무 조치도 취해지지 않아 보안 취약점으로 작용했다.

또한 권한 검토 시 과도한 권한 부여가 발견되었음에도 불구하고, 이에 대한 후속 조치가 누락되어 해당 계정을 사용하는 직원이 불필요한 민감 정보에 접근할 가능성이 존재한다. 정기적인 접근권한 검토 기준이나 점검 주기, 보고 체계도 미비하여 전반적인 권한 관리 체계가 부실한 상황이다.

접근통제

빈출 태그 네트워크 접근통제 • 네트워크 분리 • 응용 프로그램 접근권한

01 네트워크 접근

인증기준	확인사항	세부설명	증거자료	결함사례
네트워크에 대한 비인가 접근을 통제하기 위하여 IP 관리, 단말인증 등 관리절차를 수립·이행하고, 업무 목적 및 중요도에 따라 네트워크 분리와 접근통제 적용	• 조직의 네트워크에 접근할 수 있는 모든 경로를 식별하고, 인가되지 않은 접근을 차단하기 위해 내부 네트워크는 인가된 사용자만 접근할 수 있도록 통제하고 있는지 점검 • 서비스, 사용자 그룹, 정보자산의 중요도 및 법적 요구사항을 반영하여 네트워크를 물리적 또는 논리적으로 분리, 각 영역 간 적절한 접근통제를 적용하고 있는지 확인	• 조직의 네트워크에 접근 가능한 모든 경로를 식별, 정보시스템·PC 등의 IP주소 부여 시 승인 절차를 거쳐야 하며, 비인가 접근 및 불필요한 포트를 차단하는 등 접근통제 관리절차 수립·이행 • 업무 환경과 법적 요구사항, 정보자산의 중요도에 따라 네트워크를 물리적 또는 논리적으로 분리, 위험평가 결과에 따라 핵심 업무영역의 접근통제 수준을 설정	• 네트워크 구성도 • IP주소 관리대장 • 방화벽 정책	• 외부 지점에서 사용하는 정보시스템과 IDC 서버 간 연결 시 VPN 또는 전용망이 아닌 일반 인터넷 회선을 통해 송수신이 이뤄져 전송구간 보호가 되지 않은 경우 • 내부망에 위치한 중요 서버(IP주소 기준)가 내부 규정과 달리 공인 IP를 사용하고 있으며, 네트워크 접근제어도 설정되지 않아 외부 노출 위험이 있는 경우

▲ 네트워크 접근 핵심정리

1) 인증기준

네트워크에 대한 비인가 접근을 통제하기 위하여 IP 관리, 단말인증 등 관리절차를 수립·이행하고, 업무 목적 및 중요도에 따라 네트워크 분리와 접근통제를 적용하여야 한다.

목적	• 비인가자의 네트워크 접근을 통제하고 내부망의 보안성 강화 • 외부 위협으로부터 침해 최소화
주요 사항	• 네트워크 접근 경로 식별 및 통제 : 내부 사용자만 접근 가능하도록 구성 • 네트워크 논리적·물리적 분리 : 업무 목적/중요도에 따라 DMZ, 서버팜 등 분리 • IP주소 부여 기준 및 외부 차단 : 사설 IP, NAT 등을 활용해 외부 유출 차단 • 전송구간 보호대책 적용 : IDC, 지사 간 암호화, 전용선 등 보안 강화 • VPN 및 전용망을 통한 외부 연결 : 협력사, 지사 등 안전한 접속환경 구성 • 영역별 접근통제 : ACL, 침입차단시스템 등으로 서비스 단위 통제

주요 결과	• 네트워크 접근 권한의 명확한 통제 • 외부로부터 불필요한 접속 차단, 중요정보 구간 보호수준 강화 • 물리적/논리적 분리 시 침해 확산 방지, 데이터 변조 · 유출 위험 최소화
기대 효과	• 조직의 네트워크 보안성 및 신뢰성 향상 • 외부 위협에 대한 방어력 증대 • 정보 유출 사고 예방 및 법적 책임 감소

2) 확인사항

네트워크 접근 경로 식별 및 통제 여부	조직의 네트워크에 접근할 수 있는 모든 경로를 식별하고, 인가되지 않은 접근을 차단하기 위해 내부 네트워크는 인가된 사용자만 접근할 수 있도록 통제해야 한다.
네트워크 영역 분리 및 통제 여부	서비스, 사용자 그룹, 정보자산의 중요도 및 법적 요구사항을 반영하여 네트워크를 물리적 또는 논리적으로 분리하고, 각 영역 간 적절한 접근통제를 적용하고 있는지를 확인해야 한다.
IP주소 부여 기준 및 외부 차단 대책 여부	네트워크 대역별 IP주소 부여 기준을 마련하고, 외부 연결이 불필요한 서버는 사설 IP를 사용하도록 하여 외부로부터의 접근을 차단하고 있는지를 확인해야 한다.
전송구간 보호대책 적용 여부	물리적으로 분리된 IDC, 지사, 대리점 등과 연결된 네트워크 간 데이터 전송 시 도청 · 변조 등의 위협을 방지하기 위한 암호화, 전용선 등 보호대책을 마련하고 있는지를 점검해야 한다.

3) 주요 내용

네트워크 접근통제 절차	• 조직의 네트워크에 접근 가능한 모든 경로를 식별해야 한다. • 정보시스템 · PC 등의 IP주소 부여 시 승인 절차를 거쳐야 하며, 비인가 접근 및 불필요한 포트를 차단하는 등 접근통제 관리절차를 수립 · 이행한다.
네트워크 영역 분리	• 업무 환경과 법적 요구사항, 정보자산의 중요도에 따라 네트워크를 물리적 또는 논리적으로 분리한다. • 위험평가 결과에 따라 핵심 업무영역의 접근통제 수준을 설정한다.
영역별 접근통제	• DMZ, 서버팜, DB존, 운영자 환경, 개발 환경, 외부자 영역 등으로 네트워크를 분리한다. • 각 영역 간에는 침입차단시스템, ACL 등을 통해 필요한 서비스만 접근 가능하도록 통제한다.
IP주소 관리	• 네트워크 대역별 IP주소는 승인 기준에 따라 부여한다. • 외부 유출 방지를 위해 대외비 수준으로 보호하고, DB 등 중요 시스템은 외부 연결이 필요 없을 경우 사설 IP를 사용한다.
사설 IP주소 기준	• 내부망의 주소 체계는 국제표준에 따른 사설 IP대역을 사용한다. • 외부 노출을 방지하기 위해 NAT 기능을 적용하고, IP주소 할당 현황을 최신 상태로 관리한다.
외부 네트워크 연결	• IDC, 지사, 협력업체 등 물리적으로 떨어진 네트워크 간에는 VPN 또는 전용회선을 이용해 안전하게 연결한다. • 보안성을 확보한 접속 환경을 구성해야 한다.

4) 결함사례

전송구간 보호 미적용	외부 지점에서 사용하는 정보시스템과 IDC 서버 간 연결 시 VPN 또는 전용망이 아닌 일반 인터넷 회선을 통해 송수신이 이루어져 전송구간 보호가 되지 않은 경우
중요 서버 공인 IP 노출	내부망에 위치한 중요 서버(IP주소 기준)가 내부 규정과 달리 공인 IP를 사용하고 있으며, 네트워크 접근제어도 설정되지 않아 외부 노출 위험이 있는 경우
서버팜 접근제어 미흡	서버팜 구성은 되어 있으나 내부망에서 서버팜으로의 네트워크 접근이 과도하게 허용되어 있어 정보자산 보호에 취약한 상태인 경우

외부자 네트워크 분리 미비	외부 개발자나 방문자에게 제공되는 네트워크가 내부 업무망과 별도 분리되지 않아 내부 시스템 접근 위험이 존재하는 경우
인증 및 보안 소프트웨어 미적용	MAC주소 인증, 보안 소프트웨어 설치 등 기본적인 네트워크 보안 조치 없이 케이블만 연결하면 사내 네트워크 접근이 가능한 상태로 운영되고 있는 경우

예 C 은행은 외부 지점과 본사 IDC 서버 간 통신에 VPN이나 전용망이 아닌 일반 인터넷 회선을 사용하여 전송 구간 보호가 이루어지지 않았다. 또한 내부망 내 중요 서버가 공인 IP를 사용하며 네트워크 접근제어가 설정되지 않아 외부 공격에 취약한 상태였다.

서버팜에 대한 접근 권한이 과도하게 허용되어 외부 네트워크와 내부망 간 분리가 제대로 이루어지지 않았고, 외부 개발자나 방문자도 내부망에 직접 접근할 수 있는 환경이었다. MAC 주소 인증 및 기본적인 네트워크 보안 소프트웨어도 설치되지 않아 케이블만 연결하면 네트워크 접속이 가능한 심각한 보안 허점이 발생했다.

02 정보시스템 접근 25년 2회

인증기준	확인사항	세부설명	증거자료	결함사례
서버, 네트워크시스템 등 정보시스템에 접근을 허용하는 사용자, 접근제한 방식, 안전한 접근수단 등을 정의하여 통제	• 서버, 네트워크, 보안시스템 등 정보시스템별 운영체제(OS)에 대해 접근이 허용되는 사용자, 접근 위치, 접근 수단을 명확히 정의 이를 기반으로 접근을 통제하고 있는지 확인 • 정보시스템에 접속 후 일정 시간 이상 활동이 없을 경우 자동으로 접속이 차단되도록 설정하여 무단 사용을 방지하고 있는지 점검	• 서버, 네트워크시스템, 보안시스템 등의 OS 접근 사용자, 위치(IP), 수단(SSH, SFTP 등)을 정의 및 접근통제 절차 수립·운영 • 계정은 사용자별로 개별 발급하고 공용 계정을 제한, 장기 미사용·불필요 계정을 정기적으로 점검,현행화 • 접속 위치는 IP 제한 등으로 통제, 관리자 권한에는 OTP, 인증서 등 강화된 인증수단 적용	• 정보시스템 운영체제 계정 목록 • 서버 보안 설정 • 서버 접근 제어 정책 • 서버 및 네트워크 구성도	• 서버관리자가 터미널 서비스를 통해 서버 접근 시 세션 타임아웃 설정이 적용되지 않아 장시간 미작업 상태에서도 접속이 유지 보안에 취약한 상태인 경우 • 사용자가 인가받은 서버에 접속한 후 해당 서버를 경유하여 인가받지 않은 다른 서버로 접속할 수 있도록 서버 간 접근 통제가 미흡하게 설정된 경우

▲ 정보시스템 접근 핵심정리

1) 인증기준 ^{25년 1회}

서버, 네트워크시스템 등 정보시스템에 접근을 허용하는 사용자, 접근제한 방식, 안전한 접근수단 등을 정의하여 통제하여야 한다.

목적	• 운영체제 접근에 대한 사용자, 위치, 수단을 명확히 정의 및 통제 • 무단 접근을 방지하고 시스템 보호 및 성능 최적화
주요 사항	• OS 접근 허용 사용자, 위치(IP), 수단(SSH, SFTP 등) 정의 및 통제 절차 수립 • 사용자 계정을 개인별로 발급하고, 장기 미사용/불필요 계정 정기적 점검 • 자동 세션 타임아웃 설정으로 장시간 무응답 시 접속 차단 • 불필요한 기본/테스트 서비스 제거하여 시스템 경량화 및 위협 최소화 • 주요 서비스는 다른 서비스와 논리적/물리적으로 분리하여 독립적으로 운영 • 관리자 권한 접근 시 위치 제한(IP) 및 OTP 등 인증수단 적용
주요 결과	• 운영체제 접근에 대한 명확한 통제 체계의 구축 • 계정 및 접근 권한 현황 관리 체계화 • 무단 사용 및 장기 미접속으로 인한 보안 취약점 차단 • 서비스별 자원 분리로 성능 안정화 및 영향 최소화
기대 효과	• 운영체제 및 시스템에 대한 보안 위협 예방 • 인증 기반의 통제로 무단 접근 차단 및 책임성 강화 • 서비스 간 간섭 및 장애 전파 방지

2) 확인사항

운영체제 접근 통제 여부	• 운영체제(OS) 접근은 사용자, 위치, 수단을 명확히 정의하여 허가된 대상만 접근할 수 있도록 통제함으로써 시스템을 보호해야 한다. • 이를 기반으로 접근을 통제하고 있는지 확인해야 한다.
자동 세션 차단 설정 여부	• 정보시스템에 접속 후 일정 시간 이상 활동이 없을 경우 자동으로 접속이 차단되도록 설정하여 무단 사용을 방지하고 있는지 점검해야 한다. • 장시간 무응답 접속은 보안 위협이 되므로 자동 세션 차단 설정을 통해 무단 사용을 방지할 필요가 있다.
불필요 서비스 제거 여부	정보시스템의 운영 목적과 무관한 기본 서비스나 테스트용 기능 등 불필요한 서비스를 제거하여 시스템의 공격 면을 줄이고 성능을 최적화해야 한다.
주요 서비스의 서버 분리 운영 여부	주요 서비스를 제공하는 시스템이 다른 서비스와 분리되어 독립된 서버에서 운영되고 있어 서비스 간 영향도 최소화되고 있는지를 점검해야 한다.

3) 주요 내용

접근통제 정의 및 통제	서버, 네트워크시스템, 보안시스템 등의 OS 접근 사용자, 위치(IP), 수단(SSH, SFTP 등)을 정의 및 접근통제 절차를 수립·운영한다.
계정 관리	• 계정은 사용자별로 개별 발급하고 공용 계정을 제한한다. • 장기 미사용·불필요 계정을 정기적으로 점검해야 한다.
접속 위치 및 인증	• 접속 위치는 IP 제한 등으로 통제한다. • 관리자 권한에는 OTP, 인증서 등 강화된 인증수단을 적용한다.
세션 자동 차단	정보시스템 접속 후 일정 시간 동안 활동이 없을 경우 자동으로 접속을 차단하도록 세션 유지시간 설정이 필요하다.
불필요 서비스 차단	• 침해사고 유발 가능성이 있는 서비스나 포트는 점검 후 제거·차단한다. • 위험성이 있는 데몬의 사용을 제한한다.
보안 프로토콜 적용	Telnet, FTP 등은 사용을 제한하고 SSH, SFTP, IPSec VPN 등 보안성이 강화된 접근기술을 활용한다.
서버 분리 운영	웹서버, DB서버 등 주요 서비스를 제공하는 시스템은 다른 장비와 공유하지 않고 독립 서버에서 운영한다.

4) 결함사례

세션 타임아웃 미설정	서버관리자가 터미널 서비스를 통해 서버에 접근 시 세션 타임아웃 설정이 적용되지 않아 장시간 미작업 상태에서도 접속이 유지되어 보안에 취약한 상태인 경우
서버 간 무단 접근 가능	특정 사용자가 인가받은 서버에 접속한 후 해당 서버를 경유하여 인가받지 않은 다른 서버로도 접속할 수 있도록 서버 간 접근 통제가 미흡하게 설정된 경우
비안전한 접속 및 불필요 서비스 운영	타당한 사유나 보완대책 없이 Telnet, FTP 등의 안전하지 않은 접속 방식을 사용하고 있으며, 불필요한 서비스 및 포트를 제거하지 않고 그대로 운영 중인 경우
접근통제 우회 경로 존재	모든 서버는 접근제어 시스템을 통해 통제된다고 되어 있으나, 실제로는 이를 우회하여 직접 접근 가능한 경로가 존재해 접근통제 정책이 무력화된 상태인 경우

📖 A 백화점 서버 관리자들은 터미널 서비스 세션에 대해 타임아웃 설정을 하지 않아, 사용자가 장시간 미작업 상태여도 세션이 유지되는 상황이 빈번했다. 이로 인해 불필요한 접속 세션이 장시간 열려 있어 내부 보안 사고 발생 위험이 커졌다. 또한, 특정 사용자가 인가받은 서버에 접속 후, 서버 간 무단 접속 우회 경로를 통해 인가받지 않은 다른 서버로 접근하는 사례가 발견되었다.

이는 서버 간 접근통제 정책이 제대로 설정되지 않아 가능한 상황이었다. 그밖에도 보안이 취약한 Telnet, FTP 등의 프로토콜을 삭제하지 않고 과도하게 운영하여 네트워크 내 공격 표면이 확대되었다. 결국 내부망 서버 간 무단 접근과 장시간 세션 유지가 결합하여 보안 사고가 발생할 뻔한 위기가 있었다.

인증기준	확인사항	세부설명	증거자료	결함사례
사용자별 업무 및 접근 정보의 중요도 등에 따라 응용프로그램 접근권한을 제한하고, 불필요한 정보 또는 중요정보 노출을 최소화 할 수 있도록 기준을 수립하여 적용	• 중요정보에 대한 접근을 통제하기 위해 사용자 업무에 따라 응용프로그램 접근권한을 차등 부여하고 있는지 점검 • 일정 시간 동안 사용자 입력이 없는 경우 자동 로그아웃이 되도록 설정, 동일 사용자의 동시 접속 세션 수를 제한하여 계정 공유 및 도용 위험을 방지하고 있는지 확인	• 응용 프로그램별로 사용자 업무에 따라 권한 차등 부여, 권한분류체계 마련, 최소 권한 원칙에 따라 설정, 권한 이력 기록을 통해 타당성 검토 • 사용자 입력 없이 일정시간이 지나면 자동 로그아웃 되도록 하고, 동일 계정의 동시 접속을 제한하여 보안성을 증대, 개인정보처리시스템은 법적 요구에 따라 세션 타임아웃 적용	• 응용 프로그램 접근 권한 분류 체계 • 응용 프로그램 계정 · 권한 관리 화면 • 응용 프로그램 사용자 · 관리자 화면(개인정보 조회 등) • 응용 프로그램 세션 타임 동시접속 허용 여부 내역	• 응용 프로그램의 개인정보 처리화면 중 일부에서 권한 제어 기능에 오류가 있어 개인정보 열람 권한이 없는 사용자에게 개인정보가 노출되고 있는 경우 • 응용 프로그램의 관리자 페이지가 외부 인터넷망에 노출되어 있으며, 안전한 인증수단 없이 접근이 가능한 상태로 운영되고 있는 경우

▲ 응용 프로그램 접근 핵심정리

1) 인증기준

사용자별 업무 및 접근 정보의 중요도 등에 따라 응용 프로그램 접근권한을 제한하고, 불필요한 정보 또는 중요정보 노출을 최소화할 수 있도록 기준을 수립하여 적용하여야 한다.

목적	• 운영체제 접근에 대한 사용자, 위치, 수단을 명확하게 정의하고 통제 • 무단 접근을 방지하고 시스템 보호 및 성능 최적화
주요 사항	• 사용자 업무 기반 응용 프로그램 접근 권한을 차등 부여하고 이력 기록을 관리 • 일정 시간 미사용 시 자동 세션 차단 및 동시접속 제한 설정을 적용 • 관리자용 응용 프로그램에 대해 비인가자 차단 및 인증기반 접근통제 조치를 적용 • 개인정보 및 중요정보에 대한 표시제한 기준(예 마스킹) 수립 및 시스템 적용 • 응용 프로그램에서 중요정보 출력 시 조회, 인쇄, 다운로드 등 최소화 조치 적용 • 관리자 전용 웹페이지 및 콘솔 외부 노출 차단, 인증수단 및 로그기록 점검
주요 결과	• 사용자별 응용 프로그램 권한이 체계적 부여 및 관리 • 계정 공유 및 무단 접근 차단 통한 시스템 안전성 확보 • 개인정보 및 중요정보의 비인가 노출 위험 감소 • 출력/조회 경로에 대한 보호조치 적용 통한 정보 유출 통제
기대 효과	• 개인정보 및 중요정보 보호 수준의 향상 • 시스템 접근 권한 통제체계 고도화를 통한 내부통제 강화 • 법령 및 ISMS-P 기준에 따른 응용 프로그램 보안 요구사항 충족 • 권한 남용 및 오남용 방지를 통한 책임성과 신뢰성 확보

2) 확인사항

응용 프로그램 접근권한 차등 부여 여부	중요정보에 대한 접근을 통제하기 위해 사용자 업무에 따라 응용 프로그램 접근권한을 차등 부여하고 있는지를 점검해야 한다.
세션 통제 및 동시접속 제한 여부	일정 시간 동안 입력이 없는 경우 자동 로그아웃이 되도록 설정하고, 동일 사용자의 동시 접속 세션 수를 제한하여 계정 공유 및 도용 위험을 방지하고 있는지를 확인해야 한다.
관리자 전용 응용 프로그램 접근통제 여부	관리자용 응용 프로그램에 대해 비인가자가 접근하지 못하도록 별도의 인증 및 접근통제 조치를 적용하고 있는지를 점검해야 한다.
표시제한 기준 수립 및 적용 여부	개인정보 및 중요정보에 대한 표시제한이 일관되게 적용될 수 있도록 기준을 수립하고, 시스템에서 이를 반영하고 있는지를 확인해야 한다.
불필요한 노출 최소화 구현 여부	응용 프로그램에서 개인정보 및 중요정보가 불필요하게 화면에 표시되거나 인쇄·다운로드되지 않도록 최소화 조치를 구현하고 운영하고 있는지를 점검해야 한다.

3) 주요 내용

응용 프로그램 권한관리	• 응용 프로그램별로 사용자 업무에 따라 권한을 차등 부여한다. • 권한분류체계를 마련하여 최소 권한 원칙에 따라 설정하고, 권한 이력 기록을 통해 타당성을 검토한다.
세션 관리 및 동시 접속 제한	• 입력 없이 일정 시간이 지나면 자동 로그아웃되도록 하고, 동일 계정의 동시 접속을 제한하여 보안성을 증대한다. • 개인정보처리시스템은 법적 요구에 따라 세션 타임아웃을 적용한다.
관리자 프로그램 접근통제	• 관리자 전용 웹페이지나 콘솔은 외부 공개를 차단한다. • 불가피할 경우 VPN, OTP 등 안전한 인증수단을 적용해야 하며, 접속 로그 및 이벤트 로그를 정기적으로 점검한다.
개인정보 표시제한 기준	• 성명, 주민등록번호, 전화번호, 주소, 이메일 등 개인정보 항목에 대해 일관된 마스킹 기준을 적용한다. • 표시제한 조치를 구현해야 한다.
중요정보 출력통제	• 응용 프로그램에서 개인정보 출력은 용도에 따라 항목을 최소화한다. • 검색 조건은 일치검색 또는 다중조건 검색을 기본으로 하며, 웹소스 또는 엑셀 숨김필드 등에 의한 노출을 방지한다.

4) 결함사례

권한 오류로 인한 개인정보 노출	응용 프로그램의 개인정보 처리화면 중 일부에서 권한 제어 기능에 오류가 있어 개인정보 열람 권한이 없는 사용자에게 개인정보가 노출되고 있는 경우
관리자 페이지 보안 미적용	응용 프로그램의 관리자 페이지가 외부 인터넷망에 노출되어 있으며, 안전한 인증수단 없이 접근이 가능한 상태로 운영되고 있는 경우
세션 및 동시접속 통제 미흡	응용 프로그램에 대해 타당한 사유 없이 세션 타임아웃 설정이나 동일 계정의 동시접속 제한을 적용하지 않고 있는 경우
불필요한 개인정보 과다 포함	응용 프로그램을 통해 다운로드되는 개인정보 파일에 주민등록번호 등 업무에 불필요한 개인정보가 과도하게 포함되어 있는 경우
과도한 like 검색 허용	응용 프로그램에서 like 검색이 과도하게 허용되어 사용자가 성씨만 입력해도 본인 업무 범위를 초과한 전체 고객 정보를 조회할 수 있는 경우
마스킹 기준 불일치	개인정보 마스킹 기준이 마련되지 않았거나 준수되지 않아 동일한 개인정보 항목이 화면별로 서로 다른 기준으로 표시되고 있는 경우
소스보기 통한 정보 노출	화면상으로는 마스킹되어 있는 개인정보가 웹브라우저 소스보기를 통해 비마스킹된 상태로 확인 가능하여 보안조치가 실질적으로 무력화되고 있는 경우

예 B 가상화폐거래소에서 내부 응용 프로그램의 권한 제어 기능에 오류가 발생해, 일부 사용자에게 불필요하게 개인정보 열람 권한이 부여되었다. 이로 인해 고객의 주민등록번호와 같은 민감정보가 노출되는 사고가 발생했다. 또한 관리자 페이지가 외부 인터넷에 노출되어 안전한 인증수단 없이 접근 가능한 상태였으며, 세션 타임아웃 설정이 없어 동일 계정으로 다중 접속이 가능해 내부 보안 사고 위험을 증대시켰다.

더불어 프로그램에서 다운로드되는 개인정보 파일에 업무와 무관한 주민등록번호 등 과도한 개인정보가 포함되어 관리적 통제가 미흡한 점도 드러났다. 특히 검색 기능에서 like 검색이 과도하게 허용되어 사용자 한 명이 전체 고객 정보를 조회할 수 있어 개인정보 노출 가능성이 매우 컸다.

04 데이터베이스 접근

인증기준	확인사항	세부설명	증거자료	결함사례
테이블 목록 등 데이터베이스 내에서 저장·관리되고 있는 정보 식별, 정보의 중요도와 응용프로그램 및 사용자 유형 등에 따른 접근통제 정책 수립·이행	• 데이터베이스에 저장·관리되고 있는 테이블 목록 등 주요 정보를 식별하고 이를 체계적으로 파악하고 있는지 점검 • 데이터베이스에 접근이 필요한 응용프로그램, 정보시스템(서버), 사용자 등을 명확히 식별, 이에 따라 접근권한을 통제하고 있는지 확인	• 데이터베이스에서 사용되는 테이블 목록과 저장된 정보의 구조 및 상관관계를 식별, 주기적으로 점검하여 현행화 • 개인정보가 저장된 테이블, 컬럼 명칭과 건수, 암호화 여부 등을 식별, 위치 정보를 포함하여 관리 • 데이터베이스 접근이 필요한 응용프로그램, 서버, 사용자를 명확히 식별, 불필요한 접근 제한	• 데이터베이스 현황 (테이블, 컬럼 등) • 데이터베이스 접속자 계정·권한 목록 • 데이터베이스 접근제어 정책	• 대량의 개인정보를 보관·처리중인 데이터베이스를 인터넷을 통해 접근 가능한 웹 응용프로그램과 분리하지 않고 물리적으로 동일한 서버에서 운영하고 있는 경우 • 개발자 및 운영자들이 응용 프로그램에서 사용하고 있는 계정을 공유하여 운영 데이터베이스에 접속하고 있는 경우

▲ 데이터베이스 접근 핵심정리

1) 인증기준

테이블 목록 등 데이터베이스 내에서 저장·관리되고 있는 정보를 식별하고, 정보의 중요도와 응용 프로그램 및 사용자 유형 등에 따른 접근통제 정책을 수립·이행하여야 한다.

목적	• 데이터베이스에 저장된 정보에 대한 체계적 식별 및 접근주체 통제 • 중요정보 유출, 무단 접근, 내부 오남용을 방지
주요 사항	• DB 내 테이블 목록 및 저장된 주요 정보 식별 및 정기적 현황 관리 • 테이블/컬럼 단위로 중요정보 위치 식별 및 암호화 등 보호조치를 적용 • DB 접근 주체(응용 프로그램, 서버, 사용자) 명확히 식별하고 정책 수립 • 최소권한 원칙에 따라 DBA/사용자 계정 구분 및 접근권한을 분리하여 관리 • 장시간 미사용 시 자동 세션 차단 등 접근통제 기능을 적용 • 비인가자의 접근 차단을 위한 IP/포트 제한, 명령어 제어, 인증수단 활용 • DB는 DMZ 밖에서 운영되지 않도록 구성하고 외부 노출 방지
주요 결과	• DB 내 중요정보와 그 위치가 식별되고 목록화 • 접근 대상 및 권한이 명확하게 통제 • 불필요한 계정, 권한 제거 및 무단 접근 방지 • DB 외부 노출 리스크 감소
기대 효과	• 개인정보 및 주요정보의 안전한 저장 및 보호수준의 향상 • 내부·외부 위협에 대한 DB 접근 통제력의 확보 • 데이터 중심 보안관리체계 확립

2) 확인사항

DB 저장정보 식별 여부	데이터베이스에 저장·관리되고 있는 테이블 목록 등 주요 정보를 식별하고 이를 체계적으로 파악하고 있는지를 점검해야 한다.
DB 접근주체 식별 및 통제 여부	• 데이터베이스에 접근이 필요한 응용 프로그램, 정보시스템(서버), 사용자 등을 명확히 식별하고, 이에 따라 접근 권한을 통제하고 있는지를 확인해야 한다. • 접근 권한을 통제함으로써 무단 접근이나 내부 유출을 예방할 수 있다.

3) 주요 내용

데이터베이스 현황 관리	데이터베이스에서 사용되는 테이블 목록과 저장된 정보의 구조 및 상관관계를 식별, 주기적으로 점검하여 현행화한다.
데이터 저장 위치 식별	중요정보 및 개인정보가 저장된 테이블, 컬럼의 명칭과 건수, 암호화 여부 등을 식별, 위치 정보를 포함하여 관리한다.
접근대상 식별	데이터베이스 접근이 필요한 응용 프로그램, 서버, 사용자를 명확히 식별하고, 불필요한 접근을 제한한다.
접근통제 정책	DBA와 일반 사용자 계정 간 권한을 구분, 최소권한 원칙에 따라 테이블, 뷰, 컬럼 단위로 접근통제 정책을 수립·이행한다.
권한 및 계정 분리	• DBA 계정과 조회용 계정은 구분하여 운영, 응용 프로그램 계정과 사용자 계정의 공용 사용을 금지한다. • 필요 없는 계정은 삭제 조치한다.
사용제한 및 자동 차단	업무 중 일정시간 이상 활동이 없는 경우 자동으로 접속을 차단하는 기능을 설정한다.
비인가 접근차단	비인가자의 접근을 차단하기 위해 허용된 IP주소, 포트, 명령어, 응용 프로그램만을 통해 데이터베이스 접근을 허용한다.
DB 네트워크 보호	개인정보가 저장된 데이터베이스는 DMZ에 두지 않고, 외부 네트워크와 분리된 안전한 환경에서 운영한다.

4) 결함사례

웹서버와 DB 미분리 운영	개인정보가 저장된 데이터베이스가 외부 접속 가능한 웹 응용 프로그램과 물리적으로 동일한 서버에서 운영되어 보안영역 분리 기준이 충족되지 않은 경우
계정 공유를 통한 DB 접속	개발자 및 운영자가 응용 프로그램에서 사용하는 계정을 공동으로 사용해 운영 데이터베이스에 접속함으로써 사용자 식별 및 접근 통제가 무력화된 경우
과도한 DB 권한 부여	내부 규정에 따라 오브젝트별 권한 제한이 필요함에도 불구하고, 운영자에게 DB 전체 권한이 일괄 부여되어 불필요한 개인정보 테이블에도 접근 가능한 경우
DB 접근제어 우회	데이터베이스 접근제어 솔루션이 도입되어 있으나 접속자의 IP주소 제한이 없어 솔루션을 우회하여 DB에 직접 접속하는 행위가 가능한 상태인 경우
테이블 식별 미흡 및 불필요 정보 저장	개인정보가 저장된 데이터베이스 내 테이블 현황이 파악되지 않아, 임시 생성된 테이블에 불필요한 개인정보가 파기되지 않고 대량 저장되어 있는 경우

📖 국내 A 은행에서는 내부 코어뱅킹 시스템(DB) 접근 권한 관리가 미흡하여, 일부 개발자 계정에 불필요하게 광범위한 데이터베이스 조회 권한이 부여되어 있었다. 이에 따라 개발자가 단순 오류 로그 확인을 목적으로 접속했으나, 실제로는 고객의 계좌번호, 잔액, 주민등록번호 등 주요 개인정보 및 금융정보까지 무단으로 조회할 수 있는 상황이 발생했다.

05 무선 네트워크 접근

인증기준	확인사항	세부설명	증거자료	결함사례
무선 네트워크를 사용하는 경우 사용자 인증, 송수신 데이터 암호화, AP 통제 등 무선 네트워크 보호대책 적용, 또한 AD Hoc 접속, 비인가 AP 사용 등 비인가 무선 네트워크 접속으로부터 보호대책을 수립·이행	• 무선 네트워크를 업무용으로 사용하는 경우, 무선AP 및 네트워크 구간의 보안을 위해 사용자 인증, 송수신 데이터 암호화 등의 보호대책을 마련하고 이행하고 있는지를 확인 • 무선 네트워크를 사용할 수 있는 인가된 임직원을 대상으로 사용 신청 및 해지 절차를 수립하고, 이를 통해 무선 사용자를 통제하고 있는지 점검	• 업무용 무선네트워크 사용 시 WPA2/WPA3 Enterprise 모드 등을 통해 사용자 인증과 송수신 데이터 암호화를 적용, MAC 인증과 같은 단말 인증 방식도 함께 고려 • SSID 숨김, 무선 네트워크 ACL 설정, 무선 AP 관리자 접근 IP 제한 등을 통해 무선접속 환경의 보안 강화	• 네트워크 구성도 • AP 보안 설정 내역 • 비인가 무선 네트워크 점검 이력	• 외부인을 위한 무선 네트워크와 내부망이 동일한 IP 대역으로 설정되어 있어, 외부인이 별도의 인증이나 통제 없이 내부 네트워크에 접근 가능한 상태인 경우 • 무선 AP 설정 시 정보 송수신 암호화를 적용했지만, WEP 등 안전하지 않은 암호화 방식을 사용하고 있어 데이터가 탈취될 위험이 존재하는 경우

▲ 무선 네트워크 접근 핵심정리

1) 인증기준

• 무선 네트워크를 사용하는 경우 사용자 인증, 송수신 데이터 암호화, AP 통제 등 무선 네트워크 보호대책을 적용하여야 한다.

• 또한 AD Hoc 접속, 비인가 AP 사용 등 비인가 무선 네트워크 접속으로부터 보호대책을 수립·이행하여야 한다.

목적	무선 네트워크 환경에서 발생 가능한 비인가 접근, 정보 유출, 내부 오남용 등 보안 위협을 예방 및 조직의 보안 수준 강화
주요 사항	• 무선 AP 인증 및 송수신 암호화 설정(WPA2/3, MAC 인증 등 고려) • 무선 사용 신청·해지 절차 수립 및 인가된 임직원에게만 사용 허용 • SSID 숨김, ACL 설정, 관리자 접근 IP 제한 등 무선 접근통제 적용 • 무선 AP 장비 목록 관리, IP 제한, 장비별 인증 및 접속 단말 등록 • 비인가 무선망(Rogue AP, Ad Hoc) 탐지 등 무선침입방지시스템(WIPS) 운영 • 무선 네트워크 사용 시 보안대책 수립 여부 정기 점검 및 실행 상태 확인
주요 결과	• 무선 네트워크 사용 대상과 장비가 식별되어 통제 • 불필요하거나 승인되지 않은 무선 접속 차단 • 무선 환경에서도 인증·암호화 기반의 통신 보호 구현
기대 효과	• 무선 네트워크 기반 정보 유출 사고 예방 • 내부 보안 정책 일관성 유지 및 관리 책임성 확보 • 법적·관리적 책임 최소화, 안전한 업무용 무선 네트워크 환경 조성

2) 확인사항

무선 네트워크 보안대책 수립 여부	무선 네트워크를 업무용으로 사용하는 경우, 무선 AP 및 네트워크 구간의 보안을 위해 사용자 인증, 송수신 데이터 암호화 등의 보호대책을 마련하고 이행하고 있는지를 확인해야 한다.
무선 사용 신청 및 해지 절차 여부	무선 네트워크를 사용할 수 있는 인가된 임직원을 대상으로 사용 신청 및 해지 절차를 수립하고, 이를 통해 무선 사용자를 통제하고 있는지를 점검해야 한다.
비인가 무선망 탐지 및 차단 여부	Ad Hoc 방식의 직접 연결이나 허가받지 않은 무선 AP 등 비인가 무선 네트워크에 대해 탐지 및 차단하는 보호대책이 수립되어 있고, 이를 실제로 이행하고 있는지를 점검해야 한다.

3) 주요 내용

무선 네트워크 보안설정	• 업무용 무선 네트워크 사용 시 WPA2/WPA3 Enterprise 모드 등을 통해 사용자 인증과 송수신 데이터 암호화를 적용한다. • MAC 인증과 같은 단말 인증 방식도 함께 고려해야 한다.
무선 네트워크 접근통제	SSID 숨김, 무선 네트워크 ACL 설정, 무선 AP 관리자 접근 IP 제한 등을 통해 무선접속 환경의 보안을 강화한다.
무선 네트워크 사용관리	무선 네트워크 사용은 신청 및 승인 절차를 통해 인가된 임직원에게만 허용해야 하며, 퇴직 등으로 인한 권한 해지 절차를 마련해야 한다.
무선 AP 관리 및 인증	• 무선 AP 장비 목록을 관리, 관리자 접근은 특정 IP로 제한한다. • 장비별 인증 및 접속단말등록을 통해 통제를 수행한다.
비인가 무선접속 차단	• 조직 내 허가받지 않은 무선 AP 및 Ad Hoc 접속을 방지하기 위해 무선침입방지시스템(WIPS)을 운영한다. • 비인가 AP 탐지를 주기적으로 수행해야 한다.

4) 결함사례

외부인 내부망 접근 가능	외부인을 위한 무선 네트워크와 내부망이 동일한 IP 대역으로 설정되어 있어, 외부인이 별도의 인증이나 통제 없이 내부 네트워크에 접근 가능한 상태인 경우
비암호화 또는 취약한 암호화 설정	무선 AP 설정 시 정보 송수신 암호화를 적용했지만, WEP 등 안전하지 않은 암호화 방식을 사용하고 있어 데이터가 탈취될 위험이 존재하는 경우
무선 AP 보안 설정 미흡	내부망에 연결된 무선 AP에 대해 디폴트 비밀번호를 그대로 사용하거나 관리자 계정에 대한 접근제어가 설정되지 않아 보안이 취약한 상태로 운영되고 있는 경우

🄰 국내 A 병원은 환자와 방문객 편의를 위해 별도의 게스트 Wi-Fi를 운영하고 있었다. 그러나 무선 네트워크 설정이 내부 업무망과 동일한 IP 대역으로 구성되어 있어, 외부인이 별도의 인증 없이 내부 시스템에 접근할 수 있는 구조였다. 또한 일부 무선 AP는 여전히 WEP 암호화 방식을 사용하고 있었고, 관리자의 계정은 제조사 디폴트 비밀번호가 그대로 설정되어 있었다.

보안점검 중 외부 보안 컨설턴트가 게스트 Wi-Fi를 통해 접속한 결과, 내부 전자의무기록(EMR) 시스템과 동일 네트워크에 접근 가능하다는 점을 확인하였고, 암호화가 취약한 AP를 통해 송수신되는 환자 개인정보 일부가 평문으로 노출되었으며, 관리자 계정을 통한 AP 제어 가능성도 존재하는 것으로 드러났다.

06 원격접근 통제

인증기준	확인사항	세부설명	증거자료	결함사례
보호구역 이외 장소에서의 정보시스템 관리 및 개인정보 처리는 원칙적으로 금지하고, 재택근무·장애대응·원격협업 등 불가피한 사유로 원격접근을 허용하는 경우 책임자 승인, 접근 단말 지정, 접근 허용범위 및 기간 설정, 강화된 인증, 구간 암호화, 접속단말 보안(백신, 패치 등) 등 보호대책 수립·이행	• 인터넷과 같은 외부 네트워크를 통한 정보시스템 원격운영은 원칙적으로 금지하고, 장애대응 등 부득이하게 허용하는 경우 보완대책 마련 • 내부 네트워크를 통하여 원격으로 정보시스템을 운영하는 경우, 특정 단말에 한해서만 접근 허용	• 원격 운영 시에는 책임자 승인, 안전한 인증수단(OTP, 인증서), 접속수단(VPN) 적용, 단말 보안, 접근 권한관리, 접속 로그 분석, 보안교육 등 다양한 통제가 필요 • 내부망 통한 원격접속 시, 특정 단말에 한해 접근을 허용하고 IP, MAC주소로 제한하며, 우회 접속 경로는 차단	• VPN 등 사외접속 신청서 • VPN 계정 목록 • VPN 접근제어 정책 설정 현황	내부 규정에는 시스템에 대한 원격 접근은 원칙적으로 금지하고 불가피한 경우 IP 기반의 접근통제를 통하여 승인된 사용자만 접근할 수 있도록 명시하고 있으나, 시스템에 대한 원격 데스크톱 연결, SSH 접속이 IP주소 등으로 제한되어 있지 않아 모든 PC에서 원격접속이 가능한 경우

▲ 원격접근 통제 핵심정리

1) 인증기준

- 보호구역 이외 장소에서의 정보시스템 관리 및 개인정보 처리는 원칙적으로 금지한다.
- 재택근무·장애대응·원격협업 등 불가피한 사유로 원격접근을 허용하는 경우 책임자 승인, 접근 단말 지정, 접근 허용범위 및 기간 설정 등 보호대책을 수립·이행하여야 한다.

목적	외부 및 내부망을 통한 원격운영 시 정보 유출, 오남용, 악성코드 감염 등의 보안 위험을 방지, 안전하고 승인된 접근만 허용하는 체계적 통제정책 수립
주요 사항	• 외부 네트워크 기반 원격운영 원칙적 금지, 불가피한 경우 승인/보완대책 마련 • 내부망 원격접속 시 특정 단말기로 한정 및 IP/MAC 제한, 우회경로 차단 • 원격근무, 스마트워크 등 재택환경에서 유출방지 보호조치 수립 • VPN, OTP, 인증수단 및 접속로그 기록 등 원격접근 보안요건 적용 • 개인정보처리시스템은 관리자용 단말기로 한정하고, 임의 접속 차단 • 단말기에 대한 백신, 패치, 인증 및 사고 시 대응절차 수립
주요 결과	• 무선 네트워크 사용 대상과 장비가 식별되어 통제 • 불필요하거나 승인되지 않은 무선 접속 차단 • 무선 환경에서도 인증·암호화 기반의 통신 보호 구현
기대 효과	• 무선 네트워크 기반 정보 유출 사고의 예방 • 내부 보안 정책 일관성 유지 및 관리 책임성의 확보 • 법적·관리적 책임 최소화, 안전한 업무용 무선 네트워크 환경 조성

2) 확인사항

외부 네트워크 통한 원격운영 제한 여부	인터넷 등 외부 네트워크를 통한 정보시스템 원격 운영은 원칙적으로 금지되며, 장애 대응 등 부득이한 경우에는 보완대책을 마련해 운영하고 있는지를 확인해야 한다.
내부망 기반 원격운영 접근 통제 여부	내부 네트워크를 통한 원격운영 시 모든 단말이 아닌 특정 단말로 한정하여 접근을 허용하고 있는지를 점검한다.
원격업무 보안대책 수립 여부	재택근무, 원격협업, 스마트워크 등 원격업무 수행 시, 중요정보 유출 및 해킹 사고를 예방하기 위한 암호화, 접근제어 등 정보 유출 방지를 위한 기술적 · 관리적 보호조치를 반드시 마련해야 한다.
관리용 단말 통제 및 안전조치 여부	개인정보처리시스템에 원격으로 접속하는 단말기는 관리용으로 지정하고, 임의조작 금지 및 목적 외 사용 제한 등 안전조치를 적용하고 있는지를 점검한다.

3) 주요 내용

원격운영 제한정책	인터넷 등 외부 네트워크를 통한 중요정보 처리 및 정보시스템 원격운영은 원칙적으로 금지하며, 부득이한 경우 승인, 보안수단 적용 등 별도 보호대책을 수립 · 이행한다.
원격운영 보안요건	원격 운영 시에는 책임자 승인, 안전한 인증수단(OTP, 인증서), 접속수단(VPN) 적용, 단말 보안, 접근 권한관리, 접속 로그 분석, 보안교육 등 다양한 통제가 필요하다.
내부망 원격운영 통제	내부망을 통한 원격접속 시 특정 단말에 한해 접근을 허용하고 IP, MAC주소로 제한하며, 우회 접속경로는 차단한다.
스마트워크 보안대책	재택근무, 스마트워크 등 원격업무 시 업무형태 정의, 허용 범위 설정, 권한 승인 및 회수 절차 수립, VPN과 OTP 적용 등 원격접근 보호대책을 마련해야 한다.
스마트워크 단말기 보호	PC, 모바일 등 접속 단말기에는 백신, 보안패치, 단말 인증 등을 적용하고, 분실 · 도난 시 신고 및 삭제조치를 포함한 대응절차를 수립한다.
개인정보시스템 원격접속 통제	• 개인정보처리시스템에 접근하는 관리용 단말기는 목록으로 관리한다. • 인가되지 않은 사용자의 접근을 제한하며, 악성코드 감염 방지를 위한 보안조치를 적용한다.

4) 결함사례

원격접속 IP통제 미흡	내부 규정에서 원격접속 시 IP 기반의 접근통제를 명시하고 있으나, 원격 데스크톱, SSH 접속이 모든 단말에 열려 있어 불특정 다수의 원격접속이 가능한 상태인 경우
VPN 상시접속 허용	원격운영을 위해 VPN을 운영 중이나 사용자에 대한 승인 절차나 접속 기간 제한 없이 항상 접속이 가능하도록 설정되어 있는 경우
모바일 보안대책 미흡	외부 근무자를 위해 개인 스마트기기에 업무용 앱을 설치하여 사용하고 있으나, 분실 · 도난 또는 악성코드 감염 등으로 인한 개인정보 유출을 방지할 보호대책이 미흡한 경우
VPN 사용자 권한 과도 부여	VPN 사용자에게 네트워크 구간별 접근 제한 없이 내부망 전체 및 모든 정보시스템에 접근이 가능하도록 설정되어 과도한 원격권한이 부여된 경우

🖒 A 유통회사는 본사와 각 지점을 연결하는 내부 시스템에 대해 원격접속 IP 통제 정책을 엄격히 수립했으나, 실제로는 모든 단말에 원격 데스크톱과 SSH 접속이 허용되어 불특정 다수가 접속할 수 있는 상태였다. 또한 VPN 시스템이 승인 절차 없이 항상 상시 접속 가능하도록 설정되어 내부 네트워크가 외부 위협에 노출되었다.

특히 모바일 근무자에게 업무용 앱을 설치하도록 했지만 악성코드 감염 및 데이터 암호화 조치가 미흡하여 개인 및 고객 정보 유출 위험이 매우 높았다. VPN 사용자별 권한 설정이 없어 모든 네트워크 구간 및 시스템에 대한 무제한 접근이 가능해 보안사고 발생 가능성이 심각했다.

인증기준	확인사항	세부설명	증거자료	결함사례
• 인터넷을 통한 정보 유출, 악성코드 감염, 내부망 침투 등을 예방 • 주요 정보시스템, 주요 직무 수행 및 개인정보 취급 단말기 등에 대한 인터넷 접속 또는 서비스(P2P, 웹하드, 메신저 등) 제한 • 인터넷 접속 통제 정책 수립·이행	• 주요 직무 수행 및 개인정보 취급 단말기 등 업무용 PC의 인터넷 접속에 대한 통제정책 수립·이행 • 주요 정보시스템에서 불필요한 외부 인터넷 접속 통제 • 관련 법령에 따라 인터넷망 차단 의무가 부과된 경우 대상자를 식별하여 안전한 방식으로 인터넷망 차단 조치 적용	• 인터넷을 통한 정보 유출 및 악성코드 감염 등을 방지하기 위해 외부 이메일, 사이트 접속, 프로그램 다운로드 등 사용자의 인터넷 접속 행위를 통제하는 정책을 수립·이행 • 인터넷망 차단 조치 의무대상 여부 검토 및 의무 대상인 경우 인터넷망 차단 조치 대상자 식별 • 물리적(네트워크가 분리된 2대의 PC 구성 등) 또는 논리적(VDI와 같은 가상화 기술 활용 등) 방식으로 인터넷망 차단 조치 적용	• 인터넷 접속 내역 모니터링 이력 • 인터넷망 차단조치 대상자 목록 • 망간 자료 전송 절차 및 처리내역 • 네트워크 구성도	• 개인정보 보호법에 따라 인터넷망 차단 조치를 적용하였으나, 개인정보처리시스템 접근권한 설정 가능자등 일부 의무 대상자에게 차단이 누락된 경우 • 인터넷망 차단 조치를 적용했으나, 다른 서버를 경유해 우회 접속이 가능하여 차단이 적용되지 않은 환경에서 개인정보 처리 및 다운로드가 가능한 경우 • DMZ 및 내부망에 위치한 일부 서버에서 불필요하게 인터넷으로의 직접 접속이 가능한 경우

▲ 인터넷 접속 통제 핵심정리

1) 인증기준

인터넷을 통한 정보 유출, 악성코드 감염, 내부망 침투 등을 예방하기 위하여 주요 정보시스템, 주요 직무 수행 및 개인정보 취급 단말기 등에 대한 인터넷 접속 또는 서비스(P2P, 웹하드, 메신저 등)를 제한하는 등 인터넷 접속 통제 정책을 수립·이행하여야 한다.

목적	• 업무용 단말기 및 정보시스템에서의 인터넷 연결을 통제 • 외부 위협으로부터 내부 정보 유출을 방지, 법적·기술적 요구사항에 따라 망분리 및 망차단을 적절하게 적용
주요 사항	• 개인정보 취급자 및 중요정보 처리 단말기에 인터넷 차단 정책 수립·적용 • DB서버 등 주요 시스템에 대해 외부 인터넷 연결 차단, 필요시 통제 조건 수립 • 관련 법령(개인정보 보호법 등)에 따라 망차단 의무 대상 식별 • 물리적 또는 논리적 방식의 망분리·망차단 방식 적용 • 우회경로 통제 방안 및 데이터 전송 절차 수립 • 인터넷 차단 환경의 적정성 정기 점검 및 시스템 취약점 분석 수행
주요 결과	• 인터넷 접속이 통제된 업무환경 조성 • 외부와의 불필요한 연결 제거, 우회 접속 차단 • 법적 기준에 따른 망차단 의무 준수 증빙 확보
기대 효과	• 내부 정보 유출 및 악성코드 감염 사고의 예방 • 법률 준수에 따른 책임 리스크 최소화 • 보안관리체계 고도화

2) 확인사항

업무용 PC 인터넷 접속 통제 여부	주요 업무를 수행하는 단말기에서 인터넷 접속으로 인한 보안사고를 방지하기 위해 업무용 PC의 인터넷 사용을 제한하는 통제정책을 수립 · 이행하고 있는지를 점검해야 한다.
주요 시스템 외부 접속 차단 여부	데이터베이스 서버 등 주요 정보시스템에서 불필요한 외부 인터넷 접속을 차단하고 있는지를 확인한다.
법령에 따른 인터넷망 차단 이행 여부	관련 법령에 따라 인터넷망 차단 의무가 있는 경우 해당 대상자를 식별하고, 안전한 방식(망분리, VDI 등)으로 인터넷망을 차단하고 있는지를 점검해야 한다.

3) 주요 내용

인터넷 접속 통제 정책	인터넷을 통한 정보유출 및 악성코드 감염 등을 방지하기 위해 사용자의 인터넷 접속 행위를 통제하는 정책을 수립 · 이행한다.
업무용 PC 인터넷 사용 제한	• 주요 직무 수행용 단말기나 개인정보취급자의 업무용 PC에는 망분리 또는 인터넷망 차단 정책을 적용한다. • 유해사이트 및 정보유출 우려 사이트 접속을 차단한다.
정보시스템 외부접속 통제	내부 정보시스템(DB서버 등)은 외부 인터넷과의 직접 연결을 원칙적으로 제한하고, 불가피한 경우에는 위험분석과 승인 절차를 수행한다.
인터넷망 차단 의무 사항	• 개인정보 보호법에 따라 일정 조건을 충족하는 개인정보처리자 및 컴퓨터는 인터넷망 차단 의무가 부과된다. • 클라우드 기반 개인정보처리시스템에도 적용할 수 있다.
인터넷망 차단 적용 방식	• 망 차단은 물리적 방식(PC 2대 분리) 또는 논리적 방식(VDI 등)을 적용한다. • 우회 경로에 대한 통제 방안과 자료전송 절차도 함께 마련해야 한다.
망 차단 환경 점검	• 망 차단 환경의 적정성 확보를 위해 주기적인 점검을 실시한다. • 우회 경로 차단 및 시스템 취약점 여부를 점검하여 보완대책을 마련해야 한다.

4) 결함사례

인터넷망 차단 대상 누락	개인정보 보호법에 따라 인터넷망 차단 조치를 적용하였으나, 개인정보처리시스템 접근권한 설정 가능자 등 일부 의무대상자에게 차단이 누락된 경우
우회 접속 경로 존재	인터넷망 차단 조치를 적용했으나, 다른 서버를 경유해 우회 접속이 가능하여 차단이 적용되지 않은 환경에서 개인정보 처리 및 다운로드가 가능한 경우
불필요한 서버 인터넷 연결	DMZ나 내부망에 위치한 일부 서버에서 불필요하게 외부 인터넷 접속이 가능하도록 설정되어 보안 위협에 노출된 상태인 경우
자료 전송 승인 · 점검 미이행	망분리를 적용하고 자료전송시스템을 운영 중이나, 자료 전송 승인 절차가 없거나 전송 내역에 대한 주기적인 검토가 이루어지지 않아 통제력이 약화된 경우
비인가 P2P 접속 허용	개인정보취급자가 P2P 및 웹하드 사이트 접속 시 승인 절차를 거쳐야 하나, 절차를 무시하고 다수의 예외 접속이 허용되어 정보 유출 가능성이 있는 경우

◉ B 가상화폐거래소는 개인정보 보호법에 따른 인터넷망 차단 조치를 도입했으나, 일부 중요 관리자에 대해 차단 설정이 누락되어 내부망이 외부 침입에 노출되었다. 또한 인터넷망 차단 정책을 우회하는 경로가 존재해 일부 서버에 직접 접속이 가능했으며, DMZ 및 내부망 일부 서버에서 불필요한 외부 인터넷 접속이 허용되어 위험을 초래했다.

망분리 환경에서 자료전송 승인 절차 및 주기적 점검이 미흡하여 관리 감독에 허점이 생겼다. 특히 개인정보취급자가 P2P 및 웹하드 사이트에 승인 절차 없이 접속하는 사례가 발견되어 정보 유출 가능성이 커진 상태이다.

암호화 적용

빈출 태그 암호정책 • 암호화 대상 • 고유식별정보 • 민감정보 • 전송구간 • 안전한 알고리즘

01 암호정책 적용

인증기준	확인사항	세부설명	증거자료	결함사례
• 개인정보 및 주요정보 보호를 위하여 법적 요구사항을 반영한 암호화 대상, 암호 강도, 암호 사용 정책 수립 • 개인정보 및 주요정보의 저장 · 전송 · 전달 시 암호화 적용	• 개인정보 및 주요정보 보호를 위해 관련 법적 요구사항(개인정보 보호법, 고시 등)을 반영한 암호화 대상, 암호 강도, 암호 사용 방식 등을 포함한 암호정책을 수립하고 있는지 확인 • 수립된 암호정책에 따라 개인정보 및 주요정보를 저장하거나 전송 · 전달할 때 적절한 암호화가 실제로 수행되고 있는지 점검	• 개인정보 및 주요정보 보호를 위한 암호정책은 암호화 대상, 암호강도, 알고리즘 등 법적 요구사항을 반영하여 수립 • 암호화 대상은 개인정보 보호법에 따라 송수신 · 저장 위치, 정보 유형(고유식별정보, 인증정보 등)에 따라 정의하고, 저장 위치와 관계없이 암호화를 적용	• 암호통제 정책(대상, 방식, 알고리즘 등) • 암호화 적용현황(저장 및 전송 시)	• 내부 정책 · 지침에 암호화 대상, 암호 강도, 저장 및 전송 시 암호화 방식, 담당자의 역할 · 책임 등 법적 요구사항을 충족하는 내용이 명확히 정의되지 않은 경우 • 기업이 적용받는 관련 법령을 오해하여 암호화 적용이 필요한 개인정보 항목(계좌번호)에 암호화를 하지 않아 법적 요건을 충족하지 못한 경우

▲ 암호정책 적용 핵심정리

1) 인증기준

개인정보 및 주요정보 보호를 위하여 법적 요구사항을 반영한 암호화 대상, 암호 강도, 암호 사용 정책을 수립하고 개인정보 및 주요정보의 저장 · 전송 · 전달 시 암호화를 적용하여야 한다.

목적	• 개인정보 및 주요정보의 유출로 인한 피해 방지 • 법적 요구사항(보호법, 고시 등)에 따른 암호화 정책의 수립 및 이행 보장
주요 사항	• 암호화 정책 수립 : 암호화 대상, 강도, 사용 방식, 법적 기준을 반영 • 암호화 정책 이행 점검 : 저장 · 전송 · 전달 구간에 정책 준수 여부 확인 • 암호화 대상 정의(고유식별정보 등) · 알고리즘 선정(AES, SHA-256 등) • 방식 적용(전송/저장 구간별), 통신 암호화(SSL, VPN, PGP 등) • 시스템 저장 시 암호화(API, TDE 등), 단말기 저장 시 암호화(DRM) • 보조저장매체 암호화(보안USB, 암호 유틸리티 등)
주요 결과	• 개인정보 보호 강화를 위한 안전한 암호화 수행 • 암호화 정책의 일관된 적용 및 법령 준수 실현
기대 효과	• 개인정보 유출 및 기술적 보호조치 미비로 인한 법적 책임의 예방 • 보안 수준 향상 및 내부 감사, 외부 인증 대응력 제고

2) 확인사항

암호정책 수립 여부	개인정보 및 주요정보 보호를 위해 관련 법적 요구사항(개인정보 보호법, 고시 등)을 반영한 암호화 대상, 암호 강도, 암호 사용 방식 등을 포함한 암호정책을 수립하고 있는지를 확인한다.
암호정책 이행 여부	수립된 암호정책에 따라 개인정보 및 주요정보를 저장하거나 전송 · 전달할 때 적절한 암호화가 실제로 수행되고 있는지를 점검한다.

3) 주요 내용

암호정책 수립 기준	개인정보 및 주요정보 보호를 위한 암호정책은 암호화 대상, 암호 강도, 알고리즘 등 법적 요구사항을 반영하여 수립한다.
암호화 대상 정의	암호화 대상은 개인정보 보호법에 따라 송수신 · 저장 위치, 정보 유형(고유식별정보, 인증정보 등)에 따라 정의하고, 저장 위치와 관계없이 암호화를 적용한다.
암호화 알고리즘	대칭키(SEED, AES 등), 공개키(RSAES–OAEP), 일방향(SHA–256 등) 알고리즘 중 안전한 방식으로 선택하여 사용한다.
암호화 방식 적용	암호화 정책에 따라 개인정보의 전송, 저장, 전달 시 시스템 특성과 위치를 고려하여 적절한 암호화 방식을 적용한다.
통신 시 암호화	정보통신망을 통한 송수신 시 SSL 인증서, 암호화 응용 프로그램, VPN, PGP 등 암호화 기술을 사용하여 보호한다.
시스템 저장 시 암호화	개인정보처리시스템 저장 시 API, Plug-in, TDE, 파일암호화 등 다양한 방법으로 암호화를 수행한다.
단말기 저장 시 암호화	업무용 단말기 저장 시 문서 자체 암호화, 암호화 유틸리티, DRM 등을 적용해 정보 유출을 방지한다.
보조저장매체 암호화	보조저장매체 사용 시 보안 USB 등 암호화 저장매체를 활용하거나 암호화된 상태로 저장한다.

4) 결함사례

암호정책 명확성 부족	내부 정책 · 지침에 암호화 대상, 암호 강도, 저장 및 전송 시 암호화 방식, 담당자의 역할 · 책임 등 법적 요구사항을 충족하는 내용이 명확히 정의되지 않은 경우
법적 요구사항 미준수	기업이 적용받는 관련 법령을 오해하여 암호화 적용이 필요한 개인정보 항목(예 계좌번호 등)에 암호화를 하지 않아 법적 요건을 충족하지 못한 경우
안전하지 않은 암호화 알고리즘 사용	개인정보취급자 및 정보주체의 비밀번호를 일방향 암호화했으나, 안전하지 않은 MD5 알고리즘을 사용하여 암호화의 보안성이 현저히 떨어지는 경우
전송구간 암호화 누락	보안서버(SSL 등)를 적용했지만 회원정보 조회 · 수정 등 일부 개인정보 전송 구간에서 암호화 조치가 누락되어 전송 중 유출 가능성이 존재하는 경우
평문 저장으로 인한 노출 위험	시스템 설정파일이나 소스코드 내부에 정보시스템 접속 비밀번호나 인증키 값이 암호화되지 않은 평문 형태로 저장되어 있어 보안 위험이 큰 상태인 경우

예 B 유통회사는 내부 정책과 지침에 암호화 대상과 방법, 책임자의 역할이 명확하게 정의되지 않았다. 이로 인해 개인정보 중 계좌번호 등 민감정보가 법적 요구사항을 충족하지 않는 상태로 암호화되어 보안 위험이 커졌다. 특히, 일부 비밀번호는 안전하지 않은 MD5 알고리즘을 사용해 일방향 암호화되었으며, 해시 강도가 약해 복호화 공격에 취약한 상태였다. 이런 암호화 정책 미비는 고객 정보 유출 사고 발생 시 심각한 법적 책임으로 이어질 위험이 크다.

암호화 대상 및 암고리즘

구분	암호화 대상 개인정보	관련 정보 및 암호화 알고리즘
전송 시	인증정보(비밀번호, 생체정보), 개인정보(인터넷망)	• 대칭키 : SEED, ARIA, AES 등 • 공개키 : RSAES–OAEP 등
저장 시 (위치 무관)	비밀번호, 주민등록번호	비밀번호 : 일방향 암호화(SHA–256/384/512 등)
저장 시 (인터넷/DMZ)	고유식별정보(주민등록번호, 여권/운전면허번호 등), 신용카드번호, 계좌번호, 생체정보	• 대칭키 : SEED, ARIA, AES 등 • 공개키 : RSAES–OAEP 등
저장 시(내부망)	고유식별정보	주민등록번호 외 고유식별정보는 영향평가 결과에 따라 적용 가능
저장 시 (취급자 기기)	고유식별정보, 생체정보, 개인정보	• 대칭키 : SEED, ARIA, AES 등 • 공개키 : RSAES–OAEP 등

02 암호키 관리

인증기준	확인사항	세부설명	증거자료	결함사례
암호키의 안전한 생성·이용·보관·배포·파기를 위한 관리 절차를 수립·이행하고, 필요시 복구방안 마련	• 암호키의 생성, 이용, 보관, 배포, 변경, 복구, 파기 등 전 생명주기에 대해 명확한 절차를 수립하고, 해당 절차에 따라 실제로 이행하고 있는지 점검 • 암호키는 필요시 복구가 가능하도록 별도로 안전하게 보관하고 있는지 암호키에 접근할 수 있는 사용자는 최소한으로 제한하고 있는지 확인	• 암호키의 생성, 이용, 보관, 배포, 파기 전 과정에 대한 정책 및 절차 문서화, 관리 책임자 지정·운영 • 암호키는 생성 후 안전한 매체에 저장, 소산 백업을 포함한 별도 장소에 보관하여 시스템 장애 시 복구가 가능하도록 조치 수행 • 암호키는 복호화 권한이 필요한 최소 대상자에게만 배포하며, 배포 방법 및 대상에 대한 기록 수행	• 암호키 관리정책 • 암호키 관리대장 및 관리시스템 화면	• 암호정책에 암호키 생성, 저장, 변경, 폐기 등과 관련된 절차나 방법이 명시되어 있지 않아, 담당자마다 암호키를 상이한 방식으로 관리하고 있어 취약한 경우 • 내부 규정에서 암호키 생성 시 관리대장을 작성하도록 되어 있으나, 일부 암호키에 대한 정보가 누락되었거나 대장 내용이 최신 상태로 유지되지 않은 경우

▲ 암호키 관리 핵심정리

1) 인증기준

암호키의 안전한 생성 · 이용 · 보관 · 배포 · 파기를 위한 관리 절차를 수립 · 이행하고, 필요시 복구방안을 마련하여야 한다.

목적	• 암호화된 정보에 활용되는 암호키의 생성부터 폐기까지 전 생명주기 보호 • 암호키의 오남용, 내부 위협, 시스템 장애 등에 대비한 안전한 운영체계 확보
주요 사항	• 암호키 관리정책 수립 : 정책 정의 및 책임자 지정 • 암호키 생성 · 보관 : 안전 매체에 저장, 소산 백업 수행 • 암호키 배포 및 사용 : 권한 있는 최소 대상자에게 배포, 기록 관리 • 유효기간 관리 : 업무 · 비용 고려하여 주기 설정 • 복구 및 폐기 : 복구불가 방식으로 폐기, 복구 절차 수립 • 하드코딩 금지 : 안전한 외부저장소에 보관 • 접근권한 관리 : 최소한 인원에게 권한 부여, 접근 모니터링
주요 결과	• 암호키 수명주기 전체에 걸친 안전한 관리 및 운영 수행 • 복구 및 폐기 상황에 대한 대응 체계 확보 • 접근통제 기반의 오남용 방지 체계 수립
기대 효과	• 암호화 체계의 신뢰성 확보 및 내부 위협의 차단 • 개인정보 및 주요정보의 안전성의 보장

2) 확인사항

암호키 관리 절차 수립 및 이행 여부	암호키는 암호화된 정보에 접근할 수 있는 핵심 수단이므로, 생성부터 배포, 변경, 폐기까지 생명주기 전반에 걸친 절차를 수립하고 이를 실제로 이행해야 한다.
암호키 보관 및 접근권한 최소화 여부	• 암호키는 필요시 복구가 가능하도록 별도로 안전하게 보관하며, 복구가 가능하도록 별도로 안전하게 관리되어야 한다. • 암호키에 접근할 수 있는 인원은 최소한으로 제한하여 내부 위협이나 오남용 가능성을 차단해야 하며, 이러한 통제를 통해 암호화 시스템의 전체적인 안전성과 신뢰성을 확보할 수 있다.

3) 주요 내용

암호키 관리정책 수립	암호키의 생성, 이용, 보관, 배포, 파기 전 과정에 대한 정책 및 절차를 문서화하고, 관리 책임자를 지정하여 운영한다.
암호키 생성 · 보관	암호키는 생성 후 안전한 매체에 저장하고, 소산 백업을 포함한 별도 장소에 보관하여 시스템 장애 시 복구가 가능하도록 조치한다.
암호키 배포 및 사용	암호키는 복호화 권한이 필요한 최소 대상자에게만 배포하며, 배포 방법 및 대상에 대해 기록해야 한다.
암호키 유효기간 관리	암호키의 사용 유효기간은 위험도, 업무 중요도, 비용 등을 고려하여 변경 주기를 설정한다.
암호키 복구 및 폐기	암호키 폐기 시에는 복구 불가능한 방식으로 파기하고, 복구 절차도 안전하게 수립하여 위기상황에 대응한다.
소스코드 보안	암호키를 소스코드에 하드코딩하여 저장하는 것은 금지되며, 안전한 방식으로 외부화된 저장소에서 불러온다.
암호키 접근권한 관리	• 암호키 접근은 최소한의 인원에게만 부여하고, 접근내역을 모니터링한다. • 암호키는 암호키관리시스템 등 안전한 환경에서 관리해야 한다.

4) 결함사례

암호키 관리절차 미정의	암호정책에 암호키 생성, 저장, 변경, 폐기 등과 관련된 절차나 방법이 명시되어 있지 않아, 담당자마다 암호키를 상이한 방식으로 관리하고 있어 취약한 경우
암호키 대장 누락 및 미현행화	내부 규정에서 암호키 생성 시 관리대장을 작성하도록 되어 있으나, 일부 암호키에 대한 정보가 누락되었거나 대장 내용이 최신 상태로 유지되지 않은 경우
운영 · 개발 암호키 동일 사용	운영시스템과 개발시스템에서 동일한 암호키를 사용하고 있어, 개발시스템을 통해 운영 데이터가 쉽게 복호화될 수 있는 보안상 위험이 존재하는 경우

예 한 가상화폐 거래소에서는 암호키 관리 정책이 부재하여 암호키 생성, 저장, 변경, 폐기 절차가 명확히 정의되지 않았다. 각 담당자가 암호키를 저마다 다른 방식으로 관리함으로써 일관된 관리가 이루어지지 않아, 특정 암호키의 유출 및 오용 가능성이 발생했다. 또한 암호키 관리대장 작성이 일부 누락되고 최신 상태로 유지되지 않아, 어떤 키가 현재 사용 중인지 파악이 어려웠다. 이로 인해 거래소 내부 보안 통제가 허술해지고, 외부 해킹 공격 시 고객 자산이 위험에 노출될 수 있는 상황이 되었다.

01 무선 AP는 별도의 인증 및 암호화 조치 없이도 안전하게 운영될 수 있다. ○ ✕

02 외부 네트워크 기반의 원격접속은 원칙적으로 금지되며, 불가피할 경우 별도의 보안대책을 수립해야 한다. ○ ✕

03 재택근무와 같은 원격업무 환경에서는 별도의 기술적·관리적 보호조치가 필요하지 않다. ○ ✕

04 중요정보를 다루는 업무용 PC 및 정보시스템은 인터넷 연결을 제한하거나 차단하는 정책이 필요하다. ○ ✕

05 DB서버와 같은 주요 자산은 보안을 위해 외부 연결을 허용하는 것이 원칙이다. ○ ✕

06 개인정보 및 주요 정보는 저장 시에는 암호화할 필요가 없고, 전송 시에만 암호화를 적용하면 된다. ○ ✕

07 암호키는 생성부터 배포, 변경, 폐기까지 생명주기 전반에 걸친 절차를 수립하고 실제로 이행해야 한다. ○ ✕

정답

01 ✕	02 ○	03 ✕	04 ○	05 ✕
06 ✕	07 ○			

해설

01 무선 AP에는 반드시 인증 및 암호화 등 기술적 보호조치가 필요하다.

02 외부 네트워크 기반의 원격접속은 원칙적으로 금지되며, 불가피할 경우 별도의 보안대책을 수립해야 한다.

03 원격업무 환경에서도 정보 유출을 방지하기 위한 보호조치가 반드시 필요하다.

04 중요정보를 다루는 업무용 PC 및 정보시스템은 인터넷 연결을 제한하거나 차단하는 정책이 필요하다.

05 주요 자산은 불필요한 외부 연결을 원천 차단해야 한다.

06 모든 저장 및 전송 단계에서 암호화가 적용되어야 한다.

07 암호키는 생성부터 배포, 변경, 폐기까지 생명주기 전반에 걸친 절차를 수립하고 실제로 이행해야 한다.

08 조직은 권한 오 · 남용에 따른 잠재적 피해를 예방하기 위해 직무 분리 기준을 수립하고 이를 실제로 적용해야 한다. 직무 분리가 어려운 경우, 직무자 간 ☐☐ ☐☐, 상위관리자의 정기적 모니터링, 변경사항 승인 및 책임추적성 확보 방안 등 보완통제를 수행한다.

09 조직은 신규 인력을 채용할 때 정보보호 및 개인정보보호 책임이 명시된 ☐☐☐를 징구해야 하며, 외부자에게 정보자산 접근권한을 부여할 경우에도 비밀유지 의무가 포함된 ☐☐☐를 받아야 한다.

10 퇴직 및 직무변경 시 인사 · 정보보호 · 개인정보보호 · IT 등 관련 부서별 이행하여야 할 계정 및 접근권한 회수 · 조정, ☐☐ ☐☐, 결과확인 등의 절차를 수립 · 관리하여야 한다.

11 주요 업무를 수행하는 단말기에서 ☐☐☐ 접속으로 인한 보안사고를 방지하기 위해 업무용 PC의 ☐☐☐ 사용을 제한하는 통제정책을 수립 · 이행하고 있는지를 점검해야 한다.

12 개인정보 및 주요정보 보호를 위한 암호정책은 암호화 대상, 암호 강도, ☐☐☐☐ 등 법적 요구사항을 반영하여 수립한다.

정답   **08** 상호 검토   **09** 서약서   **10** 자산 반납   **11** 인터넷   **12** 알고리즘

해설

08 직무자 간 상호 검토, 상위관리자 정기적 모니터링, 변경사항 승인 및 책임추적성 확보가 중요한 보완통제 방안이다.

09 신규 직원을 채용할 때는 정보보호 및 개인정보보호에 대한 의무와 책임을 인지시키고 이를 준수하겠다는 약속을 받기 위해 (보안) 서약서를 받아야 한다. 마찬가지로 외부 인력에게 민감한 정보자산에 대한 접근권한을 부여할 때도, 법적 구속력을 갖는 (비밀유지) 서약서(Non-Disclosure Agreement, NDA) 또는 관련 조항이 포함된 계약서를 통해 비밀유지 의무를 부과해야 한다.

10 직원이 퇴직하거나 다른 부서로 이동할 때 정보 유출을 방지하기 위해 체계적인 보안 절차가 필요하다. 여기에는 사용하던 계정을 비활성화하고 접근권한을 회수하는 것뿐만 아니라, 업무용으로 지급된 노트북, USB, 서류 등 모든 유 · 무형의 자산 반납 및 확인 절차가 반드시 포함되어야 한다.

11 주요 업무를 수행하는 단말기에서 인터넷 접속으로 인한 보안사고를 방지하기 위해 업무용 PC의 인터넷 사용을 제한하는 통제정책을 수립 · 이행하고 있는지 점검해야 한다.

12 '개인정보 및 주요정보 보호를 위한 암호정책은 암호화 대상, 암호강도, 알고리즘 등 법적 요구사항을 반영하여 수립한다.'는 암호정책 적용 인증항목에 대한 설명이다.

01 다음 중 정보보호 및 개인정보보호 관련 정책 및 시행문서(지침, 절차 등) 관리에 대한 설명으로 가장 적절하지 <u>않은</u> 것은?

① 정보보호 및 개인정보보호 관련 법령의 제·개정, 조직의 비즈니스 환경 변화 등을 반영하여 주기적으로 정책과 시행문서의 타당성을 검토해야 한다.
② 정책 및 시행문서를 개정할 경우에는 관련 부서 및 이해관계자와 충분한 협의를 거쳐야 하며, 업무에 미치는 영향도를 고려하여 승인 절차를 진행해야 한다.
③ 정책 및 시행문서는 최초 수립 시 모든 보안 위협을 방어할 수 있도록 완벽하게 작성되어야 하므로, 운영 중에는 가급적 변경하지 않는 것이 원칙이다.
④ 정책 및 시행문서의 제·개정이 완료되면 관련 내용을 임직원 및 이해관계자가 쉽게 확인할 수 있도록 공표하고 교육해야 한다.

02 다음 중 정보보호 및 개인정보보호 정책 및 시행문서의 개정 과정에서 적절하지 <u>않은</u> 것은?

① 정책 및 시행문서를 개정하는 경우 정보보호 최고책임자, 개인정보 보호책임자, IT 부서 등 관련 이해관계자와 충분한 협의를 거쳐야 한다.
② 정책 개정 시 내부 이해관계자의 의견만 반영하면 되며, 외부 법령이나 규제 변경 사항은 고려하지 않아도 된다.
③ 정책 및 시행문서의 개정 시 정보보호 및 개인정보보호 법적 준거성을 고려해야 한다.
④ 정책 개정 사항에 대해 회의록 등을 작성하여 검토사항을 증거로 남기고, 변경된 정책을 관련 문서에 반영해야 한다.

03 다음 중 정보보호 및 개인정보보호 관리체계의 조직 구성 및 운영에 대한 설명으로 가장 적절하지 <u>않은</u> 것은?

① 정보보호 및 개인정보보호 조직의 역할과 책임, 구성 및 운영에 관한 구체적인 사항은 조직 내부의 정책서나 내부 관리계획 등에 명시하여 공식화해야 한다.
② 정보보호 위원회는 조직 내 다양한 이해관계를 조정하고 주요 의사결정을 수행할 수 있도록 경영진, 정보보호 최고책임자(CISO), 개인정보 보호책임자(CPO) 등을 포함하여 구성해야 한다.
③ 정보보호 실무조직은 반드시 독립된 전담 부서로만 구성해야 하며, 타 부서 인원이 정보보호 업무를 겸임하는 조직 형태는 인증 기준상 허용되지 않는다.
④ 조직의 규모나 비즈니스 특성, 업무 중요도 등을 종합적으로 고려하여 관리체계를 구축해야 하며, 수립된 체계가 실효성을 갖도록 지속적으로 운영해야 한다.

04 다음 중 정보보호 및 개인정보보호 위원회 운영과 관련하여 적절하지 <u>않은</u> 것은?

① 정보보호 및 개인정보보호 관련 주요 사항에 대한 검토, 승인, 의사결정을 수행할 수 있도록 위원회를 구성해야 한다.
② 위원회는 정보보호 및 개인정보보호 관련 사항을 논의할 수 있도록 임원급 이상으로만 구성해야 한다.
③ 위원회 구성 및 운영 기준은 정책서 또는 내부 관리계획에 명시하여 운영해야 한다.
④ 위원회는 조직 내 이해관계를 대변하고 실질적인 검토 및 의사결정을 수행할 수 있도록 경영진, 정보보호 최고책임자, 개인정보 보호책임자 등으로 구성해야 한다.

05 다음 중 정보보호 최고책임자(CISO) 및 개인정보 보호책임자(CPO)에 대한 설명으로 적절하지 <u>않은</u> 것은?

① 최고경영자는 조직 내 정보보호 및 개인정보보호 업무를 총괄할 정보보호 최고책임자 및 개인정보 보호책임자를 공식적으로 지정해야 한다.
② 정보보호 최고책임자 및 개인정보 보호책임자는 조직 내 정보보호 및 개인정보보호 업무를 실질적으로 총괄할 수 있도록 예산, 인력 등 자원을 할당할 수 있는 임원급으로 지정해야 한다.
③ 정보보호 최고책임자는 정보보호 계획 수립·시행, 정보보호 실태 감사 및 개선, 위험 평가 및 대책 마련 등의 업무를 총괄한다.
④ 정보보호 최고책임자는 정보보호 및 개인정보보호 관련 지식이 없어도 경영진 중 한 명이 임의로 지정될 수 있다.

06 다음 중 정보보호 최고책임자(CISO) 및 개인정보 보호책임자(CPO)의 법적 요건과 역할에 대한 설명으로 적절하지 <u>않은</u> 것은?

① 정보보호 최고책임자는 법적 요건을 충족해야 하며, 정보통신망법, 정보보호산업법, 개인정보 보호법 등의 관련 법률을 준수해야 한다.
② 정보통신서비스 제공자는 정보보호 최고책임자를 지정하고 과학기술정보통신부장관에게 신고해야 한다. 다만, 대통령령으로 정하는 기준에 해당하는 경우 신고 예외가 인정된다.
③ 정보보호 최고책임자는 정보보호 계획의 수립·시행 및 개선, 위험 평가 및 대책 마련, 정보보호 교육 및 모의 훈련 계획 수립·시행 등의 업무를 수행해야 한다.
④ 개인정보 보호책임자는 정보보호 최고책임자의 업무를 겸할 수 없으며, 반드시 별도의 인력이 담당해야 한다.

07 다음 중 정보보호 최고책임자(CISO) 및 개인정보 보호책임자(CPO)의 지정 및 직무 수행에 대한 설명으로 가장 적절하지 <u>않은</u> 것은?

① 개인정보 보호책임자(CPO)는 개인정보 보호 계획의 수립 및 시행, 개인정보 처리 실태 및 관행의 정기적인 조사 및 개선 등의 업무를 총괄한다.
② 정보보호 최고책임자(CISO)는 관련 법령에 따라 자본금 또는 이용자 수와 상관없이 모든 기업에서 반드시 정보기술(IT) 부문의 부서장급 직원을 지정하여 운영해야 한다.
③ 최고경영자는 조직의 정보보호 및 개인정보보호 업무를 체계적으로 총괄하기 위하여 전문성과 역량을 갖춘 책임자를 공식적으로 임명하고 문서화해야 한다.
④ 정보보호 최고책임자 및 개인정보 보호책임자는 해당 분야의 전문 지식과 실무 경험을 갖춘 사람이어야 하며, 조직 내에서 실질적인 의사결정 권한과 자원을 할당받아야 한다.

08 다음 중 정보보호 및 개인정보보호 조직의 역할과 책임에 대한 설명으로 적절하지 <u>않은</u> 것은?

① 정보보호 최고책임자 및 개인정보 보호책임자는 법적 요구사항을 반영하여 조직의 정보보호 및 개인정보보호 정책을 수립하고 실행해야 한다.
② 정보보호 관리자 및 개인정보보호 담당자는 정보보호 최고책임자 및 개인정보 보호책임자의 실무 지원을 담당한다.
③ 정보보호 및 개인정보보호 책임자의 역할과 책임은 문서로 정의할 필요 없이 구두로 전달해도 무방하다.
④ 부서별 정보보호 책임자 및 담당자는 소속 부서 내 정보보호 및 개인정보보호 업무 수행을 관리·감독해야 한다.

09 다음 중 정보보호 및 개인정보보호 조직 간 의사소통 체계에 대한 설명으로 적절하지 <u>않은</u> 것은?

① 정보보호 및 개인정보보호 조직 내에서는 원활한 협업과 신속한 대응을 위해 체계적인 의사소통 절차를 마련해야 한다.
② 정보보호 및 개인정보보호 관련 의사소통 절차를 공식적으로 수립하고 이를 지속적으로 이행해야 한다.
③ 정보보호 및 개인정보보호에 관한 의사소통은 보안상의 이유로 담당자 간 비공식적인 방식으로 이루어지는 것이 가장 효과적이다.
④ 정보보호 및 개인정보보호 의사소통 절차는 조직 내부뿐만 아니라 외부 협력업체와의 정보 공유에도 적용될 수 있다.

10 다음 중 조직의 정보자산 식별 및 관리에 대한 설명으로 가장 적절하지 <u>않은</u> 것은?

① 조직의 비즈니스 목적과 특성을 반영하여 정보자산 분류 기준을 수립하고, 이에 따라 자산 목록을 작성하여 최신 상태로 유지해야 한다.
② 정보자산 목록에는 자산의 명칭, 용도, 설치 장소(위치), 소유자(책임자) 및 관리자 등을 명시하여 자산의 전 생애주기를 관리해야 한다.
③ 정보자산의 보안등급(중요도)을 산정할 때는 기밀성, 무결성, 가용성 측면의 업무 영향도뿐만 아니라 관련 법적 요구사항을 충분히 고려해야 한다.
④ 클라우드 서비스(SaaS, PaaS, IaaS 등)를 이용하는 경우, 해당 자산은 서비스 제공업체가 관리하므로 조직의 자체 자산 목록에서는 제외하여 관리하는 것이 효율적이다.

11 다음 중 정보자산의 보안등급 및 취급 절차에 대한 설명으로 적절하지 <u>않은</u> 것은?

① 정보자산은 보안등급을 부여하여 체계적으로 관리해야 한다.
② 보안등급이 높은 자산일수록 접근통제, 암호화 등의 보호대책을 보다 강화하여 적용해야 한다.
③ 정보자산의 보안등급을 결정하는 기준은 법적 요구사항과 업무 영향도만 고려하면 된다.
④ 정보자산의 보안등급에 따라 취급 절차를 정의하고, 이를 준수할 수 있도록 임직원에게 교육을 시행해야 한다.

12 다음 중 직무 분리 기준 및 관리방안으로 적절하지 <u>않은</u> 것은?

① 개발과 운영 직무는 보안성을 높이기 위해 분리하여 운영해야 한다. 운영팀이 직접 개발을 수행하거나 개발팀이 운영환경을 변경하는 것은 보안 위험을 초래할 수 있다.
② 개인정보보호 관리자는 개인정보처리시스템의 운영 및 개발을 함께 담당해야 한다. 개인정보보호 관리자가 시스템 운영과 개발까지 수행할 경우 보안 점검 및 감독의 독립성이 보장될 수 있다.
③ 정보보호담당자와 정보보호 및 개인정보 모니터링 직무는 서로 독립적으로 운영해야 한다. 동일한 담당자가 수행할 경우 자율 점검이 어려워지므로, 역할을 분리하여 운영해야 한다.
④ 정보보호 및 개인정보보호 관리 업무와 정보보호 및 개인정보보호 감사 업무는 분리해야 한다. 감사 업무는 독립적인 검토 기능을 수행해야 하므로, 관리 업무와 분리하여 운영해야 한다.

13 다음 중 정보보호 및 개인정보보호 서약서 관리와 관련된 설명으로 가장 적절하지 <u>않은</u> 것은?

① 정보보호 및 개인정보보호 서약서에는 업무 상 알게 된 비밀유지 의무, 조직 내부 규정 준수, 위반 시 법적 책임 등의 내용을 포함 해야 한다.

② 신규 인력 채용 시에는 보안 의식을 고취하 고 책임 소재를 명확히 하기 위해 정보보호 및 개인정보보호 준수 사항이 명시된 서약 서를 징구해야 한다.

③ 퇴직자에게는 퇴직 시점에 정보유출 금지 및 영업비밀 보호 의무를 재확인시키기 위 한 별도의 비밀유지 서약서를 받고 관련 법 적 책임을 안내해야 한다.

④ 외부 업체 인력(외주용역, 컨설턴트 등)은 해당 소속 회사가 보안 책임을 지므로, 정보 시스템에 접근하더라도 개인별 서약서를 작 성할 필요는 없다.

14 다음 중 조직의 정보보호 및 개인정보보호 교육 계획 수립 및 운영에 대한 설명으로 가장 적절하 지 <u>않은</u> 것은?

① 전 임직원을 대상으로 연 1회 이상 정기 교 육을 수행해야 하며, 관련 법령의 제 · 개정 이나 중대한 보안 사고 발생 시에는 수시 교 육을 실시해야 한다.

② 연간 정보보호 및 개인정보보호 교육 계획 에는 교육의 목적, 대상, 시기, 내용, 방법 등을 구체적으로 명시하여 경영진의 승인을 얻어야 한다.

③ 신규 입사자나 외부 협력업체 인력의 경우, 업무의 시급성을 고려하여 투입 후 90일 이 내에만 교육을 이수하면 관리체계 기준을 충족한 것으로 본다.

④ 정보보호 및 개인정보보호 실무자, IT 시스 템 운영자 등 주요 직무자에게는 일반 교육 외에도 해당 직무의 전문성을 강화할 수 있 는 별도의 전문 교육 기회를 제공해야 한다.

15 다음 중 IT 및 정보보호, 개인정보보호 직무자의 전문성 강화를 위한 교육 방식으로 적절하지 <u>않은</u> 것은?

① 정보보호 및 개인정보보호와 관련된 최신 기술 동향을 파악하기 위해 관련 기관에서 주최하는 콘퍼런스나 세미나, 워크숍 등에 적극적으로 참여하도록 권장해야 한다.

② 조직의 비즈니스 환경과 특수성을 반영한 심화 교육이 필요한 경우, 해당 분야의 외부 전문가를 초빙하여 실무자 맞춤형 내부 교 육을 기획하고 실시할 수 있다.

③ IT 및 정보보호 담당자 교육은 모든 직원 교 육과 동일한 수준과 방식으로 진행되어야 하므로, 이들을 위한 별도의 직무 전문 교육 과정을 수립할 필요는 없다.

④ 내부적으로 수행하기 어려운 고도의 기술적 교육이나 법률적 분석이 필요한 경우에는 공신력 있는 교육 전문기관을 통한 위탁 교 육 과정을 활용하여 전문성을 높여야 한다.

16 다음 중 정보보호 공시제도의 법적 근거로 올바른 것은?

① 개인정보 보호법 제15조에 따른 개인정보의 수집 및 이용 원칙

② 전자금융거래법 제22조에 따른 전자금융거 래 기록의 생성 및 보존

③ 정보보호산업법 제13조에 따른 정보보호 현 황의 공시 의무 및 절차

④ 정보통신망법 제28조에 따른 개인정보의 기술적 · 관리적 보호조치

17 다음 중 정보보호 최고책임자의 자격요건으로 올바른 것은?

① 정보보호 분야 학위 없이 해당 분야 업무를 10년간 수행한 경력이 있는 사람
② 전공과 무관하게 해외에서 석사 이상의 학위를 취득하고 관련 지식을 갖춘 사람
③ 정보기술 분야 국내 학사학위를 취득한 사람
④ 정보보호 분야 국내 학사학위를 취득하고 정보보호 분야 업무를 1년간 수행한 경력이 있는 사람

18 정보보호 위험관리 방안과 적절한 조치사항을 묶은 것으로 올바른 것은?

① 위험 수용 : 회원가입 시 본인 인증을 생략한다.
② 위험 회피 : 개인정보 유출 위험이 있는 서비스를 중단한다.
③ 위험 전가 : 보안사고 발생 시 대응책 없이 보험에 가입한다.
④ 위험 감소 : 보안 강화 조치 없이 업무 프로세스를 단순화한다.

19 정보보호 관리체계(ISMS) 인증 제도를 운영하는 직접적인 법적 근거 조항으로 가장 올바른 것은?

① 개인정보 보호법 제29조(개인정보의 안전성 확보 조치)
② 정보통신망 이용촉진 및 정보보호 등에 관한 법률 제47조(정보보호 관리체계의 인증)
③ 전자서명법 제8조(인증기관의 지정)
④ 전자금융거래법 제21조(전자금융거래의 안전성 확보)

20 다음 중 퇴직, 직무변경, 부서이동, 휴직 등 인사변경 시 정보보호 조치에 대한 설명으로 적절하지 <u>않은</u> 것은?

① 퇴직자의 경우 기존에 부여된 정보시스템 접근권한은 일정 기간 유지하여 업무 연속성을 보장해야 한다.
② 조직 내 임직원, 임시직원, 외주용역직원의 퇴직 및 직무변경 시 지체 없이 출입증 및 정보자산 반납, 계정 삭제 또는 접근권한 회수 · 조정 등의 절차를 수행해야 한다.
③ 퇴직, 직무변경, 부서이동, 휴직 등 인사변경 사항은 인사부서뿐만 아니라 정보보호부서, 개인정보보호부서, 시스템 운영부서 등 관련 부서 간 신속하게 공유되어야 한다.
④ 인사변경 시 정보보호 및 개인정보보호 관련 절차 준수 여부를 정기적으로 검토하고, 위반 사례가 발견되면 시정조치를 수행해야 한다.

예상문제 정답 & 해설

01 ③	02 ②	03 ③	04 ②	05 ④
06 ④	07 ②	08 ③	09 ③	10 ④
11 ③	12 ②	13 ④	14 ③	15 ④
16 ③	17 ①	18 ②	19 ②	20 ①

01 ③

정보보호 환경은 기술의 발전, 새로운 보안 취약점의 발견, 관련 법령(개인 정보 보호법, 정보통신망법 등)의 변화에 따라 끊임없이 변한다. 따라서 정책과 지침을 '한 번의 완벽한 작성'으로 고정하는 것은 불가능하며, 오히려 연 1회 이상 또는 조직 내외의 중대한 변화가 있을 때마다 정기적인 타당성 검토를 통해 제·개정해야 한다.

02 ②

정책 개정 시 내부 이해관계자의 의견뿐만 아니라 외부 법령 및 규제 변화도 반드시 반영해야 한다. 정책이 법적 요구사항을 준수하지 않을 경우, 규제 위반으로 인한 법적 리스크가 발생할 수 있다.

오답 피하기
정책 및 시행문서의 개정 시 정보보호 및 개인정보보호 법적 준거성을 준수하고 정보보호 최고책임자, 개인정보 보호책임자, IT 부서 등 관련 이해관계자와 충분한 협의를 거쳐야 한다.

03 ③

정보보호 및 개인정보보호 실무조직의 형태는 조직의 규모와 특성에 따라 유연하게 운영할 수 있다. 대규모 조직이나 민감 정보를 대량으로 취급하는 조직은 전담 조직 구성이 권고되나, 법적 요건(CISO 전담 의무 등)에 위배되지 않는 범위 내에서 실무 조직을 겸임 조직 형태로 운영하는 것도 가능하다.

04 ②

위원회는 임원급 이상의 인원뿐만 아니라 정보보호 및 개인정보보호 실무자 등 다양한 역할을 수행하는 구성원들도 포함될 수 있다. 실질적인 검토와 실행이 이루어질 수 있도록 적절한 직급과 역할을 가진 인원으로 구성해야 한다.

05 ④

정보보호 최고책임자는 정보보호 및 개인정보보호에 대한 전문적인 지식과 경험, 자격을 보유하여야 한다.

06 ④

개인정보 보호책임자는 조직의 규모와 법적 요구사항에 따라 정보보호 최고책임자의 업무를 겸할 수도 있다.

07 ②

정보보호 최고책임자(CISO)의 지정 요건은 기업의 규모(자본금, 이용자 수 등)에 따라 달라진다. 특히 일정 규모 이상의 상장법인이나 정보통신서비스 제공자의 경우 '임원급'으로 지정해야 할 법적 의무가 있으며, 매우 대규모인 경우에는 '전담(다른 업무 겸직 금지)' 의무도 발생한다. 따라서 모든 기업에서 무조건 부서장급으로 지정해야 한다는 설명은 법적 요구사항 및 ISMS-P 인증기준에 부합하지 않는다.

08 ③

정보보호 및 개인정보보호 책임자의 역할과 책임은 명확한 시행문서(직무 기술서 등)에 정의되어야 하며, 구두 전달만으로는 책임 추적성이 확보되지 않는다.

09 ③

정보보호 및 개인정보보호 관련 의사소통은 공식적인 절차에 따라 이루어져야 하며, 비공식적인 방식으로 이루어질 경우 보안 사고 및 책임소재 문제가 발생할 가능성이 높다.

10 ④

클라우드 서비스를 이용하더라도 해당 자산에서 처리되는 데이터나 구성된 서비스의 보안 책임은 이용 기관에 있다(책임 공유 모델). 따라서 클라우드 자산 역시 조직의 자산 식별 범위에 반드시 포함시켜야 하며, 서비스 형태(IaaS, PaaS, SaaS)에 따라 관리 범위를 명확히 하여 자산 목록에 등재하고 관리해야 한다.

11 ③

정보자산의 보안등급을 결정할 때에는 법적 요구사항과 업무 영향도뿐만 아니라 자산의 특성, 조직의 보안 정책, 외부 위협 등을 종합적으로 고려해야 한다.

12 ②

개인정보보호 관리자는 개인정보처리시스템 운영 및 개발을 담당하면 안 된다. 개인정보보호 관리는 독립된 직무로 운영되어야 하며, 시스템 운영 및 개발과 분리해야 보안성과 투명성을 유지할 수 있다.

13 ④

ISMS-P 인증기준(2.2.3 보안 서약)에 따르면, 내부 임직원뿐만 아니라 외주용역업체 직원, 임시직원 등 조직의 정보자산이나 시스템에 접근하는 모든 외부 인력에 대해서도 반드시 보안 서약서를 징구해야 한다. 업체 간 계약서에 보안 조항이 있더라도, 개별 작업자에게 보안 인식을 심어주고 법적 책임을 명확히 하기 위해 개인별 서약서 작성은 필수적이다.

14 ③

ISMS-P 인증기준(2.2.4 인식제고 및 교육훈련)에 따르면, 신규 입사자나 외부 협력 인력 등은 업무 투입 전에 조직의 보안 정책을 숙지하고 사고를 예방할 수 있도록 즉시 교육을 실시해야 한다. '90일 이내'와 같이 장기간 교육을 유예하는 것은 보안 공백을 야기하므로 적절하지 않으며, 실질적으로는 업무 시작 전에 수행하는 것이 원칙이다.

15 ③

IT 및 정보보호, 개인정보보호 직무자는 일반 직원과 달리 전문성을 높이기 위한 추가적인 교육이 필요하며, 콘퍼런스 참가, 내부 교육, 외부 교육 등 다양한 방식으로 교육을 받을 수 있어야 한다.

16 ③

정보보호 공시제도의 법적 근거는 「정보보호산업법」 제13조(정보보호 공시) 및 동법 시행령 제8조이다.

17 ①

정보보호 최고책임자는 관련 학위 없이도 10년 이상의 실무 경력이 있으면 자격요건을 충족할 수 있다.

18 ②

위험 회피는 위험을 아예 제거하는 방식이며, 회원가입을 없애는 것이 이에
해당된다.

오답 피하기

위험 처리 4대 전략
- 위험 감소 : 보안 대책을 세워 위험을 낮춤(예 암호화, 백신 설치, 접근 통제)
- 위험 회피 : 위험한 요인을 아예 없앰(예 서비스 종료, 특정 기능 삭제)
- 위험 전가 : 위험의 책임을 남에게 넘김(예 보험 가입, 보안 관제 외주)
- 위험 수용 : 현재 위험을 그대로 받아들임(예 비용 대비 손실이 적을 때
  채택)

19 ②

ISMS 인증 제도의 목적, 인증 기관 지정, 인증 기준 등을 구체적으로 명시
하고 있는 핵심 법률 조항은 정보통신망법 제47조이다.

오답 피하기

① 개인정보처리자가 준수해야 할 전반적인 안전성 확보 조치 의무를 규정
  하며, ISMS는 이 조치를 이행하는 하나의 방법론일 수는 있으나 ISMS
  인증 제도 자체의 근거 조항은 아니다.
③ 공동인증서(구 공인인증서)와 같은 전자서명 인증기관의 지정에 관한 조
  항으로 ISMS와는 다르다.
④ 금융회사 및 전자금융업자가 준수해야 할 정보보호 기준을 규정하며, 금
  융권에서는 ISMS와 함께 이행해야 하지만 ISMS 제도의 일반적인 근거
  법률은 아니다.

20 ①

퇴직자의 경우 기존에 부여된 접근권한은 즉시 회수 또는 삭제해야 하며,
일정 기간 유지하는 것은 보안상 매우 위험하다.

정보보호 관리체계 운영

파트 소개

정보보호에 대한 기본 개념을 이해하고 조직이 준수해야 할 정보보호 관련 법령 및 관리적·물리적·기술적 요구사항을 다룹니다. 특히 조직의 정보보호 관리체계 수립 및 보호대책을 강화하는 보호대책 요구사항에 대해 학습할 수 있다.

정보시스템 개발 및 운영 보안

학습 방향

정보시스템 도입 및 개발 보안, 시스템 및 서비스 운영관리 및 보안관리와 관련된 용어와 기본 개념을 이해한다. 더불어 정보시스템의 목적 및 특성을 기반으로 보호대상의 선정 및 요구사항 파악을 통한 체계적인 위험관리 관련 보호대책을 수립할 수 있다.

출제 빈도

SECTION 01	하	10%
SECTION 02	상	20%
SECTION 03	상	20%

01 보안 요구사항 정의

인증기준	확인사항	세부설명	증거자료	결함사례
정보시스템의 도입·개발·변경 시 정보보호 및 개인정보보호 관련 법적 요구사항, 최신 보안취약점, 안전한 코딩방법 등 보안 요구사항을 정의·적용	• 정보시스템을 신규로 도입·개발 또는 변경하는 경우 개인정보보호 측면의 타당성 검토 및 인수 절차를 수립·이행 • 보안 요구사항을 명확히 정의하고 설계 단계에서부터 반영	• 보안시스템 도입 시 도입계획 수립, 성능, 보안성 법적 요건 준수 • 보안 및 개인정보보호 요구사항을 제안요청서에 반영, 업체 및 제품 선정 시 평가 기준으로 활용	• 정보시스템 인수 기준 및 절차 • 정보시스템 도입 제안요청서 및 구매계약서	• 정보시스템 인수 전 보안성 검증 기준 및 절차가 마련되어 있지 않은 경우 • 개발 관련 내부 지침에 개발과 관련된 주요 보안 요구사항 미정의 • 인수 시 보안요건에 대해 세부 기준 및 계획 미수립

▲ 보안 요구사항 정의 핵심정리

1) 인증기준

정보시스템의 도입·개발·변경 시 정보보호 및 개인정보보호 관련 법적 요구사항, 최신 보안취약점, 안전한 코딩방법 등 보안 요구사항을 정의하고 적용하여야 한다.

목적	• 시스템 신규 도입 또는 변경 시 보안과 정보보호 관점에서의 타당성 확보 • 법적 요구사항 및 보안 취약점을 반영하여 안전하고 신뢰성 있는 시스템 운영
주요 사항	• 타당성 검토 : 보안·개인정보보호 관점에서 사전 검토 및 인수 절차 수립 • 도입계획 수립 : 성능, 안정성, 신뢰성, 법적 요구사항 포함한 계획 수립 • 보안요구사항 반영 : RFP 반영 및 제품 평가 기준에 활용 • 인수기준 수립 : 계약 반영 여부 및 인수 승인 절차 점검 • 요구사항 정의 : 접근통제, 암호화 등 법적·기술 요구사항 정의 • 보안취약점 반영 : 최신 보안 위협 정보 기반 요구사항 지속적 반영 • 안전한 코딩 기준 : 언어별 보안코딩 기준 마련 및 개발자 교육 실시
주요 결과	• 시스템 신규 도입 또는 변경 시 보안과 정보보호 관점에서의 타당성 확보 • 법적 요구사항 및 보안취약점을 반영하여 안전하고 신뢰성 있는 시스템 운영
기대 효과	• 정보시스템의 도입단계부터 안전성과 신뢰성 보장 • 내부 및 외부 감사, 인증심사 등에서 적정성 입증 기반 확보 • 보안 취약점 최소화로 인한 보안사고의 예방

2) 확인사항

도입 · 개발 시 보안 타당성 검토 여부	정보시스템을 새로 도입하거나 개발 · 변경할 때, 정보보호 및 개인정보보호 측면의 타당성을 검토하고, 이를 반영한 인수 절차를 수립 · 이행하고 있는지를 확인해야 한다.
보안 요구사항 정의 및 설계 반영 여부	• 정보시스템 도입 또는 개발 시 법적 요구사항과 최신 보안 취약점을 반영한 보안 요구사항을 명확히 정의하고 설계 단계에서부터 이를 반영하고 있는지를 점검해야 한다. • 법적 요구사항과 최신 보안 위협을 반영한 보안 요구사항을 설계 단계에서부터 정의하고 적용함으로써 보안을 내재화해야 한다.
코딩 표준 수립 및 적용 여부	• 정보시스템의 안전한 구현을 위해 보안 취약점을 최소화할 수 있는 코딩 표준을 수립하고, 실제 개발 과정에서 이를 적용하고 있는지를 확인해야 한다. • 안전한 코딩 기준을 마련하고 개발 과정에서 실제로 이를 준수함으로써 시스템의 보안 취약점을 최소화하고, 안정적인 운영 기반을 마련하는 것이 중요하다.

3) 주요 내용

정보시스템 도입 타당성	정보시스템을 신규 도입 및 개발 또는 변경할 경우 보안과 개인정보보호 관점에서 타당성을 검토하고 인수 절차를 수립한다.
도입계획 수립	서버, 네트워크, 보안시스템 도입 시 도입계획을 수립하며, 성능, 보안성, 신뢰성, 호환성, 개인정보보호법 등 법적 요건을 준수해야 한다.
보안요구사항 반영	보안 및 개인정보보호 요구사항을 제안요청서(RFP)에 반영하고, 업체 및 제품 선정 시 평가 기준으로 활용한다.
인수기준 수립	시스템 도입 전 인수기준을 수립하고, 도입계획의 성능, 보안, 법적 요건을 계약서에 반영하여 인수 여부를 판단한다.
법적 및 기술요구 사항 정의	접근 권한, 암호화, 접속기록 등 개인정보 보호법상의 요구사항과 내부 정보보호 규정, 기술적 요구사항을 명확히 정의하고 설계 단계에 반영해야 한다.
보안취약점 반영	최신 보안취약점을 반영한 보안 요구사항을 시스템 설계 · 구현에 포함시켜야 하며, 기술 동향 및 위협정보를 지속적으로 반영해야 한다.
안전한 코딩표준	안전한 코딩 표준과 규약을 수립하고 Java, PHP, 웹 등 개발 언어별로 적용하며, 개발자 교육을 통해 이를 내재화해야 한다.

4) 결함사례

안성 검증 기준 미비	정보시스템 인수 이전에 보안성을 검증하기 위한 기준 및 절차가 마련되어 있지 않아, 시스템 도입 시 보안 검토 없이 운영 환경에 반영될 위험이 있는 경우
신규 시스템 인수 보안 검토 누락	신규 시스템 도입 시 내부 규정에 따라 보안성 및 기존 환경에 대한 영향을 검토해야 함에도 불구하고, 보안 요건 기준이나 검토 계획이 수립되지 않아 검토가 누락된 경우
보안 요구사항 정의 미흡	개발 관련 내부 지침에 인증, 암호화, 보안 로그 등과 같은 핵심 보안 요구사항이 정의되어 있지 않아 안전한 시스템 개발이 어려운 상태인 경우
취약한 암호화 방식 지정	개발표준정의서에 사용자 비밀번호를 MD5나 SHA1과 같이 안전하지 않은 암호화 알고리즘으로 처리하도록 규정하고 있어, 관련 법령을 충족하지 못하는 경우

⑩ 대형 유통회사 B는 신규 물류 시스템을 도입하면서 기존 보안성 검토 절차를 생략했다. 인수 이전 보안 검증 기준이 마련되어 있지 않아, 시스템 도입 후에도 보안 취약점이 발견되었음에도 이를 운영 환경에 제대로 반영하지 않았다. 특히 인증, 암호화, 보안 로그 등에 대한 보안 요구사항이 명확히 정의되지 않아, 안전한 시스템 개발이 어렵고 무분별한 접근 통제가 발생했다. 이에 따라 물류 데이터의 위 · 변조 가능성과 내부 정보 유출 사고가 발생할 우려가 높아졌다. 이는 심각한 보안 사고를 초래할 수 있어, 체계적인 보안 요구사항 수립과 최신 암호화 기술 적용이 필수적임을 시사한다.

인증기준	확인사항	세부설명	증거자료	결함사례
사전 정의된 보안 요구사항에 따라 정보시스템이 도입·개발 되었는지 검토하기 위하여 법적 요구사항 준수, 최신 보안취약점 점검, 안전한 코딩 구현, 개인정보 영향평가 등의 검토 기준과 절차 수립·이행, 개선조치 수행	• 정보시스템의 도입, 개발, 변경 시 분석 및 설계 단계에서 정의한 보안 요구사항이 효과적으로 적용되었는지를 확인하기 위한 시험 수행 • 안전한 코딩 기준 등에 따른 안전한 정보시스템 개발 여부 확인	• 도입계획에 따라 정의된 보안 요구사항 및 성능 기준의 충족 여부를 인수기준에 따라 시험하고, 시스템 인수 여부를 결정 • 시험계획서·결과서 등 보안요구사항 충족 여부 문서화 기능별 테스트 수행	• 정보시스템 인수 시험 결과 • 요구사항 추적 매트릭스 • 시험 계획서, 시험 결과서 • 취약점 점검 결과서	• 정보시스템 구현 이후 개발 관련 보안 요구사항을 시험하지 않고 있는 경우 • 응용 프로그램 테스트 시나리오 및 기술적 취약점 점검항목에 입력값 유효성 체크 등의 중요점검항목 일부가 누락된 경우

▲ 보안 요구사항 검토 및 시험 핵심정리

1) 인증기준

사전에 정의된 보안 요구사항에 따라 정보시스템이 도입 또는 구현되었는지를 검토하기 위해 법적 요구사항 준수, 최신 보안취약점 점검, 안전한 코딩 구현, 개인정보 영향평가 등의 검토 기준과 절차를 수립·이행하고, 발견된 문제점에 대한 개선조치를 수행하여야 한다.

목적	• 시스템 개발 또는 변경 시 사전에 정의한 보안 요구사항의 실제 적용 여부 확인 • 보안 취약점 사전 식별 및 개선 계획 수립을 통한 안정적 운영 기반 확보 • 공공기관의 경우 개인정보 영향평가 수행 및 실질적 반영 여부 점검
주요 사항	• 보안 요구사항 시험 : 설계 반영 여부 확인, 시험 기준 및 절차 수립 • 인수 전 시험 수행 : 인수기준, 성능/보안 요건에 대한 충족 여부 검토 • 보안기능 시험 : 시험계획서 및 체크리스트 기반 기능 시험 수행 • 코딩 취약점 점검 : 소스코드 검토 및 기술적 도구로 보안 취약점 점검 • 시험 결과 개선조치 : 문제점 발견 시 개선계획 수립 및 이행점검 • 개선 불가 시 대응 : 영향도 평가 및 보완대책 수립, 보고 체계 운영 • 공공기관 영향평가 : 법적 의무 여부 판단 및 평가 결과의 개발 반영 여부 점검
주요 결과	• 보안 요구사항 충족 여부에 대한 시험 결과 확보 • 보안 취약점 사전 제거 및 개선 이행 실적 확보 • 영향평가 수행 결과에 따른 시스템 반영 내용 문서화
기대 효과	• 정보시스템 보안요구사항 적용 및 시스템 안전성과 신뢰성 강화 • 내부 및 외부 감사, 인증 심사 등에서 적정성 입증 기반의 확보 • 보안취약점 최소화로 인한 보안 사고의 예방

2) 확인사항

보안 요구사항 시험 이행 여부	정보시스템 도입 · 개발 · 변경 시, 분석 및 설계 단계에서 정의한 보안 요구사항이 실제로 시스템에 적용되었는지를 확인하기 위한 시험을 수행하고 있는지를 점검해야 한다.
안전한 코딩 여부 및 취약점 점검 수행 여부	정보시스템이 안전한 코딩 기준에 따라 개발되었는지 확인하기 위해, 시스템에 대한 보안 취약점 점검을 수행하고 있는지를 확인해야 한다.
보안 문제점 개선 절차 이행 여부	시험이나 점검에서 발견된 문제점에 대해 개선계획을 수립하고, 해당 계획이 실제로 이행되고 있는지를 확인하는 절차를 운영하고 있는지를 점검해야 한다.
영향평가 수행 및 반영 여부(공공기관)	공공기관의 경우, 개인정보처리시스템을 신규 개발하거나 변경할 때 법령에 따라 영향평가기관을 통해 영향평가를 수행하고, 그 결과를 개발 · 변경 시 반영하고 있는지를 확인하는 절차가 필수적으로 요구된다.

3) 주요 내용

보안 요구사항 시험	정보시스템 도입, 개발, 변경 시 보안 요구사항이 설계에 따라 반영되었는지 시험 기준과 절차를 수립하고, 인수 전 시험을 통해 검토한다.
인수 전 검토 기준	도입계획에 따라 정의된 보안 요구사항 및 성능 기준의 충족 여부를 인수기준에 따라 시험하고, 시스템 인수 여부를 결정한다.
보안기능 시험 절차	시험계획서, 체크리스트, 시험 결과서 등을 통해 보안요구사항 충족 여부를 문서화하고, 기능별 테스트를 수행한다.
코딩 취약점 점검	안전한 코딩 표준에 따라 소스코드를 검토하고, 기술적 보안 취약점이 존재하는지 점검도구 또는 모의진단을 통해 확인한다.
시험 결과 개선절차	• 시험 또는 점검 중 발견된 문제점은 시스템 오픈 전에 개선할 수 있도록 개선계획을 수립한다. • 개선계획을 수립한 후 내부보고, 이행점검 절차를 수행한다.
개선 불가 시 대책	시스템 오픈 전 개선이 어려운 경우에는 영향도 평가 및 보완대책을 수립하고, 사유를 내부 보고하여 위험을 최소화한다.
개인정보 영향평가 의무	개인정보파일 **수량** 및 내용의 민감성에 따라 영향평가 의무 여부를 판단하며, 의무 대상일 경우 개인정보 영향평가를 수행한다.
영향평가 수행 절차	• 영향평가는 지정기관을 통해 수행되며, 결과는 시스템 반영 전 보고되어야 한다. • 개선요구사항에 대해 1년 이내 이행점검 확인서를 제출해야 한다.

> **기적의 TIP**

개인정보 영향평가(PIA) 의무대상

구분	정보주체 수 기준	대상 행위
민감 · 고유식별정보 처리	5만 명 이상	구축, 운용 또는 변경
다른 개인정보파일과 연계	연계 결과 50만 명 이상	연계
일반 개인정보파일	100만 명 이상	구축, 운용 또는 변경
운영체계 변경	해당 없음	영향평가를 받은 후 운영 체계 변경 시(변경 부분)

4) 결함사례

보안 요구사항 시험 미이행	정보시스템 구현 이후 개발 관련 내부 지침이나 문서에 정의된 보안 요구사항을 시험하지 않아 적용 여부를 확인하지 못한 경우
점검항목 누락	응용 프로그램 테스트나 취약점 점검 시 필수 점검항목인 입력값 유효성 체크 등이 누락되어, 핵심적인 취약점이 탐지되지 않을 가능성이 있는 경우
취약점 미조치 또는 승인 없이 무시	시험 또는 구현 과정에서 이미 알려진 취약점에 대해 점검하지 않거나, 발견된 취약점에 대해 타당한 사유나 책임자 승인 없이 개선조치를 이행하지 않은 경우
영향평가 미실시 (공공기관)	공공기관이 5만 명 이상 정보주체의 고유식별정보를 처리하는 시스템을 신규 구축하면서도 관련 법령에 따른 영향평가를 수행하지 않은 경우
영향평가 결과 미제출 (공공기관)	공공기관이 영향평가서를 수령한 후 2개월이 지나도록 개인정보 보호위원회에 이를 제출하지 않아 법적 절차를 위반한 경우
보안성 점검 미이행	내부 지침에 따라 신규 시스템 도입 시 취약점 점검 등을 수행해야 하나, 최근 도입된 시스템에 대해 관련 보안성 검토가 누락된 경우

例 A 가상화폐 거래소는 최근 신규 거래 시스템을 도입하면서 내부 보안 요구사항 시험을 제대로 시행하지 않았다. 개발 완료 후 보안 지침에 명시된 보안 요구사항이 제대로 적용되었는지 확인하지 않아, 시스템 취약점이 여전히 존재하는 상태로 운영이 시작되었다. 또한 응용 프로그램의 입력값 유효성 검사 등 필수 점검 항목이 누락되어 치명적인 취약점이 발견되지 못했다. 발견된 취약점에 대해서도 적절한 조치나 승인 절차 없이 무시하는 사례가 발생하였다. 이로 인해 외부 공격자가 악용할 수 있는 위험이 상존하며, 고객 자산과 개인정보의 유출 가능성이 높아져 거래소의 신뢰성에 심각한 타격이 예상된다.

03 시험과 운영 환경 분리

인증기준	확인사항	세부설명	증거자료	결함사례
개발 및 시험 시스템은 운영시스템에 대한 비인가 접근 및 변경의 위험을 감소시키기 위하여 원칙적으로 분리	• 정보시스템의 개발 및 시험 시스템을 운영시스템과 분리 • 불가피한 사유로 개발과 운영환경의 분리가 어려운 경우 상호검토, 상급자 모니터링, 변경 승인, 책임추적성 확보 등의 보안대책을 마련	• 정보시스템 개발 및 시험 환경에서는 실제 운영 데이터를 직접 사용 제한 유출 방지 • 개인정보 등 민감정보 유출 방지를 위해 시험에는 임의로 생성한 데이터나 운영 데이터를 가공·변환한 데이터만 사용	• 네트워크 구성도 • 운영 환경과 개발·시험 환경 간 접근통제 적용 현황	• 타당한 사유, 승인 없이 별도의 개발환경을 구성하지 않고 운영환경에서 직접 소스코드 변경을 수행 • 불가피하게 개발시스템과 운영시스템을 분리하지 않고 운영 중에 있으나, 상호 검토 내역, 모니터링 내역 등이 누락

▲ 시험과 운영 환경 분리 핵심정리

1) 인증기준

목적	• 개발 · 시험 환경과 운영 환경 분리로 보안사고 및 시스템 안정성 저해 예방 • 분리가 어려운 경우에도 통제조치를 통한 보안성과 책임추적성을 확보
주요 사항	• 시스템 분리 원칙 수립 : 개발 · 시험 시스템과 운영 시스템을 원칙적으로 분리 • 개발환경과 운영환경의 명확한 구분 : 접속 제한 및 접근 통제 절차 마련 • 분리가 어려울 경우 통제방안 마련 : 변경 · 승인 절차, 로그기록 관리, 상급자 모니터링 및 감사, 책임추적성 확보 • 접근통제 수단 시행 : 개발자가 운영 시스템에 불필요한 접근방지 절차 수립
주요 결과	• 개발 · 운영 환경의 경계 명확화 및 접속통제 수립 • 보안 사고 예방 및 시스템 운영의 안정성 확보 • 로그 및 승인 기반의 증적 자료의 확보
기대 효과	• 시스템 무결성 유지 및 개발 프로세스의 신뢰성 향상 • 내부자 위협 및 오용 방지로 인한 보안사고 예방 • 감사 및 인증 시 분리 운영의 적정성 입증 가능

2) 확인사항

개발 · 시험 환경과 운영환경의 분리 여부	정보시스템 개발 · 시험 환경은 운영환경과 분리하지 않으면 보안사고나 시스템 안정성 저해 요인이 발생할 수 있으므로, 이를 명확히 분리하여 위험요인을 사전에 차단해야 한다.
운영환경과의 분리가 어려울 경우 보완대책 여부	• 개발과 운영환경을 분리하기 어려운 상황에서는 상호 검토, 상급자 모니터링, 변경 승인 절차, 로그기록 등을 통해 보안사고 예방 및 책임추적성을 확보하고 있는지를 확인해야 한다. • 이러한 분리 또는 대체 통제는 시스템 안전성과 개발 프로세스의 신뢰성을 보장하기 위한 핵심 조치이다.

3) 주요 내용

시스템 환경 분리 원칙	정보시스템은 개발 · 시험 시스템과 운영 시스템을 원칙적으로 분리하여 구성하고, 각 환경의 보안성과 안정성을 확보해야 한다.
접근통제 방안	개발자가 운영 시스템에 불필요하게 접근하지 않도록 개발 · 시험 환경과 운영 환경 간의 접근통제를 위한 정책 및 절차를 수립 및 이행해야 한다.
불가피한 경우 보완통제	조직 규모나 인력 부족 등으로 분리가 어려운 경우에는 직무자 간 상호검토, 변경 승인, 상급자 모니터링, 감사, 백업 · 복구 및 책임추적성 확보 등의 보완통제 수단을 마련해야 한다.

4) 결함사례

운영환경에서 직접 개발 수행	별도의 개발환경을 구성하지 않고 운영환경에서 직접 소스코드를 수정하는 방식으로 작업되었으며, 이에 대한 타당한 사유나 승인 없이 실행된 경우
보완통제 내역 누락	개발환경과 운영환경이 분리되지 않은 상태에서 운영되고 있으나, 상호 검토 내역, 상급자 모니터링 내역 등 필수적인 보완대책 이행기록이 누락된 경우
운영환경 접근통제 미흡	개발환경은 별도로 구성되어 있으나, 개발자들이 개발시스템을 통해 운영시스템에 불필요하게 접근할 수 있도록 되어 있어 운영환경에 대한 통제가 미흡한 경우

예 C 유통회사는 운영환경에서 개발환경과 운영환경을 명확히 분리하지 않고, 개발자들이 운영 시스템에 직접 접근해 소스코드를 수정하는 일이 빈번했다. 별도의 개발환경 없이 운영환경에서 바로 개발 작업을 진행하며, 승인 절차 또한 제대로 이루어지지 않았다.

이로 인해 개발과 운영환경 간 보안통제가 미흡했고, 상급자 모니터링과 보완대책 이행 기록도 제대로 남기지 않아 보안 사고 발생 시 원인 추적과 대응이 어려운 상황이 되었다. 또한 개발자가 운영 시스템에 불필요하게 접근 가능하도록 설정되어 있어 내부 통제도 약화되었다. 이는 시스템 안정성과 보안성 저하로 이어져 C 유통회사 업무 전반의 신뢰도와 안전성을 심각하게 저해한다.

04 시험 데이터 보안

인증기준	확인사항	세부설명	증거자료	결함사례
시스템 시험 과정에서 운영데이터의 유출을 예방하기 위하여 시험 데이터의 생성과 이용 및 관리, 파기, 기술적 보호조치에 관한 절차 수립·이행	• 정보시스템의 개발 및 시험 과정에서 실제 운영 데이터의 사용 제한 • 불가피하게 운영데이터를 시험 환경에서 사용할 경우 책임자 승인, 접근 및 유출 모니터링, 시험 후 데이터 삭제 등의 통제 절차 수립·이행	• 시스템 시험 과정에서 유출 방지 위해 시험 데이터는 임의의 데이터 생성 및 운영 데이터 가공·변환 후 사용 • 운영 데이터 사용 승인 절차 마련: 데이터 중요도 기반 보고·승인체계 정의 시험 기한 만료 후 데이터 폐기절차 마련 및 이행	• 시험데이터 현황 • 시험데이터 생성 규칙 • 운영데이터 승인 이력	• 개발 서버에서 사용할 시험 데이터 생성에 대한 구체적 기준 및 절차 미수립 • 타당한 사유 및 책임자 승인 없이 실 운영 데이터를 가공하지 않고 시험 데이터로 사용하고 있는 경우

▲ 시험 데이터 보안 핵심정리

1) 인증기준

시스템 시험 과정에서 운영데이터의 유출을 예방하기 위하여 시험 데이터의 생성과 이용 및 관리, 파기, 기술적 보호조치에 관한 절차를 수립·이행하여야 한다.

목적	• 개발 및 시험 환경에서 운영 데이터(개인정보 포함)의 무분별한 사용으로 인한 정보 유출 방지 • 데이터 사용 시 보안성과 책임추적성 확보 • 운영데이터의 신뢰도와 시스템 무결성의 유지
주요 사항	• 운영데이터 사용 제한 : 개발·시험 환경에서 운영데이터의 직접 사용을 금지, 운영데이터 대신 가공·임의 데이터 활용 • 시험데이터 기준 수립 : 시험데이터 생성 및 사용 절차 명확화, 통제기준 수립 • 부득이한 사용 시 통제 : 책임자 사전 승인, 접근/유출 방지 통제 절차 이행 • 데이터 폐기 및 모니터링 : 시험 종료 후 운영데이터를 즉시 폐기하고 모니터링 및 감사 진행

주요 결과	• 시험 환경 내 운영데이터 유출 방지를 위한 제도적 · 기술적 통제 확보 • 테스트에 필요한 시험데이터 기준 정립 • 책임자 승인 및 접근기록 확보를 통한 감사 대응력 확보
기대 효과	• 개인정보 및 중요정보의 무단 노출 위험의 최소화 • 시스템 신뢰성과 보안성의 유지 • 내부 · 외부 감사 시 운영데이터 통제의 적정성 입증 가능

2) 확인사항

운영데이터 사용 제한 여부	개발 및 시험 환경에서 운영데이터를 사용하는 경우, 개인정보 및 주요 정보가 불필요하게 노출될 위험이 있으므로 사용을 원칙적으로 제한해야 한다.
운영데이터 사용 시 보안통제 여부	• 부득이하게 운영데이터를 개발 · 시험 환경에서 사용하는 경우, 책임자의 사전 승인, 접근 · 유출에 대한 모니터링, 시험 종료 후 데이터 삭제 등 통제절차를 수립 · 이행하고 있는지 확인해야 한다. • 데이터 오용 · 유출을 예방하고 시스템 신뢰도를 유지하기 위한 필수 보호조치이다.

3) 주요 내용

운영데이터 사용 제한	정보시스템 개발 및 시험 환경에서는 실제 운영데이터를 직접 사용하는 것을 제한하고, 데이터 유출을 방지해야 한다.
시험데이터 생성 방법	개인정보 등 민감정보 유출을 방지하기 위해, 시험에는 임의로 생성한 데이터나 운영데이터를 가공 · 변환한 데이터만 사용해야 한다.
시험데이터 기준 및 절차	시험 데이터를 사용할 때는 생성 및 사용 절차, 기준을 명확히 수립하고 이에 따라 통제 및 관리해야 한다.
운영데이터 사용 시 통제	불가피하게 운영데이터를 사용할 경우에는 책임자의 사전 승인을 받고, 데이터 접근 및 유출 방지를 위한 접근통제 절차를 이행해야 한다.
데이터 폐기 및 모니터링	시험이 끝난 후 운영데이터는 반드시 폐기하고, 사용 내역을 모니터링하며, 전기적으로 운영데이터 사용 현황을 검토해야 한다.

4) 결함사례

시험 데이터 생성 기준 미비	개발 서버에서 사용할 시험 데이터를 생성하기 위한 기준이나 절차가 마련되어 있지 않아, 무분별한 데이터 사용으로 인한 보안 취약성이 존재하는 경우
운영데이터 무단 사용	별도 승인 없이 운영데이터를 비가공 상태로 시험 환경에 사용하는 등 운영데이터 사용에 대한 통제 없이 개발 · 시험에 활용되고 있는 경우
시험환경 접근통제 미흡	실 운영데이터를 승인받아 시험에 사용하고 있음에도, 테스트 DB에 대해 운영 DB와 동일한 수준의 접근통제를 적용하지 않아 보안 위험이 존재하는 경우
시험 후 데이터 삭제 미이행	시험이 완료되었음에도 불구하고 시험용 DB에서 실 운영데이터를 삭제하지 않아 장기간 보관되어 정보 유출 가능성이 남아 있는 경우

📋 C 가상화폐거래소 개발팀은 운영데이터와 분리된 시험 데이터를 생성하는 명확한 기준과 절차를 마련하지 않았다. 그 결과 시험 환경에서 실 운영데이터가 무단으로 활용되는 사례가 빈번했다. 별도의 승인 절차 없이 운영데이터를 시험 환경에서 사용하면서, 테스트 DB에 운영 DB와 동일한 수준의 접근통제가 적용되지 않아 보안 위험이 상존했다. 이러한 상황에서 개발자들이 민감한 고객정보와 거래 내역에 접근할 수 있었고, 이로 인해 데이터 유출 및 무단 접근 가능성에 대한 우려가 크게 증가했다. 특히 보안 사고 발생 시 원인 추적이 어려워 거래소 신뢰도 하락과 법적 제재 위험이 높아졌다.

05 소스 프로그램 관리

인증기준	확인사항	세부설명	증거자료	결함사례
소스 프로그램은 인가된 사용자만이 접근할 수 있도록 관리, 운영환경에 보관하지 않도록 관리	• 비인가자에 의한 소스 프로그램 접근을 통제하기 위한 절차 수립 · 이행 • 소스 프로그램은 장애 등 비상시를 대비하여 운영환경이 아닌 곳에 안전하게 보관	• 비인가자에 의한 소스 프로그램 접근을 통제하기 위한 절차를 수립 · 이행 • 최신 소스 프로그램 및 이전 소스 프로그램에 대한 백업 보관 • 소스 프로그램에 대한 변경이력을 관리	소스 프로그램 변경 이력	• 별도의 소스 프로그램 백업 형상관리시스템이 미구축, 이전 버전의 소스코드를 운영 서버 또는 개발자 PC에 승인 및 이력관리 없이 보관하고 있는 경우 • 소스코드에 대한 접근제한, 접근 및 변경 이력 관리 미흡

▲ 소스 프로그램 관리 핵심정리

1) 인증기준

소스 프로그램은 인가된 사용자만이 접근할 수 있도록 관리하고, 운영환경에 보관하지 않는 것을 원칙으로 하여야 한다.

목적	• 시스템의 핵심 자산인 소스코드에 대한 무단 접근 방지 및 안전한 보관 • 장애 · 사고 대비 복구 가능성 확보 및 변경사항 추적을 통한 개발 신뢰성의 강화
주요 사항	• 접근통제 수립 : 비인가자 접근 차단, 인가 개발자만 접근 권한을 부여받음 • 운영환경 외 보관 : 운영환경과 분리된 안전한 장소에 백업/보관, 복제본 확보 • 변경이력 관리 : 승인 및 작업 기준 수립, 버전관리 도구로 변경 내역 기록, 형상관리 시스템 연계 • 문서 변경의 통제 : 설계서 등 관련 문서와 함께 변경사항 동기화 관리
주요 결과	• 소스코드 접근 권한 통제와 운영환경 외 안전한 저장 확보 • 변경이력 및 요청사유 추적 가능 • 설계 문서와 변경사항 간 불일치의 최소화
기대 효과	• 소스코드 무단 접근과 유출 방지로 인한 보안성 강화 • 장애 · 사고 발생 시 신속한 복구 대응 가능 • 인증심사 및 내부 감사 시 변경 이력에 대한 신뢰도 확보

2) 확인사항

소스 프로그램 접근통제 절차 여부	• 소스코드는 시스템의 핵심 자산이므로, 비인가자의 접근을 차단하기 위한 승인 절차, 접근권한 설정, 로그 기록 등의 통제수단을 마련해야 한다. • 소스 프로그램에 대한 통제 절차를 수립하고 이를 실제로 이행하고 있는지를 점검해야 한다.
소스 프로그램의 안전한 보관 여부	장애나 사고 발생 시를 대비하여 소스 프로그램을 운영환경과 분리된 별도의 안전한 장소에 백업 또는 복제하여 보관하고 있는지를 확인해야 한다.
소스 변경 이력관리 여부	소스코드에 대한 변경 내역을 체계적으로 기록하고 관리함으로써 변경 이력의 추적이 가능하도록 형상관리 시스템 등을 활용하고 있는지를 점검해야 한다.

3) 주요 내용

소스 접근통제	소스 프로그램에 대한 무단 접근을 방지하기 위해 접근 및 사용 절차를 수립하고 인가된 자만 접근할 수 있도록 통제해야 한다.
접근권한 부여	접근 권한은 인가된 개발자 및 담당자에게만 부여하며, 그 외 인원의 접근은 시스템적으로 차단되어야 한다.
형상관리서버 보안	• 소스코드가 보관된 형상관리서버에 접근할 수 있는 인원을 최소화한다. • 접근 시도 및 기록에 대한 통제 절차를 마련해야 한다.
소스 백업 및 보관	• 비상 상황에 대비하여 소스 프로그램은 운영 환경이 아닌 별도의 안전한 장소에 백업 보관한다. • 백업본에 대해서 접근통제를 실시해야 한다.
소스 변경 절차	소스코드 변경 전 승인 절차, 작업 이력 기록, 버전관리 등의 변경 절차를 수립하여 체계적으로 관리해야 한다.
변경이력 관리	소스 프로그램의 변경 이력을 변경 일자, 작업자, 요청 사유 등과 함께 기록하고, 주기적으로 이를 검토해야 한다.
문서 변경 통제	소스코드 변경 시 관련 시스템 문서(설계서 등)도 함께 업데이트하고, 변경사항 반영 여부를 통제하고 검토해야 한다.

4) 결함사례

형상관리 미구축 및 비인가 보관	이전 버전의 소스코드를 운영 서버나 개발자 개인 PC에 승인 없이 보관하고 있고, 이력관리도 되지 않는 상태인 경우
접근통제 및 변경이력 미관리	형상관리시스템을 운영하고 있으나, 해당 시스템 또는 저장된 소스코드에 대한 접근권한 통제나 변경 이력 관리를 제대로 수행하지 않아 통제 실패 위험이 존재하는 경우
최신 소스코드 백업 미실시	내부 규정상 형상관리시스템으로 소스 버전을 관리해야 하나, 최신 버전의 소스코드가 개발자 PC에만 존재하고 별도 백업조치가 없어 데이터 손실 우려가 있는 경우

예 K 유통회사의 개발팀의 형상관리시스템이 제대로 구축되어 있지 않아 소스코드를 운영 서버 및 개발자 개인 PC에 승인 없이 보관했다. 이때 변경 이력 관리가 전혀 이루어지지 않아 개발 과정에서 발생한 소스 코드 수정 내역을 추적할 수 없으며, 최신 버전의 소스코드가 개발자 PC에만 존재하고 별도의 백업조차 마련되어 있지 않아 데이터 손실 위험이 큰 상황이다.

이로 인해 신규 기능 개발과 버그 수정 시 잘못된 코드가 운영에 반영되는 사례가 빈번했고, 긴급 복구가 어려워 운영 중단이 발생했다. 더불어 고객 주문 처리 시스템에 오류가 발생하여 매출 손실과 고객 신뢰도 하락으로 이어졌다.

인증기준	확인사항	세부설명	증거자료	결함사례
신규 도입·개발 또는 변경된 시스템을 운영환경으로 이관할 때는 통제된 절차 이행, 실행코드는 시험 및 사용자 인수 절차에 따라 실행	• 신규 도입·개발 및 변경된 시스템을 운영환경으로 안전하게 이관하기 위한 통제 절차 수립·이행 • 운영환경으로 이관 시 발생할 수 있는 문제에 대한 대응 방안 마련	• 이관 통제 절차 수립 및 이관 담당자 지정 • 이관 계획 및 절차에 따른 사전 점검 수행, 이관 전략에 따른 사전 시나리오 수립 • 운영환경에는 서비스 실행에 필요한 파일만을 설치	• 이관 절차 • 이관 내역(신청·승인, 시험, 이관 등)	• 개발·변경이 완료된 소스 프로그램을 운영환경으로 이관 시 검토·승인하는 절차 미수립 • 운영서버에 서비스 실행에 불필요한 파일(소스코드 또는 배포모듈, 백업본, 개발 관련 문서, 매뉴얼 등) 존재

▲ 운영환경 이관 핵심정리

1) 인증기준

시스템의 신규 도입 및 개발 또는 변경된 시스템을 운영환경으로 이관할 때는 통제된 절차를 따라야 하고, 실행코드는 시험 및 사용자 인수 절차에 따라 실행되어야 한다.

목적	• 신규 또는 변경된 시스템을 운영환경에 안전하게 반영 • 이관 과정에서의 장애·문제 예방 및 신속한 복구 대응체계 마련 • 불필요한 요소 제거를 통한 운영환경의 무결성 유지
주요 사항	• 사전 통제절차 수립 : 점검, 승인, 검증 등 이관 절차 마련, 신규/변경 시스템에 대해 사전 시험 수행 • 이관 전 검토 사항 : 담당자 지정(별도 이관자), 시험 완료 및 승인 확인 • 이관 방식 및 시나리오 : 단계적 또는 일괄 이관 방식 설정, 전환 시나리오 수립 • 문제 대비 조치 : Rollback 계획 및 시스템 백업 수행 • DevSecOps 보안통제 : CI/CD 배포 시 DevSecOps 기반 통제 적용 • 운영환경 정합성 유지 : 운영환경 내 불필요한 파일 제거, 테스트용 파일, 백업, 개발 파일 사전 차단
주요 결과	• 안전한 이관 절차 수립 및 실행 이력 확보 • 시스템 구성요소의 최소화 및 정합성 유지 • 장애 발생 시 즉시 복구 가능한 상태 유지
기대 효과	• 이관 과정에서의 보안 취약점 및 안정성 저해 요인 제거 • 운영환경 무결성 보장 및 책임추적성 확보 • DevOps 기반 배포 시에도 안정성 확보 가능

2) 확인사항

운영환경 이관 통제 절차 수립 여부	시스템을 신규 도입하거나 변경한 경우, 운영환경에 안전하게 반영하기 위해 사전 점검, 승인, 검증 등 이관 절차를 수립하고 이를 철저히 이행해야 한다.
이관 시 문제 대응방안 마련 여부	운영환경 이관 과정에서 발생할 수 있는 장애나 문제 상황에 대비한 사전 대응 방안 및 복구 절차가 마련되어 있는지를 확인해야 한다.
운영환경 최소 설치 원칙 준수 여부	운영환경에는 서비스 운영에 꼭 필요한 파일만을 설치하고, 테스트용이나 불필요한 구성 요소는 배제하고 있는지를 점검해야 한다.

3) 주요 내용

시스템 이관 통제절차	신규 도입 또는 개발·변경된 시스템을 운영환경에 안전하게 이관하기 위해 통제 절차를 수립하고, 이관 기록을 보존·검토해야 한다.
이관 담당자 지정	운영환경 이관은 개발자가 아닌 별도의 이관 담당자가 수행하며, 이관에 대한 책임자 승인 절차를 포함해야 한다.
이관 전 검토 항목	운영환경 이관 전 시험이 완료되었는지 확인하고, 이관 계획 및 절차에 따른 사전 점검을 철저히 수행해야 한다.
이관 방식 전략	시스템 이관은 단계적 또는 일괄 방식 중 적합한 전략을 선택하여 수행하며, 이관 전략에 따라 사전 시나리오를 수립해야 한다.
문제 대응 방안	이관 실패 시 복귀(Rollback) 방안과 함께 기존 시스템 및 구성 요소의 백업·보관 대책을 마련하여야 한다.
DevSecOps 통제 적용	클라우드 기반 DevOps 환경에서는 CI/CD 파이프라인에서 DevSecOps 관점의 보안 통제를 적용하여 안전한 배포를 수행해야 한다.
운영환경 파일 제한	운영환경에는 승인된 실행파일 외 개발도구, 소스, 백업본, 업무문서 등의 불필요한 파일을 설치하지 않도록 제한하고 관리해야 한다.

4) 결함사례

운영환경 이관 통제 미흡	개발·변경 완료된 소스 프로그램을 운영환경으로 이관할 때, 이를 검토하고 승인하는 절차가 수립되어 있지 않아 보안성과 안정성을 충분히 확보하지 못하는 경우
운영서버 불필요 파일 존재	운영서버에 서비스 실행과 무관한 소스코드, 배포 모듈, 백업본, 개발 문서 등이 저장되어 있어 정보 유출 및 시스템 오작동 등의 위험이 존재하는 경우
변경작업 이관 문서 미작성	운영환경 이관 시 내부 지침에 따라 변경작업 요청서와 결과서를 작성해야 하지만 실제로는 해당 문서가 작성되지 않거나 보관되지 않아 변경사항의 관리와 책임추적성이 확보되지 않는 경우
앱 배포 승인절차 미준수	내부 지침상 앱 마켓 배포 전 검토 및 승인을 받아야 함에도 불구하고, 개발자가 승인 절차를 생략하고 모바일 앱을 임의로 배포하여 보안 사고 발생 가능성을 높인 경우

예 D 통신회사에서는 네트워크 관리 시스템 및 서버에 개발 완료된 소프트웨어를 이관할 때, 이관 절차와 검토가 제대로 수립되지 않아 보안성과 안정성이 충분히 확보되지 않은 상태로 운영 환경에 반영되었다. 또한 변경 작업 요청서와 결과서가 작성되지 않거나 보관되지 않아 변경 사항에 대한 관리가 제대로 이루어지지 않는다. 이러한 상황으로 인해 장애 발생 시 신속한 문제 해결이 어렵고, 보안 사고 발생 시 책임 소재 규명이 어려워져 내부 감사에서도 심각한 지적을 받았다.

SECTION 02

시스템 및 서비스 운영관리

출제빈도 상 중 하

반복학습 1 2 3

빈출 태그 변경절차 • 이력관리 • 사전 영향 분석 • 문서관리 • 접근통제 • 복구방안

01 변경관리

인증기준	확인사항	세부설명	증거자료	결함사례
정보시스템 관련 자산의 모든 변경내역을 관리할 수 있도록 절차를 수립 · 이행, 변경 전 시스템의 성능 및 보안에 미치는 영향 분석	• 정보시스템 관련 자산(하드웨어, 운영체제, 상용 소프트웨어 패키지) 변경에 관한 절차 수립 · 이행 • 정보시스템 관련 자산 변경을 수행하기 전 성능 및 보안에 미치는 영향 분석	• 정보시스템 관련 자산 변경에 관한 절차 수립 · 이행 • 방화벽 등 보안시스템 정책 변경 필요성, 정책 변경 시 문제점 및 영향도 등 • 변경에 따른 영향을 최소화할 수 있도록 변경 이행	• 변경관리 절차 • 변경관리 수행 내역(신청 · 승인, 변경 내역 등) • 변경에 따른 영향분석 결과	• 최근 DMZ 구간 이중화 변경 작업 수행, 변경 후 발생할 수 있는 보안위험성 및 성능 평가에 대한 수행 · 승인 증거자료가 확인되지 않은 경우 • 최근 네트워크 작업 수행 관련 검토 및 공지 미흡 접근통제 리스트 반영 미흡

▲ 변경관리 핵심정리

1) 인증기준

정보시스템 관련 자산의 모든 변경내역을 관리할 수 있도록 절차를 수립 · 이행하고, 변경 전 시스템의 성능 및 보안에 미치는 영향을 분석하여야 한다.

목적	• 정보시스템 자산 변경 시 발생할 수 있는 보안 취약점, 성능 저하, 업무 장애 사전 예방 • 변경 절차 및 영향 분석 통해 안정적이고 예측 가능한 시스템 운영 기반 확보
주요 사항	• 변경관리 절차 수립 : 변경 요청 및 승인 체계 운영, 변경 항목 구분(HW, OS, 소프트웨어 등) • 사전 영향 분석 : 보안, 성능 영향 분석, 정책 변경 필요 여부 검토 • 변경 이력 관리 : 변경 내역, 승인자, 작업자 등 기록 유지, 문서 식별 및 구성 문서 최신화 • 변경 실패 대비 : 복구방안 및 백업 계획 수립, Rollback 절차 포함
주요 결과	• 체계적인 자산 변경관리 이행 및 이력 기록 확보 • 보안성 및 성능을 고려한 변경 절차 운영 • 예기치 못한 변경 실패 시 복구 기반 마련
기대 효과	• 시스템 안정성 확보 및 가용성의 유지 • 내부통제 및 감사 대응력의 강화 • 예측 가능한 IT 운영환경의 조성

2) 확인사항

정보시스템 자산 변경절차	• 정보시스템의 하드웨어, 운영체제, 상용 소프트웨어 등 주요 자산에 변경이 발생하는 경우, 그 변경이 시스템의 성능과 보안에 미치는 영향을 최소화하기 위해 변경 절차를 명확히 수립하고 이를 철저히 이행해야 한다. • 변경 전에는 해당 변경사항이 시스템에 어떤 영향을 줄 수 있는지를 사전에 분석하여, 성능 저하나 보안 취약점 발생을 예방해야 한다.
변경 전 영향 분석 수행	• 정보시스템 자산 변경 전에 변경이 성능 및 보안에 미치는 영향을 사전에 분석하고 있는지 여부를 점검해야 한다. • 이러한 절차는 안정적 시스템 운영과 예측 가능한 변경관리를 위한 필수적 통제 요소이다.

3) 주요 내용

자산 변경관리 절차	하드웨어, OS, 상용 SW 등 정보시스템 자산 변경 시 공식적인 변경관리 절차를 수립하고, 이를 기반으로 안전하게 이행해야 한다.
변경 항목 예시	운영체제 업그레이드, 소프트웨어 설치, 응용 프로그램 개선, 네트워크 변경, CPU/메모리 증설 등 자산 변경 항목을 식별해야 한다.
변경 요청 · 승인	변경 전에는 반드시 변경 요청을 받고, 책임자가 내용을 검토한 후 승인을 통해 정식 절차로 진행되어야 한다.
변경 확인 및 문서 갱신	변경된 자산에 따라 자산 목록, 운영 매뉴얼, 시스템 구성도 등의 문서를 함께 식별하고 최신 상태로 변경해야 한다.
변경 이력관리	자산 변경 이력은 변경 일자, 담당자, 변경 사유 등 상세하게 기록하여 향후 추적 가능하도록 관리해야 한다.
변경 영향 분석	자산 변경이 시스템의 보안, 성능, 업무처리에 미치는 영향을 사전 분석하여 계획을 수립해야 한다.
보안 및 성능 영향 고려	보안시스템 정책 변경이 필요한 경우에는 정책 변경 시 발생 가능한 위험과 영향을 사전에 분석하고 대응방안을 마련해야 한다.
변경 실패 대비	변경이 실패할 경우를 대비해 복구 절차를 수립하고, 변경 전후 백업 등 안전장치를 마련해야 한다.

4) 결함사례

보안위험성 및 성능평가 미흡	DMZ 구간 이중화에 따른 변경 작업을 수행하였으나, 변경 후 발생할 수 있는 보안위험성 및 성능평가에 대한 승인 증거자료가 확인되지 않은 경우
구성도 및 ACL 미반영	네트워크 변경 작업을 수행하였으나 관련 검토 및 공지가 충분히 이루어지지 않아 네트워크 구성도 및 일부 접근통제시스템(침입차단시스템, 데이터베이스 접근제어시스템 등)의 접근통제 리스트(ACL)가 적절히 반영되어 있지 않은 경우
변경관리절차 미준수	변경관리시스템을 구축하여 정보시스템 입고 또는 변경 시 성능 및 보안에 미치는 영향을 분석 · 협의하고 관련 이력을 관리해야 하나, 해당 시스템을 통하지 않고도 시스템 변경이 가능하며, 관련 변경사항이 적절히 검토되지 않는 경우

예 최근 G 가상화폐거래소는 DMZ 구간 이중화 작업을 진행하였다. 그러나 변경 작업 후 예상되는 보안위험성과 시스템 성능 평가에 대한 증거자료가 전혀 마련되지 않았다. 이로 인해 예상치 못한 보안 취약점이 발견되어 외부 공격에 노출되는 위험이 발생하였다. 또한 네트워크 변경 사항과 접근통제 시스템(ACL) 반영이 부실해 일부 서버에 무단 접근 가능성이 발견되었다. 변경관리시스템도 제대로 구축되지 않아 시스템 변경 내역이 불분명하고, 위험 분석 및 협의가 미흡하여 사고 발생 시 책임 소재도 불명확한 상황이다. 이로 인해 고객 신뢰도 저하와 함께 거래소 운영 중단 위기가 발생했다.

인증기준	확인사항	세부설명	증거자료	결함사례
정보시스템 가용성 보장 위해 성능·용량 요구사항 정의 관련 현황 지속적 모니터링 장애 발생 시 효과적 대응 위한 탐지·기록·분석·복구·보고 절차 수립·관리	• 정보시스템 성능 및 용량 요구사항(임계치) 초과하는 경우에 대한 대응절차 수립·이행 • 정보시스템 장애 즉시 인지·대응 위한 절차 수립·이행 • 절차 따른 조치 수행 장애조치보고서 등 조치내역 기록·관리	• 성능·용량관리 대상 식별 • 정보시스템별 성능·용량 요구사항 정의 • 모니터링 방법 정의, 결과 기록, 분석, 보고 • 성능 및 용량 관리 담당자 및 책임자 지정 등 • 임계치 초과 시 조치 방안 • 장애유형 및 심각도 정의 보고 절차, 책임과 역할 정의	• 성능 및 용량 • 모니터링 절차 • 장애대응 절차 • 장애조치보고서	• 성능 및 용량 관리 위한 대상별 요구사항(임계치) 미정의, 정기점검 시 미기록 • 성능 또는 용량 기준 초과 시 관련 검토 및 후속조치 미수립·미이행, 네트워크 구성 및 외주업체 변경 등의 내·외부 환경변화 미반영

▲ 성능 및 장애관리 핵심정리

1) 인증기준

정보시스템의 가용성 보장을 위하여 성능 및 용량 요구사항을 정의하고 현황을 지속적으로 모니터링하여야 하며, 장애 발생 시 효과적으로 대응하기 위한 탐지, 기록, 분석 등의 절차를 수립하여야 한다.

목적	• 정보시스템의 안정적 운영을 위한 성능 및 용량 지속적인 모니터링 • 임계치 초과, 장애 발생 시 즉각 대응체계를 마련하여 연속성과 신뢰성을 확보
주요 사항	• 관리기준설정 : 중요 시스템 및 보안시스템 식별을 통한 관리 대상 지정 • 임계치 정의 : CPU, 메모리, 저장장치 등의 임계치 수립 • 모니터링 체계 수립 : 실시간 모니터링 및 알람 시스템 구축 • 임계치 초과 시 대응 : 증설, 우회 등 사전 정의된 대응 방안 실행 • 장애인지 및 보고 : NMS, 비상연락망 등 장애 탐지 체계 운영 • 장애내역 관리 : 장애조치보고서 작성(시작, 원인, 조치내용 기록) • 재발방지 : 원인분석 및 재발 방지 대책 수립(반복되는 장애의 근본 원인 해결)
주요 결과	• 성능 초과 및 장애 상황에 즉시 대응 가능한 시스템 운영 환경을 확보 • 장애 이력 및 조치 결과에 대한 체계적 문서화
기대 효과	• 시스템 가용성 및 연속성 확보 • 장애에 대한 대응력 및 회복력의 강화 • 감사 및 인증 대응 시 운영 안정성 입증 가능

2) 확인사항

성능 및 용량 모니터링	정보시스템의 가용성 보장을 위하여 성능 및 용량을 지속적으로 모니터링할 수 있는 절차를 수립 및 이행해야 한다.
임계치 초과 대응절차	정보시스템 성능 및 용량 요구사항(임계치)을 초과하는 경우에 대한 대응절차를 수립 및 이행해야 한다.

장애 인지 및 대응	정보시스템 장애를 즉시 인지하고 대응하기 위한 절차를 마련해야 한다.
장애조치내역 기록 및 관리	장애 발생 시 절차에 따라 조치하고 장애조치보고서 등을 통하여 장애조치내역을 기록하여 관리해야 한다.
재발방지 대책 수립	• 심각도가 높은 장애의 경우 원인분석을 통한 재발방지 대책을 마련해야 한다. • 특히 반복되는 장애의 경우 원인분석을 통해 재발방지 대책을 수립함으로써 시스템 운영의 연속성과 신뢰성을 확보하는 것이 중요하다.

3) 주요 내용

성능 · 용량 관리 기준	서비스 영향이 큰 주요 정보시스템 및 보안시스템을 식별하고, 이들을 성능 및 용량 관리 대상으로 지정해야 한다.
임계치 정의	정보시스템의 CPU, 메모리, 저장장치 등 자원의 성능 및 용량 임계치를 정의하여 가용성 유지 기준을 마련해야 한다.
모니터링 절차	임계치 초과 여부를 실시간 모니터링하고, 알람 시스템 등의 방법으로 즉시 대응할 수 있도록 모니터링 체계를 수립한다.
모니터링 대응	임계치를 초과하는 경우 사전에 수립된 대응 방안을 통해 시스템 성능 저하 또는 장애를 방지한다.
장애 대응 절차	장애 발생에 대비하여 장애유형, 심각도, 대응 절차, 책임자 지정 등 포함한 장애 대응 체계를 마련해야 한다.
장애 탐지 및 보고	NMS 등 도구를 활용하여 장애를 조기에 탐지하고, 비상 연락망 및 고객 안내 절차를 포함한 보고 체계를 구축한다.
장애 조치 내역 관리	장애 발생 시 장애조치보고서를 통해 장애 발생 시각, 원인, 조치내용, 재발방지대책 등 기록을 남겨야 한다.
심각 장애 재발방지	중대한 장애는 원인분석을 통해 재발 방지대책을 수립하고, 반복되는 문제에 대해서는 근본 원인을 해결해야 한다.

4) 결함사례

성능/용량 기준 미정의	• 성능 및 용량 관리를 위한 대상별 요구사항(임계치 등)을 정의하고 있지 않은 경우 • 정기 점검보고서 등에 기록하고 있지 않아 현황을 파악할 수 없는 경우
임계치 초과 후속 미조치	성능 또는 용량 기준을 초과하였으나 관련 검토 및 후속조치 방안을 수립하고 이행하지 않는 경우
절차 최신화 미흡	전산장비 장애대응절차를 수립하고 있으나 네트워크 구성 및 외주업체 변경 등 내 · 외부 환경의 변화가 적절히 반영되어 있지 않은 경우
장애절차 일관성 부족	• 장애처리절차와 장애유형별 조치방법 간 일관성이 없는 경우 • 예상 소요시간 산정에 대한 근거가 부족하여 신속하고 정확한 대응이 어려운 경우

ⓔ L 유통회사는 최근 전산장비 장애가 발생했으나, 장애 대응 절차가 최신화되어 있지 않았다. 그에 따라 네트워크 구성 변경과 외부 협력업체 변경사항이 적시에 반영되지 않아 장애 발생 원인에 대한 파악이 지연되었다. 장애 처리 절차도 일관성이 부족하고 예상 소요시간 산정 근거가 부족해 고객 서비스 복구가 늦어져 매출 손실이 발생하였다. 후에 정기 점검보고서도 작성되지 않아 현황 파악이 어려웠고, 후속 조치도 미흡해 유사 장애 재발 위험성이 높다. 내부 모니터링과 장애 대응 협력체계 개선이 시급한 상황이다.

인증기준	확인사항	세부설명	증거자료	결함사례
정보시스템의 가용성·데이터 무결성 유지 위해 백업 대상, 주기, 방법, 보관장소, 보관기간, 소산 등 절차 수립·이행, 사고 발생 시 적시에 복구 가능하도록 관리	• 백업 대상, 주기, 방법, 절차 등이 포함된 백업·복구절차 수립·이행 • 백업된 정보의 완전성, 정확성, 복구절차의 적절성 확인 위해 정기적 복구 테스트 실시 • 중요정보 저장 백업 매체 물리적으로 떨어진 장소에 소산	• 담당자/책임자 지정 • 대상별 백업 주기 및 보존기한 정의 • 백업방법 및 절차, 매체 • 백업 복구 절차 • 백업관리대장 관리 • 복구테스트 　– 계획(주기, 담당자, 방법) 　– 시나리오 수립 　– 실시 및 결과 보고 　– 개선계획 수립 및 이행	• 백업 및 복구절차 • 복구테스트 결과 • 소산백업현황	• 백업 및 복구 절차 미수립 • 법적 요구사항에 따라 장기간 보관이 필요한 백업 대상 정보가 백업 정책에 반해 미보관 • 내부 지침에 따라 별도로 백업하여 관리하도록 명시된 일부 시스템에 대한 백업 미이행 • 복구테스트 장기간 미실시

▲ 백업 및 복구관리 핵심정리

1) 인증기준

정보시스템의 가용성과 데이터 무결성을 유지하기 위하여 백업 대상, 주기, 방법, 보관장소, 보관기간, 소산 등의 절차를 수립·이행하여야 한다. 아울러 사고 발생 시 적시에 복구할 수 있도록 관리하여야 한다.

목적	재해·재난, 장애 발생 시 정보시스템의 중요정보를 안전하게 복구할 수 있는 체계적인 백업, 복구 절차 수립·운영
주요 사항	• 백업 정책 수립 　– 백업 대상(개인정보, 로그, 설정파일 등) 　– 백업 주기(주기·보존기한 명시) 　– 백업 방법(자동/수동) 　– 담당자 지정 • 복구절차 수립 및 테스트 　– 복구 시나리오 작성 및 정기 테스트 수행 　– 복구 결과 분석 및 문제점 개선 • 백업매체 소산 및 보안 　– 백업매체를 원본 시스템과 분리된 장소에 보관 　– 물리적 보안 및 반출입 이력 관리, 화재, 침수 등 재해 대비 설비와 접근통제 적용
주요 결과	• 체계화된 백업 대상·주기·방법의 문서화 • 정기적인 복구 테스트를 통한 신뢰도의 확보 • 재해 상황에도 데이터 손실 없이 신속한 복구 가능
기대 효과	• 장애·재해 발생 시 신속한 복구를 통한 서비스 연속성을 보장 • 감사 및 인증 대응 시 복구 대응력을 입증 가능 • 정보자산 보호 및 운영 안정성의 강화

2) 확인사항

백업 및 복구 절차 수립 · 이행	백업 대상, 주기, 방법, 절차 등을 포함한 백업 및 복구 절차를 수립하고 실제로 이행하고 있는지 여부를 점검해야 한다.
복구 테스트 정기적 수행	백업된 정보의 완전성과 정확성, 복구 절차의 적절성을 검증하기 위하여 정기적인 복구 테스트를 실시하고 있는지 확인해야 한다.
백업매체의 안전한 소산	중요정보가 저장된 백업매체는 재해 및 재난 상황에서도 보호될 수 있도록 원본 시스템과 물리적으로 떨어진 장소에 분산 보관하고 있는지 확인해야 한다.

3) 주요 내용

백업 관리 체계	재해 · 재난, 침해사고 등 위기상황 발생 시 복구가 가능하도록 백업 대상, 주기, 방법, 복구절차가 포함된 백업 및 복구 체계를 수립하고 운영해야 한다.
백업 대상 및 주기	개인정보, 중요 DB, 감사로그, 설정파일 등을 대상으로 주기 및 보존기한을 정의하고 백업 대상 목록을 관리해야 한다.
백업 방법 및 절차	백업은 백업시스템 또는 수동방식으로 수행되며, 라벨링, 보관장소, 접근통제 등 매체 관리 절차도 포함되어야 한다.
복구 절차 및 테스트	복구절차를 수립하고 주요 시스템에 대해 주기적으로 복구 테스트를 실시하여 복구 가능성을 검증해야 한다.
복구 테스트 관리	복구 테스트는 담당자, 시나리오, 일정에 따라 수행되며 결과에 따라 문제점을 식별하고 개선계획을 수립 · 이행해야 한다.
백업매체 소산	중요 백업매체는 운영 환경과 분리된 물리적 장소에 소산 저장하고 반출 · 반입 기록 및 이력을 관리해야 한다.
소산 장소 보안관리	소산 장소는 화재, 홍수 대비 대책이 마련되어야 하며, 내화금고, 방염처리, 접근통제 시스템 등으로 보호되어야 한다.

4) 결함사례

백업 절차 미수립	백업 대상, 주기, 방법, 절차 등이 포함된 백업 및 복구 절차가 수립되어 있지 않은 경우
장기 보관 백업 미이행	백업정책을 수립하고 있으나 법적 요구사항에 따라 장기간(6개월, 3년, 5년 등) 보관이 필요한 백업 대상 정보가 백업 정책에 따라 보관되고 있지 않은 경우
특정 시스템 백업 미이행	상위 지침 또는 내부 지침에 따라 별도로 백업하여 관리하도록 명시된 일부 시스템에 대한 백업이 이행되고 있지 않은 경우
복구 테스트 미이행	상위 지침 또는 내부 지침에는 주기적으로 백업매체에 대한 복구 테스트를 수행하도록 정하고 있으나 복구테스트를 장기간 실시하지 않은 경우

예 A 가상화폐거래소에서는 백업 절차가 제대로 수립되어 있지 않아, 서버 장애 발생 시 복구가 지연되는 상황이 발생했다. 백업 대상과 주기, 절차 등이 명확히 정의되지 않아 특정 중요한 보안 시스템과 로그 데이터가 백업되지 않았고, 이로 인해 사고 조사 및 증적 확보에 어려움이 있었다. 또한 법적 요구사항에 따른 장기 보관 정책도 미반영되어 중요한 데이터가 임의로 삭제되거나 누락되는 문제도 있었다.

이로 인해 고객 신뢰 하락과 법적 책임 위험이 커졌으며, 복구 지연으로 인한 거래 중단 사태가 빚어졌다. 시스템 백업 정책 수립 및 준수, 정기 점검과 모니터링 강화가 필요한 상황이다.

04 로그 및 접속기록 관리

인증기준	확인사항	세부설명	증거자료	결함사례
정보시스템에 대한 사용자 접속기록, 시스템 로그, 권한부여 내역 등의 로그유형, 보존기간, 보존방법 등을 정하고 위·변조, 도난, 분실되지 않도록 안전하게 보존·관리	• 정보시스템에 대한 로그관리 절차를 수립, 필요한 로그를 생성·보관 • 위·변조 및 도난, 분실되지 않도록 안전하게 보관, 로그기록에 대한 접근권한 최소화하여 부여 • 접속기록은 법적 요구사항을 준수할 수 있도록 필요한 항목을 모두 포함, 일정기간 안전하게 보관	• 로그관리 절차 수립, 로그 생성 및 보관 • 시스템 이벤트, 네트워크 로그 등 주요 로그 유형 식별 • 보존기간, 로그 형식, 저장방식 등 정의, 백업 포함 보존 절차 마련, 로그 안전 관리 • 접속기록은 '식별자, 접속일시, IP, 정보주체정보, 수행 업무'를 전자 기록	• 로그관리 절차 • 로그기록 내역 • 로그관리시스템 접근통제 내역 • 개인정보 접속기록 내역	• 로그 기록 대상, 방법, 보존기간, 검토주기, 담당자 등에 대한 세부 기준 및 절차 미수립 • 로그 서버 용량이 부족. 개인정보처리시스템 접속기록 2개월만 남아있는 경우 • 정보주체 10만 명 이상의 개인정보를 처리하는 시스템에서 개인정보취급자의 접속기록을 1년만 보관

▲ 로그 및 접속기록 관리 핵심정리

1) 인증기준

서버, 응용 프로그램, 보안시스템 등 정보시스템에 대한 사용자 접속기록, 시스템로그, 권한부여 내역 등의 로그 유형, 보존기간 등을 정하고 위·변조, 도난되지 않도록 안전하게 관리하여야 한다.

목적	• 시스템 보안사고에 대한 대응력 확보 • 법적 기준을 준수하기 위해 로그 생성·보관 체계 마련 • 로그의 위·변조 및 무단 열람 방지를 위한 안전한 저장과 접근통제 시행 • 개인정보처리시스템 접속기록 항목의 누락 없이 일정 기간 동안의 추적 가능성 확보
주요 사항	• 로그관리 체계 수립 　– 로그 대상 정의(예 서버, 응용SW, 네트워크·보안 시스템 등) 　– 로그 유형 식별(예 이벤트 로그, 접속기록, 감사로그, 시스템 보안 로그 등) • 로그 생성 및 보관 　– 보존형태 및 방식 정의(형식, 저장방식, 백업 포함) 　– 위·변조 방지를 위한 백업 매체 활용 및 접근을 제한 • 접속기록 관리 : 개인정보처리시스템 접속기록(예 사용자, IP, 수행업무 등) • 접속기록 보존기간 : 최소 1~2년 이상(신상정보는 5년) • 로그 보안 및 접근통제 　– 별도 저장장치 보관 　– 비인가자 접근 차단 및 최소 권한 원칙 적용
주요 결과	• 법령에 따른 접속기록 보관 및 로그 통제 절차를 수립 • 로그 보안성 확보 및 무결성 유지 • 감사 및 사고 발생 시 신속한 추적 가능
기대 효과	• 로그의 신뢰성과 정확성 확보로 보안사고 원인 분석 가능 • 개인정보 보호법 등 법적 요구사항을 충족 • 내부 감사 및 외부 인증 대응력의 강화

2) 확인사항

로그관리 절차 수립 및 이행	서버, 응용 프로그램, 보안시스템, 네트워크시스템 등 정보시스템에 대한 로그관리 절차를 수립하고 이에 따라 필요한 로그를 생성하여 보관해야 한다.
로그의 안전한 보관 및 접근통제	정보시스템의 로그기록은 위·변조 및 도난, 분실되지 않도록 안전하게 보관하고 로그기록에 대한 접근 권한을 최소화하여 통제해야 한다.
개인정보처리시스템 접속기록 관리	개인정보처리시스템에 대한 접속기록은 법적 요구사항을 준수할 수 있도록 필요한 항목을 모두 포함하여 일정기간 안전하게 보관해야 한다.

3) 주요 내용

로그 관리 체계 수립	서버, 응용 프로그램, 네트워크시스템 등 정보시스템에 대한 로그관리 절차를 수립하고, 로그를 생성 및 보관한다.
로그 유형 식별	시스템 이벤트, 네트워크 로그, 보안시스템 로그, 감사로그, 개인정보처리시스템 접속기록 등을 주요 로그유형으로 식별한다.
로그 생성 및 보관	각 시스템별로 보존기간, 로그 형식, 저장방식 등을 정의하고, 백업을 포함한 보존 절차를 마련하여 로그를 안전하게 관리한다.
접근권한 통제	로그기록은 별도의 저장장치에 안전하게 보관하고, 접근권한은 최소화하여 비인가자에 의한 위·변조를 방지한다.
개인정보 접속기록 관리	개인정보처리시스템 접속기록은 식별자, 접속일시, IP, 정보주체정보, 수행업무 등 필수 항목을 포함하여 전자적으로 기록한다.
접속기록 보존기간	접속기록은 개인정보유형과 시스템 성격에 따라 5만 명 정보주체, 고유식별, 기간통신사업자(2년 이상 보존) 외 1년 이상 보관한다.
접속기록 안전보관	접속기록은 위변조방지를 위해 CD/DVD 등 쓰기 방지 매체를 사용하거나 MAC값, 전자서명값 등을 활용해 무결성을 확보한다.

P **기적**의 TIP

개인정보 접속기록 필수 포함 항목 및 보존기간 25년 2회

구분	세부 항목	내용 및 보존 기간
필수 포함 항목 (5개)	식별자	개인정보취급자 ID 등 접속자 식별 정보
	접속일시	접속 시간 또는 업무 수행 시간(연/월/일, 시/분/초)
	접속지 정보	접속자 IP 주소 등
	처리한 정보주체 정보	정보주체의 ID, 고객번호, 학번, 사번 등
	수행업무	조회, 변경, 입력, 삭제, 출력, 다운로드 등
보존 기간	최소 2년 이상	• 5만 명 이상 정보주체 처리 시스템 • 고유식별정보/민감정보 처리 시스템 • 전기통신사업법에 따른 기간통신사업자
	최소 1년 이상	그 외의 경우

4) 결함사례

로그관리 기준 및 절차 미비	로그 기록 대상, 방법, 보존기간, 검토 주기, 담당자 등에 대한 세부 기준 및 절차가 수립되어 있지 않은 경우
로그 용량 부족으로 인한 미보관	보안 이벤트 로그, 응용 프로그램 및 서비스 로그 등 중요 로그에 대한 최대 크기를 충분히 설정하지 않아 내부 기준에 정한 기간 동안 기록·보관되지 않은 경우
로그 보호 미흡	중요 Linux/UNIX 계열 서버에 대한 로그를 별도로 백업하거나 적절히 보호하지 않아 명령 실행 기록 및 접속 이력을 임의로 삭제할 수 있는 경우
개인정보처리시스템 로그 미흡	개인정보처리시스템 접속자의 계정, 일시, IP는 남기고 있으나 정보주체 정보 및 수행업무(조회, 변경 등)에 대한 로그를 남기지 않은 경우
로그 보관 기간 미준수	로그 서버 용량이 부족하여 개인정보처리시스템 접속기록이 2개월만 남아 있는 경우
법적 보관기간 위반	정보주체 10만 명 이상의 개인정보를 처리하는 시스템에서 개인정보취급자의 접속기록을 1년간만 보관하고 있는 경우 (법적 요구사항 미준수)

ⓔ P 유통회사는 로그 관리 기준과 절차가 미비하여 시스템 로그 기록 대상과 보존 기간, 검토 주기 등이 명확하지 않은 상황이다. 보안 이벤트 로그와 서비스 로그의 최대 크기를 설정하지 않아 중요한 로그 데이터가 주기적으로 삭제되고, 내부 감사 및 문제 발생 시 원인 추적이 어려워졌다. 특히, Linux/UNIX 서버 로그 백업과 보호가 제대로 이루어지지 않아 명령 실행 이력과 접속 이력이 임의로 삭제되는 위험이 있다. 이로 인해 내부 보안 사고 발생 시 신속한 대응과 책임소재 규명이 어려워졌다.

05 로그 및 접속기록 점검

인증기준	확인사항	세부설명	증거자료	결함사례
• 정보시스템의 정상적인 사용을 보장 • 사용자 오남용 방지 위해 접근 및 사용에 대한 로그 검토기준 수립, 주기적 점검 • 문제 발생 시 사후조치를 적시에 수행	• 로그 검토 및 모니터링 절차 수립·이행 • 검토결과 보고 및 이상징후 대응 • 개인정보 접속기록 점검	• 로그 검토 주기, 대상, 기준, 담당자 등을 포함 절차 수립·이행 • 로그 검토 수행 및 이상 징후 대응 • 개인정보 다운로드 시 오남용 여부를 판단, 문제 발생 시 개인정보 회수 및 파기 등 조치를 즉시 수행 • 접속기록은 최소 월 1회 이상 정기 점검	• 로그 검토 및 모니터링 절차 • 개인정보 접속기록 점검 내역 • 개인정보 다운로드 시 사유 확인 내역 • 이상징후 발견 후 대응 결과 보고서	• 내부 지침 또는 시스템 등 접근 및 사용에 대한 주기적인 점검·모니터링 기준을 마련하고 있으나 실제 이상접속 및 이상행위 검토 내역 미존재 • 개인정보처리자가 개인정보처리시스템의 접속기록 점검 주기를 분기 1회로 설정한 경우

▲ 로그 및 접속기록 점검 핵심정리

1) 인증기준

정보시스템의 정상적인 사용을 보장하고 사용자 오남용(비인가접속, 과다조회 등)을 방지하기 위하여 접근 및 사용에 대한 로그 검토 기준을 수립하여 주기적으로 점검하며, 문제 발생 시 사후조치를 적시에 수행하여야 한다.

목적	정보시스템의 오류, 오남용, 비인가 접근, 부정행위 등의 이상징후를 조기에 탐지하고 대응함으로써 침해사고 예방 및 법적 준수
주요 사항	• 로그 검토 절차 수립(주기, 대상, 방법 등 정의) • 로그 검토 및 모니터링 수행 • 이상징후 발견 시 유출 · 해킹 등 여부 확인 및 보고 • 개인정보 다운로드 시 사유 확인 및 오남용 여부 판단 • 개인정보처리시스템 접속기록 월 1회 이상 정기 점검
주요 결과	• 이상징후 여부에 대한 결과 보고 체계 확립 • 부정 행위 및 정보 유출 정황 탐지 현황 파악 • 개인정보 오남용 판단 및 삭제/회수 조치 결과 파악 • 접속기록 점검 결과 및 법적 기준 준수 여부 파악
기대 효과	• 이상행위 조기 탐지를 통한 보안사고의 예방 • 법적 의무사항 충족 및 책임성 확보 • 개인정보 유출 방지 및 사용자 신뢰도 제고 • 접속기록 기반 사후 감사 및 추적 가능성 확보

2) 확인사항

로그 검토 및 모니터링 절차	정보시스템 관련 오류, 오남용(비인가접속, 과다조회 등), 부정행위 등 이상징후를 인지할 수 있도록 로그 검토 주기, 대상 등을 포함한 절차를 수립하고 이행하는지 확인해야 한다.
검토 결과 보고 및 이상징후 대응	• 로그 검토 및 모니터링 결과를 책임자에게 보고한다. • 이상 징후 발견 시에는 즉시 관련 보고와 내부 대응 절차를 통해 후속 조치를 수행해야 한다.
개인정보 접속기록 점검 주기	개인정보처리시스템의 접속기록을 관련 법령(개인정보 보호법 시행령 제30조 등)에 따라 정기적으로 점검하고 있는지를 확인

3) 주요 내용

로그 검토 절차 수립	정보시스템에서 발생하는 로그는 오류나 비인가 접근, 부정 행위 등의 이상 징후를 식별하기 위한 핵심 정보로, 정기적이고 체계적인 검토 및 모니터링 절차가 필요하다.
로그 검토 수행	정의된 기준에 따라 로그를 검토하고, 이상징후 여부를 확인한 결과를 책임자에게 보고해야 한다.
이상징후 대응	이상징후 발견 시 정보유출, 해킹, 부정행위 가능성을 확인하고 대응 절차에 따라 처리한다.
개인정보 다운로드 조치	개인정보 다운로드 시 오남용 여부를 판단하고, 문제가 있을 경우 개인정보 회수 및 파기 등 조치를 즉시 수행해야 한다.
접속기록 정기 점검	개인정보처리시스템 접속기록은 법령에 따라 최소 월 1회 이상 정기적으로 점검하여야 한다.

4) 결함사례

이상접속 및이상행위 기준 미수립	• 중요정보를 처리하고 있는 정보시스템에 대한 이상접속(휴일 새벽 접속, 우회경로 접속 등)에 대한 모니터링 및 경고·알림 정책(기준)이 수립되어 있지 않은 경우 • 이상행위(대량 데이터 조회 또는 소량 데이터의 지속적·연속적 조회 등)에 대한 모니터링 및 경고·알림 정책(기준)이 수립되어 있지 않은 경우
이상행위 점검 미실시	내부 지침 또는 시스템 등에 접근 및 사용에 대한 주기적인 점검·모니터링 기준을 마련하고 있으나 실제 이상접속 및 이상행위에 대한 검토 내역이 확인되지 않은 경우
접속기록 점검 주기 위반	개인정보처리자가 개인정보처리시스템의 접속기록 점검 주기를 분기 1회로 정하고 있는 경우
대량 개인정보 다운로드 미확인	개인정보처리자의 내부 관리계획에는 1,000명 이상의 정보주체에 대한 개인정보를 다운로드한 경우에는 사유를 확인하도록 기준이 책정되어 있는 상태에서, 1,000건 이상의 개인정보 다운로드가 발생하였으나 그 사유를 확인하지 않고 있는 경우

📖 S 가상화폐거래소에서는 이상접속 및 이상행위에 대한 모니터링과 경고 정책이 제대로 수립되지 않았다. 거래량이 급증하는 특정 휴일 새벽 시간대에 비정상적인 접속이 다수 발생했으나, 시스템은 이를 탐지하지 못했다. 또한 내부 지침이나 시스템 차원에서 이상행위 점검 및 검토가 미흡하여 대규모 데이터 조회와 지속적이고 연속적인 소량 데이터 조회 등 이상행위가 검출되지 않았다. 접속기록 점검 주기도 분기 1회에 불과해 이상행위가 장기간 누락되었으며, 이로 인해 내부 정보 탈취 시도가 장시간 방치되었다. 이 사고는 고객 신뢰 하락과 거래소 운영 전반에 심각한 리스크를 초래했다.

06 시간 동기화

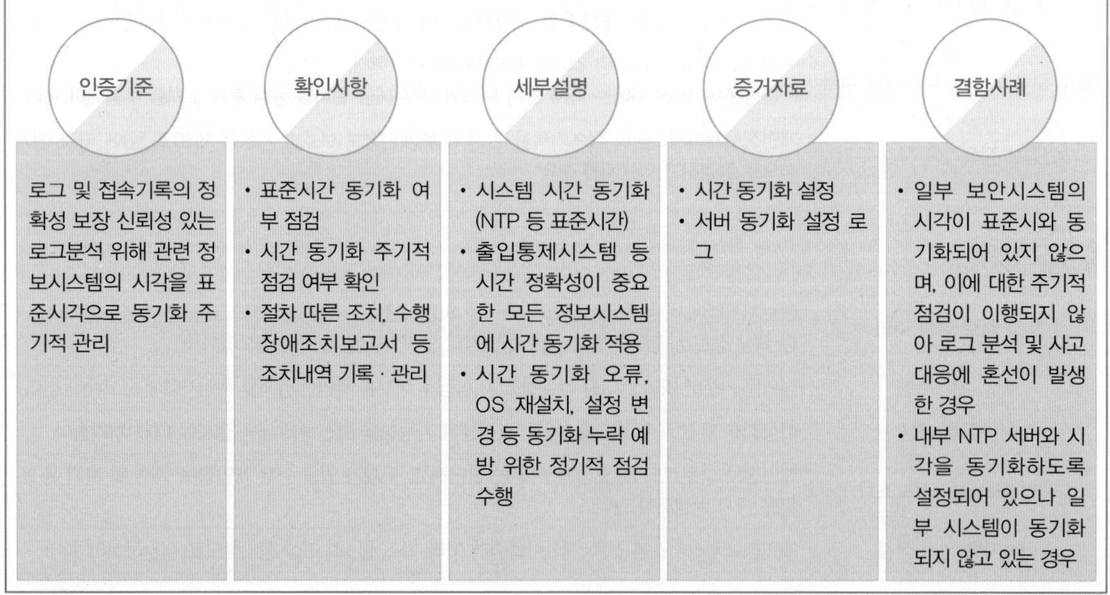

인증기준	확인사항	세부설명	증거자료	결함사례
로그 및 접속기록의 정확성 보장 신뢰성 있는 로그분석 위해 관련 정보시스템의 시각을 표준시각으로 동기화 주기적 관리	• 표준시간 동기화 여부 점검 • 시간 동기화 주기적 점검 여부 확인 • 절차 따른 조치, 수행 장애조치보고서 등 조치내역 기록·관리	• 시스템 시간 동기화 (NTP 등 표준시간) • 출입통제시스템 등 시간 정확성이 중요한 모든 정보시스템에 시간 동기화 적용 • 시간 동기화 오류, OS 재설치, 설정 변경 등 동기화 누락 예방 위한 정기적 점검 수행	• 시간 동기화 설정 • 서버 동기화 설정 로그	• 일부 보안시스템의 시각이 표준시와 동기화되어 있지 않으며, 이에 대한 주기적 점검이 이행되지 않아 로그 분석 및 사고 대응에 혼선이 발생한 경우 • 내부 NTP 서버와 시각을 동기화하도록 설정되어 있으나 일부 시스템이 동기화 되지 않고 있는 경우

▲ 시간 동기화 핵심정리

1) 인증기준

로그 및 접속기록의 정확성을 보장하고 신뢰성 있는 로그분석을 위하여 관련 정보시스템의 시각을 표준시각으로 동기화하고 주기적으로 관리하여야 한다.

목적	정보시스템 간 시간 불일치로 인한 로그 분석 오류 방지, 정확한 보안 사고 추적 및 법적 증거 확보 기반 마련
주요 사항	• 시스템 시간의 표준시간(NTP) 동기화 적용 • 모든 정보시스템(NTP, 출입통제, CCTV 등)에 시간 동기화 적용 • 동기화 상태 및 정기성 점검 수행 • OS 재설치나 설정 변경 등으로 인한 시간 오류 여부 확인
주요 결과	• 시스템 시간의 표준시간 동기화 상태 점검 결과 확보 • 동기화 누락 또는 오류 식별 및 조치 보고 • 시간 기준에 따른 로그 정합성 확보
기대 효과	• 보안 사고 발생 시 로그 분석의 신뢰성과 정합성 확보 • 법적 분쟁 또는 감사 대응 시 정확한 시간 기반 증거자료 제공 • 전사 시스템 간 연동 신뢰도 향상 및 운영 안정성 확보

2) 확인사항

표준시간 동기화 여부	정보시스템의 로그, 트랜잭션, 보안기록 등은 시간 정보에 기반해 발생 순서와 원인을 파악하므로, 시스템 간 시간이 표준시간과 정확히 동기화되어야 한다.
시간 동기화 점검 주기	• 표준시간과의 동기화 여부를 점검하고, 정상적인 동기 상태가 유지되는지를 주기적으로 확인하는 절차가 필요하다. • 이러한 관리체계는 보안사고 분석, 로그 정합성 유지, 법적 증적 확보의 기반이 된다.

3) 주요 내용

시스템 시간 동기화	로그 및 접속기록의 정확성과 로그 분석의 신뢰성을 보장하기 위해 각 정보시스템의 시간을 NTP 등 표준시간으로 동기화해야 한다.
시간 동기화 대상	출입통제시스템, CCTV 저장장치 등 시간 정확성이 중요한 모든 정보시스템에 대해 시간 동기화를 적용해야 한다.
시간 동기화 점검	시간 동기화 오류, OS 재설치, 설정 변경 등으로 인해 동기화 누락이 발생하지 않도록 전기적으로 점검을 수행해야 한다.

4) 결함사례

표준시간 동기화 미이행	일부 중요 시스템(보안시스템, CCTV 등)의 시각이 표준시와 동기화되어 있지 않으며, 이에 대한 주기적 점검이 이행되지 않아 시스템 간 시간 차이로 로그 분석 및 사고 대응에 혼선이 발생할 수 있는 경우
동기화 실패 미대응	내부 NTP 서버와 시각을 동기화하도록 설정되어 있으나 일부 시스템이 동기화되지 않고 있으며, 그 원인에 대한 분석이나 기술적·관리적 대응 조치가 이루어지지 않은 경우

🅰 A 대형 유통회사에서는 보안 시스템과 CCTV 시각이 표준 시간과 동기화되지 않는 문제가 있었다. 내부 NTP 서버를 통해 동기화가 설정되어 있었으나, 일부 시스템에서는 동기화가 되지 않아 시각 차이가 발생했다. 이로 인해 보안사고 발생 시 CCTV 영상과 시스템 로그 간 시간 불일치가 발생했고, 사고 분석과 대응에 혼란이 생겼다. 주기적인 동기화 점검도 이루어지지 않아 문제가 장기간 방치되었다.

이로 인해 보안 사고의 원인 파악이 지연되고, 내부 통제에 대한 신뢰가 저하되었다. 이는 표준시간 동기화는 사고 분석과 신속 대응에 필수적인 요소임을 시사한다.

인증기준	확인사항	세부설명	증거자료	결함사례
정보자산의 재사용과 폐기 과정에서 개인정보 및 중요정보가 복구 · 재생되지 않도록 안전한 재사용 및 폐기 절차 수립 · 이행	• 정보자산 재사용 및 폐기절차 수립 · 이행, 점검 • 복구불가 처리 여부 점검 • 폐관리대장에 기록을 남기고 폐기확인 증적을 함께 보관하고 있는지 확인 • 외부업체에 폐기 위탁 시 폐기 절차를 계약서에 명시, 완전 폐기 여부 확인 · 점검	• 정보자산 재사용 및 폐기절차 수립 · 이행 • 중요정보는 완전파괴 등 현재 기술 수준에서 복구 불가능한 방법으로 파기 • 폐기 이력 관리 • 외부 위탁 폐기(절차, 보호대책, 책임소재 계약서 명시) • 유지보수기간 정보보호 대책 마련	• 정보자산 폐기 및 재사용 절차 • 저장매체 관리대장 • 정보자산 및 저장매체 폐기 증거자료(위탁계약)	• 개인정보취급자 PC를 재사용할 때 완전삭제 정책이 있음에도 불구하고, 실제로는 기본 포맷만 수행하거나 삭제 조치를 누락한 채 재사용하고 있어 절차 미이행 • 완전 삭제되지 않은 하드디스크가 잠금장치가 없는 장소에 방치되어 물리적 · 논리적 접근으로부터의 보호조치가 마련되지 않은 경우

▲ 정보자산의 재사용 및 폐기 핵심정리

1) 인증기준

정보자산의 재사용과 폐기 과정에서 개인정보 및 중요정보가 복구 · 재생되지 않도록 안전한 재사용 및 폐기 절차를 수립 · 이행하여야 한다.

목적	• 정보자산 재사용 및 폐기 시 개인정보와 중요정보의 복구 방지 • 안전한 절차 수립 · 이행, 정보 유출 방지, 법적 · 관리적 책임의 준수
주요 사항	• 재사용 및 폐기 절차 수립 : 초기화, 승인, 기록 등 포함 • 복원이 불가능한 방식(디가우징, 완전삭제 등)으로 파기 • 자체 폐기 시 폐기일자, 담당자, 확인자 등 기록 보관 • 외부 위탁 시 계약서에 절차 명시, 이행 여부 실사 또는 촬영 확인 • 유지보수 중 보안 대책 마련(⑩ 데이터 이전, 암호화 등)
주요 결과	• 폐기 이력 문서화 및 증적 확보 • 정보자산 파기 및 재사용에 대한 책임 소재 명확화 • 외부 위탁 폐기 검증 완료 결과
기대 효과	• 정보 유출 방지 및 조직 신뢰도 확보 • 감사 · 법적 분쟁 대응을 위한 증적 확보 • 외부 위탁 리스크 최소화 • 데이터 생명주기 종료 시점까지 보안성 유지

2) 확인사항

정보자산 재사용 및 폐기 절차	정보자산의 안전한 재사용 및 폐기에 대한 절차를 수립하고 이를 실제로 이행하고 있는가에 대한 여부를 확인해야 한다.
복구불가 처리 여부	정보자산 및 저장매체 재사용·폐기 시 개인정보 및 중요정보가 복구되지 않도록 처리하고 있는지를 점검해야 한다.
자체 폐기 이력관리	자체적으로 정보자산 및 저장매체를 폐기할 경우 폐기관리대장에 기록을 남기고 폐기확인 증적을 함께 보관하고 있는지 여부를 확인해야 한다.
외부 위탁 폐기 통제	외부업체에 폐기를 위탁할 경우 폐기 절차를 계약서에 명시하고, 완전 폐기 여부를 확인하고 있는지를 점검해야 한다.

3) 주요 내용

정보자산 재사용·폐기 절차	정보자산 재사용 시 초기화 방법과 재사용 프로세스를, 폐기 시 폐기 방법 및 승인, 확인, 기록 등의 절차를 수립 및 이행한다.
안전한 파기 방법	개인정보 및 중요정보는 완전파괴, 디가우저 삭제, 초기화·덮어쓰기 등 현재 기술 수준에서 복구가 불가능한 방법으로 파기한다.
폐기 이력 관리	자체 폐기 시 폐기 일자, 담당자, 확인자, 폐기방법, 폐기확인 증거자료 등을 포함한 폐기관리대장을 작성하고 증거를 보관한다.
외부 위탁 폐기	외부업체 폐기 시 절차와 보호대책, 책임소재를 계약서에 명시하고 폐기 이행 여부를 사진촬영 또는 실사로 확인한다.
유지보수 중 정보 보호	시스템이나 PC 유지보수 시 데이터 이관 및 파기, 암호화, 비밀유지 서약 체결 등 정보 보호를 위한 대책을 마련 및 이행한다.

4) 결함사례

재사용 시 완전삭제 미이행	개인정보취급지 PC를 지시용할 때 완전삭제 정책이 있음에도 불구히고, 실제로는 기본 포맷만 수행하거나 삭제 조치를 누락한 채 재사용하고 있어 절차가 이행되지 않은 경우
외부위탁 폐기 절차 미흡	저장매체 폐기를 외부업체에 위탁하고 있으나, 계약서에 안전한 폐기 절차 및 보호대책이 누락되어 있고, 폐기 이행 확인이나 실사 등의 관리·감독이 수행되지 않은 경우
폐기 이력 관리 미흡	폐기된 HDD의 식별 정보를 정확히 기록하지 않고 시스템명 등으로 대신 기재하거나 폐기대장을 작성하지 않아 이력 및 추적이 불가능한 경우
폐기물 보관 안전 조치 미흡	완전삭제되지 않은 하드디스크가 잠금장치가 없는 장소에 방치되어 물리적·논리적 접근으로부터의 보호조치가 부재한 경우

⑩ F 가상화폐거래소에서는 개인정보취급자의 PC를 재사용할 때 완전삭제 정책을 제대로 이행하지 않고 있었다. 기본 포맷만 진행하거나 삭제 조치를 누락한 채 재사용해 내부 정보가 외부로 유출될 위험에 노출됐다. 또한, 폐기 매체 관리를 외부 업체에 위탁했으나 폐기 절차와 보호 대책이 계약서에 명확히 반영되지 않아 폐기 이력도 불분명했다. 폐기된 HDD는 식별 정보가 제대로 기록되지 않아 추적이 불가능했고, 완전삭제되지 않은 하드디스크는 잠금 장치가 없는 장소에 방치되어 있었다. 이로 인해 내부 정보 유출 사고 발생 가능성이 크게 높아졌다.

출제빈도 (상) 중 하
반복학습 1 2 3

시스템 및 서비스 보안관리

빈출 태그 책임자 지정 • 접근통제정책 • 예외관리 • 접속기록 • 타당성 검토 • 클라우드 보안

01 보안시스템 운영

인증기준	확인사항	세부설명	증거자료	결함사례
보안시스템 유형별로 관리자 지정, 최신 정책 업데이트, 룰셋 변경, 이벤트 모니터링 등의 운영절차를 수립 · 이행 보안시스템별 정책 적용 현황 관리	• 운영 절차 수립 • 보안시스템 분류 및 접근통제 정책 수립 • 보안시스템 정책 관리(공식절차, 책임추적성) • 예외 정책 관리 • 정책 타당성 검토 • 클라우드 서비스 제공자 보안기능으로 접근통제 기능 구현	• 보안시스템 유형별로 운영 책임자와 관리자를 명확히 지정하여 관리 책임 구체화 • 정책의 등록, 변경, 삭제 승인 및 이행 절차 수립. 방화벽, DLP 등 보안시스템에 대해 최소권한 원칙을 적용하고 사용 기간 한정	• 보안시스템 구성 • 네트워크 구성 • 보안시스템 운영절차 • 방화벽 정책 • 방화벽 정책 설정 · 변경 요청서 • 보안시스템 예외자 목록	• 침입차단시스템 보안 정책 정기 검토가 수행되지 않아 불필요하거나 과도하게 허용된 정책이 다수 존재 • 보안시스템 보안정책의 신청, 변경, 삭제, 주기적 검토에 대한 절차 및 기준 미수립

▲ 보안시스템 운영 핵심정리

1) 인증기준

보안시스템 유형별로 관리자 지정, 최신 정책 업데이트, 룰셋 변경, 이벤트 모니터링 등의 운영절차를 수립 · 이행하고 보안시스템별로 정책적용 현황을 관리하여야 한다.

목적	• 보안시스템 운영 일관성, 책임성, 통제 수준 확보 • 예외 상황 발생 시 정책 기반으로 유연하고 추적 가능한 대응체계 구축
주요 사항	• 보안시스템 운영 책임자 및 관리자 지정 • 운영 절차 수립 및 정책 수립 · 변경 · 삭제 공식화 • 접근통제 정책 수립 및 적용(예 IP, 인증, 로그 분석 등) • 예외 정책 발생 시 승인 · 모니터링 절차를 수립 • 개인정보처리시스템 접근통제 시스템 필수기능 확인 • 정책 타당성 정기 검토, 클라우드 환경 보안 기능 적용 여부 점검
주요 결과	• 운영 및 통제 절차 문서화, 승인된 예외 정책 관리 기록 • 접근통제 설정 보고서 및 로그 분석 결과 관리, 개인정보시스템 접근 IP 제한의 설정 • 클라우드 환경 보안 기능 구현 현황 보고 • 보존 중인 자산의 보안 상태 확인
기대 효과	• 통합적이고 체계적인 보안시스템 운영 체계의 수립 • 예외 상황에서도 정책 기반 대응 및 추적성을 확보 • 개인정보 보호 수준 및 외부 감사 대응력의 향상 • 클라우드 환경에서도 동일한 통제 수준을 유지

2) 확인사항

보안시스템 운영 절차 수립	• 조직은 네트워크, 서버, DB, 개인정보보호 등 보안시스템 유형별 책임자 및 관리자를 지정한다. • 정책 수립, 접근통제, 이벤트 모니터링 등 운영 절차를 수립하고 이를 주기적으로 점검해야 한다.
보안시스템 유형	네트워크 보안시스템, 서버 보안시스템, DB 보안시스템, 정보유출방지시스템, 개인정보보호 시스템, 암호화 솔루션, 악성코드 대응, 기타 등이 있다.
보안시스템 접근 통제	• 접근권한은 최소화하며 예외 상황 발생 시에는 공식 승인과 모니터링을 통해 통제해야 하고, 보안정책의 등록·변경·삭제는 공식적인 절차를 통해 관리되어야 한다. • 개인정보처리시스템은 접근 IP 제한, 유출 탐지 대응 등을 통해 보호하고, 클라우드 환경에서도 제공자의 보안기능을 활용하여 동일한 통제 수준을 유지해야 한다. • 접근 허용 인원 최소화, 비인가자 접근 차단, 강화된 인증 및 접근통제, 접속로그 분석 등을 수행한다.
보안시스템 정책 관리	공식 절차 수립 및 책임추적성 확보, 최소 권한 원칙, 정책 사용기간 제한 등을 관리한다.
보안시스템 예외 정책 관리	• 신청사유 타당성과 보안성을 검토한다. • 공식 승인 절차와 사용 기간 및 모니터링을 진행한다.
정책 타당성 검토	과다 허용, 승인절차 누락, 장기 미사용, 중복, 직무 변경자, 예외 정책 검토 등을 검토한다.
개인정보처리 시스템 보호	접속 권한 IP로 제한하고, IP 분석을 통해 유출 시도에 대한 탐지 및 대응이 가능하다.
클라우드 환경 보안	클라우드 서비스 제공자의 보안기능으로 접근통제 기능을 구현할 수 있다.

3) 주요 내용

운영책임	보안시스템 유형별로 운영 책임자와 관리자를 명확히 지정하여 관리 책임을 구체화한다.
정책관리	정책의 등록, 변경, 삭제에 대한 승인 및 이행 절차 수립. 방화벽, DLP 등 보안시스템에 대해 최소권한 원칙을 적용하고 사용기간을 한정한다.
업데이트	IDS, IPS 등의 시스템은 새로운 위협 탐지를 위한 시그니처 및 엔진의 업데이트가 지속적으로 이루어져야 하며, 이에 대한 방법을 문서화한다.
이벤트	정책 위배, 비정상 징후 등에 대한 실시간 모니터링 절차를 마련한다.
접근통제	• 관리자 단말의 IP 또는 MAC주소로 접근을 통제한다. • OTP 등 2차 인증 방식 도입. 비인가자 접근 방지를 위한 보호대책을 시행한다.
운영점검	보안시스템의 운영 상태와 정책 적용 현황을 주기적으로 점검하고 결과를 기록한다.
절차화	신청·승인·기록보존 절차를 공식화하고, 책임 추적성 확보를 위한 로그 및 이력관리 체계를 운영한다.
예외관리	• 신청사유, 보안성 검토, 승인 절차, 만료 모니터링 등의 예외 정책을 등록하고 사용 절차를 운영한다. • 최소한의 권한만 부여하여 관리한다.
정책검토	과다 허용, 승인 누락, 장기 미사용, 중복, 만료된 정책 등 불합리한 정책에 대해 주기적으로 점검하고 조치한다.
법적요구	• 개인정보처리시스템에 대한 접근통제 시스템을 설치한다. • IP 기반 접근제한, 접속기록 분석, 이상징후 탐지, 클라우드 환경에서는 제공자 기능을 활용한다.

4) 결함사례

정책 미점검	침입차단시스템 보안정책에 대한 정기 검토가 수행되지 않아 불필요하거나 과도하게 허용된 정책이 다수 존재하는 경우
절차 미준수	보안시스템 보안정책의 신청, 변경, 삭제, 주기적 검토에 대한 절차 및 기준이 없거나, 절차는 있으나 이를 준수하지 않은 경우
권한관리 미흡	보안시스템의 관리자 지정 및 권한 부여 현황에 대한 관리감독이 적절히 이행되고 있지 않은 경우
이력관리 불일치	• 내부 지침에는 정보보호담당자가 보안시스템의 보안정책 변경 이력을 기록·보관하도록 정하고 있으나, 정책관리대장을 주기적으로 작성하지 않은 경우 • 정책관리대장에 기록된 보안정책과 실제 운영 중인 시스템의 보안정책이 상이한 경우

예 국내 대형 통신회사는 보안 정책 검토 주기를 제대로 지키지 않아 과도하게 허용된 포트와 IP 접근 정책을 운영하고 있었다. 보안 시스템 관리자 권한 관리가 불분명해 다수의 내부 직원에게 과도한 권한이 부여되었고, 이력관리도 제대로 이루어지지 않아 권한 변경 내역이 누락된 상태였다. 이로 인해 외부 공격자가 시스템 접근에 성공하여 고객 개인정보 유출 사고가 발생했고, 사후 대응 과정에서도 정책 미준수와 관리 부실로 신속한 대응이 어려웠다.
이는 통신회사의 핵심 인프라 안정성과 고객 개인정보 보호에 심각한 위협이 된다.

02 클라우드 보안

인증기준	확인사항	세부설명	증거자료	결함사례
클라우드 서비스 이용 시 서비스 유형에 따른 비인가 접근, 설정 오류 등에 따라 중요정보와 개인정보가 노출되지 않도록 관리자 접근 및 보안 설정 등 보호대책 수립·이행	• 클라우드 서비스 제공자 (개인)정보보호 대한 책임과 역할을 명확 정의, 계약서 또는 SLA 반영 • 관리자 권한 역할별 최소화 부여권한 오남용 방지 위해 강화된 인증, 암호화, 접근통제, 감사기록 등 보호대책 적용	• 클라우드 서비스 책임과 역할 명확 정의 • 클라우드 서비스 보안 통제 정책 수립·이행 • 외부 클라우드 서비스 위험평가 및 반영 • 클라우드 서비스 통제정책 구성항목 점검 • 관리자 권한관리 • 설정 변경 모니터링	• 클라우드 서비스 구성도 • 클라우드 서비스 보안설정 현황 • 클라우드 서비스 보안설정 적정성 검토 결과	• 클라우드 서비스 계약서 내에 보안에 대한 책임 및 역할 등에 대한 사항이 포함되어 있지 않은 경우 • 클라우드 서비스의 보안설정 오류로 내부 로그 파일이 인터넷을 통하여 공개 • 클라우드 서비스의 보안설정을 변경할 수 있는 권한이 업무상 반드시 필요하지 않은 직원들에 과도하게 부여

▲ 클라우드 보안 핵심정리

1) 인증기준

클라우드 서비스 이용 시 서비스 유형(SaaS, PaaS, IaaS 등)에 따른 비인가 접근, 설정 오류 등에 따라 중요정보와 개인정보가 노출되지 않도록 관리자 접근 및 보안 설정 등에 대한 보호대책을 수립·이행하여야 한다.

목적	• 클라우드 환경에서도 보안 및 개인정보 보호 책임 명확화 • 통제정책을 체계적으로 수립·이행 • 오남용과 설정 오류, 무단 접근 등 위험 예방
주요 사항	• 서비스 제공자와 보안·개인정보보호 책임 명시 계약(SLA) 체결 • 보안 정책 수립 : 위험평가, 통제정책, 설정 절차 포함 • 관리자의 최소권한 부여, 인증 강화, 권한 분리 등 적용 • 보안설정 변경 실시간 모니터링 및 미승인 변경 탐지 • 정기점검을 통해 설정 적절성 검토 및 보호조치 전반에 적용 • 통제정책 구성항목 관리 : 계정관리, 접근통제, VPN, OTP 등
주요 결과	• SLA 계약서에 책임·보안 항목 명문화, 유형별 보안 위협 분석 및 통제정책 수립 기록 • 접근통제 및 인증 정책 적용 보고 • 관리자 권한 분리 및 로그 기록 확인 • 설정 변경 이력 및 이상 탐지 보고서, 보존 중인 자산의 보안 상태 확인
기대 효과	• 클라우드 환경에서도 온프레미스 수준의 보안통제 실현 • 사용자 정보 유출, 권한 오남용 등 보안사고의 예방 • 내·외부 감사, 법적 대응 시 책임소재 명확화

2) 확인사항

계약서 반영	클라우드 서비스 제공자와 정보보호 및 개인정보보호에 대한 책임과 역할을 명확히 정의하고, 이를 계약서 또는 SLA(Service Level Agreement)에 반영한다.
보안 통제정책	• 클라우드 서비스 이용 시 서비스 유형별 보안위험(비인가 접근, 설정 오류 등)을 평가한다. • 이를 방지하기 위한 보안 구성 기준, 설정 변경 승인 절차, 안전한 접속 방법, 권한체계 등의 통제 정책을 수립 및 이행한다.
관리자 권한통제	• 관리자 권한은 역할에 따라 최소화하여 부여하여 오남용을 방지한다. • 권한 오남용 방지를 위해 인증·접근통제·감사기록 등 보호대책을 적용함으로써 보안성을 확보해야 한다.
보안설정 점검	클라우드 설정 변경 및 운영현황은 주기적으로 모니터링하고 그 적절성을 점검함으로써 안정적인 보안 운영을 유지해야 한다.

3) 주요 내용

책임과 계약	클라우드 서비스 제공자와 정보보호 및 개인정보보호에 대한 책임과 역할을 명확히 정의하고, 이를 계약서 (SLA 등)에 반영한다.
보안정책 수립	클라우드 서비스 이용 시 서비스 유형에 따른 보안위험을 평가하여 비인가 접근, 설정오류 등을 방지할 수 있도록 보안 구성 및 설정 기준, 보안설정 변경 및 승인 절차, 안전한 접속방법 등 보안 통제 정책을 수립 및 이행한다.
위험평가 및 반영	외부 클라우드 서비스 이용에 따른 위험은 서비스 품질 및 연속성, 법적 준거성, 보안성 측면 등을 고려하여 평가하고, 그 결과를 보안통제 정책에 반영한다.
통제정책 구성항목	클라우드 보안 통제 정책을 포함한다(예 보안 관리 책임, 가상네트워크 접근통제, 관리자 계정 및 권한 관리, OTP 기반 인증, 관리콘솔 접근통제, Access Key 관리, 관제 · 알람 설정, 보안감사 절차 등).
관리자 권한 관리	• 클라우드 관리자 권한은 역할별로 세분화하여 최소한으로 부여해야 한다. • 비인가 접근 방지를 위해 강화된 인증(OTP, 보안키), 통신암호화(VPN)를 적용한다. • 접속 및 권한 변경에 대한 상세 로그를 기록하고 모니터링을 실시한다.
설정 변경 모니터링	• 보안설정 변경 및 운영현황을 실시간 모니터링하고, 승인되지 않은 설정 변경을 탐지할 수 있도록 알람 설정 등을 적용해야 한다. • 보안 설정의 적절성 여부를 정기적으로 검토하고 조치한다.
보호조치 전반	클라우드 환경에서 네트워크, 정보시스템, 데이터베이스, 응용 프로그램 등 전반에 걸쳐 접근통제, 인증 및 권한 관리, 암호화 등의 보호조치를 적용한다.

4) 결함사례

계약책임 미명시	클라우드 서비스 계약서 내에 보안에 대한 책임 및 역할 등에 대한 사항이 포함되어 있지 않은 경우
권한 과다 부여	클라우드 서비스의 보안설정을 변경할 수 있는 권한이 업무상 반드시 필요하지 않은 직원들에 과도하게 부여되어 있는 경우
승인절차 미준수	내부 지침에는 클라우드 내 사설 네트워크의 접근통제 룰(Rule) 변경 시 보안책임자 승인을 받도록 하고 있으나, 승인절차를 거치지 않고 등록 · 변경된 접근제어 룰이 다수 발견된 경우
설정오류 노출	클라우드 서비스의 보안설정 오류로 내부 로그 파일이 인터넷을 통하여 공개되어 있는 경우

예 D 종합병원은 클라우드 서비스를 도입해 의료정보를 관리하고 있었으나, 클라우드 서비스 계약서에 보안 책임과 역할에 대한 명확한 규정이 포함되어 있지 않았다. 이로 인해 보안사고 발생 시 병원과 클라우드 서비스 제공자 간 책임 소재가 불명확해 빠른 대응이 어려웠다. 또한 클라우드 보안 설정을 변경할 수 있는 권한이 의료정보 시스템 담당자뿐만 아니라 다수의 불필요한 직원에게도 부여되어, 실수나 악의적 행위로 인한 보안 설정 변경 위험이 매우 높았다.

이는 클라우드 환경에서 보안 책임 분담이 명확하지 않고 권한 관리를 엄격히 하지 않아 내부 통제 미비 및 보안사고 가능성이 높은 상태를 의미한다. 병원의 민감 의료정보 보호와 클라우드 서비스 안정 운영에 심각한 장애 요소다.

03 공개서버 보안

인증기준	확인사항	세부설명	증거자료	결함사례
외부 네트워크에 공개되는 서버의 경우 내부 네트워크와 분리하고 취약점 점검, 접근통제, 인증, 정보 수집·저장·공개 절차 등 강화된 보호대책 수립·이행	• 공개서버를 운영 시 보안 위험을 방지 위해 접근통제 침입방지, 접근 로그 기록 등 종합적인 보호대책 수립·이행 • 내부 네트워크와 물리적 또는 논리적으로 분리된 DMZ 영역 설치 • 개인정보 게시절차 수립 • 정보노출 점검·차단 조치	• 웹서버 등 공개서버를 운영 시 보호대책 수립 • SSL/TLS 인증서 설치, 백신 설치 및 자동 업데이트, 웹서버 및 운영체제 등에 대한 최신 보안패치 적용, 불필요한 서비스 및 포트 차단, 스크립트/실행파일 금지, 에러 처리 및 테스트 페이지 제거, 주기적 취약점 점검 등 수행	• 웹사이트 정보공개 절차 및 내역 • 네트워크 구성도(DMZ, 외부망) • 서버점검내역	• 인터넷에 공개된 웹사이트 취약점으로 인하여 구글 검색을 통하여 열람 권한 없는 타인의 개인정보에 접근할 수 있는 경우 • 웹사이트에 개인정보를 게시하는 경우 승인 절차를 거치도록 내부 규정 마련했으나, 이를 준수하지 않고 개인정보가 게시된 사례가 다수 존재한 경우

▲ 공개서버 보안 핵심정리

1) 인증기준

목적	• 외부에 노출된 공개서버에 대한 보안위협 최소화 • 중요정보의 무단 게시 및 정보 유출을 사전에 방지하여 조직의 정보자산 보호
주요 사항	• 공개서버 운영 시 접근통제, 침입방지 등 보호대책 수립 및 이행 • DMZ 분리 설치 및 침입차단시스템 운영 • 개인정보·중요정보 게시 시 사전 승인 절차 수립 • 웹서버 보안설정(SSL, 백신, 패치 등) 및 스크립트 제한 적용 • 웹사이트 및 서버 정보노출 여부 주기적 점검 및 노출 발견 시 웹페이지 차단 및 검색엔진 캐시 삭제 요청
주요 결과	• 공개서버 보호대책 적용 보고, DMZ 분리 및 내부접근 통제 정책 수립 • 개인정보 게시 승인 이력 및 점검 결과, 웹 설정 및 접근제어 이력 기록 • 노출 정보 차단 요청 및 처리 기록을 확보, 보존 중인 자산 보안 상태 확인
기대 효과	• 법적 책임 예방 및 대외 신뢰도 제고 • 침해사고 대응력 향상 및 사후 감사 대응 체계 강화 • 중요정보 유출의 선제적 차단 및 비인가 접근 방지

2) 확인사항

보호대책 수립	공개서버는 외부 공격에 노출되기 쉬운 위치에 있어, 접근통제·침입방지·로그기록 등 종합적인 보호대책을 수립하고 이행해야 한다.
DMZ 설치	공개서버는 내부 네트워크와 물리적 또는 논리적으로 분리된 DMZ(비무장지대) 영역에 설치하고, 침입차단시스템(Firewall) 등 보안시스템을 통해 외부 위협으로부터 방어해야 한다.
개인정보 게시절차	공개서버에 개인정보 또는 중요정보를 게시하거나 저장해야 할 경우 정보의 중요도에 따라 책임자의 사전 승인 및 게시 허가 등 절차가 마련되어 있고 실제로 이를 따라 이행해야 한다.
노출 점검 및 조치	조직의 중요정보가 외부에 노출되고 있는지를 주기적으로 점검하고 있으며, 노출이 확인된 경우 즉시 해당 정보에 대한 접근을 차단하는 등의 보안 조치를 취해야 한다.

3) 주요 내용

공개서버 보호대책	• 웹서버 등 공개서버를 운영하는 경우 보호대책을 수립·이행하여야 한다. • SSL/TLS 인증서 설치, 백신 설치 및 자동 업데이트, 웹서버 및 운영체제 등에 대한 최신 보안패치를 적용해야 한다. • 불필요한 서비스 및 포트 차단, 스크립트/실행파일 클릭 금지, 에러 처리 및 테스트 페이지 제거, 주기적 취약점 점검 등을 수행해야 한다.
DMZ 분리 및 접근통제	• 공개서버는 내부 네트워크와 분리된 DMZ 영역에 설치하고, 침입차단시스템 등 보안시스템을 통해 접근을 제어해야 한다. • 침해 발생 시 내부망으로의 확산을 방지하고, DMZ 내에서 내부 DB, WAS 등 시스템과의 접속에 대해 엄격한 접근통제 정책을 적용해야 한다.
중요정보 게시통제	• 공개서버에 개인정보 또는 중요정보를 저장하거나 게시하는 것은 원칙적으로 금지하며, 불가피한 경우 책임자의 사전 승인과 보호대책을 적용한다. • 게시 시 사전 검토 및 승인 절차를 수립하고, 외부 검색엔진 등을 통한 비인가자의 접근을 차단하기 위한 조치가 필요하다.
정보노출 점검조치	• 조직의 중요정보가 웹사이트 또는 웹서버를 통해 외부에 노출되고 있는지 주기적으로 점검한다. • 노출을 인지한 경우 웹사이트 차단조치 및 검색엔진 사업자에 캐시 삭제 등을 요청하여 지속적인 노출을 방지한다.

4) 결함사례

검색노출 개인정보	인터넷에 공개된 웹사이트의 취약점으로 인하여 구글 검색을 통하여 열람 권한이 없는 타인의 개인정보에 접근할 수 있는 경우
승인절차 미준수	웹사이트에 개인정보를 게시하는 경우 승인 절차를 거치도록 내부 규정이 마련되어 있으나, 이를 준수하지 않고 개인정보가 게시된 사례가 다수 존재한 경우
접근권한 미흡	게시판 등의 웹 응용 프로그램에서 타인이 작성한 글을 임의로 수정·삭제하거나 비밀번호로 보호된 글을 열람할 수 있는 경우

⑩ 한 대형 통신회사는 고객 지원 웹사이트를 운영 중이다. 그러나 웹사이트 내에 존재하는 개인정보가 외부 검색 엔진에 노출되어 비인가자가 쉽게 접근할 수 있는 상황이 발생했다. 이는 검색엔진 크롤러에 의해 개인정보가 색인되면서 이루어진 것으로, 고객들의 민감한 정보가 대규모로 유출될 위험에 노출되었다. 또한 고객 정보 게시판 운영 시 내부 승인 절차가 제대로 준수되지 않아 사전 승인 없이 개인정보가 게시되는 사례가 반복되었다. 이로 인해 개인정보 노출과 무단 수정 위험이 증가했다.

⑭ 전자거래 및 핀테크 보안

인증기준	확인사항	세부설명	증거자료	결함사례
• 전자거래 및 핀테크 서비스 제공 시 정보 유출, 데이터 조작·사기 등 침해사고 예방을 위하여 • 인증·암호화 등 보호대책 수립, 결제시스템 등 외부 시스템과 연계할 경우 안전성 점검	• 거래의 안전성과 신뢰성 확보를 위한 보호대책 수립·이행 • 결제시스템 등 외부 시스템과 연계 시 송수신되는 관련 정보의 보호를 위한 대책 수립·이행, 안전성 점검	• 개인정보, 영업비밀, 결제정보 수집·저장·파기 등 침해사고 예방 • 전자거래 유형별 보호대책 수립 • 전자금융거래법, 소비자보호법, 신용정보법 등 법적 준거성 확보 • 외부시스템 연계 보안 • 전자결제업자 연계 시 거래정보 보호 대책 수립	• 전자거래 및 핀테크 서비스 보호대책 • 결제시스템 연계 시 보안성 검토 결과	• 전자결제대행업체와 위탁 계약을 맺고 연계, 인증 및 접근제어 없이 특정 URL을 통해 결제 관련 정보가 모두 평문으로 전송 • 내부 지침에 따라 외부 핀테크 서비스 연계 시 정보보호팀의 보안성 검토를 받아야 하나, 신규 핀테크 서비스를 일정상의 이유로 사전 보안성 검토 없이 연계

▲ 전자거래 및 핀테크 보안 핵심정리

1) 인증기준

목적	• 전자거래 및 핀테크 서비스 제공 시 거래의 안전성과 신뢰성을 확보 • 외부 시스템 연계 과정 내 정보 유출, 변조, 조작 등의 사고 예방
주요 사항	• 서비스 유형별 보안위협 식별 및 보호대책 수립(인증, 암호화) • 결제시스템, 송수신 정보에 대한 외부 연계보안 적용 • 전자결제사업자 연계 시 보안 책임 명시 및 보장조치 마련 • 전송 정보 무결성 검증 및 시스템 상태 점검 • 사전 침해예방 조치 및 정기적 점검 수행
주요 결과	• 서비스별 보호대책 적용 이력 및 문서화 • 외부 연계 시스템 보호 상태 점검 결과 확보 • 사용자 정보 송수신 보호 조치 현황, 사고 예방 조치 및 대응 매뉴얼의 정비 • 보존 중인 자산의 보안 상태 확인
기대 효과	• 거래 안정성 및 신뢰성 확보, 정보 유출, 조작, 오용 등 사고 방지 • 전자결제 관련 사업자의 책임 분담 명확화 • 사용자의 금전적·정보적 피해 예방 및 기업 신뢰도 향상

2) 확인사항

거래안정성, 신뢰성 확보	전자거래 및 핀테크 서비스를 제공하는 조직은 거래의 안전성과 신뢰성을 확보하기 위해 보호 대책을 수립하고 이를 철저히 이행해야 한다.
외부연계	• 외부 시스템과 연계하는 경우 송수신되는 정보가 위·변조되거나 유출되지 않도록 암호화, 무결성 검증 등 보안대책을 마련한다. • 이러한 조치들이 실제로 작동하는지를 점검함으로써 전체 시스템의 안정성과 신뢰성을 유지해야 한다.

3) 주요 내용

보호대책 수립	• 전자거래 및 핀테크 서비스를 제공하는 경우 거래의 안전성과 신뢰성을 확보하기 위해 인증, 암호화, 접근통제 등 보호대책을 수립해야 한다. • 개인정보, 영업비밀, 결제정보 수집 · 저장 · 파기 등에서의 침해사고 예방이 필요하다.
전자거래 유형별 보호대책 수립	• '전자거래'는 전자문서로 처리되는 재화 · 용역 거래, '전자상거래'는 전자거래 방식의 상행위, '핀테크'는 금융과 기술의 융합 서비스로 정의한다. • 핀테크 유형별로 발생 가능한 위험요인을 식별하여 그에 적절한 보호대책을 수립해야 한다.
법률 고려사항	보호대책 수립 시 전자거래 및 핀테크와 관련된 다양한 법률을 고려하여 법적 준거성을 확보해야 한다.
외부시스템 연계 보안	• 결제시스템 등 외부 시스템과 연계되는 경우, 송수신되는 정보에 대해 유출 · 조작 · 사기 등의 사고를 방지하기 위한 보호대책을 마련한다. • 정보 전송의 안전성 및 연계 시스템의 보안 상태를 점검해야 한다.
전자결제업자 정의	전자결제업자는 결제수단 발행자, 전자결제 서비스 제공자 또는 PG사(신용카드, 계좌이체, 휴대폰 결제 등 대행) 등을 포함하며, 이들과의 연계 시 거래정보 보호에 대한 책임과 대책을 수립해야 한다.
침해사고 대응	전자결제업자 또는 핀테크 서비스 제공자와 전자거래 사업자 간 송수신되는 정보가 유출되거나 변조될 경우, 사용자 피해가 발생할 수 있으므로 사전 예방을 위한 보호대책과 안전성 점검을 반드시 수행한다.

4) 결함사례

전송 보안 미흡	• 전자결제대행업체와 위탁 계약을 맺고 연계를 하였으나, 인증 및 접근제어 없이 특정 URL을 통해 결제 관련 정보가 모두 평문으로 전송되는 경우 • 전송구간에서의 기밀성 확보가 미흡하여 도청 및 정보유출 위험이 존재하는 상태
네트워크 접근통제 미흡	• 전자결제대행업체와의 외부 연계 시스템이 전용망으로 연결되어 있지만, 해당 연계 시스템에서 내부 업무 시스템으로의 접근이 침입차단시스템 등으로 적절히 통제되지 않는 경우 • 내부망 보호 기능이 미흡하여 내부 시스템이 외부 위협에 노출되는 상태
보안 검토 절차 미준수	• 내부 지침에 따라 외부 핀테크 서비스 연계 시 정보보호팀의 보안성 검토를 받아야 하나, 신규 핀테크 서비스를 일정상의 이유로 사전 보안성 검토 없이 연계하는 경우 • 보안 절차 미이행으로 인한 보안 취약점 사전 식별 실패를 초래

⑩ A 대형 병원은 전자결제대행업체와 위탁 계약을 맺고 외부 결제 시스템과 연동하여 진료비 결제 서비스를 운영 중이다. 그러나 결제 관련 정보가 암호화되지 않은 평문으로 전송되고 있어 전송구간에서 기밀성이 확보되지 않는 심각한 보안 결함이 발견되었다. 이로 인해 네트워크상 도청이나 데이터 유출 위험이 매우 크다. 또한 전자결제 대행업체와 연결된 내부 연계 시스템에 대한 네트워크 접근통제도 미흡하여, 내부 업무 시스템으로의 외부 침입 위험이 존재한다. 내부망 보호가 부족해 해킹 시 환자 개인정보 등 민감 데이터가 유출될 수 있어 보안 강화가 절실한 상황이다.

05 정보전송 보안

인증기준	확인사항	세부설명	증거자료	결함사례
• 다른 조직에 개인정보 및 중요정보를 전송할 경우 안전한 전송 정책 수립 • 조직 간 합의를 통하여 관리 책임, 전송 방법, 개인정보 중요정보 보호를 위한 기술적 보호조치 등을 협약하고 이행	• 외부 조직에 개인정보·중요정보를 전송할 경우 안전한 전송 정책 수립 • 업무상 조직 간 개인정보·중요정보를 상호 교환하는 경우 안전한 전송을 위한 협약체결 등 보호대책을 수립·이행	• 전송 정책 수립 • 전송 절차 검토 • 전송 협약 기준 수립 • 조직 간 정보교환 시 보호대책 수립 • 정보전송 범위 정의 (최소한의 정보 전송) • 전송업무 담당자 및 책임자 지정	• 정보전송 관련 구성도 • 연계 정의서 • 정보전송 협약 문서	대외 기관과 연계 시 전용망 또는 VPN을 적용, 중계서버와 인증서 적용 등 안전하게 정보를 전송하고 있으나, 외부 기관별 연계 시기, 방식, 담당자 및 책임자, 연계 정보, 법적 근거 등에 대한 현황관리가 적절히 이루어지지 않고 있는 경우

▲ 정보전송 보안 핵심정리

1) 인증기준

다른 조직에 개인정보 및 중요정보를 전송할 경우 안전한 전송 정책을 수립하고 조직 간 합의를 통하여 관리 책임, 개인정보 및 중요정보 보호를 위한 기술적 보호조치 등을 협약하고 이행하여야 한다.

목적	• 외부 조직 또는 계열사 간 개인정보 및 중요정보 전송 시 정보 유출 방지 • 법적 · 기술적 보호대책 통해 신뢰성 있는 정보 유통 환경 확보
주요 사항	• 안전한 전송정책 수립 : 기술표준(암호화, 통신방식, 키 교환 등) 기반 • 선송 설자 검토 : 승인 · 책임사 시성 · 보안성 섬검 등 • 전송 협약 체결 : 보안약정서, 계약서 양식 등 기반 명문화 • 업무 범위 정의 : 정보전달 목적, 최소 수집 기준, 법적 준수 포함 • 책임자 지정 : 담당자 · 책임자 구분 및 명확화 • 기술기준 정의 : 암호화, 접근통제, 삭제 등 전 생애주기 기준 설정
주요 결과	• 전송정책 문서화 및 기술표준 명세서, 보안 약정서 체결 자료 • 정보전송 업무목록 및 처리이력 문서, 전송 담당자/책임자 지정 문서 • 암호화 · 접근통제 · 삭제 기술 정의서, 보존 중인 자산 보안 상태를 확인
기대 효과	• 조직 간 정보 유통 시 유출 및 조작 위협 최소화 • 반복적 전송업무에 대한 법적 · 기술적 안정성 확보 • 협력사 및 계열사와의 보안 신뢰 체계 강화

2) 확인사항

안전한 전송정책	외부 조직이나 계열사 간에 개인정보 및 중요정보를 전송하거나 상호 교환하는 경우 정보 유출을 방지하기 위한 전송정책을 수립하고 이를 체계적으로 적용해야 한다.
보호대책수립	• 협업이나 연계 업무 등으로 인해 반복적 또는 대량으로 정보가 전송되는 경우에는 협약 체결 등 법적 · 기술적 보호대책을 마련하여 안전한 전송 경로를 확보해야 한다. • 이러한 조치의 실제 이행 여부를 점검함으로써 신뢰성 있는 정보 유통 환경을 조성해야 한다.

3) 주요 내용

전송 정책 수립	외부 조직에 개인정보 및 중요정보를 전송하는 경우, 암호화 방식, 키 교환 및 관리, 전문 규칙 등을 포함한 정보전송 기술 표준을 기반으로 안전한 전송 정책을 수립한다.
전송 절차 검토	정보전송 시 보고 및 승인 절차, 조직 간 역할 및 책임 분담, 보안성 검토 등의 전송 검토 절차가 정의되어야 하며 이를 실제로 이행한다.
전송 협약 기준	정보전송 시 표준화된 보안약정서나 계약서 양식을 기반으로 협약을 체결하고, 이를 기준으로 전송을 수행한다.
조직 간 정보교환	조직 또는 계열사 간 중요정보나 개인정보를 교환하는 경우, 보안약정서, 계약서, SLA 등 협약을 체결하고, 관리적 · 기술적 · 물리적 보호대책을 수립 및 이행한다.
관련 업무 정의	업무 목적에 따라 정보를 전송한다(⑩ DM 발송을 위한 개인정보 전달, 채권추심업체에 추심정보 전달, 제3자 제공, 신용카드결제 정보 VAN사 전달 등).
정보전송 범위 정의	법규 준수 및 정보유출 예방을 위해 업무상 필요한 최소한의 정보만 송수신해야 하며, 과도한 정보전송을 방지한다.
책임자 지정	전송업무를 수행하는 과정에서 정보의 책임과 보안을 관리할 담당자 및 책임자를 명확히 지정한다.
기술 표준 정의	정보 전송 · 저장 · 파기 등 전 생애주기에 걸쳐 암호화, 접근통제, 삭제 방식 등 기술적 기준을 명확히 정의한다.

4) 결함사례

주기적 외부 전송 현황 관리	대외 기관과 연계 시 전용망 또는 VPN을 적용하고 중계서버와 인증서 적용 등을 통하여 안전하게 정보를 전송하고 있으나, 외부 기관별 연계 시기, 방식, 담당자 및 책임자, 연계 정보, 법적 근거 등에 대한 현황관리가 적절히 이루어지지 않고 있는 경우
보안성 검토 미수행	중계과정에서의 암호 해제 구간 또는 취약한 암호화 알고리즘(DES, 3DES) 사용 등에 대한 보안성 검토, 보안표준 및 조치방안 수립 등에 대한 협의가 이행되고 있지 않은 경우

⑩ B 공공기관은 대외 기관과 전용망과 VPN을 통해 안전하게 정보를 전송하고 있으나, 외부 기관별 연계 시기와 방식, 담당자 및 책임자, 연계 정보와 법적 근거에 대한 체계적인 현황 관리가 이루어지지 않고 있다. 이로 인해 기관 간 전송되는 정보가 정확히 어떤 경로로, 언제, 어떻게 이동하는지 불투명해 관리 공백이 발생한다. 또한 중계과정에서 DES, 3DES 등 취약한 암호화 알고리즘을 사용하면서도 이에 대한 보안성 검토나 표준 준수 여부를 점검하지 않고 있어 보안 취약점이 방치되어 있다.

06 업무용 단말기기 보안

인증기준	확인사항	세부설명	증거자료	결함사례
업무용 단말기를 네트워크에 연결할 시, 기기 인증·접근 범위·보안설정 기반 접근통제 대책 수립, 주기적 점검	• 업무용 단말기를 통한 정보 유출 방지를 위해, 자료공유 프로그램 금지·공유 설정 제한·무선망 이용 통제 등 정책 수립 및 이행 • 업무용 모바일 기기 분실·도난 시 정보 유출 방지를 위해, MDM·원격삭제 등 보안대책 적용 • 업무용 단말기 접근통제 대책 적절성에 대한 주기적 점검	• 사용자 보안 설정 강화 및 개인정보보호 교육·기술 통제를 포괄하는 통합 관리 방안 마련 • 안전한 자료 공유를 위해, 자료공유 프로그램 금지·공유 설정 제한·보안 무선망 사용 및 공유 시 권한 설정 등 정책 수립·이행 • 업무용 단말기의 신청·승인, 등록·해제 대한 주기적 점검 및 접근통제 대책의 적절성 지속 검토·개선	• 업무용 단말기 보안 통제 • 지침 및 절차 • 업무용 단말기 등록 현황 • 업무용 단말기 보안 설정	• 업무용 모바일 기기의 허용 기준·사용 범위·승인 절차·인증 방법 등 정책 미수립으로 인한 사용 통제 불가능 • 보안지침과 달리 승인 여부와 무관하게 내부 시스템 접속이 가능한 운영 구조로 인한 보안 취약점 발생 • 공유폴더 사용금지 규정 있으나 주기적 점검 부재로, 다수 단말기에 과도한 공유폴더 설정 발견

▲ 업무용 단말기기 보안 핵심정리

1) 인증기준

PC, 모바일 기기 등 단말기기를 업무 목적으로 네트워크에 연결할 경우 기기 인증 및 승인, 접근 범위, 기기 보안설정 등의 접근통제 대책을 수립하고 주기적으로 점검하여야 한다.

목적	• PC, 노트북, 가상PC, 태블릿, 모바일 기기 등 업무용 단말기를 통한 정보유출과 침해사고 방지 • 분실·도난 상황에서 개인정보 및 중요정보 보호 보장
주요 사항	• 단말기 보안정책 수립 : 인증, 승인, 접근범위 설정, 보안설정 포함 • 자료 유출 방지정책 적용 : 공유 설정 제한, 무선망 통제 • 분실 대응 조치 : MDM, 원격 삭제 기능 적용 • 모바일 보안대책 강화 : 생체인식, 암호화, 잠금설정 등 활용 • 단말기 접근통제 및 보안설정 상태 주기적 점검
주요 결과	• 업무용 단말기 등록·승인 이력 관리 • 보안정책 적용 상태 점검 결과 확인 • 자료유출 방지 설정 및 예외 공유관리 기록 • MDM/원격삭제 적용 내역 및 테스트 이력 • 점검 결과 기반 개선 조치 계획 수립 • 보존 중인 자산의 보안 상태 확인
기대 효과	• 단말기를 통한 정보 유출 및 침해사고 사전에 예방 • 분실 사고 발생 시 피해 최소화 및 신속한 대응 가능 • 보안통제 체계 유효성 확보 및 감사 대응력 제고

2) 확인사항

업무용 단말기 보안통제	• 업무용 단말기(PC, 노트북, 가상PC, 태블릿, 모바일기기 등)에 대하여 인증, 접근범위 설정, 보안 설정, 자료공유 및 무선망 통제 등의 보안정책을 수립한다. • 개인정보 및 중요정보 유출 방지를 위한 보호조치를 마련한 후 이를 주기적으로 점검한다.
단말기 보안정책 수립 · 이행	PC, 노트북, 가상PC, 태블릿 등 업무에 사용되는 단말기에 대해 기기인증, 승인, 접근범위 설정, 보안설정 등의 보안 통제 정책을 수립 · 이행 여부를 확인한다.
자료 유출 방지 정책	업무용 단말기를 통해 개인정보 및 중요정보가 유출되지 않도록 자료공유 프로그램 사용 금지, 공유 설정 제한, 무선망 이용 통제 등의 정책을 수립하고 이행한다.
모바일 기기 분실 대응	업무용 모바일 기기의 분실, 도난 등으로 인한 개인정보 및 중요정보 유 · 노출 방지를 위한 보안대책(MDM, 원격삭제 등)을 적용한다.
점검 주기성 확보	• 업무용 단말기기에 대한 접근통제 대책의 적절성을 주기적으로 점검한다. • 이와 더불어 통제 대책의 유효성을 주기적으로 점검함으로써 단말기 보안수준을 안정적으로 유지해야 한다.

3) 주요 내용

단말기 보안정책	업무용 단말기에 대해 기기 인증, 승인 절차, 접근 범위 설정, 보안 설정(백신 및 보안프로그램 설치 등)과 오남용 방지를 위한 모니터링 대책 등을 포함하는 보안 통제 정책을 수립하고 이행한다.
단말기 보안관리	• 백신 설치 및 보안 패치 등을 수행한다. • 공공장소에서 사용을 주의하고, 분실 시 데이터 초기화 등의 사용자 보안 설정과 개인정보 유출 방지에 대해 교육하고 처벌 기준을 마련한다. • 소프트웨어 안전성 점검, 악성코드 방지, 무선망 접근통제 등 통합적인 관리 방안을 마련한다.
자료유출 방지	• 자료공유 프로그램(P2P, 웹하드, 메신저 등)을 사용하지 않는다. • WPA2 등 보안 프로토콜이 적용된 무선망을 사용한다. • 공유를 해야할 때 권한 설정(읽기/쓰기 제한) 등의 정책을 수립 및 이행한다.
공유정책 예외	불가피하게 공유설정이 필요한 경우 비밀번호 설정 및 사용 후 공유 해제, 쓰기 권한 최소화 등 구체적인 통제 방안을 적용한다.
모바일 보안대책	업무용 모바일 기기의 분실 · 도난 등에 대비하여 접속 통제 및 원격 제어 기능을 적용해야 한다(예 비밀번호, 생체인식 등 잠금 설정, 기기 암호화, 원격 잠금 및 데이터 삭제, MDM(Mobile Device Management)을 통한 접속 통제 및 원격 제어 기능).
접근통제 점검	• 업무용 단말기의 신청 · 승인, 등록 · 해제, 인증 이력 및 보안설정 상태를 주기적으로 점검한다. • 접근통제 대책의 적절성을 지속적으로 검토하고 개선한다.

4) 결함사례

정책 미수립	업무용 모바일 기기에 대해 허용 기준, 사용 범위, 승인 절차, 인증 방법 등의 정책이 수립되어 있지 않아, 기기 사용에 대한 통제가 불가능한 상태
승인되지 않은 기기 사용	제한된 기간 동안 승인된 기기만 사용하도록 되어 있으나, 실제로는 승인 여부와 관계없이 내부 시스템 접속이 가능한 구조로 운영되어 보안이 취약한 상태
보호대책 미적용	개인정보 처리 업무에 이용되는 모바일 기기에 비밀번호, 패턴잠금 등의 보호대책이 적용되어 있지 않아 분실 또는 도난 시 개인정보 유출 위험이 존재하는 상태
공유폴더 점검 미흡	내부 규정에서 공유폴더 사용을 금지하고 있음에도 불구하고 주기적인 점검이 없어, 실제로는 다수의 단말기에서 과도하게 공유폴더가 설정되어 있어 정보 유출 가능성이 높은 상태

예 지방자치단체 A시의 건설과는 2025년 상반기 도시 기반시설 점검을 위해 노트북과 태블릿PC를 외근직원에게 지급하였다. 그러나 기기 사용범위 설정이나 승인절차, 인증방법 등에 대한 내부 정책이 수립되어 있지 않아 어떤 기기든 누구나 사전승인 없이 사용 가능했다. 직원 B는 본인 소유 노트북에 행정시스템 접속 정보를 저장해 외근 중 사용했고, 공용 Wi-Fi를 통해 접속 중 개인정보가 유출될 가능성이 발생했다. 기기에 대한 사용 통제가 없어 어떤 기기가 내부 시스템에 접근했는지도 추적이 어려운 상황이었다.

이는 정책 미비로 인해 기기 사용을 통제하지 못하고, 인가되지 않은 접근까지 방치한 보안 결함 사례로 확인되었다.

07 보조저장매체 관리

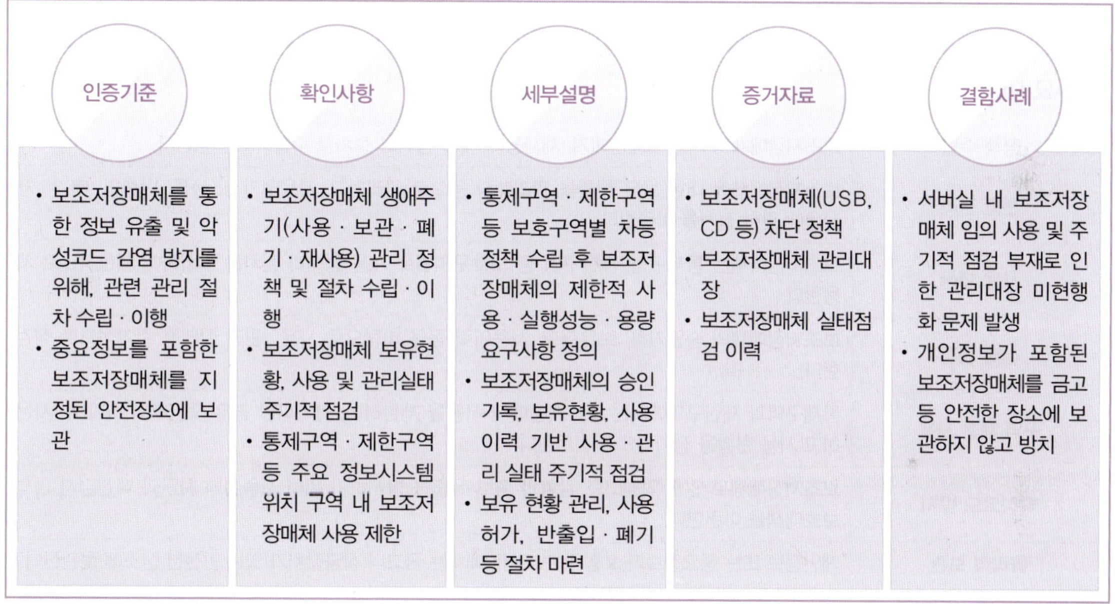

인증기준	확인사항	세부설명	증거자료	결함사례
• 보조저장매체를 통한 정보 유출 및 악성코드 감염 방지를 위해, 관련 관리 절차 수립 · 이행 • 중요정보를 포함한 보조저장매체를 지정된 안전장소에 보관	• 보조저장매체 생애주기(사용 · 보관 · 폐기 · 재사용) 관리 정책 및 절차 수립 · 이행 • 보조저장매체 보유현황, 사용 및 관리실태 주기적 점검 • 통제구역 · 제한구역 등 주요 정보시스템 위치 구역 내 보조저장매체 사용 제한	• 통제구역 · 제한구역 등 보호구역별 차등 정책 수립 후 보조저장매체의 제한적 사용 · 실행성능 · 용량 요구사항 정의 • 보조저장매체의 승인 기록, 보유현황, 사용 이력 기반 사용 · 관리 실태 주기적 점검 • 보유 현황 관리, 사용 허가, 반출입 · 폐기 등 절차 마련	• 보조저장매체(USB, CD 등) 차단 정책 • 보조저장매체 관리대장 • 보조저장매체 실태점검 이력	• 서버실 내 보조저장매체 임의 사용 및 주기적 점검 부재로 인한 관리대장 미현행화 문제 발생 • 개인정보가 포함된 보조저장매체를 금고 등 안전한 장소에 보관하지 않고 방치

▲ 보조저장매체 관리 핵심정리

1) 인증기준

보조저장매체를 통하여 개인정보 또는 중요정보의 유출이 발생하거나 악성코드가 감염되지 않도록 관리 절차를 수립 · 이행하고, 개인정보 또는 중요정보가 포함된 보조저장 매체는 안전한 장소에 보관하여야 한다.

목적	• USB, 외장하드, CD 등의 보조저장매체를 통한 정보 유출 및 악성코드 감염의 방지 • 주요정보가 저장된 매체의 안전한 사용 · 보관 · 폐기를 통해 조직의 보안 수준 유지
주요 사항	• 보조저장매체 전 주기에 걸친 정책 수립 및 절차 이행 • 보유현황 등록 및 사용실태의 주기적 점검 • 통제구역 내 사용 제한 및 허가 절차 운영 • 악성코드 대응을 위한 자동실행 차단, 백신 검사 적용 • 민감정보 저장 매체는 금고 등 잠금장치 있는 장소에 보관
주요 결과	• 보조저장매체 관리대장 및 사용이력 문서화 • 통제구역 사용현황 점검 결과 및 허가 기록 • 악성코드 대응 도구 적용 현황 및 점검 보고

기대 효과	• 보조저장매체를 통한 정보유출 사고 사전 차단 • 악성코드 감염 예방 및 시스템 전파 위험 감소 • 매체 사용 통제체계 유지를 통한 조직 내 보안 수준 안정화

2) 확인사항

사용 정책, 절차 수립	외장하드, USB, CD 등 보조저장매체는 정보 유출과 악성코드 감염의 주요 통로가 될 수 있으므로 사용 · 보관 · 폐기 · 재사용 등 전 주기에 걸친 정책과 절차를 수립하고 이를 철저히 관리해야 한다.
보유현황, 점검	보조저장매체 보유현황, 사용 및 관리실태를 주기적으로 점검해야 한다.
통제구역, 사용제한	주요 정보시스템이 위치한 통제구역, 중요 제한구역 등에서 보조저장매체 사용을 제한해야 한다.
악성코드, 정보유출 방지	보조저장매체를 통한 악성코드 감염 및 중요정보 유출 방지를 위한 대책을 마련해야 한다.
중요정보, 안전보관	개인정보 또는 중요정보가 포함된 보조저장매체를 잠금장치가 있는 안전한 장소에 보관함으로써 정보 유출을 방지해야 한다.

3) 주요 내용

정책 수립	보조저장매체의 사용, 보관, 폐기, 재사용에 대해 정책과 절차를 수립하고 실행한다.
현황 관리	보조저장매체에 대한 보유 현황을 관리대장 등으로 관리하고, 사용허가 및 등록, 반출입, 폐기 · 재사용에 관한 절차를 마련한다.
사용 제한	보조저장매체는 통제구역, 제한구역 등 보호구역별로 사용 정책과 절차를 수립하여 제한적으로 사용한다.
실태 점검	보조저장매체의 승인기록, 보유현황, 사용이력 등을 바탕으로 사용 · 관리 실태를 주기적으로 점검한다.
구역 제한 사용	통제구역과 제한구역에서는 보조저장매체 사용을 제한하며, 불가피한 경우 책임자의 허가 후 사용하고 사용 현황을 정기적으로 검토한다.
악성코드 방지	보조저장매체로 인한 악성코드 감염과 정보 유출을 방지하기 위해 자동실행 차단과 백신검사 등의 보호대책을 마련한다.
물리적 보관	개인정보 또는 중요정보가 포함된 보조저장매체는 금고나 잠금장치가 있는 안전한 장소에 보관한다.

4) 결함사례

승인절차 미준수 및 관리 미흡	서버실에서 보조저장매체 사용을 제한하는 정책이 있음에도 예외 승인 절차를 따르지 않고 사용한 사례가 다수 있으며, 주기적 점검이 이뤄지지 않아 관리대장이 현행화되지 않은 상태
물리적 보관 부적절	개인정보가 포함된 보조저장매체를 금고 등 안전한 장소에 보관하지 않고, 사무실 서랍에 방치한 사례
예외처리 절차 미이행	보조저장매체 통제 솔루션을 운영 중이나 일부 사용자에게는 승인 없이 예외적으로 쓰기 권한을 부여한 사례
사용통제 부재	전산실 공용 PC 및 장비에서 일반 USB메모리에 쓰기가 가능하지만, 매체 반입 제한, 사용이력 기록 및 검토 등의 통제가 미비한 상태

❸ B 대형 종합병원은 영상자료와 진료기록 등을 USB 형태의 보조저장매체에 저장해 외부 전문의와 협진을 진행하고 있었다. 하지만 병원 내 정보보호 지침에는 보조저장매체 사용 시 예외승인 절차를 거치도록 규정되어 있음에도, 실무자들은 승인 없이 관행적으로 USB를 사용해왔다. 일부 관리자 계정은 주기적인 점검 없이 예외권한이 유지되어 있었고, 현재 어떤 인원이 어떤 장비를 사용 중인지 관리되지 않았다.

특히 병동 서버실 근처에서 승인 없는 매체 사용이 반복되었고, 사용 이력이나 장비 현황도 최신화되지 않아 문제를 인지하지 못했다. 보안 점검에서 승인절차 미준수 및 현황 미관리로 인한 개인정보 유출 위험이 지적되었다.

08 패치관리

인증기준	확인사항	세부설명	증거자료	결함사례
소프트웨어 · 운영체제 · 보안시스템 취약점으로 인한 침해사고 예방을 위해, 최신 보안패치 적용, 서비스 영향 검토 후 최신 패치 적용 어려울 시, 별도 보완대책 마련 및 이행	• 정보시스템 안정성 · 보안성 유지를 위해, 자산 특성 · 중요도를 고려한 패치 정책 수립 및 이행 • 주요 시스템의 패치 적용 현황에 대한 주기적 관리 및 패치 적용 불가 시 대체 보안조치 마련 • 패치관리시스템을 운영 중인 경우 접근통제 등 적절한 보호대책 적용	• 자산 특성 · 중요도를 반영하여 패치 대상 · 주기 결정 및 사전 검토 · 긴급패치 · 책임자 지정 등을 포함한 정책 수립 · 이행 • 주요 자산의 OS 및 소프트웨어 패치 적용 여부, 버전, 적용 일자 등을 목록으로 관리 • 최신 보안패치 적용 여부 주기적 확인	• 패치 적용 관리 정책 · 절차 • 시스템별 패치 적용 현황 • 패치 적용 관련 영향도 • 분석 결과	• 정당한 사유 · 승인 없는 운영체제 패치의 장기 누락으로 인한 보안 위협 방치 • 오픈소스 소프트웨어의 보안패치 적용 절차 · 담당자 미지정으로 인한 패치 미적용 문제 발생

▲ 패치관리 핵심정리

1) 인증기준

소프트웨어, 운영체제, 보안시스템 등의 취약점으로 인한 침해사고를 예방하기 위하여 최신 패치를 적용하여야 한다. 다만, 서비스 영향을 검토하여 최신 패치 적용이 어려울 경우 별도의 보완대책을 마련하여 이행하여야 한다.

목적	정보시스템의 안정성과 보안성을 유지하기 위해 운영체제 및 소프트웨어에 대한 체계적인 패치정책 수립 및 이행
주요 사항	• 자산별 패치 정책 수립(대상, 주기, 책임자 지정 등) • 패치 적용 현황 주기적 점검 및 목록화(버전, 일자 등 관리) • 패치 불가 시 영향도 분석 및 보완대책 수립 · 보고 • 외부접속 통한 패치 제한 및 승인 절차 운영 • 패치관리시스템(PMS)에 대한 접근통제 및 무결성 검사 수행
주요 결과	• 주요 시스템의 패치 적용 현황의 주기적인 관리 • 패치가 불가한 경우에도 보완대책 체계적 수립 • 외부접속 위험에 대한 대응 체계 마련 • 패치관리 시스템이 보호되고 위협에 대응 가능한 상태로 유지
기대 효과	• 최신 보안 상태 유지를 통한 시스템 침해사고 예방 • 운영 안정성 확보 및 서비스 연속성 보장 • 외부 위협 및 악성코드 유입 차단

2) 확인사항

패치정책 수립 · 이행	• 정보시스템의 안정성과 보안성을 유지하기 위해 조직은 운영체제 및 소프트웨어의 패치 정책을 자산 특성과 중요도에 맞춰 수립하고 이를 이행해야 한다. • 자산의 특성과 중요도에 따라 운영체제와 소프트웨어의 패치관리 정책과 절차를 수립하고 이행하고 있는가를 확인해야 한다.
패치 적용 현황 관리	주요 서버, 네트워크시스템, 보안시스템 등의 OS 및 소프트웨어 패치 적용 현황을 주기적으로 관리해야 한다.
보완대책 마련 여부	서비스 영향도 등으로 인해 최신 패치 적용이 어려운 경우, 이를 보완할 수 있는 대책을 마련해야 한다.
외부접속 제한	주요 시스템에 대해 공개 인터넷을 통한 직접적인 패치를 제한하고 있는가를 확인한다.
패치관리시스템 보호대책	패치관리시스템을 운영 중인 경우 접근통제와 보호조치가 적용된 상태에서 운영되어야 한다.

3) 주요 내용

패치 정책 수립	자산의 특성과 중요도를 반영하여 서버, 네트워크, 보안시스템, PC 등에 대한 패치 적용 대상과 주기를 정하고, 사전 검토, 긴급패치 절차, 책임자 지정 등을 포함한 정책을 수립 · 이행해야 한다.
패치 현황 관리	• 주요 자산의 OS 및 소프트웨어 패치 적용 여부, 버전, 적용일자 등을 목록으로 관리해야 한다. • 최신 보안패치 적용 필요 여부를 주기적으로 확인해야 한다.
패치 불가 시 조치	운영시스템에 패치 적용이 어려울 경우 서비스 영향도를 분석하고 보완대책을 수립하여 책임자에게 보고하며, 그 사유와 현황을 체계적으로 관리해야 한다.
외부접속 패치 제한	주요 시스템에서 공개 인터넷을 통한 패치를 제한하고, 불가피한 경우 위험분석과 보호대책을 마련하여 책임자 승인 후 적용해야 한다.
패치관리시스템 보호	PMS는 악성코드 유포지로 악용될 수 있으므로 접근통제, 기본 계정 보안, 취약점 제거 등을 통해 보호하고, 업데이트 파일 배포 시 무결성 검사를 수행해야 한다.

4) 결함사례

패치 미적용	일부 시스템에서 정당한 사유나 책임자의 승인 없이 운영체제 패치가 장기간 누락되어 보안위험이 방치된 경우
EOS 대응 미흡	서비스 지원이 종료된 운영체제를 사용하는 시스템에 대해 대응계획이나 보완대책이 수립되지 않은 경우
오픈소스 패치 누락	오픈소스 소프트웨어에 대해 최신 보안패치 적용 절차 및 담당자가 지정되지 않아 패치가 적용되지 않고 있는 경우

❹ C 유통회사는 물류창고 운영 시스템에 오픈소스 기반 소프트웨어를 사용 중이었지만, 담당자 지정이나 보안패치 적용 절차가 문서화되지 않았다. 결과적으로 해당 시스템은 6개월 이상 최신 보안패치가 누락된 상태로 운영되었고, 보안 취약점이 공개된 이후에도 대응이 지연되었다. 심지어 운영부서에서는 오픈소스 소프트웨어에 대한 보안 책임이 정보보호팀인지 개발팀인지조차 명확히 인지하지 못한 상태였다.

외부 보안점검 결과, 보안취약점으로 인해 시스템 접근권한을 탈취할 수 있는 가능성이 확인되었다. 따라서 책임 미지정과 패치 미적용으로 인해 고객 주문정보와 배송정보가 노출될 수 있는 심각한 위험이 존재한다.

인증기준	확인사항	세부설명	증거자료	결함사례
바이러스 · 웜 · 트로이목마 · 랜섬웨어 등의 악성코드로부터 개인정보 및 중요정보, 시스템 및 업무용 단말기 보호하기 위하여 악성코드 예방 · 탐지 · 대응 등의 보호대책 수립 · 이행	• 악성코드 감염으로부터 정보시스템 · 업무용 단말기 보호를 위해, 관련 보호대책 수립 및 이행 • 백신 등 보안 프로그램을 통한 최신 악성코드 예방 · 탐지 활동의 지속적 수행 • 백신 등 보안 프로그램의 최신 상태 유지 및 필요시 긴급 보안 업데이트 수행	• 악성코드로부터 시스템 · 단말기 보호 위해, 사용자 지침 · 백신 설치 절차 · 사용자 교육 등을 포함한 종합 보호대책 수립 · 이행 • 이메일 첨부파일 검사 · 실시간 감시 등을 통한 악성코드 예방 · 탐지 활동 지속 • 백신 프로그램의 일 1회 이상 자동 업데이트, 긴급 경보 시 즉시 업데이트 및 중앙관리시스템 운영 시 관련 보호조치 마련	• 악성프로그램 대응 • 지침 · 절차 · 매뉴얼 • 백신프로그램 설치 현황 • 백신프로그램 실행 현황 • 악성프로그램 대응 이력	• 일부 PC · 서버 백신 미설치 또는 장기간 미업데이트로 보안 위협 노출 • 사용자의 임의적인 백신 설정 변경 가능성에도 불구, 이를 제한 · 보완하는 추가 보호대책 부재 • 네트워크 구성 및 외주업체 변경 등의 내 · 외부 환경변화 미반영

▲ 악성코드 통제 핵심정리

1) 인증기준

바이러스 · 웜 · 트로이목마 · 랜섬웨어 등의 악성코드로부터 개인정보 및 중요정보, 정보시스템 및 업무용 단말기 등을 보호하기 위하여 악성코드 예방 · 탐지 · 대응 등의 보호대책을 수립 · 이행하여야 한다.

목적	정보시스템과 업무용 단말기를 바이러스, 랜섬웨어 등 악성코드 대응을 위해 예방, 대응 등 전반적인 보호대책의 수립 및 이행
주요 사항	• 사용자 지침, 대응지침, 백신 설치 등 보호대책을 수립 및 적용 • 백신 소프트웨어를 통한 탐지 및 예방 활동 수행 • 보안 프로그램을 항상 최신 상태로 유지, 긴급 상황 시 즉시 업데이트 • 악성코드 감염 시 확산 방지 및 피해 최소화를 위한 대응절차 수립(연락망 확보, 대응일지 및 보고서 포함)
주요 결과	• 악성코드 감염 예방 및 조기 탐지 체계 확보 • 보안 프로그램 최신 상태 유지 및 긴급 대응체계 가동 • 감염 발생 시 신속한 통제 및 기관 간 협력 기반 마련 • 대응조치와 문서화 체계의 작동 여부에 대한 점검체계 확보 • 보존 중인 자산의 보안 상태 확인
기대 효과	• 악성코드 감염 사고의 사전 예방 및 신속한 차단을 통한 정보자산 보호 • 조직의 업무 연속성 및 안정성 확보 • 사이버 위협 대응력의 향상

2) 확인사항

악성코드 보호대책 수립	바이러스, 웜, 트로이목마, 랜섬웨어 등 악성코드로부터 정보시스템 및 업무용 단말기를 보호하기 위해 체계적인 보호대책을 수립 · 이행해야 한다.
예방 및 탐지 활동	백신 소프트웨어 등의 보안프로그램을 통해 최신 악성코드에 대한 예방 및 탐지 활동을 지속적으로 수행해야 한다.
최신 상태 유지 및 업데이트	백신 소프트웨어 등의 보안프로그램을 최신 상태로 유지하며 필요시 긴급 보안 업데이트를 수행해야 한다.
감염 대응절차	악성코드 감염 발생 시에는 신속한 확산 방지와 피해 최소화를 위한 대응절차가 마련되어야 하며, 이러한 조치들이 실제로 작동되고 있는지를 정기적으로 점검해야 한다.

3) 주요 내용

악성코드 보호대책 수립	악성코드로부터 정보시스템과 단말기를 보호하기 위해 대책을 수립 및 이행한다(예 사용자 지침, 시스템 대응지침, 백신 설치 범위와 절차, 무단 설치 금지, 사용자 교육 등).
예방 및 탐지 활동	이메일 첨부파일 검사, 실시간 감시 및 치료, 자동 점검 일정 설정, 최신 백신 엔진 유지 등을 통해 악성코드 예방 · 탐지 활동을 지속한다.
백신 최신상태 유지	• 신 프로그램은 자동 또는 일 1회 이상 업데이트한다. • 긴급 경보 발생 시 즉시 업데이트하고, 중앙관리시스템 운영 시 접근통제와 무결성 검증 등 보호 조치를 마련한다.
감염 대응절차 수립	감염 발견 시 네트워크 분리 등 대응절차, 백신업체 · 기관 연락처, 대응일지 및 방지대책이 포함된 보고서 양식을 마련한다.

4) 결함사례

백신 설치 및 업데이트 미비	일부 PC 및 서버에 백신이 설치되지 않았거나, 백신 엔진이 장기간 최신 버전으로 업데이트되지 않아 보안 위협에 노출된 경우
백신 설정 통제 미흡	백신 프로그램의 실시간 검사, 예약 검사 등의 설정을 이용자가 임의로 변경할 수 있음에도 이를 제한하거나 보완하는 추가 보호대책이 마련되어 있지 않은 경우
중앙관리 보안 미비	백신 중앙관리시스템에 대한 접근통제나 무결성 검증 조치가 미흡하여 시스템을 통한 악성코드 유포 및 침해사고 발생 가능성이 있는 경우
감염대응 기록 미흡	일부 내부망 PC 및 서버에서 다수의 악성코드 감염이력이 있었음에도 불구하고 감염 경로 분석, 원인 파악, 조치내역 등이 확인되지 않은 경우

예 D 은행의 본점 정보시스템팀은 업무용 서버 및 직원용 PC에 백신을 설치했으나, 일부 단말의 백신 엔진은 수개월째 최신 버전으로 업데이트되지 않고 있었다. 중앙 백신 관리 시스템은 구축되어 있었지만, 접근통제나 무결성 검증이 적용되지 않아 보안 정책을 우회한 접속이 가능했다.

특히 외주 협력사가 사용하는 단말이 중앙관리시스템의 보호대상에서 제외되어 있었고, 해당 단말에서 이상 트래픽이 발생한 후에야 문제가 인지되었다. 백신의 예약 검사 및 실시간 감시 설정도 사용자 임의로 변경이 가능해 실효성 있는 보호통제가 이루어지지 않은 상황이었다. 결과적으로, 취약한 관리 환경을 통해 악성코드 감염 및 내부망 침해사고 발생 가능성이 높아졌다.

사고대응 및 재해복구

학습 방향

침해사고 및 개인정보 유출 등을 예방하고 사고 발생 시 신속하고 효과적으로 대응할 수 있도록 대응방안 수립 및 조직의 핵심 서비스 및 시스템의 운영 연속성을 확보할 수 있는 재해복구체계에 대한 내용을 학습할 수 있다.

출제 빈도

| SECTION 01 | 상 | 35% |
| SECTION 02 | 중 | 15% |

사고예방 및 대응

빈출 태그 대응체계 • 침해사고 • 개인정보 유출 • 위탁계약 • 보안관제 • 전문기관 • 신고 방법

01 사고 예방 및 대응체계 구축

인증기준	확인사항	세부설명	증거자료	결함사례
• 침해사고 및 개인정보 유출 등을 예방하고 사고 발생 시 신속하고 효과적으로 대응 • 내 · 외부 침해시도의 탐지 · 대응 · 분석 및 공유를 위한 체계와 절차를 수립 • 외부기관 및 전문가 협조체계 구축	• 사고 예방 및 사고 발생 시 신속하고 효과적인 대응 체계와 절차 마련 • 보안관제서비스 등 외부 기관을 통한 침해사고 대응체계를 구축 · 운영 시 사고 대응절차 세부사항 계약서 반영 • 모니터링, 대응 및 처리를 위한 외부전문가, 전문업체, 전문기관 등 협조체계 수립	• 대응체계 수립 • 침해사고 정의 및 범위 유형 및 중요도, 선포절차 및 방법, 연락체계(비상연락망), 사고 탐지 체계 발생 시 기록 • 보고절차 수립 • 계약서 반영	• 침해사고 대응 • 지침 · 절차 · 매뉴얼 • 침해사고 대응 조직도 및 비상연락망	• 침해사고 발생 대비 대응 조직 및 절차 미정의, 체계적 대응 어려움 • 내부 지침 절차 존재, 실제 사고 유형 · 심각도 따른 신고 · 대응 · 복구 절차 누락 • 대응 조직도 · 비상연락망 최신화 미비, 담당자별 역할 · 책임 불명확 • 대외기관 연락처 기재 오류 · 누락, 신속한 협조 어려움

▲ 사고 예방 및 대응체계 구축 핵심정리

1) 인증기준

목적	• 침해사고 및 개인정보 유출사고 발생 시 신속하고 효과적으로 대응 • 대응 체계와 외부 협조체계 사전 구축 및 운영
주요 사항	• 사고 대응체계 수립 : 사고 정의, 중요도 분류, 대응 절차, 선포 · 보고 · 통지, 복구 조직 및 훈련 • 외부 위탁계약 시 대응절차 명시 : 보안관제 등 외부기관 위탁 시 계약서에 역할 · 책임 및 절차 반영 • 외부 협조체계 구축 : 사고 발생 시 외부 전문가, 전문기관, 관계기관과의 협업 체계 마련
주요 결과	• 사고 발생 시 즉각 대응 가능한 체계적 준비 • 외부기관과의 명확한 책임 분담 및 계약 기반 대응 가능 • 유관기관과의 협력 체계 확보, 침해사고 대응 절차가 실제로 작동하는지 점검 • 운영, 보존 중인 자산의 보안 상태 확인
기대 효과	• 사고 확산 방지 및 피해 최소화 • 법적 · 사회적 책임 이행과 신뢰도 확보

2) 확인사항

사고 대응 체계 구축	침해사고 및 개인정보 유출사고를 예방하고 사고 발생 시 신속하고 효과적으로 대응하기 위한 체계와 절차를 수립·운영해야 한다.
위탁계약 내 대응 명시	• 보안관제 등 외부기관에 서비스를 위탁하는 경우에는 계약서에 대응체계 및 절차를 명확히 반영해야 한다. • 실제 사고 발생 시 외부 전문가 및 관련 기관과의 협조체계를 통해 효과적인 대응이 가능하도록 준비되어 있어야 한다.
외부 협조체계 구축	• 침해사고의 모니터링, 대응 및 처리를 위해 외부 전문가, 전문업체, 관련 기관과의 협조체계를 수립해야 한다. • 이는 피해 확산을 최소화하고 조직의 법적·사회적 책임을 이행하기 위한 필수 요소다.

3) 주요 내용

사고대응체계 수립	침해사고 및 개인정보 유출사고에 효과적으로 대응하기 위한 체계를 마련해야 한다(예 사고 정의, 중요도 결정, 사고 선포·보고·통지 절차, 복구조직 구성과 자원 확보, 외부전문가 활용, 복구훈련 등).
외부위탁계약 반영	보안관제서비스 등 외부기관에 대응체계를 위탁한 경우, 침해 징후 보고 절차, 대응 책임 및 역할 등 세부사항을 계약서(SLA 등)에 반영해야 한다.
외부협조체계 구축	침해사고의 모니터링과 대응, 처리를 위해 외부 전문가, 전문업체, 전문기관과의 협조체계를 수립하여야 한다.

➕ 더 알기 TIP

침해사고 발생·발견 시 대응 7단계

- 1단계(사고 전 준비)
  사고가 발생하기 전 침해사고 대응팀과 조직적인 대응 준비
- 2단계(사고 탐지)
  정보보호 및 네트워크 장비에 의한 이상 징후 탐지, 관리자에 의한 침해사고 식별
- 3단계(초기 대응)
  초기 조사 수행, 사고 정황에 대한 기본적인 세부사항 기록, 사고 대응팀 신고 및 소집, 침해사고 관련 부서(기관)에 통지
- 4단계(대응 전략 체계화)
  최종 전략 결정 후 관리자 승인 획득, 초기 조사 결과를 참고하여 소송 필요 사항 결정, 사고 조사주체에서 추가 조사 여부 판단
- 5단계(사고 조사)
  데이터 수집 및 분석을 통하여 4W(무엇, 누가, 언제, 어떻게 사고를 일으켰는지) 피해 확산 여부 및 사고 재발을 어떻게 방지할 것인지 결정
- 6단계(보고서 작성)
  의사 결정자가 이해할 수 있는 형태로 사고에 대한 정확한 보고서 작성
- 7단계(해결)
  차기 유사 공격을 식별 및 예방하기 위한 보안 정책 수립, 절차변경, 사건의 기록, 장기 보안 정책 수립, 기술 수정 계획 수립 등 결정

※ 출처 : 민간부문 침해사고 대응 안내서(과기정통부, KISA)

4) 결함사례

대응체계 미정의	침해사고 발생에 대비한 대응 조직과 절차가 명확히 정의되어 있지 않아 사고 발생 시 체계적 대응이 어려운 경우
절차 수립 미흡	내부 지침에는 단계별 절차가 있으나, 실제 사고 발생 시 사고 유형이나 심각도에 따른 신고, 대응, 복구 절차가 일부 또는 전부 누락되어 있는 경우
조직도 및 연락망 미현행화	침해사고 대응 조직도나 비상연락망이 최신화되어 있지 않거나, 담당자별 역할과 책임이 명확히 정의되어 있지 않은 경우

외부기관 정보 오류	침해사고 신고·통지용 대외기관 연락처가 잘못 기재되었거나 일부 정보가 누락되어 있어 신속한 협조가 어려운 경우
위탁책임 미정의	외부 보안관제기관에 탐지 및 대응을 위탁하였으나, 관련 역할 및 책임이 계약서나 SLA에 명확히 정의되지 않은 경우
법규 미준수	대응절차는 수립했으나 개인정보 침해 신고 기준이나 시점이 관련 법령의 요구사항을 충족하지 못하는 경우

예 E 게임사는 최근 서버에 대한 해킹 공격을 받아 일부 이용자의 게임 데이터와 로그인 정보가 유출되었다. 하지만 보안사고 대응 조직과 역할이 문서상 명확히 정의되어 있지 않았고, 침해 발생 시 보고 및 조치 체계도 제대로 작동하지 않았다. 복구 절차는 존재했지만 유출 정보의 유형이나 사고의 심각도에 따른 단계적 조치 기준이 없어 초기 대응이 지연되었다. 비상 연락망에는 몇몇 담당자의 정보가 누락되어 있어 외부 보안관제 업체와의 협력이 지연되었다.

이로 인해 2차 공격이 이어졌고, 사고 공지 및 복구까지 수일이 소요되며 평판에도 큰 타격을 입었으며, 협조가 지연되고 피해가 확산되었다.

02 취약점 점검 및 조치

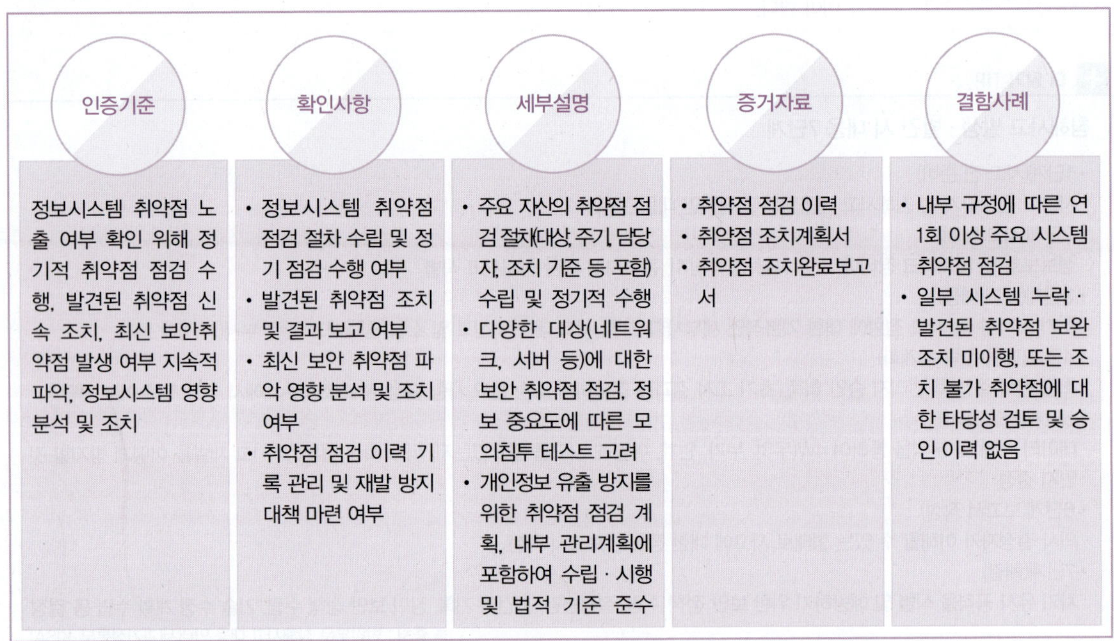

인증기준	확인사항	세부설명	증거자료	결함사례
정보시스템 취약점 노출 여부 확인 위해 정기적 취약점 점검 수행, 발견된 취약점 신속 조치, 최신 보안취약점 발생 여부 지속적 파악, 정보시스템 영향 분석 및 조치	• 정보시스템 취약점 점검 절차 수립 및 정기 점검 수행 여부 • 발견된 취약점 조치 및 결과 보고 여부 • 최신 보안 취약점 파악 영향 분석 및 조치 여부 • 취약점 점검 이력 기록 관리 및 재발 방지 대책 마련 여부	• 주요 자산의 취약점 점검 절차(대상 주기, 담당자, 조치 기준 등 포함) 수립 및 정기적 수행 • 다양한 대상(네트워크, 서버 등)에 대한 보안 취약점 점검, 정보 중요도에 따른 모의침투 테스트 고려 • 개인정보 유출 방지를 위한 취약점 점검 계획, 내부 관리계획에 포함하여 수립·시행 및 법적 기준 준수	• 취약점 점검 이력 • 취약점 조치계획서 • 취약점 조치완료보고서	• 내부 규정에 따른 연 1회 이상 주요 시스템 취약점 점검 • 일부 시스템 누락·발견된 취약점 보완 조치 미이행, 또는 조치 불가 취약점에 대한 타당성 검토 및 승인 이력 없음

▲ 취약점 점검 및 조치 핵심정리

1) 인증기준

• 정보시스템의 취약점이 노출되어 있는지를 확인하기 위하여 정기적으로 취약점 점검을 수행하고, 발견된 취약점에 대해서는 신속하게 조치하여야 한다.
• 최신 보안취약점의 발생 여부를 지속적으로 파악하고, 정보시스템에 미치는 영향을 분석하여 조치하여야 한다.

목적	• 정보시스템의 보안 수준을 향상시키기 위한 정기적인 취약점 점검 및 조치 • 재발 방지 체계 수립 및 이행

주요 사항	• 점검 대상, 주기 등을 포함한 점검 절차 수립 및 정기 점검 수행 • 발견된 취약점에 대한 조치 결과를 문서화하고 책임자에게 보고 • 최신 보안 위협 동향 분석 시스템에 대한 영향도 평가 및 대응 조치 • 점검 이력 기록 및 관리 • 유사 사례 재발 시 비교 · 원인 분석을 통해 재발 방지 대책 수립
주요 결과	• 체계적이고 반복적인 취약점 점검 체계 운영 • 적시에 취약점 대응 및 보고 체계 정착 • 외부 보안 트렌드 반영을 통한 선제적 대응 • 유사 취약점 재발 방지를 위한 근본 원인 분석 및 대책 마련
기대 효과	• 정보시스템 보안 수준의 지속적인 향상 • 보안 위협에 대한 사전 예방 및 신속 대응 역량 확보 • 책임 있는 보안관리 체계 정착 • 내부 통제 · 외부 감사 대응 능력의 강화

2) 확인사항

취약점 점검 절차 수립	정보시스템의 보안을 확보하기 위해서는 정기적인 취약점 점검 절차를 수립하고 이를 기반으로 체계적으로 점검을 수행해야 한다.
취약점 조치 및 보고	발견된 취약점에 대해 적절한 조치를 수행하고, 그 결과를 관련 책임자에게 보고해야 한다.
보안동향 파악 및 조치	최신 보안 취약점 발생 여부를 지속적으로 파악하고, 정보시스템에 미치는 영향을 분석하여 이에 대한 조치를 수행해야 한다.
재발방지 및 이력관리	취약점 점검 이력을 기록 · 관리하고, 이전에 발생했던 취약점이 재발하지 않도록 보호대책을 마련해야 한다.

3) 주요 내용

점검 절차 수립	서버, 네트워크 장비 등 주요 자산에 대해 점검 대상, 주기, 담당자, 절차 및 중요도에 따른 조치 기준 등을 포함한 취약점 점검 절차를 수립하고 정기적으로 수행한다.
점검 대상 식별	• 네트워크 장비, 서버 OS, 방화벽, 웹서비스, 스마트기기 등 다양한 대상에 대해 보안 취약점을 점검한다. • 정보 중요도에 따라 모의침투 테스트도 고려한다.
개인정보 점검계획 포함	개인정보 유출 방지를 위한 취약점 점검 계획을 내부 관리계획에 포함하여 수립 · 시행해야 하며, 법적 기준을 준수한다.
조치 및 보고 체계	• 점검일시, 대상, 결과, 조치사항 등을 포함한 보고서를 작성한다. • 대응조치 이행 여부를 점검하며, 미조치 항목에 대해서는 위험성과 보완대책을 포함해 책임자에게 보고한다.
최신 취약점 대응	• 정기점검 외에도 최신 보안취약점을 지속적으로 파악한다. • 해당 취약점이 시스템에 미치는 영향을 분석하고 적절한 대응조치를 수행한다.
이력기반 재발방지	• 점검 이력을 기록 · 관리하며, 이전 취약점의 재발 여부를 분석한다. • 유사 사례가 반복되는 경우 근본 원인을 파악하여 재발방지 대책을 마련한다.

4) 결함사례

점검 미흡	내부 규정에 연 1회 이상 주요 시스템에 대한 기술적 취약점 점검을 하도록 정하고 있으나, 주요 시스템 중 일부가 취약점 점검 대상에서 누락된 경우
취약점 점검 미흡	취약점 점검에서 발견된 취약점에 대한 보완조치를 이행하지 않았거나, 단기간 내에 조치할 수 없는 취약점에 대한 타당성 검토 및 승인 이력이 없는 경우

◎ F 포털사는 2025년 6월, 검색엔진 광고 시스템에서 비정상적인 트래픽을 감지했지만 즉각적인 대응이 이뤄지지 않았다. 보안 사고 발생 시 대응할 조직 구성과 대응절차가 명확히 문서화되어 있지 않아, 실무자가 상황 판단과 보고 여부를 임의로 결정했다.

초기 경고가 감지된 후 3시간 이상이 지나서야 정보보호팀에 공유되었고, 그 사이 광고 시스템에 악성코드가 삽입되었다. 내부 운영지침에 복구절차는 있었지만, 유출 정보의 범위나 사고 유형에 따라 조치 우선순위가 정해져 있지 않았다. 이로 인해 피해 규모 파악과 백업 복구 작업이 동시에 이루어지지 못하고 순차적으로 대응할 수밖에 없었다.

또한 외부 보안관제 업체와의 협조가 늦어졌는데, 이유는 비상 연락망에 오래전 퇴사자의 정보가 남아 있어 연락이 지연되었기 때문이다. 결국 광고주 계정 정보와 일부 이용자의 클릭 데이터가 유출되었고, 사후 공지에도 시간이 걸리며 고객 신뢰도 하락으로 이어졌다.

03 이상행위 분석 및 모니터링

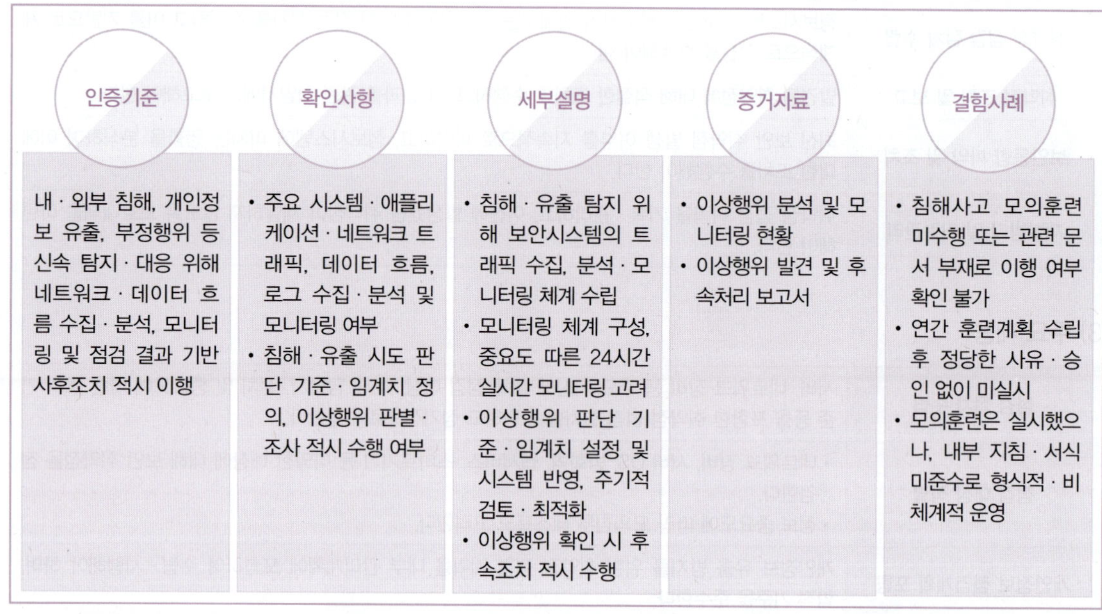

인증기준	확인사항	세부설명	증거자료	결함사례
내·외부 침해, 개인정보 유출, 부정행위 등 신속 탐지·대응 위해 네트워크·데이터 흐름 수집·분석, 모니터링 및 점검 결과 기반 사후조치 적시 이행	• 주요 시스템·애플리케이션·네트워크 트래픽, 데이터 흐름, 로그 수집·분석 및 모니터링 여부 • 침해·유출 시도 판단 기준·임계치 정의, 이상행위 판별·조사 적시 수행 여부	• 침해·유출 탐지 위해 보안시스템의 트래픽 수집, 분석·모니터링 체계 수립 • 모니터링 체계 구성, 중요도 따른 24시간 실시간 모니터링 고려 • 이상행위 판단 기준·임계치 설정 및 시스템 반영, 주기적 검토·최적화 • 이상행위 확인 시 후속조치 적시 수행	• 이상행위 분석 및 모니터링 현황 • 이상행위 발견 및 후속처리 보고서	• 침해사고 모의훈련 미수행 또는 관련 문서 부재로 이행 여부 확인 불가 • 연간 훈련계획 수립 후 정당한 사유·승인 없이 미실시 • 모의훈련은 실시했으나, 내부 지침·서식 미준수로 형식적·비체계적 운영

▲ 이상행위 분석 및 모니터링 핵심정리

1) 인증기준

내·외부에 의한 침해시도, 개인정보유출 시도 등을 신속하게 탐지·대응할 수 있도록 네트워크 및 데이터 흐름 등을 수집하여 분석하며, 모니터링 및 점검 결과에 따른 사후조치는 적시에 이루어져야 한다.

목적	침해 시도, 개인정보 유출, 내부 부정행위 등의 이상행위를 조기에 탐지하고 신속히 대응하여 정보자산 보호
주요 사항	• 네트워크 트래픽, 이벤트 로그, 시스템 로그 등 수집 및 실시간 모니터링 체계 구축 • 판단 기준의 적절성 주기적 점검 및 최적화 • 이상행위 판단을 위한 기준·임계치 정의 및 시스템 반영 • 모니터링 체계 : 분석 방법 정의, 담당자 지정, 결과 보고 절차 마련 • 이상징후 발생 시 긴급 대응, 소명 요청, 원인조사 등 후속조치 수행
주요 결과	• 침해 시도 및 유출 시도 등의 이상행위 탐지 가능 • 이상행위 발생 시 신속한 판단과 조치 이행 체계 구축 • 모니터링 시스템이 실시간 작동하며 분석·보고 체계 정착

	• 후속조치 수행 내역 문서화 및 대응 내역 관리 가능 • 보존 중인 자산의 보안 상태 확인
기대 효과	• 조직의 정보자산에 대한 침해 위험 조기 차단 • 내부 이상행위에 대한 통제력 확보 • 사고 발생 시 피해 최소화 및 대응 역량 강화

2) 확인사항

이상행위 수집 · 분석	• 침해시도, 개인정보 유출 시도 등의 이상행위를 조기에 탐지하기 위해 네트워크 트래픽, 이벤트 로그, 데이터 흐름 등을 수집 · 분석한다. • 수집 · 분석한 데이터를 실시간으로 모니터링할 수 있는 체계를 구축해야 한다.
이상행위 판단 기준	• 침해 시도나 유출 시도 여부를 판단할 수 있도록 기준 및 임계치를 정의해야 한다. • 적절한 후속조치가 이루어지도록 조사 절차를 마련하여 운영함으로써 조직의 정보자산을 안전하게 보호할 수 있다.

3) 주요 내용

이상행위 로그 수집 및 분석	• 유출 시도, 부정행위 등을 탐지하기 위해 정보시스템, 네트워크, 보안시스템 등에서 발생하는 이벤트 로그와 트래픽 데이터를 수집한다. • 수집한 데이터를 분석하고 모니터링 체계를 수립한다.
모니터링 체계 구성	• 수집 및 분석 대상과 방법, 담당자 지정, 결과 보고 체계, 이상행위 대응 절차 등을 포함한 모니터링 체계를 구성한다. • 중요도에 따라 24시간 실시간 모니터링을 고려한다.
판단기준 설정 및 최적화	이상행위 여부를 판단하기 위해 기준과 임계치를 설정하고 시스템에 반영하며, 이를 주기적으로 검토 · 최적화한다.
후속 조치 이행	이상행위가 확인되면 긴급 대응, 소명 요청, 원인 조사 등의 후속 조치를 관련 규정에 따라 적시에 수행한다.

4) 결함사례

훈련 미실시 또는 기록 누락	침해사고 모의훈련을 수행하지 않았거나, 훈련 계획서와 결과보고서 등 관련 문서가 존재하지 않아 이행 여부를 확인할 수 없는 경우
훈련 미이행	연간 훈련계획은 수립했으나, 정당한 사유나 승인 없이 해당 기간 내에 훈련을 실시하지 않은 경우
절차 미준수	모의훈련을 실시했으나 내부 지침에서 정한 절차 또는 공식 서식에 따라 수행하지 않아 형식적 · 비체계적으로 운영된 경우

예 H 대학병원은 연간 침해사고 대응 모의훈련 계획을 수립해 보안관리 계획서에 포함시켰으나, 실제로는 해당 연도 훈련을 실시하지 않았다. 정보보호팀 내부 사정으로 일정이 연기되었지만, 별도 승인이나 대체 훈련 계획 없이 일정이 흐지부지된 것이다. 또한 전년도 훈련 역시 형식적으로 진행되었으며, 수행결과 보고서나 평가기록이 남아 있지 않아 훈련 이행 여부조차 확인이 불가능한 상황이었다.

내부 보안지침에는 훈련 절차와 양식이 명시되어 있었으나, 실제 운영에서는 해당 양식을 사용하지 않고 비공식 문서로만 처리되었다. 결과적으로 병원 측은 보안 사고 대응 체계의 숙련도를 객관적으로 입증할 수 없었고, 사후 대응역량에 대한 외부 평가에서 낮은 점수를 받았다.

04 사고 대응 훈련 및 개선

인증기준	확인사항	세부설명	증거자료	결함사례
침해사고 · 개인정보 유출사고 대응 절차 숙지 목적 시나리오 기반 모의훈련 연 1회 이상 실시 훈련결과 반영하여 대응체계 개선	• 침해사고 · 개인정보 유출사고 대응 목적 모의훈련 계획 수립 및 연 1회 이상 주기적 훈련 실시 여부 • 침해사고 · 개인정보 유출사고 훈련 결과 분석, 대응체계 반영 및 개선조치 여부	• 침해사고 대응 절차 적절성 검토, 신속 대응 역량 확보 위한 현실적 시나리오 기반 모의훈련 연 1회 이상 주기적 실시, 관련 부서 전체 참여 계획 수립 · 이행 • 모의훈련 시행 후 결과보고서 작성 · 보고, 도출된 개선사항 침해사고 대응 절차 반영 지속 보완	침해사고 및 개인정보 유출사고 대응 모의훈련 계획 · 결과서	• 외부 침해 시도 인지 위한 상시 · 정기 모니터링 체계 · 절차 미비, 탐지 · 대응 어려움 • 외부기관 모니터링 위탁, 보고서 검토 이력 부재 또는 위탁 범위 제외 시스템 자체 모니터링 미운영 • 내부 정의 임계치 초과 이상 트래픽 지속 발생, 적절한 대응조치 미이행

▲ 사고 대응 훈련 및 개선 핵심정리

1) 인증기준

침해사고 및 개인정보 유출사고 대응 절차를 임직원과 이해관계자가 숙지하도록 시나리오에 따른 모의훈련을 연 1회 이상 실시하고 훈련결과를 반영하여 대응체계를 개선하여야 한다.

목적	• 침해사고나 개인정보 유출사고 발생 시 신속하고 효과적 대응 실전 대응역량 강화 • 도출된 문제점 개선을 통한 대응체계 지속적 향상
주요 사항	• 연 1회 이상, 현실적 시나리오 기반 사고 대응 모의훈련 계획 수립 • 관련 부서 전원이 참여하는 훈련 실시 및 절차 숙지 • 훈련 결과보고서 작성 및 도출된 개선사항 분석 • 대응체계 반영 여부 점검 및 필요한 보완조치 이행 • 훈련 결과를 대응절차에 주기적으로 반영해 체계 고도화
주요 결과	• 현실 기반의 사고 대응 역량 점검 및 훈련 체계 운영 • 훈련 결과에 따른 대응체계 개선 및 반영 내역 확보 • 사고 대응력 향상을 위한 문제점 및 개선사항 도출
기대 효과	• 실제 사고 발생 시 조직의 즉각적 대응 역량 강화 • 정보보호 체계의 지속적인 품질 향상 • 사고 대응 프로세스의 신뢰성과 완성도 제고

2) 확인사항

사고 대응 훈련 실시계획	침해사고 및 개인정보 유출사고에 대응하기 위한 모의훈련 계획을 수립하고, 이에 따라 연 1회 이상 주기적으로 훈련을 실시하고 있는지 여부를 확인한다.
훈련결과 반영 및 개선	• 훈련 결과는 단순 종료에 그치지 않고, 그 과정에서 도출된 문제점과 개선사항을 분석하여 대응체계에 반영해야 한다. • 필요한 보호조치를 보완함으로써 실질적인 대응능력을 지속적으로 향상시키는 것이 중요하다.

3) 주요 내용

모의훈련 계획 수립 · 실시	• 침해사고 대응 절차의 적절성을 검토하고 신속한 대응 역량을 확보하기 위해 현실적인 시나리오에 기반한 모의훈련을 시행한다. • 연 1회 이상 주기적으로 실시하며, 관련 부서가 모두 참여하도록 계획을 수립 및 이행한다.
훈련결과 반영 및 개선	• 모의훈련 시행 후 결과보고서를 작성 및 보고한다. • 도출된 개선사항을 침해사고 및 개인정보 유출사고 대응 절차에 반영하여 체계를 지속적으로 보완한다.

4) 결함사례

모니터링 체계 미비	외부로부터의 침해 시도를 인지하기 위한 상시 또는 정기적 모니터링 체계와 절차를 마련하지 않아 탐지 · 대응이 어려운 경우
위탁관리 검토 미흡	외부 기관에 침해 시도 모니터링을 위탁했으나, 보고서 검토 이력이 없거나 위탁 범위에서 제외된 시스템에 대해 자체적인 모니터링 체계를 운영하지 않고 있는 경우
임계치 대응 미실행	내부적으로 정의한 임계치를 초과하는 이상 트래픽이 지속적으로 발생했으나, 이에 대한 적절한 대응조치가 이루어지지 않은 경우

예 A 유통회사는 본사 서버의 일부 보안관제 업무를 외부 보안관제 업체에 위탁하고 있으나, 위탁 범위를 벗어난 재고관리 시스템은 자체 모니터링 대상에 포함되어 있지 않았다.

2025년 6월 말, 해당 시스템에서 정해진 임계치를 초과하는 트래픽이 여러 차례 감지되었지만, 이를 탐지하거나 알림을 생성하는 체계가 부재했다. 이상 트래픽이 발생한지 3일 뒤 물류창고 담당자가 POS 연결 장애를 수동으로 발견하면서 처음 문제가 인지되었다.

이후 확인 결과, 외부 위탁업체는 보고서를 병합해 제출하고 있었고, 이상 트래픽에 대한 로그 검토가 누락되어 있었음이 밝혀졌다. 정기적인 점검 체계나 이상 징후에 대한 사전 탐지 기준도 부재하여 유통망 전체에 악성코드 감염이 확산되었고, 일부 배송 시스템이 중단되었다.

05 사고 대응 및 복구

인증기준	확인사항	세부설명	증거자료	결함사례
• 침해사고 · 개인정보 유출 징후 · 발생 인지 시 법적 통지 · 신고 의무 준수 • 절차에 따른 신속 대응 · 복구 및 사고분석 후 재발방지 대책 수립 · 대응체계 반영	• 침해사고 · 개인정보 유출 징후 인지 시 정의된 절차 따른 신속 대응 · 보고 여부 • 침해사고 발생 시 관련 법령 따른 정보주체 통지 · 관계기관 신고 절차 이행 여부 • 침해사고 종결 후 원인 분석, 결과의 관련 조직 · 인력 공유 여부 • 사고 분석 결과 활용, 유사 사고 재발 방지 대책 수립, 필요시 대응절차 개선	• 사고 발생 시 접속 차단 · 보안점검 · 로그 분석 등 초기 대응 · 증거 보존 조치 수행 및 중요정보 유출 여부 확인 • 사고 발생 시 사고 보고서작성 및 내부 보고 절차 준수, 조직에 심각한 영향 예상 시, 사안 중요도에 따라 최고경영진까지 신속 보고 • 개인정보 유출 시, 정보주체 통지 및 관계 기관 신속 신고 절차 이행	• 침해사고 대응 절차 • 침해사고 대응보고서 • 침해사고 관리대장	• 침해사고 발생 시 보고 규정 존재하나 담당 부서 자체 대응 후 미보고 • DDoS 공격 서비스 중단 발생, 원인 분석 및 재발방지 대책 미수립 • 개인정보 유출 건수 적다는 이유로 법정 기한(72시간) 내 통지 · 신고 미이행 • 게시판 오류로 1천 명 이상 개인정보 유출, 정보주체에게 미통지

▲ 사고 대응 및 복구 핵심정리

1) 인증기준

• 침해사고 및 개인정보 유출 징후나 발생을 인지한 때에는 법적 통지 및 신고 의무를 준수하여야 한다.
• 절차에 따라 신속하게 대응 및 복구하고 사고분석 후 재발방지 대책을 수립하여 대응체계에 반영하여야 한다.

목적	• 침해사고나 개인정보 유출 사고 발생 시 신속한 대응 • 관련 법령에 따른 통지 · 신고, 사고 분석 및 재발방지 체계 수립
주요 사항	• 침해사고 인지 시 즉시 대응 절차에 따라 조치 및 내부 보고 수행 • 사고 경과 및 결과를 포함한 사고 보고서 작성 • 개인정보 보호법 기반 정보주체 및 관계기관에 법적 통지 · 신고 이행 • 사고 원인 분석 및 결과 공유를 통한 유사사고 방지 • 도출된 개선사항 기반으로 대응 절차 및 재발방지대책 수립 · 반영
주요 결과	• 침해사고 및 유출 사고에 대한 신속한 대응 수행 • 정형화된 사고 보고 및 법적 통지 체계 이행 • 사고 분석 보고 및 정보공유를 통한 내부 인식 제고 • 개선된 보안 프로세스 적용 및 재발방지 기반 마련
기대 효과	• 보안 사고 발생 시 피해 확산 최소화 • 법적 책임 이행 및 조직 신뢰도 유지 • 유사 사고 재발 방지 및 지속 가능한 보안 수준 확보

2) 확인사항

침해사고 즉시 대응	침해사고 또는 개인정보 유출 징후 발생 시 조직은 정해진 절차에 따라 즉각적으로 대응하고, 필요한 사항을 신속히 보고해야 한다.
법적 통지 · 신고 이행	개인정보 침해사고 발생 시 관련 법령에 따라 정보주체에게 통지하고 관계기관에 신고하는 절차를 이행해야 한다.
사고 원인 분석 및 공유	침해사고 종결 후 사고 원인을 분석하고 그 결과를 관련 조직 및 인력과 공유해야 한다.
재발방지 및 절차 개선	분석 결과를 기반으로 재발방지대책을 수립하고 대응절차를 지속적으로 개선함으로써 보안 사고 대응 능력을 체계화하는 것이 중요하다.

3) 주요 내용

침해사고 초기 대응	• 침해사고 발생 시 정보시스템 접속 차단, 보안점검, 외부접속기록 보존 등을 통해 초기 대응과 증거 보존 조치를 수행해야 한다. • 중요정보 유출 여부를 확인해야 한다.
침해사고 보고 작성	침해사고 발생 시 일시, 보고자, 피해내용, 대응 경과, 소요시간 등을 포함한 사고 보고서를 작성하고 내부 보고 절차를 준수한다.
경영진 보고	침해사고로 조직에 심각한 영향이 예상되는 경우에는 사안의 중요도에 따라 최고경영진까지 신속하게 보고한다.
법적 통지 · 신고 이행	개인정보가 유출된 경우에는 관련 법령에 따라 정보주체에게 통지하고, 관계기관에 신속하게 신고하는 절차를 이행한다.

+ 더 알기 TIP

개인정보의 분실 · 도난 · 유출(이하 유출 등)에 따른 정보주체 통지 요건

1) 통지 사항
   ① 유출 등이 된 개인정보의 항목
   ② 유출 등이 된 시점 및 경위
   ③ 유출 등으로 인해 발생할 수 있는 피해를 최소화하기 위하여 정보주체가 할 수 있는 방법 등에 관한 정보
   ④ 개인정보처리자의 대응조치 및 피해 구제절차
   ⑤ 정보주체에게 피해가 발생한 경우 신고 등을 접수할 수 있는 담당부서 및 연락처
   ※ 통지 사항 중 ①, ②에 관한 구체적인 내용을 확인하지 못한 경우에는 개인정보가 유출된 사실, 그때까지 확인된 내용 및 ③ ~
      ⑤의 사항을 서면 등의 방법으로 우선 통지해야 하며, 추가로 확인되는 내용에 대해서는 확인되는 즉시 통지
2) 통지 방법
   서면 등의 방법(서면, 전자우편, 팩스, 전화, 문자전송 등)
3) 통지 시기
   ① 유출 등을 알게 된 때로부터 72시간 이내
   ② 단, 다음의 어느 하나에 해당하는 경우에는 해당 사유가 해소된 후 지체 없이 정보주체에게 알려야 함
   • 유출 등이 된 개인정보의 확산 및 추가 유출 등을 방지하기 위하여 접속권한 차단, 취약점 점검 · 보완, 유출 등 된 개인정보의 회수 · 삭제 등 긴급한 조치가 필요한 경우
   • 천재지변이나 그 밖에 부득이한 사유로 인하여 72시간 이내에 통지가 곤란한 경우
4) 통지 예외
   ① 정보주체의 연락처를 알 수 없는 등 통지를 정당한 사유가 있는 경우에는 인터넷 홈페이지, 일간신문(전국판 또는 2개 이상의 지방신문)에 7일 이상 공고로 갈음 가능
   ② 다만, 인터넷 홈페이지를 운영하지 않는 개인정보처리자의 경우에는 사업장주소 보기 쉬운 장소에 위의 5가지 통지 사항을 30일 이상 게시

개인정보의 유출 등에 따른 관계기관 신고 요건

1) 신고 사항
   ① 유출 등이 된 개인정보의 항목
   ② 유출 등이 된 시점 및 경위
   ③ 유출 등으로 인해 발생할 수 있는 피해를 최소화하기 위하여 정보주체가 할 수 있는 방법 등에 관한 정보
   ④ 개인정보처리자의 대응조치 및 피해 구제절차
   ⑤ 정보주체에게 피해가 발생한 경우 신고 등을 접수할 수 있는 담당부서 및 연락처
   ※ 신고 사항 중 ①, ②에 관한 구체적인 내용을 확인하지 못한 경우에는 개인정보가 유출된 사실, 그때까지 확인된 내용 및 같은
     항 ③ ~ ⑤의 사항을 서면 등의 방법으로 우선 신고해야 하며, 추가로 확인되는 내용에 대해서는 확인되는 즉시 신고
2) 신고 기관
   개인정보 보호위원회 또는 한국인터넷진흥원
3) 신고 방법
   ① 서면 등의 방법(서면, 전자우편, 팩스, 전화, 문자전송 등)
   ② 개인정보 포털(www.privacy.go.kr)을 통해 신고 가능
4) 신고 시기
   ① 유출 등을 알게 된 때로부터 72시간 이내
   ② 단, 천재지변이나 그 밖에 부득이한 사유로 인해 72시간 이내에 신고하기 곤란한 경우에는 해당 사유가 해소된 후 지체 없이
     신고
5) 신고대상
   ① 1천 명 이상의 정보주체에 관한 개인정보가 유출 등이 된 경우
   ② 민감정보 또는 고유식별정보가 유출 등이 된 경우
   ③ 개인정보처리시스템 또는 개인정보취급자가 개인정보 처리에 이용하는 정보기기에 대한 외부로부터의 불법적인 접근에 의해
     개인정보가 유출 등이 된 경우
   ④ 다만, 개인정보 유출 등의 경로가 확인되어 해당 개인정보를 회수 · 삭제하는 등의 조치를 통해 정보주체의 권익 침해 가능성이
     현저히 낮아진 경우에는 미신고 가능

---

4) 결함사례

보고체계 미준수	침해사고 발생 시 내부 정보보호위원회 및 이해관계 부서에 보고하도록 규정되어 있으나, 담당 부서가 자체적으로 대응 후 보고하지 않은 경우
원인분석 및 대책 미흡	DDoS 공격으로 인한 서비스 중단 사례가 있었음에도 원인 분석 및 재발 방지 대책을 수립하지 않은 경우
법정 신고 지연	개인정보 유출 건수가 적다는 이유로 법정 기한인 72시간 이내에 통지 및 신고를 하지 않은 경우
정보주체 통지 누락	게시판 오류로 1천 명 이상의 개인정보가 유출되었으나, 정보주체에게 유출 사실을 통지하지 않은 경우

예 J 은행은 2025년 초, 자사 고객정보 포털에서 게시판 설정 오류로 인해 약 1,200명의 고객 개인정보가 외부에 노출되는 사고가 발생했다. 담당 부서는 이를 인지한 즉시 해당 게시글을 삭제하고 서버 로그를 정리했지만, 관련 내용을 내부 정보보호위원회나 법무팀에 보고하지 않았다.

내부 지침상 72시간 이내에 유출 사실을 감독기관에 신고해야 했으나, 유출 건수가 적다고 판단해 신고를 보류했다. 또한 정보주체에 대한 통지도 이뤄지지 않아 고객들은 유출 사실을 알지 못한 채 서비스를 계속 이용했다.

이후 민원이 제기되면서 사고가 외부에 알려졌고, 금융당국의 조사를 받게 되며 대응 미흡에 대한 징계 검토가 진행되었다.

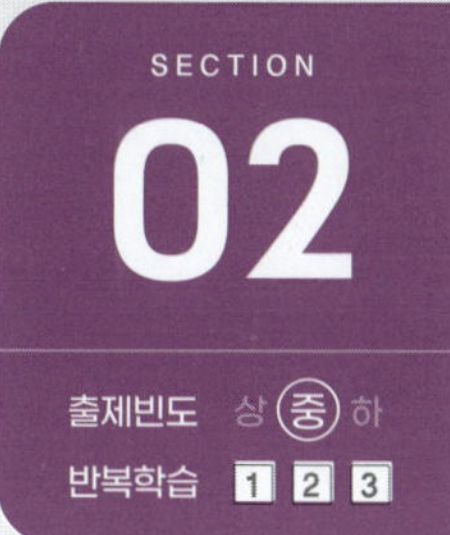

재해복구

빈출 태그 재해식별 · 서비스연속성 · RTO · RPO · 복구 전략 · 재해복구체계 · 비상연락망

01 재해 · 재난 대비 안전조치

인증기준	확인사항	세부설명	증거자료	결함사례
• 자연재해, 통신 · 전력 장애, 해킹 등 핵심 서비스 · 시스템 운영 연속성 위협 재해 유형 식별, 유형별 예상 피해규모 · 영향 분석 • 복구 목표시간, 복구 목표시점 정의 및 복구 전략 · 대책, 비상 복구 조직, 비상연락체계, 복구 절차 등 재해 복구체계 구축	• 업무 연속성 위협 IT 재해 유형 식별, 피해 규모 · 업무 영향도 분석 통한 핵심 IT 서비스 · 시스템 식별 여부 • 핵심 IT 서비스 · 시스템 중요도 · 특성에 따른 복구 목표시간(RTO) · 복구 목표시점(RPO) 정의 여부 • 재해 · 재난 시 핵심 서비스 연속성 보상 위한 재해복구계획 수립 및 실제 이행 여부	• 조직 핵심 서비스 연속성 위협하는 IT 재해 유형 식별, 내 · 외부 요인 · 운영자 이탈 위험 포함. 재해 유형별 피해 규모 · 업무 영향 분석으로 핵심 IT 서비스 · 시스템 선별 • 서비스 · 시스템 중단 후 RTO · RPO 정의, 중요도 따른 복구 전략 수립	• IT 재해 복구 지침 · 절차 • IT 재해 복구 계획(RTO, RPO 정의)	• IT 재해 복구 절차서 내 복구 조직, 역할 정의, 비상연락체계 등 필수 요소 누락 • 백업센터 운영 중 활용 재해복구 절차 정책 미반영으로 실제 복구 어려움 • 중요 시스템 복구 목표시간 미정의 및 관련 복구 대책 미수립 • 재해복구 지침서 내 복구 우선순위, RTO, RPO 미정의

▲ 재해 · 재난 대비 안전조치 핵심정리

1) 인증기준

- 자연재해, 통신 · 전력 장애, 해킹 등 조직의 핵심 서비스 및 시스템의 운영 연속성을 위협할 수 있는 재해 유형을 식별하고, 유형별 예상 피해규모 및 영향을 분석하여야 한다.
- 복구 목표시간(RTO, Recovery Time Objective), 복구 목표시점(RPO, Recovery Point Objective)을 정의하고 복구 전략 및 대책, 비상시 복구 조직, 비상연락체계, 복구 절차 등 재해 복구체계를 구축하여야 한다.

목적	• 재해 발생 시 핵심 서비스 중단을 최소화하여 업무 연속성 확보 • 재해 유형 식별 및 복구 목표 전략 수립 • 신속하고 효과적인 복구 체계 운영
주요 사항	• 자연재해, 해킹, 장애 등 IT 재해 유형 식별 및 업무 영향도 분석 • 핵심 시스템에 대해 복구목표시간(RTO), 복구목표시점(RPO) 정의 • 재해복구 전략 수립 : 복구조직 구성, 절차 정립, 비상연락망 마련 • 개인정보처리시스템 대응 : 위기대응 매뉴얼, 백업 복구 계획 수립 • 수립된 재해복구계획의 실행 가능성 점검 및 개선

주요 결과	• 업무영향도 높은 IT시스템 · 서비스에 대한 재해 유형별 복구계획 수립 • RTO, RPO를 기준으로 한 현실적이고 실행 가능한 전략 수립 • 복구 절차 및 연락체계가 문서화, 조직 전반에 공유 • 개인정보처리시스템도 포함된 통합적인 재해 대응체계 운영
기대 효과	• 실제 재해 발생 시 핵심 시스템의 신속한 복구 및 서비스 지속 가능 • 조직의 업무 연속성 및 법적 · 신뢰 기반 유지 외부 위탁 리스크 최소화

2) 확인사항

재해유형 및 영향분석	• 조직의 핵심 업무 연속성을 위협할 수 있는 IT 재해 유형을 식별해야 한다. • 피해 규모 및 업무 영향도를 분석하여 핵심 IT 서비스 및 시스템을 식별해야 한다.
복구목표 정의	핵심 IT 서비스 및 시스템의 중요도와 특성에 따라 RTO, RPO를 정의해야 한다.
복구계획 수립 및 실행	• 비상 복구 조직 및 연계체계를 포함한 복구 전략과 절차를 수립하여 실제 재해 상황에서도 신속한 복구가 가능하도록 준비되어 있어야 한다. • 이러한 체계는 업무 연속성 보장과 서비스 중단에 따른 손실 최소화를 위한 필수적인 대응 기반이다.

3) 주요 내용

IT 재해 유형 식별	조직의 핵심 서비스 연속성을 위협하는 재해 유형을 나눈다(⑩ 자연재해, 해킹, 통신장애, 시스템 오류, 내부 · 외부 요인과 운영자 이탈 등의 위험도 등).
업무 영향 분석	각 재해 유형별로 매출감소, 계약위약금, 소송, 대외 이미지 손상 등 피해 규모와 업무에 미치는 영향을 분석해 핵심 IT 서비스 및 시스템을 선별한다.
복구 목표 정의	서비스 및 시스템 중단 이후의 RTO와 RPO를 정의하여 중요도에 따라 복구 전략을 수립한다.
재해복구 계획 수립	복구 시간 및 시점을 충족시키기 위한 재해복구 계획을 수립 · 운영한다(⑩ 비용효율적 복구 전략, 관련 부서 담당자의 역할, 비상연락체계, 복구 순서 및 절차 등).
개인정보시스템 대응	개인정보처리자는 화재, 단전 등 재해 발생 시 대응 매뉴얼을 갖추고, 시스템 구성요소 분석, 백업 · 복구 방안, 업무분장 등을 통해 개인정보를 안전하게 보호한다.

4) 결함사례

복구절차 누락	IT 재해 복구 절차서에 복구 조직, 역할 정의, 비상연락체계, 복구 방법 등 필수 요소가 누락되어 있는 경우
절차 미수립	백업센터를 운영 중이나, 이를 활용한 재해복구 절차가 정책에 반영되어 있지 않아 실제 재해복구가 원활히 이루어지기 어려운 경우
목표 미정의	중요 시스템에 대해 복구 목표시간이 정의되지 않았고, 이를 위한 복구 대책도 수립되어 있지 않은 경우
기준 미정의	재해복구 지침서 등에 복구 우선순위, RTO, RPO 등이 정의되어 있지 않은 경우
목표 및 정책불일치	복구 목표시간이 과도하거나 과소하게 설정되었거나, 복구 목표시점이 백업정책과 연계되지 않아 복구의 실효성이 낮은 경우

⑩ K 게임사는 자체 백업센터를 보유하고 있었지만, 정작 이를 활용한 재해복구 절차가 내부 정책에 명시되어 있지 않았다. 2025년 6월, IDC 화재로 인해 주력 MMORPG 서버가 중단되었고, 전체 이용자 접속이 수 시간 동안 차단되는 사고가 발생했다.

게다가 재해복구 지침에 복구 조직이나 역할 분담, 복구 우선순위가 정리되어 있지 않아 누구부터 어떤 시스템을 복구할지 혼란이 발생했다. 또한 RTO와 RPO도 정해지지 않아 백업 데이터를 어느 시점 기준으로 복원할지도 결정하지 못했다.

결국 일부 데이터는 3일 전 상태로 복구되었고, 사용자 데이터 유실과 게임 커뮤니티의 불만이 폭주하며 서비스 평판이 악화되었다.

❷ 재해복구 시험 및 개선

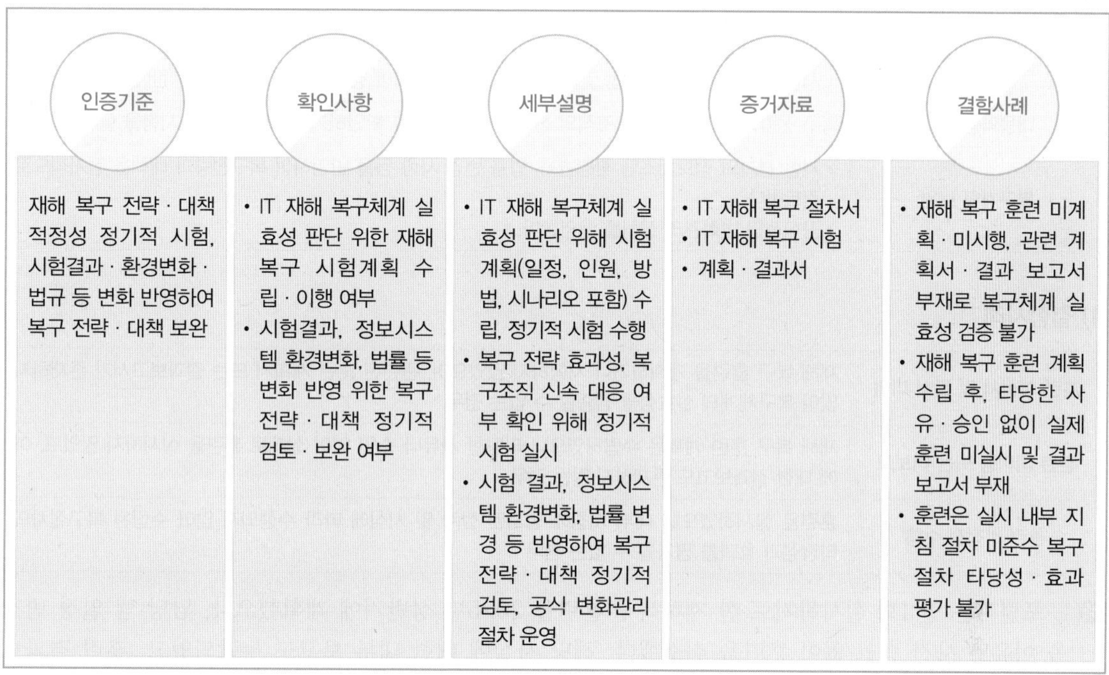

▲ 재해복구 시험 및 개선 핵심정리

1) 인증기준

재해 복구 전략 및 대책의 적정성을 정기적으로 시험하여 시험결과, 정보시스템 환경변화, 법규 등에 따른 변화를 반영하여 복구전략 및 대책을 보완하여야 한다.

목적	• IT 재해 발생 시 핵심 서비스의 연속성과 개인정보의 안전성 확보 • 재해유형 분석, 복구 목표 설정 및 복구계획 수립 • 이를 실질적으로 이행할 수 있는 체계 확립
주요 사항	• IT 재해유형(자연재해, 해킹, 장애 등) 식별 및 업무 영향도 분석 • 복구목표시간(RTO) 및 복구목표시점(RPO) 정의 • 복구전략, 복구조직, 비상연락체계 등 복구계획 수립 및 실행 • 개인정보처리시스템 대상 위기대응 매뉴얼, 백업 · 복구, 업무분장, 정기점검 계획 수립 및 운영
주요 결과	• 재해 발생 시 복구대상 서비스 및 시스템의 명확한 정의 • 시간 · 데이터 기준의 현실적 복구목표 설정 • 부서별 복구 역할과 절차의 체계적 문서화
기대 효과	• IT 재해 시 핵심 시스템의 중단 최소화 및 서비스 조기 정상화 • 개인정보 유출 방지 및 법적 책임 이행 가능 • 업무 연속성 확보 및 고객 · 이해관계자의 신뢰 유지

2) 확인사항

재해 복구 시험계획 수립 · 이행	조직은 수립된 IT 재해 복구체계가 실제 재해 상황에서 효과적으로 작동하는지 검증하기 위해 재해 복구 시험 계획을 수립하고 주기적으로 실행해야 한다.
복구전략 · 대책	• 시험 결과와 환경 변화, 법률 개정 등을 반영하여 복구 전략과 대응 대책을 정기적으로 검토하고 보완해야 한다. • 재해 발생 시 신속하고 안정적인 복구가 가능하도록 체계를 지속적으로 개선하는 것이 중요하다.

3) 주요 내용

복구시험 계획	• IT 재해 복구체계의 실효성을 판단하기 위해 시험계획을 수립한다. • 시험 일정, 참여인원, 방법 및 시나리오 등을 포함하여 정기적으로 시험을 수행한다.
대응역량 점검	복구 전략의 효과성과 복구조직의 신속한 대응 여부를 확인하기 위해 정기적인 시험을 실시한다.
복구계획 보완	• 시험 결과와 정보시스템 환경변화, 법률 변경 사항 등을 반영하여 복구전략과 대책을 정기적으로 검토한다. • 공식적인 변화관리 절차를 운영한다.

4) 결함사례

훈련 미실시 및 문서 미비	재해 복구 훈련을 계획하거나 시행하지 않았으며, 관련된 훈련 계획서 또는 결과보고서가 존재하지 않아 복구체계의 실효성을 검증할 수 없는 경우
훈련 미이행 또는 미보고	재해 복구 훈련 계획은 수립하였으나 타당한 사유나 승인 없이 실제로 훈련을 실시하지 않았고, 이에 대한 결과보고도 존재하지 않는 경우
훈련 비적정 수행	훈련은 실시하였으나 내부 지침에 명시된 절차 및 서식에 따라 수행되지 않아 수립된 복구절차의 타당성과 효과를 평가할 수 없는 경우

⬛ L 포털사는 연 1회 실시하기로 한 재해복구 훈련을 2025년 상반기에 계획했으나, 담당 팀 일정 변경을 이유로 사전 승인 없이 훈련을 취소했다. 해당 사실에 대한 내부 보고도 누락되었고, 훈련 결과보고서나 미실시 사유 기록도 남아 있지 않았다.

이전 해에는 훈련을 실행했지만, 정해진 절차나 공식 서식을 따르지 않고 자유형식의 보고서를 이메일로 제출하는 방식으로 마무리되었다. 문서상으로는 훈련이 진행된 것처럼 보였지만, 실제 복구조직의 역할 수행이나 복구절차 검증은 이루어지지 않았다.

이로 인해 복구 훈련의 실효성을 입증할 수 없었고, 외부 감사를 받은 뒤 '훈련 미흡 및 형식적 운영'이라는 평가를 받게 되었다. 결국 형식적 수행으로 인해 복구체계의 타당성과 대응능력을 평가받지 못하는 결과로 이어졌다.

01 정보시스템을 새로 도입 · 개발 · 변경할 때는 정보보호 및 개인정보보호 측면의 타당성을 검토하고, 이를 인수 절차에 반영해야 한다.　　○ ✕

02 정보시스템 개발 시 법적 요구사항과 최신 보안 취약점을 고려하지 않아도, 운영 단계에서 보완하면 충분하다.　　○ ✕

03 정보시스템 도입 · 개발 · 변경 시 분석 및 설계 단계에서 정의한 보안 요구사항이 시스템에 반영되었는지를 시험을 통해 확인해야 한다.　　○ ✕

04 보안 취약점 점검 결과에서 문제점이 발견되더라도, 개선 계획을 수립하거나 이행할 필요는 없다.　　○ ✕

05 정보시스템의 개발 및 시험환경은 운영환경과 분리해야 하며, 이를 통해 보안사고와 안정성 저해 요인을 예방할 수 있다.　　○ ✕

정답　　**01** ○　　**02** ✕　　**03** ○　　**04** ✕　　**05** ○

해설
01 정보시스템을 새로 도입 · 개발 · 변경할 때는 정보보호 및 개인정보보호 측면의 타당성을 검토하고, 이를 인수 절차에 반영해야 한다.

02 보안 요구사항은 반드시 설계 단계부터 반영해야 하며, 운영 단계에서 뒤늦게 보완하는 것은 적절하지 않다.

03 정보시스템 도입 · 개발 · 변경 시 분석 및 설계 단계에서 정의한 보안 요구사항이 시스템에 반영되었는지를 시험을 통해 확인해야 한다.

04 시험 · 점검에서 발견된 문제점은 반드시 개선 계획을 수립하고 실제 이행 여부까지 확인해야 한다.

05 정보시스템의 개발 및 시험환경은 운영환경과 분리해야 하며, 이를 통해 보안사고와 안정성 저해 요인을 예방할 수 있다.

06 정보시스템의 보안을 확보하기 위해서는 정기적인 취약점 ☐☐ 절차를 수립하고 이를 기반으로 체계적으로 ☐☐을 수행해야 한다.

07 침해사고 및 개인정보 유출사고 대응 절차를 임직원과 이해관계자가 숙지하도록 시나리오에 따른 모의훈련을 ☐ ☐☐ 이상 실시한다.

08 침해사고 및 개인정보 유출 징후나 발생을 인지한 때에는 법적 ☐☐ 및 ☐☐ 의무를 준수하여야 한다.

09 자연재해, 통신·전력 장애, 해킹 등 조직의 핵심 서비스 및 시스템의 운영 ☐☐☐을 위협할 수 있는 재해 유형을 식별하고, 유형별 예상 피해규모 및 영향을 분석하여야 한다.

10 재해 ☐☐☐☐ 및 대책의 적정성을 정기적으로 시험하여 시험결과, 정보시스템 환경변화, 법규 등에 따른 변화를 반영하여 ☐☐☐☐ 및 대책을 보완하여야 한다.

정답　**06** 점검　　　**07** 연 1회　　　**08** 통지, 신고　　　**09** 연속성　　　**10** 복구계획

해설　**06** 정보시스템의 보안 취약점을 식별하고 조치하기 위해 주기적으로 수행하는 활동을 '취약점 점검'이라고 한다. 정기적인 점검 절차 수립과 이행은 정보보호 관리의 기본이다.

07 침해사고 및 개인정보 유출사고 대응 절차를 임직원 과 이해관계자가 숙지하도록 최신 위협 시나리오에 따른 모의훈련을 연 1회 이상 실시한다.

08 개인정보 보호법 등 관련 법령에 따라, 개인정보 유출 사고 발생 시 정보주체에게 해당 사실을 알려야 할 '통지' 의무와, 개인정보보호위원회 등 관계 기관에 알려야 할 '신고' 의무가 있다.

09 재해복구 및 업무연속성계획(BCP)의 핵심 목표는 각종 재해·재난 발생 시에도 조직의 핵심 서비스와 시스템이 중단 없이 운영될 수 있도록 운영 연속성을 확보하는 것이다.

10 재해 복구계획은 한번 수립하고 끝나는 것이 아니라, 정기적인 시험(모의훈련)과 환경 변화를 반영하여 지속적으로 현실에 맞게 검토하고 보완해야 하는 살아있는 문서이다.

01 다음 중 정보시스템을 신규 도입 · 개발 또는 변경하는 경우 정보보호 및 개인정보보호 측면의 타당성을 검토하는 절차와 관련하여 적절하지 <u>않은</u> 것은?

① 정보시스템 도입 시 현재 시스템 자원의 이용률, 사용량, 능력한계 등에 대한 분석을 수행해야 한다.
② 새로운 정보시스템(서버, 네트워크 장비, 상용 소프트웨어 패키지) 및 보안 시스템 도입 시 도입 타당성 분석 내용을 포함한 도입계획을 수립해야 한다.
③ 정보시스템 도입 시 보안성과 법적 요구사항 검토는 필요하지 않으며, 성능과 호환성만 고려하면 된다.
④ 개인정보처리시스템을 도입하는 경우 개인정보 보호법 및 개인정보의 안전성 확보조치 기준 등 법적 요구사항을 준수해야 한다.

02 다음 중 정보시스템을 신규 도입 · 개발 또는 변경하는 경우 보안 요구사항 반영 절차와 관련하여 적절하지 <u>않은</u> 것은?

① 정보시스템을 신규로 도입 · 개발 또는 변경하는 경우 법적 요구사항 및 최신 취약점을 포함한 보안 요구사항을 명확히 정의해야 한다.
② 정보시스템의 보안 요구사항에는 접근 권한, 접근통제, 암호화, 접속기록 등이 포함되어야 한다.
③ 정보보호 및 개인정보보호 요구사항을 설계 단계에서부터 반영할 필요는 없으며, 운영 단계에서 점진적으로 반영하면 된다.
④ 최신 보안 취약점을 고려하여 정보보호 관련 기술적 요구사항(예: 인증, 개발 보안 등)을 명확하게 정의해야 한다.

03 다음 중 정보시스템의 보안 요구사항 검토 및 인수 절차와 관련하여 적절하지 <u>않은</u> 것은?

① 정보시스템 도입, 개발, 변경 시 보안 요구사항이 효과적으로 적용되었는지 확인하기 위한 검토 기준과 절차를 수립하고, 이에 따른 시험을 수행해야 한다.
② 정보시스템 인수 전 사전 정의한 인수 기준과의 적합성 여부를 테스트하여 보안 요구사항이 충족되었는지 확인해야 한다.
③ 정보시스템 보안 설정, 불필요한 디폴트 계정 제거 여부, 최신 보안 취약점 패치 여부 등을 시스템 인수 후 운영 중에 확인하면 충분하다.
④ 시험 및 취약점 점검 과정에서 발견된 문제점은 시스템 오픈 전에 개선될 수 있도록 개선계획을 수립하고 내부 보고, 이행점검 절차를 수행해야 한다.

04 다음 중 정보시스템의 안전한 코딩 및 취약점 점검 절차와 관련하여 적절하지 <u>않은</u> 것은?

① 정보시스템 개발 및 변경 시 안전한 코딩 기준을 준수하고, 기술적 보안 취약점이 존재하는지 점검해야 한다.
② 소스 코드 검증 도구를 활용하여 안전한 코딩 표준 및 규약 준수 여부를 점검하고, 취약점 여부를 분석해야 한다.
③ 코딩이 완료된 프로그램은 운영환경과 동일한 환경에서 취약점 점검 도구 또는 모의진단을 통해 취약점 노출 여부를 점검해야 한다.
④ 취약점 점검에서 발견된 문제는 개선 계획을 수립할 필요 없이 운영자가 개별적으로 조치하면 된다.

05 다음 중 공공기관의 개인정보 영향평가 수행 절차와 관련하여 적절하지 <u>않은</u> 것은?

① 공공기관은 개인정보처리시스템 신규 개발 또는 변경을 계획할 때 개인정보 영향평가 의무 대상 여부를 검토하고, 의무 대상인 경우 영향평가 계획을 수립해야 한다.

② 공공기관은 개인정보처리시스템 신규 개발 및 변경 시 개인정보 보호위원회가 지정한 영향평가기관을 통해 개인정보 영향평가를 수행하고, 그 결과를 개발 및 변경 시 반영해야 한다.

③ 개인정보 영향평가서는 사업 완료 전(또는 가동 전) 개인정보 보호위원회에 제출해야 한다.

④ 개인정보 영향평가 수행 결과는 반드시 모든 개선 요구사항을 즉시 적용해야 하며, 예외적인 상황은 고려할 필요가 없다.

06 다음 중 정보시스템의 개발 및 시험 시스템과 운영 시스템 분리와 관련하여 적절하지 <u>않은</u> 것은?

① 개발 및 시험 시스템과 운영 시스템은 원칙적으로 분리하여 구성해야 하며, 개발자가 불필요하게 운영 시스템에 접근하지 못하도록 접근통제 방안을 수립·이행해야 한다.

② 개발과 운영 환경의 분리가 어려운 경우 상호검토, 변경 승인, 상급자 모니터링, 책임추적성 확보 등의 보안 대책을 마련하여야 한다.

③ 개발 및 운영 시스템이 분리되지 않은 경우 개발자가 운영 데이터를 자유롭게 활용할 수 있도록 하는 것이 업무 효율성을 높이는 가장 좋은 방법이다.

④ 개발 및 시험 과정에서는 운영 데이터를 직접 사용하지 않고, 임의 데이터를 생성하거나 운영 데이터를 가공·변환하여 시험 데이터로 사용해야 한다.

07 다음 중 소스 프로그램의 접근 통제 및 안전한 보관과 관련하여 적절하지 <u>않은</u> 것은?

① 소스 프로그램의 접근 및 사용에 대한 절차를 수립하고, 인가된 개발자 및 담당자만이 접근할 수 있도록 권한을 부여해야 한다.

② 소스 프로그램이 보관된 형상관리서버 등에는 비인가자의 접근을 차단하고, 접근 통제 조치를 시행해야 한다.

③ 소스 프로그램을 안전하게 보관하기 위해 운영환경에서 직접 백업하여 보관하는 것이 가장 좋은 방법이다.

④ 장애 등 비상시를 대비하여 최신 소스 프로그램뿐만 아니라 이전 소스 프로그램도 백업하여 별도의 환경에 저장·관리해야 한다.

08 다음 중 정보시스템 관련 자산(하드웨어, 운영체제, 소프트웨어 등) 변경 절차와 관련하여 적절하지 <u>않은</u> 것은?

① 정보시스템 자산 변경이 필요한 경우 공식적인 절차를 수립하고, 변경 요청, 책임자 검토 및 승인, 변경 확인 및 검증 등의 단계를 포함하여야 한다.

② 운영체제 업그레이드, 네트워크 구성 변경, 저장장치 증설 등 정보시스템 변경이 필요한 경우 성능 및 보안에 미치는 영향을 사전에 분석해야 한다.

③ 정보시스템 변경 절차에서는 방화벽 및 보안 정책 변경 필요성, 변경 시 발생할 수 있는 문제점 및 영향도를 검토해야 한다.

④ 정보시스템 변경은 운영자가 필요하다고 판단한 경우 별도의 승인 절차 없이 즉시 적용하는 것이 가장 효율적이다.

09 다음 중 정보시스템 변경 시 보안 및 성능 영향 분석과 대응 절차와 관련하여 적절하지 <u>않은</u> 것은?

① 정보시스템 변경이 필요한 경우 보안, 성능, 업무 등에 미치는 영향을 분석하고, 변경 후 문제가 발생하지 않도록 사전에 조치해야 한다.

② 변경이 필요한 경우 정확한 영향을 분석하기 위해 방화벽 및 보안 정책 변경 필요성을 검토하고, 문제점 및 영향도를 분석해야 한다.

③ 정보시스템 변경에 따른 위험 요소를 분석하고, 변경 사항이 운영환경에 미칠 영향을 최소화할 수 있도록 해야 한다.

④ 보안 및 성능 영향 분석은 변경이 완료된 후 수행하면 충분하며, 변경 전에 사전 분석할 필요는 없다.

10 다음 중 정보시스템의 가용성 보장을 위한 성능 및 용량 관리 절차와 관련하여 적절하지 <u>않은</u> 것은?

① 정보시스템의 가용성을 보장하기 위해 성능 및 용량을 지속적으로 모니터링할 수 있는 절차를 수립·이행해야 한다.

② 성능 및 용량 관리 대상은 서비스 및 업무 수행에 영향을 줄 수 있는 주요 정보시스템 및 보안시스템을 식별하여 포함해야 한다.

③ 정보시스템별로 CPU, 메모리, 저장장치 등의 임계치를 정의하고, 가용성에 영향을 주지 않도록 지속적으로 모니터링해야 한다.

④ 성능 및 용량 모니터링은 이상징후가 감지될 때만 수행하면 되며, 지속적인 모니터링은 불필요하다.

11 다음 중 정보시스템 장애, 침해사고, 재해·재난으로 인한 정보 손실에 대비한 백업 및 복구 절차와 관련하여 적절하지 <u>않은</u> 것은?

① 정보시스템의 백업 및 복구 절차에는 백업 대상 선정기준, 백업 주기, 백업 방법, 복구 절차 등이 포함되어야 한다.

② 백업 담당자 및 책임자를 지정하여 백업 수행 및 관리가 체계적으로 이루어지도록 해야 한다.

③ 주요 정보시스템의 경우 백업된 정보의 완전성과 정확성을 검증하기 위해 정기적인 복구 테스트를 수행해야 한다.

④ 백업된 정보는 장애 발생 시에만 복구 여부를 확인하면 되며, 정기적인 복구 테스트는 불필요하다.

12 다음 중 정보시스템 로그 관리 절차 및 보관과 관련하여 적절하지 <u>않은</u> 것은?

① 서버, 응용 프로그램, 보안시스템, 네트워크 시스템 등 정보시스템의 로그 관리 절차를 수립하고, 이에 따라 필요한 로그를 생성하여 보관해야 한다.

② 보존이 필요한 로그 유형 및 대상 시스템을 식별하고, 각 시스템 및 장비별 로그 형태, 보존기간, 보존 방법 등을 정의해야 한다.

③ 로그를 관리할 때에는 정해진 절차 없이 운영자가 필요할 때만 생성 및 보관하면 된다.

④ 로그 관리를 위해 스토리지 등 별도의 저장장치를 사용하여 백업하고, 비인가자의 로그 접근 및 변경을 방지해야 한다.

13 다음 중 개인정보처리시스템의 접속기록 보관 및 관리 기준과 관련하여 적절하지 <u>않은</u> 것은?

① 개인정보처리시스템의 접속기록에는 식별자, 접속일시, 접속지 정보, 처리한 정보주체 정보, 수행 업무 등의 항목이 반드시 포함되어야 한다.

② 개인정보처리시스템의 접속기록은 법적 요구사항을 준수하여 일정 기간 전자적으로 기록하고 안전하게 보관해야 한다.

③ 개인정보처리시스템의 접속기록 보존 기간은 고유식별정보 또는 민감정보를 처리하는 경우 최소 6개월 이상 보관하면 된다.

④ 개인정보처리시스템의 접속기록 보존 기간은 5만 명 이상의 정보주체 정보를 처리하거나 고유식별정보 및 민감정보를 처리하는 경우 최소 2년 이상 보관해야 한다.

14 다음 중 개인정보처리시스템의 로그 및 접속기록 보호조치와 관련하여 적절하지 <u>않은</u> 것은?

① 개인정보처리시스템의 로그 및 접속기록은 위·변조, 도난, 분실되지 않도록 보호해야 하며, 필요시 스토리지 등 별도의 저장 장치를 활용하여 백업할 수 있다.

② 개인정보 접속기록의 보존 기간은 관련 법령에 따라 정해지며, 해당 기간 동안 안전하게 보관해야 한다.

③ 개인정보 접속기록의 보안을 강화하기 위해 로그 기록을 수집하지 않도록 설정하는 것이 보안성을 높이는 효과적인 방법이다.

④ 개인정보처리시스템의 접속기록 접근 권한은 최소한의 인원에게만 부여하여 비인가자의 접근을 차단해야 한다.

15 다음 중 정보시스템 로그 검토 및 모니터링 절차와 관련하여 적절하지 <u>않은</u> 것은?

① 로그 검토 및 모니터링 절차에는 검토 주기, 검토 대상, 검토 기준 및 방법, 검토 담당자 및 책임자, 이상징후 대응절차 등이 포함되어야 한다.

② 로그 검토 및 모니터링 결과는 책임자에게 보고하고, 이상징후 발견 시 정해진 절차에 따라 대응해야 한다.

③ 로그 검토 및 모니터링은 이상징후가 발견되었을 때만 수행하면 되며, 주기적인 검토는 불필요하다.

④ 개인정보를 다운로드한 것이 확인된 경우 오남용이나 유출 목적으로 사용되었는지 확인하고, 필요시 다운로드한 개인정보를 회수하여 파기해야 한다.

16 다음 중 외부에서 개인정보처리시스템에 접속하는 경우 적용해야 하는 보안 조치로 적절하지 <u>않은</u> 것은?

① 개인정보취급자가 인터넷을 통해 개인정보처리시스템에 접속할 경우, 안전한 인증수단을 적용해야 한다.

② 개인정보취급자가 원격으로 개인정보처리시스템에 접속할 경우, 가상사설망(VPN) 또는 보안토큰 등의 안전한 접속수단을 사용해야 한다.

③ 원격 접속 시 사용자 인증 절차를 간소화하여 빠른 접속을 보장하는 것이 효율적이다.

④ 외부에서 개인정보처리시스템에 접근할 경우, 사용자 계정과 비밀번호 입력 이외에 추가적인 인증 절차를 적용해야 한다.

17 다음 중 비밀번호 관리 및 보안 정책과 관련하여 적절하지 <u>않은</u> 것은?

① 사용자 및 관리자가 안전한 비밀번호를 설정하여 사용할 수 있도록 비밀번호 관리 절차 및 작성 규칙을 수립 및 이행해야 한다.
② 비밀번호 작성 규칙에는 비밀번호 조합 규칙, 변경 주기 설정, 추측하기 쉬운 비밀번호 제한, 동일한 비밀번호 재사용 제한 등의 요소가 포함되어야 한다.
③ 비밀번호는 이용자가 기억하기 쉽게 단순한 숫자나 사전 단어 조합으로 설정하는 것이 바람직하다.
④ 비밀번호를 관리할 때는 비밀번호 처리 시 마스킹(masking) 기능을 적용해야 한다.

18 다음 중 특수권한 계정 및 관리자 권한 관리와 관련하여 적절하지 <u>않은</u> 것은?

① 관리자 등 특수권한 계정은 최소한의 인원에게만 부여될 수 있도록 공식적인 권한 신청 및 승인 절차를 수립·이행해야 한다.
② 특수 계정 및 권한 발급·변경·해지 절차를 수립하고 엄격한 승인 절차를 적용해야 한다.
③ 특수권한 계정은 사용자의 편의성을 위해 일반 사용자 계정과 동일한 기준으로 관리하는 것이 가장 효율적이다.
④ 특수권한 계정 목록을 작성하여 정기적으로 검토하고 현행화해야 한다.

19 다음 중 사용자 계정 및 접근권한 관리 정책과 관련하여 적절하지 <u>않은</u> 것은?

① 사용자 계정 및 접근권한 생성·등록·부여·이용·변경·말소 등의 이력을 책임추적성을 확보할 수 있도록 기록해야 한다.
② 계정 및 접근권한 신청·승인 내역에는 신청자 또는 대리신청자, 신청일시, 신청목적, 사용기간 등의 정보가 포함되어야 한다.
③ 개인정보 보호법에 따라 개인정보처리자의 접근권한 기록은 최소 3년간 보관해야 한다.
④ 계정 및 접근권한의 변동사항은 필요시 즉시 반영하지 않고, 일정 주기로 일괄적으로 처리하는 것이 보안상 더 안전하다.

20 다음 중 네트워크 접근통제 및 보안 조치와 관련하여 적절하지 <u>않은</u> 것은?

① 조직의 네트워크에 접근할 수 있는 모든 경로를 식별하고, 네트워크 접근통제 관리절차를 수립·이행해야 한다.
② 정보시스템, 개인정보처리시스템, PC 등에 IP 주소를 부여할 때 승인 절차를 거쳐야 하며, 허가되지 않은 IP 사용을 통제해야 한다.
③ 네트워크 장비에서 불필요한 서비스 및 포트를 차단하여 보안성을 높여야 한다.
④ 네트워크 접근통제는 한번 설정하면 지속적으로 유지해야 하며, 주기적인 검토 및 변경은 필요하지 않다.

21 다음 중 사고 대응 모의훈련 시나리오를 구성할 때 가장 적절하지 <u>않은</u> 것은?

① 랜섬웨어 감염, 관리자 계정 탈취 등 최신 보안 위협 트렌드를 반영한다.
② 개인정보 유출 시 정보주체 통지 및 관계기관 신고 절차를 포함한다.
③ 조직의 비즈니스 특성을 반영하여 발생 가능성이 높은 시나리오를 선정한다.
④ 참여자의 혼란을 방지하기 위해 매년 동일한 시나리오를 반복하여 시행한다.

22 다음 중 주요 시스템 및 개인정보처리시스템에 대한 '이상행위 모니터링' 범위와 대상으로 가장 적절하지 <u>않은</u> 것은?

① 개인정보 취급자의 업무 시간 외 비정상적인 대량의 개인정보 다운로드 행위
② 인가된 관리자가 사전에 승인된 정기 점검 절차에 따라 시스템 설정을 변경하는 행위
③ 단시간 내에 발생하는 반복적인 로그인 실패(Brute Force 공격 의심) 행위
④ 권한이 없는 사용자가 중요 데이터베이스(DB) 파일에 접근을 시도하는 행위

23 다음 중 정보보호 관리체계(ISMS-P) 인증기준에 따른 '취약점 점검' 수행에 대한 설명으로 가장 적절하지 <u>않은</u> 것은?

① 정보시스템(OS, DB, 네트워크, WEB/WAS 등) 및 웹 애플리케이션에 대하여 정기적인 취약점 점검을 실시해야 한다.
② 취약점 점검 범위는 조직의 핵심 서비스와 관련된 자산뿐만 아니라, 외부망에 노출된 모든 공인 IP 자산을 포함하는 것이 바람직하다.
③ 신규 시스템을 도입하거나 운영 중인 시스템에 중대한 변경사항이 발생한 경우에는 정기 점검 주기와 관계없이 수시 점검을 수행해야 한다.
④ 보안 사고 예방을 위해 취약점 점검 도중 발견된 모든 취약점은 위험도와 관계없이 발견 즉시 실시간으로 즉시 조치(Patch)해야 한다.

01 ③	02 ③	03 ③	04 ④	05 ④
06 ③	07 ③	08 ④	09 ④	10 ④
11 ④	12 ③	13 ③	14 ③	15 ③
16 ③	17 ③	18 ③	19 ④	20 ④
21 ④	22 ②	23 ④		

01 ③

정보시스템 도입 시 성능과 호환성뿐만 아니라 보안성 및 법적 요구사항도 반드시 검토해야 한다.

02 ③

보안 요구사항은 운영 단계가 아니라, 설계 단계에서부터 반영하여 보안 위협을 사전에 차단해야 한다.

03 ③

정보시스템 보안 설정 및 취약점 점검은 운영 중이 아니라 인수 전 단계에서 확인해야 한다.

04 ④

취약점 점검에서 발견된 문제는 운영자가 개별적으로 조치하는 것이 아니라, 개선 계획을 수립하고 내부 보고 및 이행점검 절차를 통해 수정해야 한다.

05 ④

개인정보 영향평가 수행 결과는 즉시 적용하는 것이 원칙이지만, 불가피한 경우 영향도 평가 및 보완 대책을 마련하여 조치할 수도 있다.

06 ③

개발자가 운영 데이터를 자유롭게 활용하면 정보 유출 위험이 증가할 수 있으므로, 운영 데이터를 시험 환경에서 직접 사용하는 것은 제한해야 한다.

07 ③

소스 프로그램 백업을 운영환경에서 직접 보관하는 것은 보안 사고 발생 시 백업 데이터까지 손실될 위험이 있으므로, 별도의 환경에서 안전하게 관리해야 한다.

08 ④

소스 프로그램 변경 이력은 필수적으로 관리해야 하며, 변경 내역을 기록하지 않으면 변경 사항을 추적할 수 없어 보안 및 운영 안정성에 문제가 발생할 수 있다.

09 ④

보안 및 성능 영향 분석은 변경이 완료된 후 수행하는 것이 아니라, 변경 전에 반드시 수행하여 사전 위험을 평가해야 한다.

10 ④

성능 및 용량 모니터링은 이상징후가 감지되기 전부터 지속적으로 수행하여 장애를 사전에 예방하고, 시스템 가용성을 보장해야 한다.

11 ④

백업된 정보의 완전성과 정확성을 확인하기 위해 장애 발생 여부와 관계없이 정기적으로 복구 테스트를 수행해야 한다.

12 ③

로그 관리 절차는 정해진 정책과 절차에 따라 체계적으로 운영해야 하며, 운영자가 임의로 관리해서는 안 된다.

13 ③

개인정보처리시스템의 접속기록은 고유식별정보 또는 민감정보를 처리하는 경우 최소 2년 이상 보관해야 한다.

14 ③

개인정보 접속기록을 수집하지 않도록 설정하면 보안성이 높아지는 것이 아니라, 오히려 추적 및 감시 기능이 약화되어 보안 위험이 증가할 수 있다.

15 ③

로그 검토 및 모니터링은 이상징후 발생 여부와 관계없이 정기적으로 수행해야 하며, 주기적인 검토를 통해 사전 예방 조치를 할 수 있어야 한다.

16 ③

원격 접속 시 보안 강화를 위해 인증 절차를 강화해야 하며, 인증 절차를 간소화하는 것은 보안에 취약한 접근 방식이다.

17 ③

비밀번호는 추측하기 어렵도록 복잡한 조합(대·소문자, 숫자, 특수문자 포함)을 사용해야 하며, 단순한 숫자나 사전 단어 조합은 보안상 취약하다.

18 ③

특수권한 계정은 일반 사용자 계정과 동일한 기준으로 관리하면 안 되며, 더 엄격한 관리 및 승인 절차를 적용해야 한다.

19 ④

계정 및 접근권한의 변동사항은 즉시 반영하여 최신 상태를 유지해야 하며, 일정 주기로 일괄 처리하는 것은 보안 위험을 초래할 수 있다.

20 ④

네트워크 접근통제는 변경될 보안 위협과 조직의 네트워크 환경 변화에 맞춰 주기적으로 검토 및 수정해야 한다.

21 ④

사고 대응 모의훈련 시나리오를 구성하는 경우 매년 동일한 시나리오의 반복은 형식적인 훈련에 그칠 수 있으므로 다양한 상황을 가정하여 보완하여야 한다.

22 ②

사전에 승인된 절차에 따라 인가된 관리자가 수행하는 정기 점검은 정상적인 업무 범위에 해당하므로 이상행위 탐지의 우선순위가 낮다. 반면 비업무 시간의 대량 조회, 반복적 로그인 실패, 무권한 접근 시도 등은 침해사고의 징후이므로 집중 모니터링 대상이다.

23 ④

발견된 모든 취약점을 실시간으로 즉시 조치하는 것은 운영 환경의 가용성에 영향을 줄 수 있다. 따라서 취약점별 위험도를 상, 중, 하로 평가하여 조치 우선순위를 정하고, 테스트 환경에서 검증을 거친 후 계획된 일정에 따라 조치하는 것이 올바른 절차이다.

04

개인정보보호 위험대책 관리

파트 소개

개인정보의 수집부터 파기까지 전 생애주기에 걸친 법적 준수사항과 안전성 확보 조치를 체계적으로 다루는 파트입니다. 생명주기 각 단계별 핵심 통제 항목, 보안 취약점을 식별하고, 개인정보 보호법 등 최신 법령에 따른 실무적 대응 체계를 학습할 수 있다.

개인정보 수집 · 보유 · 이용 시 보호조치

학습 방향

개인정보는 적법하고 정당하게 처리 목적에 필요한 최소한의 개인정보만을 수집 · 이용하여야 한다. 본 챕터에서는 민감정보와 고유식별정보의 처리방법, 수집 · 제한 및 보유하는 개인정보의 항목, 보유량, 처리 목적 및 방법, 보유기간 등 현황을 정기적으로 관리하고, 보호조치를 이해하는 방안에 대해 학습할 수 있다.

출제 빈도

SECTION 01	상	30%
SECTION 02	상	30%

개인정보 수집 시 보호조치

출제빈도 (상) 중 하
반복학습 1 2 3

빈출 태그 개인정보 수집 목적 • 동의 • 범위 • 기간 • 만14세 미만 아동 • 법정대리인

01 개인정보 수집 · 이용

인증기준	확인사항	세부설명	증거자료	결함사례
• 개인정보는 적법하고 정당하게 수집 · 이용 • 정보주체의 동의 근거 수집 시 적법 방법 정보주체의 동의 • 만 14세 미만 아동 대상 법정대리인 동의 및 동의여부 확인	• 정보주체 동의, 법령상 의무준수, 계약 체결 · 이행 등 적법 요건에 따라 수집 • 수집 동의를 받는 경우 동의방법 · 시점 적절성 • 관련 내용 명확 고지 법령에서 정한 중요한 내용 알아보기 쉽게 표시	• 정보주체 동의, 법령상 의무, 계약 이행 등 법적 근거 명확히 식별하여 적법 수집, 근거 문서화 • 동의, 법령, 공익, 계약 이행, 생명 보호, 정당 이익, 공공안전 • 서면, 전화, 인터넷, 이메일 등으로 동의	• 개인정보 처리방침 • 홈페이지 · 모바일 앱 회원가입 화면 • 회원가입신청서 • 개인정보 수집 동의 내역 • 법정대리인 동의 기록	• 개인정보 수집 동의 시 고지 사항에 '동의 거부 권리 및 동의 거부에 따른 불이익 내용' 누락 • 수집하는 개인정보 항목 구체적으로 명시하지 않고 '～ 등'과 같이 포괄적으로 안내

▲ 개인정보 수집 · 이용 핵심정리

1) 인증기준

- 개인정보는 적법하고 정당하게 수집하고 이용하여야 하며, 정보주체의 동의를 근거로 수집할 때는 적법한 방법으로 정보주체의 동의를 받아야 한다.
- 만 14세 미만 아동의 개인정보를 수집할 때는 그 법정대리인의 동의를 받아야 하며 법정대리인이 동의하였는지를 확인하여야 한다.

목적	개인정보 수집의 적법성과 정당성을 확보하고 정보주체의 권리를 보호
주요 사항	• 정보주체의 동의 및 법적 근거 확인 • 수집 시점과 방식의 명확화 및 적절성 확보 • 수집 항목, 보유 기간 등 고지사항을 이해하기 쉽게 제공 • 만 14세 미만 아동의 경우 법정대리인 동의 및 자격 확인 절차 이행 • 아동 대상 고지 시 쉬운 표현 사용 • 수집 및 동의 내용 기록 및 보관 • 비동의 처리 정보와 법적 근거의 명확한 고지
주요 결과	• 법적으로 정당하게 수집하고 동의 확보 • 아동 및 보호 대상자의 동의 적정성 보장 • 수집 정보의 투명한 관리 및 활용 기준 마련
기대 효과	• 개인정보 수집 및 이용 단계의 법적 위험 감소 • 정보주체 신뢰 확보 및 민원 · 분쟁 발생 가능성 최소화 • 개인정보 보호 관리체계의 신뢰도 향상

2) 확인 사항

개인정보 수집의 적법성 준수	개인정보를 수집할 때는 정보주체의 동의, 법령상 의무, 계약 체결 · 이행 등 적법한 근거에 따라 수집해야 하며, 목적 외 수집은 제한된다.
동의 시점 및 방법의 적정성	개인정보 수집 전 개인정보 동의 시점을 명확히 해야 한다. 동의 방식은 서면, 전자 등 적절한 방법을 사용해야 한다.
동의 고지의 명확성 및 이해 가능성	• 동의를 받는 과정에서 수집 항목, 목적, 보유 기간 등 중요한 내용을 명확히 고지해야 한다. • 관련 법령에서 정한 중요한 내용을 알아보기 쉽게 표시해야 한다.
아동 개인정보 수집 시 법정대리인 동의	• 만 14세 미만 아동의 개인정보를 처리할 경우 법정대리인에게 필요한 사항을 고지하고 동의를 받아야 한다. • 고지는 쉬운 표현으로 구성되어야 한다.
최소정보 수집 및 자격 검증 절차	• 법정대리인의 동의를 위해 필요한 최소한의 정보만을 수집해야 한다. • 법정대리인의 자격 요건 확인을 위한 절차를 갖추고 있어야 한다.
아동 대상 고지의 언어 및 형식 적정성	만 14세 미만 아동에게 개인정보 처리 관련 내용을 고지할 때는 이해하기 쉬운 언어와 양식으로 명확하게 전달해야 한다.
동의 기록 보관	정보주체와 법정대리인의 동의 기록은 향후 증빙을 위해 적절한 기간 동안 안전하게 보관되어야 한다.
비동의 처리 정보의 공개	정보주체의 동의 없이 처리하는 개인정보는 해당 항목 및 법적 근거를 명확히 하여 처리 방침에 공개하거나 정보주체에게 알려야 한다.
추가 이용 시 판단기준 수립 및 공개	• 수집 목적 외의 추가 이용이 필요한 경우 관련성, 예측 가능성, 이익 침해 여부 등을 고려한 판단기준을 수립 및 이행해야 한다. • 판단기준을 개인정보 처리 방침에 공개하고, 정기적으로 점검해야 한다.

3) 주요 내용

수집의 적법성 기준	• 개인정보 수집은 정보주체 동의, 법령상 의무 등의 법적 근거를 명확히 식별하여 적법하게 수집해야 한다. • 개인정보 관련 근거는 문서화해야 한다.
수집 가능한 법적 요건	개인정보 보호법 제15조 제1항에 따른 7가지 사유(동의, 법령, 공익, 계약 이행, 생명 보호, 정당 이익, 공공안전 등)에 해당하면 개인정보의 수집 및 이용이 가능하다.
동의 방법의 적절성	• 필요한 시점에만 개인정보를 수집해야 한다. • 수집 매체 특성에 따라 서면, 전화, 인터넷, 이메일 등 다양한 방식으로 적절한 동의를 받아야 한다.
수집 시점 준수	• 포괄적 수집을 지양하고, 필요한 시점에 동의를 받아야 한다. • 반복 서비스는 선택 항목으로 구분한다.
고지사항의 명확성	개인정보 수집 · 이용 시 수집 목적, 항목, 보유 기간, 동의 거부 권리 등 4가지 법정 고지사항을 명확히 알리고 알아보기 쉽게 표시해야 한다.
동의의 적법 요건	• 동의는 정보주체가 자유롭게 결정하고, 구체적이며 명확해야 한다. • 동의는 읽기 쉽고 이해할 수 있는 문구로 작성해야 한다.
중요한 내용의 표시	중요한 정보는 글씨 크기, 색깔, 구분 표시 등으로 명확히 고지해야 하며, 매체 특성을 고려해야 한다(예 민감정보, 여권번호, 광고 목적).
법정대리인 동의 방식	만 14세 미만 아동의 개인정보 수집 시, 본인확인 수단(문자, 본인인증, 카드 정보 등)으로 법정대리인의 동의 여부를 확인해야 한다.
최소 정보 수집 및 자격 확인	• 법정대리인의 성명과 연락처만 수집해야 한다. • 법정대리인 자격(부모, 후견인 등)을 확인하는 절차를 갖춰야 하며, 미확인 시 5일 내 파기한다.
아동 대상 고지 기준	• 아동에게는 연령대에 맞는 쉬운 언어, 그림, 영상 등으로 고지한다. • 아동 친화적 방식으로 정보를 전달해야 한다.

동의 기록의 보존	• 동의 일시, 동의자, 항목, 방법 등을 기록 및 보존해야 한다. • 회원 탈퇴 등으로 개인정보 파기 시까지 보관해야 한다.
비동의 수집 정보의 공개	동의 없이 수집할 수 있는 개인정보는 법적 근거 및 항목을 명시하여 정보주체에게 고지하거나 개인정보 처리 방침에 공개한다.
추가 이용 판단기준 및 공개	• 추가 이용 시 관련성, 예측 가능성, 권리 침해 여부, 안전성 확보 여부를 기준으로 판단한다. • 반복되는 경우 처리 방침에 공개하고 점검해야 한다.

4) 결함사례

동의 고지사항 누락	개인정보처리자가 개인정보 수집 시 동의 거부 권리 및 이에 따른 불이익 내용을 고지하지 않아 법정 고지사항이 누락된 경우
포괄적 안내	수집하려는 개인정보 항목을 구체적으로 명시하지 않고 '~ 등'으로 포괄적으로 안내하여 고지의 명확성이 결여된 경우
불필요한 정보 사전 수집	회원가입 단계에서 결제나 배송에 필요한 정보를 미리 필수 항목으로 수집하여 수집 시점이 부적절한 경우
비회원 동의 미수령	Q&A나 게시판을 통해 비회원 개인정보를 수집하면서 동의 절차를 거치지 않은 경우
법정대리인 동의 미수령	14세 미만 아동의 개인정보를 수집하면서 법정대리인의 동의를 받지 않은 경우
연령확인 누락	회원가입 시 생년월일을 통해 나이 확인을 하지 않아 14세 미만 아동이 법정대리인 동의 없이 가입된 경우
법정대리인 진위 확인 미흡	법정대리인 여부를 검증하는 절차가 미비하여 실질적으로 법정대리인이 아닌 자가 동의한 경우
동의 미확인 정보 미파기	법정대리인의 동의가 장기간 확인되지 않았음에도 개인정보를 파기하지 않고 계속 보유하고 있는 경우
동의 기록 미보존	법정대리인의 동의에 따라 아동의 개인정보를 수집하였으나, 동의 일시나 법정대리인 정보 등을 보존하지 않은 경우

📖 M 은행은 모바일 회원가입 단계에서 결제 및 배송에 필요한 정보를 사전 필수 항목으로 수집하였고, 동의 화면에서는 '이름, 연락처 등'과 같이 포괄적으로 고지하여 정보 항목이 명확하지 않았다. 또한 비회원이 문의 게시판을 통해 정보를 입력할 때 별도의 동의 절차 없이 개인정보를 수집하였다.

인증기준	확인사항	세부설명	증거자료	결함사례
• 처리 목적에 필요한 최소한의 개인정보 수집 • 정보주체가 선택적 동의 사항에 비동의 사유로 정보주체에 재화 및 서비스 제공 거부 금지	• 개인정보 목적범위 내 최소한 수집 점검 • 선택동의 거부 가능성에 대한 명확하고 구체적인 안내 • 선택항목 미동의로 인한 서비스 거부 금지 확인	• 최소 범위 한정 수집 필요성은 처리자가 입증 • 배송·경품·채용 시 필수 외 과도한 개인정보 수집은 최소정보 기준 위반 • 필수·선택 항목의 명확한 구분, 선택항목 거부 시 불이익 없음 고지 • 선택정보 미제공 시 서비스 제한 없음, 가입절차 안내문구로 명확한 고지	• 개인정보 처리방침 • 홈페이지·모바일 앱 회원가입 화면 • 회원가입신청서	• 계약 기반 과도한 수집 • 선택사항 동의 고지 누락 • 필수·선택 항목 미표시 • 선택 정보 미입력 시 차단 • 채용 시 과도한 정보 요구

▲ 개인정보 수집 제한 핵심정리

1) 인증기준

개인정보를 수집하는 경우 처리 목적에 필요한 최소한의 개인정보만을 수집하여야 하며, 정보주체가 선택적으로 동의할 수 있는 사항 등에 동의하지 아니한다는 이유로 정보주체에게 재화 또는 서비스의 제공을 거부하지 않아야 한다.

목적	• 개인정보 수집 시 최소한의 정보만 수집 • 정보주체의 자율적 선택권 보장
주요 사항	• 수집 목적에 비춰 최소한의 정보만 수집하고 있는지 점검 • 선택 동의 항목에 대해 정보주체가 거부할 수 있음을 명확히 고지 • 필수 항목이 아닌 항목에 동의하지 않아도 서비스 이용이 가능하도록 불이익 금지 여부 점검
주요 결과	• 과도한 정보 수집 방지 • 정보주체의 선택권 보호 및 불이익 방지 근거 마련 • 수집 항목 고지의 명확성 확보
기대 효과	• 개인정보 자기 결정권 보장 • 불필요한 민원 및 법적 분쟁 예방 • 개인정보 보호 수준 향상 및 고객 신뢰도 제고

2) 확인사항

최소한의 정보 수집 여부	개인정보 수집 시 목적에 필요한 범위 내에서 최소한의 정보만 수집하고 있는지를 점검한다.
선택 동의 안내의 구체성	정보주체가 선택 동의 항목에 대해 동의하지 않을 수 있다는 사실을 명확하고 구체적으로 안내하고 있는지 확인한다.
동의 거부에 따른 불이익 방지	정보주체가 최소 필수 정보 외의 항목에 동의하지 않았다는 이유로 서비스 제공을 거부하지 않도록 하고 있는지 확인한다.

3) 주요 내용

최소한의 개인정보 수집 원칙	• 법적 근거가 있거나 동의를 받은 경우에도 개인정보는 그 목적에 필요한 최소한의 범위에서 수집해야 한다. • 최소정보의 필요성을 개인정보처리자가 입증한다.
최소정보 판단기준 사례	배송, 경품, 채용 등 각 상황에서 본질적 기능 수행에 필수 정보 외의 과도한 정보 수집은 최소정보 기준을 위반한 것에 해당한다.
선택 동의의 구체적 고지	• 정보주체가 필수 항목과 선택 항목을 명확히 구분해 인식할 수 있도록 한다. • 선택 항목 제공을 거부해도 불이익이 없음을 구체적으로 고지한다.
서비스 제공 거부 금지	• 정보주체가 선택 정보를 제공하지 않더라도 기본적인 서비스 이용에 제한이 없어야 한다. • 제한이 없다는 사실을 가입 절차나 안내 문구 등을 통해 명확히 고지해야 한다.

4) 결함사례

계약 기반 과도한 수집	계약 체결 및 이행을 근거로 동의 없이 개인정보를 수집하였으나, 필수적이지 않은 정보까지 함께 수집한 경우
선택사항 동의 고지 누락	선택사항에 대해 동의받으면서도, 해당 수집은 동의하지 않아도 된다는 사실을 명확히 알리지 않은 경우
필수 · 선택 항목 미표시	필수와 선택 항목을 구분해 동의받도록 했으나, 선택 정보 미동의 시 가입 가능 여부를 명확히 안내하지 않음
선택 정보 미입력 시 차단	홈페이지에서 선택 항목에 대해 동의하지 않으면 다음 단계 진행이 불가하거나 회원가입 자체가 차단되는 경우
채용 시 과도한 정보 요구	채용 계약 시 예정 직무와 관련 없는 가족 사항 등 과도한 개인정보를 수집한 경우

📌 V 증권사는 회원가입 시 필수 · 선택 항목 구분 없이 개인정보를 수집했고, UI상 선택사항에 동의하지 않으면 다음 단계로 진행되지 않아 사실상 동의를 강제한 것이나 다름없다. 또한 계약 체결을 이유로 불필요한 정보까지 수집하였으며, 채용 시에도 가족 사항 등 과도한 개인정보를 요구하였다.

이는 증권사가 계약 · 회원가입 · 채용 과정에서 과도한 정보 수집과 선택권 고지 누락, 동의 강제 등으로 수집 최소화와 자기 결정권 원칙을 위반하였다는 것을 의미한다.

03 주민등록번호 처리 제한

인증기준	확인사항	세부설명	증거자료	결함사례
주민등록번호는 법적 근거 없는 수집·이용 금지, 허용 시에도 홈페이지 등 대체 수단 제공	• 주민등록번호 처리 시 법적 근거 여부 확인 • 수집 근거 법 조항 구체적 식별 • 홈페이지 회원가입 시 주민등록번호 없이 가입할 수 있는 대체 수단 제공 확인	• 법·규칙 명시 예외 시만 처리 가능, 단순 동의 불가, 생명·신체·재산 보호 또는 보호위원회 고시 기준 시 불가피한 경우 허용 • 법령 명시 요구·허용 시만 처리 가능, 시행규칙은 근거 불가, 법 조항 식별 필요, 예외 사유 외 수집·제공 금지 • 대체 수단 제공	• 개인정보 처리방침 • 주민등록번호 처리 근거	• 정보주체 동의근거 수집 • 시행규칙, 지자체 조례 근거로 수집 • 본인확인 목적 주민등록번호 뒷자리 수집 • 채용단계 무근거로 수집 • 대체가입수단 없이 주민등록번호만으로 회원가입

▲ 주민등록번호 처리 제한 핵심정리

1) 인증기준

주민등록번호는 법적 근거가 있는 경우를 제외하고는 수집·이용 등 처리할 수 없으며, 주민등록번호의 처리가 허용된 경우라 하더라도 인터넷 홈페이지 등에서 대체 수단을 제공하여야 한다.

목저	• 주민등록번호 수집·이용의 법적 타당성 확보 • 대체 수단을 통해 정보주체의 선택권 보호
주요 사항	• 주민등록번호를 처리할 수 있는 명확한 법적 근거 유무 확인 • 수집 시 해당 법 조항이 구체적으로 식별되는지 점검 • 법적 근거가 있더라도 홈페이지 등에서는 주민등록번호를 대체할 수단 제공 여부 확인
주요 결과	• 과도한 정보 수집 방지 • 정보주체의 선택권 보호 및 불이익 방지 근거 마련 • 수집 항목 고지의 명확성 확보
기대 효과	• 개인정보 자기 결정권 보장 • 불필요한 민원 및 법적 분쟁 예방 • 개인정보 보호 수준 향상 및 고객 신뢰도 제고

2) 확인사항

법적 근거 있는 처리 여부	주민등록번호는 명확한 법적 근거가 있는 경우에만 처리해야 한다.
법 조항의 명확한 식별	주민등록번호 수집 시 그 근거가 되는 법 조항을 구체적으로 식별해야 한다.
대체 수단 제공 여부	법적 근거에 따라 주민등록번호를 처리하더라도, 홈페이지 회원가입 시 주민등록번호를 사용하지 않고 가입할 수 있는 수단을 제공해야 한다.

3) 주요 내용

주민등록번호 처리 요건	• 주민등록번호는 개인정보 보호법 및 정보통신망법에서 정한 예외적인 경우에만 처리할 수 있으며, 동의만으로는 수집할 수 없다. • 법률이나 규칙 등에서 처리 허용이 명시되어야 한다. • 급박한 생명 · 신체 · 재산 이익 보호 또는 보호위원회 고시 기준에 따라 불가피한 경우만 허용된다.
주민등록번호 수집 허용 기준	• 법령에서 개인정보처리자에게 주민등록번호 처리를 명확히 요구하거나 허용하는 경우에만 가능하다. • 단순한 시행규칙은 근거가 될 수 없다. • 구체적인 법 조항 식별이 가능해야 하며, 각 호의 예외 사유에 해당하지 않는 경우 수집 · 제공 · 보관도 금지된다.
주민등록번호 대체 가입 수단 제공	주민등록번호를 법적으로 처리할 수 있더라도 홈페이지 회원가입 시에는 아이핀, 휴대전화, 신용카드 등 주민등록번호 없이 가입할 수 있는 대체 수단을 제공해야 한다.
대체 수단의 식별값 활용	본인확인 기관을 통해 생성되는 CI와 DI는 각각 외부 연계 정보 및 중복가입 방지용으로 사용되며, 내부 고유 식별자로 활용해서는 안 된다.

➕ 더 알기 TIP

주민등록번호 수집 및 처리 허용 근거

개인정보 보호법 제24조의2 제1항	정보통신망법 제23조의2 제1항
법률 · 대통령령 · 국회규칙 · 대법원규칙 · 헌법재판소 규칙 · 중앙선거관리위원회규칙 및 감사원규칙에서 구체적으로 주민등록번호의 처리를 요구하거나 허용한 경우	본인확인 기관으로 지정받은 경우
정보주체 또는 제3자의 급박한 생명, 신체, 재산의 이익을 위하여 명백히 필요하다고 인정되는 경우	「전기통신사업법」 제38조 제1항에 따라 기간통신사업자로부터 이동 통신서비스 등을 제공받아 재판매하는 전기통신사업자가 제23조의3에 따라 본인확인 기관으로 지정받은 이동통신사업자의 본인확인 업무 수행과 관련하여 이용자의 주민등록번호를 수집 · 이용하는 경우
주민등록번호 처리가 불가피한 경우로서 보호위원회가 고시로 정하는 경우	

4) 결함사례

동의 기반 주민등록번호 수집	단순한 회원 관리를 목적으로 정보주체의 동의만을 근거로 주민등록번호를 수집한 경우
시행규칙 · 조례에 따른 수집	법률이 아닌 시행규칙이나 지방자치단체 조례를 근거로 주민등록번호를 수집한 경우
비밀번호 확인 목적 수집	비밀번호 분실 등 본인확인 목적으로 주민등록번호 뒷자리를 수집하였으나 관련 법적 근거가 없는 경우
채용 단계 무근거 수집	채용 전형 시점에 법적 근거 없이 입사지원자의 주민등록번호를 수집한 경우
콜센터 본인확인 목적 수집	상품 또는 서비스 문의 시 본인확인 목적으로 주민등록번호를 수집한 경우
대체 수단 미제공	주민등록번호 수집의 법적 근거가 있다는 사유로 대체 가입 수단 없이 주민등록번호만으로 회원 가입하게 한 경우

예 R 게임사는 단순 회원가입 및 실명 확인을 이유로 주민등록번호 전체 또는 뒷자리를 수집했으며, 이는 법적 근거 없이 시행규칙이나 지방조례를 수집 사유로 잘못 적용하였다. 또한 신규 채용 과정에서도 입사지원자의 주민등록번호를 정당한 법률 없이 요구하였다.

이는 법적 근거 없는 주민등록번호 수집을 통해 고유식별정보 보호 원칙을 위반한 사례이다.

인증기준	확인사항	세부설명	증거자료	결함사례
민감정보·고유식별정보(주민번호 제외) 처리 시 법령 근거 없으면 정보주체 별도 동의 필요	• 민감정보 처리 시 별도 동의 또는 법령 근거 여부 확인 • 고유식별정보 처리 시 별도 동의 또는 법령 근거 여부 확인 • 서비스 제공 시 민감정보 공개 위험 있으면 사전 안내·비공개 선택 방법 정보주체에 쉽게 고지	• 민감정보·고유식별정보 원칙적 처리 금지, 별도 동의 법령근거 처리 가능 • 민감정보 노출 우려 시 사전 안내, 비공개 선택 고지 필요시 처리방침에 공개	• 개인정보 처리방침 • 온라인/오프라인 • 개인정보 수집양식	• 장애인 요금감면 위해 건강정보 수집 시, 다른 개인정보와 일괄 동의 받아 처리 • 회원가입 시 외국인 등록번호를 다른 개인정보와 함께 일괄 동의로 수집 • 민감정보·고유식별정보 동의 시 고지사항 일부 누락·오류, 동의 거부 권리·불이익 미고지

▲ 민감정보 및 고유식별정보의 처리 제한 핵심정리

1) 인증기준

민감정보와 고유식별정보(주민등록번호 제외)를 처리하기 위해서는 법령에서 구체적으로 처리를 요구하거나 허용하는 경우를 제외하고는 정보주체의 별도 동의를 받아야 한다.

목적	• 민감정보 및 고유식별정보 보호를 위해 별도 동의 • 명확한 법적 근거에 따른 처리 보장
주요 사항	• 민감정보는 정보주체로부터 별도 동의를 받거나 관련 법령 근거 점검 • 주민등록번호를 제외한 고유식별정보 별도 동의 또는 법령상 근거 유무 확인 • 재화 제공 등 과정에서 민감정보가 공개될 가능성 있는 경우 사생활 침해 및 비공개 선택권 관련 안내 절차 마련
주요 결과	• 민감정보 및 고유식별정보에 대한 합법적 처리 요건 이행 • 정보주체의 사전 동의 확보 또는 법률 기반 처리 수행 • 정보주체 자신의 정보공개 여부를 사전에 인지하고 선택하기 위한 안내 체계 확보
기대 효과	• 정보주체의 민감정보 자기결정권 보장 • 불필요한 정보 노출로 인한 법적 분쟁 및 침해사고 예상 • 개인정보 처리 투명성 및 신뢰도 제고

2) 확인사항

민감정보 처리 요건	민감정보는 정보주체로부터 별도의 동의를 받거나 관련 법령에 근거가 있는 경우에만 처리하고 있는지 점검해야 한다.
고유식별정보 처리 기준	주민등록번호를 제외한 고유식별정보의 경우에도 정보주체의 별도 동의 또는 법령상의 구체적인 근거가 있는 경우에만 처리해야 한다.
민감정보 공개 안내	재화 또는 서비스 제공 과정에서 민감정보가 공개될 가능성이 있는 경우, 사생활 침해 가능성을 고려하여 사전에 공개 가능성과 비공개 선택 방법을 정보주체가 쉽게 알 수 있도록 안내해야 한다.

3) 주요 내용

민감정보의 처리 원칙	• 민감정보는 원칙적으로 처리가 금지된다. • 다만, 정보주체의 별도 동의나 관련 법령의 명시적 근거가 있는 경우에만 처리할 수 있다.
민감정보의 범위	민감정보는 사생활 침해 우려가 큰 정보들이 포함된다(예 사상·신념, 정치적 견해, 건강·성생활, 유전자 및 생체정보, 범죄경력, 인종·민족 정보 등).
민감정보 처리 요건	민감정보는 다른 개인정보 동의와 별도로 동의를 받거나 법령에 따라 요구·허용되는 경우에만 처리 가능하다.
고유식별정보의 정의	• 주민등록번호 외에 여권번호, 운전면허번호, 외국인등록번호 등은 고유식별정보로 구분된다. • 별도 동의나 법령 근거 없이 처리 불가하다.
고유식별정보 처리 요건	• 고유식별정보도 정보주체로부터 별도 동의를 받거나 관련 법령에 명시된 경우에 한해 처리할 수 있다. • 주민등록번호는 법정주의에 따라 동의만으로는 처리 불가하다.
민감정보 공개 시 조치	• 재화·서비스 제공 중 민감정보가 노출되어 사생활 침해 우려가 있을 경우, 사전 안내 및 비공개 선택 방법을 정보주체가 쉽게 인지할 수 있도록 해야 한다. • 필요시 처리방침에도 민감정보를 공개해야 한다.

4) 결함사례

일괄 동의로 인한 민감정보 수집	장애 여부와 같은 민감정보를 수집하면서 다른 개인정보 항목과 함께 하나의 동의서로 일괄 동의를 받아 정보주체가 민감정보 수집에 대해 명확히 인지하거나 선택할 수 없도록 한 경우
고유식별정보 일괄 동의	외국인 회원가입 시 외국인등록번호를 고유식별정보로 수집하면서, 다른 항목과 함께 묶어 일괄 동의를 받아 법적 요건인 '별도 동의' 기준을 충족하지 못한 경우
고지사항 누락	민감정보 또는 고유식별정보를 수집할 때 요구되는 고지사항(수집 목적, 항목, 보유기간, 동의 거부권 및 불이익)에 대해 일부 누락하거나 부정확하게 고지한 경우로, 정보주체 권리를 침해한 경우

예 E 쇼핑몰은 장애인 회원 할인 혜택을 제공하며 장애 정보와 일반 개인정보를 묶어 하나의 동의 항목으로 수집하였고, 외국인 고객의 외국인등록번호도 고유식별정보임에도 불구하고 일반 정보와 함께 일괄 동의를 받았다. 동의 고지 시 수집 목적과 거부권 등에 대한 설명도 누락되었다. 이는 정보주체의 선택권과 자기결정권을 침해한 사례이다.

05 개인정보 간접수집

인증기준	확인사항	세부설명	증거자료	결함사례
제3자로부터 개인정보 수집·제공 시 최소정보만 처리, 법령 근거·정보주체 요구 시 수집 출처·목적·처리정지 권리 고지	• 제3자 제공 개인정보 수령 시, 동의 획득 책임을 제공자에게 계약으로 명시했는지 여부 확인 • 공개 매체·장소 개인정보 수집 시 공개 목적·범위·사회 통념상 동의 인정 범위 내 수집·이용 확인 • 서비스 제공 중 자동수집 개인정보에도 최소수집 원칙 적용 여부 확인	• 제3자 제공 시 동의 책임 제공자에 있음 명시 • 공개된 매체 수집 시 명시적 동의, 의사범위 내 수립·이용 • 자동수집장치 최소수집 원칙, 다른 목적 별도 동의 • 정보주체 요구 시 통지 의무, 3일 이내 • 법적 요건 시 통지 의무 민감고유(5만), 개인정보(1백만), 3개월 이내 통지	• 개인정보 처리방침 • 개인정보 수집 출처 정보주체 통지내역	• 정보주체가 수집 출처를 요구할 경우에 대비한 내부 처리 절차 미비 • 다른 사업자로부터 제공동의를 근거로 개인정보를 제공받은 후 해당 정보주체에게 3개월 내에 미통지 • 개인정보 수집 출처 통지 시 처리목적·동의 철회 권리 등 필수사항 누락

▲ 개인정보 간접수집 핵심정리

1) 인증기준

- 정보주체 이외로부터 개인정보를 수집하거나 제3자로부터 제공받는 경우에는 업무에 필요한 최소한의 개인정보를 수집하거나 제공받아야 한다.
- 이때 법령에 근거하거나 정보주체의 요구가 있으면 개인정보의 수집 출처, 처리목적, 처리정지의 요구 권리를 알려야 한다.

목적	• 제3자로부터 개인정보를 제공받거나 자동으로 수집하는 경우에도 정보주체의 권리 보호 • 수집 목적과 범위의 적절한 제한
주요 사항	• 제3자로부터 제공받는 경우 동의 책임이 누구에게 있는지 계약서 명시 여부 확인 • 인터넷 등 공개된 정보 수집 시 동의 범위를 초과하지 않는지 검토 • 자동수집 장치를 통한 정보 수집 시 최소한의 정보만을 수집하는지 확인 • 정보주체 요구 시 수집 출처 및 고지사항을 즉시 안내하는 체계 확인 • 법적 요건이 충족된 경우에도 정보주체에게 사전에 필요한 사항 안내 • 수집 출처 고지 사실을 기록하고, 파기 시까지 관리 여부 점검
주요 결과	• 개인정보 수집 및 제공에 있어 법적 요건과 정보주체 고지 체계 마련 • 수집 범위 최소화 및 공개정보의 오남용 방지 • 수집 근거에 대한 계약·고지·보관 체계 수립
기대 효과	• 제3자 제공 및 자동수집에 대한 법적 책임 명확화 • 정보주체의 알 권리 보장 및 오남용 분쟁 예방 • 개인정보 수집 전 과정에 대한 투명성 제고 및 신뢰 확보

2) 확인사항

제3자 제공 시 동의책임 명시	개인정보를 정보주체가 아닌 제3자로부터 제공받을 경우, 동의 획득 책임이 제공자에게 있음을 계약으로 명시하고 있는지 확인해야 한다.
공개된 정보의 수집 기준	공개된 정보라도 정보주체의 공개 목적과 사회 통념상 동의 범위를 벗어나지 않도록 수집 · 이용 여부를 검토해야 한다.
자동수집장치의 최소수집 원칙	서비스 계약 이행을 위해 자동으로 수집되는 개인정보의 경우에도 처리 목적에 필요한 최소한의 정보만 수집하고 있는지 점검해야 한다.
정보주체 요구 시 알림 의무	정보주체 이외로부터 개인정보를 수집한 경우, 정보주체가 요청하면 즉시 수집 출처 및 관련 정보를 고지해야 한다.
법적 요건 충족 시 알림 의무	정보주체가 아닌 자로부터 수집한 개인정보가 일정한 요건에 해당할 경우, 정보주체에게 필요한 사항을 사전에 알려야 한다.
수집 출처 고지 기록 보관	수집 출처를 고지한 사실은 해당 개인정보를 보유하는 동안 파기 시까지 기록으로 남기고 적절히 관리해야 한다.

3) 주요 내용

제3자 제공 시 동의책임 명시	• 제3자로부터 개인정보를 제공받는 경우, 수집 동의 책임이 제공자에게 있음을 계약에 명시해야 한다. • 해당 정보가 적법하게 수집된 것인지 확인해야 한다.
공개된 매체 수집 시 기준	SNS 등에서 개인정보를 수집할 때는 정보주체의 명시적 동의 또는 사회 통념상 동의 의사가 있는 범위 내에서만 수집 및 이용해야 한다.
자동수집장치 최소수집 원칙	• 통화기록, 로그 등 자동수집 정보도 서비스 이행 목적에 필요한 최소한의 정보만 수집해야 한다. • 맞춤형 광고 등 다른 목적의 경우 별도의 동의가 필요하다.
정보주체 요구 시 통지 의무	• 정보주체 요구가 있을 경우 수집 출처, 처리 목적, 권리사항 등을 3일 이내 통지해야 한다. • 생명 · 재산 등의 침해 우려가 있는 경우에는 그 사유도 통지해야 한다.
법적 요건 시 통지 의무	• 민감정보 또는 고유식별정보를 5만 명 이상, 일반 개인정보를 100만 명 이상 처리하는 자가 제3자로부터 개인정보를 제공받는 경우 3개월 이내 통지해야 한다. • 이때 통지 항목과 시기, 방법 등이 법령에 명시되어 있어야 한다.
통지 의무의 예외와 범위	통지 의무가 면제되는 경우가 존재한다(⑩ 국가안보 등 민감 사유에 해당하는 경우, 정보주체의 생명 · 재산 침해 우려가 있는 경우, 연락처 정보가 없는 경우).
통지 기록의 보관 및 관리	수집 출처 통지에 대한 사실, 시기, 방법 등은 개인정보를 파기할 때까지 기록으로 남겨 보관하고 관리해야 한다.

4) 결함사례

수집 출처 요구 처리절차 미비	인터넷 홈페이지나 SNS에서 공개된 개인정보를 수집하면서도, 정보주체가 수집 출처를 요구할 경우를 대비한 내부 처리 절차가 마련되어 있지 않은 경우
법정 통지 기한 초과	다른 사업자로부터 정보주체 동의를 근거로 개인정보를 제공받았으나, 법에서 정한 3개월 내에 정보주체에게 수집 출처 및 관련 내용을 통지하지 않은 경우
필수 통지사항 누락	개인정보 수집 출처를 정보주체에게 통지하면서 필수로 포함되어야 할 개인정보 처리 목적, 동의 철회 권리 등 일부 항목을 누락한 경우
통지 기록 보관 미이행	법적 통지 대상자인 개인정보처리자가 출처 통지를 했으나 관련 기록을 파기 시까지 보관하지 않고 있어 법령에서 요구하는 관리책임을 이행하지 않은 경우

예 T 가상자산거래소는 SNS 이벤트를 통해 수집한 공개 개인정보에 대해 정보주체가 출처 삭제를 요구할 경우를 대비한 내부 처리 절차가 마련되어 있지 않았으며, 제휴사로부터 받은 개인정보 제공 시 법정 기한인 3개월 내 통지 의무를 이행하지 않았다. 또한 통지 시에도 동의 철회 방법과 처리 목적 등 필수 항목이 누락되었다. 이는 정보주체 통제권과 법적 고지의무를 위반한 사례이다.

06 영상정보처리기기 설치 · 운영

인증기준	확인사항	세부설명	증거자료	결함사례
공개장소 영상정보처리기기 설치 · 운영 시 목적 · 위치 기준 법적 요구사항 준수, 보호대책 수립 · 이행	• 공개장소 고정형 영상기기 설치 시 법적 허용 목적 해당 여부 사전 검토 확인 • 공공기관 영상기기 설치 시 공청회 · 설명회 통해 전문가 · 이해관계자 의견 수렴 • 고정형 영상기기 설치 시 안내판 등 시각적 조치로 정보주체 인식 가능 여부 점검 • 공개장소 이동형 영상기기 운영 시 법적 허용 상황 여부 사전 검토	• 설치 목적, 범위, 시간 등을 포함한 안내판을 정보주체가 쉽게 볼 수 있는 위치에 설치 • 이동형 기기(착용 · 휴대 · 차량부착)는 동의 · 법적 근거 있는 경우에만 공개장소 운영 가능 • 이동형 기기 촬영 시 불빛안내음 등으로 고지, 드론 촬영은 홈페이지 공지 • 영상정보 최소 기간(30일 이내) 보관, 만료 시 지체 없이 파기	• 영상정보처리기기 운영 현황 • 영상정보처리기기 안내판 • 영상정보처리기기 운영 · 관리방침	• 영상정보처리기기 안내판 촬영 목적, 장소, 시간 등 필수 고지사항 누락 또는 영상정보 운영 · 관리방침 미수립 · 미시행 • 보관기간 및 접근통제 및 로깅 등 기술적 보호조치 미준수 • 영상정보처리업무 외부 위탁 시 기기 안내판에 수탁자의 명칭 · 연락처 누락

▲ 영상정보처리기기 설치 · 운영 핵심정리

1) 인증기준

고정형 영상정보처리기기를 공개된 장소에 설치 · 운영하거나 이동형 영상정보처리기기를 공개된 장소에서 업무를 목적으로 운영하는 경우 설치 목적 및 위치에 따라 법적 요구사항을 준수하고, 적절한 보호대책을 수립 · 이행하여야 한다.

목적	고정형 또는 이동형 영상정보처리기기를 공개된 장소에 설치 · 운영할 때 법적 요구사항 준수 및 정보주체의 권리 보호
주요 사항	• 고정형 영상정보처리기기 설치 시 설치 목적과 법적 요건 충족 여부 사전 검토 • 공공기관 설치 시 공청회 및 관계자 의견 수렴 절차 이행 • 안내표지, 고지문 등을 통해 정보주체가 인식할 수 있는 안내조치 여부 확인 • 이동형 기기 설치 시 법적 허용 여부 및 사전 검토 이행 여부 확인 • 촬영 사실 고지(불빛 · 음성 등) 및 정보주체 통지 절차 마련 • 운영지침 수립 및 안전관리 방안 실효성 점검 • 보관 기간 설정 및 기간 경과 후 영상정보 파기 확인 • 외부 위탁 시 계약서에 법적 요구사항 명시 및 절차 준수 확인

주요 결과	• 설치 목적에 따른 적법한 영상정보처리기기 운영 체계 수립 • 영상정보에 대한 안내 및 고지의무 이행 • 보관 · 파기 · 위탁 등 전 과정에 대한 관리 기준 확립
기대 효과	• 정보주체의 프라이버시 보호 및 신뢰도 향상 • 영상정보의 오남용 방지 및 법적 분쟁 최소화 • 공공장소 영상정보 운영의 투명성 및 합법성 강화

2) 확인사항

고정형 영상기기의 설치 요건 검토	공개된 장소에 고정형 영상정보처리기기를 설치할 때, 설치 목적이 법적으로 허용된 경우에 해당하는지 사전에 검토해야 한다.
공공기관의 설치 절차	공공기관 등이 고정형 영상정보처리기기를 설치할 경우, 법령에 따라 공청회나 설명회를 열고 전문가 및 이해관계자의 의견을 수렴해야 한다.
안내조치 이행 여부	정보주체가 쉽게 인식할 수 있도록 안내판 등 시각적 조치를 취하고 있는지를 점검한다.
이동형 영상기기 설치 요건 검토	공개된 장소에서 이동형 영상정보처리기기를 업무 목적 등으로 운영하는 경우, 법적으로 허용되는 상황인지 사전 검토가 이루어져야 한다.
이동형 영상 촬영 표시 여부	이동형 영상기기로 사람이나 관련 사물을 촬영할 때는 불빛, 소리, 안내판 등으로 촬영 사실을 명확히 표시하고 정보주체에게 알릴 필요가 있다.
영상정보처리기기 운영방침 수립	영상정보처리기기의 설치 · 운영 및 영상정보 보호를 위한 관리 방침을 수립하고 실제로 시행하고 있는지를 점검해야 한다.
영상정보 보관 및 파기	영상정보의 보관 기간을 정하고, 보관 기간이 지난 영상정보는 지체 없이 파기하고 있는지 확인해야 한다.
위탁 시 계약 절차	상정보처리기기 운영을 외부에 위탁하는 경우, 관련 절차와 요건을 계약서에 정확히 반영하여 체결하고 있는지를 확인한다.

3) 주요 내용

고정형 영상기기 설치 요건	고정형 영상정보처리기기 설치 시 법령, 범죄 예방, 시설 안전 등 특정 요건을 충족, 사생활 침해가 우려되는 장소에는 설치가 금지된다.
공공기관 설치 시 의견수렴 절차	행정예고, 설명회, 설문조사 등을 통해 전문가와 이해관계자의 의견을 수렴해야 한다.
고정형 안내조치 의무	• 설치 목적, 범위, 시간 등을 포함한 안내판을 정보주체가 쉽게 볼 수 있는 위치에 설치해야 한다. • 일부 보안시설은 예외가 인정된다.
이동형 영상기기 설치 요건	이동형 기기는 착용, 휴대, 차량 부착 등 형태이며, 정보주체의 동의 또는 정당한 법적 근거가 있는 경우에만 공개된 장소에서 운영이 가능하다.
이동형 촬영 사실 고지	이동형 기기로 촬영 시, 정보주체가 인지할 수 있도록 불빛, 안내음 등으로 촬영 사실을 명확히 알리는 조치를 수행해야 한다(드론 등은 홈페이지에 공지).
운영 · 관리 방침 수립	• 영상정보처리기기의 설치 목적, 보관 기간, 접근권한, 열람 절차 등을 포함한 운영 · 관리 방침을 마련해 시행해야 한다. • 이는 개인정보처리방침에 통합 가능하다.
영상정보 보관 및 파기	• 영상정보는 보관 목적을 충족하는 최소한의 기간(통상 30일 이내) 동안 보관해야 한다. • 보관 기간 만료 시 지체 없이 파기해야 한다. • 타 법령이 우선하는 경우 해당 기준을 준수해야 한다.
설치 · 운영 위탁 시 계약요건	• 영상정보처리기기 설치 · 운영을 위탁할 경우, 위탁 목적, 재위탁 금지, 접근 제한 등의 내용을 계약서에 명시해야 한다. • 공공기관은 법령에 따라 계약을 체결한다.

4) 결함사례

안내판 고지 및 방침 미수립	• 영상정보처리기기 안내판에 촬영 목적, 장소, 시간 등 필수 고지 문구가 일부 누락된 경우 • 영상정보 운영 · 관리 방침 자체를 수립 · 시행하지 않은 경우
방침 미준수 운영	• 운영 · 관리 방침은 수립되어 있으나 실제 운영상 보관기간을 초과한 경우 • 접근통제, 로깅 등 방침에 명시된 보호조치를 이행하지 않아 관리가 부실한 경우
위탁 계약서 필수사항 누락	외부 업체에 영상정보 업무를 위탁하면서 영상정보의 관리 현황 점검, 손해배상 책임 등 법령상 필수 기재사항을 계약서에 명시하지 않은 경우
안내판의 수탁자 정보 누락	영상정보처리기기 안내판에 위탁받은 업체(수탁자)의 명칭 및 연락처를 누락하여, 정보주체의 알 권리를 침해한 경우

📖 Q 구청은 청사 내 설치된 CCTV 안내판에 촬영 목적, 운영 시간 등 핵심 고지 문구가 누락되어 있었고, 운영 방침 또한 수립되지 않아 영상정보 보관 기간 초과 및 접근통제 미이행 사례가 발생했다. 또한 영상정보처리기기 위탁 업체에 대한 명칭과 연락처도 안내판에 표시되지 않았다.

07 마케팅 목적의 개인정보 수집 · 이용

인증기준	확인사항	세부설명	증거자료	결함사례
마케팅 목적 개인정보 수집 · 이용 시 목적 명확 고지 · 동의 획득	• 홍보 · 판매 권유 목적 개인정보 처리 시 목적 고지 · 별도 동의 확인 • 광고성 정보 전송 시 사전 명시적 동의 필요, 2년 마다 수신 동의 여부 정기 확인 • 수신자가 광고성 정보 수신 거부 · 동의 철회 시 지체 없이 전송 중단 • 전송자의 명칭 및 수신 거부 방법 등의 명확한 안내	• 광고성 정보 전송 시 수신자의 명시적인 사전 동의 필요, 2년 마다 정기적으로 수신동의 여부 확인 • 수신자가 수신거부의사를 표시, 동의 철회 시 광고성 정보 전송 중단(14일 내 처리결과 통지) • 영리목적의 광고성 정보를 전송하는 경우 전송자의 명칭 및 연락처, 수신거부 및 수신동의 철회 방법 및 절차 구체적 명시	• 개인정보처리방침 • 마케팅 동의 기록 • 광고성 정보전송 수신동의 기록 • 광고성 정보 발송 문구	• '홍보 및 마케팅' 목적으로 개인정보를 수집하면서 '부가서비스 제공', '제휴 서비스 제공' 등과 같이 목적을 모호하게 안내 • 모바일 앱에서 광고성 정보전송(앱 푸시)에 대하여 거부 의사를 밝혔으나, 프로그램 오류 등의 이유로 광고성 앱 푸시 전송

▲ 마케팅 목적의 개인정보 수집 · 이용 핵심정리

1) 인증기준

재화나 서비스의 홍보, 판매 권유, 광고성 정보전송 등 마케팅 목적으로 개인정보를 수집 · 이용하는 경우 그 목적을 정보주체가 명확하게 인지할 수 있도록 고지하고 동의를 받아야 한다.

목적	재화나 서비스 홍보, 판매 권유, 광고성 정보 전송 등 마케팅 목적의 개인정보 수집 시 정보주체의 동의 및 권리 보호

주요 사항	• 마케팅 목적의 개인정보 수집 시 정보주체에게 목적을 명확히 알리고 별도 동의 획득 • 전자매체를 통한 광고성 정보 전송 시 사전 동의 획득 및 2년마다 수신 동의 여부 재확인 • 수신자가 수신 거부 또는 동의 철회 시 전송 즉시 중단, 재전송 방지 조치 수행 • 전송자 정보, 수신 거부 방법 등의 명확한 고지, 야간(21시~08시) 전송 제한
주요 결과	• 광고성 개인정보 처리에 대한 사전 동의 체계의 구축 • 수신 거부 및 동의 철회 요청에 따른 적절한 대응 절차의 운영 • 야간 전송 금지 및 전송자 정보 고지를 통한 수신자 권리의 보장
기대 효과	• 무분별한 마케팅 정보 전송 방지 • 정보주체의 선택권 및 통제권 강화 • 법적 리스크 예방 및 고객 신뢰 확보

2) 확인사항

홍보 목적 개인정보 수집 동의	재화나 서비스의 홍보 또는 판매 권유를 위한 개인정보 처리 시 정보주체에게 해당 목적을 명확히 알리고 별도의 동의를 받는지를 확인해야 한다.
광고성 정보 전송 사전 동의	전자적 전송매체를 통해 광고성 정보를 전송할 경우, 사전 명시적 동의를 받고 2년마다 수신자의 수신 동의 여부를 정기적으로 확인해야 한다.
수신거부 시 전송 중단 조치	수신자가 광고성 정보 수신을 거부하거나 동의를 철회한 경우 지체 없이 전송을 중단해야 하며, 이후 재전송이 이뤄지지 않도록 해야 한다.
전송 정보 고지 및 야간 전송 제한	광고성 정보 전송 시 전송자의 명칭 및 수신 거부 방법 등을 명확히 안내하고, 법령에 따라 오후 9시부터 오전 8시까지의 야간 시간대에는 전송을 하지 않도록 제한해야 한다.

3) 주요 내용

개인정보 처리 동의의 명확성	• 재화·서비스 홍보·판매를 위한 개인정보 처리 시, '부가서비스' 등 모호한 표현 사용을 금지해야 한다. • 정보주체가 쉽게 인지할 수 있도록 시각적 표시와 함께 명확히 목적을 고지하고 별도로 동의를 처리해야 한다.
광고성 정보 전송 사전 동의	• 휴대폰, 이메일 등 전자매체를 통한 광고 전송 시, 수신자의 명시적 사전 동의가 필요하다. • 최초 수신동의일로부터 2년마다 동의 여부를 확인하고 고지사항(전송자명, 수신동의일 등)을 포함하여 안내해야 한다.
수신 거부·철회 시 조치	• 수신자가 광고성 정보 수신을 거부하거나 동의를 철회한 경우 해당 전송자 명의의 모든 광고 전송을 중단해야 한다. • 이때 회원 탈퇴도 수신 거부로 간주한다.
전송 시 명시사항 및 시간제한	• 광고 전송 시 전송자의 명칭과 수신거부 방법 등을 함께 고지해야 한다. • 오후 9시부터 오전 8시에는 광고 전송이 금지된다. 단, 이메일은 예외이나 동의가 없는 경우 원칙적으로 전송을 지양한다.

4) 결함사례

모호한 동의 목적 및 포괄 동의	• '홍보 및 마케팅'을 위한 개인정보 수집 시 '부가서비스', '제휴서비스' 등으로 모호하게 안내한 경우 • 수집 목적별로 구분하지 않고 전체 항목에 포괄적으로 동의를 받은 경우
앱 푸시 거부 무시	모바일 앱 사용자가 광고성 정보 수신을 거부했음에도, 시스템 오류나 설정 미비로 인해 광고성 앱 푸시가 계속 발송되는 경우
사전 선택된 광고 수신 동의	문자나 이메일을 통한 광고성 정보 수신 동의 항목이 화면에 기본적으로 체크된 상태로 제공되어 정보주체가 명확한 의사표시를 하기 어렵게 한 경우

수신동의 갱신 미이행	광고성 정보 수신 동의 후 2년이 지나도록 수신자의 동의 여부를 재확인하지 않고 광고성 정보를 계속 전송한 경우
이메일 광고 고지 미표시	영리목적의 광고성 정보를 이메일로 전송하면서, 제목 시작 부분에 '(광고)'라는 표시를 하지 않아 수신자가 광고인지 명확히 인지할 수 없었던 경우

예 H 병원은 건강검진 이벤트 참여자에게 광고성 정보 수신 동의를 받으면서 '추가 혜택'이라는 모호한 표현으로 목적을 안내하거나, 전체 항목에 일괄적으로 동의를 받아 포괄 동의 처리하였다. 또한 모바일 앱에서 수신 거부를 선택했음에도 시스템 오류로 인해 푸시 광고가 계속 발송되었고, 수신 동의 갱신도 2년이 지나도록 이루어지지 않았다.

이는 '마케팅 목적의 개인정보 수집 · 이용' 인증항목 관련 결함이 발생한 사례이다.

개인정보 보유 및 이용 시 보호조치

출제빈도 (상) 중 하
반복학습 1 2 3

빈출 태그 내부관리계획 • 개인정보파일 • 개인정보처리방침 • 가명처리 • 목적 외 이용

01 개인정보 현황관리

인증기준	확인사항	세부설명	증거자료	결함사례
개인정보 항목 · 보유량 · 목적 · 방법 · 기간 현황 정기 관리, 공공기관은 관계기관장에게 등록	• 개인정보 항목 · 양 · 목적 · 방법 · 보유기간 현황 정기 점검 · 관리 확인 • 개인정보파일을 새로 운용, 내용 변경 시 개인정보 보호법 등 관련 법령에 따라 지정된 기관(행안부장관)에 등록하고 있는지 점검 • 공공기관은 개인정보파일 보유 현황을 국민이 확인할 수 있도록 개인정보 처리방침 등을 통해 외부에 공개	• 수집 · 보유 중인 개인정보 항목, 처리 근거, 목적, 방법, 보유량, 기간 등을 파악, 흐름도나 현황표 기록 · 관리 정기적 점검 · 갱신 • 개인정보파일을 새로 운용, 변경할 경우 개인정보 보호책임자가 검토 후 60일 이내에 • 보호위원회에 등록, 일부 기관은 자체 규칙에 따라 등록 절차를 별도 수행	• 개인정보 처리방침 • 개인정보 현황표 • 개인정보 흐름표 · 흐름도 • 개인정보파일 등록 현황 • 개인정보파일 관리대장	• 일부 홈페이지 서비스와 관련된 개인정보파일의 내용이 개인정보 처리방침에 누락 • 신규 개인정보파일을 구축한 지 2개월이 경과, 해당 개인정보파일을 개인정보보호위원회에 미등록 • 개인정보파일의 내용이 실제 처리하고 있는 개인정보파일 현황과 상이

▲ 개인정보 현황관리 핵심정리

1) 인증기준

• 수집 · 보유하는 개인정보의 항목, 보유량, 처리 목적 및 방법, 보유기간 등 현황을 정기적으로 관리해야 한다.
• 공공기관의 경우 이를 법률에서 정한 관계기관의 장에게 등록하여야 한다.

목적	• 개인정보의 항목, 처리 목적, 보유기간 등 체계적 관리 • 공공기관의 경우 관련 법령에 따른 개인정보 현황 외부 공개
주요 사항	• 수집 · 보유 중인 개인정보 항목, 처리 목적, 보유량 및 기간 등을 정기적 점검 및 체계적 관리 • 공공기관이 개인정보파일을 신규 운영하거나 변경할 경우 행안부 장관 등 관계기관에 등록 여부 확인 • 개인정보 파일 처리방침 및 현황을 외부(홈페이지 등)를 통해 공개 여부 점검
주요 결과	• 수집된 개인정보 보유 현황에 대한 체계적인 관리 체계의 확보 • 법령상 등록 의무 이행 및 기록 투명성 확보 • 대외적으로 개인정보 운영 내역에 대한 공개 체계 마련

기대 효과	• 불필요한 개인정보 보유 방지 및 책임성 확보 • 국민의 알 권리 충족 및 신뢰도 제고 • 개인정보 보호법 및 관련 법령의 준수 실현

2) 확인사항

개인정보 현황의 정기적 관리	수집 · 보유 중인 개인정보에 대해 항목, 양, 목적, 방법, 보유기간 등의 현황을 체계적으로 정기 점검 · 관리하고 있는지를 확인해야 한다.
개인정보파일 등록 의무	공공기관이 개인정보파일을 새로 운용하거나 내용을 변경할 경우, 개인정보 보호법 등 관련 법령에 따라 지정된 기관에 등록하고 있는지를 점검해야 한다.
보유현황의 대외적 공개	공공기관은 개인정보파일의 보유 현황을 국민이 확인할 수 있도록 개인정보 처리방침 등을 통해 외부에 공개하고 있는지를 확인해야 한다.

3) 주요 내용

개인정보 현황의 정기적 관리	• 개인정보처리자는 수집 · 보유 중인 개인정보 항목, 처리 근거, 목적, 방법, 보유량, 기간 등을 파악해야 한다. • 이를 흐름도나 현황표로 기록 · 관리하고, 정기적으로 점검 및 갱신해야 한다.
개인정보파일 등록 및 변경 등록	• 공공기관은 개인정보파일을 새로 운용하거나 변경할 경우, 개인정보 보호책임자가 검토 후 60일 이내에 보호위원회에 등록해야 한다. • 일부 기관은 자체 규칙에 따라 등록 절차를 별도로 수행해야 한다.
등록 면제 대상 개인정보파일	등록이 면제되는 개인정보파일이 존재한다(예 국가 안전, 범죄 수사, 긴급 행정 등 특정 목적의 파일 또는 일시적 · 비공개적 성격의 개인정보파일).
개인정보 보유현황의 공개 의무	• 공공기관은 개인정보파일의 보유 및 파기 현황을 정기적으로 점검하여 개인정보 처리방침에 공개해야 한다. • 개인정보 보호위원회는 등록 현황을 개인정보 포털을 통해 국민에게 제공해야 한다.

4) 결함사례

개인정보 처리방침 공개 누락	공공기관이 홈페이지 내 개인정보파일 목록은 관리하고 있으나, 일부 서비스 관련 개인정보파일이 개인정보 처리방침에 반영되지 않아 대국민 공개 의무를 이행하지 못한 경우
등록 기한 초과 미이행	신규로 개인정보파일을 구축하고도 개인정보 보호위원회에 법정기한인 60일 내 등록하지 않아 등록 지연이 발생한 경우
등록 내용과 실제 처리 불일치	보호위원회에 등록된 개인정보파일 정보와 실제 처리 중인 개인정보 항목 등이 상이하여 등록 정보의 정확성이 확보되지 않은 사례
등록 예외 오남용	임직원 정보나 통계법에 따라 수집된 개인정보파일이 등록 예외 사유에 해당하지 않음에도, 공공기관이 이를 등록하지 않아 법적 등록 의무를 위반한 경우

예 B 은행은 홈페이지에 개인정보파일 목록을 공개하고 있었으나, 일부 위탁 서비스 관련 파일이 누락되어 정보주체가 해당 처리방침을 확인할 수 없었고, 신규 수집한 고객정보 파일도 개인정보보호위원회에 60일 이내 등록하지 않아 기한을 초과하였다. 또한 등록된 항목과 실제 수집 정보 간 차이가 있었고, 등록 예외에 해당되지 않는 파일을 누락 등록하였다.

개인정보 처리방침 평가제 25년 1회, 2회

평가 개요	• 개인정보 보호 수준 개선, 기업의 책임 · 처리방침의 투명성 · 책임성 강화 • 적정성 · 가독성 · 접근성 등을 평가하여 개인정보 보호 수준 개선을 유도
평가 절차 기출 25년 1회	평가계획 수립 · 공개 → 기초 평가(평가위원회) / 이용자 평가(이용자 평가단) → 심층 평가(평가위원회) → 평가 결과 통보 및 이의신청 → 평가 결과 확정 및 개선 권고
평가 항목 기출 25년 2회	• 적정성 : 개인정보 보호법상 기재사항을 적정하게 정하고 있는지 여부 • 가독성 : 알기 쉽게 작성되었는지 여부 • 접근성 : 정보주체가 쉽게 확인할 수 있는 방법으로 공개하고 있는지 여부
평가 대상	다음 중 어느 하나에 해당하는 자 • 전년도 매출액 1,500억 원 이상이면서 일일평균 정보주체 수 100만 명 이상 • 일일평균 민감정보 · 고유식별정보 정보주체 수 5만 명 이상 • 동의 없이 처리하는 개인정보 항목 · 법적 근거를 동의받아 처리하는 정보와 구분하고 있지 않을 경우 • 완전히 자동화된 시스템(AI 포함)으로 개인정보를 처리하여 침해 우려가 있을 경우 • 최근 3년간 개인정보 유출이 2회 이상 발생했거나 과징금/과태료 처분을 받았을 경우 • 19세 미만 아동 또는 청소년을 주된 이용자로 하는 정보통신서비스 운영자

② 개인정보 품질보장

인증기준	확인사항	세부설명	증거자료	결함사례
• 수집된 개인정보는 처리 목적에 필요한 범위 내에서 제공 • 개인정보의 정확성 · 완전성 · 최신성이 보장되도록 정보주체에게 관리절차를 제공	• 개인정보가 부정확 · 오래된 정보로 잘못 처리되지 않도록, 개인정보의 정확 · 최신성을 유지하기 위한 내부 절차 및 관리방안 수립 · 실행 여부 점검 • 정보주체가 본인의 개인정보를 스스로 확인하고 정확성 · 완전성 · 최신성을 유지할 수 있도록 조회, 정정, 갱신 등의 기능 · 절차 제공 여부 확인	• 개인정보를 최신 상태로 정확히 유지하기 위해 위조 · 변조 방지, 백업 · 복구 체계, 오입력 방지 조치 등 수립 · 이행 • 개명 · 주민번호 변경 등의 상황도 반영 • 정보주체가 자신의 개인정보를 주기적 수정 · 최신화 할 수 있도록 온라인/오프라인 수단 제공 • 개인정보 처리방침 변경 이력 포함 쉽게 열람 · 수정 방법 제공	정보주체 개인정보 수정 · 변경 양식	• 홈페이지에서는 본인 확인 절차를 적용, 고객센터 상담원을 통한 개인정보 변경 시 본인 확인 절차가 미흡하여 타인이 정보를 변경 가능한 보안상 허점 존재 • 온라인 회원에게만 개인정보 변경 수단이 제공 오프라인 회원은 개인정보를 • 최신화 하거나 정정할 방법이 제공되지 않아 정보주체의 권리 보장이 채널 간 불균형

▲ 개인정보 품질보장 핵심정리

1) 인증기준

수집된 개인정보는 처리 목적에 필요한 범위에서 개인정보의 정확성·완전성·최신성이 보장되도록 정보주체에게 관리절차를 제공하여야 한다.

목적	• 개인정보가 처리 목적에 맞게 정확하고 최신인 상태로 유지 • 정보주체의 권리가 침해되지 않도록 보장
주요 사항	• 개인정보의 정확성과 최신성을 유지하기 위한 내부 절차 및 관리방안 수립 여부 점검 • 정보주체가 자신의 개인정보를 조회·정정·갱신할 수 있는 수단과 절차를 제공하고 있는지 확인
주요 결과	• 부정확하거나 오래된 정보로 인한 오처리 예방 • 정보주체가 자기정보를 스스로 관리할 수 있는 시스템 운영 • 개인정보 품질 향상을 위한 관리 체계 구축
기대 효과	• 정보주체의 권리 보장 및 민원·분쟁 예방 • 개인정보 처리의 신뢰성과 정확성 제고 • 법적 요구사항 충족 및 개인정보 보호 수준 향상

2) 확인사항

개인정보 정확성 유지 절차	개인정보가 부정확하거나 오래된 정보로 인해 잘못 처리되지 않도록, 개인정보의 정확성과 최신성을 유지하기 위한 내부 절차 및 관리방안을 수립하고 실행하고 있는지를 점검해야 한다.
정보주체의 수정 가능성의 보장	정보주체가 본인의 개인정보를 스스로 확인하고 정확성·완전성·최신성을 유지할 수 있도록 조회, 정정, 갱신 등의 기능이나 절차를 제공하고 있는지를 확인해야 한다.

3) 주요 내용

개인정보 정확성 유지 관리 체계	• 개인정보를 최신 상태로 정확히 유지하기 위해 위조·변조 방지, 백업·복구 체계, 오입력 방지 조치 등을 수립 및 이행한다. • 개명·주민번호 변경 등도 반영할 수 있다.
정보주체 중심의 최신화 수단	• 정보주체가 자신의 개인정보를 주기적으로 수정하고 최신화할 수 있도록 온·오프라인 수단을 제공한다. • 개인정보 처리방침 변경 이력을 포함해 쉽게 열람 및 수정이 가능하다.

4) 결함사례

본인확인 절차 미흡	홈페이지에서는 본인확인 절차를 적용하고 있으나, 고객센터 상담원을 통한 개인정보 변경 시 본인확인 절차가 미흡하여 타인이 정보를 변경할 수 있는 보안상 허점이 존재하는 경우
채널별 개인정보 변경 수단 미제공	온라인 회원에게만 개인정보 변경 수단이 제공되고, 오프라인 회원은 개인정보를 최신화하거나 정정할 방법이 제공되지 않아 정보주체의 권리보장이 채널 간 불균형적으로 이뤄진 경우

📵 S 의료재단은 홈페이지에서는 본인확인 절차를 적용하고 있었으나, 고객센터 상담을 통한 진료기록 주소 변경 시 본인확인 없이 상담원 판단만으로 변경이 가능해 타인이 정보를 수정할 수 있는 위험이 있었다. 또한 비대면 진료회원에게만 개인정보 수정 기능이 제공되고, 내원 환자는 별도 수단이 없어 정보주체 간 권리행사 기회에 차별이 발생하였다.

03 이용자 단말기 접근 보호

인증기준	확인사항	세부설명	증거자료	결함사례
정보주체(이용자)의 이동통신단말장치 내에 저장되어 있는 정보 및 이동통신단말장치에 설치된 기능에 접근이 필요한 경우, 명확하게 인지할 수 있도록 알리고 정보주체(이용자)의 동의 필요	• 앱이나 서비스가 이동통신단말장치 내 저장 정보나 기능에 접근하려는 경우, 그 사실을 명확히 알리고 사전에 정보주체의 동의를 받고 있는지 점검 • 필수적이지 않은 접근권한에 대해 이용자가 동의하지 않더라도 서비스 이용을 제한하거나 거부하지 않도록 설정하고 있는지 확인	• 스마트폰·태블릿 앱이 단말장치 정보나 기능에 접근할 경우, 정보주체에게 그 항목과 이유를 명확히 고지하고, 필수권한과 선택권한을 구분하여 각각 별도로 동의 처리 • 서비스 제공에 필수적이지 않은 접근권한에 대해 이용자가 동의하지 않더라도, 해당 앱 또는 서비스 이용 자체를 제한 금지	• 앱 접근권한 동의 화면 • 앱 접근권한 설정 현황	• 앱 서비스 제공에 필요하지 않은 주소록, 사진, 문자 등 스마트폰 내 민감 정보에 대한 접근 권한 설정 정보주체의 개인정보 자기결정권을 침해 • 앱에서 스마트폰 내에 저장되어 있는 정보 및 설치된 기능에 접근하면서 접근권한에 대한 내용에 미고지 및 미동의

▲ 이용자 단말기 접근 보호 핵심정리

1) 인증기준

정보주체(이용자)의 이동통신단말장치 내에 저장되어 있는 정보 및 이동통신단말장치에 설치된 기능에 접근이 필요한 경우 이를 명확하게 인지할 수 있도록 알리고 정보주체(이용자)의 동의를 받아야 한다.

목적	앱이나 서비스가 이용자의 단말기 내 저장정보나 기능에 접근하는 경우, 정보주체의 명확한 동의 및 권리 보장
주요 사항	• 위치정보, 카메라 등 단말기 정보 접근 시 그 사실을 명확히 고지하고 사전 동의를 받는지 확인 • 필수적이지 않은 접근권한에 대해 동의하지 않더라도 서비스 이용에 제한이 없도록 설정되어 있는지 점검 • 접근 권한에 대한 동의 및 철회를 정보주체가 언제든지 직접 설정할 수 있는 방법을 제공하는지 확인
주요 결과	• 단말장치 접근에 대한 고지 및 동의 절차 마련 • 서비스 이용 시 불필요한 접근권한 강제 방지 • 접근권한에 대한 정보주체의 통제 수단 확보
기대 효과	• 정보주체의 자기결정권 및 프라이버시 보호 강화 • 과도한 접근권한 설정으로 인한 민원 및 오남용 방지 • 신뢰성 있는 서비스 제공을 통한 사용자 만족도 제고

2) 확인사항

접근권한 요청 시 고지 및 동의	앱이나 서비스가 이동통신단말장치 내 저장 정보나 기능에 접근하려는 경우, 그 사실을 명확히 알리고 사전에 정보주체의 동의를 받고 있는지 점검해야 한다.
필수권한 외 동의 거부 허용	필수적이지 않은 접근권한에 대해 이용자가 동의하지 않더라도 서비스 이용을 제한하거나 거부하지 않도록 설정하고 있는지를 확인해야 한다.
동의 및 철회 절차 제공	정보주체가 접근권한 부여에 대해 스스로 동의하고 언제든지 철회할 수 있도록 앱 내 또는 별도 메뉴를 통해 절차를 제공하고 있는지를 점검해야 한다.

3) 주요 내용

단말장치 접근권한 고지 및 동의	• 스마트폰이나 태블릿 앱이 단말장치 정보나 기능에 접근할 경우, 정보주체에게 그 항목과 이유를 명확히 고지해야 한다. • 필수권한과 선택권한을 구분하여 각각 별도로 동의를 받아야 한다.
서비스 제공과 선택권한의 연계 제한	서비스 제공에 필수적이지 않은 접근권한에 대해 이용자가 동의하지 않더라도, 해당 앱 또는 서비스 이용 자체를 제한하는 것을 금지한다.
접근권한 동의 및 철회 수단	• 안드로이드 6.0 이상이나 iOS 등에서는 정보주체가 앱 설정에서 접근권한을 개별적으로 철회할 수 있으며, 운영체제에 따라 앱 삭제로 철회해야 하는 경우도 있다. • 앱 자체에 철회 기능이 구현된 경우 해당 기능을 필수적으로 제공해야 한다.
단말장치 대상 범위 구분	• 접근권한 고지 · 동의는 스마트폰과 이동통신 가능한 태블릿에 적용된다. • 스마트워치는 기술 구현 여부에 따라 한시적으로 필수 권한만 설정할 수 있다. • 단순 블루투스 · 와이파이 기기 등은 대상에서 제외된다.

4) 결함사례

과도한 권한 설정	앱 서비스 제공에 필요하지 않은 주소록, 사진 등 스마트폰 내 민감 정보에 대한 접근 권한을 설정하여 정보주체의 개인정보 자기결정권을 침해한 사례
고지 및 동의 없는 접근	스마트폰 앱이 단말장치 내 저장 정보나 기능에 접근하면서도 정보주체에게 사전 고지하거나 명시적인 동의를 받지 않아 법적 요건을 위반한 경우
선택권한을 필수로 고지	실제로는 서비스에 반드시 필요하지 않은 선택적 접근권한을 필수권한으로 오기재하여 정보주체가 선택의 여지 없이 동의하도록 유도한 경우
개별동의 불가 환경에서 권한 강제	개별 권한 설정이 불가능한 운영체제 환경(예 Android 5.x)에서도 선택적 접근권한을 설정하고, 정보주체가 이를 개별적으로 거부할 수 없도록 강제한 경우

⑩ A 지자체는 모바일 민원 앱을 통해 주소록, 사진, 문자 등 서비스 이용에 불필요한 스마트폰 접근 권한을 설정하였고, 이에 대해 명시적인 고지 없이 사전 동의도 받지 않은 채 배포하였다. 특히 Android 6.0 미만 기기에서는 사용자가 선택권한을 개별적으로 조정할 수 없어 정보주체의 권리 침해가 발생하였다.

04 개인정보 목적 외 이용 및 제공

인증기준	확인사항	세부설명	증거자료	결함사례
개인정보는 수집 시의 정보주체에게 고지·동의를 받은 목적·법령에 근거한 범위 내에서만 이용·제공하여야 하며 이를 초과하여 이용·제공하려는 때에는 정보주체의 추가 동의를 받거나 관계 법령에 따른 적법한 경우인지 확인하고 적절한 보호대책을 수립·이행	• 다른 개인정보처리자에게 제공받은 개인정보는 제공 목적의 범위 내에서만 이용하거나 재제공 초과 이용 시 별도의 동의 또는 법적 근거 필요 • 수집 또는 제공받은 목적 초과 개인정보 이용·제공할 경우 정보주체의 별도 동의·관련 법령의 근거가 있는 경우로 제한하고 있는지를 점검	• 목적 외 이용·제공은 정보주체의 별도 동의 법률 근거, 긴급한 생명·신체 보호 등 특정 요건을 충족하는 경우에 한해 가능하며, 정보주체나 제3자의 이익 부당하게 침해할 경우 제외 • 목적 외로 제3자에게 제공할 경우, 제공받는 자에 이용 목적과 방법을 제한하고, 안전성 확보를 위한 기술적·관리적 조치 요청 여부 확인	• 개인정보 목적 외 이용 및 제3자 제공 내역 • 개인정보 목적 외 이용 및 제3자 제공 대장 • 홈페이지 또는 관보 게재 내역	• 상품 배송 목적으로 수집한 개인정보를 정보주체의 별도 동의 없이 자사 통신판매 광고에 활용하여, 수집 목적을 초과하여 개인정보를 부당하게 이용 • 만족도 조사나 경품 행사 응모 등 특정 목적으로 수집한 개인정보를 사전 동의 없이 할인판매 행사 안내 등 마케팅 목적으로 전환하여 활용

▲ 개인정보 목적 외 이용 및 제공 핵심정리

1) 인증기준

• 개인정보는 수집 시의 정보주체에게 고지·동의를 받은 목적 또는 법령에 근거한 범위 내에서만 이용 또는 제공하여야 한다.

• 이를 초과하여 이용·제공하려는 때에는 정보주체의 추가 동의를 받거나 관계 법령에 따른 적법한 경우인지 확인하고 적절한 보호대책을 수립·이행하여야 한다.

목적	• 개인정보가 수집 시 고지한 목적 또는 법령의 근거 범위 내에서만 이용·제공되도록 한다. • 초과 이용 시 정보주체의 권리를 보호해야 한다.
주요 사항	• 개인정보의 수집·이용·제공이 동의받은 목적과 범위 내에서 이뤄지는지 점검 • 다른 기관으로부터 제공받은 정보도 당초 목적 내에서만 사용되는지 확인 • 초과 이용·제공 시 별도 동의나 법령 근거 여부 확인 • 제3자 제공 시 제공받는 자의 이용 목적 제한 및 안전성 확보 조치 요구 여부 점검 • 공공기관이 목적 외 이용 시 법적 근거나 홈페이지 공개 여부 확인 • 제3자 제공 또는 목적 외 이용 시 관련 기록 작성 및 관리 여부 확인
주요 결과	• 목적 외 이용 및 재제공 방지를 위한 사전 통제 체계 수립 • 법적 요구사항 충족 및 정보주체 권리 보호 문서화 • 제3자 제공 시 안전성 확보 조치 이행 체계 마련
기대 효과	• 개인정보 오남용 방지 및 법적 분쟁 최소화 • 공공기관의 책임성 강화 및 국민 신뢰 제고 • 개인정보 보호 체계의 일관성 및 투명성 향상

2) 확인사항

수집 목적 내 이용 · 제공 원칙 준수	• 개인정보는 최초 수집 시 정보주체가 동의한 목적 또는 관련 법령에 명시된 범위 내에서만 이용 및 제공해야 한다. • 초과 이용은 원칙적으로 금지된다.
제공받은 정보의 목적 내 이용 제한	• 다른 개인정보처리자로부터 제공받은 개인정보는 제공 목적의 범위 내에서만 이용하거나 제공해야 한다. • 초과 이용 시 별도의 동의 또는 법적 근거가 필요하다.
초과 이용 · 제공 시 요건 충족 여부	수집 또는 제공받은 목적을 초과하여 개인정보를 이용 · 제공할 경우, 정보주체의 별도 동의나 관련 법령의 근거가 있는 경우로 제한하고 있는지를 점검한다.
제3자 제공 시 통제 조치 요청 여부	• 개인정보를 목적 외로 제3자에게 제공할 경우, 제공받는 자에게 이용 목적과 방법을 제한한다. • 안전성 확보를 위한 기술적 · 관리적 조치를 요청하고 있는지를 확인한다.
공공기관의 목적 외 이용 공개 여부	공공기관이 개인정보를 목적 외로 이용하거나 제공하는 경우, 그 법적 근거, 목적, 범위를 관보 또는 홈페이지에 명시적으로 게재하고 있는지를 확인한다.
공공기관의 기록 · 관리 절차 마련 여부	공공기관이 목적 외 이용 또는 제3자 제공을 할 경우, 관련 내용을 '제공대장' 등에 기록 · 관리하는 절차를 마련하고 이를 준수하고 있는지를 점검한다.

3) 주요 내용

목적 내 이용 · 제공의 원칙	개인정보는 정보주체의 동의를 받은 목적이나 관련 법령에서 정한 범위 내에서만 이용 · 제공되어야 하며, 이를 벗어난 사용은 원칙적으로 금지한다.
제공 목적 범위 내 이용 원칙	• 개인정보를 제공받은 자는 해당 정보를 제공받은 목적의 범위 내에서만 이용해야 한다. • 별도 동의나 법적 근거 없이 제3자에게 재제공을 금지한다.
목적 외 이용 · 제공 가능 예외 요건	• 목적 외 이용 · 제공은 정보주체의 별도 동의, 법률 근거, 긴급한 생명 · 신체 보호 등 특정 요건을 충족하는 경우에 한해 가능하다. • 정보주체나 제3자의 이익을 부당하게 침해하는 경우는 제외된다.
제3자 제공 시 통제 조치 필요	• 개인정보를 제3자에게 제공할 경우, 이용 목적 · 방법 · 기간 등을 제한한다. • 안전성 확보를 위한 조치를 서면으로 요청한다.
공공기관의 목적 외 이용 조건	• 공공기관은 목적 외 이용 시 법적 근거 및 목적 · 범위를 관보나 홈페이지에 공고한다. • 제3자 제공에 대해서는 '제공대장'을 통해 기록하고 관리한다.
제3자 제공 시 책임 명확화	• 개인정보를 제3자에게 제공하는 경우, 수신자와의 관계에서 정보의 안전성 확보조치 책임을 명확히 한다. • 문서 등으로 이용 목적 및 책임 범위를 사전에 고지하고 제한한다.
공공기관의 목적 외 이용 공개 의무	• 공공기관이 개인정보를 목적 외로 이용하거나 제3자에게 제공할 경우, 30일 이내 관보 또는 홈페이지에 이용 일자, 목적, 법적 근거, 항목 등을 10일 이상 게재해야 한다. • 이때 정보주체 동의나 수사 목적 등은 예외이다.
목적 외 이용 및 제공대장 기록관리	공공기관은 개인정보를 목적 외로 이용하거나 제공할 경우, 이용 · 제공 목적, 항목, 근거 등을 목적 외 이용 및 제3자 제공 대장에 기록하여 체계적으로 관리한다.
사법기관 요청 대응 절차	영장 · 명령 · 공문 등 요청에 따라 개인정보를 제공할 때 대응 프로세스를 수립 및 이행한다(예 법적 근거 확인, 접수창구 지정, 담당자 검증, 내부 승인 절차 등).

기관 유형별 개인정보 목적 외 이용 · 제공 가능 기준

목적 외 이용 · 제공이 가능한 경우	공공기관	공공기관 외
정보주체로부터 별도의 동의를 받은 경우	○	○
다른 법률에 특별한 규정이 있는 경우	○	○
생명 · 신체 · 재산 보호를 위한 긴급한 경우	○	○
소관 업무 수행에 필요하고 개인정보보호위원회 심의 · 의결을 거친 경우	○	–
외국 정부 또는 국제기구 제공을 위한 국제협정 이행 필요시	○	–
범죄 수사 및 공소 제기 등 법 집행 목적	○	○
법원의 재판업무 수행 목적	○	○
형의 집행, 보호처분의 집행 목적	○	○
공공의 안전과 안녕을 위한 긴급 필요시	○	○

4) 결함사례

목적 외 이용 동의 미이행	상품 배송 목적으로 수집한 개인정보를 정보주체의 별도 동의 없이 자사 통신판매 광고에 활용하여, 수집 목적을 초과하여 개인정보를 부당하게 이용한 사례
수집 목적과 다른 마케팅 활용	만족도 조사나 경품 행사 응모 등 특정 목적으로 수집한 개인정보를 사전 동의 없이 할인판매 행사 안내 등 마케팅 목적으로 전환하여 활용한 경우
공공기관 공개 의무 미이행	공공기관이 법률에 근거하여 타 기관에 개인정보를 제공했음에도, 개인정보 보호법에 따른 관보 또는 홈페이지 게시 의무를 이행하지 않은 경우
제3자 제공 기록 미작성	공공기관이 수사기관에 개인정보를 제공했음에도 불구하고, 목적 외 이용 및 제3자 제공 대장에 관련 내역을 기록 · 관리하지 않아 법적 기록관리 의무를 위반한 경우

⑩ Z 가상자산거래소는 고객에게서 수집한 배송지 정보를 자사 신규 서비스 홍보 문자 발송에 활용했으나, 별도 마케팅 동의를 받지 않아 목적 외 이용으로 문제가 되었다. 또한 설문조사를 통해 수집한 정보를 추후 경품 행사 참여 권유와 할인 광고에 사용하면서 수집 목적과 다르게 활용하였다.

05 가명정보 처리

인증기준	확인사항	세부설명	증거자료	결함사례
가명정보를 처리하는 경우 목적제한, 결합제한, 안전조치, 금지의무 등 법적 요건을 준수하고 적정 수준의 가명처리를 보장할 수 있도록 가명처리 절차를 수립·이행	• 가명정보 처리 시 목적 제한, 가명처리 기준 재식별 방지 및 발생 시 조치 절차 등 적정한 처리 기준과 관리 절차 수립여부 점검 • 다른 개인정보처리자와 가명정보를 결합할 경우, 반드시 지정된 결합전문기관 또는 데이터전문기관을 통해 이루어지고 있는지를 확인	• 가명정보는 통계작성, 과학적 연구, 공익적 기록보존 목적에 한해 동의 없이 이용 가능 • 처리 목적이 없거나 무작정 보관하는 것은 특례 적용 대상이 아니므로 절차 수립 및 기준 준수 • 추가정보 별도 분리 보관, 위탁 시 재식별 금지 등 계약조건 포함, 접근권한 분리 및 물리적 통제 등 안전조치, 관련 기록은 3년 간 보관	• 가명·익명처리 적정성 평가 절차 및 결과 • 가명정보 처리 기록 • 개인정보 처리방침 (가명정보 이용·제공 사항)	• 통계작성 및 과학적 연구를 위해 정보주체 동의 없이 가명정보를 처리하면서 처리과정 미기록 개인정보 처리방침에 관련 내용 미공개한 경우 • 가명정보와 동일한 DB 내에 추가정보 분리 없이 저장, 추가정보 접근 권한이 적절히 통제되지 않아 결합 가능성이 존재할 경우

▲ 가명정보 처리 핵심정리

1) 인증기준

가명정보를 처리하는 경우 목적제한, 결합제한, 안전조치, 금지의무 등 법적 요건을 준수하고 적정 수준의 가명처리를 보장할 수 있도록 가명처리 절차를 수립·이행하여야 한다.

목적	가명정보가 목적 제한, 결합 제한, 안전조치 등 법적 요건을 준수하며 적정 수준으로 처리되도록 보장
주요 사항	• 가명처리 시 목적 제한, 재식별 방지, 절차 기준 등 내부 처리 기준 수립 여부 확인 • 다른 정보 없이 개인 식별이 불가능하도록 충분한 가명처리 수준 확보 여부 점검 • 가명정보 결합 시 지정된 결합전문기관 또는 데이터전문기관을 통해 수행 여부 확인 • 추가정보는 분리·보관하고, 안전조치(기술·관리·물리) 이행 여부 확인 • 처리 목적에 따라 처리기간 설정 및 기간 경과 후 파기 조치 여부 확인 • 가명정보 수준 검토 여부 점검
주요 결과	• 법적 기준에 부합하는 가명정보 처리 절차 수립 • 재식별 위험이 낮은 적정 수준의 가명처리 실현 • 안전한 결합 환경 및 이력 관리 체계 확보
기대 효과	• 가명정보 활용 활성화와 동시에 정보주체 권리 보호 실현 • 재식별 리스크 최소화를 통한 법적 분쟁 예방 • 데이터 활용의 신뢰성과 안전성 확보

2) 확인사항

가명정보 처리 절차 수립	가명정보 처리 시 목적 제한, 재식별 방지 및 발생 시 조치 절차 등 적정한 처리 기준과 관리 절차를 수립하고 있는지를 점검해야 한다.
가명처리 수준의 적정성 확보	가명정보를 처리할 때 다른 정보와 결합 없이 개인을 식별할 수 없도록 충분히 가명처리가 이루어졌는지를 확인해야 한다.
결합 시 법정기관 이용 여부	다른 개인정보처리자와 가명정보를 결합할 경우, 반드시 지정된 결합전문기관 또는 데이터전문기관을 통해 이루어지고 있는지를 확인해야 한다.
안전성 확보 조치 이행 여부	• 가명정보와 추가정보를 분리 보관하고, 가명처리 관련 기록을 유지해야 한다. • 안전성을 위한 관리적 · 기술적 · 물리적 조치가 수행되고 있는지를 점검한다.
처리기간 설정 및 파기 이행	• 가명정보 처리 목적에 따른 적정한 처리기간을 설정한다. • 해당 기간이 지나면 지체 없이 파기하고 있는지를 확인해야 한다.
익명처리 수준의 적정성	익명정보의 경우, 시간 · 비용 · 기술 등을 고려할 때 다른 정보로도 식별이 불가능하도록 적정한 수준의 익명처리가 이루어졌는지를 평가해야 한다.

3) 주요 내용

가명정보 처리 절차 수립 · 이행	• 가명정보는 통계작성, 과학적 연구, 공익적 기록보존 목적에 한해 동의 없이 이용 가능하다. • 처리 목적이 없거나 무작정 보관하는 것은 특례 적용 대상이 아니므로 절차 수립 및 기준을 따라야 한다.
적정 수준의 가명처리 수행	• 개인을 식별할 수 없도록 식별정보를 삭제하거나 대체한다. • 목적에 맞춰 구별은 가능하되 재식별이 불가능하도록 가명처리를 수행해야 한다.
가명정보 결합의 적법한 절차	• 가명정보를 다른 개인정보처리자와 결합할 경우 지정된 결합전문기관을 통해 수행해야 한다. • 금융 분야는 의무적으로 데이터전문기관을 이용해야 한다.
안전성 확보 조치	• 추가정보는 별도 분리 보관해야 한다. • 위탁 시 재식별 금지 등 계약조건을 포함하여, 접근권한 분리 및 물리적 통제 등 안전 조치를 해야 하며, 관련 기록은 3년간 보관해야 한다.
가명정보 처리기한 설정 및 파기	• 가명정보는 목적 달성을 위한 최소한의 기간 동안 보관해야 한다. • 기간이 경과하면 지체 없이 파기해야 한다.
익명처리 수준의 적정성 확보	• 익명정보는 다른 정보를 결합해도 식별이 불가능한 수준으로 처리해야 한다. • 삭제 및 복합적 방법 적용, 외부 검토위원회 운영 등 절차를 마련해야 한다.

가명정보 처리 및 관리 단계별 절차

단계	항목	내용
1	목적 설정 등 사전준비	• 개인정보 보호법에서 정한 3가지 목적(통계작성, 과학적 연구, 공익적 기록보존 등) 중에서 구체적으로 가명정보 처리 목적 설정 • 처리 목적 달성에 필요한 정보의 종류·범위를 명확히 하여 대상 선정 • 처리 목적의 적합성 및 안전조치 이행 검토 • 필요시 위탁 계약서 등 문서 작성

2	처리 대상의 위험성 검토	• 가명처리 대상 개인정보파일 및 항목 선정
		• 데이터 식별 위험성과 처리 환경상의 활용 형태 등 평가
		   – 식별정보·식별가능정보 등
		   – 내부 활용, 외부 제공 여부, 처리 장소 등

3	가명처리	• 항목별 가명처리 계획 수립 및 수행 • 추가 정보는 원칙적으로 파기하거나 분리 저장하여 재식별 방지
4	적정성 검토	• 처리 결과에 대한 적정성 사전 검토 • 내부 인원을 통한 자체 검토 또는 외부 전문가 참여 위원회 구성(3명 이상) • 부적정 판정 시 재처리 후 재검토
5	안전한 관리	• 가명정보 분리 보관, 삭제, 접근권한 분리 등 안전조치 이행 • 재식별 금지 및 발생 가능성 모니터링 • 처리 중 식별정보 생성 시 회수·파기 등의 조치 수행 • 기록 작성 및 기록을 3년 이상 보관 • 개인정보 처리방침에 사항 공개

가명정보 결합 신청 및 안전관리 절차

단계	항목	내용
1	결합신청	• 결합신청자는 결합신청에 필요한 협의, 신청서 작성 등 사진 준비사항을 확인하고 결합전문기관에 결합 신청 • 모의결합, 결합물 확인, 가명정보 추출 등 선택 가능
2	결합 및 추가처리	• 결합신청자는 결합기관으로부터 받은 정보(Salt값 등)를 활용하여 결합키 생성 • 결합신청 시 결합전문기관에 선택한 항목을 기반으로 결합물 및 관련 정보를 전송
3	반출 및 활용	결합된 정보 또는 분석 결과를 활용하고자 하는 경우 결합전문기관에 반출 신청
4	안전한 관리	• 결합정보를 이용하는 신청자는 반출 승인된 정보(반출정보)를 목적에 따라 안전하게 처리 • 결합 및 반출신청서의 내용에 따라 안전조치 의무 준수

4) 결함사례

정보주체 동의 없는 처리	• 통계작성 및 과학적 연구를 위해 정보주체 동의 없이 가명정보를 처리한 경우 • 처리에 대한 기록을 남기지 않는 경우 • 개인정보 처리방침에 관련 내용을 공개하지 않은 경우
분리저장 미흡	• 가명정보와 동일한 DB 내에 추가정보를 분리하지 않고 저장한 경우 • 추가 정보 접근 권한이 적절히 통제되지 않아 결합 가능성이 존재하는 경우
결합 가능성 존재	가명처리를 했더라도 수준이 미흡해 다른 정보와의 결합 등을 통해 특정 개인을 알아볼 수 있는 가능성이 존재하는 경우
익명처리 부적정	테스트 데이터 생성이나 외부 공개를 위해 개인정보를 익명처리했지만, 특이치 등으로 인해 특정 개인을 식별할 가능성이 있어 익명처리가 적정하지 않은 경우

예 B 유통회사는 고객의 구매 이력과 행동 데이터를 분석하기 위해 사전 동의 없이 가명정보를 수집하면서, 처리 목적과 방식에 대한 기록을 남기지 않았고 개인정보 처리방침에도 해당 내용을 명시하지 않았다. 또한 가명정보와 구매 이력, 결제 정보 등 추가 정보를 동일한 데이터베이스에 분리 없이 저장하여 접근 권한도 명확히 통제하지 않았다.

게다가 분석 결과를 기반으로 고객 맞춤형 추천 모델을 개발하는 과정에서 가명처리 수준이 충분하지 않아 일부 특이 패턴의 고객은 추가정보 없이도 타 정보와의 결합을 통해 특정 개인이 식별될 수 있는 상황이었다. 내부 테스트용으로 익명처리된 데이터를 외부 분석 업체에 제공하였으나, 희귀 상품을 반복 구매한 고객의 경우 여전히 식별 가능성이 존재해 익명처리가 적절히 수행되었다고 보기 어려웠다.

개인정보 제공 · 파기 시 보호조치 및 정보주체 권리보호

학습 방향

정보보호에 관련된 용어 및 기본 개념을 이해하고 정보보호의 목적 및 특성을 기반으로 체계적인 정보보호 지식의 습득으로 보호 대상의 선정 및 요구사항 파악을 통한 위험관리 계획 수립 과정을 학습할 수 있다.

출제 빈도

SECTION 01	상	10%
SECTION 02	상	20%
SECTION 03	상	10%

SECTION

01 개인정보 제공 시 보호조치

출제빈도 상 중 하
반복학습 1 2 3

빈출 태그 개인정보 제3자 제공 • 개인정보 처리 업무 위탁 • 영업의 양도 등에 따른 개인정보 이전 • 국외 이전

01 개인정보 제3자 제공

인증기준	확인사항	세부설명	증거자료	결함사례
• 개인정보를 제3자에게 제공하는 경우 법적 근거에 의하거나 정보주체 동의 필요 • 제3자에게 개인정보의 접근을 허용하는 등 제공 과정에서 개인정보를 안전하게 보호하기 위한 보호대책 수립 · 이행	• 개인정보를 제3자에게 제공할 경우 정보주체 동의, 법령 준수 등의 요건을 명확히 식별하고 준수 • 정보주체로부터 제3자 제공 동의를 받을 때 다른 동의와 구분하여, 적법하게 받고 관련 사항은 명확히 고지 • 개인정보 제3자 제공은 안전한 절차와 방법으로 제공하고, 제공 내역을 기록하여 보관	• 제3자 제공 동의 시 제공받는 자, 목적, 항목, 보유기간, 거부권 등을 명확히 고지하며, 글씨 크기 · 색상 등으로 중요 내용 강조 • 동의 또는 법령에 근거해 제3자에게 제공할 경우 목적 달성에 필요한 최소한의 항목으로 제한 • 개인정보 제3자 제공은 암호화 등 안전한 방식 수행 제공 내역 문서 기록 · 보관	• 개인정보 처리방침 • 제3자 제공 내역	• 개인정보 제3자 제공 동의 시 정보주체에게 필수 고지사항 중 동의 거부권, 제공 항목을 누락하고 동의를 받은 경우 • 제3자 제공 동의를 선택사항으로 표시하였으나 동의하지 않으면 회원가입이 불가능하게 시스템이 구성된 경우

▲ 개인정보 제3자 제공 핵심정리

1) 인증기준

• 개인정보를 제3자에게 제공하는 경우 법적 근거에 의하거나 정보주체의 동의를 받아야 한다.
• 제3자에게 개인정보의 접근을 허용하는 등 제공 과정에서 개인정보를 안전하게 보호하기 위한 보호대책을 수립 · 이행하여야 한다.

목적	개인정보를 제3자에게 제공하는 과정에서 정보주체의 권리를 보호하고, 법적 준수 및 안전한 처리 기준을 체계적으로 확보
주요 사항	• 제3자 제공의 정의 및 범위의 명확화 • 정보주체 동의 여부 및 법령 근거 확인 • 동의 고지사항의 구분성, 명확성, 표시 가독성 확보 • 최소한의 항목만 제공하고 안전한 제공 절차 및 기록 유지 • 제3자의 접근 허용 여부 판단 및 보호조치 적용 • 추가 제공 시 판단 기준 마련 및 지속적인 점검

주요 결과	• 제3자 제공 요건 충족 여부 확인 • 정보주체 동의 적법성 및 고지 의무 이행 결과 도출 • 제공 항목 제한 및 제공 절차 기록화 • 법적 요구사항 준수 확인 및 감사 대응 기반 확보
기대 효과	• 개인정보 제3자 제공의 투명성 및 책임성의 강화 • 정보주체 권리 보호 및 신뢰도 제고 • 법적 분쟁 및 규제기관 제재 리스크 감소

2) 확인사항

제3자 제공 요건 식별	개인정보를 제3자에게 제공할 경우 정보주체 동의, 법령 준수 등의 요건을 명확히 식별하고 이를 준수하여야 한다.
동의 고지의 구분성	정보주체로부터 제3자 제공 동의를 받을 때, 다른 동의와 구분하여 적법하게 받고, 관련 사항은 명확히 고지해야 한다.
고지 내용의 가시성	법령에서 요구하는 고지 사항 중 중요한 내용은 눈에 띄게 표시하고 알아보기 쉽게 하여야 한다.
최소한의 항목 제공	제3자 제공 시 제공 목적에 필요한 최소한의 개인정보 항목만을 제공하도록 제한해야 한다.
안전한 제공 절차	개인정보 제3자 제공은 안전한 절차와 방법으로 제공하고, 제공 내역을 기록하여 보관해야 한다.
제3자 접근 통제	제3자가 개인정보에 접근하는 경우 보호절차를 마련하고 이에 따라 접근을 통제하여야 한다.
동의 없는 추가 제공 시 판단기준	• 동의 없는 추가 제공의 경우 관련성, 예측 가능성, 침해 여부, 안전성 확보 여부를 판단 기준으로 수립해야 한다. • 지속적으로 개인정보를 제공 시 이를 처리방침에 공개하고 점검해야 한다.

3) 주요 내용

제3자 제공의 정의 및 범위	• 제3자는 개인정보처리자 외의 모든 자이며, 저장매체 이전, 접근권한을 부여받는다. • 전송 등은 제3자 제공에 해당되며, 적법한 근거를 문서화해야 한다.
제3자 제공 허용 요건	정보주체 동의 또는 법령상 의무, 공공기관 업무 수행, 급박한 생명 · 재산 보호, 정당한 이익 등의 조건일 경우 제3자 제공이 가능하다.
동의 구분 및 거부권 고지	• 수집 · 이용, 제3자 제공 동의는 구분하여 받아야 한다. • 본질적 기능에 필수적이지 않다면 동의 거부를 이유로 서비스 제공을 제한하는 것은 금지된다.
동의 시 고지사항 및 방법	• 제3자 제공 동의 시 제공받는 자, 목적, 항목, 보유 기간, 거부권 등을 명확히 고지해야 한다. • 글씨 크기 · 색상 등으로 중요 내용을 강조해야 한다.
최소 정보 제공의 원칙	동의 또는 법령에 근거해 제3자에게 제공할 경우 목적 달성에 필요한 최소한의 항목으로 제한한다.
안전한 제공 절차 및 기록 보존	• 개인정보 제3자 제공은 암호화 등 안전한 방식으로 수행해야 한다. • 제공 내역은 문서로 기록 및 보관해야 한다.
제3자 접근 허용 시 보호조치	권한 인증, 암호화 전송, 접속기록 보존 등의 보호조치를 수립하여 안전하게 개인정보에 접근하도록 통제해야 한다.
비동의 제공 시 판단기준	동의 없는 제공 시 수집 목적과의 관련성, 정보주체 피해 여부, 예측 가능성 등 안전조치를 고려한 기준을 수립 및 점검해야 한다.

4) 결함사례

고지사항 누락	개인정보 제3자 제공 동의 시 정보주체에게 필수적으로 알려야 할 고지사항 중 일부를 누락하고 동의를 받은 경우
동의 여부 확인 실패	제3자 제공 시 동의 여부를 명확히 확인하지 않아 동의하지 않은 정보주체의 개인정보까지 잘못 제공된 경우
제공받는 자의 불명확한 고지	제공받는 자를 '~ 등'과 같이 불분명하게 표현하여 정보주체가 누구에게 제공되는지를 명확히 인지할 수 없게 안내하고 동의를 받은 경우
동의 강제성	제3자 제공 동의를 선택사항으로 표시하였음에도 불구하고, 동의하지 않으면 회원가입이 불가능한 방식으로 시스템이 구성된 경우
과도한 정보 제공	제공받는 자의 이용 목적과 관계없이 과도하게 많은 개인정보를 제3자에게 제공하여 최소 수집 · 제공 원칙을 위반한 경우

예 L 쇼핑몰은 제3자 제공 동의를 받을 때 '제휴사 등'으로 포괄적으로 표현하며 제공받는 자를 명확히 고지하지 않았고, 동의하지 않으면 회원가입이 불가능한 방식으로 시스템을 구성하여 사실상 동의를 강제하였다. 또한 단순 배송을 위해 수집한 정보 외에 불필요한 항목까지 제3자에게 제공하고 있었다.

02 개인정보 처리 업무 위탁

인증기준	확인사항	세부설명	증거자료	결함사례
• 개인정보 처리업무를 제3자에게 위탁하는 경우 위탁 업무 내용 · 수탁자 등 관련 사항 공개 • 재화 · 서비스를 홍보하고 판매를 권유하는 업무를 위탁하는 경우 위탁 업무의 내용 · 수탁자를 정보주체에게 통지	• 개인정보 처리업무를 제3자에게 위탁(재위탁) 시 인터넷 홈페이지 등에 위탁 업무 내용 · 수탁자 등 현행화 하여 공개 • 재화 · 서비스를 홍보하고 판매를 권유하는 업무를 위탁하는 경우 서면, 전자우편, 문자전송 방법으로 위탁 업무 내용 정보주체에게 통지	• 정보주체 통지사항(위탁업무내용, 수탁자) • 위탁사항 공개방법(홈페이지, 관보, 신문, 연 2회 이상 발행되는 홍보지, 계약서 등) • 재화 · 서비스 홍보/판매 시 서면, 전자우편, 팩스, 전화, 문자로 위탁 업무 내용, 수탁자 통지	• 개인정보 처리방침 • 개인정보 수집 양식 • 개인정보 처리 위탁 계약서	• 홈페이지 내 개인정보 처리방침에 개인정보 처리업무 위탁사항을 공개하고 있으나, 일부 수탁자와 위탁하는 업무의 내용이 누락 • 재화 · 서비스 홍보/판매 시 위탁 업무 내용 · 수탁자를 서면 등의 방법으로 정보주체에게 알리지 않고 개인정보 처리방침에 공개하는 것으로 갈음한 경우

▲ 개인정보 처리 업무 위탁 핵심정리

1) 인증기준

개인정보 처리업무를 제3자에게 위탁하는 경우 위탁하는 업무의 내용과 수탁자 등 관련사항을 공개하여야 한다. 또한 재화 또는 서비스를 홍보하거나 판매를 권유하는 업무를 위탁하는 경우 위탁하는 업무의 내용과 수탁자를 정보주체에게 알려야 한다.

목적	개인정보 처리업무를 제3자에게 위탁하는 경우 정보주체에게 업무 내용과 수탁자를 명확히 고지하고, 신뢰성 있게 관리
주요 사항	• 개인정보 처리업무를 위탁하거나 재위탁할 경우, 위탁 업무의 내용과 수탁자 정보를 인터넷 홈페이지 등을 통해 공개하고 있는지 확인 • 공개된 위탁 현황이 최신 상태로 유지되고 있는지 점검 • 재화나 서비스의 홍보 · 판매 권유 등 마케팅성 위탁이 있을 경우, 서면 · 이메일 · 문자 등으로 개별적인 수탁자 및 업무 내용을 알리고 있는지 확인
주요 결과	• 위탁 업무 및 수탁자에 대한 공개 체계 마련 • 정보주체에게 위탁 사실을 개별 고지하는 절차 운영 • 마케팅 목적 위탁에 대한 사전 인지 및 동의 기반 확보
기대 효과	• 위탁에 따른 정보주체의 신뢰도 향상 • 정보 유출 · 오용 방지를 위한 책임 분산 및 관리체계 강화 • 법령상 공개 · 고지 의무 충족을 통한 규제 대응력 확보

2) 확인사항

위탁 현행화 공개	개인정보 처리업무를 제3자에게 위탁(재위탁 포함)할 경우, 위탁하는 업무의 내용과 수탁자를 인터넷 홈페이지 등에서 최신 상태로 유지하여 공개하고 있는지 점검한다.
광고 · 판매 위탁 고지	재화 또는 서비스의 홍보나 판매 권유 업무를 위탁할 경우, 서면, 이메일, 문자 등으로 해당 위탁 업무의 내용과 수탁자를 정보주체에게 고지한다.

3) 주요 내용

위탁 업무의 공개 필요성	• 개인정보 처리업무를 제3자에게 위탁(재위탁 포함)할 경우, 위탁 업무와 수탁자를 홈페이지 등에 공개해야 한다. • 정보주체가 언제든지 쉽게 확인할 수 있어야 하며, 변경 시 지체 없이 반영해야 한다.
수탁자 범위 및 포함사항	• 수탁자는 위탁받은 업무를 수행하는 자를 의미한다. • 재위탁받은 제3자(재수탁자)도 포함되므로 공개 시 이들 모두를 포함해야 한다.
공개 방법의 구체적 기준	홈페이지 게재가 원칙이며, 불가능할 경우 사업장 게시, 관보 또는 신문 게재, 간행물 포함, 계약서 기재 등의 방법을 통해 정보를 제공해야 한다.
수탁자 열거 및 변경사항 반영 의무	• 수탁자가 많더라도 전부 열거해야 한다. • 위탁 업무나 수탁자가 변경되면 지체 없이 홈페이지 등에 반영해야 한다.
광고 · 판매 위탁 시 통지 의무	홍보나 판매 권유 목적으로 개인정보 처리업무를 위탁하는 경우, 서면, 이메일, 문자 등으로 개별 정보주체에게 위탁 업무 내용과 수탁자를 통지해야 한다.
통지 방법 및 항목	통지는 서면, 이메일, 팩스, 전화, 문자 등으로 가능하며, 위탁하는 업무의 내용과 수탁자를 포함해야 한다.

4) 결함사례

위탁 정보 공개 누락	홈페이지 개인정보 처리방침에 개인정보 처리업무 위탁 사항을 공개하였으나, 일부 수탁자와 위탁하는 업무의 내용이 누락되어 정보주체에게 정확한 고지가 이루어지지 않은 경우
개별 통지 미이행	• 재화 또는 서비스의 홍보나 판매 권유 업무를 위탁하면서 정보주체에게 서면, 전자우편, 문자 등으로 위탁 내용과 수탁자를 개별 통지하지 않은 경우 • 단순히 개인정보 처리방침에 공개한 것으로 갈음한 경우
변경사항 미반영	기존 수탁자와의 계약 해지로 수탁자가 변경되었음에도 불구하고, 개인정보 처리방침에 해당 변경 내용을 지체 없이 반영하지 않은 경우
재위탁 사항 미공개	개인정보 처리업무를 위탁받은 수탁자가 해당 업무를 제3자에게 재위탁하였으나, 이 재위탁 사실과 관련 정보를 인터넷 홈페이지 등에 공개하지 않은 경우

03 영업의 양도 등에 따른 개인정보 이전

인증기준	확인사항	세부설명	증거자료	결함사례
영업의 양도·합병 등으로 개인정보를 이전하거나 이전 받는 경우, 정보주체 통지 등 적절한 보호조치 수립·이행	• 영업의 전부 또는 일부의 양도·합병 등으로 개인정보를 다른 사람에게 이전하는 경우 필요한 사항을 사전에 정보주체에게 통지 • 개인정보를 이전 받는 자는 법적 통지 요건에 해당 시 개인정보 이전 받은 사실 등 필요 사항을 정보주체에게 지체 없이 통지	• 정보주체 통지사항(이전 사실, 이전 받는 자의 이름·주소·연락처, 거부방법·절차) • 통지방법: 전자우편·서면·팩스·전화 또는 유사방법, 인터넷 홈페이지 30일 이상 게시 • 개인정보를 이전 받은 자 이전 당시 본래 목적 범위 내에서만 개인정보를 이용·제공해야 하며, 목적 외 활용 시에는 반드시 정보주체 별도 동의 필요	• 개인정보 처리방침 • 개인정보 이전 관련 정보주체 고지 내역	• 영업 양수를 통해 개인정보를 이전 받으면서 양도자가 개인정보 이전 사실을 알리지 않았음에도 개인정보 이전 사실을 정보주체에 미통지한 경우 • 영업 양수도 등에 의하여 개인정보를 이전 받으면서 정보주체가 이전을 원하지 않은 경우 조치할 수 있는 방법과 절차 미수립, 이를 정보주체에게 알리지 않은 경우

▲ 영업의 양도 등에 따른 개인정보 이전 핵심정리

1) 인증기준

영업의 양도·합병 등으로 개인정보를 이전하거나 이전받는 경우 정보주체 통지 등 적절한 보호조치를 수립·이행하여야 한다.

목적	• 영업의 양도·합병 등으로 개인정보가 이전되는 경우 정보주체에게 사전·사후에 고지 • 이전 목적 외 이용을 방지하고, 정보주체 권리 보호
주요 사항	• 영업 양도·합병 등으로 개인정보를 이전하기 전, 정보주체에게 필요한 내용을 사전 고지하고 있는지 점검 • 개인정보를 이전받은 자가 법적 요건에 따라 지체 없이 사실 및 필요한 내용을 정보주체에게 알리고 있는지 확인 • 이전받은 자가 개인정보를 본래 목적 범위 내에서만 이용하며, 제3자 제공 등 제한 요건을 준수하고 있는지 검토
주요 결과	• 개인정보 이전 전·후의 고지 절차 수립 및 이행 • 수탁자의 고지 이행 여부 및 법적 책임 준수 확인 • 이전 목적 외 이용 및 제3자 제공 방지 통제 체계 구축
기대 효과	• 개인정보 이전 시 정보주체의 자기결정권 보장 • 불투명한 개인정보 이전 및 오남용 방지 • 개인정보 보호법 및 관련 고지의무 준수로 인한 법적 리스크 예방

2) 확인사항

개인정보 이전 사전 통지	영업의 전부 또는 일부를 양도하거나 합병 등의 사유로 개인정보를 다른 사람에게 이전할 경우 이전에 정보주체에게 필요한 사항을 사전 고지하고 있는지 여부를 점검한다.
이전받은 자의 사후 통지 의무	개인정보를 이전받은 자는 법적 통지 요건이 발생할 경우, 이전받은 사실 및 필요한 사항을 지체 없이 정보주체에게 알리고 있는지 확인한다.
이전받은 자의 목적 외 이용 제한	개인정보를 이전받은 자가 개인정보를 이전 당시의 본래 목적 범위 내에서만 이용하고, 제3자 제공 시에도 제한 요건을 준수하고 있는지 검토한다.

3) 주요 내용

개인정보 이전 사전 고지	• 영업의 전부 또는 일부 양도, 합병 등으로 개인정보가 이전되는 경우, 이전 사실과 이전받는 자의 연락처, 거부 절차 등을 사전에 정보주체에게 알려야 한다. • 별 연락이 어려운 경우 홈페이지, 사업장 게시, 신문 공고 등 대체 방법으로 30일 이상 게시해야 한다.
이전받은 자의 통지 의무	• 개인정보를 이전받은 자는 법적 통지 요건에 해당하는 경우, 지체 없이 정보주체에게 이전 사실을 통지해야 한다. • 양도자가 이미 알렸다면 중복 통지는 생략 가능하나, 양도자가 고지하지 않은 경우 반드시 알림 의무가 있다.
이전 목적의 제한적 활용	• 개인정보를 이전받은 자는 이전 당시 본래 목적 범위 내에서만 개인정보를 이용·제공해야 한다. • 목적 외 활용 시에는 반드시 정보주체의 별도 동의를 받아야 한다.

4) 결함사례

정보주체 통지 누락	개인정보처리자가 영업 양수를 통해 개인정보를 이전받았으나, 양도자가 정보주체에게 이전 사실을 알리지 않았고, 양수자 역시 이를 정보주체에게 통지하지 않은 경우
이전 거부절차 미고지	영업 양수도 등을 통해 개인정보를 이전받으면서 정보주체가 이전을 원하지 않을 때, 취할 수 있는 조치 방법 및 절차를 마련하지 않거나 이를 정보주체에게 고지하지 않은 경우

예 Y 증권사는 고객 개인정보를 자회사로 이전하면서 양도 사실을 기존 고객에게 고지하지 않았고, 고객이 이전을 거부할 수 있는 선택권이나 절차도 안내하지 않았다. 이로 인해 일부 고객은 자신의 정보가 이전된 사실을 추후에 알게 되어 민원을 제기하였다.

인증기준	확인사항	세부설명	증거자료	결함사례
개인정보를 국외로 이전하는 경우 국외 이전에 대한 동의, 관련 사항에 대한 공개 등 적절한 보호조치 수립·이행	• 개인정보 국외 이전 시 정보주체에게 관련 고지사항을 모두 알리고 별도 동의 받거나, 인증 또는 인정 등 적법 요건 준수 • 정보주체와의 계약 체결·이행을 위한 국외 처리 위탁·보관에 대해 정보주체에게 통지 시 필요사항 모두 포함 적절한 방법으로 통지 • 개인정보 국외 이전 시 개인정보 보호를 위하여 필요한 조치 수행	• 개인정보 국외 이전 시 정보주체에게 이전 사실, 관련 사항을 고지하고 별도 동의를 받거나, 인증·인정 등의 법적 요건을 준수 • 이전 항목, 국가·시기·방법, 수신자 정보, 목적 및 보유기간, 거부 절차 • 정보주체에게 전자우편, 서면, 홈페이지, 신문 등 적절한 방법으로 고지 • 개인정보 보호조치를 계약서에 반영, 사전 협의 통해 안전조치, 고충처리 포함한 계약 체결	• 개인정보 처리방침 • 개인정보 국외 이전 관련 계약서 • 개인정보 국외 이전 관련 동의 양식	• 국외 사업자에게 개인정보 제3자 제공이 발생 인증, 대상국 인정 등 동의의 예외 요건에 해당되지 않음에도 불구하고 개인정보 국외 이전에 대한 별도 동의를 받지 않은 경우 • 개인정보 국외 이전에 대한 동의를 받으면서 이전 받는 자의 명칭만 고지, 이전되는 국가 등에 대하여 알리지 않은 경우

▲ 개인정보 국외이전 핵심정리

1) 인증기준

개인정보를 국외로 이전하는 경우 국외 이전에 대한 동의, 관련 사항에 대한 공개 등 적절한 보호조치를 수립·이행하여야 한다.

목적	• 개인정보가 국외로 이전될 때 정보주체에게 고지·동의 및 계약 등 보호 조치를 이행 법적 요건을 충족 • 국외에서도 동일한 수준의 보호 보장
주요 사항	• 국외 이전 시 고지 사항, 동의 여부, 인증·인정 요건 등 적법 요건 충족 여부 확인 • 계약 체결, 위탁·보관 여부, 고지사항 포함 여부를 정보주체에게 안내하고 있는지 점검 • 국외 이전 관련 계약 체결 시 개인정보 보호조치 및 법률 준수 여부 확인 • 수신국의 보호 수준을 고려한 위험 최소화 조치 이행 여부 확인
주요 결과	• 국외 이전에 대한 정보주체 동의 및 고지 체계 마련 • 계약 기반의 보호조치 이행 근거 확보 • 국외 이전 시 법적 요건을 충족한 절차 운영
기대 효과	• 해외 처리에 따른 정보주체 권리 침해 방지 • 글로벌 개인정보 이전 리스크 대응력 확보 • 법적 제재 회피 및 국제 신뢰도 제고

2) 확인사항

국외 이전 시 동의 및 요건 준수	• 개인정보를 국외로 이전할 경우, 정보주체에게 고지 사항을 모두 알리고 별도의 동의를 받아야 한다. • 인증 · 인정 등 법에서 정한 적법 요건을 충족하고 있는지 확인해야 한다.
계약상 필요에 따른 국외 이전 고지	• 정보주체와의 계약 체결 및 이행 목적으로 개인정보를 국외에서 처리하거나 보관하는 경우, 관련 내용을 정보주체에게 적절한 방법으로 고지해야 한다. • 고지 시 필요한 사항을 모두 포함하고 있는지 점검해야 한다.
국외 이전 관련 계약 체결 여부	• 국외로 개인정보를 이전할 때 개인정보 보호법 등 관련 법령을 준수해야 한다. • 개인정보 보호 조치를 포함하는 계약을 체결하고 있는지 확인해야 한다.
국외 이전 보호조치 이행 여부	• 개인정보를 국외로 이전할 때 해당 국가의 보호 수준과 이전 목적 등을 고려해야 한다. • 이때 적절한 보호조치를 마련하고 있는지를 점검해야 한다.

3) 주요 내용

국외 이전의 적법 요건 충족	• 개인정보를 국외로 이전하는 경우, 정보주체에게 이전 사실과 관련 사항을 고지하고 별도 동의를 받아야 한다. • 인증 · 인정 등의 법적 요건을 준수해야 하며, 이에 해당하는 5가지 요건 중 하나 이상을 충족해야 한다.
고지 대상 및 방법	국가 · 시기 · 방법, 수신자 정보, 목적 및 보유기간, 거부 절차 등 5가지 사항을 정보주체에게 적절한 방법으로 고지해야 한다.
계약 목적에 따른 위탁 · 보관 고지	계약 이행 목적의 국외 위탁 · 보관 시 개인정보 처리방침 공개 또는 서면, 이메일 등의 방식으로 이전 항목, 국가, 수탁자 정보 등을 포함하여 고지해야 한다.
국외 이전 관련 계약 요건	• 개인정보를 국외로 이전할 경우, 개인정보 보호조치를 계약서에 반영해야 한다. • 사전 협의를 통해 안전조치, 고충처리, 기타 보호사항 등을 포함한 계약을 체결해야 한다.
국외 이전 시 보호조치 이행	국외 이전 시 법령에서 정한 안전성 확보조치, 고충처리 및 분쟁 해결 절차 등 보호조치를 이행하고 법령을 준수해야 한다.

4) 결함사례

국외 이전 동의 누락	국외 사업자에게 개인정보를 제3자 제공하는 상황에서 인증이나 대상국 인정 등 동의 예외 요건에 해당하지 않음에도, 정보주체로부터 국외 이전에 대한 별도 동의를 받지 않은 경우
고지 의무 불이행	국외 이전을 사용하는 클라우드 서비스를 통해 개인정보를 처리 · 보관하면서, 개인정보가 이전되는 국가 및 이전 방식 등 관련 사항을 개인정보 처리방침에 공개하거나 정보주체에게 알리지 않은 경우
고지사항 일부 누락	개인정보 국외 이전에 대한 동의를 받는 과정에서 이전받는 자의 명칭만 고지하고, 이전 국가나 이전 방법 등 법정 고지사항 중 일부를 누락한 경우

예 K 은행은 해외 클라우드 사업자를 통해 고객 데이터를 처리하면서, 해당 국가와 이전 방식에 대한 정보를 개인정보처리방침에 명시하지 않았고, 정보주체에게도 별도 안내를 하지 않았다. 또한 일부 고객에 대해서는 국외 이전 동의 자체를 받지 않고 서비스를 제공하였다.

개인정보 파기 시 보호조치

빈출 태그 파기 • 파기방법 • 파기기록 • 목적 달성 후 보유 시 조치 • 접근통제

01 개인정보 파기

인증기준	확인사항	세부설명	증거자료	결함사례
개인정보의 보유기간 및 파기 관련 내부 정책 수립, 개인정보의 보유기간 경과, 처리목적 달성 등 파기 시점이 도달한 때에는 파기의 안전성 및 완전성이 보장될 수 있는 방법으로 지체 없이 파기	• 개인정보의 보유기간 및 파기 관련 내부 정책 수립 • 개인정보의 처리 목적이 달성되거나 보유기간이 경과한 경우 지체 없이 파기 • 개인정보 파기 시 복구 · 재생되지 않도록 안전한 방법으로 파기 • 개인정보 파기에 대한 기록 및 관리	• 개인정보의 수집항목, 목적, 경로에 따른 보관장소, 파기방법, 시점 등을 포함한 내부 파기정책 수립 • 처리 목적 달성 또는 보유기간 경과 시 지체 없이, 특별한 사유가 없으면 5일 이내에 개인정보 파기 • 개인정보는 복구 · 재생이 불가능하도록 소각, 파쇄, 디가우저 삭제, 초기화 · 덮어쓰기 등 방법 활용 파기	• 개인정보 보유기간 및 파기 관련 규정 • 개인정보 파기 결과 • 개인정보 파기관리대장	• 이벤트 중 수집된 개인정보에 대해 이벤트가 종료된 이후에도 파기 기준 미수립, 파기 미이행된 경우 • 콜센터에서 수집되는 민원처리 관련 개인정보(상담이력, 녹취 등)를 전자상거래법을 근거로 3년간 보존하고 있으나, 3년이 경과한 후에도 파기하지 않고 보관하고 있는 경우

▲ 개인정보 파기 핵심정리

1) 인증기준

개인정보의 보유기간 및 파기 관련 내부 정책을 수립하고 개인정보의 보유기간 경과, 처리목적 달성 등 파기 시점이 도달한 때에는 파기의 안전성 및 완전성이 보장될 수 있는 방법으로 지체 없이 파기하여야 한다.

목적	개인정보의 보유기간 종료 시점 또는 처리 목적 달성 후, 안전하고 완전한 방식으로 지체 없이 파기함으로써 정보주체 권리 보호
주요 사항	• 개인정보 보유 · 파기 관련 조직 내 내부 정책 수립 여부 점검 • 처리 목적이 달성되었거나 보유기간이 지난 개인정보의 즉시 파기 여부 확인 • 복구 · 재생이 불가능하도록 안전한 방식(완전삭제, 물리적 파기 등)으로 파기되는지 점검 • 파기 기록이 이력으로 관리되고 있는지 확인
주요 결과	• 개인정보 보유 및 파기에 대한 정책 · 절차 수립 • 파기 시점 도래 시 즉시 파기 이행 체계 운영 • 안전한 방식에 의한 완전한 파기 수행 • 파기 기록에 대한 체계적 관리 체계 수립

기대 효과	• 불필요한 개인정보 장기 보유를 통한 사고 예방 • 파기 이력 관리로 법적 증빙력 확보 • 개인정보 보호 수준 및 대외 신뢰도 제고

2) 확인사항

보유 및 파기 정책 수립 여부	개인정보의 보유기간 및 파기와 관련하여 조직 내 명확한 내부 정책을 수립하고 있는지 점검한다.
목적 달성 시 파기 이행	개인정보 처리 목적이 달성되었거나 법정 보유기간이 지나면 지체 없이 해당 개인정보를 파기하고 있는지 확인한다.
파기 방법의 안전성 확보	개인정보를 파기할 때 복구·재생이 불가능하도록 안전한 방식으로 파기하고 있는지 확인한다.
파기 기록의 보존 및 관리	개인정보 파기 내역을 기록으로 남기고 이를 체계적으로 관리하고 있는지 확인한다.

3) 주요 내용

보유 및 파기 정책 수립 기준	• 개인정보의 수집항목, 목적, 경로에 따른 보관장소, 파기방법, 시점 등을 포함한 내부 파기정책을 수립해야 한다. • 공공기관은 개인정보파일 파기계획을 수립 및 시행해야 한다.
파기 시기 및 이행 기준	• 처리 목적 달성 또는 보유기간 경과 시 지체 없이 특별한 사유가 없으면 5일 이내에 개인정보를 파기해야 한다. • 회원 탈퇴, 해지, 이벤트 종료 등 다양한 종료 조건이 해당한다.
안전한 파기 방법 이행	• 개인정보는 복구·재생이 불가능하도록 소각, 파쇄, 디가우저 삭제, 초기화·덮어쓰기 등의 방법으로 파기해야 한다. • 일부 정보의 파기 시 마스킹 등 적절한 대체 조치를 적용해야 한다.
기술적 한계 시 조치	기술적 특성상 안전한 파기가 어려운 경우에는 복원이 불가능하도록 익명처리를 통해 익명정보로 전환해야 한다.
파기 기록 및 책임자 관리	• 개인정보 파기는 보호책임자의 책임 하에 수행되어야 한다. • 파기 결과를 파기대장, 사진 등으로 기록·보관해야 한다. • 공공기관은 이를 의무적으로 문서화해야 한다.

4) 결함사례

연계 시스템 파기 누락	회원 탈퇴 등으로 메인 DB에서는 개인정보가 파기되었지만, 연계된 CRM·DW 등 다른 시스템에 복제 저장된 개인정보가 그대로 남아 있어 파기가 이루어지지 않은 경우
수집 목적 종료 후 파기 미이행	• 이벤트 종료 후 수집된 개인정보에 대해 별도의 파기 기준이 없는 경우 • 기준은 있으나 실제로 파기가 이루어지지 않아 보존 상태로 남아 있는 경우
법정 보유기간 경과 후 미파기	전자상거래법에 따라 3년간 보관한 상담 이력·녹취 등 민원 관련 개인정보를 보유기간이 지난 후에도 파기하지 않고 지속적으로 저장하고 있는 경우
익명처리 부적정 수행	블록체인 등 기술적 한계로 인해 완전한 파기가 어려워 익명처리를 선택했으나, 익명처리가 적절하게 이뤄지지 않아 일부 개인정보가 재식별되는 등 복원이 가능한 상태로 남아 있는 경우

예 H 대학교 병원은 환자 퇴원 시 메인 전자의무기록(EMR) 시스템의 환자 개인정보를 파기했으나, 연계된 고객관리(CRM) 시스템에는 해당 정보가 그대로 남아 파기가 누락되었다. 또한 건강관리 이벤트 종료 후 수집한 개인건강정보에 대한 별도의 파기 기준이 없어 수년간 불필요하게 보관했다.

인증기준	확인사항	세부설명	증거자료	결함사례
개인정보의 보유기간 경과 또는 처리 목적 달성 후에도 관련 법령 등에 따라 파기하지 않고 보존하는 경우, 해당 목적에 필요한 최소한의 항목으로 제한 다른 개인정보와 분리하여 저장·관리	• 개인정보의 보유기간 경과·처리 목적 달성 후에도 관련 법령 등에 따라 파기하지 않고 보존할 경우 관련 법령에 따른 최소한의 기간·정보 보존·관리 • 분리 보관하고 있는 개인정보에 대하여 법령에서 정한 목적 범위 내 처리 가능하도록 관리	• 법령 등에 따라 개인정보를 파기하지 않고 보존할 경우, 해당 보유 목적에 맞게 개인정보 항목 최소화, 관련 법령에서 정한 최소한의 보유기간만 설정 • 분리 보관된 개인정보는 법령에서 정한 목적 범위 내에서만 처리, 마케팅 등 다른 목적으로의 활용 금지	• 개인정보 보유기간 및 파기 관련 규정 • 분리 데이터베이스 현황	• 탈퇴회원 정보를 파기하지 않고 전자상거래법에 따라 일정 기간 보관하면서 Flag 값만 변경, 다른 회원정보와 동일한 테이블에 보관 중인 경우 • 전자상거래법에 따른 소비자 불만 및 분쟁 처리에 관한 기록에 대해 관련 법적 요건을 잘못 적용해 3년이 아닌 5년간 보존하고 있는 경우

▲ 처리목적 달성 후 보유 시 조치 핵심정리

1) 인증기준

개인정보의 보유기간 경과 또는 처리 목적 달성 후에도 관련 법령 등에 따라 파기하지 않고 보존하는 경우에는 해당 목적에 필요한 최소한의 항목으로 제한하고 다른 개인정보와 분리하여 저장·관리하여야 한다.

목적	개인정보의 보유기간이 경과하거나 처리목적이 달성된 이후에도 관련 법령에 따라 보존이 필요한 경우, 최소한의 정보만을 분리 보관하고 목적 외 사용 제한
주요 사항	• 법령상 보존이 필요한 경우, 최소 보존기간과 항목만 보관하고 있는지 점검 • 파기 대상 개인정보와 별도로 분리 저장·관리되고 있는지 확인 • 분리된 정보는 법령에서 정한 목적 범위 내에서만 처리되도록 통제 여부 확인 • 최소 인원만 접근 가능하도록 제한하고, 접근 권한 부여 및 운영이 적절하게 관리되고 있는지 점검
주요 결과	• 최소 정보에 대한 보존 항목 및 보존기간 설정 • 개인정보파일의 분리 저장 체계 구축 • 법적 목적 내 제한된 처리 절차 확립 • 최소한의 인력에 의한 접근 통제 체계 수립 확립
기대 효과	• 불필요한 개인정보 장기 보유로 인한 침해 사고 예방 • 파기 이력 관리를 통한 법적 증빙력 확보 • 개인정보 보호 수준 및 대외 신뢰도 제고

2) 확인사항

최소 정보 보존 관리	보유기간 경과 또는 목적 달성 후에도 법령에 따라 보존이 필요한 경우, 해당 법령에서 정한 최소기간 동안 최소한의 정보만을 보존하도록 관리하고 있는지 점검한다.
개인정보의 분리 저장 관리	파기 유예 대상 개인정보나 개인정보파일이 있을 경우, 이를 다른 개인정보와 분리하여 별도의 저장·관리 체계를 운영하고 있는지 확인한다.
목적 범위 내 제한적 처리	분리 보관 중인 개인정보는 법령에서 정한 목적 범위 내에서만 처리되도록 관리되고 있는지를 점검한다.
접근권한 최소화 조치	분리 보관된 개인정보에 대한 접근 권한은 최소한의 인원으로 제한하고 있으며, 그 권한 부여 및 운영이 적절하게 관리되고 있는지 확인한다.

3) 주요 내용

최소 항목 및 기간 보존 원칙	• 법령 등에 따라 개인정보를 파기하지 않고 보존할 경우, 해당 보유 목적에 맞게 개인정보 항목을 최소화한다. • 관련 법령에서 정한 최소한의 보유기간만 설정한다.
개인정보의 분리 저장	법령에 따라 보존하는 개인정보는 다른 개인정보와 물리적 또는 논리적으로 분리된 데이터베이스에 저장하여 독립적으로 관리한다.
법정 목적 범위 내 처리 제한	분리 보관된 개인정보는 법령에서 정한 목적 범위 내에서만 처리할 수 있으며, 마케팅 등 다른 목적으로의 활용은 금지한다.
접근권한 최소화 및 관리	• 분리된 개인정보에 대한 접근은 최소 인원에게만 허용한다. • 접근 권한을 제한하고, 접속기록을 남겨 정기적으로 검토한다.

4) 결함사례

분리 저장 미이행	전자상거래법에 따라 탈퇴회원 정보를 보관하되, Flag값만 변경하고 일반 회원정보와 동일한 테이블에 보관하여 물리적 또는 논리적 분리가 이루어지지 않은 경우
법정 보존기간 초과 설정	소비자 불만 및 분쟁처리 기록에 대해 전자상거래법이 정한 3년이 아닌 5년으로 잘못 적용하여 법령에 따른 최소기간 원칙을 위반한 경우
접근권한 통제 미흡	분리 저장된 개인정보 데이터베이스에 접근권한 설정이 미흡하여, 접근이 불필요한 인원도 자유롭게 접근할 수 있는 구조로 운영된 경우
과도한 정보 보존	전자상거래법상 보존 의무가 있는 정보는 분리 보관했으나, 해당 법령에서 보존을 요구하지 않는 선택정보까지 함께 보존하여 과도하게 많은 정보를 보관한 경우

예 D 행정서비스포털은 민원 이력과 사용자 정보의 보존을 위해 동일 테이블 내에 탈퇴 사용자와 일반 사용자의 정보를 Flag값만 다르게 저장하고 있었고, 별도 분리 저장은 이루어지지 않았다. 또한 관련 법령에서 요구하지 않는 선택정보까지 5년간 함께 보존하고 있어 과도한 개인정보 보관 문제가 발생하였다.

정보주체 권리보호

빈출 태그 개인정보 처리방침 공개·평가 • 열람 요구에 대한 조치·이력 • 통지항목

01 개인정보 처리방침 공개

인증기준	확인사항	세부설명	증거자료	결함사례
• 개인정보의 처리 목적 등 필요한 사항을 모두 포함하여 정보주체가 알기 쉽도록 개인정보 처리방침 수립 • 정보주체가 언제든지 쉽게 확인할 수 있도록 적절한 방법에 따라 공개 · 현행화	• 법령에서 요구하는 내용을 모두 포함, 알기 쉬운 용어로 구체적이고 명확하게 작성 • 정보주체가 쉽게 확인할 수 있도록 인터넷 홈페이지 등에 지속적 현행화 하여 공개 • 개인정보 처리방침이 변경되는 경우 사유 및 변경 내용을 지체 없이 공지 • 언제든지 변경된 사항을 쉽게 알아 볼 수 있게 조치	• 법령에서 정한 필수항목 · 기타사항 모두 포함 • 실제 개인정보 처리 현황과 일치하도록 작성, 정보주체가 이해하기 쉬운 구체적이고 명확한 용어 사용 • 홈페이지 첫 화면에 '개인정보 처리방침' 표시, 글자 크기와 색상 등 다른 정보와 구분되게 표시 • 사업장 게시, 신문 게재, 간행물 배포, 계약서 내 기재 등 적절하게 공개	• 개인정보 처리방침 • 개인정보 처리방침 개정 내역(게시판 등)	• 개인정보 처리방침에 공개되어 있는 개인정보 수집, 제3자 제공 내역이 실제 수집 및 제공하는 내역과 다른 경우 • 개인정보 보호책임자의 변경, 수탁자 변경 등 개인정보 처리방침 공개 내용 중에 변경사항이 발생하였음에도 이를 반영하여 변경하지 않은 경우

▲ 개인정보 처리방침 공개 핵심정리

1) 인증기준

• 개인정보의 처리 목적 등 필요한 사항을 모두 포함하여 정보주체가 알기 쉽도록 개인정보 처리방침을 수립한다.
• 개인정보 처리방침을 정보주체가 언제든지 쉽게 확인할 수 있도록 적절한 방법에 따라 공개하고 지속적으로 현행화한다.

목적	정보주체가 개인정보 처리방침을 언제든지 쉽게 확인하고, 변경사항도 명확히 인지할 수 있도록 보장
주요 사항	• 법정 요구 항목 포함 및 명확한 용어로 작성되었는지 점검 • 홈페이지 등에 처리방침을 상시 공개하고 최신 상태 유지 여부 확인 • 변경 시 변경사유 및 내용을 명확히 고지하고 정보주체가 인지 가능하도록 조치
주요 결과	• 법적 요건을 충족하는 개인정보 처리방침 마련 • 정보주체가 처리방침을 쉬운 방식을 이용하여 지속적으로 접근 • 변경사항에 대한 투명한 공지 및 설명 제공

기대 효과	• 개인정보 처리에 대한 정보주체의 신뢰 제고 • 법적 분쟁 및 민원 예방 • 개인정보 보호에 대한 조직의 책임성과 투명성 확보

2) 확인사항

처리방침의 내용 충실성	• 개인정보 처리방침이 법령에서 요구하는 항목을 모두 포함하는지 확인해야 한다. • 일반인이 이해하기 쉬운 용어로 구체적이고 명확하게 작성되어 있는지 점검해야 한다.
처리방침의 상시 공개 및 현행화	• 개인정보 처리방침을 정보주체가 언제든지 열람할 수 있도록 인터넷 홈페이지 등에 상시 공개해야 한다. • 정보를 최신 상태로 유지하고 있는지 확인해야 한다.
변경사항의 공지 및 접근성 보장	• 개인정보 처리방침이 변경될 경우, 변경 사유와 내용을 지체 없이 공지해야 한다. • 정보주체가 쉽게 변경 내용을 인지할 수 있도록 조치하고 있는지를 점검해야 한다.

3) 주요 내용

필수 항목 포함 및 용어 명확성	• 개인정보 처리방침에는 법령에서 정한 12개 필수항목과 기타사항이 모두 포함되어야 한다. • 실제 개인정보 처리 현황과 일치하도록 작성하고, 정보주체가 이해하기 쉬운 구체적이고 명확한 용어를 사용해야 한다.
예외적 면제 대상	일부 공공기관의 경우 국가안보, 수사, 범칙조사, 일회성 업무 등에 해당하는 개인정보파일은 개인정보 처리방침 수립이 면제될 수 있다.
접근성 및 공개 방식	• 정보주체가 개인정보 처리방침을 쉽게 접근할 수 있도록 홈페이지 첫 화면에 '개인정보 처리방침'이라는 명칭으로 표시해야 한다. • 글자 크기와 색상 등을 통해 다른 정보와 구분되게 표시해야 한다. • 개인정보는 지속적으로 최신 상태를 유지해야 한다.
비홈페이지 공개 방법	홈페이지가 없는 경우에는 사업장 게시, 신문 게재, 간행물 배포, 계약서 내 기재 등 적절한 수단으로 개인정보 처리방침을 공개해야 한다.
변경 시 공지 및 확인 용이성	• 개인정보 처리방침을 변경하는 경우 변경 사유 및 내용을 지체 없이 공지해야 한다. • 변경 전·후 내용을 비교하여 공개함으로써 정보주체가 변경사항을 쉽게 확인가능한 수단을 제공해야 한다.

4) 결함사례

공개 내용과 실제 운영 불일치	개인정보 처리방침에 명시된 수집 항목 및 제3자 제공 내용이 실제 운영 내용과 다르게 공개되어 정보주체에 대한 고지가 부정확하게 이루어진 경우
변경사항 미반영	개인정보 보호책임자, 수탁자 등의 정보가 변경되었음에도 불구하고 처리방침에 이를 반영하지 않아 정보주체에게 변경된 내용을 고지하지 않은 경우
접근성 저해 및 명칭 미표준화	• 홈페이지에 개인정보 처리방침이 게시되어 있으나 '개인정보 보호정책'이라는 잘못된 명칭을 사용한 경우 • 글자 크기·색상 등 시각적 구분이 없어 정보주체가 쉽게 확인할 수 없는 경우
개정 이력 미공개	개인정보 처리방침이 개정되었음에도 불구하고, 변경 전의 내용을 비교·확인할 수 있는 이력이나 내역을 제공하지 않아 변경 사항에 대한 정보 접근성이 낮은 경우
보존근거 및 항목 누락	전자상거래법, 상법 등에 따라 개인정보를 일정기간 보존하고 있으면서도, 그 법적 근거와 보존 대상 항목을 개인정보 처리방침에 명시하지 않은 경우

📵 C 행정기관은 홈페이지에 개인정보 처리방침을 게시하고 있었으나, 명칭을 '보호정책'으로 잘못 기재하고 글자 크기와 배치도 부적절하여 정보주체가 쉽게 인지하기 어려웠다.

또한 과거 변경된 개인정보 처리방침의 이력은 공개하지 않아 이전 내용과 비교가 불가능하였고, 전자상거래 업무에 따른 개인정보 보존 항목도 처리방침에 명시하지 않아 법적 근거와 항목 누락 문제가 동시에 발생했다.

02 정보주체 권리보장

인증기준	확인사항	세부설명	증거자료	결함사례
• 정보주체가 개인정보 열람, 정정·삭제, 처리정지, 이의제기, 동의철회 등 요구 수집 방법·절차를 쉽게 할 수 있도록 권리행사 방법·절차 수립·이행, 정보주체의 요구 시 지체 없이 처리, 기록 보관 • 사생활 침해, 명예훼손 등 타인의 권리를 침해하는 정보가 유통되지 않도록 삭제 요청, 임시조치 등의 기준 수립·이행	• 정보주체 또는 그 대리인 개인정보 열람, 정정·삭제, 처리정지 및 동의 철회 등 개인정보 수집방법·절차보다 어렵지 아니하도록 권리 행사 방법 및 절차 마련 공개 • 정보주체 또는 그 대리인 개인정보 열람 등 요구를 하는 경우 기간 내에 열람 등 요구에 따른 필요 조치	• 요구자의 신원 확인 시 합리적 수단 사용 • 정보주체의 열람 요구는 개인정보 항목, 목적, 보유기간, 제3자 제공 현황 등에 대해 10일 이내 조치, 정당한 사유로 연기 시 통지 • 일부 항목에 열람 제한 시, 해당 부분만 제한, 다른 정보열람 가능 조치 • 삭제 요구를 거절할 경우 근거 법령과 사유, 이의제기 방법 통지	• 개인정보 처리방침 • 개인정보 열람 등 요구 처리 절차, 관련 양식 • 개인정보 열람 등 요구 시 조치 내역·회원 탈퇴 및 동의 철회 절차	• 개인정보의 열람, 정정·삭제, 처리정지 요구 방법을 정보주체가 알 수 있도록 공개하지 않은 경우 • 개인정보 열람 요구 대해 정당한 사유의 통지 없이 열람 요구 접수 받은 날로부터 10일을 초과하여 회신하고 있는 경우 • 개인정보 열람 민원에 대한 처리 내역 기록 및 보관이 이루어지지 않은 경우

▲ 정보주체 권리보장 핵심정리

1) 인증기준

• 정보주체가 개인정보의 열람, 정정·삭제, 처리정지, 이의제기, 동의철회 등 요구를 수집 방법·절차보다 쉽게 할 수 있도록 권리행사 방법 및 절차를 수립 및 이행하고, 정보주체의 요구를 받은 경우 지체 없이 처리하고 관련 기록을 남겨야 한다.

• 정보주체의 사생활 침해, 명예훼손 등 타인의 권리를 침해하는 정보가 유통되지 않도록 삭제요청, 임시조치 등의 기준을 수립 및 이행하여야 한다.

목적	• 정보주체가 열람, 정정, 삭제, 처리정지, 동의철회 등 권리의 행사 용이 • 이에 대한 적절한 조치가 이루어지도록 명확한 절차와 대응체계 확보
주요 사항	• 열람 등 요구 절차를 수립하고 홈페이지 등을 통해 공개 및 접근성 보장 • 법적 기한 내 열람 요청에 대한 적정한 조치 이행 여부 확인 • 동의 철회 시 수집된 개인정보의 파기 또는 후속조치 수행 • 불복 시 이의제기 및 권리 구제 절차 안내 • 열람 요구 처리 결과에 대해 기록 및 이력 관리 체계 운영 • 타인의 권리 침해 발생 시 신속한 삭제 요청 및 조치 절차 마련

주요 결과	• 정보주체 권리 행사 절차의 실질적 운영 • 이의제기, 동의철회, 삭제요청 등 모든 권리 요청에 대해 적정 조치 이행 • 처리 결과와 이력을 기록 및 보존하여 투명성 확보
기대 효과	• 정보주체의 자기정보 통제권 보장 • 민원 및 분쟁 예방, 법적 책임 사전 대응 • 개인정보보호에 대한 조직 신뢰도 및 책임성 제고

2) 확인사항

정보주체 권리 행사 절차의 용이성	정보주체 또는 대리인이 개인정보 열람, 정정 · 삭제, 동의 철회 등을 수집절차보다 어렵지 않게 행사할 수 있도록 절차를 마련하고 공개하고 있는지 점검해야 한다.
열람 등 요구에 대한 조치 이행 여부	정보주체가 열람 등 요구를 하는 경우, 정해진 법정 기한 내에 필요한 조치를 취하고 있는지를 확인해야 한다.
동의 철회 시 지체 없는 파기 이행	정보주체가 개인정보 수집 · 이용 · 제공에 대한 동의를 철회할 경우, 수집된 개인정보를 지체 없이 파기하는 등의 후속조치를 수행하고 있는지 확인해야 한다.
불복 절차 안내	열람 등 요구 처리 결과에 불복이 있는 경우, 정보주체가 이의제기를 할 수 있도록 절차를 마련하고 이를 안내하고 있는지 점검해야 한다.
열람 등 요구 이력 관리	정보주체의 요구 내용 및 이에 대한 처리 결과를 문서 또는 전산으로 기록하여 체계적으로 관리하고 있는지를 확인해야 한다.
타인의 권리 침해 시 조치 절차 마련	정보통신망을 통해 타인의 사생활 침해, 명예훼손 등이 발생한 경우 침해를 받은 자가 정보 삭제 요청 등을 할 수 있도록 관련 절차를 수립 · 시행하고 있는지 확인해야 한다.

3) 주요 내용

권리 행사 절차 공개	• 정보주체가 열람, 정정 · 삭제, 처리정지, 동의 철회 등을 수집절차보다 쉽게 행사할 수 있도록 방법과 절차를 마련해 공개해야 한다. • 방문, 전화 등 다양한 방식을 제공해야 한다.
본인 확인 절차	• 요구자의 신원 확인은 합리적 수단(전자서명, 아이핀 등)을 사용해야 한다. • 공공기관은 행정정보 공동이용을 활용한다.
수수료 청구 기준	업무 수행에 필요한 실비는 청구할 수 있으나, 개인정보처리자의 책임으로 요구가 발생한 경우 수수료 및 우송료를 받을 수 없다.
열람 요구 대응	• 정보주체의 열람 요구는 개인정보 항목, 목적, 보유기간, 제3자 제공 현황 등에 대해 10일 이내 조치해야 한다. • 정당한 사유로 연기 시 정보주체에게 통지해야 한다.
열람 제한 · 거절	일부 항목에 열람 제한 사유가 있는 경우, 해당 부분만 제한하고 나머지 정보는 열람 가능하도록 조치해야 한다.
개인정보 전송요구	• 법적 의무자에 해당하는 경우 정보주체의 전송요구에 대응하기 위한 절차를 마련해야 한다. • 전송 정보는 정보주체 본인의 정보로 특정 조건을 충족해야 한다.
정정 · 삭제 요구	• 정당한 정정 · 삭제 요구는 10일 이내 조치하고 결과를 통보해야 한다. • 제3자에게 제공된 정보도 연계하여 조치한다.
삭제 거절 요건	삭제 요구를 거절할 경우 근거 법령과 사유, 이의제기 방법을 통지해야 한다.
처리정지 요구	• 처리정지 요구는 특별한 사유가 없는 한 지체 없이 정지해야 한다. • 거부 시 법령상 의무 등 정당한 사유가 있어야 하며 10일 이내 통지해야 한다.
동의 철회 시 조치	• 동의 철회 시 수집된 개인정보는 즉시 파기해야 한다. • 법령에 따른 보존이 필요한 경우 별도 분리 보관 등 적절한 조치를 취해야 한다.

자동화된 결정 대응 및 열람요청

자동화된 결정 대응	• 인공지능 등 자동화된 결정에 대해 정보주체는 거부하거나 설명을 요구할 수 있다. • 관련 절차를 수립하고 인적 개입 또는 재처리를 보장해야 한다.
자동화 기준 공개	자동화된 결정이 있을 경우 그 기준, 절차, 처리 방식 등을 정보주체가 쉽게 확인할 수 있도록 공개해야 한다.
이의제기 절차	• 열람 등 요구에 불복할 경우 이의제기 절차를 마련해야 한다. • 공정성을 위해 외부 전문가나 내부 견제장치를 마련해야 한다.
기록 관리	• 열람 등 요구 및 처리 결과를 기록으로 남기고 정기적으로 검토하여 권리보장 여부를 확인해야 한다. • 필요한 경우 개선조치를 마련해야 한다.
권리 침해 시 대응	• 사생활 침해나 명예훼손 등 권리 침해 시 정보의 삭제·차단 요청 절차를 마련한다. • 지체 없이 필요한 조치를 취해야 하며 약관에 관련 절차를 명시해야 한다.
공중노출 방지	• 고유식별정보 등 개인정보가 정보통신망을 통해 공중에 노출되지 않도록 해야 한다. • 개인정보 노출 시 삭제 또는 차단 등의 조치를 취해야 한다.

4) 결함사례

열람 등 요구 절차 미공개	정보주체가 개인정보에 대한 열람, 정정·삭제, 처리정지 요구를 할 수 있는 구체적인 방법이나 절차가 공개되지 않아 권리 행사에 어려움을 주는 경우
열람요구 지연 회신	개인정보 열람 요구를 접수받은 날로부터 10일 이내 회신해야 함에도 정당한 사유나 연기사유 통지 없이 이를 초과하여 회신하는 경우
처리 내역 미기록	개인정보 열람 민원에 대한 접수 및 처리 내역을 기록하거나 보관하지 않아 향후 이력 추적 및 조치 결과 검토가 불가능한 경우
본인확인 절차 미비	개인정보 열람 요구자에 대한 본인 여부 또는 정당한 대리인 확인 절차 없이 열람 통지를 진행한 경우
정정·삭제 지연 회신	정보주체로부터 정정·삭제 요구를 받은 날로부터 10일 이내에 회신해야 함에도 불구하고 기한을 초과하여 처리한 경우
탈퇴 절차 불균형	회원가입은 온라인으로 간편하게 가능하나, 탈퇴 시에는 신분증 등의 추가 서류를 요구하거나 오프라인 방문만 허용하는 등 권리 행사 절차가 불균형한 경우

❹ B 코인거래소는 개인정보 열람·정정·삭제 요청에 대한 구체적인 방법이나 절차를 고객센터에 공개하지 않아 정보주체가 권리 행사를 위해 직접 전화나 방문을 해야 하는 불편이 지속되었다. 또한 정정 요청을 접수한 고객에게 10일 이내 회신해야 함에도 내부 처리 지연으로 요청일로부터 20일이 지나서야 답변이 이루어졌다.

이로 인해 이용자 민원이 다수 접수되었고, 개인정보보호위원회는 현장조사 후 정보주체 권리 보장을 위반한 사례로 판단하여 과태료 및 시정명령을 부과하였다.

인증기준	확인사항	세부설명	증거자료	결함사례

개인정보의 이용·제공 내역 등 정보주체에게 통지하여야 할 사항을 파악하여 그 내용을 주기적으로 통지	• 법적 의무 대상자에 해당하는 경우 개인정보 이용·제공 내역, 그 내역을 확인할 수 있는 정보시스템에 접속하는 방법을 정보주체에게 주기적으로 통지하는지 여부
	• 개인정보 이용·제공 내역 통지 항목이 법적 요구항목을 모두 포함하는지 여부
		• 통지의무대상
		  – 5만 명 이상의 정보주체 : 민감정보·고유식별정보 처리자
		  – 100만 명 이상 정보주체 : 개인정보처리자
		• 통지방법: 서면·전자우편·전화·문자전송 등
		• 통지주기: 연 1회 이상
		• 통지예외: 거부 의사표시, 업무수행 목적 임직원 정보 처리, 공공기관 소관업무 수행, 법률상 규정 또는 의무 준수 위한 개인정보 활용
			• 개인정보 이용·제공 내역 통지 기록
			• 개인정보 이용·제공 내역 통지 양식 및 문구
				• 전년도 말 기준 직전 3개월간 일일 평균 저장·관리하고 있는 개인정보 100만 명 이상의 개인정보 이용제공 내역을 통지 의무 대상자에 해당 금년도에 내역 미통지
				• 개인정보 이용·제공 내역 개별을 정보주체에게 직접적으로 통지하는 대신 홈페이지에서 단순 팝업창이나 별도 공지사항으로 안내

▲ 정보주체에 대한 통지 핵심정리

1) 인증기준

개인정보의 이용·제공 내역 등 정보주체에게 통지하여야 할 사항을 파악하여 그 내용을 주기적으로 통지하여야 한다.

목적	정보주체가 자신의 개인정보 이용 및 제공 내역을 정기적으로 확인하고 투명하게 통제할 수 있도록 통지 체계 확보
주요 사항	• 개인정보 이용·제공 내역 또는 확인 가능한 시스템 접속 방법을 정기적으로 정보주체에게 안내 • 통지 시 법령상 요구되는 항목을 누락 없이 포함하고 있는지 점검(예 제공받는 자, 제공 목적, 항목, 시점 등).
주요 결과	• 정보주체에게 정기적으로 이용·제공 내역 통지 • 통지 내용이 법적 요구사항을 충족하고 이해하기 쉬운 형태로 구성
기대 효과	• 개인정보 활용의 투명성 확보 및 신뢰도 증진 • 정보주체의 자기정보 통제권 보장 • 오용 및 무단 제공에 대한 예방 효과 확보

2) 확인사항

이용·제공 내역 통지 주기	개인정보 이용·제공 내역 또는 이를 확인할 수 있는 시스템에 대한 접속 방법을 법적 의무 대상자인 경우 정보주체에게 정기적으로 안내하고 있는지를 확인한다.
통지 항목의 적정성	정보주체에게 통지되는 개인정보 이용·제공 내역이 관련 법령이 정한 필수 항목을 모두 포함하고 있는지 점검한다.

3) 주요 내용

통지 의무 대상 기준	• 개인정보 이용 · 제공 내역 통지 의무자는 5만 명 이상에 대해 민감정보 또는 고유식별정보를 처리하거나 100만 명 이상의 정보주체 개인정보를 처리하는 자이다. • 기준은 전년도 말 기준 직전 3개월 일일평균으로 산정한다.
통지 방식	• 서면, 이메일, 문자, 전화 등의 쉬운 확인 방식으로 통지할 수 있다. • 정보시스템 접속 방법 안내 시에는 알림창 방식으로도 통지할 수 있다.
통지 주기 및 시기	• 통지는 연 1회 이상 이루어져야 한다. • 정보주체가 내용을 주기적으로 확인할 수 있는 방법을 제공한다.
통지 예외 대상	• 정보주체의 거부 의사 표시 • 내부 직원 정보 처리 • 법령상 의무 이행 • 연락처가 없는 경우 등
통지 항목 구성	• 통지 항목에는 수집 · 이용 목적 및 개인정보 항목, 제공받은 자, 제공 목적, 제공한 항목 등이 포함된다. • 통신비밀보호법 등 법률에 의해 제공된 정보는 통지 대상에서 제외된다.

4) 결함사례

통지 미이행	전년도 말 기준 직전 3개월 간 일일 평균 100만 명 이상의 개인정보를 저장 · 관리하고 있음에도 불구하고, 법에서 요구하는 연 1회 이상의 개인정보 이용 · 제공 내역 통지를 수행하지 않아 법적 의무를 이행하지 않은 경우
통지 방식 부적절	정보주체에게 직접 서면, 이메일, 문자 등의 방법으로 통지하지 않고, 홈페이지 팝업창 또는 공지사항 게시만으로 대체하여 법에서 요구한 개별 정보주체가 쉽게 인지할 수 있는 방식에 부합하지 않은 경우

예 A 은행은 전년도 기준 일일 평균 120만 명의 고객 정보를 보유하고 있음에도 불구하고, 2024년도에 개인정보 이용 · 제공 내역을 고객에게 한 차례도 통지하지 않았다. 이에 대해 금융감독원은 현장 점검 과정에서 관련 사실을 확인하였고, 통지 의무 대상에 해당함에도 불구하고 홈페이지 공지만으로 법적 통지 의무를 회피한 정황이 드러났다.

특히 일부 고객은 본인의 정보가 제휴 보험사에 제공되었음을 사전에 인지하지 못해 민원이 제기되었고, A 은행은 결국 과태료 처분과 함께 개선명령을 받았다.

01 개인정보처리자는 개인정보를 수집할 때 목적 달성을 위해 필요한 최소한의 범위 내에서만 수집해야 한다. ○ ☒

02 이동형 영상정보처리기기(CCTV, 착용형, 휴대형 등)는 정보주체의 동의나 법적 근거 없이 공개된 장소에서 자유롭게 운영할 수 있다. ○ ☒

03 개인정보 보호법에 따라 국가안보, 생명·재산 침해 우려, 연락처 부재 등은 개인정보 수집 출처 통지 의무의 예외 사유로 인정된다. ○ ☒

04 공공기관은 개인정보파일을 새로 운영하거나 변경할 경우, 반드시 30일 이내 보호위원회에 등록해야 한다. ○ ☒

05 주민등록번호, 여권번호, 운전면허번호, 외국인등록번호는 고유식별정보에 해당하며, 별도의 동의나 법적 근거 없이는 처리할 수 없다. ○ ☒

정답 **01** ○   **02** ×   **03** ○   **04** ×   **05** ○

해설
01 개인정보 보호법 제16조(개인정보의 수집 제한)는 목적 달성에 필요한 최소한의 개인정보만 수집하도록 규정한다.
02 이동형 영상정보처리기기는 반드시 정보주체의 동의나 법적 근거가 있어야 운영할 수 있으며, 임의로 설치·운영하는 것은 위법이다.
03 개인정보 보호법 제20조의2 제4항은 통지의무 예외 사유를 규정하며, 국가안보 등 특정 사유가 있을 경우 통지를 면제할 수 있다.
04 개인정보 보호법 제32조 제1항에 따라 개인정보파일은 60일 이내에 등록해야 한다.
05 개인정보 보호법 제24조의2에 따라 고유식별정보는 별도의 동의나 법령상 근거가 있을 때만 처리 가능하다.

06 이용자의 이동통신단말장치 내에 저장되어 있는 정보 및 이동통신단말장치에 설치된 기능에 접근이 필요한 경우 이를 명확하게 인지할 수 있도록 알리고 □□□□의 동의를 받아야 한다.

07 개인정보는 수집 시의 정보주체에게 고지 · 동의를 받은 □□ 또는 법령에 근거한 □□ 내에서만 이용 또는 제공하여야 한다.

08 □□□□를 처리하는 경우 목적제한, 결합제한, 안전조치, 금지의무 등 법적 요건을 준수하고 적정 수준의 □□□을 보장할 수 있도록 □□□□ 절차를 수립 · 이행하여야 한다.

09 □□□는 개인정보처리자 외의 모든 자이며, 저장매체 이전, 접근권한 부여, 전송 등은 □□□ 제공에 해당되며, 정보주체 동의, 법령 준수 등의 요건을 명확히 식별하고 이를 준수하여야 한다.

10 개인정보 처리업무를 제3자에게 위탁하는 경우 위탁하는 □□□□과 □□□등 관련사항을 공개하여야 한다.

01 다음 중 「개인정보 보호법」에 따른 개인정보 수집 · 동의 절차 위반 사례로 가장 적절한 것은?

① 회원가입 시 수집하려는 개인정보 항목을 구체적으로 명시하지 않고 '~ 등'으로 포괄적으로 안내한 경우
② 회원가입 시 이용자의 연락처를 필수 입력값으로 받는 경우
③ 결제 시점에서 결제정보를 입력받는 경우
④ 법정대리인 동의 절차를 거쳐 만 14세 미만 아동의 개인정보를 수집한 경우

02 다음 중 「개인정보 보호법」에서 규정하는 최소한의 개인정보 수집 원칙을 가장 잘 설명한 것은?

① 개인정보는 법적 근거 또는 동의가 있으면 목적과 무관하게 수집할 수 있다.
② 개인정보는 수집 목적 달성에 필요한 최소한의 범위 내에서만 수집해야 한다.
③ 개인정보 수집 시 선택 동의 항목은 반드시 필수 항목으로 전환해야 한다.
④ 개인정보 제공에 동의하지 않으면 서비스 전체 제공을 거부할 수 있다.

03 다음 중 「개인정보 보호법」 및 「정보통신망법」에서 규정하는 주민등록번호 처리 요건에 해당하지 <u>않</u>는 것은?

① 법률, 대통령령, 국회규칙 등에서 명확히 허용한 경우
② 정보주체의 동의만으로 처리하는 경우
③ 정보주체 또는 제3자의 생명 · 신체 · 재산의 이익을 위해 불가피한 경우
④ 보호위원회가 고시로 정하는 경우

04 다음 중 「개인정보 보호법」상 민감정보 및 고유식별정보 처리 요건에 대한 설명으로 옳지 <u>않은</u> 것은?

① 민감정보는 정보주체의 별도 동의를 받거나 법률에 근거가 있는 경우에만 처리할 수 있다.
② 주민등록번호를 제외한 고유식별정보는 별도 동의 없이도 수집 · 이용할 수 있다.
③ 고유식별정보는 법률의 구체적 근거가 있거나 정보주체의 별도 동의가 있을 때만 처리 가능하다.
④ 민감정보에는 사상 · 신념, 건강정보, 생체정보, 범죄경력 등이 포함된다.

05 다음 중 「개인정보 보호법」에 따른 개인정보 수집 출처 통지 의무에 대한 설명으로 옳지 <u>않은</u> 것은?

① 정보주체 요구가 있는 경우, 수집 출처·처리 목적 등을 3일 이내에 통지해야 한다.
② 생명·재산 침해 우려가 있는 경우에는 그 사유도 함께 통지해야 한다.
③ 법적 요건 충족 시 민감정보 5만 명 이상, 일반 개인정보 100만 명 이상을 처리하는 경우 3개월 이내 통지해야 한다.
④ 국가안보, 범죄수사 등 공익적 사유라도 통지 의무가 면제되지 않는다.

06 다음 중 「개인정보 보호법」에 따른 영상정보처리기기 설치·운영 요건에 대한 설명으로 옳지 <u>않은</u> 것은?

① 고정형 영상정보처리기기는 법령상 근거가 있거나 범죄 예방, 시설 안전 등 정당한 사유가 있을 때 설치할 수 있다.
② 공공기관이 공개된 장소에 고정형 CCTV를 설치하려는 경우, 행정예고·설명회·설문조사 등을 통해 이해관계자의 의견을 수렴해야 한다.
③ 이동형 영상정보처리기기는 정보주체 동의 없이 공개된 장소에서 자유롭게 운영할 수 있다.
④ 영상정보처리기기 운영을 외부에 위탁하는 경우, 계약에 절차와 요건을 명확히 반영해야 한다.

07 다음 중 「정보통신망법」 및 「개인정보 보호법」에서 규정하는 광고성 정보 전송 관련 의무에 대한 설명으로 옳지 <u>않은</u> 것은?

① 광고성 정보 전송 시 전송자의 명칭과 수신 거부 방법을 명확히 고지해야 한다.
② 전자적 전송매체를 통한 광고 전송은 최초 동의 후, 수신자의 동의 여부를 2년마다 정기적으로 확인해야 한다.
③ 수신자가 수신 거부 또는 동의를 철회한 경우, 즉시 전송을 중단해야 한다.
④ 광고성 정보 전송은 시간 제한 없이 언제든 가능하다.

08 다음 중 「개인정보 보호법」에 따른 개인정보파일 등록·관리 의무에 대한 설명으로 옳지 <u>않은</u> 것은?

① 공공기관은 개인정보파일을 새로 운용하거나 변경할 경우, 60일 이내에 보호위원회에 등록해야 한다.
② 개인정보처리자는 개인정보 항목, 처리 목적, 보유 기간 등을 현황표나 흐름도로 정리하여 정기적으로 점검·개선해야 한다.
③ 공공기관은 개인정보파일 보유 현황을 외부에 공개해야 하며, 처리방침과 별개로 국민이 확인할 수 있도록 해야 한다.
④ 국가 안전, 범죄 수사 등 특정 목적의 개인정보파일도 반드시 예외 없이 보호위원회에 등록해야 한다.

09 다음 중 「개인정보 보호법」에서 규정하는 개인정보 정확성·최신성 유지 의무에 대한 설명으로 옳지 <u>않은</u> 것은?

① 개인정보처리자는 개인정보가 부정확하거나 오래된 정보로 잘못 처리되지 않도록 정확성·최신성을 유지하기 위한 절차를 수립·이행해야 한다.
② 정보주체는 자신의 개인정보를 조회·정정·갱신할 수 있는 기능이나 절차를 제공받아야 한다.
③ 개인정보처리자는 위변조 방지, 백업·복구, 변경 절차 등을 포함한 관리체계를 마련해야 한다.
④ 개인정보는 수집 당시 정보주체의 동의를 받았기 때문에 이후 갱신 여부와 상관없이 변경 관리 의무가 없다.

10 다음 중 「개인정보 보호법」 및 관련 지침에 따른 단말장치 접근권한 고지·동의 의무에 대한 설명으로 옳지 <u>않은</u> 것은?

① 앱이나 서비스가 위치정보, 카메라 등 단말장치 내 저장 정보나 기능에 접근하려는 경우, 사전에 명확히 고지하고 정부주체의 동의를 받아야 한다.
② 서비스 제공에 필수적이지 않은 접근권한에 동의하지 않았다는 이유로 이용자를 차별하거나 서비스 이용을 제한할 수 없다.
③ 정보주체는 접근권한에 대해 언제든지 철회할 수 있어야 하며, 앱 내 또는 운영체제 설정을 통해 철회 방법이 제공되어야 한다.
④ 블루투스·와이파이 기기 등 모든 무선기기는 단말장치 접근권한 고지·동의 의무의 대상에 포함된다.

11 다음 중 「개인정보 보호법」에서 규정하는 민감정보 및 고유식별정보 처리 기준에 대한 설명으로 옳지 <u>않은</u> 것은?

① 민감정보는 정보주체의 별도 동의 또는 관련 법령의 명시적 근거가 있는 경우에만 처리할 수 있다.
② 사상·신념, 건강·생체정보, 범죄경력 등은 민감정보에 해당한다.
③ 주민등록번호, 운전면허번호, 여권번호, 외국인등록번호는 고유식별정보에 해당하며, 별도의 동의 없이 처리 가능하다.
④ 고유식별정보는 정보주체의 별도 동의 또는 관련 법령의 명시적 근거가 있을 때만 처리할 수 있다.

12 다음 중 「개인정보 보호법」에 따른 개인정보 수집·제공 시 통지 의무에 대한 설명으로 옳지 <u>않은</u> 것은?

① 제3자로부터 개인정보를 제공받는 경우, 계약에 수집·동의 책임을 명시해야 한다.
② SNS 등 공개 매체에서 개인정보를 수집할 때에도 정보주체 동의가 필요하다.
③ 정보주체 요구가 있을 경우, 수집 출처와 처리 목적 등을 3일 이내 통지해야 한다.
④ 국가안보나 생명·재산 침해 우려가 있는 경우에도 통지 의무를 면제할 수 없다.

13 다음 중 암호화 적용 점검 및 관리에 대한 설명으로 가장 적절하지 <u>않은</u> 것은?

① 암호통제 정책을 문서화하여 대상, 방식, 알고리즘을 명확히 정의한다.
② 암호화 솔루션을 통해 암호화 상태 및 관리 내역을 주기적으로 검토한다.
③ 암호화 정책을 수립한 후에는 별도의 점검 없이 지속적으로 운영한다.
④ 암호화 적용 후 위험 분석을 수행하여 보완 대책을 마련한다.

14 다음 중 「정보통신망법」상 광고성 정보 전송 관련 결함사례에 해당하지 <u>않는</u> 것은?

① 휴대폰 앱에서 광고성 정보 수신 거부를 했음에도 불구하고, 시스템 오류로 계속 푸시 알림이 발송되는 경우
② 문자 · 이메일 광고 수신 동의 항목을 기본 체크된 상태로 제공하여 정보주체가 의사표시를 하기 어렵게 한 경우
③ 광고성 정보 전송 시 수신자의 동의 여부를 2년마다 재확인하지 않고 계속 발송하는 경우
④ 이메일 광고 전송 시 제목에 '광고'라는 표시를 하여 수신자가 쉽게 인지할 수 있도록 한 경우

15 다음 중 「개인정보 보호법」에 따른 개인정보파일 등록 · 공개 의무 위반 사례에 해당하지 <u>않는</u> 것은?

① 공공기관이 개인정보파일을 새로 구축했으나, 보호위원회에 60일 이내 등록하지 않아 등록 지연이 발생한 경우
② 등록된 개인정보파일 정보와 실제 처리 중인 개인정보 항목이 불일치하여 등록 정보의 정확성이 확보되지 않은 경우
③ 개인정보파일이 처리방침에 반영되지 않아 대국민 공개 의무를 이행하지 못한 경우
④ 개인정보파일을 신규로 구축했으나 보호위원회에 즉시 등록하지 않고 내부 검토 절차 후 30일 내 등록한 경우

16 다음 중 인터넷망 차단 조치 적용 대상 및 통제 방안과 관련하여 적절하지 <u>않은</u> 것은?

① 개인정보 보호법에 따라 전년도 말 직전 3개월간 개인정보가 저장 · 관리된 이용자 수가 일일 평균 100만 명 이상인 개인정보처리자는 인터넷망 차단 조치 의무 대상이다.
② 개인정보처리시스템에서 개인정보를 다운로드, 파기, 접근권한을 설정할 수 있는 개인정보 취급자의 컴퓨터는 인터넷망 차단 조치를 적용해야 한다.
③ 클라우드 서비스를 이용하는 경우 개인정보처리시스템 외의 다른 인터넷 서비스도 자유롭게 사용할 수 있도록 허용해야 한다.
④ 인터넷망 차단 조치는 물리적(네트워크가 분리된 2대의 PC 구성 등) 또는 논리적(VDI와 같은 가상화 기술 활용 등) 방식으로 적용할 수 있다.

17 다음 중 개인정보 및 주요정보 보호를 위한 암호 정책 수립 및 적용에 대한 설명으로 옳지 <u>않은</u> 것은?

① 개인정보 및 주요정보 보호를 위해 법적 요구사항을 반영한 암호화 대상, 암호강도, 암호사용 등이 포함된 암호정책을 수립해야 한다.
② 암호화 대상은 법적 요구사항뿐만 아니라 처리 정보의 민감도 및 중요도를 고려하여 정의해야 한다.
③ 암호정책을 수립할 때 법적 요구사항을 고려할 필요는 없으며, 내부 정책에 따라서만 암호화 대상을 정의하면 된다.
④ 암호화 알고리즘은 법적 요구사항을 반영하고, 안전성이 검증된 암호화 알고리즘 및 보안 강도를 선택해야 한다.

18 다른 법령(상법, 국세기본법 등)에 따라 개인정보를 파기하지 않고 보존해야 하는 경우, 개인정보처리자가 취해야 할 조치로 가장 옳은 것은?

① 관할 기관에 보존 대상 명단을 제출하고 기존 서버에서 계속 활용한다.
② 이용자의 접근을 막기 위해 해당 데이터를 암호화한 후 파기 처리한다.
③ 해당 개인정보를 다른 개인정보와 분리하여 저장 · 관리한다.
④ 운영 중인 고객 DB에 그대로 두고 '보존 대상'임을 표시하여 관리한다.

19 다음 중 정보시스템의 안전한 구현을 위한 코딩 표준 마련 및 적용 절차에 대한 설명으로 옳지 <u>않은</u> 것은?

① 정보시스템 개발 시 알려진 기술적 보안 취약점을 최소화하기 위해 안전한 코딩 표준 및 규약을 마련해야 한다.
② 안전한 코딩 표준 및 규약은 Java, PHP, ASP, 웹, 모바일 등 다양한 개발 언어 및 환경을 포함해야 한다.
③ 안전한 코딩 표준 마련은 일회성 작업이며, 개발 환경이 변경되더라도 유지보수할 필요가 없다.
④ 개발자는 안전한 코딩 표준 및 규약을 숙지하고, 이를 준수하는 방법에 대한 교육을 받아야 한다.

20 다음 중 「개인정보 보호법」상 개인정보를 국외로 이전할 수 있는 요건으로 가장 적절하지 <u>않은</u> 것은?

① 정보주체로부터 국외 이전에 대한 별도의 동의를 받은 경우
② 개인정보보호위원회가 해당 국가의 개인정보 보호 수준이 본래의 보호 수준과 실질적으로 동의하다고 인정한 경우
③ 정보주체와의 계약 체결 및 이행을 위하여 필요한 경우로서 개인정보 처리방침에 공개하거나 정보주체에게 통지한 경우(단, 개인정보의 처리위탁 또는 보관에 한함)
④ 개인정보 처리자가 국내에서 ISMS-P 인증을 획득하여 별도의 추가 조치나 정보주체의 동의 없이도 자유롭게 국외로 이전한 경우

21 개인정보 보호법상 개인정보처리자가 개인정보 유출 사실을 알게 된 경우, 정보주체에게 통지해야 할 사항으로 가장 적절하지 <u>않은</u> 것은?

① 유출된 개인정보의 항목
② 유출된 시점과 그 경위
③ 유출로 인하여 발생할 수 있는 피해를 최소화하기 위하여 정보주체가 할 수 있는 방법
④ 유출 사고를 일으킨 가해자의 신상 정보 및 수사 진행 상황

22 개인정보 보호법에 따른 '개인정보 이용내역 통지'에 대한 설명으로 가장 옳지 <u>않은</u> 것은?

① 일정 기준 이상의 개인정보처리자는 개인정보의 수집 · 이용 동의를 받은 날부터 매년 1회 이상 이용내역을 통지해야 한다.
② 통지해야 할 사항에는 개인정보의 수집 · 이용 목적 및 수집한 항목, 제공받은 자와 제공 목적 등이 포함된다.
③ 정보주체에게 직접 통지하는 대신, 기업 홈페이지에 해당 내용을 공지사항으로 게시하는 것만으로 통지 의무를 갈음할 수 있다.
④ 정보주체의 연락처 등 연락을 취할 수 있는 정보가 없는 경우에는 통지 의무 대상에서 제외된다.

01 ①	02 ②	03 ②	04 ②	05 ④
06 ③	07 ④	08 ④	09 ④	10 ④
11 ③	12 ④	13 ③	14 ④	15 ④
16 ③	17 ③	18 ③	19 ③	20 ④
21 ④	22 ③			

01 ①

개인정보 수집 시에는 반드시 구체적인 항목을 명시해야 하며, '~ 등'과 같이 포괄적으로 안내하는 것은 법정 고지사항 누락으로 간주된다.

02 ②

개인정보는 반드시 목적 달성을 위해 필요한 최소한의 범위에서만 수집해야 하며, 과도한 정보 수집은 최소 수집 원칙 위반에 해당한다.

오답 피하기
① 목적 외 수집으로 위법
③ 선택 동의 침해
④ 동의 거부 불이익 금지 원칙 위반

03 ②

주민등록번호는 단순 동의만으로는 수집 · 처리할 수 없으며, 반드시 법적 근거, 긴급한 이익 보호 또는 보호위원회 고시와 같은 예외 사유가 있어야 한다.

04 ②

주민등록번호를 제외한 여권번호, 운전면허번호, 외국인등록번호 등 고유식별정보 역시 별도의 동의나 법률적 근거 없이 처리할 수 없다.

05 ④

국가안보, 생명 · 재산 침해 우려, 연락처 부재 등은 통지 의무의 예외에 해당한다.

06 ③

이동형 영상정보처리기기(착용형 · 휴대형 등)는 정보주체 동의 또는 법적 근거가 없는 경우, 공개된 장소에서 자유롭게 운영할 수 없다. 반드시 동의 또는 법적 근거가 필요하다.

07 ④

광고성 정보 전송은 법령상 오후 9시부터 오전 8시까지는 제한되며, 이 시간대 전송은 원칙적으로 금지된다.

08 ④

국가 안전, 범죄 수사, 긴급 상황 등 특정 목적이나 일시적 · 공개적 성격의 개인정보파일은 등록 대상에서 제외된다.

09 ④

개인정보처리자는 수집 시점뿐만 아니라 보유 · 처리 과정 전반에서 개인정보의 정확성과 최신성을 유지해야 하며, 변경 관리 의무를 면할 수 없다.

10 ④

단말장치 접근권한 고지 · 동의는 스마트폰, 태블릿, 스마트워치 등 이동통신 가능한 기기에 적용되지만, 블루투스 · 와이파이 기기 등은 대상에서 제외된다.

11 ③

주민등록번호, 운전면허번호, 여권번호, 외국인등록번호 등 고유식별정보는 별도의 동의나 법령상 근거 없이는 처리할 수 없다.

12 ④

국가안보, 생명 · 재산 침해 우려, 연락처 부재 등은 통지 의무의 예외 사유로 인정된다.

13 ③

암호화 정책은 지속적으로 점검하고, 기술적 · 법적 변화에 따라 보완해야 한다.

14 ④

이메일 제목에 '광고' 표시를 하는 것은 법적 의무를 준수한 올바른 사례이다.

15 ④

개인정보파일은 신규 운영 또는 변경 시 60일 이내 등록해야 하므로, 30일 내 등록은 법적 기한 내 적법한 조치이다.

16 ③

클라우드 서비스를 이용하여 개인정보처리시스템을 구성 · 운영하는 경우, 해당 서비스 외의 인터넷 접속은 차단해야 한다.

17 ③

암호화 대상은 법적 요구사항을 반드시 반영해야 하며, 내부 정책만으로 결정할 경우 법적 준수 사항을 위반할 수 있다.

18 ③

개인정보 보호법 제21조 제3항에 따라 법령 근거로 보존하는 정보는 일반적인 이용 목적의 정보와 섞이지 않도록 분리 보관하는 것이 의무이다.

19 ③

안전한 코딩 표준은 일회성이 아니라, 지속적으로 유지 · 보수하며 최신 보안 위협을 반영하여 개선해야 한다.

20 ④

개인정보 보호법 제28조의8 제1항에 따르면 국외 이전이 가능한 요건은 동의, 조약, 위탁/보관(계약이행), 인증(보호위원회가 정하는 인증)이 해당된다. 단순히 국내 ISMS-P 인증을 가졌다고 해서 무조건 국외 이전이 허용되는 것은 아니며, 보호위원회가 정하여 고시하는 인증을 받고 국외 이전 보호조치를 취하는 등 구체적인 요건을 충족해야 한다.

21 ④

개인정보 보호법에 따라 통지해야 하는 사항은 유출된 항목, 시점, 경위, 정보주체의 대응 방법, 처리자의 대응 조치 및 상담 접수처 등이다. 해커의 신상 정보나 구체적인 수사 상황은 법적 필수 통지 사항이 아니며, 수사 기관의 업무 영역에 해당한다.

22 ③

이용내역 통지는 이메일, 서면, 문자메시지 등 정보주체에게 개별적으로 도달할 수 있는 방법으로 직접 통지해야 한다. 홈페이지 게시나 팝업 안내만으로는 법적 통지 의무를 이행한 것으로 인정되지 않는다.

정보보호 위험관리 관련 법령

파트 소개

정보보호위험관리 관련 법률 및 지침을 이해하고 조직이 준수해야 할 법 제도 및
요구사항 파악을 통해 조직의 정보보호를 강화하는 위험관리 거버넌스 및 정보
보호 관리체계를 수립하는 과정을 이해할 수 있다.

정보보호 위험관리에 관련된 법령 및 지침을 이해하고 정보보호위험관리의 목적 및 특성을 기반으로 보호대상의 체계적 관리를 통해 결함을 예방하는 방법을 학습하는 것이 중요하다.

SECTION 01	상	30%
SECTION 02	상	30%
SECTION 03	상	20%
SECTION 04	하	5%
SECTION 05	하	5%
SECTION 06	하	5%
SECTION 07	하	5%

개인정보 보호법

빈출 태그 개인정보 생명주기 • 고유식별정보 • 주민등록번호 • CPO • 정보주체 권리 보호

01 개인정보 개요

1) 개인정보의 정의(법 제2조)

① 살아있는 개인에 관한 정보로서 개인을 알아볼 수 있는 정보

- 성명, 주민등록번호 및 영상을 통하여 개인을 알아볼 수 있는 정보이다.
- 해당 정보만으로는 특정 개인을 알아볼 수 없더라도 다른 정보와 쉽게 결합하여 알아볼 수 있는 정보이다.
- 가명처리함으로써 원래의 상태로 복원하기 위한 추가 정보의 사용과 결합 없이는 특정 개인을 알아볼 수 없는 정보(가명정보)이다.

개인정보 보호법 제2조(정의)

1. "개인정보"란 살아있는 개인에 관한 정보로서 다음 각 목의 어느 하나에 해당하는 정보를 말한다.
   가. 성명, 주민등록번호 및 영상 등을 통하여 개인을 알아볼 수 있는 정보
   나. 해당 정보만으로는 특정 개인을 알아볼 수 없더라도 다른 정보와 쉽게 결합하여 알아볼 수 있는 정보. 이 경우 쉽게 결합할 수 있는지 여부는 다른 정보의 입수 가능성 등 개인을 알아보는 데 소요되는 시간, 비용, 기술 등을 합리적으로 고려하여야 한다.
   다. 가목 또는 나목을 제1호의2에 따라 가명처리함으로써 원래의 상태로 복원하기 위한 추가 정보의 사용·결합 없이는 특정 개인을 알아볼 수 없는 정보(이하 "가명정보"라 한다)

판례	약학정보원 사건 : 서울고등법원(2017나2074963) ※ 대법원 확정(2024.7.11.선고, 2019다242045)

"개인정보는 해당 정보를 처리하는 자의 입장에서 합리적으로 활용될 가능성이 있는 수단을 고려하여 특정 개인을 식별할 수 있는 (identifiable) 정보이므로, 개인정보에 암호화 등 적절한 비식별화(de- identification) 조치를 취함으로써 특정 개인을 식별할 수 없는 상태에 이른다면 이는 식별성을 요건으로 하는 개인정보에 해당한다고 볼 수 없고,"(후략)
"비식별화 조치가 이루어졌다고 하더라도 재식별 가능성이 합리적으로 존재한다면 적절한 비식별화 조치가 이루어지지 않은 것이므로 여전히 개인정보에 해당한다."

---

② 개인영상정보

- 영상정보처리기기에 의해 촬영·처리된 영상 중 개인의 초상, 행동 등이 식별 가능한 경우 개인영상정보에 해당한다.
- CCTV 외에도 카메라, 휴대전화, 블랙박스 등으로 촬영된 개인 식별 가능 영상은 개인영상정보는 아니지만 개인정보로 보호한다.

2) 개인정보의 처리, 정보주체, 개인정보처리자의 개념(법 제2조)

① 개인정보의 처리

- 개인정보 수집, 생성, 연계, 연동, 기록, 저장, 보유, 가공, 편집, 검색, 출력, 정정, 복구, 이용, 파기, 그 밖에 이와 유사한 모든 행위를 말한다.
- 단순 전달, 전송, 확인 또는 통과만 시키는 행위는 처리에 해당하지 않는다.

② 개인정보 처리 단계(개인정보 생명주기)

구분	항목
수집 · 이용	• 개인정보의 수집 · 이용(법 제15조) • 개인정보 수집 제한(법 제16조) • 만14세 미만 법정대리인 : 동의를 받는 방법(법 제22조) • 처리제한 : 민감정보(법 제23조), 고유식별정보(법 제24조), 주민등록번호(법 제24조의2)
제공 · 위탁	• 개인정보의 제공(법 제17조) • 개인정보의 목적 외 이용 · 제공 제한(법 18조) • 업무위탁에 따른 개인정보의 처리 제한(법 제26조)
관리	• 안전조치의무(법 제29조) • 개인정보 처리방침의 수립 및 공개(법 제30조) • 개인정보 보호책임자의 지정(법 제31조) • 개인정보파일의 등록 및 공개(법 제32조) • 개인정보 유출 등의 통지 · 신고(법 제34조)
파기	개인정보의 파기(법 제21조)

③ 정보주체

- 처리되는 정보로 식별 가능한 자연인, 법인이나 단체는 해당하지 않는다.
- 단체에 관한 정보라도 개인 식별 가능 시 정보주체에 해당될 수 있다.

예 대표자 또는 임직원의 이름, 자택 주소, 사진 등은 상황과 맥락에 의해 개인정보 여부가 결정된다.

④ 개인정보처리자 : 업무 목적으로 개인정보파일을 운용하며 개인정보를 처리하는 자이다.

예 개인 및 단체, 공공기관, 법인

3) 개인정보 보호 원칙(법 제3조)

① 개인정보처리자는 개인정보의 처리 목적을 명확하게 하여야 하고 그 목적에 필요한 범위에서 최소한의 개인정보만을 적법하고 정당하게 수집하여야 한다.

  → 명확한 목적에 따라 적법하고 정당하게 최소한의 개인정보 수집

② 개인정보처리자는 개인정보의 처리 목적에 필요한 범위에서 적합하게 개인정보를 처리하여야 하며, 그 목적 외의 용도로 활용하여서는 아니 된다.

  → 처리 목적 내에서만 적합하게 처리하고 목적 외 활용 금지

③ 개인정보처리자는 개인정보의 처리 목적에 필요한 범위에서 개인정보의 정확성, 완전성 및 최신성이 보장되도록 하여야 한다.

  → 정보의 정확성, 완전성, 최신성 보장

④ 개인정보처리자는 개인정보의 처리 방법 및 종류 등에 따라 정보주체의 권리가 침해받을 가능성과 그 위험 정도를 고려하여 개인정보를 안전하게 관리하여야 한다.

  → 침해 가능성과 위험 정도를 고려하여 안전하게 관리

⑤ 개인정보처리자는 개인정보 보호법 제30조(개인정보 처리방침의 수립 및 공개)에 따른 개인정보 처리방침 등 개인정보의 처리에 관한 사항을 공개하여야 하며, 열람청구권 등 정보주체의 권리를 보장하여야 한다.

　　→ 정보주체 권리 보장 : 개인정보 처리방침 공개 · 열람청구권 등

⑥ 개인정보처리자는 정보주체의 사생활 침해를 최소화하는 방법으로 개인정보를 처리하여야 한다.

　　→ 사생활 침해 최소화 방식으로 처리

⑦ 개인정보처리자는 개인정보를 익명 또는 가명으로 처리하여도 개인정보 수집목적을 달성할 수 있는 경우 익명처리가 가능한 경우에는 익명에 의하여, 익명처리로 목적을 달성할 수 없는 경우에는 가명에 의하여 처리될 수 있도록 하여야 한다.

　　→ 가능하면 익명처리, 불가능한 경우 가명처리

⑧ 개인정보처리자는 이 법 및 관계 법령에서 규정하고 있는 책임과 의무를 준수하고 실천함으로써 정보주체의 신뢰를 얻기 위하여 노력하여야 한다.

　　→ 개인정보처리자의 책임 · 의무 준수 및 신뢰성 확보

판례	대법원 2017. 4. 7. 선고 2016도13263 판결

경품 응모권 고지사항의 「개인정보 보호법」 제3조 원칙 위반 여부 판단

이 사건 경품행사에 응모한 고객들은 응모권 뒷면과 인터넷 응모화면에 기재되어 있는 '개인정보 수집 및 제3자 제공 동의' 등 사항이 경품행사 진행을 위하여 필요한 것으로 받아들일 가능성이 크다. 그런데 응모권에 따라서는 경품추첨 사실을 알리는 데 필요한 개인정보와 관련 없는 '응모자의 성별, 자녀 수, 동거 여부' 등 사생활의 비밀에 관한 정보와 심지어는 주민등록번호와 같은 고유식별정보까지 수집하면서 이에 관한 동의를 하지 않을 때에는 응모가 되지 아니하거나 경품 추첨에서 제외된다고 고지하고 있다. 이는 개인정보처리자가 정당한 목적으로 개인정보를 수집하는 경우라 하더라도 그 목적에 필요한 최소한의 개인정보 수집에 그쳐야 하고 이에 동의하지 아니한다는 이유로 정보주체에게 재화 또는 서비스의 제공을 거부하여서는 안 된다는 개인정보 보호 원칙(「개인정보 보호법」 제3조 제1항)과 「개인정보 보호법」 규정에 위반되는 것이다.

02 개인정보 수집 · 이용

1) 개인정보 처리 시 동의 여부(법 제15조)

① 정보주체의 동의없이 처리할 수 있는 경우

- 법률에 특별한 규정이 있거나 법령상 의무 준수
- 공공기관이 법령 등에서 정하는 소관업무 수행
- 정보주체와의 계약 체결 및 이행
- 급박한 생명, 신체, 재산의 이익 보호
- 개인정보처리자의 정당한 이익 달성

기적의 TIP

"불가피하게" 등 삭제(2023년 법 개정)

- 종전에는 정보주체와의 계약 체결 · 이행을 위해 "불가피하게" 필요한 경우로 한정하였으나, 2023년 법 개정을 통해 "불가피하게"를 삭제하여 개인정보처리자와 정보주체가 계약과 관련하여 서로 예상할 수 있는 합리적인 범위 내에서는 상호 신뢰에 기반하여 별도의 동의 없이도 개인정보를 수집하여 이용할 수 있도록 개정되었다.
- 정보통신서비스 제공자 특례(종전 법 제39조의3)의 필수동의 규정을 삭제하여 모든 개인정보처리자에 대하여 개인정보의 수집 · 이용 시 법 제15조를 적용한다.

② 정보주체의 동의가 필요한 경우(적법 · 최소)

정보주체 동의방법	• 필수/선택 항목을 엄격하게 구분하여 수집 • 목적에 필요한 최소한의 개인정보 수집
동의 시 의무 고지사항	• 수집 · 이용 목적 • 수집 항목 • 보유 및 이용 기간 • 동의 거부 권리 사실 및 동의 거부 시 불이익 내용
과태료	동의 의무사항 미고지 시 3천만 원, 수집 위반 시 5천만 원 이하의 과태료 부과

2) 동의를 받는 방법(법 제22조)

① 동의 시에 특히 명확히 표시해야 하는 항목(영 제17조 제3항)

항목	• 재화나 서비스의 홍보 및 판매 연락을 할 수 있다는 사실 • 민감정보, 고유식별번호(여권번호, 운전면허번호, 외국인등록번호) • 개인정보의 보유 및 이용 기간 • 개인정보 제공받는 자 및 제공받는 자의 이용 목적
표시방법	• 글씨는 9포인트 이상으로 하되 다른 내용보다 20% 이상 크게 표시 • 다른 색의 글씨, 굵은 글씨 또는 밑줄 등 사용하여 명확히 드러나게 표시 • 중요한 내용이 많은 경우는 별도 요약 제시
과태료	위반 시 1천만 원 이하 과태료

> **기적의 TIP**
>
> **개인정보 처리에 대한 정보주체의 동의를 받을 때 충족해야 하는 조건(영 제17조 제1항)**
>
> • 정보주체의 자유로운 의사에 따라 동의 여부를 결정할 수 있을 것
> • 동의를 받으려는 내용이 구체적이고 명확할 것
> • 그 내용을 쉽게 읽고 이해할 수 있는 문구를 사용할 것
> • 동의 여부를 명확하게 표시할 수 있는 방법을 정보주체에게 제공할 것

② 구체적으로 각각, 별도의 동의를 받는 경우
• 수집 · 이용 동의(제15조 제1항 제1호)
• 제3자 제공 동의(제17조 제1항 제1호)
• 개인정보의 국외 이전(제28조의8 제1항 제1호)
• 마케팅 목적 처리 동의(제22조 제3항)
• 법정대리인의 동의(제22조의2 제1항)
• 목적 외 이용 · 제공 동의(제18조 제2항 제1호)
• 개인정보를 제공받는 자의 이용 · 제공 동의(제19조 제1호)
• 민감정보 처리 동의(제23조 제1항 제1호)
• 고유식별정보 처리 동의(제24조 제1항 제1호)

3) 민감정보 및 고유식별번호의 처리 제한법(법 제23조, 제24조)

원칙적으로 처리 금지이나, 별도로 동의를 얻거나 법령에서 처리를 요구 · 허용한 경우

민감정보	• 사상, 신념 • 노동조합 · 정당의 가입 및 탈퇴, 정치적 견해 • 건강, 성생활 등의 정보, 유전정보 • 범죄경력(전과 · 수형기록 등) • 개인의 신체적, 생리적, 행동적 특징에 관한 정보 • 인종이나 민족에 관한 정보
고유식별정보	• 주민등록번호(동의받아도 처리 불가) • 운전면허번호 • 여권번호 • 외국인등록번호
관리방법	분실 · 도난 · 유출 · 위조 · 변조 또는 훼손되지 않도록 암호화 등 안전성 확보조치
벌칙	위반 시 5년 이하의 징역 또는 5천만 원 이하의 벌금

4) 주민등록번호 처리의 제한(법 제24조의2)

동의 여부	동의받아도 주민등록번호 처리 불가
처리 가능한 경우	• 법률, 시행령에 구체적으로 주민등록번호의 처리를 요구하거나 허용한 경우 • 정보주체 또는 제3자의 급박한 생명, 신체, 재산의 이익을 위해 명백히 필요하다고 인정되는 경우 • 위에 준하여 주민등록번호 처리가 불가피한 경우로서 보호위원회가 고시로 정하는 경우
벌칙	위반 시 3천만 원 이하의 과태료

5) 영상정보처리기기의 운영관리(법 제25조)

① 운영 · 관리 방침 수립 및 공개 : 영상정보처리기기 운영 · 관리 방침 수립 및 홈페이지에 공개

② 안내판 설치

- 설치 목적 및 장소
- 촬영 범위 및 시간
- 관리책임자의 연락처
- 그 밖에 대통령령으로 정하는 사항

③ 관리 : 개인영상정보 관리대장 기록 · 관리

03 개인정보 제공 · 위탁

1) 개인정보의 제공(법 제17조)

① 정보주체의 동의여부에 따른 처리

동의를 받지 않는 경우	• 법률에 특별한 규정이 있거나 법령상 의무 준수 • 공공기관이 법령 등에서 정하는 소관업무 수행 • 급박한 생명, 신체, 재산의 이익 보호

동의를 받는 경우	• 법률에 의한 별도 동의 처리
	• 의무고지사항
	  – 개인정보를 제공받는 자
	  – 개인정보를 제공받는 자의 개인정보 이용 목적
	  – 제공하는 개인정보의 항목
	  – 개인정보를 제공받는 자의 개인정보 보유 및 이용 기간
	  – 동의를 거부할 권리가 있다는 사실 및 동의 거부에 따른 불이익이 있는 경우에는 그 불이익의 내용
	• 위반 시 5년 이하의 징역 또는 5천만 원 이하의 벌금

② 개인정보 제공 범위 확대(법 제17조 제4항)
- 당초 수집 목적과 합리적으로 관련된 범위에서 정보주체의 동의 없이 이용이 가능하다.
  - 당초 수집 목적과 관련성이 있는지 여부
  - 개인정보의 추가적인 이용 또는 제공에 대한 예측 가능성이 있는지 여부
  - 정보주체의 이익을 부당하게 침해하는지 여부
  - 가명처리 또는 암호화 등 안전성 확보에 필요한 조치를 하였는지 여부 등
- 제공 범위에 대한 판단 기준을 개인정보 처리방침에 미리 공개해야 한다.
- 동의를 받지 않는 경우
  - 법률에 특별한 규정이 있거나 법령상 의무 준수
  - 공공기관이 법령 등에서 정하는 소관업무 수행
  - 급박한 생명, 신체, 재산의 이익 보호

③ 개인정보의 목적 외 이용·제공 제한(법 제18조) : 원칙적으로 금지되지만, 정보주체 또는 제3자의 이익을 부당하게 침해할 우려가 있을 때를 제외하고는 개인정보를 목적 외의 용도로 이용하거나 이를 제3자에게 제공할 수 있다.

동의 없이 목적 외 이용·제공	• 법률에 특별한 규정이 있거나 법령상 의무 준수 • 정보주체 또는 제3자의 급박한 생명, 신체, 재산의 이익 보호
공공기관	• 다른 법률에서 정하는 소관 업무를 수행할 수 없는 경우로 개인정보보호 위원회 심의·의결을 거친 경우 • 조약, 그 밖의 국제 협정의 이행을 위하여 외국 정부 또는 국제기구에 제공 • 범죄의 수사와 공소의 제기 및 유지를 위하여 필요한 경우 • 법원의 재판 업무 수행을 위하여 필요한 경우 • 형(刑) 및 감호, 보호처분의 집행을 위하여 필요한 경우 • 공중위생 등 공공의 안전과 안녕을 위하여 긴급히 필요한 경우

정보주체의
동의
	• 정보주체로부터 별도의 동의를 받은 경우
	• 동의 시 의무 고지사항
	  – 개인정보를 제공받는 자
	  – 제공받는 자의 개인정보 이용 목적
	  – 제공하는 개인정보 항목
	  – 제공받는 자의 개인정보 보유 및 이용 기간
	  – 동의 거부 권리 사실 및 동의 거부 시 불이익 내용

이행사항	• 제공받는 자에게 이용목적, 이용방법 그 외 필요사항에 대한 제한 및 개인정보 안전성 확보조치 사항을 공문으로 요청 • 이용·제공 내역을 30일 이내, 10일 이상 인터넷 홈페이지에 게재 ⑩ 이용한 날짜, 법적근거, 목적, 개인정보의 항목 • 개인정보 목적 외 이용 및 제3자 제공 대장 기록
벌칙	위반 시 5년 이하의 징역 또는 5천만 원 이하의 벌금

2) 업무위탁에 따른 개인정보의 처리 제한(법 제26조)

① 개인정보 위탁 시 문서에 포함해야 할 사항
- 위탁업무 수행 목적 외 개인정보의 처리 금지에 관한 사항
- 개인정보의 기술적 · 관리적 보호조치에 관한 사항
- 그 밖에 개인정보의 안전한 관리를 위하여 대통령령으로 정한 사항 5가지 기재 필요
  - 위탁업무의 목적 및 범위
  - 재위탁 제한에 관한 사항
  - 개인정보에 대한 접근 제한 등 안전성 확보 조치에 관한 사항
  - 위탁업무와 관련하여 보유하고 있는 개인정보의 관리 현황 점검 등 감독에 관한 사항
  - 수탁자가 준수하여야 할 의무를 위반한 경우의 손해배상 등 책임에 관한 사항
- 벌칙 : 위반 시 2천만 원 이하의 과태료를 부과

② 위탁자 및 수탁자 의무

위탁자	• 재화 또는 서비스를 홍보하거나 판매를 권유하는 업무를 위탁하는 경우, 위탁하는 업무의 내용과 수탁자를 정보주체에게 알림 • 정보주체의 개인정보가 분실 · 도난 · 유출 · 위조 · 변조 또는 훼손되지 아니하도록 수탁자를 교육하고, 처리 현황 점검 등 수탁자가 개인정보를 안전하게 처리하는지를 감독
수탁자	• 개인정보처리자로부터 위탁받은 해당 업무 범위를 초과하여 개인정보를 이용하거나 제3자에게 제공하면 안 됨 • 위탁받은 개인정보의 처리 업무를 제3자에게 다시 위탁하려는 경우에는 위탁자의 동의를 받아야 함 • 위탁받은 업무와 관련하여 개인정보를 처리하는 과정에서 이 법을 위반하여 발생한 손해배상책임에 대하여는 수탁자를 개인정보처리자의 소속 직원 간주
벌칙	위반 시 2천만 원 이하의 과태료를 부과

3) 개인정보 제공 및 위탁 비교

구분	제3자 제공	위탁
법령 근거	법 제17조, 제18조	법 제26조
관점	제공받는 자 이익	제공하는 자 이익
방법	제공목적 등 고지 후 정보주체의 동의	위탁사실 홈페이지 공개
의무사항	정보주체로부터 동의 시 주요항목 고지 및 동의 획득	• 위탁계약서 작성 • 홈페이지 공개(위탁업무내용 및 수탁자 정보) • 수탁자 교육 실시 • 개인정보 기술적 · 관리적 보호조치 관리 · 감독
책임	제공받는 자	위탁자(수탁자도 직원으로 간주)
관리	• 목적 외 이용 및 제3자 제공 대장 관리 • 홈페이지 30일 이상 공개	• 위탁계약서 관리 • 수탁자 홈페이지 공개, 교육실시 등

4) 표준 개인정보 처리 위탁 계약서(양식)

표준 개인정보처리위탁 계약서

○○○(이하 "갑"이라 한다)과 △△△(이하 "을"이라 한다)는 "갑"의 개인정보 처리업무를 "을"에게 위탁함에 있어 다음과 같은 내용으로 본 업무위탁계약을 체결한다.

제1조 (목적) 이 계약은 "갑"이 개인정보 처리업무를 "을"에게 위탁하고, "을"은 이를 승낙하여 "을"의 책임 아래 성실하게 업무를 완성하도록 하는데 필요한 사항을 정함을 목적으로 한다.

제2조 (용어의 정의)
본 계약에서 별도로 정의되지 아니한 용어는 「개인정보 보호법」, 같은 법 시행령, 「개인정보의 안전성 확보조치 기준」(개인정보호호위원회 고시), 표준 개인정보 보호지침(개인정보보호위원회 고시) 등에서 정의된 바에 따른다.

제3조 (위탁업무의 목적 및 범위)
"을"은 계약이 정하는 바에 따라 (   ) 목적으로 다음과 같은 개인정보 처리 업무를 수행한다.
1. (위탁하는 개인정보 처리 업무 내용을 기재)
2. (위탁하는 개인정보 처리 업무 내용을 기재)

제4조 (위탁업무 기간)
이 위탁 계약서에 의한 개인정보 처리업무의 기간은 다음과 같다.
계약 기간 : 20 년 월 일 ～ 20 년 월 일

제5조 (재위탁 제한)
① "을"은 "갑"의 동의를 얻은 경우를 제외하고 위탁받은 개인정보 처리 업무를 제3자에게 재위탁할 수 없다.
② "을"이 "갑"의 동의를 받아 개인정보 처리 업무의 전부 또는 일부를 제3자에게 다시 위탁하는 경우에는 "갑"에게 재위탁받는 자 및 재위탁 업무의 범위를 알려야 한다. 다만, "을"이 사전에 재위탁의 범위와 재위탁자를 정하여 "갑"에게 알리고 동의를 받았을 때에는 그러하지 아니하다.
③ "을"은 본조에 따른 재위탁을 문서로 하여야 한다.
④ "을"은 재위탁받는 자의 명칭과 그 업무 범위를 개인정보처리방침으로 공개하여야 한다.

제6조 (개인정보의 안전성 확보조치 등)
"을"은 「개인정보 보호법」 제29조, 같은 법 시행령 제30조 및 「개인정보의 안전성 확보조치 기준」(개인정보보호위원회 고시)에 따라 개인정보의 안전성 확보에 필요한 관리적·기술적 및 물리적 안전조치를 하여야 한다.

제7조 (개인정보의 처리 제한)
"을"은 계약 기간 동안은 물론 계약 종료 후에도 위탁업무 수행 목적 범위를 넘어 개인정보를 이용하거나 이를 제3자에게 제공 또는 누설하여서는 안 된다.

제8조 (수탁자에 대한 관리·감독 등)
① "갑"은 "을"에 대하여 다음 각 호의 사항을 감독할 수 있으며, "을"은 특별한 사유가 없는 한 이에 응해야 한다.
  1. 개인정보의 처리 현황
  2. 개인정보의 접근 또는 접속기록
  3. 개인정보 접근 또는 접속 대상자
  4. 목적 외 이용·제공 및 재위탁 제한 사항 준수 여부
  5. 암호화 등 안전성 확보조치 이행 여부
  6. 그 밖에 개인정보의 보호를 위하여 필요한 사항
② "갑"은 "을"에 대하여 제1항 각 호의 사항에 대한 현황을 점검하거나 "을" 또는 제3자에 의한 현황 점검을 요구할 수 있고, 점검 사항에 대하여 시정을 요구할 수 있다. "을"은 특별한 사유가 없는 한 "갑"의 요구를 이행해야 한다.
③ "을"이 다음 각 호 중 어느 하나에 해당하는 경우에는 그러한 사정을 "갑"에게 알리고 위탁받은 개인정보의 처리 업무에 대한 점검 결과를 "갑"에게 [ ]개월의 단위로 정기적으로 보고하는 것으로 위 각 항에 따른 "갑"과 "을"의 의무 이행에 갈음할수 있다. "갑"에 대한 "을"의 보고의 시기 등에 대하여는 "갑"과 "을"이 협의하여 정할 수 있다.
  1. 개인정보 보호법 제32조의2에 따른 개인정보 보호 인증(ISMS-P)을 취득하여 주기적으로 점검을 받고 있는 경우
  2. 개인정보보호위원회의 개인정보보호 '민관협력 자율규제'에 참여하여 주기적으로 점검을 받고 있는 경우
  3. 그 외 위 1호, 2호에 준하는 경우로서, "갑"과 "을"이 합의하여 법 제31조 제7항의 개인정보 보호책임자 협의회 등에 의한 점검 등을 주기적으로 받고 있는 경우
④ 3항의 경우에도 "을"은 "을"의 처리위탁 업무와 관련하여 개인정보 보호법 위반 또는 본 계약 위반의 사항이 발생한 경우에는 즉시 이를 "갑"에게 통지하여야 하고, "갑"의 지시에 따라야 한다.

제9조 (수탁자에 대한 교육)
① "갑"은 개인정보 보호법 제26조 제3항에 따라 개인정보처리 업무의 위탁으로 인하여 정보주체의 개인정보가 분실·도난·유출·변조 또는 훼손되지 아니하도록 "을"을 교육할 수 있으며, "을"은 이에 응하여야 한다. "을"은 "갑"과 협의하여 "을"의 책임 하에 그의 개인정보 취급자 등에게 교육을 실시할 수 있다.

② 제1항에 따른 교육은 집합교육, 온라인 교육 등의 방식 등 교육 목적을 달성할 수 있는 범위 내에서 다양한 방식으로 진행될 수 있으며, 구체적인 방식에 대하여는 "갑"과 "을"은 별도로 협의하여 정할 수 있다. 다만, "을"이 자체적으로 또는 제3자인 전문업체를 통해 교육을 실시하는 경우에는 "을"은 교육의 시행 여부 및 결과 등을 "갑"에게 증빙자료와 함께 보고하여야 하고, "갑"은 보고 내용을 주기적으로 점검할 수 있다.

③ 그 밖에 구체적으로 교육의 시기와 방법 등에 대해서는 "갑"은 "을"과 협의하여 시행한다.

제10조 (정보주체 권리보장)

"을"은 정보주체의 개인정보 열람, 정정·삭제, 처리 정지 요청 등에 대응하기 위한 연락처 등 민원 창구를 마련해야 한다.

제11조 (개인정보의 파기)

① "을"은 계약이 해지되거나 계약 기간이 만료된 경우 위탁업무와 관련하여 보유하고 있는 개인정보를 개인정보 보호법 시행령 제16조에 따라 즉시 파기 하거나 "갑"에게 반환하여야 한다.

② 제1항에 따라 "을"이 개인정보를 파기한 경우에는 지체없이 "갑"에게 그 결과를 통보 해야 한다.

제12조 (손해배상)

① "을"이 이 계약에 따른 의무를 위반하여 정보주체 또는 제3자에게 손해가 발생할 경우 "갑"과 "을"은 공동으로 정보주체 또는 제3자의 손해를 배상하기로 한다.

② 제1항과 관련하여 정보주체 또는 제3자의 손해를 배상한 당사자는 상대방에게 자신의 부담 비율을 초과하는 부분에 대하여 구상할 수 있다.

본 계약의 내용을 증명하기 위하여 계약서 2부를 작성하고, "갑"과 "을"이 서명 또는
날인한 후 각 1부씩 보관한다.

20 . . .

위탁자(갑)	수탁자(을)
주 소 :	주 소 :
기관(회사)명 :	기관(회사)명 :
대표자 성명 :　　　　　(인)	대표자 성명 :　　　　　(인)

04 개인정보의 안전한 관리

1) 개인정보 안전조치의무(법 제29조)

① 개인정보처리자는 개인정보가 분실·도난·유출·위조·변조 또는 훼손되지 아니하도록 내부 관리계획 수립, 접속기록 보관 등 대통령령으로 정하는 바에 따라 안전성 확보에 필요한 기술적·관리적 및 물리적 조치를 하여야 한다.

구분	내용
관리적	• 개인정보 처리방침의 수립 및 공개(법 제30조) • 개인정보 처리방침의 평가 및 개선권고(법 제30조의2) • 내부관리계획 수립 및 시행 • 내부관리계획 이행 점검 • 개인정보 영향평가
물리적	• 물리적 접근방지 • 개인정보 파기
기술적	• 접근권한의 관리 • 비밀번호의 관리 • 접근통제 시스템 설치 및 운영 • 개인정보의 암호화 • 접속기록의 보관 및 위·변조 방지 • 보안프로그램 설치 및 운영

② 내부관리계획 수립 및 시행
- 개인정보 보호책임자의 지정에 관한 사항
- 개인정보 보호책임자 및 개인정보취급자의 역할 및 책임에 관한 사항
- 개인정보취급자에 대한 교육에 관한 사항
- 접근 권한의 관리에 관한 사항
- 접근 통제에 관한 사항
- 개인정보의 암호화 조치에 관한 사항
- 접속기록 보관 및 점검에 관한 사항
- 악성프로그램 등 방지에 관한 사항
- 물리적 안전조치에 관한 사항
- 개인정보 보호조직에 관한 구성 및 운영에 관한 사항
- 개인정보 유출사고 대응 계획 수립 · 시행에 관한 사항
- 개인정보 처리업무를 위탁하는 경우 수탁자에 대한 관리 및 감독에 관한 사항
- 그 밖에 개인정보 보호를 위하여 필요한 사항
  - 개인정보의 목적 외 이용 및 제3자 제공 절차에 관한 사항
  - 개인정보의 파기 절차에 관한 사항

③ 접속기록 보관 및 점검
- 개인정보처리시스템에 대한 접속기록은 최소 1년 이상 보관 · 관리
- 5만 명 이상의 정보주체에 관하여 개인정보를 처리하거나 고유식별정보 또는 민감정보를 처리하는 개인정보처리시스템의 경우 2년 이상 보관 · 관리
- 접속기록 항목 : 접속자 ID, 접속일시, 접속자 IP주소, 처리한 정보주체 정보, 수행업무(조회 및 변경 등)
- 개인정보처리시스템의 접속기록 등은 월 1회 이상 점검

2) 개인정보 처리방침의 수립 및 공개(법 제30조), 개인정보 보호책임자의 지정(법 제31조)

개인정보 처리방침의 수립 및 공개	• 개인정보의 처리 목적 • 개인정보의 처리 및 보유 기간 • 개인정보의 제3자 제공에 관한 사항(해당되는 경우) 　- 개인정보의 파기절차 및 파기방법 　- 민감정보의 공개 가능성 및 비공개를 선택하는 방법(해당되는 경우) • 개인정보처리 개인정보처리 위탁에 관한 사항(해당하는 경우) • 가명정보의 처리 등에 관한 사항(해당되는 경우) • 정보주체와 법정대리인의 권리 · 의무 및 그 행사 방법 • 개인정보 보호 책임자의 성명, 업무 담당 부서의 명칭과 연락처 • 인터넷 접속정보파일 등 개인정보를 자동으로 수집하는 장치의 설치 · 운영 및 그 거부에 관한 사항(해당하는 경우) • 그 밖에 개인정보의 처리에 관하여 대통령령으로 정한 사항

개인정보 보호책임자의 지정	• 개인정보 보호 계획의 수립 및 시행 • 개인정보 보호에 필요한 전문 인력의 관리 및 예산의 확보 • 사업주 또는 대표자 및 이사회에 대한 개인정보 보호 현황 및 주요 사항의 보고 • 개인정보 처리 및 보호의 실태와 관행에 대한 정기적인 조사 및 개선 • 개인정보 처리와 관련한 불만의 처리 및 피해 구제 • 개인정보 유출 및 오용 · 남용 방지를 위한 내부통제시스템의 구축 • 개인정보 보호 교육 계획의 수립 및 시행 • 개인정보파일의 보호 및 관리 · 감독 • 그 밖에 개인정보의 적절한 처리 및 보호를 위하여 대통령령으로 정한 업무

05 개인정보의 파기

개인정보 파기 (법 제21조)	• 개인정보처리자는 보유기간의 경과, 개인정보의 처리 목적 달성, 가명정보의 처리 기간 경과 등 그 개인정보가 불필요하게 되었을 때에는 지체 없이 그 개인정보를 파기 • 개인정보를 파기할 때에는 복구 또는 재생되지 아니하도록 조치 • 개인정보를 파기하지 아니하고 보존하여야 하는 경우에는 해당 개인정보 또는 개인정보파일을 다른 개인정보와 분리하여서 저장 · 관리
개인정보의 파기방법 (영 제16조)	• 전자적 파일 형태인 경우 　- 복원이 불가능한 방법으로 영구 삭제 　- 다만, 기술적 특성으로 영구 삭제가 현저히 곤란한 경우에는 법 제58조의2에 해당하는 정보로 처리하여 복원이 불가능하도록 조치 • 기록물, 인쇄물, 서면, 그 밖의 기록매체인 경우 : 파쇄 또는 소각 • 개인정보의 안전한 파기에 관한 세부 사항은 보호위원회가 정하여 고시
파기방법 및 절차 (개인정보의 안전성 확보조치 기준 제13조)	• 완전파괴(소각 · 파쇄 등) • 전용 소자장비(자기장을 이용해 저장장치의 데이터를 삭제하는 장비)를 이용하여 삭제 • 데이터가 복원되지 않도록 초기화 또는 덮어쓰기 수행 • 일부만을 파기하는 경우, 위 방법으로 파기하는 것이 어려울 경우 　- 전자적 파일 형태인 경우 : 개인정보를 삭제한 후 복구 및 재생되지 않도록 관리 및 감독 　- 기록물, 인쇄물, 서면, 그 밖의 기록매체인 경우 : 해당 부분을 마스킹, 구멍 뚫기 등으로 삭제 　- 시간 · 비용 · 기술 등을 합리적으로 고려할 때 다른 정보를 사용하여도 더 이상 개인을 알아볼 수 없는 정보로 처리하여 복원이 불가능하도록 조치

06 정보주체의 권리보호

1) 정보주체의 권리(법 제4조)

① 개인정보의 처리에 관한 정보를 제공받을 권리

② 개인정보의 처리에 관한 동의 여부, 동의 범위 등을 선택하고 결정할 권리

③ 개인정보의 처리 여부를 확인하고 개인정보에 대하여 열람(사본의 발급 포함) 및 전송을 요구할 권리

④ 개인정보의 처리 정지, 정정 · 삭제 및 파기를 요구할 권리

⑤ 개인정보의 처리 피해를 신속하고 공정한 절차에 따라 구제 받을 권리

⑥ 완전히 자동화된 개인정보 처리에 따른 결정을 거부하거나 그에 대한 설명 등을 요구할 권리

2) 개인정보의 열람(법 제35조)

① 정보주체는 자신의 개인정보에 대해 열람 요구가 가능하며, 개인정보처리자는 정당한 사유가 없는 한 정보주체가 해당 개인정보를 열람할 수 있도록 하여야 한다.

② 다음 중 어느 하나에 해당하는 경우 열람 요구를 제한하거나 거절할 수 있고, 그 사유를 지체없이 해당 정보주체에게 알려야 한다.
- 법률에 따라 열람이 금지되거나 제한되는 경우
- 다른 사람의 생명·신체를 해할 우려가 있거나 다른 사람의 재산과 그 밖의 이익을 부당하게 침해할 우려가 있는 경우
- 공공기관이 아래의 어느 하나에 해당하는 업무를 수행할 때 중대한 지장을 초래하는 경우
  - 조세의 부과·징수 또는 환급에 관한 업무
  - 초·중등교육법 및 고등교육법에 따른 각급학교, 평생교육법에 따른 평생교육시설, 그 밖의 다른 법률에 따라 설치된 고등교육기관에서의 성적 평가 또는 입학자 선발에 관한 업무
  - 학력·기능 및 채용에 관한 시험, 자격 심사에 관한 업무
  - 보상금·급부금 산정 등에 대하여 진행 중인 평가 또는 판단에 관한 업무
  - 다른 법률에 따라 진행 중인 감사 및 조사에 관한 업무
- 요청일로부터 10일 이내에 열람정보(열람할 개인정보와 열람이 가능한 날짜, 시간 및 장소) 또는 열람 거절 사유 및 이의제기 방법을 정보주체에게 알려야 한다.

3) 개인정보의 정정·삭제(법 제36조)

① 정보주체는 개인정보 정정·삭제 요구서를 해당 개인정보처리자에게 제출하여 그 개인정보의 정정 또는 삭제를 요구할 수 있다.
② 다른 법령에서 그 개인정보가 수집 대상으로 명시되어 있는 경우 그 삭제를 요구할 수 없고, 이를 해당 정보주체에게 알려야 한다.
③ 다른 법령에 특별한 절차가 규정되어 있는 경우를 제외하고 지체 없이 정정·삭제 등 필요한 조치를 한 후 그 결과를 정보주체에게 알려야 한다.
④ 정보주체에게 정정·삭제 요구사항의 확인에 필요한 증거자료를 제출하게 할 수 있다.
⑤ 요청일로부터 10일 이내에 조치 사실 또는 미조치 사실 및 이유·이의제기방법을 정보주체에게 알려야 한다.

4) 개인정보의 처리정지 등(법 제37조)

① 정보주체는 개인정보 처리정지 요구서를 개인정보처리자에게 제출하여 자신의 개인정보 처리 정지 요구할 수 있다.
② 처리 정지를 요구받은 때에는 지체 없이 개인정보 처리의 전부 또는 일부를 정지하고 해당 개인정보의 파기 등 필요한 조치를 하여야 한다.
③ 다음 중 어느 하나에 해당하는 경우 처리정지 요구를 거절할 수 있고, 그 사유를 지체 없이 해당 정보주체에게 알려야 한다.
- 법률에 특별한 규정이 있거나 법령상 의무를 준수하기 위하여 불가피한 경우
- 다른 사람의 생명·신체를 해할 우려가 있거나 다른 사람의 재산과 그 밖의 이익을 부당하게 침해할 우려가 있는 경우
- 공공기관이 개인정보를 처리하지 아니하면 다른 법률에서 정하는 소관 업무를 수행할 수 없는 경우
- 개인정보를 처리하지 아니하면 정보주체와 약정한 서비스를 제공하지 못하는 등 계약 이행이 곤란한 경우로서 정보주체가 그 계약의 해지 의사를 명확하게 밝히지 아니한 경우
④ 요청일로부터 10일 이내에 조치 사실 또는 미조치 사실 및 이유·이의제기 방법을 정보주체에게 알려야 한다.

5) 정보주체의 피해구제

침해 사실의 신고 등(법 제62조)	• 개인정보에 관한 권리 또는 이익을 침해받은 사람은 개인정보보호위원회에 신고
	• 개인정보침해 신고센터는 다음의 업무를 수행
	   – 개인정보 처리와 관련한 신고의 접수 · 상담
	   – 사실의 조사 · 확인 및 관계자의 의견 청취

설치 및 구성 (법 제40조)	• 개인정보와 관련한 분쟁의 조정을 원하는 자는 분쟁조정위원회에 분쟁조정을 신청할 수 있음 • 분쟁조정위원회는 분쟁조정 신청을 받은 날로부터 60일 이내에 심사하여 조정안을 작성 · 제시 • 분쟁조정 당사자는 15일 이내에 조정안 수락 여부 회신 • 정보주체의 피해 또는 권리침해가 다수의 정보주체에게 같거나 비슷한 유형으로 발생하는 경우 개인정보 분쟁조정위원회에 일괄적인 집단분쟁조정을 의뢰 또는 신청 가능
손해배상책임 (법 제39조)	• 정보주체는 개인정보처리자가 「개인정보 보호법」을 위반한 행위로 손해를 입으면 개인정보처리자에게 손해배상을 청구할 수 있음 • 개인정보처리자는 고의 또는 과실이 없음을 입증하지 아니하면 책임을 면할 수 없음 • 개인정보처리자가 「개인정보 보호법」에 따른 의무를 준수하고 상당한 주의와 감독을 게을리 하지 아니한 경우 개인정보의 분실 · 도난 · 유출 · 변조 또는 훼손으로 인한 손해 배상책임을 감경받을 수 있음

➕ 더 알기 TIP

분쟁조정위원회

개인정보에 관한 분쟁조정 접수, 사실 확인 등 분쟁조정에 필요한 사무를 처리하며, 위원장 1인을 포함한 30인 이내의 위원으로 구성

조정안 포함 내용
• 조사 대상 침해행위의 중지
• 원상회복, 손해배상, 그 밖에 필요한 구제조치
• 같거나 비슷한 침해의 재발을 방지하기 위하여 필요한 조치

손해배상책임

제도 개요	• 개인정보처리자의 고의 또는 과실로 개인정보 침해(분실 · 도난 · 유출 · 위조 · 변조 · 훼손)로 정보주체에게 손해가 발생한 경우, 개인정보처리자가 이를 배상할 책임이 있음을 규정 • 정보주체의 권리 보호 및 개인정보처리자의 책임의 명확화
손해배상책임	• 개인정보처리자가 법 위반 행위 또는 고의 · 과실로 정보주체에게 손해를 입힌 경우 배상 책임 발생 • 손해는 개인정보 유출, 변조, 훼손, 오 · 남용 등으로 인한 재산적 · 정신적 피해를 포함
입증 책임 전환	• 정보주체 : 손해 발생 사실만 입증 • 개인정보처리자 : 고의 또는 과실이 없음을 증명, 입증불가 시 책임을 면할 수 없음(스스로 법적 의무 준수 입증 책임)
징벌적 손해배상 25년 2회	• 개인정보처리자의 고의 또는 중대한 과실로 정보가 분실 · 도난 · 유출 · 위조 · 변조 또는 훼손되어 정보주체에게 손해가 발생한 경우, 법원은 그 손해액의 5배를 넘지 아니하는 범위에서 손해배상액을 정할 수 있음 • 다만, 개인정보처리자가 고의 또는 중대한 과실이 없음을 증명한 경우는 제외
배상액 결정 고려사항	• 고의 또는 손해 발생의 우려를 인식한 정도 • 위반행위로 인하여 입은 피해 규모 • 위반행위로 인하여 개인정보처리자가 취득한 경제적 이익 • 위반행위에 따른 벌금 및 과징금 • 위반행위의 기간 · 횟수 등 • 개인정보처리자의 재산 상태 • 개인정보 침해 후 해당 정보 회수를 위한 노력 정도 • 정보주체 피해구제를 위한 노력 정도

정보보호산업의 진흥에 관한 법률 (정보보호산업법)

출제빈도 (상) 중 하
반복학습 1 2 3

빈출 태그 정보보호산업 • 진흥계획 • 구매수요정보 • 하도급 • 정보보호공시 • 정보보호제품

1) 제1장(총칙)

조항	내용
제1조 (목적)	정보보호산업의 진흥에 필요한 사항을 정함으로써 정보보호산업의 기반을 조성하고 그 경쟁력을 강화하여 안전한 정보통신 이용환경 조성과 국민경제의 건전한 발전에 이바지함을 목적으로 한다.
제2조 (정의)	① 이 법에서 사용하는 용어의 뜻은 다음과 같다. 1. "정보보호"란 다음 각 목의 활동을 위한 관리적 · 기술적 · 물리적 수단(이하 "정보보호시스템"이라 한다)을 마련하는 것을 말한다. 　가. 정보의 수집, 가공, 저장, 검색, 송신, 수신 중에 발생할 수 있는 정보의 훼손, 변조, 유출 등을 방지 및 복구하는 것 　나. 암호 · 인증 · 인식 · 감시 등의 보안기술을 활용하여 재난 · 재해 · 범죄 등에 대응하거나 관련 장비 · 시설을 안전하게 운영하는 것 2. "정보보호산업"이란 정보보호를 위한 기술(이하 "정보보호기술"이라 한다) 및 정보보호기술이 적용된 제품(이하 "정보보호제품"이라 한다)을 개발 · 생산 또는 유통하거나 이에 관련한 서비스(이하 "정보보호서비스"라 한다)를 제공하는 산업을 말한다. 3. "정보보호기업"이란 정보보호산업과 관련된 경제활동(이하 "정보보호사업"이라 한다)을 영위하는 자를 말한다. 4. "이용자"란 정보보호기업이 제공하는 정보보호기술, 정보보호제품 및 정보보호서비스(이하 "정보보호기술 등"이라 한다)를 이용하는 자를 말한다. 6. "성보보호 순비도 평가"란 기업의 정보보호 준비 수준을 평가하여 일정 등급을 부여하는 것을 말한다.
제3조 (국가 및 지방자치 단체의 책무)	국가 및 지방자치단체는 정보보호산업의 진흥에 필요한 정책을 수립하여 시행하고 이에 필요한 재원확보 방안을 마련하여야 한다.
제5조 (정보보호산업 진흥계획 수립)	① 과학기술정보통신부장관은 정보보호산업의 진흥에 관한 정책목표 및 방향을 설정하기 위하여 다음 각 호의 사항이 포함된 정보보호산업 진흥계획(이하 "진흥계획"이라 한다)을 수립 · 시행하여야 한다. 1. 정보보호산업 진흥을 위한 정책의 기본방향에 관한 사항 2. 정보보호 전문인력 양성, 원천기술 개발, 정보보호서비스 이용 확산 등 기반 조성에 관한 사항 3. 정보보호기술 등의 표준화와 지식재산권 보호에 관한 사항 4. 정보보호기업의 육성 및 지원에 관한 사항 5. 정보보호 관련 「중소기업기본법」 제2조 제1항에 따른 중소기업, 「벤처기업육성에 관한 특별법」 제2조 제1항에 따른 벤처기업 및 「1인 창조기업 육성에 관한 법률」 제2조에 따른 1인 창조기업(이하 "중소기업 등"이라 한다)의 경쟁력 강화를 위한 지원에 관한 사항 6. 정보보호산업과 그 밖의 산업 간 융합의 진전에 따른 정보보호 정책에 관한 사항 7. 정보보호산업의 공정경쟁 환경의 조성에 관한 사항 8. 이용자의 권익보호에 관한 사항 9. 정보보호산업에 관한 국제협력과 해외진출 지원에 관한 사항 10. 정보보호산업 진흥을 위한 재원 확보 및 배분에 관한 사항 11. 정보보호산업 진흥을 위한 법 · 제도 개선에 관한 사항 12. 정보보호산업과 관련된 중앙행정기관 간의 업무협력 및 조정에 관한 사항 13. 「정보통신 진흥 및 융합 활성화 등에 관한 특별법」 제5조에 따른 기본계획과의 연계에 관한 사항 14. 그 밖에 정보보호산업의 진흥을 위하여 필요한 사항

② 진흥계획은 5년마다 수립하되 필요한 경우 수립주기를 단축하거나 변경할 수 있다.
③ 과학기술정보통신부장관은 진흥계획의 수립을 위하여 관계 중앙행정기관, 지방자치단체 및 관련 공공기관의 장에게 소관 분야별 계획이나 자료의 제공 등을 요청할 수 있다. 이 경우 계획이나 자료의 제공 등을 요청받은 기관은 특별한 사유가 없으면 이에 협조하여야 한다.
④ 그 밖에 진흥계획의 수립, 시행 등에 필요한 사항은 대통령령으로 정한다.

> **영 제3조(정보보호산업 진흥계획의 수립 등)**
> ① 과학기술정보통신부장관은 법 제5조 제1항에 따른 정보보호산업 진흥계획(이하 이 조에서 "진흥계획"이라 한다)을 그 시행 연도의 전년도 12월 31일까지 수립하여야 한다.
> ② 과학기술정보통신부장관은 진흥계획에 연도별 세부 실행에 필요한 사항을 포함하여 수립할 수 있다.
> ③ 과학기술정보통신부장관은 제1항에 따라 진흥계획을 수립하였을 때에는 지체 없이 관계 중앙행정기관, 지방자치단체 및 관련 공공기관의 장에게 통보하고, 그 내용을 고시하여야 한다.

2) 제2장(정보보호산업의 활성화)

조항	내용

제6조
(구매수요정보의
제공)
	①「전자정부법」 제2조 제2호에 따른 행정기관 또는 공공기관(이하 "공공기관 등"이라 한다)의 장은 소관 기관·시설의 정보보호 수준을 강화하기 위하여 매년 정보보호기술 등에 대한 구매수요 정보(이하 이 조에서 "구매수요정보"라 한다)를 과학기술정보통신부장관에게 제출하여야 한다.
	② 과학기술정보통신부장관은 제1항에 따라 제출된 구매수요정보를 정보보호기업에 제공할 수 있다.
	③ 과학기술정보통신부장관은 제2항에 따라 구매수요정보를 정보보호기업에 제공하는 경우 과학기술정보통신부 내에 별도의 심의위원회를 개최하여 국가안전 및 공공의 이익에 중대한 영향을 미치는 내용이 정보보호기업에 제공되지 아니하도록 하여야 한다.
	④ 제1항 및 제2항에 따른 구매수요정보 제출 및 제공의 구체적인 횟수·시기·방법·절차 등에 필요한 사항은 대통령령으로 정한다.
	
	영 제4조(구매수요정보의 제출 등)
	①「전자정부법」 제2조 제2호에 따른 행정기관 또는 공공기관(이하 "공공기관 등"이라 한다)의 장은 법 제6조 제1항에 따라 정보보호기업이 제공하는 정보보호기술, 정보보호제품 및 정보보호서비스(이하 "정보보호기술 등"이라 한다)에 대한 구매수요 정보(이하 "구매수요정보"라 한다)를 매년 다음 각 호의 구분에 따른 기한까지 과학기술정보통신부장관에게 제출하여야 한다.
	  1. 해당 연도의 구매수요정보 : 3월 31일
	  2. 다음 연도의 구매수요정보 : 10월 31일
	② 과학기술정보통신부장관은 제1항 제1호 및 제2호에 따른 기한부터 30일 이내에 법 제6조 제3항에 따른 심의위원회를 개최하여야 한다. 이 경우 심의 기간은 15일을 넘지 아니하여야 한다.
	③ 과학기술정보통신부장관은 법 제6조 제1항 및 제2항에 따른 구매수요정보의 제출·제공에 관련된 업무를 효율적으로 수행하기 위하여 정보보호기업이 제공하는 정보보호기술 등에 대한 구매수요정보시스템을 구축·운영할 수 있다.

제7조 (공공기관등의 정보보호시스템 구축 계약 등)	① 공공기관 등의 장은 정보보호시스템 구축을 위한 사업계약을 체결하는 경우「국가를 당사자로 하는 계약에 관한 법률」 제10조 제2항 제3호 및 「지방자치단체를 당사자로 하는 계약에 관한 법률」 제13조 제2항 제4호에 따른 입찰자를 낙찰자로 하는 계약 방식을 우선적으로 적용하여 계약을 체결하여야 한다. 다만, 계약을 체결하려는 정보보호시스템의 특성상 필요하다고 판단되는 경우에는 다른 방식으로 계약을 체결할 수 있다. ② 과학기술정보통신부장관은 제1항의 계약을 위하여 정보보호시스템의 요구사항을 분석·적용할 수 있는 기준과 정보보호시스템의 사업자 선정을 위한 기술평가 기준을 정할 수 있다. ③ 과학기술정보통신부장관은 공공기관 등의 장이 제1항에 따른 사업계약을 체결하거나 사업자 선정을 위한 기술평가를 실시하는 경우에는 제2항에 따른 기준을 적용하도록 권장할 수 있다. ④ 제1항부터 제3항까지의 규정에 따른 계약 체결의 세부 절차와 기준은 과학기술정보통신부장관이 정하여 고시한다.

제8조 (사업 하도급의 승인)	① 정보보호기업이 공공기관 등과 정보보호시스템 구축 사업 계약을 체결한 경우 도급받은 사업의 전부 또는 일부를 다른 정보보호기업에 하도급하거나 하수급인이 하도급받은 사업의 전부 또는 일부를 다시 하도급하려는 경우에는 미리 공공기관 등의 장으로부터 서면으로 승인을 각각 받아야 한다. ② 제1항에 따른 승인 절차 등에 필요한 사항은 과학기술정보통신부령으로 정한다. **규칙 제2조(하도급의 승인절차 등)** ① 「정보보호산업의 진흥에 관한 법률」(이하 "법"이라 한다) 제8조 제1항에 따라 하도급 또는 재하도급에 대하여 서면으로 승인을 받으려는 자(이하 이 조에서 "하도급 등의 승인 신청인"이라 한다)는 별지 제1호서식의 정보보호시스템 구축 사업 하도급·재하도급 계약승인신청서를 「전자정부법」 제2조 제2호에 따른 행정기관 또는 공공기관(이하 "공공기관 등"이라 한다)의 장에게 제출하여야 한다. ② 과학기술정보통신부장관은 법 제8조 제1항에 따른 하도급 또는 재하도급의 승인에 필요한 하도급 계약의 적정성 판단기준을 정하여 고시하여야 한다. ③ 제1항에 따른 신청을 받은 공공기관 등의 장은 제2항에 따른 판단기준에 따라 하도급 또는 재하도급 계약의 적정성을 검토하여 14일 이내에 그 승인 여부를 하도급 등의 승인 신청인에게 알려야 한다. 다만, 하도급 적정성 판단에 상당한 시일이 요구되는 등 불가피한 사유가 있는 경우에는 한 차례만 통지기간을 연장할 수 있다. ④ 제3항 단서에 따라 통지기간을 연장하는 경우에는 그 사유와 14일 이내의 통지예정 기한을 정하여 하도급 등의 승인 신청인에게 알려야 한다. ⑤ 공공기관 등의 장은 제1항에 따라 신청된 하도급 또는 재하도급에 대한 승인을 위하여 필요한 경우 과학기술정보통신부장관이 정하여 고시하는 전문기관에 하도급 또는 재하도급의 적정성을 판단하는 데 필요한 정보나 의견을 요청할 수 있다. ⑥ 공공기관 등의 장은 하도급 또는 재하도급 계약의 준수여부를 확인하기 위하여 필요한 경우 법 제8조 제1항에 따른 승인을 할 때 하도급 또는 재하도급을 승인받은 자가 별지 제2호 서식의 정보보호시스템 구축 사업 하도급·재하도급 계약 준수실태 보고서에 따라 그 준수 여부를 보고하는 것을 조건으로 할 수 있다.
제9조 (정보보호시스템의 하자담보 책임)	① 정보보호기업은 공공기관 등과 정보보호시스템 구축 사업 계약을 체결한 경우 사업을 종료한 날(사업에 대한 시험 및 검사를 수행하여 최종산출물을 인도한 날을 말한다)부터 1년 이내의 범위에서 발생한 하자에 대하여 담보책임이 있다. ② 제1항에도 불구하고 정보보호기업은 다음 각 호의 어느 하나의 사유로 발생한 하자에 대하여는 담보책임이 없다. 다만, 발주자가 제공한 물품 또는 발주자의 지시가 적절하지 아니하다는 것을 알고도 이를 발주자에게 고지하지 아니한 경우에는 그러하지 아니하다. 1. 발주자가 제공한 물품의 품질이나 규격 등이 제7조 제2항의 기준에 미치지 못하는 경우 2. 발주자의 지시에 따라 정보보호시스템을 구축한 경우 3. 그 밖에 발주자의 고의 또는 과실로 하자가 발생한 경우
제10조 (정보보호제품 및 정보보호서비스의 대가)	① 공공기관 등은 정보보호사업의 계약을 체결하는 경우 정보보호산업의 발전과 정보보호제품 및 정보보호서비스의 품질보장을 위하여 적정한 수준의 대가를 지급하도록 노력하여야 한다. ② 과학기술정보통신부장관은 합리적인 발주 관행의 정착을 위하여 발주자가 다음 각 호의 어느 하나에 해당하는 경우 민·관 합동 모니터링 활동을 통하여 조사하고, 그 결과를 공개하거나 해당 발주자에 대하여 시정을 요청할 수 있다. 1. 정보보호사업의 발주와 관련하여 이 법 또는 다른 법률의 규정을 위반한 경우 2. 정상적인 거래관행에 비추어 부당하게 낮은 비용 또는 장기간 유지·관리 및 보안성능 유지를 할 것을 요구하는 경우 ③ 과학기술정보통신부장관은 정보보호산업의 합리적 유통 및 공정한 거래를 위하여 공정거래위원회와 협의를 거쳐 표준계약서를 마련하고, 공공기관 등에 이를 사용하도록 권고할 수 있다. ④ 과학기술정보통신부장관은 공공기관 등의 장이 제1항에 따른 정보보호사업에 대하여 적정한 대가를 지급하도록 하기 위하여 다음 각 호의 정보보호사업 정보를 수집·분석하여 공공기관 등에 제공할 수 있다. 1. 정보보호사업 수행환경 2. 정보보호사업 수행도구 3. 정보보호사업 비용·일정·규모·공수(工數) 4. 정보보호사업 품질특성 정보 5. 그 밖에 정보보호제품에 대한 유지·관리 및 보안성능 유지를 위한 정보보호서비스의 대가기준 산정에 필요한 사항

⑤ 과학기술정보통신부장관은 제4항에 따른 정보보호사업 정보를 종합적으로 관리하기 위하여 공공기관 등의 장에게 필요한 자료의 제출을 요청할 수 있으며, 공공기관 등의 장은 정당한 사유가 없으면 이에 협조하여야 한다.

⑥ 제2항에 따른 조사결과의 공개 주기·방법, 그 밖에 필요한 사항은 대통령령으로 정한다.

> **영 제5조(정보보호제품 및 정보보호서비스의 적정대가 지급 등)**
> ① 과학기술정보통신부장관은 정보보호산업의 발전과 정보보호제품 및 정보보호서비스의 품질보장을 위하여 정보보호제품 및 정보보호서비스에 대한 적정한 대가 산정을 위한 기준을 마련하여야 한다.
> ② 과학기술정보통신부장관은 법 제10조 제2항에 따라 민·관 합동 모니터링 활동을 통하여 조사한 결과를 분기마다 과학기술정보통신부의 인터넷 홈페이지 등을 통하여 공개할 수 있다.
> ③ 과학기술정보통신부장관은 법 제10조 제5항에 따라 공공기관의 장에게 자료 제출을 요청하려는 경우에는 다음 각 호의 사항을 미리 서면으로 통보하여야 한다.
>   1. 제출 요청 사유
>   2. 제출 기한
>   3. 제출 자료의 구체적인 사항
>   4. 제출 자료의 방식 및 형태
>   5. 제출 자료의 활용방법

제11조 (정보보호산업의 융합 촉진)

① 정부는 정보보호산업과 그 밖의 산업 간 융합의 진전에 따른 융합형 정보보호기술 등의 연구개발과 다양한 정보보호제품 및 정보보호서비스의 개발을 촉진하기 위하여 필요한 시책을 수립·시행할 수 있다.

② 과학기술정보통신부장관은 융합형 정보보호기술등의 개발을 촉진하기 위하여 다음 각 호의 사업을 추진할 수 있다.
  1. 융합형 정보보호기술 등에 관한 연구개발
  2. 융합형 정보보호기술의 기술거래 및 사업화
  3. 융합형 정보보호기술 등에 관한 시범사업
  4. 융합형 정보보호기술 등에 관한 전문인력 양성
  5. 융합형 정보보호기술 등에 관한 정책연구
  6. 그 밖에 융합형 정보보호기술 등의 발전을 촉진하기 위하여 필요한 지원

제12조 (정보보호 준비도 평가 지원 등)

① 정보통신망을 통하여 정보를 제공하거나 정보의 제공을 매개하는 자는 「정보통신망 이용촉진 및 정보보호 등에 관한 법률」 제2조 제1항 제2호에 따른 정보통신서비스를 이용하는 자의 안전을 위하여 제2항에 따라 과학기술정보통신부에 등록된 평가기관으로부터 정보보호 준비도 평가를 받을 수 있다.

② 정보보호 준비도 평가를 하려는 자는 다음 각 호의 사항을 갖추어 과학기술정보통신부장관에게 등록하여야 한다.
  1. 법인의 정관 또는 단체의 규약
  2. 정보보호 준비도 평가 사업 수행 계획서
  3. 그 밖에 정보보호 준비도 평가를 수행하는 데 필요한 인적, 기술적, 재정적 능력을 증명할 수 있는 서류 등 대통령령으로 정하는 사항

③ 과학기술정보통신부장관은 제2항에 따라 등록된 평가기관에 대하여 예산의 범위에서 정보보호 준비도 평가를 수행하는 데 필요한 기술적·재정적 지원을 할 수 있다.

④ 정부는 정보보호 준비도 평가를 받은 기업에 대하여 평가 결과에 따라 포상 등 필요한 지원을 할 수 있다.

⑤ 제2항에 따른 등록의 요건·절차, 제3항 및 제4항에 따른 지원에 필요한 사항은 대통령령으로 정한다.

> **영 제6조(정보보호 준비도 평가기관의 등록 요건·절차 등)**
> ① 법 제12조 제2항 제3호에서 "인적, 기술적, 재정적 능력을 증명할 수 있는 서류 등 대통령령으로 정하는 사항"이란 다음 각 호의 서류를 말한다.
>   1. 정보보호 준비도 평가를 수행하는 데 필요한 인적, 기술적, 재정적 능력을 증명할 수 있는 서류
>   2. 법 제12조 제2항에 따라 등록된 평가기관(이하 "정보보호준비도평가기관"이라 한다)의 독립성 및 평가심의의 공정성을 증명할 수 있는 서류
>   3. 정보보호준비도평가기관의 평가업무 규정에 관한 서류
>   4. 정보보호 준비도 평가를 위한 시설을 갖추었음을 증명할 수 있는 서류

② 정보보호준비도평가기관으로 등록을 신청하려는 자는 과학기술정보통신부령으로 정하는 정보보호준비도평가기관 등록 신청서에 다음 각 호의 서류를 첨부하여 과학기술정보통신부장관에게 제출하여야 한다.
 1. 법 제12조 제2항 제1호 및 제2호의 서류
 2. 제1항 각 호의 서류
③ 과학기술정보통신부장관은 제2항에 따라 등록 신청을 한 자가 법인인 경우에는 「전자정부법」 제36조 제1항에 따른 행정정보의 공동이용을 통하여 법인 등기사항증명서를 확인하여야 한다.
④ 과학기술정보통신부장관은 제2항에 따른 등록 신청이 별표 1의 등록 요건을 충족할 때에는 과학기술정보통신부령으로 정하는 정보보호준비도평가기관 등록증을 신청일부터 60일 이내에 신청인에게 발급하여야 한다.
⑤ 과학기술정보통신부장관은 제2항에 따라 제출된 서류에 보완이 필요하다고 판단되면 보완 요청 통보일부터 7일 이내의 기간을 정하여 신청인에게 그 보완을 요구할 수 있다.
⑥ 신청인이 제5항에 따른 기간 내에 보완할 수 없음을 이유로 기간 연장을 요청하는 경우에는 최초 보완 요청 기간을 제외하고 최대 10일까지 그 기간을 연장할 수 있다.
⑦ 정보보호준비도평가기관으로 등록을 한 자는 다음 각 호의 등록사항이 변경된 경우에는 그 변경 사유가 발생한 날부터 30일 이내에 과학기술정보통신부령으로 정하는 정보보호준비도평가기관 등록사항 변경 신청서에 정보보호준비도평가기관 등록증 원본과 변경내용을 증명할 수 있는 서류를 첨부하여 과학기술정보통신부장관에게 제출하여야 한다.
 1. 정보보호준비도평가기관의 명칭 · 대표자 또는 소재지
 2. 정보보호준비도평가기관의 정관 또는 단체규약
 3. 정보보호 준비도 평가 사업 수행 계획서
 4. 정보보호 준비도 평가 업무규정
⑧ 정보보호준비도평가기관의 등록 요건은 별표 1과 같다.

[별표] 정보보호준비도평가기관의 등록 요건(제6조 제8항 관련)

구분		등록 요건
1. 인적 · 기술적 · 재정적 능력	가. 인적 · 기술적 능력	1) 평가업무를 수행하는 상설 정보보호 전담조직을 구성하고 조직 구성도, 직제규정 등에서 증명할 것 2) 평가를 수행하는 인력은 5명 이상 보유하고, 평가를 수행하는 인력은 다음 중 1개 이상의 전문자격을 보유할 것 가) 「국가기술자격법」에 따른 정보보안기사 나) 「정보통신망 이용촉진 및 정보보호 등에 관한 법률」에 따른 정보보호 관리체계 인증심사원 다) 국제정보시스템감사통제협회(International Information Systems Audit and Control Association)의 공인정보시스템감사사(CISA) 라) 국제정보시스템보안자격협회(International Information System Security Certification Consortium)의 공인정보시스템보호전문가(CISSP)
	나. 재정적 능력	1억 원 이상의 자본금을 보유할 것(단, 비영리법인은 제외한다.)

	가. 정보보호 준비도 평가기준 및 방법	과학기술정보통신부 홈페이지 또는 과학기술정보통신부장관이 정한 기관의 홈페이지에 게시된 정보보호 준비도 평가 기준 및 방법을 준용할 것
2. 평가 사업 수행 계획서	나. 평가기관의 독립성	평가기관(평가기관 소속 임직원을 포함한다)은 공정한 업무 수행을 위하여 평가업무 외에 다음의 업무를 수행하지 않음을 증명할 것 1) 정보보호제품의 제조 · 유통 · 판매 2) 정보보호 관련 평가 또는 인증을 위한 컨설팅
	다. 평가심의의 공정성	평가기관은 평가 결과의 적합 여부 판정 및 공정한 등급 부여를 위해 평가기관과 독립된 형태의 평가심의위원회를 구성하여 평가심의를 수행하는 절차를 갖출 것. 이 경우 평가심의위원회는 제3의 독립된 기관 또는 단체에서 운영할 수 있다.
	라. 평가업무규정	평가 업무규정에는 다음의 사항이 포함될 것 1) 평가업무의 절차 및 방법 2) 평가수수료 산정 기준 3) 평가팀 구성 원칙 4) 사후관리 방안 5) 평가업무의 공정성 · 객관성 · 신뢰성 · 독립성 보증방안 6) 자체 내부감사 실시 및 관리방안 7) 평가업무 기록 및 문서화 체계 8) 평가업무 관련 불만 및 분쟁에 대한 처리 절차와 조치방법 9) 평가업무를 수행하는 인력의 교육 및 관리 방안 10) 평가업무를 수행하는 인력의 준수사항 11) 평가업무를 수행하는 인력의 보안관리 및 감독 방법
3. 평가시설		1) 평가와 관련된 상담, 서류의 보관, 평가업무의 처리를 위하여 필요한 사무실과 사무 관련 장비 등을 갖출 것 2) 평가서류의 분실 및 도난 등이 발생하지 않도록 보안시설을 갖출 것

영 제7조(정보보호준비도평가기관에 대한 자료의 요구)

과학기술정보통신부장관은 법 제12조 제3항 및 제4항에 따른 지원을 위하여 정보보호준비도평가기관에 대하여 다음 각 호의 사항을 확인할 수 있다.

1. 별표 1에 따른 등록 요건의 유지 여부
2. 정보보호 준비도 평가 수행 실적
3. 정보보호 준비도 평가를 받은 기업에 대한 평가 결과

① 정보통신망을 통하여 정보를 제공하거나 정보의 제공을 매개하는 자는 「정보통신망 이용촉진 및 정보보
호 등에 관한 법률」 제2조 제1항 제2호에 따른 정보통신서비스를 이용하는 자의 안전한 인터넷이용을 위
하여 정보보호 투자 및 인력 현황, 정보보호 관련 인증 등 정보보호 현황을 대통령령으로 정하는 바에 따
라 공개할 수 있다. 이 경우 「자본시장과 금융투자업에 관한 법률」 제159조에 따른 사업보고서 제출대상
법인은 같은 법 제391조에 따라 정보보호 준비도 평가 결과 등 정보보호 관련 인증 현황을 포함하여 공시
할 수 있다.

② 제1항에도 불구하고 정보통신서비스를 이용하는 자의 안전한 인터넷이용을 위하여 정보보호 공시를 도입
할 필요성이 있는 자로서 사업 분야, 매출액 및 서비스 이용자 수 등을 고려하여 대통령령으로 정하는 기
준에 해당하는 자는 제1항에 따른 정보보호 현황을 공시하여야 한다. 다만, 다른 법률의 규정에 따라 정보
보호 현황을 공시하는 자는 제외한다.

③ 제1항에 따라 정보보호 현황을 공개한 자가 「정보통신망 이용촉진 및 정보보호 등에 관한 법률」 제47조
제1항에 따른 정보보호 관리체계 인증을 받고자 하는 경우에는 납부하여야 할 수수료의 100분의 30에 해
당하는 금액을 할인받을 수 있다.

④ 과학기술정보통신부장관은 제1항 또는 제2항에 따른 공시 내용을 검증하고 공시 내용이 사실과 다른 경
우 수정을 요청할 수 있다.

⑤ 제4항에 따른 공시 내용에 대한 검증 방법 및 절차 등 세부사항은 과학기술정보통신부령으로 정한다.

영 제8조(정보보호 공시)

① 법 제13조 제2항 본문에서 "대통령령으로 정하는 기준에 해당하는 자"란 정보통신망을 통하여 정보를
제공하거나 정보의 제공을 매개하는 자로서 다음 각 호의 어느 하나에 해당하는 자(이하 "정보보호공시
의무자"라 한다)를 말한다.

  1. 다음 각 목의 어느 하나에 해당하는 자

    가. 「전기통신사업법」 제6조 제1항에 따라 등록한 기간통신사업자 중 같은 법 시행령 제11조에 따
른 회선설비 보유사업을 경영하는 자

    나. 「정보통신망 이용촉진 및 정보보호 등에 관한 법률」 제46조 제1항에 따른 집적정보통신시설 사
업자

    다. 「의료법」 제3조의4 제1항에 따른 상급종합병원

    라. 「클라우드컴퓨팅 발전 및 이용자 보호에 관한 법률 시행령」 제3조 제1호의 클라우드컴퓨팅서
비스를 제공하는 자

  2. 「정보통신망 이용촉진 및 정보보호 등에 관한 법률」 제45조의3 제1항 본문에 따라 정보보호 최고
책임자를 지정하고 과학기술정보통신부장관에게 신고해야 하는 자로서 유가증권시장(「자본시장과
금융투자업에 관한 법률 시행령」 제176조의9 제1항에 따른 유가증권시장을 말한다) 또는 코스닥시
장(대통령령 제24697호 자본시장과 금융투자업에 관한 법률 시행령 일부개정령 부칙 제8조에 따
른 코스닥시장을 말한다)에 상장된 주권을 발행한 법인 중 직전 사업연도의 매출액이 3,000억 원
이상인 자

  3. 전년도 말 기준 직전 3개월간 「정보통신망 이용촉진 및 정보보호 등에 관한 법률」에 따른 정보통
신서비스(이하 "정보통신서비스"라 한다)의 일일평균 이용자 수가 100만 명 이상인 자

규칙 제3조의2(정보보호 공시 내용의 검증 방법 및 절차)

① 「정보통신망 이용촉진 및 정보보호 등에 관한 법률」 제52조에 따른 한국인터넷진흥원(이하 "한국인터넷
진흥원"이라 한다)은 법 제13조 제4항에 따라 같은 조 제1항 또는 제2항에 따른 공시 내용에 대한 검증
을 연 1회 이상 실시할 수 있다.

② 한국인터넷진흥원은 법 제13조 제1항 또는 제2항에 따라 정보보호 현황을 공시한 자(이하 이 조에서 "정
보보호공시자"라 한다)에게 제1항에 따른 검증을 위하여 필요한 자료의 제출을 요청할 수 있다.

③ 한국인터넷진흥원은 제1항에 따른 검증을 위하여 정보보호 · 정보기술 · 회계 분야의 전문가로 구성된
공시점검단을 운영할 수 있다.

④ 한국인터넷진흥원은 제1항에 따른 검증 결과 공시 내용이 사실과 다른 경우에는 이를 과학기술정보통신
부장관에게 보고해야 한다.

⑤ 과학기술정보통신부장관은 제4항에 따라 보고받은 공시 내용에 대한 검증 결과를 검토하여 공시 내용
의 수정이 필요하다고 인정하는 경우에는 해당 정보보호공시자에게 공시 내용의 수정을 요청할 수 있다.

⑥ 제1항부터 제5항까지의 규정에 따른 정보보호 공시 내용에 대한 검증 방법 및 절차, 수정 요청 등에 관
한 세부 사항은 과학기술정보통신부장관이 정하여 고시한다.

제13조
(정보보호 공시)

정보보호시스템의 하자담보 책임

사업을 종료한 날부터 1년 이내의 범위에서 발생한 하자에 대하여 담보 책임이 있다.

제도 개요	• 정보보호시스템을 공급하는 자(정보보호기업)가 시스템의 품질과 성능에 대한 책임을 지도록 규정 • 정보보호 제품 및 서비스의 신뢰성 확보, 사용자(구매자)의 권익 보호, 정보보호산업의 건전한 발전 도모
책임 주체	정보보호기업(정보보호시스템을 설계, 제작, 설치, 운영하는 자)
책임 발생 시점 및 기간	사업을 종료한 날부터 1년 이내의 범위에서 발생한 하자에 대하여 담보 책임이 있음 ※ 사업에 대한 시험 및 검사를 수행하여 최종산출물을 인도한 날
하자담보 책임의 정의	공급자가 제공한 시스템이 계약상 명시된 성능이나 품질을 충족하지 못하거나 하자가 발생한 경우 이에 대한 책임을 지는 것
책임 대상	• 정보보호시스템의 기능, 성능, 안정성 등 기술적 요구사항이 충족되지 않거나 계약 조건에 어긋난 경우 • 하자의 원인이 공급자의 고의, 과실, 기술적 결함 등으로 인한 경우
책임 범위 및 내용	시스템 설치 후 일정 기간 동안 발생한 하자에 대해 무상 수리, 교체 또는 환불 등의 책임을 부담
책임 면제 사유	• 정보보호기업은 다음 중 어느 하나에 해당하는 사유로 발생한 하자에 대해서는 담보책임이 없음 (단, 발주자 지시 부적절성을 알면서 고지하지 않은 경우는 제외) • 발주자가 제공한 물품의 품질이나 규격 등이 기준에 미치지 못하는 경우 • 발주자의 지시에 따라 정보보호시스템을 구축한 경우 • 그 밖에 발주자의 고의 또는 과실로 하자가 발생한 경우

3) 제3장(정보보호산업 진흥의 기반조성)

조항	내용
제14조 (기술개발 및 표준화 추진)	① 과학기술정보통신부장관은 정보보호기술의 개발 및 투자를 촉진하기 위하여 다음 각 호의 사업을 추진할 수 있다. 　1. 정보보호기술 수준의 조사 및 기반기술의 연구개발 　2. 미래 성장유망분야의 정보보호 핵심 원천기술 발굴 및 개발 　3. 정보보호기술에 관한 국제 공동연구 개발 및 지원 　4. 정보보호기술의 상용화 및 지역의 정보보호 관련 산업의 클러스터 구축 　5. 산 · 학 · 연 정보보호기술 공동연구 지원 사업 　6. 정보보호기술의 거래 활성화 사업 　7. 그 밖에 정보보호기술의 개발 및 투자촉진을 위하여 필요한 사업 ② 과학기술정보통신부장관은 정보보호기술의 거래 활성화 및 경쟁력 강화, 정보보호산업과 관련된 정보제공 등을 위하여 정보보호산업을 종합적으로 지원할 수 있는 시스템을 구축 · 운영할 수 있다. ③ 과학기술정보통신부장관은 정보보호기업의 기술시험, 개발 등 사업화를 지원하기 위하여 관련 시설을 구축 · 운영할 수 있으며, 정보보호기업에 그 사용을 허가하거나 대여할 수 있다. ④ 과학기술정보통신부장관은 정보보호기술의 거래 활성화, 정보보호제품 간 호환성 확보 등을 위하여 대통령령으로 정하는 바에 따라 다음 각 호의 사업을 추진할 수 있다. 　1. 정보보호기술 등에 관한 표준의 제정 · 개정 · 폐지 및 보급. 다만, 「산업표준화법」에 따른 한국산업표준이 제정되어 있는 경우에는 그 표준에 따른다. 　2. 정보보호기술 등과 관련된 국내외 표준의 조사 · 연구 · 개발 　3. 국내 정보보호기술 등에 관한 표준의 국제표준화를 위한 시책 마련 　4. 그 밖에 정보보호기술 등의 표준화에 필요한 사업

제15조 (전문인력 양성)

① 과학기술정보통신부장관은 정보보호산업의 진흥에 필요한 전문인력 양성을 위하여 관계 중앙행정기관의 장과 협의하여 다음 각 호의 시책을 수립 · 시행할 수 있다.
1. 전문인력의 수요 실태 파악 및 중 · 장기 수급 전망 수립
2. 전문인력 양성기관의 지정, 설립 · 지원
3. 전문인력 양성 교육프로그램의 개발 및 보급 지원
4. 정보보호산업 관련 자격제도의 정착 및 전문인력 수급 지원
5. 각급 학교 및 그 밖의 교육기관에서 시행하는 정보보호산업 관련 교육의 지원
6. 그 밖에 대통령령으로 정하는 전문인력 양성에 필요한 사항

② 과학기술정보통신부장관은 정보보호와 관련한 미래인재 및 해외 우수인력의 발굴 · 육성 사업과 학점이수 인턴제도를 추진할 수 있다. 이 사업의 추진과 관련하여 필요한 사항은 「정보통신 진흥 및 융합 활성화 등에 관한 특별법」 제12조 및 제13조에서 규정하는 바에 따른다.

③ 과학기술정보통신부장관은 정보보호 전문인력의 체계적인 양성과 관리를 위하여 정보보호 전문인력 관리시스템을 구축 · 운영할 수 있으며, 관리시스템에 등록된 전문인력에 대한 지원 범위 및 내용은 과학기술정보통신부령으로 정한다.

제16조 (국제협력 추진)

① 과학기술정보통신부장관은 정보보호산업에 관한 국제적 동향을 파악하고 국제협력을 추진할 수 있다.
② 과학기술정보통신부장관은 정보보호산업 분야의 국제협력을 추진하기 위하여 정보보호기술 및 전문인력의 국제교류 및 국제공동연구개발 등의 사업을 지원할 수 있다.
③ 과학기술정보통신부장관은 정보보호산업과 관련된 민간부문의 국제협력을 지원할 수 있다.

제17조 (성능평가 지원)

① 과학기술정보통신부장관은 정보보호제품의 품질확보 · 유통촉진 · 이용자 보호 · 융합산업 활성화 등을 위하여 정보보호제품에 관한 성능평가를 실시할 수 있다.
② 과학기술정보통신부장관은 제1항에 따른 성능평가를 전문적으로 수행하기 위한 평가기관을 지정할 수 있다.
③ 제1항에 따른 성능평가를 받으려는 자는 제2항에 따른 평가기관에 평가를 신청하여야 한다. 이 경우 소요되는 비용은 신청인이 부담하며, 과학기술정보통신부장관은 예산의 범위에서 이에 필요한 지원을 할 수 있다.
④ 제1항에 따른 성능평가의 방법, 제2항에 따른 평가기관의 지정 등에 필요한 사항은 대통령령으로 정한다.

③ 법 제17조 제3항에 따라 성능평가를 신청하려는 자는 성능평가 신청서, 성능평가 대상 제품 및 다음 각 호의 자료를 성능평가기관에 제출하여야 한다.
1. 제품설명서
2. 사용자 취급설명서
3. 그 밖에 성능평가에 필요한 자료
④ 제1항부터 제3항까지에서 규정한 사항 외에 성능평가의 방법·절차 및 성능평가기관의 지정 등에 필요한 사항은 과학기술정보통신부장관이 정하여 고시한다.

| 제18조
(우수 정보보호기술
등의 지정) | ① 과학기술정보통신부장관은 정보보호산업의 활성화를 위하여 대통령령으로 정하는 바에 따라 매년 우수 정보보호기술 등을 지정하여 지원할 수 있다.
② 과학기술정보통신부장관은 제1항에 따른 우수 정보보호기술 등을 지정하는 경우에는 해당 정보보호기술 등을 제공하는 자에게 지정에 필요한 자료의 제공 등을 요청할 수 있다.
③ 과학기술정보통신부장관은 제1항에 따른 지정을 할 경우 이를 고시하여야 하며, 지정의 방법, 지원 내용 등 필요한 사항은 대통령령으로 정한다.

영 제12조(우수 정보보호기술 등의 지정 방법)
① 법 제18조 제1항에 따른 우수 정보보호기술 등의 지정을 신청하려는 자는 과학기술정보통신부령으로 정하는 지정 신청서에 다음 각 호의 사항을 적은 서류를 첨부하여 과학기술정보통신부장관에게 제출하여야 한다.
1. 정보보호기술 등의 명칭 및 개발 배경
2. 정보보호기술 등의 내용(정보보호기술 등의 요지 및 제11조 각 호의 내용에 관한 구체적인 설명을 포함한다)
3. 정보보호기술 등을 개발하거나 개량한 자의 성명(법인인 경우에는 그 명칭 및 대표자의 성명을 말한다)
4. 국내외 정보보호산업의 활성화에 대한 기여도
5. 성능평가 결과, 그 밖에 정보보호기술 등에 대한 평가·검사·인증 결과와 관련된 사항
② 과학기술정보통신부장관은 제1항에 따른 신청을 받은 날부터 90일 이내에 우수 정보보호기술 등의 지정을 신청한 자에게 지정 여부를 통보하여야 한다. 이 경우 우수 정보보호기술 등으로 지정된 자에게 과학기술정보통신부령으로 정하는 지정서를 발급하여야 한다.
③ 과학기술정보통신부장관은 우수 정보보호기술 등을 지정할 때에는 이해관계인의 의견을 듣거나 우수 정보보호기술등과 관련된 기관 또는 단체 등의 의견을 들을 수 있다.
④ 제1항부터 제3항까지에서 규정한 사항 외에 우수 정보보호기술 등의 지정을 위한 세부적인 방법 등에 관하여 필요한 사항은 과학기술정보통신부장관이 정하여 고시한다. |
| 제19조
(우수 정보보호기업
의 지정) | ① 과학기술정보통신부장관은 제18조 제1항에 따른 우수 정보보호기술 등의 개발과 상용화 등 정보보호산업의 진흥에 기여한 정보보호기업을 우수 정보보호기업으로 지정하여 지원할 수 있다.
② 정부는 제1항의 우수 정보보호기업에 대하여는 다음 각 호의 사항을 우선적으로 지원한다.
1. 제7조 제1항에 따른 정보보호시스템 구축을 위한 사업계약의 체결
2. 제15조에 따른 전문인력 양성 지원
3. 제20조 제1항에 따른 자금의 융자
4. 그 밖에 정보보호산업을 육성하기 위하여 대통령령으로 정하는 사항
③ 과학기술정보통신부장관은 공공기관등의 장에게 제2항에 따른 지원내용과 실적의 제출을 요청할 수 있다. 이 경우 지원 내용과 실적의 제출을 요청받은 기관이나 단체는 특별한 사유가 없는 경우에는 이에 따라야 한다.
④ 과학기술정보통신부장관은 제1항에 따라 지정된 우수 정보보호기업을 고시하여야 하며, 지정의 방법, 내용 등 필요한 사항은 대통령령으로 정한다. |

제20조 (자금융자)	① 과학기술정보통신부장관은 정보보호산업의 육성을 위하여 필요한 때에는 정보보호기업에 대하여 다음 각 호의 어느 하나에 해당하는 자금을 장기 저금리로 융자(정보보호기업이 금융기관으로부터 자금융자를 받는 경우에는 그 이자와 과학기술정보통신부장관이 정하는 이자의 차액을 지원하는 것을 포함한다. 이하 같다)할 수 있다. 1. 정보보호제품 및 정보보호서비스의 설치·이전·개체(改替)·보완 또는 확장에 필요한 자금 2. 원자재의 구매 및 비축에 필요한 자금 3. 정보보호제품 및 정보보호서비스의 국산화를 위한 개발자금 4. 정보보호제품 및 정보보호서비스의 수출을 위한 자금 5. 정보보호 핵심기술 및 부품 개발에 필요한 자금 6. 연구개발 및 유휴시설 유지를 위하여 필요한 자금 7. 그 밖에 정보보호산업의 운영에 필요한 자금 ② 제1항에 따른 자금융자 신청절차, 방법 등에 필요한 사항은 대통령령으로 정한다.
제21조 (수출 지원)	① 과학기술정보통신부장관은 정보보호산업의 수출진흥을 위하여 필요하다고 인정하는 때에는 대통령령으로 정하는 바에 따라 정보보호산업의 투자촉진과 수출시장의 확대 등을 위하여 필요한 조치를 할 수 있다. ② 과학기술정보통신부장관은 제1항에 따른 수출진흥을 위하여 필요하다고 인정하는 때에는 다음 각 호의 어느 하나에 해당하는 자에게 대통령령으로 정하는 바에 따라 예산의 범위에서 재정적인 지원을 하거나 물적·인적 지원을 할 수 있다. 1. 정보보호제품 및 정보보호서비스 등의 수출을 추진하는 자 2. 수출진흥을 위한 자문·지도·대외홍보·전시·연수 또는 상담알선 등을 업으로 하는 자 3. 국내외에서 정보보호제품 및 정보보호서비스 등과 관련한 전시장을 설치·운영하거나 전시장에 정보보호제품·정보보호서비스 등을 출품하는 자 4. 정보보호제품 및 정보보호서비스 등의 수출을 위한 국제협력을 추진하는 자
제22조 (세제 지원 등)	① 정부는 정보보호산업의 진흥을 위하여 「조세특례제한법」, 「지방세특례제한법」, 그 밖의 관련 세법에서 정하는 바에 따라 조세감면 등 필요한 조치를 할 수 있다. ② 정부는 대통령령으로 정하는 바에 따라 정보보호산업의 발전과 정보보호 관련 중소기업 등에 대한 투자 확대 및 육성을 위하여 금융지원이나 그 밖에 필요한 지원을 할 수 있다.
제23조 (정보보호 전문 서비스 기업의 지정·관리)	① 과학기술정보통신부장관은 다음 각 호의 업무를 안전하고 신뢰성 있게 수행할 능력이 있다고 인정되는 자를 정보보호 전문서비스 기업으로 지정할 수 있다. 1. 「정보통신기반 보호법」 제8조에 따라 지정된 주요정보통신기반시설(이하 이 조에서 "주요정보통신기반시설"이라 한다)의 취약점 분석·평가 업무 2. 주요정보통신기반시설 보호대책의 수립 업무 3. 그 밖에 정보보호서비스와 관련하여 대통령령으로 정하는 업무 ② 정보보호 전문서비스 기업으로 지정받을 수 있는 자는 법인으로 한다. ③ 과학기술정보통신부장관은 제1항에 따라 지정된 정보보호 전문서비스 기업에 대하여 지정일부터 매 1년마다 사후관리 심사를 수행하여야 한다. ④ 정보보호 전문서비스 기업은 업무를 양도하거나 다른 정보보호 전문서비스 기업과 합병하는 경우에는 과학기술정보통신부장관에게 신고하여야 한다. 이 경우 양수인 또는 합병된 법인은 과학기술정보통신부장관이 신고를 수리한 때에 정보보호 전문서비스 기업의 지위를 승계한다. ⑤ 정보보호 전문서비스 기업이 휴업·폐업하거나 업무를 재개할 때에는 휴업·폐업하려는 날 또는 휴업 후 업무를 재개하려는 날의 30일 전까지 과학기술정보통신부장관에게 신고하여야 한다. ⑥ 과학기술정보통신부장관은 정보보호 전문서비스 기업이 다음 각 호의 어느 하나에 해당하는 경우에는 청문을 거쳐 정보보호 전문서비스 기업의 지정을 취소하거나 3개월 이내의 기간을 정하여 그 업무의 전부 또는 일부의 정지를 명할 수 있다. 다만, 제1호, 제2호, 제4호의 어느 하나에 해당하는 경우에는 지정을 취소하여야 한다. 1. 속임수나 그 밖의 부정한 방법으로 지정을 받은 경우 2. 제3항에 따른 사후관리 심사를 통과하지 못한 경우 3. 제8항을 위반하여 기록 및 자료를 안전하게 보존하지 아니한 경우 4. 제10항에 따른 지정기준에 미달한 경우 5. 업무를 수행하면서 알게 된 정보를 오·남용하여 주요정보통신기반시설의 운영에 장애를 가져온 경우

⑦ 과학기술정보통신부장관은 정보보호를 위하여 특히 필요하다고 인정하는 경우에는 정보보호 전문서비스 기업으로 하여금 관련 서류 또는 자료를 제출하게 할 수 있다.

⑧ 정보보호 전문서비스 기업은 제1항 각 호의 업무와 관련하여 작성한 기록 및 자료를 안전하게 보존하여야 한다.

⑨ 정보보호 전문서비스 기업은 제1항에 따른 지정이 취소되거나 폐업한 때에는 제1항 각 호의 업무와 관련한 기록 및 자료를 해당 기관 또는 기업의 장에게 반환하거나 폐기하여야 하며, 반환이 곤란하거나 불가능한 자료에 대해서는 폐기할 자료를 특정하여 해당 기관 또는 기업의 장의 승인을 얻은 후 폐기하여야 한다.

⑩ 제1항에 따른 지정, 제3항에 따른 사후관리 심사, 제4항에 따른 양도·합병, 제5항에 따른 휴업 등의 신고, 제6항에 따른 지정취소, 제7항에 따른 자료제출, 제9항에 따른 기록 및 자료의 반환, 폐기의 절차 및 방법 등에 관하여 필요한 사항은 과학기술정보통신부령으로 정한다.

규칙 제8조(정보보호 전문서비스 기업의 지정기준)

법 제23조 제1항에 따른 정보보호 전문서비스 기업(이하 "정보보호 전문서비스 기업"이라 한다)의 지정기준은 다음 각 호와 같다.

1. 별표 1에서 정한 자격기준을 갖춘 기술인력을 10명 이상 보유할 것(고급 또는 특급 기술인력을 3명 이상 포함하여야 한다)
2. 재무제표상 자본총계가 10억 원 이상일 것
3. 다음 각 목의 설비를 보유할 것
   가. 신원확인 및 출입통제를 위한 설비
   나. 법 제23조 제1항 각 호의 업무(이하 이 조에서 "업무"라 한다)를 수행하거나 지원하기 위한 설비
   다. 업무 관련 기록 및 자료의 안전한 관리를 위한 설비
4. 과학기술정보통신부장관이 정하여 고시하는 업무 수행능력 심사 평가방법에 따라 실시하는 심사에서 기준 점수 이상을 받을 것
5. 다음 각 목의 사항이 포함된 정보보호 전문서비스 관리규정을 정하고 이를 준수할 것
   가. 업무 수행 구역 및 설비에 대한 보안대책
   나. 업무 수행 인력에 대한 보안대책(인사관리 및 교육훈련에 관한 사항을 포함한다)
   다. 문서 및 전산자료에 대한 보안대책
   라. 그 밖에 과학기술정보통신부장관이 정보보호 전문서비스 기업의 관리를 위하여 필요하다고 인정하여 고시하는 보안대책

규칙 제15조(행정처분의 기준)

법 제23조 제6항에 따른 지정취소 및 업무정지에 관한 행정처분의 기준(별표 2)

- 일반 기준
  - 위반행위가 둘 이상인 경우로서 그에 해당하는 각각의 처분기준이 다른 경우에는 그 중 무거운 처분기준에 따른다. 다만, 둘 이상의 처분기준이 같은 업무정지인 경우에는 무거운 처분의 업무정지기간에 가벼운 처분의 2분의 1까지 가중할 수 있도록 하되, 그 기간은 최대 3개월로 한다.
  - 위반행위의 횟수에 따른 행정처분의 기준은 최근 1년간 같은 위반행위로 행정처분을 받은 경우에 적용한다. 이 경우 행정처분기준의 적용은 같은 위반행위에 대한 행정처분일과 다시 같은 위반행위(처분 후의 위반행위만 해당한다)를 적발한 날을 기준으로 한다.
  - 과학기술정보통신부장관은 정보보호 전문서비스업체의 사업규모, 위반행위의 정도 및 횟수 등을 고려하여 그 행정처분의 2분의 1 범위에서 가중하거나 감경할 수 있다.

• 개별기준

위반행위	근거 법조문	위반횟수별 처분기준		
		1차	2차	3차
1. 속임수나 그 밖의 부정한 방법으로 지정을 받은 경우	법 제23조 제6항 제1호	지정 취소		
2. 법 제23조 제3항에 따른 사후관리 심사를 통과하지 못한 경우	법 제23조 제6항 제2호	지정 취소		
3. 법 제23조 제8항을 위반하여 기록 및 자료를 안전하게 보존하지 아니한 경우	법 제23조 제6항 제3호	경고	업무 정지 1개월	업무 정지 3개월
4. 법 제23조 제10항에 따른 지정기준에 미달한 경우	법 제23조 제6항 제4호	지정 취소		
5. 업무를 수행하면서 알게 된 정보를 오·남용하여 「정보통신기반 보호법」 제3조에 따른 주요정보통신기반시설의 운영에 장애를 가져온 경우	법 제23조 제6항 제5호	업무 정지 1개월	업무 정지 2개월	업무 정지 3개월

제24조 (한국정보보호산업 협회의 설립)	① 정보보호산업에 관련된 사업을 경영하는 자는 정보보호산업의 건전한 발전과 국가산업 전반의 정보보호 수준의 향상을 위하여 과학기술정보통신부장관의 인가를 받아 한국정보보호산업협회(이하 이 조에서 "협회"라 한다)를 설립할 수 있다. ② 협회는 법인으로 한다. ③ 협회의 인가 절차, 사업 및 감독 등에 관하여 필요한 사항은 대통령령으로 정한다. ④ 협회에 관하여 이 법에서 정한 것을 제외하고는 「민법」 중 사단법인에 관한 규정을 준용한다.

4) 제4장(분쟁조정위원회)

소항	내용
제25조 (분쟁조정위원회의 설치)	① 정보보호제품 및 정보보호서비스의 개발·이용 등에 관한 분쟁을 조정(調停)하기 위하여 정보보호산업 분쟁조정위원회(이하 "조정위원회"라 한다)를 둔다. 다만, 저작권과 관련한 분쟁은 「저작권법」에 따르며, 방송통신과 관련된 분쟁 중 「방송법」 제35조의3에 따른 분쟁조정의 대상이 되거나 「전기통신사업법」 제45조에 따른 재정의 대상, 「개인정보 보호법」 제40조에 따른 조정의 대상이 되는 분쟁은 각각 해당 법률의 규정에 따른다. ② 조정위원회는 위원장 1명을 포함한 10명 이상 30명 이하의 위원으로 구성한다. ③ 조정위원회의 위원은 다음 각 호의 어느 하나에 해당하는 사람 중에서 과학기술정보통신부장관이 임명하거나 위촉한다. 1. 「고등교육법」 제2조에 따른 학교의 법학 또는 정보보호 관련 분야의 학과에서 부교수 이상 직위에 재직하거나 재직하였던 사람 2. 판사·검사 또는 변호사의 자격이 있는 사람 3. 정보보호산업에 대한 학식과 경험이 풍부한 사람 4. 이용자 보호기관 또는 단체에 소속된 사람 5. 4급 이상 공무원(고위공무원단에 속하는 일반직 공무원을 포함한다) 또는 이에 상당하는 공공기관의 직에 있거나 있었던 사람으로서 정보보호산업 진흥 업무 또는 소비자 보호 업무에 관한 경험이 있는 사람 ④ 조정위원회의 위원장은 조정위원회 위원 중에서 호선한다. ⑤ 위원은 비상임으로 하고, 공무원이 아닌 위원의 임기는 3년으로 하되, 1회에 한하여 연임할 수 있다. 다만, 제3항 제5호에 따라 임명된 공무원인 위원은 그 직에 재직하는 동안 재임한다.

⑥ 위원은 다음 각 호의 어느 하나에 해당하는 경우를 제외하고는 그의 의사에 반하여 면직되거나 해촉되지 아니한다.
  1. 자격정지 이상의 형을 선고받은 경우
  2. 심신장애로 직무를 수행할 수 없게 된 경우
  3. 직무와 관련된 비위사실이 있는 경우
  4. 직무태만이나 품위손상으로 인하여 위원으로 적합하지 아니하다고 인정되는 경우
  5. 제27조 제1항 각 호의 어느 하나 또는 같은 조 제2항 전단에 해당함에도 불구하고 회피하지 아니한 경우
⑦ 조정위원회의 업무를 지원하기 위하여 「정보통신망 이용촉진 및 정보보호 등에 관한 법률」 제52조에 따른 한국인터넷진흥원에 사무국을 둔다.

> **영 제21조(분쟁조정위원회의 운영)**
> ① 법 제25조 제1항에 따른 정보보호산업 분쟁조정위원회(이하 "조정위원회"라 한다)의 위원장은 조정위원회를 소집하려는 경우에는 회의 날짜·시간·장소 및 안건을 정하여 회의 개최 7일 전까지 각 위원들에게 알려야 한다. 다만, 긴급한 경우이거나 부득이한 사유가 있는 경우에는 그 기간을 단축할 수 있다.
> ② 조정위원회는 위원장을 포함한 재적위원 과반수의 출석으로 개의(開議)하고 출석위원 과반수의 찬성으로 의결한다.
> ③ 조정위원회는 업무를 효율적으로 수행하기 위하여 조정위원회에 분과위원회를 둘 수 있다.
> ④ 조정위원회의 회의는 공개하지 아니한다. 다만, 필요하다고 인정되는 경우에는 조정위원회의 의결로 당사자 또는 이해관계인에게 방청을 하게 할 수 있다.

제26조 (분쟁의 조정)	① 정보보호제품 및 정보보호서비스의 이용 등과 관련한 피해의 구제와 분쟁의 조정을 받으려는 자는 조정위원회에 조정을 신청할 수 있다. 다만, 다른 법률에 따라 분쟁조정을 신청하였거나 분쟁조정이 완료된 경우는 제외한다. ② 조정위원회는 제1항에 따른 분쟁조정 신청을 받은 날부터 60일 이내에 조정안을 작성하여야 한다. 다만, 부득이한 사정으로 그 기한을 연장하려는 경우에는 그 사유와 기한을 명시하고 분쟁당사자에게 통보하여야 한다.

제27조
(위원의 제척·
기피 및 회피)
	① 조정위원회의 위원은 다음 각 호의 어느 하나에 해당하는 경우에는 제26조에 따라 조정위원회에 신청된 분쟁조정사건(이하 "사건"이라 한다)의 심의·의결에서 제척된다.
	  1. 위원 또는 그 배우자나 배우자였던 자가 그 사건의 당사자가 되거나 그 사건에 관하여 공동의 권리자 또는 의무자의 관계에 있는 경우
	  2. 위원이 그 사건의 당사자와 친족이거나 친족이었던 경우
	  3. 위원이 그 사건에 관하여 증언, 감정, 법률자문을 한 경우
	  4. 위원이 그 사건에 관하여 당사자의 대리인으로서 관여하거나 관여하였던 경우
	② 당사자는 위원이 불공정한 조정을 할 우려가 있다고 인정할 만한 상당한 이유가 있으면 그 사실을 서면으로 소명하고 기피신청을 할 수 있다. 이 경우 위원장은 기피신청에 대하여 조정위원회의 의결을 거치지 아니하고 결정한다.
	③ 위원이 제1항 또는 제2항의 사유에 해당하는 경우에는 스스로 그 사건의 심의·의결에서 회피할 수 있다.

제28조 (자료 요청 등)	① 조정위원회는 분쟁조정에 필요한 자료를 제공할 것을 분쟁당사자, 정보보호기업 또는 참고인(이하 이 조에서 "분쟁당사자 등"이라 한다)에게 요청할 수 있다. 이 경우 해당 분쟁당사자 등은 정당한 사유 없이 자료 요청을 거부할 수 없다. ② 조정위원회는 필요하다고 인정하는 경우에는 분쟁당사자 등을 조정위원회에 출석하게 하여 그 의견을 들을 수 있다.
제29조 (조정의 효력)	① 조정위원회는 제26조 제2항에 따라 조정안을 작성하면 지체 없이 각 당사자에게 제시하여야 한다. ② 제1항에 따라 조정안을 제시받은 당사자는 그 제시를 받은 날부터 15일 이내에 그 수락여부를 조정위원회에 통보하여야 한다. 이 경우 당사자가 15일 이내에 수락여부를 통보하지 아니하면 조정을 거부한 것으로 본다. ③ 당사자가 제2항에 따라 조정안을 수락하였을 때에는 조정위원회는 당사자 사이에 합의된 사항을 기재한 조정서를 작성하여야 한다. ④ 제3항에 따라 당사자가 조정안을 수락하고 조정위원회가 조정서를 작성하여 당사자에게 통보한 때에는 당사자 간에 조정안과 동일한 내용의 합의가 성립된 것으로 본다.

제30조 (조정의 거부 및 중지)	① 조정위원회는 분쟁의 성질상 조정위원회에서 조정하는 것이 적합하지 아니하다고 인정하거나 부정한 목적으로 조정이 신청되었다고 인정하는 경우에는 해당 조정을 거부할 수 있다. 이 경우 조정 거부의 사유 등을 신청인에게 통보하여야 한다. ② 신청된 조정사건의 처리 중에 한쪽 당사자가 소를 제기한 경우에 조정위원회는 그 조정을 중지하고 그 사실을 양쪽 당사자에게 통보하여야 한다.
제31조 (조정 비용 등)	조정위원회는 분쟁의 조정을 신청한 자에게 대통령령으로 정하는 바에 따라 조정비용을 부담하게 할 수 있다. 다만, 조정이 성립된 경우에는 그 결과에 따라 분쟁당사자에게 조정비용을 분담하게 할 수 있다.
제32조 (비밀유지)	조정위원회 분쟁조정업무에 종사하는 사람 또는 종사하였던 사람은 그 직무상 알게 된 비밀을 타인에게 누설하거나 직무상 목적 외의 목적으로 사용하여서는 아니 된다. 다만, 다른 법률에 특별한 규정이 있는 경우에는 그러하지 아니하다.
제33조 (조정절차 등)	조정위원회의 조직 · 운영, 분쟁 조정의 방법 · 절차, 조정업무의 처리 등에 필요한 사항은 대통령령으로 정한다.

5) 제5장(이용자 보호조치 등)

조항	내용
제34조 (이용자의 보호시책 등)	① 정부는 이용자의 기본권익을 보호하기 위하여 다음 각 호의 사업을 추진할 수 있다. 　1. 이용자에 대한 정보보호산업 정보 제공 및 교육 　2. 제36조에 따른 이용자보호지침의 준수에 관한 실태조사 　3. 정보보호기업을 대상으로 하는 이용자 보호에 관한 교육 　4. 이용자 보호를 목적으로 하는 기관 또는 단체에 대한 지원 　5. 이용자 피해 예방 및 구제를 위한 시책의 수립 · 시행 　6. 그 밖에 이용자의 권익보호에 필요한 시책의 수립 · 시행 ② 정부는 경제적 · 지역적 · 신체적 또는 사회적 여건으로 인하여 정보보호제품 및 정보보호서비스에 자유롭게 접근하거나 이용하기 어려운 자들이 편리하게 정보보호제품 및 정보보호서비스를 이용할 수 있도록 필요한 시책을 수립 · 시행하여야 한다.
제35조 (청약철회 등)	① 「전자상거래 등에서의 소비자보호에 관한 법률」 제17조 제2항(같은 항 각 호 외의 부분 단서는 제외한다)에 따라 청약철회 및 계약의 해제가 불가능한 정보보호제품 및 정보보호서비스의 경우에는 정보보호기업은 다음 각 호에서 정하는 방법으로 이용자의 청약철회 및 계약 해제의 권리 행사가 방해받지 아니하도록 하여야 한다. 다만, 그 조치를 하지 아니한 경우에는 이용자의 청약철회 및 계약의 해제는 제한되지 아니한다. 　1. 청약철회의 방법 등의 사실을 정보보호제품 및 정보보호서비스나 그 포장에 표시할 것 　2. 시용(試用) 정보보호제품을 제공하거나 한시적 또는 일부 이용이 가능하도록 할 것 ② 제1항에 따른 청약철회 및 계약의 해제에 관하여는 「전자상거래 등에서의 소비자보호에 관한 법률」 제17조, 제18조, 제31조, 제32조, 제40조, 제41조 및 제44조를 준용한다. 이 경우 "통신판매업자" 및 "사업자"는 "정보보호기업"으로, "재화 등"은 "정보보호제품 및 정보보호서비스"로, "소비자"는 "이용자"로, "공정거래위원회"는 "과학기술정보통신부장관"으로 본다.
제36조 (이용자보호지침의 제정 등)	① 과학기술정보통신부장관은 정보보호산업의 건전한 거래 및 유통질서 확립과 이용자 보호를 위하여 정보보호기업이 자율적으로 준수할 수 있는 지침(이하 "이용자보호지침"이라 한다)을 정할 수 있다. 이 경우 과학기술정보통신부장관은 관련 분야의 사업자, 기관 및 단체, 전문가의 의견을 들을 수 있다. ② 정보보호기업은 대통령령으로 정하는 바에 따라 과오납금의 환불, 정보보호제품 및 정보보호서비스의 이용계약의 해제 · 해지의 권리, 제품결함 등으로 발생하는 이용자의 피해보상 등의 내용이 포함된 약관을 마련하여야 한다. ③ 정보보호기업은 정보보호제품 및 정보보호서비스의 이용에 관한 계약을 체결할 때에는 이용자에게 제2항에 따른 약관의 내용을 설명하고, 이용자가 요구할 경우 그 약관의 사본을 이용자에게 교부하여 이용자가 약관의 내용을 알 수 있게 하여야 한다. ④ 과학기술정보통신부장관은 정보보호산업 거래에 관한 표준약관을 마련하여 정보보호기업에게 그 사용을 권고할 수 있다. ⑤ 정보보호기업은 그가 사용하는 약관이 이용자보호지침의 내용보다 이용자에게 불리한 경우 이용자보호지침과 다르게 정한 약관의 내용을 이용자가 알기 쉽게 표시하거나 고지하여야 한다.

⑥ 정보보호기업이 제2항, 제3항 및 제5항을 위반한 경우에 대한 시정권고, 시정조치 및 벌칙에 관하여는 「전자상거래 등에서의 소비자보호에 관한 법률」 제31조, 제32조 제40조, 제41조 및 제44조를 준용한다. 이 경우 "공정거래위원회"는 "과학기술정보통신부장관"으로, "사업자"는 "정보보호기업"으로, "소비자"는 "이용자"로 본다.

> **영 제26조(정보보호제품 및 정보보호서비스 거래약관의 세부 내용)**
> 정보보호기업은 법 제36조 제2항에 따라 이용자 보호를 위한 약관을 마련하려는 경우에는 다음 각 호의 사항에 관한 세부 내용을 포함시켜야 한다.
> 1. 과오납금의 환불 방법 및 절차
> 2. 정보보호제품 및 정보보호서비스의 이용계약의 해제 · 해지의 방법
> 3. 제품결함 등으로 발생하는 이용자의 피해보상
> 4. 분쟁해결 방법 및 절차
> 5. 그 밖에 이용자 보호를 위하여 정보보호기업이 필요하다고 인정하는 사항

제37조 (공공기관의 정보보호 조치)	공공기관의 장은 해당 기관의 정보보호를 위한 관리적 · 물리적 · 기술적 방안을 마련하여야 하며, 정부는 공공기관의 정보보호 현황을 조사하여 정보보호를 위한 조치를 취할 수 있다.

6) 제6장(보칙)

조항	내용
제38조 (업무의 위탁)	과학기술정보통신부장관은 대통령령으로 정하는 바에 따라 이 법에 따른 업무의 일부를 전문기관을 지정하여 위탁할 수 있다. > **영 제27조(업무의 위탁)** > ① 과학기술정보통신부장관은 법 제38조에 따라 다음 각 호의 기관을 전문기관으로 지정한다. >　　1. 한국인터넷진흥원 >　　2. 법 제24조 제1항에 따른 한국정보보호산업협회 >　　3. 「산업기술혁신 촉진법」 제42조에 따라 설립허가를 받은 과학기술분야 전문생산기술연구소
제39조 (벌칙 적용에서 공무원 의제)	이 법에 따라 위탁받은 사무에 종사하는 기관의 임직원은 「형법」 제129조부터 제132조까지의 규정에 따른 벌칙을 적용할 때에는 공무원으로 본다.

7) 제7장(벌칙)

조항	내용
제40조 (벌칙)	제32조를 위반하여 직무상 알게 된 비밀을 타인에게 누설하거나 직무상 목적 외의 목적으로 그 비밀을 사용한 자는 3년 이하의 징역 또는 3천만 원 이하의 벌금에 처한다.
제41조 (과태료)	① 다음 각 호의 어느 하나에 해당하는 자에게는 1천만 원 이하의 과태료를 부과한다. 　　1. 제13조 제2항을 위반하여 정보보호 현황을 공시하지 아니한 자 　　1의2. 제13조 제4항에 따른 공시 내용의 검증을 거부 또는 방해하거나 수정 요청에 따르지 아니한 자 　　2. 제23조 제5항에 따른 신고를 하지 아니한 자 　　3. 제23조 제7항에 따른 관련 서류 또는 자료를 제출하지 아니하거나 거짓으로 제출한 자 　　4. 제23조 제9항을 위반하여 기록 및 자료를 반환하지 아니하거나 폐기하지 아니한 자 또는 승인을 얻지 아니하고 폐기한 자 ② 제1항에 따른 과태료는 대통령령으로 정하는 바에 따라 과학기술정보통신부장관이 부과 · 징수한다(별표 2 개별기준).

위반행위	근거 법조문	위반횟수별 과태료 금액		
		1차	2차	3차 이상
가. 법 제13조 제2항을 위반하여 정보보호 현황을 공시하지 않은 경우	법 제41조 제1항 제1호	300	600	1,000
나. 법 제13조 제4항에 따른 공시 내용의 검증을 거부 또는 방해하거나 수정 요청에 따르지 않은 경우	법 제41조 제1항 제1호의2	300	600	1,000
다. 법 제23조 제5항에 따른 신고를 하지 않은 경우	법 제41조 제1항 제2호	300	600	1,000
라. 법 제23조 제7항에 따른 관련 서류 또는 자료를 제출하지 않거나 거짓으로 제출한 경우	법 제41조 제1항 제3호	300	600	1,000
마. 법 제23조 제9항을 위반하여 기록 및 자료를 반환하지 않거나 폐기하지 않은 경우 또는 승인을 받지 않고 폐기한 경우	법 제41조 제1항 제4호	300	600	1,000

정보통신망 이용촉진 및 정보보호 등에 관한 법률(정보통신망법)

빈출 태그 정보통신망 • 정보통신서비스 • 제공자 • 이용자 • 침해사고 • CISO

1) 제1장(총칙)

조항	내용
제1조 (목적)	이 법은 정보통신망의 이용을 촉진하고 정보통신서비스를 이용하는 자를 보호함과 아울러 정보통신망을 건전하고 안전하게 이용할 수 있는 환경을 조성하여 국민생활의 향상과 공공복리의 증진에 이바지함을 목적으로 한다.
제2조 (정의)	① 이 법에서 사용하는 용어의 뜻은 다음과 같다. 　1. "정보통신망"이란 「전기통신사업법」 제2조 제2호에 따른 전기통신설비를 이용하거나 전기통신설비와 컴퓨터 및 컴퓨터의 이용기술을 활용하여 정보를 수집 · 가공 · 저장 · 검색 · 송신 또는 수신하는 정보통신체제를 말한다. 　2. "정보통신서비스"란 「전기통신사업법」 제2조 제6호에 따른 전기통신역무와 이를 이용하여 정보를 제공하거나 정보의 제공을 매개하는 것을 말한다. 　3의2. "대규모 정보통신서비스 제공자"란 정보통신서비스 제공자 중 제4호에 따른 이용자 수, 서비스의 종류 등이 대통령령으로 정하는 기준에 해당하는 자를 말한다. 　3의3. "게재자"란 정보통신서비스를 이용하여 정보통신망에 직접 제작하거나 선별한 정보를 게재하여 유통하는 자를 말한다. 　4. "이용자"란 정보통신서비스 제공자가 직접 제공하거나 게재자를 통하여 제공되는 정보통신서비스 또는 정보를 이용하는 자를 말한다. 　5. "전자문서"란 컴퓨터 등 정보처리능력을 가진 장치에 의하여 전자적인 형태로 작성되어 송수신되거나 저장된 문서형식의 자료로서 표준화된 것을 말한다. 　7. "침해사고"란 다음 각 목의 방법으로 정보통신망 또는 이와 관련된 정보시스템을 공격하는 행위로 인하여 발생한 사태를 말한다. 　　가. 해킹, 컴퓨터바이러스, 논리폭탄, 메일폭탄, 서비스거부 또는 고출력 전자기파 등의 방법 　　나. 정보통신망의 정상적인 보호 · 인증 절차를 우회하여 정보통신망에 접근할 수 있도록 하는 프로그램이나 기술적 장치 등을 정보통신망 또는 이와 관련된 정보시스템에 설치하는 방법 　9. "게시판"이란 그 명칭과 관계없이 정보통신망을 이용하여 일반에게 공개할 목적으로 부호 · 문자 · 음성 · 음향 · 화상 · 동영상 등의 정보를 이용자가 게재할 수 있는 컴퓨터 프로그램이나 기술적 장치를 말한다. 　10. "통신과금서비스"란 정보통신서비스로서 다음 각 목의 업무를 말한다. 　　가. 타인이 판매 · 제공하는 재화 또는 용역(이하 "재화 등"이라 한다)의 대가를 자신이 제공하는 전기통신역무의 요금과 함께 청구 · 징수하는 업무 　　나. 타인이 판매 · 제공하는 재화 등의 대가가 가목의 업무를 제공하는 자의 전기통신역무의 요금과 함께 청구 · 징수되도록 거래정보를 전자적으로 송수신하는 것 또는 그 대가의 정산을 대행하거나 매개하는 업무 　11. "통신과금서비스제공자"란 제53조에 따라 등록을 하고 통신과금서비스를 제공하는 자를 말한다. 　12. "통신과금서비스이용자"란 통신과금서비스제공자로부터 통신과금서비스를 이용하여 재화 등을 구입 · 이용하는 자를 말한다. 　13. "전자적 전송매체"란 정보통신망을 통하여 부호 · 문자 · 음성 · 화상 또는 영상 등을 수신자에게 전자문서 등의 전자적 형태로 전송하는 매체를 말한다. ② 이 법에서 사용하는 용어의 뜻은 제1항에서 정하는 것 외에는 「지능정보화 기본법」에서 정하는 바에 따른다.

제3조 (정보통신서비스 제공자 및 이용자의 책무)	① 정보통신서비스 제공자는 이용자를 보호하고 건전하고 안전한 정보통신서비스를 제공하여 이용자의 권익보호와 정보이용능력의 향상에 이바지하여야 한다. ② 이용자는 건전한 정보사회가 정착되도록 노력하여야 한다. ③ 정부는 정보통신서비스 제공자단체 또는 이용자단체의 정보보호 및 정보통신망에서의 청소년 보호 등을 위한 활동을 지원할 수 있다.
제4조 (정보통신망 이용촉진 및 정보보호 등에 관한 시책의 마련)	① 과학기술정보통신부장관 또는 방송통신위원회는 정보통신망의 이용촉진 및 안정적 관리 · 운영과 이용자 보호 등(이하 "정보통신망 이용촉진 및 정보보호 등"이라 한다)을 통하여 정보사회의 기반을 조성하기 위한 시책을 마련하여야 한다. ② 제1항에 따른 시책에는 다음 각 호의 사항이 포함되어야 한다. 　1. 정보통신망에 관련된 기술의 개발 · 보급 　2. 정보통신망의 표준화 　3. 정보내용물 및 제11조에 따른 정보통신망 응용서비스의 개발 등 정보통신망의 이용 활성화 　4. 정보통신망을 이용한 정보의 공동활용 촉진 　5. 인터넷 이용의 활성화 　7. 정보통신망에서의 청소년 보호 　7의2. 정보통신망을 통하여 유통되는 정보 중 인공지능 기술을 이용하여 만든 거짓의 음향 · 화상 또는 영상 등의 정보를 식별하는 기술의 개발 · 보급 　8. 정보통신망의 안전성 및 신뢰성 제고 　9. 그 밖에 정보통신망 이용촉진 및 정보보호 등을 위하여 필요한 사항 ③ 과학기술정보통신부장관 또는 방송통신위원회는 제1항에 따른 시책을 마련할 때에는 「지능정보화 기본법」 제6조에 따른 지능정보사회 종합계획과 연계되도록 하여야 한다.
제4조의2 (합성영상 등으로 인한 피해 예방을 위한 시책)	① 과학기술정보통신부장관과 방송통신위원회는 인공지능 기술을 이용하여 사람의 얼굴 · 신체 또는 음성을 대상으로 한 촬영물 · 영상물 또는 음성물을 대상자의 의사에 반하여 편집 · 합성 또는 가공한 정보(이하 이 조에서 "합성영상 등"이라 한다)의 무분별한 유통으로 인한 성범죄, 명예훼손 또는 사기 등의 피해를 예방하기 위하여 시책을 마련하여야 한다. ② 제1항에 따른 시책에는 다음 각 호의 사항이 포함되어야 한다. 　1. 합성영상 등으로 인한 피해 실태 파악 　2. 합성영상 등의 유통 실태 파악 　3. 합성영상 등 관련 국내외 기술 동향 파악 　4. 합성영상 등의 무분별한 유통 방지를 위한 기술 개발의 촉진 　5. 합성영상 등의 무분별한 유통 방지 및 피해 예방을 위한 교육 · 홍보 　6. 그 밖에 합성영상 등의 무분별한 유통 방지 및 피해 예방에 필요한 사항
제5조 (다른 법률과의 관계)	정보통신망 이용촉진 및 정보보호등에 관하여는 다른 법률에서 특별히 규정된 경우 외에는 이 법으로 정하는 바에 따른다. 다만, 제7장의 통신과금서비스에 관하여 이 법과 「전자금융거래법」의 적용이 경합하는 때에는 이 법을 우선 적용한다.
제5조의2 (국외행위에 대한 적용)	이 법은 국외에서 이루어진 행위라도 국내 시장 또는 이용자에게 영향을 미치는 경우에는 적용한다.

2) 제2장(정보통신망의 이용촉진)

조항	내용
제6조 (기술개발의 추진 등)	① 과학기술정보통신부장관은 정보통신망과 관련된 기술 및 기기의 개발을 효율적으로 추진하기 위하여 대통령령으로 정하는 바에 따라 관련 연구기관으로 하여금 연구개발 · 기술협력 · 기술이전 또는 기술지도 등의 사업을 하게 할 수 있다. ② 정부는 제1항에 따라 연구개발 등의 사업을 하는 연구기관에는 그 사업에 드는 비용의 전부 또는 일부를 지원할 수 있다. ③ 제2항에 따른 비용의 지급 및 관리 등에 필요한 사항은 대통령령으로 정한다.

제7조 (기술관련 정보의 관리 및 보급)	① 과학기술정보통신부장관은 정보통신망과 관련된 기술 및 기기에 관한 정보(이하 이 조에서 "기술관련 정보"라 한다)를 체계적이고 종합적으로 관리하여야 한다. ② 과학기술정보통신부장관은 기술관련 정보를 체계적이고 종합적으로 관리하기 위하여 필요하면 관계 행정기관 및 국공립 연구기관 등에 대하여 기술관련 정보와 관련된 자료를 요구할 수 있다. 이 경우 요구를 받은 기관의 장은 특별한 사유가 없으면 그 요구에 따라야 한다. ③ 과학기술정보통신부장관은 기술관련 정보를 신속하고 편리하게 이용할 수 있도록 그 보급을 위한 사업을 하여야 한다. ④ 제3항에 따라 보급하려는 정보통신망과 관련된 기술 및 기기의 범위에 관하여 필요한 사항은 대통령령으로 정한다.
제8조 (정보통신망의 표준화 및 인증)	① 과학기술정보통신부장관은 정보통신망의 이용을 촉진하기 위하여 정보통신망에 관한 표준을 정하여 고시하고, 정보통신서비스 제공자 또는 정보통신망과 관련된 제품을 제조하거나 공급하는 자에게 그 표준을 사용하도록 권고할 수 있다. 다만, 「산업표준화법」 제12조에 따른 한국산업표준이 제정되어 있는 사항에 대하여는 그 표준에 따른다. ② 제1항에 따라 고시된 표준에 적합한 정보통신과 관련된 제품을 제조하거나 공급하는 자는 제9조 제1항에 따른 인증기관의 인증을 받아 그 제품이 표준에 적합한 것임을 나타내는 표시를 할 수 있다. ③ 제1항 단서에 해당하는 경우로서 「산업표준화법」 제15조에 따라 인증을 받은 경우에는 제2항에 따른 인증을 받은 것으로 본다. ④ 제2항에 따른 인증을 받은 자가 아니면 그 제품이 표준에 적합한 것임을 나타내는 표시를 하거나 이와 비슷한 표시를 하여서는 아니 되며, 이와 비슷한 표시를 한 제품을 판매하거나 판매할 목적으로 진열하여서는 아니 된다. ⑤ 과학기술정보통신부장관은 제4항을 위반하여 제품을 판매하거나 판매할 목적으로 진열한 자에게 그 제품을 수거 · 반품하도록 하거나 인증을 받아 그 표시를 하도록 하는 등 필요한 시정조치를 명할 수 있다. ⑥ 제1항부터 제3항까지의 규정에 따른 표준화의 대상 · 방법 · 절차 및 인증표시, 제5항에 따른 수거 · 반품 · 시정 등에 필요한 사항은 과학기술정보통신부령으로 정한다.
제9조 (인증기관의 지정 등)	① 과학기술정보통신부장관은 정보통신망과 관련된 제품을 제조하거나 공급하는 자의 제품이 제8조 제1항 본문에 따라 고시된 표준에 적합한 제품임을 인증하는 기관(이하 "인증기관"이라 한다)을 지정할 수 있다. ② 과학기술정보통신부장관은 인증기관이 다음 각 호의 어느 하나에 해당하면 그 지정을 취소하거나 6개월 이내의 기간을 정하여 업무의 정지를 명할 수 있다. 다만, 제1호에 해당하는 경우에는 그 지정을 취소하여야 한다. 1. 속임수나 그 밖의 부정한 방법으로 지정을 받은 경우 2. 정당한 사유 없이 1년 이상 계속하여 인증업무를 하지 아니한 경우 3. 제3항에 따른 지정기준에 미달한 경우 ③ 제1항 및 제2항에 따른 인증기관의 지정기준 · 지정절차, 지정취소 · 업무정지의 기준 등에 필요한 사항은 과학기술정보통신부령으로 정한다.
제10조 (정보내용물의 개발 지원)	정부는 국가경쟁력을 확보하거나 공익을 증진하기 위하여 정보통신망을 통하여 유통되는 정보내용물을 개발하는 자에게 재정 및 기술 등 필요한 지원을 할 수 있다.
제11조 (정보통신망 응용서비스의 개발 촉진 등)	① 정부는 국가기관 · 지방자치단체 및 공공기관이 정보통신망을 활용하여 업무를 효율화 · 자동화 · 고도화하는 응용서비스(이하 "정보통신망 응용서비스"라 한다)를 개발 · 운영하는 경우 그 기관에 재정 및 기술 등 필요한 지원을 할 수 있다. ② 정부는 민간부문에 의한 정보통신망 응용서비스의 개발을 촉진하기 위하여 재정 및 기술 등 필요한 지원을 할 수 있으며, 정보통신망 응용서비스의 개발에 필요한 기술인력을 양성하기 위하여 다음 각 호의 시책을 마련하여야 한다. 1. 각급 학교나 그 밖의 교육기관에서 시행하는 인터넷 교육에 대한 지원 2. 국민에 대한 인터넷 교육의 확대 3. 정보통신망 기술인력 양성사업에 대한 지원 4. 정보통신망 전문기술인력 양성기관의 설립 · 지원 5. 정보통신망 이용 교육프로그램의 개발 및 보급 지원 6. 정보통신망 관련 기술자격제도의 정착 및 전문기술인력 수급 지원 7. 그 밖에 정보통신망 관련 기술인력의 양성에 필요한 사항

제12조 (정보의 공동활용체제 구축)	① 정부는 정보통신망을 효율적으로 활용하기 위하여 정보통신망 상호 간의 연계 운영 및 표준화 등 정보의 공동활용체제 구축을 권장할 수 있다. ② 정부는 제1항에 따른 정보의 공동활용체제를 구축하는 자에게 재정 및 기술 등 필요한 지원을 할 수 있다. ③ 제1항과 제2항에 따른 권장 및 지원에 필요한 사항은 대통령령으로 정한다.
제13조 (정보통신망의 이용촉진 등에 관한 사업)	① 과학기술정보통신부장관은 공공, 지역, 산업, 생활 및 사회적 복지 등 각 분야의 정보통신망의 이용촉진과 정보격차의 해소를 위하여 관련 기술·기기 및 응용서비스의 효율적인 활용·보급을 촉진하기 위한 사업을 대통령령으로 정하는 바에 따라 실시할 수 있다. ② 정부는 제1항에 따른 사업에 참여하는 자에게 재정 및 기술 등 필요한 지원을 할 수 있다.
제14조 (인터넷 이용의 확산)	정부는 인터넷 이용이 확산될 수 있도록 공공 및 민간의 인터넷 이용시설의 효율적 활용을 유도하고 인터넷 관련 교육 및 홍보 등의 인터넷 이용기반을 확충하며, 지역별·성별·연령별 인터넷 이용격차를 해소하기 위한 시책을 마련하고 추진하여야 한다.
제15조 (인터넷 서비스의 품질 개선)	① 과학기술정보통신부장관은 인터넷 서비스 이용자의 권익을 보호하고 인터넷 서비스의 품질 향상 및 안정적 제공을 보장하기 위한 시책을 마련하여야 한다. ② 과학기술정보통신부장관은 제1항에 따른 시책을 추진하기 위하여 필요하면 정보통신서비스 제공자단체 및 이용자단체 등의 의견을 들어 인터넷 서비스 품질의 측정·평가에 관한 기준을 정하여 고시할 수 있다. ③ 정보통신서비스 제공자는 제2항에 따른 기준에 따라 자율적으로 인터넷 서비스의 품질 현황을 평가하여 그 결과를 이용자에게 알려줄 수 있다.

3) 제4장(정보통신서비스의 안전한 이용환경 조성)

조항	내용

제22조의2
(접근권한에 대한
동의)
	① 정보통신서비스 제공자는 해당 서비스를 제공하기 위하여 이용자의 이동통신단말장치 내에 저장되어 있는 정보 및 이동통신단말장치에 설치된 기능에 대하여 접근할 수 있는 권한(이하 "접근권한"이라 한다)이 필요한 경우 다음 각 호의 사항을 이용자가 명확하게 인지할 수 있도록 알리고 이용자의 동의를 받아야 한다.
	  1. 해당 서비스를 제공하기 위하여 반드시 필요한 접근권한인 경우
	    가. 접근권한이 필요한 정보 및 기능의 항목
	    나. 접근권한이 필요한 이유
	  2. 해당 서비스를 제공하기 위하여 반드시 필요한 접근권한이 아닌 경우
	    가. 접근권한이 필요한 정보 및 기능의 항목
	    나. 접근권한이 필요한 이유
	    다. 접근권한 허용에 대하여 동의하지 아니할 수 있다는 사실
	② 정보통신서비스 제공자는 해당 서비스를 제공하기 위하여 반드시 필요하지 아니한 접근권한을 설정하는 데 이용자가 동의하지 아니한다는 이유로 이용자에게 해당 서비스의 제공을 거부하여서는 아니 된다.
	③ 이동통신단말장치의 기본 운영체제(이동통신단말장치에서 소프트웨어를 실행할 수 있는 기반 환경을 말한다)를 제작하여 공급하는 자와 이동통신단말장치 제조업자 및 이동통신단말장치의 소프트웨어를 제작하여 공급하는 자는 정보통신서비스 제공자가 이동통신단말장치 내에 저장되어 있는 정보 및 이동통신단말장치에 설치된 기능에 접근하려는 경우 접근권한에 대한 이용자의 동의 및 철회방법을 마련하는 등 이용자 정보 보호에 필요한 조치를 하여야 한다.
	④ 방송통신위원회는 해당 서비스의 접근권한의 설정이 제1항부터 제3항까지의 규정에 따라 이루어졌는지 여부에 대하여 실태조사를 실시할 수 있다.
	⑤ 제1항에 따른 접근권한의 범위 및 동의의 방법, 제3항에 따른 이용자 정보 보호를 위하여 필요한 조치 및 그 밖에 필요한 사항은 대통령령으로 정한다.

제23조의2
(주민등록번호의
사용 제한)
	① 정보통신서비스 제공자는 다음 각 호의 어느 하나에 해당하는 경우를 제외하고는 이용자의 주민등록번호를 수집·이용할 수 없다.
	  1. 제23조의3에 따라 본인확인기관으로 지정받은 경우
	  3. 「전기통신사업법」 제38조 제1항에 따라 기간통신사업자로부터 이동통신서비스 등을 제공받아 재판매하는 전기통신사업자가 제23조의3에 따라 본인확인기관으로 지정받은 이동통신사업자의 본인확인업무 수행과 관련하여 이용자의 주민등록번호를 수집·이용하는 경우
	② 제1항 제3호에 따라 주민등록번호를 수집·이용할 수 있는 경우에도 이용자의 주민등록번호를 사용하지 아니하고 본인을 확인하는 방법(이하 "대체수단"이라 한다)을 제공하여야 한다.

제23조의3 (본인확인기관의 지정 등)	① 방송통신위원회는 다음 각 호의 사항을 심사하여 대체수단의 개발·제공·관리 업무(이하 "본인확인업무"라 한다)를 안전하고 신뢰성 있게 수행할 능력이 있다고 인정되는 자를 본인확인기관으로 지정할 수 있다. 1. 본인확인업무의 안전성 확보를 위한 물리적·기술적·관리적 조치계획 2. 본인확인업무의 수행을 위한 기술적·재정적 능력 3. 본인확인업무 관련 설비규모의 적정성 ② 본인확인기관이 본인확인업무의 전부 또는 일부를 휴지하고자 하는 때에는 휴지기간을 정하여 휴지하고자 하는 날의 30일 전까지 이를 이용자에게 통보하고 방송통신위원회에 신고하여야 한다. 이 경우 휴지기간은 6개월을 초과할 수 없다. ③ 본인확인기관이 본인확인업무를 폐지하고자 하는 때에는 폐지하고자 하는 날의 60일 전까지 이를 이용자에게 통보하고 방송통신위원회에 신고하여야 한다. ④ 제1항부터 제3항까지의 규정에 따른 심사사항별 세부 심사기준·지정절차 및 휴지·폐지 등에 관하여 필요한 사항은 대통령령으로 정한다.
제23조의4 (본인확인업무의 정지 및 지정취소)	① 방송통신위원회는 본인확인기관이 다음 각 호의 어느 하나에 해당하는 때에는 6개월 이내의 기간을 정하여 본인확인업무의 전부 또는 일부의 정지를 명하거나 지정을 취소할 수 있다. 다만, 제1호 또는 제2호에 해당하는 때에는 그 지정을 취소하여야 한다. 1. 거짓이나 그 밖의 부정한 방법으로 본인확인기관의 지정을 받은 경우 2. 본인확인업무의 정지명령을 받은 자가 그 명령을 위반하여 업무를 정지하지 아니한 경우 3. 지정받은 날부터 6개월 이내에 본인확인업무를 개시하지 아니하거나 6개월 이상 계속하여 본인확인업무를 휴지한 경우 4. 제23조의3 제4항에 따른 지정기준에 적합하지 아니하게 된 경우 ② 제1항에 따른 처분의 기준, 절차 및 그 밖에 필요한 사항은 대통령령으로 정한다.
제23조의5 (연계정보의 생성· 처리 등)	① 본인확인기관은 다음 각 호의 어느 하나에 해당하는 경우를 제외하고는 정보통신서비스 제공자의 서비스 연계를 위하여 이용자의 주민등록번호를 비가역적으로 암호화한 정보(이하 "연계정보"라 한다)를 생성 또는 제공·이용·대조·연계 등 그 밖에 이와 유사한 행위(이하 "처리"라 한다)를 할 수 없다. 1. 이용자가 입력한 정보를 이용하여 이용자를 안전하게 식별·인증하기 위한 서비스를 제공하는 경우 2.「개인정보 보호법」 제24조에 따른 고유식별정보(이하 이 조에서 "고유식별정보"라 한다)를 보유한 행정기관 및 공공기관(이하 "행정기관 등"이라 한다)이 연계정보를 활용하여 「전자정부법」 제2조 제5호에 따른 전자정부서비스를 제공하기 위한 경우로서 다음 각 목의 어느 하나에 해당하는 경우 　가.「전자정부법」 제2조 제4호에 따른 중앙사무관장기관의 장이 행정기관 등의 이용자 식별을 통합적으로 지원하기 위하여 연계정보 생성·처리를 요청한 경우 　나. 행정기관 등이 고유식별정보 처리 목적 범위에서 불가피하게 이용자의 동의를 받지 아니하고 연계정보 생성·처리를 요청한 경우 3. 고유식별정보를 보유한 자가 「개인정보 보호법」 제35조의2에 따른 개인정보 전송의무를 수행하기 위하여 개인정보 전송을 요구한 정보주체의 연계정보 생성·처리를 요청한 경우 4.「개인정보 보호법」 제24조의2 제1항 각 호에 따라 주민등록번호 처리가 허용된 경우로서 이용자의 동의를 받지 아니하고 연계정보 생성·처리가 불가피한 대통령령으로 정하는 정보통신서비스를 제공하기 위하여 본인확인기관과 해당 정보통신서비스 제공자가 함께 방송통신위원회의 승인을 받은 경우 ② 방송통신위원회는 제1항 제4호에 따라 연계정보의 생성·처리를 승인하려는 경우 다음 각 호의 사항을 종합적으로 심사하여야 한다. 1. 제공 서비스 구현의 적절성 및 혁신성 2. 연계정보 생성·처리 절차의 적절성 3. 연계정보 생성·처리의 안전성 확보를 위한 물리적·기술적·관리적 조치 계획 4. 이용자 권리 보호 방안의 적절성 5. 관련 시장과 이용자 편익에 미치는 영향 및 효과 ③ 방송통신위원회는 다음 각 호의 어느 하나에 해당하는 경우에 제1항 제4호에 따른 연계정보 생성·처리 승인을 취소할 수 있다. 다만, 제1호에 해당하는 경우에는 그 승인을 취소하여야 한다. 1. 거짓이나 그 밖의 부정한 방법으로 제1항 제4호에 따른 연계정보 생성·처리 승인을 받은 경우 2. 제2항 각 호에 따른 심사사항에 부적합하게 된 경우 3. 제23조의6 제1항에 따른 물리적·기술적·관리적 조치 의무를 위반한 경우 4. 개인정보 보호 관련 법령을 위반하고 그 위반사유가 중대한 경우

④ 제1항 각 호에 따른 서비스를 위하여 본인확인기관으로부터 연계정보를 제공받은 자(이하 "연계정보 이용기관"이라 한다)는 제공받은 목적 범위에서 연계정보를 처리할 수 있다. 다만, 정보주체에게 별도로 동의받은 경우에는 동의받은 목적 범위에서 연계정보를 처리할 수 있다.

⑤ 제1항부터 제4항까지에 따른 연계정보 생성 · 처리 승인 절차, 승인 심사사항별 세부심사기준, 승인취소 처분의 기준 등에 관하여 필요한 사항은 대통령령으로 정한다.

> **영 제13조(본인확인기관의 물리적 · 기술적 · 관리적 조치 등)**
> ① 본인확인기관은 법 제23조의6 제1항에 따라 연계정보 생성 · 처리의 안전성 확보를 위한 다음 각 호의 물리적 · 기술적 · 관리적 조치를 해야 한다.
> 1. 제9조의3 제1항 제1호 각 목의 사항에 관한 조치
> 2. 물리적 · 기술적 · 관리적 조치를 총괄하는 책임자 지정 등 연계정보 생성 · 처리를 위한 내부 규정의 수립 및 시행
> 3. 연계정보 생성 소프트웨어에 대한 보안 통제
> 4. 연계정보의 위조 · 변조 방지 조치
> 5. 연계정보의 생성 · 처리 사실 확인자료의 기록 · 보관
> 6. 그 밖에 연계정보 생성 · 처리의 안전성 확보와 관련하여 방송통신위원회가 정하여 고시하는 조치
> ② 법 제23조의5 제4항 본문에 따른 연계정보 이용기관(이하 "연계정보 이용기관"이라 한다)은 법 제23조의6 제2항에 따라 연계정보를 주민등록번호와 분리하여 보관 · 관리하고 연계정보가 분실 · 도난 · 유출 · 위조 · 변조 또는 훼손되지 않도록 다음 각 호의 조치(이하 "안전조치"라 한다)를 해야 한다.
> 1. 안전조치를 총괄하는 책임자 지정 등 연계정보의 안전한 처리를 위한 내부 규정의 수립 및 시행
> 2. 연계정보를 제공받은 목적 범위 내 연계정보 처리
> 3. 주민등록번호를 보관하는 경우에는 해당 주민등록번호와 연계정보를 분리 · 보관 · 관리
> 4. 연계정보를 안전하게 저장 · 전송할 수 있는 암호화 기술의 적용
> 5. 연계정보 분실 · 도난 등의 침해사고 발생 시 대응 계획의 수립 및 시행
> 6. 연계정보 제공기관 및 제공시기 등에 관한 자료의 기록 · 보관
> 7. 그 밖에 연계정보의 분실 · 도난 · 유출 · 위조 · 변조 또는 훼손 방지를 위하여 방송통신위원회가 정하여 고시하는 조치
> ③ 제1항 및 제2항에서 규정한 사항 외에 본인확인기관의 물리적 · 기술적 · 관리적 조치 및 연계정보 이용기관의 안전조치에 필요한 세부사항은 방송통신위원회가 정하여 고시한다.

제23조의6 (연계정보의 안전조치 의무 등)	① 본인확인기관이 연계정보를 생성 · 처리하는 경우 「개인정보 보호법」 제29조에 따른 조치 외에 연계정보 생성 · 처리의 안전성 확보를 위한 물리적 · 기술적 · 관리적 조치를 하여야 한다. ② 연계정보 이용기관은 제23조의5 제1항 각 호에 따른 서비스를 제공하는 경우 「개인정보 보호법」 제29조에 따른 조치 외에 연계정보를 주민등록번호와 분리하여 보관 · 관리하고 연계정보가 분실 · 도난 · 유출 · 위조 · 변조 또는 훼손되지 아니하도록 조치(이하 "안전조치"라 한다)하여야 한다. ③ 방송통신위원회는 생성 · 처리하는 연계정보의 규모, 매출액 등이 대통령령으로 정하는 기준에 해당하는 본인확인기관의 물리적 · 기술적 · 관리적 조치 및 연계정보 이용기관의 안전조치에 대한 운영 · 관리 실태를 점검할 수 있다. ④ 방송통신위원회는 제3항에 따른 점검에 관한 업무를 대통령령으로 정하는 전문기관에 위탁할 수 있다. ⑤ 제1항에 따른 물리적 · 기술적 · 관리적 조치와 제2항에 따른 안전조치에 관하여 필요한 사항은 대통령령으로 정한다.

제32조의5
(국내대리인의
지정)
	① 국내에 주소 또는 영업소가 없는 정보통신서비스 제공자등으로서 이용자 수, 매출액 등을 고려하여 대통령령으로 정하는 기준에 해당하는 자는 다음 각 호의 사항을 대리하는 자(이하 "국내대리인"이라 한다)를 서면으로 지정하여야 한다.
	  3. 제64조 제1항에 따른 관계 물품 · 서류 등의 제출
	② 국내대리인은 국내에 주소 또는 영업소가 있는 자로 한다.
	③ 제1항에 따라 국내대리인을 지정한 때에는 다음 각 호의 사항 모두를 인터넷 사이트 등에 공개하여야 한다.
	  1. 국내대리인의 성명(법인의 경우에는 그 명칭 및 대표자의 성명을 말한다)
	  2. 국내대리인의 주소(법인의 경우에는 영업소 소재지를 말한다), 전화번호 및 전자우편 주소
	④ 국내대리인이 제1항 각 호와 관련하여 이 법을 위반한 경우에는 정보통신서비스 제공자 등이 그 행위를 한 것으로 본다.

4) 제5장(정보통신망에서의 이용자 보호 등)

조항	내용
제41조 (청소년 보호를 위한 시책의 마련 등)	① 방송통신위원회는 정보통신망을 통하여 유통되는 음란 · 폭력정보 등 청소년에게 해로운 정보(이하 "청소년유해정보"라 한다)로부터 청소년을 보호하기 위하여 다음 각 호의 시책을 마련하여야 한다. 1. 내용 선별 소프트웨어의 개발 및 보급 2. 청소년 보호를 위한 기술의 개발 및 보급 3. 청소년 보호를 위한 교육 및 홍보 4. 그 밖에 청소년 보호를 위하여 대통령령으로 정하는 사항 ② 방송통신위원회는 제1항에 따른 시책을 추진할 때에는 「방송통신위원회의 설치 및 운영에 관한 법률」제18조에 따른 방송통신심의위원회(이하 "심의위원회"라 한다), 정보통신서비스 제공자단체 · 이용자단체, 그 밖의 관련 전문기관이 실시하는 청소년 보호를 위한 활동을 지원할 수 있다.
제42조 (청소년유해매체물 의 표시)	전기통신사업자의 전기통신역무를 이용하여 일반에게 공개를 목적으로 정보를 제공하는 자(이하 "정보제공자"라 한다) 중 「청소년 보호법」 제2조 제2호 마목에 따른 매체물로서 같은 법 제2조 제3호에 따른 청소년유해매체물을 제공하려는 자는 대통령령으로 정하는 표시방법에 따라 그 정보가 청소년유해매체물임을 표시하여야 한다.
제42조의2 (청소년유해매체물 의 광고금지)	누구든지 「청소년 보호법」 제2조 제2호 마목에 따른 매체물로서 같은 법 제2조 제3호에 따른 청소년유해매체물을 광고하는 내용의 정보를 정보통신망을 이용하여 부호 · 문자 · 음성 · 음향 · 화상 또는 영상 등의 형태로 같은 법 제2조 제1호에 따른 청소년에게 전송하거나 청소년 접근을 제한하는 조치 없이 공개적으로 전시하여서는 아니 된다.
제42조의3 (청소년 보호 책임 자의 지정 등)	① 정보통신서비스 제공자 중 일일 평균 이용자의 수, 매출액 등이 대통령령으로 정하는 기준에 해당하는 자는 정보통신망의 청소년유해정보로부터 청소년을 보호하기 위하여 청소년 보호 책임자를 지정하여야 한다. ② 청소년 보호 책임자는 해당 사업자의 임원 또는 청소년 보호와 관련된 업무를 담당하는 부서의 장에 해당하는 지위에 있는 자 중에서 지정한다. ③ 청소년 보호 책임자는 정보통신망의 청소년유해정보를 차단 · 관리하고, 청소년유해정보로부터의 청소년 보호계획을 수립하는 등 청소년 보호업무를 하여야 한다. ④ 제1항에 따른 청소년 보호 책임자의 지정에 필요한 사항은 대통령령으로 정한다.
제43조 (영상 또는 음향정보 제공사업 자의 보관의무)	① 「청소년 보호법」 제2조 제2호 마목에 따른 매체물로서 같은 법 제2조 제3호에 따른 청소년유해매체물을 이용자의 컴퓨터에 저장 또는 기록되지 아니하는 방식으로 제공하는 것을 영업으로 하는 정보제공자 중 대통령령으로 정하는 자는 해당 정보를 보관하여야 한다. ② 제1항에 따른 정보제공자가 해당 정보를 보관하여야 할 기간은 대통령령으로 정한다.
제44조 (정보통신망에서의 권리보호)	① 이용자는 사생활 침해 또는 명예훼손 등 타인의 권리를 침해하는 정보를 정보통신망에 유통시켜서는 아니 된다. ② 정보통신서비스 제공자는 자신이 운영 · 관리하는 정보통신망에 제1항에 따른 정보가 유통되지 아니하도록 노력하여야 한다. ③ 방송통신위원회는 정보통신망에 유통되는 정보로 인한 사생활 침해 또는 명예훼손 등 타인에 대한 권리 침해를 방지하기 위하여 기술개발 · 교육 · 홍보 등에 대한 시책을 마련하고 이를 정보통신서비스 제공자에게 권고할 수 있다.
제44조의2 (정보의 삭제요청 등)	① 정보통신망을 통하여 일반에게 공개를 목적으로 제공된 정보로 사생활 침해나 명예훼손 등 타인의 권리가 침해된 경우 그 침해를 받은 자는 해당 정보를 처리한 정보통신서비스 제공자에게 침해사실을 소명하여 그 정보의 삭제 또는 반박내용의 게재(이하 "삭제 등"이라 한다)를 요청할 수 있다. 이 경우 삭제 등을 요청하는 자(이하 이 조에서 "신청인"이라 한다)는 문자메시지, 전자우편 등 그 처리 경과 및 결과를 통지받을 수단을 지정할 수 있으며, 해당 정보를 게재한 자(이하 이 조에서 "정보게재자"라 한다)는 문자메시지, 전자우편 등 제2항에 따른 조치 사실을 통지받을 수단을 미리 지정할 수 있다. ② 정보통신서비스 제공자는 제1항에 따른 해당 정보의 삭제 등을 요청받으면 지체 없이 삭제 · 임시조치 등의 필요한 조치를 하고 즉시 신청인 및 정보게재자에게 알려야 한다. 이 경우 정보통신서비스 제공자는 필요한 조치를 한 사실을 해당 게시판에 공시하는 등의 방법으로 이용자가 알 수 있도록 하여야 한다.

제44조의3 (임의의 임시조치)	③ 정보통신서비스 제공자는 자신이 운영·관리하는 정보통신망에 제42조에 따른 표시방법을 지키지 아니하는 청소년유해매체물이 게재되어 있거나 제42조의2에 따른 청소년 접근을 제한하는 조치 없이 청소년유해매체물을 광고하는 내용이 전시되어 있는 경우에는 지체 없이 그 내용을 삭제하여야 한다. ④ 정보통신서비스 제공자는 제1항에 따른 정보의 삭제요청에도 불구하고 권리의 침해 여부를 판단하기 어렵거나 이해당사자 간에 다툼이 예상되는 경우에는 해당 정보에 대한 접근을 임시적으로 차단하는 조치(이하 "임시조치"라 한다)를 할 수 있다. 이 경우 임시조치의 기간은 30일 이내로 한다. ⑤ 정보통신서비스 제공자는 필요한 조치에 관한 내용·절차 등을 미리 약관에 구체적으로 밝혀야 한다. ⑥ 정보통신서비스 제공자는 자신이 운영·관리하는 정보통신망에 유통되는 정보에 대하여 제2항에 따른 필요한 조치를 하면 이로 인한 배상책임을 줄이거나 면제받을 수 있다.

	① 누구든지 정보통신망을 통하여 다음 각 호의 어느 하나에 해당하는 불법정보(이하 "불법정보"라 한다)를 유통하여서는 아니 된다.

① 누구든지 정보통신망을 통하여 다음 각 호의 어느 하나에 해당하는 불법정보(이하 "불법정보"라 한다)를 유통하여서는 아니 된다.

  1. 음란한 부호 · 문언 · 음향 · 화상 또는 영상을 배포 · 판매 · 임대하거나 공공연하게 전시하는 내용의 정보

  2. 사람을 비방할 목적으로 공공연하게 거짓의 사실을 드러내어 타인의 명예를 훼손하는 내용의 정보

  2의2. 공공연하게 인종, 국가, 지역, 성별, 장애, 연령, 사회적 신분, 소득수준 또는 재산상태를 이유로 특정 개인이나 집단(해당 집단에 소속된 개인을 포함한다. 이하 이 호에서 같다)에 대한 다음 각 목의 어느 하나에 해당하는 내용의 정보

    가. 직접적인 폭력이나 차별을 선동하는 정보

    나. 증오심을 심각하게 조장하여 특정 개인이나 집단의 인간으로서의 존엄성을 현저히 훼손하는 정보

  3. 공포심이나 불안감을 유발하는 부호 · 문언 · 음향 · 화상 또는 영상을 반복적으로 상대방에게 도달하도록 하는 내용의 정보

  4. 정당한 사유 없이 정보통신시스템, 데이터 또는 프로그램 등을 훼손 · 멸실 · 변경 · 위조하거나 그 운용을 방해하는 내용의 정보

  5. 「청소년 보호법」에 따른 청소년유해매체물로서 상대방의 연령 확인, 표시의무 등 법령에 따른 의무를 이행하지 아니하고 영리를 목적으로 제공하는 내용의 정보

  6. 법령에 따라 금지되는 사행행위에 해당하는 내용의 정보

  6의2. 이 법 또는 개인정보 보호에 관한 법령을 위반하여 개인정보를 거래하는 내용의 정보

  6의3. 총포 · 화약류(생명 · 신체에 위해를 끼칠 수 있는 폭발력을 가진 물건을 포함한다)를 제조할 수 있는 방법이나 설계도 등의 정보

  6의4. 「마약류 관리에 관한 법률」에서 금지하는 마약류의 사용, 제조, 매매 또는 매매의 알선 등에 해당하는 내용의 정보

  7. 법령에 따라 분류된 비밀 등 국가기밀을 누설하는 내용의 정보

  8. 「국가보안법」에서 금지하는 행위를 수행하는 내용의 정보

  9. 그 밖에 범죄를 목적으로 하거나 교사(敎唆) 또는 방조하는 내용의 정보

② 누구든지 다음 각 호에 해당한다는 사실을 알았음에도 손해를 끼칠 의도 또는 부당한 이익을 얻을 목적으로 타인의 인격권이나 재산권 또는 공공의 이익을 침해하는 정보로서 다음 각 호의 어느 하나에 해당하는 정보(이하 "허위조작정보"라 한다)를 정보통신망을 통하여 유통하여서는 아니 된다. 다만, 풍자와 패러디는 제외한다.

  1. 내용의 전부 또는 일부가 허위인 정보(이하 "허위정보"라 한다)

  2. 내용을 사실로 오인하도록 변형된 정보(이하 "조작정보"라 한다)

③ 방송미디어통신위원회는 제1항 제1호, 제2호, 제2호의2, 제3호부터 제6호까지, 제6호의2부터 제6호의4까지의 정보에 대하여는 심의위원회의 심의를 거쳐 정보통신서비스 제공자 또는 게시판 관리 · 운영자로 하여금 그 처리를 거부 · 정지 또는 제한하도록 명할 수 있다. 다만, 제1항 제2호 및 제3호에 따른 정보의 경우에는 해당 정보로 인하여 피해를 받은 자가 구체적으로 밝힌 의사에 반하여 그 처리의 거부 · 정지 또는 제한을 명할 수 없다.

④ 방송미디어통신위원회는 제1항 제7호부터 제9호까지의 정보가 다음 각 호의 모두에 해당하는 경우에는 정보통신서비스 제공자 또는 게시판 관리 · 운영자에게 해당 정보의 처리를 거부 · 정지 또는 제한하도록 명하여야 한다.

  1. 관계 중앙행정기관의 장의 요청[제1항 제9호의 정보 중 「성폭력범죄의 처벌 등에 관한 특례법」 제14조 및 제14조의2에 따른 촬영물 · 편집물 · 합성물 · 가공물 또는 복제물(복제물의 복제물을 포함한다)과 「아동 · 청소년의 성보호에 관한 법률」 제2조 제5호에 따른 아동 · 청소년성착취물에 대하여는 수사기관의 장의 요청을 포함한다]이 있었을 것

  2. 제1호의 요청을 받은 날부터 7일 이내에 심의위원회의 심의를 거친 후 「방송미디어통신위원회의 설치 및 운영에 관한 법률」 제22조 제4호에 따른 시정 요구를 하였을 것

  3. 정보통신서비스 제공자나 게시판 관리 · 운영자가 시정 요구에 따르지 아니하였을 것

⑤ 방송미디어통신위원회는 제3항 및 제4항에 따른 명령의 대상이 되는 정보통신서비스 제공자, 게시판 관리 · 운영자 또는 해당 이용자에게 미리 의견제출의 기회를 주어야 한다. 다만, 다음 각 호의 어느 하나에 해당하는 경우에는 의견제출의 기회를 주지 아니할 수 있다.

  1. 공공의 안전 또는 복리를 위하여 긴급히 처분을 할 필요가 있는 경우

  2. 의견청취가 뚜렷이 곤란하거나 명백히 불필요한 경우로서 대통령령으로 정하는 경우

  3. 의견제출의 기회를 포기한다는 뜻을 명백히 표시한 경우

제44조의8 (대화형정보통신 서비스에서의 아동 보호)	정보통신서비스 제공자는 만 14세 미만의 아동에게 문자·음성을 이용하여 사람과 대화하는 방식으로 정보를 처리하는 시스템을 기반으로 하는 정보통신서비스를 제공하는 경우에는 그 아동에게 부적절한 내용의 정보가 제공되지 아니하도록 노력하여야 한다.
제44조의9 (불법촬영물 등 유통방지 책임자)	① 정보통신서비스 제공자 중 일일 평균 이용자의 수, 매출액, 사업의 종류 등이 대통령령으로 정하는 기준에 해당하는 자는 자신이 운영·관리하는 정보통신망을 통하여 일반에게 공개되어 유통되는 정보 중 다음 각 호의 정보(이하 "불법촬영물 등"이라 한다)의 유통을 방지하기 위한 책임자(이하 "불법촬영물 등 유통방지 책임자"라 한다)를 지정하여야 한다. 　1. 「성폭력범죄의 처벌 등에 관한 특례법」 제14조에 따른 촬영물 또는 복제물(복제물의 복제물을 포함한다) 　2. 「성폭력범죄의 처벌 등에 관한 특례법」 제14조의2에 따른 편집물·합성물·가공물 또는 복제물(복제물의 복제물을 포함한다) 　3. 「아동·청소년의 성보호에 관한 법률」 제2조 제5호에 따른 아동·청소년성착취물 ② 불법촬영물 등 유통방지 책임자는 「전기통신사업법」 제22조의5 제1항에 따른 불법촬영물등의 삭제·접속차단 등 유통방지에 필요한 조치 업무를 수행한다. ③ 불법촬영물 등 유통방지 책임자의 수 및 자격요건, 불법촬영물 등 유통방지 책임자에 대한 교육 등에 관하여 필요한 사항은 대통령령으로 정한다.
제44조의10 (손해배상)	① 고의 또는 과실로 불법정보, 허위정보, 조작정보 또는 허위조작정보를 정보통신망에 유통하여 타인에게 손해를 끼친 자는 그 손해를 배상할 책임이 있다. ② 법원은 제1항에 따른 손해배상 청구가 있는 경우 원고에게 손해가 발생한 사실은 인정되나 정보 유통에 따른 구체적인 손해의 액수를 증명하는 것이 사안의 성질상 매우 어려운 때에는 확정판결까지의 소요기간 등 법 위반상태의 지속기간, 변론 전체의 취지 및 증거조사의 결과를 고려하여 5천만 원의 범위 내에서 상당한 금액을 손해액(해당 손해의 증명 또는 손해액의 산정이 불가능한 손해액을 말한다)으로 정할 수 있다. ③ 법원은 게재자 중 사실이나 의견을 불특정 다수에게 전달하는 것을 업(業)으로 하는 자로서 정보게재 수, 구독자 수, 조회 수 등이 대통령령으로 정하는 기준에 해당하는 자가 다음 각 호의 요건을 모두 충족하는 경우 제1항 및 제2항에 따라 인정된 손해액의 5배를 넘지 아니하는 범위에서 배상액을 정할 수 있다. 　1. 불법정보 또는 허위조작정보임을 알았던 경우 　2. 타인에게 손해를 끼칠 의도 또는 부당한 이익을 얻을 목적이 있는 경우 　3. 정보 유통으로 인하여 피해자에게 법익(法益)의 침해가 발생한 경우 ④ 법원은 제3항의 배상액을 정할 때에는 다음 각 호의 사항을 고려하여야 한다. 　1. 불법정보 또는 허위조작정보의 유통으로 인한 피해(원고 외의 자가 입은 피해도 포함한다) 규모 및 정도 　2. 불법정보 또는 허위조작정보의 유통으로 가해자가 취득한 경제적 이익 　3. 불법정보 또는 허위조작정보의 내용 및 정도, 그 유통의 기간·횟수, 전파의 정도 　4. 불법정보 또는 허위조작정보의 유통에 따라 부과된 형사처벌 및 과징금의 정도 　5. 해당 정보가 이미 불법정보 또는 허위조작정보로 판명되어 확정판결을 받은 사실을 알면서도 그와 실질적으로 동일한 내용을 유통하였는지 여부 　6. 해당 정보가 「언론중재 및 피해구제 등에 관한 법률」 제2조 제16호에 따른 정정보도가 이루어진 사실을 알면서도 그와 실질적으로 동일한 내용을 유통하였는지 여부 　7. 해당 정보의 본문 또는 전체 내용과 명백히 다른 내용의 불법정보 또는 허위조작정보를 제목 또는 자막으로 강조하였는지 여부 　8. 불법정보 또는 허위조작정보의 유통을 전후하여 피해자에게 금품 또는 부당한 조치를 요구하였는지 여부 　9. 가해자의 재산상태 　10. 가해자의 피해구제 노력 정도 　11. 동일한 피해의 재발 방지를 위하여 부과되는 제재의 수준 ⑤ 공공복리 등 공공의 이익을 위한 정보로서 다음 각 호의 어느 하나에 해당하는 정보의 경우 제3항을 적용하지 아니한다. 　1. 「공익신고자 보호법」 제2조 제1호의 공익침해행위와 관련한 사항에 대한 정보 　2. 「부정청탁 및 금품 등 수수의 금지에 관한 법률」에서 금지하는 행위와 관련한 사항에 대한 정보 　3. 제1호 또는 제2호에 준하는 공익적 관심사와 관련된 사항으로 인정되는 정보

⑥ 제3항에 해당하는 자가 법인 또는 단체인 경우 그 피용자는 제3항에 따른 손해배상책임의 주체가 되지 아니한다. 다만, 그 피용자가 해당 법인 또는 단체를 실질적으로 경영하면서 사실상 대표하고 있는 자로서 제44조의7 제1항 또는 제2항에 따른 행위에 가담한 경우 법인 또는 단체와 연대하여 손해배상책임을 진다.

⑦ 손해배상 청구의 대상이 된 정보의 유통이 오로지 공공의 이익을 위한 것으로서 정보의 유통 당시 그 내용을 진실이라고 믿었고 그와 같이 믿은 것에 상당한 이유가 있는 경우 또는 피해자의 동의를 받아 이루어진 경우에는 제1항 및 제3항에 따른 손해배상책임을 지지 아니한다.

제44조의11
(가중 손해배상
청구 남용에 대한
특칙)

① 누구든지 공공의 이익을 위한 정당한 비판과 감시 활동을 방해하려는 목적으로 제44조의10 제3항에 따른 손해배상 청구의 소를 제기할 수 없다.

② 제44조의10 제3항에 따른 손해배상 청구의 소의 피고는 원고의 청구가 제1항에 해당한다고 판단하는 경우 법원에 중간판결을 신청할 수 있다.

③ 법원은 제2항에 따른 중간판결의 신청이 있는 경우 신청을 받은 날부터 60일 이내에 선고하여야 한다.

④ 법원은 제2항에 따른 신청이 있는 경우 중간판결의 선고 시까지 소송절차를 중지하여야 한다.

⑤ 법원은 다음 각 호의 사정을 고려하여 원고의 제44조의10 제3항에 따른 손해배상 청구가 제1항에 따른 청구로 인정되는 경우 판결로써 각하하여야 하며, 그러하지 아니하다고 인정하는 경우에는 결정으로 제2항에 따른 신청을 기각하여야 한다.
  1. 게재된 정보가 공공의 이익과 관련된 것인지 여부
  2. 원고가 반복적으로 또는 다수의 게재자를 상대로 제44조의10 제3항에 따른 손해배상을 청구하였는지 여부

⑥ 법원이 제5항에 따라 소 각하 판결을 하는 경우 원고의 소송비용은 「민사소송법」 제109조 제1항에도 불구하고 상대방이 그 소송을 대리한 변호사에게 지급하였거나 지급할 보수 전액을 포함한다.

⑦ 법원은 제5항에 따른 소 각하 판결을 하는 경우 원고가 「공직선거법」 제2조에 따른 선거의 후보자 또는 후보자가 되고자 하는 자, 「공공기관의 운영에 관한 법률」 제4조에 따른 공공기관의 장, 기업 임원과 대주주 등 대통령령으로 정하는 자(이하 "공인 등"이라 한다)에 해당하는 때에는 공인 등에게 공표 방식을 지정하여 소 각하 판결을 공표할 것을 명하여야 한다.

⑧ 제5항에 따른 기각 결정에 대하여는 즉시항고를 할 수 있다.

⑨ 원고의 제44조의10 제3항에 따른 손해배상 청구가 제1항에 따른 청구에 해당하는지 여부 판단을 위한 심문절차, 제2항에 따른 피고의 중간판결 신청에 따른 소송절차의 중지 및 제7항에 따른 판결 공표 방식 등에 관한 구체적인 사항은 대법원규칙으로 정한다.

⑩ 공인 등의 제44조의10 제3항에 따른 손해배상 청구가 제1항에 해당하여 제5항에 따라 각하될 경우 법원은 공인 등에게 피고가 입은 소송절차 대응으로 인한 손해의 배상을 명할 수 있다.

제44조의12
(불법정보와 허위조
작정보의 신고와
조치, 자율적인
운영정책 등)

① 누구든지 대규모 정보통신서비스 제공자가 운영·관리하는 정보통신망에서 유통되는 불법정보와 허위조작정보를 대규모 정보통신서비스 제공자에게 신고할 수 있다.

② 제1항에 따른 신고를 하려는 자는 불법정보 또는 허위조작정보로 인식한 정보의 구체적 위치, 해당 정보가 불법정보 또는 허위조작정보인 이유와 근거, 연락처 등 대통령령으로 정하는 사항을 기재하여 대규모 정보통신서비스 제공자에게 신고하여야 한다. 이 경우 대규모 정보통신서비스 제공자는 신고를 접수한 후 신고자에게 그 사실을 통지하여야 한다.

③ 제1항에 따른 신고를 접수한 대규모 정보통신서비스 제공자는 해당 정보에 대하여 다음 각 호의 조치를 취하는 경우 해당 조치를 한 정당한 이유와 이의신청 절차 등을 신고자 및 게재자에게 통지하여야 한다.
  1. 해당 정보의 삭제 또는 접근차단, 정보노출 제한
  2. 게재자 계정의 정지 또는 해지
  3. 광고 수익 등 수익화 제한
  4. 금전 지급의 중지, 종료, 회수 등 제한
  5. 서비스의 전부 또는 일부 중지 또는 종료
  6. 청소년유해정보의 표시
  7. 신고의 기각
  8. 제6항의 자율적인 운영정책에 따른 조치

④ 신고자나 게재자는 제3항에 따른 조치에 대해서 통지를 받은 날부터 6개월 이내에 이의신청을 할 수 있다.

⑤ 신고자 또는 게재자는 대규모 정보통신서비스 제공자의 제3항에 따른 조치 및 제4항에 따른 이의신청에 대한 결정에 대하여 제44조의20에 따른 분쟁조정의 신청을 할 수 있다.

⑥ 대규모 정보통신서비스 제공자는 제44조의4 제2항에 따른 자율규제 가이드라인을 참조하여 제1항부터 제5항까지에 따른 불법정보 또는 허위조작정보의 판정기준이나 신고와 조치 등에 관한 자율적인 운영정책을 수립하여야 한다.

	⑦ 대규모 정보통신서비스 제공자는 제6항의 자율적인 운영정책을 수립할 때 이해관계자나 시민단체, 전문가 등의 의견을 반영하여야 한다. ⑧ 대규모 정보통신서비스 제공자는 「언론중재 및 피해구제 등에 관한 법률」 제14조 제1항에 따른 언론사, 인터넷뉴스서비스사업자 및 인터넷 멀티미디어 방송사업자에 대해서는 제3항 제1호부터 제5호까지의 조치를 취할 수 없다.
제44조의13 (신고 남용에 대한 조치)	대규모 정보통신서비스 제공자는 명백히 근거 없는 신고를 빈번하게 하는 등 신고 제도를 남용한다고 판단한 경우에는 해당 신고자에 대하여 사전 통지 후 다음 각 호의 사항을 고려하여 결정한 합리적인 기간 동안 제44조의12 제1항에 따른 신고를 접수하지 아니할 수 있다. 1. 제44조의12 제6항에 따라 수립한 자율적인 운영정책에 따른 일정 기간 동안 명백히 근거 없이 신고하였다고 판단된 신고의 수 2. 제1호에 따른 기간 동안 제공된 정보 또는 신고된 정보의 전체 건수 중 제1호에 따른 신고비율 3. 불법정보 또는 허위조작정보의 성격과 신고 남용의 결과가 피해자와 사회에 영향을 미치는 정도 4. 신고자의 의도
제44조의14 (보고서의 공표 등)	① 대규모 정보통신서비스 제공자는 6개월에 1회 이상 다음 각 호 및 제2항 각 호의 내용이 포함된 보고서를 작성하여 대통령령으로 정하는 접근성이 보장된 방식으로 공표하여야 한다. 　1. 일일 평균 이용자의 수, 매출액, 사업의 종류 　2. 신고된 불법정보와 허위조작정보의 제44조의7의 유형에 따른 분류와 각 신고 건수 및 이에 따라 처리한 건수, 조치 　3. 제44조의12 제4항에 따른 이의신청과 이의신청 처리의 건수 및 결과 　4. 불법정보 또는 허위조작정보에 관하여 방송미디어통신위원회 등 국가기관으로부터 받은 명령이나 권고의 내용과 수, 명령이나 권고에 따른 조치 　5. 그 외 대규모 정보통신서비스 제공자의 약관, 정책 또는 제44조의4 제2항에 따른 자율규제 가이드라인에 따라 처리한 정보의 유형, 건수, 조치 　6. 그 밖에 대통령령으로 정하는 사항 ② 정보통신서비스 제공자 중 일일 평균 이용자의 수, 매출액, 사업의 종류 등이 대통령령으로 정하는 기준에 해당하는 자는 매년 자신이 제공하는 정보통신서비스를 통하여 유통되는 불법촬영물 등의 처리에 관하여 다음 각 호의 사항을 포함한 보고서를 작성하여 다음 연도 1월 31일까지 방송미디어통신위원회에 제출하여야 한다. 　1. 정보통신서비스 제공자가 불법촬영물 등의 유통방지를 위하여 기울인 일반적인 노력에 관한 사항 　2. 「전기통신사업법」 제22조의5 제1항에 따른 불법촬영물 등의 신고, 삭제요청 등의 횟수, 내용, 처리기준, 검토결과 및 처리결과에 관한 사항 　3. 「전기통신사업법」 제22조의5 제1항에 따른 불법촬영물 등의 삭제·접속차단 등 유통방지에 필요한 절차의 마련 및 운영에 관한 사항 　4. 불법촬영물 등 유통방지 책임자의 배치에 관한 사항 　5. 불법촬영물 등 유통방지를 위한 내부 교육의 실시와 지원에 관한 사항 ③ 방송미디어통신위원회는 제1항 또는 제2항에 따른 보고서의 사실을 확인하거나 제출된 자료의 진위를 확인하기 위하여 정보통신서비스 제공자에게 자료의 제출을 요구할 수 있다.
제44조의15 (방송미디어통신 위원회의 감독)	① 방송미디어통신위원회는 정보통신서비스 제공자가 제2조 제1항 제3호의2에 따른 기준에 해당하는지 여부를 확인하기 위하여 정보통신서비스 제공자에게 일일 평균 이용자 수, 매출액, 사업 종류 등의 현황을 요청할 수 있다. ② 방송미디어통신위원회는 대규모 정보통신서비스 제공자의 제44조의12에 따른 신고와 제44조의4의 자율규제 조치 등의 운용에 관하여 조사를 할 수 있다.
제44조의16 (허위정보 등에 대한 사실확인 활동 지원 등)	① 대규모 정보통신서비스 제공자(이하 이 조에서 "제공자"라 한다)는 허위정보 또는 조작정보(이하 이 조에서 "허위정보 등"이라 한다)의 처리에 관한 자율적인 정책을 수립·운영하여야 한다. ② 제공자는 허위정보 등에 대한 사실확인 활동의 활성화를 위하여 대통령령으로 정하는 국제적인 사실확인 절차에 관한 규범을 준수하는 사실확인 단체(이하 "사실확인 단체"라 한다)와 사실확인 활동 활성화를 위한 협약을 체결할 수 있다. 이 경우 체결한 협약은 공개하여야 한다. ③ 사실확인 단체는 제2항에 따라 협약을 체결한 제공자가 운영·관리하는 정보통신망에서 유통되는 허위정보 등에 관하여 사실확인된 정보, 사실확인 후 취한 조치 등에 관한 보고서(이하 이 조에서 "보고서"라 한다)를 작성하여 공개하여야 한다. ④ 제공자는 보고서의 내용을 제1항의 허위정보 등의 처리에 관한 정책에 따라 서비스에 반영할 수 있다.

	⑤ 제공자는 제4항에 따라 보고서의 내용을 서비스에 반영한 사실을 이용자들이 알 수 있도록 공표한다. ⑥ 제1항부터 제5항까지에 따른 사실확인의 범위, 보고서의 공개 방법, 서비스에 반영한 사실의 공표 방법, 협약체결에 필요한 사항은 대통령령으로 정한다.
제44조의17 (투명성센터 설치 등)	① 방송미디어통신위원회는 이 법에 따른 대규모 정보통신서비스 제공자에 대한 감독과 제44조의16에 따른 사실확인 단체의 활동을 지원하기 위한 정보통신서비스투명성센터(이하 "투명성센터"라 한다)를 설립할 수 있다. ② 투명성센터는 사실확인 활동의 활성화를 위하여 다음 각 호의 업무를 수행한다. 　1. 사실확인 단체의 데이터베이스 운영 및 지원 　2. 사실확인 단체에 대한 지원 　3. 사실확인에 대한 연구와 교육 지원 　4. 사실확인 활성화를 위한 국제협력 　5. 그 밖에 대통령령으로 정하는 사실확인 활성화에 관한 사업
제44조의18 (분쟁조정부)	① 심의위원회는 정보통신망을 통하여 유통되는 정보 중 사생활의 침해 또는 명예훼손 등 타인의 권리를 침해하는 정보, 제44조의12 제3항의 조치 또는 같은 조 제4항의 이의신청에 대한 결정과 관련된 분쟁의 조정업무를 효율적으로 수행하기 위하여 9명 이상 20명 이하의 위원으로 구성된 분쟁조정부를 둔다. ② 제1항의 분쟁조정부의 위원은 다음 각 호의 사람 중에서 심의위원회의 위원장이 심의위원회의 동의를 받아 임명한다. 이 경우 각 호의 위원은 각각 위원 정수의 5분의 1 이상이 되어야 한다. 　1. 변호사의 자격이 있는 사람 　2. 정보통신서비스 관련 업무에 10년 이상 종사한 사람 　3. 언론사의 취재 · 보도 · 제작 업무(인터넷을 기반으로 하는 취재 · 보도 · 제작 업무를 포함하여야 한다)에 10년 이상 종사한 사람 　4. 그 밖에 정보통신망 또는 언론에 관하여 학식이나 전문성이 인정되는 사람 ④ 분쟁조정부의 설치 · 운영 및 분쟁조정 등에 관하여 그 밖의 필요한 사항은 대통령령으로 정한다.
제44조의19 (위원의 제척 · 기피 · 회피)	① 분쟁조정부의 위원(이하 이 조 및 제44조의22에서 "위원"이라 한다)은 다음 각 호의 어느 하나에 해당되면 제44조의18 제1항에 따른 분쟁조정 사건(이하 이 조에서 "사건"이라 한다)의 심의 · 의결에서 제척된다. 　1. 위원 또는 그 배우자나 배우자이었던 사람이 해당 사건의 당사자가 되거나 그 사건에 관하여 공동권리자 또는 공동의무자의 관계에 있는 경우 　2. 위원이 해당 사건의 당사자와 친족(「민법」 제777조에 따른 친족을 말한다) 관계에 있거나 있었던 경우 　3. 위원이 해당 사건에 관하여 증언이나 감정을 한 경우 　4. 위원이 해당 사건에 관하여 당사자의 대리인 또는 임직원으로서 관여하거나 관여하였던 경우 ② 당사자는 위원에게 심의 · 의결의 공정을 기대하기 어려운 사정이 있으면 분쟁조정부에 기피신청을 할 수 있다. 이 경우 분쟁조정부는 기피신청이 타당하다고 인정하는 경우에는 기피의 결정을 한다. ③ 위원이 제1항 또는 제2항의 사유에 해당하면 스스로 그 사건의 심의 · 의결에서 회피할 수 있다.
제44조의20 (분쟁의 조정)	① 제44조의18 제1항의 사항에 관한 분쟁의 조정을 원하는 자는 심의위원회에 분쟁의 조정을 신청할 수 있다. ② 심의위원회는 제1항에 따른 분쟁의 조정 신청을 접수한 경우 분쟁조정부에 의뢰할 수 있다. ③ 제2항에 따라 분쟁의 조정을 의뢰받은 분쟁조정부는 신청을 받은 날부터 60일 이내에 심사하여 조정안을 작성하여야 한다. 다만, 부득이한 사정이 있는 경우에는 분쟁조정부의 의결로 그 기간을 연장할 수 있다. ④ 제3항 단서에 따라 기간을 연장한 경우에는 기간연장의 사유나 그 밖의 기간연장에 대한 사항을 당사자에게 알려야 한다.
제44조의21 (자료요청 등)	① 분쟁조정부는 제44조의18 제1항의 사항에 관한 분쟁의 조정을 위하여 필요한 자료의 제공을 당사자에게 요청할 수 있고, 당사자는 정당한 사유가 없으면 요청에 따라야 한다. ② 분쟁조정부는 필요하다고 인정하면 당사자나 참고인을 출석하도록 하여 그 의견을 들을 수 있다.
제44조의22 (조정의 효력)	① 분쟁조정부는 제44조의20 제3항에 따라 조정안을 작성하면 지체 없이 각 당사자에게 제시하여야 한다. ② 제1항에 따라 조정안을 제시받은 당사자는 제시받은 날부터 15일 이내에 수락 여부를 분쟁조정부에 통보하여야 한다. ③ 당사자가 조정안을 수락하면 분쟁조정부는 즉시 조정서를 작성하여야 하며, 위원 및 각 당사자는 그 조정서에 기명날인하여야 한다. ④ 당사자가 제3항에 따라 조정안을 수락하고 조정서에 기명날인을 하면 당사자 간에 조정서와 같은 내용의 합의가 성립된 것으로 본다.

제44조의23 (조정의 거부 및 중지)	① 분쟁조정부는 분쟁의 성질상 조정하는 것이 적합하지 아니하다고 인정하거나 부정한 목적으로 신청되었다고 인정하는 경우에는 그 조정을 거부할 수 있다. 이 경우 조정거부의 사유 등을 신청인에게 알려야 한다. ② 분쟁조정부는 신청된 조정사건에 대한 처리절차를 진행하던 중에 한쪽 당사자가 소를 제기하면 그 조정의 처리를 중지하고 이를 당사자에게 알려야 한다.
제44조의24 (불법정보 또는 허위조작정보 유통에 대한 과징금)	① 방송미디어통신위원회는 정보통신망을 통하여 사실이나 의견을 불특정 다수에게 전달하는 것을 업으로 하는 자가 이미 법원에 의하여 불법정보 또는 허위조작정보로 인정되어 유죄판결, 손해배상판결 또는 「언론중재 및 피해구제 등에 관한 법률」 제26조에 따른 정정보도청구 등의 소에 대한 판결이 확정된 정보를 정보통신망에 2회 이상 유통한 경우 10억 원 이하의 과징금을 부과할 수 있다. ② 방송미디어통신위원회는 제1항에 따라 과징금을 부과하는 경우 제44조의10 제4항 각 호의 사항을 고려하여야 한다. ③ 제1항에 따른 과징금의 부과 대상과 기준은 대통령령으로 정한다.
제44조의25 (의견제출)	① 방송미디어통신위원회는 제44조의24에 따른 과징금을 부과하기 전에 미리 당사자 또는 이해관계인 등에게 의견을 제출할 기회를 주어야 한다. ② 제1항에 따른 당사자 또는 이해관계인 등은 방송미디어통신위원회 회의에 출석하여 의견을 진술하거나 필요한 자료를 제출할 수 있다. ③ 당사자 또는 이해관계인 등은 제2항에 따른 의견 진술 등을 하는 경우 변호인의 도움을 받거나 그를 대리인으로 지정할 수 있다.
제44조의26 (과징금의 징수 및 강제징수)	① 방송미디어통신위원회는 제44조의24에 따른 과징금납부의무자가 납부기한 내에 과징금을 납부하지 아니한 경우에는 납부기한의 다음 날부터 납부한 날의 전일까지의 기간에 대하여 연 100분의 40의 범위에서 「은행법」에 따른 은행의 연체이자율을 고려하여 대통령령으로 정하는 가산금을 징수할 수 있다. ② 방송미디어통신위원회는 과징금납부의무자가 납부기한 내에 과징금을 납부하지 아니한 경우에는 기간을 정하여 독촉을 하고, 그 지정된 기간 내에 과징금 및 제1항에 따른 가산금을 납부하지 아니한 경우에는 국세 강제징수의 예에 따라 징수할 수 있다. ③ 방송미디어통신위원회는 제1항 및 제2항에 따른 과징금 및 가산금의 징수 또는 강제징수에 관한 업무를 국세청장에게 위탁할 수 있다. ④ 방송미디어통신위원회는 체납된 과징금의 징수를 위하여 필요하다고 인정하는 경우에는 「국세기본법」 및 「지방세기본법」에 따라 문서로 해당 세무관서의 장이나 지방자치단체의 장에게 과세정보의 제공을 요청할 수 있다. 이 경우 과세정보의 제공을 요청받은 자는 정당한 사유가 없으면 그 요청에 따라야 한다. ⑤ 제1항부터 제4항까지에서 규정한 사항 외에 과징금 또는 가산금의 징수에 필요한 사항은 대통령령으로 정한다.

5) 제6장(정보통신망의 안정성 확보 등)

조항	내용
제45조 (정보통신망의 안정성 확보 등)	① 다음 각 호의 어느 하나에 해당하는 자는 정보통신서비스의 제공에 사용되는 정보통신망의 안정성 및 정보의 신뢰성을 확보하기 위한 보호조치를 하여야 한다. 1. 정보통신서비스 제공자 2. 정보통신망에 연결되어 정보를 송ㆍ수신할 수 있는 기기ㆍ설비ㆍ장비 중 대통령령으로 정하는 기기ㆍ설비ㆍ장비(이하 "정보통신망연결기기 등"이라 한다)를 제조하거나 수입하는 자 ② 과학기술정보통신부장관은 제1항에 따른 보호조치의 구체적 내용을 정한 정보보호조치에 관한 지침(이하 "정보보호지침"이라 한다)을 정하여 고시하고 제1항 각 호의 어느 하나에 해당하는 자에게 이를 지키도록 권고할 수 있다. ③ 정보보호지침에는 다음 각 호의 사항이 포함되어야 한다. 1. 정당한 권한이 없는 자가 정보통신망에 접근ㆍ침입하는 것을 방지하거나 대응하기 위한 정보보호시스템의 설치ㆍ운영 등 기술적ㆍ물리적 보호조치 2. 정보의 불법 유출ㆍ위조ㆍ변조ㆍ삭제 등을 방지하기 위한 기술적 보호조치 3. 정보통신망의 지속적인 이용이 가능한 상태를 확보하기 위한 기술적ㆍ물리적 보호조치 4. 정보통신망의 안정 및 정보보호를 위한 인력ㆍ조직ㆍ경비의 확보 및 관련 계획수립 등 관리적 보호조치 5. 정보통신망연결기기 등의 정보보호를 위한 기술적 보호조치

④ 과학기술정보통신부장관은 관계 중앙행정기관의 장에게 소관 분야의 정보통신망연결기기 등과 관련된 시험 · 검사 · 인증 등의 기준에 정보보호지침의 내용을 반영할 것을 요청할 수 있다.

> **규칙 제4조(정보통신망연결기기 등 정보보호인증의 절차 등)**
> ① 영 제60조의3 제1항 각 호 외의 부분에 따른 정보통신망연결기기 등(법 제45조 제1항 제2호에 따른 정보통신망연결기기 등을 말한다. 이하 같다) 정보보호인증 신청서는 별지 제3호 서식과 같다.
> ② 영 제60조의3 제1항 제3호에서 "과학기술정보통신부령으로 정하는 서류"란 다음 각 호의 서류를 말한다.
>   1. 정보통신망연결기기 등의 하드웨어 설계도
>   2. 사업자 등록증 또는 고유번호증
> ③ 영 제60조의3 제5항에 따른 정보통신망연결기기 등 정보보호인증서는 별지 제4호 서식과 같다.

제45조의2 (정보보호 사전점검)

① 정보통신서비스 제공자는 새로이 정보통신망을 구축하거나 정보통신서비스를 제공하고자 하는 때에는 그 계획 또는 설계에 정보보호에 관한 사항을 고려하여야 한다.
② 과학기술정보통신부장관은 다음 각 호의 어느 하나에 해당하는 정보통신서비스 또는 전기통신사업을 시행하고자 하는 자에게 대통령령으로 정하는 정보보호 사전점검기준에 따라 보호조치를 하도록 권고할 수 있다.
   1. 이 법 또는 다른 법령에 따라 과학기술정보통신부장관의 인가 · 허가를 받거나 등록 · 신고를 하도록 되어 있는 사업으로서 대통령령으로 정하는 정보통신서비스 또는 전기통신사업
   2. 과학기술정보통신부장관이 사업비의 전부 또는 일부를 지원하는 사업으로서 대통령령으로 정하는 정보통신서비스 또는 전기통신사업
③ 제2항에 따른 정보보호 사전점검의 기준 · 방법 · 절차 · 수수료 등 필요한 사항은 대통령령으로 정한다.

> **영 제36조의3(정보보호 사전점검기준)**
> 법 제45조의2 제2항에 따른 정보보호 사전점검기준은 다음 각 호의 사항을 고려하여 과학기술정보통신부장관이 정하여 고시한다.
> 1. 정보통신망을 구축하거나 정보통신서비스를 제공하기 위한 시스템의 구조 및 운영환경
> 2. 제1호에 따른 시스템의 운영을 위한 하드웨어, 프로그램, 콘텐츠 등 자산 중 보호해야 할 대상의 식별 및 위험성
> 3. 보호대책의 도출 및 구현현황
>
> **영 제36조의4(정보보호 사전점검 권고 대상)**
> ① 법 제45조의2 제2항 제1호에서 "대통령령으로 정하는 정보통신서비스 또는 전기통신사업"이란 정보시스템 구축에 필요한 투자금액이 5억 원 이상(하드웨어 · 소프트웨어의 단순한 구입비용은 제외한 금액을 말한다)인 정보통신서비스 또는 전기통신사업을 말한다.
> ② 법 제45조의2 제2항 제2호에서 "대통령령으로 정하는 정보통신서비스 또는 전기통신사업"이란 과학기술정보통신부장관이 신규 정보통신서비스 또는 전기통신사업의 발굴 · 육성을 위하여 사업비의 전부 또는 일부를 지원하는 정보통신서비스 또는 전기통신사업을 말한다.
>
> **영 제36조의5(정보보호 사전점검의 방법 및 절차 등)**
> ① 법 제45조의2 제2항에 따른 정보보호 사전점검은 서면점검, 현장점검 또는 원격점검(외부에서 정보통신망을 통하여 제36조의3 제1호에 따른 시스템에 접속하여 보안 관련 사항을 점검하는 것을 말한다)의 방법으로 실시한다.
> ② 법 제45조의2 제2항에 따른 정보보호 사전점검은 다음 각 호의 순서로 진행한다.
>   1. 사전점검 준비
>   2. 설계 검토
>   3. 보호대책 적용
>   4. 보호대책 구현현황 점검
>   5. 사전점검 결과 정리
> ③ 법 제45조의2 제2항에 따른 과학기술정보통신부장관의 권고를 받은 자는 정보보호 사전점검을 직접 실시하거나 인터넷진흥원 또는 외부 전문기관으로 하여금 실시하게 할 수 있다. 이 경우 정보보호 사전점검은 별표 2에 따른 정보보호 기술인력의 자격기준을 갖춘 사람만 수행할 수 있다.
> ④ 제1항부터 제3항까지에서 규정한 사항 외에 정보보호 사전점검의 방법 및 절차에 관하여 필요한 세부사항은 과학기술정보통신부장관이 정하여 고시한다.

영 제36조의6(정보보호 사전점검 수수료)

① 법 제45조의2 제2항에 따른 과학기술정보통신부장관의 권고를 받은 자가 정보보호 사전점검을 인터넷진흥원이나 외부 전문기관으로 하여금 실시하게 한 경우에는 인터넷진흥원이나 외부 전문기관에 수수료를 납부하여야 한다.

② 과학기술정보통신부장관은 다음 각 호의 사항을 고려하여 정보보호 사전점검 수수료의 산정기준을 정하여 고시한다.

  1. 정보보호 사전점검을 받는 정보통신서비스 또는 전기통신사업의 규모

  2. 정보보호 사전점검에 참가하는 자의 전문성

  3. 정보보호 사전점검에 필요한 기간

**제45조의3
(정보보호 최고책임자의 지정 등)**

① 정보통신서비스 제공자는 정보통신시스템 등에 대한 보안 및 정보의 안전한 관리를 위하여 대통령령으로 정하는 기준에 해당하는 임직원을 정보보호 최고책임자로 지정하고 과학기술정보통신부장관에게 신고하여야 한다. 다만, 자산총액, 매출액 등이 대통령령으로 정하는 기준에 해당하는 정보통신서비스 제공자의 경우에는 정보보호 최고책임자를 신고하지 아니할 수 있다.

② 제1항에 따른 신고의 방법 및 절차 등에 대해서는 대통령령으로 정한다.

③ 제1항 본문에 따라 지정 및 신고된 정보보호 최고책임자(자산총액, 매출액 등 대통령령으로 정하는 기준에 해당하는 정보통신서비스 제공자의 경우로 한정한다)는 제4항의 업무 외의 다른 업무를 겸직할 수 없다.

④ 정보보호 최고책임자의 업무는 다음 각 호와 같다.

  1. 정보보호 최고책임자는 다음 각 목의 업무를 총괄한다.

    가. 정보보호 계획의 수립·시행 및 개선

    나. 정보보호 실태와 관행의 정기적인 감사 및 개선

    다. 정보보호 위험의 식별 평가 및 정보보호 대책 마련

    라. 정보보호 교육과 모의 훈련 계획의 수립 및 시행

  2. 정보보호 최고책임자는 다음 각 목의 업무를 겸할 수 있다.

    가. 「정보보호산업의 진흥에 관한 법률」 제13조에 따른 정보보호 공시에 관한 업무

    나. 「정보통신기반 보호법」 제5조 제5항에 따른 정보보호책임자의 업무

    다. 「전자금융거래법」 제21조의2 제4항에 따른 정보보호최고책임자의 업무

    라. 「개인정보 보호법」 제31조 제2항에 따른 개인정보 보호책임자의 업무

    마. 그 밖에 이 법 또는 관계 법령에 따라 정보보호를 위하여 필요한 조치의 이행

⑤ 정보통신서비스 제공자는 침해사고에 대한 공동 예방 및 대응, 필요한 정보의 교류, 그 밖에 대통령령으로 정하는 공동의 사업을 수행하기 위하여 제1항에 따른 정보보호 최고책임자를 구성원으로 하는 정보보호 최고책임자 협의회를 구성·운영할 수 있다.

⑥ 정부는 제5항에 따른 정보보호 최고책임자 협의회의 활동에 필요한 경비의 전부 또는 일부를 지원할 수 있다.

⑦ 정보보호 최고책임자의 자격요건 등에 필요한 사항은 대통령령으로 정한다.

영 제36조의7(정보보호 최고책임자의 지정 및 겸직금지 등)

① 법 제45조의3 제1항 본문에서 "대통령령으로 정하는 기준에 해당하는 임직원"이란 다음 각 호의 구분에 따른 사람을 말한다.

  1. 다음 각 목의 어느 하나에 해당하는 정보통신서비스 제공자 : 사업주 또는 대표자

    가. 자본금(법인의 경우 납입자본금을 말하고, 법인이 아닌 경우 영업용 자산평가액을 말한다)이 1억 원 이하인 자

    나. 「중소기업기본법」 제2조 제2항에 따른 소기업

    다. 「중소기업기본법」 제2조 제2항에 따른 중기업으로서 다음의 어느 하나에 해당하지 않는 자

  1) 「전기통신사업법」에 따른 전기통신사업자
  2) 법 제47조 제2항에 따라 정보보호 관리체계 인증을 받아야 하는 자
  3) 「개인정보 보호법」 제30조 제2항에 따라 개인정보 처리방침을 공개해야 하는 개인정보처리자
  4) 「전자상거래 등에서의 소비자보호에 관한 법률」 제12조에 따라 신고를 해야 하는 통신판매업자

2. 다음 각 목의 어느 하나에 해당하는 정보통신서비스 제공자 : 이사(「상법」 제401조의2 제1항 제3호에 따른 자와 같은 법 제408조의2에 따른 집행임원을 포함한다)

가. 직전 사업연도 말 기준 자산총액이 5조 원 이상인 자
나. 법 제47조 제2항에 따라 정보보호 관리체계 인증을 받아야 하는 자 중 직전 사업연도 말 기준 자산총액이 5천억 원 이상인 자

3. 제1호 및 제2호에 해당하지 않는 정보통신서비스 제공자 : 다음 각 목의 어느 하나에 해당하는 사람
가. 사업주 또는 대표자
나. 이사(「상법」 제401조의2 제1항 제3호에 따른 자와 같은 법 제408조의2에 따른 집행임원을 포함한다)
다. 정보보호 관련 업무를 총괄하는 부서의 장

② 법 제45조의3 제1항 단서에서 "자산총액, 매출액 등이 대통령령으로 정하는 기준에 해당하는 정보통신서비스 제공자"란 정보통신서비스 제공자로서 제1항 제1호 각 목의 어느 하나에 해당하는 자를 말한다. 다만, 다음 각 호의 어느 하나에 해당하는 자는 제외한다.

1. 「전기통신사업법」 제38조 제1항에 따라 기간통신사업자로부터 이동통신서비스를 제공받아 재판매하는 전기통신사업자
2. 「전기통신사업법」 제22조에 따른 부가통신사업자로서 제1호에 따른 재판매를 중개하여 이동통신서비스의 가입을 대행하는 자

③ 법 제45조의3 제1항 단서에 해당하는 자가 정보보호 최고책임자를 신고하지 않은 경우에는 사업주나 대표자를 정보보호 최고책임자로 지정한 것으로 본다.

④ 법 제45조의3 제1항 및 제7항에 따라 정보통신서비스 제공자가 지정·신고해야 하는 정보보호 최고책임자는 다음 각 호의 어느 하나에 해당하는 자격을 갖추어야 한다. 이 경우 정보보호 또는 정보기술 분야의 학위는 「고등교육법」 제2조 각 호의 학교에서 「전자금융거래법 시행령」 별표 1 비고 제1호 각 목에 따른 학과의 과정을 이수하고 졸업하거나 그 밖의 관계법령에 따라 이와 같은 수준 이상으로 인정되는 학위로 하고, 정보보호 또는 정보기술 분야의 업무는 같은 비고 제3호 및 제4호에 따른 업무로 한다.

1. 정보보호 또는 정보기술 분야의 국내 또는 외국의 석사학위 이상 학위를 취득한 사람
2. 정보보호 또는 정보기술 분야의 국내 또는 외국의 학사학위를 취득한 사람으로서 정보보호 또는 정보기술 분야의 업무를 3년 이상 수행한 경력(학위 취득 전의 경력을 포함한다)이 있는 사람
3. 정보보호 또는 정보기술 분야의 국내 또는 외국의 전문학사학위를 취득한 사람으로서 정보보호 또는 정보기술 분야의 업무를 5년 이상 수행한 경력(학위 취득 전의 경력을 포함한다)이 있는 사람
4. 정보보호 또는 정보기술 분야의 업무를 10년 이상 수행한 경력이 있는 사람
5. 법 제47조 제6항 제5호에 따른 정보보호 관리체계 인증심사원의 자격을 취득한 사람
6. 해당 정보통신서비스 제공자의 소속인 정보보호 관련 업무를 담당하는 부서의 장으로 1년 이상 근무한 경력이 있는 사람

⑤ 법 제45조의3 제3항에서 "자산총액, 매출액 등 대통령령으로 정하는 기준에 해당하는 정보통신서비스 제공자"란 정보통신서비스 제공자로서 제1항 제2호 각 목의 어느 하나에 해당하는 자를 말한다. 다만, 제1항 제2호 가목에 해당하는 자 중 「독점규제 및 공정거래에 관한 법률」 제2조 제7호에 따른 지주회사로서 자회사의 경영관리업무와 그에 부수하는 업무 외에 영리를 목적으로 하는 다른 업무를 영위하지 않는 자는 제외한다.

⑥ 제5항에 따른 정보통신서비스 제공자가 지정·신고해야 하는 정보보호 최고책임자는 제4항에 따른 자격과 다음 각 호의 어느 하나에 해당하는 자격을 추가로 갖춰야 하며, 상근(常勤)해야 한다. 이 경우 정보보호 또는 정보기술 분야의 업무는 「전자금융거래법 시행령」 별표 1 비고 제3호 및 제4호에 따른 업무로 한다.

1. 정보보호 분야의 업무를 4년 이상 수행한 경력(제4항 제1호부터 제3호까지에서 정한 학위 또는 같은 항 제5호의 자격 취득 전의 경력을 포함한다)이 있는 사람
2. 정보보호 또는 정보기술 분야의 업무를 5년 이상 수행(그중 2년 이상은 정보보호 분야의 업무를 수행해야 한다)한 경력(제4항 제1호부터 제3호까지에서 정한 학위 또는 같은 항 제5호의 자격 취득 전의 경력을 포함한다)이 있는 사람

영 제36조의8(정보보호 최고책임자의 신고 방법 및 절차)
법 제45조의3 제1항에 따라 정보보호 최고책임자를 지정하고 신고해야 하는 정보통신서비스 제공자는 신고의무가 발생한 날부터 6개월 이내에 과학기술정보통신부령으로 정하는 정보보호 최고책임자 지정신고서를 과학기술정보통신부장관에게 제출해야 한다. 다만, 과학기술정보통신부장관은 제36조의7 제2항 각 호의 어느 하나에 해당하는 자가 본문에 따른 기간 내에 지정신고서를 제출할 수 없는 부득이한 사유가 있다고 인정하는 때에는 제출기한을 1년의 범위에서 연장할 수 있다.

영 제36조의9(정보보호 최고책임자 협의회의 사업 범위)
법 제45조의3 제5항에서 "대통령령으로 정하는 공동의 사업"이란 다음 각 호의 사업을 말한다.
1. 정보통신서비스 제공자의 정보보호 강화를 위한 정책의 조사, 연구 및 수립 지원
2. 정보통신서비스 이용에 따른 침해사고 분석 및 대책 연구
3. 정보보호 최고책임자 교육 등 정보통신서비스 제공자의 정보보호 능력 및 전문성 향상
4. 정보통신서비스 보안 관련 국제교류 및 협력
5. 그 밖에 정보통신시스템 등에 대한 보안 및 정보의 안전한 관리를 위하여 필요한 사업

제46조
(집적된
정보통신시설의
보호)

① 다음 각 호의 어느 하나에 해당하는 정보통신서비스 제공자 중 정보통신시설의 규모 등이 대통령령으로 정하는 기준에 해당하는 자(이하 "집적정보통신시설 사업자 등"이라 한다)는 정보통신시설을 안정적으로 운영하기 위하여 대통령령으로 정하는 바에 따른 보호조치를 하여야 한다.
  1. 타인의 정보통신서비스 제공을 위하여 집적된 정보통신시설을 운영·관리하는 자(이하 "집적정보통신시설 사업자"라 한다)
  2. 자신의 정보통신서비스 제공을 위하여 직접 집적된 정보통신시설을 운영·관리하는 자
② 집적정보통신시설 사업자는 집적된 정보통신시설의 멸실, 훼손, 그 밖의 운영장애로 발생한 피해를 보상하기 위하여 대통령령으로 정하는 바에 따라 보험에 가입하여야 한다.
③ 과학기술정보통신부장관은 정기적으로 제1항에 따른 보호조치의 이행 여부를 점검하고, 보완이 필요한 사항에 대하여 집적정보통신시설 사업자 등에게 시정을 명할 수 있다. 다만, 집적정보통신시설 사업자 등에 대하여 「방송통신발전 기본법」 제36조의2 제2항에 따른 점검을 실시한 사항의 경우에는 제1항에 따른 보호조치의 이행 여부 점검 사항에서 제외한다.
④ 과학기술정보통신부장관은 집적정보통신시설 사업자 등에 해당하는지 여부의 확인 및 제3항에 따른 점검을 위하여 제1항 각 호의 어느 하나에 해당하는 정보통신서비스 제공자, 관계 중앙행정기관의 장, 지방자치단체의 장 및 「공공기관의 운영에 관한 법률」 제4조에 따라 공공기관으로 지정된 기관의 장에게 자료의 제출을 요구할 수 있다. 이 경우 자료제출 요구를 받은 자는 정당한 사유가 없으면 그 요구에 따라야 하며, 자료제출 요구의 절차·방법 등에 관하여는 제64조 제6항 및 제9항부터 제11항까지를 준용한다.
⑤ 제4항에 따라 제출받은 자료의 보호 및 폐기에 관하여는 제64조의2를 준용한다.
⑥ 집적정보통신시설 사업자 등은 재난이나 재해 및 그 밖의 물리적·기능적 결함 등으로 인하여 대통령령으로 정하는 기간 동안 정보통신서비스 제공의 중단이 발생한 때에는 그 중단 현황, 발생원인, 응급조치 및 복구대책을 지체 없이 과학기술정보통신부장관에게 보고하여야 한다. 이 경우 과학기술정보통신부장관은 집적된 정보통신시설의 복구 및 보호에 필요한 기술적 지원을 할 수 있다.
⑦ 집적정보통신시설 사업자가 제공하는 집적된 정보통신시설을 임차한 정보통신서비스 제공자는 집적정보통신시설 사업자의 제1항에 따른 보호조치의 이행 등에 적극 협조하여야 하며, 제1항에 따른 보호조치에 필요한 설비를 직접 설치·운영하거나 출입 통제를 하는 등 임차시설을 배타적으로 운영·관리하는 경우에는 대통령령으로 정하는 바에 따라 보호조치의 이행, 재난 등으로 인한 서비스 중단 시 보고 등의 조치를 하여야 한다.
⑧ 과학기술정보통신부장관은 제3항에 따른 점검과 제6항에 따른 기술적 지원에 관한 업무를 대통령령으로 정하는 전문기관에 위탁할 수 있다.
⑨ 제3항에 따른 점검의 주기 및 방법, 제6항에 따른 보고의 방법, 그 밖에 필요한 사항은 대통령령으로 정한다.

제46조의2
(집적정보통신시설
사업자의 긴급대응)

① 집적정보통신시설 사업자는 다음 각 호의 어느 하나에 해당하는 경우에는 이용약관으로 정하는 바에 따라 해당 서비스의 전부 또는 일부의 제공을 중단할 수 있다.
  1. 집적정보통신시설을 이용하는 자(이하 "시설이용자"라 한다)의 정보시스템에서 발생한 이상현상으로 다른 시설이용자의 정보통신망 또는 집적된 정보통신시설의 정보통신망에 심각한 장애를 발생시킬 우려가 있다고 판단되는 경우
  2. 외부에서 발생한 침해사고로 집적된 정보통신시설에 심각한 장애가 발생할 우려가 있다고 판단되는 경우
  3. 중대한 침해사고가 발생하여 과학기술정보통신부장관이나 한국인터넷진흥원이 요청하는 경우

② 집적정보통신시설 사업자는 제1항에 따라 해당 서비스의 제공을 중단하는 경우에는 중단사유, 발생일시, 기간 및 내용 등을 구체적으로 밝혀 시설이용자에게 즉시 알려야 한다.

③ 집적정보통신시설 사업자는 중단사유가 없어지면 즉시 해당 서비스의 제공을 재개하여야 한다.

제47조
(정보보호
관리체계의 인증)

① 과학기술정보통신부장관은 정보통신망의 안정성 · 신뢰성 확보를 위하여 관리적 · 기술적 · 물리적 보호조치를 포함한 종합적 관리체계(이하 "정보보호 관리체계"라 한다)를 수립 · 운영하고 있는 자에 대하여 제4항에 따른 기준에 적합한지에 관하여 인증을 할 수 있다.

② 「전기통신사업법」 제2조 제8호에 따른 전기통신사업자와 전기통신사업자의 전기통신역무를 이용하여 정보를 제공하거나 정보의 제공을 매개하는 자로서 다음 각 호의 어느 하나에 해당하는 자는 제1항에 따른 인증을 받아야 한다.

  1. 「전기통신사업법」 제6조 제1항에 따른 등록을 한 자로서 대통령령으로 정하는 바에 따라 정보통신망서비스를 제공하는 자(이하 "주요정보통신서비스 제공자"라 한다)

  2. 집적정보통신시설 사업자

  3. 전년도 매출액 또는 세입 등이 1,500억 원 이상이거나 정보통신서비스 부문 전년도 매출액이 100억 원 이상 또는 전년도 일일평균 이용자 수 100만 명 이상으로서, 대통령령으로 정하는 기준에 해당하는 자

③ 과학기술정보통신부장관은 제2항에 따라 인증을 받아야 하는 자가 과학기술정보통신부령으로 정하는 바에 따라 국제표준 정보보호 인증을 받거나 정보보호 조치를 취한 경우에는 제1항에 따른 인증 심사의 일부를 생략할 수 있다. 이 경우 인증 심사의 세부 생략 범위에 대해서는 과학기술정보통신부장관이 정하여 고시한다.

④ 과학기술정보통신부장관은 제1항에 따른 정보보호 관리체계 인증을 위하여 관리적 · 기술적 · 물리적 보호대책을 포함한 인증기준 등 그 밖에 필요한 사항을 정하여 고시할 수 있다.

⑤ 제1항에 따른 정보보호 관리체계 인증의 유효기간은 3년으로 한다. 다만, 제47조의5 제1항에 따라 정보보호 관리등급을 받은 경우 그 유효기간 동안 제1항의 인증을 받은 것으로 본다.

⑥ 과학기술정보통신부장관은 한국인터넷진흥원 또는 과학기술정보통신부장관이 지정한 기관(이하 "정보보호 관리체계 인증기관"이라 한다)으로 하여금 제1항 및 제2항에 따른 인증에 관한 업무로서 다음 각 호의 업무를 수행하게 할 수 있다.

  1. 인증 신청인이 수립한 정보보호 관리체계가 제4항에 따른 인증기준에 적합한지 여부를 확인하기 위한 심사(이하 "인증심사"라 한다)

  2. 인증심사 결과의 심의

  3. 인증서 발급 · 관리

  4. 인증의 사후관리

  5. 정보보호 관리체계 인증심사원의 양성 및 자격관리

  6. 그 밖에 정보보호 관리체계 인증에 관한 업무

⑦ 과학기술정보통신부장관은 인증에 관한 업무를 효율적으로 수행하기 위하여 필요한 경우 인증심사 업무를 수행하는 기관(이하 "정보보호 관리체계 심사기관"이라 한다)을 지정할 수 있다.

⑧ 한국인터넷진흥원, 정보보호 관리체계 인증기관 및 정보보호 관리체계 심사기관은 정보보호 관리체계의 실효성 제고를 위하여 연 1회 이상 사후관리를 실시하고 그 결과를 과학기술정보통신부장관에게 통보하여야 한다.

⑨ 제1항 및 제2항에 따라 정보보호 관리체계의 인증을 받은 자는 대통령령으로 정하는 바에 따라 인증의 내용을 표시하거나 홍보할 수 있다.

⑩ 과학기술정보통신부장관은 다음 각 호의 어느 하나에 해당하는 사유를 발견한 경우에는 인증을 취소할 수 있다. 다만, 제1호에 해당하는 경우에는 인증을 취소하여야 한다.

  1. 거짓이나 그 밖의 부정한 방법으로 정보보호 관리체계 인증을 받은 경우

  2. 제4항에 따른 인증기준에 미달하게 된 경우

  3. 제8항에 따른 사후관리를 거부 또는 방해한 경우

⑪ 제1항 및 제2항에 따른 인증의 방법 · 절차 · 범위 · 수수료, 제8항에 따른 사후관리의 방법 · 절차, 제10항에 따른 인증취소의 방법 · 절차, 그 밖에 필요한 사항은 대통령령으로 정한다.

⑫ 정보보호 관리체계 인증기관 및 정보보호 관리체계 심사기관 지정의 기준 · 절차 · 유효기간 등에 필요한 사항은 대통령령으로 정한다.

규칙 제3조(정보보호 관리체계 인증심사 일부의 생략)

① 과학기술정보통신부장관은 「정보통신망 이용촉진 및 정보보호 등에 관한 법률」(이하 "법"이라 한다) 제47조 제2항에 따라 인증을 받아야 하는 자가 다음 각 호의 어느 하나에 해당하는 국제표준 정보보호 인증을 받거나 정보보호 조치를 취한 경우에는 같은 조 제3항에 따라 같은 조 제1항에 따른 인증심사의 일부를 생략할 수 있다.

    1. 「품질경영 및 공산품안전관리법」 제7조 제2항에 따른 국제인정기관협력기구에 가입된 인정기관이 인정한 인증기관으로부터 받은 국제표준 정보보호경영시스템 인증

    2. 「개인정보 보호법」 제32조의2에 따른 개인정보 보호 인증

    3. 「정보통신기반 보호법」 제9조에 따른 주요정보통신기반시설의 취약점 분석 · 평가

    4. 「전자정부법」 제56조 제3항에 따른 보안조치(영 제49조 제2항 제1호 나목에 해당하는 자가 법 제47조 제2항에 따라 인증을 받아야 하는 해를 기준으로 그 전년도에 해당 보안조치를 한 경우로 한정한다)

② 제1항에 따라 정보보호 관리체계 인증심사의 일부를 생략하려는 경우에는 다음 각 호의 요건을 모두 충족하여야 한다.

    1. 해당 국제표준 정보보호 인증 또는 정보보호 조치의 범위가 영 제47조 제2항에 따른 정보보호 관리체계 인증의 범위와 일치할 것

    2. 정보보호 관리체계 인증 신청 및 심사 시에 해당 국제표준 정보보호 인증이나 정보보호 조치가 유효하게 유지되고 있을 것

③ 법 제47조 제3항에 따라 정보보호 관리체계 인증심사 일부의 생략을 받으려는 자는 인증심사 일부의 생략을 신청하는 서류에 국제표준 정보보호 인증서, 정보보호 조치 결과보고서, 「전자정부법」 제56조 제3항에 따른 보안조치에 관하여 과학기술정보통신부장관이 정하여 고시하는 결과보고서(제1항 제4호에 해당하는 경우로 한정한다) 등 인증심사의 일부 생략 대상인 사실을 증명할 수 있는 서류를 첨부하여 제출해야 한다.

영 제47조(정보보호 관리체계 인증의 방법 · 절차 · 범위 등)

① 법 제47조 제1항 또는 제2항에 따라 정보보호 관리체계의 인증을 받으려는 자는 정보보호 관리체계 인증신청서(전자문서로 된 신청서를 포함한다)에 다음 각 호의 사항에 대한 설명이 포함된 정보보호 관리체계 명세서(전자문서를 포함한다)를 첨부하여 인터넷진흥원, 법 제47조 제6항에 따라 지정된 기관(이하 "정보보호 관리체계 인증기관"이라 한다) 또는 법 제47조 제7항에 따라 지정된 기관(이하 "정보보호 관리체계 심사기관"이라 한다)에 제출하여야 한다.

    1. 정보보호 관리체계의 범위

    2. 정보보호 관리체계의 범위에 포함되어 있는 주요 정보통신설비의 목록과 시스템 구성도

    3. 정보보호 관리체계를 수립 · 운영하는 방법과 절차

    4. 정보보호 관리체계와 관련된 주요 문서의 목록

    5. 정보보호 관리체계와 관련된 국내외 품질경영체제의 인증을 취득한 경우에는 그 명세

② 제1항에 따른 신청을 받은 인터넷진흥원, 정보보호 관리체계 인증기관 또는 정보보호 관리체계 심사기관은 법 제47조 제6항 제1호에 따른 인증심사(이하 "인증심사"라 한다)를 하는 경우 같은 조 제4항에 따라 과학기술정보통신부장관이 정하여 고시하는 정보보호 관리체계 인증을 위한 관리적 · 기술적 · 물리적 보호대책을 포함한 인증기준 등(이하 "관리체계인증고시"라 한다)에 따라 신청인과 인증의 범위 및 일정 등에 관한 협의를 하여야 한다.

③ 인터넷진흥원, 정보보호 관리체계 인증기관 또는 정보보호 관리체계 심사기관은 인증심사를 하는 경우 인증 신청인이 수립한 정보보호 관리체계가 관리체계인증고시에 적합한지 여부를 심사하여야 한다. 이 경우 인증심사는 서면심사 또는 현장심사의 방법으로 실시한다.

④ 인증심사는 제53조 제1항 제1호에 따른 인증심사원만 수행할 수 있다.

⑤ 정보보호 관리체계 심사기관은 인증심사의 결과를 인터넷진흥원 또는 정보보호 관리체계 인증기관에 제출하여야 한다.

⑥ 인터넷진흥원 또는 정보보호 관리체계 인증기관은 인증심사의 결과를 심의하기 위하여 정보보호에 관한 학식과 경험이 풍부한 자를 위원으로 하는 인증위원회를 설치 · 운영하여야 한다.

⑦ 인터넷진흥원 또는 정보보호 관리체계 인증기관은 제6항에 따른 인증위원회의 심의 결과 관리체계인증고시에 적합한 때에는 그 인증신청을 한 자에게 정보보호 관리체계 인증서를 발급하여야 한다.

⑧ 제1항부터 제7항까지에서 규정한 사항 외에 인증신청, 인증심사, 인증위원회의 설치 · 운영 및 인증서의 발급 등에 필요한 세부사항은 과학기술정보통신부장관이 정하여 고시한다.

영 제49조(정보보호 관리체계 인증 대상자의 범위)

① 법 제47조 제2항 제1호에서 "대통령령으로 정하는 바에 따라 정보통신망서비스를 제공하는 자"란 다음 각 호의 어느 하나에 해당하는 자를 말한다.

  1. 「전기통신사업법」 제2조 제3호에 따른 전기통신회선설비를 설치·보유하고 서울특별시 및 모든 광역시에서 정보통신망서비스를 제공하는 자

  2. 「전기통신사업법」 제38조 제1항에 따라 기간통신사업자로부터 이동통신서비스를 제공받아 재판매하는 전기통신사업자

② 법 제47조 제2항 제3호에서 "대통령령으로 정하는 기준에 해당하는 자"란 다음 각 호의 어느 하나에 해당하는 자를 말한다.

  1. 전년도 매출액 또는 세입이 1,500억 원 이상인 자로서 다음 각 목의 어느 하나에 해당하는 자

    가. 「의료법」 제3조의4에 따른 상급종합병원

    나. 직전연도 12월 31일 기준으로 재학생 수가 1만 명 이상인 「고등교육법」 제2조에 따른 학교

  2. 정보통신서비스 부문 전년도(법인인 경우에는 전 사업연도를 말한다) 매출액이 100억 원 이상인 자. 다만, 「전자금융거래법」 제2조 제3호에 따른 금융회사는 제외한다.

  3. 전년도 일일평균 이용자 수가 100만 명 이상인 자. 다만, 「전자금융거래법」 제2조 제3호에 따른 금융회사는 제외한다.

제47조의2 (정보보호 관리체계 인증기관 및 정보보호 관리체계 심사기관의 지정취소 등)

① 과학기술정보통신부장관은 제47조에 따라 정보보호 관리체계 인증기관 또는 정보보호 관리체계 심사기관으로 지정받은 법인 또는 단체가 다음 각 호의 어느 하나에 해당하면 그 지정을 취소하거나 1년 이내의 기간을 정하여 해당 업무의 전부 또는 일부의 정지를 명할 수 있다. 다만, 제1호나 제2호에 해당하는 경우에는 그 지정을 취소하여야 한다.

  1. 거짓이나 그 밖의 부정한 방법으로 정보보호 관리체계 인증기관 또는 정보보호 관리체계 심사기관의 지정을 받은 경우

  2. 업무정지기간 중에 인증 또는 인증심사를 한 경우

  3. 정당한 사유 없이 인증 또는 인증심사를 하지 아니한 경우

  4. 제47조 제11항을 위반하여 인증 또는 인증심사를 한 경우

  5. 제47조 제12항에 따른 지정기준에 적합하지 아니하게 된 경우

② 제1항에 따른 지정취소 및 업무정지 등에 필요한 사항은 대통령령으로 정한다.

제47조의4 (이용자의 정보보호)

① 정부는 이용자의 정보보호에 필요한 기준을 정하여 이용자에게 권고하고, 침해사고의 예방 및 확산 방지를 위하여 취약점 점검, 기술 지원 등 필요한 조치를 할 수 있다.

② 정부는 제1항에 따른 조치에 관한 업무를 한국인터넷진흥원 또는 대통령령으로 정하는 전문기관에 위탁할 수 있다.

③ 주요정보통신서비스 제공자는 정보통신망에 중대한 침해사고가 발생하여 자신의 서비스를 이용하는 이용자의 정보시스템 또는 정보통신망 등에 심각한 장애가 발생할 가능성이 있으면 이용약관으로 정하는 바에 따라 그 이용자에게 보호조치를 취하도록 요청하고, 이를 이행하지 아니하는 경우에는 해당 정보통신망으로의 접속을 일시적으로 제한할 수 있다.

④ 「소프트웨어 진흥법」 제2조에 따른 소프트웨어사업자는 보안에 관한 취약점을 보완하는 프로그램을 제작하였을 때에는 한국인터넷진흥원에 알려야 하고, 그 소프트웨어 사용자에게는 제작한 날부터 1개월 이내에 2회 이상 알려야 한다.

⑤ 제3항에 따른 보호조치의 요청 등에 관하여 이용약관으로 정하여야 하는 구체적인 사항은 대통령령으로 정한다.

제47조의5 (정보보호 관리등급 부여)

① 제47조에 따라 정보보호 관리체계 인증을 받은 자는 기업의 통합적 정보보호 관리수준을 제고하고 이용자로부터 정보보호 서비스에 대한 신뢰를 확보하기 위하여 과학기술정보통신부장관으로부터 정보보호 관리등급을 받을 수 있다.

② 과학기술정보통신부장관은 한국인터넷진흥원으로 하여금 제1항에 따른 등급 부여에 관한 업무를 수행하게 할 수 있다.

③ 제1항에 따라 정보보호 관리등급을 받은 자는 대통령령으로 정하는 바에 따라 해당 등급의 내용을 표시하거나 홍보에 활용할 수 있다.

	④ 과학기술정보통신부장관은 다음 각 호의 어느 하나에 해당하는 사유를 발견한 경우에는 부여한 등급을 취소할 수 있다. 다만, 제1호에 해당하는 경우에는 부여한 등급을 취소하여야 한다. 　　1. 거짓이나 그 밖의 부정한 방법으로 정보보호 관리등급을 받은 경우 　　2. 제5항에 따른 등급기준에 미달하게 된 경우 ⑤ 제1항에 따른 등급 부여의 심사기준 및 등급 부여의 방법 · 절차 · 수수료, 등급의 유효기간, 제4항에 따른 등급취소의 방법 · 절차, 그 밖에 필요한 사항은 대통령령으로 정한다.
제47조의6 (정보보호 취약점 신고자에 대한 포상)	① 정부는 침해사고의 예방 및 피해 확산 방지를 위하여 정보통신서비스, 정보통신망연결기기등 또는 소프트웨어의 보안에 관한 취약점(이하 "정보보호 취약점"이라 한다)을 신고한 자에게 예산의 범위에서 포상금을 지급할 수 있다. ② 제1항에 따른 포상금의 지급 대상 · 기준 및 절차 등은 대통령령으로 정한다. ③ 정부는 제1항에 따른 포상금 지급에 관한 업무를 한국인터넷진흥원에 위탁할 수 있다.
제47조의7 (정보보호 관리체계 인증의 특례)	① 과학기술정보통신부장관은 제47조 제1항 및 제2항에 따른 인증을 받으려는 자 중 다음 각 호의 어느 하나에 해당하는 자에 대하여 제47조에 따른 인증기준 및 절차 등을 완화하여 적용할 수 있다. 　　1. 「중소기업기본법」 제2조 제2항에 따른 소기업 　　2. 그 밖에 정보통신서비스의 규모 및 특성 등에 따라 대통령령으로 정하는 기준에 해당하는 자 ② 과학기술정보통신부장관은 정보통신망의 안정성 · 신뢰성 확보를 위하여 제1항에 관련된 비용 및 기술 등 필요한 지원을 할 수 있다. ③ 과학기술정보통신부장관은 제1항에 따른 인증기준 및 절차 등 그 밖에 필요한 사항을 정하여 고시할 수 있다. **영 제49조의2(정보보호 관리체계 인증의 특례 대상자의 범위)** ① 법 제47조의7 제1항 제2호에 따른 정보보호 관리체계 인증의 특례 대상은 「중소기업기본법」 제2조 제2항에 따른 중기업으로서 다음 각 호의 어느 하나에 해당하는 자로 한다. 　　1. 정보통신서비스 부문 전년도(법인인 경우에는 전 사업연도를 말한다) 매출액이 300억 원 미만인 자 　　2. 정보통신서비스 부문 전년도(법인인 경우에는 전 사업연도를 말한다) 매출액이 300억 원 이상인 자 중 주요 정보통신설비를 직접 설치 · 운영하지 않는 자로서 다음 각 목의 어느 하나에 해당하는 서비스(법 제47조 제1항에 따른 인증, 「개인정보 보호법」 제32조의2 제1항에 따른 인증 또는 「클라우드컴퓨팅 발전 및 이용자 보호에 관한 법률」 제23조의2 제1항에 따른 인증을 받은 자가 제공하는 서비스로 한정한다)를 이용하는 자 　　　가. 호스팅서비스(인터넷 홈페이지 구축 및 웹서버 관리 등을 해주는 서비스를 말한다) 　　　나. 「클라우드컴퓨팅 발전 및 이용자 보호에 관한 법률 시행령」 제3조 제2호 및 제3호에 따른 클라우드컴퓨팅서비스 ② 제1항에도 불구하고 다음 각 호의 어느 하나에 해당하는 자는 법 제47조의7 제1항 제2호에 따른 정보보호 관리체계 인증의 특례 대상에서 제외한다. 　　1. 법 제47조 제2항 제1호 또는 제2호에 해당하는 자 　　2. 제49조 제2항 제1호 또는 제3호에 해당하는 자 　　3. 「특정 금융거래정보의 보고 및 이용 등에 관한 법률」 제2조 제1호 하목에 따른 가상자산사업자 　　4. 「전자금융거래법」 제2조 제3호에 따른 금융회사
제48조 (정보통신망 침해행 위 등의 금지)	① 누구든지 정당한 접근권한 없이 또는 허용된 접근권한을 넘어 정보통신망에 침입하여서는 아니 된다. ② 누구든지 정당한 사유 없이 정보통신시스템, 데이터 또는 프로그램 등을 훼손 · 멸실 · 변경 · 위조하거나 그 운용을 방해할 수 있는 프로그램(이하 "악성프로그램"이라 한다)을 전달 또는 유포하여서는 아니 된다. ③ 누구든지 정보통신망의 안정적 운영을 방해할 목적으로 대량의 신호 또는 데이터를 보내거나 부정한 명령을 처리하도록 하는 등의 방법으로 정보통신망에 장애가 발생하게 하여서는 아니 된다. ④ 누구든지 정당한 사유 없이 정보통신망의 정상적인 보호 · 인증 절차를 우회하여 정보통신망에 접근할 수 있도록 하는 프로그램이나 기술적 장치 등을 정보통신망 또는 이와 관련된 정보시스템에 설치하거나 이를 전달 · 유포하여서는 아니 된다.

제48조의2 (침해사고의 대응 등)	① 과학기술정보통신부장관은 침해사고에 적절히 대응하기 위하여 다음 각 호의 업무를 수행하고, 필요하면 업무의 전부 또는 일부를 한국인터넷진흥원이 수행하도록 할 수 있다. 　1. 침해사고에 관한 정보의 수집 · 전파 　2. 침해사고의 예보 · 경보 　3. 침해사고에 대한 긴급조치 　4. 그 밖에 대통령령으로 정하는 침해사고 대응조치 ② 다음 각 호의 어느 하나에 해당하는 자는 대통령령으로 정하는 바에 따라 침해사고의 유형별 통계, 해당 정보통신망의 소통량 통계 및 접속경로별 이용 통계 등 침해사고 관련 정보를 과학기술정보통신부장관이나 한국인터넷진흥원에 제공하여야 한다. 　1. 주요정보통신서비스 제공자 　2. 집적정보통신시설 사업자 　3. 그 밖에 정보통신망을 운영하는 자로서 대통령령으로 정하는 자 ③ 한국인터넷진흥원은 제2항에 따른 정보를 분석하여 과학기술정보통신부장관에게 보고하여야 한다. ④ 과학기술정보통신부장관은 제2항에 따라 정보를 제공하여야 하는 사업자가 정당한 사유 없이 정보의 제공을 거부하거나 거짓 정보를 제공하면 상당한 기간을 정하여 그 사업자에게 시정을 명할 수 있다. ⑤ 과학기술정보통신부장관이나 한국인터넷진흥원은 제2항에 따라 제공받은 정보를 침해사고의 대응을 위하여 필요한 범위에서만 정당하게 사용하여야 한다. ⑥ 과학기술정보통신부장관이나 한국인터넷진흥원은 침해사고의 대응을 위하여 필요하면 제2항 각 호의 어느 하나에 해당하는 자에게 인력지원을 요청할 수 있다.
제48조의3 (침해사고의 신고 등)	① 정보통신서비스 제공자는 침해사고가 발생하면 즉시 그 사실을 과학기술정보통신부장관이나 한국인터넷진흥원에 신고하여야 한다. 이 경우 정보통신서비스 제공자가 이미 다른 법률에 따른 침해사고 통지 또는 신고를 했으면 전단에 따른 신고를 한 것으로 본다. ② 과학기술정보통신부장관이나 한국인터넷진흥원은 제1항에 따라 침해사고의 신고를 받거나 침해사고를 알게 되면 제48조의2 제1항 각 호에 따른 필요한 조치를 하여야 한다. ③ 제1항 후단에 따라 침해사고의 통지 또는 신고를 받은 관계 기관의 장은 이와 관련된 정보를 과학기술정보통신부장관 또는 한국인터넷진흥원에 지체 없이 공유하여야 한다. ④ 제1항에 따른 신고의 시기, 방법 및 절차 등에 관하여 필요한 사항은 대통령령으로 정한다. **영 제58조의2(침해사고 신고의 시기, 방법 및 절차)** ① 정보통신서비스 제공자는 법 제48조의3 제1항 전단에 따라 침해사고를 신고하려는 경우에는 침해사고의 발생을 알게 된 때부터 24시간 이내에 다음 각 호의 사항을 과학기술정보통신부장관 또는 한국인터넷진흥원에 신고해야 한다. 　1. 침해사고의 발생 일시, 원인 및 피해내용 　2. 침해사고에 대한 조치사항 등 대응 현황 　3. 침해사고 대응업무를 담당하는 부서 및 연락처 ② 정보통신서비스 제공자는 제1항에 따라 신고한 후 침해사고에 관하여 추가로 확인되는 사실이 있는 경우에는 확인한 때부터 24시간 이내에 신고해야 한다. ③ 제1항 및 제2항에 따른 신고는 서면, 전자우편, 전화, 인터넷 홈페이지 입력 등의 방법으로 할 수 있다.
제48조의4 (침해사고의 원인 분석 등)	① 정보통신서비스 제공자 등 정보통신망을 운영하는 자는 침해사고가 발생하면 침해사고의 원인을 분석하고 그 결과에 따라 피해의 확산 방지를 위하여 사고대응, 복구 및 재발 방지에 필요한 조치를 하여야 한다. ② 과학기술정보통신부장관은 정보통신서비스 제공자의 정보통신망에 침해사고가 발생하면 그 침해사고의 원인을 분석하고 피해 확산 방지, 사고대응, 복구 및 재발 방지를 위한 대책을 마련하여 해당 정보통신서비스 제공자(공공기관등은 제외한다)에게 필요한 조치를 이행하도록 명령할 수 있다. ③ 과학기술정보통신부장관은 제2항에 따른 조치의 이행 여부를 점검하고, 보완이 필요한 사항에 대하여 해당 정보통신서비스 제공자에게 시정을 명할 수 있다. ④ 과학기술정보통신부장관은 정보통신서비스 제공자의 정보통신망에 중대한 침해사고가 발생한 경우 제2항에 따른 원인 분석 및 대책 마련을 위하여 필요하면 정보보호에 전문성을 갖춘 민 · 관합동조사단을 구성하여 그 침해사고의 원인 분석을 할 수 있다.

	⑤ 과학기술정보통신부장관은 제2항에 따른 침해사고의 원인 분석 및 대책 마련을 위하여 필요하면 정보통신서비스 제공자에게 정보통신망의 접속기록 등 관련 자료의 보전을 명할 수 있다.
	⑥ 과학기술정보통신부장관은 제2항에 따른 침해사고의 원인 분석 및 대책 마련을 하기 위하여 필요하면 정보통신서비스 제공자에게 침해사고 관련 자료의 제출을 요구할 수 있으며, 중대한 침해사고의 경우 소속 공무원 또는 제4항에 따른 민·관합동조사단에게 관계인의 사업장에 출입하여 침해사고 원인을 조사하도록 할 수 있다. 다만, 「통신비밀보호법」 제2조 제11호에 따른 통신사실확인자료에 해당하는 자료의 제출은 같은 법으로 정하는 바에 따른다.
	⑦ 과학기술정보통신부장관이나 민·관합동조사단은 제6항에 따라 제출받은 자료와 조사를 통하여 알게 된 정보를 침해사고의 원인 분석 및 대책 마련 외의 목적으로는 사용하지 못하며, 원인 분석이 끝난 후에는 즉시 파기하여야 한다.
	⑧ 제3항에 따른 점검의 방법·절차, 제4항에 따른 민·관합동조사단의 구성·운영, 제6항에 따라 제출된 자료의 보호 및 조사의 방법·절차 등에 필요한 사항은 대통령령으로 정한다.
제48조의5 (정보통신망연결기기 등 관련 침해사고의 대응 등)	① 과학기술정보통신부장관은 정보통신망연결기기 등과 관련된 침해사고가 발생하면 관계 중앙행정기관의 장과 협력하여 해당 침해사고의 원인을 분석할 수 있다. ② 과학기술정보통신부장관은 정보통신망연결기기 등과 관련된 침해사고가 발생하여 국민의 생명·신체 또는 재산에 위험을 초래할 가능성이 있는 경우 관계 중앙행정기관의 장에게 다음 각 호의 조치를 하도록 요청할 수 있다. 1. 제47조의4 제1항에 따른 취약점 점검, 기술 지원 등의 조치 2. 피해 확산을 방지하기 위하여 필요한 조치 3. 그 밖에 정보통신망연결기기등의 정보보호를 위한 제도의 개선 ③ 과학기술정보통신부장관은 정보통신망연결기기 등과 관련된 침해사고가 발생한 경우 해당 정보통신망연결기기 등을 제조하거나 수입한 자에게 제품 취약점 개선 등 침해사고의 확대 또는 재발을 방지하기 위한 조치를 할 것을 권고할 수 있다. ④ 과학기술정보통신부장관은 대통령령으로 정하는 전문기관이 다음 각 호의 사업을 수행하는 데 필요한 비용을 지원할 수 있다. 1. 정보통신망연결기기 등과 관련된 정보보호지침 마련을 위한 연구 2. 정보통신망연결기기 등과 관련된 시험·검사·인증 등의 기준 개선 연구
제48조의6 (정보통신망연결기기 등에 관한 인증)	① 과학기술정보통신부장관은 제4항에 따른 인증시험대행기관의 시험 결과 정보통신망연결기기 등이 제2항에 따른 인증기준에 적합한 경우 정보보호인증을 할 수 있다. ② 과학기술정보통신부장관은 제1항에 따른 정보보호인증(이하 "정보보호인증"이라 한다)을 위하여 정보통신망의 안정성 및 정보의 신뢰성 확보 등에 관한 인증기준을 정하여 고시할 수 있다. ③ 과학기술정보통신부장관은 정보보호인증을 받은 자가 다음 각 호의 어느 하나에 해당하는 경우에는 그 정보보호인증을 취소할 수 있다. 다만, 제1호에 해당하는 경우에는 그 정보보호인증을 취소하여야 한다. 1. 거짓이나 그 밖의 부정한 방법으로 정보보호인증을 받은 경우 2. 제2항에 따른 인증기준에 미달하게 된 경우 ④ 과학기술정보통신부장관은 정보통신망연결기기 등이 제2항에 따른 인증기준에 적합한지 여부를 확인하는 시험을 효율적으로 수행하기 위하여 필요한 경우에는 대통령령으로 정하는 지정기준을 충족하는 기관을 인증시험대행기관으로 지정할 수 있다. ⑤ 과학기술정보통신부장관은 제4항에 따라 지정된 인증시험대행기관(이하 "인증시험대행기관"이라 한다)이 다음 각 호의 어느 하나에 해당하면 인증시험대행기관의 지정을 취소할 수 있다. 다만, 제1호에 해당하는 경우에는 그 지정을 취소하여야 한다. 1. 거짓이나 그 밖의 부정한 방법으로 지정을 받은 경우 2. 제4항에 따른 지정기준에 미달하게 된 경우 ⑥ 과학기술정보통신부장관은 정보보호인증 및 정보보호인증 취소에 관한 업무를 한국인터넷진흥원에 위탁할 수 있다. ⑦ 정보보호인증·정보보호인증 취소의 절차 및 인증시험대행기관의 지정·지정취소의 절차 등에 관하여 필요한 사항은 대통령령으로 정한다.

	영 제60조의3(정보보호인증의 절차 등) ① 법 제48조의6 제1항에 따른 정보보호인증(이하 "정보보호인증"이라 한다)을 받으려는 자는 과학기술정보통신부령으로 정하는 정보보호인증 신청서에 다음 각 호의 서류를 첨부하여 과학기술정보통신부장관에게 제출하고 정보보호인증 대상 정보통신망연결기기 등을 제시해야 한다. 　1. 법 제48조의6 제2항에 따른 인증기준(이하 "정보보호인증기준"이라 한다)을 갖추었음을 증명하는 서류 　2. 정보보호인증 대상 정보통신망연결기기 등의 사용자 설명서 　3. 그 밖에 정보보호인증에 필요한 서류로서 과학기술정보통신부령으로 정하는 서류 ② 제1항에 따라 정보보호인증의 신청을 받은 과학기술정보통신부장관은 법 제48조의6 제4항에 따라 지정된 인증시험대행기관(이하 "인증시험대행기관"이라 한다)에 같은 조 제2항에 따른 인증기준에 적합한지를 확인하는 시험(이하 "정보보호인증시험"이라 한다)을 의뢰해야 한다. ③ 인증시험대행기관은 정보보호인증시험을 실시하기 위하여 필요한 경우 해당 정보통신망연결기기 등이 설치된 현장에서 시험을 실시할 수 있다. ④ 인증시험대행기관은 정보보호인증시험의 결과보고서를 과학기술정보통신부장관에게 제출해야 한다. ⑤ 과학기술정보통신부장관은 제4항에 따라 제출받은 정보보호인증시험의 결과보고서를 검토하여 정보보호인증을 신청한 정보통신망연결기기 등이 정보보호인증기준에 적합한 경우에는 제1항에 따라 정보보호인증을 신청한 자에게 과학기술정보통신부령으로 정하는 정보보호인증서를 발급하고, 그 사실을 인터넷 홈페이지에 공고해야 한다. ⑥ 법 제48조의6 제3항에 따라 정보보호인증을 취소한 과학기술정보통신부장관은 그 사실을 당사자에게 통보하고, 인터넷 홈페이지에 공고해야 한다.
제49조 (비밀 등의 보호)	누구든지 정보통신망에 의하여 처리 · 보관 또는 전송되는 타인의 정보를 훼손하거나 타인의 비밀을 침해 · 도용 또는 누설하여서는 아니 된다.
제49조의2 (속이는 행위에 의한 정보의 수집금지 등)	① 누구든지 정보통신망을 통하여 속이는 행위로 다른 사람의 정보를 수집하거나 다른 사람이 정보를 제공하도록 유인하여서는 아니 된다. ② 정보통신서비스 제공자는 제1항을 위반한 사실을 발견하면 즉시 과학기술정보통신부장관 또는 한국인터넷진흥원에 신고하여야 한다. ③ 과학기술정보통신부장관 또는 한국인터넷진흥원은 제2항에 따른 신고를 받거나 제1항을 위반한 사실을 알게 되면 다음 각 호의 필요한 조치를 하여야 한다. 　1. 위반 사실에 관한 정보의 수집 · 전파 　2. 유사 피해에 대한 예보 · 경보 　3. 정보통신서비스 제공자에게 다음 각 목의 사항 중 전부 또는 일부를 요청하는 등 피해 예방 및 피해 확산을 방지하기 위한 긴급조치 　　가. 접속경로의 차단 　　나. 제1항의 위반행위에 이용된 전화번호에 대한 정보통신서비스의 제공 중지 　　다. 이용자에게 제1항의 위반행위에 노출되었다는 사실의 통지 ④ 과학기술정보통신부장관은 제3항 제3호의 조치를 취하기 위하여 정보통신서비스 제공자에게 정보통신서비스 제공자 간 정보통신망을 통하여 속이는 행위에 대한 정보 공유 등 필요한 조치를 취하도록 명할 수 있다. ⑤ 제3항 제3호에 따른 요청을 받은 정보통신서비스 제공자는 이용약관으로 정하는 바에 따라 해당 조치를 할 수 있다. ⑥ 제5항에 따른 이용약관으로 정하여야 하는 구체적인 사항은 대통령령으로 정한다.
제49조의3 (속이는 행위에 사용된 전화번호의 전기통신역무 제공의 중지 등)	① 경찰청장 · 검찰총장 · 금융감독원장 등 대통령령으로 정하는 자는 제49조의2 제1항에 따른 속이는 행위에 이용된 전화번호를 확인한 때에는 과학기술정보통신부장관에게 해당 전화번호에 대한 전기통신역무 제공의 중지를 요청할 수 있다. ② 제1항에 따른 요청으로 전기통신역무 제공이 중지된 이용자는 전기통신역무 제공의 중지를 요청한 기관에 이의신청을 할 수 있다. ③ 제2항에 따른 이의신청의 절차 등에 필요한 사항은 대통령령으로 정한다.

제50조
(영리목적의 광고성
정보 전송 제한)
	① 누구든지 전자적 전송매체를 이용하여 영리목적의 광고성 정보를 전송하려면 그 수신자의 명시적인 사전 동의를 받아야 한다. 다만, 다음 각 호의 어느 하나에 해당하는 경우에는 사전 동의를 받지 아니한다.
	  1. 재화등의 거래관계를 통하여 수신자로부터 직접 연락처를 수집한 자가 대통령령으로 정한 기간 이내에 자신이 처리하고 수신자와 거래한 것과 같은 종류의 재화등에 대한 영리목적의 광고성 정보를 전송하려는 경우
	  2. 「방문판매 등에 관한 법률」에 따른 전화권유판매자가 육성으로 수신자에게 개인정보의 수집출처를 고지하고 전화권유를 하는 경우
	② 전자적 전송매체를 이용하여 영리목적의 광고성 정보를 전송하려는 자는 제1항에도 불구하고 수신자가 수신거부의사를 표시하거나 사전 동의를 철회한 경우에는 영리목적의 광고성 정보를 전송하여서는 아니 된다.
	③ 오후 9시부터 그 다음 날 오전 8시까지의 시간에 전자적 전송매체를 이용하여 영리목적의 광고성 정보를 전송하려는 자는 제1항에도 불구하고 그 수신자로부터 별도의 사전 동의를 받아야 한다. 다만, 대통령령으로 정하는 매체의 경우에는 그러하지 아니하다.
	④ 전자적 전송매체를 이용하여 영리목적의 광고성 정보를 전송하는 자는 대통령령으로 정하는 바에 따라 다음 각 호의 사항 등을 광고성 정보에 구체적으로 밝혀야 한다.
	  1. 전송자의 명칭 및 연락처
	  2. 수신의 거부 또는 수신동의의 철회 의사표시를 쉽게 할 수 있는 조치 및 방법에 관한 사항
	⑤ 전자적 전송매체를 이용하여 영리목적의 광고성 정보를 전송하는 자는 다음 각 호의 어느 하나에 해당하는 행위를 하여서는 아니 된다.
	  1. 광고성 정보 수신자의 수신거부 또는 수신동의의 철회를 회피·방해하는 행위
	  2. 숫자·부호 또는 문자를 조합하여 전화번호·전자우편주소 등 수신자의 연락처를 자동으로 만들어 내는 행위
	  3. 영리목적의 광고성 정보를 전송할 목적으로 전화번호 또는 전자우편주소를 자동으로 등록하는 행위
	  4. 광고성 정보 전송자의 신원이나 광고 전송 출처를 감추기 위한 각종 행위
	  5. 영리목적의 광고성 정보를 전송할 목적으로 수신자를 기망하여 회신을 유도하는 각종 행위
	⑥ 전자적 전송매체를 이용하여 영리목적의 광고성 정보를 전송하는 자는 수신자가 수신거부나 수신동의의 철회를 할 때 발생하는 전화요금 등의 금전적 비용을 수신자가 부담하지 아니하도록 대통령령으로 정하는 바에 따라 필요한 조치를 하여야 한다.
	⑦ 전자적 전송매체를 이용하여 영리목적의 광고성 정보를 전송하려는 자는 수신자가 제1항 및 제3항에 따른 수신동의, 제2항에 따른 수신거부 또는 수신동의 철회에 관한 의사를 표시할 때에는 해당 수신자에게 대통령령으로 정하는 바에 따라 수신동의, 수신거부 또는 수신동의 철회에 대한 처리 결과를 알려야 한다.
	⑧ 제1항 또는 제3항에 따라 수신동의를 받은 자는 대통령령으로 정하는 바에 따라 정기적으로 광고성 정보 수신자의 수신동의 여부를 확인하여야 한다.

제50조의3 (영리목적의 광고성 정보 전송의 위탁 등)	① 영리목적의 광고성 정보의 전송을 타인에게 위탁한 자는 그 업무를 위탁받은 자가 제50조를 위반하지 아니하도록 관리·감독하여야 한다. ② 제1항에 따라 영리목적의 광고성 정보의 전송을 위탁받은 자는 그 업무와 관련한 법을 위반하여 발생한 손해의 배상책임에서 정보 전송을 위탁한 자의 소속 직원으로 본다.

제50조의4
(정보 전송 역무
제공 등의 제한)
	① 정보통신서비스 제공자는 다음 각 호의 어느 하나에 해당하는 경우에 해당 역무의 제공을 거부하는 조치를 할 수 있다.
	  1. 광고성 정보의 전송 또는 수신으로 역무의 제공에 장애가 일어나거나 일어날 우려가 있는 경우
	  2. 이용자가 광고성 정보의 수신을 원하지 아니하는 경우
	② 정보통신서비스 제공자는 제1항 또는 제4항에 따른 거부조치를 하려면 해당 역무 제공의 거부에 관한 사항을 그 역무의 이용자와 체결하는 정보통신서비스 이용계약의 내용에 포함하여야 한다.
	③ 정보통신서비스 제공자는 제1항 또는 제4항에 따른 거부조치 사실을 그 역무를 제공받는 이용자 등 이해관계인에게 알려야 한다. 다만, 미리 알리는 것이 곤란한 경우에는 거부조치를 한 후 지체 없이 알려야 한다.
	④ 정보통신서비스 제공자는 이용계약을 통하여 해당 정보통신서비스 제공자가 이용자에게 제공하는 서비스가 제50조 또는 제50조의8을 위반하여 영리목적의 광고성 정보전송에 이용되고 있는 경우 해당 역무의 제공을 거부하거나 정보통신망이나 서비스의 취약점을 개선하는 등 필요한 조치를 강구하여야 한다.

제50조의5 (영리목적의 광고성 프로그램 등의 설치)	정보통신서비스 제공자는 영리목적의 광고성 정보가 보이도록 하거나 개인정보를 수집하는 프로그램을 이용자의 컴퓨터나 그 밖에 대통령령으로 정하는 정보처리장치에 설치하려면 이용자의 동의를 받아야 한다. 이 경우 해당 프로그램의 용도와 삭제방법을 고지하여야 한다.
제50조의6 (영리목적의 광고성 정보 전송차단 소프트웨어의 보급 등)	① 방송통신위원회는 수신자가 제50조를 위반하여 전송되는 영리목적의 광고성 정보를 편리하게 차단하거나 신고할 수 있는 소프트웨어나 컴퓨터프로그램을 개발하여 보급할 수 있다. ② 방송통신위원회는 제1항에 따른 전송차단, 신고 소프트웨어 또는 컴퓨터프로그램의 개발과 보급을 촉진하기 위하여 관련 공공기관 · 법인 · 단체 등에 필요한 지원을 할 수 있다. ③ 방송통신위원회는 정보통신서비스 제공자의 전기통신역무가 제50조를 위반하여 발송되는 영리목적의 광고성 정보 전송에 이용되면 수신자 보호를 위하여 기술개발 · 교육 · 홍보 등 필요한 조치를 할 것을 정보통신서비스 제공자에게 권고할 수 있다. ④ 제1항에 따른 개발 · 보급의 방법과 제2항에 따른 지원에 필요한 사항은 대통령령으로 정한다.
제50조의7 (영리목적의 광고성 정보 게시의 제한)	① 누구든지 영리목적의 광고성 정보를 인터넷 홈페이지에 게시하려면 인터넷 홈페이지 운영자 또는 관리자의 사전 동의를 받아야 한다. 다만, 별도의 권한 없이 누구든지 쉽게 접근하여 글을 게시할 수 있는 게시판의 경우에는 사전 동의를 받지 아니한다. ② 영리목적의 광고성 정보를 게시하려는 자는 제1항에도 불구하고 인터넷 홈페이지 운영자 또는 관리자가 명시적으로 게시 거부의사를 표시하거나 사전 동의를 철회한 경우에는 영리목적의 광고성 정보를 게시하여서는 아니 된다. ③ 인터넷 홈페이지 운영자 또는 관리자는 제1항 또는 제2항을 위반하여 게시된 영리목적의 광고성 정보를 삭제하는 등의 조치를 할 수 있다 **영 제64조(영리목적의 광고성 정보전송차단 소프트웨어 등 개발 지원)** ① 방송통신위원회는 법 제50조의6에 따라 법 제50조를 위반하여 전송되는 영리목적의 광고성 정보를 편리하게 차단하거나 신고할 수 있는 소프트웨어나 컴퓨터프로그램(이하 "광고차단 · 신고 소프트웨어 등"이라 한다)을 개발 · 보급하는 공공기관 · 법인 · 단체 등에 대하여 예산의 범위에서 해당 사업비의 전부 또는 일부를 지원할 수 있다. ② 방송통신위원회는 정보통신서비스 제공자 및 이용자에게 제1항에 따라 개발된 광고차단 · 신고 소프트웨어 등을 사용하도록 권고할 수 있다.
제50조의8 (불법행위를 위한 광고성 정보 전송금지)	누구든지 정보통신망을 이용하여 이 법 또는 다른 법률에서 이용, 판매, 제공, 유통, 그 밖에 이와 유사한 행위를 금지하는 재화 또는 서비스에 대한 광고성 정보를 전송하여서는 아니 된다.

제51조
(중요 정보의 국외
유출 제한 등)
	① 정부는 국내의 산업 · 경제 및 과학기술 등에 관한 중요 정보가 정보통신망을 통하여 국외로 유출되는 것을 방지하기 위하여 정보통신서비스 제공자 또는 이용자에게 필요한 조치를 하도록 할 수 있다.
	② 제1항에 따른 중요 정보의 범위는 다음 각 호와 같다.
	  1. 국가안전보장과 관련된 보안정보 및 주요 정책에 관한 정보
	  2. 국내에서 개발된 첨단과학 기술 또는 기기의 내용에 관한 정보
	③ 정부는 제2항 각 호에 따른 정보를 처리하는 정보통신서비스 제공자에게 다음 각 호의 조치를 하도록 할 수 있다.
	  1. 정보통신망의 부당한 이용을 방지할 수 있는 제도적 · 기술적 장치의 설정
	  2. 정보의 불법파괴 또는 불법조작을 방지할 수 있는 제도적 · 기술적 조치
	  3. 정보통신서비스 제공자가 처리 중 알게 된 중요 정보의 유출을 방지할 수 있는 조치

제52조
(한국인터넷진흥원)
	① 정부는 정보통신망의 고도화(정보통신망의 구축 · 개선 및 관리에 관한 사항은 제외한다)와 안전한 이용촉진 및 방송통신과 관련한 국제협력 · 국외진출 지원을 효율적으로 추진하기 위하여 한국인터넷진흥원(이하 "인터넷진흥원"이라 한다)을 설립한다.
	② 인터넷진흥원은 법인으로 한다.
	③ 인터넷진흥원은 다음 각 호의 사업을 한다.
	  1. 정보통신망의 이용 및 보호, 방송통신과 관련한 국제협력 · 국외진출 등을 위한 법 · 정책 및 제도의 조사 · 연구
	  2. 정보통신망의 이용 및 보호와 관련한 통계의 조사 · 분석
	  3. 정보통신망의 이용에 따른 역기능 분석 및 대책 연구
	  4. 정보통신망의 이용 및 보호를 위한 홍보 및 교육 · 훈련
	  5. 정보통신망의 정보보호 및 인터넷주소자원 관련 기술 개발 및 표준화
	  6. 정보보호산업 정책 지원 및 관련 기술 개발과 인력양성
	  7. 정보보호 관리체계의 인증, 정보보호시스템 평가 · 인증, 정보통신망연결기기등의 정보보호인증, 소프트웨어 개발보안 진단 등 정보보호 인증 · 평가 등의 실시 및 지원
	  8. 「개인정보 보호법」에 따른 개인정보 보호를 위한 대책의 연구 및 보호기술의 개발 · 보급 지원
	  9. 「개인정보 보호법」에 따른 개인정보침해 신고센터의 운영
	  10. 광고성 정보 전송 및 인터넷광고와 관련한 고충의 상담 · 처리
	  11. 정보통신망 침해사고의 처리 · 원인분석 · 대응체계 운영 및 정보보호 최고책임자를 통한 예방 · 대응 · 협력 활동
	  12. 「전자서명법」 제21조에 따른 전자서명인증 정책의 지원
	  13. 인터넷의 효율적 운영과 이용활성화를 위한 지원
	  14. 인터넷 이용자의 저장 정보 보호 지원
	  15. 인터넷 관련 서비스정책 지원
	  16. 인터넷상에서의 이용자 보호 및 건전 정보 유통 확산 지원
	  17. 「인터넷주소자원에 관한 법률」에 따른 인터넷주소자원의 관리에 관한 업무
	  18. 「인터넷주소자원에 관한 법률」 제16조에 따른 인터넷주소분쟁조정위원회의 운영 지원
	  19. 「정보보호산업의 진흥에 관한 법률」 제25조 제7항에 따른 조정위원회의 운영지원
	  20. 방송통신과 관련한 국제협력 · 국외진출 및 국외홍보 지원
	  21. 본인확인업무 및 연계정보 생성 · 처리 관련 정책의 지원
	  22. 제1호부터 제21호까지의 사업에 부수되는 사업
	  23. 그 밖에 이 법 또는 다른 법령에 따라 인터넷진흥원의 업무로 정하거나 위탁한 사업이나 과학기술정보통신부장관 · 행정안전부장관 · 방송통신위원회 또는 다른 행정기관의 장으로부터 위탁받은 사업
	④ 인터넷진흥원이 사업을 수행하는 데 필요한 경비는 다음 각 호의 재원으로 충당한다.
	  1. 정부의 출연금
	  2. 제3항 각 호의 사업수행에 따른 수입금
	  3. 그 밖에 인터넷진흥원의 운영에 따른 수입금
	⑤ 인터넷진흥원에 관하여 이 법에서 정하지 아니한 사항에 대하여는 「민법」의 재단법인에 관한 규정을 준용한다.
	⑥ 인터넷진흥원이 아닌 자는 한국인터넷진흥원의 명칭을 사용하지 못한다.
	⑦ 인터넷진흥원의 운영 및 업무수행에 필요한 사항은 대통령령으로 정한다.

6) 제7장(통신과금서비스)

조항	내용

제53조
(통신과금서비스
제공자의 등록 등)
	① 통신과금서비스를 제공하려는 자는 대통령령으로 정하는 바에 따라 다음 각 호의 사항을 갖추어 과학기술정보통신부장관에게 등록하여야 한다.
	  1. 재무건전성
	  2. 통신과금서비스이용자보호계획
	  3. 업무를 수행할 수 있는 인력과 물적 설비
	  4. 사업계획서

	② 제1항에 따라 등록할 수 있는 자는 「상법」 제170조에 따른 회사 또는 「민법」 제32조에 따른 법인으로서 자본금·출자총액 또는 기본재산이 5억 원 이상의 범위에서 대통령령으로 정하는 금액 이상이어야 한다. ③ 통신과금서비스제공자는 「전기통신사업법」 제22조에도 불구하고 부가통신사업자의 신고를 하지 아니할 수 있다. ④ 「전기통신사업법」 제23조부터 제26조까지의 규정은 통신과금서비스제공자의 등록사항의 변경, 사업의 양도·양수 또는 합병·상속, 사업의 승계, 사업의 휴업·폐업·해산 등에 준용한다. 이 경우 "별정통신사업자"는 "통신과금서비스제공자"로 보고, "별정통신사업"은 "통신과금서비스제공업"으로 본다. ⑤ 제1항에 따른 등록의 세부요건, 절차, 그 밖에 필요한 사항은 대통령령으로 정한다.
제54조 (등록의 결격사유)	다음 각 호의 어느 하나에 해당하는 자는 제53조에 따른 등록을 할 수 없다. 1. 제53조 제4항에 따라 사업을 폐업한 날부터 1년이 지나지 아니한 법인 및 그 사업이 폐업될 당시 그 법인의 대주주(대통령령으로 정하는 출자자를 말한다. 이하 같다)이었던 자로서 그 폐업일부터 1년이 지나지 아니한 자 2. 제55조 제1항에 따라 등록이 취소된 날부터 3년이 지나지 아니한 법인 및 그 취소 당시 그 법인의 대주주이었던 자로서 그 취소가 된 날부터 3년이 지나지 아니한 자 3. 「채무자 회생 및 파산에 관한 법률」에 따른 회생절차 중에 있는 법인 및 그 법인의 대주주 4. 금융거래 등 상거래를 할 때 약정한 기일 내에 채무를 변제하지 아니한 자로서 과학기술정보통신부장관이 정하는 자 5. 제1호부터 제4호까지의 규정에 해당하는 자가 대주주인 법인
제55조 (등록의 취소명령)	① 과학기술정보통신부장관은 통신과금서비스제공자가 거짓이나 그 밖의 부정한 방법으로 등록을 한 때에는 등록을 취소하여야 한다. ② 제1항에 따른 처분의 절차, 그 밖에 필요한 사항은 대통령령으로 정한다.
제56조 (약관의 신고 등)	① 통신과금서비스제공자는 통신과금서비스에 관한 약관을 정하여 과학기술정보통신부장관에게 신고(변경신고를 포함한다)하여야 한다. ② 과학기술정보통신부장관은 제1항에 따른 약관이 통신과금서비스이용자의 이익을 침해할 우려가 있다고 판단되는 경우에는 통신과금서비스제공자에게 약관의 변경을 권고할 수 있다.
제57조 (통신과금서비스의 안전성 확보 등)	① 통신과금서비스제공자는 통신과금서비스가 안전하게 제공될 수 있도록 선량한 관리자로서의 주의의무를 다하여야 한다. ② 통신과금서비스제공자는 통신과금서비스를 통한 거래의 안전성과 신뢰성을 확보하기 위하여 대통령령으로 정하는 바에 따라 업무처리지침의 제정 및 회계처리 구분 등의 관리적 조치와 정보보호시스템 구축 등의 기술적 조치를 하여야 한다.
제58조 (통신과금서비스 이용자의 권리 등)	① 통신과금서비스제공자는 재화등의 판매·제공의 대가가 발생한 때 및 대가를 청구할 때에 통신과금서비스이용자에게 다음 각 호의 사항을 고지하여야 한다. 1. 통신과금서비스 이용일시 2. 통신과금서비스를 통한 구매·이용의 거래 상대방(통신과금서비스를 이용하여 그 대가를 받고 재화 또는 용역을 판매·제공하는 자를 말한다. 이하 "거래 상대방"이라 한다)의 상호와 연락처 3. 통신과금서비스를 통한 구매·이용 금액과 그 명세 4. 이의신청 방법 및 연락처 ② 통신과금서비스제공자는 통신과금서비스이용자가 구매·이용 내역을 확인할 수 있는 방법을 제공하여야 하며, 통신과금서비스이용자가 구매·이용 내역에 관한 서면(전자문서를 포함한다. 이하 같다)을 요청하는 경우에는 그 요청을 받은 날부터 2주 이내에 이를 제공하여야 한다. ③ 통신과금서비스이용자는 통신과금서비스가 자신의 의사에 반하여 제공되었음을 안 때에는 통신과금서비스제공자에게 이에 대한 정정을 요구할 수 있으며(통신과금서비스이용자의 고의 또는 중과실이 있는 경우는 제외한다), 통신과금서비스제공자는 이용자의 정정요구가 이유 있을 경우 판매자에 대한 이용 대금의 지급을 유보하고 그 정정 요구를 받은 날부터 2주 이내에 처리 결과를 알려 주어야 한다.

	④ 통신과금서비스제공자는 통신과금서비스에 관한 기록을 5년 이내의 범위에서 대통령령으로 정하는 기간 동안 보존하여야 한다. ⑤ 통신과금서비스제공자(제2조 제1항 제10호 가목의 업무를 제공하는 자)는 통신과금서비스를 제공하거나 이용한도액을 증액할 경우에는 미리 해당 통신과금서비스이용자의 동의를 받아야 한다. ⑥ 통신과금서비스제공자(제2조 제1항 제10호 가목의 업무를 제공하는 자)는 약관을 변경하는 때에는 변경되는 약관의 시행일 1개월 전에 이용자에게 통지하여야 한다. 이 경우 변경되는 약관에 대하여 이의가 있는 이용자는 통신과금서비스에 관한 계약을 해지할 수 있다. ⑦ 제2항에 따라 통신과금서비스제공자가 제공하여야 하는 구매ㆍ이용내역의 대상기간, 종류 및 범위, 제4항에 따라 통신과금서비스제공자가 보존하여야 하는 기록의 종류 및 보존방법, 제6항에 따른 약관변경에 관한 통지의 방법 및 이의기간ㆍ절차 등 계약해지에 필요한 사항은 대통령령으로 정한다. ⑧ 제5항에 따른 동의의 방법 등에 필요한 사항은 과학기술정보통신부장관이 정하여 고시한다. ⑨ 과학기술정보통신부장관은 통신과금서비스가 통신과금서비스이용자의 의사에 반하여 제공되지 아니하도록 결제방식 등에 관한 세부적인 사항을 정하여 고시할 수 있다.
제58조의2 (구매자정보 제공 요청 등)	① 통신과금서비스이용자는 자신의 의사에 따라 통신과금서비스가 제공되었는지 여부를 확인하기 위하여 필요한 경우에는 거래 상대방에게 재화등을 구매ㆍ이용한 자의 이름과 생년월일에 대한 정보(이하 "구매자정보"라 한다)의 제공을 요청할 수 있다. 이 경우 구매자정보 제공 요청을 받은 거래 상대방은 정당한 사유가 없으면 그 요청을 받은 날부터 3일 이내에 이를 제공하여야 한다. ② 제1항에 따라 구매자정보를 제공받은 통신과금서비스이용자는 해당 정보를 본인 여부를 확인하거나 고소ㆍ고발을 위하여 수사기관에 제출하기 위한 목적으로만 사용하여야 한다. ③ 그 밖에 구매자정보 제공 요청의 내용과 절차 등에 필요한 사항은 대통령령으로 정한다.
제59조 (분쟁 조정 및 해결 등)	① 통신과금서비스제공자는 통신과금서비스에 대한 이용자의 권익을 보호하기 위하여 자율적인 분쟁 조정 및 해결 등을 시행하는 기관 또는 단체를 설치ㆍ운영할 수 있다. ② 제1항에 따른 분쟁 조정 및 해결 등을 시행하는 기관 또는 단체는 분쟁 조정 및 해결 등을 위하여 필요하다고 인정하는 경우 통신과금서비스이용자의 동의를 받아 구매자정보 제공 요청을 대행할 수 있다. 이 경우 구매자정보 제공 요청 등에 대하여는 제58조의2를 준용한다. ③ 통신과금서비스제공자는 대통령령으로 정하는 바에 따라 통신과금서비스와 관련한 통신과금서비스이용자의 이의신청 및 권리구제를 위한 절차를 마련하여야 하고, 통신과금서비스 계약을 체결하는 경우 이를 이용약관에 명시하여야 한다.
제60조 (손해배상 등)	① 통신과금서비스제공자는 통신과금서비스의 제공과 관련하여 통신과금서비스이용자에게 손해가 발생한 경우에 그 손해를 배상하여야 한다. 다만, 그 손해의 발생이 통신과금서비스이용자의 고의 또는 중과실로 인한 경우에는 그러하지 아니하다. ② 제1항에 따라 손해배상을 하는 경우에는 손해배상을 받을 자와 협의하여야 한다. ③ 제2항에 따른 손해배상에 관한 협의가 성립되지 아니하거나 협의를 할 수 없는 경우에는 당사자는 방송통신위원회에 재정을 신청할 수 있다.
제61조 (통신과금서비스의 이용제한)	과학기술정보통신부장관은 통신과금서비스제공자에게 다음 각 호의 어느 하나에 해당하는 자에 대한 서비스의 제공을 거부, 정지 또는 제한하도록 명할 수 있다. 1. 「청소년 보호법」 제16조를 위반하여 청소년유해매체물을 청소년에게 판매ㆍ대여ㆍ제공하는 자 2. 다음 각 목의 어느 하나에 해당하는 수단을 이용하여 통신과금서비스이용자로 하여금 재화등을 구매ㆍ이용하게 함으로써 통신과금서비스이용자의 이익을 현저하게 저해하는 자 　가. 제50조를 위반한 영리목적의 광고성 정보 전송 　나. 통신과금서비스이용자에 대한 기망 또는 부당한 유인 3. 이 법 또는 다른 법률에서 금지하는 재화등을 판매ㆍ제공하는 자

7) 제8장(국제협력)

조항	내용
제62조 (국제협력)	정부는 다음 각 호의 사항을 추진할 때 다른 국가 또는 국제기구와 상호 협력하여야 한다. 2. 정보통신망에서의 청소년 보호를 위한 업무 3. 정보통신망의 안전성을 침해하는 행위를 방지하기 위한 업무 4. 그 밖에 정보통신서비스의 건전하고 안전한 이용에 관한 업무

8) 제9장(보칙)

조항	내용
제64조 (자료의 제출 등)	① 과학기술정보통신부장관 또는 방송통신위원회는 다음 각 호의 어느 하나에 해당하는 경우에는 정보통신서비스 제공자(국내대리인을 포함한다. 이하 이 조에서 같다)에게 관계 물품 · 서류 등을 제출하게 할 수 있다. 1. 이 법에 위반되는 사항을 발견하거나 혐의가 있음을 알게 된 경우 2. 이 법의 위반에 대한 신고를 받거나 민원이 접수된 경우 2의2. 이용자 정보의 안전성과 신뢰성 확보를 현저히 해치는 사건 · 사고 등이 발생하였거나 발생할 가능성이 있는 경우 3. 그 밖에 이용자 보호를 위하여 필요한 경우로서 대통령령으로 정하는 경우 ② 방송통신위원회는 이 법을 위반하여 영리목적 광고성 정보를 전송한 자에게 다음 각 호의 조치를 하기 위하여 정보통신서비스 제공자에게 해당 광고성 정보 전송자의 성명 · 주소 · 주민등록번호 · 이용기간 등에 대한 자료의 열람이나 제출을 요청할 수 있다. 1. 제4항에 따른 시정조치 2. 제76조에 따른 과태료 부과 3. 그 밖에 이에 준하는 조치 ③ 과학기술정보통신부장관 또는 방송통신위원회는 정보통신서비스 제공자가 제1항 및 제2항에 따른 자료를 제출하지 아니하거나 이 법을 위반한 사실이 있다고 인정되면 소속 공무원에게 정보통신서비스 제공자, 해당 법 위반 사실과 관련한 관계인의 사업장에 출입하여 업무상황, 장부 또는 서류 등을 검사하도록 할 수 있다. ④ 과학기술정보통신부장관 또는 방송통신위원회는 이 법을 위반한 정보통신서비스 제공자에게 해당 위반 행위의 중지나 시정을 위하여 필요한 시정조치를 명할 수 있고, 시정조치의 명령을 받은 정보통신서비스 제공자에게 시정조치의 명령을 받은 사실을 공표하도록 할 수 있다. 이 경우 공표의 방법 · 기준 및 절차 등에 필요한 사항은 대통령령으로 정한다. ⑤ 과학기술정보통신부장관 또는 방송통신위원회는 제4항에 따라 필요한 시정조치를 명한 경우에는 시정조치를 명한 사실을 공개할 수 있다. 이 경우 공개의 방법 · 기준 및 절차 등에 필요한 사항은 대통령령으로 정한다. ⑥ 과학기술정보통신부장관 또는 방송통신위원회가 제1항 및 제2항에 따라 자료 등의 제출 또는 열람을 요구할 때에는 요구사유, 법적 근거, 제출시한 또는 열람일시, 제출 · 열람할 자료의 내용 등을 구체적으로 밝혀 서면(전자문서를 포함한다)으로 알려야 한다. ⑦ 제3항에 따른 검사를 하는 경우에는 검사 시작 7일 전까지 검사일시, 검사이유 및 검사내용 등에 대한 검사계획을 해당 정보통신서비스 제공자에게 알려야 한다. 다만, 긴급한 경우나 사전통지를 하면 증거인멸 등으로 검사목적을 달성할 수 없다고 인정하는 경우에는 그 검사계획을 알리지 아니한다. ⑧ 제3항에 따라 검사를 하는 공무원은 그 권한을 표시하는 증표를 지니고 이를 관계인에게 내보여야 하며, 출입할 때 성명 · 출입시간 · 출입목적 등이 표시된 문서를 관계인에게 내주어야 한다. ⑨ 과학기술정보통신부장관 또는 방송통신위원회는 제1항부터 제3항까지의 규정에 따라 자료 등을 제출받거나 열람 또는 검사한 경우에는 그 결과(조사 결과 시정조치명령 등의 처분을 하려는 경우에는 그 처분의 내용을 포함한다)를 해당 정보통신서비스 제공자에게 서면으로 알려야 한다. ⑩ 과학기술정보통신부장관 또는 방송통신위원회는 제1항부터 제4항까지의 규정에 따른 자료의 제출 요구 및 검사 등을 위하여 인터넷진흥원의 장에게 기술적 자문을 하거나 그 밖에 필요한 지원을 요청할 수 있다. ⑪ 제1항부터 제3항까지의 규정에 따른 자료 등의 제출 요구, 열람 및 검사 등은 이 법의 시행을 위하여 필요한 최소한의 범위에서 하여야 하며 다른 목적을 위하여 남용하여서는 아니 된다.
제64조의2 (자료 등의 보호 및 폐기)	① 과학기술정보통신부장관 또는 방송통신위원회는 정보통신서비스 제공자로부터 제64조에 따라 제출되거나 수집된 서류 · 자료 등에 대한 보호 요구를 받으면 이를 제3자에게 제공하거나 일반에게 공개하여서는 아니 된다. ② 과학기술정보통신부장관 또는 방송통신위원회는 정보통신망을 통하여 자료의 제출 등을 받은 경우나 수집한 자료 등을 전자화한 경우에는 개인정보 · 영업비밀 등이 유출되지 아니하도록 제도적 · 기술적 보안조치를 하여야 한다. ③ 과학기술정보통신부장관 또는 방송통신위원회는 다른 법률에 특별한 규정이 있는 경우 외에 다음 각 호의 어느 하나에 해당하는 사유가 발생하면 제64조에 따라 제출되거나 수집된 서류 · 자료 등을 즉시 폐기하여야 한다. 제65조에 따라 과학기술정보통신부장관 또는 방송통신위원회의 권한의 전부 또는 일부를 위임 또는 위탁받은 자도 또한 같다.

	1. 제64조에 따른 자료제출 요구, 출입검사, 시정명령 등의 목적이 달성된 경우 2. 제64조 제4항에 따른 시정조치명령에 불복하여 행정심판이 청구되거나 행정소송이 제기된 경우에는 해당 행정쟁송절차가 끝난 경우 3. 제76조 제4항에 따른 과태료 처분이 있고 이에 대한 이의제기가 없는 경우에는 같은 조 제5항에 따른 이의제기기간이 끝난 경우 4. 제76조 제4항에 따른 과태료 처분에 대하여 이의제기가 있는 경우에는 해당 관할 법원에 의한 비송사건절차가 끝난 경우
제64조의4(청문)	과학기술정보통신부장관 또는 방송통신위원회는 다음 각 호의 어느 하나에 해당하는 경우에는 청문을 하여야 한다. 1. 제9조 제2항에 따라 인증기관의 지정을 취소하려는 경우 2. 제23조의4 제1항에 따라 본인확인기관의 지정을 취소하려는 경우 3. 제47조 제10항에 따라 정보보호 관리체계 인증을 취소하려는 경우 4. 제47조의2 제1항에 따라 정보보호 관리체계 인증기관의 지정을 취소하려는 경우 5. 제47조의5 제4항에 따라 정보보호 관리등급을 취소하려는 경우 5의2. 제48조의6 제3항에 따라 정보보호인증을 취소하려는 경우 5의3. 제48조의6 제5항에 따라 인증시험대행기관의 지정을 취소하려는 경우 6. 제55조 제1항에 따라 등록을 취소하려는 경우
제64조의5 (투명성 보고서 제출의무 등)	① 정보통신서비스 제공자 중 일일 평균 이용자의 수, 매출액, 사업의 종류 등이 대통령령으로 정하는 기준에 해당하는 자는 매년 자신이 제공하는 정보통신서비스를 통하여 유통되는 불법촬영물등의 처리에 관하여 다음 각 호의 사항을 포함한 보고서(이하 "투명성 보고서"라 한다)를 작성하여 다음해 1월 31일까지 방송통신위원회에 제출하여야 한다. 1. 정보통신서비스 제공자가 불법촬영물등의 유통 방지를 위하여 기울인 일반적인 노력에 관한 사항 2. 「전기통신사업법」 제22조의5 제1항에 따른 불법촬영물등의 신고, 삭제요청 등의 횟수, 내용, 처리기준, 검토결과 및 처리결과에 관한 사항 3. 「전기통신사업법」 제22조의5 제1항에 따른 불법촬영물등의 삭제·접속차단 등 유통방지에 필요한 절차의 마련 및 운영에 관한 사항 4. 불법촬영물등 유통방지 책임자의 배치에 관한 사항 5. 불법촬영물등 유통방지를 위한 내부 교육의 실시와 지원에 관한 사항 ② 방송통신위원회는 투명성 보고서를 자신이 운영·관리하는 정보통신망을 통하여 공개하여야 한다. ③ 방송통신위원회는 투명성 보고서의 사실을 확인하거나 제출된 자료의 진위를 확인하기 위하여 정보통신서비스제공자에게 자료의 제출을 요구할 수 있다.
제65조 (권한의 위임· 위탁)	① 이 법에 따른 과학기술정보통신부장관 또는 방송통신위원회의 권한은 대통령령으로 정하는 바에 따라 그 일부를 소속 기관의 장 또는 지방우정청장에게 위임·위탁할 수 있다. ② 과학기술정보통신부장관은 제13조에 따른 정보통신망의 이용촉진 등에 관한 사업을 대통령령으로 정하는 바에 따라 「지능정보화 기본법」 제12조에 따른 한국지능정보사회진흥원에 위탁할 수 있다. ③ 과학기술정보통신부장관 또는 방송통신위원회는 제64조 제1항 및 제2항에 따른 자료의 제출 요구 및 검사에 관한 업무를 대통령령으로 정하는 바에 따라 인터넷진흥원에 위탁할 수 있다. ④ 제3항에 따른 인터넷진흥원의 직원에게는 제64조 제8항을 준용한다.
제66조 (비밀유지 등)	다음 각 호의 어느 하나에 해당하는 업무에 종사하는 사람 또는 종사하였던 사람은 그 직무상 알게 된 비밀을 타인에게 누설하거나 직무 외의 목적으로 사용하여서는 아니 된다. 다만, 다른 법률에 특별한 규정이 있는 경우에는 그러하지 아니하다. 2. 제47조에 따른 정보보호 관리체계 인증 업무 3. 제52조 제3항 제4호에 따른 정보보호시스템의 평가 업무 5. 제44조의18에 따른 명예훼손 분쟁조정부의 분쟁조정 업무

9) 제10장(벌칙)

조항	내용
제70조 (벌칙)	① 사람을 비방할 목적으로 정보통신망을 통하여 공공연하게 사실을 드러내어 다른 사람의 명예를 훼손한 자는 3년 이하의 징역 또는 3천만 원 이하의 벌금에 처한다. ② 사람을 비방할 목적으로 정보통신망을 통하여 공공연하게 거짓의 사실을 드러내어 다른 사람의 명예를 훼손한 자는 7년 이하의 징역, 10년 이하의 자격정지 또는 7천만 원 이하의 벌금에 처한다. ③ 제1항과 제2항의 죄는 피해자가 구체적으로 밝힌 의사에 반하여 공소를 제기할 수 없다. ④ 제2항의 죄를 지은 자가 해당 위반행위와 관련하여 취득한 금품이나 그 밖의 이익은 몰수한다. 그 금품이나 그 밖의 이익을 몰수하기 불가능하거나 재산상의 이익을 취득한 때에는 그 가액을 추징한다.
제70조의2(벌칙)	제48조 제2항을 위반하여 악성프로그램을 전달 또는 유포하는 자는 7년 이하의 징역 또는 7천만 원 이하의 벌금에 처한다.

제71조
(벌칙)
	① 다음 각 호의 어느 하나에 해당하는 자는 5년 이하의 징역 또는 5천만 원 이하의 벌금에 처한다.
	  9. 제23조의5 제1항을 위반하여 연계정보를 생성 · 처리한 자
	  10. 제23조의5 제4항에 따른 목적 범위를 넘어서 연계정보를 처리한 자
	  11. 제48조 제1항을 위반하여 정보통신망에 침입한 자
	  12. 제48조 제3항을 위반하여 정보통신망에 장애가 발생하게 한 자
	  13. 제48조 제4항을 위반하여 프로그램이나 기술적 장치 등을 정보통신망 또는 이와 관련된 정보시스템에 설치하거나 이를 전달 · 유포한 자
	  14. 제49조를 위반하여 타인의 정보를 훼손하거나 타인의 비밀을 침해 · 도용 또는 누설한 자
	② 제1항 제11호의 미수범은 처벌한다.

제72조
(벌칙)
	다음 각 호의 어느 하나에 해당하는 자는 3년 이하의 징역 또는 3천만 원 이하의 벌금에 처한다.
	1의2. 제42조의2를 위반하여 청소년유해매체물을 광고하는 내용의 정보를 청소년에게 전송하거나 청소년 접근을 제한하는 조치 없이 공개적으로 전시한 자
	2. 제49조의2 제1항을 위반하여 다른 사람의 정보를 수집한 자
	2의2. 제50조의8을 위반하여 광고성 정보를 전송한 자
	3. 제53조 제1항에 따른 등록을 하지 아니하고 그 업무를 수행한 자
	4. 다음 각 목의 어느 하나에 해당하는 행위를 통하여 자금을 융통하여 준 자 또는 이를 알선 · 중개 · 권유 · 광고한 자
	  가. 재화등의 판매 · 제공을 가장하거나 실제 매출금액을 초과하여 통신과금서비스에 의한 거래를 하거나 이를 대행하게 하는 행위
	  나. 통신과금서비스이용자로 하여금 통신과금서비스에 의하여 재화등을 구매 · 이용하도록 한 후 통신과금서비스이용자가 구매 · 이용한 재화등을 할인하여 매입하는 행위
	5. 제66조를 위반하여 직무상 알게 된 비밀을 타인에게 누설하거나 직무 외의 목적으로 사용한 자

제73조 (벌칙)	다음 각 호의 어느 하나에 해당하는 자는 2년 이하의 징역 또는 2천만 원 이하의 벌금에 처한다. 2. 제42조를 위반하여 청소년유해매체물임을 표시하지 아니하고 영리를 목적으로 제공한 자 4. 제44조의6 제3항을 위반하여 이용자의 정보를 민 · 형사상의 소를 제기하는 것 외의 목적으로 사용한 자 5. 제44조의7 제3항 및 제4항에 따른 방송통신위원회의 명령을 이행하지 아니한 자 6. 제48조의4 제5항에 따른 명령을 위반하여 관련 자료를 보전하지 아니한 자 7. 제49조의2 제1항을 위반하여 정보의 제공을 유인한 자 7의2. 제58조의2(제59조 제2항에 따라 준용되는 경우를 포함한다)를 위반하여 제공받은 정보를 본인 여부를 확인하거나 고소 · 고발을 위하여 수사기관에 제출하기 위한 목적 외의 용도로 사용한 자 8. 제61조에 따른 명령을 이행하지 아니한 자

제74조
(벌칙)
	① 다음 각 호의 어느 하나에 해당하는 자는 1년 이하의 징역 또는 1천만 원 이하의 벌금에 처한다.
	  1. 제8조 제4항을 위반하여 비슷한 표시를 한 제품을 표시ㆍ판매 또는 판매할 목적으로 진열한 자
	  2. 제44조의7 제1항 제1호를 위반하여 음란한 부호ㆍ문언ㆍ음향ㆍ화상 또는 영상을 배포ㆍ판매ㆍ임대하거나 공공연하게 전시한 자
	  3. 제44조의7 제1항 제3호를 위반하여 공포심이나 불안감을 유발하는 부호ㆍ문언ㆍ음향ㆍ화상 또는 영상을 반복적으로 상대방에게 도달하게 한 자
	  4. 제50조 제5항을 위반하여 조치를 한 자
	  7. 제53조 제4항을 위반하여 등록사항의 변경등록 또는 사업의 양도ㆍ양수 또는 합병ㆍ상속의 신고를 하지 아니한 자
	② 제1항 제3호의 죄는 피해자가 구체적으로 밝힌 의사에 반하여 공소를 제기할 수 없다.

제75조 (양벌규정)	법인의 대표자나 법인 또는 개인의 대리인, 사용인, 그 밖의 종업원이 그 법인 또는 개인의 업무에 관하여 제71조부터 제73조까지 또는 제74조 제1항의 어느 하나에 해당하는 위반행위를 하면 그 행위자를 벌하는 외에 그 법인 또는 개인에게도 해당 조문의 벌금형을 과(科)한다. 다만, 법인 또는 개인이 그 위반행위를 방지하기 위하여 해당 업무에 관하여 상당한 주의와 감독을 게을리하지 아니한 경우에는 그러하지 아니하다.
제75조의2 (몰수ㆍ추징)	제72조 제1항 제2호 및 제73조 제7호의 어느 하나에 해당하는 죄를 지은 자가 해당 위반행위와 관련하여 취득한 금품이나 그 밖의 이익은 몰수할 수 있으며, 이를 몰수할 수 없을 때에는 그 가액을 추징할 수 있다. 이 경우 몰수 또는 추징은 다른 벌칙에 부가하여 과할 수 있다.

제76조
(과태료)
	① 다음 각 호의 어느 하나에 해당하는 자와 제7호부터 제11호까지의 경우에 해당하는 행위를 하도록 한 자에게는 3천만 원 이하의 과태료를 부과한다.
	  1. 제22조의2 제2항을 위반하여 서비스의 제공을 거부한 자
	  1의2.제22조의2 제3항을 위반하여 접근권한에 대한 이용자의 동의 및 철회방법을 마련하는 등 이용자 정보 보호를 위하여 필요한 조치를 하지 아니한 자
	  2. 제23조의2 제1항을 위반하여 주민등록번호를 수집ㆍ이용하거나 같은 조 제2항에 따른 필요한 조치를 하지 아니한 자
	  2의5. 제23조의6 제1항에 따른 물리적ㆍ기술적ㆍ관리적 조치를 하지 아니한 자
	  2의6. 제23조의6 제2항에 따른 안전조치를 하지 아니한 자
	  6의2. 제45조의3 제1항을 위반하여 대통령령으로 정하는 기준에 해당하는 임직원을 정보보호 최고책임자로 지정하지 아니하거나 정보보호 최고책임자의 지정을 신고하지 아니한 자
	  6의3. 제45조의3 제3항을 위반하여 정보보호 최고책임자로 하여금 같은 조 제4항이 업무 위이 다른 업무를 겸직하게 한 자
	  6의4. 제46조 제3항에 따른 시정명령을 이행하지 아니한 자
	  6의5. 제47조 제2항을 위반하여 정보보호 관리체계 인증을 받지 아니한 자
	  6의6. 제48조의3 제1항을 위반하여 침해사고의 신고를 하지 아니한 자
	  6의7. 제48조의4 제3항에 따른 시정명령을 이행하지 아니한 자
	  7. 제50조 제1항부터 제3항까지의 규정을 위반하여 영리 목적의 광고성 정보를 전송한 자
	  8. 제50조 제4항을 위반하여 광고성 정보를 전송할 때 밝혀야 하는 사항을 밝히지 아니하거나 거짓으로 밝힌 자
	  9. 제50조 제6항을 위반하여 비용을 수신자에게 부담하도록 한 자
	  9의2. 제50조 제8항을 위반하여 수신동의 여부를 확인하지 아니한 자
	  9의3. 제50조의4 제4항을 위반하여 필요한 조치를 하지 아니한 자
	  10. 제50조의5를 위반하여 이용자의 동의를 받지 아니하고 프로그램을 설치한 자
	  11. 제50조의7 제1항 또는 제2항을 위반하여 인터넷 홈페이지에 영리목적의 광고성 정보를 게시한 자
	  12. 이 법을 위반하여 제64조 제4항에 따라 과학기술정보통신부장관 또는 방송통신위원회로부터 받은 시정조치 명령을 이행하지 아니한 자

② 다음 각 호의 어느 하나에 해당하는 자에게는 2천만 원 이하의 과태료를 부과한다.
  4의2. 제46조 제2항을 위반하여 보험에 가입하지 아니한 자
  4의3. 제32조의5 제1항을 위반하여 국내대리인을 지정하지 아니한 자
  4의4. 제44조의9 제1항을 위반하여 불법촬영물등 유통방지 책임자를 지정하지 아니한 자
③ 다음 각 호의 어느 하나에 해당하는 자에게는 1천만 원 이하의 과태료를 부과한다.
  2의2. 제23조의3 제1항을 위반하여 본인확인기관의 지정을 받지 아니하고 본인확인업무를 한 자
  2의3. 제23조의3 제2항에 따른 본인확인업무의 휴지 또는 같은 조 제3항에 따른 본인확인업무의 폐지 사
       실을 이용자에게 통보하지 아니하거나 방송통신위원회에 신고하지 아니한 자
  2의4. 제23조의4 제1항에 따른 본인확인업무의 정지 및 지정취소 처분에도 불구하고 본인확인업무를 계속한 자
  3. 제42조의3 제1항을 위반하여 청소년 보호 책임자를 지정하지 아니한 자
  4. 제43조를 위반하여 정보를 보관하지 아니한 자
  4의2. 제44조의6 제1항을 위반하여 분쟁조정부의 정보제공 결정에 따른 정보제공 요청을 정당한 사유 없
       이 따르지 아니한 자
  4의3. 제44조의7 제6항을 위반하여 기술적 · 관리적 조치를 하지 아니한 자
  4의4. 제44조의14 제2항을 위반하여 보고서를 제출하지 아니한 자
  4의5. 제46조 제4항에 따른 자료의 제출요구에 정당한 사유 없이 따르지 아니한 자. 다만, 관계 중앙행정
       기관(그 소속기관을 포함한다)의 장은 제외한다.
  4의6. 제46조 제6항을 위반하여 보고를 하지 아니하거나 거짓으로 보고한 자
  7. 제47조 제9항을 위반하여 인증받은 내용을 거짓으로 홍보한 자
  10. 제47조의4 제4항을 위반하여 소프트웨어 사용자에게 알리지 아니한 자
  11. 제48조의2 제4항에 따른 시정명령을 이행하지 아니한 자
  11의3. 제48조의4 제6항에 따른 자료를 제출하지 아니하거나 거짓으로 제출한 자
  12. 제48조의4 제6항에 따른 사업장 출입 및 조사를 방해하거나 거부 또는 기피한 자
  12의2. 제49조의2 제4항을 위반하여 과학기술정보통신부장관 또는 방송통신위원회의 명령을 이행하지
       아니한 자
  12의3. 제50조 제7항을 위반하여 수신동의, 수신거부 또는 수신동의 철회에 대한 처리 결과를 알리지 아니한 자
  13. 제52조 제6항을 위반하여 한국인터넷진흥원의 명칭을 사용한 자
  14. 제53조 제4항을 위반하여 사업의 휴업 · 폐업 · 해산의 신고를 아니한 자
  15. 제56조 제1항을 위반하여 약관을 신고하지 아니한 자
  16. 제57조 제2항을 위반하여 관리적 조치 또는 기술적 조치를 하지 아니한 자
  17. 제58조 제1항을 위반하여 통신과금서비스 이용일시 등을 통신과금서비스이용자에게 고지하지 아니한 자
  18. 제58조 제2항을 위반하여 통신과금서비스이용자가 구매 · 이용 내역을 확인할 수 있는 방법을 제공하
       지 아니하거나 통신과금서비스이용자의 제공 요청에 따르지 아니한 자
  19. 제58조 제3항을 위반하여 통신과금서비스이용자로부터 받은 통신과금에 대한 정정요구가 이유 있음
       에도 결제대금의 지급을 유보하지 아니하거나 통신과금서비스이용자의 요청에 대한 처리 결과를 통
       신과금서비스이용자에게 알려 주지 아니한 자
  20. 제58조 제4항을 위반하여 통신과금서비스에 관한 기록을 보존하지 아니한 자
  20의2. 제58조 제5항을 위반하여 통신과금서비스이용자의 동의를 받지 아니하고 통신과금서비스를 제공
       하거나 이용한도액을 증액한 자
  20의3. 제58조 제6항을 위반하여 통신과금서비스 약관의 변경에 관한 통지를 하지 아니한 자
  20의4. 제58조의2(제59조 제2항에 따라 준용되는 경우를 포함한다)를 위반하여 통신과금서비스이용자의
       정보 제공 요청에 따르지 아니한 자
  21. 제59조 제3항을 위반하여 통신과금서비스이용자의 이의신청 및 권리구제를 위한 절차를 마련하지 아
       니하거나 통신과금서비스 계약 시 이를 명시하지 아니한 자
  22. 제64조 제1항에 따른 관계 물품 · 서류 등을 제출하지 아니하거나 거짓으로 제출한 자
  23. 제64조 제2항에 따른 자료의 열람 · 제출요청에 따르지 아니한 자
  24. 제64조 제3항에 따른 출입 · 검사를 거부 · 방해 또는 기피한 자
④ 제1항부터 제3항까지의 과태료는 대통령령으로 정하는 바에 따라 과학기술정보통신부장관 또는 방송통
   신위원회가 부과 · 징수한다.

신용정보의 이용 및 보호에 관한 법률 (신용정보법)

빈출 태그 신용정보 • 신용정보주체 • 신용정보업

1) 제1장(총칙)

조항	내용
제1조 (목적)	이 법은 신용정보 관련 산업을 건전하게 육성하고 신용정보의 효율적 이용과 체계적 관리를 도모하며 신용정보의 오용 · 남용으로부터 사생활의 비밀 등을 적절히 보호함으로써 건전한 신용질서를 확립하고 국민경제의 발전에 이바지함을 목적으로 한다.
제2조 (정의)	이 법에서 사용하는 용어의 뜻은 다음과 같다. 1. "신용정보"란 금융거래 등 상거래에서 거래 상대방의 신용을 판단할 때 필요한 정보로서 다음 각 목의 정보를 말한다. 　가. 특정 신용정보주체를 식별할 수 있는 정보(나목부터 마목까지의 어느 하나에 해당하는 정보와 결합되는 경우만 신용정보에 해당한다) 　나. 신용정보주체의 거래내용을 판단할 수 있는 정보 　다. 신용정보주체의 신용도를 판단할 수 있는 정보 　라. 신용정보주체의 신용거래능력을 판단할 수 있는 정보 　마. 가목부터 라목까지의 정보 외에 신용정보주체의 신용을 판단할 때 필요한 정보 1의2. 제1호 가목의 "특정 신용정보주체를 식별할 수 있는 정보"란 다음 각 목의 정보를 말한다. 　가. 살아 있는 개인에 관한 정보로서 다음 각각의 정보 　　1) 성명, 주소, 전화번호 및 그 밖에 이와 유사한 정보로서 대통령령으로 정하는 정보 　　2) 법령에 따라 특정 개인을 고유하게 식별할 수 있도록 부여된 정보로서 대통령령으로 정하는 정보(이하 "개인식별번호"라 한다) 　　3) 개인의 신체 일부의 특징을 컴퓨터 등 정보처리장치에서 처리할 수 있도록 변환한 문자, 번호, 기호 또는 그 밖에 이와 유사한 정보로서 특정 개인을 식별할 수 있는 정보 　　4) 1)부터 3)까지와 유사한 정보로서 대통령령으로 정하는 정보 　나. 기업(사업을 경영하는 개인 및 법인과 이들의 단체를 말한다. 이하 같다) 및 법인의 정보로서 다음 각각의 정보 　　1) 상호 및 명칭 　　2) 본점 · 영업소 및 주된 사무소의 소재지 　　3) 업종 및 목적 　　4) 개인사업자(사업을 경영하는 개인을 말한다. 이하 같다) · 대표자의 성명 및 개인식별번호 　　5) 법령에 따라 특정 기업 또는 법인을 고유하게 식별하기 위하여 부여된 번호로서 대통령령으로 정하는 정보 　　6) 1)부터 5)까지와 유사한 정보로서 대통령령으로 정하는 정보 1의3. 제1호 나목의 "신용정보주체의 거래내용을 판단할 수 있는 정보"란 다음 각 목의 정보를 말한다. 　가. 신용정보제공 · 이용자에게 신용위험이 따르는 거래로서 다음 각각의 거래의 종류, 기간, 금액, 금리, 한도 등에 관한 정보 　　1) 「은행법」 제2조 제7호에 따른 신용공여 　　2) 「여신전문금융업법」 제2조 제3호 · 제10호 및 제13호에 따른 신용카드, 시설대여 및 할부금융 거래 　　3) 「자본시장과 금융투자업에 관한 법률」 제34조 제2항, 제72조, 제77조의3 제4항 및 제342조 제1항에 따른 신용공여 　　4) 1)부터 3)까지와 유사한 거래로서 대통령령으로 정하는 거래

나. 「금융실명거래 및 비밀보장에 관한 법률」 제2조 제3호에 따른 금융거래의 종류, 기간, 금액, 금리 등에 관한 정보
다. 「보험업법」 제2조 제1호에 따른 보험상품의 종류, 기간, 보험료 등 보험계약에 관한 정보 및 보험금의 청구 및 지급에 관한 정보
라. 「자본시장과 금융투자업에 관한 법률」 제3조에 따른 금융투자상품의 종류, 발행·매매 명세, 수수료·보수 등에 관한 정보
마. 「상법」 제46조에 따른 상행위에 따른 상거래의 종류, 기간, 내용, 조건 등에 관한 정보
바. 가목부터 마목까지의 정보와 유사한 정보로서 대통령령으로 정하는 정보

1의4. 제1호 다목의 "신용정보주체의 신용도를 판단할 수 있는 정보"란 다음 각 목의 정보를 말한다.
가. 금융거래 등 상거래와 관련하여 발생한 채무의 불이행, 대위변제, 그 밖에 약정한 사항을 이행하지 아니한 사실과 관련된 정보
나. 금융거래 등 상거래와 관련하여 신용질서를 문란하게 하는 행위와 관련된 정보로서 다음 각각의 정보
1) 금융거래 등 상거래에서 다른 사람의 명의를 도용한 사실에 관한 정보
2) 보험사기, 전기통신금융사기를 비롯하여 사기 또는 부정한 방법으로 금융거래 등 상거래를 한 사실에 관한 정보
3) 금융거래 등 상거래의 상대방에게 위조·변조하거나 허위인 자료를 제출한 사실에 관한 정보
4) 대출금 등을 다른 목적에 유용(流用)하거나 부정한 방법으로 대출·보험계약 등을 체결한 사실에 관한 정보
5) 1)부터 4)까지의 정보와 유사한 정보로서 대통령령으로 정하는 정보
다. 가목 또는 나목에 관한 신용정보주체가 법인인 경우 실제 법인의 경영에 참여하여 법인을 사실상 지배하는 자로서 대통령령으로 정하는 자에 관한 정보
라. 가목부터 다목까지의 정보와 유사한 정보로서 대통령령으로 정하는 정보

1의5. 제1호 라목의 "신용정보주체의 신용거래능력을 판단할 수 있는 정보"란 다음 각 목의 정보를 말한다.
가. 개인의 직업·재산·채무·소득의 총액 및 납세실적
나. 기업 및 법인의 연혁·목적·영업실태·주식 또는 지분보유 현황 등 기업 및 법인의 개황(概況), 대표자 및 임원에 관한 사항, 판매명세·수주실적 또는 경영상의 주요 계약 등 사업의 내용, 재무제표(연결재무제표를 작성하는 기업의 경우에는 연결재무제표를 포함한다) 등 재무에 관한 사항과 감사인(「주식회사 등의 외부감사에 관한 법률」 제2조 제7호에 따른 감사인을 말한다)의 감사의견 및 납세실적
다. 가목 및 나목의 정보와 유사한 정보로서 대통령령으로 정하는 정보

1의6. 제1호 마목의 "가목부터 라목까지의 정보 외에 신용정보주체의 신용을 판단할 때 필요한 정보"란 다음 각 목의 정보를 말한다.
가. 신용정보주체가 받은 법원의 재판, 행정처분 등과 관련된 정보로서 대통령령으로 정하는 정보
나. 신용정보주체의 조세, 국가채권 등과 관련된 정보로서 대통령령으로 정하는 정보
다. 신용정보주체의 채무조정에 관한 정보로서 대통령령으로 정하는 정보
라. 개인의 신용상태를 평가하기 위하여 정보를 처리함으로써 새로이 만들어지는 정보로서 기호, 숫자 등을 사용하여 점수나 등급 등으로 나타낸 정보(이하 "개인신용평점"이라 한다)
마. 기업 및 법인의 신용을 판단하기 위하여 정보를 처리함으로써 새로이 만들어지는 정보로서 기호, 숫자 등을 사용하여 점수나 등급 등으로 표시한 정보(이하 "기업신용등급"이라 한다). 다만, 「자본시장과 금융투자업에 관한 법률」 제9조 제26항에 따른 신용등급은 제외한다.
바. 기술(「기술의 이전 및 사업화 촉진에 관한 법률」 제2조 제1호에 따른 기술을 말한다. 이하 같다)에 관한 정보
사. 기업 및 법인의 신용을 판단하기 위하여 정보(기업 및 법인의 기술과 관련된 기술성·시장성·사업성 등을 대통령령으로 정하는 바에 따라 평가한 결과를 포함한다)를 처리함으로써 새로이 만들어지는 정보로서 대통령령으로 정하는 정보(이하 "기술신용정보"라 한다). 다만, 「자본시장과 금융투자업에 관한 법률」 제9조 제26항에 따른 신용등급은 제외한다.
아. 그 밖에 제1호의2부터 제1호의5까지의 규정에 따른 정보 및 가목부터 사목까지의 규정에 따른 정보와 유사한 정보로서 대통령령으로 정하는 정보

2. "개인신용정보"란 기업 및 법인에 관한 정보를 제외한 살아 있는 개인에 관한 신용정보로서 다음 각 목의 어느 하나에 해당하는 정보를 말한다.
가. 해당 정보의 성명, 주민등록번호 및 영상 등을 통하여 특정 개인을 알아볼 수 있는 정보
나. 해당 정보만으로는 특정 개인을 알아볼 수 없더라도 다른 정보와 쉽게 결합하여 특정 개인을 알아볼 수 있는 정보

3. "신용정보주체"란 처리된 신용정보로 알아볼 수 있는 자로서 그 신용정보의 주체가 되는 자를 말한다.

4. "신용정보업"이란 다음 각 목의 어느 하나에 해당하는 업(業)을 말한다.

　가. 개인신용평가업

　나. 개인사업자신용평가업

　다. 기업신용조회업

　라. 신용조사업

5. "신용정보회사"란 제4호 각 목의 신용정보업에 대하여 금융위원회의 허가를 받은 자로서 다음 각 목의 어느 하나에 해당하는 자를 말한다.

　가. 개인신용평가회사 : 개인신용평가업 허가를 받은 자

　나. 개인사업자신용평가회사 : 개인사업자신용평가업 허가를 받은 자

　다. 기업신용조회회사 : 기업신용조회업 허가를 받은 자

　라. 신용조사회사 : 신용조사업 허가를 받은 자

6. "신용정보집중기관"이란 신용정보를 집중하여 관리 · 활용하는 자로서 제25조 제1항에 따라 금융위원회로부터 허가받은 자를 말한다.

7. "신용정보제공 · 이용자"란 고객과의 금융거래 등 상거래를 위하여 본인의 영업과 관련하여 얻거나 만들어 낸 신용정보를 타인에게 제공하거나 타인으로부터 신용정보를 제공받아 본인의 영업에 이용하는 자와 그 밖에 이에 준하는 자로서 대통령령으로 정하는 자를 말한다.

8. "개인신용평가업"이란 개인의 신용을 판단하는 데 필요한 정보를 수집하고 개인의 신용상태를 평가(이하 "개인신용평가"라 한다)하여 그 결과(개인신용평점을 포함한다)를 제3자에게 제공하는 행위를 영업으로 하는 것을 말한다.

8의2. "개인사업자신용평가업"이란 개인사업자의 신용을 판단하는 데 필요한 정보를 수집하고 개인사업자의 신용상태를 평가하여 그 결과를 제3자에게 제공하는 행위를 영업으로 하는 것을 말한다. 다만, 「자본시장과 금융투자업에 관한 법률」 제9조 제26항에 따른 신용평가업은 제외한다.

8의3. "기업신용조회업"이란 다음 각 목에 따른 업무를 영업으로 하는 것을 말한다. 다만, 「자본시장과 금융투자업에 관한 법률」 제9조 제26항에 따른 신용평가업은 제외한다.

　가. 기업정보조회업무 : 기업 및 법인인 신용정보주체의 거래내용, 신용거래능력 등을 나타내기 위하여 대통령령으로 정하는 정보를 제외한 신용정보를 수집하고, 대통령령으로 정하는 방법으로 통합 · 분석 또는 가공하여 제공하는 행위

　나. 기업신용등급제공업무 : 기업 및 법인인 신용정보주체의 신용상태를 평가하여 기업신용등급을 생성하고, 해당 신용정보주체 및 그 신용정보주체의 거래상대방 등 이해관계를 가지는 자에게 제공하는 행위

　다. 기술신용평가업무 : 기업 및 법인인 신용정보주체의 신용상태 및 기술에 관한 가치를 평가하여 기술신용정보를 생성한 다음해당 신용정보주체 및 그 신용정보주체의 거래상대방 등 이해관계를 가지는 자에게 제공하는 행위

9. "신용조사업"이란 제3자의 의뢰를 받아 신용정보를 조사하고, 그 신용정보를 그 의뢰인에게 제공하는 행위를 영업으로 하는 것을 말한다.

9의2. "본인신용정보관리업"이란 개인인 신용정보주체의 신용관리를 지원하기 위하여 다음 각 목의 전부 또는 일부의 신용정보를 대통령령으로 정하는 방식으로 통합하여 그 신용정보주체에게 제공하는 행위를 영업으로 하는 것을 말한다.

　가. 제1호의3 가목 1) · 2) 및 나목의 신용정보로서 대통령령으로 정하는 정보

　나. 제1호의3 다목의 신용정보로서 대통령령으로 정하는 정보

　다. 제1호의3 라목의 신용정보로서 대통령령으로 정하는 정보

　라. 제1호의3 마목의 신용정보로서 대통령령으로 정하는 정보

　마. 그 밖에 신용정보주체 본인의 신용관리를 위하여 필요한 정보로서 대통령령으로 정하는 정보

9의3. "본인신용정보관리회사"란 본인신용정보관리업에 대하여 금융위원회로부터 허가를 받은 자를 말한다.

10. "채권추심업"이란 채권자의 위임을 받아 변제하기로 약정한 날까지 채무를 변제하지 아니한 자에 대한 재산조사, 변제의 촉구 또는 채무자로부터의 변제금 수령을 통하여 채권자를 대신하여 추심채권을 행사하는 행위를 영업으로 하는 것을 말한다.

10의2. "채권추심회사"란 채권추심업에 대하여 금융위원회로부터 허가를 받은 자를 말한다.

11. 채권추심의 대상이 되는 "채권"이란 「상법」에 따른 상행위로 생긴 금전채권, 판결 등에 따라 권원(權原)이 인정된 민사채권으로서 대통령령으로 정하는 채권, 특별법에 따라 설립된 조합·공제조합·금고 및 그 중앙회·연합회 등의 조합원·회원 등에 대한 대출·보증, 그 밖의 여신 및 보험 업무에 따른 금전채권 및 다른 법률에서 채권추심회사에 대한 채권추심의 위탁을 허용한 채권을 말한다.
13. "처리"란 신용정보의 수집(조사를 포함한다. 이하 같다), 생성, 연계, 연동, 기록, 저장, 보유, 가공, 편집, 검색, 출력, 정정(訂正), 복구, 이용, 결합, 제공, 공개, 파기(破棄), 그 밖에 이와 유사한 행위를 말한다.
14. "자동화평가"란 제15조 제1항에 따른 신용정보회사등의 종사자가 평가 업무에 관여하지 아니하고 컴퓨터 등 정보처리장치로만 개인신용정보 및 그 밖의 정보를 처리하여 개인인 신용정보주체를 평가하는 행위를 말한다.
15. "가명처리"란 추가정보를 사용하지 아니하고는 특정 개인인 신용정보주체를 알아볼 수 없도록 개인신용정보를 처리(그 처리 결과가 다음 각 목의 어느 하나에 해당하는 경우로서 제40조의2 제1항 및 제2항에 따라 그 추가정보를 분리하여 보관하는 등 특정 개인인 신용정보주체를 알아볼 수 없도록 개인신용정보를 처리한 경우를 포함한다)하는 것을 말한다.
　가. 어떤 신용정보주체와 다른 신용정보주체가 구별되는 경우
　나. 하나의 정보집합물(정보를 체계적으로 관리하거나 처리할 목적으로 일정한 규칙에 따라 구성되거나 배열된 둘 이상의 정보들을 말한다. 이하 같다)에서나 서로 다른 둘 이상의 정보집합물 간에서 어떤 신용정보주체에 관한 둘 이상의 정보가 연계되거나 연동되는 경우
　다. 가목 및 나목과 유사한 경우로서 대통령령으로 정하는 경우
16. "가명정보"란 가명처리한 개인신용정보를 말한다.
17. "익명처리"란 더 이상 특정 개인인 신용정보주체를 알아볼 수 없도록 개인신용정보를 처리하는 것을 말한다.
18. "대주주"란 다음 각 목의 어느 하나에 해당하는 주주를 말한다.
　가. 신용정보회사, 본인신용정보관리회사 및 채권추심회사의 의결권 있는 발행주식(출자지분을 포함한다. 이하 같다) 총수를 기준으로 본인 및 그와 대통령령으로 정하는 특수한 관계가 있는 자(이하 "특수관계인"이라 한다)가 누구의 명의로 하든지 자기의 계산으로 소유하는 주식(그 주식과 관련된 증권예탁증권을 포함한다)을 합하여 그 수가 가장 많은 경우의 그 본인(이하 "최대주주"라 한다)
　나. 다음 각 1) 및 2)의 어느 하나에 해당하는 자
　　1) 누구의 명의로 하든지 자기의 계산으로 신용정보회사, 본인신용정보관리회사 및 채권추심회사의 의결권 있는 발행주식 총수의 100분의 10 이상의 주식(그 주식과 관련된 증권예탁증권을 포함한다)을 소유한 자
　　2) 임원[이사, 감사, 집행임원(「상법」 제408조의2에 따라 집행임원을 둔 경우로 한정한다)을 말한다. 이하 같다]의 임면(任免) 등의 방법으로 신용정보회사, 본인신용정보관리회사 및 채권추심회사의 중요한 경영사항에 대하여 사실상의 영향력을 행사하는 주주로서 대통령령으로 정하는 자

제3조 (신용정보 관련 산업의 육성)	① 금융위원회는 신용정보 제공능력의 향상과 신용정보의 원활한 이용에 필요하다고 인정하면 신용정보 관련 산업의 육성에 관한 계획을 세울 수 있다. ② 금융위원회는 제1항에 따른 계획을 원활하게 추진하기 위하여 필요하면 관계 행정기관의 장에게 협조를 요청할 수 있으며, 그 요청을 받은 관계 행정기관의 장은 정당한 사유가 없으면 그 요청에 따라야 한다.
제3조의2 (다른 법률과의 관계)	① 신용정보의 이용 및 보호에 관하여 다른 법률에 특별한 규정이 있는 경우를 제외하고는 이 법에서 정하는 바에 따른다. ② 개인정보의 보호에 관하여 이 법에 특별한 규정이 있는 경우를 제외하고는 「개인정보 보호법」에서 정하는 바에 따른다.

2) 제2장(신용정보업 등의 허가 등)

조항	내용
제4조 (신용정보업 등의 허가)	① 누구든지 이 법에 따른 신용정보업, 본인신용정보관리업, 채권추심업 허가를 받지 아니하고는 신용정보업, 본인신용정보관리업 또는 채권추심업을 하여서는 아니 된다. ② 신용정보업, 본인신용정보관리업 및 채권추심업을 하려는 자는 금융위원회로부터 허가를 받아야 한다. ③ 제2항에 따른 허가를 받으려는 자는 대통령령으로 정하는 바에 따라 금융위원회에 신청서를 제출하여야 한다. ④ 금융위원회는 제2항에 따른 허가에 조건을 붙일 수 있다. ⑤ 제2항에 따른 허가와 관련된 허가신청서의 작성 방법 등 허가신청에 관한 사항, 허가심사의 절차 및 기준에 관한 사항, 그 밖에 필요한 사항은 총리령으로 정한다.
제5조 (신용정보업 등의 허가를 받을 수 있는 자)	① 개인신용평가업, 신용조사업 및 채권추심업 허가를 받을 수 있는 자는 다음 각 호의 자로 제한한다. 다만, 대통령령으로 정하는 금융거래에 관한 개인신용정보 및 제25조 제2항 제1호에 따른 종합신용정보집중기관이 집중관리·활용하는 개인신용정보를 제외한 정보만 처리하는 개인신용평가업(이하 "전문개인신용평가업"이라 한다)에 대해서는 그러하지 아니하다. 　1. 대통령령으로 정하는 금융기관 등이 100분의 50 이상을 출자한 법인 　2. 「신용보증기금법」에 따른 신용보증기금 　3. 「기술보증기금법」에 따른 기술보증기금 　4. 「지역신용보증재단법」에 따라 설립된 신용보증재단 　5. 「무역보험법」에 따라 설립된 한국무역보험공사 　6. 신용정보업이나 채권추심업의 전부 또는 일부를 허가받은 자가 100분의 50 이상을 출자한 법인. 다만, 출자자가 출자를 받은 법인과 같은 종류의 업을 하는 경우는 제외한다. ② 개인사업자신용평가업 허가를 받을 수 있는 자는 다음 각 호의 어느 하나에 해당하는 자로 한다. 　1. 개인신용평가회사(전문개인신용평가회사를 제외한다) 　2. 기업신용등급제공업무를 하는 기업신용조회회사 　3. 「여신전문금융업법」에 따른 신용카드업자 　4. 제1항 제1호에 따른 자 　5. 제1항 제6호에 따른 자 ③ 기업신용조회업 허가를 받을 수 있는 자는 다음 각 호의 어느 하나에 해당하는 자로 한다. 다만, 기업신용등급제공업무 또는 기술신용평가업무를 하려는 자는 제1호·제2호 및 제4호의 자로 한정한다. 　1. 제1항 제1호에 따른 자 　2. 제1항 제2호부터 제6호까지의 규정에 따른 자 　3. 「상법」에 따라 설립된 주식회사 　4. 기술신용평가업무의 특성, 법인의 설립 목적 등을 고려하여 대통령령으로 정하는 법인 ④ 제3항에도 불구하고 다음 각 호의 어느 하나에 해당하는 자는 제2조 제8호의3 나목 및 다목에 따른 업무의 허가를 받을 수 없다. 　1. 「독점규제 및 공정거래에 관한 법률」 제31조 제1항에 따른 공시대상기업집단 및 상호출자제한기업집단에 속하는 회사가 100분의 10을 초과하여 출자한 법인 　2. 「자본시장과 금융투자업에 관한 법률」 제9조 제17항 제3호의2에 따른 자(이하 이 조에서 "신용평가회사"라 한다) 또는 외국에서 신용평가회사와 유사한 업을 경영하는 회사가 100분의 10을 초과하여 출자한 법인 　3. 제1호 또는 제2호의 회사가 최대주주인 법인

제6조 (허가의 요건)	① 신용정보업, 본인신용정보관리업 또는 채권추심업의 허가를 받으려는 자는 다음 각 호의 요건을 갖추어야 한다. 　1. 신용정보업, 본인신용정보관리업 또는 채권추심업을 하기에 충분한 인력(본인신용정보관리업은 제외한다)과 전산설비 등 물적 시설을 갖출 것 　1의2. 개인사업자신용평가업을 하려는 경우 : 50억 원 이상 　1의3. 기업신용조회업을 하려는 경우에는 제2조 제8호의3 각 목에 따른 업무 단위별로 다음 각 목의 구분에 따른 금액 이상 　　가. 기업정보조회업무 : 5억 원 　　나. 기업신용등급제공업무 : 20억 원 　　다. 기술신용평가업무 : 20억 원 　1의4. 본인신용정보관리업을 하려는 경우 : 5억 원 이상 　2. 사업계획이 타당하고 건전할 것 　3. 대주주가 충분한 출자능력, 건전한 재무상태 및 사회적 신용을 갖출 것 　3의2. 임원이 제22조 제1항 · 제2항, 제22조의8 또는 제27조 제1항에 적합할 것 　4. 신용정보업, 본인신용정보관리업 또는 채권추심업을 하기에 충분한 전문성을 갖출 것 ② 신용정보업, 본인신용정보관리업 또는 채권추심업의 허가를 받으려는 자는 다음 각 호의 구분에 따른 자본금 또는 기본재산을 갖추어야 한다. 　1. 개인신용평가업을 하려는 경우: 50억 원 이상. 다만, 전문개인신용평가업만 하려는 경우에는 다음 각 목의 구분에 따른 금액 이상으로 한다. 　　가. 다음 각각의 신용정보제공 · 이용자가 수집하거나 신용정보주체에 대한 상품 또는 서비스 제공의 대가로 생성한 거래내역에 관한 개인신용정보를 처리하는 개인신용평가업을 하려는 경우 : 20억 원 　　　1) 「전기통신사업법」에 따른 전기통신사업자 　　　2) 「한국전력공사법」에 따른 한국전력공사 　　　3) 「한국수자원공사법」에 따른 한국수자원공사 　　　4) 1)부터 3)까지와 유사한 신용정보제공 · 이용자로서 대통령령으로 정하는 자 　　나. 가목에 따른 각 개인신용정보 외의 정보를 처리하는 개인신용평가업을 하려는 경우 : 5억 원 　2. 신용조사업 및 채권추심업을 각각 또는 함께 하려는 경우에는 50억 원 이내에서 대통령령으로 정하는 금액 이상 ③ 제1항에 따른 허가의 세부요건에 관하여 필요한 사항은 대통령령으로 정한다. ④ 신용정보회사, 본인신용정보관리회사 및 채권추심회사는 해당 영업을 하는 동안에는 제1항 제1호에 따른 요건을 계속 유지하여야 한다.
제7조 (허가 등의 공고)	금융위원회는 다음 각 호의 어느 하나에 해당하는 경우 지체 없이 그 내용을 관보에 공고하고 인터넷 홈페이지 등을 이용하여 일반인에게 알려야 한다. 1. 제4조 제2항에 따라 신용정보업, 본인신용정보관리업 및 채권추심업 허가를 한 경우 2. 제10조 제1항에 따라 양도 · 양수 등을 인가한 경우 3. 제10조 제4항에 따른 폐업신고를 수리한 경우 4. 제11조의2 제1항에 따른 부수업무의 신고를 수리한 경우 5. 제11조의2 제8항에 따라 부수업무에 대하여 제한명령 또는 시정명령을 한 경우 6. 제14조 제1항에 따라 신용정보업, 본인신용정보관리업 및 채권추심업 허가 또는 양도 · 양수 등의 인가를 취소한 경우 7. 제26조의4 제1항에 따라 데이터전문기관을 지정한 경우
제8조 (신고 및 보고 사항)	① 신용정보회사, 본인신용정보관리회사 및 채권추심회사가 제4조 제2항에 따라 허가받은 사항 중 대통령령으로 정하는 사항을 변경하려면 미리 금융위원회에 신고하여야 한다. 다만, 대통령령으로 정하는 경미한 사항을 변경하려면 그 사유가 발생한 날부터 7일 이내에 그 사실을 금융위원회에 보고하여야 한다. ② 금융위원회는 제1항 본문에 따른 신고를 받은 경우 그 내용을 검토하여 이 법에 적합하면 신고를 수리하여야 한다.

| 제11조
(겸영업무) | ① 신용정보회사, 본인신용정보관리회사 및 채권추심회사는 총리령으로 정하는 바에 따라 금융위원회에 미리 신고하고 신용정보주체 보호 및 건전한 신용질서를 저해할 우려가 없는 업무(이하 "겸영업무"라 한다)를 겸영할 수 있다. 이 경우 이 법 및 다른 법률에 따라 행정관청의 인가 · 허가 · 등록 및 승인 등의 조치가 필요한 겸영업무는 해당 개별 법률에 따라 인가 · 허가 · 등록 및 승인 등을 미리 받아야 할 수 있다.
② 개인신용평가회사의 겸영업무는 다음 각 호와 같다.
  1. 개인신용평가업 외의 신용정보업
  2. 채권추심업
  3. 「정보통신망 이용촉진 및 정보보호 등에 관한 법률」 제23조의3에 따른 본인확인기관의 업무
  4. 그 밖에 신용정보주체 보호 및 건전한 신용질서를 저해할 우려가 없는 업무로서 대통령령으로 정하는 업무
③ 개인사업자신용평가회사의 겸영업무는 다음 각 호와 같다.
  1. 개인사업자신용평가업 외의 신용정보업
  2. 채권추심업
  3. 「정보통신망 이용촉진 및 정보보호 등에 관한 법률」 제23조의3에 따른 본인확인기관의 업무
  4. 그 밖에 신용정보주체 보호 및 건전한 신용질서를 저해할 우려가 없는 업무로서 대통령령으로 정하는 업무
④ 기업신용조회회사의 겸영업무는 다음 각 호와 같다.
  1. 기업신용조회업 외의 신용정보업
  2. 채권추심업
  3. 그 밖에 신용정보주체 보호 및 건전한 신용질서를 저해할 우려가 없는 업무로서 대통령령으로 정하는 업무
⑤ 신용조사회사의 겸영업무는 다음 각 호와 같다.
  1. 신용조사업 외의 신용정보업
  2. 「자산유동화에 관한 법률」 제10조에 따른 유동화자산 관리 업무
  3. 그 밖에 신용정보주체 보호 및 거래질서를 저해할 우려가 없는 업무로서 대통령령으로 정하는 업무
⑥ 본인신용정보관리회사의 겸영업무는 다음 각 호와 같다.
  1. 「자본시장과 금융투자업에 관한 법률」 제6조 제1항 제4호 또는 제5호에 따른 투자자문업 또는 투자일임업(신용정보주체의 보호 및 건전한 신용질서를 저해할 우려가 없는 경우로서 대통령령으로 정하는 경우로 한정한다)
  2. 그 밖에 신용정보주체 보호 및 건전한 거래질서를 저해할 우려가 없는 업무로서 대통령령으로 정하는 업무
⑦ 채권추심회사의 겸영업무는 다음 각 호와 같다.
  1. 신용정보업
  2. 「자산유동화에 관한 법률」 제10조에 따른 유동화자산 관리 업무
  3. 그 밖에 신용정보주체 보호 및 거래질서를 저해할 우려가 없는 업무로서 대통령령으로 정하는 업무
⑧ 금융위원회는 제1항 각 호 외의 부분 전단에 따른 신고를 받은 경우 그 내용을 검토하여 이 법에 적합하면 신고를 수리하여야 한다. |

제11조의2 (부수업무)	① 신용정보회사, 본인신용정보관리회사 및 채권추심회사는 해당 허가를 받은 영업에 부수하는 업무(이하 "부수업무"라 한다)를 할 수 있다. 이 경우 신용정보회사, 본인신용정보관리회사 및 채권추심회사는 그 부수업무를 하려는 날의 7일 전까지 이를 금융위원회에 신고하여야 한다.

① 신용정보회사, 본인신용정보관리회사 및 채권추심회사는 해당 허가를 받은 영업에 부수하는 업무(이하 "부수업무"라 한다)를 할 수 있다. 이 경우 신용정보회사, 본인신용정보관리회사 및 채권추심회사는 그 부수업무를 하려는 날의 7일 전까지 이를 금융위원회에 신고하여야 한다.

② 개인신용평가회사의 부수업무는 다음 각 호와 같다.

1. 새로이 만들어 낸 개인신용평점, 그 밖의 개인신용평가 결과를 신용정보주체 본인에게 제공하는 업무

2. 개인신용정보나 이를 가공한 정보를 본인이나 제3자에게 제공하는 업무

3. 가명정보나 익명처리한 정보를 이용하거나 제공하는 업무

4. 개인신용정보, 그 밖의 정보를 기초로 하는 데이터 분석 및 컨설팅 업무

5. 개인신용정보 관련 전산처리시스템, 솔루션 및 소프트웨어(개인신용평가 및 위험관리 모형을 포함한다) 개발 및 판매 업무

6. 그 밖에 신용정보주체 보호 및 건전한 신용질서를 저해할 우려가 없는 업무로서 대통령령으로 정하는 업무

③ 개인사업자신용평가회사의 부수업무는 다음 각 호와 같다.

1. 새로이 만들어 낸 개인사업자의 신용상태에 대한 평가의 결과를 해당 개인사업자에게 제공하는 업무

2. 개인사업자에 관한 신용정보나 이를 가공한 정보를 해당 개인사업자나 제3자에게 제공하는 업무

3. 가명정보나 익명처리한 정보를 이용하거나 제공하는 업무

4. 개인사업자에 관한 신용정보, 그 밖의 정보를 기초로 하는 데이터 분석 및 컨설팅 업무

5. 개인사업자신용정보 관련 전산처리시스템, 솔루션 및 소프트웨어(개인사업자의 신용상태에 대한 평가 및 위험관리 모형을 포함한다) 개발 및 판매 업무

④ 기업신용조회회사의 부수업무는 다음 각 호와 같다. 다만, 제1호의 부수업무는 기업신용등급제공업무 또는 기술신용평가업무를 하는 기업신용조회회사로 한정한다.

1. 기업 및 법인에 관한 신용정보나 이를 가공한 정보를 본인이나 제3자에게 제공하는 업무

2. 가명정보나 익명처리한 정보를 이용하거나 제공하는 업무

3. 기업 및 법인에 관한 신용정보, 그 밖의 정보를 기초로 하는 데이터 분석 및 컨설팅 업무

4. 기업 및 법인에 관한 신용정보 관련 전산처리시스템, 솔루션 및 소프트웨어(기업신용등급 산출 및 위험관리 모형을 포함한다) 개발 및 판매 업무

5. 그 밖에 신용정보주체 보호 및 건전한 신용질서를 저해할 우려가 없는 업무로서 대통령령으로 정하는 업무

⑤ 신용조사회사의 부수업무는 다음 각 호와 같다.

1. 부동산과 동산의 임대차 현황 및 가격조사 업무

2. 사업체 및 사업장의 현황조사 업무

3. 그 밖에 신용정보주체 보호 및 건전한 신용질서를 저해할 우려가 없는 업무로서 대통령령으로 정하는 업무

⑥ 본인신용정보관리회사의 부수업무는 다음 각 호와 같다.

1. 해당 신용정보주체에게 제공된 본인의 개인신용정보를 기초로 그 본인에게 하는 데이터 분석 및 컨설팅 업무

2. 신용정보주체 본인에게 자신의 개인신용정보를 관리·사용할 수 있는 계좌를 제공하는 업무

3. 제39조의3 제1항 각 호의 권리를 대리 행사하는 업무

4. 그 밖에 신용정보주체 보호 및 건전한 신용질서를 저해할 우려가 없는 업무로서 대통령령으로 정하는 업무

⑦ 채권추심회사의 부수업무는 다음 각 호와 같다.

1. 채권자 등에 대한 채권관리시스템의 구축 및 제공 업무

2. 대통령령으로 정하는 자로부터 위탁받아 「채권의 공정한 추심에 관한 법률」 제5조에 따른 채무확인서를 교부하는 업무

3. 그 밖에 신용정보주체 보호 및 건전한 신용질서를 저해할 우려가 없는 업무로서 대통령령으로 정하는 업무

⑧ 금융위원회는 부수업무에 관한 신고내용이 다음 각 호의 어느 하나에 해당하는 경우 그 부수업무를 하는 것을 제한하거나 시정할 것을 명할 수 있다.

1. 신용정보회사, 본인신용정보관리회사 및 채권추심회사의 경영건전성을 해치는 경우

2. 신용정보주체의 보호 및 건전한 신용질서 유지를 위하여 필요한 경우로서 대통령령으로 정하는 경우

⑨ 제8항에 따른 제한명령 또는 시정명령은 그 내용 및 사유가 구체적으로 적힌 문서로 하여야 한다.

<table>
<tr><td>제13조
(임원의 겸직 금지)</td><td>신용정보회사, 본인신용정보관리회사 및 채권추심회사의 상임 임원은 금융위원회의 승인 없이 다른 영리법인의 상무(常務)에 종사할 수 없다.</td></tr>
<tr><td>제14조
(허가 등의 취소와
업무의 정지)</td><td>

① 금융위원회는 신용정보회사, 본인신용정보관리회사 및 채권추심회사가 다음 각 호의 어느 하나에 해당하는 경우에는 허가 또는 인가를 취소할 수 있다. 다만, 신용정보회사, 본인신용정보관리회사 및 채권추심회사가 다음 각 호의 어느 하나에 해당하더라도 대통령령으로 정하는 사유에 해당하면 6개월 이내의 기간을 정하여 허가 또는 인가를 취소하기 전에 시정명령을 할 수 있다.

1. 거짓이나 그 밖의 부정한 방법으로 제4조 제2항에 따른 허가를 받거나 제10조 제1항에 따른 인가를 받은 경우
2. 제5조 제1항 제1호·제2항 제4호·제3항 제1호에 따른 금융기관 등의 출자요건을 위반한 경우. 다만, 신용정보회사 및 채권추심회사의 주식이 「자본시장과 금융투자업에 관한 법률」 제8조의2 제4항 제1호에 따른 증권시장에 상장되어 있는 경우는 제외한다(다만, 개인신용평가회사, 개인사업자신용평가회사, 기업신용조회회사는 제5조 제1항 제1호에 따른 금융기관 등이 100분의 33 이상을 출자한 경우에 한정한다).
4. 신용정보회사, 본인신용정보관리회사 및 채권추심회사[허가를 받은 날부터 3개 사업연도(개인신용평가업, 개인사업자신용평가업 및 기업신용조회업이 포함된 경우에는 5개 사업연도)가 지나지 아니한 경우는 제외한다]의 자기자본(최근 사업연도 말 현재 재무상태표상 자산총액에서 부채총액을 뺀 금액을 말한다. 이하 같다)이 제6조 제2항에 따른 자본금 또는 기본재산의 요건에 미치지 못한 경우
5. 업무정지명령을 위반하거나 업무정지에 해당하는 행위를 한 자가 그 사유발생일 전 3년 이내에 업무정지처분을 받은 사실이 있는 경우
6. 제22조의7 제1항 제1호를 위반하여 의뢰인에게 허위 사실을 알린 경우
6의2. 제22조의7 제1항 제2호를 위반하여 신용정보에 관한 조사 의뢰를 강요한 경우
6의3. 제22조의7 제1항 제3호를 위반하여 신용정보 조사 대상자에게 조사자료의 제공과 답변을 강요한 경우
6의4. 제22조의7 제1항 제4호를 위반하여 금융거래 등 상거래관계 외의 사생활 등을 조사한 경우
8. 「채권의 공정한 추심에 관한 법률」 제9조 각 호의 어느 하나를 위반하여 채권추심행위를 한 경우(채권추심업만 해당한다)
9. 허가 또는 인가의 내용이나 조건을 위반한 경우
10. 정당한 사유 없이 1년 이상 계속하여 허가받은 영업을 하지 아니한 경우
11. 제41조 제1항을 위반하여 채권추심행위를 한 경우(채권추심업만 해당한다)

② 금융위원회는 신용정보회사, 본인신용정보관리회사 및 채권추심회사가 다음 각 호의 어느 하나에 해당하는 경우에는 6개월의 범위에서 기간을 정하여 그 업무의 전부 또는 일부의 정지를 명할 수 있다.

1. 제6조 제4항을 위반한 경우
2. 제11조 및 제11조의2를 위반한 경우
4. 제17조 제4항 또는 제19조를 위반하여 신용정보를 분실·도난·유출·변조 또는 훼손당한 경우
5. 제22조 제1항·제2항, 제22조의8 및 제27조 제1항을 위반한 경우
5의2. 제22조의9 제3항을 위반하여 신용정보를 수집하거나 같은 조 제4항을 위반하여 개인신용정보를 전송한 경우
5의3. 제33조 제2항을 위반한 경우
7. 제40조 제1항 제5호를 위반하여 정보원, 탐정, 그 밖에 이와 비슷한 명칭을 사용한 경우
8. 제42조 제1항·제3항 또는 제4항을 위반한 경우
9. 별표에 규정된 처분 사유에 해당하는 경우
10. 「채권의 공정한 추심에 관한 법률」 제12조 제2호·제5호를 위반하여 채권추심행위를 한 경우(채권추심업만 해당한다)
11. 그 밖에 법령 또는 정관을 위반하거나 경영상태가 건전하지 못하여 공익을 심각하게 해치거나 해칠 우려가 있는 경우

</td></tr>
</table>

3) 제3장(신용정보의 수집 및 처리)

조항	내용

제15조
(수집 및 처리의
원칙)
	① 신용정보회사, 본인신용정보관리회사, 채권추심회사, 신용정보집중기관 및 신용정보제공ㆍ이용자(이하 "신용정보회사 등"이라 한다)는 신용정보를 수집하고 이를 처리할 수 있다. 이 경우 이 법 또는 정관으로 정한 업무 범위에서 수집 및 처리의 목적을 명확히 하여야 하며, 이 법 및 「개인정보 보호법」 제3조 제1항 및 제2항에 따라 그 목적 달성에 필요한 최소한의 범위에서 합리적이고 공정한 수단을 사용하여 신용정보를 수집 및 처리하여야 한다.
	② 신용정보회사 등이 개인신용정보를 수집하는 때에는 해당 신용정보주체의 동의를 받아야 한다. 다만, 다음 각 호의 어느 하나에 해당하는 경우에는 그러하지 아니하다.
	  1. 「개인정보 보호법」 제15조 제1항 제2호부터 제7호까지의 어느 하나에 해당하는 경우
	  2. 다음 각 목의 어느 하나에 해당하는 정보를 수집하는 경우
	    가. 법령에 따라 공시(公示)되거나 공개된 정보
	    나. 출판물이나 방송매체 또는 「공공기관의 정보공개에 관한 법률」 제2조 제3호에 따른 공공기관의 인터넷 홈페이지 등의 매체를 통하여 공시 또는 공개된 정보
	    다. 신용정보주체가 스스로 사회관계망서비스 등에 직접 또는 제3자를 통하여 공개한 정보. 이 경우 대통령령으로 정하는 바에 따라 해당 신용정보주체의 동의가 있었다고 객관적으로 인정되는 범위 내로 한정한다.
	  3. 제1호 및 제2호에 준하는 경우로서 대통령령으로 정하는 경우

제17조 (처리의 위탁)	① 신용정보회사 등은 제3자에게 신용정보의 처리 업무를 위탁할 수 있다. 이 경우 개인신용정보의 처리 위탁에 대해서는 「개인정보 보호법」 제26조 제1항부터 제3항까지의 규정을 준용한다. ② 신용정보회사 등은 신용정보의 처리를 위탁할 수 있으며 이에 따라 위탁을 받은 자(이하 "수탁자"라 한다)의 위탁받은 업무의 처리에 관하여는 제19조부터 제21조까지, 제22조의4부터 제22조의7까지, 제22조의9, 제40조, 제43조, 제43조의2, 제45조, 제45조의2 및 제45조의3(해당 조문에 대한 벌칙 및 과태료규정을 포함한다)을 준용한다. ③ 제2항에 따라 신용정보의 처리를 위탁하려는 신용정보회사 등으로서 대통령령으로 정하는 자는 제공하는 신용정보의 범위 등을 대통령령으로 정하는 바에 따라 금융위원회에 알려야 한다. ④ 신용정보회사 등은 제2항에 따라 신용정보의 처리를 위탁하기 위하여 수탁자에게 개인신용정보를 제공하는 경우 특정 신용정보주체를 식별할 수 있는 정보는 대통령령으로 정하는 바에 따라 암호화 등의 보호조치를 하여야 한다. ⑤ 신용정보회사 등은 수탁자에게 신용정보를 제공한 경우 신용정보를 분실ㆍ도난ㆍ유출ㆍ위조ㆍ변조 또는 훼손당하지 아니하도록 대통령령으로 정하는 바에 따라 수탁자를 교육하여야 하고 수탁자의 안전한 신용정보 처리에 관한 사항을 위탁계약에 반영하여야 한다. ⑥ 수탁자가 개인신용정보를 이용하거나 제3자에게 제공하는 경우에는 「개인정보 보호법」 제26조 제5항에 따른다. ⑦ 수탁자는 제2항에 따라 위탁받은 업무를 제3자에게 재위탁하여서는 아니 된다. 다만, 신용정보의 보호 및 안전한 처리를 저해하지 아니하는 범위에서 금융위원회가 인정하는 경우에는 그러하지 아니하다.
제17조의2 (정보집합물의 결합 등)	① 신용정보회사 등(대통령령으로 정하는 자는 제외한다. 이하 이 조 및 제40조의2에서 같다)은 자기가 보유한 정보집합물을 제3자가 보유한 정보집합물과 결합하려는 경우에는 제26조의4에 따라 지정된 데이터전문기관을 통하여 결합하여야 한다. ② 제26조의4에 따라 지정된 데이터전문기관이 제1항에 따라 결합된 정보집합물을 해당 신용정보회사 등 또는 그 제3자에게 전달하는 경우에는 가명처리 또는 익명처리가 된 상태로 전달하여야 한다. ③ 제1항 및 제2항에서 규정한 사항 외에 정보집합물의 결합ㆍ제공ㆍ보관의 절차 및 방법에 대해서는 대통령령으로 정한다.

4) 제4장(신용정보의 유통 및 관리)

조항	내용
제18조 (신용정보의 정확성 및 최신성의 유지)	① 신용정보회사 등은 신용정보의 정확성과 최신성이 유지될 수 있도록 대통령령으로 정하는 바에 따라 신용정보의 등록ㆍ변경 및 관리 등을 하여야 한다. ② 신용정보회사 등은 신용정보주체에게 불이익을 줄 수 있는 신용정보를 그 불이익을 초래하게 된 사유가 해소된 날부터 최장 5년 이내에 등록ㆍ관리 대상에서 삭제하여야 한다. 다만, 다음 각 호의 어느 하나에 해당하는 경우에는 그러하지 아니하다. 　1. 제25조의2 제1호의3에 따른 업무를 수행하기 위한 경우 　2. 그 밖에 신용정보주체의 보호 및 건전한 신용질서를 저해할 우려가 없는 경우로서 대통령령으로 정하는 경우 ③ 제2항에 따른 해당 신용정보의 구체적인 종류, 기록보존 및 활용기간 등은 대통령령으로 정한다.
제19조 (신용정보전산시스 템의 안전보호)	① 신용정보회사 등은 신용정보전산시스템(제25조 제6항에 따른 신용정보공동전산망을 포함한다. 이하 같다)에 대한 제3자의 불법적인 접근, 입력된 정보의 변경ㆍ훼손 및 파괴, 그 밖의 위험에 대하여 대통령령으로 정하는 바에 따라 기술적ㆍ물리적ㆍ관리적 보안대책을 수립ㆍ시행하여야 한다. ② 신용정보제공ㆍ이용자가 다른 신용정보제공ㆍ이용자 또는 개인신용평가회사, 개인사업자신용평가회사, 기업신용조회회사와 서로 이 법에 따라 신용정보를 제공하는 경우에는 금융위원회가 정하여 고시하는 바에 따라 신용정보 보안관리 대책을 포함한 계약을 체결하여야 한다.
제20조 (신용정보 관리책임 의 명확화 및 업무 처리기록의 보존)	① 신용정보회사 등은 신용정보의 수집ㆍ처리ㆍ이용 및 보호 등에 대하여 금융위원회가 정하는 신용정보 관리기준을 준수하여야 한다. ② 신용정보회사 등은 다음 각 호의 구분에 따라 개인신용정보의 처리에 대한 기록을 3년간 보존하여야 한다. 　1. 개인신용정보를 수집ㆍ이용한 경우 　　가. 수집ㆍ이용한 날짜 　　나. 수집ㆍ이용한 정보의 항목 　　다. 수집ㆍ이용한 사유와 근거 　2. 개인신용정보를 제공하거나 제공받은 경우 　　가. 제공하거나 제공받은 날짜 　　나. 제공하거나 제공받은 정보의 항목 　　다. 제공하거나 제공받은 사유와 근거 　3. 개인신용정보를 폐기한 경우 　　가. 폐기한 날짜 　　나. 폐기한 정보의 항목 　　다. 폐기한 사유와 근거 　4. 그 밖에 대통령령으로 정하는 사항 ③ 신용정보회사, 본인신용정보관리회사, 채권추심회사, 신용정보집중기관 및 대통령령으로 정하는 신용정보제공ㆍ이용자는 제4항에 따른 업무를 하는 신용정보관리ㆍ보호인을 1명 이상 지정하여야 한다. 다만, 총자산, 종업원 수 등을 감안하여 대통령령으로 정하는 자는 신용정보관리ㆍ보호인을 임원(신용정보의 관리ㆍ보호 등을 총괄하는 지위에 있는 사람으로서 대통령령으로 정하는 사람을 포함한다)으로 하여야 한다. ④ 제3항에 따른 신용정보관리ㆍ보호인은 다음 각 호의 업무를 수행한다. 　1. 개인신용정보의 경우에는 다음 각 목의 업무 　　가. 「개인정보 보호법」 제31조 제3항 제1호부터 제5호까지에 따른 업무 　　나. 임직원 및 전속 모집인 등의 신용정보보호 관련 법령 및 규정 준수 여부 점검 　　다. 그 밖에 신용정보의 관리 및 보호를 위하여 대통령령으로 정하는 업무 　2. 기업신용정보의 경우 다음 각 목의 업무 　　가. 신용정보의 수집ㆍ보유ㆍ제공ㆍ삭제 등 관리 및 보호 계획의 수립 및 시행 　　나. 신용정보의 수집ㆍ보유ㆍ제공ㆍ삭제 등 관리 및 보호 실태와 관행에 대한 정기적인 조사 및 개선 　　다. 신용정보 열람 및 정정청구 등 신용정보주체의 권리행사 및 피해구제 　　라. 신용정보 유출 등을 방지하기 위한 내부통제시스템의 구축 및 운영 　　마. 임직원 및 전속 모집인 등에 대한 신용정보보호 교육계획의 수립 및 시행 　　바. 임직원 및 전속 모집인 등의 신용정보보호 관련 법령 및 규정 준수 여부 점검 　　사. 그 밖에 신용정보의 관리 및 보호를 위하여 대통령령으로 정하는 업무

⑤ 신용정보관리 · 보호인의 업무수행에 관하여는 「개인정보 보호법」 제31조제4항 및 제6항을 준용한다.

⑥ 대통령령으로 정하는 신용정보회사 등의 신용정보관리 · 보호인은 처리하는 개인신용정보의 관리 및 보호 실태를 대통령령으로 정하는 절차와 방법에 따라 정기적으로 점검하고, 그 결과를 금융위원회에 제출하여야 한다.

⑦ 제3항에 따른 신용정보관리 · 보호인의 자격요건과 그 밖에 지정에 필요한 사항, 제6항에 따른 제출 방법에 대해서는 대통령령으로 정한다.

⑧ 「금융지주회사법」 제48조의2 제6항에 따라 선임된 고객정보관리인이 제6항의 자격요건에 해당하면 제3항에 따라 지정된 신용정보관리 · 보호인으로 본다.

조항	내용
제20조의2 (개인신용정보의 보유기간 등)	① 신용정보제공 · 이용자는 금융거래 등 상거래관계(고용관계는 제외한다. 이하 같다)가 종료된 날부터 금융위원회가 정하여 고시하는 기한까지 해당 신용정보주체의 개인신용정보가 안전하게 보호될 수 있도록 접근권한을 강화하는 등 대통령령으로 정하는 바에 따라 관리하여야 한다. ② 「개인정보 보호법」 제21조 제1항에도 불구하고 신용정보제공 · 이용자는 금융거래 등 상거래관계가 종료된 날부터 최장 5년 이내(해당 기간 이전에 정보 수집 · 제공 등의 목적이 달성된 경우에는 그 목적이 달성된 날부터 3개월 이내)에 해당 신용정보주체의 개인신용정보를 관리대상에서 삭제하여야 한다. 다만, 다음 각 호의 경우에는 그러하지 아니하다. 1. 이 법 또는 다른 법률에 따른 의무를 이행하기 위하여 불가피한 경우 2. 개인의 급박한 생명 · 신체 · 재산의 이익을 위하여 필요하다고 인정되는 경우 2의2. 가명정보를 이용하는 경우로서 그 이용 목적, 가명처리의 기술적 특성, 정보의 속성 등을 고려하여 대통령령으로 정하는 기간 동안 보존하는 경우 3. 그 밖에 다음 각 목의 어느 하나에 해당하는 경우로서 대통령령으로 정하는 경우 　가. 예금 · 보험금의 지급을 위한 경우 　나. 보험사기자의 재가입 방지를 위한 경우 　다. 개인신용정보를 처리하는 기술의 특성 등으로 개인신용정보를 보존할 필요가 있는 경우 　라. 가목부터 다목까지와 유사한 경우로서 개인신용정보를 보존할 필요가 있는 경우 ③ 신용정보제공 · 이용자가 제2항 단서에 따라 개인신용정보를 삭제하지 아니하고 보존하는 경우에는 현재 거래 중인 신용정보주체의 개인신용정보와 분리하는 등 대통령령으로 정하는 바에 따라 관리하여야 한다. ④ 신용정보제공 · 이용자가 제3항에 따라 분리하여 보존하는 개인신용정보를 활용하는 경우에는 신용정보주체에게 통지하여야 한다. ⑤ 제1항 및 제2항에 따른 개인신용정보의 종류, 관리기간, 삭제의 방법 · 절차 및 금융거래 등 상거래관계가 종료된 날의 기준 등은 대통령령으로 정한다.
제21조 (폐업 시 보유정보 의 처리)	신용정보회사 등(신용정보제공 · 이용자는 제외한다)이 폐업하려는 경우에는 금융위원회가 정하여 고시하는 바에 따라 보유정보를 처분하거나 폐기하여야 한다.

5) 제5장(신용정보 관련 산업)

제2절 본인신용정보관리업	
조항	내용
제22조의9 (본인신용정보관리 회사의 행위규칙)	① 본인신용정보관리회사는 다음 각 호의 어느 하나에 해당하는 행위를 하여서는 아니 된다. 1. 개인인 신용정보주체에게 개인신용정보의 전송요구를 강요하거나 부당하게 유도하는 행위 2. 그 밖에 신용정보주체 보호 또는 건전한 신용질서를 저해할 우려가 있는 행위로서 대통령령으로 정하는 행위 ② 본인신용정보관리회사는 제11조 제6항에 따른 업무 및 제11조의2 제6항 제3호에 따른 업무를 수행하는 과정에서 개인인 신용정보주체와 본인신용정보관리회사 사이에 발생할 수 있는 이해상충을 방지하기 위한 내부관리규정을 마련하여야 한다. ③ 본인신용정보관리회사는 다음 각 호의 수단을 대통령령으로 정하는 방식으로 사용 · 보관함으로써 신용정보주체에게 교부할 신용정보를 수집하여서는 아니 된다. 1. 대통령령으로 정하는 신용정보제공 · 이용자나 「개인정보 보호법」에 따른 공공기관으로서 대통령령으로 정하는 공공기관 또는 본인신용정보관리회사(이하 이 조 및 제33조의2에서 "신용정보제공 · 이용자 등"이라 한다)가 선정하여 사용 · 관리하는 신용정보주체 본인에 관한 수단으로서 「전자금융거래법」 제2조 제10호에 따른 접근매체

2. 본인임을 확인 받는 수단으로서 본인의 신분을 나타내는 증표 제시 또는 전화, 인터넷 홈페이지의 이용 등 대통령령으로 정하는 방법
④ 신용정보제공 · 이용자 등은 개인인 신용정보주체가 본인신용정보관리회사에 본인에 관한 개인신용정보의 전송을 요구하는 경우에는 정보제공의 안전성과 신뢰성이 보장될 수 있는 방식으로서 대통령령으로 정하는 방식으로 해당 개인인 신용정보주체의 개인신용정보를 그 본인신용정보관리회사에 직접 전송하여야 한다.
⑤ 제4항에도 불구하고 신용정보제공 · 이용자 등의 규모, 금융거래 등 상거래의 빈도 등을 고려하여 대통령령으로 정하는 경우에 해당 신용정보제공 · 이용자 등은 대통령령으로 정하는 중계기관을 통하여 본인신용정보관리회사에 개인신용정보를 전송할 수 있다.
⑥ 신용정보제공 · 이용자 등은 제33조의2 제4항에 따라 개인신용정보를 정기적으로 전송할 경우에는 필요한 범위에서 최소한의 비용을 본인신용정보관리회사가 부담하도록 할 수 있다.
⑦ 제4항 및 제5항의 전송의 절차 · 방법, 제6항에 따른 비용의 산정기준 등에 대해서는 대통령령으로 정한다.

제3절 공공정보의 이용 · 제공

조항	내용
제23조 (공공기관에 대한 신용정보의 제공 요청 등)	② 신용정보집중기관이 국가 · 지방자치단체 또는 대통령령으로 정하는 공공단체(이하 "공공기관"이라 한다)의 장에게 신용정보주체의 신용도 · 신용거래능력 등의 판단에 필요한 신용정보로서 대통령령으로 정하는 신용정보의 제공을 요청하면 그 요청을 받은 공공기관의 장은 다음 각 호의 법률에도 불구하고 해당 신용정보집중기관에 정보를 제공할 수 있다. 이 경우 정보를 제공하는 기준과 절차 등은 대통령령으로 정한다. 1. 「공공기관의 정보공개에 관한 법률」 2. 「개인정보 보호법」 3. 「국민건강보험법」 4. 「국민연금법」 5. 「한국전력공사법」 6. 「주민등록법」 ③ 신용정보집중기관은 제2항에 따라 공공기관으로부터 제공받은 신용정보를 대통령령으로 정하는 신용정보의 이용자에게 제공할 수 있다. ④ 신용정보집중기관 또는 제3항에 따른 신용정보의 이용자가 제2항 및 제3항에 따라 공공기관으로부터 제공받은 개인신용정보를 제공하는 경우에는 제32조 제3항에서 정하는 바에 따라 제공받으려는 자가 해당 개인으로부터 신용정보 제공 · 이용에 대한 동의를 받았는지를 확인하여야 한다. 다만, 제32조 제6항 각 호의 어느 하나에 해당하는 경우에는 그러하지 아니하다. ⑤ 제4항에 따라 개인신용정보를 제공받은 자는 그 정보를 제3자에게 제공하여서는 아니 된다. ⑥ 제2항에 따라 신용정보의 제공을 요청하는 자는 관계 법령에 따라 열람료 또는 수수료 등을 내야 한다. ⑦ 신용정보회사등은 공공기관의 장이 관계 법령에서 정하는 공무상 목적으로 이용하기 위하여 신용정보의 제공을 문서로 요청한 경우에는 그 신용정보를 제공할 수 있다.
제24조 (주민등록전산정보 자료의 이용)	① 신용정보집중기관 및 대통령령으로 정하는 신용정보제공 · 이용자는 다음 각 호의 어느 하나에 해당하는 경우에는 행정안전부장관에게 「주민등록법」 제30조 제1항에 따른 주민등록전산정보자료의 제공을 요청할 수 있다. 이 경우 요청을 받은 행정안전부장관은 특별한 사유가 없으면 그 요청에 따라야 한다. 1. 「상법」 제64조 등 다른 법률에 따라 소멸시효가 완성된 예금 및 보험금 등의 지급을 위한 경우로서 해당 예금 및 보험금 등의 원권리자에게 관련 사항을 알리기 위한 경우 2. 금융거래계약의 만기 도래, 실효(失效), 해지 등 계약의 변경사유 발생 등 거래 상대방의 권리 · 의무에 영향을 미치는 사항을 알리기 위한 경우 ② 제1항에 따라 주민등록전산정보자료를 요청하는 경우에는 금융위원회위원장의 심사를 받아야 한다. ③ 제2항에 따라 금융위원회위원장의 심사를 받은 경우에는 「주민등록법」 제30조 제1항에 따른 관계 중앙행정기관의 장의 심사를 거친 것으로 본다. 처리절차, 사용료 또는 수수료 등에 관한 사항은 「주민등록법」에 따른다.

<table>
<tr><td colspan="2" align="center">제4절 신용정보집중기관 및 데이터전문기관 등</td></tr>
<tr><td align="center">조항</td><td align="center">내용</td></tr>
<tr>
<td align="center">제25조
(신용정보집중기관)</td>
<td>

① 신용정보를 집중하여 수집 · 보관함으로써 체계적 · 종합적으로 관리하고, 신용정보회사 등 상호 간에 신용정보를 교환 · 활용(이하 "집중관리 · 활용"이라 한다)하려는 자는 금융위원회로부터 신용정보집중기관으로 허가를 받아야 한다.

② 제1항에 따른 신용정보집중기관은 다음 각 호의 구분에 따라 허가를 받아야 한다.

  1. 종합신용정보집중기관 : 대통령령으로 정하는 금융기관 전체로부터의 신용정보를 집중관리 · 활용하는 신용정보집중기관

  2. 개별신용정보집중기관 : 제1호에 따른 금융기관 외의 같은 종류의 사업자가 설립한 협회 등의 협약 등에 따라 신용정보를 집중관리 · 활용하는 신용정보집중기관

③ 제1항에 따른 신용정보집중기관으로 허가를 받으려는 자는 다음 각 호의 요건을 갖추어야 한다.

  1. 「민법」 제32조에 따라 설립된 비영리법인일 것

  2. 신용정보를 집중관리 · 활용하는 데 있어서 대통령령으로 정하는 바에 따라 공공성과 중립성을 갖출 것

  3. 대통령령으로 정하는 시설 · 설비 및 인력을 갖출 것

④ 제1항 및 제2항에 따른 허가 및 그 취소 등에 필요한 사항과 집중관리 · 활용되는 신용정보의 내용 · 범위 및 교환 대상자는 대통령령으로 정한다. 다만, 신용정보집중기관과 개인신용평가회사, 개인사업자신용평가회사, 기업신용조회회사(기업정보조회업무만 하는 기업신용조회회사는 제외한다) 사이의 신용정보 교환 및 이용은 개인신용평가회사, 개인사업자신용평가회사, 기업신용조회회사(기업정보조회업무만 하는 기업신용조회회사는 제외한다)의 의뢰에 따라 신용정보집중기관이 개인신용평가회사, 개인사업자신용평가회사, 기업신용조회회사(기업정보조회업무만 하는 기업신용조회회사는 제외한다)에 신용정보를 제공하는 방식으로 한다.

⑤ 제2항 제1호에 따른 종합신용정보집중기관(이하 "종합신용정보집중기관"이라 한다)은 집중되는 신용정보의 정확성 · 신속성을 확보하기 위하여 제26조에 따른 신용정보집중관리위원회가 정하는 바에 따라 신용정보를 제공하는 금융기관의 신용정보 제공의무 이행 실태를 조사할 수 있다.

⑥ 신용정보집중기관은 대통령령으로 정하는 바에 따라 신용정보공동전산망(이하 "공동전산망"이라 한다)을 구축할 수 있으며, 공동전산망에 참여하는 자는 그 유지 · 관리 등에 필요한 협조를 하여야 한다. 이 경우 신용정보집중기관은 「전기통신사업법」 제2조 제1항 제1호에 따른 전기통신사업자이어야 한다.

</td>
</tr>
<tr>
<td align="center">제25조의2
(종합신용정보집중
기관의 업무)</td>
<td>

종합신용정보집중기관은 다음 각 호의 업무를 수행한다.

  1. 제25조 제2항 제1호에 따른 금융기관 전체로부터의 신용정보 집중관리 · 활용

  1의2. 제23조 제2항에 따라 공공기관으로부터 수집한 신용정보의 집중관리 · 활용

  1의3. 제39조의2에 따라 신용정보주체에게 채권자변동정보를 교부하거나 열람하게 하는 업무

  2. 공공 목적의 조사 및 분석 업무

  3. 신용정보의 가공 · 분석 및 제공 등과 관련하여 대통령령으로 정하는 업무

  3의2. 제26조의3에 따른 개인신용평가체계 검증위원회의 운영

  5. 이 법 및 다른 법률에서 종합신용정보집중기관이 할 수 있도록 정한 업무

  6. 그 밖에 제1호부터 제5호까지에 준하는 업무로서 대통령령으로 정하는 업무

</td>
</tr>
<tr>
<td align="center">제26조
(신용정보집중관리
위원회)</td>
<td>

① 다음 각 호의 업무를 수행하기 위하여 종합신용정보집중기관에 신용정보집중관리위원회(이하 "위원회"라 한다)를 둔다.

  1. 제25조의2 각 호의 업무로서 대통령령으로 정하는 업무와 관련한 중요 사안에 대한 심의

  2. 신용정보의 집중관리 · 활용에 드는 경상경비, 신규사업의 투자비 등의 분담에 관한 사항

  3. 제25조 제2항 제1호에 따른 금융기관의 신용정보제공의무 이행 실태에 관한 조사 및 대통령령으로 정하는 바에 따른 제재를 부과하는 사항

  4. 신용정보의 업무목적 외 누설 또는 이용의 방지대책에 관한 사항

  5. 그 밖에 신용정보의 집중관리 · 활용에 필요한 사항

③ 위원회는 제1항 각 호의 사항을 결정한 경우 금융위원회가 정하는 바에 따라 금융위원회에 보고하여야 한다.

</td>
</tr>
<tr>
<td align="center">제26조의2
(신용정보집중관리
위원회의 구성 ·
운영 등)</td>
<td>

① 위원회는 위원장 1명을 포함한 15명 이내의 위원으로 구성한다.

② 위원회의 위원장은 종합신용정보집중기관의 장으로 하며, 위원은 공익성, 중립성, 업권별 대표성, 신용정보에 관한 전문지식 등을 고려하여 구성한다.

③ 그 밖에 위원회의 구성 및 운영 등에 필요한 사항은 대통령령으로 정한다.

</td>
</tr>
</table>

제26조의3 (개인신용평가체계 검증위원회)	① 다음 각 호의 업무를 수행하기 위하여 종합신용정보집중기관에 개인신용평가체계 검증위원회를 둔다. 　　1. 개인신용평가회사 및 개인사업자신용평가회사(이하 이 조에서 "개인신용평가회사 등"이라 한다)의 평가에 사용되는 기초정보에 관한 심의 　　2. 개인신용평가회사 등의 평가모형의 예측력, 안정성 등에 관한 심의 　　3. 제1호 및 제2호와 유사한 것으로서 대통령령으로 정하는 사항 ② 개인신용평가체계 검증위원회는 위원장 1명을 포함한 7명 이내의 위원으로 구성한다. ③ 개인신용평가체계 검증위원회는 제1항 각 호의 사항을 심의하여 그 결과를 금융위원회가 정하여 고시하는 바에 따라 금융위원회에 보고하고, 해당 개인신용평가회사 등에 알려야 한다. ④ 금융위원회는 제3항에 따라 보고받은 심의결과를 금융위원회가 정하여 고시하는 바에 따라 인터넷 홈페이지 등을 이용하여 공개하여야 한다. ⑤ 제1항에 따른 개인신용평가체계 검증위원회의 구성 및 운영, 제2항부터 제4항까지의 규정에 따른 심의결과의 제출 방법, 시기 및 절차 등에 관하여는 대통령령으로 정한다.
제26조의4 (데이터전문기관)	① 금융위원회는 제17조의2에 따른 정보집합물의 결합 및 제40조의2에 따른 익명처리의 적정성 평가를 전문적으로 수행하는 법인 또는 기관(이하 "데이터전문기관"이라 한다)을 지정할 수 있다. ② 데이터전문기관은 다음 각 호의 업무를 수행한다. 　　1. 신용정보회사 등이 보유하는 정보집합물과 제3자가 보유하는 정보집합물 간의 결합 및 전달 　　2. 신용정보회사 등의 익명처리에 대한 적정성 평가 　　3. 제1호 및 제2호와 유사한 업무로서 대통령령으로 정하는 업무 ③ 데이터전문기관은 제2항 제1호 및 제2호의 업무를 전문적으로 수행하기 위하여 필요하면 대통령령으로 정하는 바에 따라 적정성평가위원회를 둘 수 있다. ④ 데이터전문기관은 다음 각 호의 어느 하나에 해당하는 경우에는 대통령령으로 정하는 위험관리체계를 마련하여야 한다. 　　1. 제2항 제1호의 업무와 같은 항 제2호의 업무를 함께 수행하는 경우 　　2. 제2항 각 호의 업무와 이 법 또는 다른 법령에 따른 업무를 함께 수행하는 경우 ⑤ 제1항에 따른 지정의 기준 및 취소, 제3항에 따른 적정성평가위원회의 구성 · 운영에 관하여 필요한 사항은 대통령령으로 정한다.

개인정보 안전성 확보 조치 기준

빈출 태그 개인정보처리시스템 • 이용자 • 내부관리계획 • 접근권한 • 접속기록

1) 제1장(총칙)

조항	내용
제1조 (목적)	이 기준은 「개인정보 보호법」(이하 "법"이라 한다) 제29조와 같은 법 시행령(이하 "영"이라 한다) 제16조 제2항, 제30조 및 제30조의2에 따라 개인정보처리자가 개인정보를 처리함에 있어서 개인정보가 분실·도난·유출·위조·변조 또는 훼손되지 아니하도록 안전성 확보에 필요한 기술적·관리적 및 물리적 안전조치에 관한 최소한의 기준을 정하는 것을 목적으로 한다.
제2조 (정의)	이 기준에서 사용하는 용어의 뜻은 다음과 같다. 1. "개인정보처리시스템"이란 데이터베이스시스템 등 개인정보를 처리할 수 있도록 체계적으로 구성한 시스템을 말한다. 2. "이용자"란 「정보통신망 이용촉진 및 정보보호 등에 관한 법률」 제2조 제1항 제4호에 따른 정보통신서비스 제공자가 제공하는 정보통신서비스를 이용하는 자를 말한다. 3. "접속기록"이란 개인정보처리시스템에 접속하는 자가 개인정보처리시스템에 접속하여 수행한 업무내역에 대하여 식별자, 접속일시, 접속지 정보, 처리한 정보주체 정보, 수행업무 등을 전자적으로 기록한 것을 말한다. 이 경우 "접속"이란 개인정보처리시스템과 연결되어 데이터 송신 또는 수신이 가능한 상태를 말한다. 4. "정보통신망"이란 「정보통신망 이용촉진 및 정보보호 등에 관한 법률」 제2조 제1항 제1호의 「전기통신사업법」 제2조 제2호에 따른 전기통신설비를 이용하거나 전기통신설비와 컴퓨터 및 컴퓨터의 이용기술을 활용하여 정보를 수집·가공·저장·검색·송신 또는 수신하는 정보통신체계를 말한다. 5. "P2P(Peer to Peer)"란 정보통신망을 통해 서버의 도움 없이 개인과 개인이 직접 연결되어 파일을 공유하는 것을 말한다. 6. "공유설정"이란 컴퓨터 소유자의 파일을 타인이 조회·변경·복사 등을 할 수 있도록 설정하는 것을 말한다. 7. "모바일 기기"란 무선망을 이용할 수 있는 스마트폰, 태블릿 컴퓨터 등 개인정보 처리에 이용되는 휴대용 기기를 말한다. 8. "비밀번호"란 정보주체 및 개인정보취급자 등이 개인정보처리시스템 또는 정보통신망을 관리하는 시스템 등에 접속할 때 식별자와 함께 입력하여 정당한 접속 권한을 가진 자라는 것을 인증할 수 있도록 시스템에 전달해야 하는 고유의 문자열로서 타인에게 공개되지 않는 정보를 말한다. 9. "생체정보"란 지문, 얼굴, 홍채, 정맥, 음성, 필적 등 개인의 신체적, 생리적, 행동적 특징에 관한 정보로서 특정 개인을 인증·식별하거나 개인에 관한 특징을 알아보기 위해 일정한 기술적 수단을 통해 처리되는 정보를 말한다. 10. "생체인식정보"란 생체정보 중 특정 개인을 인증 또는 식별할 목적으로 일정한 기술적 수단을 통해 처리되는 정보를 말한다. 11. "인증정보"란 개인정보처리시스템 또는 정보통신망을 관리하는 시스템 등에 접속을 요청하는 자의 신원을 검증하는 데 사용되는 정보를 말한다. 12. "내부망"이란 인터넷망 차단, 접근 통제시스템 등에 의해 인터넷 구간에서의 접근이 통제 또는 차단되는 구간을 말한다. 13. "위험도 분석"이란 개인정보 유출에 영향을 미칠 수 있는 다양한 위험요소를 식별·평가하고 해당 위험요소를 적절하게 통제할 수 있는 방안 마련을 위한 종합적으로 분석하는 행위를 말한다. 14. "보조저장매체"란 이동형 하드디스크(HDD), 유에스비(USB)메모리 등 자료를 저장할 수 있는 매체로서 개인정보처리시스템 또는 개인용 컴퓨터 등과 쉽게 연결·분리할 수 있는 저장매체를 말한다.

2) 제2장(개인정보의 안전성 확보조치)

조항	내용
제3조 (안전조치의 적용 원칙)	개인정보처리자는 처리하는 개인정보의 보유 수, 유형 및 정보주체에게 미치는 영향 등을 고려하여 스스로의 환경에 맞는 개인정보의 안전성 확보에 필요한 조치를 적용하여야 한다.
제4조 (내부 관리계획의 수립 · 시행 및 점검)	① 개인정보처리자는 개인정보의 분실 · 도난 · 유출 · 위조 · 변조 또는 훼손되지 아니하도록 내부 의사결정 절차를 통하여 다음 각 호의 사항을 포함하는 내부 관리계획을 수립 · 시행하여야 한다. 다만, 1만 명 미만의 정보주체에 관하여 개인정보를 처리하는 소상공인 · 개인 · 단체의 경우에는 생략할 수 있다. 1. 개인정보 보호 조직의 구성 및 운영에 관한 사항 2. 개인정보 보호책임자의 자격요건 및 지정에 관한 사항 3. 개인정보 보호책임자와 개인정보취급자의 역할 및 책임에 관한 사항 4. 개인정보취급자에 대한 관리 · 감독 및 교육에 관한 사항 5. 접근 권한의 관리에 관한 사항 6. 접근통제에 관한 사항 7. 개인정보의 암호화 조치에 관한 사항 8. 접속기록 보관 및 점검에 관한 사항 9. 악성프로그램 등 방지에 관한 사항 10. 개인정보의 유출, 도난 방지 등을 위한 취약점 점검에 관한 사항 11. 물리적 안전조치에 관한 사항 12. 출력 · 복사시 안전조치에 관한 사항 13. 개인정보의 파기에 관한 사항 14. 개인정보 유출사고 대응 계획 수립 · 시행에 관한 사항 15. 위험 분석 및 관리에 관한 사항 16. 개인정보 처리업무를 위탁하는 경우 수탁자에 대한 관리 및 감독에 관한 사항 17. 개인정보 내부 관리계획의 수립, 변경 및 승인에 관한 사항 18. 그 밖에 개인정보 보호를 위하여 필요한 사항 ② 개인정보처리자는 다음 각 호의 사항을 정하여 개인정보 보호책임자 및 개인정보취급자를 대상으로 사업규모, 개인정보 보유 수, 업무성격 등에 따라 차등화하여 필요한 교육을 정기적으로 실시하여야 한다. 1. 교육목적 및 대상 2. 교육 내용 3. 교육 일정 및 방법 ③ 개인정보처리자는 제1항 각 호의 사항에 중요한 변경이 있는 경우에는 이를 즉시 반영하여 내부 관리계획을 수정하여 시행하고, 그 수정 이력을 관리하여야 한다. ④ 개인정보 보호책임자는 접근 권한 관리, 접속기록 보관 및 점검, 암호화 조치 등 내부 관리계획의 이행 실태를 연1회 이상 점검 · 관리 하여야 한다.
제5조 (접근 권한의 관리)	① 개인정보처리자는 개인정보처리시스템에 대한 접근 권한을 업무 수행에 필요한 최소한의 범위로 차등 부여하여야 한다. ② 개인정보처리자는 개인정보취급자 또는 개인정보취급자의 업무가 변경되었을 경우 지체 없이 개인정보처리시스템의 접근 권한을 변경 또는 말소하여야 한다. ③ 개인정보처리자는 제1항 및 제2항에 의한 권한 부여, 변경 또는 말소에 대한 내역을 기록하고, 그 기록을 최소 3년간 보관하여야 한다. ④ 개인정보처리자는 개인정보처리시스템에 접근할 수 있는 계정을 발급하는 경우 정당한 사유가 없는 한 개인정보취급자 별로 계정을 발급하고 다른 개인정보취급자와 공유되지 않도록 하여야 한다. ⑤ 개인정보처리자는 개인정보취급자 또는 정보주체의 인증수단을 안전하게 적용하고 관리하여야 한다. ⑥ 개인정보처리자는 정당한 권한을 가진 자만이 개인정보처리시스템에 접근할 수 있도록 일정 횟수 이상 인증에 실패한 경우 개인정보처리시스템에 대한 접근을 제한하는 등 필요한 조치를 하여야 한다.

| 제6조
(접근통제) | ① 개인정보처리자는 정보통신망을 통한 불법적인 접근 및 침해사고 방지를 위해 다음 각 호의 안전조치를 하여야 한다.
  1. 개인정보처리시스템에 대한 접속 권한을 인터넷 프로토콜(IP) 주소 등으로 제한하여 인가받지 않은 접근을 제한
  2. 개인정보처리시스템에 접속한 인터넷 프로토콜(IP) 주소 등을 분석하여 개인정보 유출 시도 탐지 및 대응
② 개인정보처리자는 개인정보처리시스템에 대한 정당한 접근 권한을 가진 자(다만, 정보주체는 제외한다)가 정보통신망을 통해 외부에서 개인정보처리시스템에 접속하려는 경우 인증서, 보안토큰, 일회용 비밀번호 등 안전한 인증수단을 적용하여야 한다. 다만, 이용자가 아닌 정보주체의 개인정보를 처리하는 개인정보처리시스템의 경우 가상사설망 등 안전한 접속수단 또는 안전한 인증수단을 적용할 수 있다.
③ 개인정보처리자는 처리하는 개인정보가 인터넷 홈페이지, P2P, 공유설정 등을 통하여 권한이 없는 자에게 공개되거나 유출되지 않도록 개인정보처리시스템, 개인정보취급자의 컴퓨터 및 모바일 기기 등에 조치를 하여야 한다.
④ 개인정보처리자는 개인정보처리시스템에 대한 불법적인 접근 및 침해사고 방지를 위하여 개인정보취급자가 일정시간 이상 업무처리를 하지 않는 경우에는 자동으로 접속이 차단되도록 하는 등 필요한 조치를 하여야 한다.
⑤ 개인정보처리자는 업무용 모바일 기기의 분실·도난 등으로 개인정보가 유출되지 않도록 해당 모바일 기기에 비밀번호 설정 등의 보호조치를 하여야 한다. |
| 제6조의2
(인터넷망의
차단조치 등) | ① 전년도 말 기준 직전 3개월간 그 개인정보가 저장·관리되고 있는 이용자 수가 일일평균 100만 명 이상인 개인정보처리자는 다음 각 호의 어느 하나에 해당하는 개인정보취급자의 컴퓨터 등에 대해 인터넷망 차단 조치를 하여야 한다. 다만, 「클라우드컴퓨팅 발전 및 이용자 보호에 관한 법률」 제2조 제3호에 따른 클라우드컴퓨팅서비스를 이용하여 개인정보처리시스템을 구성·운영하는 경우에는 해당 서비스에 대한 접속 외에는 인터넷을 차단하는 조치를 하여야 한다.
  1. 개인정보처리시스템에 대한 접근 권한을 설정할 수 있는 개인정보취급자
  2. 개인정보처리시스템에서 개인정보를 다운로드 또는 파기할 수 있는 개인정보취급자
② 제1항 제2호에도 불구하고 개인정보처리자는 내부 관리계획에서 정한 위험 분석 결과가 다음 각 호의 어느 하나에 해당하는 경우에는 제1항에 따른 인터넷망 차단 조치를 하지 아니할 수 있다. 다만, 법 제23조에 따른 민감정보 또는 제7조 제1항·제2항에 따른 개인정보를 다운로드 또는 파기할 수 있는 개인정보취급자의 컴퓨터 등에 대해서는 그러하지 아니하다.
  1. 위험 분석 결과 확인된 위험이 현저히 낮은 경우
  2. 위험 분석 결과 확인된 위험을 감소시킬 수 있는 보호조치를 적용한 경우. 이 경우 개인정보처리자는 [별표]에 따른 예시를 고려하여야 한다.

[별표] 위험을 감소시킬 수 있는 보호조치 예시(제6조의 2 관련)

표 아래 참조 |

[별표] 위험을 감소시킬 수 있는 보호조치 예시(제6조의 2 관련)

구분	보호조치 예시
개인정보 파일을 다운로드 할 수 있는 개인정보취급자의 컴퓨터 등	• 개인정보처리시스템 접속 시 안전한 인증수단 적용 • 개인정보 파일 저장 시 안전한 알고리즘으로 암호화 • 개인정보 다운로드 건수 제한 • 개인정보 다운로드 권한을 가진 개인정보취급자 최소화 • 개인정보 출력 시 마스킹, 안심번호 등 표시제한 조치 적용
개인정보 파일을 파기할 수 있는 개인정보취급자의 컴퓨터 등	• 개인정보 파기 권한을 가진 개인정보취급자 최소화 • 개인정보 파기 시 관리자 등으로부터 별도 승인을 받도록 설정

제7조 (개인정보의 암호화)	① 개인정보처리자는 비밀번호, 생체인식정보 등 인증정보를 저장 또는 정보통신망을 통하여 송 · 수신하는 경우에 이를 안전한 암호 알고리즘으로 암호화하여야 한다. 다만, 비밀번호를 저장하는 경우에는 복호화되지 아니하도록 일방향 암호화하여 저장하여야 한다. ② 개인정보처리자는 다음 각 호의 해당하는 이용자의 개인정보에 대해서는 안전한 암호 알고리즘으로 암호화하여 저장하여야 한다. 　1. 주민등록번호 　2. 여권번호 　3. 운전면허번호 　4. 외국인등록번호 　5. 신용카드번호 　6. 계좌번호 　7. 생체인식정보 ③ 개인정보처리자는 이용자가 아닌 정보주체의 개인정보를 다음 각 호와 같이 저장하는 경우에는 암호화하여야 한다. 　1. 인터넷망 구간 및 인터넷망 구간과 내부망의 중간 지점(DMZ : Demilitarized Zone)에 고유식별정보를 저장하는 경우 　2. 내부망에 고유식별정보를 저장하는 경우(다만, 주민등록번호 외의 고유식별정보를 저장하는 경우에는 다음 각 목의 기준에 따라 암호화의 적용여부 및 적용범위를 정하여 시행할 수 있다) 　　가. 법 제33조에 따른 개인정보 영향평가의 대상이 되는 공공기관의 경우에는 해당 개인정보 영향평가의 결과 　　나. 암호화 미적용시 위험도 분석에 따른 결과 ④ 개인정보처리자는 개인정보를 정보통신망을 통하여 인터넷망 구간으로 송 · 수신하는 경우에는 이를 안전한 암호 알고리즘으로 암호화하여야 한다. ⑤ 개인정보처리자는 이용자의 개인정보 또는 이용자가 아닌 정보주체의 고유식별정보, 생체인식정보를 개인정보취급자의 컴퓨터, 모바일 기기 및 보조저장매체 등에 저장할 때에는 안전한 암호 알고리즘을 사용하여 암호화한 후 저장하여야 한다. ⑥ 10만 명 이상의 정보주체에 관하여 개인정보를 처리하는 대기업 · 중견기업 · 공공기관 또는 100만 명 이상의 정보주체에 관하여 개인정보를 처리하는 중소기업 · 단체에 해당하는 개인정보처리자는 암호화된 개인정보를 안전하게 보관하기 위하여 안전한 암호 키 생성, 이용, 보관, 배포 및 파기 등에 관한 절차를 수립 · 시행하여야 한다.
제8조 (접속기록의 보관 및 점검)	① 개인정보처리자는 개인정보처리시스템에 접속한 자(다만, 정보주체는 제외한다)의 접속기록을 1년 이상 보관 · 관리하여야 한다. 다만, 다음 각 호의 어느 하나에 해당하는 경우에는 2년 이상 보관 · 관리하여야 한다. 　1. 5만 명 이상의 정보주체에 관한 개인정보를 처리하는 개인정보처리시스템에 해당하는 경우 　2. 고유식별정보 또는 민감정보를 처리하는 개인정보처리시스템에 해당하는 경우 　3. 개인정보처리자로서 「전기통신사업법」 제6조 제1항에 따라 등록을 하거나 같은 항 단서에 따라 신고한 기간통신사업자에 해당하는 경우 ② 개인정보처리자는 개인정보의 오 · 남용, 분실 · 도난 · 유출 · 위조 · 변조 또는 훼손 등에 대응하기 위하여 개인정보취급자의 개인정보처리시스템에 대한 접속기록 및 개인정보 다운로드 상황을 확인하고 점검하는 주기 · 방법 · 사후조치절차 등을 내부 관리계획으로 정하고 이행하여야 한다. ③ 개인정보처리자는 접속기록이 위 · 변조 및 도난, 분실되지 않도록 해당 접속기록을 안전하게 보관하기 위한 조치를 하여야 한다.
제9조 (악성프로그램 등 방지)	① 개인정보처리자는 악성프로그램 등을 방지 · 치료할 수 있는 보안 프로그램을 설치 · 운영하여야 하며, 다음 각 호의 사항을 준수하여야 한다. 　1. 프로그램의 자동 업데이트 기능을 사용하거나, 정당한 사유가 없는 한 일 1회 이상 업데이트를 실시하는 등 최신의 상태로 유지 　2. 발견된 악성프로그램 등에 대해 삭제 등 대응 조치 ② 개인정보처리자는 악성프로그램 관련 경보가 발령된 경우 또는 사용 중인 응용 프로그램이나 운영체제 소프트웨어의 제작업체에서 보안 업데이트 공지가 있는 경우 정당한 사유가 없는 한 즉시 이에 따른 업데이트 등을 실시하여야 한다.

제10조 (물리적 안전조치)	① 개인정보처리자는 전산실, 자료보관실 등 개인정보를 보관하고 있는 물리적 보관 장소를 별도로 두고 있는 경우에는 이에 대한 출입통제 절차를 수립·운영하여야 한다. ② 개인정보처리자는 개인정보가 포함된 서류, 보조저장매체 등을 잠금장치가 있는 안전한 장소에 보관하여야 한다. ③ 개인정보처리자는 개인정보가 포함된 보조저장매체의 반출·입 통제를 위한 보안대책을 마련하여야 한다. 다만, 별도의 개인정보처리시스템을 운영하지 아니하고 업무용 컴퓨터 또는 모바일 기기를 이용하여 개인정보를 처리하는 경우에는 이를 적용하지 아니할 수 있다.
제11조 (재해·재난 대비 안전조치)	10만 명 이상의 정보주체에 관하여 개인정보를 처리하는 대기업·중견기업·공공기관 또는 100만 명 이상의 정보주체에 관하여 개인정보를 처리하는 중소기업·단체에 해당하는 개인정보처리자는 화재, 홍수, 단전 등의 재해·재난 발생 시 개인정보처리시스템 보호를 위한 다음 각 호의 조치를 하여야 한다. 1. 위기대응 매뉴얼 등 대응절차를 마련하고 정기적으로 점검 2. 개인정보처리시스템 백업 및 복구를 위한 계획을 마련
제12조 (출력·복사시 안전조치)	① 개인정보처리자는 개인정보처리시스템에서 개인정보의 출력시(인쇄, 화면표시, 파일생성 등) 용도를 특정하여야 하며, 용도에 따라 출력 항목을 최소화하여야 한다. ② 개인정보처리자는 개인정보가 포함된 종이 인쇄물, 개인정보가 복사된 외부 저장매체 등 개인정보의 출력·복사물을 안전하게 관리하기 위해 필요한 안전조치를 하여야 한다.
제13조 (개인정보의 파기)	① 개인정보처리자는 개인정보를 파기할 경우 다음 각 호 중 어느 하나의 조치를 하여야 한다. 1. 완전파괴(소각·파쇄 등) 2. 전용 소자장비(자기장을 이용해 저장장치의 데이터를 삭제하는 장비)를 이용하여 삭제 3. 데이터가 복원되지 않도록 초기화 또는 덮어쓰기 수행 ② 개인정보처리자가 개인정보의 일부만을 파기하는 경우, 제1항의 방법으로 파기하는 것이 어려울 때에는 다음 각 호의 조치를 하여야 한다. 1. 전자적 파일 형태인 경우 : 개인정보를 삭제한 후 복구 및 재생되지 않도록 관리 및 감독 2. 제1호 외의 기록물, 인쇄물, 서면, 그 밖의 기록매체인 경우 : 해당 부분을 마스킹, 구멍 뚫기 등으로 삭제 ③ 기술적 특성으로 제1항 및 제2항의 방법으로 파기하는 것이 현저히 곤란한 경우에는 법 제58조의2에 해당하는 정보로 처리하여 복원이 불가능하도록 조치를 하여야 한다.

개인정보 처리방침 평가에 관한 고시

빈출 태그 개인정보 처리방침 · 개인정보 처리방침 평가

1) 개인정보 처리방침 평가에 관한 고시

조항	내용
제1조 (목적)	이 고시는 「개인정보 보호법」(이하 "법"이라 한다) 제30조의2와 같은법 시행령(이하 "영"이라 한다) 제31조의2에 따라 개인정보 처리방침 평가대상 선정과 평가절차 등에 관한 세부기준을 정함을 목적으로 한다.
제2조 (용어의 정의)	이 고시에서 사용하는 용어의 정의는 다음 각 호와 같다. 1. "개인정보 처리방침"(이하 "처리방침"이라 한다)이란 법 제30조에 따라 개인정보 처리 기준 및 보호조치 등에 관해 개인정보처리자가 수립하여 공개한 문서를 말한다. 2. "개인정보 처리방침 평가"(이하 "처리방침 평가"라 한다)란 개인정보보호위원회(이하 "보호위원회"라 한다)가 개인정보처리자의 처리방침이 법 제30조의2 제1항 각 호의 기준에 부합하는지 여부를 평가하는 것을 말한다. 3. "평가 대상"이란 보호위원회가 법 제30조의2 제1항에 따른 평가를 위하여 영 제31조의2 각 호의 사항을 종합적으로 고려하여 보호위원회가 선정한 처리방침을 말한다.
제3조 (평가계획의 수립)	① 보호위원회는 법 제30조의2에 따른 처리방침 평가를 수행하는 경우 매년 평가 시작일을 기준으로 14일 전까지 평가 대상, 기준, 절차 및 일정 등을 정한 평가계획을 수립하여 심의 · 의결한다. ② 보호위원회는 제1항에 따라 평가계획을 의결한 경우 지체없이 보호위원회 홈페이지에 공개하여야 한다.
제4조 (평가 대상)	① 영 제31조의2 제1항에 따른 개인정보 처리방침의 평가 대상은 다음 각 호의 사항을 종합적으로 고려하여 처리방침 평가가 필요하다고 보호위원회가 심의 · 의결한 자로 한다. 　1. 전년도(법인의 경우에는 전 시업연도를 말하며, 이하 이 조에서 같다)의 매출액이 1,500억 원 이상이면서 전년도 말 기준 직전 3개월간 그 개인정보가 저장 · 관리되고 있는 정보주체의 수가 일일평균 100만 명 이상일 것 　2. 전년도 말 기준 직전 3개월간 법 제23조 제1항에 따른 민감정보(이하 "민감정보"라 한다) 또는 법 제24조 제1항에 따른 고유식별정보(이하 "고유식별정보"라 한다)가 저장 · 관리되고 있는 정보주체의 수가 일일평균 5만 명(업무수행을 위해 처리되는 그에 소속된 임직원의 민감정보나 고유식별정보는 제외한다) 이상일 것 　3. 개인정보 처리방침에 법 제22조 제3항에 따라 정보주체의 동의 없이 처리할 수 있는 개인정보의 항목과 처리의 법적 근거를 정보주체의 동의를 받아 처리하는 개인정보와 구분하고 있지 않을 것 　4. 법 제37조의2에 따라 완전히 자동화된 시스템(인공지능 기술을 적용한 시스템을 포함한다)으로 개인정보를 처리하거나, 그 밖에 새로운 기술을 이용한 개인정보 처리 방식으로 인하여 개인정보 침해 발생 우려가 있을 것 　5. 최근 3년 간 다음 각 목의 어느 하나에 해당할 것 　　가. 2회 이상 법 제34조에 따른 개인정보 유출 등이 되었을 것 　　나. 법 제62조의2에 따른 과징금을 부과 받았을 것 　　다. 법 제75조에 따른 과태료를 부과 받았을 것 　6. 19세 미만 아동 또는 청소년을 주된 이용자로 하는 「정보통신망 이용촉진 및 정보보호 등에 관한 법률」 제2조 제2호에 따른 정보통신서비스를 운영할 것 ② 보호위원회는 필요한 경우 평가 대상을 선정하기 전에 개인정보처리자에게 제1항 각 호의 평가 대상에 해당하는지 여부에 대한 확인을 요청할 수 있다.

제5조 (평가 절차)	① 처리방침 평가는 평가계획 수립 및 통지, 평가위원회 구성, 서류 검토 등 평가 수행, 평가 결과 통지 등의 절차에 따라 실시한다. ② 보호위원회는 제4조에 따라 선정된 평가 대상이 법 제30조의2 제1항 각 호의 기준에 부합하는지 평가한다. ③ 보호위원회는 영 제31조의2 제3항에 따라 개인정보처리자가 의견을 제출한 경우 그 내용의 타당성 등을 검토하여 평가에 반영할 수 있다. ④ 보호위원회는 영 제31조의2 제4항에 따라 평가 결과를 지체없이 해당 개인정보처리자에게 통지하여야 한다.
제6조 (평가위원회 구성 및 운영)	① 보호위원회는 처리방침 평가를 위해 처리방침 평가위원회(이하 "평가위원회"라 한다)를 구성·운영할 수 있다. ② 평가위원회는 위원장 1명을 포함하여 보호위원회가 위촉하는 20명 이상 50명 이내의 개인정보 보호에 관한 학식과 경험이 풍부한 외부 전문가로 다음 각 호의 경력을 가진 사람 중에서 구성한다. 　1. 「고등교육법」 제2조 제1호·제2호 또는 제5호에 따른 학교나 공인된 연구기관에서 조교수 이상의 직 또는 이에 상당하는 직에 있거나 있었던 자로 개인정보 보호 연구경력이 3년 이상인 사람 　2. 개인정보 보호 관련 업체, 기관 또는 단체(협회, 조합)에서 3년 이상 개인정보 보호 업무에 종사한 사람 　3. 그 밖에 개인정보 안전한 활용, 정보보호·보안에 관한 학식과 경험이 풍부한 사람 ③ 평가위원의 임기는 1년으로 하되 연임할 수 있으며, 위원장은 보호위원회 위원장이 위촉한다. ④ 평가위원은 업무에 직접 관여하는 등 직접적인 이해관계가 있거나 공정성을 기할 수 없는 현저한 사유가 있는 경우에는 해당 평가 대상의 평가에 관여할 수 없다. ⑤ 필요한 경우 평가위원회에 전문위원회를 둘 수 있다.
제7조 (이의신청)	① 처리방침 평가를 받은 개인정보처리자는 제5조 제4항에 따른 평가결과에 이의가 있는 경우 평가결과를 통보받은 날로부터 20일 이내에 별지 서식을 작성하여 보호위원회에 제출하여야 한다. ② 보호위원회는 제1항에 따른 이의신청을 받은 날로부터 30일 이내에 이의신청 내용을 검토하여 타당성이 인정되는 경우 평가 결과에 반영하여야 하며, 그 결과를 이의신청을 한 자에게 통지하여야 한다. 다만 부득이한 사정이 있는 경우 14일의 범위에서 그 기간을 연장할 수 있다.
제8조 (평가결과의 활용 및 지원)	① 보호위원회는 처리방침 평가 결과 개선이 필요한 경우 법 제61조 제2항에 따른 개선권고를 할 수 있으며, 법 제66조에 따라 개선권고의 내용 및 결과에 대하여 공표하거나, 개선권고를 받은 자에게 개선권고를 받았다는 사실을 공표할 것을 명할 수 있다. 이 경우 공표 또는 공표명령의 기준은 별표와 같다. ② 제1항에 따라 개선권고를 받은 개인정보처리자는 그 조치결과를 보호위원회에 알려야 하며, 보호위원회는 이행 여부를 점검할 수 있다. ③ 보호위원회는 처리방침 평가 결과 우수한 개인정보처리자에 대하여 포상할 수 있다. ④ 보호위원회는 처리방침 평가 우수 사례를 홍보하거나 컨설팅 지원 등에 활용할 수 있다. ⑤ 보호위원회는 개인정보처리자의 개인정보 처리방침 작성 지침 준수를 위한 지원을 할 수 있다.
제9조 (재검토기한)	보호위원회는 이 고시에 대하여 「행정규제기본법」 및 「훈령·예규 등의 발령 및 관리에 관한 규정」에 따라 2024년 1월 1일을 기준으로 매 3년이 되는 시점(매 3년째의 12월 31일까지를 말한다)마다 그 타당성을 검토하여 개선 등의 조치를 하여야 한다.

2) 소프트웨어 개발 생명주기(SDLC, Software Development Life Cycle)

구분	사업 계획	분석	설계	구현	시험	운영	유지보수	파기
정보보호 사전점검	△	○	○	○	○			
보안성 심의	○				△			
보안성 검토	○				△			
ISO27001		△	△	△	△	○	○	○
ISMS		△	△	△	△	○	○	○
개인정보 영향평가		○	○			△		

3) 소프트웨어 개발 생명주기(SDLC)의 단계별 보안 활동 가이드라인

정보보호 사전점검 수행단계		정보보호 사전점검 대상자	
		주관기관	구축 사업자
개별보안 이행단계	요구사항	개발계획 수립 및 업체선정	▶ 정보보호 요구사항 정의
			▼ 개발계획 수립
			▼ 정보보호 정책 수립
	정의	보안설계 검토	◀ 목표시스템 보안설계
			◀ 목표시스템 보안기능 정의
			◀ 개발환경 보안설계
	설계	개발보완 관리	▶ 보안기능 구현 검토
			▼ 시큐어코딩
			◀ 개발환경 보안관리
	구현	정보보호 사전점검 결과 검토	▼ 보안점검 수행
			▼ 이관(전환) 보안관리
			◀ 정보보호 사전점검 결과보고서 작성

표준 개인정보 보호지침

빈출 태그 개인정보처리자 • 공공기관 • 개인정보 보호책임자 • 개인정보취급자

1) 제1장(총칙)

조항	내용
제1조 (목적)	이 지침은 「개인정보 보호법」(이하 "법"이라 한다) 제12조 제1항에 따른 개인정보의 처리에 관한 기준, 개인정보 침해의 유형 및 예방조치 등에 관한 세부적인 사항을 규정함을 목적으로 한다.
제2조 (용어의 정의)	이 지침에서 사용하는 용어의 뜻은 다음과 같다. 1. "처리"란 개인정보의 수집, 생성, 연계, 연동, 기록, 저장, 보유, 가공, 편집, 검색, 출력, 정정(訂正), 복구, 이용, 제공, 공개, 파기(破棄), 그 밖에 이와 유사한 행위를 말한다. 2. "개인정보처리자"란 업무를 목적으로 법 제2조 제4호에 따른 개인정보파일을 운용하기 위하여 스스로 또는 다른 사람을 통하여 개인정보를 처리하는 모든 공공기관, 법인 · 단체, 개인 등을 말한다. 3. "공공기관"이란 법 제2조 제6호 및 「개인정보 보호법 시행령」(이하 "영"이라 한다) 제2조에 따른 기관을 말한다. 4. "친목단체"란 학교, 지역, 기업, 인터넷 커뮤니티 등을 단위로 구성되는 것으로서 자원봉사, 취미, 정치, 종교 등 공통의 관심사나 목표를 가진 사람간의 친목도모를 위한 각종 동창회, 동호회, 향우회, 반상회 및 동아리 등의 모임을 말한다. 5. "개인정보 보호책임자"란 개인정보처리자의 개인정보 처리에 관한 업무를 총괄해서 책임지는 자로서 영 제32조 제1항 또는 제3항에 해당하는 자를 말한다. 6. "개인정보취급자"란 개인정보처리자의 지휘 · 감독을 받아 개인정보를 처리하는 업무를 담당하는 자로서 임직원, 파견근로자, 시간제근로자 등을 말한다. 7. "개인정보처리시스템"이란 데이터베이스 시스템 등 개인정보를 처리할 수 있도록 체계적으로 구성한 시스템을 말한다. 8. "고정형 영상정보처리기기"란 일정한 공간에 설치되어 지속적 또는 주기적으로 사람 또는 사물의 영상 등을 촬영하거나 이를 유 · 무선망을 통하여 전송하는 장치로서 영 제3조 제1항에 따른 폐쇄회로 텔레비전 및 네트워크 카메라를 말한다. 8의2. "이동형 영상정보처리기기"란 사람이 신체에 착용 또는 휴대하거나 이동 가능한 물체에 부착 또는 거치(据置)하여 사람 또는 사물의 영상 등을 촬영하거나 이를 유 · 무선망을 통하여 전송하는 장치로서 영 제3조 제2항에 따른 착용형, 휴대형, 부착 · 거치형 장치를 말한다. 9. "개인영상정보"란 법 제2조 제1호에 따른 개인정보 중 고정형 영상정보처리기기 또는 이동형 영상정보처리기기에 의하여 촬영 · 처리되는 영상 형태의 개인정보를 말한다. 10. "고정형영상정보처리기기운영자"란 법 제25조 제1항 각 호에 따라 고정형 영상정보처리기기를 설치 · 운영하는 자를 말한다. 10의2. "이동형영상정보처리기기운영자"란 법 제25조의2 제1항 각 호에 따라 업무를 목적으로 이동형 영상정보처리기기를 운영하는 자를 말한다. 11. "공개된 장소"란 공원, 도로, 지하철, 상가 내부, 주차장 등 불특정 또는 다수가 접근하거나 통행하는 데에 제한을 받지 아니하는 장소를 말한다.
제3조 (적용범위)	이 지침은 전자적 파일과 인쇄물, 서면 등 모든 형태의 개인정보파일을 운용하는 개인정보처리자에게 적용된다.

| 제4조
(개인정보
보호 원칙) | ① 개인정보처리자는 개인정보 처리 목적을 명확하게 하여야 하고 그 목적에 필요한 범위에서 최소한의 개인정보만을 적법하고 정당하게 수집하여야 한다.
② 개인정보처리자는 개인정보의 처리 목적에 필요한 범위에서 적합하게 개인정보를 처리하여야 하며, 그 목적 외의 용도로 활용하여서는 아니 된다.
③ 개인정보처리자는 개인정보의 처리 목적에 필요한 범위에서 개인정보의 정확성과 최신성을 유지하도록 하여야 하고, 개인정보를 처리하는 과정에서 고의 또는 과실로 부당하게 변경 또는 훼손되지 않도록 하여야 한다.
④ 개인정보처리자는 개인정보의 처리 방법 및 종류 등에 따라 정보주체의 권리가 침해받을 가능성과 그 위험 정도를 고려하여 그에 상응하는 적절한 기술적·관리적 및 물리적 보호조치를 통하여 개인정보를 안전하게 관리하여야 한다.
⑤ 개인정보처리자는 개인정보 처리방침 등 개인정보의 처리에 관한 사항을 공개하여야 하며, 열람청구권 등 정보주체의 권리가 보장될 수 있도록 합리적인 절차와 방법 등을 마련하여야 한다.
⑥ 개인정보처리자는 개인정보의 처리 목적에 필요한 범위에서 적법하게 개인정보를 처리하는 경우에도 정보주체의 사생활 침해를 최소화하는 방법으로 개인정보를 처리하여야 한다.
⑦ 개인정보처리자는 개인정보를 적법하게 수집한 경우에도 개인정보를 익명 또는 가명으로 처리하여도 개인정보 수집목적을 달성할 수 있는 경우 익명처리가 가능한 경우에는 익명에 의하여, 익명처리로 목적을 달성할 수 없는 경우에는 가명에 의하여 처리될 수 있도록 하여야 한다.
⑧ 개인정보처리자는 관계 법령에서 규정하고 있는 책임과 의무를 준수하고 실천함으로써 정보주체의 신뢰를 얻기 위하여 노력하여야 한다. |

2) 제2장(개인정보 처리 기준)

제1절 개인정보의 처리	
조항	내용
제6조 (개인정보의 수집·이용)	① 개인정보의 "수집"이란 정보주체로부터 직접 이름, 주소, 전화번호 등의 개인정보를 제공받는 것뿐만 아니라 정보주체에 관한 모든 형태의 개인정보를 취득하는 것을 말한다. ② 개인정보처리자는 다음 각 호의 경우에 개인정보를 수집할 수 있으며, 그 수집 목적의 범위에서 이용할 수 있다. 　1. 정보주체로부터 사전에 동의를 받은 경우 　2. 법률에서 개인정보를 수집·이용할 수 있음을 구체적으로 명시하거나 허용하고 있는 경우 　3. 법령에서 개인정보처리자에게 구체적인 의무를 부과하고 있고, 개인정보처리자가 개인정보를 수집·이용하지 않고는 그 의무를 이행하는 것이 불가능하거나 현저히 곤란한 경우 　4. 공공기관이 개인정보를 수집·이용하지 않고는 법령 등에서 정한 소관 업무를 수행하는 것이 불가능하거나 현저히 곤란한 경우 　5. 개인정보를 수집·이용하지 않고는 정보주체와 체결한 계약을 이행하거나 계약을 체결하는 과정에서 정보주체의 요청에 따른 조치를 이행하기 곤란한 경우 　6. 명백히 정보주체 또는 제3자(정보주체를 제외한 그 밖의 모든 자를 말한다)의 급박한 생명, 신체, 재산의 이익을 위하여 필요하다고 인정되는 경우 　7. 개인정보처리자가 법령 또는 정보주체와의 계약 등에 따른 정당한 이익을 달성하기 위하여 필요한 경우로서 명백하게 정보주체의 권리보다 우선하는 경우. 다만, 이 경우 개인정보의 수집·이용은 개인정보처리자의 정당한 이익과 상당한 관련이 있고 합리적인 범위를 초과하지 아니한 경우에 한한다. 　8. 공중위생 등 공공의 안전과 안녕을 위하여 긴급히 필요한 경우 ③ 개인정보처리자는 정보주체로부터 직접 명함 또는 그와 유사한 매체(이하 "명함 등"이라 함)를 제공받음으로써 개인정보를 수집하는 경우 명함 등을 제공하는 정황 등에 비추어 사회통념상 동의 의사가 있었다고 인정되는 범위 내에서만 이용할 수 있다. ④ 개인정보처리자는 인터넷 홈페이지 등 공개된 매체 또는 장소(이하 "인터넷 홈페이지 등"이라 함)에서 개인정보를 수집하는 경우 정보주체의 동의 의사가 명확히 표시되거나 인터넷 홈페이지 등의 표시 내용에 비추어 사회통념상 동의 의사가 있었다고 인정되는 범위 내에서만 이용할 수 있다. ⑤ 개인정보처리자는 계약 등의 상대방인 정보주체가 대리인을 통하여 법률행위 또는 의사표시를 하는 경우 대리인의 대리권 확인을 위한 목적으로만 대리인의 개인정보를 수집·이용할 수 있다. ⑥ 근로자와 사용자가 근로계약을 체결하는 경우 「근로기준법」에 따른 임금지급, 교육, 증명서 발급, 근로자 복지제공을 위하여 근로자의 동의 없이 개인정보를 수집·이용할 수 있다.

제7조 (개인정보의 제공)	① 개인정보의 "제공"이란 개인정보의 저장 매체나 개인정보가 담긴 출력물·책자 등을 물리적으로 이전하거나 네트워크를 통한 개인정보의 전송, 개인정보에 대한 제3자의 접근권한 부여, 개인정보처리자와 제3자의 개인정보 공유 등 개인정보의 이전 또는 공동 이용 상태를 초래하는 모든 행위를 말한다. ② 법 제17조의 "제3자"란 정보주체와 정보주체에 관한 개인정보를 수집·보유하고 있는 개인정보처리자를 제외한 모든 자를 의미하며, 정보주체의 대리인(명백히 대리의 범위 내에 있는 것에 한한다)과 법 제26조 제2항에 따른 수탁자는 제외한다(이하 같다). ③ 개인정보처리자가 법 제17조 제2항 제1호에 따라 정보주체에게 개인정보를 제공받는 자를 알리는 경우에는 그 성명(법인 또는 단체인 경우에는 그 명칭)과 연락처를 함께 알려야 한다.
제8조 (개인정보의 목적 외 이용·제공)	① 개인정보처리자가 법 제18조 제2항에 따라 개인정보를 목적 외의 용도로 제3자에게 제공하는 경우에는 개인정보를 제공받는 자에게 이용 목적, 이용 방법, 이용 기간, 이용 형태 등을 제한하거나, 개인정보의 안전성 확보를 위하여 필요한 구체적인 조치를 마련하도록 문서(전자문서를 포함한다. 이하 같다)로 요청하여야 한다. 이 경우 요청을 받은 자는 그에 따른 조치를 취하고 그 사실을 개인정보를 제공한 개인정보처리자에게 문서로 알려야 한다. ② 법 제18조 제2항에 따라 개인정보를 목적 외의 용도로 제3자에게 제공하는 자는 해당 개인정보를 제공받는 자와 개인정보의 안전성 확보 조치에 관한 책임관계를 명확히 하여야 한다. ③ 개인정보처리자가 법 제18조 제3항 제1호에 따라 정보주체에게 개인정보를 제공받는 자를 알리는 경우에는 그 성명(법인 또는 단체인 경우에는 그 명칭)과 연락처를 함께 알려야 한다.

제9조
(개인정보 수집
출처 등 통지)
	① 개인정보처리자가 정보주체 이외로부터 수집한 개인정보를 처리하는 때에는 정당한 사유가 없는 한 정보주체의 요구가 있은 날로부터 3일 이내에 법 제20조 제1항 각 호의 모든 사항을 정보주체에게 알려야 한다. 다만, 다음 각 호의 어느 하나에 해당하는 경우에는 그러하지 아니 하다.
	  1. 통지를 요구하는 대상이 되는 개인정보가 법 제32조 제2항 각 호의 어느 하나에 해당하는 개인정보파일에 포함되어 있는 경우
	  2. 통지로 인하여 다른 사람의 생명·신체를 해할 우려가 있거나 다른 사람의 재산과 그 밖의 이익을 부당하게 침해할 우려가 있는 경우
	② 개인정보처리자는 제1항 단서에 따라 제1항 전문에 따른 정보주체의 요구를 거부하는 경우에는 정당한 사유가 없는 한 정보주체의 요구가 있은 날로부터 3일 이내에 그 거부의 근거와 사유를 정보주체에게 알려야 한다.

제10조 (개인정보의 파기 방법 및 절차)	① 개인정보처리자는 개인정보의 보유 기간이 경과하거나 개인정보의 처리 목적 달성, 가명정보의 처리 기간 경과, 해당 서비스의 폐지, 사업의 종료 등 그 개인정보가 불필요하게 되었을 때에는 정당한 사유가 없는 한 그로부터 5일 이내에 그 개인정보를 파기하여야 한다. ② 영 제16조 제1항 제1호의 '복원이 불가능한 방법'이란 현재의 기술수준에서 사회통념상 적정한 비용으로 파기한 개인정보의 복원이 불가능하도록 조치하는 방법을 말한다. ③ 개인정보처리자는 개인정보의 파기에 관한 사항을 기록·관리하여야 한다. ④ 개인정보 보호책임자는 개인정보 파기 시행 후 파기 결과를 확인하여야 한다. ⑤ 개인정보처리자 중 공공기관의 개인정보파일 파기에 관하여는 제55조 및 제56조를 적용한다.

제11조
~
제15조
	제11조(법령에 따른 개인정보의 보존)
	① 개인정보처리자가 법 제21조 제1항 단서에 따라 법령에 근거하여 개인정보를 파기하지 아니하고 보존하여야 하는 경우에는 물리적 또는 기술적 방법으로 분리하여서 저장·관리하여야 한다.
	② 제1항에 따라 개인정보를 분리하여 저장·관리하는 경우에는 개인정보 처리방침 등을 통하여 법령에 근거하여 해당 개인정보 또는 개인정보파일을 저장·관리한다는 점을 정보주체가 알 수 있도록 하여야 한다.
	
	제12조(동의를 받는 방법 등)
	① 개인정보처리자가 개인정보의 처리에 대하여 정보주체의 동의를 받을 때에는 법 제22조 제1항에 따라 각각의 동의 사항을 구분하여 정보주체가 이를 명확하게 인지할 수 있도록 알리고 동의를 받아야 한다.
	② 개인정보처리자는 법 제22조에 따라 개인정보의 처리에 대하여 정보주체의 동의를 받을 때에는 다음 각 호의 조건을 모두 충족해야 한다.
	  1. 정보주체가 자유로운 의사에 따라 동의 여부를 결정할 수 있을 것
	  2. 동의를 받으려는 내용이 구체적이고 명확할 것
	  3. 그 내용을 쉽게 읽고 이해할 수 있는 문구를 사용할 것
	  4. 동의 여부를 명확하게 표시할 수 있는 방법을 정보주체에게 제공할 것
	③ 개인정보처리자는 법 제22조 제1항 각 호의 어느 하나에 해당하는 경우에는 동의 사항을 구분하여 각각 동의를 받아야 한다.

④ 개인정보처리자는 제3항에 해당하여 개인정보를 처리하고자 하는 경우에는 정보주체에게 동의 또는 동의 거부를 선택할 수 있음을 명시적으로 알려야 한다.

⑤ 개인정보처리자는 정보주체의 동의 없이 처리할 수 있는 개인정보에 대해서는 그 항목과 처리의 법적 근거를 정보주체의 동의를 받아 처리하는 개인정보와 구분하여 개인정보처리방침에 공개하거나 서면, 전자우편, 팩스, 전화, 문자전송 또는 이에 상당하는 방법(이하 "서면 등의 방법"이라 한다)으로 정보주체에게 알려야 한다. 이 경우 동의 없이 처리할 수 있는 개인정보라는 입증책임은 개인정보처리자가 부담한다.

⑥ 개인정보처리자가 영 제17조 제2항 제2호의 규정에 따라 전화에 의한 동의와 관련하여 통화내용을 녹취할 때에는 녹취사실을 정보주체에게 알려야 한다.

⑦ 개인정보처리자가 친목단체를 운영하기 위하여 다음 각 호의 어느 하나에 해당하는 개인정보를 수집하는 경우에는 정보주체의 동의 없이 개인정보를 수집·이용할 수 있다.

   1. 친목단체의 가입을 위한 성명, 연락처 및 친목단체의 회칙으로 정한 공통의 관심사나 목표와 관련된 인적 사항

   2. 친목단체의 회비 등 친목유지를 위해 필요한 비용의 납부현황에 관한 사항

   3. 친목단체의 활동에 대한 구성원의 참석여부 및 활동내용에 관한 사항

   4. 기타 친목단체의 구성원 상호 간의 친교와 화합을 위해 구성원이 다른 구성원에게 알리기를 원하는 생일, 취향 및 가족의 애경사 등에 관한 사항

⑧ 개인정보처리자가 정보주체의 동의를 받기 위하여 동의서를 작성하는 경우에는 개인정보 처리 동의 안내서를 준수하여야 한다.

제13조(법정대리인의 동의)

① 영 제17조의2 제1항에 따라 개인정보처리자가 법정대리인의 성명·연락처를 수집할 때에는 해당 아동에게 자신의 신분과 연락처, 법정대리인의 성명과 연락처를 수집하고자 하는 이유를 알려야 한다.

② 개인정보처리자는 법 제22조의2 제2항에 따라 수집한 법정대리인의 개인정보를 법정대리인의 동의를 얻기 위한 목적으로만 이용하여야 하며, 법정대리인의 동의 거부가 있거나 법정대리인의 동의 의사가 확인되지 않는 경우 수집일로부터 5일 이내에 파기해야 한다.

제14조(정보주체의 사전 동의를 받을 수 없는 경우)

개인정보처리자가 법 제15조 제1항 제5호 및 법 제18조 제2항 제3호에 따라 정보주체의 사전 동의 없이 개인정보를 수집·이용 또는 제공한 경우 해당 사유가 해소된 때에는 개인정보의 처리를 즉시 중단하여야 하며, 정보주체에게 사전 동의 없이 개인정보를 수집·이용 또는 제공한 사실과 그 사유 및 이용내역을 알려야 한다.

제15조(개인정보취급자에 대한 감독)

① 개인정보처리자는 개인정보취급자를 업무상 필요한 한도 내에서 최소한으로 두어야 하며, 개인정보취급자의 개인정보 처리 범위를 업무상 필요한 한도 내에서 최소한으로 제한하여야 한다.

② 개인정보처리자는 개인정보 처리시스템에 대한 접근권한을 업무의 성격에 따라 해당 업무수행에 필요한 최소한의 범위로 업무담당자에게 차등 부여하고 접근권한을 관리하기 위한 조치를 취해야 한다.

③ 개인정보처리자는 개인정보취급자에게 보안서약서를 제출하도록 하는 등 적절한 관리·감독을 해야 하며, 인사이동 등에 따라 개인정보취급자의 업무가 변경되는 경우에는 개인정보에 대한 접근권한을 변경 또는 말소해야 한다.

제2절 개인정보 처리의 위탁	
조항	내용
제16조 ~ 제17조	**제16조(수탁자의 선정 시 고려사항)** 개인정보의 처리 업무를 위탁하는 개인정보처리자(이하 "위탁자"라 한다)가 개인정보 처리 업무를 위탁받아 처리하는 자(이하 "수탁자"라 한다)를 선정할 때에는 인력과 물적 시설, 재정 부담능력, 기술 보유의 정도, 책임능력 등 개인정보 처리 및 보호 역량을 종합적으로 고려하여야 한다. **제17조(개인정보 보호 조치의무)** 수탁자는 위탁받은 개인정보를 보호하기 위하여 「개인정보의 안전성 확보조치 기준 고시」에 따른 관리적·기술적·물리적 조치를 하여야 한다.

조항	내용
제18조 ~ 제21조	**제18조(개인정보 처리방침의 작성기준 등)** ① 개인정보처리자가 개인정보 처리방침을 작성하는 때에는 법 제30조 제1항 각 호 및 영 제31조 제1항 각 호의 사항을 명시적으로 구분하되, 알기 쉬운 용어로 구체적이고 명확하게 표현하여야 한다. ② 개인정보처리자는 처리하는 개인정보가 개인정보의 처리 목적에 필요한 최소한이라는 점을 밝혀야 한다. **제19조(개인정보 처리방침의 기재사항)** 개인정보처리자가 개인정보 처리방침을 작성할 때에는 법 제30조 제1항에 따라 다음 각 호의 사항을 모두 포함하여야 한다. 1. 개인정보의 처리 목적 2. 처리하는 개인정보의 항목 3. 개인정보의 처리 및 보유 기간 4. 개인정보의 제3자 제공에 관한 사항(해당되는 경우에만 정한다) 5. 영 제14조의2 제2항에 따라 개인정보의 추가적인 이용 또는 제공이 지속적으로 발생하는 경우 같은 조 제1항 각 호의 고려사항에 대한 판단 기준(해당되는 경우에만 정한다) 6. 인터넷 접속정보파일 등 개인정보를 자동으로 수집하는 장치의 설치 · 운영 및 그 거부에 관한 사항(해당되는 경우에만 정한다) 7. 개인정보의 파기절차 및 파기방법(법 제21조 제1항 단서에 따라 개인정보를 보존하여야 하는 경우에는 그 보존근거와 보존하는 개인정보 항목을 포함한다) 8. 법 제23조 제3항에 따른 민감정보의 공개 가능성 및 비공개를 선택하는 방법(해당되는 경우에만 정한다) 9. 개인정보처리의 위탁에 관한 사항(해당되는 경우에만 정한다) 10. 법 제28조의2 및 제28조의3에 따른 가명정보의 처리 등에 관한 사항(해당되는 경우에만 정한다) 11. 영 제30조 제1항에 따른 개인정보의 안전성 확보조치에 관한 사항 12. 개인정보 처리방침의 변경에 관한 사항 13. 법 제31조에 따른 개인정보 보호책임자의 성명 또는 개인정보 보호업무 및 관련 고충사항을 처리하는 부서의 명칭과 전화번호 등 연락처 14. 법 제31조의2 제1항에 따라 국내대리인을 지정하는 경우 국내대리인의 성명, 주소, 전화번호 및 전자우편 주소(해당되는 경우에만 정한다) 15. 개인정보의 열람, 정정 · 삭제, 처리정지 요구권 등 정보주체와 법정대리인의 권리 · 의무 및 그 행사방법에 관한 사항 16. 개인정보의 열람청구를 접수 · 처리하는 부서 17. 정보주체의 권익침해에 대한 구제방법 **제20조(개인정보 처리방침의 공개)** ① 개인정보처리자가 법 제30조 제2항에 따라 개인정보 처리방침을 수립하는 경우에는 인터넷 홈페이지를 통해 지속적으로 게재하여야 하며, 이 경우 "개인정보 처리방침"이라는 명칭을 사용하되, 글자 크기, 색상 등을 활용하여 다른 고지사항과 구분함으로써 정보주체가 쉽게 확인할 수 있도록 하여야 한다. ② 개인정보처리자가 인터넷 홈페이지를 운영하지 않는 경우 또는 인터넷 홈페이지 관리상의 하자가 있는 경우에는 영 제31조 제3항 각 호의 어느 하나 이상의 방법으로 개인정보 처리방침을 공개하여야 한다. 이 경우에도 "개인정보 처리방침"이라는 명칭을 사용하되, 글자 크기, 색상 등을 활용하여 다른 고지사항과 구분함으로써 정보주체가 쉽게 확인할 수 있도록 하여야 한다. ③ 개인정보처리자가 영 제31조 제3항 제3호의 방법으로 개인정보 처리방침을 공개하는 경우에는 간행물 · 소식지 · 홍보지 · 청구서 등이 발행될 때마다 계속하여 게재하여야 한다. **제21조(개인정보 처리방침의 변경)** 개인정보처리자가 개인정보 처리방침을 변경하는 경우에는 변경 및 시행의 시기, 변경된 내용을 지속적으로 공개하여야 하며, 변경된 내용은 정보주체가 쉽게 확인할 수 있도록 변경 전 · 후를 비교하여 공개하여야 한다.

<table>
<tr><td colspan="2" align="center">제4절 개인정보 보호책임자</td></tr>
<tr><td align="center">조항</td><td align="center">내용</td></tr>
<tr><td align="center">제22조
~
제24조</td><td>

제22조(개인정보 보호책임자의 공개)
① 개인정보처리자가 개인정보 보호책임자를 지정하거나 변경하는 경우 개인정보 보호책임자의 지정 및 변경 사실, 성명과 부서의 명칭, 전화번호 등 연락처를 공개하여야 한다.
② 개인정보처리자는 개인정보 보호책임자를 공개하는 경우 개인정보 보호와 관련한 고충처리 및 상담을 실제로 처리할 수 있는 연락처를 공개하여야 한다. 이 경우 개인정보 보호책임자와 개인정보 보호 업무를 처리하는 담당자의 성명, 부서의 명칭, 전화번호 등 연락처를 함께 공개할 수 있다.

제23조(개인정보 보호책임자의 교육)
영 제32조 제5항에 따라 보호위원회가 개설 운영할 수 있는 개인정보 보호책임자에 대한 교육의 내용은 다음 각 호와 같다.
1. 개인정보 보호 관련 법령 및 제도의 내용
2. 법 제31조 제3항 및 영 제32조 제1항 각 호의 업무수행에 필요한 사항
3. 그 밖에 개인정보처리자의 개인정보 보호를 위하여 필요한 사항

제24조(교육계획의 수립 및 시행)
① 보호위원회는 매년 초 해당 연도 개인정보 보호책임자 교육계획을 수립하여 시행한다.
② 보호위원회는 제1항의 교육계획에 따라 개인정보 처리 및 보호에 관한 전문성을 갖춘 단체에 개인정보 보호책임자 교육을 실시하게 할 수 있다.
③ 보호위원회는 개인정보 보호책임자가 지리적 · 경제적 여건에 구애받지 않고 편리하게 교육을 받을 수 있는 여건 조성을 위해 노력하여야 한다.

</td></tr>
</table>

<table>
<tr><td colspan="2" align="center">제5절 개인정보 유출 통지 및 신고 등</td></tr>
<tr><td align="center">조항</td><td align="center">내용</td></tr>
<tr><td align="center">제25조
~
제30조</td><td>

제25조(개인정보의 유출 등)
개인정보의 분실 · 도난 · 유출(이하 "유출 등"이라 한다)은 법령이나 개인정보처리자의 자유로운 의사에 의하지 않고 개인정보가 해당 개인정보처리자의 관리 · 통제권을 벗어나 제3자가 그 내용을 알 수 있는 상태에 이르게 된 것을 밀한다.

제26조(유출 등의 통지시기 및 항목)
① 개인정보처리자는 개인정보가 유출 등이 되었음을 알게 된 때에는 72시간 이내에 해당 정보주체에게 다음 각 호의 사항을 알려야 한다.
  1. 유출 등이 된 개인정보의 항목
  2. 유출 등이 된 시점과 그 경위
  3. 유출 등으로 인하여 발생할 수 있는 피해를 최소화하기 위하여 정보주체가 할 수 있는 방법 등에 관한 정보
  4. 개인정보처리자의 대응조치 및 피해구제절차
  5. 정보주체에게 피해가 발생한 경우 신고 등을 접수할 수 있는 담당부서 및 연락처
② 제1항에도 불구하고 개인정보처리자는 다음 각 호의 어느 하나에 해당하는 경우에는 해당 사유가 해소된 후 지체 없이 정보주체에게 알릴 수 있다.
  1. 유출 등이 된 개인정보의 확산 및 추가 유출 등을 방지하기 위하여 접속경로의 차단, 취약점 점검 · 보완, 유출 등이 된 개인정보의 회수 · 삭제 등 긴급한 조치가 필요한 경우
  2. 천재지변이나 그 밖에 부득이한 사유로 인하여 72시간 이내에 통지하기 곤란한 경우
③ 개인정보처리자는 제1항 각 호의 사항을 모두 확인하기 어려운 경우에는 정보주체에게 다음 각 호의 사실만을 우선 알리고, 추후 확인되는 즉시 알릴 수 있다.
  1. 정보주체에게 유출 등이 발생한 사실
  2. 제1항의 통지항목 중 확인된 사항
④ 개인정보처리자는 개인정보 유출 등의 사고를 인지하지 못해 유출 등의 사고가 발생한 시점으로부터 72시간 이내에 해당 정보주체에게 개인정보 유출 등의 통지를 하지 아니한 경우에는 실제 유출 등의 사고를 알게 된 시점을 입증하여야 한다.

</td></tr>
</table>

제27조(유출 등의 통지방법)

① 개인정보처리자는 정보주체에게 제26조 제1항 각 호의 사항을 통지할 때에는 서면 등의 방법을 통하여 정보주체에게 알려야 한다.

② 개인정보처리자는 정보주체의 연락처를 알 수 없는 경우 등 정당한 사유가 있는 경우에는 법 제34조 제1항 각 호 외의 부분 단서에 따라 같은 항 각 호의 사항을 정보주체가 쉽게 알 수 있도록 자신의 인터넷 홈페이지에 30일 이상 게시하는 것으로 제1항의 통지를 갈음할 수 있다. 다만, 인터넷 홈페이지를 운영하지 아니하는 개인정보처리자의 경우에는 사업장 등의 보기 쉬운 장소에 법 제34조 제1항 각 호의 사항을 30일 이상 게시하여야 한다.

제28조(개인정보 유출 등의 신고)

① 개인정보처리자는 다음 각 호의 어느 하나에 해당하는 경우로서 개인정보가 유출 등이 되었음을 알게 되었을 때에는 72시간 이내에 제26조 제1항 각 호의 사항을 서면등의 방법으로 보호위원회 또는 한국인터넷진흥원에 신고해야 한다. 다만, 천재지변이나 그 밖에 부득이한 사유로 인하여 72시간 이내에 신고하기 곤란한 경우에는 해당 사유가 해소된 후 지체 없이 신고할 수 있으며, 개인정보 유출 등의 경로가 확인되어 해당 개인정보를 회수·삭제하는 등의 조치를 통해 정보주체의 권익 침해 가능성이 현저히 낮아진 경우에는 신고하지 않을 수 있다.

  1. 1천 명 이상의 정보주체에 관한 개인정보가 유출 등이 된 경우

  2. 민감정보, 고유식별정보가 유출 등이 된 경우

  3. 개인정보처리시스템 또는 개인정보취급자가 개인정보 처리에 이용하는 정보기기에 대한 외부로부터의 불법적인 접근에 의해 개인정보가 유출 등이 된 경우

② 제1항에 따른 신고는 별지 제1호 서식에 따른 개인정보 유출 등 신고서를 통하여 하여야 한다.

③ 개인정보처리자는 개인정보 포털(www.privacy.go.kr)을 통하여 유출 등 신고를 할 수 있다.

④ 개인정보처리자는 제1항에 따른 신고를 하려는 경우로서 법 제34조 제1항 제1호 또는 제2호의 사항에 관한 구체적인 내용을 확인하지 못한 경우에는 개인정보가 유출 등이 된 사실, 그때까지 확인된 내용 및 같은 항 제3호부터 제5호까지의 사항을 서면 등의 방법으로 우선 신고해야 하며, 추가로 확인되는 내용에 대해서는 확인되는 즉시 신고해야 한다.

제29조(개인정보 유출 등 사고 대응 매뉴얼 등)

① 다음 각 호의 어느 하나에 해당하는 개인정보처리자는 유출 등 사고 발생 시 신속한 대응을 통해 피해 발생을 최소화하기 위해 「개인정보 유출 등 대응 매뉴얼」을 마련하여야 한다.

  1. 법 제2조 제6호에 따른 공공기관

  2. 그 밖에 1천 명 이상의 정보주체에 관한 개인정보를 처리하는 개인정보처리자

② 제1항에 따른 개인정보 유출 등 대응 매뉴얼에는 유출 등 통지·조회 절차, 영업점·인터넷회선 확충 등 고객 민원 대응조치, 현장 혼잡 최소화 조치, 고객불안 해소조치, 피해자 구제조치 등을 포함하여야 한다.

③ 개인정보처리자는 개인정보 유출 등에 따른 피해복구 조치 등을 수행함에 있어 정보주체의 불편과 경제적 부담을 최소화할 수 있도록 노력하여야 한다.

제30조(개인정보 침해 사실의 신고 처리 등)

① 개인정보처리자의 개인정보 처리로 인하여 개인정보에 관한 권리 또는 이익을 침해받은 사람은 법 제62조 제2항에 따른 개인정보침해 신고센터에 침해 사실을 신고할 수 있다.

② 제1항에 따른 개인정보침해 신고센터는 다음 각 호의 업무를 수행한다.

  1. 개인정보 처리와 관련한 신고의 접수·상담

  2. 개인정보 침해 신고에 대한 사실 조사·확인 및 관계자의 의견 청취

  3. 개인정보처리자에 대한 개인정보 침해 사실 안내 및 시정 유도

  4. 사실 조사 결과가 정보주체의 권리 또는 이익 침해 사실이 없는 것으로 판단되는 경우 신고의 종결 처리

  5. 법 제43조에 따른 개인정보 분쟁조정위원회 조정 안내 등을 통한 고충 해소 지원

<table>
<tr><td colspan="2" align="center">제6절 정보주체의 권리 보장</td></tr>
<tr><td align="center">조항</td><td align="center">내용</td></tr>
<tr>
<td align="center">제31조
~
제34조</td>
<td>

제31조(개인정보 열람 연기 사유의 소멸)
① 개인정보처리자가 법 제35조 제3항 후문에 따라 개인정보의 열람을 연기한 후 그 사유가 소멸한 경우에는 정당한 사유가 없는 한 사유가 소멸한 날로부터 10일 이내에 열람하도록 하여야 한다.
② 정보주체로부터 영 제41조 제1항 제4호의 규정에 따른 개인정보의 제3자 제공 현황의 열람청구를 받은 개인정보처리자는 국가안보에 긴요한 사안으로 법 제35조 제4항 제3호 마목의 규정에 따른 업무를 수행하는 데 중대한 지장을 초래하는 경우, 제3자에게 열람청구의 허용 또는 제한, 거부와 관련한 의견을 조회하여 결정할 수 있다.

제32조(개인정보의 정정ㆍ삭제)
① 개인정보처리자가 법 제36조 제1항에 따른 개인정보의 정정ㆍ삭제 요구를 받았을 때는 정당한 사유가 없는 한 요구를 받은 날로부터 10일 이내에 그 개인정보를 조사하여 정보주체의 요구에 따라 정정ㆍ삭제 등 필요한 조치를 한 후 그 결과를 정보주체에게 알려야 한다.
② 정보주체의 정정ㆍ삭제 요구가 법 제36조 제1항 단서에 해당하는 경우에는 정당한 사유가 없는 한 요구를 받은 날로부터 10일 이내에 삭제를 요구할 수 없는 근거법령의 내용을 정보주체에게 알려야 한다.

제33조(개인정보의 처리정지)
① 개인정보처리자가 정보주체로부터 법 제37조 제1항에 따라 개인정보처리를 정지하도록 요구받은 때에는 정당한 사유가 없는 한 요구를 받은 날로부터 10일 이내에 개인정보 처리의 일부 또는 전부를 정지하여야 한다. 다만, 법 제37조 제2항 단서에 해당하는 경우에는 정보주체의 처리정지 요구를 거절할 수 있다.
② 개인정보처리자는 정보주체의 요구에 따라 처리가 정지된 개인정보에 대하여 정당한 사유가 없는 한 처리정지의 요구를 받은 날로부터 10일 이내에 해당 개인정보의 파기 등 정보주체의 요구에 상응하는 조치를 취하고 그 결과를 정보주체에게 알려야 한다.

제34조(권리행사의 방법 및 절차)
① 개인정보처리자는 정보주체가 법 제38조 제1항에 따른 열람 등 요구를 하는 경우에는 개인정보를 수집하는 방법과 동일하거나 보다 쉽게 정보주체가 열람요구 등 권리를 행사할 수 있도록 간편한 방법을 제공하여야 하며, 개인정보의 수집시에 요구되지 않았던 증빙서류 등을 요구하거나 추가적인 절차를 요구할 수 없다.
② 제1항의 규정은 영 제46조에 따라 본인 또는 정당한 대리인임을 확인하고자 하는 경우와 영 제47조에 따른 수수료와 우송료의 정산에도 준용한다.

</td>
</tr>
</table>

3) 제3장(영상정보처리기기 설치ㆍ운영)

<table>
<tr><td colspan="2" align="center">제1절 총칙</td></tr>
<tr><td align="center">조항</td><td align="center">내용</td></tr>
<tr>
<td align="center">제35조
(적용범위)</td>
<td>이 장은 고정형 영상정보처리기기운영자 또는 이동형 영상정보처리기기운영자가 설치ㆍ운영하는 고정형 영상정보처리기기 또는 이동형 영상정보처리기기와 그 기기를 통하여 처리되는 개인영상정보를 대상으로 한다.</td>
</tr>
</table>

<table>
<tr><td colspan="2" align="center">제2절 고정형 영상정보처리기기의 설치</td></tr>
<tr><td align="center">조항</td><td align="center">내용</td></tr>
<tr>
<td align="center">제36조
~
제39조</td>
<td>

제36조(고정형 영상정보처리기기 운영ㆍ관리 방침)
① 고정형 영상정보처리기기운영자가 법 제25조 제7항에 따라 고정형 영상정보처리기기 운영ㆍ관리 방침을 마련하거나 변경하는 경우에는 정보주체가 쉽게 확인할 수 있도록 공개하여야 한다.
② 고정형 영상정보처리기기운영자가 법 제30조에 따른 개인정보 처리방침을 정할 때 고정형 영상정보처리기기 운영ㆍ관리에 관한 사항을 포함시킨 경우에는 제1항에 따른 고정형 영상정보처리기기 운영ㆍ관리 방침을 마련하지 아니할 수 있다.

제37조(관리책임자의 지정)
① 고정형 영상정보처리기기운영자는 개인영상정보의 처리에 관한 업무를 총괄해서 책임질 관리책임자를 지정하여야 한다.
② 제1항의 관리책임자는 법 제31조 제3항에 따른 개인정보 보호책임자의 업무에 준하여 다음 각 호의 업무를 수행한다.

</td>
</tr>
</table>

1. 개인영상정보 보호 계획의 수립 및 시행
2. 개인영상정보 처리 실태 및 관행의 정기적인 조사 및 개선
3. 개인영상정보 처리와 관련한 불만의 처리 및 피해구제
4. 개인영상정보 유출 및 오용 · 남용 방지를 위한 내부통제시스템의 구축
5. 개인영상정보 보호 교육 계획 수립 및 시행
6. 개인영상정보 파일의 보호 및 파기에 대한 관리 · 감독
7. 그 밖에 개인영상정보의 보호를 위하여 필요한 업무
③ 법 제31조에 따른 개인정보 보호책임자는 관리책임자의 업무를 수행할 수 있다.

제38조(사전의견 수렴)

고정형 영상정보처리기기의 설치 목적 변경에 따른 추가 설치 등의 경우에도 영 제23조 제1항에 따라 관계 전문가 및 이해관계인의 의견을 수렴하여야 한다.

제39조(안내판의 설치)

① 고정형 영상정보처리기기운영자는 정보주체가 고정형 영상정보처리기기가 설치 · 운영 중임을 쉽게 알 아볼 수 있도록 법 제25조 제4항 본문에 따라 다음 각 호의 사항을 기재한 안내판 설치 등 필요한 조치를 하여야 한다.
  1. 설치 목적 및 장소
  2. 촬영 범위 및 시간
  3. 관리책임자의 연락처
  4. 고정형 영상정보처리기기 설치 · 운영에 관한 사무를 위탁하는 경우, 수탁자의 명칭 및 연락처
② 제1항에 따른 안내판은 촬영범위 내에서 정보주체가 알아보기 쉬운 장소에 누구라도 용이하게 판독할 수 있게 설치되어야 하며, 이 범위 내에서 고정형 영상정보처리기기운영자가 안내판의 크기, 설치위치 등을 자율적으로 정할 수 있다.
③ 공공기관의 장이 기관 내 또는 기관 간에 고정형 영상정보처리기기의 효율적 관리 및 정보 연계 등을 위 해 용도별 · 지역별 고정형 영상정보처리기기를 물리적 · 관리적으로 통합하여 설치 · 운영(이하 '통합관 리'라 한다)하는 경우에는 설치목적 등 통합관리에 관한 내용을 정보주체가 쉽게 알아볼 수 있도록 제1항 에 따른 안내판에 기재하여야 한다.

제3절 이동형 영상정보처리기기의 운영	
조항	내용
제39조의2 ～ 제39조의3	**제39조의2(이동형 영상정보처리기기의 촬영 사실 표시)** ① 이동형 영상정보처리기기로 사람 또는 그 사람과 관련된 사물의 영상을 촬영하는 경우에는 불빛, 소리, 안 내판, 안내서면, 안내방송 또는 그 밖에 이에 준하는 수단이나 방법으로 정보주체가 촬영 사실을 쉽게 알 수 있도록 표시하고 알려야 한다. ② 드론을 이용한 항공촬영 등 촬영 방법의 특성으로 인해 정보주체에게 촬영 사실을 알리기 어려운 경우에 는 보호위원회가 이동형 영상정보처리기기의 촬영 사실 표시를 지원하기 위하여 구축 · 운영하는 인터넷 사이트에 촬영 사실 및 목적, 촬영 일시 및 장소 등의 사항을 공지하는 방법으로 알릴 수 있다. **제39조의3(이동형 영상정보처리기기 운영 · 관리 방침)** ① 이동형 영상정보처리기기운영자는 법 제25조의2 제4항에 따라 영 제25조 제1항을 준용하여 다음 각 호 의 사항이 포함된 이동형 영상정보처리기기 운영 · 관리 방침을 마련하여야 한다. 　1. 이동형 영상정보처리기기의 운영 근거 및 운영 목적 　2. 이동형 영상정보처리기기의 운영 대수 　3. 관리책임자, 담당 부서 및 영상정보에 대한 접근 권한이 있는 사람 　4. 영상정보의 촬영시간, 보관기간, 보관장소 및 처리방법 　5. 이동형 영상정보처리기기운영자의 영상정보 확인 방법 및 장소 　6. 정보주체의 영상정보 열람 등 요구에 대한 조치 　7. 영상정보 보호를 위한 기술적 · 관리적 및 물리적 조치 　8. 그 밖에 이동형 영상정보처리기기의 설치 · 운영 및 관리에 필요한 사항 ② 이동형 영상정보처리기기운영자가 제1항에 따라 이동형 영상정보처리기기 운영 · 관리 방침을 마련하거 나 변경하는 경우에는 정보주체가 쉽게 확인할 수 있도록 공개하여야 한다.

③ 이동형 영상정보처리기기운영자가 법 제30조에 따른 개인정보 처리방침을 정할 때 이동형 영상정보처리
기기 운영 · 관리에 관한 사항을 포함시킨 경우에는 제1항에 따른 이동형 영상정보처리기기 운영 · 관리
방침을 마련하지 아니할 수 있다.

제4절 개인영상정보의 처리	
조항	내용
제40조 ~ 제43조	**제40조(개인영상정보 이용 · 제3자 제공 등 제한 등)** 고정형 영상정보처리기기운영자 또는 이동형 영상정보처리기기운영자는 다음 각 호의 경우를 제외하고는 개인영상정보를 수집 목적 이외로 이용하거나 제3자에게 제공하여서는 아니 된다. 다만 제5호부터 제9호까지의 경우는 공공기관의 경우로 한정한다. 1. 정보주체에게 동의를 얻은 경우 2. 다른 법률에 특별한 규정이 있는 경우 3. 명백히 정보주체 또는 제3자의 급박한 생명, 신체, 재산의 이익을 위하여 필요하다고 인정되는 경우 4. 통계작성, 과학적 연구, 공익적 기록보존 등을 위하여 필요한 경우로서 법 제28조의2 또는 제28조의3에 따라 가명처리한 경우 5. 개인영상정보를 목적 외의 용도로 이용하거나 이를 제3자에게 제공하지 아니하면 다른 법률에서 정하는 소관 업무를 수행할 수 없는 경우로서 보호위원회의 심의 · 의결을 거친 경우 6. 조약, 그 밖의 국제협정의 이행을 위하여 외국정부 또는 국제기구에 제공하기 위하여 필요한 경우 7. 범죄의 수사와 공소의 제기 및 유지를 위하여 필요한 경우 8. 법원의 재판업무 수행을 위하여 필요한 경우 9. 형(刑) 및 감호, 보호처분의 집행을 위하여 필요한 경우 10. 공중위생 등 공공의 안전과 안녕을 위하여 긴급히 필요한 경우 **제41조(보관 및 파기)** ① 고정형 영상정보처리기기운영자 또는 이동형 영상정보처리기기운영자는 고정형 영상정보처리기기 또는 이동형 영상정보처리기기 운영 · 관리 방침에 명시한 보관 기간이 경과하거나 개인영상정보의 처리 목적 달성, 법 제2조 제1호에 따른 가명정보의 처리 기간 경과 등 그 개인영상정보가 불필요하게 되었을 때에는 지체 없이 그 개인영상정보를 파기하여야 한다. 다만, 다른 법령에 특별한 규정이 있는 경우에는 그러하지 아니하다. ② 고정형 영상정보처리기기운영자가 그 사정에 따라 보유 목적의 달성을 위한 최소한의 기간을 산정하기 곤란한 때에는 보관 기간을 개인영상정보 수집 후 30일 이내로 한다. ③ 개인영상정보의 파기 방법은 다음 각 호의 어느 하나와 같다. 　1. 개인영상정보가 기록된 출력물(사진 등) 등은 파쇄 또는 소각 　2. 전자기적(電磁氣的) 파일 형태의 개인영상정보는 복원이 불가능한 기술적 방법으로 영구 삭제 **제42조(이용 · 제3자 제공 · 파기의 기록 및 관리)** ① 고정형 영상정보처리기기운영자 또는 이동형 영상정보처리기기운영자는 개인영상정보를 수집 목적 이외로 이용하거나 제3자에게 제공하는 경우에는 다음 각 호의 사항을 기록하고 이를 관리하여야 한다. 　1. 개인영상정보 파일의 명칭 　2. 이용하거나 제공받은 자(공공기관 또는 개인)의 명칭 　3. 이용 또는 제공의 목적 　4. 법령상 이용 또는 제공근거가 있는 경우 그 근거 　5. 이용 또는 제공의 기간이 정해져 있는 경우에는 그 기간 　6. 이용 또는 제공의 형태 　7. 이용 또는 제공한 개인영상정보의 업무처리 담당자 ② 고정형 영상정보처리기기운영자 또는 이동형 영상정보처리기기운영자가 개인영상정보를 파기하는 경우에는 다음 사항을 기록하고 관리하여야 한다. 　1. 파기하는 개인영상정보 파일의 명칭 　2. 개인영상정보 파기 일시(사전에 파기 시기 등을 정한 자동 삭제의 경우에는 파기 주기 및 자동 삭제 여부에 관한 확인 시기) 　3. 개인영상정보 파기 담당자

제43조(영상정보처리기기 설치 및 운영 등의 위탁)

① 고정형 영상정보처리기기운영자가 영 제26조 제1항에 따라 고정형 영상정보처리기기의 설치 · 운영에 관한 사무를 제3자에게 위탁하는 경우에는 그 내용을 정보주체가 언제든지 쉽게 확인할 수 있도록 영 제24조에 따른 안내판 및 영 제25조에 따른 고정형 영상정보처리기기 운영 · 관리 방침에 수탁자의 명칭 등을 공개하여야 한다.

② 이동형 영상정보처리기기운영자가 법 제25조의2 제4항에 따라 영 제26조를 준용하여 이동형 영상정보처리기기의 운영에 관한 사무를 제3자에게 위탁하는 경우에는 제39조의3에 따른 이동형 영상정보처리기기 운영 · 관리 방침에 수탁자의 명칭 등을 공개하여야 한다.

③ 고정형 영상정보처리기기운영자 또는 이동형 영상정보처리기기운영자가 영 제26조 제1항에 따라 고정형 영상정보처리기기 또는 이동형 영상정보처리기기의 설치 · 운영에 관한 사무를 제3자에게 위탁할 경우에는 그 사무를 위탁받은 자가 개인영상정보를 안전하게 처리하고 있는지를 관리 · 감독하여야 한다.

<table>
<tr><th colspan="2">제5절 개인영상정보의 열람 등 요구</th></tr>
<tr><th>조항</th><th>내용</th></tr>
<tr><td>제44조 ~ 제46조</td><td>

제44조(정보주체의 열람 등 요구)

① 정보주체는 고정형 영상정보처리기기운영자 또는 이동형 영상정보처리기기운영자가 처리하는 개인영상정보에 대하여 열람 또는 존재확인(이하 "열람 등"이라 한다)을 해당 고정형 영상정보처리기기운영자 또는 이동형 영상정보처리기기운영자에게 요구할 수 있다. 이 경우 정보주체가 열람 등을 요구할 수 있는 개인영상정보는 정보주체 자신이 촬영된 개인영상정보에 한한다.

② 고정형 영상정보처리기기운영자 또는 이동형 영상정보처리기기운영자가 공공기관인 경우에는 해당 기관의 장에게 별지 제2호 서식에 따른 개인영상정보 열람 · 존재확인 청구서(전자문서를 포함한다)로 하여야 한다.

③ 고정형 영상정보처리기기운영자 또는 이동형 영상정보처리기기운영자는 제1항에 따른 요구를 받았을 때에는 지체 없이 필요한 조치를 취하여야 한다. 이때에 고정형 영상정보처리기기운영자 또는 이동형 영상정보처리기기운영자는 열람 등 요구를 한 자가 본인이거나 정당한 대리인인지를 주민등록증 · 운전면허증 · 여권 등의 신분증명서를 제출받아 확인하여야 한다.

④ 제3항의 규정에도 불구하고 법 제35조 제4항 각 호의 어느 하나에 해당하는 경우에는 고정형 영상정보처리기기운영자 또는 이동형 영상정보처리기기운영자는 정보주체의 개인영상정보 열람 등 요구를 제한하거나 거부할 수 있다. 이 경우 고정형 영상정보처리기기운영자 또는 이동형 영상정보처리기기운영자는 10일 이내에 서면 등으로 제한 또는 거부 사유를 정보주체에게 통지하여야 한다.

⑤ 고정형 영상정보처리기기운영자 또는 이동형 영상정보처리기기운영자는 제3항 및 제4항에 따른 조치를 취하는 경우 다음 각 호의 사항을 기록하고 관리하여야 한다.
1. 개인영상정보 열람 등을 요구한 정보주체의 성명 및 연락처
2. 정보주체가 열람 등을 요구한 개인영상정보 파일의 명칭 및 내용
3. 개인영상정보 열람 등의 목적
4. 개인영상정보 열람 등을 거부한 경우 그 거부의 구체적 사유
5. 정보주체에게 개인영상정보 사본을 제공한 경우 해당 영상정보의 내용과 제공한 사유
6. 개인영상정보 열람 등의 업무처리 담당자

제45조(개인영상정보 관리대장)

제42조 제1항 및 제2항, 제44조 제5항에 따른 기록 및 관리는 별지 제3호 서식에 따른 '개인영상정보 관리대장'을 활용할 수 있다.

제46조(정보주체 이외의 자의 개인영상정보 보호)

고정형 영상정보처리기기운영자 또는 이동형 영상정보처리기기운영자는 제44조 제2항에 따른 열람 등 조치를 취하는 경우, 만일 정보주체 이외의 자를 명백히 알아볼 수 있거나 정보주체 이외의 자의 사생활 침해의 우려가 있는 경우에는 해당되는 정보주체 이외의 자의 개인영상정보를 알아볼 수 없도록 보호조치를 취하여야 한다.

</td></tr>
</table>

<table>
<tr><th colspan="2">제6절 개인영상정보 보호 조치</th></tr>
<tr><th>조항</th><th>내용</th></tr>
<tr><td rowspan="2">제47조 ~ 제48조</td><td>

제47조(개인영상정보의 안전성 확보를 위한 조치)
고정형 영상정보처리기기운영자 또는 이동형 영상정보처리기기운영자는 개인영상정보가 분실·도난·유출·위조·변조 또는 훼손되지 아니하도록 법 제29조 및 영 제30조 제1항에 따라 안전성 확보를 위하여 다음 각 호의 조치를 하여야 한다.
1. 개인영상정보의 안전한 처리를 위한 내부 관리계획의 수립·시행. 다만, 1만 명 미만의 정보주체의 개인정보를 처리하는 소상공인·개인·단체의 경우에는 생략할 수 있다.
2. 개인영상정보에 대한 접근 통제 및 접근 권한의 제한 조치
3. 개인영상정보를 안전하게 저장·전송할 수 있는 기술의 적용(네트워크 카메라의 경우 안전한 전송을 위한 암호화 조치, 개인영상정보파일 저장 시 비밀번호 설정 등)
4. 처리기록의 보관 및 위조·변조 방지를 위한 조치(개인영상정보의 생성 일시 및 열람할 경우에 열람 목적·열람자·열람 일시 등 기록·관리 조치 등)
5. 개인영상정보의 안전한 물리적 보관을 위한 보관시설 마련 또는 잠금장치 설치

제48조(개인영상정보처리기기의 설치·운영에 대한 점검)
① 공공기관의 장이 고정형 영상정보처리기기를 설치·운영하는 경우에는 이 지침의 준수 여부에 대한 자체점검을 실시하여 다음 해 3월 31일까지 그 결과를 보호위원회에게 통보하고 영 제34조 제3항에 따른 시스템에 등록하여야 한다. 이 경우 다음 각 호의 사항을 고려하여야 한다.
　1. 고정형 영상정보처리기기의 운영·관리 방침에 열거된 사항
　2. 관리책임자의 업무 수행 현황
　3. 고정형 영상정보처리기기의 설치 및 운영 현황
　4. 개인영상정보 수집 및 이용·제공·파기 현황
　5. 위탁 및 수탁자에 대한 관리·감독 현황
　6. 정보주체의 권리행사에 대한 조치 현황
　7. 기술적·관리적·물리적 조치 현황
　8. 고정형 영상정보처리기 설치·운영의 필요성 지속 여부 등
② 공공기관의 장은 제1항과 제3항에 따른 고정형 영상정보처리기기 설치·운영에 대한 자체점검을 완료한 후에는 그 결과를 홈페이지 등에 공개하여야 한다.
③ 공공기관 외의 고정형 영상정보처리기기운영자는 고정형 영상정보처리기기 설치·운영으로 인하여 정보주체의 개인영상정보의 침해가 우려되는 경우에는 자체점검 등 개인영상정보의 침해 방지를 위해 적극 노력하여야 한다.

</td></tr>
</table>

4) 제4장(공공기관 개인정보파일 등록·공개)

<table>
<tr><th colspan="2">제1절 총칙</th></tr>
<tr><th>조항</th><th>내용</th></tr>
<tr><td rowspan="2">제49조 ~ 제50조</td><td>

제49조(적용대상)
이 장의 적용대상은 다음과 같다.
1. 중앙행정기관(대통령 소속 기관과 국무총리 소속 기관을 포함한다) 및 그 소속 기관, 지방자치단체
2. 「국가인권위원회법」에 따른 국가인권위원회
3. 「공공기관의 운영에 관한 법률」에 따른 공공기관
4. 「지방공기업법」에 따른 지방공사 및 지방공단
5. 특별법에 의하여 설립된 특수법인
6. 「초·중등교육법」, 「고등교육법」및 그 밖의 다른 법률에 따라 설치된 각급 학교

제50조(적용제외)
이 장은 다음 각 호의 어느 하나에 해당하는 개인정보파일에 관하여는 적용하지 아니한다.
1. 국회, 법원, 헌법재판소, 중앙선거관리위원회(그 소속기관을 포함한다)에서 관리하는 개인정보파일
2. 법 제32조 제2항에 따라 적용이 제외되는 다음 각목의 개인정보파일
　가. 국가안전, 외교상 비밀, 그 밖에 국가의 중대한 이익에 관한 사항을 기록한 개인정보파일
　나. 범죄의 수사, 공소의 제기 및 유지, 형 및 감호의 집행, 교정처분, 보호처분, 보안관찰처분과 출입국 관리에 관한 사항을 기록한 개인정보파일

</td></tr>
</table>

다. 「조세범처벌법」에 따른 범칙행위 조사 및 「관세법」에 따른 범칙행위 조사에 관한 사항을 기록한 개인
　　정보파일
라. 회의 참석 수당 지급, 자료·물품의 송부, 금전의 정산 등 단순 업무 수행을 위해 운영되는 개인정보
　　파일로서 지속적 관리 필요성이 낮은 개인정보파일
마. 공중위생 등 공공의 안전과 안녕을 위하여 긴급히 필요한 경우로서 일시적으로 처리되는 개인정보파일
바. 다른 법령에 따라 비밀로 분류된 개인정보파일
사. 그 밖에 일회적 업무 처리만을 위해 수집된 개인정보파일로서 저장되거나 기록되지 않는 개인정보파일
3. 법 제58조 제1항 제2호에 따라 적용이 제외되는 국가안전보장과 관련된 정보 분석을 목적으로 수집 또는
　제공 요청되는 개인정보파일
4. 영상정보처리기기를 통하여 처리되는 개인영상정보파일
6. 「금융실명거래 및 비밀보장에 관한 법률」에 따른 금융기관이 금융업무 취급을 위해 보유하는 개인정보파
　일

제2절 개인정보파일의 등록주체와 절차	
조항	내용
제51조 ~ 제57조	**제51조(개인정보파일 등록 주체)** ① 개인정보파일을 운용하는 공공기관의 개인정보 보호책임자는 그 현황을 보호위원회에 등록하여야 한다. ② 중앙행정기관, 광역자치단체, 특별자치시도, 기초자치단체는 보호위원회에 직접 등록하여야 한다. ③ 교육청 및 각급 학교 등은 교육부를 통하여 보호위원회에 등록하여야 한다. ④ 중앙행정기관 및 지방자치단체의 소속기관, 기타 공공기관은 상위 관리기관을 통하여 보호위원회에 등록하여야 한다. **제52조(개인정보파일 등록 및 변경 신청)** ① 개인정보파일을 운용하는 공공기관의 개인정보취급자는 해당 공공기관의 개인정보 보호책임자에게 개인정보파일 등록을 신청하여야 한다. ② 개인정보파일 등록 신청 사항은 다음의 각 호와 같다. 신청은 「개인정보 처리 방법에 관한 고시」(이하 이 조에서 "고시"라 한다) 제3조 제2항에 따른 별지 제2호 서식의 '개인정보파일 등록·변경등록 신청서'를 활용할 수 있다. 　1. 개인정보파일을 운용하는 공공기관의 명칭 　2. 개인정보파일의 명칭 　3. 개인정보파일의 운영 근거 및 목적 　4. 개인정보파일에 기록되는 개인정보의 항목 　5. 개인정보파일로 보유하고 있는 개인정보의 정보주체 수 　6. 개인정보의 처리 방법 　7. 개인정보의 보유 기간 　8. 개인정보를 통상적 또는 반복적으로 제공하는 경우에는 그 제공받는 자 　9. 해당 공공기관에서 개인정보 처리 관련 업무를 담당하는 부서 　10. 개인정보의 열람 요구를 접수·처리하는 부서 　11. 개인정보파일의 개인정보 중 법 제35조 제4항에 따라 열람을 제한하거나 거절할 수 있는 개인정보의 범위 및 제한 또는 거절 사유 　12. 법 제33조 제1항에 따른 개인정보 영향평가를 받은 개인정보파일의 경우에는 그 영향평가의 결과 ③ 개인정보취급자는 등록한 사항이 변경된 경우에는 고시 제3조 제2항에 따른 별지 제2호 서식의 '개인정보파일 등록·변경등록 신청서'를 활용하여 개인정보 보호책임자에게 변경을 신청하여야 한다.

제53조(개인정보파일 등록 및 변경 확인)
① 개인정보파일 등록 또는 변경 신청을 받은 개인정보 보호책임자는 등록·변경 사항을 검토하고 그 적정성을 판단한 후 보호위원회에 등록하여야 한다.
② 교육청 및 각급 학교 등의 개인정보 보호책임자는 교육부에 제1항에 따른 등록·변경 사항의 검토 및 적정성 판단을 요청한 후, 교육부의 확인을 받아 보호위원회에 등록하여야 한다.
③ 중앙행정기관 및 지방자치단체의 소속기관, 기타 공공기관은 상위 관리기관에 제1항에 따른 등록·변경 사항의 검토 및 적정성 판단을 요청한 후, 상위 관리기관의 확인을 받아 보호위원회에 등록하여야 한다.
④ 제1항부터 제3항의 등록은 60일 이내에 하여야 한다.

제54조(개인정보파일 표준목록 등록과 관리)
① 특별지방행정기관, 지방자치단체, 교육기관(학교 포함) 등 전국적으로 단일한 공통업무를 집행하고 있는 기관은 각 중앙행정기관에서 제공하는 '개인정보파일 표준목록'에 따라 등록해야 한다.
② 전국 단일의 공통업무와 관련된 개인정보파일 표준목록은 해당 중앙행정기관에서 등록·관리해야 한다.

제55조(개인정보파일의 파기)
① 공공기관은 개인정보파일의 보유기간 경과, 처리 목적 달성 등 개인정보파일이 불필요하게 되었을 때에는 지체 없이 그 개인정보파일을 파기하여야 한다. 다만, 다른 법령에 따라 보존하여야 하는 경우에는 그러하지 아니하다.
② 공공기관은 개인정보파일의 보유기간, 처리 목적 등을 반영한 개인정보 파기계획을 수립·시행하여야 한다. 다만, 영 제30조 제1항 제1호에 따른 내부 관리계획이 수립되어 있는 경우에는 내부 관리계획에 개인정보 파기계획을 포함하여 시행할 수 있다.
③ 개인정보취급자는 보유기간 경과, 처리 목적 달성 등 파기 사유가 발생한 개인정보파일을 선정하고, 별지 제4호 서식에 따른 개인정보파일 파기요청서에 파기 대상 개인정보파일의 명칭, 파기방법 등을 기재하여 개인정보 보호책임자의 승인을 받아 개인정보를 파기하여야 한다.
④ 개인정보 보호책임자는 개인정보 파기 시행 후 파기 결과를 확인하고 별지 제5호 서식에 따른 개인정보파일 파기 관리대장을 작성하여야 한다.

제56조(개인정보파일 등록 사실의 삭제)
① 개인정보취급자는 제55조에 따라 개인정보파일을 파기한 경우, 법 제32조에 따른 개인정보파일의 등록 사실에 대한 삭제를 개인정보 보호책임자에게 요청해야 한다.
② 개인정보파일 등록의 삭제를 요청받은 개인정보 보호책임자는 그 사실을 확인하고, 지체 없이 등록 사실을 삭제한 후 그 사실을 보호위원회에 통보한다.

제57조(등록·파기에 대한 개선권고)
① 공공기관의 개인정보 보호책임자는 제53조 제1항에 따라 검토한 개인정보파일이 과다하게 운용되고 있다고 판단되는 경우에는 개선을 권고할 수 있다.
② 교육청 및 각급 학교, 중앙행정기관 및 지방자치단체의 소속기관, 기타 공공기관의 개인정보 보호책임자는 제53조 제2항 및 제3항에 따라 검토한 개인정보파일이 과다하게 운용된다고 판단되거나, 등록되지 않은 파일이 있는 것으로 확인되는 경우에는 개선을 권고할 수 있다.
③ 보호위원회는 개인정보파일의 등록사항과 그 내용을 검토하고 다음 각 호의 어느 하나에 해당되는 경우에는 법 제32조 제3항에 따라 해당 공공기관의 개인정보 보호책임자에게 개선을 권고할 수 있다.
  1. 개인정보파일이 과다하게 운용된다고 판단되는 경우
  2. 등록하지 않은 개인정보파일이 있는 경우
  3. 개인정보파일 등록 사실이 삭제되었음에도 불구하고 개인정보파일을 계속 보유하고 있는 경우
  4. 개인정보 영향평가를 받은 개인정보파일을 보유하고 있음에도 그 결과를 등록사항에 포함하지 않은 경우
  5. 기타 법 제32조에 따른 개인정보파일의 등록 및 공개에 위반되는 사항이 있다고 판단되는 경우
④ 보호위원회는 제3항에 따라 개선을 권고한 경우에는 그 내용 및 결과에 대하여 보호위원회의 심의·의결을 거쳐 공표할 수 있다.
⑤ 보호위원회는 공공기관의 개인정보파일 등록·파기 현황에 대한 점검을 실시할 수 있다.

<table>
<tr><td colspan="2" align="center">제3절 개인정보파일의 관리 및 공개</td></tr>
<tr><td align="center">조항</td><td align="center">내용</td></tr>
<tr><td align="center">제58조 ~ 제62조</td><td>

제58조(개인정보파일대장 작성)
공공기관은 1개의 개인정보파일에 1개의 개인정보파일대장을 작성해야 한다.

제59조(개인정보파일 이용 · 제공 관리)
공공기관은 법 제18조 제2항 각 호에 따라 제3자가 개인정보파일의 이용 · 제공을 요청한 경우에는 각각의 이용 · 제공 가능 여부를 확인하고 별지 제6호 서식의 '개인정보 목적 외 이용 · 제공대장'에 기록하여 관리해야 한다.

제60조(개인정보파일 보유기간의 산정)
① 보유기간은 전체 개인정보가 아닌 개별 개인정보의 수집부터 삭제까지의 생애주기로서 보유목적에 부합된 최소기간으로 산정하되, 개별 법령의 규정에 명시된 자료의 보존기간에 따라 산정해야 한다.
② 개별 법령에 구체적인 보유기간이 명시되어 있지 않은 경우에는 개인정보 보호책임자의 협의를 거쳐 기관장의 결재를 통하여 산정해야 한다. 다만, 보유기간은 별표 1의 개인정보파일 보유기간 책정 기준표에서 제시한 기준과 「공공기록물 관리에 관한 법률 시행령」 제25조에 따른 기록관리기준표를 상회할 수 없다.

제61조(개인정보파일 현황 공개 및 방법)
① 공공기관의 개인정보 보호책임자는 개인정보파일의 보유 · 파기현황을 주기적으로 조사하여 그 결과를 해당 공공기관의 개인정보 처리방침에 포함하여 관리해야 한다.
② 보호위원회는 개인정보파일 등록 현황을 누구든지 쉽게 열람할 수 있도록 공개할 수 있다.
③ 보호위원회는 전 공공기관의 개인정보파일 등록 및 삭제 현황을 종합하여 매년 공개해야 하며, 개인정보파일 현황 공개에 관한 업무를 전자적으로 처리하기 위하여 정보시스템을 구축 · 운영할 수 있다.

제62조(재검토 기한)
보호위원회는 이 고시에 대하여 「훈령 · 예규 등의 발령 및 관리에 관한 규정」에 따라 2025년 1월 1일을 기준으로 3년마다(매 3년이 되는 해의 1월 1일 전까지를 말한다) 그 타당성을 검토하여 개선 등의 조치를 하여야 한다.

</td></tr>
</table>

01 정보보호산업법의 목적은 정보보호산업을 진흥하고 정보보호 관련 기술·제품·서비스의 발전을 통해 국가 경쟁력과 국민의 안전한 정보이용 환경을 조성하는 데 있다. ☐ O ☒ X

02 과학기술정보통신부장관은 10년마다 정보보호산업 진흥계획을 수립·시행하여야 한다. ☐ O ☒ X

03 정보보호산업법은 정보보호기업에 대한 지원, 전문인력 양성, 정보보호기술 연구개발 등을 주요 내용으로 포함하고 있다. ☐ O ☒ X

04 우수 정보보호기술 지정은 국내에서 개발된 기술만 대상으로 하며, 해외 기술을 개량한 경우는 지정될 수 없다. ☐ O ☒ X

05 공공기관은 정보보호시스템 구축 시 경쟁입찰 절차를 거쳐야 하며, 필요할 경우 다른 방식의 계약도 가능하다. ☐ O ☒ X

정답 **01** ○　　**02** ×　　**03** ○　　**04** ×　　**05** ○

해설 **01** 정보보호의 기본 목표는 기밀성, 무결성, 가용성 등의 유지이며, 기본 목표 이외의 부가적인 목표로는 인증, 부인 방지, 책임 추적성이 있다.

02 과학기술정보통신부장관은 5년마다 정보보호산업 진흥계획을 수립·시행하여야 한다.

03 보안 요구사항도 반드시 파악해야 하는 핵심 요소이며, 이는 법적·비즈니스 요구사항과 함께 고려되어야 한다.

04 우수 정보보호기술 지정은 국내 개발뿐 아니라 해외 도입 후 개량 기술도 포함된다. 핵심 요건은 신규성·독창성·사업화 가능성이다.

05 공공기관은 정보보호시스템 구축 시 경쟁입찰 절차를 거쳐야 하며, 필요할 경우 다른 방식의 계약도 가능하다.

06 「개인정보 보호법」은 개인정보 보호에 관한 □□□으로, 개인정보의 유출 · 오용 · 남용으로부터 국민의 권리와 이익을 보호하기 위해 제정되었다.

07 개인정보를 수집할 때는 정보주체의 동의를 받아야 하며, □□□□, □□, 보유 및 이용 □□, 동의 □□□ 등을 고지해야 한다.

08 「개인정보 보호법」에 따르면 사상 · 신념, 정치적 견해, 건강, 성생활 등 사생활 침해 우려가 큰 정보는 원칙적으로 □□가 금지된다.

09 개인정보처리자는 개인정보가 분실 · 도난 · 유출되지 않도록 내부관리계획 수립, 접속기록 보관 등의 □□□□□ 조치를 하여야 한다.

10 「개인정보 보호법」은 통계작성, 과학적 연구, 공익적 기록보존 등을 위해 정보주체의 동의 없이도 □□□□ 처리를 허용한다.

정답 **06** 일반법   **07** 수집목적, 항목, 기간, 거부권   **08** 처리   **09** 안전성확보
10 가명정보

해설 **06** 「개인정보 보호법」은 공공, 민간 등 모든 개인정보처리자에게 보편적으로 적용되는 개인정보 보호에 관한 기본법으로서 '일반법'적 지위를 갖는다. 정보통신망법 등은 특정 분야에만 적용되는 '특별법'이다.
07 개인정보 보호법 제15조에 따라 개인정보 수집 시 정보주체에게 수집 · 이용 목적, 수집 항목, 보유 및 이용 기간, 동의 거부권 및 거부 시 불이익에 대해 반드시 고지하고 동의를 받아야 한다.
08 사상, 신념, 건강 등 법에서 정한 민감정보는 사생활 침해 위험이 매우 크므로, 정보주체의 별도 동의 없이는 원칙적으로 '처리'(수집, 이용, 제공 등 모든 행위)가 금지된다.
09 개인정보 보호법 제29조에 따라 개인정보처리자는 개인정보의 안전한 관리를 위해 내부관리계획 수립, 접근통제, 암호화, 접속기록 보관 등 기술적 · 관리적 · 물리적 '안전성 확보' 조치를 이행할 의무가 있다.
10 '가명정보'는 추가 정보 없이는 특정 개인을 알아볼 수 없도록 처리한 정보이다. 법률은 통계작성, 과학적 연구 등의 목적일 경우 정보주체의 동의 없이도 가명정보를 처리하는 것을 예외적으로 허용한다.

01 개인정보의 안전성 확보조치 기준 제11조(재해·재난 대비 안전조치)에 따르면, 화재, 홍수 등 재해·재난 발생 시 개인정보처리시스템 보호를 위한 안전조치를 의무적으로 해야 하는 개인정보처리자에 해당하지 <u>않는</u> 경우는?

① 5만 명의 정보주체에 관한 개인정보를 처리하는 중소기업
② 10만 명의 정보주체에 관한 개인정보를 처리하는 공공기관
③ 100만 명의 정보주체에 관한 개인정보를 처리하는 단체
④ 20만 명의 정보주체에 관한 개인정보를 처리하는 대기업

02 「개인정보의 안전성 확보조치 기준」 제6조(접근통제)에 따르면, 외부에서 개인정보처리시스템에 원격으로 접속하는 경우 적용해야 하는 안전한 인증수단과 가장 성격이 <u>다른</u> 것은 무엇인가?

① 공인인증서
② 가상사설망(VPN)
③ 아이디/패스워드
④ 일회용 비밀번호(OTP)

03 「정보보호산업법 시행령」 제8조에서 규정하는 정보보호공시의무자에 해당하는 기업의 조건으로 옳은 것은?

① 직전 3개월간 일평균 이용자 수 10만 명 이상
② 전년도 말 기준 직전 3개월간 일평균 이용자 수 100만 명 이상
③ 직전 사업연도 매출액 10억 원 이상
④ 모든 정보통신서비스 제공자

04 다음 중 정보보호공시의무자의 범위에 해당하는 사업자를 올바르게 설명한 것은?

① 정보통신서비스 제공자 및 집적정보통신시설 사업자
② 모든 중소기업 및 스타트업
③ 금융기관과 공공기관 전부
④ 오프라인 매장 중심의 소매업체

05 「정보보호산업법 시행령」 제8조의 정보보호공시 제도의 주요 목적으로 가장 적절한 것은?

① 기업의 세무 투명성 강화
② 기업의 정보보호 관리 수준을 공개하여 이용자와 투자자의 알 권리 보장
③ 해외 진출 기업의 보안 인증 획득 지원
④ 정부의 보안 예산 배분 기준 마련

06 「정보보호산업의 진흥에 관한 법률」에서 규정하는 우수 정보보호기술 지정의 주체는 누구인가?

① 개인정보보호위원회 위원장
② 과학기술정보통신부 장관
③ 금융위원회 위원장
④ 한국인터넷진흥원 원장

07 개인정보를 제3자에게 제공할 때, 정보주체 동의 없이 제공할 수 있는 경우로 가장 적절한 것은?

① 마케팅을 위해 제휴업체에 고객정보를 제공하는 경우
② 법령에 특별한 규정이 있어 불가피하게 제공하는 경우
③ 고객 이벤트 참여를 위해 제3자에게 연락처를 넘기는 경우
④ 기업 내부 직원 편의를 위해 주소록을 공유하는 경우

08 「정보보호산업의 진흥에 관한 법률 시행령」에 따라 과학기술정보통신부 장관이 한국인터넷진흥원(KISA)에 위탁한 업무에 해당하는 것은?

① 개인정보처리자의 내부 관리계획 수립
② 정보보호 준비도 평가기관의 등록신청 접수 및 등록 업무 지원
③ 기업의 개인정보 영향평가 수행
④ 국가사이버안보 전략 수립

09 「정보보호산업의 진흥에 관한 법률」의 제정 목적을 가장 잘 설명한 것은?

① 개인정보 유출 사고에 대한 형사 처벌 강화
② 정보보호 산업의 경쟁력 강화 및 진흥
③ 사이버 범죄에 대한 국제 공조 강화
④ 공공기관의 회계 투명성 제고

10 「정보보호산업의 진흥에 관한 법률 시행령」 제3조에 따라 정보보호산업 진흥계획은 언제까지 수립되어야 하는가?

① 해당 연도 1월 1일 이전
② 해당 연도 12월 31일 이전
③ 시행 연도의 전년도 12월 31일 이전
④ 시행 연도의 전년도 6월 30일 이전

11 「개인정보의 안전성 확보조치 기준」에서는 비밀번호를 보관할 때 특정 암호화 방식이 요구된다. 다음 중 가장 적절한 저장 방법은 무엇인가?

① 내부 네트워크에만 저장한다면 암호화를 생략할 수 있다.
② 전송 시에는 암호화하지만, 저장 시에는 평문(Plain Text)으로 기록한다.
③ 키를 이용한 양방향 암호화 방식을 적용하여 저장한다.
④ 복호화가 불가능하도록 단방향 암호화 기법을 적용하여 저장한다.

12 다음 중 「정보통신망법」에 따른 정보보호관리등급의 주된 목적을 가장 잘 설명한 것은?

① 기업의 재무 건전성을 등급화하여 투자자에게 제공
② 이용자에게 기업의 정보보호 수준을 객관적으로 파악하는 정보 제공
③ 기업의 보안사고 발생 건수를 집계하여 점수화
④ 정부의 보안 예산 배분을 위해 기업을 분류

13 정보보호공시의무자에 해당하지 <u>않는</u> 경우는?

① 전년도 매출액 80억 원인 정보통신서비스 제공자
② 일평균 이용자 수 200만 명인 온라인 플랫폼 사업자
③ 매출액 150억 원인 데이터센터 운영 사업자
④ 일평균 이용자 수 120만 명인 정보통신서비스 제공자

14 다음 중 개인정보를 제3자에게 제공할 때 정보주체 동의 없이 제공할 수 <u>없는</u> 경우는?

① 재해 발생 시 응급환자의 생명 · 신체 보호를 위해 병원 간 정보 제공
② 수사기관이 법령 절차에 따라 수사를 위해 자료 요청
③ 해외 배송을 위해 물류업체에 수취인 정보 제공
④ 광고 메일 발송을 위해 협력업체에 개인정보 제공

15 「정보보호산업의 진흥에 관한 법률 시행령」 제7조에 따르면, 공공기관의 장이 정보보호시스템 구축 사업계약을 체결할 때 우선적으로 적용해야 하는 계약 방식은 무엇인가?

① 수의계약 방식
② 지명경쟁입찰 방식
③ 「국가계약법」 및 「지방계약법」에서 정한 제한적 최저가 낙찰자 방식
④ 입찰자를 낙찰자로 하는 계약 방식

16 다음 중 「개인성보 보호법」에 따른 개인정보 수집 · 동의 절차 위반 사례로 가장 적절한 것은?

① 회원가입 시 수집하려는 개인정보 항목을 구체적으로 명시하지 않고 '~ 등'으로 포괄적으로 안내한 경우
② 회원가입 시 이용자의 연락처를 필수로 입력하는 경우
③ 결제 시점에서 결제정보를 입력받는 경우
④ 법정대리인 동의 절차를 거쳐 만 14세 미만 아동의 개인정보를 수집한 경우

17 다음 중 「개인정보 보호법」에서 규정하는 최소한의 개인정보 수집 원칙을 설명한 것으로 가장 적절한 것은?

① 개인정보는 법적 근거 또는 동의가 있으면 목적과 무관하게 수집할 수 있다.
② 개인정보는 수집 목적 달성에 필요한 최소한의 범위 내에서만 수집해야 한다.
③ 개인정보 수집 시 선택 동의 항목은 반드시 필수 항목으로 전환해야 한다.
④ 개인정보 제공에 동의하지 않으면 서비스 전체 제공을 거부할 수 있다.

18 다음 중 「개인정보 보호법」 및 「정보통신망법」에서 규정하는 주민등록번호 처리 요건에 해당하지 <u>않는</u> 것은?

① 법률, 대통령령, 국회규칙 등에서 명확히 허용한 경우
② 정보주체의 동의만으로 처리하는 경우
③ 정보주체 또는 제3자의 생명 · 신체 · 재산의 이익을 위해 불가피한 경우
④ 보호위원회가 고시로 정하는 경우

19 다음 중 「개인정보 보호법」상 민감정보 및 고유식
별정보 처리 요건에 대한 설명으로 옳지 <u>않은</u> 것
은?

① 민감정보는 정보주체의 별도 동의를 받거나
법률에 근거가 있는 경우에만 처리할 수 있다.

② 주민등록번호를 제외한 고유식별정보는 별
도 동의 없이도 수집·이용할 수 있다.

③ 고유식별정보는 법률의 구체적 근거가 있거
나 정보주체의 별도 동의가 있을 때만 처리
가능하다.

④ 민감정보에는 사상·신념, 건강정보, 생체
정보, 범죄경력 등이 포함된다.

20 다음 중 「개인정보 보호법」에 따른 개인정보 수집
출처 통지 의무에 대한 설명으로 옳지 <u>않은</u> 것은?

① 정보주체 요구가 있는 경우, 수집 출처·처
리 목적 등을 3일 이내에 통지해야 한다.

② 생명·재산 침해 우려가 있는 경우에는 그
사유도 함께 통지해야 한다.

③ 법적 요건 충족 시 민감정보 5만 명 이상,
일반 개인정보 100만 명 이상을 처리하는
경우 3개월 이내 통지해야 한다.

④ 국가안보, 범죄수사 등 공익적 사유라도 통
지 의무가 면제되지 않는다.

01 ④	02 ③	03 ②	04 ①	05 ②
06 ②	07 ②	08 ②	09 ②	10 ③
11 ④	12 ②	13 ①	14 ④	15 ④
16 ①	17 ②	18 ②	19 ②	20 ④

01 ④

개인정보 보호법 제11조에서는 개인정보처리자가 재해·재난 대비 안전조치를 이행해야 하는 대상을 명확히 규정하고 있으며, 대기업·중견기업·공공기관은 10만 명 이상의 개인정보를 처리하는 경우 의무 대상이며, 중소기업 및 단체는 100만 명 이상의 개인정보를 처리해야 의무 대상이다. 따라서 50만 명 처리 중소기업은 기준(100만 명 이상)에 미달하므로 적용 대상이 아니다.

02 ③

개인정보처리시스템에 원격으로 접근할 때는 안전한 접속수단이 요구된다. 안전한 수단은 VPN, OTP, 공인인증서/보안토큰이며 단순 ID/Password 조합만으로는 보안성이 부족해 안전한 인증수단에 해당하지 않는다.

03 ②

공시 의무자는 이용자 수 100만 명 이상 또는 매출 100억 원 이상인 경우에 해당한다.

04 ①

정보보호공시의무자는 정보통신서비스 제공자(포털, 온라인 플랫폼 등)와 집적정보통신시설 사업자(데이터센터 등)에 한정된다.

05 ②

정보보호공시 제도는 대규모 기업의 보안 관리 수준을 공시·등급화하여 투명성을 확보하고, 국민과 투자자가 기업을 평가할 수 있도록 하는 것이 목적이다.

06 ②

우수 정보보호기술 지정은 「정보보호산업법」 제15조에 따라 과학기술정보통신부 장관이 수행한다.

07 ②

법령 근거에 따른 경우는 동의 없이 제공 가능하다. 반면, 마케팅이나 편의 목적은 반드시 동의가 필요하다.

08 ②

정보보호산업법 제12조 제2항에 따른 정보보호 준비도 평가기관 등록 관련 업무는 KISA에 위탁되며, 나머지는 다른 제도나 기관 소관 업무이다.

09 ②

이 법의 제정 목적은 정보보호 산업의 기반을 마련하고 경쟁력을 강화하며, 정보보호 기술 및 서비스의 발전을 통해 국가·사회 전반의 보안 역량을 높이는 데 있다.

10 ③

과학기술정보통신부 장관은 진흥계획을 시행 연도의 전년도 12월 31일까지 수립해야 한다(제3조 제1항).

11 ④

복호화가 불가능하도록 단방향 암호화 기법을 적용하여 저장한다. 비밀번호는 인증 수단이므로 안전성 확보조치 기준에 따라 일방향 암호화(해시 + 솔트 등)를 적용해야 한다. 일방향 암호화는 복호화 자체가 불가능해 유출 시에도 원래 비밀번호를 알기 어렵다. 반면, 양방향 암호화나 단순 평문 저장은 재현·복호화 가능성이 있어 보안에 취약하다.

12 ②

정보보호 관리등급 제도는 이미 정보보호 관리체계(ISMS) 인증을 획득하고 유지하는 기업 중에서도 정보보호 수준이 뛰어난 기업을 '우수', '최우수' 등급으로 평가하는 제도이다.

13 ①

매출액이 100억 원 미만이고, 이용자 수도 100만 명 이상이 아니면 공시의무 대상에 포함되지 않는다.

14 ④

광고·마케팅 목적은 반드시 동의가 필요하다. 반면, 생명·신체 보호, 법령 근거, 계약 이행을 위한 제공은 예외적으로 동의 없이 가능하다.

15 ④

제7조 제항은 국가계약법 제10조 제2항 제3호 및 지방계약법 제13조 제2항 제4호에 따른 입찰자를 낙찰자로 하는 계약 방식을 우선적으로 적용하도록 규정한다. 단, 특성상 필요하다면 다른 방식도 허용된다.

16 ①

개인정보 수집 시에는 반드시 구체적인 항목을 명시해야 하며, '∼ 등'과 같이 포괄적으로 안내하는 것은 법정 고지사항 누락으로 간주된다.

오답 피하기
②, ③ 일반적인 수집 절차
④ 법적으로 적절한 동의 절차를 거친 경우

17 ②

개인정보는 반드시 목적 달성을 위해 필요한 최소한의 범위에서만 수집해야 하며, 과도한 정보 수집은 최소수집 원칙 위반에 해당한다.

오답 피하기
① 목적 외 수집으로 위법
③ 선택 동의의 침해
④ 동의 거부 불이익 금지 원칙 위반

18 ②

주민등록번호는 단순 동의만으로는 수집·처리할 수 없으며, 반드시 법적 근거, 긴급한 이익 보호, 또는 보호위원회 고시와 같은 예외 사유가 있어야 한다.

19 ②

주민등록번호를 제외한 여권번호, 운전면허번호, 외국인등록번호 등 고유식별정보 역시 별도의 동의나 법률적 근거 없이 처리할 수 없다.

20 ④

국가안보, 범죄수사 등 공익적 사유라도 통지 의무가 면제되지 않는다. 국가안보, 생명·재산 침해 우려, 연락처 부재 등은 통지 의무의 예외에 해당한다.

실전 모의고사

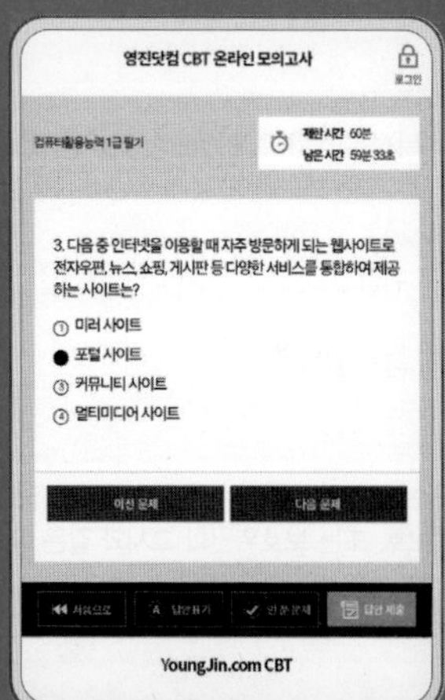

◀ 접속

CBT 온라인 문제집

① QR 코드 찍기(PC는 홈페이지 접속)
② 랜덤 모의고사 무료 응시
③ 풀이 후 자동 채점
④ 해설 즉시 확인 가능

실전 모의고사 01회

시험 시간	풀이 시간	내 점수	문항 수
90분	분	점	총 80개

01 「정보통신망 이용촉진 및 정보보호 등에 관한 법률」에서 정의하는 정보보호의 3대 기본 요소와 가장 거리가 먼 것은?

① 정보통신망을 통해 송·수신되는 정보의 무결성
② 정보통신망에 저장된 정보의 기밀성
③ 인가된 사용자가 정보를 필요할 때 접근할 수 있는 가용성
④ 정보의 소유권을 명확히 하는 소유권의 보장

02 법률에 근거하여 정보통신서비스 제공자가 이행해야 할 정보보호와 관련된 의무가 아닌 것은?

① 개인정보의 안전한 처리를 위한 내부 관리계획 수립
② 사업 목표 달성을 위한 IT 투자 계획 수립
③ 침해사고 발생 시 이용자 통지 및 관계 기관 신고
④ 정보보호 최고책임자(CISO) 지정 및 정부 신고

03 다음 중 정보자산 관리에 대한 설명으로 옳은 것을 모두 고른 것은?

> ㉠ 모든 정보자산은 자산의 가치와 무관하게 동일한 보안등급을 부여한다.
> ㉡ 정보자산의 중요도에 따라 생성, 접근, 파기 등 취급 절차를 정의하고 관리한다.
> ㉢ 정보자산 목록은 최초 수립 후 변경 없이 유지하는 것을 원칙으로 한다.
> ㉣ 각 정보자산별로 소유권자(Owner)와 관리자(Custodian)를 지정하여 책임을 명확히 한다.
> ㉤ 전자 문서는 보안등급을 명확히 표기하여 취급자가 인지할 수 있도록 관리한다.

① ㉠, ㉢
② ㉡, ㉣, ㉤
③ ㉠, ㉡, ㉣
④ ㉡, ㉢, ㉣, ㉤

04 다음 중 조직의 위험평가 방법을 선정할 때 우선적으로 고려할 사항이 아닌 것은?

① 조직의 비즈니스 및 자산 특성
② 위험평가 수행에 필요한 예산 및 인력
③ 경쟁사의 위험평가 방법론
④ 법적 및 규제적 요구사항

05 다음 중 위험평가를 위한 정보자산 식별 및 분류 과정에서 부적절한 활동으로 옳은 것은?

① 관리체계 범위 내 모든 유·무형의 자산을 식별하여 자산 목록에 포함한다.
② 자산의 가치, 중요도, 법적 요구사항을 고려하여 자산별 보안등급을 부여한다.
③ 자산 목록은 주기적으로 현행화하여 정확성을 유지한다.
④ 개인정보는 중요도가 낮으므로 자산 식별 과정에서 제외한다.

06 주요 정보통신기반시설 취약점 분석·평가에 대한 설명으로 옳지 않은 것은?

① 관리기관은 자체 계획에 따라 평가를 직접 수행하거나 외부 전문기관에 위탁할 수 있다.
② 자산의 중요도는 업무 영향도, 자산 가치 등을 종합적으로 고려하여 산정한다.
③ 취약점 평가는 기술적 취약점에 한정되며, 관리적 취약점은 평가 대상에서 제외한다.
④ 식별된 모든 자산을 대상으로 취약점 분석·평가 대상 목록을 작성하고 관리한다.

07 정보보호 최고책임자(CISO)의 법적 자격요건으로 인정될 수 있는 경우는?

① 정보보호 또는 정보기술 분야 석사학위 소지자
② 정보기술 분야 학사학위를 취득하고 해당 분야에서 1년의 경력이 있는 사람
③ 정보보호 관련 자격증을 취득했으나 실무 경력이 없는 사람
④ 정보보호 분야와 무관한 학사학위를 취득하고 정보보호 분야에서 5년의 경력이 있는 사람

08 정보자산의 중요도 및 등급 산정과 관련하여 부적절한 활동은?

① 자산의 기밀성, 무결성, 가용성 측면의 손실가치를 평가하여 중요도를 산정한다.
② 모든 자산에 대해 일괄적으로 '중' 등급을 부여하여 관리 효율성을 높인다.
③ 법적 요구사항 및 계약상 보안 요구사항을 자산 중요도 평가에 반영한다.
④ 자산의 중요도 산정 기준을 정의하고, 모든 자산에 일관되게 적용한다.

09 경영진이 조직의 위험관리 활동을 검토한 후, 그 효과성을 개선하기 위해 내릴 수 있는 결정과 가장 거리가 먼 것은?

① 위험관리 활동의 수행 주기를 현재 '연 1회'에서 '반기 1회'로 변경한다.
② 현재 사용 중인 위험 분석 도구의 정확도가 낮아 새로운 솔루션 도입을 승인한다.
③ 위험관리 활동의 모든 책임을 외부 전문업체에 위임하고 내부 담당자를 배제한다.
④ 위험평가 결과의 신뢰도를 높이기 위해 외부 전문가를 자문위원으로 위촉한다.

10 다음 중 위험 처리 전략과 그 예시가 올바르게 연결된 것은?

┌───┐
│ ㉠ 위험 감소 : 서비스 안정성을 위해 서버를 이중화(HA) 구성으로 변경한다.
│ ㉡ 위험 회피 : 민감한 개인정보 수집에 따른 유출 위험을 없애기 위해 해당 정보 수집을 중단한다.
│ ㉢ 위험 전가 : DDos 공격에 대한 방어 전문성이 부족하여 외부 보안관제 서비스(MSSP)를 계약한다.
│ ㉣ 위험 수용 : 오래된 시스템의 패치 적용 비용이 위험으로 인한 예상 손실액보다 훨씬 커서 위험을 감수하기로 결정한다.
└───┘

① ㉠, ㉡
② ㉠, ㉢, ㉣
③ ㉡, ㉣
④ ㉠, ㉡, ㉢, ㉣

11 위험평가 과정에서 정보보호 최고책임자(CISO)의 승인이 반드시 필요한 핵심 활동은?

① 위험평가 실무자 지정 및 역할 분배
② 조직이 수용 가능한 위험 수준(Acceptable Risk Level)의 결정
③ 위험평가 상세 결과 보고서 초안 작성
④ 식별된 자산 목록의 현행화

12 조직의 정보보호 교육 계획 및 이행과 관련하여 가장 적절하게 조치한 경우는?

① 정보보호 교육은 정규직 직원만을 대상으로 실시하고, 계약직 및 외주 인력은 제외한다.
② 모든 직원에게 동일한 내용의 정보보호 교육을 연 1회 일괄적으로 실시한다.
③ 교육 미이수자에 대한 현황은 파악하지만 별도의 재교육은 실시하지 않는다.
④ 개인정보 취급자, 개발자 등 직무별 특성을 고려한 맞춤형 심화 교육을 추가로 실시한다.

13 임직원 대상 정보보호 교육 운영 시 개선이 필요한 사항은?

① 연간 교육 계획을 수립하여 경영진의 승인을 받는다.
② 신규 입사자는 입사 후 3개월 이내에 기초 보안 교육을 이수하도록 한다.
③ 교육 참석률, 시험 결과 등을 통해 교육 효과를 측정하고 차기 계획에 반영한다.
④ 교육 내용은 매년 동일하게 유지하여 일관성을 확보한다.

14 올바르게 수립된 정보보호 정책에 반드시 포함되어야 할 요소가 아닌 것은?

① 정책의 목적과 적용 범위
② 정보보호에 대한 경영진의 의지와 지원 표명
③ 정보보호 관련 역할과 책임의 정의
④ 특정 보안 솔루션의 모델명 및 도입 단가

15 위험관리를 위한 부서별 역할과 책임(R&R)이 부적절하게 연결된 것은?

① 인사팀 : 입·퇴사자 계정 관리, 보안 서약서 징구
② IT인프라팀 : 방화벽 정책 설정, 서버 접근통제 관리
③ 법무팀 : 정보보호 관련 법규 및 계약서 검토
④ 영업팀 : 사내 모든 정보자산의 보안등급 최종 승인

16 다음은 정보보호 정책 개정 절차의 일부이다. 괄호 안에 들어갈 가장 적절한 단계는?

> 정책 개정 초안 작성 → (   ) → 정보보호위원회 심의 → 최고경영진 승인 → 공포 및 전파

① 관련 부서 및 이해관계자 의견 수렴
② 개정 정책에 대한 직원 만족도 조사
③ 정책 위반자에 대한 징계 절차 수립
④ 개정 이력 삭제

17 정보보호 정책의 제·개정 및 관리와 관련하여 가장 바람직한 사례는?

① 정보보호 정책은 한번 수립되면 변경하지 않는 것을 원칙으로 한다.
② 정책 개정 시 관련 법규와 비즈니스 환경 변화를 검토하여 반영한다.
③ 개정된 정책은 정보보호 담당자만 알고 있으면 되므로 별도로 공지하지 않는다.
④ 정책 문서는 대외비이므로 임직원이 열람할 수 없도록 통제한다.

18 정보보호 위원회에서 반드시 심의·의결해야 할 안건과 가장 거리가 먼 것은?

① 연간 정보보호 활동 계획 및 예산안
② 중대한 정보보호 침해사고의 대응 결과 및 재발 방지대책
③ 전사 정보보호 정책의 제·개정
④ 특정 직원의 개인 PC 교체 요청

19 정보보호 조직 구성에 대한 설명으로 가장 적절하지 않은 것은?

① 조직의 규모와 특성에 맞춰 정보보호 조직의 형태와 규모를 결정해야 한다.
② 정보보호 업무의 독립성을 보장하기 위해 CISO는 CIO의 지휘를 받지 않는 것이 권장된다.
③ 정보보호 실무협의체는 현업 부서 담당자들을 포함하여 실질적인 협력을 도모할 수 있다.
④ 정보보호 위원회는 반드시 외부 보안 전문가로만 구성하여 객관성을 확보해야 한다.

20 다음은 정보보호 관리체계 운영상의 결함 사례이다. 각 사례와 관련된 관리 영역이 올바르게 연결된 것은?

> ㉠ 연 1회 위험평가를 수행했으나, 새로 도입된 클라우드 시스템을 평가 대상에서 누락하였다.
> ㉡ 정보보호 정책이 5년 전에 개정된 이후, 최신 법규 및 기술 변화를 미반영하였다.

① ㉠ 위험평가, ㉡ 정책의 유지관리
② ㉠ 자산 식별, ㉡ 교육 훈련
③ ㉠ 위험 산정, ㉡ 조직 구성
④ ㉠ 범위 설정, ㉡ 정책의 공포

정보보호 위험평가

21 다음 문장이 설명하는 접근방법은?

> 고위험(High Risk) 영역을 식별하여 상세 위험분석을 수행하고, 그 외의 다른 영역은 베이스라인 접근법을 사용하는 방식이다. 이 방식은 비용과 자원을 효과적으로 사용할 수 있으며, 고위험 영역을 빠르게 식별하고 적절하게 처리할 수 있다는 장점이 있어 널리 사용된다.

① 비정형 접근법
② 베이스라인 접근법
③ 상세위험 분석법
④ 복합 접근법

22 다음 중 위험평가 방법의 하나인 상세위험 분석법에 대한 설명으로 틀린 것은?

① 분석에 시간과 노력이 적게 소요되며 채택한 위험분석 방법론을 올바르게 이해해야 한다.
② 비정형 접근법과 마찬가지로 고급의 인적 자원이 필요하다.
③ 조직의 자산 및 보안 요구사항을 구체적으로 분석하여 가장 적절한 대책을 수립할 수 있다.
④ 자산분석, 위협 분석, 취약성 분석의 각 단계를 수행하여 위험을 평가하는 것이다.

23 다음 중 위험평가의 정의로 옳은 것은?

① 원하지 않는 사건이 발생하여 손실 또는 부정적인 영향을 미칠 가능성을 말한다.
② 자산에 손실을 초래할 수 있는 원치 않는 사건의 잠재적 원인(Source) 또는 행위자(Agent)를 말한다.
③ 위험을 분석 후 수용 가능한 위험수준과 대비하여 위험의 대응 여부와 우선순위를 결정하는 것이다.
④ 조직의 자산에 대한 위험을 감수할 수 있는 수준으로 유지하기 위하여 자산에 대한 위험을 분석하고 이러한 위험으로부터 자산을 보호하기 위한 비용 대비 효과적인 보호대책을 마련하는 일련의 과정이다.

24 다음 문장이 설명하는 것은?

> 위험을 일정 수준 이하로 관리하기 위한 위험 분석, 평가, 대책 선정을 포함하는 전체 절차이다. 조직의 자산에 대한 위험을 감수할 수 있는 수준으로 유지하기 위하여 자산에 대한 위험을 분석하고 이러한 위험으로부터 자산을 보호하기 위한 비용 대비 효과적인 보호대책을 마련하는 일련의 과정을 말한다.

① 위험 대응
② 위험 점검
③ 위험 관리
④ 위협 감시

25 다음 중 위험평가 방법의 하나인 정성적 분석 방법에 대한 설명으로 틀린 것은?

① 위험을 어떠한 상황에 대한 설명으로 묘사한다.
② 정도는 매우 높음, 높음, 중간, 낮음 또는 5점 척도, 10점 척도의 점수화가 사용되기도 한다.
③ 델파이법, 순위결정법, 시나리오법 등이 이에 해당된다.
④ 위험평가 결과가 측정가능한 수량, 금액, 기간 등 단위로 산출된다.

26 다음 중 위험평가의 절차에 대한 설명으로 옳지 않은 것은?

① 위험평가의 시작은 조직이 보유한 자산의 범위 결정과 식별로부터 시작한다.
② 자산분석 단계에서는 최대한 상세하게 조직의 가진 자산을 분류하여 목록을 작성한다.
③ 자산에 대한 모든 위협 및 취약성을 누락 없이 분석하여야 한다.
④ 위협 및 취약성 분석 단계에서 파악한 위험을 원천 위험이라고 한다.

27 다음 문장의 괄호 안에 들어갈 적합한 내용은?

> 위험평가 단계에서는 (   )의 가치를 평가하고 (   )에 대한 위협, 취약성을 분석한다. 더불어 해당 (   )의 가치와 위협 및 취약성의 정도에 따라 기밀성, 무결성, 가용성 손상에 따른 잠재적 손실의 규모를 평가하여야 한다

① 자산
② 손실
③ 가치
④ 위험

28 다음 중 조직의 위험평가 계획 수립에 참여하는 인력이 아닌 것은?

① 정보주체
② 위험관리 전문가
③ 현업부서 실무 책임자
④ 정보보호 · 개인정보보호 전문가

29 식별된 정보자산의 중요도를 결정하고 보안등급을 산정하는 기준으로 옳지 않은 것은?

① 법적 요구사항이나 업무에 미치는 영향 등 각 자산 특성에 맞는 보안등급 평가기준을 결정한다.
② 정보자산에 대해 신규 도입, 변경, 폐기되는 자산이 많지 않으면 3년에 한 번 현황 조사를 수행한다.
③ 보안등급 산정 시 서비스 영향, 이익손실, 고객 상실, 대외 이미지 손상 등도 고려한다.
④ 보안등급 산정 시 기밀성, 무결성, 가용성, 법적 준거성 등에 따라 중요도를 평가한다.

30 다음 문장은 무엇을 기준으로 정보자산의 중요도를 평가한 것인가?

> 외부로부터 악의적인 의도를 가진 해커가 공격을 감행하여, A 쇼핑몰 홈페이지에 DDoS 공격이 발생하고 있다. 고객들이 홈페이지에 접속하지 못하여 정상적인 서비스를 제공받지 못하고 있다.

① 장애 복구를 위한 목표 시간
② 기밀성
③ 가용성
④ 침해 사고 발생 시 피해 규모

31 다음 중 정보자산의 위험 산정 시 고려해야 할 구성요소에 해당하지 않는 것은?

① 자산에 대한 위협
② 보호대책
③ 자산의 취약점(취약성)
④ 자산의 가치

32 다음 정보자산에 대한 위협 식별에 대한 설명으로 옳지 않은 것은?

① 조직에서 이미 발생하였거나 파악되어 알려진 위협도 분석한다.
② 취약점 진단 결과가 분석되면 전체적인 내용을 결과 보고서로 작성한다.
③ 위협 발생 시 일어나는 손실뿐만 아니라 위협의 발생 주기도 정확하게 평가하여야 한다.
④ 관리적인 취약점 진단은 임원진과의 면담을 통해 진행한다.

33 다음 중 취약점 진단 방식에 대한 설명으로 바른 것은?

① 진단 업무 범위와 일정 계획 시, 취약점 점검을 수행하는 인력의 규모는 고려하지 않는다.
② 기술적 취약점 진단은 사람에 의한 수동 진단 방법에 의해서만 이루어져야 한다.
③ 물리적인 취약점 진단을 위해 최고 경영자층과의 면담을 통해 진행한다.
④ 관리적인 취약점 진단은 실무진과의 면담을 통해 진행한다.

34 다음은 위험의 세 가지 구성요소에 대한 설명이다. 괄호 안에 들어갈 적합한 용어는?

> • (㉠)은(는) 일반적으로 (㉠) 원천에 따라 크게 자연재해나 장비 고장 등의 환경적 요인에 의한 것과 인간에 의한 것으로 나눌 수 있다.
> • (㉡)은(는) 조직이 보호해야 할 대상으로서 정보, 하드웨어, 소프트웨어, 시설 등을 말하며 관련 인력, 기업 이미지 등의 무형자산을 포함하기도 한다.
> • (㉢)(이)란 자산의 잠재적인 속성으로서 (㉠)의 이용 대상이 되는 것으로 정의되나, 때로 정보보호 대책의 미비로 정의되기도 한다.

① ㉠ 위협, ㉡ 취약성, ㉢ 자산
② ㉠ 자산, ㉡ 취약성, ㉢ 위협
③ ㉠ 위협, ㉡ 자산, ㉢ 취약성
④ ㉠ 취약성, ㉡ 위협, ㉢ 자산

35 정보보호 위험평가 시 법적 준거성 검토 · 평가 단계에 대한 설명으로 틀린 것은?

① 관련 법규의 제 · 개정 사항이 조직에 미치는 영향을 분석하여 위험을 식별하여야 한다.
② 법적 요구사항의 준수 여부는 비정기적으로 최고경영진의 요청이 있을 때 검토하여야 한다.
③ 관련 법규의 제 · 개정으로 변경이 필요할 경우 내부 정보보호 정책 · 지침 및 체크리스트에 반영하여 최신성을 유지하여야 한다.
④ 법적 요구사항 준수 검토 결과 발견된 문제점은 신속하게 개선하여 위험을 줄여야 한다

36 다음 중 위험평가 단계에서 법적 요구사항 검토가 필요한 상황이 아닌 것은?

① 정보통신서비스 제공자이자 개인정보처리자로서 직전 사업 연도의 매출액이 1천만 원을 달성하였다.
② 국내에 주소지가 없는 사업자이자 개인정보처리자로서 전년도 말 기준 직전 3개월간 저장 · 관리되고 있는 국내 정보주체의 수가 일일 평균 100만 명을 넘었다.
③ 개인정보 보호법이 최근 광범위하게 개정되었다.
④ 전기통신사업자로서 일평균 이용자 수가 100만 명 이상을 달성하였다.

37 다음 중 위험관리 계획 수립 시 지켜야 할 사항으로 옳지 않은 것은?

① 조직의 비전 및 미션, 비즈니스 목표 등을 고려하여 조직의 특성을 반영한다.
② 최신의 취약점 및 위협 동향을 고려한다.
③ 위험 식별 및 평가 시행을 위한 예산 계획을 매년 수립하고 정보화 부서장이 승인한다.
④ 위험관리 전문가, 정보보호 · 개인정보보호 전문가를 비롯하여 다양한 이해관계자가 참여하도록 한다.

38 다음은 정보보호 및 개인정보보호 인증평가를 위한 위험평가 시 지켜야 할 인증기준이다. 괄호 안에 들어갈 적합한 내용은?

> 조직의 대내외 환경분석을 통하여 유형별 위협 정보를 수집하고 조직에 적합한 위험평가방법을 선정하여 관리체계 전 영역에 대하여 (　　　) 이상 위험을 평가하며, 수용할 수 있는 위험은 경영진의 승인을 받아 관리하여야 한다.

① 반기 1회
② 연 1회
③ 연 2회
④ 분기 1회

39 다음 제시된 조건을 기준으로 계산할 수 있는 연간 예상 손실액은 얼마인가?

> 동일한 조건을 갖는 조직에 대한 통계조사 결과를 기반으로 추정하면, A사의 전산실에 화재는 5년에 1회 발생할 수 있을 것으로 예상된다. 만약 A사의 전산실에 화재가 발생할 경우, 당장 발생하는 손실액은 10억 원으로 추정된다. 그렇다면, A사의 전산실에 화재가 발생할 경우를 상정하여 보안대책을 구현하고자 할 경우, 고려해야 하는 연간 예상 손실액은 얼마인가?

① 1억 원
② 2억 원
③ 10억 원
④ 100억 원

40 다음 중 위험처리 전략에 대한 설명으로 옳지 않은 것은?

① 현재의 위험을 받아들이고 잠재적 손실 비용을 감수하는 것은 위험 완화 전략이다.
② 위험을 제거할 수 있는 보안대책을 채택하여 구현하는 것은 위험 감소 전략이다.
③ 위험이 존재하는 프로세스나 사업을 수행하지 않고 포기하는 것은 위험 회피 전략이다.
④ 보험이나 외주 등으로 잠재적 비용을 제3자에게 미루거나 할당하는 것은 위험 전가 전략이다.

41 다음 중 네트워크 접근통제를 위한 보안 조치로서 옳지 않은 것은?

① 외부자(외부 개발자, 방문자 등)에게 제공되는 네트워크를 별도의 통제 없이 내부 업무 네트워크와 분리하여야 한다.
② 서버팜이 구성되어 있으나 네트워크 접근제어 설정 미흡으로 내부망에서 서버팜으로의 접근이 과도하게 허용되면 안된다.
③ 내부 규정과 같이 MAC주소 인증, 필수 보안 소프트웨어 설치 등의 보호대책을 적용한 상태이다.
④ 내부망에 위치한 데이터베이스 서버 등 일부 중요 서버의 IP주소가 내부 규정과 달리 공인 IP로 설정되어 있다.

42 데이터베이스 내 정보에 접근이 필요한 응용 프로그램, 정보시스템(서버) 및 사용자를 명확히 식별하고 접근통제 정책에 따라 통제하여야 한다. 통제 방안 중 옳지 않은 것은?

① DBA 권한이 부여된 계정과 조회 등 기타 권한이 부여된 계정 공용 사용 허용
② 다른 네트워크 영역 및 다른 서버에서의 비인가 접근 차단
③ 중요정보가 포함된 테이블, 컬럼은 업무상 처리 권한이 있는 자만 접근할 수 있도록 제한
④ 개인정보를 저장하고 있는 데이터베이스는 DMZ 등 공개된 네트워크에 위치하지 않도록 제한

43 다음 중 정보시스템의 도입 · 개발 · 변경 시 필요한 보안 요구사항 조치를 올바르게 수행한 것은?

① 정보시스템 인수 전 보안성 검증 기준 및 절차가 마련되어 있지 않았다.
② 신규 시스템 도입 시 기존 운영환경에 대한 영향 및 보안성을 검토하도록 내부 규정을 마련하고 있다.
③ 개발 관련 내부 지침에 개발과 관련된 주요 보안 요구사항(인증 및 암호화, 보안로그 등)을 정의 하지 않았다.
④ 개발표준정의서의 사용자 패스워드 암호화에 MD5를 사용할 것을 적용하였다.

44 다음 중 네트워크 보안시스템이 아닌 것은?

① SecureOS
② IDS(Intrusion Detection System)
③ Firewall
④ NAC(Network Access Control)

45 다음 중 무선 네트워크 접근에 대한 보안관리 방법으로 옳은 것은?

① 무선 AP 설정 시 안전한 방식으로 정보 송수신 암호화 기능을 설정하였다.
② 외부인용 무선 네트워크와 내부 무선 네트워크 영역대를 공유하고 있다.
③ 업무 목적으로 내부망에 연결된 무선AP에 대하여 SSID 브로드캐스팅이 가능하도록 조치하였다.
④ 무선AP 관리자 비밀번호에 디폴트 비밀번호를 사용하고 있다.

46 다음 문장이 설명하는 보안시스템은?

> 네트워크 방화벽과 달리 OWASP(Open Web Application Security Project) Top10, 국가정보원의 8대 웹 취약점, 웹페이지 위변조 등 다양한 형태의 웹 기반 해킹 및 유해 트래픽을 실시간 감시하여 탐지하고 차단하는 보안 솔루션이다.

① UTM(Unified Threat Management)
② WIPS(Wireless Intrusion Prevention System)
③ DLP(Data Loss Prevention)
④ WAF(Web Application Firewall)

47 다음 중 보안시스템 운영 시 보안관리 조치로 옳지 않은 것은?

① 보안시스템 유형별로 책임자 및 관리자를 지정하고 있다.
② 보안시스템 보안정책의 신청, 변경, 삭제, 주기적 검토에 대한 절차 및 기준을 설정하고 있다.
③ 침입차단시스템 보안정책 검토는 운영상 장애가 발생할 때만 수행한다.
④ 내부 지침에 정보보호 담당자가 보안시스템의 보안정책 변경 이력을 기록 · 보관하도록 정하고 있다.

48 다음 중 응용 프로그램에 대한 잘못된 접근통제 사례가 아닌 것은?

① 응용 프로그램의 개인정보 처리화면 중 일부 화면의 권한 제어 기능에 오류가 존재하여 개인 정보 열람 권한이 없는 사용자에게도 개인정보가 노출되고 있는 경우
② 응용 프로그램의 관리자 페이지가 외부 인터넷에 오픈되어 있으면서 안전한 인증수단이 적용되지 않은 경우
③ 응용 프로그램에 대하여 세션 타임아웃 또는 동일 사용자 계정의 동시 접속을 제한하고 있는 경우
④ 응용 프로그램의 개인정보 조회화면에서 like 검색을 과도하게 허용하고 있는 경우

49 다음은 물리보안 강화 기준에 대한 설명이다. 괄호 안에 들어갈 적합한 내용은?

> 물리적 · 환경적 위협으로부터 개인정보 및 중요정보, 문서, 저장매체, 주요 설비 및 시스템 등을 보호하기 위하여 물리적 (　)(을)를 지정하고 구역별 보호대책을 수립 · 이행하여야 한다.

① 보호구역
② 통제구역
③ 제한구역
④ 접견구역

50 물리적으로 정보시스템을 보호하기 위한 보안조치로서 옳지 않은 것은?

① 자산목록 등에 물리적 위치 항목을 포함하고 현행화하여 최신본을 유지하여야 한다.
② 케이블 매설 등은 물리적으로 구분 · 배선, 식별 표시, 상호 간섭 여부와 관계없이 조치하여야 한다.
③ 정보시스템, 개인정보처리시스템, 네트워크 장비, 보안시스템, 백업 장비 등 정보시스템의 특성에 따라 전산랙을 이용하여 시스템을 외부로부터 보호하여야 한다.
④ 개인정보처리시스템 등 중요도가 높은 경우에는 최소한의 인원만 접근이 가능하도록 전산랙에 잠금장치 설치, 별도의 물리적 안전장치가 있는 케이지(Cage) 등에서 관리하여야 한다.

51 다음 괄호에 들어갈 적합한 단어는 무엇인가?

> 정보보호 (　)(은)는 정보통신서비스 구축 · 개발 단계별 정보보호 조치를 수행하는 것으로 금융감독원의 보안성 심의, 국가정보원의 보안성 검토와 정보보호 관리체계(ISMS, Information Security Management Systems)와는 차이가 있다.

① 보안관제
② 사전점검
③ 인증제도
④ 사후점검

52 다음 문장이 설명하는 정보보호 사전점검 수행단계는?

> 개발하고자 하는 목표시스템 서비스 특성과 구성환경을 고려하여 보안점검 및 정밀 취약점 진단을 수행하고 모의해킹을 통해 외부로부터의 침입을 차단하고 내부로부터의 정보유출을 방지한다. 정보보호 보안점검을 완료한 후, 목표시스템을 운영시스템으로 안전하게 이관(전환)하여야 한다.

① 요구사항정의 단계
② 설계 단계
③ 구현 단계
④ 테스트 단계

53 다음 문장의 괄호 안에 들어갈 적합한 용어는?

> 정보통신망법 제76조에 근거하여, 정보보호 관리체계 인증 의무대상자가 인증을 받지 아니한 경우 (　) 이하의 과태료를 부과한다.

① 1,000만 원
② 3,000만 원
③ 4,000만 원
④ 6,000만 원

54 다음은 인터넷 망분리를 해야 하는 의무가 있는 사업자에 대한 설명이다. 괄호 안에 들어갈 적합한 내용은?

> 전년도 말 기준 직전 (㉠)개월 간 그 개인정보가 저장 · 관리되고 있는 이용자 수가 일일 평균 (㉡)만 명 이상인 개인정보처리자는 개인정보처리시스템에서 개인정보를 다운로드 또는 파기할 수 있거나 개인정보처리시스템에 대한 접근 권한을 설정할 수 있는 개인정보취급자의 컴퓨터 등에 대한 인터넷망 차단 조치를 하여야 한다.

① ㉠ 1, ㉡ 1000
② ㉠ 2, ㉡ 100
③ ㉠ 3, ㉡ 100
④ ㉠ 5, ㉡ 10

55 다음은 개인정보 영향평가 의무 대상의 조건에 대한 설명이다. 괄호 안에 들어갈 적합한 내용은?

> - (㉠)만 명 이상의 정보주체에 관한 민감정보 또는 고유식별정보의 처리가 수반되는 개인정보파일
> - 공공기관 내부 또는 외부에서 구축·운용하고 있는 다른 개인정보파일과 연계하려는 경우로서 연계 결과 (㉡)만 명 이상의 정보주체에 관한 개인정보가 포함되는 개인정보파일

① ㉠ 5, ㉡ 10
② ㉠ 5, ㉡ 50
③ ㉠ 1, ㉡ 10
④ ㉠ 20, ㉡ 100

56 다음은 개인정보 접속기록 보존기간에 대한 설명이다. 괄호 안에 들어갈 적합한 내용은?

> 개인정보처리자는 개인정보취급자의 개인정보처리시스템에 대한 접속기록을 (㉠)년 이상 보관·관리하여야 한다. 다만, 5만 명 이상의 정보주체에 관한 개인정보를 처리하는 개인정보처리시스템에 해당하는 경우, (㉡)년 이상 보관·관리하여야 한다.

① ㉠ 2, ㉡ 3
② ㉠ 2, ㉡ 5
③ ㉠ 1, ㉡ 2
④ ㉠ 1, ㉡ 3

57 다음 중 개인정보 보호법에 따라 개인정보처리시스템에 저장할 때 반드시 암호화하여 저장해야 하는 개인정보에 포함되지 않는 것은?

① 외국인허가번호
② 여권번호
③ 신용카드번호
④ 주민등록번호

58 정보시스템 도입 및 개발 단계에서 의무적으로 개인정보 영향평가를 받아야 하는 조건이 아닌 것은?

① 5만 명 이상의 정보주체에 관한 민감정보 또는 고유식별정보의 처리가 수반되는 개인정보파일
② 공공기관 내부 또는 외부에서 구축·운용하고 있는 다른 개인정보파일과 연계 결과 50만 명 이상의 정보주체에 관한 개인정보가 포함되는 개인정보파일
③ 100만 명 이상의 정보주체에 관한 개인정보파일
④ 영향평가를 받은 후 개인정보파일의 운용체계에 변경이 없더라도 1년에 한 번 정기적으로 실시

59 정보보호 공시제도의 추진 근거가 되는 법령은?

① 정보통신망 이용촉진 및 정보보호 등에 관한 법률 제4조
② 정보보호산업의 진흥에 관한 법률 제13조
③ 개인정보 보호법 시행령 제11조
④ 사이버안전 업무규정 제10조

60 다음 중 정보보호 공시제도의 의무공시 위반 시 과태료는?

① 1천만 원 이하
② 2천만 원 이하
③ 3천만 원 이하
④ 5천만 원 이하

61 다음은 개인정보처리자가 신규 서비스를 기획하면서 준수해야 할 개인정보 보호 원칙을 근거로 해서 법적 위험을 고려해야 할 사항에 대한 설명이다. 밑줄 친 법적 용어가 적절하지 않은 것은?

> - 개인정보처리자는 개인정보의 처리 목적을 명확하게 하여야 하고 그 목적에 필요한 범위에서 최소한의 개인정보만을 ⓐ 정확하고 적법하게 수집하여야 한다.
> - 개인정보처리자는 개인정보의 처리 목적에 필요한 범위에서 적합하게 개인정보를 처리하여야 하며, 그 목적 외의 용도로 활용하여서는 아니 된다.
> - 개인정보처리자는 개인정보의 처리 목적에 필요한 범위에서 개인정보의 ⓑ 적합성, 완전성, 최신성이 보장되도록 하여야 한다.
> - 개인정보처리자는 개인정보의 처리 방법 및 종류 등에 따라 정보주체의 권리가 침해받을 가능성과 그 위험 정도를 고려하여 개인정보를 안전하게 관리하여야 한다.
> - 개인정보처리자는 제30조에 따른 ⓒ 개인정보 처리방침 등 개인정보의 처리에 관한 사항을 공개하여야 하며, 열람청구권 등 정보주체의 권리를 보장하여야 한다.
> - 개인정보처리자는 정보주체의 사생활 침해를 최소화하는 방법으로 개인정보를 처리하여야 한다.
> - 개인정보처리자는 개인정보를 익명 또는 가명으로 처리하여도 개인정보 수집목적을 달성할 수 있는 경우 ⓓ 익명처리가 가능한 경우에는 ⓓ 익명처리에 의하여, ⓓ 익명처리로 목적을 달성할 수 없는 경우에는 가명에 의하여 처리될 수 있도록 하여야 한다.
> - 개인정보처리자는 이 법 및 관계 법령에서 규정하고 있는 책임과 의무를 준수하고 실천함으로써 정보주체의 신뢰를 얻기 위하여 노력하여야 한다.

① ⓐ, ⓑ
② ⓑ, ⓒ
③ ⓒ, ⓓ
④ ⓓ, ⓐ

62 다음은 정보보호 최고책임자(CISO)의 직위와 지위 및 겸직금지 관련 사항으로 적절하지 않은 것을 모두 고른 것은?

> - ⓐ 겸직금지 대상 기업은 직전 사업년도 말 기준 자산총액이 1조 원 이상이거나 정보보호 관리체계 인증의무 대상자 중 직전 사업 연도 말 기준 자산총액이 5천억 원 이상인 정보통신서비스 제공자를 의미한다.
> - ⓑ 겸직금지에 해당하는 대상기업은 임원급으로 직무상 독립하여 권한과 책임을 가진 자를 지정하여야 한다는 점을 고려하여 CEO 직속 또는 해당 부서의 장으로 정보보호 조직과 위임전결을 가지고 있는 팀장급 이상으로 지정한다.
> - ⓒ 겸직이 가능한 업무에는 정보보호 공시에 관한 업무, 정보통신기반보호법에 따른 정보보호책임자 업무 모두가 겸직이 가능한 업무이다.
> - ⓓ 정보보호 최고책임자는 일반 자격요건을 충족하고 임원급으로 비상근 정보보호 업무를 수행하는 경우에도 자격 요건을 충족하는 것으로 간주한다.
> - ⓔ 정보보호 및 정보기술 업무경력이 10년 이상인 경우, 정보보호 관리체계 인증심사원 자격 보유한 경우는 정보보호 최고책임자의 자격요건을 갖추고 있다고 볼 수 있다.
> - ⓕ 정보기술 업무를 수행 총괄하고 있는 CIO가 산하의 정보보호 업무를 포괄하여 정보기술 관련한 정보보호 관련 사항을 반드시 고려할 수 있도록 겸직이 가능하다.

① ⓐ, ⓑ, ⓓ, ⓕ
② ⓑ, ⓓ, ⓕ
③ ⓐ, ⓒ, ⓔ
④ ⓓ, ⓔ, ⓕ

63 다음은 조직의 정보보호 정책 및 관련 하위지침에 관련된 사항이다. 적절하지 않은 것을 모두 고른 것은?

ⓐ 정보보호 및 개인정보보호 정책서 제 · 개정 시에는 정보보호 위원회의 의결을 거치도록 하고 있으나, 내부 문서규정에 따라서 정책서 검토 이후에 개정사항이 없는 경우에는 위원회 의결이 아닌 정보보호 최고책임자가 직접 결정할 수 있다는 내용에 따라서 위원회 승인을 받지 않는 경우

ⓑ 정보보호 및 개인정보보호에 관련된 정책 및 지침서는 주로 관련된 정보보호 및 개인정보보호 부서의 운영 사항이므로, 정보보호 부서의 게시판에 게시하여 관리하고 내부에서 참조할 수 있게 편리성을 제공한 경우

ⓒ 조직의 정보보호 및 개인정보보호 활동의 근거를 포함하고 있는 것이므로 최고경영자의 의지 및 방향을 포함하여 작성한 경우

ⓓ 법령 및 규제, 상위 조직 및 관련기관의 정책과의 연계성, 조직의 대내외 환경변화 등을 반영할 수 있도록 위험평가 및 새로운 위협에 대한 사항은 반드시 정책과 지침 등에 반영해야 하는 경우

ⓔ 정보보호 및 개인정보보호 관련 정책 및 시행문서를 제 · 개정하는 경우 관련 정보보호 부서 이외의 이해관계자가 관련 사항을 검토하고 문제가 있어 이해관계자가 이의를 제기하였으나, 정보보호 및 개인정보보호에 대한 정보보호 부서의 의지이므로 정책 및 시행문서에 반영하지 않는 경우

---

① ⓐ, ⓓ
② ⓑ, ⓔ
③ ⓒ, ⓓ
④ ⓐ, ⓒ

64 조직의 정보보호 및 개인정보보호 관리체계 수립을 위한 생명주기에 대한 사항에 대한 설명으로 적절하지 않은 것은?

ⓐ 정보보호 정책은 관련 시행문서(지침, 절차, 가이드 문서 등)에 대하여 정기적인 타당성 검토 절차를 수립 · 이행하고, 필요시 관련 정책 및 시행문서를 제 · 개정하여야 한다. 최소 연 1회 이상 정기 타당성 검토를 수행하여야 한다.

ⓑ 정보보호 교육은 임직원을 채용 및 외부자 신규 계약 시에 업무 시작 전에 정보보호 교육을 수행하여 조직의 정책, 주의사항, 규정 위반 시 법적 책임 등에 대한 내용을 숙지할 수 있도록 고려해야 하며, 교육시행에 대한 기록을 남기고 교육 효과성을 위해 개선사항을 차기 교육에 반드시 반영하여야 한다.

ⓒ 개인정보보호 정책은 개인정보보호 관련 법률 개정이 발생하면 시행되기 전에 내부적으로 검토한 이후에 반드시 정책에 반영해야 하며, 법령 적용 시점보다 항상 먼저 정책에 반영될 수 있도록 개정 작업이 필수적이다.

ⓓ 개인정보보호 교육은 개인정보취급자를 대상으로 교육을 시행하며 법정 의무교육이므로 반드시 이수해야 하는 교육이며, 개인정보를 처리하는 임직원을 개인정보취급자로 판단하지만 그 대상을 판단하기 어려워 전임직원을 개인정보취급자로 판단하여 일반적인 개인정보보호 교육을 수행하는 것이 필요하다.

ⓔ 정보보호 조직은 정보보호 업무 수행과 관련된 조직의 특성을 고려하여 관련 책임자와 담당자의 역할 및 책임을 시행문서에 구체적으로 정의하여야 한다.

ⓕ 개인정보보호 점검은 개인정보의 안전성 확보조치에 대한 고시에 따라서 내부관리계획을 수립하고 연 1회 이상 개인정보의 기술적, 관리적, 물리적 보호조치에 대하여 점검하여야 한다.

ⓖ 개인정보보호 조직은 정보보호와 업무 연관성이 높아 동일한 조직 내에서 업무를 수행할 수 있으며, 일정 규모 이상의 기업인 경우 정보보호 최고책임자(CISO)는 정보기술(IT) 업무를 담당하는 부서의 장(CIO 등)과의 겸직이 가능하다.

ⓗ 정보보호 점검은 정보보호 및 개인정보보호 관련 법적 요구사항을 주기적으로 파악하여 규정에 반영하고, 준수 여부를 지속적으로 검토하여야 한다. 내부 정책 및 법적 요구사항에 따라 효과적으로 운영되고 있는지를 정보보호부서 인력으로만 점검팀을 구성하여 연 1회 이상 점검하고, 발견된 문제점을 경영진에게 보고하여야 한다.

---

① ⓐ, ⓑ
② ⓒ, ⓓ
③ ⓔ, ⓕ
④ ⓒ, ⓓ, ⓖ, ⓗ

65 다음 절차는 개인정보보호에 관련한 위험평가 절차의 일부이며, 공공기관의 대상의 「개인정보 보호법」 제33조(개인정보 영향평가)를 정리한 것이다. ⓐ~ⓔ에 들어갈 항목을 순서대로 나열한 것은?

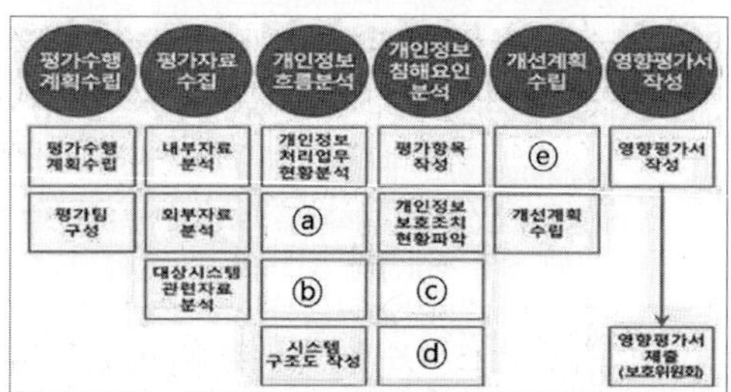

① 개선사항 도출, 개인정보침해요인 도출, 개인정보흐름도 작성, 개인정보위험도 작성, 개인정보흐름표 작성

② 개인정보 침해요인 도출, 개인정보흐름도 작성, 개인정보위험도 작성, 개인정보흐름표 작성, 개선사항 도출

③ 개인정보흐름표 작성, 개인정보흐름도 작성, 개인정보침해요인 도출, 개인정보위험도 작성, 개선사항 도출

④ 개선사항 도출, 개인정보흐름표 작성, 개인정보흐름도 작성, 개인정보침해요인 도출, 개인정보침해요인 도출, 개인정보위험도 작성

66 다음은 내부감사계획을 수립하여 감사를 수행한 결과 일부 미흡한 사항을 발견한 내용을 감사보고서에 기술한 것이다. 위험관리 관점으로 해당 문제점을 보고 강구한 대책으로 적절하지 않은 것은?

> ⓐ 개인정보처리시스템의 권한 관리 미흡
> - 개인정보처리시스템의 권한 부여 시 책임자에 승인받지 않고 관리자가 임의로 권한을 발급하고 있음
> - 인사이동 시 권한에 대한 적절성 여부를 확인(모니터링)하고 있지 않음
> ⓑ 개인정보처리시스템의 접속로그 관리 미흡
> 법적 요건에 맞게 접속이력을 남기고 있으나 접속기록의 위변조 방지에 대한 조치가 되어 있지 않음

① ⓐ : 권한 신청을 내부 결재절차에 따라서 신청서를 받아서 해당 시스템 담당자가 관리대장으로 전자적으로만 권한을 관리한다.
ⓑ : 접속기록을 Secure OS에 설치된 서버에 기록하고, 별도의 접근통제를 한다.

② ⓐ : 퇴사자 발생 시 인사팀에게 통보하도록 하여 퇴사자의 권한을 담당자가 직접 삭제한다.
ⓑ : 접속기록은 해당 서버에 계속 기록하고, 다른 서버에 복제본을 전송하여 별도로 접근을 통제한다.

③ ⓐ : 업무 변경으로 권한 유지 여부를 보안팀에서 확인하기 어렵기 때문에 연 1회 장기 미사용자에 대한 권한을 삭제한다.
ⓑ : 접속기록은 해당 서버에 계속 기록하고, DVD-RW에 복제본을 기록하여 별도 금고에 보관한다.

④ ⓐ : 계정 및 권한관리시스템을 도입하여 회사 내의 조직 변경 시 모든 권한을 반납받고 신규 조직에서 권한을 새로 승인받고 사용할 수 있도록 관리한다.
ⓑ : 접속기록은 해당 서버에 계속 기록하고, 로그서버를 별도로 구축하여 별도의 접근을 통제한다.

67 다음 개인정보 흐름표는 ○○ 공공기관 홈페이지 시스템 보유·이용단계 개인정보 흐름 중 회원 관리와 관련하여 개인정보보호 영향 평가기관에서 작성한 위험평가 보고서의 일부 내용이다. 개인정보 흐름표를 통해서 파악한 현황 중 가장 적절하지 않은 것은?

업무명	보유형태	암호항목	이용항목	이용목적	개인정보취급자	이용방법
회원 관리 (가입)	DB	비밀번호	(필수) 성명, 생년월일, 성별, 장애구분, 비밀번호, 이메일, 휴대전화번호	회원 인증 및 서비스 이용	홈페이지 담당자	개인 PC를 통해 접속하여 회원 정보 등록
회원 관리 (회원 정보 수정)	DB	비밀번호	(필수) 성명, 생년월일, 성별, 장애구분, 비밀번호, 이메일, 휴대전화번호	개인 정보 수정 및 반영	홈페이지 회원	개인 PC를 통해 직접 수정
회원 관리 (아이디/비밀번호 찾기)	DB	비밀번호	(필수) 성명, 생년월일, 성별, 비밀번호, 이메일, 휴대전화번호	비밀번호 재설정 지원	홈페이지 회원	이메일 또는 휴대 전화번호를 통해 본인 인증 후 비밀번호 재설정
회원 관리 (회원 탈퇴)	DB	비밀번호	(필수) 회원ID, 성명, 비밀번호	회원 탈퇴 처리	홈페이지 회원	로그인 후 회원탈퇴 신청
민원 신청 관리	DB, 문서		성명, 이메일, 주소, 소속기관, 민원내용	민원 접수 및 처리	민원 담당자	홈페이지 접수 후 이메일 회신

① 비밀번호 재설정 시 이메일 또는 휴대전화번호만으로 본인 인증을 진행한다.
② 회원탈퇴 시 회원 본인이 직접 로그인하여 탈퇴 처리를 수행한다.
③ 민원신청 정보(성명, 이메일, 주소 등)는 DB에 저장하고 담당자가 이메일로 회신한다.
④ 회원정보 수정은 홈페이지 회원이 직접 수정할 수 있도록 한다.

68 다음은 정량적 위험분석 방법론과 정성적 위험분석 방법론에 대한 설명이다. 적절하지 않은 것은?

> ⓐ 수학공식 접근법은 정량적 위험분석의 방법 중 하나로, 위협의 발생 빈도를 계산하는 식을 이용하여 위험을 계량하는 방법이다. 이 방법은 현재 자료의 획득이 어려울 경우 위험 발생 빈도를 추정하여 분석하는 데 유용하다.
> ⓑ 확률 분포법은 정량적 위험분석의 방법 중 하나로, 미지의 사건을 추정하는 데 사용되는 방법이다. 이 방법은 미지의 사건을 확률적(통계적) 편차를 이용하여 최저, 보통, 최고의 위험평가를 예측할 수 있다.
> ⓒ 순위결정법은 정성적 위험분석 방법 중 하나로, 시스템에 관한 전문적인 지식을 가진 전문가의 집단을 구성하고 위험을 분석 및 평가하여 정보시스템이 직면한 다양한 위협과 취약성을 토론을 통해 분석하는 방법이다. 짧은 기간에 위험 분석을 할 수 있어 시간과 비용을 절약할 수 있지만 추정의 정확도가 낮다.
> ⓓ 시나리오법은 정성적 위험분석 방법 중 하나로, 어떤 사건도 기대대로 발생하지 않는다는 사실에 근거하여 일정 조건하에서 위협에 대한 발생 가능한 결과들을 추정하는 방법이다. 적은 정보를 가지고 전반적인 가능성을 추론할 수 있고, 위험분석팀과 관리층 간의 원활한 의사소통을 가능케 한다. 그러나 발생 가능한 사건의 이론적인 추측에 불과하고 정확도, 완성도, 이용기술의 수준 등이 낮다.

① ⓐ, ⓒ
② ⓐ, ⓓ
③ ⓑ, ⓒ
④ ⓑ, ⓓ

69 다음은 위험분석을 통해서 도출된 문제점이다. 이때 위험처리 전략에 따라서 해당 문제점에 대해 적절한 보호대책을 선정해야 한다. 법적 요구사항 준수로 인하여 부득이하게 '위험 수용'으로 처리하기 적절하지 않은 것은 총 몇 개인가?

> ⓐ 고객 비밀번호 변경 주기 미흡
> ⓑ 서버 관리자 계정 및 권한 공유
> ⓒ 내부 시스템 간 전송구간 암호화 미적용
> ⓓ 내부 중요 정보(제조관련 설계도면) 저장 시 암호화 미흡
> ⓔ 신분증 이미지 파일 저장 시 암호화
> ⓕ 이름, 전화번호, 이메일 주소의 안전한 암호 알고리즘 미사용
> ⓖ 개인정보처리시스템 접속기록 보관 및 검토 미흡
> ⓗ 출력물에 대한 보호대책 미적용, 출력된 프린트물 방치
> ⓘ 정보보호 업무 담당자의 업무 겸직 수행
> ⓙ 정보보호 담당자 정보보호 교육 미참석
> ⓚ 개발 완료 후, 시큐어코딩 표준 가이드 이행 여부 및 소스코드에 대한 미점검
> ⓛ 고객정보를 처리하고 있는 시스템의 사용자 비밀번호를 MD5로 해쉬하여 저장
> ⓜ 해지고객 정보 미파기
> ⓝ 개인정보 취급자 PC에 백신 미설치
> ⓞ 정보보호 정책 및 지침 정기적 미개정

① 3개
② 4개
③ 5개
④ 6개

70 다음은 ○○ 기업이 애플리케이션 서버 자산에 대하여 위험분석을 한 결과이다. 단일 손실 예상 금액과 연간 손실 예상 금액을 산출한 값으로 적절한 것은?

> 자산적 가치가 5천만 원에 해당하는 애플리케이션 서버의 취약점 중에서 최신 OS 및 보안 업데이트를 실시하지 않음으로 노출인자는 50%에 해당되는데, 이에 따라서 발생되는 단일 손실 예상은 (ⓐ)로 산정된다. 이를 통해 연간 반기별로 발생하는 경우 연간 손실 예상 금액은 (ⓑ)로 추정된다.

① ⓐ 1천만 원, ⓑ 4천만 원
② ⓐ 5백만 원, ⓑ 2천 5백만 원
③ ⓐ 1천만 원, ⓑ 2천 5백만 원
④ ⓐ 2천 5백만 원, ⓑ 5천만 원

71 다음은 정보보호 및 개인정보보호 정책을 제 · 개정하는 절차에 대한 설명이다. ⓐ~ⓓ에 들어갈 내용을 순서대로 나열한 것은?

> • 정보보호 및 개인정보보호 관련 정책 및 시행문서에 대한 (ⓐ) 절차를 수립 · 이행하고, 필요시 관련 정책 및 시행문서를 제 · 개정하여야 한다.
> • 조직의 대내외 환경에 (ⓑ) 발생 시 정보보호 및 개인정보보호 관련 정책 및 시행문서에 미치는 영향을 검토하고 필요시 제 · 개정해야 한다.
> • 정보보호 및 개인정보보호 관련 정책 및 시행문서의 제 · 개정 시 (ⓒ)의 검토를 받아야 한다.
> • 정보보호 및 개인정보보호 관련 정책 및 시행문서의 제 · 개정 내역에 대하여 (ⓓ)(을)를 해야 한다.

① 정기적인 타당성 검토, 중대한 변화, 이해 관계자, 이력 관리
② 정기적인 타당성 검토, 중대한 변화, 대외 기관, 이력 관리
③ 제 · 개정, 중대한 변화, 이해 관계자, 이력 관리
④ 제 · 개정, 중대한 변화, 대외 기관, 이력 관리

 다음은 정보보호 및 개인정보보호 교육에 대한 설명이다. ⓐ~ⓓ에 들어갈 내용을 순서대로 나열한 것은?

> • 정보보호 및 개인정보보호 교육의 시기, 기간, 대상, 내용, 방법 등의 내용이 포함된 연간 교육 계획을 수립하고 (ⓐ)의 승인을 받아야 한다.
> • 관리체계 범위 내 모든 임직원과 외부자를 대상으로 연간 교육 계획에 따라 (ⓑ) 정기적으로 교육을 수행하고, 관련 법규 및 규정의 중대한 변경 시 이에 대한 추가 교육을 수행해야 한다.
> • (ⓒ) 업무 시작 전에 정보보호 및 개인정보보호 교육을 시행해야 한다.
> • IT 및 정보보호, 개인정보보호 조직 내 임직원은 정보보호 및 개인정보보호와 관련하여 (ⓓ)(을)를 위한 별도의 교육을 받아야 한다.

① 경영진, 연 1회, 임직원 채용 및 외부자 신규 계약 시, 공통보안 전문성 제고
② 경영진, 연 1회 이상, 임직원 채용 및 외부자 신규 계약 시, 직무별 전문성 제고
③ 부서장, 연 1회, 임직원 채용 및 외부자 신규 계약 시, 직무별 전문성 제고
④ 부서장, 연 1회 이상, 임직원 채용 및 외부자 신규 계약 시, 공통보안 전문성 제고

73 다음은 정보처리시스템이 구축되어 있는 퍼블릭 클라우드 환경에 대한 이용자 관점에서의 취약점 점검을 설명한 것이다. 옳지 않은 것은?

① PaaS 형태로 제공받아 사용하는 RDBMS의 경우 운영체제(OS)에 대한 취약점 점검은 수행하지 않았다.
② 퍼블릭 클라우드 이용자 관점에서 네트워크 취약점을 확인하기 위해 물리적인 네트워크 장비 환경설정, 네트워크 구성도(아키텍처) 취약점 점검을 수행하였다.
③ 퍼블릭 클라우드 VM(Virtual Machine)의 운영체제(OS)의 취약점을 확인하기 위해 서버 취약점 점검 스크립트를 이용하여 운영체제 보안 설정의 적절성을 점검하였다.
④ 퍼블릭 클라우드 서비스의 접근통제 적절성을 검토하기 위해 Security Group의 설정 상태를 점검하였다.

74 다음은 TV를 생산하고 있는 B사의 네트워크 구성 및 접근통제 현황을 나타내는 네트워크 구성도이다. 설명이 잘못된 것은?

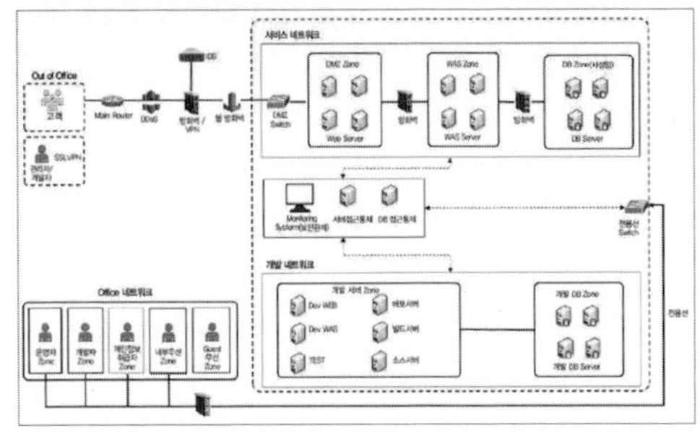

① 정보통신망을 통한 불법적인 접근 및 침해사고 방지를 위해 침입차단시스템과 침입탐지시스템을 설치하여 운영하고 있다.
② 운영자, 개발자가 개인정보처리시스템에 접근하는 경우, 접속이력 및 행위이력을 기록할 수 있도록 구성되어 있다.
③ 회사 사무실 또는 외부에서 개발자와 운영자가 개인정보처리시스템에 접근시 법률 요구사항을 만족할 수 있도록 구성되어 있다.
④ 방화벽 정책 중 추가 검토가 필요한 정책이 식별 가능하다.

75 개인정보보호담당자가 개인정보 제3자 제공에 대한 동의서를 작성하기 전 개인정보영향평가를 진행하였다. 동법 시행령 제17조(동의를 받는 방법)에 표시할 대상을 따라서 법률적 준거성 확인을 통해 위험을 줄이려 할 때 ⓐ~ⓔ에 들어갈 내용을 순서대로 나열한 것은?

> 1. 개인정보를 (ⓐ)
> 2. 개인정보를 제공받는 자의 (ⓑ)
> 3. 제공하는 (ⓒ)
> 4. 개인정보를 제공받는 자의 (ⓓ)
> 5. (ⓔ) 및 동의 거부에 따른 불이익이 있는 경우에는 그 불이익의 내용

① 제공받는 자, 개인정보이용 목적, 개인정보의 항목, 개인정보 보유 및 이용기간, 동의를 거부할 권리가 있다는 사실

② 제공하는 자, 개인정보이용 주체, 개인정보의 항목, 개인정보 보유 및 이용기간, 동의를 거부할 권리가 있다는 사실

③ 제공받는 자, 개인정보이용 항목, 개인정보의 이용목적, 개인정보 보유 및 이용기간, 동의를 거부할 권리가 있다는 사실

④ 제공하는 자, 개인정보이용 목적, 개인정보의 항목, 개인정보 보유 및 이용기간, 동의를 거부할 권리가 있다는 사실

76 다음은 위험 관리에 대한 설명이다. ⓐ~ⓓ에 들어갈 내용을 순서대로 나열한 것은?

> - (ⓐ)(은)는 조직이 보호해야 할 대상으로 정보, HW, SW, 시설 등으로 관련 인력, 기업 이미지 등을 포함하기도 한다.
> - (ⓑ)(은)는 자산에 손실을 초래할 수 있는 원치 않는 사건의 잠재적 원인(Source)이나 행위자(Agent)로 정의된다.
> - (ⓒ)(은)는 자산의 잠재적 속성으로 (ⓑ)의 이용 대상이 되는 것으로 정의된다.
> - (ⓓ)(은)는 위협에 대응하여 자산을 보호하기 위한 관리적, 기술적 보호대책으로 정의된다. 이러한 대책에는 방화벽, 침입탐지시스템 등의 제품뿐 아니라 절차, 정책, 교육 등의 모든 통제(Control)들이 포함된다.

① 자산(Assets), 위협(Threats), 취약성(Vulnerability), 보호대책(Safeguard)

② 자산(Assets), 취약성(Vulnerability), 위협(Threats), 보호대책(Safeguard)

③ 보호대책(Safeguard), 위협(Threats), 자산(Assets), 취약성(Vulnerability)

④ 보호대책(Safeguard), 위협(Threats), 취약성(Vulnerability), 자산(Assets)

77 다음은 사용자 계정관리에 대한 설명이다. ⓐ~ⓔ에 들어갈 내용을 순서대로 나열한 것은?

> 정보시스템과 개인정보 및 중요정보에 대한 비인가 접근을 통제하기 위하여 다음 사항을 고려하여 공식적인 사용자 계정 및 접근권한 등록 · 변경 · 삭제 · 해지 절차를 수립 · 이행하여야 한다.
> - 사용자 및 개인정보취급자별로 (ⓐ) 발급 및 공유 금지
> - 사용자 및 개인정보취급자에 대한 계정 발급 및 접근권한 부여 · 변경 시 (ⓑ) 등을 통한 적절성 검토
> - 전보, 퇴직 등 인사이동 발생 시 (ⓒ)접근권한 변경 또는 말소(계정 삭제 또는 비활성화 포함)
> - 정보시스템 설치 후 제조사 또는 판매사의 기본 계정, 시험 계정 등은 (ⓓ) 계정으로 변경
> - 사용자 계정 및 접근권한의 (ⓔ) 관련 기록의 유지 · 관리 등

① 공유 사용자 계정, 승인 절차, 1개월 이내, 제거하거나 추측하기 어려운, 등록 · 변경 · 삭제 · 해지

② 공유 사용자 계정, 승인 절차, 지체 없이, 제거하거나 추측하기 어려운, 등록 · 변경 · 삭제 · 해지

③ 고유한 사용자 계정, 승인 절차, 1개월 이내, 제거하거나 추측하기 어려운, 등록 · 변경 · 삭제 · 해지

④ 고유한 사용자 계정, 승인 절차, 지체 없이, 제거하거나 추측하기 어려운, 등록 · 변경 · 삭제 · 해지

78 다음은 ○○○ 인터넷 쇼핑몰의 위험평가의 법적 준거성을 검토하는 과정에서 발견된 문제점이다. 다음의 사항에 적합한 개인정보 유출 등 통지 및 신고에 필요한 사항을 ⓐ~ⓓ 순서대로 나열한 것은?

> (지침 현행화) 내부 규정인 개인정보보호지침 제23조(개인정보 유출 등 통지 및 신고)는 「개인정보 보호법」 근거하여 관련 조항이 수립하고 있으나 법률에 맞게 현행화되어 있지 않으며, 이에 대한 체계도 수립되어 있지 않아 빠른 시일 안에 관련 내용을 개선하여 조치하시기 바랍니다.
> - 유출 신고 기준 : (ⓐ)
> - 신고기한 : (ⓑ)
> - 유출통지 항목 : (ⓒ)
> - 신고기관 : (ⓓ)

① 1천 명 이상 개인정보 유출, 72시간 이내, 유출 등이 된 개인정보 항목, 개인정보보호위원회

② 1만 명 이상 개인정보 유출, 72시간 이내, 유출 등이 된 개인정보 항목, 한국인넷진흥원

③ 1천 명 이상 개인정보 유출, 지체 없이(5일 이내), 유출 등이 된 개인정보 항목, 방송통신위원회

④ 1만 명 이상 개인정보 유출, 지체 없이(5일 이내), 유출 등이 된 개인정보 항목, 방송통신위원회

79 다음은 법률에 따라 망분리를 수행해야 하는 기업의 망분리 현황을 기술한 내용이다. 다음 내용 중 올바르게 망분리를 수행한 사례로 옳은 것은?

① 오픈마켓 서비스를 운영하는 A사는 전년도 말 기준 직전 3개월간 그 개인정보가 저장·관리되고 있는 이용자 수가 일일 평균 100만 명 이상이지만 클라우드 컴퓨팅서비스를 이용하여 개인정보처리 시스템을 구성·운영하고 있어 망분리를 적용하지 않았다.

② 온라인 게임 서비스를 제공하는 B사는 개인정보처리시스템에서 개인정보를 다운로드 또는 파기할 수 있거나 개인정보처리시스템에 대한 접근권한을 설정할 수 있는 개인정보취급자의 컴퓨터를 인터넷망으로부터 논리적 망분리하였다. 그러나 고객 상담을 위해 개인정보처리시스템에서 단순히 개인정보를 열람, 조회하는 직원의 컴퓨터에 대해서는 망분리를 적용하지 않았다.

③ 온라인 쇼핑몰을 운영하는 C사는 전년도 말 기준 직전 3개월간 그 개인정보가 저장·관리되고 있는 이용자 수가 일일 평균 100만 명 이상이어서 개인정취급자에 대한 망분리를 적용하였다. 그러나 10건 이하의 소량의 개인정보를 다운로드하는 개인정보취급자는 망분리를 적용하지 않았다.

④ 온라인과 오프라인으로 서비스를 제공하고 있는 D사는 고객의 개인정보를 100만 명 이상 보유하고 있지만 오프라인으로만 수집한 개인정보여서 망분리를 적용하지 않았다.

80 다음 중 비밀번호 관리 및 보안 정책과 관련된 내용으로 올바르게 작성한 것의 개수는?

ⓐ 사용자 및 관리자가 안전한 비밀번호를 설정하여 사용할 수 있도록 비밀번호 관리 절차 및 작성 규칙을 수립·이행해야 한다.
ⓑ 비밀번호 작성 규칙에는 비밀번호 조합 규칙, 변경 주기 설정, 추측하기 쉬운 비밀번호 제한, 동일한 비밀번호 재사용 제한 등의 요소가 포함되어야 한다.
ⓒ 비밀번호는 이용자가 기억하기 쉽게 단순한 숫자나 사전 단어 조합으로 설정하는 것이 바람직하다.
ⓓ 비밀번호를 입력할 때 보안 강화를 위해 화면에 그대로 표시되도록 설정하는 것이 좋다.
ⓔ 비밀번호를 관리할 때는 비밀번호 처리 시 마스킹(Masking) 기능을 적용해야 한다.
ⓕ 관리자 비밀번호는 비밀등급에 준하여 철저하게 관리해야 한다.
ⓖ 비밀번호 분실 및 도난 시 본인 확인 절차를 거쳐 안전하게 재발급할 수 있는 절차를 마련해야 한다.

① 3개
② 4개
③ 5개
④ 6개

시험 시간	풀이 시간	내 점수	문항 수
90분	분	점	총 80개

 정보보호 위험관리 계획

01 개인정보처리자는 다음 지문의 사항이 포함된 것을 정하고 이를 정보주체가 쉽게 확인할 수 있게 공개해야 한다. 다음 사항이 포함된 문서의 법률적 명칭은 무엇인가?

- 개인정보의 처리 목적
- 개인정보의 처리 및 보유 기간
- 개인정보 제3자의 제공에 관한 사항
- 개인정보의 위탁에 관한 사항
- 정보주체의 권리의무 및 그 행사 방법에 대한 사항
- 그 밖에 개인정보의 처리에 관하여 대통령령으로 정한 사항

① 개인정보 보호정책
② 표준 개인정보 보호지침
③ 개인정보 보호지침
④ 개인정보 처리방침

02 다음 중 법률에 근거하여 운영되고 있는 정보보호 및 개인정보보호 관련 제도 중에서 자율제도가 아닌 의무제도에 해당하는 것은?

① 정보보호 준비도 평가
② 클라우드 보안인증제
③ 정보보호 공시제도
④ 주요정보통신기반시설 취약점의 분석ㆍ평가

03 「정보통신기반 보호법」에 의하면 관리기관의 장은 대통령령이 정하는 바에 따라 정기적으로 소관 주요 정보통신 기반 시설의 취약점을 분석ㆍ평가하여야 한다. 해당 기관의 장은 특정 기관으로 하여금 소관 주요정보통신기반시설의 취약점을 분석 및 평가할 수 있는데, 그에 속하지 않는 기관은?

① 한국인터넷진흥원
② 국가정보원
③ 대통령령이 정하는 기준을 충족하는 정보공유ㆍ분석센터
④ 정부출연 연구기관 등의 설립ㆍ운영 및 육성에 관한 법률의 규정에 의한 한국전자통신연구원

04 A 기업은 정보보호관리체계 수립을 위한 일환으로 보호해야 할 정보자산을 식별하고 식별된 정보자산에 대한 가치평가를 하려고 한다. 이때 정보자산의 가치평가에 사용하는 평가항목으로 적절하지 않은 것은?

① 무결성 평가
② 가용성 평가
③ 기밀성 평가
④ 부인방지 평가

05 다음 중 「정보보호산업의 진흥에 관한 법률」에 따른 정보보호 공시제도에 관한 설명으로 가장 거리가 먼 것은?

① 정보보호 공시제도는 정보보호에 대한 기업의 투자 현황 및 활동을 공개하여 주주의 알 권리를 확보하고, 투자자들에게 투자정보를 제공하기 위한 제도이다.

② 정보보호 공시제도는 이용자들에게 정보보호에 대한 기업의 투자 현황과 활동을 공개하여 정보보호에 대한 기업의 투자를 촉진하기 위한 제도이다.

③ 정보보호 공시제도는 기업의 책임하에 제공되는 정보이지만 공시내용의 투명성 확보를 위해 정부는 모니터링 점검단을 통해 정기적으로 공시내용에 대한 정확성을 검증한다.

④ 정보보호 공시제도를 통해 해당 기업의 정보보호 관련 투자현황, 전문인력현황, 정보보호 위반 관련 행정처분 내역 등을 알 수 있다.

06 다음은 「정보통신망 이용촉진 및 정보보호 등에 관한 법률」상 정보통신망에 유통되어서는 안 되는 불법정보 관련 조항을 나열한 것이다. 실제 내용과 다른 것은 무엇인가?

① 음란한 부호·문언·음향·화상 또는 영상을 배포·판매·임대하거나 공공연하게 전시하는 내용의 정보

② 법령에 따라 금지되는 사행 행위에 해당하는 내용의 정보

③ 사람을 비방할 목적으로 공공연하게 사실이나 거짓의 사실을 드러내어 타인을 모욕하는 내용의 정보

④ 공포심이나 불안감을 유발하는 부호·문언·음향·화상 또는 영상을 반복적으로 상대방에게 도달하도록 하는 내용의 정보

07 다음 중 「개인정보 보호법」의 개인정보 보호 원칙이 아닌 것은?

① 개인정보를 익명 또는 가명으로 처리하여도 개인정보 수집목적을 달성할 수 있는 경우, 익명처리가 가능한 경우에는 익명에 의하여, 익명처리로 목적을 달성할 수 없는 경우에는 가명에 의하여 처리될 수 있도록 하여야 한다.

② 개인정보의 처리 목적에 필요한 범위에서 개인정보의 독립성, 객관성 및 공정성이 보장되도록 하여야 한다.

③ 개인정보의 처리 목적에 필요한 범위에서 적합하게 개인정보를 처리하여야 하며, 그 목적 외의 용도로 활용하여서는 아니 된다.

④ 개인정보 처리방침 등 개인정보의 처리에 관한 사항을 공개하여야 하며, 열람청구권 등 정보주체의 권리를 보장하여야 한다.

08 정보통신망을 통해 이용자가 원하지 않음에도 불구하고 일방적으로 전송되는 영리목적의 광고성 정보인 스팸에 관련된 내용 중 잘못된 것은?

① 휴대전화 등의 앱 푸시 알람 ON/OFF 기능은 광고성 정보 수신 동의와 동일하므로 푸시 알람을 승인한 경우에는 광고성 정보를 전송하는 것이 가능하다.

② 전송자가 제공하는 재화 또는 서비스에 대한 조건 또는 특징에 대한 변경 안내 정보(회원 등급 변경·포인트 소멸 안내 등)는 영리 목적 광고성 정보가 아니다.

③ 광고성 정보를 전송하려면 사전에 문서(전자문서 포함) 또는 구술 등의 방법으로 수신자에게 명시적으로 수신 동의를 받아야 한다.

④ 오후 9시부터 그 다음 날 오전 8시까지 전자적 전송매체를 이용하여 광고성 정보를 전송하려는 자는 수신자에게 별도의 사전 동의를 받아야 한다.

09 개인정보 보호책임자의 책임 및 역할로 가장 적절하지 않은 것은?

① 개인정보 처리와 관련한 불만 처리 및 피해 구제
② 개인정보 유출 및 오용·남용 방지를 위한 내부통제시스템 구축
③ 개인정보파일 현행화 작성
④ 개인정보 처리 실태 및 관행의 정기적인 조사 및 개선

10 다음은 개인정보 보호법 상 개인정보처리 위탁에 관한 설명이다. 가장 거리가 먼 것은?

① 개인정보처리자가 제3자에게 개인정보의 처리 업무를 위탁하는 경우에는 일정한 내용이 포함된 문서에 의하여야 한다.
② 개인정보처리자가 재화 또는 서비스를 홍보하거나 판매를 권유하는 업무를 위탁하는 경우에는 위탁에 대해 정보주체의 동의를 받아야 한다.
③ 위탁자는 업무위탁으로 인하여 정보주체의 개인정보가 분실·도난·유출·변조 또는 훼손되지 아니하도록 수탁자를 교육하고, 처리 현황 점검 등 수탁자가 개인정보를 안전하게 처리하는지를 감독하여야 한다.
④ 수탁자가 위탁받은 업무와 관련하여 개인정보를 처리하는 과정에서 이 법을 위반하여 발생한 손해배상책임에 대해서는 수탁자를 독립된 사업자로 보아 수탁자가 모든 배상 책임을 지며, 위탁자는 책임을 면한다.

11 다음 중 「정보통신기반 보호법」에 관련된 사항으로 적절하지 않은 것은?

① 주요정보통신기반시설보호계획에는 주요정보통신 기반시설의 취약점 분석·평가에 관한 사항이 포함되어 있다.
② 주요정보통신기반시설보호대책의 미흡으로 국가 안전보장이나 경제사회 전반에 피해가 우려된다고 판단하여 그 보완을 명하는 경우 주요정보통신 기반시설의 침해사고 예방 및 복구 등의 업무에 대한 기술적 지원을 요청할 수 있다.
③ 침해사고가 발생하여 소관 주요정보통신기반시설이 교란·마비 또는 파괴된 사실을 인지한 때에는 관계 행정기관, 수사기관 또는 인터넷진흥원에 그 사실을 통지하여야 한다.
④ 금융·통신 등 분야별 정보통신기반시설을 위하여 취약점 및 침해요인과 그 대응방안에 관한 정보 제공, 침해사고가 발생하는 경우 실시간 경보·분석체계 운영 업무를 수행하는 사이버안전센터를 구축·운영할 수 있다.

12 다음은 개인정보처리시스템을 기획하는 단계에서 개인정보보호를 위해 검토하고 확인하여야 할 기본원칙에 대한 설명이다. 옳지 않은 것끼리 짝지은 것은?

> 가. 개인정보보호 관련 법령 및 지침 등 관련 규정을 세부적으로 검토
> 나. 개인정보 수집 최소화를 위해 개인정보 처리 목적을 명확히 하고 수집
> 다. 개인정보 목적 달성 시 파기 방법은 사업진행 상황에 따라 결정
> 라. 주민등록번호 인증을 통한 회원가입 방법을 제공
> 마. 개인정보처리시스템에 대한 접근권한 등 기본적인 보안대책을 마련
> 바. 개인정보 전송 시 적용할 암호화 알고리즘과 방식을 결정
> 사. 개인정보처리시스템과 관련된 개인정보 처리방침을 수립
> 아. 공공기관 개인정보처리시스템과 관련하여서는 개인정보 영향평가를 고려

① 가, 나
② 다, 라
③ 마, 바
④ 사, 아

13 「개인정보 보호법」상 개인정보 유출 시 개인정보 처리자가 정보 주체에게 알려야 할 사항으로 옳은 것을 모두 고르면?

> ㉠ 유출된 개인정보의 위탁 현황
> ㉡ 유출된 시점과 그 경위
> ㉢ 개인정보 보관 폐기 기간
> ㉣ 정보 주체에게 피해가 발생한 경우 신고 등을 접수할 수 있는 담당 부서 및 연락처

① ㉠, ㉡
② ㉢, ㉣
③ ㉠, ㉢
④ ㉡, ㉣

14 다음 중 정보통신망 이용촉진 및 정보보호 등에 관한 법률에 따른 정보보호 최고책임자(CISO)의 책임 및 역할로 가장 적절하지 않은 것은?

① 정보보호 관리체계의 수립·운영 및 보안 취약점 분석·평가와 개선에 관한 업무를 총괄한다.
② 정보보호 대책의 수립 및 실행 여부를 확인하며, 정보보호 교육 및 준수 여부를 감독한다.
③ 정보자산의 가용성을 극대화하기 위해 IT 시스템의 성능 최적화 및 유지보수 운영 업무를 직접 결정하고 집행한다.
④ 이용자나 임직원의 개인정보 및 정보보호 관련 법규 준수 여부를 확인하고 침해사고 대응 및 복구를 총괄한다.

15 다음은 「정보통신망법」 제22조의2(접근권한에 대한 동의)에 의거하여 해당 서비스를 제공하기 위하여 반드시 필요한 접근권한이 아닌 경우에 고지해야 할 사항이다. 가장 적절하지 않은 것은?

> 정보통신서비스 제공자는 해당 서비스를 제공하기 위하여 이용자의 이동통신단말장치 내에 저장되어 있는 정보 및 이동통신단말장치에 설치된 기능에 대하여 접근할 수 있는 권한이 필요한 경우 이용자가 명확하게 인지할 수 있도록 알리고 이용자의 동의를 받아야 한다.

① 접근권한이 필요한 이유
② 접근권한이 필요한 정보 및 기능의 항목
③ 접근권한이 필요한 기간
④ 접근권한 허용에 대하여 동의하지 아니할 수 있다는 사실

16 다음 중 개인정보 영향평가 시 고려할 사항으로 가장 거리가 먼 것은?

① 처리하는 개인정보의 수
② 개인정보의 제3자 제공 여부
③ 정보주체의 권리를 해할 가능성 및 그 위험 정도
④ 개인정보의 위탁 관리 여부

17 「개인정보 보호법」에 의해 정보주체는 자신의 개인정보처리와 관련하여 권리를 가지는데, 다음 중 정보주체의 권리로 적절하지 않은 것은?

① 개인정보의 처리에 관한 동의 여부, 동의 범위 등을 선택하고 결정할 권리
② 개인정보의 처리 정지, 정정 삭제 및 파기를 요구할 권리
③ 개인정보의 처리에 관한 정보를 제공할 권리
④ 개인정보의 처리로 인하여 발생한 피해를 신속하고 공정한 절차에 따라 구제받을 권리

18 침해사고 발생 대응 방법론의 일반적인 수행과정의 순서로 올바른 것은?

① 사고 전 준비 → 초기대응 → 사고탐지 → 대응전략 체계화 → 보고서 작성 → 사고조사
② 사고 전 준비 → 사고탐지 → 초기대응 → 대응전략 체계화 → 사고조사 → 보고서 작성
③ 사고 전 준비 → 사고탐지 → 초기대응 → 사고조사 → 대응전략 체계화 → 보고서 작성
④ 사고 전 준비 → 사고탐지 → 대응전략 체계화 → 초기대응 → 사고조사 → 보고서 작성

19 정보보안의 위험 관리 과정에서 조직의 보안 요구사항에 대한 효과적인 식별 및 효율적인 위험의 감소를 실현하기 위해 세부적인 위험 분석 방법들이 존재한다. 괄호 안에 해당하는 위험 분석 방법으로 가장 옳은 것은?

> (   )은는 모든 시스템에 대하여 표준화된 보안 대책을 제시하며, 체크리스트 형태로 보안 대책이 있는지 없는지를 판단하여 적용되어 있지 않은 보안대책을 적용하는 방법으로 수행하는 위험 분석 방법이다.

① 비정형 접근법
② 복합 접근법
③ 상세위험 분석
④ 베이스라인 접근법

20 「개인정보 보호법」에 따르면 정보주체의 동의 외에도 당초 수집 목적과 합리적으로 관련된 범위 내에서 개인정보를 추가 활용할 수 있도록 허용하고 있다. 다음 중 그 합리성을 판단하는 기준과 거리가 먼 것은?

① 당초 개인정보를 수집한 목적과 관련성이 있는지 여부
② 정보주체의 이익을 부당하게 침해하는지 여부
③ 개인정보의 추가적인 이용 또는 제공에 대한 예측 가능성이 있는지 여부
④ 개인정보처리자의 정당한 이익을 달성하기 위해 필요한 경우로 명백히 정보주체 권리보다 우선하는 경우인지 여부

21 다음 중 복합 접근법(Combined Approach)의 단점으로 가장 적절한 것은?

① 조직의 모든 정보자산을 동일한 수준으로 보호해야 한다.
② 고위험 영역을 잘못 식별할 경우 분석 비용이 증가할 수 있다.
③ 모든 보안 대책을 사전에 적용해야 한다.
④ 베이스라인 접근법과 상세위험 분석법을 혼합하는 것이 불가능하다.

22 다음 중 정보보호 위험평가에서 위험 시나리오(Risk Scenario)의 역할로 적절하지 않은 것은?

① 발생 가능한 위협을 가정하여 조직의 대응 능력을 평가한다.
② 위협 요소의 발생 가능성과 영향을 분석한다.
③ 모든 위협을 고려하여 완벽한 보안 대책을 수립한다.
④ 조직의 보안 정책 및 대응 전략 수립에 활용된다.

23 위험분석 수행 시 정량적 분석 방법이 가지는 한계점으로 적절한 것은?

① 위험을 계량화할 수 없어 직관적 평가가 필요하다.
② 손실 예상 금액이나 발생 확률을 정확히 산정하기 어렵다.
③ 보안 담당자의 주관적 의견이 많이 개입된다.
④ 위험을 평가할 때 직관적인 접근법을 사용할 수 없다.

24 정보자산의 보안등급을 결정할 때 가장 우선적으로 고려해야 하는 요소는?

① 자산의 기밀성, 무결성, 가용성 요구 수준
② 자산의 사용 빈도
③ 자산의 유지보수 비용
④ 자산의 소유권

25 다음 중 잔존 위험(Residual Risk)을 최소화하는 방법으로 가장 적절한 것은?

① 모든 위험을 제거하는 대책을 수립한다.
② 위험을 전가하여 조직의 책임을 최소화한다.
③ 추가적인 보호대책을 도입하여 위험을 낮춘다.
④ 위험이 존재하는 프로세스를 완전히 폐기한다.

26 다음 중 연간 예상 손실액(ALE)을 계산하는 공식으로 올바른 것은?

① ALE = (단일 손실 예상액) ÷ (연간 발생 빈도)
② ALE = (단일 손실 예상액) × (연간 발생 빈도)
③ ALE = (위험 요소 개수) × (손실 예상 금액)
④ ALE = (연간 발생 빈도) − (손실 예상 금액)

27 다음 중 위험 전가(Risk Transfer)의 가장 대표적인 사례는?

① 조직의 데이터 백업 정책을 강화한다.
② 사이버 보험을 가입하여 보안 사고에 대비한다.
③ 위험이 높은 서비스를 중단한다.
④ 방화벽과 침입 탐지 시스템을 추가 도입한다.

28 다음 중 위험 대응 전략의 위험 회피(Avoidance)에 해당하는 사례는?

① 클라우드 서비스의 보안성을 강화하기 위해 추가 보안 장비를 도입한다.
② 보안 취약점이 많은 서비스를 운영하지 않기로 결정한다.
③ 보안 사고가 발생했을 때 법적 책임을 최소화한다.
④ 위험을 감수하고 별도의 보호 조치를 적용하지 않는다.

29 위험평가 수행 후 경영진에게 보고할 때 가장 중요한 요소는?

① 보안 담당자의 개인 의견
② 모든 보안 정책의 세부 내용
③ 기술적 세부 사항 및 보안 장비 구성
④ 위험의 심각성과 영향도

30 다음 중 위험관리 프로세스에서 가장 먼저 수행해야 하는 단계는?

① 위험 완화 전략 수립
② 위험평가 결과 보고
③ 조직 내 정보자산 식별
④ 보안 대책 실행

31 다음 중 위험관리 프로세스를 올바른 순서로 배열한 것은?

① 정보자산 식별 → 위험 분석 → 위험평가 → 위험 대응 → 모니터링 및 개선
② 위험 분석 → 위험평가 → 위험 대응 → 정보자산 식별 → 모니터링 및 개선
③ 위험 대응 → 정보자산 식별 → 위험평가 → 위험 분석 → 모니터링 및 개선
④ 모니터링 및 개선 → 위험 분석 → 위험평가 → 위험 대응 → 정보자산 식별

32 위험평가 과정에서 정의하는 위험으로 올바른 것은?

① 원하지 않는 사건이 발생하여 조직에 손실을 미칠 가능성
② 조직에서 가장 중요한 정보자산을 식별하는 과정
③ 외부 공격자가 특정 시스템을 해킹하는 행위
④ 조직의 정보보호 정책을 수립하는 과정

33 다음 중 정성적 위험평가의 특징이 아닌 것은?

① 위험을 높음, 중간, 낮음 등급으로 평가한다.
② 전문가의 의견과 경험을 바탕으로 분석한다.
③ 발생할 확률과 영향을 금액으로 정량화한다.
④ 델파이법, 순위결정법, 시나리오 분석법 등이 활용된다.

34 다음 중 위험 감소 전략의 예시로 적절한 것은?

① 조직의 중요 시스템을 아예 폐기한다.
② 위험이 존재하는 서비스를 운영하지 않는다.
③ 방화벽 및 침입 탐지 시스템을 도입하여 보안 강화를 수행한다.
④ 정보 유출 사고 발생 시 보험을 통해 피해를 보상받는다.

35 다음 중 정보보호 위험평가 수행 시 고려해야 할 법적 요구사항이 아닌 것은?

① 개인정보 보호법
② 정보통신망 이용촉진 및 정보보호 등에 관한 법률
③ 조직 내부 직원의 개인 신용점수
④ 정보보호 및 개인정보보호 관리체계(ISMS-P) 인증기준

36 자산 식별에 대한 설명으로 가장 옳지 않은 것은?

① 정보자산 목록은 최신성을 유지하기 위해 주기적으로 또는 자산의 변경 발생 시 갱신해야 한다.
② 조직의 업무 특성에 따라 정보자산 식별 범위와 분류 기준을 수립하여야 한다.
③ 사산의 중요도는 기밀성, 무결성, 가용성 측면에서 평가하며, 이 중 가용성 점수만으로 최종 중요도를 결정한다.
④ 자산 식별 시 서비스, 소프트웨어, 하드웨어뿐만 아니라 문서 등 형태가 없는 자산도 포함될 수 있다.

37 다음 중 위험평가 수행 주기로 가장 적절한 것은?

① 조직의 필요에 따라 수시로 수행한다.
② 경영진의 요청이 있을 때마다 수행한다.
③ 연 1회 이상 수행하며, 필요시 추가적으로 수행한다.
④ 5년마다 한 번씩 수행한다.

38 다음 중 위험평가 방법 중 베이스라인 접근법의 특징으로 올바른 것은?

① 모든 자산에 대해 동일한 수준의 상세 분석을 수행한다.
② 법적 요구사항이나 표준 가이드라인에 따라 최소 보호 수준을 적용한다.
③ 조직의 특정한 위협 환경을 반영하여 맞춤형 평가를 수행한다.
④ 정량적 평가 기법을 이용하여 위험을 수치화한다.

39 다음 제시된 조건을 기준으로 계산할 수 있는 연간 예상 손실액은 얼마인가?

> B사의 IDC에 화재는 10년에 1회 발생할 수 있을 것으로 예상된다. 만약 B사의 IDC에 화재가 발생할 경우, 당장 발생하는 손실액은 6억 원으로 추정된다. B사의 IDC에 화재가 발생할 경우를 상정하여 보안대책을 구현하고자 할 경우 고려해야 하는 연간 예상 손실액은 얼마인가?

① 1천만 원
② 2천만 원
③ 6천만 원
④ 1억 원

40 다음 중 ISMS-P 인증기준에 대한 결함사례에 대한 설명으로 옳은 것은?

> ㉠ 1.2.4 보호대책 선정
> 위험수용에 대한 근거와 타당성이 미흡하고, 시급성 및 구현 용이성 등의 측면에서 즉시 또는 단기 조치가 가능한 위험요인에 대해서도 특별한 사유 없이 장기 조치계획으로 분류한 경우
> ㉡ 1.1.3 조직 구성
> 내부 지침에 따라 중요 정보처리 부서 및 개인정보처리 부서의 장(팀장급)으로 구성된 정보보호 및 개인정보보호 실무 협의체를 구성하였으나, 장기간 운영 실적이 없는 경우
> ㉢ 1.2.3 위험평가
> 정보보호 관리체계와 관련된 관리적 · 물리적 영역의 위험 식별 및 평가를 수행하지 않고, 단순히 기술적 취약점진단 결과를 위험평가 결과로 갈음하고 있는 경우
> ㉣ 1.4.2 관리체계 점검
> 온프레미스 자산에 대해서는 식별이 이루어졌으나, 외부에 위탁한 IT 서비스(웹호스팅, 서버호스팅, 클라우드 등)에 대한 자산 식별이 누락된 경우(단, 인증범위 내)
> ㉤ 1.1.6 자원 할당
> 정보보호 및 개인정보보호 정책 및 지침서를 보안부서에서만 관리하고 있고, 임직원이 열람할 수 있도록 게시판, 문서 등의 방법으로 제공하지 않는 경우

① ㉠, ㉡, ㉢, ㉣, ㉤
② ㉡, ㉢, ㉣, ㉤
③ ㉢, ㉣, ㉤
④ ㉠, ㉡, ㉢

41 다음 중 인증의 방법이 아닌 것은?

① 당신이 알고 있는 것(Something You Know)
② 당신이 알고 있는 위치(Somewhere You Know)
③ 당신이 가지고 있는 것(Something You Have)
④ 당신 모습 자체(Something You Are)

42 패킷 필터링을 위한 규칙에 대한 설명으로 틀린 것은? (단, 서비스에 사용되는 포트는 기본값이며, Internal은 내부, External은 외부 네트워크를 의미한다.)

번호	FROM	TO	SER-VICE	ACTION
1	Internal	External	80/TCP	Allow
2	Any	169.168.2.25	21/TCP	Allow
3	Internal	169.168.10.10	53/TCP	Allow
4	Any	Any	Any	Deny

① 내부에서 외부로 나가는 웹 서비스에 대해서 허용한다.
② 서버(169.168.2.25)로 FTP 서비스 연결은 어디에서나 가능하나 데이터 전송은 원활하게 이루어지지 않을 수 있다.
③ 필터링 규칙에 명시하지 않은 모든 프로토콜에 대해서는 거부한다.
④ 서버(169.168.10.10)로 DNS 서비스는 내부에서 이용이 가능하나 Message 정보가 512바이트보다 클 경우에는 허용하지 않는다.

43 침입탐지 시스템(Intrusion Detection System)의 이상 탐지(Anomaly Detection) 방법 중 다음 문장에서 설명하는 방법은 무엇인가?

> • 과거의 경험적인 자료를 기반으로 처리를 한다.
> • 행위를 관찰하고 개별 행위에 대한 프로파일을 생성한다.
> • 프로파일을 주기적으로 관찰하여 비정상적인 행위를 탐지한다.

① 예측 가능한 패턴 생성(Predictive Pattern Generation)
② 통계적 접근법(Statictical Approaches)
③ 비정상적인 행위 측정 방법들의 결합(Anomaly Measures)
④ 특징 추출(Feature Selection)

44 다음의 특징을 갖는 프로토콜은 무엇인가?

> • 카드이용자, 상점, 지불게이트 간에 안전한 거래채널을 제공한다.
> • 신용카드번호가 상점에는 알려지지 않고 지불게이트웨이에 전송된다.
> • 상점에 의한 사기 가능성이 감소한다.
> • 서명 기능이 존재하여 부인방지 서비스가 가능하다.

① SSL(Secure Socket Layter)
② SET(Secure Electronic Transaction)
③ SOC(Security Operation Center)
④ Lattice Security Model

45 다음의 특징을 갖는 보안솔루션은 무엇인가?

> • 한 번의 로그인으로 기업 내부의 여러 시스템이나 온라인 서비스를 편리하게 이용할 수 있도록 지원하는 보안 활용 기술이다.
> • 개별 시스템마다 별도의 인증 절차를 거치지 않고도 하나의 계정으로 다양한 서비스에 접근할 수 있어, 계정정보 유출에 따른 위험을 줄이고 사용자 편의성을 높이며 인증 관리에 필요한 비용을 절감할 수 있다.

① DRM
② SSO
③ OTP
④ APT

46 다음 문장에서 설명하는 위험분석 방법론을 옳게 연결한 것은?

> ⊙ 모든 사건이 예상대로 일어나지 않을 수 있다는 점을 기반으로, 특정 조건에서 위험 발생 가능성과 그 결과를 추정하는 방식
> ⓒ 다양한 위협 요소를 서로 비교하여 최종적으로 중요한 위험 요인의 우선순위를 결정하는 방식

① ⊙ 확률 분포법, ⓒ 순위결정법
② ⊙ 시나리오법, ⓒ 델파이법
③ ⊙ 델파이법, ⓒ 확률 분포법
④ ⊙ 나리오법, ⓒ 순위결정법

47 주요 직무자 지정 및 관리 시 고려해야 할 사항으로 틀린 것은?

① 개인정보 및 중요정보의 취급, 주요 시스템 접근 등 주요 직무의 기준을 명확히 정의하여야 한다.
② 주요 직무를 수행하는 임직원 및 외부자를 주요 직무자로 지정하고 그 목록을 최신으로 관리하여야 한다.
③ 업무 필요성에 따라 주요 직무자 및 개인정보취급자 지정을 최소화하는 등 관리방안을 수립·이행하여야 한다.
④ 파견근로자, 시간제근로자 등을 제외한 임직원 중 업무상 개인정보를 취급하는 자를 개인정보취급자로 지정하고 목록을 관리하여야 한다.

48 「정보통신기반 보호법」에서 정하는 주요 정보통신기반시설 보호계획의 수립 등에 포함되지 않는 사항은?

① 주요정보통신기반시설의 취약점 분석·평가에 관한 사항
② 정보보호 책임자 지정에 관한 사항
③ 주요정보통신기반시설 및 관리 정보의 침해사고에 대한 예방, 백업, 복구대책에 관한 사항
④ 주요정보통신기반시설의 보호에 관하여 필요한 사항

49 다음 내용에 따른 국내대리인의 필수 공개 정보로 잘못된 것은?

> 국내대리인을 지정해야 하는 국외사업자는 개인정보처리방침에 국내대리인의 정보를 공개해야 한다.

① 법인명, 대표명
② 주소
③ 고객센터 연락처
④ 이메일

50 다음 중 「정보통신망 이용 촉진 및 정보 보호 등에 관한 법률」에서 정의하는 용어에 대한 설명으로 틀린 것은?

> ⓐ 전자문서란 컴퓨터 등 정보처리능력을 가진 장치에 의하여 전자적인 형태로 작성되어 송수신되거나 암호화되어 저장된 문서형식의 자료로서 표준화된 것을 말한다.
> ⓑ 침해사고란 해킹, 컴퓨터바이러스, 논리폭탄, 메일폭탄, 서비스거부 또는 고출력 전자기파 등의 방법으로 정보통신망 또는 이와 관련된 정보시스템을 공격하는 행위로 인하여 발생한 사태를 말한다.
> ⓒ 개인정보란 성명, 주민등록번호 및 영상 등을 통하여 개인을 알아볼 수 있는 정보로 생존 및 사망한 개인에 관한 정보로서 특정 개인을 알아볼 수 없더라도 다른 정보와 쉽게 결합하여 알아볼 수 있는 정보
> ⓓ 게시판이란 그 명칭과 관계없이 정보통신망을 이용하여 일반에게 공개할 목적으로 부호 · 문자 · 음성 · 음향 · 화상 · 동영상 등의 정보를 이용자가 게재할 수 있는 컴퓨터 프로그램이나 기술적 장치를 말한다.

① ⓐ, ⓒ
② ⓐ, ⓑ
③ ⓒ, ⓓ
④ ⓑ, ⓓ

51 다음 문장은 위험분석에 관한 설명이다. ⓐ~ⓓ에 들어갈 내용을 순서대로 나열한 것은?

> 위험분석은 자산의 (ⓐ)(을)를 식별하고 존재하는 (ⓑ)(을)를 분석하여 (ⓒ) 및 (ⓓ)(이)가 미칠 수 있는 영향을 파악하여 보안위협의 내용과 정도를 결정하는 과정이다. 이때 (ⓑ)(은)는 잠재적 (ⓓ)(이)가 현실화되어 나타날 손실액과, 손실액이 발생할 확률의 곱으로 표현되는 잠재적 손실이다.

① 위협, 위험, 발생가능성, 취약성
② 위험, 취약성, 위협, 발생가능성
③ 발생가능성, 위협, 취약성, 위험
④ 취약성, 위험, 발생가능성, 위협

52 다음이 설명하는 정보보호 사전점검 수행단계는?

> • 모든 시스템에 기본적인 보호수준을 정하고 이를 달성하기 위한 보호대책을 선택하여 적용할 수 있다.
> • 시간과 비용을 많이 들이지 않고 기본적인 보호대책을 선택하여 적용할 수 있다.
> • 과보호 또는 부족한 보호대책이 적용될 가능성이 존재한다.

① 기준선 접근법
② 비정형 접근법
③ 상세 위험분석
④ 복합 접근방법

53 정보보호관리체계 구축 시 발생 가능한 문제점과 해결방안에 대한 설명으로 틀린 것은?

① 관련 부서와의 조정이 곤란하다.
② 직원들이 일상 업무에 바빠 관리체계 구축사업에 시간을 내기 어렵다.
③ 직원들은 자신의 책임을 피하기 위해 문제점이 발생하면 즉시 상사에게 보고하는 경향을 보인다.
④ 관리체계 구축에는 경영자의 리더십이 필수적으로 요구된다.

54 100만 명 미만의 정보주체에 관한 개인정보를 보유한 중소기업의 내부관리계획의 내용에 포함되지 않아도 될 사항은?

① 개인정보 보호책임자의 지정에 관한 사항
② 개인정보 유출사고 대응 계획 수립·시행에 관한 사항
③ 개인정보의 암호화 조치에 관한 사항
④ 개인정보 처리업무를 위탁하는 경우 수탁자에게 대한 관리 및 감독에 관한 사항

55 정보의 수집·가공·저장·검색·송신·수신 중에 정보의 훼손·변조·유출 등을 방지하기 위한 관리적·기술적 수단인 정보보호의 목적으로 틀린 것은?

① 기밀성 서비스 제공
② 무결성 서비스 제공
③ 가용성 서비스 제공
④ 적합성 서비스 제공

56 다음 중 위험분석의 구성요소가 아닌 것은?

① 비용
② 취약점
③ 위협
④ 자산

57 정보보호의 예방대책을 관리적 예방대책과 기술적 예방대책으로 나누어 볼 때 관리적 예방대책에 속하는 것은?

① 안전한 패스워드를 강제로 사용
② 침입차단 시스템을 이용하여 접속을 통제
③ 가상 사설망을 이용하여 안전한 통신 환경 구현
④ 문서처리 순서의 표준화

58 건물 관리 및 화재 등 사고관리를 위해 건물입구를 비추도록 설치된 영상정보처리기기에서 사용할 수 있는 기능으로 옳은 것은?

① 사고를 확인하기 위한 카메라 줌인, 줌아웃
② 범인을 추적하기 위한 카메라 이동
③ 사고 내용을 확인하기 위한 음성 녹음
④ 사고 내용을 전달하기 위한 영상 전송

59 「개인정보 보호법」에서 개인정보 유출사고의 통지, 신고 의무에 대한 설명으로 틀린 것은?

① 정보통신서비스 제공자 등은 개인정보의 유출 등의 사실을 안 때에는 지체 없이 유출 등의 내역을 해당 이용자에게 알려야 한다.
② 정보통신서비스 제공자 등은 1천 명 이상의 정보주체에 관한 개인정보의 유출 등의 사실을 안 때에는 지체 없이 유출 등의 내역을 방송통신위원회 또는 한국인터넷진흥원에 신고하여야 한다.
③ 정보통신서비스 제공자 등은 정당한 사유 없이 유출 등의 사실을 안 때에는 24시간을 경과하여 통지·신고해서는 아니 된다.
④ 정보통신서비스 제공자 등은 이용자의 연락처를 알 수 없는 등 정당한 사유가 있는 경우에는 유출 등의 내역을 자신의 인터넷 홈페이지에 30일 이상 게시하여야 한다.

60 다음 중 「클라우드컴퓨팅 발전 및 이용자 보호에 관한 법률」 제25조(침해사고 등의 통지 등)에 따라 지체없이 이용자에게 알려야 할 상황이 아닌 것은?

① 해킹, 컴퓨터바이러스 논리폭탄, 메일폭탄, 서비스 거부 또는 고출력 전자기파 등의 방법으로 정보통신망 또는 이와 관련된 정보시스템을 공격하는 행위를 하며 발생한 사태가 발생한 때
② 이용자 정보가 유출된 때
③ 사전예고 없이 서비스의 중단 기간이 연속해서 10분 이상인 경우이거나 중단 사고가 발생한 때부터 24시간 이내에 서비스가 2회 이상 중단된 경우로서 그 중단된 기간을 합하여 15분 이상 서비스 중단이 발생한 때
④ 민·관 합동조사단이 발생한 침해사고의 원인분석이 끝났을 때

61 다음은 개인정보처리자가 신규 서비스를 기획하면서 준수해야 할 개인정보 보호 원칙을 근거로 해서 법적 위험을 고려해야 할 사항에 대한 설명이다. ⓐ~ⓓ에 들어갈 내용을 순서대로 나열한 것은?

> • 개인정보처리자는 개인정보의 (ⓐ)(을)를 명확하게 하여야 하고, 그 목적에 필요한 범위에서 (ⓑ) 개인정보만을 적법하고 정당하게 수집하여야 한다.
> • 개인정보처리자가 정보주체이외로부터 수집한 개인정보를 처리하는 경우, 정당한 사유가 없는 경우, 정보주체의 요구가 있는 날로부터 (ⓒ)시간 이내에 (ⓓ) 사항을 정보주체에게 알려야 한다.
> • 개인정보처리자는 개인정보의 처리 목적에 필요한 범위에서 적합하게 개인정보를 처리하여야 하며, 그 목적 외의 용도로 활용하여서는 아니 된다.

① 처리목적, 최대한의, 72, 수집출처 및 동의철회
② 수집경로, 최소한의, 24, 수집목적 및 처리정지
③ 처리목적, 최소한의, 72, 수집목적 및 동의철회
④ 수집경로, 최대한의, 24, 수집출처 및 처리정지

62 다음 중 「정보통신망 이용촉진 및 정보보호 등에 관한 법률」상 정보보호 최고책임자(CISO)의 직위, 자격요건 및 겸직금지에 관한 설명으로 가장 옳지 않은 것은?

① 직전 사업연도 말 기준 자산총액이 5조 원 이상이거나, 정보보호 관리체계(ISMS) 인증의무 대상자 중 자산총액이 5천억 원 이상인 정보통신서비스 제공자는 겸직금지 대상 기업이다.
② 겸직금지 대상 기업의 정보보호 최고책임자는 임원급으로서 직무상 독립하여 권한과 책임을 가진 자여야 하며, 조직 내 위임전결권을 보유한 팀장급 인력을 지정하는 경우에도 법적 요건을 충족한 것으로 본다.
③ 정보보호 및 정보기술 업무 경력이 합산하여 10년 이상이거나, 정보보호 관리체계 인증심사원 자격을 보유한 자 등은 법령에서 정하는 정보보호 최고책임자의 자격요건을 갖춘 것으로 볼 수 있다.
④ 겸직금지 대상 기업에 해당하더라도 정보보호 공시에 관한 업무나 「정보통신기반 보호법」에 따른 정보보호책임자 업무 등 정보보호와 밀접한 관련이 있는 업무는 겸직이 가능하다.

63 다음은 위험분석 방법론에 대한 설명이다. 해당하는 위험분석 방법론을 적절히 짝지은 것은?

> ㉠ 어떤 사건도 예상한 대로 발생하지 않는다는 사실에 근거하여 일정 조건하에서 위험에 대한 발생 가능한 결과들을 추정하는 방법
> ㉡ 시스템에 관한 전문적인 지식을 가진 전문가의 집단을 구성하고 위험을 분석 및 평가하여 정보시스템이 직면한 다양한 위협과 취약성을 토론을 통해 분석하는 방법

① ㉠ 확률분포법, ㉡ 순위결정법
② ㉠ 시나리오법, ㉡ 델파이법
③ ㉠ 델파이법, ㉡ 확률분포법
④ ㉠ 순위결정법, ㉡ 시나리오법

64 다음 중 개인정보의 가명정보 처리에 대한 설명으로 틀린 것은?

① 개인정보처리자는 통계작성, 과학적 연구, 공익적 기록보존 등을 위하여 정보주체의 동의 없이 가명정보를 처리할 수 있다.

② 누구든지 특정 개인을 알아보기 위한 목적으로 가명정보를 처리해서는 아니 된다.

③ 가명정보 및 가명정보를 원래의 상태로 복원하기 위한 추가 정보에 대하여 안전성 확보 조치는 개인정보처리자가 임의로 처리하여야 한다.

④ 개인정보처리자는 가명정보를 처리하는 과정에서 특정 개인을 알아볼 수 있는 정보가 생성된 경우에는 즉시 해당 정보의 처리를 중지하고 지체 없이 회수·파기하여야 한다.

65 위치정보란 이동성 있는 물건 또는 개인이 특정한 시간에 존재하거나 존재하였던 장소에 관한 정보를 말한다. 다음 중 「위치정보보호를 위한 관리적·기술적 보호조치 권고」와 관련한 설명으로 적절하지 않은 것은?

① 관리적·기술적 보호조치에 의해 보호되어야 하는 위치정보의 범위는 개인위치정보뿐 아니라 이동성 있는 물건의 위치정보를 포함한다.

② 위치 좌표값이 그 자체만으로는 특정인의 위치를 나타내지 못하나 통신단말기 번호 또는 단말기 소지자의 이름 등과 결합하여 특정인의 위치를 알 수 있을 때에는 개인위치정보로 볼 수 있다.

③ 결합 가능한 정보들이 여러 DB로 분산되어 있거나 제휴회사 등이 별도로 보유하고 있더라도 서비스 제공을 위해 상호 결합될 가능성이 많다면 개인위치정보에 해당될 수 있다.

④ 법인이나 단체 등의 위치정보도 개인위치정보 보호대상에 포함된다.

66 다음 중 「개인정보의 안전성 확보조치 기준」에서 사용되는 용어에 대한 설명으로 올바르지 않은 것은?

① 개인정보파일이란 개인정보를 쉽게 검색할 수 있도록 일정한 규칙에 따라 체계적으로 배열하거나 구성한 개인정보의 집합물을 말한다.

② 개인정보처리시스템이란 개인정보를 처리할 수 있도록 데이터베이스시스템에 직접 접속하는 단말기를 말한다.

③ 바이오정보란 지문, 얼굴, 홍채, 정맥, 음성, 필적 등 개인을 식별할 수 있는 신체적 또는 행동적 특징에 관한 정보로서 그로부터 가공되거나 생성된 정보를 포함한다.

④ 내부망이란 물리적 망분리, 접근통제시스템 등에 의해 인터넷 구간에서의 접근이 통제 또는 차단되는 구간을 말한다.

67 다음은 「개인정보 보호법」상 개인정보의 처리기준 및 정보주체의 권리에 관한 설명이다. 설명이 가장 올바른 것은?

① 주소불명 등으로 정보주체의 사전 동의를 받을 수 없는 경우로서 명백히 정보주체 또는 제3자의 급박한 생명, 신체, 재산의 이익을 위하여 필요하다고 인정되는 경우에 동의 없이 개인정보를 수집·이용할 수 있다.

② 개인정보처리지의 정당한 이익을 달성하기 위하여 필요한 경우로서 명백하게 정보주체의 권리보다 우선하는 경우에는 정보주체의 동의 없이 개인정보를 제3자에게 제공할 수 있다.

③ 정보주체에게 재화나 서비스를 홍보하거나 판매를 권유하기 위하여 개인정보처리위탁에 대한 동의를 받으려는 때에는 정보주체가 이를 명확하게 인지할 수 있도록 알리도록 한다.

④ 개인정보 보호법상 바이오정보(생체정보)는 민감정보에 해당하므로 건강정보와 마찬가지로 일괄 동의를 받아야 한다.

68 다음 중 위험관리 절차를 순서대로 배열한 것을 고르면?

> ㉠ 위험 식별, ㉡ 위험 처리, ㉢ 위험평가, ㉣ 위험 분석, ㉤ 위험 감시 및 재검토

① ㉣ → ㉡ → ㉢ → ㉠ → ㉤
② ㉠ → ㉣ → ㉢ → ㉡ → ㉤
③ ㉠ → ㉡ → ㉣ → ㉤ → ㉢
④ ㉣ → ㉠ → ㉡ → ㉤ → ㉢

69 조직이 수행하는 모든 정보보호 활동의 근거가 되는 최상위 수준의 정보보호 정책 수립 시 포함하여야 할 사항과 가장 거리가 먼 것은?

① 조직의 정보보호 활동을 실행하기 위한 절차, 주기, 수행주체 등에 관한 사항
② 조직의 정보보호에 대한 최고경영자 등 경영진의 의지 및 방향
③ 조직의 정보보호를 위한 역할과 책임, 대상과 범위에 관한 사항
④ 조직이 수행하는 관리적, 기술적, 물리적 정보보호 활동의 근거

70 다음은 ○○기업의 웹 서버 자산에 대하여 위험분석을 통해서 도출된 결과이다. 단일 손실 예상 금액과 연간 손실 예상 금액을 산출한 값으로 올바른 것은?

> 자산적 가치가 1억 원에 해당하는 웹 서버의 취약점 중에서 최신 OS 및 보안 업데이트를 실시하지 않음으로 노출인자는 50%에 해당된다. 이에 따라서 발생하는 단일 손실 예상은 (ⓐ)(으)로 산정되며, 이를 통해서 연간 분기별로 발생할 경우 연간 손실 예상 금액은 (ⓑ)(으)로 추정된다.

① ⓐ 5천만 원, ⓑ 2억 원
② ⓐ 1억 원, ⓑ 2억 원
③ ⓐ 5천만 원, ⓑ 2억 원
④ ⓐ 1억 원, ⓑ 1억 원

71 개인정보의 가명 · 익명처리 시 개인정보 일부 또는 전부를 대체하는 일반화 방법인 기술의 명칭으로 올바른 것은?

① 상하단코딩(Top and Bottom Coding)
② 제어 라운딩(Controlled Rounding)
③ 랜덤 라운딩(Random Rounding)
④ 일반 라운딩(Rounding)

72 다음은 정보보호 및 개인정보보호 교육에 대한 설명이다. ⓐ~ⓒ에 들어갈 내용을 순서대로 나열한 것은?

> · (ⓐ) 사업자는 정보통신망법 제2조 제12호에 따른 (ⓐ)(을)를 설치 · 운영하는 자를 말한다. (ⓐ)(은)는 정보통신서비스 제공을 목적으로 설치 · 운영되는 통신망 시설, 정보통신서비스 제공을 위한 전산시설, 그 밖에 정보통신서비스 제공에 필요한 시설이다.
> · 정보통신서비스 부문 3개월간 일일 평균 이용자 수 (ⓑ) 이상인 사업자는 정보통신서비스 제공을 목적으로 전기통신역무를 이용하여 정보를 제공하거나 정보의 제공을 매개하는 자이다. 정보통신서비스 부문에서 3개월간 일일 평균 이용자 수가 (ⓑ) 이상인 사업자를 말한다.
> · 정보통신서비스 부문 (ⓒ) 이상인 사업자는 정보통신서비스 제공을 목적으로 전기통신역무를 이용하여 정보를 제공하거나 정보의 제공을 매개하는 자로서, 정보통신서비스 부문에서 매출액 또는 세입 등이 (ⓒ) 이상인 사업자를 말한다.

① 정보통신서비스, 100만 명, 10억 원
② 정보통신서비스, 5만 명, 100억 원
③ 집적정보통신시설, 5만 명, 10억 원
④ 집적정보통신시설, 100만 명, 100억 원

73 다음 중 정보보호 교육에 대한 설명으로 올바르지 않은 것은?

① 교육의 시기, 기간, 대상, 내용, 방법 등의 내용이 포함된 연간 정보보호 교육 계획을 준비한다. 이때 교육 대상에는 정보보호 관리체계 범위 내 임직원을 포함시켜야 하고, 외부용역 인력은 제외해도 무방하다.

② 교육에는 정보보호 및 정보보호 관리 체계 개요, 보안사고 사례, 내부 규정 및 절차, 법적 책임 등의 내용이 포함된다. 또한 일반 임직원, 책임자, IT 및 정보보호 담당자 등 직무별 전문성 제고에 적합한 교육 내용 및 방법을 정하여야 한다.

③ 연 1회 이상 교육을 시행하고 정보보호 정책 및 절차의 중대한 변경, 조직 내외부 보안사고 발생, 관련 법규 변경 등의 사유가 발생할 경우 추가 교육을 수행해야 한다.

④ 교육 내용에는 구성원들이 무엇을 해야 하며, 어떻게 할 수 있는지에 대한 것을 포함하며, 가장 기본적인 보안 단계의 실행부터 고급 단계 전문화된 기술을 포함한다.

74 다음 클라우드 SaaS 서비스 중 반드시 클라우드 보안인증 표준등급으로 인증받아야 되는 서비스가 아닌 것은?

① 전자결재 서비스
② 개인정보 유통 보안 서비스
③ 소프트웨어 개발환경(개발, 배포, 운영, 관리 등)
④ 이메일/메신저 서비스

75 정보통신 서비스 제공자가 이용자의 컴퓨터나 모바일 등에 영리목적의 광고성 프로그램 등을 설치할 경우 준수해야 하는 사항으로 옳지 않은 것은?

① 정보통신서비스 제공자는 영리목적의 광고성 정보가 보이는 프로그램을 이용자의 컴퓨터나 모바일에 설치하려면 이용자의 동의를 받아야 한다.

② 정보통신서비스 제공자는 영리목적의 개인정보를 수집하는 프로그램을 이용자의 컴퓨터나 모바일에 설치하려면 이용자의 동의를 받아야 한다.

③ 정보통신서비스 제공자는 영리목적의 광고성 정보가 보이는 프로그램의 용도와 삭제 방법을 고지하여야 한다.

④ 정보통신서비스 제공자는 영리목적의 광고성 정보를 편리하게 차단하거나 신고할 수 있는 소프트웨어나 컴퓨터프로그램을 개발하여 보급하여야 한다.

76 다음 중 정보통신기반보호위원회에 대한 설명으로 틀린 것은?

① 주요정보통신기반시설의 보호에 관한 사항을 심의하기 위하여 국무총리 소속하에 정보통신기반보호위원회를 구성한다.

② 정보통신기반보호위원회 위원장은 국무총리가 되고, 위원회의 위원은 대통령령으로 정하는 중앙행정기관의 차관급 공무원과 위원장이 위촉하는 사람으로 한다.

③ 정보통신기반보호위원회의 효율적인 운영을 위하여 위원회에 공공분야와 민간분야를 각각 담당하는 실무위원회를 둔다.

④ 정보통신기반보호위원회의 위원은 위원장 1인을 포함한 25인 이내의 위원으로 구성한다.

77 다음 내용을 포함하는 지침으로 가장 적합한 것은?

> • 책임과 역할, 업무의 중요도 등급 및 업무영향분석
> • 복구전략 수립, 교육 및 훈련, 사후관리, 비상연락망

① 문서관리 지침
② 위험평가관리 지침
③ 침해사고대응 지침
④ 업무연속성관리 지침

78 다음 중 개인정보 처리자가 정보주체에게 사유를 알리고 열람을 제한하거나 거절할 수 있는 경우로 옳지 않은 것은?

① 법률에 따라 열람이 금지되거나 제한되는 경우
② 다른 사람의 생명, 신체를 해할 우려가 있거나 다른 사람의 재산과 그 밖의 이익을 부당하게 침해할 우려가 있는 경우
③ 공공기관의 개인정보를 처리하지 아니하면 다른 법률에서 정하는 소관 업무를 수행할 수 없는 경우
④ 공공기관의 학력 및 채용에 관한 시험, 자격 심사에 관한 업무를 수행할 때 중대한 지장을 초래하는 경우

79 정량적 위험분석의 방법론 수학공식 접근법에 대한 설명이다. 괄호 안에 들어갈 용어로 적절한 것은?

> (ⓐ)(을)를 계산하는 식을 이용하여 위험을 계량하는 방법이다. 과거 자료의 획득이 어려울 경우 위험 (ⓐ)(을)를 추정 및 분석하는 데 유용하며, 위험을 경량화하여 매우 단순하게 나타낼 수 있다. 반면에 이는 (ⓑ)(을)를 추정하는 자료의 양이 낮다는 단점이 있다.

① ⓐ 발생빈도, ⓑ 위험빈도
② ⓐ 발생확률, ⓑ 기대손실
③ ⓐ 발생빈도, ⓑ 기대손실
④ ⓐ 발생확률, ⓑ 위험빈도

80 인터넷에 공개된 서버를 운영하는 경우 적절하지 않은 보안 방법은?

① 공개서버를 운영하는 경우 이에 대한 보호대책을 수립·이행한다.
② 공개서버는 내부 네트워크의 서버팜 영역에 설치하고 침입차단 시스템 등 보안시스템을 통해 보호한다.
③ 공개서버에 개인정보 및 중요정보를 게시하거나 저장하여야 할 경우 책임자 승인 등 허가 및 게시절차를 수립·이행한다.
④ 조직의 중요정보가 웹사이트 및 웹서버를 통해 노출되고 있는지 여부를 주기적으로 확인하여 중요정보 노출을 인지한 경우 이를 즉시 차단하는 등의 적절한 조치를 취한다.

실전 모의고사
정답 & 해설

실전 모의고사 01회

436p

01 ④	02 ②	03 ②	04 ③	05 ④
06 ③	07 ①	08 ②	09 ③	10 ④
11 ②	12 ④	13 ④	14 ④	15 ④
16 ①	17 ②	18 ④	19 ④	20 ①
21 ④	22 ①	23 ③	24 ③	25 ④
26 ③	27 ①	28 ①	29 ③	30 ③
31 ②	32 ④	33 ④	34 ③	35 ②
36 ①	37 ③	38 ②	39 ③	40 ①
41 ④	42 ①	43 ②	44 ①	45 ①
46 ④	47 ③	48 ③	49 ①	50 ②
51 ②	52 ④	53 ②	54 ③	55 ②
56 ③	57 ①	58 ④	59 ②	60 ①
61 ①	62 ①	63 ②	64 ④	65 ③
66 ③	67 ①	68 ①	69 ③	70 ④
71 ①	72 ②	73 ②	74 ④	75 ①
76 ①	77 ④	78 ①	79 ②	80 ③

01 ④

정보통신망법에서 명시하는 정보보호의 3대 목표는 기밀성(Confidentiality), 무결성(Integrity), 가용성(Availability)이다. 소유권의 보장은 정보보호의 개념과 관련은 있으나, 법에서 명시한 3대 핵심 요소는 아니다.

02 ②

내부 관리계획 수립, 침해사고 대응, CISO 지정은 법률에서 명시한 정보통신서비스 제공자의 의무이다. 사업 목표 달성을 위한 IT 투자 계획 수립은 기업의 경영 및 IT 전략 활동이며, 법률이 직접 요구하는 정보보호 조치는 아니다.

03 ②

ⓒ, ⓔ, ⑩은 올바른 자산관리 활동에 속한다. ⓙ 모든 자산에 동일 등급을 부여하는 행동과 ⓒ 변경 없이 정보자산 목록을 유지하는 행동은 자산의 중요도를 무시하고 현행화를 포기하는 잘못된 방식이다.

04 ③

효과적인 위험평가 방법을 선정하기 위해서는 조직의 비즈니스 특성, 가용 예산 및 인력, 법적 요구사항을 반드시 고려해야 한다. 경쟁사의 방법론은 참고는 할 수 있으나, 조직의 방법론을 선정하는 우선적인 기준이 될 수는 없다.

05 ④

개인정보는 법적으로 보호받는 매우 중요한 정보자산이므로, 관리체계 범위 내에 존재하는 모든 개인정보는 반드시 자산 식별 과정에 포함하여 관리해야 한다.

06 ③

취약점 분석 및 평가는 기술적 취약점뿐만 아니라, 관리적 취약점과 물리적 취약점을 모두 포함하여 종합적으로 수행해야 한다.

07 ①

정보통신망법 시행령에 따르면, 정보보호 또는 정보기술 분야 석사학위 이상을 취득한 사람은 CISO의 자격요건으로 인정된다.

> **더 알아보기**
>
> **CISO의 자격요건**
> - 정보보호 또는 정보기술 분야의 국내 또는 외국의 석사학위 이상 학위를 취득한 사람
> - 정보보호 또는 정보기술 분야의 국내 또는 외국의 학사학위를 취득한 사람으로서 정보보호 또는 정보기술 분야의 업무를 3년 이상 수행한 경력이 있는 사람
> - 정보보호 또는 정보기술 분야의 국내 또는 외국의 전문학사학위를 취득한 사람으로서 정보보호 또는 정보기술 분야의 업무를 5년 이상 수행한 경력이 있는 사람
> - 정보보호 또는 정보기술 분야의 업무를 10년 이상 수행한 경력이 있는 사람
> - 법 제47조 제6항 제5호에 따른 정보보호 관리체계 인증심사원의 자격을 취득한 사람
> - 해당 정보통신서비스 제공자의 소속인 정보보호 관련 업무를 담당하는 부서의 장으로 1년 이상 근무한 경력이 있는 사람

08 ②

정보자산의 등급은 각 자산의 중요도와 가치를 개별적으로 평가하여 차등적으로 부여해야 한다. 모든 자산에 동일한 등급을 일괄적으로 부여하는 것은 위험관리의 목적에 부합하지 않는 부적절한 조치이다.

09 ③

경영진은 위험관리 활동의 효과성을 높이기 위해 주기 변경, 도구 교체, 외부 자문 등 다양한 개선 방안을 모색할 수 있다. 그러나 모든 책임을 외부에 위임하고 내부 담당자를 배제하는 것은 조직의 책임 있는 의사결정으로 볼 수 없다.

10 ④

제시된 4가지 사례 모두 위험 처리 전략과 올바르게 연결되었다. ⓙ은 위험 감소, ⓒ은 위험 회피, ⓒ은 위험 전가, ⓔ은 위험 수용의 대표적인 예시이다.

11 ②

조직이 감수할 수 있는 위험의 수준, 즉 수용 가능한 목표 위험수준을 결정하는 것은 위험관리의 방향성을 정하는 핵심적인 전략적 의사결정으로, 반드시 CISO 및 최고경영진의 검토와 승인이 필요하다.

12 ④

성숙한 정보보호 교육 프로그램은 모든 직원에게 동일한 교육을 제공하는 것을 넘어, 개인정보 취급자, 개발자, 시스템 관리자 등 직무별로 발생할 수 있는 특수한 위험에 대한 맞춤형 심화 교육을 제공한다.

13 ④

위협 환경과 관련 법규, 내부 시스템은 끊임없이 변화하므로, 정보보호 교육 내용 또한 매년 최신 동향을 반영하여 개선하고 업데이트해야 한다. 동일한 내용을 반복하는 것은 교육 효과를 떨어뜨린다.

14 ④

정보보호 정책은 정보보호에 대한 조직의 방향과 원칙, 역할과 책임 등 고수준의 내용을 담는 문서이다. 특정 보안 솔루션의 모델명이나 단가와 같은 구체적이고 운영적인 정보는 정책이 아닌 하위의 지침이나 절차서에 명시할 사항이다.

15 ④

사내 정보자산의 보안등급을 최종적으로 승인하는 책임은 해당 자산의 소유자(현업부서 책임자)와 정보보호 총괄 부서(CISO)에 있다. 영업팀이 모든 자산의 등급을 승인하는 것은 적절한 역할 분담이 아니다.

16 ①

정책 개정 초안이 작성된 후에는, 해당 정책의 영향을 받는 IT, 법무, 인사, 현업 등 관련 부서 및 이해관계자들의 의견을 수렴하고 검토하는 단계가 필요하다. 이를 통해 정책의 현실성과 수용성을 높일 수 있다.

17 ②

정보보호 정책은 살아있는 문서로서, 관련 법규나 비즈니스 환경이 변할 때마다 이를 검토하여 시의적절하게 개정하고 관리해야 한다.

18 ④

정보보호 위원회는 예산, 중대 사고, 정책 등 전사적이고 전략적인 정보보호 사안을 심의·의결하는 기구이다. 특정 직원의 PC 교체와 같은 일상적이고 운영적인 업무는 위원회의 의사결정 대상이 아니다.

19 ④

정보보호 위원회는 조직의 정보보호 방향을 결정하는 중요한 의사결정기구이므로, 비즈니스 책임자, IT 책임자 등 내부 핵심 임원들이 반드시 참여해야 한다. 외부 전문가는 자문 역할로 참여할 수 있으나, 외부인으로만 구성하는 것은 바람직하지 않다.

20 ①

㉠은 평가 범위 내 중요 자산을 누락한 것이므로 위험평가 단계의 결함이다. ㉡은 최신 법규 등을 반영하여 정책을 주기적으로 검토하고 개정하지 않은 것이므로 정책의 유지관리와 관련된 결함이다.

21 ④

복합 접근방법(Combined Approach)은 고위험(High Risk) 영역을 식별하여 상세 위험분석을 수행하고, 그 외의 다른 영역은 베이스라인 접근법을 사용하는 방식이다. 이 방식은 비용과 자원을 효과적으로 사용할 수 있으며, 고위험 영역을 빠르게 식별하고 적절하게 처리할 수 있다는 장점이 있어 많이 사용된다. 그러나 고위험 영역을 잘못 식별하였을 경우 위험분석 비용이 낭비되거나, 부적절하게 대응될 수 있다.

22 ①

상세 위험분석(Detailed Risk Analysis)은 자산분석, 위협 분석, 취약성 분석의 각 단계를 수행하여 위험을 평가하는 것이다. 방법론에 따라서는 취약성 분석과 별도로 설치된 정보보호대책에 대한 분석을 수행하기도 한다. 이러한 방식은 조직의 자산 및 보안 요구사항을 구체적으로 분석하여 가장 적절한 대책을 수립할 수 있으며, 자산, 위협, 취약성의 목록이 작성, 검토되었으므로 이후 변경이 발생하였을 때 해당 변경에 관련된 사항만을 추가, 조정, 삭제함으로써 보안 환경의 변화에 적절히 대처할 수 있다. 그러나 이런 방식은 분석에 시간과 노력이 많이 소요되며 채택한 위험분석 방법론을 잘 이해해야 하므로 비정형 접근법과 마찬가지로 고급의 인적 자원이 필요하다.

23 ③

위험평가는 위험을 분석 후 수용 가능한 위험수준과 대비하여 위험의 대응 여부와 우선순위를 결정하는 것이다

24 ③

위험 관리는 자산에 대한 위험을 분석하고 이러한 위험으로부터 자산을 보호하기 위한 비용 대비 효과적인 보호대책을 마련하는 과정이다.

25 ④

위험평가 결과가 금액, 기간 등 정량화된 단위로 산출되는 것은 정량적 위험분석이며, 금액으로 산정하기 어려운 정보의 평가에 용이하게 사용되는 것은 정성적 위험분석이다.

26 ③

이론적으로는 모든 위협과 취약성을 분석하는 것이 이상적이지만, 현실적으로 조직의 시간, 비용, 인력 등 자원의 한계로 인해 모든 요소를 누락 없이 분석하는 것은 불가능에 가깝다. 따라서 위험평가 시에는 조직의 비즈니스 목적과 중요도를 고려하여 주요 자산과 핵심 위험을 중심으로 효율적으로 분석하는 것이 적절하다.

27 ①

위험분석 단계에서는 자산의 가치를 평가하고 자산에 대한 위협, 취약성을 분석하고, 위험평가 단계에서는 해당 정보자산의 가치와 위협 및 취약성의 정도에 따라 기밀성, 무결성, 가용성 손상에 따른 잠재적 손실의 규모를 평가하여야 한다

28 ①

조직의 위험평가 계획을 수립하는 데에는 위험관리 전문가, 정보보호·개인정보보호 전문가, 법률 전문가, IT 실무 책임자, 현업부서 실무 책임자, 외부 전문컨설턴트 등이 참여한다.

29 ②

정보자산 현황 조사는 자산의 변동 폭과 관계없이 최소 연 1회 이상 정기적으로 수행해야 한다.

30 ③

보안의 3요소 중 하나인 가용성은 권한을 가진 사용자가 원할 때 언제든지 정보나 서비스에 접근하고 사용할 수 있는 상태를 의미한다. DDoS 공격은 서버의 자원을 고갈시켜 정상적인 접근을 방해하는 공격으로 서비스의 지속 가능성이 파괴된 상태, 즉 가용성이 침해된 상황을 설명한다고 할 수 있다.

31 ②

정보자산의 위험 산정 시 고려해야 할 구성요소는 자산에 대한 위협, 자산의 취약점(취약성), 자산의 가치이다.

32 ④

관리적 취약점 진단은 조직의 보안 정책, 지침, 절차 등이 잘 수립되어 있고 이행되는지를 점검하는 과정이다. 이는 단순히 임원진과의 면담에 국한되지 않으며, 정보보호 담당자 및 실무자와의 면담, 관련 문서(지침, 매뉴얼 등) 검토, 실제 이행 증적 확인 등 종합적인 조사를 통해 이루어져야 한다.

33 ④

취약점 진단 수행. 취약점 진단은 여러 가지 방법이 있다. 그 중 기술적 취약점 진단에서는 크게 수동 진단과 자동 진단 방법이 존재한다. 수십 수백 대의 서버가 존재하는 경우 프로그램을 통하여 효과적으로 자동 진단을 수행할 수 있다. 관리적인 취약점 진단은 담당자와 인터뷰를 통하여 진행하게 되며, 물리적인 취약점 진단은 실사 등을 통하여 진행한다.

34 ③

- 위협 : 자산에 손실을 초래할 수 있는 원치 않은 사건의 잠재적인 원인 (Source)이나 행위자(Agent)로 정의된다. 위협은 일반적으로 위협 원천에 따라 크게 자연재해나 장비 고장 등의 환경적 요인에 의한 것과 인간에 의한 것으로 나눌 수 있고, 인간에 의한 위협은 다시 의도적인 위협과 우연한 위협으로 나눌 수 있다.
- 자산 : 조직이 보호해야 할 대상으로서 정보, 하드웨어, 소프트웨어, 시설 등을 말하며 관련 인력, 기업 이미지 등의 무형자산을 포함하기도 한다.
- 취약성 : 위협이 발생할 수 있는 자산의 내재적인 약점으로, 위협의 이용 대상이 되거나, 보안 대책의 미비로 정의된다.

35 ②

조직이 준수하여야 하는 정보보호 및 개인정보보호 관련 법적 요구사항을 파악하여 최신성을 유지하여야 한다.

36 ①

다음 요건 중 하나에 해당하는 정보통신서비스 제공자 등은 ISMS(-P) 인증 의무 대상 여부를 검토해야 한다.
- 직전 사업 연도의 정보통신서비스 부문 매출액이 100억 원 이상일 것
- 전년도 말 기준 직전 3개월간의 일일 평균 이용자 수가 100만 명 이상일 것

37 ③

위험 식별 및 평가 시행을 위한 예산 계획을 매년 수립하고 정보보호 최고책임자 등 경영진 승인처리를 수행한다.

38 ②

위험관리 방법 및 절차(수행인력, 기간, 대상, 방법, 예산 등)를 구체화한 위험관리계획을 최소 연 1회 이상 수행될 수 있도록 일정을 수립하여야 한다.

39 ②

ALE는 어떤 위협이 한 번 발생했을 때 예상되는 손실을 나타내는 SLE(Single Loss Expectancy, 1회 손실 예상액)와 일 년 동안의 발생 횟수를 나타내는 ARO(Annualized Rate of Occurence, 연간 발생 빈도)를 곱하여 구할 수 있다. 즉, 'ALE = SLE × ARO'이다.
예를 들어 중요한 자료를 가지고 있는 시스템에서 자료가 유출되는 경우 실제로 발생하는 손실이 약 10억 원 정도라도 평가되었다고 하자. 그러면 SLE는 10억 원이다. 그리고 이러한 위협이 실제 발생하는 횟수는 5년에 한 번 정도라고 판단한다면 ARO는 0.2이다. 따라서, 이 위협의 ALE는 10 × 0.2로서 2억 원이 된다.

∴ ALE = 10억 원(1회 손실 예상액) × 0.2(연간 발생 빈도(5년에 1회)) = 2억 원

40 ①

현재의 위험을 받아들이고 잠재적 손실 비용을 감수하는 것은 위험 수용 전략이다.

> **더 알아보기**

위험처리 전략의 종류
- 위험 수용 : 현재의 위험을 받아들이고 잠재적 손실 비용을 감수하는 것을 말한다. 어떠한 대책을 도입하더라도 위험을 완전히 제거할 수는 없으므로, 일정 수준 이하의 위험은 어쩔 수 없는 것으로 인정한다.
- 위험 감소 : 위험을 감소할 수 있는 대책을 채택하여 구현하는 것이다. 대책의 채택 시에는 이에 따른 비용이 소요되기 때문에 이 비용과 실제 감소되는 위험의 크기를 비교하는 효과 분석을 실시한다.
- 위험 회피 : 위험이 존재하는 프로세스나 사업을 수행하지 않고 포기하는 것이다.
- 위험 전가 : 보험이나 외주 등 잠재적 비용을 제3자에게 이전하거나 할당하는 것을 말한다.

41 ④

내부망에 위치한 데이터베이스 서버 등 일부 중요 서버의 IP주소가 내부 규정과 달리 공인 IP로 설정을 허용하는 것은 금지되어 있다.

42 ①

DBA 권한이 부여된 계정과 조회 등 기타 권한이 부여된 계정은 구분하여 사용해야 한다.

> **더 알아보기**

데이터베이스 내 정보 접근통제 정책
- DBA 권한이 부여된 계정과 조회 등 기타 권한이 부여된 계정은 구분하여 사용
- 용용프로그램에서 사용하는 계정과 사용자 계정의 공용 사용 제한
- 계정별 사용 가능 명령어 제한
- 사용하지 않는 계정, 테스트용 계정, 기본 계정 등 삭제
- 일정시간 이상 업무를 수행하지 않는 경우 자동 접속차단
- 비인가자의 데이터베이스 접근 제한
- 개인정보를 저장하고 있는 데이터베이스는 DMZ 등 공개된 네트워크에 위치하지 않도록 제한
- 다른 네트워크 영역 및 다른 서버에서의 비인가 접근 차단

43 ②

새로운 시스템이나 소프트웨어를 도입할 때는 해당 시스템 자체의 보안성뿐만 아니라, 기존 운영 환경과의 충돌 여부나 보안 설정에 미치는 영향을 반드시 사전 검토해야 한다. 이를 절차화하여 내부 규정으로 관리하는 것은 보안 관리체계(ISMS)에서 권고하는 행동이다.

44 ①

SecureOS는 네트워크 보안시스템이 아니라 호스트 보안시스템에 해당한다.

더 알아보기

보안시스템 유형
- 네트워크 보안시스템 : 침입차단시스템(방화벽), 침입방지시스템(IPS), 침입탐지시스템(IDS), 네트워크 접근제어(NAC), DDoS 대응시스템 등
- 서버 보안시스템 : 시스템 접근제어, 보안운영체제(SecureOS)
- 데이터베이스 보안시스템 : 데이터베이스 접근제어
- 정보유출 방지시스템 : Network DLP(Data Loss Prevention), Endpoint DLP 등
- 개인정보보호 시스템 : 개인정보 검출솔루션, 출력물 보안 등
- 암호화 솔루션 : 데이터베이스암호화, DRM 등
- 악성코드 대응 솔루션 : 백신, 패치관리시스템(PMS) 등
- 기타 : VPN, APT 대응솔루션, SIEM(Security Incident & Event Monitoring), 웹방화벽 등

45 ①

무선 구간은 누구나 신호를 가로챌 수 있는 위험이 있다. 따라서 WPA2-AES나 WPA3와 같은 강력한 암호화 알고리즘을 설정하여 데이터를 보호해야 한다.

더 알아보기

2.6.5 무선 네트워크 접근 결함 사례(예시)
- 사례 1 : 외부인용 무선 네트워크와 내부 무선 네트워크 영역대가 동일하여 외부인도 무선 네트워크를 통하여 별도의 통제 없이 내부 네트워크에 접근이 가능한 경우
- 사례 2 : 무선 AP 설정 시 정보 송수신 암호화 기능을 설정하였으나, 안전하지 않은 방식으로 설정한 경우
- 사례 3 : 업무 목적으로 내부망에 연결된 무선AP에 대하여 SSID 브로드캐스팅 허용, 무선 AP 관리자 비밀번호 노출(디폴트 비밀번호 사용), 접근제어 미적용 등 보안 설정이 미흡한 경우

46 ④

WAF(Web Application Firewall)는 OWASP Top 10이나 국가정보원 8대 웹 취약점은 모두 웹 애플리케이션(홈페이지 등)을 대상으로 하는 공격들이다. WAF는 HTTP/HTTPS 트래픽을 정밀하게 분석하여 이러한 웹 전용 공격을 탐지하고 차단하는 데 최적화된 솔루션으로, 데이터의 내용을 보고 판단한다.

47 ③

보안 정책은 장애 발생 여부와 상관없이 주기적으로 검토해야 한다. 사용하지 않는 불필요한 정책이 방치되면 공격자가 공격할 수 있는 통로가 될 수 있기 때문이다.

더 알아보기

ISMS-P 인증기준 안내서 - 2.10.1 보안시스템 운영
조직에서 운영하는 보안시스템에 대하여 다음 내용을 포함한 운영절차를 수집 및 이행하여야 한다.
- 보안시스템 유형별 책임자 및 관리자 지정
- 보안시스템 정책 적용 절차
- 최신 정책 업데이트 방안 : IDS, IPS 등의 보안시스템의 경우 새로운 공격 기법을 탐지하기 위한 최신 패턴(시그너처) 및 엔진의 지속적 업데이트
- 보안시스템 이벤트 모니터링 절차(정책에 위배되는 이상징후 탐지 및 확인 등)
- 보안시스템 접근통제 정책(사용자 인증, 관리자 단말 IP 또는 MAC 등)
- 보안시스템 운영현황의 주기적 점검-보안시스템 자체에 대한 접근통제 방안 등
- 결함 사례
  - 사례 1 : 침입차단시스템 보안정책에 대한 정기 검토가 수행되지 않아 불필요하거나 과도하게 허용된 정책이 다수 존재하는 경우
  - 사례 2 : 보안시스템 보안정책의 신청, 변경, 삭제, 주기적 검토에 대한 절차 및 기준이 없거나, 절차는 있으나 이를 준수하지 않은 경우
  - 사례 3 : 보안시스템의 관리자 지정 및 권한 부여 현황에 대한 관리감독이 적절히 이행되고 있지 않은 경우
  - 사례 4 : 내부 지침에는 정보보호담당자가 보안시스템의 보안정책 변경 이력을 기록·보관하도록 정하고 있으나, 정책관리대장을 주기적으로 작성하지 않고 있거나 정책관리대장에 기록된 보안 정책과 실제 운영 중인 시스템의 보안정책이 상이한 경우

48 ③

ISMS-P 인증기준에서 요구하는 보안 대책을 아주 잘 이행하고 있는 사례이다. 자리를 비웠을 때 타인이 시스템을 사용하는 것을 방지하고, 하나의 계정을 여러 사람이 공유하거나, 공격자가 탈취한 계정으로 몰래 접속하는 것을 차단해야 한다.

더 알아보기

ISMS-P 인증기준 안내서 - 2.6.3 응용 프로그램 접근 결함 사례
- 사례 1 : 응용 프로그램의 개인정보 처리화면 중 일부 화면의 권한 제어 기능에 오류가 존재하여 개인정보 열람 권한이 없는 사용자에게도 개인정보가 노출되고 있는 경우
- 사례 2 : 응용 프로그램의 관리자 페이지가 외부 인터넷에 오픈되어 있으면서 안전한 인증수단이 적용되어 있지 않은 경우
- 사례 3 : 응용 프로그램에 대하여 타당한 사유 없이 세션 타임아웃 또는 동일 사용자 계정의 동시 접속을 제한하고 있지 않은 경우
- 사례 4 : 응용 프로그램을 통하여 개인정보를 다운로드받는 경우 해당 파일 내에 주민등록번호 등 업무상 불필요한 정보가 과도하게 포함되어 있는 경우
- 사례 5 : 응용 프로그램의 개인정보 조회화면에서 like 검색을 과도하게 허용하고 있어, 모든 사용자가 본인의 업무 범위를 초과하여 전체 고객 정보를 조회할 수 있는 경우

49 ①

물리적 · 환경적 위협으로부터 개인정보 및 중요정보, 문서, 저장매체, 주요 설비 및 시스템 등을 보호하기 위하여 통제구역 · 제한구역 · 접견구역 등 물리적 보호구역을 지정하고 구역별 보호대책을 수립 · 이행하여야 한다.

50 ②

물리적으로 구분되도록 배선하고 식별 표시를 해야 한다. 또한 상호 간섭받지 않도록 거리를 유지하고 케이블 매설 등을 조치해야 한다.

> **더 알아보기**

물리적 정보시스템 보호 보안조치

- 정보시스템의 중요도, 용도, 특성을 고려하여 배치 장소를 분리하여야 한다.
- 정보시스템, 개인정보처리시스템, 네트워크 장비, 보안시스템, 백업 장비 등 정보시스템의 특성에 따라 전산랙을 이용하여 시스템을 외부로부터 보호한다.
- 개인정보처리시스템 등 중요도가 높은 경우에는 최소한의 인원만 접근이 가능하도록 전산랙에 잠금 장치를 설치한다.
- 별도의 물리적 안전장치가 있는 케이지(Cage) 등에서 관리 정보시스템의 실제 물리적 위치를 손쉽게 확인할 수 있는 방안(배치도, 자산목록 등)을 마련하여야 한다.
- 보안사고, 장애 발생 시 신속한 조치를 위한 물리적 배치도(시설 단면도, 배치도 등), 자산목록을 관리한다.
- 자산목록 등에 물리적 위치 항목을 포함하고 현행화하여 최신본으로 유지한다.
- 전력 및 통신케이블을 물리적 손상 및 전기적 영향으로부터 안전하게 보호한다.
- 물리적으로 구분 · 배선, 식별 표시한다.
- 상호 간섭받지 않도록 거리 유지, 케이블 매설 등의 조치를 취한다.
- 배전반, 강전실, 약전실 등에는 인가된 최소한의 인력만 접근할 수 있도록 접근을 통제한다.

51 ②

정보보호 사전점검은 시스템의 기획, 설계, 구현 단계에서 보안 요구사항이 잘 반영되었는지 개발 완료 전에 미리 확인하는 활동이다.

52 ④

정밀 취약점 진단, 모의해킹 수행, 그리고 검토 완료 후 운영시스템으로 안전하게 이관(전환)한다는 점으로 보아, 이는 개발이 완료된 결과물을 최종 검증하는 테스트 단계이다.

53 ②

정보통신망법 제76조에 근거하여, 정보보호 관리체계 인증 의무대상자가 인증을 받지 아니한 경우 3천만 원 이하의 과태료를 부과한다.

54 ③

전년도 말 기준 직전 3개월 간 그 개인정보가 저장 · 관리되고 있는 이용자 수가 일일 평균 100만 명 이상인 개인정보처리자는 개인정보처리시스템에서 개인정보를 다운로드 또는 파기할 수 있거나 개인정보처리시스템에 대한 접근 권한을 설정할 수 있는 개인정보취급자의 컴퓨터 등에 대한 인터넷망 차단 조치를 하여야 한다.

55 ②

개인정보 영향평가 의무 대상

- 5만 명 이상의 정보주체에 관한 민감정보 또는 고유식별정보의 처리가 수반되는 개인정보파일
- 공공기관 내부 또는 외부에서 구축 · 운용하고 있는 다른 개인정보파일과 연계하려는 경우로서 연계 결과 50만 명 이상의 정보주체에 관한 개인정보가 포함되는 개인정보파일
- 100만 명 이상의 정보주체에 관한 개인정보파일
- 영향평가를 받은 후 개인정보파일의 운용체계를 변경하는 경우 변경된 부분에 대해서는 영향평가를 실시

56 ③

개인정보처리자는 개인정보취급자의 개인정보처리시스템에 대한 접속기록을 1년 이상 보관 · 관리하여야 한다. 다만, 5만 명 이상의 정보주체에 관한 개인정보를 처리하는 개인정보처리시스템에 해당하는 경우, 2년 이상 보관 · 관리하여야 한다.

> **더 알아보기**

개인정보의 안전성 확보조치 기준 제8조(접속기록의 보관 및 점검)

① 개인정보처리자는 개인정보처리시스템에 접속한 자(다만, 정보주체는 제외한다)의 접속기록을 1년 이상 보관 · 관리하여야 한다. 다만, 다음 각 호의 어느 하나에 해당하는 경우에는 2년 이상 보관 · 관리하여야 한다.
  1. 5만 명 이상의 정보주체에 관한 개인정보를 처리하는 개인정보처리시스템에 해당하는 경우
  2. 고유식별정보 또는 민감정보를 처리하는 개인정보처리시스템에 해당하는 경우
  3. 개인정보처리자로서 「전기통신사업법」 제6조 제1항에 따라 등록을 하거나 같은 항 단서에 따라 신고한 기간통신사업자에 해당하는 경우

57 ①

개인정보처리자는 아래 이용자의 개인정보에 대해서는 안전한 암호 알고리즘으로 암호화하여 저장하여야 한다.

- 주민등록번호
- 여권번호
- 운전면허번호
- 외국인등록번호
- 신용카드번호
- 계좌번호
- 생체인식정보(지문, 정맥, 얼굴 등)

58 ④

영향평가를 받은 후 개인정보파일의 운용체계를 변경하는 경우 변경된 부분에 대해서는 영향평가를 실시해야 한다.

> **더 알아보기**

- 공공기관은 관련 법령에 따라 개인정보처리시스템 신규 개발 및 변경 시 분석 · 설계 단계에서 영향평가 기관을 통하여 영향평가를 수행하고 그 결과를 개발 및 변경 시 반영하여야 한다(개인정보 보호법 시행령 제35조 참고).
- 공공기관은 개인정보처리시스템 신규 개발 또는 변경을 위한 계획 수립 시 개인정보 영향평가 의무 대상 여부를 검토하여 의무 대상인 경우에 영향평가 계획을 수립하고 관련 예산을 확보해야 한다.
- 개인정보 영향평가 의무 대상
  - 5만 명 이상의 정보주체에 관한 민감정보 또는 고유식별정보의 처리가 수반되는 개인정보파일
  - 공공기관 내부 또는 외부에서 구축 · 운용하고 있는 다른 개인정보파일과 연계하려는 경우로서 연계 결과 50만 명 이상의 정보주체에 관한 개인정보가 포함되는 개인정보파일

- 100만 명 이상의 정보주체에 관한 개인정보파일
- 영향평가를 받은 후 개인정보파일의 운용체계를 변경하는 경우 변경된 부분에 대해서는 영향평가를 실시해야 한다.

59 ②

정보보호 공시제도는 기업이 정보보호 현황을 공개하여 이용자의 알 권리를 보장하고 기업의 정보보호 투자를 유도하기 위한 제도로, 정보보호산업의 진흥에 관한 법률 제13조에 근거하여 운영된다.

60 ①

정보보호 공시제도는 이용자의 안전한 인터넷 이용 및 정보보호 투자의 활성화를 위하여 정보보호 투자·인력·인증·활동 등 기업의 정보보호 현황을 일반에 공개하는 제도이다. 의무공시 위반 시 1천만 원 이하의 과태료가 부과된다.

61 ①

- ⓐ : 개인정보처리자는 개인정보의 처리 목적을 명확하게 하여야 하고 그 목적에 필요한 범위에서 최소한의 개인정보만을 <u>적법하고 정당</u>하게 수집하여야 한다.
- ⓑ : 개인정보처리자는 개인정보의 처리 목적에 필요한 범위에서 개인정보의 <u>정확성, 완전성 및 최신성</u>이 보장되도록 하여야 한다.

62 ①

- ⓐ : 겸직금지 대상 기업은 직전 사업년도 말 기준 자산총액이 5조 원 이상이거나 정보보호 관리체계 인증의무 대상자 중 직전 사업 연도 말 기준 자산총액이 5천 억 이상인 정보통신서비스 제공자를 의미한다.
- ⓑ : 겸직금지에 해당하는 대상기업은 이사(상법 제401조의2 제1항 제3호)에 따른 자 또는 같은 법 제408조의2에 따른 집행 임원 포함)로 직무상 독립하여 권한과 책임을 가진 자를 지정하여야 한다는 점을 고려하여 CEO 직속 또는 해당 부서의 장으로 정보보호 조직과 위임전결을 가지고 있는 임원급 이상으로 지정한다.
- ⓓ : 정보보호 최고책임자는 일반 자격요건을 충족하고 임원급으로 상근(날마다 일정한 시간에 출근하여 정해진 시간동안 근무하는 것) 정보보호 업무를 수행하는 경우에도 자격 요건을 충족하는 것으로 간주한다.
- ⓕ : 정보기술 업무를 수행 총괄하고 있는 CIO가 산하의 정보보호 업무를 포괄하여 정보기술 관련한 정보보호 관련 사항을 반드시 고려할 수 있도록 겸직을 수행할 수 없는 업무이다.

ⓒ 정보보호 공시에 관한 업무, 정보통신기반보호법에 따른 정보보호책임자 업무 모두가 겸직이 가능한 업무이다. 또한 전자금융거래법에 따른 정보보호 최고책임자 업무, 개인정보 보호법에 따른 개인정보 보호책임자(CPO) 업무와 그 밖에 이 법 또는 관계 법령상 업무로서 정보보호 최고책임자의 업무와 유사한 업무는 겸직이 가능하다.

63 ②

- ⓑ : 정책 및 지침 등은 정보보호 관련 부서만 아니라 전 임직원이 손쉽게 열람(게시판, 문서 등)할 수 있도록 제공해야 한다.
- ⓔ : 이해관계자의 검토가 반드시 필요하고 이의제기에 대하여 모든 사항을 반영할 수 없지만, 충분한 검토를 통해서 이의제기한 사항이 보안부서의 의견과 맞지 않는다고 모두 반영하지 않는 것은 현실성 없는 정책 및 지침이 될 수 있는 요소가 된다.

- ⓐ 정보보호 및 개인정보보호 정책서 제·개정 시에는 정보보호 위원회의 의결을 거치도록 하고 있으나 내부 문서규정에 따라서 정책서 검토 이후에 개정사항이 없는 경우에는 위원회 의결이 아닌 정보보호 최고책임자가 직접 결정할 수 있다는 내용에 따라서 위원회 승인을 받지 않는 경우에는 문제가 없다. 내부 문서규정에 따라서 위임전결 등의 사항으로 판단된다.
- ⓒ 조직의 정보보호 및 개인정보보호 활동의 근거를 포함하고 있는 것이므로 최고경영자의 의지 및 방향이 반드시 포함되어야만 하는 경우는 문제가 없다. 조직의 정보보호 및 개인정보보호를 위한 경영진의 참여와 의지 표명이 반드시 필요하다.
- ⓓ 법령 및 규제, 상위 조직 및 관련기관의 정책과의 연계성, 조직의 대내외 환경변화 등을 반영할 수 있도록 위험평가 및 새로운 위협에 대한 사항은 반드시 정책과 지침 등에 반영을 해야 하는 경우에는 문제가 없다. 정책과 지침은 새로운 변화에 대하여 항상 검토하고 필요한 경우 반영이 필요하다.

64 ④

- ⓖ : 개인정보보호 조직은 정보보호와 업무 연관성이 높아 동일한 조직 내에서 업무를 수행할 수 있다. 정보보호 최고책임자(CISO)와 개인정보보호책임자(CPO)는 원칙적으로 겸직이 가능하며, 많은 조직이 이를 통합하여 운영하고 있다. 다만, 관련 법령에 따라 일정 규모 이상의 기업인 경우 정보보호 최고책임자(CISO)는 정보기술(IT) 업무를 담당하는 부서의 장(CIO 등)과의 겸직이 금지된다.
- ⓗ : 정보보호 점검팀은 전문성, 독립성을 고려하여 정보보호 부서 이외의 관련 부서와 같이 진행하여야 한다.

65 ③

ⓐ~ⓔ에 순서대로 들어갈 내용은 개인정보흐름표 작성, 개인정보흐름도 작성, 개인정보침해요인 도출, 개인정보위험도 작성, 개선사항 도출이다.

66 ③

- ⓐ : 업무 변경에 대해서는 보안팀에서 직접 확인하기 어렵고 해당 조직장 또는 본인이 관련 권한이 불필요하다고 판단하면 반납 또는 삭제해야 하지만, 운영의 어려움이 있어서 통상 1~3개월 정도 해당 권한을 사용하지 않을 경우에는 일시 잠금을 하거나 삭제하는 것이 바람직하다.
- ⓑ : 접속기록은 기록을 수정할 수 없도록 조치가 필요하여 DVD-RW 매체보다는 재사용되지 않은 미디어를 사용하는 것이 바람직하다.

67 ①

표의 이용항목 칸을 보면 본인 인증을 위해 (필수)성명, 생년월일, 성별 등의 정보가 함께 사용되는 것으로 기록되어 있다. 즉, 이메일이나 휴대전화번호만으로 인증하는 것이 아니라, 이름과 생년월일 등을 입력한 뒤 이메일, 휴대전화로 2차 인증을 하는 구조이다.

68 ①

- ⓐ : 수학공식 접근법은 과거의 통계 자료를 바탕으로 산출하기 때문에, 정확한 과거 자료(데이터)가 확보되어야만 의미 있는 결과를 낼 수 있다. 데이터가 부족할 때 사용하는 방법은 오히려 정성적 방법론에 가깝다.
- ⓒ : 전문가 집단을 구성하여 토론을 통해 분석하는 방법은 순위결정법이 아니라 델파이법(Delphi Method) 또는 브레인스토밍에 가깝다. 순위 결정법은 각각의 위협을 상호 비교하여 최종 위협요인의 우선순위를 도출하는 방법이다.

69 ③

ⓔ, ⓖ, ⓘ, ⓜ, ⓝ는 개인정보보호 법적 준거성이 반드시 필요한 사항이므로, 위험수용을 사용하는 방법은 적절하지 않은 위험처리 전략이다.

70 ④

- 단일예상손실(SLE) = 자산가치 × 노출계수
  = 5천만 원 × 50% = 2천 5백만 원
- 연간예상손실 (ALE) = 단일예상손실 × 연간발생률
  = 2천 5백만 원 × 200% = 5천만 원

71 ①

ⓐ ~ ⓓ에 들어갈 내용은 순서대로 정기적인 타당성 검토, 중대한 변화, 이해 관계자, 이력 관리이다.

72 ②

ⓐ~ⓓ에 들어갈 내용은 순서대로 경영진, 연 1회 이상, 임직원 채용 및 외부자 신규 계약 시, 직무별 전문성 제고이다.

73 ②

퍼블릭 클라우드 서비스는 책임 공유 모델(Shared Responsibility Model)을 따른다. 이용자(고객)는 클라우드 서비스 제공자(CSP)가 관리하는 물리적인 네트워크 장비나 인프라에 직접 접근할 권한이 없다. 따라서 이용자 관점에서는 물리적 장비의 환경설정을 점검하는 것이 불가능하며, 대신 이용자가 설정 가능한 가상 네트워크(VPC/VNet), 서브넷 설정, 라우팅 테이블 등 논리적인 아키텍처에 대한 점검을 수행해야 한다.

74 ④

방화벽 정책 중 추가 검토가 필요한 정책에 대해 식별이 불가능하다. 식별을 위해서는 특정 IP 주소나 포트 번호를 기반으로 트래픽을 허용(Allow/Permit)할지 거부(Deny/Drop)할지 결정하는 정책 테이블 정보가 추가로 필요하다.

75 ①

ⓐ~ⓔ에 들어갈 내용은 순서대로 제공받는 자, 개인정보이용 목적, 개인정보의 항목, 개인정보 보유 및 이용기간, 동의를 거부할 권리가 있다는 사실이다.

76 ①

ⓐ~ⓓ에 들어갈 내용은 순서대로 자산(Assets), 위협(Threats), 취약성(Vulnerability), 보호대책(Safeguard)이다.

77 ④

ⓐ~ⓔ에 들어갈 내용은 순서대로 고유한 사용자 계정, 승인 절차, 지체 없이, 제거하거나 추측하기 어려운, 등록 · 변경 · 삭제 · 해지이다.

78 ①

ⓐ~ⓓ에 들어갈 내용은 순서대로 1천 명 이상 개인정보 유출, 72시간 이내, 유출 등이 된 개인정보항목, 개인정보보호위원회이다.

79 ②

망분리는 개인정보를 다운로드, 파기하거나 접근권한을 설정할 수 있는 개인정보취급자에게 적용된다. 단순 열람만 하거나 권한이 제한된 직원은 법적 망분리 의무 대상에서 제외될 수 있으므로, B사의 조치는 법규를 준수하는 사례라고 할 수 있다.

오답 피하기

① 클라우드 컴퓨팅 서비스를 이용하더라도 법령에서 정한 기준(이용자 수 100만 명 이상 등)에 해당하면 망분리 의무가 면제되지 않는다. 클라우드 환경 내에서도 관리용 단말기 등에 대해 적절한 망분리 조치를 취해야 한다.
③ 망분리 의무 대상 기업이라면 개인정보를 다운로드하는 행위 자체가 발생할 때 수량과 관계 없이 해당 취급자의 컴퓨터는 망분리가 되어있어야 한다. 10건 이하라고 해서 예외를 두는 규정은 법령에 존재하지 않는다.
④ 망분리 의무 기준인 '이용자 수'를 산정할 때는 온라인으로 수집한 정보뿐만 아니라, 정보통신서비스 제공자가 보유하고 있는 전체 이용자 수를 기준으로 한다. 따라서 오프라인으로 수집했더라도 100만 명 이상의 개인정보를 저장 · 관리하고 있다면 망분리 의무 대상에 해당한다.

80 ③

- ⓒ : 비밀번호는 추측하기 어렵도록 복잡한 조합(대 · 소문자, 숫자, 특수문자 포함)을 사용해야 하며, 단순한 숫자나 사전 단어 조합은 보안상 취약하다.
- ⓓ : 비밀번호 입력 시 화면에 그대로 표시되는 것은 보안에 매우 취약하므로, 반드시 마스킹(Masking) 처리를 적용해야 한다.

01 ④	02 ④	03 ②	04 ④	05 ④
06 ③	07 ②	08 ①	09 ③	10 ④
11 ④	12 ②	13 ④	14 ③	15 ③
16 ③	17 ③	18 ②	19 ④	20 ④
21 ②	22 ③	23 ②	24 ①	25 ③
26 ②	27 ④	28 ②	29 ④	30 ③
31 ①	32 ①	33 ③	34 ③	35 ③
36 ②	37 ③	38 ②	39 ③	40 ④
41 ②	42 ④	43 ②	44 ②	45 ②
46 ①	47 ④	48 ②	49 ③	50 ①
51 ④	52 ①	53 ③	54 ④	55 ④
56 ①	57 ④	58 ④	59 ②	60 ④
61 ③	62 ②	63 ②	64 ④	65 ④
66 ②	67 ①	68 ②	69 ①	70 ①
71 ④	72 ④	73 ①	74 ④	75 ④
76 ②	77 ④	78 ④	79 ③	80 ②

01　④

「개인정보 보호법」 제30조에 따르면, 개인정보처리자는 개인정보의 처리 목적, 보유 기간, 제3자 제공, 위탁, 정보주체의 권리와 행사 방법 등을 포함한 개인정보 처리방침을 수립하여야 한다.

02　④

주요정보통신기반시설 보호에 관한 법률에 따라 주요정보통신기반시설 운영자는 매년 시설의 취약점을 분석하고 평가해야 한다.

03　②

정보통신기반 보호법 제9조(취약점 분석 · 평가) 및 동법 시행령에 따라, 관리기관의 장이 직접 전담반을 구성하지 않고 외부 전문기관에 위탁하여 취약점 분석 · 평가를 수행할 수 있는 대상 기관은 한국인터넷진흥원(KISA), 정보공유 · 분석센터(ISAC), 정보보호 전문서비스 기업, 한국전자통신연구원(ETRI)이다.

04　④

정보자산의 가치평가는 정보자산의 기밀성, 무결성, 가용성의 중요성을 평가하는 것을 의미한다. 부인방지는 정보자산에 대한 접근이나 사용을 부인하는 것을 방지하는 것으로, 정보자산의 가치와는 직접적인 관련이 없다.

05　④

정보보호 공시제도를 통해 공시해야 하는 항목에는 '정보보호 위반 관련 행정처분 내역'이 포함되지 않는다. 「정보보호산업의 진흥에 관한 법률」 시행령 제18조에 따른 공시 대상 현황은 다음과 같다.
- 정보보호 투자 현황(정보보호 부문 지출액 등)
- 정보보호 인력 현황(전담 인력 수 등)
- 정보보호 관련 인증 · 평가 · 점검 현황(ISMS 인증, 개인정보 보호수준 진단 등)
- 그 밖에 정보보호 수준을 확인할 수 있는 활동 현황(교육, 보안점검 등)

06　③

정보통신망 이용촉진 및 정보보호 등에 관한 법률 제44조(불법정보의 유통 금지 등)에 따르면, 다음을 포함한 내용 중 어느 하나에 해당하는 정보는 정보통신망에 유통되어서는 아니 된다.
- 음란한 부호 · 문언 · 음향 · 화상 또는 영상을 배포 · 판매 · 임대하거나 공공연하게 전시하는 내용의 정보
- 법령에 따라 금지되는 사행 행위에 해당하는 내용의 정보
- 공포심이나 불안감을 유발하는 부호 · 문언 · 음향 · 화상 또는 영상을 반복적으로 상대방에게 도달하도록 하는 내용의 정보

07　②

- 개인정보의 성격(민감정보 또는 고유식별정보의 포함 여부 등)
- 개인정보 보호법 제3조(개인정보 보호 원칙)에 따르면 개인정보 보호 원칙은 다음과 같다.
  - 수집제한의 원칙 : 개인정보는 법령에 따른 근거가 있거나, 정보주체의 동의가 있거나, 다른 법률에 특별한 규정이 있는 경우를 제외하고는 수집할 수 없다.
  - 정보내용의 정확성의 원칙 : 개인정보는 정확하고 최신의 상태로 유지되어야 한다.
  - 수집목적의 명확화의 원칙 : 개인정보는 수집 목적을 명확하게 밝혀야 하며, 그 목적에 필요한 범위에서만 처리되어야 한다.
  - 이용제한의 원칙 : 개인정보는 수집 목적 외의 용도로 활용하여서는 아니 된다.
  - 안전확보의 원칙 : 개인정보는 안전하게 관리되어야 한다.
  - 공개의 원칙 : 개인정보의 처리에 관한 사항은 공개되어야 한다.
  - 개인참가의 원칙 : 정보주체는 개인정보의 처리에 관한 권리를 가진다.
  - 책임의 원칙 : 개인정보처리자는 개인정보의 처리와 관련하여 책임을 진다.

08　①

정보통신망 이용촉진 및 정보보호 등에 관한 법률 제50조에 따르면, 영리 목적의 광고성 정보를 전송하려면 수신자의 명시적인 동의를 받아야 한다. 앱 푸시 일람 ON/OFF 기능은 앱 이용에 대한 동의이며, 광고성 정보 수신 동의로 간주되지 않는다. 따라서 앱 푸시 알람을 승인했다고 해서 광고성 정보를 전송하는 것은 법에 위배된다.

09　③

개인정보파일의 목록을 구체적으로 작성하고 현행화는 업무는 실무 부서의 개인정보 취급자 또는 개인정보보호 담당자가 수행하는 실무적 성격을 띤다. CPO는 이러한 업무가 잘 이루어지도록 관리 · 감독하는 역할일 뿐 직접 파일을 작성하는 주체로 보기는 어렵다.

> **더 알아보기**
>
> **개인정보 보호책임자의 책임 및 역할**
> - 개인정보 보호에 관한 사항 총괄 책임
> - 개인정보 보호 관련 법령 및 지침의 준수 여부 확인 및 조치
> - 개인정보 처리와 관련한 불만의 처리 및 피해 구제
> - 개인정보 유출 및 오용 · 남용 방지를 위한 내부통제시스템 구축 및 운영
> - 개인정보 처리 실태 및 관행의 정기적인 조사 및 개선

10　④

개인정보 보호법 제26조 제7항에 따르면, 수탁자가 업무 수행 중 법을 위반하여 손해배상책임이 발생한 경우 "수탁자를 개인정보처리자(위탁자)의 소속 직원으로 본다"고 명시하고 있다. 이는 정보주체의 피해 구제를 용이하게 하기 위해 위탁자에게 사용자 책임을 부여하는 규정이다. 따라서 수탁자를 독립된 사업자로 보아 위탁자가 책임을 면한다는 설명은 법령과 정면으로 배치된다.

11 ④

정보통신기반 보호법 제16조에 따르면 금융·통신 등 분야별 정보통신기반 시설을 보호하기 위하여 취약점 및 침해요인과 그 대응방안에 관한 정보 제공 및 침해사고가 발생하는 경우 실시간 경보·분석체계 운영업무를 수행하고자 하는 자는 정보공유·분석센터를 구축·운영할 수 있다. 사이버안전센터는 주로 공공기관이나 국가 차원의 통합 보안 관제를 위해 운영하는 조직이다.

12 ②

개인정보처리시스템 기획 단계에서 개인정보보호를 위해 검토하고 확인하여야 할 기본원칙
- 개인정보보호 관련 법령 및 지침 등 관련 규정의 세부적 검토
- 개인정보 수집 최소화를 위한 개인정보 처리 목적 명확화
- 개인정보 목적 달성 시 파기 방법 사전 결정
- 주민등록번호 이외 추가 인증수단을 통한 회원가입 방법 제공
- 개인정보처리시스템에 대한 접근권한 등 기본적인 보안대책 마련
- 개인정보 전송 및 저장 시 적용할 암호화 알고리즘 방식 결정
- 개인정보처리시스템과 관련된 개인정보 처리(취급)방침을 수립
- 공공기관 개인정보처리시스템과 관련하여서는 개인정보 영향평가 고려
- 개발단계에서 적용해야 할 시큐어 코딩에 대한 기준 정의

13 ④

개인정보처리자/신용정보업자 적용 보호대책
- 유출된 개인정보의 항목
- 유출된 시점과 그 경위
- 유출로 인한 피해를 최소화하기 위해 정보주체가 할 수 있는 방법
- 개인정보처리자의 대응조치 및 피해 구제절차
- 피해 접수 등을 할 수 있는 담당 부서 및 연락처

14 ③

IT 시스템의 성능 최적화 및 유지보수와 같은 '정보기술(IT) 운영' 업무는 최고정보책임자(CIO)의 역할이다. CISO는 보안 관점에서 이를 감시하고 통제하는 역할을 수행해야 한다. 특히 겸직금지 대상 기업의 경우, 운영(CIO)과 보안(CISO)의 직무분리 원칙에 따라 CISO가 IT 운영 업무를 직접 결정하거나 집행해서는 안 된다.

15 ③

관련 법령에 따르면 접근권한이 필요한 이유, 항목, 동의 거부권에 대해서는 명확히 고지해야 하지만, 접근권한이 필요한 기간은 필수 고지 사항에 포함되어 있지 않다.

16 ③

개인정보 영향평가는 개인정보파일의 운용으로 인하여 정보주체의 권리가 침해될 수 있는 위험을 사전에 파악하고, 그 위험을 최소화하기 위한 조치를 마련하기 위한 활동이다. 개인정보 보호법 제33조 제2항에 따르면 개인정보 영향평가 시 고려할 사항은 다음과 같다.
- 처리하는 개인정보의 수
- 개인정보의 성격(민감정보 또는 고유식별정보의 포함 여부 등)
- 정보주체의 권리를 해할 가능성 및 그 위험 정도

17 ③

개인정보 보호법 제4조(정보주체의 권리)에 따르면, 정보주체는 개인정보처리와 관련하여 다음을 포함한 권리를 가진다.
- 개인정보의 처리에 관한 동의 여부, 동의 범위 등을 선택하고 결정할 권리
- 개인정보의 처리 정지, 정정 삭제 및 파기를 요구할 권리
- 개인정보의 처리로 인하여 발생한 피해를 신속하고 공정한 절차에 따라 구제받을 권리

18 ②

침해사고 발생 대응 방법론의 일반적인 수행과정은 '사고 전 준비 → 사고 탐지 → 초기대응 → 대응전략 체계화 → 사고조사 → 보고서 작성' 순으로 진행된다.

19 ④

베이스라인 접근법은 모든 시스템에 대해 최소한으로 지켜야 할 일련의 표준 보안 통제 항목(Baseline)을 설정해 두고, 이를 준수하고 있는지 확인하는 방식이다. 시간과 비용이 적게 들지만 조직 특유의 위험을 세밀하게 파악하기 어렵다는 단점이 있다.

20 ④

개인정보 보호법 제15조(개인정보의 수집·이용) 제3항에 따르면, 개인정보 처리자는 정보주체의 동의 없이 수집 목적과 합리적으로 관련된 범위 내에서 개인정보를 추가로 이용하거나 제공할 수 있다. 이때 합리성을 판단하는 기준은 다음과 같다.
- 당초 수집 목적과 관련성이 있는지 여부
- 정보주체의 이익을 침해하는지 여부
- 개인정보의 추가적인 이용 또는 제공에 대한 예측 가능성이 있는지 여부
- 가명처리 또는 암호화 등 안전성 확보에 필요한 조치를 하였는지 여부

21 ②

복합 접근방법(Combined Approach)은 고위험(High Risk) 영역을 식별하여 상세 위험분석을 수행하고, 그 외의 다른 영역은 베이스라인 접근법을 사용하는 방식이다. 이 방식은 비용과 자원을 효과적으로 사용할 수 있으며, 고위험 영역을 빠르게 식별하고 적절하게 처리할 수 있다는 장점이 있어 많이 사용된다. 그러나 고위험 영역을 잘못 식별하였을 경우 위험분석 비용이 낭비되거나 부적절하게 대응될 수 있다.

22 ③

위험 시나리오는 발생 가능한 위협을 예측하고 대응 방안을 수립하는 과정이다. 이때 모든 위협을 완벽하게 예방하는 것은 현실적으로 불가능하며, 주요 위협에 대한 대응 전략을 수립하는 것이 목표이다.

23 ②

정량적 분석(Quantitative Analysis)은 ALE(연간 예상 손실액) 등을 이용해 위험을 수치화하는 방법이지만, 손실 금액이나 발생 확률을 정확하게 측정하는 것이 어렵다는 한계가 있다.

24 ①

정보자산의 보안등급은 기밀성, 무결성, 가용성 요건을 기반으로 결정된다. 사용 빈도나 유지보수 비용보다는 해당 자산이 보호되어야 할 필요성이 더 중요한 요소로서 작용한다.

25 ③

잔존 위험은 보안 대책을 적용한 후에도 남아 있는 위험을 의미한다. 이를 최소화하기 위해서는 추가적인 보호대책을 적용하여 위험을 더욱 감소시키는 전략이 필요하다.

26 ②

ALE(Annualized Loss Expectancy)는 단일 손실 예상액(SLE)과 연간 발생 빈도(ARO)를 곱하여 계산한다.

27 ②

위험 전가는 위험을 보험사나 외부 업체 등으로 이전하는 전략으로, 대표적인 예는 사이버 보험 가입이다.

오답 피하기

① 관리적 · 기술적 · 물리적 보호 대책(Control)을 적용하여 위험이 발생할 가능성(Likelihood)이나 사고 시 영향도(Impact)를 낮추는 전략
③ 보험 가입이나 업무 위탁 등을 통해 위험에 따른 손실 책임을 제3자에게 넘기는 전략
④ 잔여 위험이 조직의 수용 가능 위험 수준(DoA) 이하이거나, 대응 비용이 기대 이익보다 클 때 추가 조치 없이 현재의 위험을 받아들이는 전략

28 ②

위험 회피는 위험이 높은 서비스를 제거하거나 운영을 중단하는 전략이다. 따라서 보안 취약점이 많은 서비스를 운영하지 않기로 결정하는 것은 위험 회피에 해당하는 사례이다.

29 ④

경영진은 위험이 조직에 미치는 영향과 대응 방안을 이해하는 것이 중요하므로, 위험의 심각성과 영향도를 중심으로 보고서를 작성해야 한다.

30 ③

위험관리는 '정보자산 식별 → 위험 분석 및 평가 → 위험 대응 전략 수립 → 보안 대책 실행 → 지속적 모니터링' 순서로 진행된다.

31 ①

위험관리는 '정보자산 식별 → 위험 분석 및 평가 → 위험 대응 전략 수립 → 보안 대책 실행 → 지속적 모니터링' 순서로 진행된다.

32 ①

위험(Risk)은 원하지 않는 사건이 발생하여 조직의 자산이나 운영에 부정적인 영향을 미칠 가능성을 의미한다.

33 ③

정성적 위험평가는 위험을 수치화하지 않고 전문가의 주관적 판단을 바탕으로 등급을 매기는 방식이며, 정량적 위험평가는 위험을 금액으로 계산한다.

34 ③

위험 감소는 위험을 완전히 제거하지는 않지만, 보안 대책을 통해 위험을 낮추는 방법이다. 따라서 방화벽 및 침입 탐지 시스템을 도입하여 보안 강화를 수행하는 것은 위험 감소 전략에 해당한다.

35 ③

정보보호 위험평가 시 법적 요구사항(개인정보 보호법, 정보통신망법 등)을 고려해야 하지만, 직원의 개인 신용점수는 고려대상이 아니다.

36 ②

자산 중요도는 기밀성, 무결성, 가용성을 종합적으로 고려하여 산정해야 하며, 특정 항목만으로 결정하는 것은 부적절하다.

37 ③

위험평가는 최소 연 1회 이상 수행될 수 있도록 일정을 수립해야 한다.

더 알아보기

위험관리계획

위험관리 방법 및 절차를 구체화한 위험관리계획을 수립하여야 한다.

- 수행인력 : 위험관리 전문가, 정보보호 · 개인정보보호 전문가, 법률 전문가, IT 실무 책임자, 현업부서, 실무 책임자, 외부 전문컨설턴트 등이 참여한다(이해관계자의 참여 필요).
- 기간 : 최소 연 1회 이상 수행될 수 있도록 일정을 수립한다.
- 대상 : 인증 범위 내 모든 서비스 및 자산(정보자산, 개인정보, 시스템, 물리적 시설 등)을 포함한다.
- 방법 : 조직의 특성을 반영한 위험평가 방법론를 정의한다.
- 예산 : 위험식별 및 평가시행을 위한 예산계획을 매년 수립하고, 정보보호최고책임자 등 경영진의 승인이 필요하다.

38 ②

베이스라인 접근법은 법적 요구사항, 표준 가이드라인(ISMS-P, NIST 등)에 따라 최소 보호 수준을 정의하고 적용하는 방식이다.

39 ③

ALE는 어떤 위협이 한 번 발생했을 때 예상되는 손실을 나타내는 SLE(Single LossExpectancy, 1회 손실 예상액)와 일 년 동안의 발생 횟수를 나타내는 ARO(Annualized Rate of Occurence, 연간 발생 빈도)의 곱으로 구해진다. 즉, 'ALE = SLE × ARO'이다. 중요한 자료를 가지고 있는 IDC에서 자료가 유출되는 경우, 실제로 발생하는 손실이 약 6억 원 정도라도 평가되었다고 할 때 SLE은 6억 원이다. 이러한 위협이 실제 발생하는 횟수는 10년에 한 번 정도라고 판단한다면 ARO는 0.10I다. 따라서 이 위협의 ALE는 6 × 0.1로서 6천만 원이 된다.

∴ 6억 원(1회 손실 예상액) × 0.1(연간 발생 빈도(10년에 1회)) = 6천만 원

40 ④

ISMS-P 인증기준에 대한 결함사례 중 ⓐ은 '1.2.1 정보자산 식별'이고, ⓑ은 '1.1.5 정책 수립'이다.

41 ②

인증의 방법

- 당신이 알고 있는 것(Something You Know) : 비밀번호, PIN, 일회용 비밀번호(OTP) 등을 이용한 인증 방법이다.
- 당신이 가지고 있는 것(Something You Have) : 스마트 카드, 지문 인식기, 홍채 인식기 등을 이용한 인증 방법
- 당신 모습 자체(Something You Are) : 얼굴 인식, 음성 인식 등을 이용한 인증 방법

42 ④

3번 규칙에서 TCP 53만 허용한 것은 DNS 질의의 실제 동작을 제한할 수 있다. 일반적으로 DNS 서비스는 속도가 빠른 UDP 53번 포트를 기본으로 사용하지만, 존 전송(Zone Transfer)이나 응답 메시지가 512바이트(Byte)를 초과할 때는 TCP 53번 포트를 사용한다. 따라서 3번 규칙은 TCP를 허용하고 있으므로, 메시지가 512바이트보다 클 경우에도 문제없이 허용된다.

43 ②

통계적 접근법은 과거의 데이터를 수집하여 정상적인 상태의 기준을 정립한다. 사용자나 시스템의 개별적인 행위(로그인 시간, 파일 접근 빈도, CPU 사용량 등)를 관찰하여 통계적인 프로파일(Profile)을 만들고, 생성된 프로파일의 평균이나 표준편차에서 크게 벗어나는 수치가 관찰되면 이를 침입이나 이상 징후로 판단한다.

오답 피하기

① 기존의 정상적인 패턴과 현재 사건 간 상호작용을 분석한 후 패턴 범위를 벗어났을 경우 비정상적인 행위로 판단
③ 비정상적인 행위 측정방법들의 결합
④ 특정 침입패턴을 추출하는 방법

44 ②

SET는 신용카드 결제용 보안 프로토콜이다. 신용카드 번호는 은행(지불 게이트웨이)만 볼 수 있고, 주문 내용은 상점만 볼 수 있도록 하여 상점에 의한 카드 정보 유출이나 사기 가능성을 원천 차단한다. 이용자-상점-은행 간의 거래를 암호화하여 보호하며, 전자 서명 기능을 통해 거래 당사자가 나중에 거래 사실을 부인하는 것을 방지한다.

45 ②

SSO는 사용자가 한 곳에서 인증을 받으면, 그 인증 정보를 공유하는 다른 모든 시스템은 추가 로그인 없이 접근을 허용하는 보안솔루션이다. 여러 개의 아이디와 비밀번호를 외울 필요가 없어 보안 취약 행위를 줄여주지만, 반대로 SSO 계정 자체가 털리면 연결된 모든 서비스가 위험해진다는 단점을 가지고 있다.

46 ①

㉠ 확률 분포법은 모든 사건이 예상대로 일어나지 않을 수 있다는 점을 기반으로, 특정 조건에서 위험 발생 가능성과 그 결과를 추정하는 방식이다.
㉡ 순위결정법은 다양한 위협 요소를 서로 비교하여 최종적으로 중요한 위험 요인의 우선순위를 결정하는 방식이다.

47 ④

개인정보 보호법 제28조(개인정보취급자에 대한 감독)에 따르면 개인정보처리자는 개인정보를 처리함에 있어서 개인정보가 안전하게 관리될 수 있도록 임직원, 파견근로자, 시간제근로자 등 개인정보처리자의 지휘·감독을 받아 개인정보를 처리하는 자의 범위를 최소한으로 제한하고, 개인정보취급자에 대하여 적절한 관리·감독을 하여야 한다.

48 ②

정보통신기반 보호법 제6조 제3항에 따르면, 주요 정보통신기반보호계획에는 다음 사항이 포함되어야 한다.
• 주요정보통신기반시설의 취약점 분석·평가에 관한 사항
• 주요정보통신기반시설 및 관리 정보의 침해사고에 대한 예방, 백업, 복구 대책에 관한 사항
• 그 밖에 주요정보통신기반시설의 보호에 관하여 필요한 사항

49 ③

개인정보 보호법 제31조의2(국내대리인의 지정)에 따르면, 국내대리인의 필수 공개 정보는 아래와 같다.
• 국내대리인의 성명(법인의 경우에는 그 명칭 및 대표자의 성명)
• 국내대리인의 주소(법인의 경우에는 영업소 소재지), 전화번호 및 전자우편 주소

50 ①

• ⓐ : 전자문서란 컴퓨터 등 정보처리능력을 가진 장치에 의하여 전자적인 형태로 작성되어 송수신되거나 저장된 문서형식의 자료로서 표준화된 것을 말한다.
• ⓑ : 개인정보란 생존한 개인에 관한 정보이다.

51 ④

위험분석은 자산의 취약성을 식별하고 존재하는 위험을 분석하여 발생가능성 및 위협이 미칠 수 있는 영향을 파악하여 보안위협의 내용과 정도를 결정하는 과정이다. 이때 위험은 잠재적 위협이 현실화되어 나타날 손실액과, 손실액이 발생할 확률의 곱으로 표현되는 잠재적 손실이다.

52 ①

기준선 접근법은 조직의 정보보안 수준을 결정할 때, 모든 정보시스템에 대해 표준화된 보안 대책(Baseline)의 집합을 설정하고 이를 일괄적으로 적용하는 위험 분석 방법이다. 표준화된 체크리스트를 기반으로 하기에 빠르고 경제적이지만, 조직의 특수한 환경을 반영하지 못해 특정 자산에는 너무 과한 대책이, 다른 자산에는 부족한 대책이 적용될 위험이 있다.

53 ③

정보보호관리체계는 조직의 정보자산을 보호하기 위한 체계이다. 따라서 정보보호관리체계 구축 시에는 조직의 모든 구성원이 참여하고 협력해야 한다. 직원들이 문제점을 발견하면 즉시 보고하는 것은 정보보호관리체계의 효과적인 운영을 위해 필요한 일이다.

54 ④

내부관리계획에 포함되어야 하는 사항은 아래와 같다. 이때 개인정보가 1만 명 미만인 개인, 소상공인, 단체의 경우 내부관리계획을 하지 아니할 수 있고, 100만 명 미만인 경우 12~14번 항목을 포함하지 않을 수 있다.
1. 개인정보 보호책임자의 지정에 관한 사항
2. 개인정보 보호책임자 및 개인정보취급자의 역할 및 책임에 관한 사항
3. 개인정보취급자에 대한 교육에 관한 사항
4. 접근 권한의 관리에 관한 사항
5. 접근 통제에 관한 사항
6. 개인정보의 암호화 조치에 관한 사항
7. 접속기록 보관 및 점검에 관한 사항
8. 악성 프로그램 등 방지에 관한 사항
9. 물리적 안전조치에 관한 사항
10. 개인정보 보호조직에 관한 구성 및 운영에 관한 사항
11. 개인정보 유출사고 대응 계획 수립·시행에 관한 사항
12. 위험도 분석 및 대응방안 마련에 관한 사항
13. 재해 및 재난 대비 개인정보처리시스템의 물리적 안전조치에 관한 사항
14. 개인정보 처리업무를 위탁하는 경우 수탁자에 대한 관리 및 감독에 관한 사항
15. 그 밖에 개인정보 보호를 위하여 필요한 사항

55 ④

적합성은 정보보호의 필수 3대 요소나 주요 보안 서비스에 해당하지 않는다. 정보보호의 목적은 정보의 안전한 관리이지, 정보가 목적에 적합한지를 따지는 품질 관리와는 거리가 있다.

56 ①

비용은 위험분석의 결과로 도출되는 요소이다. 위험분석을 통해 위험을 식별하고, 위험의 영향을 평가하면, 그에 따른 비용을 산정할 수 있다. 따라서 비용은 위험분석의 구성요소가 아니라 위험분석의 결과로 도출되는 요소이다.

57 ④

관리적 예방대책은 정보보호 정책, 절차, 교육, 인력 등과 같은 관리적 수단을 통해 정보보호를 수행하는 것이다. 기술적 예방대책은 암호화, 접근 통제, 침입 탐지 및 방지 시스템 등과 같은 기술적 수단을 통해 정보보호를 수행하는 것이다.

58 ④

사고 발생 시 관제센터나 책임자에게 영상을 전송하여 상황을 파악하고 대처하는 것은 영상정보처리기기의 정당한 설치 목적에 부합하는 기능이다.

① 카메라의 줌(Zoom) 기능이나 팬/틸트(Pan/Tilt) 기능을 사용하는 것은 법령에서 금지하는 '임의 조작'에 해당할 가능성이 매우 높다.
② 설치 당시 설정된 화각(비추는 방향)을 벗어나 임의로 카메라를 회전시켜 다른 곳을 비추는 행위는 명백한 법 위반이다.
③ 사고 내용을 확인하기 위한 음성 녹음은 법에서 가장 엄격하게 금지하는 사항이다.

59 ②

개인정보 보호법 제34조(개인정보 유출 등의 통지 · 신고)에 따르면 개인정보처리자는 다음 중 어느 하나에 해당하는 경우 개인정보가 유출 등이 되었음을 알게 되었을 때에는 72시간 이내에 법 제34조 제1항 각 호의 사항을 서면 등의 방법으로 보호위원회 또는 한국인터넷진흥원에 신고해야 한다.
• 1천 명 이상의 정보주체에 관한 개인정보가 유출 등이 된 경우
• 민감정보 또는 고유식별정보가 유출 등이 된 경우

구분	개인정보 보호법 제34조 (개인정보 유출 등의 통지 · 신고	신용정보법 제39조의4 (개인정보신용정보 누설통지 등)
법률 간의 관계	일반법	특별법
적용 대상	개인정보처리자	신용정보회사 등에서 상거래기업 및 법인에 한정
의무 사항	통지 및 신고	
벌칙 규정	3천만 원 이하의 과태료	
통지(유출통지) 규모	1명 이상	
통지(유출통지) 시점	72시간 이내	
통지 방법	홈페이지, 서면 등의 방법으로 개별 통지	
통지(유출통지) 항목	유출 등이 된 개인정보 항목, 유출 등이 된 시점과 그 경위, 유출 등으로 인하여 발생할 수 있는 피해를 최소화하기 위하여 정보주체가 취할 수 있는 방법 등에 관한 정보, 개인정보처리자가 대응조치 및 피해 구제 절차, 피해 신고 · 상담 부서 및 연락처 등	
신고(유출신고) 규모	1. 개인정보 1천 명 이상 2. 민감정보, 고유식별정보 유출 3. 영유아보육법 특별법 적용에 의해 개인정보 유출 등	1만 명 이상
신고(유출신고) 시점	72시간 이내	
신고 기관	개인정보보호위원회 또는 한국인터넷진흥원(KISA)	

60 ④

침해사고 통지는 이용자가 신속하게 대응하여 피해를 최소화하는 것이 목적이므로 사고가 발생한 사실을 안 때 지체 없이 알려야지, 모든 원인 분석이 끝날 때까지 기다렸다가 알려서는 안 된다.

61 ③

ⓐ~ⓓ에 들어갈 내용은 순서대로 '처리목적, 최소한의, 72, 수집목적 및 동의철회'이다.

62 ②

정보통신망법 제45조의3 및 시행령에 따라 겸직금지 대상 기업의 CISO는 반드시 '임원급'이어야 한다. 여기서 임원이란 등기이사 또는 그에 준하는 지위를 의미하며, 팀장급 인력을 지정하는 것은 법적 직위 요건을 충족하지 못한 것으로 간주된다.

63 ②

• ㉠ : 어떤 사건도 예상한 대로 발생하지 않는다는 사실에 근거하여 일정 조건하에서 위험에 대한 발생 가능한 결과들을 추정하는 방법은 시나리오법이다.
• ㉡ : 시스템에 관한 전문적인 지식을 가진 전문가의 집단을 구성하고 위험을 분석 및 평가하여 정보시스템이 직면한 다양한 위협과 취약성을 토론을 통해 분석하는 방법은 델파이법이다.

64 ③

가명정보 및 가명정보를 원래의 상태로 복원하기 위한 추가 정보에 대한 안전성 확보 조치는 추가 정보의 분리 보관, 추가 정보의 접근 통제, 추가 정보의 유출 방지를 위한 조치를 포함하여야 한다. 따라서 가명정보 및 가명정보를 원래의 상태로 복원하기 위한 추가 정보에 대한 안전성 확보 조치는 개인정보처리자가 임의로 처리할 수 있는 것이 아니라, 법령에서 규정한 요건을 준수하여야 한다.

65 ④

「위치정보보호를 위한 관리적 · 기술적 보호조치 권고」에 따르면 개인위치정보란 개인 또는 개인이 소유 또는 사용하는 이동성 있는 물건의 위치정보를 의미한다. 따라서 법인이나 단체 등의 위치정보는 개인위치정보에 해당하지 않는다.

66 ②

개인정보처리시스템이란 데이터베이스시스템에 직접 접속하는 단말기만을 의미하는 것이 아니라, 개인정보를 처리하기 위한 체계적인 정보시스템을 말한다.

67 ①

개인정보를 수집·이용할 때에는 다음과 같은 경우에만 동의 없이 개인정보를 수집·이용할 수 있다. 제한에도 불구하고 다음 각 호의 어느 하나에 해당하는 경우에는 정보주체의 동의 없이 개인정보를 수집·이용할 수 있다.
1. 법령에 따른 정보주체의 동의 없이 개인정보를 수집·이용할 수 있는 경우
2. 주소불명 등으로 정보주체의 사전 동의를 받을 수 없는 경우로서 명백히 정보주체 또는 제3자의 급박한 생명, 신체, 재산의 이익을 위하여 필요하다고 인정되는 경우
3. 공공기관이 법령에 따라 처리하는 경우
4. 통계작성, 과학적 연구, 공익적 기록보존 등을 위하여 불가피한 경우로서 개인정보를 수집·이용하는 목적과 관련하여 적절한 안전성 확보조치를 하였을 경우

오답 피하기

② 제17조(개인정보의 제공) 개인정보처리자는 정보주체의 동의 없이는 개인정보를 제3자에게 제공할 수 없으며, 예외사항에 해당하는 경우에만 제공이 가능하다.
③ 정보주체에게 재화나 서비스를 홍보하거나 판매를 권유하기 위하여 개인정보처리위탁에 대한 동의를 받으려는 때에는 정보주체가 이를 명확하게 인지할 수 있도록 알리고 추가적으로 동의를 받아야 한다.
④ 일괄 동의라는 표현이 법적 요구를 정확히 반영하지 못하며, 정보주체의 권리 침해의 위험이 있다.

68 ②

위험관리는 '위험 식별 → 위험 분석 → 위험평가 → 위험 처리 → 위험 감시 및 재검토' 순으로 진행된다.

69 ①

정보보호 정책은 조직이 수행하는 모든 정보보호 활동의 근거가 되는 최상위 수준의 정책이다. 따라서 조직의 정보보호 활동을 실행하기 위한 절차, 주기, 수행주체 등에 관한 사항은 정보보호 정책의 하위 수준의 정책이나 지침에서 다루는 것이 적절하다.

70 ①

- 단일예상손실(SLE) = 자산가치 × 노출계수 = 1억 원 × 50% = 5천만 원
- 단일예상손실 × 연간 발생률 = 연간예상손실(ALE)
  = 5천만 원 × 400% = 2억 원

71 ④

일반 라운딩은 개인정보의 일부 또는 전부를 특정 수치로 대체하는 방법이다.
예 나이를 10단위로 묶어 20대, 30대, 40대 등으로 대체할 수 있다.

오답 피하기

① 개인정보의 최솟값과 최댓값을 기준으로 상한값과 하한값을 설정하여 개인정보를 대체하는 방법이다.
  예 나이를 20세부터 50세까지로 설정하고, 20세 미만은 20세로, 50세 이상은 50세로 대체할 수 있다.
② 특정값을 유지하기 위해 라운딩 결과를 조정하는 방법이다.
  예 성별을 남, 여로 대체할 때, 남성의 비율이 50% 이상이 되도록 라운딩 결과를 조정할 수 있다.
③ 라운딩 결과를 랜덤으로 선택하는 방법이다.
  예 나이를 10단위로 묶어 20대, 30대, 40대 등으로 대체할 때, 20대, 30대, 40대 중에서 랜덤으로 선택할 수 있다.

72 ④

- 집적정보통신시설 사업자는 정보통신망법 제46조 제항 제1호에 따른 집적정보통신시설을 설치·운영하는 자를 말한다. 집적정보통신시설은 정보통신서비스 제공을 목적으로 설치·운영되는 통신망시설, 정보통신서비스 제공을 위한 전산시설, 그 밖에 정보통신서비스 제공에 필요한 시설이다.
- 정보통신서비스 부문 3개월간 일일 평균 이용자 수 100만 명 이상인 사업자는 정보통신서비스 제공을 목적으로 전기통신역무를 이용하여 정보를 제공하거나 정보의 제공을 매개하는 자로서, 정보통신서비스 부문에서 3개월간 일일 평균 이용자 수가 100만 명 이상인 사업자를 말한다.
- 정보통신서비스 부문 100억 원 이상인 사업자는 정보통신서비스 제공을 목적으로 전기통신역무를 이용하여 정보를 제공하거나 정보의 제공을 매개하는 자로서, 정보통신서비스 부문에서 매출액 또는 세입 등이 100억 원 이상인 사업자를 말한다.

73 ①

정보보호 교육은 정보보호 관리체계의 효율적인 운영을 위해 필수적인 요소이다. 따라서 정보보호 교육의 대상은 정보보호 관리체계의 범위 내 임직원뿐만 아니라 외부용역 인력까지 포함되어야 한다.

74 ④

클라우드 보안인증 표준등급은 클라우드 서비스의 보안성을 평가하여 등급을 부여하는 제도로, 전자결재 서비스, 개인정보 유통 보안 서비스, 소프트웨어 개발환경이 필수 인증 대상이다.

75 ④

정보통신서비스 제공자는 영리목적의 광고성 정보가 보이는 프로그램을 이용자의 컴퓨터나 모바일에 설치하려면 이용자의 동의를 받아야 하며, 프로그램의 용도와 삭제 방법을 고지해야 한다. 그러나 영리목적의 광고성 정보를 편리하게 차단하거나 신고할 수 있는 소프트웨어나 컴퓨터프로그램을 개발하여 보급해야 한다는 법적 근거는 없다.

76 ②

위원회의 위원장은 국무조정실장이 되고, 위원회의 위원은 대통령령으로 정하는 중앙행정기관의 차관급 공무원과 위원장이 위촉하는 사람으로 한다.

77 ④

업무연속성관리 지침의 핵심 구성요소는 업무영향분석, 복구전략 수립, 교육 및 훈련, 비상연락망 등이다. 업무연속성관리 지침에 따라 재난 발생 시 업무 중단이 조직에 미치는 영향을 분석하여 우선순위를 정한다. 분석된 우선순위에 따라 시스템과 업무를 어떻게 복구할지 계획을 세우고, 실제 상황에서 계획이 작동할 수 있도록 준비한다.

78 ④

개인정보처리자는 다음 중 어느 하나에 해당하는 경우에는 정보주체에게 그 사유를 알리고 열람을 제한하거나 거절할 수 있다.
- 법률에 따라 열람이 금지되거나 제한되는 경우
- 다른 사람의 생명, 신체를 해할 우려가 있거나 다른 사람의 재산과 그 밖의 이익을 부당하게 침해할 우려가 있는 경우
- 공공기관의 개인정보를 처리하지 아니하면 다른 법률에서 정하는 소관 업무를 수행할 수 없는 경우
- 개인정보처리 목적을 달성하거나 공공기관의 업무를 수행하는 데 필요한 최소한의 범위를 초과하여 열람을 하는 것이 부당하다고 인정되는 경우

79 ③

수학공식 접근법은 발생빈도를 계산하는 식을 이용하여 위험을 계량하는
방법이다. 과거 자료의 획득이 어려울 경우 위험 발생빈도를 추정 및 분석
하는 데 유용하며, 위험을 계량화하여 매우 단순하게 나타낼 수 있다. 반면
에 이는 기대손실을 추정하는 자료의 양이 낮다는 단점이 있다.

80 ②

인터넷에 공개된 서버는 외부로부터의 공격에 노출되어 있으므로, 내부 네
트워크에 설치하는 것은 오히려 보안을 취약하게 만드는 요인이 될 수 있
다. 따라서 공개서버는 외부 네트워크에 직접 설치하고, 침입차단 시스템.
방화벽, 웹 Application Firewall(WAF) 등 다양한 보안시스템을 통해 보호
하는 것이 적절하다.

PART

07

최신 기출문제

차례

▶ 합격 강의

시험 시간	풀이 시간	내 점수	문항 수
90분	분	점	총 80개

1과목 정보보호 위험관리 계획

01 정보통신망법에서 정보보호의 3대 요소로 명시되지 않은 것은?

① 기밀성(Confidentiality)
② 무결성(Integrity)
③ 가용성(Availability)
④ 확장성(Scalability)

02 다음 중 개인정보 처리 시 준수해야 할 원칙으로 옳지 않은 것은?

① 개인정보는 처리 목적에 필요한 범위에서 최소한으로 수집해야 한다.
② 개인정보는 처리 목적 외의 용도로 자유롭게 활용할 수 있다.
③ 개인정보의 정확성, 완전성, 최신성이 보장되도록 하여야 한다.
④ 개인정보의 처리방침을 공개하여 정보주체의 권리를 보장해야 한다.

03 다음 중 위험(Risk)을 구성하는 기본 요소가 아닌 것은?

① 자산(Asset)
② 위협(Threat)
③ 취약점(Vulnerability)
④ 품질(Quality)

04 다음 중 「정보통신망법」에 따른 정보보호 최고책임자(CISO) 지정 및 신고 의무 대상 구분에 대한 설명으로 옳지 않은 것은?

① 자본금 1억 원 이하의 소기업은 신고 의무가 면제된다.
② 중기업 이상의 정보통신서비스 제공자는 부서의 장 이상을 CISO로 지정 및 신고해야 한다.
③ 직전 사업연도 말 기준 자산총액이 5조 원 이상인 사업자는 CISO를 상법상 이사급 이상으로 지정해야 한다.
④ 모든 정보통신서비스 제공자는 자본금 규모와 관계없이 CISO를 반드시 지정 및 신고해야 한다.

05 다음 설명 중 개인정보보호 정책의 목적 및 구성요소에 대한 설명으로 가장 적절한 것은?

① 조직의 개인정보보호 정책은 경영진과 무관하게 실무자 수준에서만 수립된다.
② 개인정보보호 정책은 조직의 정보보호 활동의 근거를 포함해야 한다.
③ 개인정보보호 정책은 개인정보 처리방침과 동일하므로 별도로 수립할 필요가 없다.
④ 개인정보보호 정책은 기술적 보호대책만을 중심으로 수립하면 충분하다.

06 다음 중 정보보호위원회의 주요 의사결정 사항에 해당하지 않는 것은?

① 정보보호 및 개인정보보호 정책 및 지침의 제·개정
② 위험평가 결과에 따른 대응 방안의 검토
③ 정보보호 및 개인정보보호 예산 및 자원 할당
④ 개인정보 유출 방지를 위한 내부통제시스템 구축

07 다음 중 위험(Risk)을 구성하는 주요 요소에 해당하지 않는 것은?

① 위협(Threat)
② 취약성(Vulnerability)
③ 정보자산(Asset)
④ 위험관리 방법(Method)

08 다음은 조직 내 자산, 위협, 취약점을 정리한 표이다. 이때 이메일 서버의 위험도로 적절한 것은?

자산명	위협	취약점	발생 가능성 (1~5)	취약성 수준 (1~5)	자산 영향도 (1~5)	위험도	조치 여부
이메일 서버	피싱 메일 공격	스팸 필터 설정 미흡	4	3	5	( )	( )
파일 서버	랜섬 웨어 감염	패치 미적용	5	4	4	( )	( )
무선 AP	불법 접속	인증 미설정	3	4	3	( )	( )

① 45
② 55
③ 60
④ 80

09 보호대책 구현에서 관리하는 운영명세서나 운영현황표에 반드시 포함되어야 할 항목으로 옳지 않은 것은?

① 수행 주기(정기 · 상시적 활동 구분)
② 책임자 정의(수행 책임자 및 담당자 식별)
③ 주요 정기 활동 예시(접속기록 검토, 위원회 운영 등)
④ 수행 장비(운영 서버 및 단말)

10 다음 중 정보보호 공시 의무대상에 해당하지 않는 것은?

① 회선설비 보유 기간통신사업자(ISP)
② 집적정보통신시설사업자(IDC)
③ 소규모 공공기관 및 소기업
④ 상급종합병원

11 다음 중 「정보통신망 이용촉진 및 정보보호 등에 관한 법률」에 따라 정보통신서비스 제공자가 개인정보의 분실 · 도난 · 유출 · 위조 · 변조 또는 훼손을 방지하기 위해 수립하고 시행해야 하는 기술적 · 관리적 조치로 옳지 않은 것은?

① 개인정보를 안전하게 취급하기 위한 내부관리계획을 수립 및 시행한다.
② 개인정보에 대한 불법적인 접근을 차단하기 위한 침입차단시스템 등 접근 통제장치를 설치하고 운영한다.
③ 접속기록의 위조 · 변조 방지를 위한 조치 및 백신 소프트웨어의 설치 · 운영 등 컴퓨터바이러스에 의한 침해를 방지하기 위해 노력한다.
④ 개인정보 취급자에 대한 제한을 두지 않고, 모든 임직원에게 개인정보 처리시스템에 대한 접근 권한을 부여한다.

12 「정보보호산업의 진흥에 관한 법률」의 목적으로 가장 올바르게 기술된 것은?

① 정보보호제품의 평가 및 인증 절차를 표준화하여 이용자의 신뢰를 확보하는 것을 주된 목적으로 한다.
② 정보보호산업의 진흥에 필요한 사항을 정하여 건전한 산업 생태계를 조성하고, 국가의 안전보장과 국민경제의 건전한 발전에 이바지하는 것을 목적으로 한다.
③ 개인정보의 유출 및 오남용을 방지하기 위한 기술적 · 관리적 보호조치 사항을 규정하는 것을 목적으로 한다.
④ 사이버 침해사고 발생 시 신속한 대응 및 복구를 위한 국가적 대응체계 구축을 최우선 목적으로 한다.

13 다음 중 정보자산의 유형과 그 예시가 잘못 연결된 것은?

① 전자적 정보자산 – 애플리케이션 소스 코드
② 물리적 자산 – 네트워크 스위치
③ 소프트웨어 자산 – 고객 데이터베이스
④ 인적 자산 – 시스템 운영자

14 다음 중 기업이 정보보호 공시제도에 따라 정보보호 현황을 공시한 후 받을 수 있는 혜택으로 가장 거리가 먼 것은?

① 자율적으로 공시한 기업에 한하여 정보보호 및 개인정보보호 관리체계(ISMS-P) 인증 수수료를 할인받을 수 있다.
② 정보보호 투자 우수 기업으로 지정되어 기업 신뢰도 및 이미지 제고 효과를 얻을 수 있다.
③ 과학기술정보통신부 장관이 지정하는 정보보호 전문서비스 기업 지정 심사 시 가점을 부여받는다.
④ 침해사고 발생 시 과징금, 과태료 등 행정처분 수위를 법적으로 감경받을 수 있다.

15 다음 중 정보보호 공시제도에 따라 기업이 의무적으로 또는 자율적으로 공시해야 하는 내용에 해당하는 것은?

① 임직원 및 외부자 등 최근 2개월간의 평균 고용률
② 정보보호최고책임자(CISO)를 포함한 정보보호 부문 전담인력 현황
③ 사내에서 사용하는 모든 정보보호 솔루션(백신, 방화벽 등)의 상세 제품명과 버전 정보
④ 최근 3년간 발생한 모든 보안 사고의 상세 원인 분석 보고서

16 다음 중 개인정보 영향평가를 반드시 수행해야 하는 경우는?

① 5만 명 이상의 정보주체에 관한 민감정보 또는 고유식별정보를 처리하는 개인정보파일을 구축하는 경우
② 기존에 운영하던 개인정보파일의 개인정보 항목을 10개 추가하여 변경하는 경우
③ 내부 검토 결과 위험도가 낮다고 판단된, 100만 명의 개인정보가 포함된 파일을 다른 파일과 연계하려는 경우
④ 상급병원이 10만 명 이상 정보주체에 관한 민감정보를 처리하는 개인정보파일을 구축하는 경우

17 다음 중 최고책임자의 지정에 대한 설명으로 옳은 것을 모두 골라 바르게 묶은 것은?

> ㉠ 최고경영자는 인사발령과 같은 공식적인 절차를 통해 책임자를 지정해야 한다.
> ㉡ 책임자는 자원을 할당할 수 있는 임원급이어야 하며, 관련 법령의 자격요건을 충족해야 한다.
> ㉢ 정보보호 책임자는 정보보호 계획 수립 및 감사 업무만을 전담하며 다른 업무를 겸임할 수 없다.
> ㉣ 개인정보 보호책임자는 불만처리, 내부통제, 파기 등 개인정보 처리 전반에 대한 역할을 수행한다.

① ㉠, ㉡
② ㉠, ㉢, ㉣
③ ㉡, ㉢
④ ㉠, ㉡, ㉣

18 ISO 27005 규격의 위험 관리 프로세스에 대한 설명으로 가장 알맞은 내용은?

① 정보보호 경영시스템(ISMS) 구축에 대한 인증 기준을 제시하며, 이를 준수하지 않을 시 법적 처벌을 받을 수 있는 강제 규격이다.
② 조직의 정보자산, 위협, 취약점 등을 식별하고 평가하여 리스크 기반의 의사결정을 지원하는 정보보호 리스크 관리 가이드라인이다.
③ 방화벽 설정, 암호화 알고리즘 적용 등 정보 시스템에 구현해야 할 구체적인 기술적 통제 항목들을 상세히 명시한 기술 명세서이다.
④ 조직의 재무 건전성에 영향을 미치는 시장 리스크 및 신용 리스크를 정량적으로 분석하고 관리하는 데 초점을 맞춘 금융 관리 표준이다.

19 다음 중 대한민국의 정보보호제품 공통평가기준(CC) 인증 평가기관이 아닌 곳은?

① 한국인터넷진흥원(KISA)
② 한국정보통신기술협회(TTA)
③ 금융보안원(FSI)
④ 한국기계전기전자시험연구원(KTC)

20 다음 중 정보보호 및 개인정보보호 정책 · 시행문서의 제 · 개정 및 제공 방식에 대한 설명으로 적절하지 않은 것은?

① 정책 · 시행문서 제 · 개정 시 이해관계자와 충분히 협의하고 조직 업무 및 서비스 영향도, 법적 준거성을 고려해야 한다.
② 정책 · 시행문서 제 · 개정이 완료되면 회의록 등을 작성하여 검토사항을 기록하고 정책 · 지침 등에 반영해야 한다.
③ 정책 · 시행문서 변경 사항은 관련 임직원이 이해하기 어려운 형태라도 보안성을 위해 상세하게 설명하지 않아도 된다.
④ 정책 · 시행문서는 전자게시판, 책자, 교육자료, 매뉴얼 등 다양한 방식으로 제공하여 임직원 및 외부자가 쉽게 참고할 수 있도록 해야 한다.

21 다음 중 개인정보 보호법상 국내대리인 지정 의무 대상자에 해당하지 않는 것은?

① 전년도 전체 매출액이 1조 원 이상인 해외 사업자
② 전년도 말 기준 직전 3개월간 개인정보가 저장 · 관리되고 있는 국내 정보주체의 수가 일일 평균 100만 명 이상인 해외 사업자
③ 국내 이용자 수가 50만 명으로, 관계 물품 · 서류 등 자료의 제출을 요구받았으나 보호위원회의 심의 · 의결을 받은 해외 사업자
④ 국내 이용자의 개인정보를 처리하면서 국내에 주소 또는 영업소가 없는 모든 해외 사업자

22 개인정보처리자가 개인정보 처리 시 준수해야 할 '최소한의 보호 원칙'으로 가장 적절하지 않은 것은?

① 개인정보의 처리 목적을 명확히 하고 그 목적에 필요한 최소한의 개인정보만을 적법하게 수집해야 한다.
② 개인정보의 기밀성, 무결성 및 가용성이 보장되도록 해야 한다.
③ 정보주체의 사생활 침해를 최소화하는 방법으로 개인정보를 처리해야 한다.
④ 개인정보 처리방침 등 개인정보 처리에 관한 사항을 공개하고 정보주체의 권리를 보장해야 한다.

23 개인정보처리자가 정보주체로부터 '민감정보'의 수집에 대해 별도의 동의를 받을 때, 반드시 고지해야 할 사항이 아닌 것은?

① 민감정보의 수집 · 이용 목적
② 수집하려는 민감정보의 항목
③ 민감정보의 보유 및 이용 기간
④ 민감정보 파기 절차 및 방법

24 다음 중 개인정보 처리방침 평가 절차에 포함되지 않는 것은?

① 기초 평가
② 이용자 평가
③ 자체 평가
④ 심층 평가

25 다음 중 정보보호기업이 정보보호시스템의 하자에 대해 담보책임을 면제받을 수 있는 사유로 옳지 않은 것은?

① 발주자가 제공한 물품의 품질이 기준에 미달하여 하자가 발생한 경우
② 발주자의 구체적인 지시에 따라 시스템을 구축하여 하자가 발생한 경우
③ 시스템 구축 중 사소한 과실로 인해 경미한 하자가 발생한 경우
④ 발주자의 고의 또는 과실로 인해 하자가 발생한 경우

26 다음 중 위험처리 전략에 대한 설명으로 옳지 않은 것은?

① 정보보호 대책을 적용하여 위험의 발생 가능성이나 결과(영향)를 낮추는 것은 위험 감소 전략이다.
② 식별된 위험이 허용 가능한 수준 이내라고 판단하여 추가 조치 없이 받아들이는 것은 위험 수용 전략이다.
③ 고위험을 동반하는 신규 서비스 출시 계획 자체를 철회하는 것은 위험 회피 전략이다.
④ 사이버 보험에 가입하여 정보 유출 사고 시 발생하는 금전적 피해를 대비하는 것은 위험 제거 전략이다.

27 다음 중 위험평가 방법인 델파이 기법에 대한 설명으로 가장 옳지 않은 것은?

① 전문가 패널이 익명으로 의견을 제출한다.
② 조정자가 각 라운드의 결과를 요약하여 공유한다.
③ 합의를 도출하기 위해 여러 라운드에 걸쳐 반복적으로 수행된다.
④ 전문가들이 한자리에 모여 자유로운 토론을 통해 신속히 결론을 낸다.

28 다음 중 델파이 기법이 위험평가 방법으로 가장 유용하게 사용될 수 있는 상황으로 적절한 것은?

① 과거의 통계 자료나 데이터가 풍부하게 존재하는 경우
② 신속하고 즉각적인 의사결정이 반드시 필요한 경우
③ 미래의 불확실한 위험을 예측해야 하지만 객관적인 데이터가 부족한 경우
④ 문제의 구조가 단순하고 정량적인 계산으로 명확한 답을 얻을 수 있는 경우

29 위험평가 방법인 시나리오 기법에 대한 설명으로 가장 적절하지 않은 것은?

① 발생 가능한 위협 상황을 가정하여 잠재적 영향을 분석한다.
② 주로 과거에 발생했던 사건의 통계 데이터를 기반으로 분석한다.
③ 특정 위험이 현실화되었을 때의 결과와 그 과정을 구체적으로 기술한다.
④ '만약 ~라면 어떻게 될 것인가?(What-if)' 형태의 질문을 통해 위험을 식별한다.

30 다음 중 시나리오 기법을 적용하여 위험을 평가하기에 가장 적합한 상황은?

① 서버실의 평균 온도 변화에 따른 장비 장애 발생 확률 계산
② 신종 랜섬웨어 공격으로 인해 병원 시스템 전체가 마비되는 상황
③ 일일 웹사이트 방문자 수에 따른 네트워크 트래픽 부하 예측
④ 지난 1년간 발생한 악성 이메일 유형 및 수량 통계 분석

31 다음 중 위험평가 방법인 순위결정법(Ranking Method)의 특징으로 가장 올바른 것은?

① 각 위험 항목에 대해 구체적인 연간 손실 예상액(ALE)을 계산한다.
② 비교 대상이 되는 위험 항목들을 서로 비교하여 상대적인 중요도에 따라 순위를 매긴다.
③ 과거에 발생한 보안 사고 데이터를 기반으로 통계적 확률을 도출한다.
④ 복잡한 수학적 모델을 사용하여 위험의 발생 가능성과 영향을 정량적으로 분석한다.

32 다음 중 순위결정법을 적용하여 위험평가를 수행하기에 가장 적합한 경우는?

① 사이버 보험 가입을 위해 정보자산별 예상 피해 금액을 산정해야 할 때
② 제한된 시간과 예산 내에서 여러 위험들 중 가장 먼저 처리해야 할 우선순위를 신속하게 결정해야 할 때
③ 시스템 다운타임으로 인한 시간당 생산 손실 비용을 정확히 계산해야 할 때
④ 지난 5년간의 서버 장애 로그를 분석하여 향후 1년간의 장애 발생 확률을 예측해야 할 때

33 다음 중 위험평가 방법 중 과거 데이터 분석법에 대한 설명으로 가장 올바른 것은?

① 전문가 그룹의 직관과 경험을 통해 미래 위협의 발생 가능성을 예측한다.
② 발생 가능한 위협 시나리오를 구체적으로 기술하여 잠재적 영향을 평가한다.
③ 과거에 발생했던 사고나 사건의 통계 데이터를 분석하여 미래의 위험 발생 확률 및 손실액을 계산한다.
④ 위험 항목들을 상호 비교하여 상대적인 중요도에 따라 처리 우선순위를 결정한다.

34 다음 중 과거 데이터 분석법을 적용하여 위험평가를 수행하기에 가장 적합한 상황은?

① 새롭게 등장한 제로데이 공격에 대한 잠재적 피해 규모를 예측한다.
② 지난 5년간의 시스템 로그, 보안 사고 이력 등을 분석하여 특정 유형의 악성코드 감염에 따른 연간손실예상액(ALE)을 산출한다.
③ 조직의 평판 저하와 같은 무형 자산의 손실 가치를 평가한다.
④ 경쟁사의 신기술 도입이 시장에 미칠 영향에 대한 시나리오를 분석한다.

35 다음 중 정량적 위험평가 방법인 확률분포법의 주요 특징으로 가장 올바른 것은?

① 과거에 발생한 사고 횟수를 단순 집계하여 연간 발생률을 도출한다.
② 특정 위협이 발생할 가능성을 '높음', '중간', '낮음'과 같은 서술적 등급으로 분류한다.
③ 위험 발생 빈도, 자산 가치, 손실 규모 등 다양한 변수에 대한 확률분포를 이용하여 잠재적 손실액의 범위를 예측한다.
④ 전문가들의 합의를 통해 위험 요소들의 상대적 우선순위를 정한다.

36 다음 중 확률분포법을 적용하여 위험을 평가하는 과정에 포함되는 활동으로 가장 적절한 것은?

① 특정 위협에 대한 시나리오를 작성하고 그에 따른 영향을 서술한다.
② 식별된 위험 목록을 전문가들이 검토하여 가장 시급한 10개의 위험을 선정한다.
③ 몬테카를로 시뮬레이션(Monte Carlo Simulation)을 사용하여 수천 번의 가상 시나리오를 실행하고 손실액의 분포를 분석한다.
④ 각 정보자산에 대해 '상', '중', '하'로 중요도를 부여한다.

37 다음 중 단일예상손실액(SLE)이 500만 원이고, 연간발생률(ARO)이 0.2일 때 연간예상손실액(ALE)으로 옳은 것은?

① 100만 원
② 250만 원
③ 500만 원
④ 2,500만 원

38 다음 중 연간예상손실액(ALE)을 구하는 공식으로 가장 올바른 것은?

① ALE = 자산가치(AV) × 연간발생률(ARO)
② ALE = (자산가치(AV) × 노출계수(EF)) × 연간발생률(ARO)
③ ALE = 자산가치(AV) + 단일예상손실액(SLE)
④ ALE = 단일예상손실액(SLE) ÷ 연간발생률(ARO)

39 조직의 위험평가 방법 정의 및 문서화에 대한 설명으로 가장 올바른 것은?

① 위험평가 방법은 베이스라인 접근법, 상세위험 분석법 등 다양한 방법 중 조직의 특성과 비즈니스 목표를 고려하여 선정한다.
② 위험평가의 객관성을 확보하기 위해 법률 전문가나 현업부서 실무 책임자의 참여는 최소화하고 IT 및 정보보호 전문가 중심으로 수행해야 한다.
③ 위험평가는 해킹과 같은 기술적 위협에만 집중해야 하며, 법규 위반이나 관리 소홀과 같은 비기술적 측면은 별도로 관리한다.
④ 위험평가 방법론은 한번 수립되면 일관성을 위해 변경 없이 계속 사용해야 하며, 최신 위협 동향은 참고사항일 뿐이다.

40 금융회사가 자율보안체계를 구축하기 위해 금융보안원이 제시한 '금융보안 거버넌스 7대 기본 원칙'에 해당하지 않는 것은?

① 정보보호 활동을 위한 명확한 역할 정의, 권한 및 책임 확립
② 위험 감소 및 완화를 위한 전사적인 위험관리 체계 확립
③ 모든 임직원의 연 1회 이상 의무적인 보안 전문가 자격증 취득
④ 안정적인 정보보호 활동을 위한 정보보호 예산 수립, 집행 및 전담 인력 배치

41 다음 중 「정보보호산업의 진흥에 관한 법률」 및 그 시행령에 따른 정보보호 공시 의무자에 해당하지 않는 경우는?

① 「클라우드컴퓨팅 발전 및 이용자 보호에 관한 법률」에 따른 클라우드컴퓨팅서비스 제공자
② 전년도 말 기준 직전 3개월간 일일평균 이용자 수가 100만 명 이상인 정보통신서비스 제공자
③ 「의료법」에 따라 지정된 상급종합병원
④ 「전자상거래 등에서의 소비자보호에 관한 법률」에 따른 통신판매업자

42 「개인정보 보호법」에 따라 수립하는 개인정보 내부관리계획에 포함되지 않는 것은?

① 개인정보 보호책임자의 지정 및 역할에 관한 사항
② 개인정보처리시스템의 접속기록 보관 및 점검에 관한 사항
③ 개인정보취급자의 업무 인수인계 절차 및 교육에 관한 사항
④ 회사의 분기별 재무제표 및 영업이익 현황

43 다음 중 「신용정보법」상 개인신용정보에 해당한다고 보기 어려운 것은?

① 특정 신용정보주체를 식별할 수 있는 정보(성명, 주소, 주민등록번호 등)
② 신용정보주체의 신용도를 판단할 수 있는 정보(재산, 소득, 납세 실적 등)
③ 개인의 정치적 견해나 노동조합 가입 여부 등 신용도와 무관한 민감정보
④ 대출, 신용카드 발급 및 거래 내역 등 신용거래에 관한 정보

44 다음 중 정보보호위원회의 주요 역할 및 책임으로 가장 올바른 것은?

① 실무 부서 간 발생한 정보보호 현안을 협의하고 구체적인 해결 방안을 모색한다.
② 정보보호 시스템의 일상적인 운영 상태를 모니터링하고 로그를 분석한다.
③ 전사 정보보호 정책 및 연간 투자 예산 등 주요 사항을 심의하고 최종 승인한다.
④ 정보보호 정책 및 지침의 상세 초안을 작성하고 개정을 준비한다.

45 「정보보호산업의 진흥에 관한 법률」에 따라 우수 정보보호 기술로 지정되었을 때 받을 수 있는 지원 혜택으로 보기 어려운 것은?

① 기술 개발 및 상용화에 필요한 자금 지원
② 지정된 기술의 홍보 및 해외 시장 진출 지원
③ 공공기관의 우선구매 대상에 포함될 수 있도록 지원
④ 지정과 동시에 정보보호제품 CC인증 최고 등급 자동 부여

46 「정보보호산업의 진흥에 관한 법률」에 따라 정부가 정보보호기업의 해외 진출을 지원하기 위해 추진하는 시책으로 보기 어려운 것은?

① 해외 시장 정보의 제공 및 전문인력 양성 지원
② 수출 관련 기관 및 단체를 통한 해외 진출 기반 조성
③ 해외 전시회 참가 및 투자 유치 활동 지원
④ 국내 기업 간의 경쟁을 제한하기 위한 수출 물량 할당

47 「정보보호산업의 진흥에 관한 법률」에 따라 정부가 정보보호 분야 중소기업을 지원하기 위해 추진하는 시책으로 보기 어려운 것은?

① 정보보호 기술의 상용화를 위한 기술 개발 및 컨설팅 지원
② 중소기업이 개발한 정보보호 기술의 성능 평가 및 시험 환경 지원
③ 공공기관이 정보보호 제품 구매 시 중소기업 제품만 구매하도록 의무화
④ 정보보호 전문인력 양성 및 중소기업 재직자 대상 직무 능력 향상 교육 지원

48 「정보보호산업의 진흥에 관한 법률」에서 우수 정보보호 기술 지정제도를 운영하는 주된 목적으로 가장 올바른 것은?

① 이미 상용화되어 널리 사용되는 정보보호 제품의 안전성을 평가하고 인증하기 위한 것이다.
② 정보보호 기술을 보유한 기업들의 순위를 매겨 시장 경쟁을 촉진하기 위한 것이다.
③ 잠재력 있는 초기 단계의 정보보호 기술을 발굴하여 기술 개발과 사업화를 지원하기 위한 것이다.
④ 정보보호 관련 법규를 위반한 기업에게 기술 도입을 강제하기 위한 것이다.

49 정보보호 공시 제도를 통해 기업이 공개해야 하는 정보에 해당하지 않는 것은?

① 정보보호 부문의 투자 현황
② 정보보호 관련 인증(ISMS-P 등) 취득 현황
③ 정보보호 최고책임자(CISO)의 상세 개인 신상 정보
④ 정보보호 부문의 전담 인력 현황

50 다음 중 「정보통신망법」에 따른 정보보호 관리등급 제도의 주된 목적으로 가장 올바른 것은?

① 정보보호 관리체계(ISMS) 인증을 유지하는 기업의 정보보호 수준을 객관적으로 평가하여 이용자에게 신뢰성 있는 선택 기준을 제공하기 위한 것이다.
② 정보보호제품의 보안성을 평가하여 EAL 등급을 부여하기 위한 것이다.
③ 모든 정보통신서비스 제공자에게 정보보호 등급 획득을 의무화하기 위한 것이다.
④ 보안 사고 발생 시 기업에 부과할 과태료 금액을 등급에 따라 차등 적용하기 위한 것이다.

51 2027년에 시행될 정보보호산업 진흥계획을 수립하고자 할 때, 법령에 따른 최종 수립 시한으로 옳은 것은?

① 2026년 6월 30일
② 2026년 12월 31일
③ 2027년 1월 31일
④ 2027년 12월 31일

52 「정보보호산업의 진흥에 관한 법률 시행령」에 따라 과학기술정보통신부장관이 지정된 전문기관에 위탁할 수 있는 업무로 명시된 것은?

① 정보보호 전문서비스 기업 지정 및 사후 관리
② 정보보호산업 진흥계획의 최종 수립 및 고시
③ 정보보호 공시 의무 위반에 대한 과태료 부과 및 징수
④ 정보보호 분야 전문인력 양성을 위한 교육프로그램의 개발 및 보급 지원

53 정보보호산업의 진흥에 관한 법률」에 따라 잠재력 있는 신규 정보보호 기술을 '우수 정보보호 기술'로 지정하는 권한을 가진 주체는 누구인가?

① 개인정보보호위원회 위원장
② 금융위원회 위원장
③ 과학기술정보통신부장관
④ 한국인터넷진흥원장

54 다음 중 정보보호 공시 제도를 통해 달성하고자 하는 긍정적인 효과로 가장 거리가 먼 것은?

① 기업의 정보보호 책임 경영 강화 및 신뢰도 향상
② 이용자의 기업 선택권 보장 및 안전한 인터넷 이용 환경 조성
③ 기업 간 건전한 경쟁을 통한 정보보호 투자 활성화
④ 기업이 보유한 모든 보안 취약점의 의무적인 공개

55 3만 명의 고객 정보를 처리하고, 고유식별정보나 민감정보는 포함하지 않은 개인정보처리시스템이 있다. 이 시스템의 접속기록 보존 기간으로 올바른 것은?

① 최소 6개월 이상
② 최소 1년 이상
③ 최소 2년 이상
④ 최소 3년 이상

56 위험분석 방법론 중 복합 접근법에 대한 설명으로 올바른 것은?

① 모든 영역에서 동일한 수준의 상세위험 분석을 수행한다.
② 베이스라인 접근법과 상세위험 분석법을 조합하여 사용한다.
③ 가장 낮은 위험 요소만 분석하고 나머지는 고려하지 않는다.
④ 고위험 영역을 제외하고는 분석하지 않는다.

57 다음 중 정성적 위험평가 방법의 특징이 아닌 것은?

① 위험을 등급(높음, 중간, 낮음)으로 평가한다.
② 전문가의 의견과 경험을 바탕으로 분석한다.
③ 발생 확률과 영향을 금액으로 정량화한다.
④ 델파이법, 순위결정법, 시나리오 분석법 등이 활용된다.

58 다음 중 암호화된 정보의 보안을 유지하기 위한 관리 방안으로 가장 적절하지 않은 것은?

① 암호화 키를 안전하게 관리하고, 키 보호를 위한 보안 절차를 적용한다.
② 암호화 적용 현황을 주기적으로 점검하고, 위험 분석을 수행하여 보완 대책을 마련한다.
③ 모든 사용자에게 암호화 키를 제공하여 비상시 사용할 수 있도록 한다.
④ 암호화 알고리즘과 키 관리 방법을 최신 보안 기술에 맞게 정기적으로 검토한다.

59 다음 중 위험평가 수행 주기로 가장 적절한 것은?

① 조직의 필요에 따라 수시로 수행
② 경영진의 요청이 있을 때마다 수행
③ 연 1회 이상 수행하며, 필요시 추가적으로 수행
④ 2년마다 한 번씩 수행

60 다음 중 전송 중인 개인정보 보호를 위한 암호화 방식으로 가장 적절한 것은?

① 웹서버에 SSL/TLS 인증서를 적용하여 전송되는 데이터를 암호화한다.
② 사용자가 편리하도록 인증정보를 URL 매개변수에 포함하여 전송한다.
③ 전송 과정에서 성능을 위해 암호화를 사용하지 않고 데이터를 직접 전송한다.
④ 보안성이 높다고 알려진 MD5 알고리즘을 이용해 데이터를 암호화하여 전송한다.

4과목 **정보보호 관리체계운영**

61 ○○기업의 내부 웹 서버 자산에 대한 위험분석 결과가 다음과 같을 때, 단일 손실 예상액(SLE)과 연간 손실 예상액(ALE)으로 옳은 것은?

> 내부 웹 서버의 자산 가치(AV)는 1억 원이다. 패치가 적용되지 않은 소프트웨어 취약점으로 인해 서비스 중단 사고가 발생할 경우 자산 가치의 30%에 해당하는 손실(EF)이 발생한다. 해당 사고는 2년에 한 번 발생(ARO)할 것으로 예측된다.

① 3천만 원, 6천만 원
② 1천 5백만 원, 3천만 원
③ 3천만 원, 1천 5백만 원
④ 3천만 원, 3천만 원

62 다음은 정보통신기반 보호법에 따른 주요 정보통신기반시설의 지정요건이다. 괄호 안에 들어갈 알맞은 단어를 바르게 나열한 것은?

> 중앙행정기관의 장은 소관분야의 정보통신기반시설 중 다음의 사항을 고려하여 전자적 침해행위로부터의 보호가 필요하다고 인정되는 정보통신기반시설을 주요정보통신기반시설로 지정할 수 있다.
> • 당해 정보통신기반시설을 관리하는 기관이 수행하는 업무의 국가 사회적 (가)
> • 당해 정보통신기반시설을 관리하는 기관이 수행하는 업무의 정보통신기반시설과의 (나)
> • 다른 정보통신기반시설과의 (다)
> • 침해사고가 발생할 경우 국가안전보장과 경제사회에 미치는 피해규모 및 범위
> • 침해사고의 (라) 또는 그 복구의 (마)

① 가 : 중요성, 나 : 기밀성, 다 : 의존도, 라 : 발생 가능성, 마 : 용이성
② 가 : 기밀성, 나 : 중요성, 다 : 의존도, 라 : 용이성, 마 : 경제성
③ 가 : 중요성, 나 : 의존도, 다 : 상호연계성, 라 : 발생 가능성, 마 : 용이성
④ 가 : 의존도, 나 : 중요성, 다 : 상호연계성, 라 : 발생 가능성, 마 : 용이성

63 개인정보처리자는 개인정보 처리방침을 정하고 이를 정보주체가 쉽게 확인할 수 있게 공개하도록 되어 있다. 괄호 안에 들어갈 알맞은 단어를 바르게 나열한 것은?

> • 개인정보의 (가)
> • 개인정보의 (나)
> • 개인정보의 (다) 제공에 관한 사항
> • 개인정보처리의 (라)에 관한 사항
> • 정보주체의 (마) 및 그 행사방법에 관한 사항
> • 그 밖에 개인정보의 처리에 관하여 대통령령으로 정한 사항

① 가 : 처리 목적, 나 : 보유 및 이용 기간,
　다 : 제3자, 라 : 위탁, 마 : 권리 · 의무
② 가 : 주요항목, 나 : 보유 및 처리 기간,
　다 : 위탁, 라 : 용이성, 마 : 보호방법
③ 가 : 처리 목적, 나 : 책임자, 다 : 제3자,
　라 : 위탁, 마 : 권리 · 의무
④ 가 : 주요항목, 나 : 책임자, 다 : 위탁,
　라 : 보유 및 이용기간, 마 : 보호방법

64 국가안전보장에 중대한 영향을 미치는 주요정보통신기반시설에 대한 보호대책의 미흡으로 국가안전보장이나 경제사회 전반에 피해가 우려될 수 있으므로 기반시설을 지정하여야 한다. 다음 중 주요정보통신기반시설이 아닌 것은?

① 전력, 가스, 석유 등 에너지 · 수자원시설
② 인터넷 포털, 전자상거래 등 인터넷시설
③ 도로 · 철도 · 지하철 · 공항 · 항만 등 주요 교통 시설
④ 방송중계 국가지도통신망 시설

65 다음은 위험관리 절차에 대한 내용이다. 위험관리 절차에 맞게 순서대로 배열한 것은?

> ㉠ 자산식별
> ㉡ 정보보호계획 수립
> ㉢ 정보보호대책 수립
> ㉣ 위험 분석 및 평가
> ㉤ 주기적 재검토

① ㉠ - ㉡ - ㉢ - ㉣ - ㉤
② ㉠ - ㉣ - ㉢ - ㉡ - ㉤
③ ㉠ - ㉡ - ㉣ - ㉢ - ㉤
④ ㉠ - ㉣ - ㉡ - ㉢ - ㉤

66 다음은 개인정보의 안전성 확보조치 기준에서의 인터넷 홈페이지 취약점 점검에 대한 설명이다. 옳은 것을 모두 고른 것은?

> a. 인터넷 홈페이지를 통해 고유식별정보를 처리하는 개인정보처리자는 해당 인터넷 홈페이지에 대해 매달 취약점을 점검하고 필요한 보안 조치를 하여야 한다.
> b. 인터넷 홈페이지의 취약점 점검은 개인정보처리자의 자체인력, 보안업체 등을 활용할 수 있으며, 취약점 점검은 상용도구, 공개용 도구, 자체제작 도구 등을 사용할 수 있다.
> c. 웹 취약점 점검과 함께 정기적으로 웹 쉘 등을 점검하고 조치하는 경우 취급 중인 개인정보가 인터넷 홈페이지를 통해 열람권한이 없는 자에게 공개되거나 유출되는 위험성을 더욱 줄일 수 있다.

① a, b
② b, c
③ a, c
④ a, b, c

67 다음 중 괄호 안에 들어갈 용어로 가장 적합한 것은?

> 프로젝트의 범위 · 설정 · 기획 → (㉠) → (㉡) → (㉢)
> → 프로젝트의 수행 테스트 및 유지 보수

① ㉠ 복구계획 수립, ㉡ 복구전략 개발, ㉢ 사업영
  향평가
② ㉠ 복구전략 개발, ㉡ 복구계획 수립, ㉢ 사업영
  향평가
③ ㉠ 사업영향평가, ㉡ 복구계획 수립, ㉢ 복구전
  략 개발
④ ㉠ 사업영향평가, ㉡ 복구전략 개발, ㉢ 복구계
  획 수립

68 다음 중 물리적 보호구역 지정 및 관리에 대한 설명
으로 적절하지 않은 것은?

① 물리적 보호구역은 조직의 환경에 맞게 접견구
  역, 제한구역, 통제구역 등으로 지정할 수 있으
  며, 구역별 보호대책을 마련해야 한다.
② 통제구역은 조직 내부에서도 출입 인가자를 최
  소한으로 제한하고, 필요시 통제구역임을 표시
  하여 불법적인 접근 시도를 원천 차단할 수 있도
  록 해야 한다.
③ 보호구역별 출입통제 방식으로 ID카드, 생체인
  식, 비밀번호 인증 등의 보안 장치를 활용할 수
  있으며, 출입 가능한 인원을 관리해야 한다.
④ 보호구역의 출입 통제는 직원들에게 불편을 주므
  로 임직원에 한해서는 특별한 제한 없이 자유로
  운 출입을 허용하는 것이 바람직하다.

69 다음 중 외부 서비스 및 위탁업체 선정 시 고려해야
할 정보보호 및 개인정보보호 요건에 대한 설명으로
적절하지 않은 것은?

① 정보보호 및 개인정보보호 역량이 있는 업체가
  선정될 수 있도록 관련 요건을 제안요청서(RFP)
  및 제안 평가항목에 반영하여 업체 선정 시 고려
  해야 한다.
② 정보처리 업무를 외부자에게 위탁하는 경우 보
  안 요구사항을 계약서에 반영하여야 하며, 위탁
  업무 수행 직원 대상 정보보호 교육을 정기적으
  로 수행해야 한다.
③ 외부 위탁 업체가 정보시스템 접근 권한을 부여
  받을 경우, 과도한 권한 부여를 방지하고 필요
  최소한의 접근권한을 제공해야 한다.
④ 외부 위탁 업체는 보안성을 강화하기 위해 자체
  적으로 보안 요구사항을 수립하고 운영하면 되
  므로, 조직과의 보안 요구사항 계약 체결은 필수
  가 아니다.

70 다음 중 괄호 안에 들어가야 할 내용을 올바르게 나
열한 것은?

> 정보보호관리를 이행하기 위해서 조직은 (㉠) 수립 및
> 조직수립, 범위 설정 및 (㉡), (㉢), 구현, 사후관리활동
> 으로 구성된 5단계의 논리적이고 체계적인 정보보호관리
> (㉣)(을)를 수립하고, 기획, 관리하여야 한다.

① ㉠ 프레임워크, ㉡ 정보자산 식별,
  ㉢ 위험관리, ㉣ 정보보호 정책
② ㉠ 정보보호 정책, ㉡ 취약점,
  ㉢ 정보자산 식별, ㉣ 프레임워크
③ ㉠ 프레임워크, ㉡ 취약점,
  ㉢ 정보자산 식별, ㉣ 정보보호 정책
④ ㉠ 정보보호 정책, ㉡ 정보자산 식별,
  ㉢ 위험관리, ㉣ 프레임워크

71 다음 중 정보보호 최고책임자(CISO)의 책임과 권한에 대한 내용으로 적절하지 않은 것은?

> 가. CISO는 조직 내 정보보호 활동을 총괄하는 역할을 하며, 정보보호 전략을 수립하고 이행해야 한다.
> 나. CISO는 기업의 정보보호 업무뿐만 아니라 IT 서비스 운영과 개발 업무도 함께 총괄할 수 있으며, 이를 위해 CIO와 동일한 역할을 수행할 수 있다.
> 다. CISO는 정보보호 위원회의 구성원으로서 정보보호 정책 및 전략 수립에 참여해야 하며, 정보보호와 관련된 주요 사항을 최고경영자에게 보고해야 한다.
> 라. CISO는 보안 인력 및 예산을 직접 결정하고 운영할 수 있는 최종 권한을 가져야 하며, 최고경영자의 승인 없이도 독립적으로 정책을 시행할 수 있다.
> 마. CISO는 정보보호 조직을 운영하며, 기업 내부뿐만 아니라 협력업체 및 외부 공급업체의 보안 수준도 점검해야 한다.
> 바. CISO는 조직 내 보안 사고 발생 시 대응 및 조치 계획을 수립하고, 사고 후 재발 방지 대책을 마련해야 한다.

① 가, 다, 바
② 나, 다
③ 나, 라
④ 다, 라, 마

72 다음 중 CISO의 겸직 제한과 관련된 내용으로 적절하지 않은 것은?

> 가. CISO는 겸직금지 대상 기업의 경우 반드시 전담 인력으로 임명되어야 하며, 정보보호 업무만 수행해야 한다.
> 나. CISO는 CPO(개인정보 보호책임자)와 겸직할 수 있으며, 두 직무가 유사하므로 통합적으로 운영하는 것이 효과적이다.
> 다. CISO는 정보보호 관련 정책을 수립하고 시행하며, 조직 내 정보보호 활동을 총괄하는 역할을 한다.
> 라. CISO는 정보보호 공시 업무와 정보통신기반보호법에 따른 정보보호책임자 업무는 겸직이 가능하다.
> 마. CISO는 겸직이 제한되는 대상 기업의 경우, 전담 임원으로 지정되며 IT 운영 책임을 포함한 업무를 수행할 수 있다.
> 바. CISO는 조직 내 정보보호 업무의 독립성을 보장받아야 하며, 정보보호와 관련된 보고 체계를 명확히 해야 한다.

① 가, 나, 바
② 나, 마
③ 다, 마
④ 다, 라, 마

73 다음 중 정보보호 관리체계에 대한 내용으로 적절하지 않은 것은?

> 가. 정보보호 정책은 각 부서별로 필요에 따라 개별적으로 수립하고 운영할 수 있으며, 정보보호 최고책임자(CISO)가 이를 검토 후 승인하면 된다.
> 나. 정보자산은 기밀성, 무결성, 가용성 기준을 바탕으로 중요도를 평가하고, 등급별 보호 대책을 적용해야 한다.
> 다. 정보보호 위원회는 정기적으로 개최되어 정보보호 정책 검토, 보안 위험 평가, 개선 사항을 논의해야 하며, 사고 발생 시 신속한 대응을 위한 체계를 갖추어야 한다.
> 라. 수집된 개인정보는 사업적 필요에 따라 영구적으로 보관할 수 있으며, 고객이 요청하지 않는 한 삭제할 필요가 없다.

① 가, 나
② 나, 다
③ 다, 라
④ 가, 라

74 다음 중 정보보호정책에 대한 내용으로 적절하지 않은 것은?

> 가. 정보보호 정책은 부서별로 필요에 따라 개별적으로 수립하고 운영할 수 있으며, 정보보호 최고책임자(CISO)가 이를 검토 후 승인하면 된다.
> 나. 정보보호 정책은 정보보호 담당 부서에서만 준수하면 되고, 일반 직원들에게는 해당되지 않는다.
> 다. 정보보호 정책은 조직 전체에서 일관되게 수립해야 하며, 최고경영자의 승인과 정보보호 위원회의 심의를 거쳐야 한다. 개별 부서가 독립적으로 정책을 수립할 수 없다.
> 라. 정보보호 정책은 조직의 모든 임직원이 준수해야 하며, 이를 위해 전사적인 교육과 모니터링이 필요하다.

① 가, 나
② 나, 다
③ 다, 라
④ 가, 라

75 다음 중 접근권한 및 계정관리에 대한 내용으로 적절하지 않은 것은?

> 가. 사용자의 접근 권한은 최소 권한 원칙(Least Privilege)에 따라 최소한으로 부여해야 하며, 사전 승인 절차를 거쳐야 한다.
> 나. 관리자 계정은 각 사용자에게 개별적으로 할당하고, 공유 사용을 금지하며, 다중 인증을 적용해야 한다.
> 다. 사용자의 접근 권한은 업무 편의를 위해 광범위하게 부여해야 하며, 필요할 때만 접근을 제한하는 것이 효율적이다.
> 라. 관리자 계정은 업무상 편리성을 고려하여 여러 직원이 공유하여 사용하는 것이 효율적이다.

① 가, 나
② 나, 다
③ 다, 라
④ 가, 라

76 다음 중 직무 분리 기준 및 관리방안으로 적절하지 않은 것은?

> 가. 개발과 운영 직무는 보안성을 높이기 위해 분리하여 운영해야 한다. 운영팀이 직접 개발을 수행하거나 개발팀이 운영환경을 변경하는 것은 보안 위험을 초래할 수 있다.
> 나. 개인정보보호 관리자는 개인정보처리시스템의 운영 및 개발을 함께 담당해야 한다. 개인정보보호 관리자가 시스템 운영과 개발까지 수행하면 보안 점검 및 감독의 독립성이 훼손될 수 있다.
> 다. 정보보호담당자와 정보보호 및 개인정보 모니터링 직무는 서로 독립적으로 운영해야 한다. 동일한 담당자가 수행할 경우 자율 점검이 어려워지므로, 역할을 분리하여 운영해야 한다.
> 라. 외부 위탁업체 직원은 사용자 계정 등록·삭제 및 접근권한 변경을 수행할 수 있다. 외부업체 직원에게 계정 등록·삭제 권한을 부여하는 것은 보안 사고의 원인이 될 수 있으며, 원칙적으로 금지된다.

① 가, 나
② 나, 다
③ 나, 라
④ 다, 라

77 다음 중 '최고책임자의 지정' 관련 결함이 아닌 것은?

① 정보보호 및 개인정보보호 대책에 대한 이행계획은 수립하였으나, 정보보호 최고책임자 및 개인정보 보호책임자에게 보고가 이루어지지 않은 경우

② 정보통신망법에 따른 정보보호 최고책임자 지정 및 신고 의무 대상자임에도 불구하고 정보보호 최고책임자를 지정 및 신고하지 않은 경우

③ 국내에 주소 또는 영업소가 없는 개인정보처리자로서 전년도 말 기준 직전 3개월 간 그 개인정보가 저장·관리되고 있는 국내 정보주체의 수가 일일평균 100만명 이상인 자에 해당되어 국내대리인 지정의무에 해당됨에도 불구하고, 국내대리인을 문서로 지정하지 않은 경우

④ 온프레미스 자산에 대해서는 식별이 이루어졌으나, 외부에 위탁한 IT 서비스(웹호스팅, 서버호스팅, 클라우드 등)에 대한 자산 식별이 누락된 경우

78 다음 중 '범위설정' 인증항목 관련 결함으로 옳은 것은?

① 정보보호 공시 의무대상 사업자이지만 법에 정한 시점 내에 정보보호 공시가 시행되지 않은 경우

② 정보시스템 및 개인정보처리시스템 개발업무에 관련한 개발 및 시험 시스템, 외주업체직원, PC, 테스트용 단말기 등이 관리체계 범위에서 누락된 경우

③ 위험수용에 대한 근거와 타당성이 미흡하고, 시급성 및 구현 용이성 등의 측면에서 즉시 또는 단기 조치가 가능한 위험요인에 대해서도 특별한 사유 없이 장기 조치계획으로 분류한 경우

④ 정보통신망법 및 개인정보 보호법이 최근 개정되었으나 개정사항이 조직에 미치는 영향을 검토하지 않은 경우

79 다음 증 ISMS-P 인증기준과 결함이 올바르게 짝지어진 것은?

① 1.1.2 최고책임자의 지정 – 정보시스템 및 개인정보처리시스템 개발업무에 관련한 개발 및 시험 시스템, 개발자 PC, 테스트용 단말기, 개발조직 등이 관리체계 범위에서 누락된 경우

② 1.2.1 정보자산 식별 – 정보통신망법에 따른 정보보호 최고책임자 지정 및 신고 의무 대상자임에도 불구하고 정보보호 최고책임자를 지정 및 신고하지 않은 경우

③ 1.1.4 범위 설정 – 정보보호 및 개인정보보호 관리체계 범위 내에서 제3자로부터 제공받은 개인정보가 있으나, 해당 개인정보에 대한 자산 식별이 이루어지지 않은 경우

④ 1.1.3 조직 구성 – 정보보호 및 개인정보보호 위원회를 구성하였으나, 임원 등 경영진이 포함되어 있지 않고 실무 부서의 장으로 구성되어 있어 조직의 중요 정보 및 개인정보 보호에 관한 사항을 결정할 수 없는 경우

80 다음 증 ISMS-P 인증기준과 결함이 짝으로 이루어진 것 중 적절하지 않은 것은?

① 1.4.6 관리체계 개선 : 관리체계 점검 시 발견된 문제점에 대하여 조치계획을 수립하지 않았거나 조치 완료 여부를 확인하지 않은 경우

② 1.4.1 법적 요구사항 준수 검토 : 조직에서 준수하여야 할 법률이 개정되었으나, 해당 법률 준거성 검토를 장기간 수행하지 않은 경우

③ 1.2.4 보호대책 선정 : 위험수용에 대한 근거와 타당성이 미흡하고, 시급성 및 구현 용이성 등의 측면에서 즉시 또는 단기 조치가 가능한 위험요인에 대해서도 특별한 사유 없이 장기 조치계획으로 분류한 경우

④ 1.2.3 위험 평가 : 관리체계 범위 내 주요 서비스의 업무 절차·흐름 및 현황에 문서화가 이루어지지 않은 경우

최신 기출문제 02회

시험 시간	풀이 시간	내 점수	문항 수
90분	분	점	총 80개

▶ 합격 강의

1과목 정보보호 위험관리 계획

01 다음 중 「정보통신망 이용촉진 및 정보보호 등에 관한 법률」에서 규정하는 정보보호의 기본 요소(CIA Triad)에 포함되지 않는 것은?

① Availability(가용성)
② Confidentiality(기밀성)
③ Integrity(무결성)
④ Efficiency(효율성)

02 다음 중 개인정보보호법상 개인정보 처리에 관한 설명으로 가장 적절한 것은?

① 개인정보는 익명처리나 가명처리를 할 수 없으며 반드시 원본 그대로 처리해야 한다.
② 개인정보의 처리 방법은 정보주체 권리 침해 가능성과 무관하게 자유롭게 정할 수 있다.
③ 개인정보는 정보주체의 사생활 침해를 최소화하는 방법으로 처리되어야 한다.
④ 개인정보 처리방침은 내부 직원만 확인할 수 있도록 비공개로 관리하는 것이 원칙이다.

03 다음 설명 중 위험 구성요소에 대한 설명으로 올바른 것은?

① 자산(Asset) – 조직이 보호해야 할 개인정보, 시스템, 인력
② 위협(Threat) – 자산의 잠재적 속성으로, 공격자가 반드시 존재해야만 발생
③ 취약점(Vulnerability) – 자산에 손실을 초래할 수 있는 원하지 않는 사건
④ 보호대책(Countermeasure) – 자산을 무조건 폐기하여 위험을 제거하는 방법

04 다음 중 정보보호 최고책임자(CISO)의 자격요건에 대한 설명으로 옳은 것은?

① 모든 CISO는 반드시 상법상 이사 이상의 직위를 가져야 한다.
② 지정·신고 의무대상의 CISO는 일반 자격요건만 갖추면 된다.
③ 겸직금지 대상 기업의 CISO는 일반 자격요건과 특별 자격요건을 모두 충족해야 한다.
④ CISO는 팀장·파트장 등 직급이라도 조직 내 지정이 가능하다.

05 다음 중 개인정보보호 정책에 반드시 포함되어야 할 내용으로 옳지 않은 것은?

① 최고경영자 등 경영진의 의지 및 방향
② 정보보호 및 개인정보보호를 위한 역할·책임 및 대상·범위
③ 조직이 수행하는 정보보호 및 개인정보보호 활동의 근거
④ 개인정보 처리방침 세부 양식과 공공기관 제출 절차

06 정보보호위원회가 검토 및 의사결정을 수행하지 않는 항목은 무엇인가?

① 내부 보안사고 및 주요 위반사항에 대한 조치
② 내부 감사 결과 검토 및 대응 방안 승인
③ 정보보호 인프라 및 정보시스템 구축
④ 정보보호 및 개인정보보호 관련 예산과 자원 배분

07 다음 중 위험의 구성요소 관계를 올바르게 설명한 것은?

① 위협은 자산을 직접 보호하여 위험을 감소시킨다.
② 취약성은 위협이 자산에 영향을 미칠 수 있도록 하는 약점이다.
③ 정보자산은 취약성을 통해 위협을 줄이는 역할을 한다.
④ 보안 요구사항은 위험을 증가시키는 요인이다.

08 다음은 조직의 자산에 대한 위협과 취약점을 정리한 표이다. 자산별 위험도와 조치 여부를 옳게 연결한 것은?

자산명	위협	취약점	발생 가능성 (1~5)	취약성 수준 (1~5)	자산 영향도 (1~5)	위험도	조치 여부
이메일 서버	피싱 메일 공격	스팸 필터 설정 미흡	4	3	5	( )	( )
파일 서버	랜섬 웨어 감염	패치 미적용	5	4	4	( )	( )
무선 AP	불법 접속	인증 미설정	3	4	3	( )	( )
백업 서버	물리적 도난	출입 통제 미흡	2	3	4	( )	( )

① 이메일 서버 : 위험도 12, 조치 필요함
② 파일 서버 : 위험도 24, 조치 필요함
③ 무선 AP : 위험도 36, 조치 필요 없음
④ 백업서버 : 위험도 24, 조치 필요 없음

09 다음 중 운영현황표의 목적과 관련된 설명으로 가장 적절한 것은?

① 정보보호와 개인정보보호 활동 중 정기적·상시적 업무를 식별하고 이를 문서화하여 체계적으로 관리하기 위한 것이다.
② 모든 보안사고에 대한 원인을 규명하고 범죄자를 색출하기 위한 절차이다.
③ 개인정보보호위원회의 외부 심사에 대응하기 위한 자료 제출용 문서이다.
④ 시스템 로그를 자동으로 삭제하여 불필요한 기록을 최소화하기 위한 관리 절차이다.

10 다음 중 정보보호 공시 의무 대상에 해당하는 경우로 옳은 것은?

① 매출액 1,000억 원 이상의 모든 기업
② 정보보호 최고책임자(CISO)를 지정한 모든 기업
③ 직전년도 일일 평균 이용자 수가 100만 명 이상인 정보통신서비스 제공자
④ 개인정보를 처리하는 모든 중소기업

11 정보통신서비스 제공자가 이용자의 개인정보를 보호하기 위해 취해야 할 조치에 대한 설명 중 옳지 않은 깃은?

① 비밀번호와 주민등록번호 등 주요 개인정보는 복호화가 불가능하도록 일방향 암호화하여 저장해야 한다.
② 개인정보처리시스템에 접속한 기록을 최소 6개월 이상 보관·관리해야 한다.
③ 정보보호 최고책임자(CISO)는 의무적으로 지정해야 하지만, 다른 업무와의 겸직은 자유롭게 허용된다.
④ 개인정보 유출 사실을 인지한 경우, 정당한 사유가 없는 한 24시간 이내에 이용자에게 알리고 관계 기관에 신고해야 한다.

12 다음 중 「정보보호산업의 진흥에 관한 법률」이 궁극적으로 기여하고자 하는 바를 모두 고른 것은?

> 가. 정보보호산업의 기반 조성 및 경쟁력 강화
> 나. 국가의 안전보장
> 다. 정보통신망 이용자의 권익 보호
> 라. 국민경제의 건전한 발전

① 가, 나
② 가, 나, 다
③ 가, 나, 라
④ 가, 나, 다, 라

13 개인정보 영향평가 대상 여부를 판단하는 기준으로 옳지 않은 것은?

① 구축·운용하려는 개인정보파일이 보유한 정보주체의 수
② 처리하려는 개인정보가 민감정보나 고유식별정보에 해당하는지 여부
③ 해당 개인정보파일을 다른 개인정보파일과 연계하려는 경우, 연계 결과로서 포함되는 정보주체의 총합
④ 개인정보처리시스템을 개발하는 데 투입된 총 예산 규모

14 다음 중 정보보호 관리체계(ISMS)에 대한 설명으로 가장 올바른 것은?

① 개인정보 유출 사고 발생 시의 대응 절차만을 규정한 체계이다.
② 정보통신망의 안정성 및 신뢰성 확보를 위해 수립·운영하는 종합적인 관리체계이다.
③ 해킹과 같은 외부 공격을 방어하기 위한 기술적 보호조치에 한정된다.
④ 인증을 받은 후에는 유효기간 없이 영구적으로 효력이 지속된다.

15 정보보호 관리체계(ISMS) 인증의 유효기간으로 옳은 것은?

① 1년
② 2년
③ 3년
④ 5년

16 신규 가상자산사업자로서 2개월 이상의 운영 이력이 없는 경우 취득할 수 있는 인증은?

① ISMS 인증
② ISMS-P 인증
③ ISMS 예비인증
④ 개인정보 영향평가

17 조직이 개인정보를 처리하지 않더라도 정보보호 체계를 인증받고자 할 때 취득해야 할 인증은 무엇인가?

① ISMS 인증
② ISMS-P 인증
③ ISMS 예비인증
④ 개인정보 영향평가

18 ISMS-P 인증심사 중 인증을 처음 받을 때 수행하는 심사는 무엇인가?

① 최초심사
② 사후심사
③ 갱신심사
④ 특별심사

19 인증을 유지하기 위해 매년 1회 이상 실시하는 ISMS-P 인증심사는 무엇인가?

① 최초심사
② 사후심사
③ 갱신심사
④ 임시심사

20 다음 중 정보보호 관리체계(ISMS) 인증을 의무적으로 받아야 하는 대상자로 가장 올바른 것은?

① 모든 온라인 쇼핑몰 사업자
② 집적정보통신시설 사업자(IDC)
③ 직원이 50인 이상의 모든 소프트웨어 개발 회사
④ 개인정보를 수집하는 모든 병원

2과목 정보보호 위험평가

21 정보통신서비스 제공자 중 ISMS 인증 의무 대상이 되는 기준으로 옳은 것은?

① 직전 연도 매출액 100억 원 이상
② 전년도 말 기준 직전 3개월간의 일일평균 이용자 수가 100만 명 이상
③ 보유하고 있는 개인정보 1만 건 이상
④ 자본금 5억 원 이상

22 국내대리인 제도의 주요 역할에 해당되지 않은 것은?

① 개인정보 보호책임자의 업무를 대리한다.
② 개인정보 유출 통지 및 신고를 담당한다.
③ 국내대리인 지정 시 개인정보보호위원회에 신고한다.
④ 규제기관의 자료 제출 요구를 이행한다.

23 제시된 자료에 의거할 때, 국내대리인 관련 과태료 부과 사유와 금액이 바르게 짝지어진 것은?

① 대리인의 성명·주소·전화번호·이메일을 개인정보 처리방침에 포함하지 아니한 자 : 1천만 원
② 국내대리인 미지정 : 1천만 원
③ 국내대리인을 관리·감독하지 아니한 자 : 1천만 원
④ 국내에 주소 또는 영업소가 없는 국내대리인을 지정한 자 : 1천만 원

24 개인정보처리자가 개인정보 처리 시 준수해야 할 '최소한의 보호 원칙'으로 가장 적절하지 않은 것은?

① 개인정보의 처리 목적을 명확히 하고 그 목적에 필요한 최소한의 개인정보만을 적법하게 수집해야 한다.
② 개인정보의 정확성, 완전성 및 최신성 보장되도록 해야 한다.
③ 정보주체의 사생활 침해를 최소화하는 방법으로 개인정보를 처리해야 한다.
④ 개인정보 이용약관에만 개인정보 처리 사항을 공개하고 정보주체의 권리를 보장해야 한다.

25 개인정보처리자가 개인정보 처리 시 준수해야 할 '최소한의 보호 원칙'으로 가장 적절하지 않은 것은?

① 개인정보의 처리 목적에 필요한 최소한의 개인정보만을 적법하게 수집해야 한다.
② 개인정보의 정확성, 완전성 및 최신성 보장되도록 해야 한다.
③ 개인정보 익명처리가 가능한 경우에도 가명에 의하여 처리되도록 한다.
④ 개인정보 처리방침에 개인정보 처리 사항을 공개하고 정보주체의 권리를 보장해야 한다.

26 개인정보처리자가 정보주체로부터 '고유식별정보'의 수집에 대해 별도의 동의를 얻고자 할 때, 법적으로 고지할 의무가 없는 항목은?

① 개인정보를 제공받는 자의 성명 및 이용 목적
② 수집하려는 고유식별정보의 항목
③ 고유식별정보의 보유 및 이용 기간
④ 동의를 거부할 권리가 있다는 사실 및 동의 거부에 따른 불이익의 내용

27 개인정보 처리방침의 '가독성'과 '접근성'을 중점적으로 평가하는 주체로 적절한 것은?

① 평가위원회
② 이용자 평가단
③ 개인정보처리자
④ 개인정보보호위원회

28 다음 중 개인정보 처리방침 평가 절차의 순서가 올바르게 나열된 것은?

> 가. 심층 평가
> 나. 평가 결과 확정 및 개선 권고
> 다. 기초 평가 및 이용자 평가
> 라. 평가 결과 통보 및 이의신청
> 마. 평가계획 수립 및 공고

① 마 → 가 → 다 → 라 → 나
② 마 → 다 → 가 → 라 → 나
③ 다 → 마 → 라 → 가 → 나
④ 가 → 마 → 라 → 다 → 나

29 개인정보보호위원회가 개인정보 처리방침을 평가할 때 사용하는 3대 평가 기준에 해당하지 않는 것은?

① 적정성
② 가독성
③ 효율성
④ 접근성

30 개인정보 처리방침 평가 기준 중 '적정성'이 주로 평가하는 내용은 무엇인가?

① 처리방침의 디자인이 얼마나 미려한가.
② 법령에서 요구하는 필수 기재사항을 모두 포함하고 있는가.
③ 처리방침을 찾는 데까지의 클릭 횟수가 얼마나 적은가.
④ 일반인이 이해하기 쉬운 용어로 작성되었는가.

31 개인정보처리자의 고의 또는 과실로 개인정보 침해로 정보주체에게 2억 원의 손해가 발생한 경우 최대 손해배상액은 얼마인가?

① 4억 원
② 8억 원
③ 10억 원
④ 20억 원

32 다음 중 각 위험처리 전략과 그에 해당하는 사례의 연결이 가장 적절하지 않은 것은?

① 위험 회피 : 해킹 위험이 높은 원격근무 제도의 도입 계획을 전면 철회하였다.
② 위험 감소 : 전 직원을 대상으로 피싱 메일 대응 훈련을 정기적으로 실시하였다.
③ 위험 전가 : 회사 홈페이지 운영을 보안 기능이 강화된 클라우드 서비스(IaaS)로 이전하였다.
④ 위험 수용 : 사무실에 설치된 일반 CCTV의 고장 위험은 즉각적인 업무 중단을 유발하지 않으므로, 예비 장비를 구매하지 않고 감수하기로 하였다.

33 자산가치(AV)가 2억 원인 데이터베이스가 특정 위협으로 인해 40%의 손실을 입을 수 있고(EF = 0.4), 이 위협은 10년에 한 번 발생할 것으로 예측될 때 (ARO = 0.1) 연간예상손실액(ALE)은?

① 400만 원
② 800만 원
③ 4,000만 원
④ 8,000만 원

34 A 회사의 고객 정보 데이터베이스의 자산 가치는 5,000만 원이다. 악성코드로 인해 이 데이터베이스가 유출될 경우, 약 80%의 가치 손실이 발생할 것으로 예상된다. 이러한 악성코드 감염 사고가 1년에 평균 2회 발생할 때, 연간예상손실액(ALE)은 얼마인가?

① 4,000만 원
② 5,000만 원
③ 8,000만 원
④ 1억 원

35 다음 중 정성적 위험 평가 방법에 대한 설명으로 가장 올바른 것은?

① 연간예상손실액(ALE)과 같은 화폐 가치를 사용하여 위험을 계량적으로 분석한다.
② 위험의 발생 가능성과 영향의 정도를 '높음', '중간', '낮음' 등과 같은 서술적 척도와 전문가의 주관적 판단을 통해 평가하고 우선순위를 결정하는 방법이다.
③ 정확한 평가를 위해 과거에 발생한 사고 데이터와 자산의 정확한 금액 정보가 반드시 필요하다.
④ 위험 평가 후 사이버 보험 가입, 업무 외주화 등 위험 전가 전략을 수립하는 단계를 의미한다.

36 다음 중 정성적 위험 평가 방법에 해당하지 않는 것은?

① 델파이 기법(Delphi Method)
② 시나리오 분석(Scenario Analysis)
③ 연간예상손실액(ALE) 분석
④ 브레인스토밍(Brainstorming)

37 다음 중 위험관리계획 수립에 대한 설명으로 옳지 않은 것은?

① 위험관리계획에는 수행인력, 기간, 대상, 방법, 예산 등이 구체적으로 포함되어야 한다.
② 위험평가는 조직의 특성을 반영해야 하며, 최소 연 1회 이상 정기적으로 수행되어야 한다.
③ 위험평가 대상은 정보보호 담당자가 중요하다고 판단하는 핵심 정보자산에 한정하여 효율적으로 선정한다.
④ 위험평가 방법론은 조직의 특성에 맞게 자체적으로 정할 수 있으나, 그 과정은 합리적이어야 하고 결과는 실질적인 위험을 반영해야 한다.

38 다음 중 정보보호 '실무협의체'의 역할로 보기 어려운 것은?

① 부서별 정보자산을 식별하고 위험 평가의 실질적인 수행을 주도한다.
② 정보보호위원회에 상정할 안건을 사전에 검토하고 보고 자료를 준비한다.
③ 새로운 보안 위협 동향을 공유하고 부서 간 협력이 필요한 실무 대응 방안을 논의한다.
④ 정보보호 관련 법규 위반 시 회사를 대표하여 최종적인 법적 책임을 부담한다.

39 우수 정보보호 기술 지정제도에 대한 설명으로 가장 올바른 것은?

① 금융위원회가 금융 분야의 보안 기술만을 대상으로 지정하고 관리하는 제도이다.
② 정보보호 제품의 보안 수준을 평가하여 EAL 등급을 부여하는 강제 인증 제도이다.
③ 과학기술정보통신부장관이 잠재력 있는 신규 정보보호 기술을 발굴하여 기술 개발과 사업화를 촉진하기 위한 제도이다.
④ 정보보호 의무를 위반한 기업에게 기술 개선 명령을 내리는 행정 처분의 일종이다.

40 「정보보호산업의 진흥에 관한 법률」에서 정부가 정보보호기업의 수출 및 해외 진출을 지원하는 가장 주된 목적으로 옳은 것은?

① 국내 정보보호 기술이 해외 기술보다 우수함을 증명하기 위함
② 해외에 진출한 국내 기업의 정보보호 법규 준수 여부를 감독하기 위함
③ 정보보호기업의 국제 경쟁력을 강화하고 해외 시장 판로를 개척하도록 지원하기 위함
④ 국내 정보보호 시장의 과열 경쟁을 해소하고 기업을 해외로 이전시키기 위함

3과목   **정보보호 위험대응**

41 「정보보호산업의 진흥에 관한 법률」에 명시된 정보보호시스템의 하자담보 책임 기간으로 올바른 것은?

① 사업을 종료한 날부터 6개월 이내
② 사업을 종료한 날부터 1년 이내
③ 사업을 종료한 날부터 2년 이내
④ 사업을 종료한 날부터 3년 이내

42 정보시스템의 안전한 접근 통제 활동으로 가장 적절하지 않은 것은?

① 서버 운영체제(OS) 접근 시 사용자, 위치(IP), 접속 수단(SSH 등)을 명확히 정의하여 인가된 대상만 접근하도록 통제한다.
② 정보시스템 접속 후 일정 시간 활동이 없을 경우, 비인가자의 무단 사용을 방지하기 위해 세션을 자동으로 차단하도록 설정한다.
③ 관리의 편의성을 위해 여러 명의 관리자가 하나의 공용 계정을 사용하여 시스템에 접근하고 정기적으로 암호를 변경한다.
④ 침해사고에 이용될 가능성이 있는 불필요한 서비스나 포트는 사전에 점검하여 제거하거나 차단함으로써 공격 표면을 줄인다.

43 다음 중 정보시스템 접근 통제 정책이 미흡하여 발생할 수 있는 보안 취약점으로 가장 적절한 것은?

① 관리자 권한으로 시스템에 접속 시, IP 제한과 더불어 OTP 인증을 적용하여 보안을 강화하였다.
② 인가받은 서버에 접속한 특정 사용자가 해당 서버를 경유하여 권한이 없는 다른 서버로 추가 접속이 가능하도록 설정되어 있다.
③ 주요 서비스를 제공하는 시스템을 다른 서비스와 물리적으로 분리된 서버에서 독립적으로 운영하여 상호 영향을 최소화하였다.
④ 시스템 운영 목적과 무관한 기본 서비스나 테스트용 기능은 사전에 제거하여 시스템을 최적화하였다.

44 「정보보호산업의 진흥에 관한 법률 시행령」 제7조에 따르면, 공공기관의 장이 정보보호시스템 구축 사업 계약을 체결할 때 우선적으로 적용해야 하는 계약 방식은?

① 해당 사업을 다른 소프트웨어사업과 통합하여 계약하는 방식
② 최저 가격을 제시한 사업자와 계약하는 방식
③ 해당 사업을 다른 소프트웨어사업과 분리하여 계약하는 방식
④ 공공기관의 장이 임의로 지정한 사업자와 수의 계약을 체결하는 방식

45 다음 중 「정보보호산업의 진흥에 관한 법률」에 따른 정보보호 공시 의무자에 해당하지 않는 경우는?

① 「의료법」에 따른 상급종합병원
② 전년도 매출액이 1,000억 원 이상인 집적정보통신시설 사업자
③ 정보통신업에 해당하며 전년도 매출액이 3,000억 원 이상인 주권 발행 상장법인
④ 「전자상거래 등에서의 소비자보호에 관한 법률」에 따른 통신판매업자

46 다음 중 개인정보 내부관리계획의 필수 포함 사항으로 보기 어려운 것은?

① 개인정보의 기술적 · 관리적 보호조치 계획
② 개인정보 유출 사고 발생 시 대응 절차 및 비상 연락망
③ 개인정보취급자에 대한 접근 권한의 제한 및 관리 방안
④ 사내 전 직원의 인사고과 평가 기준 및 연봉 협상 절차

47 「신용정보법」에서 정의하는 신용정보의 '처리'에 대한 설명으로 가장 올바른 것은?

① 신용정보를 컴퓨터 시스템에 저장하거나 조회하는 행위만을 의미한다.
② 신용정보를 이용하여 개인의 신용등급을 생성하는 행위만을 의미한다.
③ 신용정보의 수집, 생성, 기록, 저장, 이용, 제공, 파기 등 신용정보를 다루는 모든 행위를 포괄적으로 의미한다.
④ 신용정보회사와 신용정보제공 · 이용자 간에 신용정보를 주고받는 행위만을 의미한다.

48 다음 중 정보보호 관련 중소기업을 지원하기 위한 정부의 역할로 가장 올바른 것은?

① 기술력이 부족한 중소기업을 통폐합하여 대기업으로 육성하는 정책을 추진한다.
② 중소기업이 정보보호 기술 및 제품을 개발하고 사업화하는 데 필요한 지원 시책을 마련하고 시행한다.
③ 모든 중소기업에 동일한 금액의 정보보호 기술 개발 자금을 의무적으로 배분한다.
④ 중소기업 간의 과도한 경쟁을 방지하기 위해 신규 창업을 제한하는 규제를 마련한다.

49 암호정책을 수립할 때 고려해야 할 사항으로 가장 적절하지 않은 것은?

① 암호 강도, 암호화 대상, 저장 및 전송 방식 등을 정의해야 한다.
② 법적 요구사항을 반영하여 안전한 암호화 알고리즘을 적용해야 한다.
③ 암호화 적용 여부는 기업 내부 보안팀이 임의로 결정할 수 있다.
④ 암호화 대상 데이터를 지속적으로 점검하고 보완해야 한다.

50 다음 중 「정보보호산업의 진흥에 관한 법률」에 따른 정보보호 공시 의무자에 해당하지 않는 경우는?

① 「의료법」에 따라 지정된 상급종합병원
② 전년도 매출액이 2,000억 원인 정보통신업을 영위하는 주권상장법인
③ 「클라우드컴퓨팅 발전 및 이용자 보호에 관한 법률」에 따른 클라우드컴퓨팅서비스 제공자
④ 전년도 말 직전 3개월간의 일일평균 이용자 수가 150만 명인 정보통신서비스 제공자

51 정보보호산업의 진흥에 관한 법률 시행령」에서 규정하는 정보보호 공시 의무자 기준으로 옳지 않은 것은?

① 직전 연도 매출액이 100억 원 이상인 집적정보통신시설 사업자
② 직전 연도 매출액이 1조 원 이상인 기간통신사업자
③ 직전 연도 매출액이 500억 원 이상인 소프트웨어 개발 공급업자
④ 「의료법」 제3조의4에 따라 지정된 상급종합병원

52 다음 중 「정보보호산업의 진흥에 관한 법률」 제13조에 따른 정보보호 공시 제도의 주된 목적으로 가장 올바른 것은?

① 기업의 정보보호 기술력을 평가하여 순위를 매기기 위함
② 이용자가 기업의 정보보호 수준을 파악하고 안전한 서비스를 선택할 수 있도록 정보를 제공하기 위함
③ 보안 사고 발생 시 과징금을 부과하기 위한 사전 자료를 확보하기 위함
④ 정부의 정보보호 지원금을 차등 지급하기 위한 객관적 기준을 마련하기 위함

53 정보보호 관리등급 제도에 대한 설명으로 가장 적절한 것은?

① 정보보호 관리체계(ISMS) 인증을 대체하는 새로운 의무 인증 제도이다.
② 정보보호 투자가 미흡한 기업을 식별하여 행정 처분을 내리기 위한 제도이다.
③ 정보보호 시스템이나 제품의 기술적 안정성을 평가하여 등급을 부여한다.
④ 기업이 정보보호 관리체계(ISMS) 인증을 넘어 지속적으로 정보보호 수준을 향상시키도록 유도하고, 기업의 신뢰도와 경쟁력 확보를 지원한다.

54 「정보보호산업의 진흥에 관한 법률 시행령」에 따라, 과학기술정보통신부장관은 정보보호산업 진흥계획을 언제까지 수립해야 하는가?

① 그 시행 연도의 1월 31일
② 그 시행 연도의 6월 30일
③ 그 시행 연도의 전년도 12월 31일
④ 수립 계획을 발표한 날로부터 6개월 이내

55 다음 중 과학기술정보통신부장관이 전문기관에 위탁할 수 있는 업무를 올바르게 짝지은 것은?

가. 정보보호 기술의 수출 지원에 관한 사업
나. 정보보호 공시 전자공시시스템의 구축 · 운영
다. 정보보호 전문서비스 기업 지정에 관한 업무
라. 정보보호 전문인력 양성을 위한 교육프로그램 개발 지원

① 가, 나
② 가, 라
③ 나, 다
④ 다, 라

56 우수 정보보호 기술 지정 제도와 관련된 설명으로 가장 올바른 것은?

① 각 지방자치단체의 장이 관할 구역 내 기업의 기술을 지정한다.
② 정보보호 관련 기업들이 협의체를 구성하여 자율적으로 심사 및 지정한다.
③ 과학기술정보통신부장관이 정보보호산업의 기반을 조성하고 경쟁력을 강화하기 위해 지정 및 지원 시책을 마련한다.
④ 한국인터넷진흥원이 심사를 통해 최종적으로 지정하고 과학기술정보통신부장관에게 그 결과를 보고한다.

57 「정보보호산업의 진흥에 관한 법률」에 따른 정보보호 공시 제도의 주된 목적으로 가장 올바른 것은?

① 기업의 정보보호 수준을 투명하게 공개하여 이용자의 알 권리를 보장하고, 기업의 자발적인 정보보호 투자를 유도하기 위함
② 정보보호 관련 법규를 위반한 기업을 식별하고 과징금을 부과하기 위한 근거 자료를 확보하기 위함
③ 기업별 정보보호 기술 수준을 평가하여 순위를 매기고 우수 기업에 정부 지원금을 차등 지급하기 위함
④ 모든 기업의 정보보호 시스템을 국가 표준에 맞춰 통일시키기 위함

58 개인정보 보호법 시행령 제35조에 따른 '개인정보 영향평가' 의무 대상에 해당하는 경우로 가장 옳은 것은?

① 민감정보가 포함된 4만 명 규모의 개인정보파일을 구축하는 경우
② 30만 명 규모의 개인정보파일을 10만 명 규모의 파일과 연계하는 경우
③ 80만 명 규모의 일반 개인정보파일을 구축하는 경우
④ 100만 명 이상의 정보주체가 포함된 일반 개인정보파일을 구축하는 경우

59 개인정보 영향평가 의무 대상에 대한 설명으로 가장 적절하지 않은 것은?

① 민감정보나 고유식별정보가 포함된 개인정보파일은 5만 명 이상일 경우 평가 대상이다.
② 다른 개인정보파일과 연계한 결과, 정보주체의 수가 총 50만 명 이상이 되면 평가 대상이다.
③ 일반 개인정보파일은 정보주체의 수가 50만 명 이상이면 구축 시 무조건 평가 대상이다.
④ 이미 영향평가를 받았더라도 개인정보파일의 운영 체계를 변경하는 경우에는 다시 평가를 받아야 한다.

60 다음 중 개인정보처리시스템 접속기록에 반드시 포함되어야 할 항목으로 적절하지 않은 것은?

① 개인정보취급자의 로그인 ID
② 정보주체의 성별 및 연령 정보
③ 개인정보취급자의 접속 IP 주소
④ 개인정보를 조회하고 출력한 수행업무 내역

61 다음은 ○○기업의 고객 데이터베이스 자산에 대한 위험분석 결과이다. 단일 손실 예상액(SLE)과 연간 손실 예상액(ALE)을 올바르게 계산한 것은?

> 고객 데이터베이스의 자산 가치(AV)는 5천만 원이며, 암호화 미적용 취약점으로 인해 정보 유출 사고 발생 시 자산 가치의 20% 손실(EF)이 예상된다. 이러한 유형의 사고는 연간 2회 발생(ARO)할 것으로 예측된다.

① 1천만 원, 2천만 원
② 5백만 원, 1천만 원
③ 1천만 원, 1천만 원
④ 2천만 원, 4천만 원

62 다음 중 「정보보호산업의 진흥에 관한 법률」의 용어에 대한 설명으로 적절하지 않은 것은?

> - "정보보호"란 다음 각 활동을 위한 관리적·기술적·물리적 수단(이하 "정보보호시스템"이라 한다)을 마련하는 것을 말한다.
>   - 정보의 ⓐ 수집, 변경, 처리, 검색, 송신, 수신 중에 발생할 수 있는 정보의 훼손, 변조, 유출 등을 방지 및 복구하는 것
>   - 암호·인증·인식·감시 등의 보안기술을 활용하여 재난·재해·범죄 등에 대응하거나 관련 장비·시설을 ⓑ 적법하게 관리하는 것
> - "정보보호산업"이란 정보보호를 위한 기술(이하 "정보보호기술"이라 한다) 및 정보보호기술이 적용된 제품(이하 "정보보호제품"이라 한다)을 개발·생산 또는 유통하거나 이에 관련한 서비스(이하 "정보보호서비스"라 한다)를 제공하는 산업을 말한다.
> - "정보보호기업"이란 정보보호산업과 관련된 경제활동(이하 "정보보호사업"이라 한다)을 영위하는 자를 말한다.
> - "이용자"란 정보보호기업이 제공하는 정보보호기술, ⓒ 정보보호제품 및 정보보호서비스(이하 "정보보호기술등"이라 한다)를 이용하는 자를 말한다.
> - "정보보호 준비도 평가"란 기업의 ⓓ 정보보호 준비 수준을 평가하여 일정 등급을 부여하는 것을 말한다.

① ⓐ, ⓑ
② ⓑ, ⓒ
③ ⓒ, ⓓ
④ ⓓ, ⓐ

63 다음 중 정보보호산업 진흥계획 수립에 대한 사항에 대한 설명으로 적절하지 않은 것은?

> - 정보보호산업 진흥을 위한 정책의 기본방향에 관한 사항
> - 정보보호 전문인력 양성, 원천기술 개발, ⓐ 정보보호기업 육성 등 기반 조성에 관한 사항
> - 정보보호기술 등의 ⓑ 표준화와 지식재산권 보호에 관한 사항
> - 정보보호기업의 ⓒ 육성 및 지원에 관한 사항
> - 정보보호 관련 중소기업, 벤처기업, ⓓ 중기업의 경쟁력 강화를 위한 지원에 관한 사항
> - 정보보호산업과 그 밖의 산업 간 융합의 진전에 따른 정보보호 정책에 관한 사항
> - 정보보호산업의 공정경쟁 환경의 조성에 관한 사항
> - 이용자의 ⓔ 권익보호에 관한 사항
> - 정보보호산업에 관한 국제협력과 해외진출 지원에 관한 사항
> - 정보보호산업 진흥을 위한 재원 확보 및 배분에 관한 사항
> - 정보보호산업 진흥을 위한 법·제도 개선에 관한 사항
> - 정보보호산업과 관련된 중앙행정기관 간의 업무협력 및 조정에 관한 사항

① ⓐ, ⓓ
② ⓑ, ⓔ
③ ⓒ, ⓓ
④ ⓐ, ⓒ

64 다음 중 「정보보호산업의 진흥에 관한 법률」의 하자 담보에 대한 사항에 대한 설명으로 적절하지 않은 것을 고르면?

> - 정보보호기업은 공공기관등과 정보보호시스템 구축 사업 계약을 체결한 경우 사업을 종료한 날(사업에 대한 시험 및 검사를 수행하여 최종산출물을 인도한 날을 말한다)부터 ⓐ 2년 이내의 범위에서 발생한 하자에 대하여 담보책임이 있다.
> - 정보보호기업은 다음 중 어느 하나의 사유로 발생한 하자에 대하여는 담보책임이 없다.(이하 생략)
>   - 발주자가 제공한 ⓑ 물품의 품질이나 규격 등이 제7조제2항의 기준에 미치지 못하는 경우
>   - ⓒ 사업자의 지시에 따라 정보보호시스템을 구축한 경우
>   - 그 밖에 발주자의 ⓓ 고의 또는 과실로 하자가 발생한 경우

① ⓐ, ⓑ
② ⓑ, ⓓ
③ ⓐ, ⓒ
④ ⓓ, ⓐ

65 다음 중 정보보호 관리체계 개선 및 결함사례에 대한 설명으로 적절하지 않은 내용으로만 짝지어진 것은?

> ⓐ 조직은 법적 요구사항 검토 및 관리체계 점검 과정에서 발생한 문제점에 대해 근본 원인을 분석하고, 이를 기반으로 재발방지 대책을 수립하여 제대로 이행하는지를 점검해야 한다.
> ⓑ 수립된 개선대책의 효과성을 확인할 수 있도록 검증 기준과 절차를 마련하고, 그에 따라 개선조치의 정확성 및 실질적인 효과를 평가하고 있는지 확인해야 한다.
> ⓒ 관리체계상 문제점에 대해 KPI 기반 측정은 이루어지고 있으나, 측정 결과가 경영진에게 주기적으로 보고되지 않아 대응 의사결정 및 관리책임이 제대로 수행되지 않는 경우는 결함으로 볼 수 없다.
> ⓓ 문제점이 식별되었음에도 불구하고 조치계획 수립이 누락되었거나, 수립된 계획의 이행 여부에 대한 사후 확인이 이루어지지 않아 실질적인 개선 활동이 누락된 경우는 이행확인 부재에 따른 결함에 해당한다.
> ⓔ 내부점검을 통해 동일한 정보보호 및 개인정보보호 문제점이 반복 발생함에도 불구하고, 이에 대한 근본 원인을 분석하거나 개선 대책을 마련하지 않아 동일 결함이 지속되는 경우는 문제 반복에 따른 결함에 해당한다.

① ⓐ, ⓑ
② ⓒ
③ ⓒ, ⓓ
④ ⓓ, ⓔ

66 다음 중 정보보호 변경관리에 대한 설명으로 적절하지 않은 내용으로만 짝지어진 것은?

> ⓐ 하드웨어, OS 등 정보시스템 자산 변경 시 공식적인 변경관리 절차를 수립하고, 이를 기반으로 안전하게 이행해야 한다.
> ⓑ 변경이 적용된 자산에 대해서는 자산 목록, 운영 매뉴얼 등의 관련 문서를 함께 식별하여 최신 상태로 갱신해야 한다.
> ⓒ 긴급한 변경이 필요하거나 변경 내용이 경미할 경우, 업무 효율성을 위해 선 조치 후 책임자의 사후 승인을 받는 절차를 허용한다.
> ⓓ 자산 변경이 시스템의 보안, 성능, 업무처리에 미치는 영향을 사전에 분석하여 계획을 수립해야 한다.
> ⓔ 변경이 실패할 경우에 대비하여 복구 절차를 사전에 수립해야 하지만, 변경 전후 백업 등의 안전장치를 마련할 필요는 없다.

① ⓐ, ⓑ
② ⓒ, ⓔ
③ ⓒ, ⓓ
④ ⓓ, ⓔ

67 다음 중 정보시스템 운영 시 발행하는 다양한 결함들에 대한 설명으로 올바르지 않은 것은?

> ⓐ 보안시스템 운영 : 침입차단시스템 보안정책에 대한 정기 검토가 수행되지 않아 불필요하거나 과도하게 허용된 정책이 다수 손재하는 경우
> ⓑ 공개서버 보안 : 게시판 등의 웹 응용 프로그램에서 타인이 작성한 글을 임의로 수정·삭제하거나 비밀번호로 보호된 글을 열람할 수 있는 경우
> ⓒ 정보전송 보안 : 대외 기관과 연계 시 외부 기관별 연계 시기, 방식, 담당자 및 책임자, 연계 정보, 법적 근거 등에 대한 현황관리가 미흡한 경우
> ⓓ 업무용 단말기기 보안 : 개인정보가 포함된 보조저장 매체를 금고 등 안전한 장소에 보관하지 않고, 사무실 서랍에 방치한 경우

① ⓐ
② ⓑ
③ ⓒ
④ ⓓ

68 다음은 정보보호 최고책임자(CISO) 지정 및 자격 요건에 대한 설명이다. 법적 기준에 부합하지 않는 부적절한 내용을 모두 고른 것은?

> ⓐ 정보보호 분야 석사학위 이상을 취득한 사람은 CISO의 자격요건을 충족한다.
> ⓑ 자산총액 5조 원 이상인 기업의 경우, 정보보호 최고책임자는 정보기술 부문 최고책임자(CIO)가 겸직할 수 없다.
> ⓒ 국제 공인 정보보호 자격증(CISSP 등)을 보유한 사람은 다른 경력 요건 없이 CISO로 지정될 수 있다.
> ⓓ 겸직이 금지된 CISO는 해당 직무만 전담해야 하나, 주 20시간 미만의 단기 계약직(비상근) 임원으로 지정하는 것은 가능하다.
> ⓔ CISO는 정보보호에 대한 독립적인 의사결정 권한을 보장받아야 하며, CIO 등 이해상충이 발생할 수 있는 직책의 지휘를 받아서는 안 된다.
> ⓕ 개인정보 보호책임자(CPO)는 CISO와 업무 영역이 전혀 달라 어떠한 경우에도 겸직이 불가능하다.

① ⓐ, ⓑ, ⓔ
② ⓒ, ⓓ, ⓕ
③ ⓐ, ⓒ, ⓓ
④ ⓑ, ⓔ, ⓕ

69 다음은 정보보호 정책 및 지침의 수립, 개정, 운영에 관한 여러 사례이다. 바람직하지 않은 사례를 모두 고른 것은?

> ⓐ 정보보호 정책의 최종 승인은 최고경영자(CEO)가 수행하며, 이는 정보보호에 대한 경영진의 의지를 나타낸다.
> ⓑ 개정된 정보보호 정책은 모든 임직원이 쉽게 열람할 수 있도록 전사 인트라넷에 게시한다.
> ⓒ 정보보호 정책은 정보보호팀의 고유 업무와 직결되므로, 정책 문서는 보안을 위해 정보보호팀 내부에서만 열람하고 타 부서에는 공유하지 않는다.
> ⓓ 정책 개정 과정에서 현업 부서가 '업무 효율성 저하'를 이유로 이의를 제기했으나, 정보보호팀은 '보안이 우선'이라는 이유로 해당 의견을 반영 없이 기각했다.
> ⓔ 최소 1년에 한 번씩 정책의 타당성을 검토하고, 법규 변경 및 신규 위협 등을 반영하여 개정한다.

① ⓐ, ⓑ
② ⓐ, ⓔ
③ ⓒ, ⓓ
④ ⓓ, ⓔ

70 다음은 ○○기업의 내부감사 결과 발견된 보안 취약점과 이에 대해 각 부서가 제시한 개선 방안이다. 제시된 개선 방안이 발견된 문제점을 해결하기에 가장 부적절한 것은?

지적사항	주요 문제점
데이터베이스(DB) 접근 권한 관리 미흡	다수의 개발자가 DB 관리자(root) 계정을 공유하고 있으며, 권한 사용 내역에 대한 정기적인 검토가 없음
개인정보 처리 시스템 접속기록 관리 미흡	접속기록을 법적 요구사항(1년)에 미달하는 3개월만 보관하고 있으며, 위변조 방지 대책이 없음

① DB 관리자 공유 계정을 폐지하고, 모든 개발자에게 개인별 DB 계정을 발급하며, '최소 권한 원칙'에 따라 업무에 필요한 권한만 부여한다.
② 별도의 로그 서버를 구축하여 모든 접속기록을 중앙에서 수집하고, 로그 파일에 대한 무결성 검증(해시값 등) 기능을 도입하여 위변조를 방지한다.
③ 접속기록 보관 주기를 법적 요구사항을 충족하는 1년 이상으로 즉시 변경하고, 관련 시스템 담당자에게 교육을 실시한다.
④ DB 접근 속도 저하를 방지하기 위해, 개발자들이 필요할 때마다 자유롭게 DB 관리자 계정을 사용할 수 있도록 절차를 간소화한다.

71 다음은 어느 기업이 마케팅 이벤트를 기획하며 검토한 개인정보 처리 방안이다. 개인정보 보호법의 원칙에 비추어 볼 때, 밑줄 친 용어의 사용이 가장 알맞게 짝지어진 것은?

> • 마케팅 이벤트 진행 시, 개인정보처리자는 사전에 고지한 (ⓐ)(을)를 벗어나 경품 추첨 대상자의 개인정보를 제3자에게 제공해서는 안 된다.
> • 또한 이벤트 종료 후, 법령에 근거가 없는 한 사전에 동의받은 (ⓑ)(이)가 지나면 해당 개인정보를 (ⓒ)해야 한다.
> • 만 14세 미만 아동의 정보를 수집할 경우, 반드시 (ⓓ)의 동의를 받아야 한다.

① ⓐ 이용 목적, ⓑ 생성 시점, ⓒ 파기, ⓓ 법정대리인
② ⓐ 처리 범위, ⓑ 영구 보존, ⓒ 백업, ⓓ 본인
③ ⓐ 이용 목적, ⓑ 보유 및 이용 기간, ⓒ 파기, ⓓ 법정대리인
④ ⓐ 제3자 제공, ⓑ 보유 및 이용 기간, ⓒ 익명처리, ⓓ 본인

72 ○○사의 고객 데이터베이스(DB) 자산에 대한 위험 분석 결과가 다음과 같을 때, 단일 손실 예상액(SLE)과 연간 손실 예상액(ALE)으로 옳은 것은?

> 고객 DB의 자산 가치(AV)는 2억 원이다. 암호화 미적용 취약점으로 인해 데이터 유출 사고가 발생할 경우, 자산 가치의 10%에 해당하는 손실(EF)이 발생한다. 해당 유형의 사고는 4년에 한 번 발생(ARO)할 것으로 예측된다.

① 2천만 원, 8천만 원
② 2천만 원, 5백만 원
③ 5백만 원, 2천만 원
④ 2천만 원, 2천만 원

73 다음은 '정보보호 준비도 평가기관'의 등록 요건에 대한 법적 설명이다. 괄호 안에 들어갈 내용을 올바르게 짝지은 것은?

> 정보보호 준비도 평가를 수행하려는 기관은 다음의 서류를 갖추어 과학기술정보통신부장관에게 등록하여야 한다.
> • 법인인 경우 (㉠)
> • 정보보호 준비도 평가 (㉡)
> • 평가를 수행하는 데 필요한 (㉢) 능력을 증명할 수 있는 서류

① ㉠ 법인의 정관, ㉡ 사업 수행 계획서, ㉢ 인적 · 기술적 · 재정적
② ㉠ 사업자등록증, ㉡ 재무제표, ㉢ 관리적 · 물리적 · 기술적
③ ㉠ 법인의 정관, ㉡ 보안 서약서, ㉢ 법적 · 재정적
④ ㉠ 사업 수행 계획서, ㉡ 법인의 정관, ㉢ 인적 · 관리적

74 다음은 「정보보호산업의 진흥에 관한 법률」 제13조(정보보호 공시)의 일부이다. 괄호 안에 들어갈 용어를 올바르게 짝지은 것은?

> 제13조(정보보호 공시)
> ① 다음 각 호의 어느 하나에 해당하는 자 중 대통령령으로 정하는 기준에 해당하는 자는 정보보호에 관한 사항을 공시하여야 한다.
> 「전기통신사업법」 제22조에 따라 등록한 (㉠)
> 「정보통신망 이용촉진 및 정보보호 등에 관한 법률」 제47조제2항에 따라 정보보호 관리체계 인증을 받아야 하는 자 중 (㉡) 및 의료법 제3조의4에 따른 상급종합병원

① ㉠ 별정통신사업자, ㉡ 방송사업자
② ㉠ 부가통신사업자, ㉡ 정보보호 전문서비스 기업
③ ㉠ 기간통신사업자, ㉡ 집적정보통신시설 사업자
④ ㉠ 특수유형부가통신사업자, ㉡ 전자금융기반시설

75 다음은 정부의 '융합형 정보보호기술' 개발 촉진 사업에 대한 법적 설명이다. 괄호 안에 들어갈 내용을 올바르게 짝지은 것은?

> 과학기술정보통신부장관은 융합형 정보보호기술등의 개발을 촉진하기 위하여 다음 각 호의 사업을 추진할 수 있다.
> • 융합형 정보보호기술 등에 관한 연구개발
> • 융합형 정보보호기술의 (㉠)
> • 융합형 정보보호기술 등에 관한 (㉡)
> • 융합형 정보보호기술 등에 관한 (㉢)
> (이하 생략)

① ㉠ 기술거래 및 사업화, ㉡ 시범사업, ㉢ 전문인력 양성
② ㉠ 특허 출원, ㉡ 예산 편성, ㉢ 해외 수출 지원
③ ㉠ 시범사업, ㉡ 전문인력 양성, ㉢ 기술거래 및 사업화
④ ㉠ 기술거래 및 사업화, ㉡ 표준 제정, ㉢ 정책연구

76 다음은 정보보호시스템 구축 사업의 '하자담보책임'에 대한 법적 설명이다. 괄호 안에 들어갈 내용을 올바르게 짝지은 것은?

> 정보보호기업은 공공기관과의 사업 종료 후 (㉠)의 기간 동안 하자담보책임이 있다. 이 책임기간은 최종 시험 및 검사 후 (㉡)(을)를 인도한 날부터 기산된다. 단, 발주자의 지시가 부적절함을 알고도 이를 (㉢)하지 않고 수행하여 하자가 발생한 경우에는 발주자의 지시에 따른 것이라도 정보보호기업이 책임을 져야 한다.

① ㉠ 1년, ㉡ 최종산출물, ㉢ 고지
② ㉠ 2년, ㉡ 사업 계약일, ㉢ 신고
③ ㉠ 6개월, ㉡ 잔금 지급일, ㉢ 합의
④ ㉠ 1년, ㉡ 중간산출물, ㉢ 승인

77 다음은 '우수 정보보호기업' 지정 및 지원 제도에 대한 법적 설명이다. 괄호 안에 들어갈 내용을 올바르게 짝지은 것은?

> 정보보호산업 진흥에 기여한 기업에 대하여 (㉠)(은)는 우수 정보보호기업으로 지정할 수 있다. 지정된 기업은 전문인력 양성 지원, (㉡) 등 다양한 지원을 우선적으로 받게 되며, 지정 사실은 관보 등에 (㉢)되어야 한다.

① ㉠ 과학기술정보통신부장관, ㉡ 자금의 융자, ㉢ 고시
② ㉠ 행정안전부장관, ㉡ 세금 감면, ㉢ 등록
③ ㉠ 개인정보보호위원회, ㉡ 독점 사업권 부여, ㉢ 승인
④ ㉠ 과학기술정보통신부장관, ㉡ 법인세 면제, ㉢ 신고

78 다음은 「개인정보 보호법」에 따른 '개인정보 이용 · 제공 내역 통지' 제도에 대한 설명이다. 괄호 안에 들어갈 알맞은 용어로 짝지어진 것은?

> • 5만 명 이상의 민감정보 · 고유식별정보 처리자 또는 (A) 이상의 개인정보를 처리하는 자는 통지 의무 대상이 된다.
> • 통지는 (B) 주기적으로 이루어져야 하며, 정보주체가 그 내용을 확인할 수 있는 방법을 제공해야 한다.
> • 통지 방법은 정보주체가 쉽게 확인할 수 있는 (C) 등의 방식을 이용한다.
> • 정보주체가 통지를 원하지 않는다는 명확한 (D)(이)가 있는 경우에는 통지하지 않을 수 있다.

① A : 50만 명, B : 연 1회, C : SNS, 팩스, D : 이의 제기
② A : 100만 명, B : 연 1회 이상, C : 서면, 이메일, 문자, D : 거부 의사 표시
③ A : 100만 명, B : 분기 1회, C : 서면, 이메일, 문자, D : 동의 철회
④ A : 10만 명, B : 연 1회 이상, C : SNS, 팩스, D : 거부 의사 표시

79 다음은 ○○기업의 위험 분석 결과 식별된 보안 취약점 목록이다. 이 중 개인정보 보호법 등 관련 법규 준수를 위해 '위험 수용' 처리 방안을 적용할 수 없고, 반드시 개선 조치가 이루어져야 하는 항목은 총 몇 개인가?

ⓐ 주민등록번호를 평문으로 데이터베이스에 저장
ⓑ 내부 개발서버의 관리자 계정 초기 비밀번호 사용
ⓒ 회원 탈퇴 후 5년이 지난 고객의 개인정보를 파기하지 않고 보관
ⓓ 마케팅 목적의 개인정보 제3자 제공 시, 정보주체에게 별도 동의를 받지 않음
ⓔ 개인정보취급자 PC의 운영체제(OS) 보안 업데이트 지연
ⓕ 개인정보 처리 시스템의 접속기록을 1개월만 보관
ⓖ 회사 내부망 파일서버의 접근 권한 설정 오류
ⓗ 비밀번호 설정 시, 연속된 숫자 4자리 이상 사용을 허용
ⓘ 정보보호 교육 참석률이 저조함
ⓙ 고객의 비밀번호를 SHA-1 알고리즘으로 암호화하여 저장

① 3개
② 4개
③ 5개
④ 6개

80 다음 중 다양한 위험 분석 방법론에 대한 설명으로 올바르지 않은 것을 모두 고르면?

ⓐ 델파이법(Delphi Method) : 위험의 발생 가능성과 영향도를 각각 '상, 중, 하'와 같은 등급으로 나누어 표(매트릭스)를 만들고, 두 등급의 조합으로 위험도를 직관적으로 결정하는 정성적 분석 방법이다.
ⓑ 시나리오 분석법(Scenario Analysis) : '해커가 내부 시스템에 침투하여 고객 정보를 유출한다면 어떤 피해가 발생할까?'와 같이 특정 위협 상황을 가정하고, 그 발생 과정과 결과를 분석하여 잠재적 위험을 식별하는 정성적 방법이다.
ⓒ 과거자료 분석법(Historical Data Analysis) : 과거에 발생했던 보안 사고 이력, 손실 금액, 발생 빈도 등 실제 데이터를 통계적으로 분석하여 미래의 위험을 예측하는 정량적 분석 방법이다.
ⓓ 확률 분포법(Probability Distribution) : 연간손실예상액(ALE)과 같은 위험을 정확한 화폐 가치로 산출하는 대표적인 정량적 분석 방법으로, 객관적인 과거 데이터가 전혀 없는 상황에서 예측의 정확도를 높이는 데 가장 효과적이다.

① ⓐ, ⓑ
② ⓐ, ⓓ
③ ⓑ, ⓒ
④ ⓒ, ⓓ

시험 시간	풀이 시간	내 점수	문항 수
90분	분	점	총 80개

1과목 정보보호 위험관리 계획

01 다음 중 정보보호 위험관리를 수행하는 주요 목적 중 가장 타당한 것은?

① 모든 위험을 제거하기 위함
② 위험을 허용 가능한 수준으로 관리하기 위함
③ 경영진의 책임을 회피하기 위함
④ 정보시스템의 성능을 향상시키기 위함

02 다음 중 위험관리 활동의 마지막 단계로 올바른 것은?

① 자산식별
② 위험분석
③ 위험대응
④ 모니터링 및 개선

03 다음 중 위험관리 계획 수립 시 고려해야 할 사항으로 옳지 않은 것은?

① 조직의 전략 및 목표와 연계되어야 한다.
② 최신 위협정보를 반영한다.
③ 경영진의 승인 절차가 필요하다.
④ 정보보호팀 단독으로 판단한다.

04 위험분석 방법 중 '과거 사고 통계와 손실액'을 기반으로 위험을 정량적으로 평가하는 방법으로 적절한 것은?

① 시나리오 분석법
② 델파이 기법
③ 과거자료분석법
④ 브레인스토밍

05 다음 중 ISMS-P에서 '위험대응' 단계의 주요 활동에 해당하지 않는 것은?

① 위험 회피
② 위험 감소
③ 위험 인식
④ 위험 전가

06 다음 중 위험평가 결과를 보고할 때 포함되어야 할 내용으로 부적절한 것은?

① 위험별 발생가능성과 영향도
② 법적 준거성 검토 결과
③ 담당자 개인의 의견
④ 위험 수준에 따른 대응방안

07 다음 중 위험관리 계획의 수립 주체로 가장 적절한 인물은?

① 정보보호 최고책임자(CISO)
② 외부 감사인
③ 일반직원
④ 프로젝트 관리자

08 다음 중 위험대응 전략의 구체적인 예를 적절하게 짝지은 것은?

① 보험 가입 – 위험 전가
② 신규 시스템 구축 – 위험 회피
③ 백업 정책 강화 – 위험 감소
④ 보기 모두 해당

09 다음 중 위험관리 계획의 산출물에 포함되지 않는 것
은?

① 위험관리 절차서
② 위험평가 보고서
③ 위험대응계획서
④ 개인정보처리방침

10 다음 중 위험평가 수행 시 법적 요구사항 검토가 필
요한 경우는?

① 신규 서비스 출시
② 법률 개정
③ 개인정보처리자 변경
④ 보기 모두 해당

11 위험관리 프로세스를 수립할 때 '조직의 상황(Con-
text)'을 이해해야 하는 이유로 적절한 것은?

① 외부 감사 대응
② 위험의 발생 가능성 감소
③ 조직의 목표와 위험 관리의 방향성 일치
④ 예산 집행 효율성

12 위험관리 계획을 수립할 때 반드시 포함되어야 하는
항목이 아닌 것은?

① 위험관리의 범위
② 수행 절차
③ 감사 결과 요약
④ 역할 및 책임

13 ISMS-P에서 위험관리 활동의 주기적 검토가 필요
한 이유로 가장 적절한 것은?

① 감사인의 요구
② 인증유지비용 절감
③ 조직 환경 변화 및 신규 위협 반영
④ 인력 감축

14 다음 중 위험관리 절차의 선행 단계로 가장 올바른
것은?

① 위험평가 수행
② 자산 식별
③ 위험대응 수립
④ 경영진 보고

15 다음 중 위험평가 시 자산 가치 평가 기준으로 부적
절한 것은?

① 법적 요구사항
② 대체 가능성
③ 업무 중요도
④ 담당자 개인의 선호도

16 위험관리 계획서의 승인 절차와 가장 밀접하게 관련
된 ISMS-P 요구사항으로 올바른 것은?

① 1.1 정보보호 정책 수립
② 1.2 위험관리 절차
③ 2.5 변경관리
④ 3.3 내부감사

17 다음 중 위험평가 결과의 활용 목적으로 가장 적절한
것은?

① 위험순위에 따른 보안대책 우선순위 결정
② 자산의 가치 하락 분석
③ 재무지표 산출
④ 직원 만족도 평가

18 다음 중 위험관리 계획의 '효과성'을 검증하기 위한
가장 적절한 지표는?

① ALE(연간예상손실액) 감소율
② 직원교육 참석률
③ 예산집행률
④ 외부감사 횟수

19 위험관리 문서화 수준이 낮을 때 발생할 수 있는 가장 큰 문제로 올바른 것은?

① 업무 효율 증가
② 인증심사 부적합 및 책임소재 불분명
③ 운영비 절감
④ 위협 자동감지

20 다음 중 경영진 검토 단계에서 부적절한 조치로 옳은 것은?

① 위험관리 주기 변경
② 대응계획 승인
③ 위험관리 외주화로 내부통제 배제
④ 외부 전문가 자문 요청

21 다음 중 위험평가의 핵심 산출물로 가장 적절한 것은?

① 자산목록표
② 보안 점검결과서
③ 위험평가 보고서
④ 개인정보 처리방침

22 다음 중 자산식별 단계에서 가장 중점을 두어야 할 사항은?

① 자산의 물리적 위치
② 자산의 중요도 및 법적 의무
③ 자산의 무게
④ 자산의 브랜드

23 다음 중 위험의 구성요소와 직접적인 관련이 없는 것은?

① 자산
② 위협
③ 취약점
④ 예산

24 다음 중 ALE(연간예상손실액)를 산정하기 위한 주요 입력값이 아닌 것은?

① SLE(단일손실액)
② ARO(연간발생빈도)
③ ROI(투자수익률)
④ AV(자산가치)

25 자산가치(AV)가 2,000만 원, 노출계수(EF)가 30%, 연간발생빈도(ARO)가 0.3이라면 연간예상손실액(ALE)의 값으로 적절한 것은?

① 150만 원
② 180만 원
③ 200만 원
④ 300만 원

26 위험평가의 '영향도(Impact)'를 평가할 때 고려해야 할 항목이 아닌 것은?

① 재정적 손실
② 평판 훼손
③ 법적 책임
④ 직원 복리후생비

27 다음 중 위험평가 시 정성적 방법을 사용할 때 주의해야 할 점은?

① 평가자의 주관적 편향 가능성
② 계산 복잡도 증가
③ 통계적 불확실성
④ 대규모 데이터 필요

28 위험의 '허용 기준(Risk Acceptance Criteria)'을 정의할 때 고려할 사항으로 가장 타당한 것은?

① 조직의 위험선호도 및 법적 요구사항
② 경쟁사 투자 규모
③ 시스템 사양
④ 직원 연령

29 정량적 위험평가를 수행할 때 가장 적절한 데이터 출처는?

① 내부 손실 이력
② 직원 설문조사
③ 경쟁사 홍보자료
④ 포털 뉴스

30 다음 중 정성적 평가에서 사용하는 대표적인 척도로 적절한 것은?

① 발생 확률(%)
② 손실 금액(원)
③ 위험 등급(상 · 중 · 하)
④ 복구 시간(분)

31 다음 중 위험분석 시 순위결정법의 장점으로 옳은 것은?

① 계산이 단순하다.
② 금액 단위의 표현이 자유롭다.
③ 정확한 수치가 도출된다.
④ 통계적 예측이 가능하다.

32 다음 중 델파이 기법(Delphi Method)의 핵심 절차로 옳은 것은?

① 통계적 회귀분석
② 전문가 의견을 반복 수렴하여 합의 도출
③ 무작위 설문조사
④ 시뮬레이션 기반 분석

33 다음 중 위험평가의 최종 단계에서 수행해야 하는 주요 활동으로 올바른 것은?

① 위협 목록화
② 위험 수준 산정
③ 경영진 보고 및 승인
④ 취약점 식별

34 위험평가 결과보고서에 포함되어야 하는 항목이 아닌 것은?

① 평가대상 범위
② 위험평가 기준
③ 담당자 성과평가표
④ 위험등급 결과

35 위험평가 수행주기를 결정할 때 고려해야 할 요소가 아닌 것은?

① 법적 요구사항
② 조직 변화 여부
③ 자산의 수명주기
④ 직원 휴가 일정

36 다음 중 복합위험분석법의 장점으로 옳은 것은?

① 정량적 기법과 정성적 기법을 병행하여 신뢰성을 확보한다.
② 계산의 복잡성이 감소한다.
③ 모든 자산을 제외한다.
④ 전문가가 필요하지 않다.

37 다음 중 베이스라인 접근법의 주요 목적으로 적절한 것은?

① 표준 기반 최소보호수준을 확보한다.
② 상세 통계분석을 수행한다.
③ 손실금액을 계산한다.
④ 보안장비 성능을 평가한다.

38 다음 중 상세위험분석법의 주요 단점은?

① 분석에 많은 시간과 자원이 소요된다.
② 분석 정확도가 낮다.
③ 전문가의 참여가 불필요하다.
④ 법적 근거가 부족하다.

39 위험평가 결과를 활용하는 가장 적절한 방안은?

① 보안대책 우선순위 수립
② 예산 절감 계획 수립
③ 신규인력 채용 기준 마련
④ 외주 계약 변경

40 다음 중 ALE 계산과 관련된 설명으로 옳지 않은 것은?

① ALE = SLE × ARO이다.
② ARO는 연간발생빈도를 의미한다.
③ SLE = AV × EF이다.
④ ALE는 발생확률과 무관하다.

41 정보보호 위험 처리 전략 중 위험 전가(Risk Transfer)에 해당하는 사례로 가장 적절한 것은?

① 보안 사고 발생 시 예상되는 손실액이 크지 않아 별도의 대책을 세우지 않고 경영진의 승인을 받았다.
② 특정 서비스의 보안 위험이 조직이 감당할 수 있는 수준을 넘어선다고 판단하여 해당 서비스를 종료하였다.
③ 웹 서버의 취약점을 해결하기 위해 최신 보안 패치를 적용하고 침입차단시스템(IPS) 설정을 강화하였다.
④ 사이버 보안 보험에 가입하여 사고 발생 시 물리적, 경제적 피해에 대해 보험사로부터 보상을 받기로 하였다.

42 위험 처리 전략을 결정할 때 고려해야 하는 위험 수용 수준(DoA, Degree of Acceptance)에 대한 설명으로 옳은 것은?

① DoA는 조직의 자산 가치와 상관없이 법령에서 정한 최소 보안 기준에 의해 고정되는 수치이다.
② 식별된 위험 평가 점수가 DoA보다 낮은 경우, 해당 위험은 반드시 위험 감소 전략을 선택하여 처리해야 한다.
③ DoA는 조직의 목표 달성을 위해 감수할 수 있는 위험의 임계치로, 반드시 경영진의 승인을 거쳐 결정되어야 한다.
④ DoA를 설정할 때는 가급적 낮게 설정하여 모든 위험에 대해 기술적 보호조치를 적용하는 것이 가장 효율적이다.

43 위험 처리 대책의 경제성 분석을 위한 '비용 대비 효과 분석(CBA)'에 대한 설명 중 적절하지 않은 것은?

① 보호대책 도입 비용이 그로 인해 감소되는 예상 손실액보다 클 경우, 해당 대책은 경제성이 낮다고 판단할 수 있다.
② 연간예상손실액(ALE)은 단일예상손실액(SLE)에 연간발생률(ARO)을 곱하여 산출한다.
③ 보안 대책의 가치는 '대책 적용 전 ALE − 대책 적용 후 ALE − 대책 연간 운영 비용'으로 계산할 수 있다.
④ 정성적 위험 분석 결과를 바탕으로 비용 대비 효과 분석을 수행할 때는 전문가의 주관적 판단을 배제하고 반드시 화폐 단위로만 환산해야 한다.

44 정보보호 위험대응 단계에서 위험 처리 계획서에 반드시 포함되어야 할 항목으로 가장 거리가 먼 것은?

① 식별된 위험의 우선순위 및 선택된 위험 처리 전략
② 구체적인 이행 대책 및 소요 예산
③ 대책 이행을 위한 담당 부서 및 책임자
④ 이행 완료 예정일 및 후속 점검 계획

45 잔류 위험(Residual Risk) 관리에 대한 설명으로 가장 올바른 것은?

① 적절한 정보보호 대책을 적용한 후에는 잔류 위험이 0(Zero)이 되어야 완벽한 위험 대응이라 할 수 있다.
② 잔류 위험은 보호대책 수립 후에도 남아있는 위험으로, 반드시 조직의 수용 가능 위험 수준(DoA) 이하로 관리되어야 한다.
③ 위험 감소 전략을 선택한 경우에만 잔류 위험이 발생하며, 위험 수용 전략을 선택하면 잔류 위험은 존재하지 않는다.
④ 잔류 위험이 DoA보다 높은 경우에는 추가적인 보호대책을 수립할 수 없으며, 반드시 위험 회피 전략을 선택해야 한다.

46 위험 대응 전략 중 위험 회피(Risk Avoidance)가 필요한 상황으로 가장 적절한 것은?

① 위험의 발생 가능성은 낮으나 발생 시 손실액이 매우 커서 보험으로 해결하고자 할 때
② 보안 대책을 적용하는 비용이 자산 가치보다 훨씬 커서 위험을 그대로 보유하기로 할 때
③ 신규 사업의 위험이 매우 높고, 이를 줄일 수 있는 적절한 통제 수단이 존재하지 않을 때
④ 취약점 점검 결과 발견된 사소한 설정 오류를 수정하여 위험을 낮추고자 할 때

47 ISMS-P 인증기준에 따른 위험 대응 심사 시 주요 점검 사항이 아닌 것은?

① 조직의 목적과 규모에 적합한 위험 처리 전략을 수립하고 있는가
② 위험 처리 대책의 우선순위를 정하고 경영진의 승인을 얻었는가
③ 선택된 보호대책이 실제 이행되었는지 주기적으로 확인하고 있는가
④ 잔류 위험에 대해 경영진이 인지하고 최종적으로 승인하였는가

48 위험 처리 대책 중 '행정적(관리적) 통제'에 해당하는 항목을 모두 고른 것은?

> (가) 정보보호 정책 및 지침 수립
> (나) 주요 설비에 대한 출입 통제 및 CCTV 설치
> (다) 임직원에 대한 정기적인 보안 인식 교육
> (라) 서버 및 네트워크 장비의 접근 권한 관리 규정 마련
> (마) 데이터베이스 암호화 및 침입방지시스템(IPS) 운영

① (가), (다), (라)
② (가), (나), (마)
③ (나), (라), (마)
④ (다), (라), (마)

49 위험 처리 전략 선택 시 위험 수용(Risk Acceptance)을 결정하는 근거로 가장 타당한 것은?

① 위험 처리 비용이 너무 많이 들어서 예산 확보 시까지 무기한 방치하기로 한 경우
② 식별된 위험에 대한 대응 방법을 전혀 몰라서 조치를 생략한 경우
③ 위험 점수가 DoA 이내이며, 대책 도입 비용이 예상 손실보다 커서 경영진이 위험을 인지하고 승인한 경우
④ 보안 사고 발생 시 담당자가 모든 책임을 지기로 서약한 경우

50 위험 대응 활동이 완료된 이후의 프로세스에 대한 설명으로 옳은 것은?

① 위험 대응이 끝나면 더 이상의 위험은 존재하지 않으므로 위험 관리를 종료한다.
② 수립된 대책의 이행 여부를 확인하고, 환경 변화에 따라 정기적인 위험 재평가를 실시해야 한다.
③ 한 번 수립된 위험 처리 대책은 시스템 교체 시까지 변경 없이 유지하는 것이 효율적이다.
④ 잔류 위험은 매달 보고해야 하며, 위험이 조금이라도 상승하면 즉시 서비스를 중단해야 한다.

51 정량적 위험 분석에서 사용되는 '단일예상손실액(SLE)'의 구성 요소로 옳은 것은?

① 자산가치(AV, Asset Value) × 연간발생률(ARO)
② 자산가치(AV, Asset Value) × 노출계수(EF, Exposure Factor)
③ 연간예상손실액(ALE) ÷ 연간발생률(ARO)
④ 자산가치(Asset Value) ÷ 취약점 점수(Vulnerability Score)

52 정보보호 투자 효과를 측정하는 지표 중 보안투자수익률(ROSI, Return on Security Investment)에 대한 설명으로 옳은 것은?

① 보안 사고 발생 시 조직이 입게 되는 물리적인 자산 가치의 총합을 의미한다.
② 보안 대책 도입 전후의 연간예상손실액(ALE) 차이에서 대책 연간 비용을 뺀 값을 비용으로 나눈 비율이다.
③ 보안 대책이 비즈니스 프로세스에 미치는 영향도를 정성적으로 평가하는 지표이다.
④ 투자 회수 기간(Payback Period)과 동일한 개념으로, 투자금이 회수되는 시점까지의 시간을 말한다.

53 다음 중 기술적(Technical) 보호대책에 해당하는 항목을 모두 고른 것은?

> (가) 가상 사설망(VPN)을 이용한 원격 접속 구간 암호화
> (나) 비인가자의 전산실 출입을 막기 위한 생체 인식 시스템 설치
> (다) 서버 접근 제어를 위한 계정 권한 할당 및 최소 권한 원칙 적용
> (라) 개인정보처리방침의 수립 및 인터넷 홈페이지 공시
> (마) 웹 애플리케이션 방화벽(WAF) 도입 및 정책 설정

① (가), (다)
② (가), (마)
③ (가), (다), (마)
④ (나), (다), (마)

54 위험 대응 단계 중 위험 처리 계획(Risk Treatment Plan)을 수립할 때, 법적 준거성(Compliance) 관점에서 가장 유의해야 할 사항은?

① 법령에서 정한 의무 보안 조치 사항은 위험 점수가 낮더라도 반드시 위험 감소(Reduction)를 선택해야 한다.
② 예산이 부족할 경우, 법적 의무 사항이라 하더라도 경영진의 승인을 받아 위험수용을 할 수 있다.
③ 법령 위반 위험은 보험 가입(위험 전가)을 통해 법적 책임을 완전히 보험사로 넘길 수 있다.
④ 주민등록번호 암호화와 같은 법적 의무 대책은 비용 대비 효과가 낮으면 이행하지 않아도 무방하다.

55 물리적(Physical) 보호대책 수립 시 고려해야 할 위험 대응 방안으로 적절하지 않은 것은?

① 전산실, 매체보관실 등 중요 구역을 보호구역으로 지정하고 출입 통제를 실시한다.
② 비상시를 대비하여 소화 설비, 비상 발전기, 무정전 전원장치(UPS)를 구비한다.
③ 주요 서버의 하드 디스크 파기 시 복구가 불가능하도록 천공하거나 디가우징(Degaussing)한다.
④ 데이터베이스 내의 민감정보에 대해 접근 통제 정책을 설정하고 쿼리를 모니터링한다.

56 ISMS-P 인증기준 1.2.3(위험 대응)에 따라 '위험 처리 전략'을 수립할 때, 경영진의 역할로 가장 중요한 것은?

① 위험 처리 대책의 상세 기술 명세서(Spec)를 직접 작성하고 검토한다.
② 보안 장비 도입을 위한 벤더사(Vendor) 선정 및 가격 협상을 주도한다.
③ 식별된 위험 중 수용 가능한 위험(DoA) 수준을 확정하고 잔류 위험을 최종 승인한다.
④ 시스템 관리자별로 부여될 구체적인 접근 권한 목록을 직접 승인한다.

57 위험 처리 전략 중 '위험 전가(Risk Transfer)'의 일환으로 '서비스 수준 협약(SLA, Service Level Agreement)'을 활용하는 방법으로 옳은 것은?

① 외주 업체와의 계약 시 보안 사고 발생에 따른 배상 책임 범위와 수준을 명확히 규정한다.
② 보안 사고 발생 시 모든 법적 책임은 수탁자에게 있다는 내용을 명시하여 위탁자의 관리 책임을 면제받는다.
③ SLA를 체결하면 조직 내부에 별도의 보안 대책을 수립할 필요가 없어진다.
④ SLA는 기술적인 성능 지표(Uptime 등)만을 다루며, 보안 관련 위험은 포함될 수 없다.

58 위험 처리 대책의 우선순위를 결정할 때, '위험의 시급성'과 '비즈니스 영향도'를 고려하는 방법으로 가장 적절한 것은?

① 위험 점수가 동일하다면 구현 비용이 가장 많이 소요되는 대책을 먼저 시행한다.
② 법적 의무 사항보다는 관리자가 수정하기 가장 쉬운 설정 오류를 우선 처리한다.
③ 핵심 비즈니스 중단 위험이나 대규모 개인정보 유출 위험을 최우선 순위로 둔다.
④ 외부 위협보다 내부자에 의한 단순 실수 위험을 항상 먼저 처리하는 것이 원칙이다.

59 위험 대응 활동 중 보호대책의 선택(Selection of Controls) 시 고려해야 할 기준으로 적절하지 않은 것은?

① 선택된 대책이 식별된 취약점을 실질적으로 제거하거나 위협의 영향을 감소시킬 수 있어야 한다.
② 국내외 표준(ISO 27001, ISMS-P 등)에서 제시하는 통제 항목과의 부합성을 검토한다.
③ 대책 도입으로 인해 발생할 수 있는 운영상의 불편함이나 성능 저하 등 부작용도 함께 고려한다.
④ 가급적 시장에서 점유율이 가장 높은 특정 벤더의 제품만을 선택하여 호환성을 높인다.

60 위험 대응 결과로 도출된 잔류 위험(Residual Risk)의 재평가 주기와 시점으로 가장 옳은 것은?

① 잔류 위험은 최초 수립 시에만 확인하며, 이후에는 평가하지 않는다.
② 매일 자정 시스템 로그 분석과 병행하여 잔류 위험을 매번 다시 계산해야 한다.
③ 정기적인 위험 평가 시점뿐만 아니라, 조직의 중대한 변경(대규모 시스템 개편 등) 시 수시로 재평가해야 한다.
④ 외부 전문 기관의 정기 점검이 있을 때만 수동적으로 재평가를 실시한다.

61 ISMS-P 인증기준에 따른 '관리체계 운영' 과정에서 '정보보호 정책의 제·개정'에 관한 설명으로 가장 적절하지 않은 것은?

① 정보보호 정책은 조직의 비즈니스 목적과 법적 요구사항을 반영하여 수립되어야 한다.
② 정책의 제·개정 시에는 이해관계자의 의견을 수렴하는 절차를 거치는 것이 권장된다.
③ 정보보호 정책서는 조직의 최고경영자(CEO) 또는 정보보호최고책임자(CISO)의 승인을 받아야 효력이 발생한다.
④ 효율석인 운영을 위해 하위 지침이나 가이드라인은 별도의 승인 절차 없이 실무자가 수시로 수정하여 즉시 적용할 수 있다.

62 관리체계의 '인적 보안' 운영 중 '임직원 보안 서약서' 징구에 관한 심화 점검 사항으로 옳은 것은?

① 보안 서약서는 입사 시에 한 번만 작성하면 되며, 퇴직 시에는 개인정보 보호를 위해 작성하지 않는 것이 원칙이다.

② 외부 협력업체 직원이 상주하며 업무를 수행하는 경우, 해당 업체 소속이므로 조직 차원의 서약서는 징구할 필요가 없다.

③ 서약서에는 기밀유지 의무뿐만 아니라 위반 시의 책임(징계 등)에 관한 내용이 구체적으로 포함되어야 한다.

④ 보안 서약서는 법적 효력을 높이기 위해 반드시 공증 사무소를 통해 공증을 받아야만 인증 증적으로 인정된다.

63 정보보호 관리체계의 '범위 설정(Scope)' 단계에서 고려해야 할 사항으로 가장 적절한 것은?

① 인증 범위는 본사 건물의 물리적 위치로만 한정되며, 클라우드 서비스나 원격지 데이터센터는 포함되지 않는다.

② 비즈니스 프로세스에 영향을 주는 외주 업체의 인프라가 있더라도, 자사 소유의 자산이 아니면 범위에서 제외하는 것이 원칙이다.

③ 핵심 서비스와 연관된 자산, 인력, 장소뿐만 아니라 이를 지원하는 IT 서비스와 공통 인프라를 모두 포함해야 한다.

④ 범위 설정 이후에 추가된 신규 서비스는 다음 연도 갱신 심사 때까지는 별도의 관리 없이 제외해도 무방하다.

64 ISMS-P 인증기준 중 내부 감사(Internal Audit) 수행에 대한 설명으로 옳은 것은?

① 내부 감사는 객관성과 독립성을 확보하기 위해 감사 대상 업무와 관련이 없는 인원이 수행하거나 외부 전문가를 활용해야 한다.

② 내부 감사는 매 3년마다 실시하는 정기 인증 심사로 대체할 수 있으므로 조직 자체적으로 수행할 의무는 없다.

③ 내부 감사 결과 발견된 결함 사항은 실무자 선에서 조치하고, 경영진에게 보고하는 절차는 생략할 수 있다.

④ 감사 계획 수립 시 감사 범위, 기준, 방법론을 확정할 필요 없이 현장에서 즉흥적으로 점검 항목을 결정한다.

65 '보안 교육 및 인식 제고' 활동을 운영할 때 심화 관리 방안으로 가장 올바른 것은?

① 전 직원을 대상으로 연 1회 실시하는 온라인 교육만으로 모든 교육 의무를 충족한 것으로 간주한다.

② 직무 특성을 고려하여 개인정보취급자, 시스템 관리자, 경영진 등 대상별 맞춤형 교육을 실시해야 한다.

③ 보안 교육 이수 기록은 개인정보에 해당하므로 교육 종료 즉시 파기하고 통계치만 관리한다.

④ 교육을 이수하지 않은 인원에 대해서는 별도의 후속 조치(재교육 등) 없이 미이수 사유만 기록하고 종결한다.

66 관리체계 운영 중 '법적 준거성(Compliance) 검토'에 대한 설명으로 옳은 것은?

① 조직에 적용되는 정보보호 관련 법령(개보법, 망법 등)이 개정되더라도 내부 지침은 정기 평가 시에만 수정하면 된다.

② 법적 준거성 검토는 법무팀의 전담 업무이므로 정보보호 담당자는 검토 결과에 따라 조치만 수행하면 된다.

③ 조직의 비즈니스와 관련된 최신 법규 목록을 식별하고, 내부 지침과의 부합성을 주기적으로 점검해야 한다.

④ 법적 의무 사항이 조직의 운영 효율성을 저해한다고 판단될 경우, 경영진의 승인을 얻어 이행하지 않을 수 있다.

67 '사고 대응 및 복구' 운영 단계에서 '침해 사고 대응 훈련'에 대한 설명으로 적절하지 않은 것은?

① 실제 침해 사고 상황을 가정하여 시나리오를 구성하고, 정기적으로 훈련을 실시해야 한다.

② 훈련 결과 도출된 문제점 및 개선 사항은 사고 대응 절차(매뉴얼)에 반영하여 보완해야 한다.

③ 훈련의 목적은 기술적 대응 능력 향상에 있으므로, 경영진 보고 체계나 홍보 부서와의 협력은 훈련 범위에서 제외한다.

④ 훈련 실시 후에는 결과 보고서를 작성하여 경영진의 확인을 받아야 한다.

68 정보보호 성과 측정을 위한 지표(KPI) 수립 시 고려해야 할 사항으로 가장 적절한 것은?

① 성과 지표는 가급적 정성적으로 설정하여 주관적인 판단이 개입될 수 있도록 구성한다.

② 보안 장비의 단순 가동률보다는 보호 대책의 효과성을 측정할 수 있는 실질적인 지표를 발굴해야 한다.

③ 지표의 목표치는 항상 100% 달성을 기준으로 설정하여 조직 구성원에게 심리적 압박을 주어야 한다.

④ 한 번 설정된 성과 지표는 과거 데이터와의 비교를 위해 환경이 변하더라도 영구적으로 유지한다.

69 ISMS-P 인증 사후 관리 과정에서 지속적 개선(Continuous Improvement)의 사례로 옳은 것은?

① 외부 심사에서 지적된 결함 사항에 대해서만 조치하고, 자체적으로 발굴한 위험은 무시한다.

② 내부 감사, 경영 검토, 사고 사례 분석 등을 통해 도출된 개선 필요 사항을 차기 계획에 반영하여 실행한다.

③ 보안 솔루션의 라이선스를 갱신하는 것만으로 지속적 개선의 모든 요건을 충족한 것으로 본다.

④ 관리체계 운영의 효율성을 높이기 위해 보안 절차를 간소화하고 통제 항목을 임의로 삭제한다.

70 '자산 관리' 운영 중 정보자산의 분류 및 중요도 산정에 대한 설명으로 옳은 것은?

① 모든 정보자산은 자산 가치와 상관없이 동일한 등급으로 분류하여 관리하는 것이 효율적이다.

② 자산 중요도는 자산의 구매 가격(H/W 비용)만을 기준으로 산정하며, 데이터의 가치는 포함하지 않는다.

③ 기밀성, 무결성, 가용성(C.I.A) 측면에서 비즈니스에 미치는 영향도를 고려하여 중요도 등급을 부여해야 한다.

④ 자산 목록은 최초 관리체계 수립 시에만 작성하며, 이후 도입되는 자산은 별도로 기록하지 않는다.

71 개인정보 보호법에 따른 '내부 관리계획' 수립 및 시행 시, 심화 관리 항목으로 가장 적절하지 않은 것은?

① 개인정보 보호책임자의 자격 요건 및 선임 절차, 역할과 책임에 관한 사항을 명시해야 한다.

② 가명정보를 처리하는 경우 가명정보의 안전한 관리, 적정성 검토, 재식별 방지 조치에 관한 사항을 포함해야 한다.

③ 개인정보취급자에 대한 연간 보안 교육 계획을 수립하되, 교육의 대상·시기·방법을 구체적으로 확정해야 한다.

④ 수탁자에 대한 관리·감독 및 교육에 관한 사항은 외부 위탁 계약서로 갈음할 수 있으므로 계획서 본문에서는 생략할 수 있다.

72 개인정보처리시스템의 '접근통제' 대책 중 정보통신망을 통한 외부 접속 시 추가 인증(2차 인증) 적용에 대한 설명으로 옳은 것은?

① 아이디와 비밀번호 외에 추가 인증 수단으로 이메일 주소 확인을 사용하는 것이 가장 보안성이 높은 방식이다.

② 지식 기반(Password), 소지 기반(OTP, 인증서), 생체 기반(지문 등) 인증수단 중 서로 다른 두 가지 이상의 수단을 조합해야 한다.

③ 내부망에 연결된 단말기에서 서버에 접속하는 경우에는 어떤 경우에도 2차 인증을 적용할 필요가 없다.

④ 2차 인증수단으로 사용되는 OTP 기기나 보안 토큰의 구매 영수증은 인증 심사 시 유일한 이행 증적으로 인정된다.

73 접속기록 관리 대책 중 보관 기간 및 점검 주기에 관한 법적 요구사항으로 가장 옳은 것은?

① 개인정보취급자가 개인정보처리시스템에 접속하여 수행한 업무 내역은 최소 6개월간 보관해야 한다.

② 5만 명 이상의 정보주체 정보를 처리하거나 민감정보 또는 고유식별정보를 처리하는 경우 접속기록을 2년 이상 보관해야 한다.

③ 개인정보 보호법에 따라 접속기록은 매일 1회 이상 점검하여 오남용 여부를 확인하고 그 결과를 경영진에게 매달 보고해야 한다.

④ 접속기록의 위·변조를 방지하기 위해 CD-ROM 등 삭제가 불가능한 매체에만 백업해야 하며, 클라우드 저장소는 인정되지 않는다.

74 개인정보의 암호화 적용 시 암호키 관리(Key Management) 대책으로 적절하지 않은 것은?

① 암호키의 생성, 분배, 보관, 교체, 복구, 파기 절차를 포함한 암호키 관리 계획을 수립·시행해야 한다.

② 데이터 암호화 키(DEK)와 키 암호화 키(KEK)를 동일한 물리적 장치나 폴더 내에 저장하여 관리 효율성을 높여야 한다.

③ 암호키 생성 시 안전한 난수 발생기를 사용하고, 추측이 불가능한 충분한 길이의 키를 생성해야 한다.

④ 유효기간이 만료된 암호키는 즉시 파기하되, 복호화를 위해 필요한 경우 별도의 안전한 장소에 격리 보관한다.

75 '취약점 점검 및 조치' 운영 시 보안 대책 관리 방안으로 가장 올바른 것은?

① 정기 취약점 점검은 연 1회 실시하며, 점검 결과 발견된 위험도가 낮은 항목은 조치 계획 수립 대상에서 제외한다.
② 모의해킹은 내부 시스템에 영향을 줄 수 있으므로 실제 운영 환경이 아닌 개발 환경에서만 수행하는 것이 원칙이다.
③ 최신 보안 패치 적용 시 시스템 장애 가능성을 검토하기 위해 테스트 환경에서 사전 검증을 수행한 후 운영 시스템에 적용한다.
④ 발견된 취약점 중 하드웨어 교체가 필요한 사항은 예산 확보 시까지 위험 수용 처리를 하고 재점검 항목에서 영구 삭제한다.

76 개인정보 처리 위탁 시 수탁자 관리 대책 중 심화 점검 사항으로 옳은 것은?

① 수탁자가 개인정보를 분실한 경우 모든 법적 책임은 수탁자에게 있다는 내용을 계약서에 명시하면 위탁자의 책임은 소멸한다.
② 수탁자가 위탁받은 업무를 제3자에게 재위탁하려는 경우, 위탁자의 승인 없이도 수탁자의 판단하에 진행할 수 있다.
③ 위탁 계약 시 위탁 업무 수행 목적 외 개인정보 처리 금지, 보호조치, 손해배상 책임 등을 문서에 포함해야 한다.
④ 위탁자는 수탁자에 대해 연 1회 이상의 실태 점검을 수행해야 하며, 점검 결과는 구두로 보고받는 것으로 갈음할 수 있다.

77 클라우드 서비스 이용 시 위험대책 관리의 책임 공유 모델(Shared Responsibility Model)에 대한 설명으로 옳은 것은?

① IaaS 환경에서는 물리적 보안부터 운영체제(OS), 애플리케이션에 이르기까지 모든 보안 책임을 CSP가 진다.
② SaaS 환경에서는 클라우드 이용자가 애플리케이션 보안 설정 및 데이터 보안에 대한 책임을 거의 지지 않는다.
③ 클라우드 이용자는 CSP가 제공하는 보안 기능(Security Group, IAM 등)을 적절히 설정하고 관리할 책임이 있다.
④ CSP가 ISMS-P 인증을 획득했다면, 이용자는 별도의 위험 평가나 보안 대책 수립을 생략할 수 있다.

78 보조저장매체 및 출력물 보안 대책 중 심화 관리 방안으로 가장 적절하지 않은 것은?

① 개인정보가 포함된 보조저장매체(USB 등)는 관리대장을 통해 반출입 이력을 엄격히 관리해야 한다.
② 개인정보를 종이로 출력할 때에는 출력물의 제목, 출력 일시, 출력자 정보 등이 인쇄되도록 설정해야 한다.
③ 보조저장매체에 개인정보를 저장하여 전달할 때는 반드시 암호화 조치를 해야 하며, 비밀번호는 별도 경로로 전달한다.
④ 개인정보가 포함된 출력물은 사용 후 분쇄기나 소각 등을 통해 복구가 불가능한 방법으로 파기해야 한다.

79 비즈니스 연속성 관리(BCM) 및 재해복구(DR) 대책에 대한 설명 중 옳은 것은?

① 복구 목표 시간(RTO)은 사고 발생 후 데이터가 손실되어도 무방한 최대 허용 시간을 의미한다.

② 복구 목표 지점(RPO)은 사고 발생 후 서비스를 다시 정상 가동하기까지 걸리는 최대 허용 시간을 의미한다.

③ 백업 데이터의 유효성을 확인하기 위해 정기적으로 복구 테스트를 실시하고 그 결과를 기록 및 관리해야 한다.

④ 재해복구센터(DR Center)는 지리적 위험 분산을 고려할 필요 없이 주 센터와 가급적 가까운 위치에 구축한다.

80 가명정보 처리 시 안전성 확보조치 중 재식별 방지를 위한 대책으로 가장 옳은 것은?

① 가명정보와 추가 정보를 결합하여 특정 개인을 식별할 수 있게 되더라도 통계 목적이라면 처리를 지속할 수 있다.

② 가명처리에 사용된 '추가 정보'는 가명정보와 분리하여 별도로 보관하고 접근 권한을 엄격히 제한해야 한다.

③ 가명정보의 적정성 평가 결과 '적정' 판정을 받았다면, 이후에는 접속기록 보관 의무를 생략할 수 있다.

④ 가명정보를 제3자에게 제공할 때는 재식별 금지 확약서를 받는 것보다 원본 데이터를 함께 제공하는 것이 좋다.

최신 기출문제
정답 & 해설

최신 기출문제 01회				488p
01 ④	02 ②	03 ④	04 ④	05 ②
06 ④	07 ④	08 ③	09 ④	10 ③
11 ④	12 ②	13 ③	14 ④	15 ②
16 ①	17 ④	18 ②	19 ③	20 ③
21 ④	22 ②	23 ④	24 ③	25 ③
26 ④	27 ④	28 ③	29 ②	30 ②
31 ②	32 ②	33 ③	34 ②	35 ③
36 ③	37 ①	38 ②	39 ①	40 ③
41 ④	42 ④	43 ③	44 ③	45 ④
46 ④	47 ③	48 ③	49 ③	50 ①
51 ③	52 ④	53 ③	54 ④	55 ②
56 ②	57 ③	58 ③	59 ③	60 ①
61 ③	62 ③	63 ①	64 ②	65 ②
66 ②	67 ④	68 ④	69 ④	70 ④
71 ③	72 ②	73 ④	74 ①	75 ③
76 ③	77 ④	78 ②	79 ④	80 ④

01 ④

정보통신망법은 정보보호의 목적을 기밀성, 무결성, 가용성으로 한정하고 있다.

오답 피하기

확장성은 IT 시스템 설계 시 중요한 품질 속성이지만, 보안 3대 요소에 해당하지는 않는다.

02 ②

개인정보는 수집 목적 이외의 용도로 활용해서는 안 된다. 또한 개인정보의 최소 수집, 정확성 확보, 처리방침 공개 등은 개인정보 보호법의 주요 원칙에 해당한다.

03 ④

위험은 자산, 위협, 취약점의 상호 작용으로 발생한다.

오답 피하기

품질은 위험의 구성요소가 아니다.

04 ④

소기업이나 일정 기준에 해당하는 사업자는 신고 의무가 면제될 수 있다. 따라서 모든 사업자가 의무적으로 CISO를 지정 및 신고해야 하는 것은 아니다.

05 ②

개인정보보호 정책은 최고경영자의 의지 · 방향, 역할 · 책임 · 범위, 활동의 근거 등을 포함하여 조직 전체 차원에서 수립해야 한다.

06 ④

정보보호위원회는 조직 전반의 보안 · 개인정보보호 정책, 위험평가, 예산, 감사결과, 보안사고 조치 등에 대한 의사결정을 수행한다.

오답 피하기

정보시스템 구축은 실무조직이 수행한다.

07 ④

위험은 일반적으로 위협, 취약성, 자산 등의 요소로 구성된다.

오답 피하기

위험관리 방법은 관리 자료일 뿐 위험을 구성하는 요소가 아니다.

08 ③

위험도는 발생 가능성과 취약성 수준, 자산 영향도를 각각 곱한 값이다. 따라서 위험도는 $4 \times 3 \times 5 = 60$이다.

09 ④

운영명세서나 운영현황표를 통해 정보보호 및 개인정보보호 주기적 활동을 식별할 수 있다. 또한 운영현황을 쉽게 확인할 수 있도록 수행 주기 및 시점, 담당 부서 및 담당자 등을 정의한 후 그 내용을 작성하여 관리한다.

10 ③

소규모 공공기관, 소기업, 금융회사, 일부 전자금융업자는 공시 의무 대상에서 제외된다.

11 ④

정보통신서비스 제공자는 개인정보를 취급하는 자를 최소한으로 제한하여야 한다. 모든 임직원에게 접근 권한을 부여하는 것은 법령에 따른 정보보호 조치 의무를 위반하는 것이다.

12 ②

정보보호산업법 제3조는 "정보보호산업의 진흥에 필요한 사항을 정하여 정보보호산업의 기반을 조성하고 경쟁력을 강화함으로써 국가의 안전보장과 국민경제의 건전한 발전에 이바지함"을 목적으로 명시하고 있다.

오답 피하기

나머지 보기는 정보통신망법, 개인정보 보호법, 정보통신기반 보호법 등 다른 정보보호 관련 법률의 목적 또는 주요 내용과 더 관련이 깊다.

13 ③

고객 데이터베이스는 데이터 자체이므로 '전자적 정보자산'에 해당한다. '소프트웨어 자산'에는 운영체제(OS)나 데이터베이스 관리 시스템(DBMS)과 같은 프로그램이 포함된다.

14 ④

정보보호 공시를 이행하는 것은 기업의 자발적인 정보보호 노력을 보여주는 것이지만, 이것이 침해사고 발생 시 법적 책임을 직접적으로 감경해주는 조항은 현행법상 명시되어 있지 않다.

오답 피하기

①, ② 정보보호 공시제도의 대표적인 혜택이다.
③ 정보보호 관련 사업 입찰이나 지정 심사 등에서 가점으로 활용될 수 있다.

15 ②

정보보호 공시제도는 기업의 정보보호 투자, 인력, 인증 현황 등을 투명하게 공개하는 제도이다. 「정보보호산업의 진흥에 관한 법률 시행령」 제8조에 따라 '정보기술부문 인력 대비 정보보호부문 전담인력 현황'은 공시해야 할 주요 내용 중 하나이다.

오답 피하기

나머지 보기들은 기업의 민감한 내부 정보에 해당하여 공시 대상에 포함되지 않는다.

16 ①

「개인정보 보호법 시행령」 제35조에 따라, 5만 명 이상의 정보주체에 관한 민감정보 또는 고유식별정보의 처리를 수반하는 개인정보파일의 구축·운용 또는 변경은 영향평가 대상에 해당한다.

오답 피하기

상급병원은 개인정보 영향평가 대상에서 제외된다(공공기관 대상).

17 ④

정보보호 책임자(CISO)는 겸직 금지 규정이 있지만, 모든 업무 대상이 아니라 대부분 '정보기술(IT) 업무'와의 겸직을 제한한다. 또한 실행 주체인 CISO가 감사 업무를 전담하거나 겸임하는 것은 적절하지 않다.

18 ②

ISO 27005는 정보보호 리스크 관리 프로세스를 수립하고 운영하는 데 필요한 가이드라인을 제공하는 표준이다. 이 표준은 조직이 정보자산, 위협, 취약점, 영향도 등을 체계적으로 고려하여 리스크를 평가하고, 이를 바탕으로 합리적인 의사결정을 내릴 수 있도록 돕는다. 특히 정보보호 경영시스템 국제 표준인 ISO/IEC 27001의 리스크 관리 요구사항을 충족시키기 위한 상세한 실행 지침 역할을 한다.

19 ③

금융보안원(FSI)은 금융 분야의 정보보호를 담당하는 중요한 기관이지만, 국가에서 시정한 성보호호제품 CC인증 평가기관은 아니다. 현재 CC인증 평가기관은 한국인터넷진흥원(KISA), 한국시스템보증(KOSYAS), 한국아이티평가원(KSEL), 한국정보통신기술협회(TTA), 한국정보보안기술원(KOIST), 한국기계전기전자시험연구원(KTC), 한국화학융합시험연구원(KTR)으로 총 7곳이다.

더 알아보기

구분	담당기관	역할 및 세부 내용
정책기관	과학기술정보통신부(MSIT)	• CC 평가·인증 관련 법령 제·개정 • CC 평가·인증 관련 제도 수립 • CC 평가·인증 관련 제도 예산 확보
인증기관	국가보안기술연구소(NSR)의 IT보안인증사무국(ITSCC)	• 평가결과의 승인 및 인증서 발급 • 평가기관 관리 및 CC인증 정책수립 지원 • 국제상호인정협정(CCRA) 관련 국제 활동
평가기관	• 한국인터넷진흥원 • 한국시스템보증 • 한국아이티평가원 • 한국정보통신기술협회 • 한국정보보안기술원 • 한국기계전기전자시험연구원 • 한국화학융합시험연구원	• KOLAS에서 승인한 공인시험기관 품질매뉴얼에 따른 평가기관 운영 • 제출물 조사 및 시험/취약성 분석 등 제품 평가 • 평가자 교육 훈련 • 신청기관 개발환경 보안점검

20 ③

정책 및 시행문서는 관련 임직원이 이해하기 쉬운 형태로 제공해야 하며, 필요에 따라 교육자료 등을 통해 명확하게 전달되어야 한다.

21 ④

국내대리인 지정 의무 대상은 국내에 주소나 영업소가 없는 해외 사업자 중에서도 특정 기준(매출액 1조 원 이상, 국내 정보주체 일일평균 100만 명 이상, 보호위원회의 심의·의결을 통한 지정 필요성 인정)을 충족하는 경우에 해당한다. 따라서 단순히 국내 이용자의 개인정보를 처리하고 국내에 주소나 영업소가 없다는 이유만으로는 모든 해외 사업자가 의무 대상이 되는 것은 아니다.

오답 피하기

①, ② 명확한 의무 대상 기준에 속한다.

③ 자료 제출 요구를 받았더라도 보호위원회의 심의·의결이 있어야 의무 대상이 된다.

22 ②

기밀성, 무결성, 가용성이 아니라, 개인정보의 정확성, 완전성 및 최신성이 보장되도록 해야 한다.

23 ④

개인정보 보호법에 따라 민감정보 수집에 대한 별도 동의 시, 정보주체에게 알려야 할 사항은 수집·이용 목적, 수집 항목, 보유 및 이용 기간 그리고 동의 거부 권리 및 거부에 따른 불이익 내용이다.

오답 피하기

'민감정보 파기 절차 및 방법'은 개인정보 처리방침 등을 통해 공개해야 할 내용이지만, 동의 시점에 반드시 고지해야 할 4가지 필수 사항에는 포함되지 않는다.

24 ③

개인정보 처리방침 평가는 개인정보보호위원회가 주관하여 외부 전문가로 구성된 평가위원회와 일반 국민으로 구성된 이용자 평가단을 통해 객관적으로 수행된다. 따라서 평가 절차는 기초 평가, 이용자 평가, 심층 평가 등으로 구성되며, 평가 대상 기업이 스스로 수행하는 '자체 평가'는 공식적인 평가 절차에 해당하지 않는다.

25 ③

「정보보호산업의 진흥에 관한 법률」 제9조 제2항에 따르면, 하자담보 책임의 면제 사유는 발주자에게 원인이 있는 경우(제공 물품의 문제, 발주자의 지시, 발주자의 고의·과실)로 한정된다. 시스템 구축 중 발생한 하자가 공급자인 정보보호기업의 '사소한 과실'이라 할지라도, 그 원인이 공급자에게 있다면 원칙적으로 하자담보 책임을 져야 한다.

26 ④

사이버 보험 가입을 통해 사고 발생 시의 금전적 손실을 보험사로 넘기는 것은 위험 전가(Risk Transfer) 전략에 해당한다. 위험 제거(Risk Removal)는 위험의 원인을 근본적으로 없애는 조치를 의미한다.

27 ④

델파이 기법의 핵심 특징은 특정 전문가의 영향력을 배제하고 객관적인 의견을 수렴하기 위해 '익명성'을 보장하는 것이다. 델파이 기법은 조정자를 통해 통제된 피드백을 여러 차례 반복하여 합의점을 찾아가는 정성적 위험평가 방법이다.

전문가들이 한자리에 모여 토론하는 방식은 익명성이 보장되지 않으며, 이는 브레인스토밍이나 워크숍과 같은 다른 기법에 해당한다.

28 ③

델파이 기법은 과거 데이터나 통계가 부족하여 정량적 평가가 어려운 분야에서 그 가치가 가장 크다. 미래의 불확실한 위협이나 새로운 기술 도입에 따른 리스크 등 객관적인 데이터가 없는 상황에서, 여러 전문가의 직관과 경험을 종합하여 합리적인 예측과 결론을 도출하는 데 매우 효과적이다.

다른 보기들은 정량적 평가 기법이나 신속한 의사결정 기법이 더 적합한 상황이다.

29 ②

시나리오 기법은 과거의 통계 데이터가 부족하거나 존재하지 않는 잠재적 위협 상황을 가정하여 그 영향을 분석하는 정성적 위험평가 방법이다. 이 기법은 상상력을 발휘하여 미래에 발생 가능한 다양한 위협 상황과 그로 인한 결과를 예측하고 대비하는 데 중점을 둔다. 따라서 과거에 발생했던 사건의 통계 데이터를 기반으로 분석한다는 설명은 시나리오 기법의 특징과 거리가 멀다.

30 ②

시나리오 기법은 아직 발생하지 않았지만, 발생할 경우 큰 파급 효과를 가져올 수 있는 복합적이고 불확실한 위협을 평가하는 데 효과적이다. '신종 랜섬웨어 공격으로 인한 병원 시스템 마비'와 같은 상황은 과거 데이터가 부족하고 그 영향이 광범위하므로, 시나리오를 통해 발생 과정과 잠재적 피해를 구체적으로 그려보며 위험을 평가하는 것이 매우 적합하다.

①, ③, ④ 과거 데이터 분석이나 정량적 계산이 더 유용한 상황이다.

31 ②

순위결정법은 이름 그대로 각 위험 항목을 서로 비교하여 상대적인 우선순위나 중요도에 따라 순위를 결정하는 대표적인 정성적 위험평가 방법이다. 이 방법은 구체적인 수치를 계산하는 대신 전문가의 판단을 통해 빠르고 간단하게 위험의 상대적 서열을 정하는 데 중점을 둔다.

①, ③, ④ 정량적 위험평가 방법의 특징에 해당한다.

32 ②

순위결정법은 복잡한 계산이나 많은 데이터 없이 전문가들의 판단을 통해 위험의 상대적 중요도를 빠르게 파악할 수 있다는 장점이 있다. 따라서 제한된 자원을 가지고 어떤 위험부터 처리해야 할지 우선순위를 신속하게 정해야 하는 상황에 가장 적합하다.

①, ③, ④ 정확한 금전적 가치나 통계적 확률 계산이 필요한 경우로, 정량적 위험평가 방법을 수행하기에 적합하다.

33 ③

과거 데이터 분석법은 이름 그대로 과거에 실제로 발생했던 보안 사고, 장애, 실수 등의 기록과 통계 데이터를 기반으로 미래의 위험을 예측하는 대표적인 정량적 평가 방법이다. 이 방법은 축적된 데이터를 통해 연간 발생률(ARO)이나 잠재적 손실액(SLE) 등을 구체적인 수치로 도출하는 데 중점을 둔다.

① 델파이 기법에 대한 설명으로, 정성적 평가 방법에 해당한다.
② 시나리오 기법에 대한 설명으로, 정성적 평가 방법에 해당한다.
④ 순위결정법에 대한 설명으로, 정성적 평가 방법에 해당한다.

34 ②

과거 데이터 분석법은 신뢰할 수 있는 과거의 데이터가 충분히 축적되어 있을 때 가장 효과적으로 적용할 수 있다. '지난 5년간의 시스템 로그 및 보안 사고 이력'은 미래의 위험을 통계적으로 예측하고 금전적 손실액(ALE)을 계산하는 데 필요한 구체적이고 객관적인 근거를 제공한다.

①, ④ 과거 데이터가 없으므로 정성적 평가 방법이 더 적합하다.
③ 수치화하기 어려운 무형 자산을 다루므로 정성적 평가 방법이 더 적합하다.

35 ③

확률분포법은 위험을 구성하는 다양한 요소(예 위협 발생 빈도, 자산 가치 등)들이 특정 값이 아닌 특정 범위 내에서 발생할 가능성을 확률분포(예 정규분포, 푸아송분포 등)로 모델링하는 정량적 평가 방법이다. 이를 통해 단일 값이 아닌 잠재적 손실액의 범위와 그 발생 확률을 통계적으로 분석할 수 있다.

① 과거 데이터 분석법의 단순한 형태이다.
②, ④ 정성적 평가 방법에 해당한다.

36 ③

확률분포법은 각 변수의 확률분포를 결합하여 최종적인 위험 결과를 예측하기 위해 몬테카를로 시뮬레이션과 같은 통계적 기법을 자주 사용한다. 몬테카를로 시뮬레이션은 난수를 이용하여 수많은 가상 시나리오를 반복 실행함으로써, 가능한 모든 결과의 분포와 확률을 파악하는 방법이다. 이는 단일 값을 예측하기 어려운 복잡한 시스템의 위험을 평가하는 데 매우 유용하다.

① 시나리오 기법
②, ④ 순위결정법

37 ①

연간예상손실액(ALE)은 단일예상손실액(SLE)과 연간발생률(ARO)을 곱하여 계산한다. 따라서 5,000,000원 × 0.2 = 1,000,000원이다.

38 ②

연간예상손실액(ALE)은 단일예상손실액(SLE)과 연간발생률(ARO)의 곱으로 계산된다.
즉, 'ALE = SLE × ARO'이다. 단일예상손실액(SLE)은 자산가치(AV)와 노출계수(EF)의 곱으로 계산되므로 'SLE = AV × EF'이다. 이를 종합하면 'ALE = (AV × EF) × ARO'가 된다.

39 ①

위험평가 방법은 베이스라인 접근법, 상세위험 분석법, 복합 접근법 등 다양한 방법 중에서 조직의 비전, 비즈니스 목표, 서비스 유형 등 조직의 특성을 반영하여 적절한 방법을 정의하고 문서화해야 한다.

오답 피하기

나머지 보기들은 이해관계자 참여, 다양한 관점 고려, 최신 동향 반영 등 본문에 명시된 필수 고려사항과 반대되는 내용이므로 답으로 적절하지 않다.

40 ③

금융보안 거버넌스 7대 원칙은 최고경영층 주도의 정보보호 체계 구현을 위한 전략적 지침이다. 여기에는 역할과 책임 정의, 위험관리 체계 확립, 예산 및 인력 배치 등이 포함된다.

더 알아보기

금융보안 거버넌스 7대 원칙

번호	원칙	내용
1	역할, 권한 및 책임 확립	정보보호 활동을 위한 명확한 역할을 정의하고, 그에 맞는 권한과 책임을 확립한다.
2	보고체계 수립	올바른 의사결정을 지원하기 위한 효과적인 보고체계를 수립한다.
3	전사적 위험관리 체계 확립	위험을 감소시키고 완화하기 위한 전사적인 위험관리 체계를 확립한다.
4	최고경영층의 이해 증진	정보보호 활동의 현재와 미래에 대한 최고경영층의 이해를 돕는 방법을 제시한다.
5	소통 강화	원활한 정보보호 활동을 위해 최고경영층 등 조직 내 소통을 강화한다.
6	예산 및 인력 확보	안정적인 정보보호 활동을 위한 정보보호 예산을 수립·집행하고, 전담 인력을 배치한다.
7	정보보호 문화 확립	지속적인 개선이 이루어지는 선순환 구조를 위해 정보보호 문화를 조직 전체에 확립한다.

오답 피하기

모든 임직원에게 보안 전문가 자격증 취득을 의무화하는 것은 7대 원칙에 포함되지 않는다.

41 ④

정보보호 공시 의무자는 「정보보호산업의 진흥에 관한 법률 시행령」 제8조에 명시되어 있다. 이에 따르면 클라우드컴퓨팅서비스 제공자, 일일평균 이용자 수가 100만 명 이상인 자, 상급종합병원 등은 공시 의무자에 해당한다.

오답 피하기

'통신판매업자'는 해당 법령에서 정보보호 공시 의무 대상으로 별도로 규정하지 않는다.

42 ④

개인정보 내부관리계획은 개인정보의 안전한 처리를 위해 수립하는 계획이다. 따라서 개인정보 보호책임자 지정, 접속기록 관리, 개인정보취급자 교육 등 개인정보 보호와 직접 관련된 사항들이 포함되어야 한다.

오답 피하기

회사의 재무 상태나 영업 실적은 개인정보 보호와 직접적인 관련이 없으므로 포함되지 않는다.

43 ③

신용정보법에서 '개인신용정보'는 개인의 신용도, 신용거래능력 등을 판단하는 데 필요한 정보를 의미한다. 성명·주소 등 식별정보, 재산·소득 등 신용능력정보, 대출·연체 등 신용거래정보가 이에 해당한다.

오답 피하기

개인의 정치적 견해, 사상, 신념과 같이 신용도 판단과 직접적인 관련이 없는 민감정보는 개인신용정보의 범위에 포함되지 않는다.

44 ③

정보보호위원회는 최고경영층을 포함한 고위급 임원들로 구성된 최고 의사결정기구이다. 정보보호 정책, 전략, 예산 등 전사적인 방향성을 결정하고 최종 승인하는 핵심적인 역할을 수행한다.

오답 피하기

나머지 보기들은 주로 실무협의체나 정보보호 담당 부서에서 수행하는 운영 및 실무적인 활동에 해당힌다.

45 ④

우수 정보보호 기술 지정은 기술의 잠재력과 우수성을 인정하여 개발 및 사업화를 지원하는 제도로, 자금 지원, 홍보, 판로 개척 등을 돕는다. 반면 CC인증은 제품의 보안 기능성과 신뢰성을 평가하는 별개의 인증 제도로, 우수 기술로 지정된다고 해서 CC인증 등급이 자동으로 부여되지는 않는다.

46 ④

「정보보호산업의 진흥에 관한 법률」 제19조는 정보보호기업의 해외 진출을 '촉진'하고 '지원'하는 것을 목적으로 한다. 법률에 따르면 정부는 해외 시장 정보 제공, 전문인력 양성, 해외 전시회 참가 지원 등 기업의 수출 경쟁력을 강화하기 위한 다양한 지원 시책을 마련하여 시행할 수 있다.

오답 피하기

국내 기업 간의 자유로운 경쟁을 제한하는 '수출 물량 할당'과 같은 규제 조치는 해당 법률의 진흥 및 지원 취지와 다르다.

47 ③

정부는 정보보호 중소기업의 경쟁력 강화를 위해 기술 개발, 성능 평가, 인력 양성 등 다방면으로 지원합니다. 또한 공공기관의 구매를 촉진하기 위해 노력하지만, 특정 기업(중소기업)의 제품만 구매하도록 의무화하는 것은 공정 경쟁의 원칙에 위배될 수 있으므로 법률의 지원 범위를 넘어선다.

48 ③

우수 정보보호 기술 지정제도의 핵심 목적은 시장에 아직 널리 알려지지 않았거나 상용화 초기 단계에 있는 유망한 신기술을 정부가 발굴하여, 기술 개발과 사업화가 성공적으로 이루어질 수 있도록 자금, 컨설팅, 홍보 등을 지원하는 것이다.

오답 피하기

① CC인증 등 다른 제도에 대한 설명이다.
②, ④ 우수 정보보호 기술 지정제도의 취지와 전혀 맞지 않다.

49 ③

정보보호 공시 제도는 정보보호 투자액, 전담 인력, 관련 인증 취득 여부 등 기업의 정보보호 노력에 대한 현황을 공개한다. 하지만 정보보호 최고책임자(CISO)의 개인 신상 정보와 같은 민감한 개인정보는 공시 대상에 포함되지 않는다.

50 ①

정보보호 관리등급 제도는 이미 정보보호 관리체계(ISMS) 인증을 획득하고 유지하는 기업 중에서도 정보보호 수준이 뛰어난 기업을 '우수', '최우수' 등급으로 평가하는 제도이다. 이를 통해 이용자는 어떤 기업이 정보보호에 더 많은 노력을 기울이는지 객관적으로 파악하고 신뢰할 수 있는 서비스를 선택할 수 있다.

51 ②

정보보호산업 진흥계획은 시행 연도의 '전년도' 12월 31일까지 수립해야 한다. 따라서 2027년에 시행될 계획은 그 전년도인 2026년 12월 31일까지 수립되어야 한다.

52 ④

「정보보호산업의 진흥에 관한 법률 시행령」 제21조 제4항에 따르면 과학기술정보통신부장관은 '전문인력 양성 교육프로그램의 개발 및 보급 지원(법 제15조)'과 '수출 지원에 관한 사업(법 제21조)'을 전문기관에 위탁할 수 있다.

기업 지정, 계획 수립, 과태료 부과와 같은 행정 권한은 위탁 대상 업무로 명시되어 있지 않다.

53 ③

「정보보호산업의 진흥에 관한 법률」 제10조(우수 정보보호기술 등의 지정 및 지원) 제1항에 따르면 과학기술정보통신부장관은 잠재력 있는 정보보호 기술·제품·서비스를 우수 정보보호 기술 등으로 지정하여 지원할 수 있다고 명시되어 있다.

54 ④

정보보호 공시 제도는 기업의 정보보호 '투자 현황', '인력 현황', '인증 현황' 등 거시적인 노력과 체계에 대해 공개하며, 기업이 보유한 구체적인 보안 취약점을 외부에 공개하도록 하는 제도가 아니다. 오히려 이러한 민감한 정보를 공개하는 것은 새로운 공격의 빌미를 제공할 수 있어 제도의 취지와 다르다.

55 ②

접속기록을 최소 2년 이상 보존해야 하는 경우는 5만 명 이상의 정보주체 정보를 처리하거나 고유식별정보 또는 민감정보를 처리하는 경우 등이다. 제시된 시스템은 두 경우 모두에 해당하지 않으므로, 그 외의 경우에 적용되는 '최소 1년 이상' 보존 규정을 따라야 한다.

56 ②

복합 접근법은 고위험 영역에는 상세위험 분석법을 적용하고, 그 외 영역에는 베이스라인 접근법을 사용하는 방식으로 비용과 자원을 효율적으로 활용할 수 있다.

57 ③

정성적 위험평가는 위험을 수치화하지 않고 전문가의 주관적 판단을 바탕으로 등급을 매기는 방식이며, 정량적 위험평가는 위험을 금액으로 계산한다.

58 ③

암호화 키는 보안절차 수립을 통해 접근이 제한되어야 하며, 일반 사용자에게 공개해서는 안 된다. 주기적 점검을 통해 알고리즘과 암호키에 대한 체계적인 관리가 중요하다.

59 ③

위험평가는 최소 연 1회 이상 수행해야 하며, 조직 변화(신규 시스템 도입, 법률 개정 등)가 발생하면 추가 평가를 수행해야 한다.

60 ①

SSL/TLS는 안전한 전송을 위한 표준 암호화 방식이며, URL에 인증정보를 포함하면 보안 취약점이 발생할 수 있다.

MD5 알고리즘은 취약한 알고리즘이다.

61 ③

- 단일 손실 예상액(SLE)은 자산 가치(AV) × 노출계수(EF)이다. 즉, 1억원 × 30% = 3,000만 원으로 계산된다.
- 연간 손실 예상액(ALE)은 단일 손실 예상액(SLE) × 연간 발생률(ARO)이다. 사고가 2년에 한 번 발생하므로 연간 발생률(ARO)은 0.5회이다. 따라서 3,000만 원 × 0.5 = 1,500만 원이다.

62 ③

- (가) 중요성 : 해당 기관이 수행하는 업무가 국가와 사회 전체에서 차지하는 비중과 가치를 의미한다.
- (나) 의존도 : 해당 기관의 업무가 정보통신기반시설(IT 시스템 등)에 얼마나 의지하고 있는지를 평가한다. 만약 시스템이 멈췄을 때 업무 자체가 불가능하다면 의존도가 높은 것이다.
- (다) 상호연계성 : 해당 시설이 다른 기반시설(전력, 금융, 통신 등)과 얼마나 긴밀하게 연결되어 있는지를 본다. 하나가 무너졌을 때 도미노처럼 다른 시설에 영향을 줄 수 있기 때문이다.
- (라) 발생 가능성 : 전자적 침해행위(해킹 등)가 발생할 확률이 얼마나 높은지를 고려한다.
- (마) 용이성 : 사고가 발생했을 때 얼마나 빠르고 쉽게 원래 상태로 복구할 수 있는지를 평가한다. 복구가 어려울수록(용이성이 낮을수록) 보호의 우선순위가 높아진다.

63 ①

개인정보처리자가 정보주체에게 공개해야 할 사항
- 개인정보의 처리 목적
- 개인정보의 보유 및 이용 기간
- 개인정보의 제3자의 제공에 관한 사항(해당되는 경우에만 정한다.)
- 개인정보처리의 위탁에 관한 사항(해당되는 경우에만 정한다.)
- 정보주체의 권리·의무 및 그 행사방법에 관한 사항
- 그 밖에 개인정보의 처리에 관하여 대통령령으로 정한 사항

64 ②

주요정보통신기반시설은 파괴되었을 때 국가안전보장, 행정, 경제, 사회 전체에 심대한 타격을 줄 수 있는 핵심 시설을 의미한다. 반면 인터넷 포털이나 전자상거래는 우리 삶에 매우 중요하지만, 법적으로는 국가의 생존을 좌우하는 '기반시설'보다는 '부가통신서비스' 혹은 '정보통신서비스'의 영역으로 분류된다.

65 ②

위험관리는 '자산식별 → 위험 분석 및 평가 → 정보보호대책 수립 → 정보보호계획 수립 → 주기적 재검토' 순으로 진행된다. 많은 수험생이 '계획 수립'이 가장 먼저라고 생각하여 ①번이나 ③번을 고르는 경우가 많다. 하지만 위험관리 프로세스 내에서의 '계획 수립'은 대책을 실행하기 위한 이행계획(Treatment Plan)을 의미하므로, 위험평가와 대책 선정이 끝난 뒤에 위치하는 것이 옳다.

66 ②

ⓐ 인터넷 홈페이지를 통해 고유식별정보를 처리하는 개인정보처리자는 해당 인터넷 홈페이지에 대해 연 1회 이상 취약점을 점검하고 필요한 보안 조치를 하여야 한다.

67 ④

프로젝트 기획 후 재해 복구 및 비즈니스 연속성 계획을 수립하는 절차는 '프로젝트의 범위 · 설정 · 기획 → 사업영향평가 → 복구전략 개발 → 복구계획 수립 → 프로젝트의 수행 테스트 및 유지 보수' 순이다.

재해 복구 및 비즈니스 연속성 계획을 수립하는 절차
- 사업영향평가(BIA, Business Impact Analysis) : 가장 먼저 수행해야 할 단계이다. 조직의 핵심 업무와 자산을 식별하고, 장애 또는 재해 발생 시 비즈니스에 미치는 영향을 분석하여 복구 우선순위와 목표(RTO/RPO)를 결정한다. 무엇을, 왜, 얼마나 빨리 복구해야 하는지를 파악하는 과정이다.
- 복구전략 개발(Recovery Strategy Development) : 사업영향평가(BIA) 결과를 바탕으로, 설정된 복구 목표를 달성하기 위한 큰 그림의 방법론. 즉 '전략'을 개발한다(예 원격지에 동일한 시스템을 구축할지(핫사이트) 혹은 기본적인 설비만 갖출지(콜드사이트) 등을 결정).
- 복구계획 수립(Recovery Plan Development) : 개발된 복구 '전략'을 실제로 이행할 수 있도록 상세하고 구체적인 절차와 내용을 문서화하는 단계이다. 비상연락망, 담당자별 역할과 책임(R&R) 등 실행 가능한 계획을 수립한다.

68 ④

보호구역 출입 통제는 직원들도 보안 절차를 준수하도록 적용해야 하며, 자유로운 출입을 허용하면 안 된다.

69 ④

외부 위탁 업체는 반드시 조직과의 보안 요구사항을 계약서에 반영해야 하며, 자체적인 보안 운영만으로는 충분하지 않다.

70 ④

정보보호 관리체계(ISMS)를 수립하고 운영하는 5단계 관리과정의 순서는 '정보보호 정책 수립 및 조직 구성 → 범위 설정 및 정보자산 식별 → 위험관리 → 구현 → 사후관리'이다. 이러한 5단계의 체계적인 정보보호 관리 활동 전체를 정보보호 관리 프레임워크라고 한다.

정보보호 관리체계를 수립하고 운영하는 5단계 관리과정
- 정보보호 정책 수립 및 조직 구성 : 가장 먼저 조직의 정보보호에 대한 방향성과 의지를 담은 최상위 문서인 정보보호 정책을 수립하고, 이를 실행할 정보보호 위원회, 담당자 등 조직을 구성한다.
- 범위 설정 및 정보자산 식별 : 정보보호 관리체계를 적용할 범위를 명확히 한 후, 그 범위 내에서 보호해야 할 대상인 정보자산을 식별하고 목록화한다.
- 위험관리 : 식별된 정보자산에 대해 발생 가능한 위협과 취약점을 분석하고, 그에 따른 위험의 크기를 평가하여 허용 가능한 수준으로 낮추기 위한 대응 계획을 수립하는 위험관리 단계를 수행한다.
- 구현 : 위험관리 단계에서 수립한 대응 계획에 따라 실제 정보보호 대책(관리적 · 물리적 · 기술적 보호대책)을 적용하고 이행하는 단계이다.
- 사후관리 : 구현된 정보보호 대책이 효과적으로 운영되는지 지속적으로 모니터링하고, 법규나 비즈니스 환경 변화를 반영하여 개선하는 활동을 수행한다.

71 ③
- 나 : CISO는 정보보호에 대한 전문적인 역할을 수행하며, IT 서비스 운영 및 개발을 총괄하는 정보화 최고책임자(CIO)와는 역할이 구분된다. CISO가 IT 운영/개발 업무를 총괄하게 되면, 보안성보다 편의성이나 비용 효율을 우선시하게 되는 이해상충의 문제가 발생할 수 있다. 따라서 CISO와 CIO의 역할은 명확히 분리하는 것이 일반적이다.
- 라 : CISO가 보안 인력과 예산에 대한 권한을 가지는 것은 맞지만, 최종 권한을 가지거나 최고경영자의 승인 없이 독립적으로 정책을 시행할 수는 없다. 모든 조직 활동과 마찬가지로 정보보호 활동 역시 최고경영진의 승인과 감독하에 이루어져야 하며, 예산 및 주요 정책은 조직의 전사적인 목표와 전략에 부합해야 한다.

72 ②
- 나 : CISO와 CPO(개인정보 보호책임자)의 겸직은 법적으로 가능하지만, 두 직무가 유사하다는 이유로 통합 운영이 항상 효과적이라고 단정하기는 어렵다. CISO는 기업의 모든 정보자산을 보호하는 기술적 · 관리적 보안에 중점을 두는 반면, CPO는 개인정보 보호법에 기반한 법규 준수와 정보주체의 권리 보장에 더 중점을 둔다. 특히 대규모 조직에서는 두 직무의 전문성과 책임이 다르므로 분리하여 운영하는 것이 독립성과 전문성을 확보하는 데 더 효과적일 수 있다. 따라서 '통합적으로 운영하는 것이 효과적'이라는 부분은 부적절한 일반화이다.
- 마 : CISO의 겸직을 제한하는 가장 핵심적인 이유는 '이해상충 방지' 때문이다. 특히 IT 서비스의 개발 및 운영을 책임지는 역할(CIO 등)과 정보보호를 책임지는 역할(CISO)을 분리하여, 개발 및 운영의 편의성을 위해 보안이 약화되는 것을 막기 위함이다. 따라서 겸직이 제한되는 CISO가 'IT 운영 책임'을 포함하여 업무를 수행할 수 있다는 설명은 겸직 제한의 근본 취지에 정면으로 위배된다.

73 ④
- 가 : 정보보호 정책은 전사적인 관점에서 일관성을 가지고 수립되어야 한다. 각 부서가 개별적으로 정책을 수립하면, 부서 간 충돌이 발생하거나 조직 전체에 보안 공백이 생길 수 있다. 따라서 정보보호 정책은 최고경영진의 의지를 반영하여 조직 전체에 공통적으로 적용되는 상위 수준의 문서로 제정되어야 한다.
- 라 : 개인정보 보호법에 따르면, 개인정보는 수집 및 이용 목적이 달성되거나 보유 기간이 만료되면 지체 없이 파기해야 한다. '사업적 필요'라는 불명확한 이유로 개인정보를 영구적으로 보관하는 것은 법률 위반이며, 정보주체의 권리를 심각하게 침해하는 행위이다.

74 ①
- 가 : 정보보호 정책은 조직의 정보보호에 대한 방향성과 원칙을 제시하는 최상위 규정이다. 따라서 특정 부서가 개별적으로 수립하는 것이 아니라, 최고경영진의 의지를 반영하여 조직 전체에 일관되게 적용되도록 수립되어야 한다. 각 부서는 상위 정책에 따라 구체적인 지침이나 절차를 만들 수는 있지만, 정책 자체를 독립적으로 수립할 수는 없다.
- 나 : 정보보호는 특정 부서나 담당자만의 책임이 아니며, 조직의 모든 구성원이 준수해야 할 의무이다. 정보보호 정책은 모든 임직원 및 관련자에게 적용되어야 그 실효성을 확보할 수 있다.

75 ③

- 다 : '최소 권한 원칙'에 정면으로 위배되는 설명이다. 정보보안 접근통제의 기본은 필요한 권한만 최소한으로 부여하고, 추가 권한이 필요할 때 승인을 통해 부여하는 것이다. 업무 편의를 위해 무분별하게 넓은 권한을 부여하면 내부 정보 유출이나 시스템 설정 오류 등 보안 사고의 위험이 크게 증가한다.
- 라 : 관리자 계정은 시스템에 대한 막강한 권한을 가지므로, 여러 사람이 공유해서는 안 된다. 계정을 공유하면 특정 작업의 책임 소재를 파악하기 어려워(책임 추적성 위배), 보안 사고 발생 시 원인 규명 및 대응이 불가능해진다. 관리자 계정은 반드시 개인별로 발급하고 사용자를 명확히 식별해야 한다.

76 ③

- 나 : 개인정보보호 관리자는 개인정보처리시스템 운영 및 개발을 담당하면 안 된다. 개인정보 보호 관리는 독립된 직무로 운영되어야 하며, 시스템 운영 및 개발과 분리해야 보안성과 투명성을 유지할 수 있다.
- 라 : 외부 위탁업체 직원에게 사용자 계정 등록·삭제 및 접근권한 변경을 맡기는 것은 보안상 부적절하다. 계정 및 권한 관리 업무는 내부 담당자가 수행해야 하며, 외부 인력에게 권한을 부여하는 경우에는 반드시 추가적인 보완 통제 조치가 필요하다.

77 ④

> **오답 피하기**

④ 정보보호 활동의 기본이 되는 '자산 식별' 단계의 결함이다. 이는 '위험 관리' 활동의 일부이며, 최고책임자를 지정하는 것과는 다른 영역의 문제이다.

78 ②

- ①, ④ : 모두 ISMS-P 인증항목 중 법적 요구사항 준수 검토 관련 결함(1.4.1)이다.
- ③ : ISMS-P 인증항목 중 보호대책 선정 결함(1.2.4)이다.

79 ④

> **오답 피하기**

① 1.1.2 최고책임자의 지정 : 정보통신망법에 따른 정보보호 최고책임자 지정 및 신고 의무 대상자임에도 불구하고 정보보호 최고책임자를 지정 및 신고하지 않은 경우
② 1.2.1 정보자산 식별 : 정보보호 및 개인정보보호 관리체계 범위 내에서 제3자로부터 제공받은 개인정보가 있으나, 해당 개인정보에 대한 자산 식별이 이루어지지 않은 경우
③ 1.1.4 범위 설정 : 정보시스템 및 개인정보처리시스템 개발업무에 관련한 개발 및 시험 시스템, 개발자 PC, 테스트용 단말기, 개발조직 등이 관리체계 범위에서 누락된 경우

80 ④

1.2.2 현황 및 흐름분석에 대한 결함이다.

> **오답 피하기**

- 관리체계 범위 내 주요 서비스의 업무 절차·흐름 및 현황에 문서화가 이루어지지 않은 경우
- 최초 개인정보 흐름도 작성 이후에 현행화가 이루어지지 않아 변화된 개인정보 흐름이 흐름도에 반영되지 않고 있는 경우
- 개인정보 흐름도를 작성하였으나, 실제 개인정보의 흐름과 상이한 부분이 다수 존재하거나 중요한 개인정보 흐름이 누락되어 있는 경우

<table>
<tr><td colspan="5">최신 기출문제 02회   504p</td></tr>
<tr><td>01 ④</td><td>02 ③</td><td>03 ①</td><td>04 ③</td><td>05 ④</td></tr>
<tr><td>06 ③</td><td>07 ②</td><td>08 ④</td><td>09 ①</td><td>10 ③</td></tr>
<tr><td>11 ③</td><td>12 ③</td><td>13 ④</td><td>14 ②</td><td>15 ③</td></tr>
<tr><td>16 ③</td><td>17 ①</td><td>18 ①</td><td>19 ②</td><td>20 ②</td></tr>
<tr><td>21 ②</td><td>22 ③</td><td>23 ①</td><td>24 ④</td><td>25 ③</td></tr>
<tr><td>26 ①</td><td>27 ②</td><td>28 ②</td><td>29 ③</td><td>30 ②</td></tr>
<tr><td>31 ③</td><td>32 ③</td><td>33 ②</td><td>34 ③</td><td>35 ②</td></tr>
<tr><td>36 ③</td><td>37 ③</td><td>38 ④</td><td>39 ③</td><td>40 ③</td></tr>
<tr><td>41 ②</td><td>42 ③</td><td>43 ②</td><td>44 ③</td><td>45 ④</td></tr>
<tr><td>46 ④</td><td>47 ③</td><td>48 ②</td><td>49 ③</td><td>50 ②</td></tr>
<tr><td>51 ③</td><td>52 ②</td><td>53 ④</td><td>54 ③</td><td>55 ②</td></tr>
<tr><td>56 ③</td><td>57 ①</td><td>58 ④</td><td>59 ③</td><td>60 ②</td></tr>
<tr><td>61 ①</td><td>62 ①</td><td>63 ①</td><td>64 ③</td><td>65 ③</td></tr>
<tr><td>66 ②</td><td>67 ④</td><td>68 ②</td><td>69 ③</td><td>70 ④</td></tr>
<tr><td>71 ③</td><td>72 ②</td><td>73 ①</td><td>74 ③</td><td>75 ①</td></tr>
<tr><td>76 ①</td><td>77 ①</td><td>78 ②</td><td>79 ③</td><td>80 ②</td></tr>
</table>

01 ④

정보통신망법이 규정하는 정보보호의 핵심 목표는 기밀성, 무결성, 가용성이다.

> **오답 피하기**

효율성(Efficiency)은 보안 목적이 아니라 시스템 운영상의 고려사항 중 하나이다.

02 ③

개인정보 보호법은 개인정보를 처리할 때 사생활 침해 최소화, 익명/가명처리 가능, 정보주체 권리 보장, 처리방침 공개 등을 명시하고 있다.

03 ①

자산은 보호 대상(데이터, 시스템, 인력 등)을 의미한다.

> **오답 피하기**

위협은 자산에 손실을 줄 수 있는 사건이나 행위이며, 취약점은 자산의 잠재적 약점으로 위협이 이용할 수 있는 지점이다. 또한 보호대책은 관리적·기술적 대응방안을 수립해 자산을 보호하는 것이다.

04 ③

일반 자격요건은 모든 지정·신고 의무대상에 적용된다. 겸직금지 대상 기업은 추가적으로 특별 자격요건을 충족해야 하며, 팀장 및 부장 등 중간관리자는 원칙적으로 CISO 지정 대상이 될 수 없다.

05 ④

개인정보보호 정책에는 경영진의 의지, 역할과 책임, 활동의 근거 등이 포함되어야 한다.

06 ③

정보보호 인프라 및 정보시스템 구축 같은 실무 업무는 정보보호위원회의 역할과 무관하며, 위원회는 보안정책, 예산, 위험평가, 감사결과 등 조직 보안과 개인정보보호에 직결된 사안만 다룬다.

07 ②

취약성은 위험이 자산에 영향을 미칠 수 있도록 하는 약점이며, 위험 발생의 중요한 조건이다.

오답 피하기

자산은 보유 가치가 있는 정보와 시스템을 의미하며, 보안 요구사항은 위험을 줄이기 위한 통제 수단이다.

08 ④

백업서버의 위험도는 2 × 3 × 4 = 24이며, 낮은 값이므로 조치가 필요하지 않다.

09 ①

운영현황표는 정기적·상시적 활동을 식별하여 문서화하고, 책임자와 활동 내용을 체계적으로 관리하여 효과적인 정보보호 및 개인정보보호 활동을 지원하기 위한 것이다.

10 ③

정보통신서비스 제공자 중 직전년도 말 기준 3개월 동안 일일 평균 이용자 수가 100만 명 이상이면 정보보호 공시 의무 대상에 해당한다.

11 ③

정보통신망법 시행령에 따라 자산총액, 매출액 등 일정 기준에 해당하는 정보통신서비스 제공자의 정보보호 최고책임자는 정보보호 관리, 개인정보보호 등 법령에서 정한 업무 외에 다른 업무를 겸직할 수 없다.

12 ③

정보보호산업법 제1조(목적)에 따르면 이 법은 정보보호산업의 기반을 조성하고 경쟁력을 강화(가)함으로써, 국가의 안전보장(나)과 국민경제의 건전한 발전(라)에 이바지하는 것을 목적으로 한다.

오답 피하기

'정보통신망 이용자의 권익 보호'는 정보통신망법 등에서 더 직접적으로 다루는 목적이다.

13 ④

개인정보 영향평가 대상은 처리되는 정보주체의 수, 정보의 종류, 다른 파일과의 연계 여부 등을 기준으로 판단하며, 시스템 개발 예산 규모는 직접적인 판단 기준이 아니다.

14 ②

정보통신망법 제47조(정보보호 관리체계의 인증)에 따르면 과학기술정보통신부장관은 정보통신망의 안정성·신뢰성 확보를 위하여 관리적·기술적·물리적 보호조치를 포함한 종합적 관리체계(이하 "정보보호 관리체계"라 한다)를 수립·운영하고 있는 자에 「대하여 인증을 할 수 있다.

15 ③

정보통신망법 제47조(정보보호 관리체계의 인증)에 따르면 정보보호 관리체계 인증의 유효기간은 3년으로 한다고 명확하게 규정되어 있다.

16 ③

신규 가상자산사업자는 서비스 운영 경험이 없어 정식 ISMS 인증 대신 ISMS 예비인증을 취득할 수 있다.

17 ①

ISMS 인증은 조직의 중요 정보자산을 보호하기 위한 관리적, 기술적, 물리적 보호조치를 포함하는 전반적인 정보보호 관리체계를 평가하고 인증하는 제도이다. 개인정보 처리 여부와 상관없이 정보보호 체계를 갖추고자 하는 모든 조직이 인증 대상이 될 수 있다.

18 ①

최초심사는 정보보호 및 개인정보보호 관리체계(ISMS–P) 인증을 처음으로 취득하기 위해 받는 심사이다. 관리체계 수립 및 운영 16개, 보호대책 요구사항 64개, 개인정보 처리 단계별 요구사항 22개 등 모든 인증 기준 영역을 심사한다.

19 ②

사후심사는 인증을 취득한 후, 그 효과를 유지하고 지속적으로 관리체계를 개선하고 있는지를 확인하기 위해 유효기간(3년) 동안 매년 1회 이상 정기적으로 실시하는 심사이다.

20 ②

정보통신망법 시행령 제36조에 따라 집적정보통신시설 사업자(IDC)는 사업의 종류 그 자체로 ISMS 인증 의무 대상에 해당한다.

오답 피하기

다른 보기들은 특정 기준(매출액, 이용자 수, 병상 수 등)을 충족해야만 의무 대상이 된다.

21 ②

정보통신망법 시행령 제36조 제1항에 따르면, 정보통신서비스 제공자의 ISMS 인증 의무 기준은 '직전 연도의 매출액이 1,500억 원 이상'이거나 '전년도 말 기준 직전 3개월간의 일일 평균 이용자 수가 100만 명 이상'인 경우이다.

더 알아보기

구분	대상	세부기준 (정보통신망법 시행령 제36조)
정보통신 서비스 제공자	기간통신사업자	전기통신사업법 제6조 제1항에 따라 허가를 받은 자(◉ KT, KT, LGU+)
	일반 정보통신서비스 제공자	• 직전 연도 매출액 1,500억 원 이상 • 전년도 말 기준 직전 3개월간 일일 평균 이용자 수 100만 명 이상
시설 사업자	집적정보통신시설 사업자(IDC)	타인의 정보를 관리하기 위한 서버, 저장장치 등을 제공하는 사업자
의료· 교육기관	상급종합병원	「의료법」 제3조의4에 따른 상급종합병원(전국 47개)
	고등교육기관	재학생 수가 1만 명 이상인 「고등교육법」 제2조에 따른 학교(대학교)

22 ③

제시된 자료의 '주요 역할' 부분에는 개인정보 보호책임자 업무 대리, 개인정보 유출 통지 및 신고, 규제기관의 자료 제출 요구 이행, 국내 이용자와의 소통 창구 역할이 명시되어 있다.

오답 피하기

국내대리인 지정 시 개인정보보호위원회에 신고해야 한다는 내용은 주요 역할에는 포함되지 않는다.

23 ①

② 국내대리인을 지정해야 하는 의무 대상임에도 불구하고 이를 지정하지
아니한 자에게는 2천만 원 이하의 과태료가 부과된다.
③ 법령상 '국내대리인에 대한 관리·감독 소홀'을 직접적인 과태료 사유로
명시하지 않는다. 국내대리인은 수탁자와 달리 개인정보처리자의 의무
를 대행하는 지위이므로 법적 요건(지정 및 정보 공개) 준수 여부가 핵심
이다.
④ 국내에 주소 또는 영업소가 없는 국내대리인을 지정한 자는 적법한 국내
대리인 지정으로 인정되지 않아 '국내대리인 미지정'으로 간주된다. 따라
서 이 경우에도 2천만 원 이하의 과태료가 부과될 수 있다.

24 ④

개인정보 이용약관이 아니라 개인정보 처리방침에 개인정보의 처리에 관
한 사항을 공개하여야 하며, 열람청구권 등 정보주체의 권리를 보장하여야
한다.

25 ③

개인정보처리자는 개인정보를 익명 또는 가명으로 처리하여도 개인정보 수
집목적을 달성할 수 있는 경우 익명처리가 가능한 경우에는 익명에 의하여,
익명처리로 목적을 달성할 수 없는 경우에는 가명에 의하여 처리될 수 있도
록 하여야 한다.

26 ①

'개인정보를 제공받는 자의 성명 및 이용 목적'은 개인정보를 제3자에게 '제
공'할 때 별도의 동의를 받으면서 고지해야 할 사항이다.

정보주체로부터 고유식별정보를 직접 '수집'하는 단계에서는 수집 항목, 보
유 및 이용 기간, 동의 거부 권리 및 불이익 내용을 고지하고 동의를 받아야
한다. 이 문제는 '수집' 시점과 '제3자 제공' 시점의 고지 의무를 정확히 구
분하고 있는지 평가하기 위한 것이다.

27 ②

평가 절차 중 실제 서비스를 이용하는 일반 국민으로 구성된 '이용자 평가
단'은 정보주체의 입장에서 처리방침을 얼마나 쉽게 이해할 수 있는지(가독
성), 그리고 얼마나 쉽게 찾아볼 수 있는지(접근성)를 중점적으로 평가하는
역할을 담당한다.

평가위원회는 적정성 등 전반적인 평가를 수행한다.

28 ②

개인정보 처리방침 평가는 '평가계획 수립' 후 먼저 공개된 자료를 기반으
로 '기초 평가'와 실제 이용자 관점의 '이용자 평가'를 진행한다. 그 결과를
바탕으로 소명자료 등을 검토하는 '심층 평가'를 실시하고, 평가 결과를 대
상자에게 '통보하고 이의신청을 받는 절차'를 거친다. 마지막으로 모든 절차
를 종합하여 '평가 결과를 확정하고 개선을 권고'하게 된다.

29 ③

개인정보 보호법 제30조의2에 명시된 개인정보 처리방침의 평가 기준은
적정성, 가독성, 접근성이다. 적정성은 법적 요구사항을 충실히 담았는지,
가독성은 정보주체가 이해하기 쉬운지, 접근성은 정보주체가 쉽게 찾아볼
수 있는지를 평가한다.

30 ②

'적정성' 평가는 개인정보 처리방침이 법적 요건을 얼마나 충실하게 준수하
고 있는지를 평가하는 기준이다. 따라서 개인정보 보호법 제30조에서 정한
처리 목적, 처리 항목, 보유 기간 등 필수 기재사항들이 누락 없이 포함되었
는지를 핵심적으로 검토한다.

① 평가 기준과 무관
③ 접근성 평가 항목
④ 가독성 평가 항목

31 ③

개인정보 보호법 제39조 제3항(징벌적 손해배상)에 따라, 개인정보처리자
의 고의 또는 중대한 과실로 인해 정보주체에게 손해가 발생한 경우, 법원
은 그 손해액의 5배를 넘지 않는 범위에서 손해배상액을 정할 수 있다. 따
라서 발생한 손해액이 2억 원일 때, 최대 5배인 10억 원까지 손해배상액이
책정될 수 있다.

32 ③

단순히 인프라를 클라우드로 이전하는 것은 위험 전가로 보기 어렵다. 클
라우드 서비스 계약 내용에 따라 책임 소재가 달라지지만, 일반적으로 클
라우드 환경에서의 보안 설정, 접근 통제, 데이터 관리 책임은 사용자에게
남아있는 경우가 많기 때문이다. 이는 인프라 관리 부담을 줄이는 것에 가
깝다. 사이버 보험 가입이나 데이터센터 운영 전체를 외부 업체에 위탁하
고 사고 시 책임까지 명시적으로 계약하는 경우가 명확한 위험 전가 사례
에 해당한다.

33 ②

- 단일예상손실액 SLE은 AV × EF이다. 즉, SLE은 200,000,000원 ×
  0.4 = 80,000,000원이다.
- 연간예상손실액 ALE은 SLE × ARO이다. 따라서 ALE은 80,000,000원 ×
  0.1 = 8,000,000원이다.

34 ③

- 단일예상손실액(SLE) : 5,000만 원(자산가치) × 0.8(노출계수) = 4,000
  만 원
- 연간예상손실액(ALE) : 4,000만 원(SLE) × 2(연간 발생률) = 8,000만 원

35 ②

정성적 위험 평가는 위험을 수치나 금액이 아닌, '높음, 중간, 낮음'과 같은
서술적 척도를 사용하여 분석하는 방법이다. 전문가의 경험과 주관적 판단
을 기반으로 위험의 우선순위를 정하는 데 중점을 둔다.

①, ③ 화폐 가치와 통계 데이터를 사용하는 정량적 위험 평가에 대한 설명
이다.
④ 위험 평가 이후의 대응 단계인 위험 처리(Risk Treatment)에 대한 설명
이다.

36 ③

연간예상손실액(ALE) 분석은 자산 가치, 위협 발생 빈도, 잠재적 손실액 등
계량화된 데이터를 사용하여 위험을 화폐 가치로 산출하는 대표적인 정량
적 위험 평가 방법이다.

델파이 기법, 시나리오 분석, 브레인스토밍은 전문가의 지식과 경험, 주관적
판단을 바탕으로 위험의 우선순위를 정하는 정성적 위험 평가 방법에 해당
한다.

37 ③

위험평가 대상은 특정 자산에 한정하는 것이 아니라, 인증 범위 내 모든 서비스 및 자산(정보자산, 개인정보, 시스템, 물리적 시설 등)을 포함해야 한다. 핵심 자산만을 대상으로 하는 것은 올바른 위험관리계획 수립 방법이 아니다.

38 ④

실무협의체는 각 부서의 실무 담당자들이 모여 정보보호 관련 실무를 협의하고 이행하는 역할을 담당한다. 위험 평가 수행, 안건 검토, 대응 방안 논의 등이 주요 활동이다. 그러나 정보보호 관련 사고 발생 시 최종적인 법적 책임은 최고경영자(CEO)나 정보보호 최고책임자(CISO) 등 경영진에게 있으며, 이는 정보보호위원회의 관리 감독 범위에 해당한다. 그러므로 실무협의체가 회사를 대표하여 최종 법적 책임을 지지는 않는다.

39 ③

우수 정보보호 기술 지정제도는 과학기술정보통신부장관이 주관하며, 잠재력이 높은 초기 단계의 정보보호 기술을 발굴하여 상용화 및 사업화를 촉진하는 것이 목적이다.

오답 피하기

①, ④ 우수 정보보호 기술 지정제도와 관련이 없는 내용이다.
② CC인증에 대한 설명이다.

40 ③

해당 법률의 목적은 정보보호기업의 해외 진출을 지원하고 진흥하는 데 있다. 이는 기업 스스로의 국제 경쟁력을 강화하고, 정부가 해외 시장 정보를 제공하거나 마케팅 활동을 도움으로써 새로운 판로를 개척할 수 있도록 지원하는 것을 핵심 목표로 한다.

오답 피하기

기술의 우수성 증명은 결과일 수 있으나 주된 목적은 아니며, 감독이나 기업 이전은 이 법률의 지원 취지와 거리가 멀다.

41 ②

「정보보호산업의 진흥에 관한 법률」 제9조 제1항에 따르면, 정보보호기업은 사업을 종료한 날(최종산출물을 인도한 날)부터 '1년 이내'의 범위에서 발생한 하자에 대하여 담보책임을 진다고 명시되어 있다.

42 ③

계정 관리 항목에 따르면, 계정은 사용자별로 개별 발급하고 공용 계정 사용은 제한해야 한다.

43 ②

'서버 간 무단 접근 가능' 취약점은 인가받은 서버를 경유하여 인가받지 않은 다른 서버로도 접속할 수 있도록 서버 간 접근 통제가 미흡하게 설정된 경우를 말한다.

44 ③

「정보보호산업의 진흥에 관한 법률 시행령」 제7조(정보보호시스템 구축 사업의 계약방법) 제1항에 따르면, 공공기관의 장은 정보보호시스템 구축 사업을 추진할 때 정보보호시스템의 전문성 확보 및 품질 보장을 위하여 해당 사업을 다른 소프트웨어사업과 분리하여 계약(분리발주)하도록 노력해야 한다고 명시하고 있다.

45 ④

정보보호 공시 의무자는 「정보보호산업의 진흥에 관한 법률 시행령」 제8조에 명시되어 있습니다. 이에 따르면 상급종합병원, 일정 규모 이상의 집적 정보통신시설 사업자, 그리고 정보통신업에 해당하는 일정 규모 이상의 상장법인 등은 공시 의무자에 해당한다. 그러나 통신판매업자는 공시 의무 대상으로 별도로 규정되어 있지 않다.

46 ④

내부관리계획은 개인정보의 라이프사이클(수집, 이용, 제공, 파기) 전반에 걸쳐 안전성을 확보하기 위한 절차와 기준을 정하는 것이다. 기술적·관리적 보호조치, 사고 대응 절차, 접근 권한 관리는 모두 개인정보 보호를 위한 핵심 요소이다. 그러나 직원의 인사고과나 연봉 협상 절차는 개인정보 보호가 아닌 인사 관리의 영역이므로 내부관리계획의 필수 포함 사항으로 볼 수 없다.

47 ③

신용정보법 제2조 제3호에 따르면, 신용정보의 처리란 신용정보의 수집, 생성, 연동, 기록, 저장, 가공, 편집, 검색, 출력, 정정(訂正), 복구, 이용, 제공, 조회, 공개, 파기(破棄) 및 그 밖에 이와 유사한 행위를 모두 포함하는 매우 넓은 개념이다.

48 ②

「정보보호산업의 진흥에 관한 법률」의 핵심은 산업 진흥이다. 따라서 정부는 중소기업이 스스로의 역량으로 기술을 개발하고 이를 사업화하여 성장할 수 있도록 환경을 조성하고 필요한 지원(기술, 자금, 인력, 컨설팅 등)을 제공하는 역할을 수행한다.

오답 피하기

기업 통폐합, 의무적 자금 배분, 창업 제한 등은 법률의 취지와 다르다.

49 ③

암호화 적용 여부는 법적 요구사항과 보안정책을 기반으로 결정해야 하며, 임의적인 판단으로 결정해서는 안 된다.

50 ②

주권상장법인이 정보보호 공시 의무자가 되기 위해서는 정보통신업에 해당하며 직전 사업연도의 매출액이 3천억 원 이상이어야 한다. 따라서 매출액이 2,000억 원인 경우에는 의무 대상에 해당하지 않는다.

51 ③

정보보호 공시 의무자 기준에 '소프트웨어 개발 공급업자'는 별도로 명시되어 있지 않다. 특정 사업 분야, 매출액, 이용자 수 등을 기준으로 의무자를 지정하고 있으며, 소프트웨어 개발 공급업자는 이 기준에 직접적으로 해당하지 않는다.

52 ②

정보보호 공시 제도는 기업의 정보보호 투자, 인력, 인증 현황 등을 공개하도록 하여, 이용자가 기업의 정보보호 노력을 확인하고 서비스를 안전하게 선택할 수 있도록 돕는 것이 주된 목적이다. 이를 통해 기업의 자발적인 정보보호 투자를 유도하는 효과도 기대할 수 있다.

53 ④

정보보호 관리등급 제도는 ISMS 인증이라는 기본 요건을 충족한 기업이 더 높은 수준의 정보보호 체계를 갖추도록 동기를 부여하는 인센티브 제도의 성격이 강하다. '우수' 또는 '최우수' 등급을 획득함으로써 기업은 자사의 높은 정보보호 수준을 외부에 증명하고, 이를 통해 기업 신뢰도와 경쟁력을 높일 수 있다.

오답 피하기

정보보호 관리등급 제도는 ISMS 인증을 대체하는 것이 아니며, 처벌이 아닌 장려를 목적으로 한다.

54 ③

「정보보호산업의 진흥에 관한 법률 시행령」 제3조 제1항에 따르면, 정보보호산업 진흥계획은 그 시행 연도의 전년도 12월 31일까지 수립하도록 명시되어 있다.

55 ②

법률 시행령 제21조에 명시된 위탁 가능 업무는 수출 지원에 관한 사업과 전문인력 양성 교육프로그램 개발 지원이다.

오답 피하기

전자공시시스템 구축 · 운영이나 전문서비스 기업 지정은 과학기술정보통신부장관의 고유 권한에 해당하며, 위탁 대상으로 규정되어 있지 않다.

56 ③

우수 정보보호 기술 지정 제도의 법적 근거에 따르면, 지정의 주체는 과학기술정보통신부장관이다. 장관은 정보보호산업 진흥이라는 큰 틀 안에서 기술을 발굴하고, 지정하며, 필요한 지원 시책을 마련하고, 시행할 권한과 책임을 갖는다.

오답 피하기

한국인터넷진흥원 등 전문기관은 평가 실무를 지원할 수는 있으나, 최종 지정 권한은 과학기술정보통신부장관에게 있다.

57 ①

정보보호 공시 제도의 핵심은 투명성과 자율성이다. 기업의 정보보호 투자 및 인력 현황 등을 외부에 공개함으로써, 정보통신서비스 이용자가 기업의 노력을 확인하고 안전한 서비스를 선택할 수 있도록 돕는다. 이는 자연스럽게 기업들이 정보보호에 더 많이 투자하도록 유도하는 선순환 구조를 만드는 것을 목적으로 한다.

58 ④

일반 개인정보파일의 경우, 100만 명 이상의 정보주체에 관한 개인정보가 포함된 파일을 '구축 또는 변경'할 때 영향평가 의무 대상이 된다.

59 ③

일반 개인정보파일을 구축할 때 영향평가 의무 대상이 되는 기준은 정보주체 100만 명 이상이다. 50만 명 기준은 다른 파일과 '연계'하는 경우에 적용된다.

60 ②

개인정보처리시스템 접속기록에는 접속자의 식별자(ID), 접속일시, 접속지 정보(IP), 처리한 정보주체 정보(ID, 고객번호 등), 수행업무(조회, 변경, 삭제 등)가 필수로 포함되어야 한다.

오답 피하기

정보주체의 성별 및 연령 정보와 같은 구체적인 개인정보 항목까지 기록할 의무는 없다.

61 ①

- 단일 손실 예상액(SLE) = 자산 가치(AV) × 노출계수(EF) = 5,000만 원 × 20% = 1,000만 원이다.
- 연간 손실 예상액(ALE) = 단일 손실 예상액(SLE) × 연간 발생률(ARO) = 1,000만 원 × 2 = 2,000만 원이다.

62 ①

정보보호란 정보의 ⓐ 수집, 가공, 저장, 검색, 송신, 수신 중에 발생할 수 있는 정보의 훼손, 변조, 유출 등을 방지 및 복구하는 것이며, 암호 · 인증 · 인식 · 감시 등의 보안기술을 활용하여 재난 · 재해 · 범죄 등에 대응하거나 관련 장비 · 시설을 ⓑ 안전하게 운영하는 것이다.

63 ①

정보보호산업 진흥계획 수립에 대한 사항을 올바르게 고치면 다음과 같다.
- 정보보호 전문인력 양성, 원천기술 개발, ⓐ 정보보호서비스 이용 확산 등 기반 조성에 관한 사항
- 정보보호 관련 중소기업, 벤처기업, ⓓ 1인 창조기업의 경쟁력 강화를 위한 지원에 관한 사항

64 ③

정보보호기업은 공공기관등과 정보보호시스템 구축 사업 계약을 체결한 경우 사업을 종료한 날부터 ⓐ 1년 이내의 범위에서 발생한 하자에 대하여 담보책임이 있다. 또한 ⓒ 발주자의 지시에 따라 정보보호시스템을 구축한 경우 발생한 하자에 대해서는 담보 책임이 없다.

65 ②

ⓐ, ⓑ는 정보보호 관리체계의 개선을 위한 필수적인 활동으로 적절한 내용이다. ⓓ, ⓔ는 각각 이행확인 부재와 문제 반복에 대한 결함사례를 정확하게 설명하고 있다.

오답 피하기

ⓒ KPI 측정 결과가 경영진에게 보고되지 않아 의사결정이 제대로 이루어지지 않는 명백한 관리체계 결함사례이므로, 결함으로 볼 수 없다는 설명은 적절하지 않다.

66 ②

ⓐ, ⓑ, ⓓ는 각각 공식 절차 수립, 문서 최신화, 사전 영향 분석, 실패 대비 복구 방안 마련으로 모두 정보보호 변경관리의 핵심적인 원칙에 해당하므로 적절한 내용이다.

오답 피하기

ⓒ는 변경관리의 핵심 원칙인 '사전 승인'에 위배된다. 모든 변경은 사전에 요청 및 승인 체계를 통해 검토된 후 공식 절차에 따라 진행되어야 한다. 긴급 변경이라 할지라도 정해진 절차에 따라 통제되어야 하며, 선 조치 후 사후 승인은 통제되지 않은 변경을 유발할 수 있어 적절하지 않다. 변경이 실패할 경우에 대비하여 복구 절차를 사전에 수립하고, 변경 전후 백업 등의 안전장치를 마련해야 하므로 ⓔ는 적절하지 않다.

67 ④

보조저장매체를 사무실에 방치한 것은 업무용 단말기기 보안 인증항목 결함이 아니라 보조저장매체 관리 인증항목 관련 결함이다.

더 알아보기

업무용 단말기기 보안과 보조저장매체 관리
- 업무용 단말기기 보안 : 내부 규정에서 공유폴더 사용을 금지하고 있음에도 불구하고 주기적인 점검이 없는 경우
- 보조저장매체 관리 : 개인정보가 포함된 보조저장매체를 금고 등 안전한 장소에 보관하지 않고, 사무실 서랍에 방치한 경우

68 ②

- ⓒ : CISSP와 같은 국제 공인 자격증은 CISO의 전문성을 보여주는 중요한 지표가 될 수 있으나, 「정보통신망법 시행령」에서 규정하는 CISO의 법적 자격요건에는 해당하지 않는다. 법적 자격요건은 학위와 경력의 조합으로 명시되어 있다.
- ⓓ : 겸직이 금지되는 기업의 CISO는 정보보호 업무에만 집중하는 '전담(full-time)' 인력이어야 한다. 단기 계약직 또는 비상근 형태는 전담 의무를 위반하는 것이다.
- ⓕ : CISO와 개인정보 보호책임자(CPO)는 겸직이 가능하다. 두 직책은 상호 연관성이 높으며, 법적으로 겸직을 금지하는 규정은 없다.

69 ③

- ⓒ : 정보보호 정책은 정보보호팀뿐만 아니라 조직의 모든 임직원이 준수해야 할 의무사항이다. 따라서 모든 임직원이 언제든지 쉽게 내용을 확인하고 숙지할 수 있도록 인트라넷 등을 통해 접근성을 보장해야 한다. 특정 부서에서만 관리하고 공유하지 않는 것은 정책의 실효성을 떨어뜨리는 잘못된 조치이다.
- ⓓ : 정보보호 정책은 보안 강화뿐만 아니라 비즈니스의 연속성과 효율성도 함께 고려해야 한다. 따라서 정책 개정 시에는 관련 부서 및 이해관계자의 의견을 충분히 수렴하고, 합리적인 이의 제기는 협의를 통해 반영하는 절차가 필요하다. 정보보호팀의 일방적인 의사결정은 현업의 반발을 초래하고 정책 준수율을 낮추는 원인이 된다.

70 ④

'DB 관리자 계정 공유'라는 핵심 문제점을 해결하지 않고, 오히려 '자유로운 사용'과 '절차 간소화'를 통해 무분별한 권한 남용을 조장한다. 이는 감사 지적사항에 정면으로 위배되는 조치이다.

71 ③

- ⓐ : '이용 목적' 또는 '처리 목적'이 법률상 명확한 용어이다.
- ⓑ : 개인정보는 원칙적으로 '보유 및 이용 기간' 동안만 보유하고 목적 달성 시 파기해야 한다(보유기간 제한 원칙).
- ⓒ : 보유 기간이 지난 개인정보는 '파기(destroy)'해야 한다.
- ⓓ : 만 14세 미만 아동의 개인정보를 처리하기 위해서는 아동 '본인'이 아닌 '법정대리인'의 동의를 반드시 얻어야 한다.

72 ②

- 단일 손실 예상액 SLE은 자산 가치(AV) × 노출 계수(EF)이다. 즉, SLE = 2억원 × 10% = 2천만 원이다. 연간 손실 예상액 ALE = 단일 손실 예상액(SLE) × 연간 발생 빈도(ARO)이다. 해당 사고는 4년에 한 번 발생하므로 연간 발생 빈도(ARO)는 0.25이다.
- 따라서 ALE은 2천만 원 × 0.25 = 5백만 원이고, SLE는 2천만 원, ALE는 5백만 원이다.

73 ①

정보보호 준비도 평가기관으로 등록하기 위해서는 필수적으로 법인의 정관, 평가 사업 수행 계획서, 그리고 평가를 수행할 수 있는 인적, 기술적, 재정적 능력을 증명하는 서류를 제출해야 한다.

74 ③

해당 조문은 정보보호 공시 의무가 있는 대상 기업을 규정하고 있다. 1호에서 명시하는 대상은 SKT, KT, LGU+와 같은 주요 통신망 사업자인 '기간통신사업자'이다. 2호에서 명시하는 대상은 네이버, 카카오 등 대규모 IDC를 운영하는 '집적정보통신시설 사업자'와 상급종합병원이다.

75 ①

제시된 법령 내용은 정부가 융합형 정보보호기술 개발을 촉진하기 위해 추진할 수 있는 사업의 종류를 나열하고 있다. 법령 원문에 따르면, 연구개발(1호)에 이어 2호는 '기술거래 및 사업화', 3호는 '시범사업', 4호는 '전문인력 양성'으로 명시되어 있다.

76 ①

제시된 법령 내용은 정보보호기업의 하자담보책임 기간과 범위, 그리고 면책의 예외 조건을 규정하고 있다.
- ㉠ 책임 기간 : 사업 종료 후 1년 이내의 범위에서 하자담보책임이 있다.
- ㉡ 기산점 : 책임 기간이 시작되는 시점은 사업의 최종 시험 및 검사를 마치고 '최종산출물'을 인도한 날이다.
- ㉢ 면책 예외 : 발주자의 지시가 부적절하다는 것을 알고도 그 사실을 발주자에게 '고지(통지)'하지 않았다면, 그로 인해 발생한 하자에 대해서는 책임을 면할 수 없다.

77 ①

제시된 법령 내용은 우수 정보보호기업의 지정 주체, 지원 내용, 후속 조치를 규정하고 있다.
- ㉠ 지정 주체 : 법령 제1항에 따라, 지정 권한은 '과학기술정보통신부장관'에게 있다.
- ㉡ 지원 내용 : 법령 제2항의 지원 사항 중 하나로 '자금의 융자'가 명시되어 있다.
- ㉢ 후속 조치 : 법령 제4항에 따라, 장관은 지정된 기업을 '고시'하여 대외적으로 알려야 한다.

78 ②

- A. 대상 기준 : 법령에 따라, 5만 명 이상의 민감 · 고유식별정보 또는 100만 명 이상의 개인정보를 처리하는 자가 의무 대상이다.
- B. 통지 주기 : 통지는 연 1회 이상 정기적으로 실시해야 한다. '이상'이 빠진 '연 1회'는 최소 기준을 충족하지 못할 수 있어 부적절하다.
- C. 통지 방식 : 법령은 정보주체가 쉽게 확인할 수 있는 방법으로 서면, 이메일, 문자메시지 등을 명시하고 있다.
- D. 통지 예외 : 정보주체가 명시적으로 통지를 원하지 않는다는 거부 의사 표시가 있을 경우 통지 의무에서 제외된다.

79 ③

'위험 수용'은 조직이 해당 위험을 감수하기로 결정하는 전략이지만, 법에서 명시적으로 이행하도록 규정한 의무사항을 위반하는 것은 위험 수용의 대상이 될 수 없다. 다음 5개 항목은 명백한 법규 위반이므로 반드시 조치(위험 감소 등)해야 한다.
- ⓐ : 개인정보 보호법상 고유식별정보 암호화 의무를 위반했다.
- ⓒ : 개인정보의 보유기간 경과 시 지체 없이 파기해야 하는 의무를 위반했다.
- ⓓ : 개인정보 제3자 제공 시 별도 동의를 받아야 하는 의무를 위반했다.
- ⓕ : 접속기록 최소 보관 기간(1년 이상, 특정 경우 2년 이상) 의무를 위반했다.
- ⓙ : 안전하지 않은 암호화 알고리즘(SHA-1)을 사용하였으므로, '안전성 확보조치 기준'을 위반했다.
- 기타 항목(ⓑ, ⓔ, ⓖ, ⓗ, ⓘ) : 심각한 보안 취약점이거나 관리적 미흡 사항이지만, 법에서 특정 기술이나 수치를 강제하지 않는 내부 정책 또는 권고 사항의 영역에 가깝다. 따라서 조직은 비즈니스 상황에 따라 위험의 정도를 평가한 후 '수용'을 결정할 수도 있다.

80 ②

- ⓐ : 설명된 내용은 위험의 가능성과 영향도를 조합하여 등급을 매기는 '위험 매트릭스(순위결정법)'에 대한 설명이다. 델파이법은 여러 전문가에게 익명으로 설문을 반복하여 의견을 수렴하는 전문가 합의 기반의 분석 방법이다. 즉, 방법론의 이름과 설명이 잘못 연결되었다.
- ⓓ : 확률 분포법은 과거 데이터를 기반으로 확률 모델을 만들어 위험을 분석하는 대표적인 정량적 분석 방법이다. 따라서 객관적인 과거 데이터가 전혀 없는 상황에서 효과적이라는 설명은 정량적 분석의 기본 전제와 모순되므로 올바르지 않다.

최신 기출문제 03회   520p

01 ②	02 ④	03 ④	04 ③	05 ③
06 ③	07 ①	08 ④	09 ④	10 ④
11 ③	12 ③	13 ③	14 ②	15 ④
16 ②	17 ①	18 ①	19 ②	20 ④
21 ③	22 ②	23 ④	24 ③	25 ②
26 ④	27 ①	28 ①	29 ①	30 ③
31 ①	32 ②	33 ③	34 ③	35 ④
36 ①	37 ①	38 ①	39 ①	40 ④
41 ④	42 ③	43 ④	44 ④	45 ②
46 ③	47 ③	48 ①	49 ③	50 ②
51 ②	52 ②	53 ③	54 ②	55 ④
56 ③	57 ①	58 ③	59 ④	60 ①
61 ④	62 ③	63 ③	64 ①	65 ②
66 ③	67 ③	68 ②	69 ②	70 ③
71 ④	72 ②	73 ②	74 ②	75 ③
76 ③	77 ③	78 ②	79 ③	80 ②

01 ②

ISO/IEC 27005 및 ISMS-P에서는 '위험을 허용 가능한 수준으로 관리'하는 것이 핵심 목적이다.

02 ④

위험관리는 PDCA 사이클 기반으로, 마지막 단계에서 위험관리의 효과성을 검토하고, 재평가 및 개선활동을 수행해야 한다.

03 ④

위험관리계획은 조직 전체의 관리체계에 기반해야 하며, 특정 부서 단독으로 수립하는 것은 부적절하다.

04 ③

과거자료분석법은 과거에 발생한 사고 통계와 손실 기록을 토대로 미래의 위험 발생 확률과 손실액을 수치화하는 정량적 분석 방법이다. 데이터가 충분할 경우 객관적이고 정확한 평가가 가능하지만, 새로운 유형의 위험이나 사고 데이터가 없는 상황에서는 적용하기 어렵다.

05 ③

'위험 인식'은 대응전략이 아니라 관리체계 전반의 전제조건이다.

오답 피하기

대응전략에는 위험 회피, 위험 감소, 위험 전가, 위험 수용 등이 있다.

06 ③

위험평가 보고서에는 위험별 발생 가능성과 영향도, 법적 준거성 검토 결과, 그리고 분석된 위험 수준에 따른 구체적인 대응 방안이 포함되어야 한다.

오답 피하기

위험평가 보고서는 조직의 의사결정을 위한 공식 문서이므로, 주관적인 사견보다는 객관적인 데이터와 증거를 바탕으로 작성되어야 한다.

07 ①

위험관리 계획은 조직의 보안 목표를 설정하고 자원을 배분하는 전략적 의사결정 과정이므로, 조직의 정보보호 총괄 책임자인 정보보호 최고책임자(CISO)가 주도해야 한다.

외부 감사인은 객관적 점검을 수행하고 일반 직원은 지침을 준수하는 역할을 하며, 최종적인 책임과 계획 수립 권한은 경영진급인 CISO에게 있다.

08 ④

위험을 제3자에게 넘기는 보험 가입(전가), 위험이 발생하는 근본 원인을 제거하기 위해 아예 새로운 시스템을 구축(회피)하거나 사업을 중단하는 행위는 모두 적절한 예시이다. 또한 백업 정책 강화(감소/완화)는 사고 발생 시 피해를 줄이거나 가능성을 낮추는 핵심적인 활동이다.

09 ④

개인정보처리방침은 별도의 법적 문서이며, 위험관리 계획의 산출물에는 포함되지 않는다.

10 ④

ISMS-P 1.2.3에 따르면 신규 서비스나 조직 구조 변경, 법 개정 등은 모두 법적 준거성 검토의 대상이다.

11 ③

ISO/IEC 27005:2022에서는 위험 관리가 조직의 목표 달성과 연계되어야 함을 명시하고 있다.

12 ③

위험관리 계획은 조직의 보안 목표를 달성하기 위해 위험관리의 범위, 수행 절차 및 방법, 역할과 책임(R&A) 등을 정의하는 문서이다. 또한 위험을 평가하는 기준과 가용 자산, 예산 등을 함께 편성하여 일관성 있는 위험관리가 이루어지도록 해야 한다. 감사 결과는 계획에 따라 위험관리를 수행한 후 그 적절성을 검토할 때 사용하는 사후 자료로써, 사후 검증 산출물에 해당한다.

13 ③

정보보호 환경은 새로운 보안 위협(제로데이 공격 등)과 조직의 자산 변화에 따라 끊임없이 변하므로, 과거의 평가 결과에만 의존하면 보안 사각지대가 발생할 수 있다. 따라서 연 1회 이상의 주기적인 검토를 통해 최신 위협 동향과 법규 개정 사항을 반영함으로써, 조직의 위험 대응 수준을 실시간으로 최적화하고 지속적인 가용성을 확보해야 한다. 즉, 조직의 사업, 기술, 법적 요구사항이 변함에 따라 기존 위험관리 체계도 정기적으로 재평가되어야 한다.

14 ②

위험관리는 조직의 자산을 보호하기 위해 위험을 식별, 평가하고 적절한 대응책을 수립하는 일련의 과정으로, 보호 대상의 확정, 위험 분석의 기초, 관리 범위(Scope) 설정이 포함된다.

15 ④

자산 가치 평가는 해당 자산이 손실되었을 때 조직에 미치는 영향을 객관적으로 측정하는 과정으로, 조직적 중요성과 법적 의무 등을 기준으로 평가한다. 자산의 기밀성, 무결성, 가용성을 기준으로 등급을 매겨야 하며, 담당자의 주관적인 선호도가 반영될 경우 위험 순위가 왜곡되어 효율적인 자원 배분이 어려워질 수 있다.

16 ②

ISMS-P 1.2 위험관리 절차는 경영진 승인 및 이력관리를 필수 요건으로 명시한다.

17 ①

위험평가는 조직의 한정된 자산과 예산을 어디에 먼저 투입할지 결정하기 위한 의사결정 도구로 활용된다. 평가를 통해 도출된 위험의 크기에 따라 보안 대책의 우선순위를 정함으로써, 치명적인 위험부터 효율적으로 제거하거나 완화할 수 있다.

18 ①

ALE는 정량적 위험 감소 효과를 측정할 수 있는 핵심 지표로 활용된다.

19 ②

문서화 미흡은 위험관리 추적성(Traceability) 확보 실패로 이어져 인증심사 불합격 요인이 된다.

20 ③

위험관리를 효율적으로 수행하기 위해 외부 전문기관에 외주를 줄 수는 있지만, 그 과정에서 조직 내부의 관리 감독이나 통제 권한까지 포기하면 안 된다. 경영진은 위험관리 주기를 조정하거나 대응 계획을 최종 승인하는 등 정보보호 체계의 최종 책임자로서 역할을 다해야 하며, 외부 전문가의 자문을 받더라도 조직의 핵심 자산에 대한 내부 통제력은 반드시 유지해야 한다. 즉, 내부 통제에 대한 책임은 여전히 조직에 있다.

21 ③

위험평가의 결과는 위험수준, 평가근거, 우선순위 등을 포함한 보고서 형태로 산출된다.

22 ②

자산식별은 조직의 업무상 중요성과 법적 의무를 기준으로 식별 및 분류해야 한다.

23 ④

위험은 자산 · 위협 · 취약점의 상호작용으로 정의되며, 예산은 간접요소에 해당한다.

24 ③

ROI(투자수익률)는 보안 대책을 도입한 후 얻는 경제적 이득을 측정하는 지표이지, 위험 자체의 크기인 예상 손실액을 계산하기 위한 직접적인 입력값은 아니다. 연간예상손실액(ALE)은 자산가치(AV)와 노출 계수를 곱한 단일 손실액(SLE)에, 1년 동안 사고가 발생할 횟수인 연간발생빈도(ARO)를 곱하여 산출한다.

25 ②

SLE(단일손실액)은 AV(자산가치)와 EF(노출 계수)를 곱한 값이다. 즉, SLE = 2,000만 원 × 0.3 = 600만 원이다. ALE(연간예상손실액)은 SLE와 EF를 곱한 값이므로, ALE = 600만 원 × 0.3 = 180만 원이다.

26 ④

영향도는 재정 · 법적 · 사회적 손실을 기준으로 하며, 복리후생과는 관련이 없다.

27 ①

정성적 평가는 전문가의 직관이나 경험에 의존하므로, 수치화하기 어려운 위험을 신속하게 파악할 수 있다는 장점이 있다. 하지만 평가자의 주관적 편향이 개입될 경우 동일한 위험에 대해서도 서로 다른 결과가 도출될 수 있어 객관성이 떨어질 위험이 있다.

28 ①

허용 기준은 조직의 리스크 허용수준과 법규·표준 준수를 기반으로 설정한다. 또한 조직의 위험선호도(Risk Appetite)는 조직의 경영 전략, 재무 상태, 비즈니스 목적에 따라 위험을 얼마나 감수할 의지가 있는지를 반영해야 한다. 이는 경영진의 의사결정 사항이다. 비슷한 표현으로 위험 성향 또는 위험 수용 수준(DoA)이 있다.

29 ①

객관적 정량평가를 위해서는 과거 내부 사고 및 손실 데이터를 활용하는 것이 가장 정확하다.

30 ③

정성적 평가는 구체적인 수치 대신 '상·중·하' 또는 '1~5단계'와 같은 등급을 사용하여 위험의 크기를 상대적으로 비교한다.

오답 피하기

발생 확률, 손실 금액, 복구 시간은 모두 측정 가능한 수치를 사용하는 정량적 평가의 지표이다.

31 ①

순위결정법은 복잡한 수치 계산 없이 간단하게 위험 항목 간의 상대적 중요도를 비교하여 단순하게 우선순위를 정하는 방법이다. 구체적인 손실 금액이나 통계적 데이터가 부족한 상황에서도 전문가의 판단을 통해 신속하게 위험의 순위를 매길 수 있다는 점이 가장 큰 장점이다.

32 ②

델파이 기법은 직접 대면하기 어려운 여러 전문가에게 설문을 보내 의견을 모은 뒤, 그 결과를 정리해 다시 전문가들에게 피드백하며 반복적으로 의견을 수정하게 하는 방식이다. 이 과정을 통해 주관적인 편견을 줄이고 전문가 집단의 합의를 이끌어내는 정성적 평가기법이다.

33 ③

평가가 완료된 후 경영진의 승인 및 검토가 필수로 요구된다.

34 ③

위험평가 결과보고서는 조직의 보안 현황을 진단하고 대응책을 마련하기 위한 문서이므로, 평가 대상 범위, 위험 산정 기준, 도출된 위험등급 등 객관적인 분석 결과가 반드시 포함되어야 한다. 보고서는 조직의 자산 보호를 위한 의사결정 자료로 활용된다.

오답 피하기

특정 개인의 인사 고과를 기록하는 담당자 성과평가표는 인사자료로, 정보보호 위험관리의 본질적인 목적과 거리가 멀다.

35 ④

위험평가는 조직의 보안 상태를 최신화하기 위해 법적 요구사항이나 조직의 구조 조정, 신규 시스템 도입 같은 중대한 조직 변화가 있을 때 반드시 수행해야 한다. 또한, 자산이 도입되어 폐기될 때까지의 수명주기에 따라 정기적인 점검이 필요하다.

오답 피하기

특정 직원의 개인적인 휴가 일정은 조직의 공식적인 위험관리 전략을 결정하는 기준이 될 수 없다.

36 ①

복합위험분석법은 중요 자산에는 상세 위험 분석을 수행하여 정확도를 높이고, 일반 자산에는 베이스라인 접근법을 적용하여 효율성을 확보한다. 이 과정에서 정성적 평가의 신속함과 정량적 평가의 객관성을 적절히 섞어 쓰기 때문에 분석 결과의 신뢰성과 경제성을 동시에 확보할 수 있다.

37 ①

베이스라인 접근법은 모든 자산에 대해 상세한 위험 분석을 수행하는 대신, 표준화된 체크리스트나 보안 통제 항목을 일괄 적용하여 조직 전체의 최소 보안 수준(Baseline)을 신속하게 확보하는 방법이다. 자원과 시간이 부족한 경우나 중요도가 평이한 자산에 효율적이지만, 조직 특유의 고유한 위험을 정밀하게 식별하거나 상세한 손실 금액을 산정하는 데는 한계가 있다.

38 ①

상세위험분석은 조직의 모든 정보자산을 식별하고, 각 자산에 대한 위협(Threat)과 취약점(Vulnerability)을 개별적으로 분석하여 매우 구체적인 보안 대책을 도출할 수 있다. 하지만 분석 대상이 많아질수록 고도의 전문 인력과 막대한 시간, 비용이 투입되어야 한다는 단점이 있다.

39 ①

위험평가의 목적은 위험수준에 따른 대응 우선순위를 정하기 위함이다.

40 ④

연간예상손실액(ALE)은 자산가치(AV)와 노출 계수를 곱한 단일손실액(SLE)에, 1년 동안 사고가 발생할 횟수인 연간발생빈도(ARO)를 곱하여 산출한다. 즉 발생확률과 무관하다는 설명은 적절하지 않다.

41 ④

위험 전가는 조직이 스스로 위험을 감당하기보다 보험 가입이나 외주 등을 통해 위험의 경제적 손실 부담을 제3자에게 넘기는 전략이다. 사고가 발생했을 때의 금전적 손실을 보험으로 부담하거나, 보안 전문 업체에 관리를 맡겨 책임을 분산하는 것이 대표적이다. 이는 위험 자체가 사라지는 것은 아니지만, 사고 발생 시 조직이 입을 타격을 외부의 자원을 빌려 완화하는 방식이다.

42 ③

오답 피하기

① DoA는 조직의 성격, 비즈니스 목적, 자산 중요도 등에 따라 조직마다 가변적으로 설정된다.
② 위험 평가 점수가 DoA보다 낮은 경우에는 별도의 처리 없이 위험을 수용하고 잔류 위험으로 관리한다.
④ DoA를 지나치게 낮게 설정하면 보안 비용이 급격히 증가하여 비용 효율성이 저하된다.

43 ④

정성적 분석은 화폐 가치로 환산하기 어려운 경우 전문가의 직관이나 경험을 토대로 '높음, 중간, 낮음' 등으로 평가하므로, 반드시 화폐 단위로만 환산해야 한다는 설명은 적절하지 않다.

44 ④

정보보호 관리체계(ISMS-P) 및 정보보호 위험관리 가이드에 따르면, 위험처리 계획서는 식별된 위험을 조직의 수용 가능한 수준(DoA) 이내로 낮추기 위한 구체적인 실행 지침서로 설명된다. 보기 ① ~ ③번 모두 필수 항목이나 후속 점검 계획은 대책이 모두 완료된 이후에 관리체계가 잘 돌아가는지 확인하는 '점검 및 개선(Check)'단계나 별도의 모니터링 절차에 해당한다.

45 ②

완벽한 보안은 없으므로 위험은 항상 존재하며, 이 남은 위험(잔류 위험)이 조직이 정한 DoA 범위 내에 있도록 관리하는 것이 위험 관리의 핵심이다.

46 ③

위험 회피는 위험을 발생시키는 원인 자체를 제거하는 것이다. 적절한 통제가 불가능하고 위험이 너무 크다면 해당 사업을 추진하지 않는 것이 회피 전략이다.

47 ③

ISMS-P 인증 기준상 2.1.3 위험 대응 단계는 위험을 어떻게 처리할지 전략을 짜고 계획을 승인받는 과정에 집중한다.

오답 피하기

대책이 실제 이행되었는지 주기적으로 확인하는 활동은 위험 대응 이후의 단계인 '2.3.1 보호대책 선택 및 이행' 또는 사후 관리 영역에 해당한다.

48 ①

보안 대책은 그것을 실행하는 '수단'이 무엇이냐에 따라 구분된다. 행정적(관리적) 통제는 법규, 정책, 지침, 교육, 조직 운영 등 문서와 제도를 통해 사람의 행동을 규율하는 방법으로, (가), (다), (라)가 해당한다.

오답 피하기

- 물리적 통제는 시설, 장비 등 실체적인 물리적 수단을 이용해 접근을 차단하는 방법으로, (나)가 해당한다.
- 기술적 통제는 하드웨어나 소프트웨어 등 IT 기술을 이용해 정보자산을 보호하는 방법으로, (마)가 해당한다.

49 ③

위험 수용은 위험이 DoA 이하이거나, 대응 비용이 실익보다 낮을 때 경영진이 그 위험을 공식적으로 승인하고 보유하는 전략이다.

오답 피하기

④ 법적 위반 사항은 수용 대상이 될 수 없다.

50 ②

위험 관리는 일회성 활동이 아닌 순환 과정(Cycle)이다. 대책 이행 후에도 지속적인 모니터링과 환경 변화에 따른 재평가가 필수적이다.

51 ②

단일예상손실액(SLE)은 자산의 가치(AV)에 사고 발생 시 손실을 입는 비율인 노출계수(EF)를 곱하여 산출한다.

52 ②

ROSI는 보안 투자를 통해 얻은 이익(위험 감소분 – 운영비용)을 나시 투자 비용으로 나누어 계산하는 경제성 지표이다.

53 ③

암호화, 계정 권한 설정, 방화벽 운영 등은 기술적 통제의 핵심 사례이다.

오답 피하기

(나) 물리적 통제
(라) 관리적(행정적) 통제

54 ②

개인정보 보호법 등 법적 준거성(Compliance)은 위험 관리의 최우선 순위이다. 위험 점수가 낮아도 법적 의무 사항은 반드시 이행해야 하며, 예산 부족 등을 이유로 수용할 수는 없다.

55 ④

데이터베이스 내 접근 통제 및 쿼리 모니터링은 소프트웨어와 논리적 접근 권한을 다루는 기술적 보호대책에 해당한다.

56 ③

경영진(또는 CISO)은 위험 관리의 최종 의사결정권자로서, 조직이 감당할 위험 수준(DoA)을 설정하고 대책 적용 후 남은 잔류 위험을 공식적으로 승인하는 책임을 진다.

57 ①

SLA는 위험 전가의 실무적 도구로 활용된다. 단, 위탁을 하더라도 위탁자의 '관리 · 감독 책임'은 법적으로 면제되지 않음을 주의해야 한다.

58 ③

위험 대응의 우선순위는 위험도(Risk Score), 비즈니스 중요도, 법적 긴급성을 종합하여 결정한다. 핵심 비즈니스에 치명적인 영향을 주는 위험은 최우선 대응 대상이다.

59 ④

보호대책 선택 시 특정 벤더에 종속(Lock-in)되는 것은 오히려 운영 위험을 높일 수 있으므로 기술적 적합성, 비용, 운영 편의성 등을 종합적으로 고려해야 한다.

60 ③

위험 관리는 지속적인 프로세스이다. 정기 평가 외에도 조직의 자산, 기술, 비즈니스 환경에 큰 변화가 생길 경우 잔류 위험이 DoA를 초과할 수 있으므로 수시 평가가 필요하다.

61 ④

정보보호 정책뿐만 아니라 하위 지침, 가이드라인도 공식적인 승인 및 배포 절차를 거쳐야 한다. 실무자가 임의로 수정하여 적용할 경우 정책의 일관성과 법적 증거력이 훼손될 수 있다.

62 ③

오답 피하기

① 보안 서약서는 채용 시, 재직 시(정기적), 퇴직 시에 각각 징구하여 보안 의무를 지속적으로 고지해야 한다.
② 내부 임직원뿐만 아니라 업무상 정보자산에 접근하는 외부 협력업체 인력에게도 개별 보안 서약서를 받아야 한다.
④ 서약서는 자필 서명 또는 공인전자서명 등이 포함된 문서면 충분하며, 별도의 공증이 필수 요건은 아니다.

63 ③

ISMS-P 인증 범위는 조직의 핵심 비즈니스와 관련된 모든 유·무형의 자산, 장소, 인력, 시스템을 포함해야 하며, 이를 지원하는 공통 부서와 인프라도 누락되지 않아야 한다.

64 ①

내부 감사의 핵심 요건은 객관성과 독립성이다. 자신이 수행하는 업무를 스스로 감사할 수 없으므로, 타 부서 인원이나 외부 전문가가 수행해야 한다.

65 ②

효과적인 보안 교육은 조직 구성원 모두에게 똑같은 내용을 전달하는 것이 아니라, 각자의 역할과 책임에 맞는 전문 지식을 전달하는 데 있다. 예를 들어, 경영진에게는 보안 의사결정을 위한 거버넌스 교육을, 시스템 관리자에게는 기술적 취약점 조치 방법을, 개인정보취급자에게는 법적 준수 사항을 맞춤형으로 교육해야 실질적인 위험 대응이 가능하다. 즉, 보안 교육은 대상의 직무와 역할에 맞는 맞춤형 교육(Role-based training)이 이루어져야 효과적이므로 임원진 교육, IT 운영자 교육 등 차별화된 커리큘럼이 필요하다.

66 ③

조직은 자신들이 준수해야 할 법규(개인정보 보호법, 정보통신망법, 클라우드컴퓨팅법 등)를 명확히 식별하고 목록화해야 한다. 법령은 수시로 개정되기 때문에, 단순히 목록을 만드는 데 그치지 않고 최신 개정 내용이 내부 지침(매뉴얼)에 반영되어 있는지, 그리고 실제로 현장에서 잘 지켜지고 있는지를 주기적으로 확인하는 'Gap 분석' 과정이 반드시 필요하다.

67 ③

침해 사고가 발생하면 신속한 의사결정(보고)과 대외 커뮤니케이션(홍보·법무)이 중요하다. 특히 개인정보 유출 사고 시 법정 기한 내 신고와 이용자 통지가 필수적이므로, 훈련 과정에는 반드시 경영진 보고 체계와 유관 부서와의 협력 프로세스가 포함되어야 한다. 기술적 조치뿐만 아니라 비상 연락망 가동, 대외 홍보, 경영진 보고 등 조직 전체의 유기적인 협력이 중요하며, 훈련 시 이 모든 절차를 점검해야 한다.

68 ②

성과 지표는 측정 가능(Measurable)하고 실행 가능(Actionable)해야 한다. 단순히 장비가 켜져 있는지보다는, 탐지된 위협에 대한 조치율 등 실질적인 보안 수준을 나타내야 한다.

69 ②

지속적 개선(PDCA 사이클의 Act 단계)은 감사를 통해 발견된 부적합 사항이나 경영 검토 결과 등을 반영하여 관리체계의 성숙도를 높여가는 일련의 과정을 의미한다.

70 ③

정보자산의 가치는 단순히 하드웨어 가격이 아니라, 해당 자산이 담고 있는 정보의 기밀성, 무결성, 가용성이 손상되었을 때 조직이 입을 손실을 기준으로 산정해야 한다.

71 ④

수탁자 관리·감독 및 교육은 내부 관리계획의 필수 포함 항목으로, 계약서 명시와 별개로 조직의 관리 계획에 반영되어야 한다.

72 ②

보안성을 확보하기 위해서는 서로 다른 범주의 인증 수단을 조합하는 2-Factor 인증이 필수적이다. 단순히 비밀번호를 두 번 입력하거나 '비밀번호 + 이메일 확인'처럼 동일한 지식 기반 수단을 중복하는 것은 2차 인증이라고 할 수 없다. 반드시 서로 다른 범주(지식, 소지, 생체)의 요소를 결합해야 한다.

73 ②

① 개인정보 접속기록은 최소 1년 이상 보관해야 한다.
③ 개인정보 보호법령상 접속기록 점검 주기는 반기별 1회 이상이며, 개인정보를 다운로드한 것이 발견된 경우에는 매월 1회 이상 점검해야 한다.
④ 접속기록의 위·변조 및 도난, 분실을 방지하기 위해 정기적인 백업을 수행해야 하지만, 반드시 CD-ROM과 같은 특정 매체만을 사용해야 하는 것은 아니며 기술적 안전성이 확보된 저장소라면 모두 인정된다.

74 ②

암호키 관리의 핵심은 분리 보관이다. 암호키를 다시 암호화하는 키 암호화 키(KEK)를 사용하는 경우, 관리 효율성보다는 보안성을 위해 DEK와 KEK를 물리적 또는 논리적으로 반드시 분리하여 저장해야 한다. 그래야만 한쪽 서버나 폴더가 탈취되더라도 데이터 전체가 유출되는 최악의 상황을 방지할 수 있다.

75 ③

보안 패치는 취약점을 해결하는 가장 확실한 수단이지만, 때로는 시스템 간의 충돌이나 예상치 못한 오류를 일으켜 서비스 중단을 초래할 수 있다. 따라서 운영 환경과 유사한 테스트 환경에서 먼저 패치를 적용해 보고 문제가 없는지 확인하는 과정은 가용성 보장을 위한 필수적인 단계이다.

① 위험도가 낮은 취약점이라 하더라도 조치 계획 수립 대상에 포함시켜 관리해야 한다.
② 모의해킹은 개발 환경뿐만 아니라 실제 운영 환경에서 발생할 수 있는 침투 가능성을 확인하기 위해 수행된다.
④ 예산 등의 사유로 즉시 조치가 어려운 경우 단기적으로 위험 수용을 할 수는 있으나, 이를 재점검 항목에서 영구 삭제해서는 안 되며, 조치가 완료될 때까지 지속적으로 추적 관리해야 한다.

76 ③

위탁 시에는 법정 필수 사항이 포함된 서면 계약을 체결해야 하며, 위탁자의 관리·감독 책임은 유지된다.

77 ③

클라우드 보안은 CSP(클라우드 서비스 제공자)와 이용자가 범위를 나누어 책임을 지는 구조이다. CSP는 클라우드 자체의 보안을 책임지고, 이용자는 클라우드 내부의 보안(인프라 설정 및 데이터 보안)을 책임진다.

78 ②

출력물 제목 자체에 개인정보가 포함되는 경우 이때 제목을 그대로 인쇄하도록 설정하면, 출력물을 수거하는 과정이나 보관 중에 오히려 개인정보가 외부에 노출될 위험이 커진다. 제목보다는 출력물 일련번호, 워터마크(기밀 등), 출력자 사번 등을 인쇄하여 추적성을 확보하되, 제목 등 구체적인 정보 노출은 지양하거나 마스킹 처리하는 것이 더 안전하다.

79 ③

백업은 복구 가능성이 검증되어야 의미가 있다.

오답 피하기

① RPO(복구 지점)의 정의

② RTO(복구 시간)의 정의

④ 재해복구센터는 홍수, 지진, 화재 등 광역 재난에 대비해야 한다. 따라서 주 센터와 동일한 위험권에 있지 않도록 지리적으로 충분히 떨어진 곳에 구축하는 것이 원칙이다.

80 ②

가명정보는 그 자체로는 누구인지 알 수 없지만, 추가 정보와 결합하면 다시 특정 개인을 알아볼 수 있게 된다. 따라서 가명정보의 안전성을 유지하는 가장 중요한 장치는 바로 이 추가 정보를 물리적 · 논리적으로 분리하는 것이다. 가명정보 처리 중 특정 개인이 식별될 수 있는 상태가 되면, 목적과 관계없이 즉시 처리를 중단하고 회수 · 파기해야 한다.

이기적 강의는
무조건 0원!

공부하다가
궁금한 사항은?

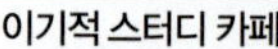